国家“十二五”规划重点图书

国家出版基金资助项目

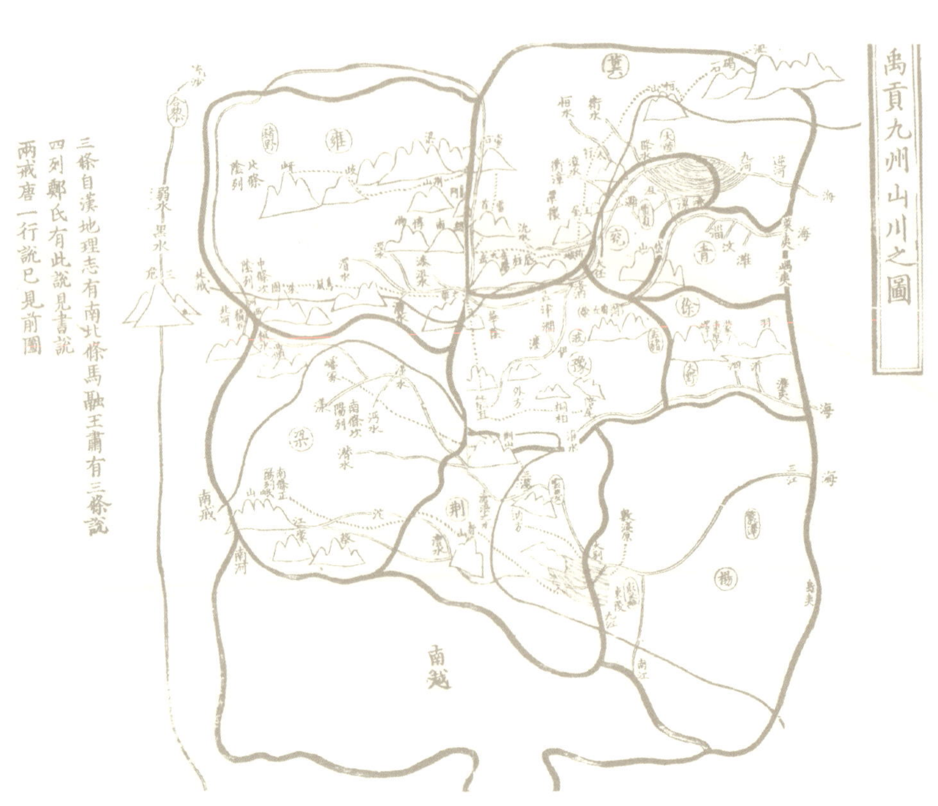

国家自然科学基金项目　国家社会科学基金项目
上海市社会科学重大项目

中國行政區劃通史

周振鹤◎主编

总论　先秦卷

周振鹤　著
李晓杰　著

復旦大學出版社

中国行政区划通史

周振鹤　主编

总论　先秦卷	周振鹤　李晓杰　著
秦汉卷	周振鹤　李晓杰　张　莉　著
三国两晋南朝卷	胡阿祥　孔祥军　徐　成　著
十六国北朝卷	牟发松　毋有江　魏俊杰　著
隋代卷	施和金　著
唐代卷	郭声波　著
五代十国卷	李晓杰　著
宋西夏卷	李昌宪　著
辽金卷	余　蔚　著
元代卷	李治安　薛　磊　著
明代卷	郭　红　靳润成　著
清代卷	傅林祥　林　涓　任玉雪　王卫东　著
中华民国卷	傅林祥　郑宝恒　著

全书简介

本书研究自先秦至民国时期的中国行政区划变迁史。这一研究不仅是传统的关于历时政区沿革的考证（纵向），而且对同一年代各政区并存的面貌作出复原（横向），在条件许可的情况下相关的复原以详细至逐年为尺度。全书在总论外，分为十三卷，依次是先秦卷、秦汉卷、三国两晋南朝卷、十六国北朝卷、隋代卷、唐代卷、五代十国卷、宋西夏卷、辽金卷、元代卷、明代卷、清代卷及中华民国卷。

在掌握传世与出土历史文献的基础上，本书充分吸收前人的研究成果，力求最大可能地反映历史真实。全书以重建政区变迁序列、复原政区变迁面貌为主要内容，而由于历史时期中国行政区划的变化很大，在正式政区以外又有准政区的形式存在，加之政区层级、幅员及边界在不同时期的变迁程度不一，因此各卷又独立成书，其考证过程和编写结构有各自的侧重点。

本书是中华人民共和国成立以来第一部学术意义上的行政区划变迁通史。各卷作者在相关领域有长期的学术积累，全书的写作也倾注了十余年之功，希望能成为中国行政区划变迁史研究的重要参考著作。

作者简介

周振鹤，1941年生，复旦大学特聘资深教授，博士生导师。全国古籍整理出版规划领导小组成员。主治历史地理学，兼治中外文化交涉史。创立政区地理概念，并开创历史政治地理学研究。创新文化地理研究，始创历史语言地理与宗教地理研究，并倡立文化语言学概念，提倡语言接触研究方向。曾先后到澳大利亚国立大学，德国哥廷根大学、爱尔兰根大学，日本早稻田大学、关西大学、东洋文库，香港城市大学访学、任教、任职。主要论著有《西汉政区地理》、《方言与中国文化》（合著）、《中国历史政治地理十六讲》等十余种，主编《上海历史地图集》、《中国行政区划通史》。发表学术论文百余篇，论著曾多次获全国及省部级各种学术奖项。

李晓杰，1965年生，河北唐山人。1988年毕业于复旦大学历史系，获历史学学士学位。1988年至1991年在北京故宫博物院保管部工作，任助理馆员。1996年毕业于复旦大学中国历史地理研究所，获历史学博士学位。2001年至2002年度为哈佛燕京学社访问学者。2003年至2004年度任大阪大学文学部COE研究员。现为复旦大学中国历史地理研究所教授、博士生导师。主要从事历史政治地理、《水经注》、中国古代史及近代中外文化交流等方面的研究。著有《东汉政区地理》、《体国经野——历代行政区划》、《疆域与政区》、《中国行政区划通史·五代十国卷》、《中国行政区划通史·秦汉卷》（合撰）、《水经注校笺图释·渭水流域诸篇》（主编）等，发表学术论文数十篇。

总论 提要

《中国行政区划通史》十三卷分别对各历史时期行政区划变迁过程进行断代的具体考证，一般较少涉及理论与规律性的论述，而由卷前的《总论》来承担通代的政区变迁规律的研究，作出系统的理论性分析。

总论主要内容：一是论述行政区划史研究的对象与意义，并对行政区划变迁研究进行学术史的回顾；二是从政治地理的视角，分析中国历史上行政区划变迁的基本特点以及影响其变迁的因素；三是综述历代特殊形式的行政区划类型；最后以对于中国政治地理的两种基本格局的分析作总结。

先秦卷 提要

本卷依据传世与出土的有关文献，首次全面而系统地论述了先秦时期行政区划的产生及其变迁，同时，兼而论及了与政区紧密相关的战国时期主要诸侯国疆域的演变过程。

全卷共计十一章，大致可分为四个部分。

第一部分（第一章）从历史政治地理的角度，并参照已有的相关研究，对商周时期中央与地方的关系重新作系统的审视。

第二部分（第二、三章）主要探讨春秋时期县与郡的各自情况。首先，详细论述县与郡分别产生的经过；其次，对楚、晋两国各自所设置的数十个县，依年代顺序，逐一进行考证；再次，对有文献记载的周、秦、齐、吴、鲁、卫、郑等国所设之县亦作了梳理。

第三部分（第四至第九章）详尽考察和论证战国时期各国所设置的县与郡(都)。在对从春秋到战国时期郡县制度的变化以及战国时期各国设置郡县的概况作总体的描述之后，将各国在公元前221年秦始皇统一六国前所设的二百余县及数十郡(都)的始置之年、县的地望、郡(都)的领域及其在不同年代的各自归属，又依次作了动态的具体考订。

第四部分（第十至第十一章）对战国时期主要诸侯国疆域的变迁作逐年的考证。由于政区与疆域之间的关系密切，理清其时诸侯国的疆域变动轨迹，对全面而深入地了解政区的沿革是大有裨益的。本部分的研究，使战国时期主要诸侯国的各自疆域范围有了迄今为止最为清晰的界定。

为了便于读者的阅读，本卷还附有系列性图表，将主要的考证结论有层次地、直观地作了展现。

谨以此书献给恩师谭季龙(其骧)先生

总　　目

前　言

行政区划与人的生活是如此密切，以至于我们有时感觉不到它的存在，就如同我们对空气没有感觉一样。极致地说，我们从出生起直到告别世间，都必定活动于某一行政区划中，但却很少有人对其有真切的了解。行政区划是怎么产生的，数千年来经过什么变化，将来又会如何，似乎不是太多人感兴趣的问题。

在中国历史上，行政区划的重要性无可置疑。一个传统的农业社会最需要并且最合适的治理方式，就是在统一的中央集权下进行的分地域与分层级的行政管理。这种分地域与分层级的管理体系就是行政区域，或曰行政区划。《左传》引春秋时郑国执政者子产的话说，为政"如农之有畔"。畔即是界。这句话的意思就是说，政治运作最需要注意的就是界限。任何政治权力都有其界限，这一点是当政者最需要注意的。在农业社会里尤其如此。农民的田地有界限，政府治理的区域有界限，国家也有界限，超出界限就不在自己的管理范围内了。由田地界限发展提升而来的行政区划界限，可说明行政区划在中国历史上的重要性。进一步而言，行政区划直到今天还在规范制约国家与地方的政治活动与经济生活，如何进行合适的行政区划制度改革以适应现代经济的发展是一个不但重要而且异常迫切的课题。然而对于如此重要的行政区划体系的历史变迁全过程，尚未有一部学术著作予以深入的专门研究。我们撰写这套十三卷本的《中国行政区划通史》即尝试来担起这一重任。

本书研究先秦至民国时期中国行政区划变迁的全过程。过去与本书研究对象大体一致而内容属于纲要性质的著作，或称疆域沿革史，或称沿革地理。这些专著对行政区划变迁的研究只以朝代为标尺，也就是说，对每个朝代只复原其代表性的行政区划面貌，至于朝代内部的政区变迁则不涉及，而且即使对代表这个朝代的行政区划面貌也还考证不够精细，内容比较简单。产生这种状况的原因当然是研究还不够深入，而且在客观上，朝代内部的政区变迁也因为史料的严重缺乏而难以把握。还有一类称作地方行政制度史的著作，则把行政区划变迁与地方行政组织合在一起研究，但多以研究地方官制与地方建制为主,对行政区划的具体变迁关注不多。行政区划的研究是一种空间的、立体的研究,其研究结果必须能够体现在地理方面,能够画出地图来,如果不能体现在地理上,或与实际地理情况扞格不通,则研究归于失败。这种要求显然难度较高,这恐怕也是地方制度史著作详于行政组织而略于政区变迁的主要原因。

行政区划史的研究不单纯是历史学科之事,而实际上是处在历史与地理的交叉范围中,或者说,从历时的线索看来,具有历史学的性质,而从共时的平面看来,则具地理学的性质,可以看作是某一时段甚至某一年代的行政区划地理,也可以称为行政地理或政区地理。这种纵看是历史、横看为地理的研究,显然具有自然科学的性质。它不但要求研究者要对史料进行穷尽式的搜集、排比、整理,还要求他们在史料不足的情况下,恰当运用逻辑推理来弥缝历史链条的缺环,以复原变迁过程的原貌。这种原貌因为要体现在地理方面,就不便留下空白的区域。此外,由于行政区划的变迁与政治过程密切相关,所以这一研究又与政治学有所关联,尤其在理解变迁原因时,政治学的解释是不可或缺的。因此至少要横断这样三门学科的行政区划史研究,历来相对冷寂:除了历史地理学者以外,涉足的人较少,即使在历史地理学科中,专门研究行政区划变迁的,也为数不多。虽然从清代乾嘉学派以来,有不少人从事个别的政区变迁问题的研究,但考证功夫做得最出色的也只有钱大昕与王国维两人,有些人或自以为对政区地理有研究,其他行外的人也对之这么看,其实并不见得真正懂得政区地理变迁。当然从20世纪30年代以来,这种情况大有改观,但历史政区地理始终不是一个热门的学科分支,这一点在本套通史《总论》的相关章节中将详述。

由于历史撰写的局限性,人们对人类社会活动的记录总是有选择的,例如在中国主要是记载帝王将相的政治活动,而很少述及一般的社会事件。而且与历史上发生的所有事件相比,能够记录下来的只是很小的一部分。这样偏颇的记载,经过长时期的消磨,能够流传至今的就更少了。尤其因为历史学家著史的观点不一,所要保留的不是所有历史事实而是他认为重要的东西。如司马迁一部《史记》彪炳千秋,但他并不只是记载史实,而是要通过历史的编纂来达到"究天人之际,通古今之变,成一家之言"的目的。所以他对历史事实的记载有所选择,有所取舍,如他虽为秦始皇立本纪,但对于秦统一天下之后如何划分全国的行政区划,只有简单的一句话:"分天下为三十六郡,郡置守、尉、监。"至于这三十六郡是哪些,如何分布,则不及一语,以至后世学者为了复原秦郡面貌而长期聚讼纷纭。除了史料残缺的遗憾外,还有记载矛盾的现象,这种矛盾现象有时使历史学家们手足无措，或者急于弥缝调和这一矛盾，而作出随意解释，或者简单地判定某一记载为误，进而草率修改原始文献，以符合自己的解释。这种矛盾的记载，以《汉书》中有关象郡沿革的两段文字最为典型。该书的《昭帝本纪》记载：元凤五年，"罢象郡，分属郁林、牂柯"。而《地理志》却说："日南郡，故秦象郡。"若依前者，则象郡直到西汉中期还存在，其地在今广西、贵州一带，而依后者，则只有秦代才存在象郡，而且其南境直到今越南中部。两条记载大相径庭，哪一条靠得住呢？

由此看来，依靠有限的、残缺不全的，甚至有时被歪曲改造过的史料来重建历史、复原历史真实面貌，尤其是对行政区划变迁这样不被详细记载的情况而言，真是一件吃力不讨好的工作。不过也正因为难度大，才更有其吸引人的地方。先师谭其骧先生以及从清代乾嘉以来的诸位从事沿革地理研究的前贤，就曾投入很大精力进行政区的复原工作。其中考证成功的愉悦与甘苦，只有从事同样研究的学者才会深刻体会到。胡适曾经说过，解读一个字与发现一颗星在学术上的意义是相同的。此话或许有些过分，但不无道理。考证成功对研究者而言，好似解算出了一道数学难题，说明思路的正确。但有时这种愉悦只能与少数同好共享，特别是在今日，面对他人不但视考证为畏途，甚或采用不屑一顾的鄙夷态度时，这种情感就更不足为外人道了。

复原行政区划变迁全过程的关键问题是史料的不足。现成的文献对于复原一个朝代的经制，即代表性制度，虽然有难度，但到底还比较容易入手，而对于复原各朝代内部的变迁过程，就远远不足，缺佚过甚。因此本书在一些地方运用了逻辑推理的方法，以弥补这一缺陷。这种推理其实是考据的一种方式，即排除其他可能性而留下唯一的一种可能。在政区变迁史的研究中，经常使用的是分析归纳的方法。这里只举一个简单的例子。汉代定襄郡的始置年代，在《史记》、《汉书》中没有明确记载，班固仅说其为"高帝置"，但王国维的《汉郡考》不以为然，断定高帝时不可能置定襄郡。但如果我们细读《汉书·高帝纪》，会发现有一条记载说高帝十一年(前196)以"代之云中以西为云中郡"。此处云中指的是云中县，为云中郡的郡治。这条记载说明该年汉高帝对云中郡的区划进行了调整，将云中郡缩小为原来云中郡的西半部而已。那么云中郡的东半部又如何呢？《高帝纪》没有明说，但对照同书《地理志》，我们知道云中郡东部的县恰为定襄郡所辖。这样我们就可以推定，在缩小云中郡的同时，以该郡东部地设置了定襄郡。虽然《汉书》对此未曾载明，但这个结论似可视为定论。

这里还要着重指出，政区变迁年代的确定是一个至关重要的问题。不同的年代会复原出不同的政区面貌来，这就如树木的不同段的切面是不一样的。当然，由于史料的局限，并不能期望所有朝代的政区变迁过程都能得到百分之百的复原。大致说来，在隋代以前，应把高层政区与统县政区的幅员与界址弄清楚；在唐代以后，要进一步将统县政区所属县级政区的置废并省也弄明白；至于大部分县级政区本身的幅员与界址的变迁，则非目前的史料资源与研究水平所能解决。对于变迁过程研究的详密程度，在条件许可的情况下，以年度为标尺，亦即对每年的变化都希望能复原出来，但对于史料特别缺乏的朝代，如魏晋南北朝时期，就只能粗疏到五年、十年甚至更长的时间段了。

要而言之，本书所要解决的问题首要在技术层面，亦即强调过程的重要性，换言之，不作过多的价值评判，而重在复原历史面貌，但本书的《总论》在总结二千余年行政区划变迁全过程时，将提出主编个人对政区变迁原因与规律的基本思路，在具体复原各个历史时期政区变迁面貌时，虽然也牵涉到诸多制度问题，也要指出变迁的原因，但大都不作鉴往知来的哲学思考，也不全面接触规律性的判断。这或者可以看作一种折中的思路，既不是史料学派，也不是史观学派，希望能对历史哲学家与进行政治制度改革的实践者有参考作用。这样的书正如前人所说是“可以考证而不可以讽诵，质而无文，人所厌观”，只可能有专门的读者，而不会成为流行读物。本书作者同人虽关心未来政治改革走向，但不作盲目的推测而只是作可能的建议。而在这当中，最希望达到的目的是对历史学研究本身能起基础性的建设作用。在国外的研究者中，已注意到行政地理因素对于历史事件所起的作用，因此《剑桥中国秦汉史》在西汉部分画了不少历史地图，以说明如吴楚七国之乱这样的历史事件的地理背景。这样的思路无疑是非常正确的。因为在经过文帝“众建诸侯而少其力”的政策之后，汉初诸侯王国的封域已经被强制划小，因此吴楚之乱号称七国，其实这七国疆域的总和只不过汉初两三国的范围而已，反叛力量并不大。然而由于地理考证是一项专门性很强的研究工作，因此很遗憾的是，除了一幅以外，这些地图都画得不正确，也就是说没有复原当时行政地理的真实面貌，于是对事件发生的背景的理解也就不够真实可靠，从而影响其说明分析原因的力度。

本书本应该由先师谭其骧先生主编，他是中国历史地理学的奠基人之一，无论在历史自然地理还是历史人文地理方面都取得了空前的与权威的成就，在疆域政区变迁史方面，他的成就尤其独特。他具有严密的逻辑思维，擅长利用人所常见的材料得出人所不见的事实来，他所主编的《中国历史地图集》是目前政区变迁史体现在地图方面的最高成就。如果天假以年,他本来会先写出一部以朝代为标尺的行政区划变迁史的。事实上,十几年前他为《简明中国历史地图集》所写的图说,已具备最简练的中国疆域行政区划简史的意味。而且先师在世时已开始指导断代政区地理,即朝代内部政区变迁的研究,如果各个断代的研究完成,就是行政区划通史的成功。可惜先师于1992年遽归道山,留下永远无法弥补的遗憾。我在先师指导下作了西汉政区地理研究,自己也指导学生作过同类的研究,深知这一工作的重要与艰难。以重要性而言,先贤已经指出,地理是历史学的"四把钥匙"之一,这里的地理指的主要就是疆域政区,而这把地理钥匙并不好掌握。马王堆汉墓出土以后,不少学者撰文讨论西汉长沙国的范围,但都以《汉书·地理志》所载的十三县为说,却不知该汉墓营造时的长沙国比《地理志》所载大了一倍有余。而要考证得出此结论,正是艰难之所在。

近二三十年以来,学术界所取得的成果是有目共睹的,在专门史方面,不少冷僻课题或琐细的方向都有人从事研究,但于行政区划变迁史方面仍然相当寂寞。这一课题在过去就已被归入繁琐考证的领域,因为如果没有坐冷板凳的功夫,是难以出成果的,即使有了这个功夫,没有基本的素养也还是不能成功。谭其骧师曾经说过,历史地理学界许多人看不上沿革考证,而恰恰这些人始终没有过好这一关。从事历史学研究的人,都不能脱离考证工作,而沿革地理的考证又是其中之难点,常常是投入甚多而产出颇少,因此除了研究者的个人兴趣以外,没有其他动力可以鼓励他们去从事这项既需要锲而不舍而又不能立竿见影的工作。更何况这项研究历来还被人认作没有实用价值,一两千年以前的政区面貌与今天的社会主义建设又有什么关系?这就是尽管近年来各项学术研究成果累累,而政区史研究仍然空白的原因。

本书在总论外,分为十三卷,按年代先后及作者各自的擅长,分叙不同历史时期以及不同地区的行政区划变迁过程,诸卷依次是先秦、秦汉、三国两晋南朝、十六国北朝、隋代、唐代、五代十国、宋西夏、辽金、元代、明代、清代、中华民国时期。在国家自然科学基金与国家社会科学基金以及上海市社会科学重大项目基金的支持下,我与国内擅长于政区地理研究的学者在数年间共同讨论,互相切磋,分别撰写出各卷内容来,同时又力求框架的基本一致以及风格的大致统一。但由于政区概念随时代而发生变化,政区形态差异很大,各历史时期的政区变迁特点不同,因此各卷研究内容各有侧重,要求写作风格及个别观点完全一致是不可能也是不必要的。又由于各卷难度有异,文献有详有略,前期研究成果多寡不一,因此各个时期政区变迁全貌的复原的细密程度也有差别,如郡一级政区,在汉代可以做到以年为尺度,但在三国时代却只能切分几个剖面,而无法以年度甚至十年度为断限。由于同样的原因,也未能将各卷同时推出,而是以分批出版的方式行世,正所谓学术研究的目的并非追求轰动效应。

最后,还得申明一点,本书的研究成果不能视为最终结论。学术研究无止境,没有所谓铁板钉钉的定论,不但是新的观点要代替老的结论,而且新材料的出现也许又会使原有的考证被推翻。例如秦一代郡目经过数百年学者的考证已经基本定谳,《中国历史地图集》亦据以成图,但两年前出土的湖南里耶秦简中却有洞庭、苍梧两郡为传世文献所无,颠覆了历来的定论,于是不得不重新考证整个秦郡之体系。所以本书的结论是中间性的,希望有人能证伪,能推翻,能有更新的认识。这就是本书作者同人最热切的期望。

周振鹤

2008 年 9 月于复旦大学

附识

《中国行政区划通史》自 2007 年开始陆续出版以来,至今年年底,首尾已经历时十年。一部主要以沿革考证为主、可读性甚低的学术著作能得到众多读者以及出版社的鼎力支持,诸位作者都觉得极为欣慰。读者的支持不但表现在已出各卷的销路十分理想,更重要的还表现在对这些卷帙提出的修订意见。一部作品行世以后,作者最关心的是有没有知音的赏识。而当这些赏识是以修订建议的形式出现时,尤其令作者们有“吾道不孤”的感觉。是以趁着再版的机会,已出各卷根据作者、编辑们自己的笔误、编误,以及认识的提高深化,加以或多或少的修订,有的则加上原本已做好,但当时因受制于篇幅而未纳入的内容,譬如《明代卷》的沿革表,使全书面貌更加完善充实。与此同时,为了让读者能与现今的行政区划相对照,此次修订将古代政区的今地都统一修改为以 2014 年底的行政区划为准。上述改进与提高后的再版,在读者的审读下,一定还会有不少待改进之处,希望将来再有机会修订提高。

2016 年底于复旦光华西主楼

总　　论

周振鹤　著

目　录

第一章　行政区划史的研究对象

第一节　行政区划的基本要素与相关概念

中国历来只有疆域沿革史与地方行政制度史，而没有专门的行政区划史。因此对行政区划本身以及与之相关的一些专门学术用语尚未规范化，更没有严格的定义。十多年前笔者撰写《体国经野之道》(香港中华书局，1990 年)和十年前写作《中华文化通志·地方行政制度志》(上海人民出版社，1998 年)时使用过一些自己拟定的用语，但当时限于篇幅，未对这些用语的定义与应用范围加以说明。在这里有必要将过去使用但未明确定义以及还未正式使用的术语一一加以说明，以便读者易于理解，也便于今后学术界引起讨论而得到修订或形成共识。这些术语与概念可以分成两组，一组是行政区划本身的，一组则与研究行政区划相关，以下分别叙述。

一、行政区划的定义

行政区划是一个现代的名称。任何国家为了行政管理的方便，必须将其国土划分为有层级的区域，这些区域就是行政区域，简称为行政区或政区。行政区划本来是指划分行政区域的行为与过程，但近数十年来，同时也兼有行政区域的含义，并已逐步取代了行政区域一词。行政区划虽然是现代名称，但并不是一个现代的概念。恩格斯说，国家的职能之一就是用区域划分其国民。行政区划就是这样的区域。这一职能，无论中外都是自古以来就有，因此行政区划的概念也是自古就已产生。只是在中国古代没有行政区划体系这个说法，而称之为郡县制。

对于行政区划是什么，至今尚无严格的专门的定义。《中国大百科全书·政治学》卷中说：行政区划是“为国家行政机关实行分级管理而进行的区域划分”。这一定义大致是可以成立的，即解决“是什么”的问题。如果我们倒过来问，“什么是”行政区划？那么可以这样回答：行政区划就是国家对于行政区域的分划。行政区域的分划过程是在既定的政治目的与行政管理需要的指导下,遵循相关的法律法规,建立在一定的自然与人文地理基础之上,并充分考虑历史渊源、人口密度、经济条件、民族分布、文化背景等各种因素的情况下进行的,其结果是在国土上建立起一个由若干层级、不等幅员的行政区域所组成的体系。

行政区划的出现体现了中央集权制国家中央政府与地方政府之间存在的行政管理关系,这是中央与地方关系中最重要的一个方面。因此行政区划是中央与地方出现行政关系的产物。如果中央与地方之间不存在行政关系,则无行政区划可言。目前对行政区划的概念存在两种误解,一是认为"从广义上说一个国家也是一个行政区"①;二是认为中国从夏代起就已出现行政区划。这两种认识都是混同了行政与政治这两种不同概念的结果。一个国家只能是一个政治区域而绝不是一个行政区,因为行政的基本内涵是管理,如果两者之间不存在管理与被管理的关系,也就不存在行政关系。而政治关系则不同,两者之间虽然可以是平等的政治关系,也可以是不平等的政治关系,但不必存在行政管理关系。换句话说,两个主权国家之间是相互独立的,只存在政治关系而不存在行政关系,一个国家不能对另一个国家有行政管理权力。所以,无论从何种意义上来说,一个国家都不可能是一个行政区,而只能是一个政治区域。如果这一点不搞清楚,就有可能为一国干涉另一国的内政事务留下口实。

同样道理,一般人研究中国行政区划史,都从传说中的夏代开始,认为从那个时代起,就已出现行政区划的概念,中国的行政区划已经有四千年的历史。其实这是一个很大的误会。从夏代到商代一直到西周的一千多年时间里,中国根本不存在任何行政区划,因为在这一漫长的历史时期里,中央与地方的关系只体现在政治方面,而且即使是中央与地方这两个概念本身也是逐步形成的,并不是从国家一出现就随之而来的。换言之,在中国所谓上古三代(此处春秋战国时代不包括在其中)时期,中央与地方之间只存在政治关系,而未发生行政关系。因而行政区划是国家发展到一定阶段的产物,而不是与国家同步出现的(关于政治关系与行政关系的差异,详见本节第三部分)。

行政区划往往不是一次性的行为,而是一再进行的根据需要不断调整的常时性工作。调整就是重新划分,这往往是局部的,但有时也有全局性的。调整变更的内容很多,有建制方面的,如置、废、并、省或升降格(如元代达到一定数量户口的县可升格为州,今天则有撤县改市,在这些情况下政区的其他要素

---

① 见浦善新等:《中国行政区划概论》,知识出版社,1995 年,第 10 页。

都不发生变化，唯有行政机关地位发生升降）。还有幅员的伸缩，边界的改划，行政中心变迁，隶属关系变化，政区名称的改动等。

由上面提出的行政区划的定义，我们应该进一步研究形成行政区划的充分必要条件：必要条件是一个行政区划必须有一定的地域范围，有一定数量人口，存在一个行政机构；充分条件是这个行政区划一般都处于一定的层级之中，有相对明确的边界，有一个行政中心，有时有等第之别，也有司法机构。

正式的行政区划一般应该符合上述的充分必要条件。但在特殊情况下，只符合必要条件者也是行政区划。尤其在古代，由于开发程度较低，许多政区都没有明确的边界，只有大致的范围，我们不能因此而否认它是正式的行政区划。还有些政区的行政中心也不明确，如秦代的闽中郡，我们至今不知其郡治所在，但该郡确是秦代正式设置的政区。

二、行政区划诸要素

行政区划本身及行政区划之间的关系由各种要素来体现，这些要素主要包括层级、幅员、边界等。过去这些概念从未有学者提及，更未作详细讨论。20 世纪 80 年代以来，笔者曾在一些论文中有意识地使用了这些概念，到 1990 年出版《体国经野之道》时，遂将这些概念首次运用于专著之中。近年以来，有关行政区划的著作日渐增加，这些概念中的主要部分也相继推广开来，但有些概念如统县政区、高层政区等尚未广泛使用，还存在商榷修订的余地，以下对这些要素予以分述。

1. 层级（县级政区、统县政区与高层政区）

层级是历代行政区划的核心要素。在中国历史上行政区划层级曾有过十分繁复的变化，统观约二千五百年的历程，行政区划的层级大致可分为三层。根据其所处管理层位，我们将这三层定名为：在基层的县级政区、统辖县级政区的统县政区以及在统县政区之上的高层政区。有些历史时期，只有两级政区，即不存在高层政区，如秦汉时期以郡统县，只有郡县两级，郡级政区即为统县政区。有的历史时期，表面上看来不止三级，如元代个别地区区划有省—路—府—州—县，共五级之多，但细加考察，在绝大部分地区，基本上也都可由上述三层政区所包容：省是高层政区；路同府加上部分州，是统县政区；县以及不辖县的州则是县级政区。过去对于行政区划的层级始终没有固定的指称，很不便于论述。在不得已时，有些论著只好用一级政区、二级政区、三级政区这样的称呼，但这样的指称不但不明确，而且容易引起混乱。如秦汉时期一级政区是郡，二级政区是县；而到了魏晋南北朝时期，一级政区却是州，二级政区是郡，三级政区是县。因此仅用一级政区的指称难以了解该级政区的性质，不知其到底是管县的统县政区还是统县政区以上的高层政区，而使用县级政区、统县政区与高层政区的指称就不会引起这种混乱。因为郡县制是中国古代行政区划体系的象征，所以统县政区也可以称为郡级政区。

在层级的大概念中，还有必要引进虚级的小概念。虚级是指不具备充分必要条件的一级政区。其具体表现有如下几种类型：

一是不被中央所认可，但实际上具有一级政区的功能。如唐后期的方镇，始终不是中央政府正式承认的一级政区。中央三令五申令州级政区直接奏事，但实际上方镇不但在军事上，而且在行政方面也统辖管理其下属州县，隔断中央与州县的直接行政关系。

二是政区形态的不完善。如北宋的路虽是中央正式设置的一级行政区划，但由于路一级行政组织的权力分散在几个机构(即所谓诸监司)中，不存在单一首长；另一方面，路级的区划又因为机构的不同而有差异，如存在转运使路与安抚使路的不同；此外，路所辖州又有对中央政府的直奏权。这些因素使得路成为虚一级政区。

三是中央政府或某一级地方政府的派出机构形成的管辖区。如民国时期的行政专员督察公署是省一级政府的派出机构，分区域管辖县级政府，因而形成专区这样一级行政区划。但这级机构不是正式的一级政府，因此专区也就不是正式的一级政区。另外，蒙元政权的初期，行中书省(或行尚书省)也是中央政府派往各地的镇抚机构，这些派出机构所管辖的范围也是一级虚行政区划。当然久而久之，行中书省成为正式的地方政府机构，这级区划也就成为简称的行省以至省这样的实一级行政区划了。

虚级只是后人为了研究方便而提出来的概念，并非正式官书上的记载。而且虚级说到底主要还是指处于该级的行政组织的职能不完备，实际上对行政区划而言，在地理上总是实的一级。广义的虚级还可以指那些后来演变为正式行政区划的监察区，如汉代的州。

2. 幅员

幅员指政区的面积大小。层级与幅员一起形成了行政区划的基本结构。在一定的疆域范围内，某一级政区幅员越大，该级政区的数量越少，管理幅度也越小。同时在层级与幅度之间又存在反比例关系，层级多，每级的管理幅度就小，层级少，管理幅度就大。

3. 边界

边界指两个政区之间的界线。幅员与边界都是人为划定的，也是可以由中央政府根据治理需要随时加以调整的。但无论是维持现状还是进行调整，都不能随意为之，而要在一定的政治原则与地理背景下进行。

4. 形状

政区的形状是指其在地图上的平面投影。在幅员与边界划定以后，政区就具有了一定的形状。在政治地理学中，国家版图的形状与国家安全有密切的关系，狭长型的国家对于防范外敌入侵和地方分离主义都不利。在行政区划变迁史中，形状不是最重要的要素，但也影响着行政管理的方便与否，紧凑型政区如山西比狭长型政区如甘肃在管理方面无疑要方便一些。

5. 地理区位

任何政区都处于一定的地理区位上，政区与外界的联系受区位的深刻影响。在中国历史上，位于沿海的政区与位于内陆的政区，根据时代的不同在对外开放方面的条件存在天然的差异。但在政区变迁史中，这一因素不是最重要的。

三、广义的行政区划

行政区划有广义与狭义的区别。狭义的行政区划是指国家划定的正式的行政管理区域，如先秦已经产生的县、郡，东汉末年以后的州，唐以后的府，宋金时期的路，元以后的省。广义的则指一切具有行政管理职能的区域。其中，有些区域本来或为临时性质，或为局部范围内施行的制度，或为其他职能性质的区域，但在实际上又兼有部分或全部的行政管理职能。

上述的狭义政区，亦可称为正式政区，符合成为政区的充分必要条件。在狭义政区之外的政区形式，尚有准政区及虚拟政区，它们与正式政区共同构成广义政区。准政区只具备部分的充分必要条件。在古代虽无正式政区与准政区这样的称呼，但相应的概念却是存在的，如唐代有“正州”这样的习惯称呼，其实就意味着这是正式的州，与非正式的羁縻州是相对应的，相对而言，羁縻州就是准政区(羁縻州情况甚为复杂，有些只是挂名，连准政区也够不上)。更早一点，在西汉有“汉郡”这样的叫法，指中央政府直属的郡，当然是正式政区；还有相对独立的诸侯王国，也是准政区的形式。准政区往往是正式政区的前身，在一定情况下会发展为正式政区，如西汉诸侯王国后来经过封域的削减，自治权的剥夺，就等同于正式政区，又如作为监察区域的州在东汉末年演变为高层政区，边疆少数民族地区的土司在改土归流以后就成为正式政区，明代实土卫所在改造后就成为正式郡县。有些准政区在经过辖区变迁和机构调整以后与原有政区融合，如明后期总督巡抚辖区在清初逐步调整到与布政使司辖区相一致,总督巡抚取代布政使成为一省最高行政长官。还有些准政区则因为条件不成熟,始终处于非正式政区的状态。准政区不是一个严密的概念,而是在研究过程中建立的一个模糊概念,目的是以此来统摄所有非正式政区,以便于理顺政区变化的过程。

准政区根据其作为政区所未能充分满足的条件不同,可分为三类:

一是因其他职能而介入行政的区划。这类区划未满足的是"行政"职能,初设时,往往并非以行政为其主要目的,按其行政以外的主要职能,又可分为以下几种:(1) 军事管制区,如魏晋南北朝的都督区、北魏的镇戍、唐后期的方镇、明后期的总督巡抚辖区。(2) 财政督理区,如北宋初期的路。(3) 宗教事务区,如元朝的宣政院辖地。(4) 边疆与少数民族等特殊治理区域,如汉晋时期的都尉(包括部都尉、属国都尉及类似的典农校尉)、西域都护府、长史府,南北朝时期的左郡左县,唐宋的羁縻府州,元代以后的土司,明代的实土卫所,清代的将军辖区、办事大臣辖区等。(5) 监察区域,如两汉的州(东汉末年演变成行政区划)、唐前期的道。

二是作为行政区划的前身。这类区划主要设置于还不具备正式行政区划条件的地方,如五代北宋的场、宋代的尉司辖区、民国时期的设治局。上述汉晋时期的都尉也有这样的性质。

三是因行政空间特殊而处于模糊状态的区划。这类区划由几种地方行政机构的辖区重叠交错而成,没有确定不移的区划边界。一般政区都是单式政区,即每一级政区有一个单一的行政长官、行政机构以及单一的管辖范围与单一的行政中心。但在宋代,作为高层政区的路却呈复式形态,无单一行政长官,路的行政事务为诸监司,即转运司、提点刑狱司、安抚司及提举常平司所分管,而且各监司行使职权的地域范围有时也不一致。如北宋的陕西地区,从转运使路而言,分为两路,而从安抚使路看来,却分为六路。又如荆湖南路,转运使治于长沙,而提点刑狱使却治于衡阳。明代参照宋代制度,建立都指挥使司、布政使司和按察使司三个机构分管高层政区行政事务的制度,但布政使司与都指挥使司行使权力的地域范围又不尽一致。如山西布政使司辖大同、太原、平阳、潞安四府和汾、泽、辽、沁四直隶州,但山西都指挥使司辖区却不包括大同府,从建置管理方面而言,山西布政使司与都指挥使司之间形成交错状态。这类政区有几个同级行政机构,其管理空间既有重叠,区域分划又有不同,甚至有交错,亦可称为复式政区。东晋南朝的两州或两郡,治所、辖区相同,称"双头州郡",无疑也是一种复式政区,唯其叠床架屋,堪称畸形。

有些准政区到底性质如何,至今尚不完全清楚。另外,还有一点必须强调的是，不管是正式政区还是准政区，都是国家版图的组成部分，正式政区与准政区的差别，只是管理方式的不同，这种不同有时是因地制宜的需要，有时是出于特殊的政治目的。

至于虚拟政区，则是有政区之名而无实际存在的统辖范围，其中又可分为两种，即虚幻空间型和借用空间型。

所谓虚幻空间型，指既无行政组织，又无行政区划，因此也无下辖人口，而只有行政机关空名的特殊现象。以三国及南北朝的遥领、虚封制度为代表。唐代亲王封大都督府长史而不就国，宋代遥授节度、防御、团练、刺史，也属同样性质。

所谓借用空间型，指只有行政组织而无行政区划，行政组织所管辖的人户附着于其他政区内的情形。以东晋十六国南北朝的侨置州郡为典型。

广义的行政区划，其作为行政区划的资格是不完全的，但确属政治区域无疑，详见下节有关政治区域与行政区划的分析。

第二节　行政区划史的学科背景

一、相关学科

研究行政区划至少与三个学科有基本关系，一是历史学，二是地理学，三是政治学。

行政区划不但是一种现实存在，而且是一种历史现象。行政区划本身是历史的产物，而且在历史过程中不断发生变化，没有哪一个政区不是前代的沿袭或变革。变迁与沿袭（或因袭）是历史学的概念，变迁与因袭的交替发生丰富了历史的进程。历史上没有绝对一成不变的因袭，也不会每天都出现朝令夕改的变迁。因而行政区划与其他制度一样有两个相反相成的基本特点，即延续性与可变性。所以行政区划变迁史的研究属于历史学的范畴，是专门史应该涉及的领域。

与此同时，行政区划又是一种地理区域，是一种人为的空间概念，它的存在与变迁都与其他地理因素有密切的关系。行政区划既是划定于地球表面之上的，当然要与自然地理环境相关；而行政区划之中又必须有一定数量的人口，实际上包含了人文地理环境。因此地理学是行政区划研究过程中最重要的相关学科之一。过去将研究行政区划变迁过程的学问称为沿革地理，就是基于历史（以沿革为代表）与地理相结合这一基本事实。现在将其纳入历史地理学的范畴,也是这个缘故。

从政治学的角度看,行政区划又是中央与地方之间发生行政关系的产物,行政区划的变迁往往是政治过程造成的,也就是说,政治的需要往往是行政区划变迁的主要原因。如果对行政区划的研究只限于复原其历史上的变迁过程,那么政治学的作用似乎不太明显,但是如果把这一研究延伸到理解行政区划变迁的原因与规律方面,就离不开政治学理论的支持。实际上,即使在研究变迁过程时,政治学的作用也是明显的。例如汉代推恩法的施行,表面上是皇帝加于诸侯的恩宠,但实际上却是蚕食诸侯封域的措施。如果不了解这一政治过程,就不可能复原被蚕食前的诸侯王国原貌。政治学的作用过去不太受重视,今后在行政区划研究领域中要特别强调其重要作用。

二、交叉学科(政治地理、行政地理与政区地理、沿革地理)

政治地理学是地理学的一个分支,研究的对象是各种具有基本空间要素的政治体制。这种研究有全球的、国家的与地区的(可以相应称其为宏观、中观与微观)三种尺度。从德国地理学家拉采尔(Friedrich Ratzel)提出政治地理学这一概念以来,已经过去整整一个世纪,其间这一学科经过 20 世纪二三十年代的迅速发展,也产生了如地缘政治学这样的变异的理论。这一理论由于直接服务于法西斯德国的领土扩张需要而臭名昭著,以至在二战后,连政治地理学也受到株连而一度消歇。60 年代以后,这一学科重新兴起,甚至地缘政治一词也被政治学家重新提起。实际上,在现实的世界事务中,如两大阵营、三个世界等提法也都含有政治地理的意味。由于中国有长达二千五百年以上的行政区划历史,因此在微观尺度上,可以也应该对政治地理学理论的建设有重要贡献。我们可以从行政区划变迁的实际历程来探讨变迁的原因与规律,从而理解政治过程对政区变迁的直接作用,同时还可以探讨行政区划与自然地理环境与人文地理背景的关系。

行政地理与政区地理没有实质上的区别,起初都是权宜使用的术语。行政地理一词过去早已使用,而政区地理一词则首见于笔者的博士论文《西汉政区地理》(人民出版社,1987 年),现已被普遍使用。两者都意指与行政管理相关的地理现象,具体而言就是以行政区划为研究对象的历史地理学分支。这一研究主要着眼于复原行政区划变迁的过程,而不特别强调对出现这样变迁的原因的分析。

沿革地理是今天历史地理学的前身,其研究内容有两大部分:一是河流水道的变迁,一是疆域政区的变迁。20 世纪 30 年代以来,沿革地理逐渐向现代学科转化，研究对象不断扩展，研究课题逐步深入，学科体系渐渐成形，理论框架趋于成熟，遂以历史地理学的面貌呈现于学术之林。

第三节　行政区划史的研究对象与相关概念

一、研究对象

行政区划史的研究应包括至少三方面的内容：一是从制度上研究行政区划的起源与变迁，具体地说，如必须研究封建制如何向郡县制演变，郡县制本身又如何经过长期的发展变化，以至于今日。这方面的研究主要体现政治过程在行政区划变迁史中的根本性作用。

二是研究行政区划各要素的具体变迁，即要详细考订政区建制的置废、层级的增减、幅员的盈缩、界址的变迁、等第的升降、名称的变更、治所（即行政中心）的迁移，也就是说，要复原历史上行政区划各因素变迁的全过程。但其中的重点是层级、幅员、界址三要素，有了这三要素，才能使政区的变迁体现在地理方面。因为行政区划是地理区划的一种（所有地理区划都是人为的，但自然地理区划还有山脉河流作为界线的标志，而行政区划却只是画在地图上的界线与地面上的人为界标所确定的区域），其变迁不单表现在名称上，更重要的是地理要素的变化，所以一切研究都必须能在地理上体现出来，更直接地说，是要在地图上能标志出来。这一点并不是所有的区划研究者都能做得到的。清代乾嘉以来有不少学者都进行过沿革地理的考证，但有些学者地理观念不强，只是研究政区名称上的沿革，而不管上述三要素的变迁，结果所得出的结论无法制成地图，也就是说无法在地理上得到验证，这样的研究就是有问题的，如刘文淇的《楚汉诸侯疆域志》对项羽所分封的赵歇代国的考证就是如此（依其从不足征的文献上的考证，代国将在地理上成为东西不相属的两块地方[①]，这在事实上是不可能的）。

三是要推究行政区划变迁的原因，如果可能，也探索变迁的规律性，更进一步还可以推测变迁的趋势，或提出改革的措施。从政治学的角度而言，行政区划与国家一样，也是一种空间实体。因为这种区划是以自然地理和人文地理为背景的，也必然要与这些地理背景存在某种关系，或者契合，或者背离，或者部分对应。如何契合，为何背离，怎么对应，都是应该研究的对象。譬如行

---

① 参见周振鹤：《西汉政区地理·附篇》，人民出版社，1987 年，第 250～252 页。

政区划与自然环境的关系到底如何,后者对前者有否影响,影响程度有多大;又譬如,行政区划是一种政治行为,政治过程在行政区划实施与变迁过程中起着什么样的主导作用,这种作用是不是决定性的,也应进行充分的研究。

以上三方面研究各有侧重,也与相关的学科各有联系。第一方面与政治史、制度史关系较大;第二方面实际上也是政治地理学的研究对象,与政治学关联密切;第三方面联系则较宽泛,不但与政治学,甚至与自然科学及其他人文学科都有合作的视角。在传统研究方面,第一方面有些成果,但不详尽,如关于郡县制的起源。第二方面有沿革表与历史地图,但无系统的专门史,最多只是简单的通代的研究简史,已出版的沿革表与历史地图也基本上是通代性质的,断代方面的研究基本上没有,但已出现如杨守敬《三国郡县表》的断代研究的苗头。至于对行政区划变迁原因与规律的探讨显然还远远不够,是今后必须加强的方面。

二、相关概念

1. 政区的通名与专名

正式政区都有专名与通名。如济北郡,济北是专名,郡是通名。但准政区有时没有正式的通名。如唐后期,在州以上名义上并不存在一级政区,在制度上,州应该直属中央政府,但在实际上,方镇隔断这种直属关系,使得州以上存在着实际上的一级政区,又由于这级政区不被中央承认,所以始终没有这级政区的通名,只俗称为方镇或道/方镇。当然,绝大部分准政区都有通名。

2. 区域与区划

区域是地理学的概念,是人们对其所居住的地球表面进行区划以后的产物。区划则是一种行为与过程,是人们将地球表面地理因素分划为不同区域的过程。天然存在的地域差异是人们划分区域的基础,人们以一定的差异为标准,按照不同的目的,将地表划分成各种各样的区域。在自然地理方面,大而言之有陆地、海洋之分,进而在地貌方面又有平原、丘陵、山地、高原、盆地之分,在气候方面有热带、温带、寒带(以气温分)之分,又有干旱区、湿润区(以降水量分)之分;在人文地理方面,大而言之有洲级地区的划分(五大洲本身是人文区域,但其划定是自然因素与人文因素结合的产物),进而在国家内部又有行政区域的划分,经济或文化区域的划分。区划纯粹是人们有意识的一种行为。即使是最显而易见的地域差异,也是人们意识观念的产物。形形色色的地貌形态虽给人们以最直接的差异感,但进行自然地理区划,仍然是科学家们的工作。至于人文地理区划,更是一件复杂的工作,是地理学家的专门研究对象，而且人文区域的划定具有很强的相对性，往往存在着许多不同的区划方案。

行政区域是地理区域的一种特殊的形式。行政区域的分划，并不是地理学家的事，而是政治家（并不是政治学家）的工作。行政区划不是一般意义上的地理区划，而是结合政治目的与行政管理需要来划定的，但由于它是地理区域的一种，当然与自然地理、人文地理区域有重要关联，必须从地理角度进行研究。与此同时，行政区域因为行政过程的发展，既可能长期因袭，也可能发生瞬时变化，所以它又是一种重要的历史现象。加之，从制度史的角度看来，行政区划又是地方行政制度的一个组成部分（另两个组成部分是职官与运转机制），自然又是制度史的研究对象。因此行政区划史的研究本身既是专门史的课题，又与地理学、政治学紧密相关。

区域的大小是相对的，如对广大的农村地区而言，城市是点状的，所以我们将城市型政区与地域型政区对立起来看。但城市本身无论多小，也是一个区域。所以区域是有层次的，亦即通常在大区域下面有小区域，形成一个区域系统。

3. 行政关系与政治关系

传说中的夏朝，由于目前文献与考古资料不足，其国家形态尚不十分清楚。商代是否已经出现中央权力与地方权力的分野，也还有待进一步的学术研究。一般认为，商王是方国联盟的盟主，而非统辖所有方国的中央政权的元首。到了西周时代，则已经明显出现了中央政权与地方政权的区分。这时候的中央政权是指周王及其朝廷，地方政权是指依据封建关系建立起来的各诸侯国。所谓封建关系，是指中央将一定的疆土分划给有亲戚关系或有功劳的臣子，让他们建立自己的政权，成为所谓的诸侯国。这一政治过程称为封邦建国，简称封建。在西周时代，周王与诸侯国之间存在着明确的政治关系。这一政治关系包括两方面的内容：一方面各诸侯负有对周天子朝觐、进贡与助征伐的义务；另一方面各诸侯国又处于相对独立的地位，其内政事务基本上不受制于周天子，而且各诸侯国还可进一步分封其大夫，也就是以一部分疆土为其属下的大夫立家。在家与诸侯国之间也存在一定的政治关系，只是因为文献不足征，这种关系还不十分明确。但可以肯定的是，无论西周王朝与诸侯国之间还是诸侯国与家之间，所存在的主要是政治关系，而不是行政关系。周天子对诸侯国、诸侯对家均无直接的行政管理权力。所以，在西周时代以前，中国不可能出现体现中央与地方之间行政关系的行政区划制度。也因此，所谓中国的行政区划已有四千年历史的说法是不妥当的。

要而言之，我们先要分清中央政权与中央集权的区别。中央政权并不都是集权式的，如西周时期虽有中央政权存在，但与后世的集权式国家形态完全不同。行政区划的基本前提首先是存在一个中央集权的国家，其次是这个集权式的中央政权对其所属领土进行有计划的分划，并在分划的区域直接设置地方政权进行治理。如上所述，商代的中央政权形态如何，尚属疑问；西周的中央政权则是以委托治理的方式，即封建的方式设立地方政权，而不对地方进行直接管理，因此不能说其时已经出现了行政区划。更何况，除了封邦建国以外，西周时期的诸侯国还有多种类型，如同盟或同姓之国、前代留存的古国、受褒封之国，这些诸侯国更不是周王能直接治理的。在中国，中央集权式的国家，并不是在三代那样统而不治的大范围的领域中产生的，而是先在小范围的春秋列国中出现，最先是表现在晋、秦、楚三国。在这三国所出现的县制，才是我国行政区划制度的开端。至于为什么县制的出现是行政区划萌芽的标志，以及县制如何成立，将在本书的《先秦卷》中加以说明。

行政区划的出现体现了中央对地方直接进行行政管理的权力，这样的权力只有在中央集权制国家形成以后才能出现。换句话说，行政区划的概念是与中央集权制国家的产生同步的。在中国体现中央对地方实行直接行政管理的制度是郡县制，因此讨论行政区划的出现应以郡县制的出现为标志，而不能从实行封建制的时代算起。一种新制度与新概念，往往不是一蹴而就的产物，而是有一个长时段的过程。中国的中央集权制国家产生于春秋战国之际，郡县制即行政区划体系的产生也在此时，我们很难将其产生定在某一个具体的年代，但如果以县制的出现作为标志的话，或可将行政区划的出现定在春秋末年，更具体地说，可将公元前 514 年晋国建立鄔、祁、平陵等十县作为行政区划出现的标志年。对郡县制的产生，尤其是对县制的产生，过去有过不少研究，但大都未注意到县的概念本身在不同时期与不同地方有不同的含义，而且这些含义之间有内在的联系与先后的关系，只有分析理解这些关系，才能比较明确地判断作为行政区划意义的县的产生时代。上面说到的以晋县的设立为标志，就是基于这样的分析作出的，详见本书《先秦卷》。

虽然行政区划迟至春秋战国之际才产生，但本书仍从商周时代的中央与地方关系说起，以便理清行政区划产生的来龙去脉。大致说来，商代的诸侯是有土地、人民的方国之君，商王朝与诸侯的关系是方国联盟盟主与其服属国（一般方国）的关系。商王并不直接拥有方国的土地与人民，商王对方国的统治是根据不同的政治地理因素，确立相应的服事关系来实现的。所谓侯、甸、男、卫诸服，据有的学者看来便是四种指定服役制。西周时期，周王是天下共主，对诸侯国的控制远比商王对方国的控制强得多。其时已有明显的中央与地方权力的划分，中央权力使得周王能保持对诸侯国的统治与控制，但详析这种统治的实质，其实是统而不治，即在分封之后，被分封的领土即不再属于周王，而由诸侯治理，即使王畿地区也不宜视为行政区划。

政治是上层建筑领域中各种权力主体维护自身利益的特定行为以及由此结成的特定关系，它是人类历史发展到一定时期产生的一种重要的社会现象。政治是与经济、军事、宗教、文化等相对而言的。而行政指的是对国家事务的管理，其关键内涵是管理，如果不能直接行使管理权，便不存在行政关系。一般地说，行政是与立法、司法相对而言的(在三权分立的国家里，与行政相对应的概念是立法与司法，在议行合一的国家，行政的概念比较宽泛，一切与国家事务有关的管理行为都属行政的范围)。在地方一级，高层政区往往是行政、监察与司法、军事职能分开，在县级政区一级则是行政、司法、立法一体，都集中在一县的长官身上。

因此，政治的含义应该涵盖行政的含义。有行政关系者必然有政治关系，但有政治关系者不必有行政关系。以此律三代的史实，则其时的中央与地方之间存在有政治关系，而没有行政关系，因此也就不存在行政区划。换句话说，在一个疆域足够大的国家里，自然会产生中央与地方之间的关系，而这种关系不必都表现为行政关系，尤其在早期国家，往往只存在一定的政治关系，而无直接的行政关系。

4. 政治区域与行政区划

政治区域是一个在今天很少被使用的词，在1949年以前绘制的地图上曾经使用过，与今天的行政区划不同，其含义更广。如今中国出版的《世界地图集》上往往有一幅世界政区图，这里的“政区”并非“行政区划”的简称，而应该是“政治区域”的简称。因为行政区划只是国家以下的行政管理分区，而各国都是独立的政治实体，并非某一个世界组织的行政区域。但事实上，恐怕没有人深入考察“世界政区”这个词的词源。同样，在《中国地图集》上也都有一幅中国政区图，这里的政区在现代当然是行政区划的意思，但假定我们绘制一幅西汉政区图的话，那么这个政区最好理解为政治区域的简称为好。因为如西域都护府可以算作西汉疆域的一部分，但却与西汉朝廷直辖的行政区划——郡国的管理方式不同，所以西域都护府辖区应该算是准行政区划，也可以叫作政治区域。

所以笔者认为，引进政治区域(或政治区划)以与行政区域(或行政区划)并用的概念是有好处的，就像政治关系与行政关系一样，二者既有联系也有区别。政治区域与行政区划也既有重叠关系又有不同含义，政治区域的含义更宽泛，包括所有行政区划与准行政区划，只要在中央政府管理下的区域都是一个政治区域，不管是以通常的行政管理方式管理，还是以军事型方式、宗教方式管理以及其他特殊方式管理，都是国家神圣领土的组成部分。譬如元代的宣政院辖地，虽与行省性质不一，但仍是中央政府管理下的一个政治区域。同样，清代的藩部也是政治区域，虽在十八省之外，仍是清王朝版图的重要组成部分，只是治理方式特别。上文提到广义的行政区划的概念，这一概念大致就与政治区域有相当程度的重合。在《总论》的下文中，笔者将从政治区域与行政区划的角度来讨论历史上中国政治地理的两种基本格局。

5. 郡县制与封建制

自春秋战国之际出现行政区划制度萌芽以来，至 20 世纪 20 年代的二千五百多年的时间里，中国在地方行政管理方面主要实行的是郡县制。这一制度的实质是在中央集权国家的体制下，将全国分成有层级的行政区划，并在各级区划里派出定期撤换的官员进行治理。虽然这些行政区划的名称除了县以外，不断有所变化，但因为秦始皇将“以郡统县”的制度推行于全国，因此郡县制就成为中国行政区划体系的代称。在郡县制实行以前，由于中央集权国家的体制尚未形成，中央与地方之间没有直接的行政关系，对地方的管理是以层层分封的制度来实现的，因此将这一制度称为封建制。由封建制转变为郡县制不但是行政区划产生的标志，而且也是中国制度史上可与专制变为共和制相比拟的最重要的制度变迁之一。虽然共和制在中国产生于 1912 年，但郡县制千百年来一直并没有根本的变化，民国初年实行的省、道、县三级制是在清代省、府、县的基础上演变而来的，从区划的视角看来，并没有实质性的变化。实质性的变化应该以 20 世纪 20 年代城市型政区的产生为标志。

6. 城市型政区与地域型政区

二千多年的郡县体制，从空间观念上来说属于地域型政区类型，亦即下一级政区是上一级政区（或国家）的区划。如在清代，县是府的区划，府是省的区划，而省则是国家的区划。每一级政区幅员都较大，故称之为地域型政区。虽然中国很早即有城市产生，但城市从未独立地以政区的面目出现，而是从属于某一级具体的地域型政区。甚至直到清末，当许多城镇的经济发展水平已经远远超过其上属的县治或府治，但在行政管理方面仍然要隶属于该县、府时，这一陈旧的郡县制体系的躯壳仍然未能被突破。尽管当时风起云涌的城乡自治运动颇有建立新型政区的趋势，但终有清一代，始终没有取得关键性的成功，甚至民国的成立也没有改变这一不合理的、直接妨碍城镇经济发展的旧模式。直到1921年2月,广东省政府才采取了革命性的措施,制定《广州市暂行条例》,将广州市区从南海县中分离出来,而成为与原所属县平行、直属于省政府的行政区划。这一规定使城市型政区终于正式产生,并随着国民革命军的北伐东征,这一制度在汕头、汉口等地也得到实施。与此同时,北洋政府也发布了城市自治章程,在其管辖范围内陆续建立城市型政区。1927年5月北伐军占领上海以后,南京国民政府又将上海市作为中央政府直辖市,成为与省平行的行政区划,使城市型政区的两级体系正式成立。城市型政区与地域型政区相比有如下的特点:一是地域范围小,相对于地域型政区面状的形态而言,城市型政区可以说是点状的政区;二是人口集中,虽然地域范围小,但人口密度大大超过地域型政区;三是工商业经济发达,与地域型政区以农业为主的面貌不同;四是有城市建成区,形成与地域型政区田野风光不同的城市景观。虽然由于与省级政区平行的直辖市辖有县级政区,这四个特点不如与县级政区相当的市那样突出,不过与省级政区相比,这些特点仍然明显。

但是20世纪80年代以来,城市型政区与地域型政区的界限又逐渐模糊起来。原因是地改市与整县改市(或称撤县改市)的县级市的大量产生,以及重庆直辖市的设置,使许多以市为通名的政区,不再以城市型政区面貌而是以地域型面貌出现。所谓地改市是指将原来的省以下、县以上的地区这一级准政区改成地级市(其改法或以一个地区改一市,或将一地区分为一个以上的市),并以之管辖数县(或县级市)。这样一来,市的形态发生了根本性的改变,如作为浙江省省会的杭州市不再是西湖边上有城市建成区的那个中等城市,而是管辖了七个县(县级市)的一个大杭州市。所谓整县改市是相对于过去的切块改市而言的。过去的切块改市是将某一县的县城或该县的某一城镇切离出来设市,整县改市则是将原来的县改名为市,而在形态上不作任何变动。这样的市称县级市(也有在级别上直接升为地级市的),包含着原来广大的农村地区。至于重庆直辖市则更加特别,面积有8.2万平方公里,人口约3000万,下辖一个地区与两个地级市,这两个地级市又各下辖数县(县级市)。这完全是一个小省的格局,但仍称之为市。这三种市的存在,使得城市型的政区变成20世纪20年代到80年代之间一种特殊政区类型的称呼,而与今天称市的政区不能相当,造成了行政区划研究方面的混乱。对于地改市与整县改市的做法究竟利弊如何,已经有过不少争议,这里暂置勿论。

第二章　行政区划史的研究意义

行政区划史作为专门史的地位过去一直未曾确立。行政区划作为行政管理的一项必不可少的手段，可以归入政治制度范畴，因此行政区划史的研究可以看作是政治制度史尤其是行政制度史的一个组成部分。但由于行政区划具有地理空间的特点，变迁复杂，与其他历史地理现象的复原有共同的难度，不像行政机构的设置、合并、撤废、析分那样容易理解，因此历来的行政制度史几乎不涉及政区的复原问题，至多把政区名目加以罗列而已，这显然是远远不够的。二千年来，尤其是18世纪以来至今的学术积累，已经让我们有条件将行政区划历史变迁的研究当作一门专门史来对待。本书的写作，便试图在总结前贤研究的基础上结合自身的研究成果，使中国历史上的行政区划变迁过程得以全面复原，并希冀能借此建立行政区划史的专门学科分支。

第一节　历史编纂学的需要

历史研究有两个基本领域：一是历史编纂学，一是历史哲学。历史编纂学是以复原历史面貌为主要研究对象的。随着历史学的发展，人们对各种历史变迁有越来越多的兴趣，尽可能地想了解所有的历史真相。当然，所谓历史真相的复原往往带有历史学家的主观意识在内，因此极端的看法是历史真相永远无法确知。这一论调过于悲观。事实上，长期以来，无论在中国还是外国，历史学家们无不在追求历史事实的复原，如果没有这种努力，就不可能有历史哲学的基础。与此同时，还应该注意到，历史真相受到歪曲的程度在不同领域里是不同的，在人事方面，真相被掩盖的可能性大些，而在制度方面，客观的真实性则较为可靠。具体到行政区划而言，历史的记载者不太可能对这方面的原始资料去作任意的歪曲。因此，根据历史文献作出的这方面结论相对真实，比较成问题的只在于研究的难度。

历史研究有整体性与特殊性的要求。整体性要求历史上的一切现象都是研究的对象，对我们现在所做的工作来说，就意味着政区史必须与其他专门史一样受到重视。特殊性则是只有中国对行政区划的变迁有如此完整的记录，使复原其真相成为可能，这本身就是中国高度发展的文化史与政治史的体现。历时绵长、变化复杂的行政区划过程又深刻地体现了中央与地方的关系，体现了政治过程的调适功能。历史编纂学作为历史哲学基础的特点，也深刻地反映在行政区划变迁的研究中。晚清学者龚自珍说："欲知大道，必先为史。"他十分看重历史的认知功能，"大道"可以说是就历史哲学而言的，"为史"说的则是历史编纂学。本书的研究基本上属于历史编纂学的范畴。

一、行政区划是解释历史事件的基础

在中国传统的学问中，地理学一向是历史学的附庸。地理类书籍在古籍的四部分类中是属于史部的。这和小学类（即音韵学、训诂学、文字学）书籍附属经部是同样道理。读通小学是为了解经的需要，讲明地理则是为了读史的需要。地理是历史的舞台，表明了历史事件在何处发生。过去中国史学界有个比方，认为要学好历史，必须具备"四把钥匙"，地理就是其中之一。无独有偶，德国史学界也有类似的比喻，说历史有"两只眼睛"，一是年代学（cronologie），一是地理学（geographie）。所以一般国家都有历史地图的编纂出版，将历史现象表现在反映当时地理面貌的地图上，以加强读者对历史事件的理解。

由于中国长期的中央集权统治方式，地理位置经常以政区名称来体现。一切事件的发生地都在某政区当中，因此弄清政区变迁与了解事件发生地点是联系在一起的。行政区划是许多专门史和人文地理学分支学科的研究基础。既然一切历史事件无不发生在一定的政区中，因此行政区划其实是历史事件的坐标，也因此，各正史的《地理志》（郡国志、州郡志）实际上建立了该朝代的地理坐标，将自然地理要素和人文地理现象系于各级政区之下。甚至一条连贯的河流，在地理志上的记载有时也是分别系在源头与入海口所在的县里。如果不先复原政区的面貌，就不容易理解这条河流在当时的走向。换句话说，不理解政区地理就难以理解历史事件的经过。可见所谓"钥匙"的意思，就是先要读懂历代正史的《地理志》，弄清楚各个朝代的政区地理情况。

进一步而言，理解政区地理还不单单是为了了解历史事件发生的地点，更重要的是为了了解历史事件发生时的各种地理背景，以解释该事件的前因后果。例如，西汉初年，汉高帝刘邦为了巩固中央皇权，分封同姓诸侯，在西汉版图的东半部建立了半独立性质的十个诸侯王国（九个同姓、一个异姓），其本意是希望这些同姓诸侯能够共同拱卫中央政权。虽然在他死后，这一政策的确起了一点作用，挫败了外戚吕氏企图夺权的阴谋。但是这一政策同时又潜藏着巨大的危险，一旦这些诸侯联合起来反抗中央政权，则国家的统一就要受到破坏。有鉴于此，汉文帝接受谋士贾谊提出的“众建诸侯而少其力”的建议，将一些版图较大的诸侯王国分为几个小国，如齐国分为七，淮南国分为三。到了汉景帝三年(前154)，果然发生了中国历史上统一王朝中的第一桩地方叛乱事件，即所谓吴楚七国之乱。这次叛乱来势汹汹，一时间似乎对中央王朝构成巨大威胁，但其实是色厉内荏。如果是汉初的形势，十国之中有七国叛乱，那么局面必然不可收拾，但此时之七国除了吴、楚两国稍大外，其余五国都很小，即有四国不过是原齐国的一部分而已。因此叛乱七国的实力并不大，历时三个月便被敉平。如果我们熟悉政区地理，则这一结果就容易理解。但在《史记》与《汉书》中，对于汉初十个诸侯王国与汉景帝时的吴楚七国的具体版图都没有明确的记载，必须经过专门的考证才能复原其本来面貌。这类的考证过程就是本书的主要任务。

二、行政区划反映政治过程

上面所提到的汉高帝分封诸侯王国与汉文帝“众建诸侯”的策略，从政治学的角度看，都是一种政治过程。行政区划的变迁正是从一个侧面反映了这样的政治过程。由于分封了十个诸侯王国，刘邦自己所直接控制的地盘只有十五个郡，占西汉版图的一半而已。这些郡被称为“汉郡”，这个名称是十分特别的，意味着只有皇帝直属的郡才是汉朝的郡。而诸侯王国所领属的郡称为“支郡”，并非归皇帝即汉朝(直接)所有。当然皇帝对这些诸侯王国有统辖权，但也给他们很大的相对独立的权利。这是一种既空前又绝后的很特别的政治过程。

以上只是一个例子而已，实际上，中国二千五百多年的行政区划变迁过程，最直接地反映了中央与地方关系的变迁。一部行政区划变迁史实际上是中央与地方关系史的一面镜子。自秦始皇统一天下以来，行政区划层级的循环变迁、幅员的伸缩起伏、边界划定原则的取舍，都是二千多年的政治过程的直接写照①。

此外，地方职官与行政区划密切相关。官僚制度是超大规模行政的必然要求，是中国人的杰出创造。在西方中世纪出现王权行政、庄园行政、僧侣行政的同时，中国则是皇权专制的官僚行政。官僚行政除了体现在中央朝廷以

① 参见周振鹤：《中央与地方关系史的一个侧面——两千年地方政府层级变迁的分析》，《复旦学报》1995年第3期。

外，更集中地体现在地方权力机构中。所以官僚行政的实质也要透过行政区划的变迁才能看得更清楚。有时，为了安置官员不得不以增加行政区划为代价。官僚制的实施体现了理性倾向，因为一个幅员辽阔的大国，如果没有一个严密的官僚体系就难以治理，没有合理的行政区划也是一样。因此，通过对行政区划变迁过程的全面研究，将使我们更深刻地认识到中国行政制度史的内涵，同时也将对中央集权制下的官僚行政的改革看得较为清晰。

三、行政区划反映经济发展的态势

行政区划的变迁最集中地体现政治过程之外，还展现了历史上经济的发展、文化的变迁、军事制度的更新等内容。

在历史上，中国的经济重心出现从北到南的转移，行政区划的设置也相应地出现了从南稀北密到南北均衡以至南密北稀的变化。经济越发达的地区，政区划得越小，以便设置更多的行政机构进行管理。关于行政区划分布变迁的这一态势，详见《总论》第六章第三节的分析。这里仅以明代广东县级政区为例作一说明。

从明代景泰三年(1452)至崇祯末年，广东除升改泷水县为直隶州外，新设1州、22县①。新设县占全省总县数77县的七分之二。自西汉以后的千余年中，广东地区以明代设县比较集中，而且集中在明代的中后期。说明一方面，这一时期偏僻地区治安趋于恶化，另一方面，不发达地区的经济得到了开发。在两三个县交界处设置新县，以镇抚在“三不管”地区出现的治安问题，如广东惠州府龙川县和平岗，地处龙川、河源与韶州府翁源县以及江西赣州府龙南县等两省三府四县交界之间，该地崇山绝壑、山林险阻，“时有不逞者盘踞其间”，提督南赣都御史王守仁在“平浰头寇”之后，于正德十三年(一说十二年八月)奏析龙川、河源二县地置和平县。两广提督(总督)张臬在平定张琏、王伯宣、林朝曦等山寇之后，于嘉靖四十二年(1563)奏请析海阳、揭阳、饶平三县接壤之地置澄海县，又在离潮阳县治170余里，治安力量“势难遏制的西洋、乌泧、黄坑等三都置普宁县”②。万历四年(1576)，两广总督凌云翼平定罗旁山瑶族农民起义后，奏改泷水县为罗定直隶州，并设东安、西宁二县为州的属县。

置县即增加行政中心，必须设官署、建城池、辟道路、设驿站、兴学校、垦田地、兴水利、课农桑，自然要增强治安力量，促进经济发展。故凌氏在《奉命大

① 蒋祖缘：《明代广东巡抚与两广总督的设置及其历史地位》，《广东社会科学》1999年第2期。
② 分别参见嘉靖《惠州府志》卷2、卷5，隆庆《潮阳县志》卷1，郭棐等《广东通志》卷39。

征功已垂成并预计善后之图以保久安疏》中说:"罗旁东西山界计算,周遭约一千五百余里,其中田地肥饶,且产有砂仁、藤、蜡、蜜、漆诸利,可耕可采。欲为久安长治之策,必须添设州县。"罗旁山在今广东省西北部,自古交通闭塞,至今仍非通衢大道。两广总督不但升州设县,而且"以南北孔路直贯泷水之中,不惟血脉弗滞,而货财往来,元气更易充实"①,显然是使新立州县在经济上能有自立之基础。

第二节 相关学科的研究基础

一、专门史研究的重要基础

在学术领域,行政区划史的研究有着重要的意义。中国历史悠久,积累了极其丰富的行政管理经验——这些经验有的是为了促进社会的发展,有的却只是为了强化中央集权。在这些经验的指导下,中国的行政区划历史有着独特的发展历程,在政区的层级设置、幅员确定、边界划分方面都有一定之规,都反映了一定的政治思想。当然,政区的变化也与客观形势的需要息息相关,并不全是统治者个人意志的体现。因此,行政区划史的研究应该是政治制度史乃至政治史的一个重要分支,只有行政区划史的参与,才能使政治制度史臻于完善。但是以往的政治制度史多注重研究中央制度,而忽视地方制度;讨论地方制度又往往只及官制,而不及地方官员施政的行政区域。这种偏枯情况理应得到纠正。

但是对政区的理解并不是很容易的事情,对各正史《地理志》与其他包含政区资料的文献,常有因为误读而得出错误结论的例子。如《中国农业史》(科学出版社,1956年)中,根据《元史》的一条记载,就认为元初棉花的种植与纺织已经扩大到长江流域。这条记载的原文是这样的:至元二十六年(1289)四月"置浙东、江东、江西、湖广、福建木绵提举司,责民岁输木绵十万匹,以都提举司总之"。该书的作者以为这说明其时在江苏、安徽、浙江、湖南、湖北与福建都已经有了棉花的种植。其实这个结论有点冒失。这里至少有两处被误读:一是将湖广当成是湖南与湖北地区的总称,其实那是明代的事。在至元二十六年时,湖广行省只有今湖北省很少一点地方,同时却包括了今天的广西与海南两省之地。因此置湖广木绵提举司并不能说明今湖南、湖北当时就广

---

① 刘尧海重修《苍梧总督军门志》卷26。

泛种植了棉花，也许只是在广西与海南（尤其是海南）有棉花种植。二是江东木绵提举司的设置也不一定就说明棉花种植已经扩大到安徽。因为只要江苏南部地区广泛植棉，就得设江东木绵提举司，而当时松江一带是重要棉产地，这有其他史料可证明。而要证明安徽已种棉花，还须另有文献依据，仅凭此条记载不足为据。以政区名称来证明历史事件的地理背景自然是对的，但首先要弄清该名称在当时的地理范围，以免张冠李戴。在中国历史上名同实异或名异实同的地名与政区名引起的麻烦并不鲜见。这不但是某些专门史的作者因为非历史专业出身可能会犯的错误，即使是历史学家，如果不熟悉历史地理，也可能在其他方面出错。

举例来说，研究人口的分布与人口的密度（当然这同时也是人口地理的课题），如果没有行政区划作为计算或标记的基础，就无法进行；而且要注意到行政区划变迁的详情，才能得出正确的结论。譬如以唐代而言，在中唐安史之乱以后，由于北方移民大量进入南方，使南方某些州的人口快速增加，因而分置出新的州来。如位于今江西省东北部的饶州在乾元年间就分置了信州，使本身幅员大为缩小。有些研究者未注意到这一点，在进行唐代前后期，即开元与元和年间人口比较研究时，将前期的饶州户口与后期的饶州户口作简单化的比较[①]，遂以为其增幅不太大，仅增户数10%左右。但如果注意到唐后期饶州幅员的缩小，就应将唐后期的饶州户口与信州户口之和与唐前期的饶州户口作比较才合理，这样一比较，就会发现在同一地域范围内的饶州户口的增幅竟达到83%之多。由此可见，了解政区的变迁对于其他相关学科的研究有多么重要。否则任何计算结果都毫无意义，如果再由此结果而得出其他某些结论，那就更不可靠了。而上述简单化的错误，甚至连历史地理学家有时也不能免[②]。当然，这种情况的产生也有其原因，那就是此前对于政区变迁史的断代性概念还没有很好地建立起来。这一情况正好说明，只停留在复原一个朝代经制的政区面貌是远远不够的，那样会导致人们误认为政区变迁史是每隔一个朝代才发生一次变化。

二、人文地理分支学科的基础

人文地理是研究人地关系的学科，近百年来这一学科得到长足的发展，不

---

① 参见梁方仲：《中国历代户口、田地、田赋统计》，上海人民出版社，1980年，第104～105页。

② 参见黄盛璋：《有关长沙马王堆汉墓的历史地理问题》，《文物》1972年第9期（后来黄先生将此文收入其《历史地理论集》时对长沙国的疆域问题作了大幅修改，不再直接用《汉书·地理志》的十三县范围）。

断有新的分支学科的出现。行政区划变迁过程的研究是小尺度范围的政治地理研究的直接前提与基础。瞬时的行政区划史或曰共时的政区分布本身就是一种人文地理现象,即上述术语解释中的政区地理,或行政地理。而政治地理研究正是建立在政区地理及其他与政治过程相关的地理现象之上的①。行政区划史的研究,直接与微观的政治地理研究密切相关。所谓政治地理,其核心内容是研究政治过程与地理环境之间的关系。因为行政区划的历史变迁与政治制度、经济发展、文化观念以及自然地理环境都有密切的关系,所以研究这些关系在学术上属于政治地理的范畴。政治地理学在我国一直未得到充分的发展,但在世界上却是一门重要的显学。不过这门显学目前只注重于宏观的大尺度的研究领域,也就是着重研究全球性的、国家与国家之间的政治与空间的相互关系。至于微观的小尺度的政治地理学,除了"选区地理"一枝独秀外,在行政区划的研究方面基本上处于空白状态。由于中国典籍浩瀚,所保留下来的有关行政区划的政策、原则和实例丰富多彩,因此有条件为微观的政治地理学研究作出特有的贡献。

举例而言,明代本来就有一个正式的行政区划体系,大致可表达为布政使司—府(州)—县系统。但这一系统在晚明却因为政治形势的变化而出现管理失灵的现象,这就是在布政使司交界地带的治安情况日趋严峻,于是在正式行政区划体系之外又叠加了一层总督巡抚辖区,重点是治理管辖某布政司内的特别地区或几个布政司的交界地带。过去的研究者都忽略了这一变化。先师谭其骧先生特地指出总督巡抚辖区是实际上存在的另一个政区体系,并指导博士生进行专门研究②。而有趣的是,当时人尤其是外国人竟也注意到了这一情况。1595 年(万历二十三年)11 月 4 日利玛窦(Matteo Ricci)从南昌写给耶稣会总长阿桂委瓦的信中就这样说:"……后来我们到了赣州,它是江西省重镇之一。四省总督驻在这里。言四省总督,并非言他辖有四省,即江西、广东、湖广与福建,而是它位于四省交界处,治理上言四省交界处之每省两州。原因是几年前在这三不管处曾闹过土匪,打家劫寨,十分不安。因此明廷在此成立四省总督这一单位,其总督根据需要可以招兵买马,维持这八州的治安。"③这里所译的"总督",其实就是指南赣巡抚。利玛窦是在从韶关经过赣州到南昌的路上,就注意到了这个问题,可见南赣巡抚辖区的行政运作是何等

① 参见周振鹤:《建构中国历史政治地理学的设想》,《历史地理》第十五辑,上海人民出版社,1999 年。
② 参见靳润成:《明代总督巡抚辖区研究》,天津古籍出版社,1996 年。
③ 《利玛窦全集》第二册,台湾光启出版社,1980 年。

明显。总督巡抚辖区与布政司系统的并存就是晚明的一种政治地理面貌，不通过政区变迁史的研究是不容易看得清楚的。

人文地理的其他分支，如经济地理、人口地理、文化地理也与政区地理密切相关。先举经济地理一例为说。食盐的行销自然是一个经济地理问题，但在中国古代，由于食盐与国家收入及民生的关系密切，一直实行国家专卖制度，于是专卖行为就不但与作为专门史的经济史相关，而且与行政制度进而与行政地理有关，例如行盐区与政区的关系就是一个最直接的话题。据姜道章研究，食盐“销区的界线总是与行政区划界线平行”，而且他强调“盐的运输及其销区结构，极受行政区划影响，州县总是盐的分销基本单位，一个州县从来不会划分为两个部分，而分属两个不同的销区，一个州县所消费的盐，总是只从一个产盐区取得。甚至一个府也极少会划分属于两个不同的销区”①。

新近的研究则认为：“两淮定例实际制造出带状性的盐界，乾隆年间允许邻区食盐在周边流通，意味着盐界根本不是制度上规定的那条清晰的界线，而是相当模糊的一个区域，那些允许邻盐自由流通的区域，实际充当两淮盐区之界。在这个情况下，作为经济性、行政性区域，盐区本身也是历史构建的结晶。”②这说明行盐区与行盐区之间并非是一条几何意义的线条，而是一个带状的小区域，而清代湖南的衡州与永州两府、江西的赣州府一带就处于这样的区域之中。上述两项研究都离不开以行政区划为基础的分析。一直到今天，各级地方政府依然是利益的主体，经济区往往是行政区的同义语，脱离或超越行政区的经济区很难有正常的运转功能，这将在后文再提及。

人口地理的研究对象中有一项是人口的迁移或者说人口的再分布问题。在某些情况下，人口的迁移数量和迁入地在史籍上并没有明确的记载，但通过对新的行政区划设置过程的分析，我们却可大体了解某一时期人口迁移的基本情况。例如从先秦直到东汉末年，在今浙江与福建地区长期以来只有两个县的建置，但在三国至西晋初年，这一地区突然增设了十三个县。这些县的设置时间与地理位置，充分说明东汉末年以来的战乱，迫使相当数量的人口从长江三角洲地区沿着海路与陆路两条途径迁入浙南与福建地区。从陆路入闽的人口引起闽西北地区新县的设置，而福建东南地区建立的县则明显是从海路而来的移民聚集所促成的③。

---

① 姜道章：《历史地理学》，(台北)三民书局，2004 年，第 328、330 页。

② 黄国信：《区与界：清代湘粤赣界邻地区食盐专卖研究》，(北京)三联书店，2006 年，第 204 页。

③ 周振鹤：《从历史地理角度看古代的航海活动》，《历史地理研究》第二辑，复旦大学出版社，1990 年。收入《周振鹤自选集》，广西师范大学出版社，1999 年。

而如果结合各行政区划的设置时间与户口数目的变迁的研究，则更可以较明晰地看出人口再分布的态势，乃至可以发现这样的现象：唐代安史之乱引起了北方人民向南方迁移的大浪潮，更由此而产生了方言变迁的过程①。

文化地理与政区地理同样有密切的关系。笔者在研究吴方言的分区时就注意到吴语次方言区与中世纪以来的统县政区，也就是说，与唐宋的州以及明清的府有重合现象。同一府的人民，其方言有相对的一致性，而与他府则有较明显的差异。而这种政区之间的方言差异，却又与移民有关。大致说来，在未开发地区往往是由一两个县先开始奠基，而后这一两个县再移民到未开发地去，而建立新县，最后由一组新县建立一个新府，于是这个府的方言就自然存在一致性。加之苏南与浙江地区的府界大约在千年之间一直保持着相对的稳定，就更为府与府之间的方言差异提供了背景②。因此，分析方言地理以及绘制方言地图一定要以历史政区地理与历史地图为基础，这一点近年来已经成为方言地理学者的共识。

在宗教信仰方面，也有明显的行政区划痕迹。中国本土宗教的多神信仰的特征之一就是存在众多的地方神，这种地方神的产生有不同的来源，但许多是由人而神，即对地方有大功大劳的人被尊崇为神。这种地方神往往有其影响的范围，而这个范围与行政区划有千丝万缕的关系。浙江对地方神——胡则的信仰起先就主要流行于金华与衢州地区，即唐宋的婺州与衢州，再向浙江其他地区扩展，达到清代的十府六十二县的规模，但始终不出浙江省的范围③。近世基督教来华，其传播过程与传教地域也与行政区划有很大的关联。据张晓虹研究，清末民初基督教新教的内地会系各差会在陕西的传教区就与行政区划相当一致，即“内地会以汉中府和兴安府为宣教区，瑞华会宣教区约等于同州府，北美瑞挪会的宣教区包括西安府、凤翔府、邠州和乾州在内的关中西部地区，挪华盟会宣教区等同于商州”。而公理会亦曾声明，以县界为其宣教范围，但在力不从心的情况下，其他差会可酌情越界进入其宣教地开展工作。可见，政区对宣教工作有着一定的制约作用④。由于天主教的管理方式是以教皇为首的分层级的教区管理，与世俗的中央集权制下的行政区划相类似。因此在

① 周振鹤：《唐代安史之乱与北方人民的南迁》，《中华文史论丛》1987 年第二辑；《客家源流异说》，《学术月刊》1999 年第 3 期。

② 周振鹤：《现代汉语方言地理的历史背景》，《历史地理》第九辑，上海人民出版社，1990 年。

③ 朱海滨：《民间信仰与自然区域及行政区域的关系——以胡则信仰为例》，《中国历史地理论丛》待刊稿。

④ 张晓虹：《晚清至民国时期陕西基督教宣教区研究》，《中国历史地理论丛》2006 年第四辑。

中国传教的天主教代牧区的分划也与中国原有的行政区划相重合①。

要而言之，政区地理是人文地理各分支的研究基础，这一点不能不引起我们的重视，即上述对专门史与行政区划相关的分析，也主要是体现在地理方面。因此政区地理的重要性是不言而喻的。

第三节 行政区划史研究的当代意义

一、行政区划的可变性与承继性特征

行政是政治的主干。就当今的世界而言，不仅在政治发展程度较低的发展中国家，行政权力传统上的主干地位还没有受到多大的动摇，而且在发达的西方国家，行政集权也已成为难以阻挡的政治走向。数千年的文明史使中国的行政文化有着丰富的历史积累，但是现代化的进程，也显然使这一传统行政文化受到挑战。中国社会正处在由全能的行政控制向以市场为主导的体制转型的过程中，这使大规模的行政陷入了空前的困境，也使中国的行政文化面临转变的关头。早在古希腊时代，西方即有分权与民主制的形式，无论这种民主制的范围和阶级本质如何，它在形式上提供了行政与政治分离的范式。随着向中世纪过渡，宗教与行政分离而成为一支独立于社会行政管理(按：实际上在某些地方代替行政管理，如英国的教区 parish)的精神力量，这种分化的状态为独立研究行政演变的历史提供了可能。而中国古代社会政治与行政分化程度较低，皇帝既是全国的政治、行政首脑，又是“天意”的唯一代表(但“天意”若转移，则改朝换代。这与日本不同，日本是以天皇的万世一系的形式上的不变来表示天命的不变，而把权力所有者如幕府的将军与天意代表者的天皇分开)，社会不存在凌驾于皇权之上的宗教力量。这种政治、行政、宗教高度融合的特征对后来的行政有深刻的影响。

在这种政治与行政高度一致化的情况下，行政区划的重要性十分突出。这是实行中央集权制的最便利的手段。由于行政区划体系是中央集权制度下的产物，所以行政区划有可变性的特点，中央政府的一道命令即可随时建置、废弃或合并个别的行政区划，可以创建新型的行政区划，甚至还可以改变整个行政区划体系。正因为有这种可变性，才会有行政区划变迁史的出现，至今民政部每年都要出一本行政区划简册以记载上一年的行政区划变迁情况，就是

① 张晓虹：《陕西天主教教区的初步研究》，《九州学林》2005 年夏季(三卷二期)，第 97～129 页。

这个道理。个别行政区划的改变是经常发生的事,新型行政区划的出现则相对不那么频繁,而整个行政区划体系的变动则是不常有的。在中国历史上有过三次对行政区划体系的大变动,发生在三个短命或较为短命的一统王朝:首先当然是秦始皇统一天下后全面地推行郡县制;其次是隋文帝将州郡县三级制改为州县二级制;最后是元代在兼采前代不同政权原有行政区划体系的基础上再加一层行省,使行政区划体系变得空前复杂。至于新型行政区划的创建,当以宋代路的设置最为特别,路的设置既使这一级政区缺失单一的行政长官,又使分职的长官有不同的行政地域。此外,明代在部分地区以军管型的都司卫所作为正式政区也是较为特别的设计。

虽然行政区划有其可变性,而且局部的小范围的变化始终存在,但为了保持统治的稳定,历代王朝一般不对其作根本性的变动,甚至在改朝换代时,后一朝代也都是在前一朝代的基础上加以局部的调整,很少在王朝建立伊始,即对前朝的行政区划体系作翻天覆地的改造。例外的情况,可算是短命的王莽新朝,完全设计一套新体系新概念,结果是彻底失败——在任命新政区地方官员时,不得不以旧政区来说明其管辖的地域在何处。行政区划体系不轻易改变的这种特征,可以称之为承继性。

这种承继性使得新王朝即使打算在行政区划体系方面另起炉灶,也要在政治局面相对稳定以后才逐步进行。朱元璋显然是不满意于元代的行省制度的,但在各地逐渐驱逐元代统治机构的过程中,依然建立明代的行省,直到大局稳定以后若干年,才采用承宣布政使司来代替行省,同时建立与布政使司并立的都指挥使司及按察使司以分布政使司之权。而这一做法在形式上是模仿宋代路一级行政机构的漕、帅、宪、仓诸司的制度。因此在某种意义上可以说,行政区划体系是一切行政制度中最不易也不宜突然地彻底改革的一种制度。当然,历史上许多重要的制度改革并不发生在朝代鼎革之际,而往往发生在某一朝代内部,不独行政区划为然,但行政区划尤为明显。后朝总是先接续前朝的制度,而后再作适度或较大幅度的调整。因此研究行政区划的变迁史,了解中国历史上行政区划变迁的基本特点与规律,会给我们以启发,让我们知道在新的形势下,应该如何调整、改革行政区划,以促进经济的发展;同时也让我们了解,混乱的行政区划会给社会带来冲击,并影响经济的发展。

二、今天我们如何改革行政区划体系

新中国成立以来一直到 20 世纪 80 年代,行政区划的实质性变化不是很大。其基本体系还是省—地区—县的虚三级制。但有一个比较重要的变化,

就是有的市下辖县。1958 年北京与上海两个直辖市各辖十个左右的县。民国时期的市纯粹是与作为地域型政区的县平行的城市型政区。而以市辖县的制度,使得原来的城市型政区又退回到地域型政区的形态中去,混淆了两类不同政区的差别;使得城市型的点状形态,又变成面状形态;使工商发达、人口集中的城区又与农村地区同处于一个政区内,实际上是一种权宜的行为。这种情况的出现有其原因,即行政区划之间的壁垒,使得一些城市不得不建立自己的副业基地,以保证城市自身的副食供应。但这段时期以市辖县的情况并不算普遍,所以对整个行政区划体系影响不大。80 年代以后,这种情况不但日益普遍,而且成为一个改革浪潮,即逐步将地区改成地级市,并下辖数县,从而将整个行政区划体系改为省—市—县的实三级制。市的概念从此发生质的变化,变成与省、县同质的地域型政区,失去了原有的意义。与此同时,还发生了另一场改革,那就是县级市的出现。这是在城乡结合、以城关镇带动全县经济发展的名义下进行的,这种做法与过去传统的切块建市不同,它不让已经成熟的城镇工商区域单独建市,而将其与农业区捆绑在一起改成市。其初衷是要以城关镇或县里某个经济发达的镇来带动全县的发展,一起城市化。但 20 多年来的实践证明这种思路未获成功。许多县级市依然是农村形态,并没有将全县都变成城市型政区,相反却增加了一些混乱,出现了地级市下辖县级市这样没有法律依据的现象。虽然名义上县级市直属于省,地级市只是代管,但这仅仅只是名义上的,实际上就是地级市管县级市。

在许多农业县纷纷改为县级市的情况下,直辖市下属的县怎么办呢?这些县比一般的县级市要发达得多,难道不应该改为县级市吗?只是这样一来,就会出现如上海市下辖嘉定市的尴尬情况。一般的县级市名义上还属省,而直辖市下的县如果也改成县级市的话,就是名副其实的市辖市了,所以只好改成区。而这样一来,这个区到底是郊区还是市区就分不清了。为了避免混乱,于是又出现了"城区"一词,用以表示真正的城市型政区。而市区概念则模糊了,既保留着原有的城市建成区的概念,又包含了那些既有建成区状态又有大片农村形态的由县改成的区,造成了一定程度的混乱。

基于上述这些情况,所以说 80 年代以来的这场改革不成功,没有达到预期的效果。市管县在某些地方甚至被认为是"市刮县",因为地级市可以运用自己的权力,利用下属县的资源来建设该市的城区。同样地,整县改市不但未能带动全县城市化运动,反而使农村的资源集中于建设一个中心城市,一般即是原来的城关镇。这种假性的城市化,使许多发展程度不高的县也趋之若鹜,尽管有些硬性的指标规定,并都能以各种手段"达标",但实际上未达标的县级市还有许多。这些县始终以第一产业为主，与以第二第三产业为主的城市毫无相同之处。而与此相反，一些经济发达的沿海县，有时其属下的县第二第三产业已很发达，人口也相当集中，却不能切块改市，妨碍了这些地区的更快发展。因此，最后由国务院叫停了县改市的做法。一项改革发展成这样的后果，恐怕是设计者所始料未及的。这充分说明行政区划的改革要经过缜密的思维，同时也要注意历史上的经验教训，这就是行政区划变迁史的当代意义。切块改市既有优点也有缺点，过去在推行县改市方针时，只强调其缺点，而忽视其优长之处，显然是缺乏历史观点的。

传统的行政区划体系对于一个农业社会而言，是可以应付裕如的。在改革开放以前，工商产业发展缓慢，原有的体系虽有不适应之处，但只作小的调整即可应付，问题不是太大。但在改革开放以后，由于经济的突飞猛进，尤其是第二第三产业的飞速发展，使得原有的行政区划体系远远不能适应当代形势，势必要作较大的改革，而20世纪80年代的改革思路又难以突破原有的思维，所以地区改市、整县改市的做法应运而生。今天，这些做法虽然应该重加检讨，但亦无须过分指责。时至今日，经济发展更加迅猛，原有的行政区的刚性管理与经济区的弹性要求更加显得不相适应。经济的发展希望没有区域的限制，但行政区划的管理却是严格地被限制在政区边界以内。由于地方政府是利益的主体，在政府操作下的经济活动更是受着边界的限制，于是不同政区之间的经济合作如何进行一直是一个重要的问题，组织超越于政区之上的经济协作区自然是一个直观的思路，但实际的操作却往往并不理想，因为经济区仍然不能打破行政区的制约。20世纪80年代上海经济区的出现与消弭于无形，就深刻地说明了这一点。最近新兴的一些经济协作区如果不能打破由行政区主导的经济活动，就注定不会有令人振奋的效果。因此，今后行政区划体系的改革不能停留在简单地调整行政区划的层级或幅员的思路上，而是要从地方行政的制度上进行重大的改革，一方面在行政上建立协调机构或组织，另一方面也是更重要的是尽快转变政府职能，使之真正成为服务型的政府。这是早已提出的目标，但在实际上一直没有实现，不但没有实现，而且政府在经济活动中的地位越来越强化。不过这已超出单纯的行政区划改革的范围，也不是本书所讨论的内容了。单纯从行政区划改革的角度而言，恐怕最核心的改革还是应缩小省一级的幅员与减少政区层级。而这两者互相关联，在省级政区缩小幅员以后，政区层级就可以相应减少一级，形成省—县二级制。但缩小省区又是需要慎重进行的带根本意义的行政区划改革行为，应该在深思熟虑的情况下进行，以免重蹈解放初期平原省的撤废，以及后来三峡省的设计与流产等覆辙。

第三章 行政区划变迁研究的学术史回顾

第一节 行政区划研究史的三个阶段

历史学的发达，使中国史学的各个侧面都有长远的研究史，其中对政治史的研究尤被重视。行政区划变迁的内容与政治制度有关，因此对行政区划变迁史的研究也历来受到注意。如果我们对这一研究过程加以回顾，大致可以依据研究内容，将其分成三个阶段。

一、史料编纂阶段

可以说，自从行政区划出现以后，有关其变迁的情况，诸如置废分合等记载就成为史书的内容之一，在《左传》、《史记》等重要史籍中我们都可以看到这样的记载，但这些记载都是零星的、不成系统的，还算不上是一种研究。《史记》虽有八《书》之作，但其中有天官而无地理，甚至连秦始皇二十六年（前221）统一天下之时，分全国为三十六郡这样的大事，也只是一笔带过，而不具列三十六郡之名，致使后人聚讼纷纭。到了班固修《汉书》的时候，情况有了根本的变化。班固把西汉末年的政区面貌，以《地理志》的形式相对完整地记录下来，使后人得以对该时期的政区地理格局有比较全面的认识。历史编纂家的这个创造，虽然还不是严格意义上的政区史研究，但其时能够意识到行政区划的重要性，并将其作为框架，容纳西汉时期其他地理——例如自然地理、经济文化地理等方面——的内容，在行政区划变迁史研究方面已是一个质的飞跃。更何况《汉书・地理志》已经开始用简单的语句来叙述郡级政区的沿革以及部分县级政区的由来，可以算是一种研究了。班固《地理志》的编纂显然为后世的历史学家提供了一个楷模，因此在《汉书》之后，相继有十五部正史模仿其体例，也写出了自己的《地理志》（或称《郡国志》、《州郡志》、《职方考》）专篇。

随着史学本身的发展，历史学家对政区变迁越来越重视。唐代以后，在正史地理志之外,又出现了全国地理总志的体裁,比正史地理志内容更加丰富,从唐代《元和郡县图志》、宋代《太平寰宇记》,直至元明清三代的《一统志》都属于这一类地理总志的范畴。宋代以后,地方志的修撰形成制度,记述某一地的政区建置变迁,如果以民国末为断限,这样的地方志至今大约还留存上万种之多。地理总志与部分地方志同正史地理志一样,也是研究政区变迁的重要资源。此外,在政书一类典籍中,也有记录行政区划的专篇,如《通典·州郡典》、《通志·舆地略》和《文献通考·方舆考》,其中《州郡典》与《方舆考》的作用犹如正史地理志。由于行政区划随着历史的发展而不断变化,而且几乎是无时不变,因此在上述所有这些地理文献中,并非单纯记载当时的地理面貌,对前代的地理情况也有所追述。所以也可以说,这些地理文献事实上也是历史地理文献。但从根本上说来,这些记述所呈现的多是某一代(有时只是一代中的某一时间断限)政区的罗列或某一政区在历代的置废变化,还远不是真正意义上的政区史研究。

二、个别的考证订讹阶段

虽然历史文献对历代政区有所记载,但如果详细研究,会发现这些文献都存在或多或少的错讹阙漏,而与此同时,还有些朝代的正史不列《地理志》,这两个因素直接影响了对各个历史时期政区面貌的复原。于是历代都有一些学者对这些文献记载进行考证订讹式的研究,力图探索历史政区的真相。这一研究工作发展到清代的乾隆嘉庆之际,终于与研究河流水道变迁的学问一起,蔚为沿革地理之学。清代有许多学者致力于这门学问,对正史地理志与全国地理总志以及有关政区的历史记载进行了全面深入的考证,并取得了显著的成就。这些成就主要体现在对上述文献的文字方面的校勘订讹,并解释文献记载中相互矛盾之处,以恢复史籍的本来面貌。其中仅对《汉书·地理志》校订补正的专篇就有十余种之多。这些工作是真正意义上的政区史研究工作的开始。其中最出色的学者是钱大昕,在他所著的《廿二史考异》中,对各正史有关政区变迁记载的匡正,大都是独具慧眼、发千古之覆的重要研究成果。他的研究虽然大都是个案式的,但却为整体的政区史研究奠定了坚实的基础。类似钱氏成就的学者凤毛麟角,却或多或少起了拾遗补缺的作用。当然清代也有些学者虽然名气较大,但在沿革地理考证方面其实成就不大,有些研究甚至是错误的,这一点是必须注意的①。

① 参见周振鹤《点石成金、披沙沥金与脸上贴金》(《读书》1995 年第 3 期)、《汉郡再考》(《文史集林》第一辑,远东出版社,1994 年)等文中的有关论述。

三、整体复原研究阶段

这一阶段又可分为两个小阶段。

1. 历代大势的研究阶段

差不多在考证订讹的同时，就已有学者开始从事综合研究，即以已有的史料为根据复原史籍上未曾记载的政区面貌。例如，对秦始皇三十六郡的研究就曾引起一股热潮，清代不少学者经过研究提出了各种不同的设想，这是综合研究的典型尝试。与此同时，还有些学者从事补写某些朝代或历史时期的地理志的工作，如补三国疆域志、十六国疆域志等。补志的工作一直延续到民国时期，而且还有学者进一步对这些补志的不足之处再作订补。在这些工作的基础上，有学者开始将眼光从个别朝代转移到整个历史时期，将历代地理志所反映的政区面貌连缀起来，编成历代地理沿革表和历代舆地图。其中最具代表性的著作是陈芳绩的《历代地理沿革表》与杨守敬的《历代舆地图》。但无论是复原秦始皇三十六郡，从事补志工作，还是编辑历代沿革表与舆地图，所有这些研究者，都还是以地理志为某一朝代的经制作为指导研究的基本思路。换句话说，一般的研究者大都以为秦一代的政区就是三十六郡，而西汉一代的政区就是《汉书·地理志》里所载的一百零三个郡国，还没有更深入地想到秦一代十余年，三十六郡不可能一成不变，而西汉一代二百来年，其郡国变迁更是繁复。这种认为一个朝代只有一副政区面貌的认识与研究方式，我们姑且称之为通代的研究。这种认识一直到 20 世纪 70 年代还存在，当时长沙马王堆汉墓出土了极为珍贵的古地图，墓主的下葬年代在汉文帝时，其时的长沙国封域比《汉书·地理志》所载范围大得多，但受到当时认识水平的限制，有些历史地理学者仍以《汉书·地理志》所载的长沙国为说。在这一阶段中，未必没有学者认识到在一个朝代之中政区是不断变化的。但是复原一个朝代的代表性政区，有各正史的地理志作基本依据，相对而言难度较小（虽然也很难）；而研究一个朝代之中的政区变化过程，只有不成系统的零星的记载可参考，难度很大。所以直到 20 世纪 70 年代《中国历史地图集》内部版问世时，政区变迁的研究基本上还处于历代大势的水平上。

历代大势研究的局限性是明显的，《汉书·地理志》所列一百零三个郡国，只是西汉一代政区经过繁复变化尘埃落定以后的结果，仅从百三郡国分布图上我们看不出政治过程对西汉政区的影响，也看不出政区变化如何反过来影响政治过程。我们无法了解汉景帝三年（前 154）吴楚七国叛乱之前的诸侯王国的实力，不能直观地理解汉文帝时贾谊所提的治安策在当时已经发生作用，因为经过"众建诸侯而少其力"以后,叛乱七国已经小而无能为力了。《剑桥中国秦汉史》的作者们充分意识到这一点,所以极力想复原汉初与西汉中期的政治地理形势,该书中附了好几张地图,但由于政区变迁的研究十分专门,这些地图除了西汉末年的百三郡国一幅外,没有一幅是准确的①。

2. 断代研究阶段

所谓断代政区地理研究是指复原一个朝代之中的政区变化全过程,这也是姑且用之的提法,因为这样的研究充其量不过二十来年的时间,尚未蔚为大观。但在清代乾嘉时期,已经有人开始意识到,地理志并不能代表一个朝代的政区面貌,因为政区的变化几乎是无时不在发生,要全面反映这一变化过程,就必须进行更加深入细致的研究。由徐文范所著的《东晋南北朝舆地表》(定稿于嘉庆八年即 1803 年,但属稿很早,初稿至迟于乾隆五十四年即 1789 年即已完成,因钱大昕于此年已为之作序)试图理清东晋十六国与南北朝时期的政区变迁过程。这是一个分裂的时期,有的国家与朝代历时很短,如果要全部弄清,则近乎是断代研究了。认识到行政区划是无时不变而不是在一个时代里一成不变的,并不是一件容易的事情,清代时仍有许多学者没有悟到这一点,如王鸣盛。

到了清末,这种想要透视断代政区面貌的要求更显迫切,吴增仅撰于光绪二十一年(1895),又由杨守敬补正的《三国郡县表》,可以说是一种断代研究开端的标志。该表虽未能详及逐年的变化,但在经过深入考证后,能列出魏、蜀、吴三国每一代君主在位时的所有州郡县名目,以反映三国时期的政区变化情况,已属难能可贵,这种详细到如此小的时间段的研究方法与成果,均为前人所未见。与此著性质相类似的是王国维的《秦郡考》与《汉郡考》两篇著作。前者不但想确定秦始皇三十六郡是哪一些,而且试图研究秦一代的郡目,即秦一代郡的数目与名目的变化,其结论是秦一代有四十八郡,而且具体考证出了这四十八郡的名称。这里所谓的"秦一代",已暗含断代研究的意味。当然受到史料的限制,王氏未能逐年地列出秦一代的政区变化(有些变化受制于原始史料的限制,是永远无法达到以逐年为尺度的)。《汉郡考》虽不是研究西汉一代政区变化的,但已接触到关键的问题,即提出从汉高祖到文、景、武帝,汉郡数目也是变化的,而《汉书·地理志》对这一变化的记载是有误的。尽管王氏的研究还有不尽完善的地方②,但这两篇文章却是振聋发聩之作,代表了一种新

① 参见周振鹤:《〈东汉政区地理〉序》,见李晓杰《东汉政区地理》,山东教育出版社,1999 年。

② 参考谭其骧:《秦郡新考》,载《长水集》,人民出版社,1987 年;周振鹤:《汉郡再考》,载《文史集林》第一辑,远东出版社,1994 年。

的断代政区变迁研究的思路。

到20世纪30年代，以《禹贡》杂志编辑者与撰稿人群体为代表的新一代历史地理学者，把眼光投向更深入的研究，发表了许多有分量的论文。但关键性的变化发生在七八十年代之际。由复旦大学历史地理研究所谭其骧先生主编的《中国历史地图集》，已开始在两个方面推进政区变迁史的研究：一是断限，二是增加总图。断限就是在任一朝代的地图上都标明具体年代，如唐代是开元二十九年，明代是万历十年等。其意思就是表明这幅历史地图上的地理现象（包括疆域政区与自然现象），并非一个朝代的不变的面貌，而只是那一年的实况而已。这一做法过去从未有过，说明朝代内部的政区变化已经开始受到重视。但在当时的情况下，还来不及对所有朝代的政区变迁进行全过程的研究，所以先采用了一个权宜的做法，就是在一些疆域政区变化较大的朝代里增加总图，这些总图表现一些关键年代的疆域与政区的大概情形，虽然比分幅图简略，但已能使读者明白该朝代在不同时期疆域政区的大致变迁。这些做法表明历史政区地理的研究已经远比过去任何时候更加深入，研究水平已有很大提高。

但是上述做法毕竟只是在关键年代增加总图，也是在历史资料比较丰富的年代，而对于复原一个朝代内部政区变迁的全过程，亦即以年度为标尺复原每一年的政区面貌的可能性是否存在，当时还是没有把握的。改革开放以来，基础学科的学术研究工作再度受到重视，使表面上与国计民生关系不大的纯学术课题研究得到施展。在这种学术环境下，研究者经过逐步的探索，发现复原西汉一代郡级政区逐年的变化是完全可能的。这种发现是将研究范围不断拓宽的结果，起初的研究范围只是一个王子侯国，随后及于一个诸侯王国，接着是所有诸侯王国，而后才是整个西汉的所有政区。这种探索的成功带有一定的偶然性。由于原始史料不足，如《汉书》中简单的一句“削两县”的记载，使人无法确知这两县是哪两县，又位于何处，于是也就无法复原“削县”前的王国封域，这样一来，就谈不上复原政区变迁的全过程了。所以在起初，研究者根本没有把复原西汉一代政区变迁全过程悬为鹄的，只是在研究过程中，才发现如果方法运用得当，是可以将上述“削两县”一类的谜破解出来的。这种逐步研究的成果体现为笔者的《西汉政区地理》一书，这实际上是有同一思路的导师与研究生两代人的共同创造①。

这样的研究因为与过去通代的研究在深度方面有所不同，所以称之为断

① 参见谭其骧：《〈西汉政区地理〉序》，见周振鹤《西汉政区地理》，人民出版社，1987年。

代的政区地理研究,就如同于历史学中通史与断代史的区别一样。当然西汉政区地理研究的完成,并不表明任何朝代都有可能取得同等的研究成果。例如北朝时期的政区变迁过程也是难度很大的研究课题,而有关资料比西汉一代更为缺乏。而且就西汉而言,所解决的主要是郡级政区问题,县级政区的变迁限于传世史料的不足,不能复原其全貌,只能有赖今后考古发现的补充,局部地予以复原(如相当数量封泥的发现使汉初楚国的属县大体可以弄清,而最近湖北荆州纪南城松柏汉墓出土的木牍又使汉武帝前期南郡的属县十分明确)。而唐代以后,由于政区变迁资料的相对丰富,使得断代政区地理研究有可能取得比西汉更为详尽的成果。要之,我们大体可以说,从 80 年代起,已经进入断代政区地理研究的阶段,除《西汉政区地理》以外,靳润成的《明代总督巡抚辖区研究》、李晓杰的《东汉政区地理》也都是同类成果。

以上三个阶段的分析是从历时的发展角度而言的,说明人们的认识已从订正有关政区史料的讹误,到研究个别的政区变迁,从历代的变迁大势,到呈现所有朝代的变迁全过程。但这并不是说,后一个阶段的工作将取代前一阶段的工作,因为第一、二阶段的工作是永远需要的。例如现在每年由民政部编纂的《中华人民共和国行政区划简册》就是第一阶段的工作,为今后的研究积累了可靠的原始资料。历史地理学界经常进行的其他个案式的政区变迁的考证则是第二阶段的工作,没有这些基础性的工作,第三阶段的研究就无法进行。

第二节　行政区划变迁史的撰写

整体性的政区变迁过程的研究成果有图、表、志、史等形式。图指历史地图,表指沿革表,志指正史地理志与地理总志,史指以文字叙述为主的专门史。而完整的政区变迁史应由文字的叙述论证、沿革表和历史地图组成。

中国历来重视历史地图的编纂,"左图右史"是典型的中国史籍模式。早在晋代就有裴秀的《禹贡地域图》以表现传说中夏代的中国,现存的最早表现历代行政区划变迁大势的历史地图集是南宋刊行的《历代地理指掌图》。此后,一直到晚清,类似的历史地图集代有所出,直到清末,杨守敬集大成的《历代舆地图》问世,代表着传统历史地图集的终结。20 世纪 80 年代,谭其骧主编的《中国历史地图集》出版行世,是以现代地理科学思想为指导的、反映历代疆域政区与河流水体变迁过程的最杰出成果。

沿革表的编制最具中国特色,如果中国不是使用方块汉字,而是像西方那样使用拼音文字,大约也不可能有沿革表的产生。方块汉字最集约地容纳了尽可能多的信息量,使沿革表的编制成为可能。沿革表的编制方式是以政区为经,以时代为纬。这样从纵向可以看出此政区在不同朝代的变化,从横向则可了解某一朝代存在哪些政区。早期沿革表中最具代表性的是陈芳绩撰于康熙六年(1667)的《历代地理沿革表》(但实际刊行于道光十三年即 1833 年或稍后)。该表分三大部分,分别表示部(即高层政区)、郡、县三级政区在不同历史时期的沿革过程(县级政区是西汉、东汉、三国、西晋、南北朝、隋、唐、五代、宋辽金、元、明十一时期,郡级政区在其前加上秦,高层政区在其前加上虞)。除了这种分层级的、全国范围的沿革表外,在某些地理总志中,也有分地区编撰的沿革表。如《嘉庆重修一统志》分全国为二十一个统部,在每个统部前都列有该统部范围内府级政区从秦到明共十一个历史时期的沿革(加上当代即清代则为十二个时期),同时在各府级政区内又另列表反映该府所属各县的沿革。沿革表的优点是简捷明了,但缺点是必须分而治之,如果想在一个表中反映全国范围内各层级政区的逐年变化,则在技术上不但是不可行的,而且在阅读上也有很大的困难。沿革表至今还在使用,而且随着个案研究的深入,地区性的沿革表的年代变化可以越做越详细,但由于整体研究的不足,不同地区的变迁并不一定在同时发生,就使得这些表格在时间上无法拼接,因而看不出同一年代的全国甚至较大范围内的政区面貌。

地理志与地理总志本来是以某一朝代或某一时期的政区作为基本框架的地理著作,不是表现历代政区变化的专门史,但由于志书一般都有专门部分以追述历代政区的建置沿革,这部分内容的组合其实就是简略的前代政区变化大势。这一点在清代《嘉庆重修一统志》中表现得最为清楚,在每个统部、每个府与每个县中都要述其历代沿革(统部与府从禹贡起,县从秦汉起),当然都只能以朝代为尺度,而不可能更精细。正史地理志一般比较单一,既不附表,也不附图。而地理总志却往往附图,有时志文反倒成为图的附说。如《元和郡县图志》就是以图为主、以志为副的著作,只是流传过程中,图已亡佚,只有志文留存下来。当然其中的图也是当代地图,而不是历史地图。《大清一统志》是传统地理总志的最后一部,卷帙最繁,内容最为丰富,除了大量的、以文字叙述的当代(即清代)的地理内容外,还附有详细至府级政区的地图以及沿革表,是一部大规模的综合性志书。

尽管以图、表、志形式出现的政区变迁过程的研究成果自古以来就已存在,但是用现代方式撰写的、以行政区划为对象的专门史却迟迟未曾露面。图、表、志的形式各有其特点,但毕竟都有所侧重,缺乏综合性,读者无法从中看出动态的政区变化过程。尤其是志书,其重点是表现当代地理,而沿革部分被割裂在各个政区当中,失去了整体性的面貌。理想的行政区划史应该是包含文字叙述,并且附以图表的综合性著作。但这必须是在专门史成为一种新型的历史编纂对象以后,才有可能产生。在中国,直到19世纪末受到西方史学的影响之后,专门史才出现。但这些专门史起初还只是集中在政治史、经济史方面,后来则有军事史、文化史等,至于政区史这样的更加专门的分支,要到20世纪30年代才现出苗头。当然,追溯源头可以从沿革图说这种形式说起,以下我们就来回顾百年来叙述政区变迁大势的专门著作。

一、疆域沿革史的著作形式

日本学者从江户时代以来就有编纂《唐土州郡沿革图》一类中国历史地图的传统[①]。到19世纪末,重野安绎等所编的《支那历代疆域沿革图》是其近代化的代表性著作。在此图之外,重野安绎与河田羆又合著《支那疆域沿革略说》,虽然篇幅很小,但却可以看作是一种雏形的中国行政区划体制的变迁史,虽然书名并无"史"字出现,但沿革本身就是史的性质,沿者承袭,革者变迁也。

此书为重野安绎与河田羆两人合著,于明治二十九年(1896)七月初版,由东京富山房发行。此书实际上是《支那历代疆域沿革图》的图说,但可看成是近代关于中国疆域与政区变迁的第一部简史。就如同1990年出版的谭其骧先生主编的《简明中国历史地图集》的图说,实际上也可视为当代中国疆域政区变迁史的最精粹代表。《支那疆域沿革略说》全书约4万余字,其"凡例"说明了此书写作的旨趣:"支那疆域沿革图成,历代版图广狭则就图知之。至其盛衰变迁攻守胜败等,非图上所能载,因作此编以附之。"此书是为简要说明中国疆域变迁而作,非政区变迁之专史。但疆域之广狭盈缩,需以其所包含之政区来表示,所以在间接上就等于叙述了历代政区的变迁。因为是图说,所以该书不以章节名,而以第一图、第二图等为名。全书共分十六节图说。第一图为夏代疆域沿革(商包括在其中),以下依次为周代、周末七国、秦代、两汉、三国、西东晋、南北朝、隋代、唐代、五代、宋辽、南宋金、元代、明代、清代。夏代沿袭旧说,以禹贡九州为夏代政区。不过此乃中国人之传统看法,非重野、河田两氏之误。在当时分此十六图已见卓识,秦和隋两代虽短,但于疆域变迁关系甚巨,故各列为一图,而且详其变迁,于秦代尤甚,详辨始皇帝统一天下时,分为三十六郡的几种说法。

① 参见周振鹤、鹤间和幸:《长久保赤水和他的中国历史地图集》,《历史地理》第十一辑,上海人民出版社,1993年。

据所见,《支那疆域沿革略说》至少出了十版,可见其在日本的流行程度。第十版为明治四十四年印行,已是清社将屋的前夕。中国舆地学会曾将此书翻印,以线装书的形式行世,未标示刊行年月,但舆地学会成立于1909年,则最早当在此年以后。

国人所写的政区史一类著作似始于《中国地理沿革史》,乃中国地理学界耆宿张相文于民国六七年间在北京大学所编讲义。原讲义未见,至1936年张相文之子张星烺将其父著作汇为《南园丛稿》时,收入此《沿革史》,始正式行世。全史约10万字,共三十二章,叙述从禹贡九州直到民国时期的疆域变迁大势及政区分划概况。"绪言"极短,略云:

> ……顾于历史中印证地理,其山川形势,既随世运而变迁,疆宇分合,常因政治而转移,繁变纷纭,已觉不可胜纪,又或州郡侨置,地异而名同,陵谷迁移,名同而地异。今试由民国而上溯明清,地名改易,殆已十之二三。更由明清而上溯唐宋,远及秦汉,其同者不及十之一二,而异者乃至十之八九。因是考证沿革,乃占史类之重要部分,自《尔雅》、《职方》以及历代地志,皆各有专书论之,然篇帙浩繁,无暇备述,兹特举其大体,为治史者开其端绪焉。

此书正文部分虽然分章,但实际上与现在学术著作的章节不同,不成体系,只不过是简单的分段而已。各章有两类内容:一类以"秦之疆域"、"汉代疆域"为名,依正史地理志列出每个朝代的郡国州县名称,亦即借郡国州县的分布来说明疆域的伸缩;并在每郡下注明此郡于前代为何郡,及相当于今为何地。另一类以叙事的方式来说明疆域的动态变化,如"汉之外竞"、"晋之统一"等。除了简单罗列事实以外,在行文中也偶而涉及政区设置缘由,如论秦代政区时说,秦境北部因"匈奴未灭,边防极重,故置郡愈多",而长江流域因"南方水乡,且无外患,故置郡愈少也"。但全书重在说明疆域变迁,而且主要是从地名的更易来说明这一变迁过程,还不是专门的政区史。此外,该沿革史因为作于五四新文化运动前,故仍然延续了以《禹贡》九州为夏代的疆域区划等传统观念。

1938年,商务印书馆出版了顾颉刚、史念海合著的《中国疆域沿革史》,全书有15万多字。与前者传统的线装书形式不同,这是商务印书馆作为"中国文化史丛书"的一种推出的精装道林纸本,外观上已具新气息。内容则是此前沿革地理学的革命性的发展与总结。该书虽然也是从传说时代起,历数各个历史时期疆域变迁之大略和行政区划的变迁大概,但却不仅仅是一些地名的罗列,还比较系统科学地阐述了疆域变迁的原因、政区变迁与制度之间的关系,并论述了与疆域伸缩同时的民族变迁以及与郡县设置有关的人口迁徙等现象,是一部内容远较前此同类著作详赡全面的沿革地理著作,或者可以说是政区变迁研究的第二阶段的代表性著作,也是 1949 年以前最重要的沿革地理著作。

此外,以前的同类著作都以疆域变迁为重点,此书则是疆域伸缩与区划并重,因当时尚未明确其为行政区划,而称为疆域区划。所以实质上这是一部疆域政区沿革史。该书“绪论”中亦表明了这个思想:“其地方制度州郡区划与夫人户之迁移,亦疆域史之所不可少者,因并论及,著之于编。”不过这里又把疆域史的范围不适当地放大了。其实人口迁移可以由专史解决之,甚至疆域史与政区史也可以分别治之。但其时专门史的发展不过数十年,自然不必多所苛求。其写法也相当规范,除“绪论”外,还专辟一章叙述中国疆域沿革史已有之成绩。观点则是全新的,因为顾颉刚先生是疑古派的主帅,已经考证出《尚书·禹贡》为战国时人所作,不是传说中夏代疆域区划的真实记录。所以该书第三章的标题是“夏民族之历史传说及其活动范围”,远比过去惯用的《夏代疆域》要准确科学得多。该书的出版,不仅是学术上的发展,也有时势上的需要,写作此书时,正值抗战爆发,所以作者在“绪论”中说:“吾人处于今世,深感外侮之凌逼,国力之衰弱,不惟汉唐盛业难期再现,即先民遗土,亦岌岌莫保,衷心忡忡,无任忧惧,窃不自量,思欲检讨历代疆域之盈亏,使知先民扩土之不易,虽一寸山河,亦不当轻付敌人,爰有是书之作。”

在形式上,本书也显出新型的学术著作的气息,章节体系完善,章目基本上以历代疆域概述为名,每个朝代一章;节目则以疆域范围及疆域区划为主,兼及地方制度。而且每一朝代附有一幅疆域图,将疆域政区变化落实到地理方面,以与文字相互映照。

在《中国疆域沿革史》出版前后,还出现了两种值得一提的同一类型而篇幅小得多的著作,一是 1931 年刘麟生所编《中国沿革地理浅说》,约 6 万字;二是童书业所著《中国疆域沿革史略》,约 7 万字。这两本书虽然篇幅都很小,但在学术概念方面却有比《中国疆域沿革史》优胜之处。刘著的第四章为“历代政治区划”(其他各章为:一、沿革地理的意义及其应用,二、中国沿革地理中的重要著作,三、历代建都考,五、封建与割据,六、水道变迁大势,七、历史上的形胜之地,八、邻国与藩邦),“政治区划”一语显然比顾著的“疆域区划”清晰。童著则更进一步,将其《沿革略》分成三篇,第一篇是历代疆域范围,第二篇是历代地方行政区划,不但明确将疆域伸缩与政区变迁分开论述,而且正式提出“行政区划”概念。不过第二篇主要是讲行政区划制度的变迁，即从郡县制到州制再到道府制、省制的变化，而不是行政区划要素(层级、幅员、边界等)变迁情况的实录。而且该书第三篇“四裔民族”，应该属民族史或民族地理的范围，不合阑入此书。但这是时人的观点，非童书业一人之事。

二、与地方行政制度相结合的著作形式

如果说20世纪50年代以前有关政区变迁的著作是以疆域沿革史的面貌出现的话，在50年代以后则是以地方行政制度的形式出现。由于以往研究者多瞩目于中央制度的研究，所以地方行政制度历来为制度史研究的薄弱环节。但随着专门史分支学科的日益受到重视，地方制度研究专著逐渐问世。其中最重要的一部著作是严耕望的《中国地方行政制度史》。该书以相当详尽的文献资料为基础，历述行政区划制度与地方官制的变迁。其中有些观点十分精辟，如将魏晋南北朝时期的都督区看成行政区划的一种，尤为作者的卓识。不过此书只写到南北朝为止，隋代以后付之阙如，未免遗憾，但以一人之力成此大作，实属不易。20世纪80年代，又有程幸超的《中国地方政府》等书出现，不过这些书主要侧重于制度而不是区域变迁的探讨。

三、专门的行政区划史著作

除以上两种著作形式以外，20世纪80年代以后，也有两三种政区沿革史面世，但不仅内容单薄，而且著者并非专门从事政区史研究，只是缀合一般资料而成，深度明显不够。

由于已出版的与政区变迁有关的著作都不能令人满意，因此谭其骧先生久有将自己以及前人对政区变迁研究的成果，撰写成书的打算，但由于教学科研任务繁重，这一计划始终未能实现。尽管如此，他仍然留下了一部很重要的著作，即《简明中国历史地图集》中的图说。在谭先生本人而言，他可能认为自己只是在为《中国历史地图集》的每幅总图撰写图说，而不是撰写一部政区史的著作，但在实际上，这些图说的组合，却是一部极简明的中国历代政区变迁史，也是迄今为止对中国政区变迁大势最精辟的总结。照理，我们应该在谭先生这一图说的基础上先撰写一部比较简明的中国行政区划变迁史，再深入进行各个朝代的断代的政区地理研究，继而写出一部政区变迁通史。但是由于自80年代以来，断代政区地理已经有一定的成果，如果撰写简史只论历代变迁大势，而不理会这些成果，显然很不合理，而如果采用已有成果，则有畸轻畸重的毛病，因为一些尚未有断代研究成果的朝代将会显得过于简略。所以通盘考虑的结果是组织同行学者,先作比较详细的断代研究,再将这些研究有机地组合成中国行政区划通史。这就是本书写作的由来。由于这一缘故,本书会有许多专门性很强的考证内容,所以今后还要倒过来,在通史的基础上再加以合理简约,写成一部真正意义上的行政区划简史,而不是只以各正史地理志内容为根据的历代大势的综合叙述而已。

第四章 政治地理视角下的政区变迁的基本特点

本书各卷将分别详尽研究各个历史时期行政区划的变迁，但对于二千五百年间的行政区划变迁的基本特点不能不在此先作一个提玄钩要，以使读者在详察细部之前先有一简明之概观，或在了解某一历史时期的具体变迁以后有一个对政区变迁通史的总的体认。这些基本特点一方面是以行政区划的结构（即行政区划之间的关系）如层级与管理幅度（即政区数量）来体现的，另一方面则由行政区划本身的要素如边界与幅员来反映。

第一节 两千年三循环——行政区划的层级变迁

任何行政区划体系都要分成若干层级以实行运转，每一层级有一定的管理幅度。层级与幅度之间存在反比例关系，层级数多，则每个层级管理幅度小；反之，层级数少，每个层级管理幅度就大。层级是行政区划体系中最基本的关系，一般而言，层级越多，上下阻隔越甚，政令不易贯彻，下情不易上达，中央政府也就越难进行有效的行政管理。因此从中央集权的角度看来，应划分尽量少的层级，但由于管理幅度的限制，层级也不能随意减少。

行政区划体系最重要的变迁是政区层级的变化，这一变化集中地体现了中央集权与地方分权之间此长彼消的过程。按照层级变化情况，可以将秦代到民国初年的政区变迁分成三个阶段：第一阶段是秦汉魏晋南北时期，历时约八百年，行政两级制变成三级制；第二阶段是隋唐五代宋辽金时期，历时约七百年，重复了由两级变成三级制的循环；第三阶段是元明清时期及民国前期，历时约六百五十年，从多级制逐步简化到三级制，以至短时的二级制。

一、从郡县二级制到州郡县三级制的转化

1. 秦汉时期的郡—县二级制

秦代的基层政区是县，在少数民族地区的县则称道，县以上设郡，为纯粹

的郡县二级制。秦始皇二十六年(前221)分天下为三十六郡,加上内史,即都城周围特区,一共是三十七个郡级政区。后来郡数有所增加,一方面是开胡越之地,扩大疆域,设置新郡;另一方面是将内地一些郡一分为二,因此秦一代总郡数增至四十九郡(包括内史)左右。秦县数目由于文献记载缺乏,难于确知,推测总数在一千之谱①,平均起来,每郡约统二十来县,这样的层级和管理幅度是比较合理的。

西汉王朝建立以后,在部分地区恢复封建形态,分封诸侯王国。汉景帝以后,王国地位等同于郡。经西汉一代的变化,郡级政区(郡与王国)比秦代大幅度增加,其原因主要有三个方面:一是把秦郡划小,或一分为二,或一分为三,譬如把秦内史分成京兆尹、左冯翊、右扶风三部分;二是分割削减王国领域,譬如文帝用"众建诸侯"的手段把齐国一分为七,景帝把梁国一分为五,武帝又利用推恩令蚕食王国封域,增设新郡;三是汉武帝以后开广三边,扩大疆域,增设二十来个新郡。因此西汉末年的郡国总数增至一百零三个,共统辖一千五百八十七个县级政区,平均每个郡国的管理幅度为十五个县,从总体来讲,这种分划也较为适宜(当然有的王国辖县很少,有偏枯现象)。但对中央政府而言,直接管理百来个郡国,管理幅度却是太大了。因此汉武帝在郡级政区之上设立十四部,作为监察区。首都附近诸郡由司隶校尉部所辖,其他郡国则分属十三个刺史部,每部设刺史一人,按六条规定监察地方长官的行为,但不管理地方行政事务。刺史的品秩只有六百石,而郡太守的品秩却是二千石,"夫秩卑而令之尊,官小而权之重,此大小相制,内外相维之意也"。这种以小官监察大官的制度行之颇为有效,郡太守大都能克尽厥职,奉公守法。

研究古代史的学者多交口称赞西汉的吏治,认为此时中央集权和地方分权的关系处理比较得当,但是这种体制从统治者的角度来看也有其缺陷。如在地方多事之秋,由于郡境过小,以一郡之权力和能力无法进行治理,若发生跨郡的农民起义,郡太守即束手无策。因此在郡以上再设置一级政区的需要,一直隐然存在。

西汉的十三刺史部,有十一部是以《禹贡》和《周礼》的九州予以调整后命名的,所以通称为十三州。西汉末年,州刺史曾两度改称州牧,这是借用《尚书・尧典》十二州牧的旧名,以示尊崇,品秩也升至二千石。但这种做法显然是出于不得已,所以才会两度反复,从州刺史改为州牧后,又改回刺史,再改回州牧。而到东汉初年,局势安定之后,复改州牧为刺史,降秩为六百石,回到初

① 参见周振鹤:《西汉政区地理・附篇》,人民出版社,1987年。

始的状态。

由此可见，坚持二级制显然是中央集权统治者的愿望。在东汉大部分时间里，州一直是以监察区域的形式存在。直到东汉末年，大规模的黄巾起义席卷了整个北部中国，已非那些管辖地域过小的郡太守所能镇压，朝廷才不得不派中央的高级官员——九卿，来出任州牧，并授予其兵权、财权和行政权，以与农民军对抗。中平五年(188)汉灵帝接受宗室刘焉的建议，派他以太常出任益州牧，黄琬以太仆出任豫州牧，刘虞以宗正出任幽州牧。此后，州牧普遍设置，割据军阀也都以州牧自任，如袁绍的冀州牧、刘表的荆州牧、曹操的兖州牧等。这样一来，州就自然成了郡以上的一级行政区划，两级制政区于是转化为三级制。

2. 魏晋南北朝的州—郡—县三级制

黄巾起义虽然失败，但彻底动摇了东汉王朝。镇压农民起义军的各地州牧，渐成割据独立之势，东汉王朝最终在军阀混战中覆亡，历史迈进了魏晋南北朝长期分裂的时代。

本来汉代郡太守的地位很高，入朝即可为九卿，而刺史至少要当上九年才能升任太守或国相。太守不但可自由主持地方政事，支配地方财政，兼治地方军政，而且可以自辟幕僚，有相当大的行政自主权。但由于幅员太小，郡一级政区难以形成割据。幅员小则人口少，财力薄，力孤势单，无有能为。而州的区划很大，平均领有七八郡之地，有足够称霸一方的物质基础。因此东汉末年袁绍的宾客逢纪对袁绍说："夫举大事，非据一州，无以自立。"[①]州一旦成为一级行政区划，就易于造成分裂。中央集权统治者对此有预见，所以尽量避免州成为一级政区。但矛盾恰在于，镇压大规模农民起义时，又迫切需要有幅员较大的政区，这是一个两难的问题。东汉王朝为镇压黄巾起义，不得不把监察区改为行政区，但此举又造成割据的局面，即所谓"大建尊州之规，竟无一日之治。故(刘)焉牧益土，造帝服于岷峨；袁绍取冀，下制书于燕朔；刘表荆南，郊天祀地；魏祖据兖，遂构皇业。汉之殄灭，祸源于此"[②]。东汉最终不免在大行政区各自为政的情况下被颠覆。

三国以降，州—郡—县三级政区已成为正式制度。三级制实行之初，以十数州之地辖百来郡，一千余县，层次与管理幅度相称，比例适当，州、郡、县三级都能发挥作用。以西晋前期为例，十九个州统一百七十二个郡国、一千二百三

① 《后汉书》卷74上《袁绍传》。
② 《续汉书》卷28《百官志》刘昭注。

十二个县,平均每州辖八九个郡,每郡辖七八个县,基本合理。

但西晋的统一时间很短,只有二十几年,便陷入八王之乱,继而在长期的动乱中倾覆,于是分裂局面再度出现。西晋灭亡的原因,一则由于封建诸侯的失误,形成宗室王集团与皇子王集团的对抗;再则由于州的领域较大,身兼州刺史而又军权在握的都督可以割据一方,从而有所凭借。因此可以说,在中央集权尚未高度发达的时候,实行三级制以及高层级政区幅员过大都是易于造成分裂割据的因素。

东晋以降,南北分裂对峙的局面延续了约二百七十年之久。分裂往往带来战乱,在战争中立功的武人以及对方来降的将领,政府对之均要"报功酬庸",通俗点说,就是要给予封赏。而封赏之物则是刺史、郡太守的职务。于是为了制造越来越多的职务,只得把州、郡的辖区分割得越来越小。不但如此,在北方,甚至连豪强外戚也可自立州郡。据《北齐书·文宣纪》天保七年诏书云:"魏自孝昌之季,数钟浇否,禄去公室,政出多门……是使豪家大族,鸠率乡部,托迹勤王,规自署置。或外家公主,女谒内成,昧利纳财,启立州郡。"不过南朝直至梁代前期,问题还未到十分严重的地步。梁天监元年(502)共有二十三州、二百二十六郡、一千三百县。然而不到半个世纪,形势大变,州郡数的增加达到恶性膨胀的地步。梁中大同元年(546)已有一百零四州、五百八十六郡。就在这一年,北朝的东魏、西魏对峙政权共有一百一十六州、四百一十三郡。这样,南北朝合计,共有二百二十州、九百九十九郡,与两个半世纪以前的西晋相比,州膨胀至十一倍,郡膨胀至六倍,以至于连官员自己也搞不清自己所管辖的地域范围。《宋书·志序》描述当时这种情形说:"一郡分为四五,一县割成两三",造成普遍的"虚号相假"的局面。

这种极端混乱的状态也是南北朝政府中央权力衰败的征象。中央政府对地方政权已经失控,地方权力也近乎解体。于是北朝开始出现改革的苗头,如北魏道武帝于天赐二年(405)即诏刺史令长各莅州县,而不使郡守履任[①]。虽然这只是一时的制度,但可见时人已视郡级政区为赘瘤,为后来隋代废郡张本。代东魏而立的北齐文宣帝,整顿的魄力更大,他针砭当时的混乱局面说:"牧守令长,虚增其数……百室之邑,便立州名;三户之民,空张郡目。"这句话揭示了由于州牧、郡太守、县令长职位大量增加,而不得不膨胀州郡县政区数量的反常现象,于是一举并省了3州、153郡、189县、3镇与26戍,也就是省掉了小半的郡及半数的县。

---

① 《魏书》卷113《官氏志》。

但问题的主要症结在于州郡县三级制本身就存在弊病，已经接近于崩溃，所需改革的是整个体制，而不是简单地予以省并。齐文宣帝的行动并不能遏止政区混乱状况进一步恶化的趋势。北周取代西魏统一北方之后，局势继续恶化，大象二年(580)，共领有属州二百二十一、郡五百零八、县一千一百二十四，此时不但州数已接近三十多年前南北朝双方州数的总和，而且三级政区数目的比例已达一比二比六的最低水平。换句话说，平均每州只辖两个多郡，每郡只辖两个多县。这还是就平均的情况而言，更特殊的，甚至出现了两郡共管一县或两州合管一郡的怪事，这种现象被称为"双头州郡"。

政区的层级和管理幅度达到如此不协调的地步，表明三级制至此已是穷途末路，必须改弦更张了。改革的办法便是将中间郡一级的政区撤销。事实上，在州刺史大量增加以后，郡太守在许多地方已不管事，仅备员领俸而已。但是撤销郡一级政区的行动却直到全国统一的前夕才付诸实行。隋代周以后，有杨尚希其人向隋文帝上表，陈述"当今郡县，倍多于古，或地无百里，数县并置，或户不满千，二郡分领"的不正常现象，建议"存要去闲，并小为大"[①]，对行政区划进行一番整顿。隋文帝接受这一建议，但不是采取并省州郡的简单措施，而是"罢天下诸郡"，釜底抽薪，丢掉三级制这个包袱，使行政区划层级再次回到二级制来。而在隋灭陈，由北到南重新统一中国后，州—县二级制就推行到了全国。

二、从州县二级制向道(路)州县三级制的转化

1. 隋代及唐前期的州(郡)—县二级制

隋文帝的做法无疑是一场重要的改革，从此展开了政区层级变迁的第二个循环。这场改革旨在通过减少行政机构与政区层级，来加强中央集权，避免地方割据。但是还有一项改革必须进行，那就是经过五百年的变迁，州、县数目已经太多，区划已经太小。尤其是州，在隋代一统之后，总数有三百多，由中央政府直接管理很不方便，时人刘炫批评说："齐氏立州不过数十……今州三百……往者州唯置纲纪……今则不然。大小之官，悉由吏部，纤介之迹，皆属考功。"[②]这种状况必须加以调整。

这项任务即由隋炀帝来完成，大业三年(607)，大举并省州县，同时又改州为郡。并省之后全国仅存 190 郡、1255 县，平均每郡统辖六七个县。虽然这

① 《隋书》卷 46《杨尚希传》。
② 同上书卷 75《刘炫传》。

次并省也有矫枉过正之处,尤其是南方,一些不该撤销的州县也撤销了,但总的效果是好的。隋炀帝仰慕汉代制度,除改州为郡外,为便于中央政府的控制,又模仿汉武帝的做法,置司隶刺史,分部巡察。经过改革调整以后,隋代的行政区划体系应该说是比较完善的。但历史常常开人们的玩笑,郡县二级制施行不过十年,隋代又蹈袭了秦代二世而亡的结局。唐代开国以后,郡又被改为州。隋唐之际,群雄并起,大凡携甲归唐者,都被委以刺史之职,于是州的数目又膨胀起来。尤其在广西、湖南、四川一带的少数民族地区,州的设置更加密集,当地众多表示归顺的首领,就都成了州刺史。此后,唐太宗于贞观元年(627)作了并省,但到贞观十三年,全国依然还有州 358 个,县则有 1551 个。

隋唐的二级制虽然模仿秦汉制度,但行政管理形势已经不可同日而语。隋的疆域比秦大,唐的统治比汉深入,郡(州)的数目已无法缩减到百数左右。对于隋唐郡(州)的管理幅度而言,六七县或四五县范围均嫌太小,而对中央政府来说,管理两三百个郡(州)却是很大的问题。当时就有人从官职设置的角度来评论这一行政体制,认为得一百个良二千石(郡太守)已不容易,何况得三百个好的州刺史,因此必须在二级制政区之上再加一层监察区,对刺史加以纠察。但唐初却极力避免这样做,担心监察区有变成行政区的危险,但是形势比人强,还是一步一步地朝着设置监察区的方向发展下去。

唐初虽未设监察区,但派遣监察官员,即巡察使、巡抚使等,却是势所必行,而一旦派出监察官员,就有分区负责的必要,这样一来,即使名义上不设监察区,实际上已经具备监察区的雏形了。唐代监察官员的分区是按基本交通路线来划分的,所以称为道。贞观元年(627),按山川形便分全国为十道,形式上虽然是地理区划,其中实已暗含监察区的意味。

睿宗景云二年(711)更巡察使等为按察使,并且将原来的差遣制变为常置制,一度还曾打算分全国为二十四都督区,但因这样做分权太重而作罢。玄宗开元二十二年(734)分十道为十五道的同时,在"每道置采访使(全称采访处置使)检察非法,如汉刺史之职",并让采访使兼各道要州的刺史,正式的监察区体制由此确定。天宝末年,采访使又兼任黜陟使,掌握着地方官吏的黜陟权。但是在采访使阶段,地方行政的基本权力仍在州和县,而不在使职。尽管有采访使越权介入中央与州之间,妨碍州与中央的直接交通,但被中央明令禁止。天宝九载(750)三月敕云:"本置采访使,令举大纲,若大小必由一人,岂能兼理数郡?自今已后,采访使但察访善恶,举其大纲,自余郡务所有奏请,并委郡守,不须干及。"但这也正说明,监察区一经固定,监察官员就有干预行政而变为行政官员的危险。

正式设置监察区一方面是唐玄宗踌躇满志的表现，开元盛世使他对形势充满信心，不去顾及监察区的变化前景；另一方面，没有固定的监察区也确实给监察工作带来许多困难，监察官员在都城和监察地点之间来去如飞，监察效果也就要大打折扣。然而，监察区一经固定，监察官员一任常职，变为行政区，变为行政官员的可能性就是指日可待的事，只要一有催化剂就能促成这一转变。果不其然，这一催化作用就在二十年后发生了。

2. 唐后期及宋辽金的道(路)—州—县三级制

天宝末年，安禄山的叛乱搅散了唐玄宗的太平清梦，新的三级制行政区划就在金戈铁马的撞击声中冒头了。

先是唐玄宗为了边防的需要，在边境地带设置了十个节度使辖区(即方镇，亦称藩镇)。而本来唐代实行军民分治的措施，节度使只管军事防御、式遏四夷之事，不与民政，不大会发生军人干政的可能，只是后来身兼范阳、平卢两节度使的安禄山大受玄宗宠信，使之兼任河北道采访使，开了集军政、民政大权于一身，合方镇与道为一体的先例，麻烦才接踵而至。安禄山正是凭借这一有利背景发动了武装叛乱。

为了扑灭安禄山及其后继者史思明的叛乱，唐朝政府不得不采取战时紧急措施，在全国普遍设置方镇，任命一大批上马管军、下马管民的节度使。叛乱爆发后的一二年间，全国已设置四十四个方镇。原本藩镇只设在边地，范围小，地位在道以下，亦即形成道—藩镇—州的体制，与之相应的职官层次是采访使—节度使—刺史。安禄山叛乱发生之后，采访使统辖藩镇的权力已经丧失，无须存在，因此唐肃宗乾元元年(758)改采访使为观察使，并以观察使兼任节度使(在东南战乱未及的各道则兼团练使、防御使等)。唐后期，经常合两使之名，称之为观察节度使或节度观察使，这样，观察使的监察范围——道与节度使的军管区域——方镇也就合二为一了，州县二级制以上新的一级政区——道(方镇)就渐渐成形了。

观察使本来的职务是对州县进行监察乃至监督，对刺史以下的州县官的考课予以查定，这与采访使原来的职责是一样的。但是观察使比采访使的地位更加稳固，由于平均只管辖五六个州，所以对管下州县的统辖力相对加强，从而引起地方政治的变化。而当兼任观察使的藩镇出现后，变化就更大了。藩镇在军事方面指挥州县，发挥强制的统制力，并在其管下的州县设镇，任命部下的将校为镇将，以给州县官施加压力。这样一来，观察使对于州县行政的统辖力自然增大了，于是就出现了"县畏州，州畏(观察)使"的现象，其结果是观察使的越规干政之弊不少。从主观愿望上来讲，中央并不想让观察使成为地方行政官员，因此三令五申，百般制止其干涉州县行政事务的越权行为。但是藩镇势力已经养成，无法根除。而且由于安史之乱以后，官吏纪纲松弛，尤其在财政方面，腐败现象严重，又需要观察使对州县予以监督按举，因而对观察使的职权不但无法加以抑制，反而有所助长，以至逐渐成为实际上的一级行政长官，与刺史相提并论，即所谓"观察、刺史之任，为切"[①]，而不单是原来意义上的监察官了。

观察使向行政官员的转化，使州的地位自然下降，与中央的联系削弱。作为这一现象的主要表征是朝集使的废止。朝集使本来是各州每年按定规向中央派遣的使节，其工作是报告考课、贡士贡物、参列正月的朝仪、代表刺史向皇帝述职。安史之乱后，朝集使制度于乾元元年(758)六月废止，二十余年内未尝召集，直到德宗建中元年(780)才又恢复此制，此举表明中央仍试图恢复州县两级制。但是此时形势已经大变，尽管中央权力有所加强，却远非昔日盛唐可比，晋京的朝集使只有一百七十三个州，翌年不得不又废止朝集使的召集。贞元年间以后已不见有关于朝集使的任何记载了。但是中央依然希望能与州一级政权直接交通[②]，而在实际上，也存在州直达中央的许多记载[③]。这种"直达"自然要受到观察使的阻挠，"今县宰之权受制于州牧，州牧之政取则于使司，迭相拘持，不敢专达，虽有政术，何由施行?"[④]为了"专达"，有时甚至要冒风险，如衡州刺史曹王皋有治行，湖南观察使辛京杲疾之，陷以法，贬潮州刺史[⑤]。

由于观察节度使已然成为州刺史以上的一级地方官，所以道(方镇)在实际上已成为一级政区，但在名义上仍是监察区；州向中央的直达权已渐次丧失，但在名义上仍直属中央(只有河北三镇公然断绝这一联系)。这是唐后期道(方镇)—州—县三级制与汉末魏晋南北朝彻底的三级制稍有不同的地方。唐代后期的方镇数目大约在四五十之间波动，每镇辖三四州至十来州不等，每州则统四五县之谱。

---

① 《唐会要》卷53《杂录》元和二年七月条。

② 参见《册府元龟》卷64《帝王部·发号令三》代宗永泰元年十二月，卷90《帝王部·赦宥九》穆宗长庆元年正月辛丑，卷155《帝王部·督吏》文宗太和三年十一月、宣宗大中四年正月诏；《唐会要》卷69《都督以下杂录》永泰二年九月二十二日，同卷《刺史下》；《文苑英华》卷437翰林制诏《朝元御正殿德音》诸条。

③ 如《唐会要》卷68《道路》太和二年二月郑州刺史杨归厚所奏；又《旧唐书》卷17下《文宗纪》载：开成二年(837)秋七月甲申，"郓州奏当州先废天平、平阴两县，请复置平阴县，以制盗贼。从之"。大和八年(834)十一月壬子，"滁州奏清流等三县四月雨至六月，诸山发洪水，漂溺户万三千八百"等事。

④ 《白居易集》卷63《策林》二之三四《牧宰考课项》。

⑤ 《资治通鉴》卷226"代宗纪大历十四年八月"条。

方镇的存在严重地削弱了中央政府的权力。尤其是河朔地区的方镇通过平叛战争取得很大权力，造成割据形势：主帅(节度使)职务可以世袭或由将士拥戴，财赋不交国库，户口不上版籍，俨然与朝廷分土而治，犹如古代诸侯，所以时人又称方镇为藩镇。唐代最终亡于藩镇割据，而且还祸延五代十国，造成中国历史上第二个长期分裂的局面。这一历史教训无疑给宋代的统治者上了深刻的一课，使他们更加觉得三级制是绝对采用不得的。所以宋朝开国伊始，立即收节度使所领诸州以归中央，实际上一时间又成了州县二级制，似乎第三个以二级制为开端的新循环又要出现。但是汉唐两代的经验又已表明，在一个幅员广袤的国家中，要施行纯粹的两级制是有很大困难的。尤其是在统县一级政区(汉的郡、唐的州)数目很大的情况下，不在二级制之上设置监察区的后果也仍然是走向三级制政区，从而引起中央集权制的削弱，最终造成混乱分裂的局面。如何突破二级制到三级制循环不已这个怪圈，正是宋王朝成立以后所遇到的首要问题之一。

为解决这个问题，宋代的统治者很花了一番心思，采取了诸多措施。第一步是对节度使“收其支郡，夺其兵权，制其钱粮”。支郡就是方镇所属各州，借用了汉初王国属郡的称呼。节度使失去行政权、兵权和财权后，变成一个虚衔。之后，政府另派中央官员——而且主要是文臣——作为知州，直接管理各州政务，原来的州刺史依然保留，但其管理职责被知州替代，也成为虚衔。知州的全称是权知军州事，意思是暂时代管该州军事、行政事务，其实这是固定官职，只不过在名称上要了花招而已，后来罢去刺史，就把“权”字省掉了。县级政区的官员也照此办理，派遣中央官员担任知县以代替原来的县令。这是将唐朝后期已现端倪的官、职、差遣分开的制度贯彻于地方行政制度之中；同时为了限制知州的权力，还设置通判作其副手，以作牵制；又派员外出监收税务，以保证地方除支度给用外，钱谷悉送中央。

宋初在取消方镇之后，有一段时间，没有新的行政区划来代替，州级政区成为中央直辖单位。后来，宋代统治者从唐代转运使的设置中得到启发，将这一临时差使变成固定官职，以之经度和转输地方财赋。而要转输，就与交通路线有关，因此“又节次以天下土地形势，俾之分路而治”。于是路成为州以上的新型行政区划。

在转运使之后，负责监察、司法之职的提点刑狱公事，负责治安边防的安抚使，负责储备粮食平抑物价的提举常平公事等官员也相应设置。提点刑狱公事原为转运使属官，提举常平公事亦原属转运使司，二者之所以独立出来，无非是为了分割转运使的事权，不让其专制一方。除安抚使外，这些官员的衙门通称诸监司,分称则为漕、宪、帅、仓诸司。在这里,"监"是指以诸使兼理"监察"州县之职的意思。知州申转运使文书一般按下级呈报上级的公文体例。这些监司的行政管辖地域都称为路,但各监司的路并不尽一致,从转运司看来为一路的,在提刑司却是两路,而在安抚司又可以是四路,甚至六路。例如西北地区以转运使而言,先仅设陕西一路(后分为两路);以提点刑狱而言,则分设永兴军路与秦凤路两路;以安抚使而言,又分成永兴军路、鄜延路与环庆路以及秦凤路、泾原路与熙河路,共六路。此外,即使两司的路一致,治所(行政中心)有时也不在一地。例如荆湖南路以转运使而言治所为长沙,而以提点刑狱言则治衡阳,这是经过精心安排的。宋仁宗尝谓辅臣曰:"诸路转运、提点刑狱廨宇同在一州,非所以分部按举也,宜析处别州。"①荆湖南路的提点刑狱治衡阳而不与转运使同治长沙,就是根据这一指导思想而来的。

因此,宋代行政制度的特点是:第一,不在州以上设置统一的高级地方行政机构和单一的行政首长,而是把这一级的事权分属于不同的部门——诸监司。第二,不在州以上设置高级的单一行政区划,而是尽量使诸监司分路不一致,形成一套复式路制。这两个特点表明宋代路的建置是先设官分职,然后再体国经野,恰与历来的传统相反。第三,各州依然保留向中央政府的直接奏事权,这部分是由于职官制度中的差遣制所造成的,因为知州的寄禄官要比转运使高②。这三个特点的存在使路不成为严格意义上的最高一级行政区,中央与路州县三级形成如下关系:

中央——路……州——县

这样的关系从权力的分配来讲,可以称之为二级半或虚三级制。因为在某种程度上,州是可以各自为政而不必事事经过诸监司的,尤其是在北宋前期更是如此。甚至以区划的观点来看,路在宋初也尚未完全成形,所以在宋真宗咸平四年(1001)以前,地方所上的地舆图都是一州一图,并无一路之全图③。但是随着形势的发展,路却渐渐成为州以上实际存在的一级区划,例如宋神宗时,司马光曾提议分路取士的办法,说明路已具备一级行政区划的职能,因此

① 《舆地纪胜》卷55。

② 宋代的职官制度比较复杂,此处只能稍申其义:若以差遣职务论,转运使高于知州,而以寄禄官阶言,转运使(往往)又低于知州,并且在形式上还是其属下。譬如说,常有转运使与转运副使带郎中、员外郎(如户部郎中、户部员外郎)的寄禄官阶,而所属州的知州所带又恰是本部尚书、侍郎(如户部尚书、户部侍郎)。这就在公文申转及有关行政事务处理上带来麻烦。

③ 《职官分纪》卷10。

单纯从行政区划体系看，还是可以算作三级制。

宋代对地方行政制度所作的重大变革，一方面使地方各级组织互相牵制，尤其使路一级组织事权分散、区划交叉、中心分离，没有单一的权力机构、单一的权力圈和单一的权力中心，也就失去了割据一方的地理基础；另一方面，宋代行政区划是中央官员的分治区域，而不是地方官员的施政区域，路、州、县的官员由中央朝官担任，从而削弱了地方分权的人事基础。

由于以上的双重原因，地方分权便大大削弱，而中央集权则高度强化。宋代是中国历史上皇帝绝对专制、中央绝对集权的开端，"一兵之籍，一财之源，一地之守，皆人主自为之也"。这种做法，被称为强干弱枝，或者内重外轻(朝廷为内，而郡县为外)。地方既无适当之分权，就使对外的边防和对内的治安能力大大减弱。西北虽有众多安抚司路但只管兵而不管民，只理军政而不理财政，抗御外侮能力极差，对内镇压农民起义的能力也受到影响。所以终宋一代，内忧外患不止。

但就专制皇权而言，在权衡利弊之后，愿意接受的还是这种内重外轻的局面，这是皇权永固的保障。尽管当的可能是弟皇帝、侄皇帝，甚至儿皇帝，都可以忍受得了；无能御侮，可以纳币，可以献土；无力镇压，可以羁縻，可以招安，总之可以维持一姓天下和万年天子的局面。而一旦形势变为外重内轻，则引起分裂割据，江山易手，什么皇帝也当不成了。当时人颇有批评宋代州县官员权力过小，路级官员权力分散的弊端的，但这些意见都不能得到采纳，原因就在于此。

然而长期积弱的结果是，一姓王朝虽不亡于农民起义和藩镇割据，却要亡于外敌入侵。北宋江山在屈辱的城下之盟后维持了一百多年，仍不免亡于金人之手。余下半壁江山在风雨飘摇之中度过一个半世纪，又亡于蒙古铁骑。这一亡再亡的根本原因之一就是地方无权，亦即南宋学者陈亮所言之"郡县空虚，而本末俱弱"。故文天祥感叹道："宋惩五季之乱，削藩镇，建郡邑，一时虽足以矫尾大之弊，然国亦以寖弱。故敌至一州则破一州；至一县则残一县。"[①]即连理学家朱熹也批评说："本朝鉴五代藩镇之弊，遂尽夺藩镇之权，兵也收了，财也收了，赏罚刑政一切收了，州郡遂日就困弱。靖康之祸，虏骑所过，莫不溃散。"[②]

辽、金制度，前者仿唐，分五道，下辖州县；后者师宋，设二十余路，亦下统州县。辽与北宋俱亡于金，而金与南宋又都为蒙元所灭。蒙古铁骑自千里大漠南下，平夏，亡金，取大理，灭南宋，造就了一个空前广袤的蒙元大帝国，其行

① 《宋史》卷418《文天祥传》。
② 《朱子语类》卷128《本朝二·法制》。

政区划体制于是混合并用了不同政权的各种制度，形成一套复杂、紊乱的多级制体系，揭开了政区层级变迁的第三个循环。

三、从多级制向二级制简化的反循环

1. 元代的多级复合制

元代以游牧民族入主中原，统治手段本无一套成规，于是就沿袭各个被征服政权的现成制度而混合之。加之蒙元帝国南下征服过程长达六七十年之久，一些在战争中施行的临时措施也渐渐变成永久性的制度。这两个原因使元代行政区划层级形成了两个基本特点：一是层级多，二是层级之间存在复式的统辖关系。

层级多，是由于把被征服政权的几种临时的和永久的区划都叠加起来，因此在某些地区最复杂的层级可达到五级之多，即省—路—府—州—县。而某些地区则是最简单的二级，如省领路或省领府、领州。多数地区实行的则是三级和四级。复式的层级统辖关系是从辽代学来再加以发展的。在北宋以前，行政区划层级都是单式的统辖关系，二级就是二级，三级就是三级。但辽代已出现复式关系，即二级与三级并存于一个高层行政区中，如南京析津府（今北京）即直辖十一县，又统六州，州以下又各辖县，形成如下的关系：

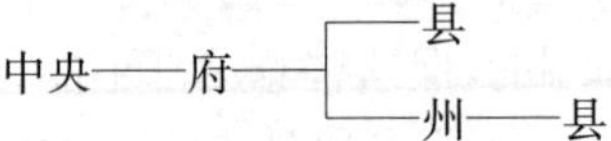

这样，县既可以是第二级政区，也可以是第三级政区。元代的路、府情况与辽相似，也是除直接管辖县之外，同时又可通过属州再辖县。

元代政区层级既多，又采取复式统辖关系，因此形成一套复杂繁琐的行政区划体系，其各层次之间的关系略如下图所示：

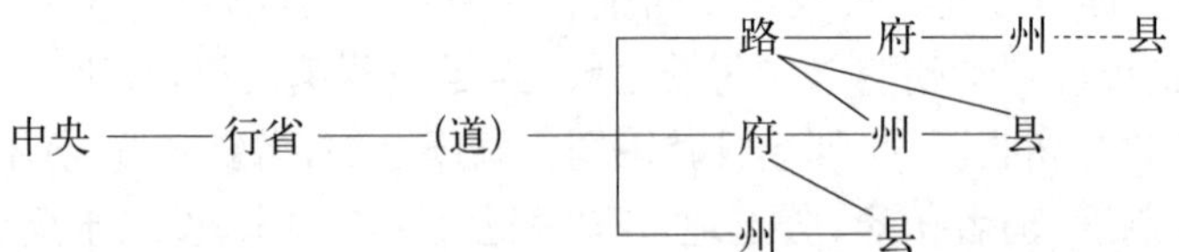

除了路—府—州—县的层级顺序外，还有以路辖州或辖州再辖县、以路辖县、以府辖县等种种形式，为中国历史上政区空前绝后繁复的典型。

元代的行省是向金朝学来的。省本来是官署的名称，其来源可以追溯到魏晋时期。当时中央政府权力机构分成门下、中书、尚书三省。如果地方有事，中央政府派出部分官员前去处理，组成行台省，表明是中央的行动机构。这一制度唐初也曾运用，到金代末年，这一制度已广泛运用。金灭北宋以后，继承了宋代分路的体制，只是将路的区域划得更小一些。其时，金的统治者尚无治理汉族地区的经验，因此通过刘豫的伪齐政权间接管理，在伪齐政权被取消后，即于天会十五年(1137)设行台尚书省管辖伪齐旧境(山东除外)，亦即河南、陕西地区，行政中心为开封。数年后，管辖范围扩大到“淮河以北，阴山以南”地，也就是女真族的新征服地区、汉民族传统的居住地——中原。其后，女真族逐渐汉化，迁都燕京(今北京)，中原地区就直接归中央治理，不再假手于行尚书省了。金代后期，边境、内地都不安宁，路的长官不能专擅一方，经常派出行台尚书省(或行中书省、行枢密院)前去应付，这一做法延续了数十年之久，使行台省渐渐带有行政区划的色彩，到元代而最终成为正式政区。

蒙元在征服北部中国的过程中，学习了金代这一制度，作为战时措施，以行中书省(有时是行尚书省)作为管辖新征服地区的行政机构，久而久之，这个机构所管理的地域范围也挂上了中书省的名称，简称行省或省。同时，作为中央政权机构的中书省本身也直辖包括首都在内的一大片地区。元代行省的地域十分辽阔，加置于金、宋两朝原有的路府州县之上，所以形成多层次的行政区划体系。

宋代的府本来与州同级，只是表示地位尊崇，首都、陪都及与皇帝相关的纪念地都建为府。辽代的府则为州以上的政区。元代沿袭辽制，将府置于州之上，在一般情况下与路同级，在个别情况下又比路低一级。元代的州比宋代更小，许多州只辖一县或不辖县；江南有些县则因户口多，而上升为州，所以县与州近似同级。因而元代行政区划层级虽多，实际上其基本层次也只有三级，即省—路(府)—(州)县。五级齐全的区划只有一个特例，即中书省—上都路—顺宁府下辖两州，州下分别辖一县与五县。二级制的情况也很少，而且都是边远地区的特例，如岭北行省只辖和宁路，路下不再设府州县。

元代层次复杂繁琐的政区体制，一方面是在长期的战争中综合各种制度而成，另一方面也是少数民族统治多数民族的一种手段。元代民族矛盾尖锐，为了“镇抚”地方，行省与中央一样置有丞相、平章等高级官员，负有军政、民政、财政方面的全部权力，成为中央机构的分治区域。所以元代文献称，省的作用是镇抚，而不是牧民，也就是说，省的实质是行政型的军区。省以下各级区划的官员都只能层层向上奏事，不准越级上诉，控制十分严密。

值得一提的是，元代由于行省地域过于辽阔，在远离行省政治中心的地区还设有道一级区划来管辖路府州县。如江西行省辖区略当今江西、广东两省之地，在行省之下就设有广东道宣慰使司以辖今广东省地区。因此，道在元代也被当成是一级准政区看待。20世纪80年代在江苏建湖县出土一方元代墓志，上书墓主在“大元淮东道淮安路盐城县新兴场运河西居住”①。无行省名而有道名，看来在实际上，淮东道的上层政区河南江北行省倒是不如淮东道来得重要，可推想在不设道而由行省直辖的路府州县地区，行省才显得要紧。

由于元代是异族入主中原实行统治，每级政区首长都由蒙古人或色目人担任，所以分层虽多，并不削弱控制力量，而是加强了层级间的监督。当然，对于行政管理而言，层级越多效率越差，上下阻隔太甚，会影响地方发展。但统治者的最高目的是在求地方安定，而不是求地方发展，在安定的前提下能取得发展固然很好，若两者发生矛盾，则宁舍后者而取前者。

当然，军政大权的过分集中，毕竟存在产生割据的危险，因此元代后期行省权力有所削弱，重大事情都要报中书省批准②。更重要的是，元代在行省的区划方面实行犬牙交错的策略，不使任何一省具有完整的形胜之区，以防止割据，这一方面内容将在后文详加论述。

2. 明清及民国初年对政区层级的简化

元代行政区划层次的繁复还有一个重要原因，那就是元帝国疆域过于广袤，而作为一级政区的省，地域范围又划得过大。行省区划太大，意味着其管理幅度也大，若不增加层次，则无法维持合适的管理幅度。明清两代随着行省划小，政区层级也逐步简化。元代行省数目太少，初期只有六个行省和一个中书省，中期也一共只有十一个省，以强大的中央集权政府而只管十个左右的行政单位，幅度显然太小；而在另一方面，一州只辖一县或不辖县也不明智。同时，以省领路、领府或领州，以下再不设基层政区的二级制，显然也不合理。因此元亡明兴以后，减少行政区划层级自然成为首要的任务。其具体措施是，取消五级制的特例，撤销路的建置，改路为府，将州分为直隶州与属州（也称散州）两层，于是形成如下的层级关系：

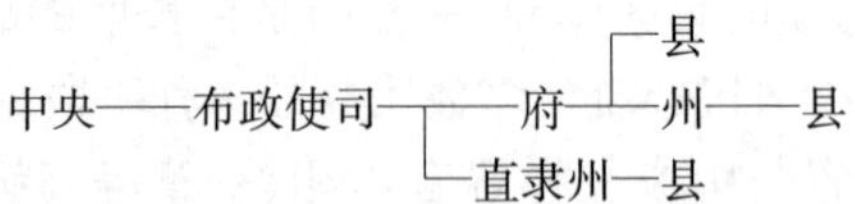

其中，府与直隶州同为第二级，州为第三级，县或为第三级或为第四级。这样简化提高了行政管理效率，也是明代行省幅员划小的直接后果。明代把

① 见《元代新兴场典史崔彬古墓发现记》，载《东南文化》1988年第6期。

② 参见许有壬：《圭塘小稿》卷7。

大约相当于元中后期南部九省的疆域分成两京十三布政使司(俗称十五省),仅中书省就分成京师、山东、山西三省,幅员缩小,管理幅度减少,层次也就相应简化。另外,明代学习宋朝的办法,将最高一级的地方权力分散在都指挥使司、布政使司和按察使司手中,将布政使司作为高层行政区划的名称。都布按三司的区划基本一致,但也有些出入,如在东北地区设有辽东都司,却不置布政使司,与此同时,山东按察使司则兼管山东布政使司和辽东都司。这种复式的区划显然也是宋代的遗风。明代三司分立以及各司区划的不完全一致,起了遏制地方分权过大的作用。虽然三司比宋代诸监司的权力大,但在处理地方事务时仍无足够的节制一方的权力,因此后来又有巡抚总督制度的产生。

巡抚、总督是由中央派出的官员,在一定的时期内可以集中节制一省部分地区或全省的权力,也可兼制数省,尤其是对各省交界地区的治安更能起重要作用。明代后期,地方多事,巡抚、总督渐渐变为常制,甚至与原来行政区划体系平行,成为一套自成体系的总督巡抚辖区。这一区划体系也具有实际上的行政区划功能。

清代将总督、巡抚变为固定官职,将督抚辖区调整到与省的范围相一致,康熙时又将明代的十五省析置为十八省,雍正时进一步将明代复式的三级、四级政区层次完全简化为单式的三级制,即:省—府—县。与府同级的除直隶州外又有直隶厅,与县同级的则是散州和散厅。这样,从元代开始的复式层次关系的行政区划又回到单一整齐的形态。但是清代是统一的多民族帝国,疆域辽阔,人口众多,比汉唐时期已大不相同,行政区划层次也只能简化到三级为止,进一步的简化已不可能。不但如此,三级制的层次使管理幅度仍嫌过大,因此清代在省以下还仿效明代制度分设巡道与守道,作为省的派出机构,以分管诸府与直隶州。乾嘉以后,道朝着一级政区的方向变化,即所谓"道治民,有节制文武之责"(沈葆祯语)。道员取消虚衔定为正四品,州县文书先申府,府申道,道转布按,再呈督抚,再达中央。但《清史稿·职官志》虽列有道员,而《地理志》却无道这一级区划,可见终清一代,道尚未被目为正式政区。

民国建立以后,一改清代之制,裁府撤州,以道作为省县之间的一级政区,形成省—道—县三级制。并一度将一省之首长——督军改为巡阅使,意图使省一级变成监察区,而使道成为正式的一级政区。但这无异于与虎谋皮,掌握各省军政大权的督军岂肯轻易交出政权,因此民初的道并未真正起到行政区划的作用,始终只是省县之间的公文承转机构,同时每省只分成三四道、四五道而已,也没有实际的区划意义。因此南京国民政府成立以后,干脆把道一级也取消了,完全恢复到与秦代郡县制类似的省—县二级制,这显然是加强中央集权的措施。于是从元代开始至 20 世纪 20 年代，行政区划层级走过了从多级制到二级制的简化的历程，恰与前面两个二级制向三级制繁化的循环完全相反。

但是民国初年的形势已与二千年前的秦代完全不一样了。省的数目只有秦郡的五分之三，而县的数目已达秦县的两倍。每省所直辖的县有数十上百个，管理幅度显然过大，于是在二三十年代之交，随着“剿共”的政治需要，首先在江西省分区设行政督察专员，不久各省照此办理，形成省—专区—县的虚三级制。这一体制为新中国所继承，后来又改专区为地区。但无论是专区还是地区，始终不被当成正式的一级政区，只是省政府派出机构的施政范围而已。

四、行政区划层级变迁的规律

1. 层级变化过程的归纳

对于行政区划的层级变化，过去学术界很少进行深入的讨论。各行政区也没有固定的指称，通常都按序数作第一级政区、第二级政区、第三级政区等。但这样称呼无法体现各级政区的特点。例如同为郡级政区，在秦汉为第一级，在魏晋南北朝却是第二级。而且如前所述，元代政区虽然实行多级制，但从各级政区对县的统辖关系来看，可以只划分为三个层次。通观二千年层级变化的过程，也可将其归纳为三个层次，即县级政区、统县政区与高层政区。县级政区也可称为基层政区，皇帝直接任命的地方官员到这一层为止，“县官”一语被用来作为皇帝或政府的代称。这是历史上最稳定的一级政区，在幅员、数目与名称方面变化起伏最小。统县政区也可称郡级政区，如秦汉的郡，隋唐五代宋辽金的州，元代的路、府、州，明清的府，民初的道。高层政区即不直接辖县的政区，亦即统县政区的上一级政区，在魏晋南北朝为州，在唐宋为道、路，在元明清与民国为省。按照三个层次的划分就可将历代行政区划的变化，归纳成下面所示的表 1。

表 1　历代行政区划层级变迁示意

时　期	高层政区	统县政区	县级政区
秦		郡	县、道
汉		郡、王国	县、道、邑、侯国
魏晋南北朝	州	郡、王国	县、国
隋、唐前期		州(郡)	县

续　表

时　　期	高层政区	统县政区	县级政区
唐后期、五代	道(方镇)	州、府	县
辽	道(府)	府 | 节度州 | 州	县
宋、金	路	府、州、军、监	县、监
元	省	路 | 府 | 州	县
明	布政使司(省)	府、直隶州 | 州	县
清	省	府、直隶州、直隶厅	县、州、厅
民国初年	省	道	县、设治局

表1中括弧内外的名称为互称或等称。如隋唐时期,大部分时间的统县政区称州,其中两度短期改称郡(隋大业三年至十四年,唐天宝元年至至德二载,共28年),郡、州性质一致,故为互称。唐代后期,观察使兼节度使,所以道与方镇合为一体,称道或称方镇均无不可,是为等称。在明代,布政使司是正式名称,但一般称为省,两者也是等称。又,表中辽、元、明三栏的统县政区有几种类型,中间以短线隔开,表示它们除统县的共同特点外,相互之间还可以有统属关系,如明代的府可直接统县,也可经由属州统县。辽代的道(府)是比较特殊的,道与唐代相同是地理区划,但又与京府(如南京析津府)的范围相一致。而京府既是高层政区,又是统县政区,故在表中重复出现。表中以顿号隔开的则都是同一层级的不同类型政区,例如宋代的府、州、军、监四种政区都是同一层级。

2. 层级变化的规律

层级变化的规律主要有两条,一是由高降低,二是由虚入实。

(1) 由高降低

所有高层政区都随着历史的发展而幅员渐次缩减,数目次第增多,级别逐层下降,最后归于消亡。这一点以州最为明显,州在东汉末年只有十三个,作为高层政区,大者相当今两三省之地,小者也有半省规模。到隋初,州数达到三百多,幅员只有数县大小,级别已降为统县政区。至元明时期,大部分州已降为与县相当,清代的散州则完全与县同级。民国初年进而废州为县,于是州从行政区划体系中消失了。到新中国成立后,才又采用州作为第二级民族地方自治区域的名称。

道在唐朝前期作为州之上的监察区出现,后期与方镇结合而成为实际上的高层政区，幅员已大大缩小。宋初的道后来被路所代替，到元代又作为省以下的监察区，明清沿袭元制，也在省与府之间设道，但幅员大大缩小。民初改道为省县之间的一级政区，20 世纪 30 年代废道以后，就消亡了。

路的演变与道近似，只是沿用时间较短。北宋的路只有二十几个，作为高层政区，其幅员相当今半省或一省之地。到元代，路降而为统县政区，幅员也缩小到如今一两个地区的大小，明代废路为府，路也消亡了。

省的幅员从元代到民国是逐步缩小的，20 世纪 20 年代以后降为统县政区，至今在名义上还是统县政区，因为在省县之间的地区仍是一个虚级。不过与此同时，省也是高层政区，因为省县之间已经出现管县的市这样一个实级。

作为统县政区的郡和府，与高层政区不同，虽然幅员也逐渐缩小，但级别并不降低，而是直接归于消亡。郡的幅员到南北朝末期已经缩小到两三县的范围，所以隋初就被取消了，虽然在隋后期及唐中期两度短时间恢复，最终仍不免于消亡。但是郡县制的称呼却一直保留下来，以代表与封建制不同的行政制度，因此一切统县政区，如隋唐宋的州，元明清的府都可以称为郡级政区，事实上，古人也一直把州府当作郡来看待，州刺史、知州和知府也雅称为郡太守。

不但如此，宋代更在每州的州名之外还附有郡号。许多人读《宋史·地理志》有“沧州，上，景城郡”，“福州，大都督府，长乐郡”等记载，就以为宋代还存在郡称，其实不然。这里的郡称只是个号，就如同人的字号和本名的区别一样。郡号长乐，就是福州在唐代的郡名。宋代的州大都由郡改名而来，因此郡号也大都现成。一些新置的州没有郡号，则由皇帝颁赐，如河东路丰州就赐名为宁丰郡。

府在明代成为普遍的统县政区，幅员较大，如山东只分为六府，比如今的地区还要大。清代府境明显缩小。民初则废府存道，府也消亡了。

(2) 由虚入实

历史上所有高层政区都是由非行政区，即监察区或军区演变而来，政区长官也由中央官员转变而来，此即谓由虚入实。

秦代的监察区与行政区相一致。秦始皇分天下为三十六郡，郡置守、尉、监。守和尉是郡的长官，监是中央派出的官员，每一郡成一监察区。汉代情况发生变化，郡的幅员缩小，郡数增加，于是在郡之上设州作为监察区，由于监察的对象是吏治而不是民政，事务较简，无须每郡设一监察区。但是州既作为一级区域划出，与郡县相分离，就构成了以后转变为行政区划的地理基础。待到东汉末年州牧掌握辟官、莅政、理财、治军四权之后，州就自然转化为行政区了。

唐后期的道(方镇)则由两条线演变而来。一条线是魏晋南北朝的都督区,这是以都督为军事长官统辖数州的军务督理区。都督又例兼所驻州的刺史,实际上形成了州以上的一级准行政区。唐代沿用这一制度,都督又因加节而称为节度使。另一条线是唐初按山川形便设置的道,后来也成为正式的监察区,道的长官是采访使,后改为观察使。这两条线结合起来,以节度使兼观察使,就使方镇和道重合而成为州以上的一级行政区。

元代行省近取金朝行尚书省的制度,在中原用兵之时,也以中央大员率领部分政府成员在地方上设立行尚书省,这本来只是中央政府的派出机构,但其所管辖的地域久而久之就成了行政区划,这是另一种由虚入实的形式。金朝的行尚书省溯其源,则是学六朝隋唐的行台尚书省,当时"省"是中央官署之名,行台尚书省或某处行台省都是从中央分出的行动机构,以处理地方事务,事毕行台省即予取消,千年以后的元代却将它变成固定机构。后来,元代的行尚书省又随中央政府机构的改名而称为行中书省,简称行省。

中国历史上的四种高层政区——州、道(方镇)、路、行省,只有路完全出自宋人的独创,其他三种则由原来的监察区、军区或临时行动机构演变而来。但是路的出现亦非无据,它是将唐代转运使这一临时职务加以固定,并使之有一定的施政范围而形成的,同样是由虚入实。此外,明代的总督、巡抚辖区在明清之际几乎成为新的一级政区,后来经清初二三十年的调整,还是回到布政使司(行省)的框架之中,只是督、抚成了布政使之上的省区一级的最高长官。

第二节　量地制邑,度地居民——行政区划幅员之伸缩

层级是上下政区之间以及地方政府之间关系的体现,但并非政区本身的要素。幅员、边界、形状和地理区位才是其要素,其中尤以幅员与边界两要素最为重要。本节先来讨论历代政区幅员的变迁过程。究竟每一层级应划分多少政区,亦即设置多少个地方行政单位才合适,这是地方行政制度的一个重要环节。《礼记·王制》云:"凡居民,量地以制邑,度地以居民。"这是对于政区必有一定幅员,以及幅员与人口之间数量关系的最早论述。虽然这里的邑还不见得是后世的县,但这句话正和"体国经野"一样,具有重要的象征意义。行政区划的幅员从另一个角度看就是地方政府的管理幅度,更通俗点说就是地方政府的权力圈。而政区的幅员又直接与地方行政单位(即地方政府)的数量相对应。在一定的地域范围内,政区幅员大,则行政单位数目少;政区幅员小,则行政单位数目多。

一、政区幅员的尺度

幅员就是指面积的大小。那么政区的面积大小到底是如何确定的?

县是中央政府直接任命长官的基层政区,因此划定县的幅员是确定其他层级政区幅员的基础。秦汉时对县的幅员大小就定下了一个基本原则:"县大率方百里,其民稠则减,稀则旷。"①也就是说,以百里见方的面积作为县的幅员基数,再以居民的数量作调节。人口稠密的地方,县的面积划得小些;人口稀少的地方,县的面积划得大些。这个原则自然合乎道理,因此为以后历代所遵奉,百里之县成为习惯的称呼,县令有时也就戏称为百里侯。实际上,如果除去方百里这个具体数字不计,至今也还没有更高明的原则来代替它。所以,今天青海省的一些县、内蒙古自治区的一些旗,地域之辽阔几和沿海的省一般大,但也无法随意缩小,因为那里的人口过于稀少。

至于方百里的数字是如何确定的,历史文献没有记载,推测是为了与当时的管理水平相适应。假定县城位于方百里的某县的几何中心,那么到四边的距离都是五十里,相当于今天的17.5公里。这样的距离,如果起早贪黑的话,可以在当天徒步往返。这对于官员下乡劝课农桑、农民进城交纳租赋都是比较合宜的。当然这是就理想情况而言,因为一个县的地域,不会是四方的,县城也不一定恰好位于几何中心。但是这样的推测大约并不离谱,因为一切基本原则都是按标准情况制定的。秦汉时代,中国经济最发达的地区是黄河中下游地区,这里已经形成关中与山东(崤山以东地区)两个经济重心。在地理景观方面,黄河中下游是一马平川的大平原,在其上划出方百里作为县的幅员标准也是合乎情理的。国外也有类似的例子,法国大革命以后,重新划分行政区划,其中最高一级区划 departement(此法语词曾被译为省、郡或县)幅员的划定,是以使这个区划之中所有居民都能在一天之内往返于区划中心与居住地之间为原则的,但这个原则的确定已在秦代之后二千年了。

县以上政区的幅员则没有面积大小的明确规定,大致是以所辖县的数量作为衡量标准。汉代的人俗称郡为"千里之郡",指的是一个郡大约领有十县之地,三国时代的人称州为"万里之州",也是表示一个州大概包含百县之地的意思。这并不是郡非千里见方,州非万里见方不可,说到底,千里之郡与万里之州也是间接地以地域面积和人口数量两项指标来确定幅员大小的。因此在秦汉时代,南方的州郡幅员都比北方大得多,其原因就是南方户口少,而县的

① 《汉书》卷19上《百官公卿表》。

分布稀。二千年来，县级政区的幅员相对稳定，而县以上各级政区的幅员都是变动不居的，例如从秦到宋，统县政区就有越来越小的趋向，其中有出于政治目的和行政管理的需要，也有为了适应自然区域和经济开发状况等原因。因而不仅在同一朝代中同级政区的幅员相差悬殊，而且历代同类政区的幅员也有相当大的波动，尤其是某一朝代新创置的政区更有其特殊的幅员。下面我们就来分析三层不同政区的幅员变化情况。

二、"百里之县"幅员的相对稳定

元代以前，每一县级政区幅员的大小在历史文献中是没有具体记载的，到了明代以后，在一些地方志中有些县才有幅员大小的记载。因此关于历代县的幅员变迁情况，不容易直接弄清楚。但是在一定的地域范围内，政区的幅员与数目成反比，这样从历代县的数目变化中，可以侧面看出县的幅员变化情况。县级政区数目的增加一般表示其幅员的减缩，反之亦然。表 2 所记就是历代县级政区数目的变化简况。

表 2　历代县级政区数目变化简况

时　期	年份(公元)	县数(个)	县级政区数(个)
秦		约 1000	—
西　汉	前 8	1350	1587
东　汉	140	1180	—
三　国	265	1190	—
西　晋		1232	—
南北朝	580	1752	—
隋	607	1255	—
唐	740	1573	—
北　宋	1102	1234	1270
元		1127	1324
明		1138	1427
清		1455	1549

从表2中可以看出,县级政区数量的变化幅度是不大的。从秦到清,县级政区的数量只增加了约50%,而时间已经过去二千年,疆域已经大大扩展。

县数的增加有许多原因,其中有两个原因与县的幅员变化没有关系,那就是外部疆域的扩大与境内统治空白的消失。前者不言自明,后者必须举例说明。譬如福建的长汀、龙岩、宁化三县都是唐朝开元二十四年(736)“开山洞置”。所谓山洞,是指原来为政府统治所不及的偏远山区,当这些地方开辟为县域后,自然不会影响其他县的幅员的缩减。但是在传统观念中,这种情况依然被看成是其他县幅员的减少。还是以福建为例,今福建地区,在西汉时只设置了冶县一县,于是全福建都被当成冶县地,凡是新置一县,都被当成是分冶县地所置。这种看法当然不合适,因为当时的冶县根本管不到偏远的山区,只能管辖到今福州附近的地区而已,但在地方志中一般都按上述传统观念来表述。

除了以上情况外,新县的设置多是从旧县分出,必然使旧县的幅员减少;反之,原有县的撤销,也必然并入邻近的县,而使后者的幅员扩大。表2中有几个朝代的县数增加特别突出,有几个朝代与前代的县数相比有明显减少,都是县的幅员有一定程度的变化的反映。

秦县总数到底多少,《史记》未明载,估计在千数左右。西汉的县级政区数突增至1587个,一方面自然是汉武帝开广三边所增置,另一方面则是因为大量侯国的分封。这些侯国大部分是由某县分出一乡之地或分出几百户的户口建立起来的,幅员非常之小,但是却具有与县同等的政治地位。在1587个县级政区中,这样的侯国就有200多个。到了东汉,这些侯国全被省去,再加上因人口减少而省并大量的县,于是总县数就明显减少,但同时也说明这时县的幅员相对比西汉的大。南北朝时期,县数的增长最不正常,往往为了设官分职的需要,而把县的幅员不断割小,以增设更多的县。例如,南朝齐氏的东平郡领二县,一县是寿张,是“割山阳官渎以西三百户置”,另一县是淮安,乃“割直渎破釜以东淮阴镇下流杂一百户置”。此时县的幅员之小,由此可见一斑。

隋代由于矫枉过正,大量并省州县,所以县数明显减少,县的幅员也相对增大。唐代以后,南方地区开发程度加深,经济显著发展,不断有新县从老县分置出来。新旧唐书《地理志》对此颇有详细的记载,如江西的玉山,是“分常山、须江置”,四川的蒙阳县是“分九陇、雒、什邡三县置”,被分割的老县幅员自然要缩减。唐代县数的大幅度增加,一方面是恢复了被隋代并省的部分县,另一方面是疆域扩大所致,第三个原因就是新县的析置。

宋代疆域比唐代大为缩小,幽云十六州失于辽,陇右西北地区归西夏,云南一带独立为大理,越南北部成为安南国领土,县数自然减少。元代县数的减少的原因则大为不同,以元代版图之广袤,而只领1127县,令人费解。除了由于长期战乱人口大量流失,因而并省大量的县这一比较明显的原因外,还有另一个比较隐蔽的缘故,那就是部分的州变为县级政区,而不再是统县政区。宋代以前,州是统县政区,州治必须设于某个县城之内,这个县被称作附郭县。元代许多州不设附郭县,因此州治周围就形成一个与属县相当的县级政区。有无附郭县的州所含政区个数是一样的,只是前者比后者要多一个县,也就是多出一个县政府来。同时,元代又有许多州不领县,这些州其实也是县级政区。最后,由于江南地区户口较多,又有一批县升为州,这些州也不辖县,从区划上来看,自然也是县级政区。明、清两代,所有的州都不设附郭县,清代的直隶厅也是这样。所以元明清三代,从纯粹的县数来看都偏低,而从县级政区来看就属正常了。

虽然历代的县数多少有一定的波动,反映了县级政区的变化,但从总的方面说来,历代县的数目与幅员变化是不大的,即使在南北朝时期,其变化幅度也比郡、州两级政区小得多。这表明作为基层政区的县,其幅员大小是以行政管理的程度来确定的。任何朝代都要维持正常的农业生产,才能保证王朝的长治久安。而县级政府是直接"牧民"的基层组织,其劝课农桑和收租征赋的施政范围是不宜朝令夕改、频繁变动的,否则将会影响国家职能的正常发挥。这就是县级政区的数目与幅员相对比较稳定的基本原因。

对于州县幅员的大小,宋人便认为应在相去不远的程度。如毕仲游主张:"为今之策,宜先求建国之大法,要在均一而易治。凡邑之大者,割其大以补小;邑之小者,增其小以成其大。置一县之封,必度其四面之界,分长乡以补其短,分宽乡以补其狭。县相比,州相较,大者不使如固始之宽,小者不使如仙居之狭,此之谓均。户口赋税之籍,徭役狱讼之制,大略相等。贤者俯就而有余,不肖者勉强而无累。"①这一建议的目的是为了均其能力,以能者治小县、以不能者治大县是不利于治理效果的,说明宋代的地方行政管理运作已经达到比前代更高的水平。不过在实际上,均一政区幅员的想法,远远无法实现,因为

---

① 《历代名臣奏议》卷42。毕氏语中之固始县,属光州(治今河南潢川县)。仙居县在宋则有二,一属光州,后废;一属台州,今仍存。毕氏奏议中的仙居应指光州仙居(故与同处一州的固始对比),后来因其地过狭而废。当分别是宋代幅员最大与最小之县。

不同地域之间在人口密度、经济开发程度和自然环境等方面的差异太大了，幅员大的政区未必比幅员小的政区难以治理，幅员只不过是众多行政管理难度的一个指标而已。所以到了清代，对所有政区的治理难易程度用一个综合的标准，即所谓“冲、繁、疲、难”四个字来评定。“冲”指地理区位是否冲要，“繁”是指行政事务的繁简，“疲”指赋税征收的难度，“难”指民情风俗的所谓刁顽与否。四字俱全的县、州、府称最要缺（缺即职位），三字为要缺，两字为中缺，一字或无字为简缺。中央即据缺位之需要来派遣适当的官员。当然这四字考语不全是针对政区而言，而是包括了政区里的人民。与政区最相关的是“冲”；至于“繁”、“疲”也多少与政区有些关系，幅员大，事必繁，逋税可能难收；而“难”则几乎与政区设置无关了。

三、“千里之郡”幅员的缩小倾向

1. 统县政区幅员变化的总趋势

从总的方面来看，号称千里之郡的统县政区，其幅员自秦至宋呈现出逐渐缩小的倾向，元代以后又经过了一个先大后小的起伏。这一不断变小的总趋势由种种原因所造成，其中以政治因素最为关键，目的是要实现中央集权对地方分权步步强化的抑制。

由于县级政区的幅员较小，而且大多没有幅员大小的具体记载，因此在一般的历史地图上只能以点——县治所在的地点来表示。而统县政区已有足够的幅员，其属县又有明确的地理位置，因此在地图上可以画出其地域范围来，幅员的大小是一目了然的。另一方面，统县政区的幅员还可以其所辖县数的多少来判别，辖县越多，一般而言幅员越大，反之亦然。但是这并非绝对的，在特殊情况下，也有辖县多而幅员并不大的。在下面的分析中，两方面的标准都要用到。

秦代末年的郡已接近五十，而县的总数大约为一千，平均每郡统县二十左右。汉代以后，郡的幅员明显比秦代的小。《汉书·地理志》载：“汉兴，以其郡太大，稍复开置。”开置的意思就是将一郡分成数郡，或二或三，如前述秦代内史在汉代被分成京兆尹、左冯翊、右扶风三郡，号称三辅。又如从九江郡分出豫章郡，从陇西郡分出天水郡，从北地郡分出安定郡等。秦的内史相当于今天的关中平原，面积不足今陕西省的三分之一，分成三辅以后，幅员就更小了。至于汉代把郡划小的原因，史籍未明言，但很显然其主要目的是为了削弱郡太守的权力，减少地方的分权。

统县政区幅员变化的总趋势，很不容易讲清楚，这里首先用辖县数量的变化来大体表示，表 3 就是历代统县政区所辖县级政区平均数的变化情况。

表 3　历代统县政区所辖县级政区平均数情况

时　期	县级政区数	统县政区数	统辖平均数
西　汉	1587	103	15.4
东　汉	1180	105	11.2
三　国	1190	158	7.5
西　晋	1232	172	7.2
北　周	1124	508	2.2
隋	1255	190	6.6
唐	1573	328	4.8
北　宋	1270	337	3.8
元	1324	319	4.2
明	1427	179	8.0
清	1549	276	5.6

从表 3 可以看出统县政区的幅员呈现出一波三折的变化。秦代以后，统县政区幅员直线下降，至南北朝末年达到最低点。隋代回升但未达到西晋水平，之后又再度减缩，至宋代降至第二个波谷。元代以后又回升，至明代达到新的波峰，清代又开始下降，但仍比唐为高。我们以这些数字再结合具体的实例作进一步的说明。

东汉的郡的幅员比西汉的有些缩减，如西汉会稽郡的范围包括今江苏省南部、浙江省和福建省，过于寥廓，东汉时分成了吴郡与会稽两郡。但总的来说，两汉的郡的幅员相去不远。西汉每郡平均统县在 15 个以上，其实包含很大水分，是由于许多小侯国的存在而形成的。例如西汉琅邪郡领有 51 个县，是汉代领县最多的郡，但其幅员实际并不大，只相当今山东省东南一隅的青岛、日照、诸城、海阳一带十一二个县市的范围。琅邪领县多的原因，是该郡的属县当中有大半，即 31 个县是幅员很小的侯国。

三国时期的总县数与东汉相差不多，但郡国数增加了约 50%，的确表明郡国的幅员有大幅度的下降。但这种变化还有经济开发逐渐深入的原因。尤其是孙吴割据的东南地区，过去人口较少，经济不发达，县的分布很稀，郡的幅员很大；汉末中原大乱，北方人口大量南移，政府又着意发展经济，以增强自身实力，相应地增设了许多新郡。如今江西地区，两汉都仅设豫章郡一郡，到三国时已分为四郡。又如孙吴后期分吴郡与丹阳郡置吴兴郡，就是为了“以镇山越”的需要①。西晋时期，郡国幅员与三国相比差别不大而略偏小，南北朝时期则主要出于分官设职的需要而把郡的幅员不断割小，不全是以此来削弱郡太守的权力。

隋代虽然拨乱反正，大大扩展了郡的幅员，但仍不使其过大，比起西晋来仍略显小。唐代更是有意减削统县政区——州的幅员。唐代设置正式政区的版图与汉代相去不远，而唐州的总数竟是汉郡的三倍有余，平均一个州的幅员只有汉郡的三分之一。时人常称唐州为十万户州，其实这与千里之郡一样只是象征性的称呼。据天宝元年(742)户口最盛时期的记录，七万户以上的州仅36个，只占当时总州数的九分之一；甚至五万户以上的州也占不到五分之一；大部分的州都在两三万户以下，足见唐州之小。

不但如此，在削减州的幅员的同时，唐朝政府还配合以削夺刺史权力的措施，这些措施中最重要的有两项：一是军民分治，刺史不像汉代郡太守那样掌有军权②；二是州县属员都要由中央吏部铨选，不能由刺史和县令自行辟除。这一措施实际上从隋代已经开始，前文已经提到。宋代中央集权更加强化，州的地域更形缩小，有将近十分之一的州只辖一县之地，完全不可能发生割据一方的现象，但地方政府也就因此缺乏御侮缉乱的能力，形成权轻易撼的毛病。元代统县政区有路、府、州三级，路、府两级的幅员比宋代州的幅员大，但元代州的幅员却是不可遏止地向下滑坡，359个州当中就有158个没有属县，除了官员级别较高以外，这些州实际上等同于县(或者可比拟为今天的县级市)。但从总的平均数来看，元代统县政区的幅员比宋代略有起色。

明代则是突变时期，主要的统县政区——府的幅员已超过三国时期郡国的平均幅员。如以今山东地区为例，在明代只设六个府，而在之前的宋代竟分布有二十个州(或府、军)，在其后的清代也分置了十二个府和直隶州。又如今广东地区，在明代只设八府一直隶州，而在元代却分置十八个路、州。

① 参见《三国志》卷48《吴志·孙皓传》。

② 西汉的郡虽设都尉以典兵，但主要军权似仍在太守手里。东汉则连郡都尉也省去，郡太守掌握军事全权。

可见明代在这一带的统县政区的平均幅员比元代扩大了一倍。清代高层政区和统县政区的幅员都比明代有所缩小,尤其因为直隶州数量比明代多得多,所以统县政区的平均幅员比明代小了许多,但仍比唐代州的幅员要大。明代扩大统县政区幅员的做法,可以说是接受了宋代积弱的教训。由于地方上的军权、财权都已收归中央,适当地扩大府一级官员的管理范围,对于提高地方绥靖治安能力自有裨益。明代能维持长达277年的统治,与统县政区相对较强的缉乱能力不无关系。秦代以来统一王朝延续时间比明代长的只有290余年的唐代,但唐代后期存在藩镇割据现象,已算不上真正中央集权的统一王朝了。

统县政区的幅员就是该级政区长官的权力范围,这个范围的大小直接与地方分权的轻重相关。尤其在实行二级制或三级制的朝代,中央政府更不希望统县政区的幅员过大,所以从秦到宋,政区幅员逐渐小了下去。在实行三级制的时期,发生割据的危险乃在于高层政区,对统县政区幅员大小的考虑,就着重于行政管理效率,而不是分权太轻太重的问题,这就是元明清三代的路、府一级政区允许有较大幅员的缘故。

2. 但望"分郡疏"的解析

郡级政区幅员的适当尺度是多少,郡为什么被逐渐划小,这样一些问题在自上而下的官方正式文献中没有留下什么记载,但是东晋人常璩所著的《华阳国志》却保留了一份极其可贵的由下而上要求分郡的奏疏,从中我们可以看到除中央政府政治目的以外,划小郡境还有其他原因。

东汉后期桓帝永兴二年(154),巴郡太守但望上疏朝廷,要求将巴郡一分为二,他陈述了必须分郡的理由,并提出了具体分郡的方案。虽然当时的执政者因循守旧,不同意实行分郡,但是由于分郡的必要性一直存在,这一愿望终于在38年后实现,但方案改为一分为三。但望奏疏陈词恳切,理由充足,这里特将其要求分郡的原因作一解析。

但望要求分郡的根本理由是巴郡面积过大、户口太多以及产业兴盛。该疏开头说:"谨按《巴郡图经》,境界南北四千,东西五千,周万余里。属县十四,盐铁五官,各有丞史。户四十六万四千七百八十,口百八十七万五千五百三十五。"秦代巴郡略当今重庆直辖市及四川东北角,境域辽阔,至西汉中期才分出西南角界犍为郡,其后垂三百年郡境未曾变动,而户口从西汉末年至当时已分别增加两倍和一倍半,属县增加三个,并且各县经济发达,盐铁官俱全。为了行政管理的方便,这样的大郡自然应该划小。

由于郡境太大,"土界遐远","远县去郡千二百至千五百里。乡亭去县,或三四百，或及千里”，因此治安十分困难：“令尉不能穷诘奸凶，时有贼发，督邮追案，十日乃到，贼已远逃，踪迹绝灭。”同时由于郡境太大，老百姓当差服役，吏员履职省亲，路途都太遥远，“给吏休谒，往还数千(里)”，负担很重。下级官吏如果“冤枉弱民”，则“欲赴诉郡官，每惮还往”。而且上级官员巡视属县也受影响，“太守行桑农，不到四县。刺史行部，不到十县”①。公文往来旷日持久，“闭囚须报，或有弹劾，动便历年”。总之，郡境过大使行政管理极为不便，为了治政有效，必须分巴郡为二。

由但望的奏疏可以看出，郡的境域不可过大，尤其在人口增多、经济发展以后更须适当划小。与巴郡相邻的蜀郡，在西汉时就已一分为三(一度一分为五)。而巴郡由于山地居多，经济较蜀郡落后，所以郡境长期不变。但三百年后，分郡条件已经成熟，所以才有但望此疏的出现。这种由下而上自发的分郡要求并不多见，因为对太守而言，郡越大，权力越大，正是求之不得的事情。因此这份奏疏正是当地士民、豪强强烈愿望的反映。

大量郡级政区地域划小的具体情况我们虽不得而知，但除中央政府的集权目的以外，如上述分巴郡疏所列举的种种理由肯定也是全部或部分存在的。

四、“万里之州”幅员的起伏变化

这里以“万里之州”来比拟历史上所有形式的高层政区。高层政区指的是不直接统县的政区，如魏晋南北朝的州，唐代的道(方镇)，宋代的路，元明清的省。由于这级政区幅员最大，如果政区长官又兼有财政、军政大权，形成唐代藩镇那种“又有其土地，又有其人民，又有其财赋，又有其甲兵”的状况，则分裂割据局面必然出现。因此这级政区的有无以及幅员的大小、界线的划定，就成为历代最高统治者最重视、最关切的问题。而就幅员言，中国历史上的高层政区无论是州、道，还是路、省，都经历了由大变小的过程。

1. 州的幅员和数目

州本来是水中高地的意思，战国时人借用大禹治水的传说，将天下划为九州，写成《禹贡》这一我国现存最早的区域地理著作。后来，《周礼·职方》、《吕氏春秋·有始览》也提出了各自的九州区划。但这些区划都只是纸上谈兵而已，直到汉武帝时才真正把州当成监察区的名称。汉武帝分全国为十三刺史部和一司隶校尉部，其中有十一部以州为通名，如冀州刺史部、

① 原文如此，颇疑“四”与“十”应互倒。

豫州刺史部，所以俗称十三州。这些州名来自《禹贡》和《职方》，因这两篇都是儒家的经典，两篇著作的州名大部分相重，而略有出入，正好提供了十一个互不相重的州名。其中对《禹贡》中的两个州名雍州和梁州，分别改成凉州和益州。参见图 1。

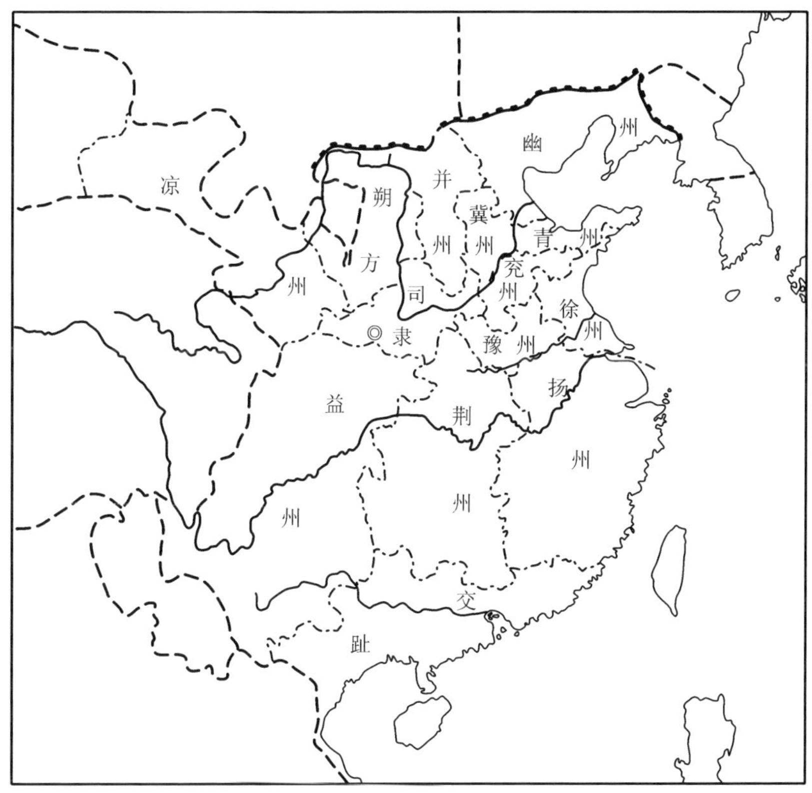

图 1　西汉十四州部建置示意

汉武帝时的十三州，地域十分广阔。北方的州略当今半省或一省之地，南方的州可抵今两三省、三四省之地。除了朔方刺史部被并入并州刺史部以外，其余十二州的幅员大致由东汉继承下来，司隶校尉亦正式领一部，同时交趾刺史部又改名为交州，所以习称仍为十三州，到汉末成为正式的行政区划。三国时期，州的幅员和数目没有实质性的变化，只有一点例外，即魏、吴两国都设荆、扬二州，但是魏的荆、扬二州只具象征性意义，仅占原二州地域的一小部分而已。与此同时，司隶校尉又改称司州。到西晋统一后，州的数目逐渐增加到十九州，幅员才开始明显地缩小。尤其是西北的凉州、东北的幽州、西南的益州、岭南的交州都因地域过于辽阔而被分成两州或三州。西晋末年，幅员最大的荆、扬二州也分置出湘、江二州，形成各州幅员比较均衡的二十一州的局面。表4就是汉晋之际各州部分化过程的示意。

表4 汉晋之际各州部分化过程示意

时期	北方										南方			
	司隶	冀州	幽州	并州	朔方	兖州	青州	徐州	豫州	凉州	扬州	荆州	交趾	益州
西汉														
东汉														
三国 魏														
三国 蜀														
三国 吴														
西晋	司州	冀州	幽州 平州	并州		兖州	青州	徐州	豫州	凉州 秦州 雍州	扬州	荆州 湘州 江州	交州 广州	益州 梁州 宁州
	⑬	①	②⑲	③		④	⑤	⑥	⑦	⑧⑰⑭	⑨	⑩⑳㉑	⑫⑯	⑪⑮⑱

说明：表中序号①～⑬及朔方等十四州部同时置，⑭～㉑诸州部按始置年代编号。虚线表示魏国只占荆、扬二州小部分地。

三国时人称州为“万里之州”虽是以辖郡数目为说，但在当时州的地域也确有地广万里者，如南方的荆、扬、益、交四州。西晋的州，幅员已大为缩减。东晋十六国以至南北朝以后，州的数目大幅度增加，幅员急剧减小。产生这种情况的原因很复杂，如上文已经提到的为报功酬庸而因人设州，又有因侨置需要而置州，还有就是为了巩固中央集权而使州置于割治无常的状态。如《宋书·何尚之传》载：“荆、扬二州，户口半天下，江左以来，扬州根本，委荆以阃外，至是并分（指两州各割一部分地置郢州），欲以削臣下之权，而荆、扬并因此虚耗。尚之建言复合二州，上不许。”不许的原因就是以巩固皇权为要务，而荆、扬二州经济因此受到影响，倒在其次。

南北朝后期，州的数目膨胀到两三百之多，州的幅员就只有数百里见方的狭小范围了。历代高层政区的变迁以州最为剧烈，甚至到隋代时下降为统县政区，元代则更降至县级政区的水平了。

2. 道的幅员和数目

州降为统县政区后，新的地理区划又出现了。唐代的道代替州的地位，逐步变为新的高层政区。唐太宗贞观元年(627)分全国为十道(见图 2)，是纯粹以地理区划的面目出现的，但其中实际上已暗含有监察区的影子了。

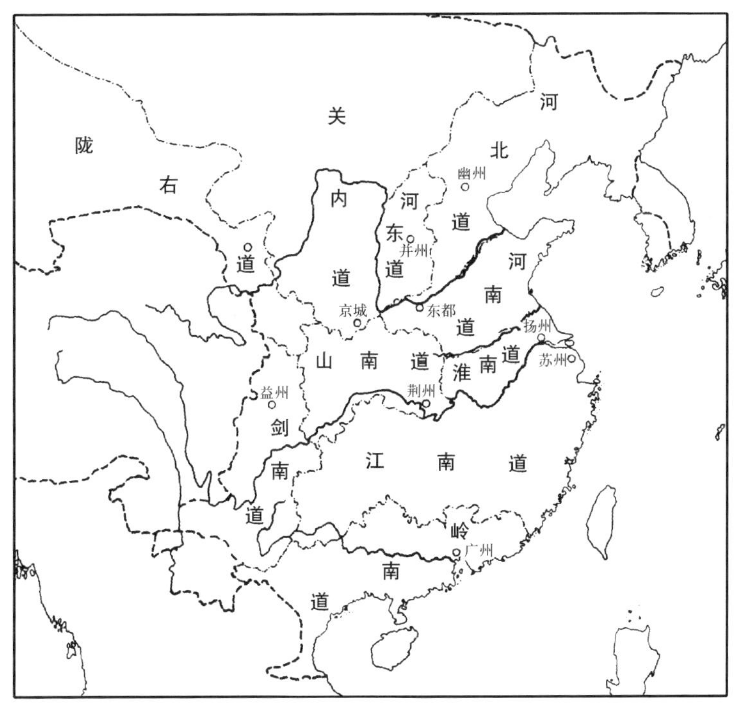

图 2　唐初十道图

汉唐疆域相仿，西汉置十四部，而唐初只分十道，道的幅员远比汉的州部为大。在北方，唐河南道之大可包容汉之豫、兖、青、徐诸州，河北道也能涵盖冀、幽二州；在南方，江南道比荆州或扬州都要广袤。唐玄宗开元二十二年(734)，将十道分为十五道，成为正式的监察区，两者之间的关系如表 5 所示。京畿的幅员很小，只有五六个府州的范围，都畿更小，只有两个府州，这两道是为首都和陪都的特殊需要而析置的。真正因为地域过大而分道的，只有江南与山南两道。南北朝以来南方经济已经相当发达，天宝元年(742)的统计数字表明，南北户口之比已达四比五。所以南方的道领域也相应缩小，于是江南道三分，而山南道两分，以适应监察事务日益繁重的需要。这时十五道的幅员大约与汉十四部相侔。

表 5　唐初十道至开元间十五道的分置沿革

贞观元年（十道）	关内道		河南道		河北道	河东道	陇右道	淮南道	山南道		剑南道	江南道			岭南道
开元二十二年（十五道）	关内道	京畿	河南道	都畿	河北道	河东道	陇右道	淮南道	山南东道	山南西道	剑南道	江南东道	江南西道	黔中道	岭南道

唐代后期，道又称方镇，变成州以上的实际上的一级行政区，其数目在四五十之间波动，每道辖三四州至十来州不等，大致与秦郡幅员相似。换句话说，小的方镇只当今十几县地，大的方镇则当今一省之地。如福建道、江南西道、岭南东道恰等于今天的福建省、江西省和未分海南省以前的广东省。元和时期的四十七方镇可以作为唐后期道（方镇）的代表。

3. 路的幅员与数目

接受唐王朝与藩镇偕亡的教训，宋代没有直接继承唐后期方镇与道相结合的制度，而是另外设计了一套概念全新的路作为新的高层行政区划。宋太祖时置诸道转运使以总财赋，分全国为十三道。太宗以边防、盗贼、刑讼、钱谷、按廉之任皆委于转运使，分全国为十五路。此后转运使路的数目逐渐有所增加，从十八路、二十三路、二十四路以至北宋覆灭前昙花一现的二十六路，路的幅员也随之逐步变小。路的分置沿革如表 6 所示。

十八路是宋代维持最久的路制。元丰二十三路则是较有代表性的路制，《元丰九域志》一书即依据这二十三路编成。二十四路是将首都开封府独立为京畿路。二十六路则是加上北宋末年在辽亡之后取得燕云十六州，改造为燕山府路、云中府路而成，两路旋得旋失，与北宋俱亡于金。十八路的幅员除陕西路稍大（与今陕西省相比），西川路和峡路稍小（与今四川省相比）以外，其余各路都与今省的幅员相近，其中福建路与今福建省完全一致，京东路与今山东省相差很小，广南东路相当今广东省，但缺雷州半岛，广南西路略当今广西省、海南省和雷州半岛之和。元丰二十三路的幅员则一般比今省为小。

表6　宋代路的分置沿革

宋初	京东路		京西路		河北路		陕西路		河东路	淮南路		两浙路	江南路		荆湖路		西川路		峡路		福建路	广南路	
天圣元年（十八路）	京东路		京西路		河北路		陕西路		河东路	淮南路		两浙路	江南东路	江南西路	荆湖北路	荆湖南路	益州路	利州路	夔州路	梓州路	福建路	广南东路	广南西路
元丰四年（二十三路）	京东东路	京东西路	京西北路	京西南路	河北东路	河北西路	永兴军路	秦凤路	河东路	淮南东路	淮南西路	两浙路	江南东路	江南西路	荆湖北路	荆湖南路	成都府路	利州路	夔州路	梓州路	福建路	广南东路	广南西路
略当今地	山东省		河南大部	湖北西北部	河北大部	河南一隅	陕西宁夏	及甘肃大部	山西大部	苏皖北部		苏南浙江	江西及	皖南苏南一角	湖南全省	及湖北大部	四川西部北部	及陕南一隅	四川东部南部	及贵州北部	福建省	广东大部	广西海南

说明：北方与南方之分乃以秦岭、淮河为标志。据此则京西南路和淮南东路都各有一半在北方，一半在南方。

女真人灭北宋以后，在北部中国建立了金朝，与南宋以秦岭、淮河为界。金朝继承了北宋的路制，但是路的幅员则小得多，原来的一路有的被分为二三路。金泰和八年(1208)分全境为十九路，这就是见于《金史·地理志》的体制，其中五路自辽之五道改造而来，一路是金之旧土，其余十三路即略当于北宋崇宁间北方的十路。偏安南方的南宋王朝也把个别路的幅员缩小，如两浙路和利州路被分成东、西两路。南宋时期，路的总数在十六七之间，比北宋时期的南方多出二三路。此外还须指出一点，金和南宋时的路已与北宋时性质不同，二者分别以总管府(相当于安抚司)和安抚司代替转运司，成为路的主要统治机构。

4. 省的幅员与数目

蒙元帝国建立以后，将宋金的路降为统县政区，而在路以上建置起幅员空前辽阔的中书省和行中书省，作为新的高层政区。元帝国版图本来就极其广袤，行省的数目又少，因此其幅员之恢宏为任何朝代所不及。

元初除中书省直辖地域外，全境又分六个行中书省。其中陕西四川行省一度囊括今陕西、四川、甘肃、宁夏及内蒙西部的广大地域，幅员之大可以想见。但就面积而言，行中书省比起中书省的直辖范围来，还是小巫见大巫。中书省的直辖范围为自山陕间黄河一线以东、淮河以北直至北海（今北冰洋）的一片广阔无垠的土地。

元代省的幅员如此之大，显示其作用主要不在行政管理，而在军事殖民。由于蒙古民族用军事征服的方式合并了几大政权，为了防止被征服民族的反抗，不得不把中枢权力分散于各处，建立起镇抚作用的军政区域。而中枢权力又不能过于分散，因此行省的数目不能太多，幅员相对也就要大，省的幅员过大还有一个重要原因，即因民族习性和地理环境所致。对于在天苍苍、野茫茫的广漠草原上驰骋的游牧民族来说，成千上万里的远征似乎都是等闲之事，行省幅员划得十分辽阔也就不足为奇了。

随着元朝统治的不断深入，行政管理事务的繁杂，大而无当的行省逐渐得到改造，既缩小其幅员，又改变其性质，以成为名副其实的行政区划。至元代中期遂形成一中书省和十行中书省的体制。从七省到十一省的转化过程如表7所示。

表7 元初七省至元中期十一省的分置沿革

至元十七年（七省）	中书省			江淮行省	福建行省	湖广行省	江西行省	陕西四川行省			云南行省
至顺元年（十一省）	辽阳行省	岭北行省	中书省	河南江北行省	江浙行省	湖广行省	江西行省	陕西行省	四川行省	甘肃行省	云南行省
略当今地	东北以北至北冰洋	内蒙古一隅及外蒙古以北至北冰洋	北京、河北、山东、山西	江苏、安徽北部及河南、湖北大部	苏南、浙江、福建	湖南、广西、海南及黔东鄂南一隅	江西及广东，但无雷州半岛	陕西及甘肃东部	四川大部	甘肃大部、宁夏及内蒙古西部	云南及贵州西部、缅甸泰国北部

但是十一省的幅员仍然太大，从下辖的统县政区数目来看，平均每省约辖三十个单位。如果除去地广人稀的岭北行省（只辖一路）和辽阳行省不计，其余九省平均辖有三十五个统县地区，管理幅度稍显过大。因此在每个行省之下又设有若干个宣慰司，作为派出机构，“掌军民之务，分道以总郡县，行省有政令则布于下，郡县有请则为达于省”。宣慰司辖区称道，设置于离省会较远

的地区。元代的宣慰司/道的性质似以监察为主而辅助行政管理事务，开了在行政区底下设置监察区的先例。

由于行省幅员过广，管理幅度过大，处理地方政务很不灵活，因此在元末地方多事、农民军蜂起的情况下，又纷纷从行省之中析置出许多分省。这种情况恰与历代不同，过去在地方多事之秋往往是建立大政区，而不是划小政区。元末分省的出现证明幅员过大的行省是不利于中央集权统治的，因而明代就对这点进行了适当的改革。

除了大而无当以外，元代行省还有另一个毛病是各省之间幅员过于悬殊。从地域上来看已是如此，如元初福建行省与今福建省相当，而陕西四川行省一度包有今陕、甘、川、宁四省区及内蒙古西部之地。若就各省所辖行政单位和户口而言，则更是“偏枯”，如辽阳行省名义上的面积几乎有半个欧洲那么大，但其户口不过等于南方行省中的一个上等路而已。当时人就对这种极不平衡的状态表示忧虑，以为行省之间“偏枯如此，难为永制”。

这种偏枯现象是各地区之间经济发展极不平衡所致。北方草原、沙漠、森林地带，人民从事游牧采猎的生产方式，地广人稀，而中原和南方是劳动密集型的农耕地区，人口密集，只要各地区一律建立行省，就无法避免偏枯现象。所以岭北行省只辖一路，完全失去了建省的意义。后来的清代同样是以少数民族入主中原，也同样建立起一个幅员辽阔的大帝国，但采用的政区建制就有所改变，在汉族为主的地区建立十八省，而在少数民族地区建立特殊的边区制度，克服了元代行省之间极端悬殊的状态。

元为明取代后，行中书省改称为布政使司，但习惯上仍称省。明代将相当于元后期南部九省的疆域划分成十五省，即两京十三布政使司，省的幅员比元代小得多。元代的一些行省被一分为二或一分为三，如中书省分为京师及山东、山西三地，江浙行省析置为浙江、福建两省等。又有一些行省各割一部分地成立新省，如割湖广、云南、四川各一部分而置贵州省。参见图3。

明代各省之间幅员比较均衡，但南北二京都划得过大。尤其是南京以明初首都应天府和朱元璋的老家凤阳府为两个核心而划出，包括今江苏、安徽省的全境在内，领有十六府和四直隶州之地，后来因浙江行省相形之下幅员太小，才把嘉兴、湖州两府割隶浙江。除两京外，幅员较大的省还有陕西、湖广等省。

历史上的改朝换代，几乎都要对行政区划有所变动，唯独清承明制，几乎全盘继承明代原有的整套行政区划体制，仅在层次上稍有简化，在幅员方面稍有缩减。清代缩减幅员的措施是把南京、湖广、陕西三省各一分为二，其他十二省则基本不变。从明代十五省到清代十八省的变化如表8所示。

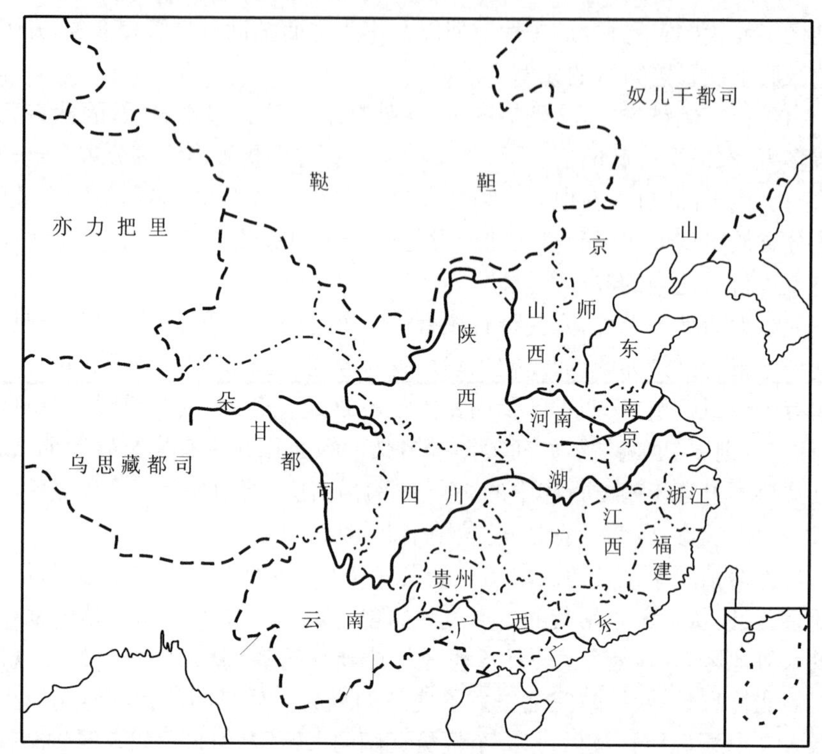

图3 明两京十三布政司建置示意

表8 明代十五省至清代十八省的分置沿革

明代（十五省）	京师	山东	山西	河南	陕西		南京		湖广		浙江	福建	江西	广东	广西	四川	贵州	云南
清代（十八省）	直隶	山东	山西	河南	陕西	甘肃	江苏	安徽	湖北	湖南	浙江	福建	江西	广东	广西	四川	贵州	云南

十八省的区划从康熙年间一直维持到光绪时期，长达二百年而无所更张，是中国历史上稳定时间最长的高层政区体系。由于延续时间长，而形成所谓中国“本部十八省”的概念。虽然清末已增置台湾省、新疆省和东北三省，但辛亥革命时，在武昌首举的义旗竟还是象征十八省的十八星旗。当然以十八省来代表整个中国是不确切的，但长期延续的政区在人们心理上造成的深刻影响由此可见一斑。清代十八省的幅员与今天相应各省的幅员差别不大，除分

置台湾、宁夏、海南三省区及京、津、沪、渝四直辖市外，后者未有根本性的变化。

五、行政区划幅员变迁的特点

政区幅员的变迁是一个比较复杂的问题，从历史的发展来看，其总趋势是逐渐变小的。政区幅员大、数目少，则控制难而监察易；反之，则监察难而控制易。汉武帝置十三州以为监察区就是想收两面之利。造成政区幅员变小这一总趋势的主要因素在政治方面，如加强中央集权的需要，或出于其他的政治目的，这在上文已经说到。而进一步的分析表明，政区幅员的变迁还有下列特征。

1. 政区幅员的变化存在地域差异

由于经济开发程度的差异，在同一朝代中，不同地域的同级政区，其幅员有时相差很大。如秦代北方的郡只相当于今天一两个地区，河东郡就略似今山西的临汾、运城两地区；而南方的郡则如今天一省或更大，九江郡起初就相当于今安徽及江西的大部。后来随着南方经济的加速发展，政区的设置越来越多，幅员也越变越小，因此相对而言，南方政区幅员的变化速率就比北方要快。这种地域方面的差异是经济因素所造成的。

2. 不同级政区幅员变化的程度有别

在高层政区、统县政区及县级政区中，以高层政区的幅员变化较大，统县政区次之，县级政区起伏最小。前两者的变化主要受政治因素的影响，后者则多数由于经济的发展而逐渐缩小其幅员。

3. 政区幅员的缩小有一定限度

南北朝后期三级政区的幅员都迅速地缩减，尤其州、郡两级政区幅员的缩减似乎无法遏止，甚至出现了“双头郡县”的怪现象。隋唐以降，这种现象未再重演，虽然统县政区和县级政区的幅员也逐渐缩减，但均有一定的限度。例如唐代有五千万人口，大县很多，但并未一再划小；同时，一些小县也未被合并，而是与大县并存。因此，对县的幅员来说有一个地域共同体的问题，这个共同体内的地理环境、经济发展和文化背景有一定的相似性，而相对于邻县则有较明显的差异性。这也是县级政区幅员相对比较稳定的原因之一。

同样，统县政区幅员的缩小也有明显的限度。以南方地区以例，在今浙江境内，唐代就已设置十个半州，其中十个州的幅员历时千余年毫无变化，已成定式。这些州在自然地理方面自成一个小区，在方言方面有很大的一致性，而且究其沿革史，每个州都是由秦汉或三国时期的一两个或两三个县所发展而来①，

---

① 参见周振鹤、游汝杰：《方言与中国文化》第三章，上海人民出版社，2006 年。

在人文地理方面形成内部相似性很大的共同体,所以幅员一般不再缩小。

福建和江西的开发比浙江要晚,唐朝时,州的幅员还较大,福建分为五州,江西分为八州。唐后期与五代十国时期,闽赣地区接受了大量北方移民,经济发展开始加快,因此统县政区的幅员也开始划小。至北宋初期,福建已划为八个州军,所以福建称为八闽,江西也分成十三个州军。但自此以后直到清末,统县政区的幅员未再缩小,稳定长达九百年之久。可见统县政区幅员的缩减,也是有一定限度的。

高层政区也是如此,其幅员不可能无限制地缩减。历代高层政区以唐后期的方镇幅员最小,最小的只有两三州之地,但也只能小到这个程度,再小就不成其为高层政区了。而且两三州的幅员已经太小,所以宋代必须改弦更张,设置幅员较大的新的高层政区——路。

第三节 犬牙相入还是山川形便?——行政区域划界的原则

一、政区边界概念的产生

行政区划的第二个地理要素是边界。据旧说,我国之有疆界概念是很早的事。《新语·道基》云:"后稷乃立封疆界畔,以分土地之所宜。"但这只是传说而已,边界是随着行政区划的产生才出现的。后稷是传说人物,不大可能有立封疆画界畔之举。直到西周封建时期,所建立的还是据点式的城邦国家,星罗棋布的封国呈点状分布,各国之间存在大块无主的土地和荒野,尚无明显的边界,这种情况即使在中原地区也不例外。例如郑国在东西周之际迁到今河南省郑州附近,还是"斩之蓬蒿藜藿而共处之"。郑的东邻是商代后裔的封国——宋,宋郑之间直到春秋末期,还有隙地六邑,两国都未曾占有,这时距两国初封已有整整六百年之久了。春秋中期,公元前627年,秦国派遣大军攻打郑国,途经晋、周二国,如入无人之境,不但晋、周不加干涉,郑国也没有得到一点信息。直到秦国大军临近郑国边境,才被商人弦高发现,弦高急中生智,赶忙以犒军的名义稳住秦军,并派人回国通知,做好战备,才避免了遭到突然袭击的厄运。这个故事今天读来,令人感到奇怪,但在当时,列国之间存在大量隙地却是很正常的情况。

所以,《礼记·王制》说:"凡四海之内九州,州方千里。州建百里之国三十,七十里之国六十,五十里之国百有二十,凡二百一十国。名山大泽不以封,其余以为附庸间田。”这里的“间田”应该就是各封国之间无主的土地，既可以作为封国之间的缓冲地带，也可作为一种新封土的储备，即：“诸侯之有功者，取于间田以禄之，其有削地者归之间田。”因此边界的概念不会在封建时期出现，而是随着行政区划的产生而出现的。

本来在氏族社会里，只有部落居住地人口较为集中，在居住地周围是一片广大的狩猎地带，外围是把这个部落同其他部落隔离开来的中立的防护林带。这种隔离地带在后代仍有其残留的形式，商代都邑之外的郊、牧、野就是各种分带的名称。《尚书·牧誓》曰：“王朝至于商郊牧野”，这里的商就是指商的都邑，邑外是牧，牧外是野。周代列国内部也有类似的情形，国外是郊，郊外是野，郊就是国与野的接触带，根据居住地的不同，而有国人和野人的区别。直到地缘关系确立起来后，国野的界限泯灭，才转入郡与郡、县与县的边界，这时隔离带就渐渐消失了。但现在称城外为郊外、野外，依然是沿袭了原称呼。

秦汉时期，匈奴与秦汉之间也有空地，称为瓯脱。更往后，唐与吐蕃间也存在“闲田”。周代的间田（或隙地）、秦汉的瓯脱和唐代的闲田（按：闲通间），对双方政权来讲就是边区，即英文的 frontier，就是缓冲地带。春秋以后，在经济逐渐发展、边区日益开发、人口不断增多的情况下，双方敌对倾向加强，以至于发生战争，争夺隙地。在战争中各国的攻防是只着重在险要的关隘，并无派兵戍边之举，甚至连关隘也只是战时才有人驻守，平时则弃之不理。但既有关隘，则边界的概念当已渐渐浮现。齐桓公二十三年（前 663）救燕伐山戎，燕庄公为表示感谢之情，亲送桓公入齐境，桓公曰：“非天子，诸侯相送不出境。吾不可无礼于燕。”于是分沟割燕君所至与燕，说明其时境界概念已很明确。只是此事只见于《史记》卷 32《齐太公世家》与卷 34《燕召公世家》，而不见于《左传》，不知是否后人之附会。又据《齐太公世家》管仲语，其时齐国的疆界四至也相当清楚，即“东至海，西至河，南至穆陵，北至无棣”。《史记》卷 39《晋世家》也记载了稍后的晋献公时晋国的疆域：“西有西河与秦接境，北边翟，东至河内。”当然，此处的“接境”二字可能是史家司马迁的述语。春秋后期，战争越来越频繁，才渐渐有陈兵守境之势。《春秋公羊传》载：昭公元年（前 541），“叔弓帅师疆运田，疆田者何？与莒为境也”。边境一明确，争界的事端也就出现了。《史记》卷 40《楚世家》就记载了因吴边邑卑梁与楚边邑钟离小童争桑而引起两国大动干戈一事。

战国时期，边境概念已完全形成，城邦国家已转化为领土国家。苏秦对齐宣王说：“且夫韩、魏之所以重畏秦者，为与秦接境壤界也。……韩魏战而胜秦，则兵半折，四境不守。”《史记》卷29《河渠书》载：齐、赵之间“以大河为境”。当其时，各国之间夺城略地，目的就是为了扩大自己的领域，边界概念自然已十分明确。

在列国之间边界概念形成的同时，郡县之间也一样有边界产生，郡即建在边地，与他国相接，则分段来看，国界也包含着郡界，更小的分段就是县界。如上引吴楚两国边界就在吴边邑卑梁和楚边邑钟离之间。而在列国内部，由于生产日进、土地日辟，城邑之间的空地也随之消失，郡与郡之间也有了明确的边界。例如战国时秦孝公用商鞅变法，集小乡聚为县，这些小乡聚的数量位置都是明确的，其外围界限也就自然确定了。而比秦国先进的晋国，还在春秋后期就已有明确的划县之举了。《左传》昭公二十八年载：“秋，分祁氏之田以为七县，分羊舌氏之田以为三县。”失势贵族之领地被分为明确的数县，其边界就跃然纸上了。

边界的概念越到后来越是明确，至秦汉统一帝国时代，在开发比较深入的地区，郡界、县界已经有明确的四至与走向，郡与郡之间甚至有界石标志。1987年和1998年在江苏连云港东连岛上发现两块刻石①，应该就是郡界的标志。其中羊窝头刻石载：“东海郡朐[与]琅邪郡柜[为]界朐北界[尽]□因诸山山[南]水以北(可能有一行字损坏)柜西直况[其]，[朐]与柜分高□[为]界东各承无极。”而苏马湾刻石文字则为：“东海郡朐与琅邪郡柜为界因诸山以南属朐水以北属柜西直况其[朐]与柜分高[陌](或[桓]、[伯])为界东各承无极始建国四年四月朔乙卯以使者徐州牧治所书造。”这两块刻石标明了琅邪郡柜县与东海郡朐县的分界。柜县东汉时已省去。后一块刻石写明是王莽时代的，前一块刻石若非与之同时，也当是西汉时代的。不但如此，在汉代，甚至连田畴阡陌也要画到地图上，以作为划界的依据。凿壁偷光故事的主角、鼎鼎有名的匡衡就被封在僮县(今安徽泗县东北)乐安乡，起先有一条边界错划在闽陌，结果多收了租谷，被人告发，后来再依地图作了纠正。当然像这种情况是发生在人口密集、生产发达的地区，如果是在未开发地区，郡、县的边界也不是那么清楚的。例如整个福建地区在两汉时期，只在闽江口设立过一个冶县(即今福州市的前身)，这个县在西汉时离最近的邻县少说也在五百里以上，显然它和邻县之间是不会有明确的边界的。

但是从总的方面来说，应该说随着郡县制的萌芽，边界概念就逐渐产生了，而且到了战国时期，边界概念已经十分明确。这时就产生了如何划界的问

---

① 连云港市文管会办公室、连云港市博物馆：《连云港市东连岛东海琅邪郡界域刻石调查报告》，《文物》2001年第7期。

题，在七国争雄时，这一问题还不突出，因为战争频繁，国界经常变动，疆域时缩时伸，通常国与国之间、郡县与郡县之间就直观地以山川为界。而且当时郡县制正在形成之中，也来不及设计完善的划界原则。待到秦始皇统一全国时，如何划定行政区域界线的问题就提到议事日程上来了。

政区本来就是为中央集权国家行政管理的需要而设置的，其划界当然要以对集权统治有利为原则；但在另一方面，农业经济的发展又是维持封建政权的基础，政区边界的划定也要注意使政区与地理环境相一致。在这两种思想的指导下，逐渐产生了犬牙相入和山川形便两条相互对立的原则。

在中国历史上，这两个原则是同时并用的，但越到后来，犬牙交错的原则越占上风，这反映了中央对地方控制愈来愈紧，中央集权程度愈来愈加强的客观事实。

二、山川形便原则的运用

山川形便的意思就是以天然山川作为行政区划的边界，使行政区划与自然地理区域相一致。这个原则是最自然、最直观的。尤其在高山大川两边的地域，往往具有不同的地貌、气候和土壤，形成不同的农业区，也形成不同的风俗习惯。古人早已注意到这一问题，《礼记·王制》云："广谷大川异制，民生其间者异俗。"因此，采用山川形便的原则意味着政区的划分是在物质文化与精神文化同一化的基础上进行的。

高山大川除了造成地域上的差异外，在交通工具不发达的古代，又成为文化传播的天然障隘，因此以山川为界来划分政区是世界各文明古国的通行原则。只是在近代形成的移民国家，如美国、加拿大和澳大利亚，才不顾山川之隔而以经纬度为划分州界、县界的依据，使得大部分州县界都是横平竖直的几何线条。但即使如此，以山川为界的原则依然没有被完全丢弃，美国东部十三州的界限就是明证。

在中国，山川形便的原则是与边界概念形成的同时出现的。春秋战国时期，列国之间的边界已以山川作为标志。《左传》记载了这么一个故事：春秋中期，晋国大夫赵穿杀晋灵公，当时担任正卿的赵盾，为了避免弑君的恶名而离开国都出走，表明自己不曾与闻其事，但是他"未出山而复"。于是晋国史官大书"赵盾弑其君"，理由就是他"亡不越境，反不讨贼"，可见当时的晋国是以山为境的。以河为境的例子前面已经提到，即"齐、赵以大河为境"。战国时期，齐、赵两国不断相向扩张领土，最终止于河水两岸。

以山川为界是如此地浑然天成，因此战国时人在规划全国统一以后分置九州时,就以高山大川作为分界的标志并托词其为大禹所定,成就了《禹贡》这篇伟大的地理著作。秦始皇统一海内之后,分天下为三十六郡,也以山川作为政区划界的基本依据。例如今山西省的边界在秦代就已大致形成,其东、南、西三面以太行山和黄河为界,在秦时也恰是太原、河东和上党郡的边界。

汉代郡的幅员比秦时小许多,又因为后来分割蚕食王国领域,结果使部分郡与山川界线不合,如西汉临淮郡跨淮水两岸,西河郡据黄河东西,这在秦代和汉初都是未曾有过的现象。当然南方的一些郡界也仍与山川相符,最典型的是豫章郡,几乎与今江西省完全一致,三面以山一面以江为界。东汉魏晋以后的郡国是在西汉的基础上调整而成的,因此边界也与山川大势有相当程度的背离。两汉魏晋的州界比起郡国边界来,要更符合山川界线。但是南北朝以后,州郡不断分割,幅员直线下降,政区划界已无一定之规。

隋代一革前朝之弊,不但简化层级,省并州郡,而且郡界也多以山川形势而定。在中国,作为山川形便依据的最重要的高山大川有这些:秦岭、南岭、淮河、黄河下游、长江中下游,这是东西向的;太行山、山陕间黄河、武夷山、雪峰山,这是南北向的。隋炀帝时一百九十郡中除了江都郡跨长江、临川郡跨武夷山外,其余各郡无一跨越上述重要的高山大川。如河东诸郡边界又复与黄河、太行山相吻合,回到秦时的状态,尽管郡的幅员比秦代为小。河南诸郡一鋆齐地以河水为北界,岭南岭北诸郡也极严格地以南岭作为它们之间的界线。这是连秦代也没有过的现象。譬如,秦代南海三郡的北界与南岭就呈犬牙相入状态(详后),而隋代诸郡的北界与南岭两相一致的程度令人惊讶。今广西自治区全州在隋为湘源县,被划入岭北的零陵郡,比今天的区划还要合理。正由于隋炀帝一扫前代之弊的这一重大改革,才有后来唐太宗时山川形便原则的实施,但过去很少人注意及此。

唐代开国以后,正式提出山川形便的原则。《新唐书·地理志》载:“然天下初定,权置州郡颇多。太宗元年,始命并省,又因山川形便,分天下为十道。”唐代州的幅员比隋代的郡要小,但州界也多与山川走向相一致。三百多州分为十道,这十道又与自然地理区域相符合,这一双重的关系对后世影响很大。一方面,十道后来分为十五道,到唐后期又衍化为四十多个方镇,其中南方的一些方镇奠定了如今皖、浙、闽、湘、粤、桂等省的部分或全部边界;另一方面,唐代的州界有许多延续下去,成为宋代的州(府)、元代的路和明清的府的边界,长期稳定达数百上千年之久。

虽然实行山川形便的原则有经济上的需要和文化方面的益处,但对中央集权制而言,却有一个很大的弊病,那就是完全以山川作为边界的政区,成为一个完善的形胜之区、四塞之国，如果这个政区的幅员足够大，而政区长官又有一定权力的话，就可能出现凭险割据的现象。东汉末年各地州牧的割据，以及接踵而来的三国鼎立，唐代后期藩镇割据，以及由此引起的五代十国分裂局面中，就多有凭借地险而长期独霸一方的政权。

古代战争水平不高，崇山峻岭、长河大川都是天然的防守工事。因此如岭南山地、四川盆地、山西高原，都是地理条件极佳的割据区域。五经之一的《易》曰："天险不可升也，地险山川丘陵也。王公设险以守其国，险之时用大矣哉。"这一思想在古代的政治家、军事家心中是根深蒂固的，所以诸葛亮在《隆中对》中劝刘备占据益州，骨子里的思想就是，倘使刘备不能进而逐鹿中原，也可退而为一国之君。事实果然如此。蜀汉虽然既弱且小，但竟能与魏、吴鼎足而三，就是因为益州北有秦岭作屏障，东有巫山之险阻，内有沃野千里的盆地，具备长期固守的条件。"蜀道之难，难于上青天"的千古绝唱，点明了四川盆地易守难攻的地理特征，所以凡是分裂时期或朝代更迭之际，这里都要出现地区性的割据政权。两汉之际已有公孙述在此称帝，盘踞十二年之久，是后来蜀汉的榜样；东晋十六国时期，这里又建立成汉国；到了残唐五代，又先后有前蜀、后蜀两个政权登上政治舞台。宋代以后，割据政权不再出现，但四川有利的地理形势又成为元明之际的明玉珍与明清之际的张献忠等农民起义军的根据地。

与四川盆地的凹地形相反，山西高原是凸地形，其西面和西南为滔滔大河所萦绕，东面和东南被巍巍太行山所包围，整个高原雄踞于华北大平原之上，也形成一个易守难攻的封闭的地理单元。因此在十六国时期，许多小王国建立或发祥于此，而后再扩张到其他地区。刘渊的前赵、石勒的后赵都是如此。后来的西燕国疆域更是除了西南一角外，几乎与今山西省完全一致。五代十国时期，在山西建立的北汉国，是十国之中唯一位于北方的，尽管它就在北宋王朝的卧榻之旁，却是北宋统一过程中最后一个被合并的王国，除了有契丹在背后撑腰外，特殊的地理环境也是一个重要原因。

岭南地区在古代也有"负山险阻"之称。虽然南岭山脉并不十分高峻，但由于远离王朝统治中心，所以也容易造成割据。秦汉之际赵佗就在此建立南越国，延续百余年之久。五代十国时期，南汉政权也在这里维持了半个多世纪。

由于山川形便原则是促成地方割据的一个重要因素，因此从秦代开始，统治者便有意识地采用犬牙交错的原则与之相抗衡。隋唐时期之所以强调山川形便的原则，是因为隋郡尤其是唐州比秦郡小了许多，即使州郡之界与山川相符合，也不可能造成割据。但即便如此，犬牙相入的原则也并没有被完全放弃,到元明清时期,这一原则更发挥得淋漓尽致,以至使部分行政区划与自然地理区域相背离。

三、犬牙相入的原则与发展过程

讨论犬牙相入的原则必须先从一段历史说起。刘邦的儿子代王刘恒,在周勃等大臣的支持下肃清了吕后的党羽,登上了汉文帝的宝座以后,给割据岭南的南越国王赵佗寄去一封信,说明自己当上皇帝的合法性,并建议汉与南越罢兵停火,和平相处。信末并附了这么一段话:"朕欲定犬牙相入者,以问吏,吏曰:'高皇帝所以介长沙土也。'朕不得擅变焉。"

由汉文帝的信中我们可以猜到,赵佗起先给汉廷发去一信,表示调整汉越边界的愿望,但汉文帝不肯答应。那么犬牙相入到底是什么意思?汉文帝又为什么不把边界划得整齐一些,而要坚持犬牙相入的状态呢?

幸运的是,在二千年后的今天,我们竟然还能看到这条有名的边界原貌。1973 年,湖南长沙马王堆汉墓发掘出极为珍贵的西汉初期的帛地图(见图 4)。这张地图上南下北,与今天地图方向相反。图幅的主要部分是当时长沙国南部的地形及县、里(各以方框和圆圈表示)的分布。在图的最上方又画出南海及注入其中的珠江水系,珠江流域是南越国的范围。图上只作简略表示,除"封中"两字外,未标出任何地名。在南越国与长沙国之间,有一条横亘东西的山脉,这就是南岭,当时是两国之间的界山。

进一步我们又可发现,在图的左上角,有一个桂阳县(今广东省连州市),位于南岭以南,湟水(今北江支流连江)之源。这个县虽在南岭以南,但却不属南越国,而属南岭以北的长沙国,可见南越与长沙之间又不全是以南岭为界。文帝复赵佗信中所谓的犬牙相入,指的正是两国边界与南岭山脉走向不相重合的这一现象。这种形势使赵佗时刻感到自己北部边界的不稳固,所以极想将边界调整到与南岭重合,以便能恃山为险,保持割据局面的安定。而这也正是汉文帝不肯答应的原因,因为在他那方面,是时刻不忘要统一岭南的,尽管当时力量有所不足,但威慑的形势却是要保持的。汉文帝申述边界不能改变的理由是:"高皇帝所以介长沙土也。"其实这只是一个托词。西汉长沙国与南越国之间的边界是沿袭秦长沙郡和南海郡的边界而来。因为秦亡之时,赵佗以南海尉击并桂林、象郡,自立南越武王,领三郡之地。当时刘邦与项羽正逐鹿中原,无暇顾及岭南,这条边界就维持了下来。汉初以长沙郡置诸侯王国,也无力收复南越地,名义上封赵佗为外诸侯,实际上以敌国相处。汉文帝当然不便提及此边界是前朝遗制,只能借口说是刘邦所定。

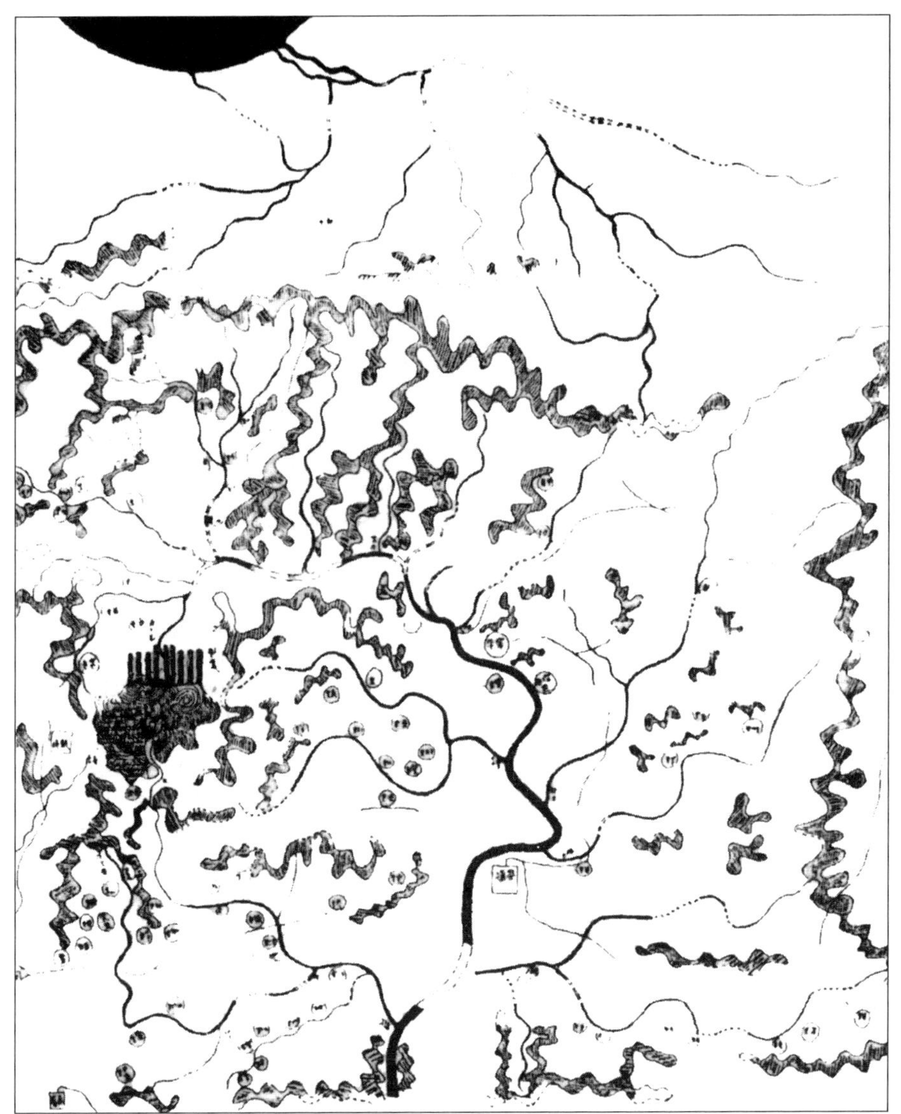

图 4　马王堆三号汉墓出土地形图的复原图

由此可见，以秦始皇的远见卓识，为维护高度中央集权制，已开始采用犬牙相入原则，以严密控制地方。这一措施在当时是十分必要的，因为岭南地区离统治中心太过遥远，又是花了很大力气才最后征服的领土，尽管已派了五十万戍卒前去守卫，但若不用犬牙相入的手段，一旦有事，该地还是很容易脱离王朝版图的，后来的事实证明当时的预见是正确的。秦代设计的犬牙相入方案,不但使长沙郡的桂阳县介入岭南,还使象郡的镡城县越过岭北。这一状态使后来汉武帝的军队得以在很短的时间内,一举击败南越国的抵抗,将岭南地区统一到汉王朝之中。

秦代划分郡界的基本原则是山川形便,又在局部地区辅以犬牙相入的原则,但后一条原则的实行只是使郡界和山川的走向不完全吻合而已,并非与之完全背离,如同后来的元明两代那样。秦代的岭南地区仍然保持其自然区域的大致完整性,汉代比秦代更进一步,从长沙国分置桂阳郡和零陵郡,并使这两郡的南界更远地伸入岭南地区。桂阳郡南界直达今广东英德,零陵郡南界则接近今广西柳州,同时又使岭南新置的苍梧郡北界越过岭北,临近今湖南的道县,形成一条更加曲折离谱的郡界。其目的明显地是为了更牢靠地控制岭南地区。

犬牙相入的原则不仅在山地应用,到汉代也在平原地带应用,不但用于郡与郡之间,也用于王国与王国之间,是为了使各国互相牵制,共同维护汉王室的稳固。《史记》卷10《孝文本纪》载:“高帝封王子弟,地犬牙相制,此所谓磐石之宗也。”《索隐》解释说:“言封子弟境土交接,若犬牙不正相当而相衔入也。”“犬牙相制”在《汉书》中作“犬牙相错”,意思一样。这一策略在吴楚七国叛乱时也发挥了作用,使中央政府得以迅速平息叛乱。

秦汉时期萌芽的犬牙相入原则为历代所沿用。即使隋唐大部分州郡都遵从山川形便的原则,犬牙相入的措施也并未弃而不用。如以出产琼花而名闻天下的扬州,隋炀帝时改为江都郡,该郡就地跨江南北,又如以今江西抚州为中心的临川郡境也居武夷山之东西,唐代的陕州(治今河南三门峡)也地跨黄河两岸。唐初的道严格以山川划界,但中期有所调整,如河东道就领有黄河以南的虢州(今河南西北角)。但这样的例子并不多,隋和唐前期的州、郡、道一般都是不跨越重要山川两侧的。

安史之乱以后,唐朝政府在各地遍设方镇,“要冲大郡,皆有节度之额”。这时朝廷开始考虑以犬牙相入的原则控制方镇。如濠州在唐前期属淮南道,唐德宗时割属以淮北徐州为中心的徐泗濠节度使(后改武宁军节度使)。这件事在二十多年后受到唐宪宗的宰相李吉甫的严厉批评,认为这是当时宰相窦参“不学无术,昧于疆理”的缘故。这个批评毫无道理。因为濠州(今安徽凤阳)阻淮带山,本为淮南之险,若淮南节度使凭险抗上,朝廷将无能为力。因此中央政府有意破淮南之险,又加强徐州保护漕运的能力,才将分居于淮水南北的徐、泗、濠三州交给当时忠于朝廷的张建封。何况当时淮西节度使李希烈骄横跋扈,并与淮南节度使相勾结,这一防备措施是完全正确的。李吉甫的批评是由于后来张建封之子倾向割据，并且以徐州为根据地几乎吞并江淮一事而引起的。但此一时彼一时，有一利也有一弊，不可以后事之非来否定前事之是。

另一犬牙相入的显著之例是昭义军节度使辖有太行山东西之地，但是唐代后期呈犬牙相入的方镇毕竟为数不多，多数方镇还是与山川形势大体一致的。因此从秦到唐，犬牙相入的原则一直处于从属地位，并未达到喧宾夺主的地步。当然这一原则也有所发展，秦代的出入只在个别的县，唐后期已扩大到州。宋代以后，犬牙相入原则贯彻更为普遍。

宋代的州府跨越重要山川的比唐代要多。如河南府领黄河以北的河清县，黄河以北的孟州又领有黄河以南的河阴、汜水两县，使孟州的领域呈现奇怪的扭曲状。又如泗州跨淮水南北之例，也为唐代所无。宋代的路也比唐代的道更偏离山川形便的原则。唐后期武宁节度使(即徐泗濠节度使之后身)虽辖有淮南北之地，但其所领四州中，仅有一州在淮南。北宋淮南东路虽以淮南为名，却有半路在淮水之北。而且该路与其北面边界还形成犬牙交错的曲折状。两汉的豫章郡和唐后期的江南西道几乎与今江西省全等，是一个比较完整的地理单元，在宋代则把它一分为二，东北部归入江南东路，其余部分与今湖北的东南角组成江南西路。又，北宋的河东路既缺西南一角，却又在西北方向越过黄河，领有河西之地；永兴军路以今陕西为主体，但却有河东一隅与豫西一角之地，而且更重要的是已越过秦岭，领有商州。虽然商州很小，但这是历史上秦岭南北首次被同一个政区所跨越。荆湖北路也很特别，其西南部分顺着沅水流域上溯直至与广南西路交界。

凡此种种，都说明犬牙相入的原则正在发生质的变化。在秦代，这一原则只不过使郡界与山川走向不完全一致，其出入不过一两县、两三县之地，到宋代其出入已达两三州、三四州的程度。到金与南宋对峙时期，情况又有进一步发展，如金代的山东西路的部分领域形成一条狭窄的走廊伸入山东东路与河北东路之间。南宋的分划虽然沿袭北宋，未有大变，但改变的想法已在酝酿之中，后文将会详述。要之，宋、金两代出于加强中央集权的需要，已发展了犬牙相入的原则，但最根本的变化是发生在蒙元帝国建立之后。

四、犬牙相入原则的极端化及肥瘠搭配原则

元代是犬牙相错原则发生转折性变化的时期。无论是作为高层政区的行省，还是降为统县政区的路，犬牙相错原则都走向了极端。

元代的路与路之间，情况千差万别。就层级而言，北方许多路除直辖县

外，又通过属州再领县；南方不少路则较简单，路下无领县之州。就幅员来说，路与路之间也很悬殊，大的如山西地区，只设两个半路，一路有半个今山西省那样大；小的如福建兴化路，只有两县之地。就边界而论，南方的许多路以山川为界，而河北山东地区的路却极端犬牙相入，以至于产生许多飞地——与本路地域不相连接的属地。

但是最能体现犬牙相错原则的极端化的实例是行省的划界。元代行省幅员过于辽阔，即使小省也有数十万平方公里之巨，而且行省长官握有军、民、财政大权，加之行政区划层次既多又复杂，为防止分裂割据现象的发生，唯一的手段只有利用犬牙相错的原则。因此元代的省一反过去汉州、唐道、宋路的划分方法，无视历来与划界密切相关的几条最重要的山川边界——秦岭、淮河、南岭、太行山的存在，使得任何一个行省都不能成为完整的形胜之区。其中陕西行省越过秦岭而有汉中盆地；湖广行省以湖南、湖北为主体而又越过南岭有广西，江西行省也同样跨过南岭而有广东；河南江北行省则合淮水南北为一；中书省直辖地却跨太行山东西两侧，兼有山西高原、华北平原和山东丘陵三种不同的地理区域；至于江浙行省，乃从江南平原逶迤直到福建山地。只有四川行省稍成四塞之国，但其北面屏障秦岭业已撤去，难以养成长期割据的气候。

这样划分行省就使所有山川之险完全消解。因此元代行省幅员虽广，分权虽大，但是缺乏实行割据的地理基础，也就不容易产生分裂局面。对比唐代的道和元代的省，我们会发现，两个朝代的划界方法正好完全相反。唐代的分划是以横向为主，元省的分划却以纵向为重。

中国的主要山川都呈东西走向，而唐代的道是以山川形便来分划，所以唐初的十道大都是横长竖短：河南道由山东半岛到豫西山地，江南道从东海之滨到贵州高原，横向长度都在一千公里以上，纵向却只四五百公里，岭南道、山南道、淮南道、陇右道也都是既扁且宽。只有河北道、剑南道是既狭且长，但这也是山川所限，河东道扼于太行与黄河之间，河北道为渤海与太行所限。元代分省的取向与唐代分道相反，一方面既要便于军事上实行由北向南的控制，另一方面又要破除山川之险，省的形状也自然与道完全相反。陕西、湖广、江西、江浙四省南北长而东西短，正与唐江南、岭南二道的横向布置相径庭。而中书省又把山东山西（唐河东道）与河北合在一起，却是变纵向为横向。

后人对元代划分行省的方法，大多予以贬斥。清人储大文说："元代分省建置，惟务侈阔，尽废《禹贡》分州、唐宋分道之旧。合河南、河北为一，而黄河之险失；合江南、江北为一，而长江之险失；合湖南、湖北为一，而洞庭之险失；合浙东、浙西为一，而钱塘之险失；淮东、淮西、汉南、汉北州县错隶，而淮汉之险失；汉中隶秦，归州隶楚，又合内江、外江为一，而蜀之险失。故元、明二季流贼之起也，来无所堵，去无所侦，破一县，一府震；破一省，各直省皆震。”①

平心而论，储氏此说尚未完全搔到痒处，他还未提到最不合理的两点：合岭南岭北为一，合太行山之东西为一。而且合江南江北为一是明代的事，元初虽一度实行，但后来已纠正。合浙东浙西为一亦非元代之过，唐代和北宋时便未分浙东西，因此不宜说“尽废唐宋分道之旧”。同时归州隶楚亦在唐宋而不在元。但是储氏所指出的，因天险尽去而引起地方治安无法维持，却有一定道理。

再进一步分析，犬牙相错极端化的做法虽然发生在元代，但其思想在南宋已经萌发。文天祥就写道：“宋惩五季之乱，削藩镇，建都邑，一时虽足矫其尾大之弊，然国已寖弱。故至一州则破一州，至一县则破一县。中原陆沉，痛悔何及！今宜分天下为四镇，建都统御于其中，以广西益湖南而建阃于长沙，以广东益江西而建阃于隆兴（即南昌）；以福建益江东而建阃于番阳；以淮西益淮东而建阃于扬州。责长沙取鄂，隆兴取蕲黄，番阳取江东，扬州取两淮，使其地大力众，足以抗敌。”②文天祥的建议几乎与元代南方几省的分划完全一致，这正是从政治军事观点出发而得出的共同结论。文天祥为了北向抗敌，认为必须多头突击，又为了使地大力众，必须合两路为一路，所以主张合湖南与广西为一，合江西与广东为一，合江东与福建为一，产生纵向的合并。如果横向合并，例如合江西、湖南为一，合广东、广西为一，那么虽地大力众，但却只有一个突击方向，在军事方面自然不利。

元代的统治思想恰好与此相反相成，既要实行南向控制，同时又要使行省成为地大人众的军事殖民区，因此对宋的路也只能采取纵向合并的办法，即以荆湖南北路与广南西路组成湖广行省，以江南西路与广南东路组成江西行省，以江南的福建路再加上南宋首都所在的两浙路组成江浙行省。因此元代的南向控制与文天祥的北向抗敌的思想正合一句老话：相反而皆相成。

如果更详细地观察元代行省的分置过程，还可发现，元初七省的分划完全是南下军事征服行动的直接后果，后来的十一省则是根据行政管理的需要作进一步调整所形成的。这点留待后文再予论述。但由上述情况来看元代的分省建置并不全是“惟务侈阔”的毫无根据的胡思乱想，而是出于明确的军事政治统治的需要而制定的。

---

① 转引自魏源：《圣武记》附录卷12《武事余记》，中华书局，1984年，第360页。
② 《宋史》卷418《文天祥传》。

当然,元代这样分省只服从中央集权统治这个唯一目的,必定要伴生许多弊病,如:地方无险可守,于长治久安颇为有碍;将不同气候土壤的地理区域合而为一,对农业经济发展带来不利;行省地域过大,于和平时期的行政管理很不方便,省与路之间不得不再设道一级监察区域,增加了管理层次。所以明代对这些弊病有所改革,但这些改革并不是要放弃犬牙相错的原则,而是从另一个方向造成新的犬牙相错区域。

明初建都南京,南方统治稳固,因此将元代南方三省全部一分为二:江西省回到汉豫章郡、唐后期江南西道的范围,又成了完整的地理区域;福建省回到唐后期福建观察使辖区和两宋福建路的领域;两广则因袭宋代而有所调整。明朝又将元代北方的中书省一分为三,即北平(后改北京、京师)、山东和山西;将中部的河南江北行省之地分属南京、河南、湖广三省。至此,元代时犬牙相错之区只留下陕西一省。但是明代新的犬牙相错形势又产生了。

首先是南京的建置。明太祖朱元璋定都江南的金陵(元属集庆路,明属应天府),他的老家又在淮南的凤阳,于是洪武元年(1368)以金陵与凤阳为两个中心,划出一个包括淮北、淮南和江南三个不同地域的大南京,这是史无前例的举动。淮河和长江都是历史上行政区划的重要分界线,宋代以前跨淮或越江的政区都是罕见的现象。元代虽厉行犬牙相错的原则,但元初的江淮行省只跨长江两岸,元中期的河南江北行省仅越淮河南北,从未出现过同时跨江越淮的政区。明代南京地位特殊,幅员很大,包括十六府和四直隶州,其西北角直达今安徽砀山,离北京的南端不过一百多公里。

南京的设置使邻省浙江相形之下显得过于局促,一共只有九府之地。于是后来将嘉兴、湖州两府割给浙江,但这样一来却再次违背了山川形便的原则,使太湖流域分属于两个高层行政区划。而历史上太湖流域从来处于单一的高层政区之中,从秦汉隋唐至宋元不变。因此清初大学者顾炎武形容这一做法如同把人腰斩一般。

南京属下的府,也同样存在犬牙相错的现象。如首都所在的应天府地跨长江南北,朱元璋以其老家凤阳置一大府,又使其领域居淮河两岸。南京之外,还有几处典型的例子。

一是河北省。朱元璋建立明朝是由南向北的军事行动造成的,恰与元代相反,因此建立河南省时,故意使之有黄河以北的属地,以和京师的南界成犬牙相入状态(见图5、图6)。这条界线几经调整,直到1949年以后才由曲折状态变成直线,但河南省兼有河北地的现象依然存在,而且这块地方是河南省最富庶的地区,解放初曾一度以之为主体建立过平原省。

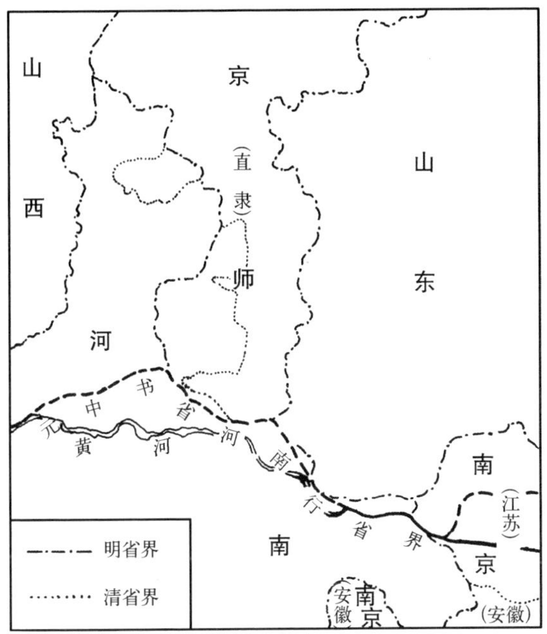

图5　明清河南京师(直隶)边界犬牙相错图

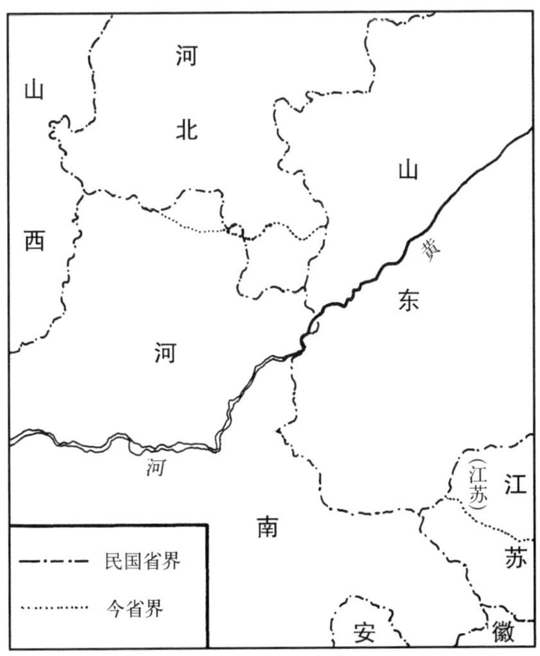

图6　近今河南河北边界犬牙相错图

二是广东省。宋代时广西比广东有长得多的海岸线，是因为今属广东省的高州化州一带及雷州半岛、海南岛均为广西所有。元代也沿袭这一分界而设湖广行省和江西行省。但元代在湖广行省下又将宋时广西沿海地带，即高、化、雷、钦、廉诸州与海南岛组合为海北海南道宣慰司。明王朝建立以后，分建广东、广西二省，但不恢复宋代原有分界，而是将元代的海北海南道划归广东省，造成广西没有一寸海岸线，以及钦廉地区几乎与广东不相连接的现象。这一犬牙相入的分界为清代、民国所继承。解放后，钦廉地区时归广东，时归广西，最终还是回到广西。

三是贵州省的边界十分特殊，东、南、西三面且不提，其北面省界向内凹进一大段，四川省属地如同一把尖刀直插入贵州的心腹。现代史上赫赫有名的遵义以及瓮安、余庆等地都属四川，而非贵州所有。这样划界显然是为了控制新建省的需要。直到清代雍正年间，贵州省才形成如今的完整边界。

清代省界基本上沿袭明代而来，没有大的变动，如上述贵州省界就是最重要的调整，再则只是在南京（清初改称江南）、陕西、湖广三省一分为二时确定两个新省之间的界线而已。陕西分置甘肃省，以延安、西安、凤翔、汉中四府的西界为省界；湖广分置湖北、湖南二省，以原岳州府北界为省界；都不费什么思量。只有江南省分成江苏、安徽两省则是有所考虑，并不采用历史上横向划分，以符合自然地理区域的做法，而是竖切一刀，将其分成东西两半，使皖苏二省都包有淮北、淮南和江南三部分地。这样做是为了使富庶的江南和稍次的淮南，以及经济上相对落后的淮北能够肥瘠搭配。历史上农业经济重心的转移是由北而南，本来淮北地区经济文化都相当发达，汉晋时期所谓“汝颍之士利如锥”。唐代以后，淮南地区发展很快，有“扬（州）一益（州）二”之称。南宋以降，江南地区之发达已居于全国之首，淮南、淮北则瞠乎其后。至明代，淮河两岸因灾害不断，已退而为贫困地区了。把淮北、淮南和江南地区合于一省之中，虽然有悖于山川形势，但是从肥瘠搭配的原则出发，这样做也只能说其情有可原。

五、行政建置方面的交错重叠

犬牙相入的原则原来是纯粹用于边界划分的，对于单式政区而言，与山川走向不合的边界大致就是犬牙相错的现象。但对于复式政区而言，却有另一种类型的犬牙相错形式。如明代布政使司与都指挥使司行使权力的地域范围，有时并不尽一致。显著的例子是山西布政使司辖有大同、太原、平阳、潞安四府和汾、辽、泽、沁四直隶州，但山西都指挥使司却只管大同府以外的其他地区的卫所，大同府范围内及内蒙古地区的卫所则归山西行都指挥使司所辖。这样，从行政建置方面而言，山西布司、山西都司与山西行都司三者之间就形成交错状态。这是范围较大的交错。

较小范围的还有湖广与贵州之间的例子。如贵州东南的黎平府就立于湖广的五开卫之中，亦即从贵州布政使司来看，黎平府是其下属，但黎平府所在的地盘却又是湖广都指挥使司所辖五开卫的实土，五开卫就设在黎平府城内，下领黎平等十六所。故若以布司划界，贵州东南角应划至黎平府东界为止，但若以都司划界，则湖广都司西南界的一段却要划到黎平府的西界去。但事情还不止于此，在黎平府所辖之湖耳长官司内还设有铜鼓卫，所以在地域上，黎平府又不是简单地与五开卫相对应①。

明代学者已经注意到这种制度上的犬牙相错状态。王士性在《广志绎》一书中，就两次提到这种现象。他在卷1《方舆崖略》中说："潼关，陕西咽喉也，称直隶潼关，而考核属屯马直指。颍州，南直辖也，而颍州（按此处当脱一卫字）以隶河南。晃州以西，贵州地也，而清浪、偏桥以隶湖广，黄平以隶四川。五开，楚辖也，而黎平以隶贵州。此皆犬牙相制，祖宗建立，自有深意。"在卷5《西南诸省》中又再次提及这一现象。至于明后期之总督巡抚辖区更是有意兼辖两个以上布政使司的边界之地，这在时人看来也是一种犬牙交错形态，故王氏在其《朗陵稿》中又说："故国家初以流寇开督府于郧阳，令得与汝南犬牙错。"②这是指设治在湖广郧阳的巡抚可以管到河南的汝南地区。

犬牙相制的目的自然是为了统治的需要，尤其在湖广与贵州间的设置是出于稳定苗族地区的目的。明后期曾经总督湖广、四川、贵州等地的张岳，在其《小山类稿》中就说："湖、贵之苗非有高山大川为之界隔，其田地犬牙相错，贵苗未靖，湖苗未可恃以为安。"③

---

① 参见嘉靖《湖广图经志书》卷19《靖州》。
② 《朗陵稿·赠大参徐公总宪滇南序》，见周振鹤编《王士性地理书三种》，上海古籍出版社，1993年。
③ 《小山类稿·与张龙湖阁老》，文渊阁四库全书本。

第五章　特殊行政区划简述

各个朝代的特殊行政区划在本书各卷中都将进行详细的考证。在此先将其提纲挈领地作一简述,以有助于分解性的比较与整体性的理解。

第一节　军管型准政区——都尉、都督、都护府和都司卫所

组成历代王朝疆域的,除正式政区外还有各种类型的准政区,尤其在边境和少数民族地区,往往采用军管或军事监护形式的特殊政区进行统治管理。以下所述为最典型的一些实例。

一、两汉魏晋的都尉

都尉是汉代郡的长官,作为郡太守的副贰,掌管一郡的军政事务,但边境和内地某些地区的都尉,成为实际上的政区长官。司马彪《续汉书·百官志》曰:“中兴建武六年,省诸郡都尉,并职太守……唯边郡往往置都尉及属国都尉,稍有分县,治民比郡。”其实在西汉,都尉就已治民比郡,不过没有上述记载明确罢了。汉代都尉种类很多,与政区有关的主要是部都尉和属国都尉两种。

1. 部都尉

汉代边郡常按方位分设东、南、西、北、中诸部都尉。如西汉北边的辽东、辽西、上谷、代、雁门、定襄、云中、五原、朔方等郡,都设有东、西两部都尉。这些郡面对匈奴,沿东西方向分设都尉,显然有利于增强防御力量。除了这一作用外,部都尉之设,还往往是置郡的先声,或者是废郡以后的归宿。

如汉武帝初年就曾派遣大文学家司马相如略定西南夷,在今四川、云南省交界的少数民族地区设一个都尉、十几个县,归蜀郡所辖。这个都尉后来发展成两个郡,即以邛族地置越嶲郡,以筰族地立沈黎郡。汉武帝末年,沈黎郡被废弃,就成为蜀郡的西部都尉。蜀郡又设有北部都尉,主要管理冉駹族,后来以之成立汶山郡,汉宣帝时该郡取消,又恢复为北部都尉。

由此可见，部都尉常设立在新开发的少数民族地区，以便为设置正式的郡做准备。也就是说，先用临时军管的办法，保持当地的故有习俗，免征赋税，待条件成熟，再设为郡。相反，当设郡不利于有效的统治管理时，正式的郡也可退而为都尉。除上述两例外，又如汉武帝中期在朝鲜设有四郡，其中临屯、真番二郡先后罢省，前者成为乐浪郡的东部都尉，后者成为同郡的南部都尉。但这种情况比较少见。尤其是西南地区，都尉的设置必定是建立新郡的前奏。如上述蜀郡北部都尉到三国时期，到底还是建为汶山郡。又如东汉初期，先建立益州郡西部都尉，不久，益州境外的哀牢人内属，朝廷在该地设两县，并以西部都尉所领六县与这两县合而建立永昌郡(地处今云南、缅甸之交界)，而且就以部都尉本官作为新郡的太守。

东汉末年，军阀割据，连内地的郡也设立部都尉(当然这些郡对军阀的割据地盘来说也许就是边郡)，以部都尉划疆治民更是常事，甚至将都尉当成郡级政区看待，如刘表为荆州牧领八郡，其中有一郡便以荥阳都尉当之。更有置新郡而不设太守，只设都尉的，如建安二十年(215)，分锡、上庸(今陕鄂交界处)二县为郡，就只置都尉。

三国时期的东吴，部都尉往往是置郡的前奏。如太平二年(257)，以长沙东部都尉为湘东郡、西部都尉为衡阳郡，以会稽郡东部都尉为临海郡(今浙江南部)、豫章东部都尉为临川郡；永安三年(260)，以宜都西部都尉为建平郡、会稽南部都尉为建安郡(今福建)；甘露元年(265)，以零陵南部都尉为始安郡、桂阳南部都尉为始兴郡；宝鼎元年(266)，又以会稽西部都尉改东阳郡(浙西南)，以零陵北部都尉为昭陵郡。东吴所增设之新郡不过二十六七，而其中由部都尉改置而来的却占了将近一半。

2. 属国都尉

属国都尉本是专职管理少数民族的官员，当然也是武职。汉武帝时，匈奴浑邪王率部降汉，朝廷将降众安置在西北五郡故塞(战国秦长城)以外，设属国都尉予以管理，这就是属国都尉的由来。属国都尉初设时只有五个，归中央负责少数民族事务的典属国所管，后来内附的少数民族除匈奴外，还有羌人，而且部众越来越多，属国都尉也就越设越多，并且下放归郡太守管辖，同时在地域上又与太守分疆而治。

东汉时期，属国都尉已成为管理少数民族的特殊政区，与郡平行。汉安帝时下令将其中六个重要的属国都尉领县比郡，成为正式政区。如前述西汉的蜀郡西部都尉，此时就建为蜀郡属国都尉，领四县。属国都尉都带有某郡的名称，但实际上已与该郡毫无关系。都尉的俸禄为比二千石，与太守的二千石相当。

三国时期尚有部分属国都尉建立,同时又把前代的属国都尉进一步改成郡。如蜀郡属国都尉就升为汉嘉郡。到西晋初年,所有属国都尉都改成郡,由军管形式演变为正常的行政管理。

3. 典农校尉

这是一个特例。三国时孙氏割据江东,着意发展农业,因此分吴郡无锡以西地区为毗陵典农校尉,以军事屯垦方式开发该地。晋初,改为毗陵郡(今江苏常州)。校尉也是军职之一种,在特殊情况下也成为特殊政区的名称。

都尉领县治民作为一种过渡型的军管性质的政区,盛行于汉代,但其起源也许可以溯至秦朝。北魏郦道元的《水经·赣水注》说:豫章,"秦以为庐江南部",即豫章郡本来是秦代庐江郡的南部(都)尉。秦郡设有守、尉二长官(太守和都尉是西汉时更名),或许当时已有都尉之设置。

二、两晋南北朝的都督区、总管区与行台区

(一)两晋和南朝

《南齐书》卷16《百官志》云,都督一职乃"起汉顺帝时御史中丞冯赦讨九江贼,督扬徐二州军事"[①]。在东汉,这只是一项临时性差遣,事毕即罢。至"魏文帝黄初二年,始置都督诸州军事,或领刺史"(《宋书》卷39《百官志上》)。都督渐有成为固定官职之趋势,亦即都督本非正式或专任官职,而是从刺史本官加其位权而来。所以《南齐书·百官志》说:"魏晋世……刺史任重者为使持节都督,轻者为持节督。"实际上持节加督的情况还要复杂些。持节有假节、持节、使持节三等,加督亦有督、监、都督三种。持节是使之位尊,加督是使之权重。两方面的配合理论上可以产生九种类型的职务,即假节、督,假节、监,假节、都督;持节、督,持节、监,持节、都督;使持节、督,使持节、监,使持节、都督。《宋书·百官志上》云:晋世,"都督诸军为上,监诸军次之,督诸军为下;使持节为上,持节次之,假节为下"[②]。持节等级不同,权位就不同。故上文接着说:"使持节得杀二千石以下,持节杀无官位人;若军事,得与使持节同。假节,唯军事得杀犯军令者。"持节与加督本来都属临时性质,但久而久之就成定制了。

---

① 据严耕望先生考证所引《后汉书》卷68《冯绲传》:"拜御史中丞。顺帝末,以绲持节督扬州诸郡军事,与中郎将滕抚击破群贼。"又《隶释》有车骑将军冯绲碑。故《南齐书》云冯赦误。

② 严耕望:《中国地方行政制度史》上编(四),第519~520页,即卷中之下第三章"都督总管与刺史"。

但都督即使成为较固定的职务，最初之职权也只在军事方面，然而既兼所在州之刺史，则自然兼民政，又因督诸属州之军事，也就开始渐渐干涉属州之政事。魏世刺史犹可与都督有矛盾，而晋已不多见，都督对于治所之州刺史控制力加强，并时有侵权者。此后都督除控制本州军民刑政外，对其他属州亦以统府之地位有指挥督察征调物力之权。但州刺史仍有半独立之权，并非完全受都督控制。东晋以来军事重于民事，都督遂凌驾于刺史之上，并已越权管理民事，如《晋书》杜预、扶风王骏、刘弘传，皆有叙及。故西晋末即令都督兼领治所之州刺史，而于属州有统属关系。《晋书》卷37《闵王承传》载：元帝“以承监湘州诸军事……湘州刺史……而倾心绥抚，甚有能名。敦恐其为己患，诈称北伐，悉召境内船乘。承知其奸计，分半与之(时王敦都督荆湘等州诸军事、荆州刺史)”。但刺史亦有自主权，州亦有直达权。《晋书》卷58《周访传》载：“督梁州诸军、梁州刺史，屯襄阳……务农训卒，勤于采纳，守宰有缺辄补，然后言上。敦患之，而惮其强，不敢有异。”《晋书》卷67《温峤传》载：“古镇将多不领州，皆以文武形势不同故也。”时入东晋不过十一二年，古当指魏世。据《晋书》则西晋时都督已兼领民事，而东晋已治民。

在东晋南朝，都督区的固定性亦超过州域。分州之举不断，而都督区变化较小。如自东晋后，时或分荆州置湘州，分荆益置巴州，然皆仍属荆州都督，分扬州置东扬州，仍属扬州都督；分交广置越州，后又分置十余州，皆仍属广州都督，分豫州为南北二州，而督区则一；宋、齐之世，竟陵郡时属荆州，时属郢州，随郡时属荆州，时属郢州，时属司州，然皆属雍州都督。

又，州域可被打散，以其中个别郡隶于都督。这也说明都督区之重要已超过州域。如《晋书》卷15《地理志下》扬州条载“旧江州督荆州之竟陵郡”。《晋书》卷84《殷仲堪传》载，巴西、梓潼、宕渠三郡本属梁州而归益州所督。此四郡之号令选用专于督将，几于本州无涉。刘宋永初三年(422)，刘粹以征虏将军督豫、司、雍、并四州，以及南豫州之梁郡、弋阳、马头三郡诸军事，豫州刺史领梁郡太守。梁郡属南豫州，而为豫州刺史所督，且领其郡守，则此郡在行政上、军事上皆统隶于豫州督区，而与本属之南豫州毫不相干①。

但都督区毕竟不是州郡县一类正式政区，并未形成一个确定的政区等级。在同一层级的正式政区间，如郡与郡之间即使有等第不同，但相互间并无统辖关系。而都督区与都督区之间，因军事形势的变化，会从平行关系变成上下关系。如宋齐时期，扬州都督区时而统隶徐兖都督区，时而与徐兖都督区平行。

---

① 《宋书》卷45《刘粹传》。

尽管都督区早在曹魏时已出现，但历西晋而制度仍未成熟。东晋以后，军事需要高于一切，且都督兼领刺史已成定制，故都督区渐趋稳定。根据都督区的幅员和权限，我们可以将东晋南朝的都督区分为基本的两类，即州以上之都督区与郡以上之都督区。前者还可再分为两等，一等是大型都督区，另一等是一般都督区。以下分别对州以上都督区与郡以上都督区两大类加以说明。

1. 州以上的都督区

(1) 东晋时期

大型都督区：

扬州都督区——作为首都所在地，扬州都督区是最重要的都督区，但辖区因人而异，最无定型。常见者为兼督豫州，或加督江州，或加兖州。小而仅督本州，大则或东兼徐、兖，或西兼豫、江，竟至全国诸州，或称都督中外诸军事。

荆州都督区——通常统荆、益、宁、雍、梁五州，时或兼统江州，时或兼统交、广。

一般都督区：

江州都督区——通常自成一都督区，虽时或属扬州都督区，时或属荆州都督区，然非经制。始仅督本州，后兼统他州零郡。常包括荆州之汉水以东诸郡，及豫州西南诸郡。

徐州都督区——徐州刺史多加都督，督徐、兖、青三州。加督扬州晋陵者亦甚多。此都督为京师东北重镇，先镇淮阴，继广陵，迁京口，复进下邳，又迁广陵，终京口，显示出军事形势的变化。

豫州都督区——豫州侨置于扬州，故所督皆扬州之郡。督豫州及扬州之宣城、庐江、历阳、安丰、淮南诸郡；初多镇芜湖，进则寿阳、马头，退则姑孰、芜湖，为京师西北重镇。

益州都督区——督益、宁二州及梁州之三四郡，统辖于荆州都督。

广州都督区——交、广亦常为一都督区，以广州刺史兼充都督，统于荆州都督。

(2) 南朝宋齐时期

宋州有扬、南徐(徐州改)、徐(晋末分徐州淮北地为北徐，宋初但曰徐)、南兖(文帝分南徐之江北地置，治广陵)、兖、南豫、豫、江、青、冀、司、荆、湘(自晋以来屡置屡废)、雍(原侨州郡，文帝元嘉二十六年割荆州五郡置，治襄阳)、梁、益、宁、广、交凡十九州。孝武分荆湘江豫置郢州，明帝分交广置越州，孝武又尝分扬州置东扬州，故终宋世为二十二州。齐承之，惟分荆益置巴州，凡二十三州。

第一等都督区：

扬州都督区——宋代大体督扬及南徐二州，偶不督南徐而督南豫，宋末定制。齐确定为都督扬、南徐二州诸军事。

南徐州都督区——宋初督徐、兖二州及扬州之晋陵郡；宋初，扬州不置都督，南徐都督独立为区，及扬置都督，例多统督南徐，然南徐都督又兼统南兖、徐、兖、青、冀诸州，则非扬州都督所统，其时制度歧驳如此。齐世扬州都督区例督南徐，而南兖则不在扬州督区内，与宋亦同。

荆州都督区——宋、齐皆督荆、湘、雍、益、宁、梁与南、北秦州。

第二等都督区：

南兖都督区——自元嘉中叶后，督区最大时为南兖、徐、兖、青、冀、幽六州。或无幽，或又无青、冀。元嘉、大明中(457—464)二都督各自独立。泰始(465—471)后，形式上统于南徐。入齐，定制为督南兖、兖、徐、青、冀五州。唯其时淮北之地多已入魏，实辖之地惟江淮之间而已。

徐兖都督区——督徐、兖二州及豫州之梁郡，或北兼青、冀，或南兼南兖。本区都督或与南兖都督区平等分立，或统隶于南兖都督区。

南豫、豫州都督区——豫州与南豫州时分时合，而此都督区不变。合时，豫州刺史都督豫、司、雍、并等州；分时，则豫州刺史都督豫、司、雍、并，及南豫州之梁郡等郡；南豫州刺史则都督南豫、豫、司、雍、并等州。齐世，南豫州刺史常加都督南豫、司二州。

雍州都督区——督雍、梁、南秦、北秦四州及荆州之南阳、竟陵、顺阳、襄阳、新野、随六郡。或仅竟陵、随二郡。齐同。统于荆州都督区。

益州都督区——督益、宁二州(因梁州之巴西、梓潼、宕渠、南汉中，秦州之怀宁、安固，共六郡，于元嘉十六年属益州，故不督梁州之郡)。

江州都督区——宋时督江州及豫州之晋熙、新蔡二郡。后缩小到仅督本州。

郢州都督区——都督郢、湘二州，都督郢州，监湘州。一般是本州外加督西阳、义阳二郡。齐时，督郢州及司州各一郡，实际上，司州即治义阳郡。

广州都督区——宋时督广、交二州，又比前朝加督湘州南部即始兴、始安、临贺等郡。齐则督广、交、越(越自广、交分)三州，加上始兴、始安、临贺。又，交州亦常加督。

第三等都督区：

梁秦都督区——宋齐时期，梁、南秦恒置一刺史，亦常加都督。常统于雍州都督。

青冀都督区——宋世，青、冀二州地狭民稀，通常置刺史一人兼领二州，以其在东北边境，例加都督。有时督区亦超出二州范围。统于徐州都督区。

湘州都督区——自宋孝武帝孝建元年(454)复置湘州后始定。《宋书》卷46《张邵传》载："武帝受命……分荆州立湘州，以邵为刺史，将置府。邵以为长沙内地，非用武之国，置署妨人，乖为政要。帝从之。"后设督，督湘州七郡，不及一州之地。

2. 郡以上的都督区

两晋南北朝时期不仅在州以上设有都督区，把所有的州都置于都督区的军务督理之下，而且在重要的郡国之军事要地或地区中心也设置都督区，以加强军事监护。此类都督区虽然并不覆盖所有的郡国，但地位却很特殊，而且为前朝与后代所无。

以东晋南朝为例，由郡太守、国内史、国相加督或加都督所构成的都督区就有好几个。常见于史传者主要有二：

会稽都督区——浙东沿海至浙西北一带的中心是会稽郡(国)，自东晋中叶以后，户口最为殷实，又因地理上离首都建康较近，所以会稽太守(或内史)的地位，不在大州刺史之下，故经常都督浙东五郡(会稽、临海、东阳、永嘉、新安)，是郡以上督区中最为著名、最为持久，也最为稳定的一个。东晋、宋、齐、梁历代都有重要人物或都督或监或督此五郡诸军事。至梁末陈初，其督区又有所扩大，如陈霸先为会稽太守，就都督会稽等十郡诸军事，这当然也与陈霸先扩充自己实力，为篡夺帝位做准备有关。陈朝初年沈恪、徐度为会稽太守时，则都督九郡军事，亦即在会稽等五郡外，还加上建安、晋安、新宁、信安等郡，范围扩展到了今福建省北部、浙江省西部。

沔中(或沔北)都督区——东晋沔中诸郡以襄阳为中心，包括南阳、新野、义阳、顺阳、义成、江夏、随等八九郡，常自成一都督区，统隶于荆州都督之下，作为荆州的屏障。该都督区因位于沔水(即汉水)一带，故以沔中为名。又因该区在沔水以北部分较以南为大，故一称沔北都督区。此都督区有时也一分为二，即沔北与沔中分置二督。与会稽都督区都督恒为会稽太守不同，督此区者时为此郡太守，时为彼郡太守，时以州刺史，无一定之规。若郡守为督，则以义成太守、江夏相为多，或同时兼二郡(义成、新野)、三郡(襄阳、义成、河南)太守者。又其督区不及一州之全境，而常为几个州的部分郡。如东晋时桓冲任宁朔将军，义成、新野二郡太守，并督荆州之南阳、襄阳、新野、义阳、顺阳和雍州之京兆、扬州之义成等七郡军事，镇襄阳。入宋以后，沔中(或沔北)都督区划入雍州都督区，遂不复以郡守督之。

此外,东晋南朝尚有许多郡级都督区见于记载,如:东晋桓伊为淮南太守,进而督豫州之十二郡、扬州之江西五郡军事;义熙中(405—418),向靖为安丰、汝阴二郡太守,梁国内史,又刘敬为淮南、安丰二郡太守,梁国内史,所督均为马头淮西诸郡军事。

宋代元嘉十年(433),巴西、梓潼二郡太守周籍之督巴西、梓潼、宕渠、遂宁、巴五郡诸军事;大明元年(457),吴兴太守沈文秀督吴兴、钱塘军事;宋末,齐郡太守刘怀慰进督秦、沛二郡。

梁代南平王伟子恭以西阳、武昌二郡太守督齐安等十一郡军事;天监十二年(513)巴西太守张齐智督益州外水诸郡军事;梁末陈华皎以寻阳太守督寻阳、太原、高唐、南北新燕五郡诸军事。

陈太建中武陵王伯礼、桂阳王伯谋、新安王伯周均以吴兴太守都督吴兴诸军事;始兴王伯茂为南彭城太守,都督南琅邪、南彭城二郡诸军事。

另有不少记载,此处不再列举。在所有郡级都督区中,最重要者当是会稽及沔中(沔北)两区,次则为马头淮西都督区、巴西梓潼都督区、南琅邪南彭城都督区及吴兴都督区等。但郡级都督区与州级都督区有一个很大的不同,那就是前者远不如后者规范。州级都督区是中央将所有的州级政区较有计划地分划为几个大区域,各设都督以治,相对比较稳定。而郡级都督区的设置则带有任意性,即并非所有的郡都纳入都督区中,而只在要地设置;而且,郡级都督区的地域范围也有较大的伸缩性,不是一成不变。上述的任意性和伸缩性,常常是因人——都督——而异。有时为提拔某人,就在其太守(内史)职务上加督诸郡军事,而督区的大小也往往依人而别,弹性较大,不如州都督区稳定。

(二)北朝

1. 北朝都督区

北朝都督区之设远不如东晋南朝发达。北魏道武帝、明元帝时疆域尚狭,分置未繁,故未置都督。至太武帝时拓宽疆土,始采用都督制,首先以长安镇都大将加都督关中诸军事。献文帝以下都督渐多,但都督区不稳定,变化较大。且除军事外,都督对刺史控制权也不明确。至西魏末年,始有材料显示都督对属州行政有控制权,入周以后更为明显。《周书》卷13《代奰王达传》云:"建德初,进位柱国,出为荆淮等十四州十防诸军事、荆州刺史。……所管沣州刺史蔡泽黩货被讼……乃令所司,精加按劾,密表奏之,事竟得释。"北魏时都督区之彰著者有关右都督区,其幅员至大,实即后来西魏疆域。东魏、北齐见于史传者不多,时已渐向行台区转化。

2. 北周总管区

总管区实即都督区的化身。《周书》卷 4《明帝纪》载:“初改都督诸州军事为总管。”总管区比都督区稳定,且总管权力大,但性质与都督无二。北周一代置总管府四十余所。

3. 北齐行台区

东魏、北齐的都督制不显著,在州以上设置的地方行政机构以行台为主。《文献通考・职官六》云:“行台,自魏晋有之,昔魏末晋文帝讨诸葛诞,散骑常侍裴秀、尚书仆射陈泰、黄门侍郎钟会等以行台从。至晋永嘉四年,东海王越帅众许昌,以行台自随,是也。及后魏,谓之尚书大行台,别置官属。北齐行台兼统民事,自辛术始焉。”行台是中央权力的行动机构,起初尚非统治地方的行政组织。以行台为地方行政机构,或从北魏道武帝开始。《魏书》卷 2《太祖纪》载:皇始元年(396)九月,“并州平,初建台省,置百官”。这是在拓展疆域的过程中,以台省来统治新领土。次年十月中山平,第三年(天兴元年)正月克邺城,于是分别在中山与邺置行台。但在北魏逐渐统一北方后,这一制度并未继续推行,其地方行政制度是在州郡县制基础上外加上前述之都督制,并配合以镇戍制。可见行台在拓跋魏南下中原之时,只是一种临时性措施。直到魏末大乱,行台制才再次实行。行台本是尚书行台的简称,意即尚书台的地方分部,即代表中央权力治理地方的行政机构,因此可以相机处理事务,如《魏书》卷 10《孝庄帝纪》载,建明元年(530)十一月,“以后将军、定州刺史薛昙尚为使持节、兼尚书,为北道行台,随机召发”。这里的行台已带有地区的限制,即“北道”。魏末之乱开始于北方与西方之边远地区,置行台于此,是为了便宜从事,以免事事请示中央,贻误戎机。

行台制初行时,都督制仍存在,所以往往就重州之刺史加都督、加行台,至东魏时仍然如此。到北齐时,大都督区制度逐渐消隐,而行台则普遍设立,寖假成为一级地方行政机构,同时又形成相对固定的辖区,似乎成为州、郡、县之上的一级行政区划。所以《周书》卷 6《武帝纪下》载建德六年(577)二月平齐一事云:“齐诸行台、州、镇悉降,关东平。”把行台当成与州、镇性质相同的行政组织。事实上从行台的施政范围以及施政内容来看,已经可以看成是一级准政区和准地方行政组织了。就施政内容而言,行台已经由纯粹处理治乱的军事性质演变为综理民事。《北齐书》卷 38《辛术传》载:“武定六年(548),侯景叛,(术)除东南道行台尚书。……东徐州刺史郭志杀郡守,文宣闻之,敕术自今所统十余州地,诸有犯法者,刺史先启听报,以下先断后表闻。……安州刺史、临清太守、盱眙、蕲城二镇将犯法,术皆案奏杀之。”这不但说明行台兼摄军民两政，而且说明行台已是中央与州郡之间的一级地方组织了。当然行台对行政事务的介入，也非一蹴而就，而是由微而著，逐渐成形。详察之，则魏末已有此征兆。《魏书》卷58《杨椿传》载："诏椿以本官加侍中兼尚书右仆射，为行台，节度关西诸将。其统内五品以下郡县，须有补用者，任即拟授。"即是明证。

北齐行台官制至唐朝时已不明白。据严耕望从实例分析是：行台长官通常为仆射，少数是尚书，也有尚书令。不似后来隋代行台省长官位尊，皆以尚书令担任。行台之长官大都兼治所之州刺史，是以军政而入民政的通例。行台所统地区大小因时因事因地而异，文献所载常不明确，往往只说"某州道"，或就方位言之，曰北道、西道、东北道、东南道等，如上述的北道行台即是一例；也有明举所统州数者，则通常为三四州之范围。

北魏末虽已有行台之制，但其时都督区仍在起作用，故不如东魏、北齐典型。

北齐最重要的行台是河南道大行台，为侯景所主。据《梁书》卷56《侯景传》载其归降表言，此行台所统在十州以上，即豫、广、襄、兖、南兖、齐、东豫、洛、扬、北荆、北扬等州。降梁后此行台不存。

除河南道大行台外，有代表性的行台还有并州大行台、朔州行台、晋州行台、建州行台、定州北道行台、幽州东北道行台、河阳行台、豫州行台、徐州东南道行台与扬州行台等①。

行台制度在唐初亦曾实行，据《旧唐书》卷42《职官志一》，武德年间(618—626)凡置陕东、益州、襄州、东南、河东、河北、山东等道行台尚书省。秦王李世民曾以一人兼领陕东、益州、山东等三道行台，而即皇帝位后，即废除行台制，因其深知行台权力太大，有篡权的危险。

4. 隋唐总管区

北周灭北齐后，总管府制度推行于北方。隋承周制，于统一天下以后又行之于全国。通隋一代，先后设置总管府64个②。唐初犹行总管府制，但不久又回复到都督制。《旧唐书》卷38《地理志一》云："高祖受命之初，改郡为州，太守并称刺史。其缘边镇守及襟带之地，置总管府，以统军戎。至武德七年，改总管府为都督府。"在改都督府前，唐于各地置总管府共71个。若以淮水秦岭一线分南北，则南方有34个，北方有37个，大约呈对半之势。总管府本由都督府变迁而来，至此复回到原地，从周明帝武成间至此，历半个世纪有余。

---

① 严耕望：《北朝行台制度》，台北师范大学《历史学报》第五期。

② 严耕望：《隋代总管府考》，《中国学志》第六本，东京，1972年。

此后唐都督府不只管军事,且变成文官系统,故入于地理志中,都督府级别亦与州相当。

5. 都督制的尾声

都督制大行于魏晋南朝,北朝虽仿行之,究竟不甚发达。北齐施行的为行台制,北周施行的为总管制,齐为周所并,隋又代周而立,以致混一宇内,故总管制遂行于天下而至唐初。虽然唐高祖复改总管为都督,但由于形势已经变化,军权已不在都督手中,故都督在唐演变为地方行政官员,与刺史职责一样,所以无论《唐六典》、《通典》还是《唐会要》都把都督与刺史列在一起。其中《唐六典》载都督、刺史的职权如下:“京兆、河南、太原牧及都督、刺史掌清肃邦畿,考覈官吏,宣布德化,抚和齐人,劝课农桑,敦谕五教。每岁一巡属县,观风俗、问百姓、录囚徒、恤鳏寡,阅丁口,务知百姓之疾苦……”这里的牧、都督与刺史都是同级地方政府的长官,所不同的只是都督之州在地理上位于要冲之处而已。虽然名义上都督仍有属州,但实际上已无东晋南北朝时的督理诸州军事之责。至于《通典》所云“掌所管都督诸州城隍、兵马、甲仗、食粮、镇戍等”(《新唐书·百官志》略同),当是沿前朝之职掌,并非事实。唐代兵力已入折冲府,与都督无大关系。平时都督发兵十人以上,若无符契,即犯擅兴律;若因事急需紧急调度,也要在事后呈报中央请求追认①。都督实已成为文职官员。

据《旧唐书》,若以贞观十三年(639)大簿为准,则其时天下置都督府44个,领州277个。由新、旧《唐书》参照,知天宝元年(742)都督府减为34个,又由《新唐书》所载,知唐末共有都督府52个(其中陇右八都督已在唐廷控制之外)②。

南宋时又数度出现“都督兵马”一职,但那是中央临时派出、统摄前线多路兵马的最高指挥官,以宰相、副相、枢密使担任,战事结束即撤罢,既非常设之官,也与行政事务干涉不多,已与两晋至唐之都督不同。而元以后,并都督之名亦不存矣。

三、汉唐的都护府

都护府之制既可归为军事型政区,亦可归为少数民族特殊政区,但因唐之都护府与节度使有部分渊源关系,故系于此。

汉代在正式的郡国政区之外,还有一个相当特殊的行政区即西域都护府。

---

① 《唐律疏议》卷16,中华书局,1983年。

② 桂齐逊:《唐代都督、都护及军镇制度与节度体制创建之关系》,《大陆杂志》89卷4期,1994年。

西域都护俸禄为比二千石，近似郡太守的级别，都护府地位相当于郡，但并不辖县，而是以军事监护的方式管理天山南北绿洲上的三五十个小国。

这些小国大致分为两类，一类是行国，即随水草游牧；另一类是居国，在绿洲之上建立城郭，从事农耕生产。西域诸国在汉武帝之前为匈奴的藩属，经过武、昭、宣三代的经营，才于公元前60年设立西域都护府，将这些小国置于军事监护之下。这是中原王朝领有西域版图的第一步。西域都护并不干预各国原有的制度和生产生活方式，只要求他们效忠汉王朝。

在西域设置都护府的形式，从汉代一直延续到唐代（中间一度改为长史府），但其间若断若续。唐朝前期国力鼎盛，在天山南北分设安西大都护府和北庭都护府。这时北庭都护府以下辖县，与内地正式的州县无别。但天山南路的安西都护府仍以军事监护形式管理诸国。《唐六典》云："都护、副都护之职，掌抚慰诸蕃，辑宁外寇，觇候奸谲，征讨携离。"所以都护从实际上来看既与州刺史相当，可以辖县；另一方面又是专门设置于边疆少数民族地区的特殊政区，同时还是边防的军事机构。

唐代不但在西域设置都护，还把这种制度推广到东、北、南、西各个方向的边境地区：在辽东的朝鲜设立安东都护府，在北边建立单于、安北大都护府，在越南北部建安南中都护府，在西南设保宁都护府。其中单于、安北和安南三个都护府也都统县，与正州无二。安东都护府初设在平壤，只起监护作用。唐廷因平定高丽国所置的都督府和州县，概用当地首领为都督、刺史和县令。但不到十年，因当地民族的反抗，安东都护府内撤至辽东，再徙于辽西，安史之乱以后罢废。保宁都护府至唐朝中期才设立，以管理西藏云南地区少数民族，但只起羁縻作用而已。

因此，唐代都护府名称虽一，而实质各异，大抵在汉化程度较深的地方，都护府已是正式政区；而另外一些则保留监护性质，对所辖少数民族仍以故俗治理；还有一些大抵只是挂名而已，没有真正的管理效能。在东、南、西南三个方向，唐代疆域范围都不如汉，但在西域地区唐代的版图却超过汉，并比汉代的统治更为深入，这不单是唐代国力鼎盛的缘故，也是十六国时期以来长期经营的结果。公元4世纪中期，前凉已在今新疆吐鲁番地区设置高昌郡，隋代又在哈密设伊吾郡。唐代改这两郡为西、伊二州，然后更向西北建立庭州，北庭都护府实际上就是庭州的后身，其所辖四县之一的轮台县，就是今天的乌鲁木齐市。

除了军事监护的统治方式外，唐代都护府还辖有羁縻府州，将在下一节叙述。

四、北魏的镇戍

北魏是鲜卑人拓跋部族所建立的中原王朝，在以武力统一北方以后，于全国范围内实行镇戍形式的军事制度，以巩固统治，并采用不同的军镇形式与地方行政机构相结合，来统治不同地区的居民，亦即在东南汉人聚集地域仍保留郡县制，而在西北鲜卑和其他少数民族地区则利用纯粹的镇戍制进行管理。两大地区的分界大致是由和龙镇(今辽宁朝阳)向西南，经平城(今山西大同)、太原、龙门，横过渭北，经上邽(今甘肃天水)至仇池(甘肃西和县南)为止。

1. 镇戍的类型

北魏一代，前后所置的镇在80个以上，按其性质，大致可分为如下三类。

一是设在非州、郡、县地区的镇：沃野、怀朔、武川、抚冥、柔玄、怀荒、赤城、御夷、薄骨律、高平、枹罕、鄯善、凉州、晋昌、敦煌、焉耆。这十六镇位于北方与西北，北魏前期置，而且大多至末年始改州。

二是与州同一治所的镇：和龙营州、云中朔州、平城恒州、长安雍州、上邽秦州、统万(太和废前短时置，与夏州同治)、虎牢北豫州、悬瓠南豫州、彭城徐州、瑕丘东兖州、东阳青州、东莱光州。仇池时或与梁州同治。这十三镇，除平城迁洛阳后所置，宣武中叶尚见外，余十二镇在太和中叶因华化已废而置州。

又有四镇较为特殊，与郡同一治所，即陇西镇与陇西郡、新野镇与新野郡、汝阴镇与汝阴郡、盘阳镇与东清河郡。其中唯汝阴镇在太和末置，余皆太和末以后置。这些镇名义上不统土地人民，但有都督本州军事并督附近诸州，且兼本州刺史者。在当时，既督军事，实即干预一切，故权力有时甚至超过西北诸镇。

三是参间于州郡区内，而不与州郡同治所之镇。这种镇有时设在三不管地区。如《魏书·韩均传》载："广阿泽在定、冀、相三州之界，土广民稀，多有寇盗，乃置镇以静之。以均在冀州，劫盗止息，除本将军广阿镇大将加都督三州诸军事。"广阿镇之置，有些类似明朝设在赣闽粤湘交界的南赣巡抚之地，只是规模小多了。这一类镇共有二十二个，其中的十八镇后来有十一镇改为州，七镇改为郡，大多在太和年间改置。以下即这些镇的名称与它们所改置的州郡：灵丘镇—灵丘郡，广昌镇、九原镇—肆州，离石镇、吐京镇—汾州，柏壁镇—东雍州，广阿镇—巨鹿郡，平原镇—平原郡，枋头镇、河内镇—怀州，杏城镇—东秦州，李润镇—华州冯翊郡，三县镇—班州，雍城镇—岐州，武都镇—武都郡，武兴镇—东益州，隆城镇—南梁州，陕城镇—陕州，鲁阳镇—荆州，临济镇、谷阳镇—平阳郡(后为谷阳郡)，宿豫镇—宿豫郡。

除以上五十五镇外，其他镇的性质不明。

2. 镇戍的行政组织

镇戍制本是普遍设于北魏全境的军事制度。但设在东南郡县地区的镇与州同一治所，镇将只治军，不管民，而在西北不设郡县地区，镇以及镇以下的戍就代替州郡县的作用，成为军区形式的行政区划，镇将和戍主就相当于刺史、太守和县令。一般来说，与州相当的镇设都大将为首长，与郡相当者则称镇将，所以北魏前期的高层政区是州镇并称。《魏书》卷 4 下《世祖纪下》云真君元年，"州、镇十五民饥"，视州与镇为同一类型的政区。但以地位而论，镇在州之上，且镇将常常在统军之外兼督数州，如长安镇都大将常都督关西秦、雍等州诸军事，兼雍州刺史。故时人以为镇将"重于刺史"。北魏后期，东南诸镇皆已改为郡县，西北诸镇虽仍保留，但地位已经降低，故《魏书》卷 67《崔光传》载其子勔任"宁远将军、清河太守，带槃阳镇将"，于是时论又云"州名差重于镇"。

镇以下分置军戍。据《魏书》卷 106 上《地形志上》，汾州"延和三年为(吐京)镇，太和十二年置州"。而汾州下属之西河郡隰城县"太延中改为什星军，太和八年复"。又，《元和郡县志》肃州条所载"后魏太武帝平沮渠氏，以酒泉为军，属敦煌镇。明帝孝昌中，改镇立瓜州，复置酒泉郡"，亦是一证。南北朝时期，边疆州郡皆置戍，故镇以下也必然置戍。如《魏书》卷 112 下《灵征志》载，肃宗熙平二年(517)"敦煌镇上言晋昌戍木连理"。但军戍之间关系不详，一般认为，戍位于军之下。

西北军镇所管理的镇民，主要是拓跋部族的成员，这些人不愿改变原有的生活方式，不愿随王室迁到黄河中下游地域，仍旧实行部落统治的行政制度。还有一部分镇民是被迫迁徙的汉族或其他少数民族，包括豪门大族与部落首领。第三类人是被发配的罪犯。对于这些人采用军事管制的办法最为适宜，因此所有镇民都隶属于军镇，称为府户，不再另设民政机构予以管理，而是用镇这一驻防军区的组织形式进行统治。

军镇制度盛行于北魏太武帝至孝文帝前期的 60 余年间(约 422—484)，此后由于孝文帝迁都洛阳，加速汉化，军镇逐渐废除，镇废为州或废为郡，戍废为县。后来北方的六镇起义更加快了这一进程，所以北魏后期已经实行近乎纯粹的州郡县制，只是边境还保留着少量纯粹军事性质的镇戍。

五、明代的都司卫所

朱元璋建立明朝以后，很注意吸取前代经验教训，尤其因为仰慕唐宋之制，往往进行模仿并加以改造发展。如高层政区就学习宋代的路，实行都、布、按三司分立的制度;而都司卫所制又与唐的府兵制有相似之处。

明初在天下已定之后,在边疆要害之处遍设卫所,作为军事布防之用。卫所组织大率以 5600 人为一卫,每卫分为前、后、左、中、右 5 个千户所(见《明史·兵志》),每千户所 1120 人,下设 10 个百户所,每百户所设总旗二、小旗十。卫所管辖军户,即军士及其家属。军士都是世籍,也就是世世代代为兵,平时垦屯自给,遇有战事则上疆场。

卫所起初隶属于中央的大都督府,后来按地区分属于各省的都指挥使司。不久,行省又被改造成布政使司,于是都司和布司就分别掌管地方上的军、民二政。唐代的府兵虽然也是战时为兵,平时为农,但统兵的折冲府却与行政区划无涉。而明代的部分都司卫所却是一种特殊的地方行政组织和行政区划。

先说卫所。明初洪武年间罢废部分边境州县,建立卫所,这部分卫所有自己的管辖地域和户籍,俗称实土卫所。卫相当于府、州,所相当于州、县,成为地方行政组织与行政区划的一种。内地的卫所则星罗棋布,与府、州、县相杂错,只是单纯的军事组织。

一般而言,作为行政系统的州、县,与作为军事系统的卫所是两不相涉的。但在边疆民族地区,这两个系统有时有相混的情形。如云南的澜沧卫军民指挥使司,在洪武年间就兼管军、民二政,亦即既领千户所,又领北胜、永宁、蒗蕖三州①。有的卫虽然不下辖州县,但因所领民户较多,也称为军民指挥使司,如贵州的都匀卫即如此。弘治七年(1494),划出都匀卫的大部分地域设置都匀府,隶属于贵州布政司,该卫之名称就"节去军民二字……止称都匀卫指挥使司"②。

实土卫所之外还有实土都司。明代高层政区定制为两京十三布政司,与十三布司同一治所的有十三都司,这十三都司都是非实土都司,但其中的陕西、四川、湖广、云南、贵州五都司领有实土卫所。在十三都司之外又有三个与布司无关的都司:其一是辽东都司,置于今辽宁地区,全为实土,领二十五卫、二州;其二是万全都司,在河北北部,大部分为实土;其三是大宁都司,即元代大宁路(今冀辽交界处),原为实土,后来侨治于保定府,已非实土。

在十六都司之外,又有五个行都司,设于边境、海疆重地,其中陕西、四川行都司为实土,山西行都司为部分实土,福建和湖广行都司则为非实土。在都司和行都司以外,又有两个留守司,也分统部分卫所:一是中都留守司,二是

① 景泰《云南图经志》卷 4。
② 《明孝宗实录》卷 97。

兴都留守司。中都即安徽凤阳，是朱元璋老家。兴都即湖北钟祥，为嘉靖皇帝父亲陵墓所在。二留守司俱非实土。

这样，明代分统卫所的地方军区共有二十三个单位，即十六都司、五行都司和二留守司。其中的实土都司和行都司以及实土卫所的名目都列在《明史·地理志》中，表明是行政区划的一种。又，非实土的十三都司与十三布司并列。而非实土的行都司、留守司和卫所都不列于《地理志》中，以示与政区无涉。如赫赫有名的天津卫，在《明史·地理志》中就找不到。

明代都司卫所制度十分复杂，上面所说只是梗概。除羁縻都司卫所外（详后），明代后期正式版图是由两京、十三布政使司和两个实土都司（辽东和万全）所组成的。实土的行都司和非实土的都司都不作为行政区划单位看待，如陕西都司和陕西行都司辖区之和就是陕西布政使司的范围，故只以陕西布司为一个政区计算。但这只是名义上的说法。实际上，陕西布政司是无权管辖陕西行都司的，不但如此，也管不到陕西都司下辖的卫所中的土地与编户。

都司卫所制度对御外和靖内都起过一定的作用，但到明代后期，这一体制已渐渐松弛。清代初年都司已废，而卫所尚存，但性质也变成纯粹的军事组织。至雍正年间，卫所皆已改为府、州、县。如西宁卫改为西宁府，天津卫改成天津直隶州，上海附近的金山卫也辗转变为金山县。但是卫所制度行之三百年，许多地名已留下很深的烙印，所以口头俗语仍留下许多痕迹，如喻北京人老于世故为京油子，而称天津人善于言词为卫嘴子，这卫就是因天津卫而来。

附：宋代的军

上文说到许多类似的军管型政区，但竟没有一类是以“军”作为政区的通名的。宋代虽有以“军”为通名的政区，却反倒是正式的统县政区。军的建制自唐代而来，本隶属于节度使，是军旅之号，而不是行政区划的名称。

唐初的制度是把军事区域与行政区域分开，在边境建立节度使—军—守捉这样三个层次的军事单位，每个层次都有其驻地和管辖范围，但不成为行政区划。唐后期，节度使辖区成为高层政区——方镇（道）。五代时期，军事活动频繁，诸军开始与州并列，分疆而治，军旅之号渐成政区之名。

宋代以后，从边境到内地都设有以军为通名的行政区划，与府、州、监同为统县政区。但军的地位较低，相当于下等州，即所谓“同下州”。本来军设在边境是出于防御的需要，置于内地是为绥靖的目的。若某地原由县所辖，一旦地方不靖，就可能设军严加治理，从而成为统县政区。军也可能升为州，但不意味着治安职能的丧失，而是表明从准州级单位提升为正式的州级单位。州有时也可废为军，这也并不说明其军事地位的增强，而只是说明政治地位的降低。

所以到宋代，军的称号变成只是政区地位的表征。军的地位虽低于州，但却高于监。例如荆湖南路的桂阳监是因采矿业而设，到南宋时就升为军，并非因采矿业的停顿。从五代置军的例子来看，县、镇、渡口、州、监可以置军，或升或降，没有明显的规律。至于军和军额的不同，前文已经说过，此处不再赘述。

六、军事因素对行政区划的影响

在政治因素之外，军事因素也对政区的分划起着不可忽视的作用。一则因为军事行动直接与政治目的相关，二则由于国防治安方面的特殊需要。在军事因素的作用下，政区的幅员、形状、边界等方面都有特殊的表现。这里举两个例子来说明军事行动和军事征服以后，政区的划分往往与军事行动过程和军事区域密切相关。

1. 宋代荆湖北路的区划

今湖南省包括湘、资、沅、澧四水流域，但在宋代，湖南只有湘、资两水的范围，澧水和沅水流域却属荆湖北路所有，因此湖北向南伸出一块舌状地区，插入荆湖南路与夔州路之间，直至与广西为邻。这种状态的产生就是军事行动的直接后果。

湘西地区虽然在唐代已置州县，但统治并不深入，许多地方处于羁縻状态。宋代熙宁年间(1068—1077)北方对外用兵，在南方也派兵深入湘西南北江蛮地区，打算将其改造为正式政区。负责此次军事行动的章惇，以荆湖北路为根据地，溯沅江而上，用“三路兵平懿、洽、鼎州”，于是湘西逐步改造为辰、沅、靖三州，成为宋的正式政区，归荆湖北路所领，因此出现宋代湖北遂有洞庭湖以南地区的现象。

这样一来，荆湖北路的形状显得很不规整，所以南宋绍兴元年(1131)一度将荆湖南北路改为东西路，不过仅一年，又恢复南北路原状。元代大致沿袭宋代成规，湖广行省属下的湖南道宣慰司亦不领沅、澧流域。直到清代湖广分为湖北、湖南两省时，今湘西地区才归湖南所属。

2. 元代初期的行省区划

元初行省的区划是战时临时体制的反映，也是军事征服过程的直接产物，此处，我们来分析一下行省和军事行动的关系。

元初中统元年(1260)，设陕西四川行中书省，辖今陕西、四川以及甘肃部分地。这个幅员辽阔、跨越秦岭南北的大行省正是由于从北向南和自东至西的军事征服过程造成的。缩小点范围讲，今陕西秦岭南北地区是在同一次军事行动中被占领的。公元 1230 年末，成吉思汗幼子拖雷率军侵入金朝的陕西，第二年越秦岭，入宋境，逾散关，破凤州，屠洋州，围兴元（今陕西汉中市）；分兵西进，入沔州，沿嘉陵江而南，至西水县（今四川阆中西）而还，主力留兴元、洋州间。于是关中和汉中同时入蒙古军队之手。这就是今天陕西领有秦岭南北之地的起因。

五年多以后（1236），蒙古军队以陕西为根据地又大举南下，入成都，旋弃去；又过五年（1241），蒙古军队达海部汪世显再度入蜀，陷成都，随后占领四川其他地方。与首次入成都同时，蒙古军又从陕西西向招降金朝之秦、巩诸州。所以后来建立行中书省之时就把陕西、四川组成秦蜀行省（即陕西四川行省）。

元初南方的湖广、江西、江淮、福建四行省的区划也是由元军平宋的进军路线与时间先后来划定的。公元 1274 年六月，元世祖下诏全面攻宋，以丞相伯颜为统帅，行中书省事。九月，伯颜从湖北襄阳出兵，大举南进。十二月，元朝大军抵达汉口。第二年兵分三路：丞相伯颜率诸将直趋南宋首都临安（杭州），左丞阿里海牙径直南下取湖南，蒙古万户宋都带等人行都元帅府，取江西。

伯颜所率元军主力自二月开始次安庆府，下太平州、和州，入建康府（南京）、宁国府（宣城），宋江东路全部归元，随后又由建康下常州，降平江府（苏州）。第三年正月入嘉兴府，军次皋亭山，于是宋室投降，元军入临安。二月，两浙路大都归元。后来的江淮行省即以此次军事行动所征服的淮南东、西路，江东路和两浙路设置。宋室投降后，部分大臣拥帝昰入海，伯颜于是又遣人往泉州策反蒲寿庚兄弟降元。第四年，宋福建路入元，以立福建行省。

攻湖南的一路于 1275 年三月败宋兵于荆江口，岳州（今湖南岳阳市）降元，接着，宋京湖制置使等以湖北首府江陵降元，并为元军据抚两湖。十月，元攻湖南首府潭州（长沙），翌年春，潭州破，湖南诸州闻风而降。随后元军越南岭入广西，陷首府静江府（桂林），阿里海牙于是分兵取广西各地。第四年，广南西路全部“归附”。后来所建湖广行省即以宋荆湖南北路及广南西路组成，北自淮水之源南至海南岛，南北纵向长达一千六百公里以上。

攻江西的一路，在 1275 年十一月军次隆兴府（南昌），宋江西转运使降。行都元帅府檄谕江西诸府归附，江西路遂属于元。翌年六月，行都元帅府准备进军广东，但受宋兵阻挠要求增援，在一度反复之后，第四年正月知循州刘与以城降，随之又破梅州，至九月，广南东路诸州皆“内附”，江西广东一线战事结束。后来的江西行省即合并宋江西路和广东路而成，北自长江，南至海滨，呈狭长形。

另外，早在1253年，忽必烈就从四川宜宾出发，分兵三路，越大渡河，以革囊渡金沙江破大理，平定云南。忽必烈称帝后，先封皇子忽哥赤为云南王，到至元十二年(1275)，即下诏攻宋的第二年正式建云南行中书省。

所以到元代天下大定之后的至元十七年(1280)，全境共分为上述六个行省及中书省直辖的腹里七个部分。其时腹里的范围极广，包有淮水以北山陕间黄河以东的广大地域。很显然，六行省的区划完全是军事行动的直接后果(同时各行省的首府也是军事行动的指挥中心)，这种战时体制并不能适应和平时期的行政管理需要。所以过了一段时间以后，这一体制就逐步得到调整。

首先是四川行省从秦蜀行省中分离出来，这是至元二十三年(1286)之事，四川在历史上首次作为单一的高层政区出现。但是这时的四川与宋代川峡四路的范围有所不同，汉中盆地由于与秦岭以北地区同时入于蒙军之手，所以已和陕西牢牢结合在一起，不再属于四川，以至于今。

其次是组建新省，至元二十八年(1291)，将中书省黄河以南地区及湖广行省与江淮行省的长江以北地区划为河南江北行省。而后江淮行省改名江浙行省，大德三年(1299)，罢福建行省入江浙行省。于是元初的六个行省到元代中期调整为七个行省。

另外，在东北又置辽阳行省，在西北又建甘肃行省，在外蒙古以北又建岭北行省，因此元代中期的行政区划体系是中书省和十个行中书省并存的格局，大致进入比较合理的阶段。

以军事行动范围作为行政区划也有现代的例子。新中国成立初期的东北、华北、华东、中南、西北和西南六大行政区也是根据解放战争时期四个野战军的作战区域划定的。但这也是临时体制，三年以后，大行政区的人民政府或军政委员会，不再作为一级政权，只代表中央人民政府，对各大区实行领导和监督工作。又过一年半，在1954年6月，为了加强中央集权统一的领导，减少组织层次，大区一级机构完全撤销。

第二节　少数民族地区的特殊行政制度——道、左郡和土司

一般而言，少数民族多居住在边疆地带，在这些地带为了防御的需要，常常设置军管型的行政组织，而这些组织往往与少数民族的特殊行政制度结合在一起。这一做法自秦代以来就开始实行。在汉代，西域都护府是军事督护

型机构，但所管辖的却是少数民族所建立的西域诸国。又，唐代边区的都护府与都督府是军事机构，但治理少数民族的羁縻府州却归其所辖。所以本节所述与上一节军管型的特殊制度难以截然分开。

从秦代到清代，中央政府对待少数民族地区的政策，大致是以羁縻为始，推行名义上的统治，或者说是统而不治；进而渐次实行间接统治；最后才是直接治理。在两千多年中，少数民族地区的地方行政制度有过多种形式的变化，但归结起来就是上面这三部曲。《史记》卷117《司马相如传》载，相如为了谏阻开通西南夷，假蜀地父老的口吻说："盖闻天子之于夷狄也，其义羁縻勿绝而已。"意即皇帝对少数民族的统治只要停留在名义上即可。《索隐》解释说："羁，马络头也；縻，牛缰也……言制四夷如牛马之受羁縻也。"羁縻一词当然有贬义，但其用意是要政府使用笼络手段，而不必直接统治。从秦到宋，基本上执行的就是羁縻政策。有的少数民族只是表示臣服，受领封号，不时朝贡，名义上内属而已。有的少数民族虽然在王朝版图之内，但朝廷并不过问其内部事务，只是通过其首领来实现间接统治，有时虽有内地行政组织和行政区域的名称，但实质都与正式的郡县制完全两样。元代以后，改行土司制度，表面上还是采用羁縻手段，但实际上已通过派至土司当中的流官来进行半直接的治理。从明代中期起，又逐渐采取改土归流的政策，经过四五百年的调整，才把少数民族地区的地方行政制度基本纳入郡县制之中。本节所述就是从秦到清少数民族地区地方行政制度的变迁概况。

一、秦汉的道和初郡

秦汉的道是县一级的行政单位。据《汉书》卷19《百官公卿表》，秦代设道以管理少数民族，即所谓县"有蛮夷曰道"。汉承秦制，保留道的建制。《汉书》卷28《地理志》后序说，西汉末年有道三十二个。道是少数民族的聚居地，这从许多道名中可一望而知，如氐道、甸氐道、刚氐道、湔氐道是氐族及其各个分支所居，羌道、僰道、翟道是羌人、僰人、翟人集中的地区。夷、狄、戎是华夏族对周边民族的称呼，戎邑道、夷道、狄道之名即由此而来。还有些道名比较特别，如绵诸道、豲道、义渠道，其实也都是少数民族地区的名称，绵诸、义渠都是戎人的分支①。道的行政管理方式与一般的县有何区别，今已不明，但推测起来至少应有两个特点：一是保留少数民族原有的生活方式，二是在征收赋税

① 《汉书》卷94《匈奴传》。有关秦汉道的考证，请参见周振鹤《西汉县城特殊职能探讨》，《历史地理研究》第一辑，复旦大学出版社，1987年。

方面有所优待。

但是西汉道的分布却使人产生一个疑问：汉代是多民族的统一大帝国，除汉人以外，边郡到处分布着少数民族，何以道的数目只有三十二个，而且分布在西北和西部诸郡？如果仔细分析，就会发现道的分布范围主要在战国末年的秦国境内，这似乎说明道的设置可能是在战国时代。当时秦国在征服少数民族政权后，就设道予以治理。秦惠文王后元十一年(前 314)县义渠，很可能随之置义渠道。南郡的夷道也置于秦始皇统一全国以前。云梦秦简中的《南郡守腾文书》发布于秦始皇二十年(前 227)，其时已有“南郡守腾谓县、道啬夫”的记载，可见南郡早有道的建置，也许正是秦昭王取南郡以后的新政。汉初继承秦代政策，可能又增设了若干道。而汉初版图比秦代的小，无须制定新的管理少数民族的政策。

汉武帝元鼎年间(前 116—前 111)以后，情况就大不相同，南越、西南夷等大片地区归入西汉版图，这时少数民族的居住地已不是零散的点，而是大片的面，过去设道的办法已不适用，因此元鼎六年后武帝在南越、西南夷地区置十七个初郡，以为管理少数民族的特别行政区域。初郡的特点是：“以其故俗治，无赋税。”初郡的设置就是取代道制的新措施。在初郡内仍然保留少数民族原有的统治机构，封其君长为王、为侯，如牂柯郡与益州郡中的句町王、夜郎王、滇王等。由初郡的制度可以推想，道与县的最大区别，恐怕就在行政制度上。道以下大约不设乡里，而保留土著的行政管理方式。后世如南朝的左县、唐的某些羁縻州郡，及元代以后的土司实都滥觞于秦汉的道。

二、南朝的宁蛮府、左郡左县和俚郡僚郡

蛮、夷是古代对少数民族的通称，故秦汉时期的县“有蛮夷曰道”。但蛮有时也专用来指南方的少数民族，即所谓南蛮，与东夷、西戎、北狄相对而言。俚、僚(原作“獠”)则专用来称呼南方的某些少数民族，不见于北方。南朝境内的少数民族可以统称为蛮，也可细分为蛮、俚、僚、僰、巴、蜀、越、濮等。但所有这些名称都不那么明确，经常有混用的情况，故又有蛮僚、蛮夷、夷僚、蛮俚、俚僚等混称。

作为专称的蛮、俚、僚三族，人数较多，居住地域较广，民族特点显著。因此南朝政府特别设有专门政区予以治理，这些政区的情形各有不同，以下分别概述。

1. 蛮族和宁蛮府

以种属和活动地域而言，南朝时期的蛮族可分为两大类：一为荆、雍州蛮，一为豫州蛮。前者据称是盘瓠之后，以犬为图腾，故别称为盘瓠蛮。东汉时，其

主要居住地在武陵一带，即今湖南沅澧流域，故又称武陵蛮。东晋以降，渐次北迁，遂以荆、雍二州为活动中心。豫州蛮相传是廪君之后，以白虎为图腾。其先出于武落钟离山(今湖北长阳土家族自治县西北)，散居于巴郡、南郡(即今鄂西川东一带)。东汉时徙居江夏界中，及南朝，主要居住地在西阳郡(今大别山西南麓)，称西阳蛮。因西阳有蕲、浠、巴、赤亭、西归五水，故又称五水蛮。五水蛮是豫州蛮的主体，但豫州蛮的分布并不限于五水流域，而是向四周不断扩展。

关于蛮族的分布地，《魏书》卷101《蛮传》云："在江淮之间，依托险阻，部落滋漫，布于数州。东连寿春，西通上洛，北接汝颍，往往有焉。……陆浑以南，满于山谷。"《南齐书》卷58《蛮传》则说："蛮，种类繁多，言语不一，咸依山谷，布荆、湘、雍、郢、司五州界。"这些记载大致符合实际，若细加考察，则除《南齐书》所载五州外，尚有南豫、豫、江、梁、益五州，分布面颇广。

东晋南朝政府为了加强对蛮族的控制，同时为了适应少数民族的特点，在蛮族集中的地区设置宁蛮府，予以统辖。齐梁两代，宁蛮府单独划领郡县，比于州级政区。其长官为宁蛮校尉，地位高于一般州刺史，而相当于"刺史领兵者"。宁蛮校尉之置不始于齐，东晋安帝初已有宁蛮府之设，由雍州刺史兼领宁蛮校尉，治襄阳，开府置佐，一如诸州。其后历宋、齐、梁三代，一直沿而未革，直至梁元帝承圣三年(554)西魏占领襄阳后，宁蛮府才不复存在。但由于史料缺乏，对历代宁蛮府的具体变迁至今还不十分清楚。东晋及宋时宁蛮府似未自行辖领郡县，而南齐之宁蛮府则领西新安、义宁、南襄、北建武、蔡阳、永安、安定、怀化、武宁、新阳、义安、高安、左义阳、南襄城、广昌、东襄城、北襄城、怀安、北弘农、西弘农、析阳、北义阳、汉广、中襄城，凡二十四郡。前十二郡领六十六县，后十二郡领县缺载。至于梁代宁蛮府，领郡可考者唯有南襄、安定、蔡阳、弘化等。

与宁蛮校尉相类似的官员尚有不少，举其要者有：南蛮校尉，治荆州，理荆州蛮；安蛮校尉，治豫州，理豫州蛮；三巴校尉，治白帝城，理荆、益两州接壤处(曾置巴州)蛮僚；平蛮校尉，治益州，理梁、益二州僚；镇蛮校尉，治宁州，理宁州僚。此诸校尉，大抵以所治地之州刺史兼领，但似不单独开府与领郡。

比校尉低一级，与太守、内史相当的还有护军一职，如镇蛮、安远、宁蛮等护军。一般而言，庐江、晋熙、西阳太守加镇蛮护军，武陵内史加安远护军。但谯、淮南、安丰、汝阴、梁、寻阳、南新蔡等郡国也曾设镇蛮护军，西阳、寻阳太守也曾加宁蛮护军。

又，与护军相仿的还有督护。如广州俚人"楼居山险，不肯宾服。西南二江，川源深远，别置督护，专征讨之"，以此而有西江督护、南江督护之置，后来又增置东江督护。督护位于校尉之下,一般也以郡太守充任,如西江督护多由高要太守兼领。

无论是校尉,还是护军、督护,皆得开府置佐。这类军府,独立于州府、郡府之外,有僚属、军队、钱粮和防区,实力十分雄厚。以南蛮府为例,僚属有长史、司马、参军、主簿,开销“岁三百万,布万匹,绵千斤,绢三百匹,米千斛”。兵额数虽不知,但防区很大,据《水经·江水注》云,自油口以东,“渊潭相接,悉是南蛮府屯”。刺史领校尉,太守、内史领护军、督护,均开三府,一府莅民,一府统军,一府治蛮(俚、僚),三套机构分其责而治之,由东晋而至梁、陈不变。

然而,除了宁蛮府外,其他蛮府或治蛮护军或督护均未见领属郡县,也就是说不是行政区划的一种。宁蛮府之所以成为特殊政区,有其历史背景。宁蛮府所治之雍州蛮在诸蛮之中势力最为强盛,又多不宾服,常恃险为乱,官军疲于征讨;加之该蛮居住地跨南北朝疆界,一旦起事,容易为北朝所乘,事实上,北朝也着意招徕,以争取蛮酋,与南朝为敌。刘宋时虽采取多种措施,如:移蛮人于京师,以削弱其力量;引蛮人出平土,以便于控制;割雍州为实土(雍州原为侨州),以增强宁蛮府实力;任皇子为宁蛮校尉,以提高其地位。但这些措施收效并不显著,蛮人的反抗仍然前后相寻。所以到南齐时,遂作根本性的变革,直接划出一部分靠近北朝边界的蛮人聚居区(主要是沔北地区)置郡立县,由宁蛮府直接治理,在平时加强行政管理,而一旦蛮人反叛,即迅速以重兵镇压。这一措施看来行之有效,所以到梁代依然奉行不改。

2. 蛮族和左郡、左县

南朝的左郡、左县为何以“左”命名,历来有各种不同的解释。注《资治通鉴》的胡三省说:“自宋以来,豫部诸蛮率谓之蛮左,所置蛮郡谓之左郡。”此解可称允当。本来“南方曰蛮”毫无贬义,但到南北朝时蛮人却以称“蛮”为辱。《隋书》卷31《地理志下》云:“诸蛮本其所出,承盘瓠之后,故服章多以班布为饰。其相呼以蛮,则为深忌。”既然“蛮”字触忌,就变通一下,称之为“左”。以“左”称少数民族,由来已久。子曰:“微管仲,吾其被发左衽矣。”西汉扬雄《蜀记》有“左语”,西晋左思《魏都赋》有“左言”,东晋郭璞《南郊赋》有“左带”。至北朝,颜之推《观我生赋》更明确地说:“自东晋之违难,寓礼乐于江湘。迄此几于三百,左衽浃于四方。咏苦胡而永叹,吟微管而增伤。”说少数民族左衽被发,只是表明他们的风俗特别而已,丝毫不含贬义,故刘宋以左代蛮,就避免了刺激蛮族的麻烦。

左郡、左县始创于刘宋建国初期。《宋书》卷36《州郡志》载:“南陈左郡太守,少帝景平中省此郡,以宋民度属南梁、(南)汝阴郡。……孝建二年(455)以蛮户复立。”这是有关左郡最早的文献记载，估计当建于永初年间(420—422)。初置时南陈左郡尚杂有汉人(当时称宋民)，并不纯是蛮户。后来该郡一度撤销，将宋民归属他郡，而后又重立时，就纯是蛮户了。蛮户立郡在东晋时已有，如桓玄移沮、漳蛮二千户于江南，立武宁郡，领二县①，但此郡并不以左郡称。

左郡、左县多建于宋元嘉(424—453)后期和孝建(454—456)、大明(457—464)、泰始(465—471)年间以及齐永明(483—493)时，尤以元嘉二十五年(448)与永明中为主。这恰是蛮人起事被征服及蛮人归附的高潮。故左郡、左县之命名含有建置时间、抚慰及祝愿之意，如宋安、齐开、齐通、始新、新平、遂安、乐安、乐化、慕化、仰泽、归德、开化、义安、安蛮等。左郡、左县的治理与汉代的初郡一样，有两大特点，一是以其故俗治，二是不纳或少纳贡赋。在南朝时特称这一政策为“保落奉政”。故左郡、左县的太守、令长均由酋帅担任，如齐永明六年(488)时，“除督护北遂安左郡太守田驷路为试守北遂安左郡太守，前宁朔将军田驴王为试守宜人左郡太守，田何代为试守新平左郡太守，皆郢州蛮也”。如果郡所居虽为蛮户，但以汉人为太守者则不称左郡。如上述东晋所立武宁郡历南朝不变，皆以汉人武将为太守。

左郡上属州，下或领县或不领县。宋时所领县有左县，也有不冠“左”字者。齐时则均无“左”字，不知是制度的差异和变化还是记载的疏忽。又，宋世一般郡也有下属左县的，且宋世左郡、左县置废较为频繁，更名亦多，或初无“左”字而后有，或先有而后无，亦不明是否因制度而变。

从领属关系及户口来看，左郡、左县的规模较小。宋世左郡一般领一至四县，齐时领县虽增多，但那是普遍滥置的结果，并非规模扩大。又左郡、左县户口都很少，如《宋志》载边城左郡领四县，户才四百一十七，口不过二千四百七十九。平均一县仅百余户、六百余口而已。由于规模小，左县之长官几乎都称长，可考者仅阳唐、乐化二左县为令。更由于小，以至许多左郡、左县今天已不能指实其所在。

左郡、左县的分布范围颇广，宋世在南豫、江、荆、豫、郢诸州蛮所居地都设置过左郡、左县，以今地范之，约在巢湖—淮河—汉水—长江之间的区域中，但相对集中于大别山西南、长江以北、汉水以东、淮河上源以南。故左郡、左县主要是为部分豫州蛮置。其他蛮，如雍州蛮由宁蛮府，荆州蛮由南蛮校尉，武陵蛮由安远护军统领，均不置左郡、左县。而豫州诸郡镇蛮护军则因蛮人已置于左郡、左县的行政管理之下，而逐渐废弃。

---

① 《晋书》卷99《桓玄传》及《宋书》卷37《州郡志》。

据诸书所载,有名可考的左郡有二十来个,左县则有十来个。随着统治的不断深入,左郡、左县或被废或逐渐被改造为正式的郡县,如梁改齐通左郡为齐通郡,改北随安左郡为北随郡等。故进入梁代以后,左郡、左县已不见于记载。

3. 俚、僚和俚郡、僚郡

南朝的俚族主要分布在岭南。《后汉书》卷86《南蛮传》载:“建武十二年,九真徼外蛮里张游,率种人慕化内属,封为归汉里君。”李贤注曰:“里,蛮之别名,今呼为俚人。”此为俚人见于记载之始。建武十六年(40),交趾女子征侧、征贰反,“九真、日南、合浦蛮里皆应之”。九真等四郡东汉时属交州。马援平二征后,“徙其渠帅三百余口于零陵”,于是俚人北入湘境。魏晋以降,“里”通作“俚”。西晋张华《博物志》云“交州夷名俚子”,说明俚在岭南应当是主体民族。由吴丹阳太守万震撰于西晋的《南州异物志》叙述了俚人的分布情况:“广州南有贼曰俚。此贼在广州之南,苍梧、郁林、合浦、宁浦、高凉五郡中央,地方数千里。往往别村,各有长帅,无君长。恃在山险,不用王法。自古及今,弥历年纪。”

东晋南朝时期,俚人进一步向周围扩散,西入桂林、始安,东达东江流域,北上始兴、临贺,乃至于越过南岭,阑入湘、衡。但总的说来,南朝俚人的聚居地主要还是在岭南。《宋书》卷97《夷蛮传》载:“广州诸山并俚僚(原文作“獠”,下同),种类繁炽。”《南齐书》卷14《州郡志上》曰:广州“虽民户不多,而俚僚猥杂”;又曰:陈伯绍在越州“威服俚僚”。这里的俚僚都是泛称,实指俚人。至中唐以后,俚讹为黎,赵宋以来,黎族才以海南岛为聚居地[①],至于今。

僚即今仫佬族[②]。《魏书》卷101《僚传》云:“僚者,盖南蛮之别种,自汉中达于邛笮川洞之间,所在皆有。种类甚多,散居山谷,略无氏族之别。”这里所说的并非僚人的原居地。僚人原居岭南,后来有一部分沿牂柯水(今红水河)上溯,三国蜀汉时,主要活动在南中地区[③]。及东晋“李势时,诸僚始出巴西、渠川、广汉、阳安、资中、犍为、梓潼,布在山谷,十万余落,攻破郡县,为益州大患。自桓温破蜀之后,力不能制。又蜀人东流,山险之地多空,僚遂夹山傍谷,与人参居”(《通典·边防典·南蛮上》),此后又很快向北发展到梁州境内,向东至于荆州西界,于是梁、益二州遂遍布僚人。

俚人可测知的约有十余万口,僚人约三十万户、一百五十万人[④]。而据

① 谭其骧:《粤东初民考》,载《长水集》,人民出版社,1987年。
② 吕思勉:《秦汉史》,开明书店,1947年。
③ 张泽洪:《魏晋南朝蛮僚俚族的北徙》,《四川大学学报》1988年第4期。
④ 朱大渭:《南朝少数民族概况及其与汉族的融合》,《中国史研究》1980年第1期。

《宋书》卷35《州郡志》不完全统计，刘宋有户不过九十四万余、口五百四十六万有奇，对比之下，俚僚人口数简直惊人。加之俚的分布集中，且南通海隅；僚的散布面广，或地当腹心，或北接敌国，举足轻重。而南朝土蹙户少，国力寖弱，为了统治的稳固、财政收入的增加，南朝政府必然要加强对俚僚的控制，俚郡、僚郡就是这一政策的产物。

对俚郡、僚郡的建置，文献记载不如左郡、左县多，见于《南齐书》卷15《州郡志》的有如下六个：东宕渠僚郡、越嶲僚郡、沈黎僚郡、甘松僚郡、始平僚郡（以上属益州）及吴春俚郡（属越州）。入梁以后，俚郡、僚郡也不见于记载。推测当是由于统治深入，少数民族逐渐汉化，等同于一般的编户齐民的缘故。故梁代始平僚郡更为始平郡，东宕渠僚郡改为东宕渠郡，以越嶲僚郡为嶲州，置越嶲郡等。

在左郡、左县，俚郡、僚郡制度取消后，梁陈两代又采取了新的措施：一是加重平越中郎将及三江（南、西、东）督护的职权。其背景是随着梁陈疆域的缩小，长江以北蛮区及梁、益僚区渐入北朝之手，岭南地位上升，俚事渐重。二是广置州郡，大封酋帅为刺史、太守，并利用他们中的部分人骚扰北朝边地。在南方，梁武帝平俚洞后，"或因荒徼之民所居村落置州及郡县，刺史守令皆用彼人为之"。陈世在岭南，将这一政策更加推而广之。这第二个政策与为"酬功报庸"而滥封将领为刺史太守一起，造成梁代后期政区数量的恶性膨胀，贻害无穷。

三、魏晋十六国与北朝的诸部护军和部落酋长制

1. 护军制度

护军制度本为曹魏所创，用以统治内附的少数民族，起初为中央官职，后来渐渐演变为地方官职的名称。《通典》魏与晋官品条皆载：安夷、抚夷护军"第五品"。此时当是中央官职①。其后，十六国承魏晋之制，在中央设有护军将军、中护军等职。如据《晋书》有关记载，前赵有中护军靳准，前燕有护军将军审平熊、傅颜等②。护军一职与西汉之属国都尉相似，后者也是由中央官渐变而为有具体治所并有统治范围的地方官。

护军一职的地方化在十六国之初的前凉已很明显。如《晋书》卷103《刘曜载记》云："张骏闻曜军为石氏所败……遣金城太守张阆及枹罕护军辛晏、将

① 若据《元和郡县图志》卷1京兆府云阳县条所云"（云阳）本汉旧县，属左冯翊，魏司马宣王抚慰关中，罢县，置抚夷将军"，则彼时之护军似已带有地方性质。

② 此外，护军将军一职，前秦有赵海、李威、杨璧、王亮，后燕有平幼、徐超，西秦有支统阿若干；中护军一职前凉有张邕，成汉有中护军李寿等。参见张金龙：《十六国"地方"护军制度补正》，《西北史地》1994年第4期。

军韩璞等率众数万人，自大夏攻掠秦州诸郡。”卷86《张骏传》载：“及石勒杀刘曜，骏因长安乱，复收河南地，至于狄道，置武街、石门、候和、漒川、甘松五屯护军，与勒分境。”卷86《张重华传》又载：“季龙又令麻秋进陷大夏，大夏护军梁式执太守宋晏，以城应秋。”同时，卷14《地理志上》亦载：“张骏分……敦煌、晋昌、高昌、西域都护、戊己校尉、玉门大护军三郡三营为沙州。”以上记载中，在护军前面皆冠以地名，可见其时护军已成为地方官职。前凉时期之护军是为统治少数民族地区而设立的。后来其他少数民族建立的政权，直至北魏前期，也都有地方性质的护军一职，用于统治既非本族又非汉人聚居的地区。如前秦之冯翊护军，统“和(戎)、宁戎、鄜城、洛川、定阳五部，领屠各、上郡夫施、黑羌、白羌、高凉西羌、卢水白虏、支胡、粟特、卉水，杂户七千，夷类十二种”。

这一时期名称可考之护军有四十余个，绝大多数在今陕西中部与甘肃地区，这一带是汉末以来北方少数民族聚集的地区。但亦有无名称之护军，如《魏书》卷101《氐传》云：“(杨)盛……自号征西将军、秦州刺史、仇池公……分诸氐羌为二十部护军，各为镇戍，不置郡县。遂有汉中之地，仍称藩于晋。”卷113《官氏志》云：“(天兴)四年(401)七月，罢匈奴中郎将官，令诸部护军皆属大将军府。”护军所统既为少数民族，大抵以户落为单位，而不以土地为单位。护军之名称大多以汉晋旧郡为名，如安定护军、离石护军、辽东护军、云中护军等。由此也可看出少数民族之内徙情形。护军作为特殊的行政组织，其地位略与郡相当或在郡县之间，统于州镇，犹如郡、军。护军作为官职之名，其位为五品或六品，亦与郡太守位略相当，或在郡守与县令之间。至北魏后期，华化已深，护军皆改而为郡县。文成帝太安三年(457)以诸部护军各为太守，标志着护军制度的正式废除。据《元和郡县图志》与《太平寰宇记》引《魏志》云，抚夷护军为魏世司马懿所置，当公元235年前后，至文成帝此时，前后经历了二百二十余年。

此外，东晋南朝也有护军之名号，不过那是加在有蛮夷之郡的太守身上的称呼，不是独立的行政组织①，已如前述。

2. 部落酋长制

部落酋长本是胡人之制。西晋末，匈奴、羯、鲜卑、氐、羌等少数民族入主中原，胡夷部落之制即与汉人州郡县制掺杂并行。例如鲜卑入主中华，以州、郡、县统治汉族地区，以护军制治汉人以外之异族，至于鲜卑本族或早期降附之他族，则有领民酋长之制。大抵部落所居，因地封拜，本因旧俗，称之曰汗，子孙世袭其位，后乃转用汉语名称曰酋长或领民酋长，又分为第一、第二、第三

① 严耕望：《中国地方行政制度史》上编卷中下，(台北)历史语言研究所专刊之四十五，1963年。

等级。其封地大小不一，就可考者言之，或见方三百里，或见方百里，封内部落或近万家，家出武士盖一人，由酋长率领之。酋长地位在州刺史下。这些部落大抵多居北边诸镇及前期京畿邻近地区，如代郡西部善无、秀容。及魏末大乱，部落南徙，离开世居地后，在汉人地区迁徙无常，渐见华化，部落遂瓦解消弭，不复存在。

《洛阳伽蓝记》永宁寺条载："尔朱荣……北地秀容人也，世为第一领民酋长……部落八千余家，有马数万匹……部落之民，控弦一万。"《魏书》卷 74《尔朱荣传》则云："北秀容人也，其先居于尔朱川，因为氏焉。常领部落，世为酋帅。高祖羽健，登国初为领民酋长……以居秀容川，诏割方三百里封之，长为世业……父新兴……秀容第一领民酋长……肃宗世，以年老启求传于荣。"《北齐书》卷 17《斛律金传》载："斛律金……朔州敕勒部人……父大那环，光禄大夫，第一领民酋长……金性敦直……正光末，破六韩拔陵构逆，金拥众属焉，陵假金王号。金度陵终败灭，乃统所部万户诣云州请降，即授第二领民酋长。"这些都是部落酋长制的典型史料。

四、唐代羁縻府州与明代羁縻都卫

军管型和军事监护型政区虽与正式政区有区别，但贡赋版籍都上报中央政府的有关部门。另外还有一类非正式政区，中央政府控制较松，贡赋版籍多不上户部，而且政区特征也不明显，亦即无明确的层级、幅员和边界，只是保持少数民族原有的部落统治方式于边境的军事组织，在唐称为羁縻府州，在明则为羁縻卫所。

1. *唐之羁縻府州*

隋代虽无羁縻府州之名，但已行其实，如对于西南少数民族，隋炀帝"缘西南边置诸道总管，以遥管之"。唐兴伊始，即定下对周边少数民族的羁縻政策，高祖二年(619)即下诏曰："画野分疆，山川限其内外；遐荒绝域，刑政殊于函夏。是以昔王御世，怀柔远人，义在羁縻，无取臣属。……朕祗膺宝图，抚临四极，悦近来远，追革前弊，要荒藩服，宜与和亲。"[①]羁縻政策的核心是不以武力或行政手段来改变少数民族原有的社会经济特征，不强加他们以汉民族的政治制度。唐朝统治者意识到，对少数民族若"遽欲改其常性，同此华风，于事为难，理必不可"[②]。根据这一原则，唐初首先就在西南地区置南宁、昆、恭等州，

---

① 《册府元龟·帝王部》"武德二年闰二月"条。
② 《唐会要》卷 73。

隶属南宁都督府；又在东北奚部落设置了饶乐都督府，在靺鞨诸部设置了慎、威、昌等州，在契丹室韦部设师州等羁縻州。贞观四年(630)在平定东突厥后，羁縻府州制度大规模地得以实施。唐太宗将突厥内附各部安置在东起幽州西至灵州沿长城一线的广大地区，分突利故所统之地，置顺、祐、化、长四州都督府；又分颉利之地为六州，左置定襄都督府，右置云中都督府，以统其众。除了地域上作如此安排外，还对突厥酋长以禄位实行笼络，"其酋首至，皆拜将军、中郎将等官，布列朝廷，五品以上百余，因而入居长安者数千家"①。这一政策不但安抚了突厥旧部，使他们安分守己，重要的还在于分化了酋首之间固有的联系，使强大的突厥不可能再度出现。自此而后，边境少数民族地区遍设羁縻府州，至开元年间(713—741)在靺鞨地区设置黑水都督府止，唐王朝先后在东北、北方、西南与南方设置了八百五十多个羁縻府州②。

唐代羁縻府州理论上属于唐王朝的版图，因此在《新唐书・地理志》的卷末列有专篇予以详述。其篇首有序曰："唐兴，初未暇于四夷。自太宗平突厥，西北诸蕃及蛮夷稍稍内属，即其部落，列置州县，其大者为都督府，以其首领为都督、刺史，皆得世袭。虽贡赋版籍多不上户部，然声教所暨，皆边州都督、都护所领，著于令式。"这正是说自唐太宗自平突厥以后，声威大震，因此西北诸蕃及蛮夷纷纷内属，表示归附。朝廷就以其部落列置都督府、州、县三等，并任其首领为都督、刺史、县令，采用世袭制度。这些府州就称为羁縻府州。但上引序所叙其实还不够全面。羁縻府州的最高一级还不是羁縻都督府，而是羁縻都护府。唐高宗显庆间(656—661)平西突厥后，曾在西突厥境内设置濛池、昆陵两个羁縻都护府，这两府分别押领碎叶川以西及以东若干以西突厥部落及其所役属诸胡设置的羁縻府州。濛池与昆陵两羁縻都护府起初隶属于安西都护府，长安年间以后改属北庭都护府。这两个羁縻都护府都由西突厥可汗一族阿史那氏作都护，并仍兼可汗称号，世袭罔替，直到武则天时该地区为突骑施部西突厥所占据，才废绝。所以严格地说，羁縻府州实际上有都护府、都督府、州、县四级，习惯上总称羁縻府州，又称蕃州。相对于羁縻府州而言，正式州县即称为正州。

在名义上，羁縻府州都由边州的都督、都护所分领。唐初分天下为十道，除淮南道外，其他九道都设置过羁縻府州，但其中之河东道与河南道只是短时

① 《旧唐书》卷194上《突厥传》。

② 《新唐书》卷43下《地理志七下・羁縻府州・序》作八百五十六，据谭其骧《唐代羁縻州述论》(载《长水集续编》)中统计，以序中各道府州数相加则为八百五十七，以诸道各族下所记府州数相加亦为八百五十七，诸道实列府州数则为八百五十五。

侨置少数羁縻州县而已，羁縻府州主要分布在沿边各道。若以少数民族及所隶之道划分，则突厥、回纥、党项、吐谷浑隶关内道，为府 29，州 90；突厥之别部及奚、契丹、靺鞨、降胡、高丽隶河北者，为府 14，州 46；突厥、回纥、党项、吐谷浑之别部及龟兹、于阗、焉耆、疏勒、河西内属诸胡、西域十六国隶陇右者，为府 51，州 198；羌、蛮隶剑南者，为州 261；蛮隶江南者，为州 51；隶岭南者，为州 92；另有党项州 24，隶属山南①。

羁縻府州数量巨大，情况千差万别，有控制稍紧的，也有控制很松弛的，更有的只是挂名而已，难于细述。控制稍紧者，有的与正州差别不大，州下设县，有版籍户口，如陇右道松州都督所辖丛、崌、奉、岩、远、麟、可、关、彭、直、肆、序、静等十三州初与正州无异。有些正州也可退而为羁縻州，如江南道之牂、琰、庄、充、应、矩六州（今贵州省中部和南部）本来为下等州②，开元和天宝（742—756）年间先后降为羁縻州。又，剑南道茂州都督府所领维州曾反复由羁縻进正，又降羁縻，又进为正。

控制较松的羁縻州既不分县，也无版籍，只知为某族某部所置。更有些羁縻府州仅有州名，甚至只登记在案而已。其中最生动的例子要算波斯都督府，该都督府是唐代最边远的羁縻府。在唐高宗时，波斯国内乱，又遭大食国入侵，国王被杀，其子卑路斯奔长安求救兵，唐朝政府就授卑路斯以波斯都督的名义，派兵送其回国，但路程太远，只送至西域为止，卑路斯也未回到波斯，而是羁留吐火罗国，波斯都督府即于龙朔元年（661）置于驻在疾陵城（今伊朗锡斯坦之席翼）的波斯残部内，虽然在建府二三年后波斯都督府即为大食所灭，但其部族直至开元、天宝间仍遣使来献，波斯都督府也列名于唐代的羁縻府州之中。

唐朝政府对羁縻府州管理方式的基本特点，是保留其原有的行政机构与政治制度，但在不同地区、对待不同民族，还是有具体形式的差异。这些形式大致有三种：其一是完全保留其原有统治机构。从长官到僚佐，均由该族人来担任，并允许其在本民族内部称国，其首领、君长亦照旧称王、可汗等。如回纥地区在贞观二十一年（647）置为瀚海都督府，令回纥首领吐迷度为都督，虽当时吐迷度已称可汗，“署官吏，壹似突厥”③，唐政府亦予以认可。唐政府在大多数民族地区都采用了这种治理形式。其二是“华官参治”，即派遣汉官充

---

① 《新唐书》卷 43 下《地理志七下》原文作“不知其隶属”，据谭其骧考证应属山南道，参见上揭《唐代羁縻州述论》一文。

② 按：今贵州可能得名于矩州，贵、矩唐代应同音。

③ 《新唐书》卷 217 上《回鹘传上》。

当羁縻府州的官员，与民族首领共同治理。总章元年(668)唐平定高句丽后，分其地为府州县，“擢酋豪有功者为都督、刺史、令，与华官参治”。其具体参治情况不详，但这一方法实为后来土司制度中的“参用土人”提供了参照样式。其三是实行监领制，即在保留该民族原有统治机构的同时，中央政府派代表进行监领。如开元十四年(726)置黑水都督府，“中国置长史就其部落监领之”①。这样做显然是为了加强对黑水靺鞨部的控制。

总而言之，唐代的羁縻政策所看重的是名义上的统治，但在当时，这种名义上的统治仍有一定的约束力，而且是以强盛的国力为其基础的。羁縻府州的都督、刺史虽然实行世袭制，但不得自行任命，必须由中央政府封赐册拜，有时还要派使臣前往册封，方才有效。不但如此，即国王、可汗、酋长的嗣位或更迭，都要报鸿胪寺，经中央的册封认可，否则就被视为非法。这一做法在以后的土司制度中得到更完善的发展。

2. 明之羁縻都卫

与唐代羁縻府州相似的是明代的羁縻都司卫所。都司卫所是明代自成一系的军事机构，又是政区的一种形式。在这些都司卫所的外围，明代还设立了一种控制较弱的羁縻性质的都司卫所，其中最主要的有以下几处。

奴尔干都司，其所辖地面极宽，从西辽河、鸭绿江北至外兴安岭以北，包括整个黑龙江流域。都司治所即设在今俄罗斯境内黑龙江河口，表明中国对该地区主权的著名的永宁寺碑就矗立在那里。明代后期，奴尔干都司实际上已不存在，但仍保留了在所属之地建州卫等羁縻卫所的做法。清代始祖努尔哈赤的祖先就曾任建州卫的官员。在奴尔干都司全盛时期曾领有 384 卫。

乌斯藏都司和朵甘都司，置于西藏地区。西藏自元代以后正式进入中原王朝版图，明初朱元璋意识到要控制西藏必须因其俗尚，采用宗教方式进行化导，因此派遣使节前往，广行招谕，又承认元代在西藏所封的官职，要这些故官到南京重新受职。于是乌思藏摄帝师亲到南京见朱元璋，明廷遂封其为炽盛佛宝国师，并在西藏设置朵甘和乌斯藏两个都指挥使司，将其纳入明王朝版图。表面上都司的设置是采用军事管理方式，其实都司只是一种名义，实际上还是利用宗教文化方式进行联络。所以历代皇帝不断加封西藏喇嘛教里不同流派的首领为国师、西天佛子等名号，以其故俗统治，使之转相化导以共尊明王朝。因此终明之世，西藏地区一直十分安定，明代后期两个都司又都改为宣慰司。

哈密等卫，在陕西行都司以西相当今甘肃、新疆、青海交界地区。明代前

① 《唐会要》卷 96。

期又设有哈密、罕东、安定、曲先、阿端等羁縻卫。这一地区在唐建有正式州县，后来历经吐蕃、西夏和元代的统治，成为各蕃族部落的生息地。明代之军事实力不足以在此建立正式卫所，所以设羁縻卫予以管理，到明代后期，此诸卫尽失于吐鲁番。

五、元明清的土司制度

（一）土司制度的变迁

土司制度兴起于元朝，是中央政府在少数民族政策上的一大变化。从秦汉以至唐宋时代，在少数民族地区实行的基本上是羁縻政策，同时在条件许可的情况下又使用武力变羁縻地区为正式的州郡县。羁縻政策的实质是间接统治，亦即中央政府不在少数民族地区设置正式政区，而委托民族首领自行治理，这种情况在六朝时已很普遍。《隋书》卷24《食货志》说："岭外酋帅，因生口翡翠明珠犀象之饶，雄于乡曲者，朝廷多因而署之，以收其利。历宋、齐、梁、陈，皆因而不改。"另外，也有少数情况是利用在民族地区平乱有功的汉人将士来管辖赐地。土司制度则比羁縻政策进了一层，变间接统治为直接统治，当然这一制度与汉族地区实行的州县制还有很大区别，但已经是朝着正式行政制度的方向迈进了一大步，经过再进一步的改土归流，土司制度就变成正式的州县制了。

1. 元代土司

元代由中央指派蒙古官员达鲁花赤进驻各级地方政府，以便实现少数族蒙古族对多数族汉族的牢固统治。同样在西南少数民族地区，也有达鲁花赤与土官实行共治。尤其是蒙古军队在征服淮汉以南地区之前，早就先革囊渡江，取得云南，因此有些由达鲁花赤参治的土官组织产生在元代南方各级地方政府之前。至元十一年(1274)，云南行省平章政事赛典赤就以当地土酋信苴日为大理总管，在西南地区建立了第一个土官总管府。

元代的土官制度比较复杂。本来在行省制度中，有宣慰司的设置，作为行省的派出机构，管理远离省会的地区的州县，犹如一个分省。《元史》卷91《百官志七》言其职权为："掌军民之务，分道以总郡县，行省有政令，则布于下，郡县有请，则为达于省。"设在少数民族地区的宣慰司，其下则有宣抚司、安抚司、招讨司等机构，这三司级别相等，都是正三品，只是所配备官员的数目依次递减①。后世所谓"土司"当是因为宣抚、安抚、招讨三司所管为少数民族土著，

---

① 《元史》卷91《百官志七》载："其在远服，又有招讨、安抚、宣抚等使，品秩员数，各有差等。"

下属有土路、府、州、县的原因，而且此三司的官员可"参用其土人为之"。当然，设在少数族地区的宣慰司也是土司的一种，但因在正式州县制地区也有宣慰司，故宣慰司并非全是土司，而宣抚等三司则是名副其实的土司。

此外，宣慰司本身还依照所管地区及事务的不同而有组织方面的差异，有宣慰司、宣慰司都元帅府、宣慰使兼管军万户府等名目的不同。宣慰司只设于内地，后两者则有设在边疆地区的。如云南行省就设有大理金齿等处宣慰司都元帅府、曲靖等路宣慰使兼管军万户府等。在某一地区设置哪一级别的管理机构是有一定之规的，如设宣抚司的地区有云南行省的广南西道和丽江路，湖广行省的顺元等处和播州、思州，四川行省的叙南等处。从官员的品秩来看，宣抚等三司的级别与正式政区的路相当。在宣慰及宣抚等三司之下则设有××路军民总管府，××路军民府及路、府、州、县等土官组织。在这之下又有更低层次的诸蛮夷长官司。《元史》卷91《百官志七》说："西南夷诸溪洞各置长官司，秩如下州。"更特别的一点是，长官司的达鲁花赤、长官、副长官，是"参用其土人为之"，不纯是流官担任；而宣慰、宣抚、安抚、招讨等司的达鲁花赤则没有用土人之理。各级土司之层级结构如下线图所示：

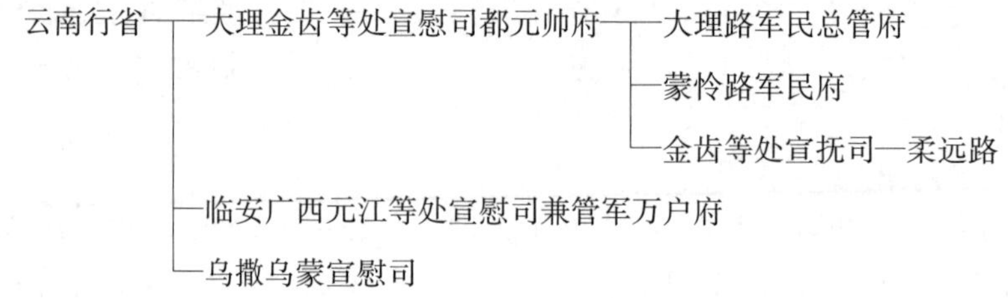

元代土官可以达到很高的职位。如上文提到的信苴日在至元十八年(1281)时就做到大理威楚金齿等处宣慰使、都元帅的高位。至于任职宣抚使、安抚使、长官、总管、土知府、知州、知县者更是历历可数。

2. 明代土司

明代继承了元代的土司制度，并予以完善。虽然中原王朝已经改姓易代，但土官却继续存在下去。"洪武初，西南夷来归者，即用原官授之"，并"以劳绩之多寡，分尊卑之等差"。同时又按照少数民族聚居地的大小来设置土司衙门，即所谓"因其疆域，参唐制，分析其种落"①。为了加强对土司的控制，洪武末年起就将土司分为武职土司与文职土司两个系统，而又以武职土司为主，上系于各省都指挥司，再达于兵部；以文职土司为辅，属于各省布政使司，再达于

① 张萱：《西园闻见录》卷79《土官》。

吏部。武职土司即宣慰司、宣抚司、安抚司、招讨司、长官司与蛮夷长官司，其中宣慰司在明代专为土著地区而设，不设于内地正式郡县之上，与元代有别；文职土司即军民府、土州、土县。但在明代中期以后，文职土司地位上升，可以下辖武职土司。如永昌军民府就下辖安抚司四、长官司三。虽然中央政府授官以文武职分，但土官实际上并未按文武分职行事。除了文武两类土司而外，明代还有元代所无的卫所土司，这是因为明代新创“都（指挥使）司—卫（指挥使司）—（千户）所”的军事系统，在边疆和内地都有不设郡县只设卫所的情况，而这些地区有时又是少数民族聚居区，于是设在这些地方的卫所就称为××卫军民指挥使司、××军民千户所（如果仿照土州土县的叫法，这些卫所似乎也可俗称其为土卫、土所，虽然实际上并不这么称呼），这些卫所的官员也“参用土人”，任为土指挥使、土千户等。

武职土司衙门的首长及佐贰官员由土著首领担任，品级较低的流官则主理经历司，掌握该土司地区的户口田粮赋役和军备状况。而在文职的土司衙门中，则不但经历之职由流官担任，即佐贰官员亦以流官为主。各省都司与布司就依靠这些流官来牢牢控制土司。据《明史·百官志》，明代设宣慰司 11、招讨司 1、宣抚司 10、安抚司 19、长官司 173 个。

明代的武职土司名目与元代土司基本相同，但土司官员的品级却降了二到五级不等：元宣慰使从二品，明从三品；元宣抚使、安抚使和招讨使都是正三品，明宣抚使从四品，安抚使和招讨使则降至从五品，这显然是加强中央权威的举措①。

3. 清代土司

清代土司制度基本上一仍明代之旧，所有土司机构大体都设置于顺治、康熙、雍正三朝，土司土官也大致从明代沿袭下来。顺治十五年（1658）诏“各处土司……凡未经归顺，今来投诚者，开具原管地方部落，准于照旧袭封”②。同时在清代也有新的民族首领归附，产生新的土司，如康熙三十九年（1700）贝和诺上疏曰：“打箭炉、木鸦等处番民一万九千余户归顺，请增设安抚使五、副使五、土百户四十五，以专管辖。”③雍正十年（1732），在青海玉树地区进行户口清查，划定地界，将一百多个大小部落头人分别委任为土千户、百户、百长。除由前明归降仍袭旧职的各级土官千家左右外，又新增设了约 700 家小土司。

---

① 参见《元史》卷 91《百官志七》和《明史》卷 76《职官志五》。
② 《清世祖实录》卷 122。
③ 《清史稿·贝和诺传》。

虽然土司职位是世袭罔替的，但从元代到清代，承袭的办法却渐渐严格与规范化，体现了中央政府对土司的控制逐步严密。元代土官的承袭要经朝廷批准，否则要兴师问罪。如至元十七年(1280)，土官"亦奚不薛病，遣其从子入觐。帝曰：'亦奚不薛不禀命，辄以职授其从子，无人臣礼。宜令亦奚不薛出，乃还军'"①。至于承袭的对象则依其旧俗，不加苛求。如延祐六年(1319)，"中书省臣言：'云南土官病故，子侄兄弟袭之，无则妻承夫职。远方蛮夷，顽犷难制，必任土人，可以集事。今或阙员，宜从本俗，权职以行。'制曰'可'"②。

至明代，对土司的承袭则有详细的规定。首先是承袭人必须"赴阙受职"。《明史》卷310《土司传序》载："袭替必奉朝命，虽在万里外，皆赴阙受职。"不过这一规定只在中小土司中执行，大土司则未认真从命。其次是承袭人范围明确，其承袭人袭替的次序依次是：父死子继，兄终弟及，叔侄相立(叔继侄子)，族属袭替，妻妾继袭，女媳继职，子死母继。第三是有具体的承袭办法。为了防止假冒作弊，必须要有人证物证，即"取具宗支图本(物证)，具官吏人等结状(人证)，呈部具奏"③；而且要求预定承袭人及承袭次序，以免日后纷扰不清；同时还规定承袭禁例，造反变乱者自然不许承袭，即嫁娶超出本省或交结外夷者，其子孙亦不准承袭。清代对承袭的规定更加严密，不但规定承袭须按宗支嫡庶次序，而且规定了承袭人的具体年龄，"土官子弟，年至十五，方准承袭"④。承袭手续复杂，承袭人须将顶辈宗图、亲供、地方官并邻封土司甘结(邻近土司的证明书)以及原领号纸(原任命书)，详报督抚，由督抚具题请袭。由土司承袭制度的逐渐规范化，可以看出历代中央集权措施的逐步加强。

(二) 改土归流

土司制度的建立本是一种权宜之计，是中央政府尚无力采用郡县制直接统治少数民族地区的暂时性措施。与郡县制度相比，土司统治自然是一种落后的社会形态。一般而言，在土司统治下的人民都处于奴隶或农奴地位。土司的暴虐统治、经济压榨，土司之间的纷争仇杀，土司统治下生产方式与生活方式的极其落后，都显然应该加以改变。而且从实质上来说，土司统治是一种半割据状态，与中央集权制是水火不相容的。因此在条件具备的情况下，就必然要采取各种策略与办法，将土司制度逐渐改造成正式的郡县制，这就是改土

① 《元史》卷11《世祖纪八》。
② 同上书卷26《仁宗纪三》。
③ 《明会典》卷8。
④ 《大清会典事例》卷589。

归流。至明代中叶,社会已经长期稳定,中央政府已具备一定的经济实力和军事力量,于是开始推行改土归流的举措。但归流必须有由头,例如因土官犯法,或土官无后不能世袭,甚或借口“不系世袭”(即承袭人不合法),因而裁撤土司,改设流官。如云南“鹤庆土知府高伦与弟纯屡逞凶恶,屠戮士庶,与母杨氏并叔宣互相贼害”,正统八年(1443)“伦等皆伏诛”,鹤庆府遂改设流官[①]。但改土归流直接侵犯了土著首领的利益,必然要招致土司的激烈反抗。在中央的镇压力量不足时,有时归流的行动就要受挫。于是在明末又辅行“众建诸蛮”的另一政策。“众建诸蛮”即汉代“众建诸侯”的陈规:将土司领域划小,以削弱其反抗力量。如对势力较大而又经常挑起事端的广西田州、思恩州两土府,明政府在派兵镇压后,就将该府的辖境划为许多小片,设立许多小土司,分而治之。经过明中期以后的这些措施,土司势力在很大程度上被削弱了。

清代继续了明中叶后改土归流的取向。清初在清军进入西南地区以后,改土归流随即展开。如顺治十六年(1659),云南元江土知府那嵩反抗清兵,被吴三桂镇压,该府土官即被改为流官。大规模的改土归流是在雍正四年(1726)开始的。当年,清政府委派鄂尔泰为云南、贵州、广西三省总督,负责改土归流事宜。五年以后,基本上完成了这三省的改流任务:“自四年至九年,蛮悉改流,苗亦归化。间有叛逆,旋即平定。”[②]乾隆元年(1736)平定四川大、小金川土司叛乱后,设置美诺厅(后改懋功厅)、阿尔古厅,四川西北部土司也基本完成改流过程。这里说基本完成,意思是指适宜改流者已经全部改流而已,并非所有土司毫无例外地一体撤废。如在云南省,就以澜沧江为界,改流只在江内进行,江外仍保留土司制度,这是因为江外条件尚不具备。对于甘肃境内的土司则终清之世从未改流,原因是这些土司“有捍卫之劳,无悖叛之事”[③],“绝不类蜀、黔诸土司桀骜难驯也”[④]。

清末宣统三年(1911)民政部有一份奏折,把此前的改土归流情况作了一个总结:“西南各省土府州县及宣慰、宣抚、安抚长官诸司之制,大都沿自前明,远承唐宋,因仍旧俗,官其酋长,俾之世守,用示羁縻,要皆封建之规,实殊牧令之治。康熙雍正年间,川楚滇桂各省,迭议改土归流。如:湖北之施南,湖南之永顺,四川之宁远,广西之泗城,云南之东川,贵州之古州、威宁等府厅州县,先后建置,渐成内地。乾隆以后,大小金川,重烦兵力,迨改设民官,而后永远

---

① 《明史》卷314《云南土司传二》。

②③④ 《清史稿·土司传》。

底定。比值筹备宪政，尤宜扩充民治。近年各省，如云南之富州、镇康，四川之巴安等处，均经各该疆臣，先后奏请改土归流。而广西一省改革尤多，所有土州县均因事奏请停袭，及撤任调省，另派委员弹压代办。此外则四川之瞻对、察木多等处尚未实行，德尔格忒、高日、春科等处甫经核准。伏维川、滇各省，僻处边陲，自非一律更张，不足以巩固疆圉。惟各省情形不同，办法亦难一致，除湖北湖南土司已全部改流官外，广西土州县，贵州长官司等，名虽土官，实已渐同郡县，经画改置，当不甚难。四川则未改流者尚十之六七，云南土司多接外服，甘肃土司从未变革，似须审慎办理，乃可徐就范围。"[①]余下的土司到民国时继续推行改流，但速度很慢，到民国二十四年(1935)，尚有土司186家，其中云南最多，有113家，四川次之，有69家，甘肃尚余4家[②]。土司制度的彻底废除则迟至中华人民共和国成立后的1956年。

六、清代边区的特别行政制度

一般而言，边区即少数民族聚居地，故边区的特殊制度即民族地区的特殊制度，但清代东北地区的特殊性还不止与少数民族有关，亦附于此。但民族地区并不完全等于边区，如两湖即有相当数量之少数民族，故土司制度不列于此。

1. 东北地区的旗民分治

东北为清朝发祥之地，故定为封禁之区，而以盛京(今辽宁省沈阳)为留都，初设内大臣为留守。顺治元年(1644)以内大臣为总管，三年，改为昂邦章京(汉名总管)，并分盛京昂邦章京东部地置宁古塔昂邦章京。康熙元年(1662)，改两昂邦章京为镇守辽东等处将军与镇守宁古塔等处将军。乾隆十二年(1747)又分别定名为盛京与吉林两将军。又，康熙二十二年时，已分宁古塔将军西北辖地，置镇守黑龙江等处将军。东北遂形成三将军辖区。三将军分别掌管三辖区之军、民诸政。

盛京将军的副贰有副都统四人，分驻锦州、熊岳、金州、兴京四处；城守尉八人，分驻盛京四人，兴京、凤凰城、辽阳、开原各一人，下设协领、防守尉、佐领、防御、骁骑校等各若干人。从将军衙门、副都统衙门到旗佐衙门均为专治八旗旗人的机构，只理旗务而不与问民人之事。所谓民人即指汉人，由府州县衙门治理。盛京附近各州县设奉天府以统之，府设府尹，地位同于京师首府之顺天府尹。奉天府的前身是顺治十年(1653)设置的辽阳府，该府的设置首创

---

① 《清朝续文献通考》卷136。
② 民国二十五年《申报年鉴》。

旗人与民人、旗署与民署并存分治的双重管理体制。其后在奉天府以西又置锦州府，设知府，同于内地的府。府州县虽与都统、旗佐衙门平行，但旗人与民人争讼，州县不敢受理，民人备受歧视。

吉林地区起先绝少汉人踪迹，吉林将军所辖为吉林、宁古塔、三姓、伯都纳、阿勒楚喀五个副都统辖区。这些副都统旗署的主要职责是管理旗人之户籍与田土。八旗各旗署旗人皆有旗籍，定期进行编审。雍正朝以后，关内流民开始涌入东北地区，起初主要集中于传统的农耕区奉天府一带，也有人进而北上至吉林地区。还在雍正四年(1726)时，吉林就已经设置永吉州、泰宁县与长宁县，以管理民人。但这一州、二县并不归吉林将军与有关的副都统管辖，却遥属于盛京将军辖下的奉天府。这也是地方行政制度方面的一种特别现象。直到乾隆十二年(1747)，永吉州改为吉林厅，才划归吉林将军直辖。

虽然乾隆五年曾颁布封禁令，不准流民入关。但关外土地的空旷，与关内流民的众多适成巨大的反差，生存压力使得一切封禁措施都成为一纸空文，大量流民不断进入东北。尤其道咸以后，清廷内外交困，边疆面临割地危机，政府为加强防务，不得不开禁实边，主动招引汉民垦荒。到光绪末年，东北地区民户猛增至2700多万，约为旗人的20倍。反映在行政组织上的变化是，咸丰朝至光绪朝约50年间设立的民署为前200多年的4倍，而旗署却没有增加①。双重体制已无存在必要。光绪三十三年(1907)东北三省建立，省以下的府州县制全面形成，旗民分治现象遂成历史。

2. 漠南、漠北蒙古地区

漠南、漠北蒙古(内、外蒙古)及青海大部分地区为蒙古民族游牧地，清政府采用因地制宜、随俗而治的办法，推行盟旗制度。这一制度是仿照满族的八旗制度，并略加改造。分之则为旗，合之则为盟。旗之长官为札萨克，由理藩院奏请简派旗内最有威望的王公大臣担任，掌管一旗的军政、民政及入京朝觐、年班诸务。合数旗为一盟，盟设盟长，正副各一人，由各旗札萨克内简派。盟长主持各旗会盟事务，并代表皇帝监督各旗。

漠北蒙古通称外蒙古，设乌里雅苏台将军统辖。雍正十一年(1733)设定边左副将军(即乌里雅苏台将军)统辖喀尔喀蒙古四部及科布多、唐努乌梁海地方，驻乌里雅苏台。喀尔喀四部是：北路为土谢图汗部20旗，东路为车臣汗部23旗，西路为札萨克图汗部19旗，中路三音诺颜部分自土谢图部24旗。科布多设参赞大臣，管厄鲁特、乌梁海17旗。唐努乌梁海5旗46佐领，分属

① 参见刁书仁：《论清代吉林地区行政体制及其变化》，《社会科学战线》1994年第3期。

将军、札萨克图汗部及三音诺颜部。

漠南蒙古指内蒙古和套西蒙古。内蒙古东起科尔沁，西至鄂尔多斯，共24部、49旗，合为哲里木、卓索图、昭乌达、锡林郭勒、乌兰察布与伊克昭6盟，直隶中央理藩院。设有热河都统，驻防直隶承德府。6盟之外，复有归化城土默特2旗，由山西绥远城将军管辖。又有察哈尔8旗，各设总管，由察哈尔都统管辖，驻直隶张家口。另有套西蒙古2旗，即阿拉善厄鲁特旗与额济纳土尔扈特旗，游牧于河套贺兰山以西，各自为部，直隶理藩院，不设盟。

内蒙古与东北不同，民人较少，不另设州县以治民人。若一旦以旗属某地置县置厅，则须往属相邻之省府。如嘉庆十一年(1806)于哲里木盟科尔沁左翼后旗之昌图额勒克地置昌图厅，往属盛京之奉天府①。又如雍正七年(1729)于卓索图盟喀喇沁左翼旗地置八沟直隶厅，往属直隶省。光绪二十九年(1903)于土默特左翼旗东北境置阜新县，往属直隶省之朝阳府。故内蒙古地区实际上呈旗地与州县地插置状态。

3. 青海西藏地区

青海北部为蒙古厄鲁特等29旗，南部为玉树等藏族40土司，由西宁办事大臣统辖。蒙古诸旗之上不另设盟。

西藏自元以来即为政教合一地区，元明两代未派官员驻藏。至清代，则置驻藏大臣、帮办大臣各一人，分驻拉萨与日喀则，统辖全藏事务，主管高级僧俗官员的任免，稽查财政收支，掌管藏区军队的调遣，督察司法、田产、户籍、差役(乌拉)等项事宜；并兼巡视边境防务，办理一切涉外事项；更重要的是代表清廷监督达赖喇嘛、班禅额尔德尼及其他大活佛转世灵童的抽签，并主持达赖与班禅的坐床典礼。乾隆年间在平定了西藏噶伦之乱后，对驻藏大臣的上述地位与职权作了明确规定。西藏分卫(前藏)、藏(后藏)、喀木(康)、阿里4区，各置噶伦一人分治其地。由四噶伦组成噶厦，即西藏地方政府。

4. 新疆回部伯克制

新疆回部(即南疆维吾尔族聚居区)推行军民分治。军治设伊犁将军一人，统辖天山南北路准部回部的军政与戍务，驻伊犁惠远城。在伊犁、塔尔巴哈台、喀什噶尔三处设参赞大臣，乌鲁木齐设都统，哈密、喀喇沙尔、库车、阿克苏、乌什、叶尔羌、和阗设办事大臣，库尔喀喇乌苏、古城、巴里坤、吐鲁番、英吉沙尔设领队大臣，皆统于将军。

民治方面，则天山北路设镇西府于巴里坤，设迪化直隶州于乌鲁木齐，隶

① 民国《奉天通志》卷57。

属于甘肃布政司；南路根据维吾尔等族原有的行政制度，推行伯克制。伯克即官员之义，最高者称阿奇木伯克，世袭，掌综回务。至清废世袭，而伯克之名不改。南疆31城各设有伯克，因职掌不同而异其号：伊什罕伯克，掌赞理回务，仅次于阿奇木伯克；噶杂拉齐伯克，掌田亩粮赋；商伯克，掌征收税赋；哈资伯克、斯帕哈资伯克、拉雅哈资伯克，分掌各种诉讼；又有六品、七品伯克，采铅、挖铜、管铜等各种伯克甚多。直至清末新疆建省，伯克制才废除。

第三节　虚拟政区——遥领、虚封与侨置州郡

行政区划是地方官员安身立命之所，是他们进行行政管理的权力范围。只有划定行政区划，才能设官施政，这是一般的常识。但是在历史进程中也出现过只有行政机构，而无行政区划的特例，如三国时期的遥领与虚封、东晋南朝的侨州郡县。这是地方行政制度折去一翼（侨州郡县）甚至两翼（遥领、虚封）的不正常现象，在这里行政区域只是虚幻的存在，而地方制度并不因此而废除，所以必须作为专门的研究对象来阐述。

一、遥领与虚封制度

秦汉时代，刺史太守所领之州郡都是实土，也就是实实在在的政区。同样，汉代诸侯王所分封的王国也是实土。但是在三国时期，却出现了遥领与虚封的制度。遥领就是以不属于本国的州郡设置刺史太守，而虚封则是受封的诸侯王只有虚号，其封土则在他国境内。此亦即："遥领者，不入版图之地，而别于国内他处设刺史郡守以辖之也。虚封者，则仅有封爵而无实土之谓也。"这是在分裂时期形成的特殊制度。魏、蜀、吴三国虽然仅能各据一方，但每方都期望自己能拥有整个天下，在这一愿望尚未或不能成为现实时，便以遥领与虚封来满足自己。

遥领与虚封制度的存在，引起了一些混乱。洪亮吉在《补三国疆域志》中说："三国土壤既分，舆图复窄，州郡之号，类多遥领。吴有犍为之守，蜀存京兆之名。武都一郡，土归西国，而名立扶风；房陵一区，实隶当涂，而虚领益土。近而易混，骤每不详。"如果我们不明白这个制度的实质，有时便会因某国设有某州刺史而误以为该国拥有该州之地。如《三国志·蜀书·李恢传》载："恢为庲降都督，使持节，领交州刺史。"有人据此以为蜀国有交州地，其实不然。因李恢领交州时居平夷县，而该县为牂柯郡所属，若蜀有交州，则李恢决不能在牂柯。实际上，交州始终为吴国所有，从未归属于蜀。又如蜀国所封有鲁王，

但鲁地却在魏国。

遥领与虚封不独三国时期有，然起于三国，且以三国为盛。鼎足伊始，蜀汉章武元年(221)即以马超为骠骑将军，领凉州牧；又，尚书杨仪左迁，遥署弘农太守。凉州与弘农郡皆魏国所有。其后，吴国起而仿效，愈演愈烈。陆凯赤乌(238—251)中除儋耳太守，周泰攻关羽后拜汉中太守，韩当先后领永昌太守、冠军太守，均为遥领。汉中、永昌在蜀，冠军属魏；儋耳在海南，则早于西汉末年废郡。以封爵论，孙和为南阳王，居长沙；孙奋为齐王，居武昌；孙休为琅琊王，居虎林。皆是虚封。南阳、齐、琅琊均在魏。

遥领与虚封不但是为了图空名，虚张声势，还有政治上的目的。《三国志·吴书·孙权传》云：黄龙元年(229)六月"蜀遣卫尉陈震庆权践位，权乃参分天下：豫、青、徐、幽属吴，兖、冀、并、凉属蜀。其司州之土，以函谷关为界。造为盟曰：'……今日灭睿，禽其徒党，非汉与吴，将复谁任？夫讨恶翦暴，必声其罪，宜先分制，夺其土地，使士民之心，各知所归。'"这就是说，孙吴和蜀汉为了联合的需要，在签订盟约时，除了其他条件外，又把魏国的土地先行瓜分，各"占"其半(魏的九州，吴蜀各有其四，首都所在的司州则以关为界，各取其半)。这种做法貌似可笑，实则是政治手段的应用。有此盟约，则吴、蜀虽大肆遥领虚封，亦不得随便胡来，而必须限制在各自所"占"的领域上。故缔约后，蜀有冀州刺史张翼、兖州刺史邓芝、并州刺史廖化、凉州刺史姜维；吴有青州牧朱桓、豫州牧诸葛瑾、徐州牧全琮、幽州牧孙韶。以上八州皆为魏土，吴蜀之刺史州牧，挂名而已，然在吴蜀则另有驻地。如《南齐书》卷14《州郡志上》载："南徐州，镇京口。吴置幽州牧，屯兵在焉。"甚至缔约前后，吴蜀自行其是所遥领虚封者，若与盟约不合，亦加以调整。如交州为吴地，故蜀解李恢之交州刺史职，又"徙鲁王永为甘陵王，梁王理为安平王，皆以鲁、梁在吴分界故也"。同样，吴原以朱然牧兖州，步骘牧冀州，为表示对盟约的尊重，亦解其牧职。

三国尽归司马氏后，遥领虚封制度的政治基础已不复存在，该制度也就随之消亡。但西晋历时颇短，分裂之势重现，遥领之制又见抬头，如《陈书》卷36《始兴王叔陵传》云：太建元年(569)，"都督江、郢、晋三州诸军事"。其中晋州即为遥领，但其势不如三国时期之盛。遥领还有另外一种情况，即虽然某些郡县实际上是在政权所辖范围内，但由于那些郡县的土著民族势力大，政府官员无法进入该地实施统治，实际上犹如遥领。如《魏书》卷70《刘藻传》载，刘藻为秦州刺史时，"秦人恃崄，率多粗暴，或拒课输，或害长吏，自前守宰，率皆依州遥领，不入郡县"。这种遥领与上述遥领的概念不同，只是形容实力不到彼处而已，而前述之遥领则纯粹镜花水月。

虚封制度也同样在南北朝复活，如北魏封爵四等——王、公、侯、子，王封大郡，公封小郡，侯封大县，子封小县。明元帝有六子分别被封为乐平王、安定王、乐安王、永昌王、建宁王、新兴王。时乐平等六郡并不在魏的版图内，另外如交趾公、襄城公、武原侯、平舒侯之类，其爵名中的郡县也在魏的辖境之外。

遥领虚封虽无实土，但组织机构却是有的。如北魏天赐元年（404）诏："赐王、公、侯、子国臣吏，大郡王二百人，次郡王、上郡公百人，次郡公五十人，侯二十五人，子十二人，皆立典师，职比家丞，总统群隶。"①

不过，东晋南朝时虚幻政区的典型已属侨州郡县，它有寄治之所、有所属之民籍，比遥领虚封之制还要实在些，不像遥领虚封纯粹是子虚乌有。

二、侨州郡县

（一）侨州郡县之源

州郡县政区与政府因为失去本土，而侨置于其他地区者称为侨州郡县。这是地方政府设置的非正常情形。侨置州郡县的典型时期和地区是东晋南朝的江淮地区，是由于西晋永嘉丧乱以后，北方领土失于少数民族政权之手，大批北方人民迁移南方而引起的。但溯源追本，侨置郡县的做法始于东汉安帝以前玄菟郡的内徙。玄菟郡置于汉武帝元封三年（前108），辖今辽宁、吉林与朝鲜半岛东北部交界地，郡治设在夫租（今朝鲜咸兴）。后来因受夷貊所侵，不得不将郡治迁往高句骊县（今辽宁新宾满族自治县以西），俗称第二玄菟郡。东汉时期，高句骊逐渐强大，不受汉朝政府控制，使玄菟郡无法立足，但朝廷又不想放弃玄菟郡的名义，于是把该郡迁到辽东郡的北部，这就是所谓第三玄菟郡，事在汉安帝即位（107）前。这个玄菟郡及其所辖的三个县——高句骊、西盖马和上殷台，就是我国历史上最早的侨置郡县，因为它的领土已经丢失，完全寄治在别郡的领域内。安帝时，又割辽东郡三个县属玄菟郡管辖，于是玄菟郡遂成半实半虚之郡②。

（二）东晋南朝侨州郡县的背景

虽然东汉已有侨置郡县，但尚未蔚为普遍制度，侨置郡县的数量不多，侨置地域亦不广。侨州郡县的广泛设置与制度化出现在东晋南朝时期。《宋书》卷35《州郡志一》记侨州郡县缘起曰："自夷狄乱华，司、冀、雍、凉、青、并、兖、豫、幽、平诸州一时沦没，遗民南渡，并侨置牧司，非旧土也。"南渡的遗民亦称

---

① 《魏书》卷113《官氏志》。

② 参见周振鹤：《西汉政区地理》下篇第五章。

“侨人”，他们都是以宗族部曲的形式集体迁徙而来的，东晋南朝政府为了招抚安顿这些流民，就在他们的侨居地设置新的州郡县三级政区和政府（即所谓“侨置牧司”），并以他们原居地的政区名称作为新政区的名称，即《隋书》卷24《食货志》所说的“皆取旧壤之名”。所以如并州、青州，如琅邪郡、兰陵郡这样一些北方的州郡名称，都可以在南方见到。

侨州郡县的设立有几方面的原因。一是当时人们以为东晋南渡只是暂时的，北方失地很快就能收复，于是地方行政机构仍旧按故地的形式组织。而且保留原有州郡县的名称，也是在怀念之余表明收复失地的决心。后代在类似情况下也有人建议照此设置侨州郡县，如南宋汪藻建言“用六朝侨寓法，分浙西诸县，皆以两河州郡名之”①。绍兴八年（1138），李谊也建议“于淮南、荆襄侨建西北州郡，分处归正之民”②。但其时宋金和议，不准双方招引归正之人，故这些建议均未实行。二是正统观念的深入人心。虽然当时南北分裂，各政权皆以正统自居，但“自古以来未有戎狄作天子者”的传统观念牢不可破，故东晋“虽僻陋吴越，乃正朔所居”是时人的普遍意识。领土虽失，但讳言削弱，只能以侨置的虚名自慰；与此同时，又不侨置十六国北朝新立的州郡县，以表示对其政权的否定。三是侨人自高姓望，地域乡里观念浓厚。由于汉魏以来多聚族而居，因此不但南迁时是举族而行，而且侨寓南方后，也仍然以宗亲、乡党、部曲的形式聚居，而不与侨居地的土著相混。这样一来，政府只有以侨州郡县的办法，才能单独地对他们施行管理。四是东晋南朝政府欲借侨州郡县制度吸引更多北人来归，并安抚已南迁之移民，使之安居乐业，促进经济发展。

由于上述原因，自晋元帝南渡后，随即设置大量侨州郡县，不久便“侨州至十数，侨郡至百，侨县至数百”。南朝宋齐梁陈沿流其后，终造成一代特殊的地方制度。

（三）侨州郡县的两大类型

1. 处侨流而立

侨流人口是侨州郡县存在的基础。自永嘉丧乱以后的一百五十年间，有大量北方人民远离黄河中下游地区，迁到江淮流域一带，形成中国历史上第一次自北而南的移民大浪潮。据谭其骧师研究，这一期间，涌到南方的人口有九十万之众，占北方原有人口的八分之一，迁徙的结果使南方居民中每六人中即

---

① 《建炎以来系年要录》卷33。
② 同上书卷118。

有一人来自北方。这些侨民在南方呈高度集中状态，多处在长江中下游的南北岸，于是这一地带的侨州郡民相应地最为密集。最先设立的侨县是怀德县。《宋书》卷35《州郡志》云："晋乱，琅邪国人随元帝过江千余户，太兴三年(433)立怀德县"于建康。怀德并非琅邪国旧县名，这说明当时虽为侨县，但尚未想到要用旧壤之名。据《建康实录》，怀德县后改名费县，即琅邪国属之旧县名。这是侨县一级政区。以此为始，侨置不断。该志还说："晋永嘉大乱，幽、冀、青、并、兖州及徐州之淮北流民，相率过淮，亦有过江在晋陵郡界(今常州一带)者……其徙过江南及留在江北者，并立侨郡县以司牧之。徐兖二州或治江北，江北又侨立幽、冀、青、并四州。"这是侨州一级政区。接着晋明帝又立沛、清河、下邳、东莞、平昌、济阴、濮阳、广平、泰山、济阳、鲁等侨郡并所领县于江南北。这是侨置郡一级政区。这以后随着每一次移民浪潮的到来，也相应地形成设置侨州郡县的高潮。举其要者，东晋时就有成帝侨立淮南郡及诸县于江南，侨立庐江郡于春谷，汝南郡于涂口，安丰、松滋二郡于寻阳，河东郡于上明，这是长江中下游南北岸的侨置；穆帝在南郡侨立义阳郡，孝武帝在襄阳侨立雍州、秦州，这是汉水流域的侨置；安帝以关、陇流民侨立始康郡，以秦、雍流民立怀宁郡，并寄治成都，这是蜀地的侨置。

所有这些侨州郡县只是因侨人而设置，起初并无实土，至多只有行政管理机构，而无明确的行政区划，既无一定的幅员，也无确定的边界，层级也不完善。它们只是寄托在南方固有行政区划之中的另外一套行政管理体系，而且仅仅是同一本贯的侨民的集合体。因此侨州郡县与正常状态下的实土政区相比，显得有些虚幻。

2. 备职方而立

北人南迁以东晋时最盛，刘宋时已远少于东晋，齐梁陈时则已无大批移民，但侨置州郡县的情形并不因而终止，相反，还不断有新的侨州郡县出现。这是因为东晋南朝政权在失地于北方政权后，为了维持面子，表明疆域的完整性，而将沦陷区中的州郡县立一虚名于南方，并不一定就有该州郡县的侨民存在。如宋明帝初年，北魏南侵，"青、冀、徐、兖及豫州淮西，并皆不守……于是于钟离置徐州，淮阴为北兖，而青、冀二州治赣榆之县"。但当时的文献并没有这四州的人民南迁的记载，"四州之侨治亦非应北人南徙之需而设，徒以职方不可不备，遂画地立名耳"①，表明这些侨州郡县更为虚幻。

以"郡县虚置"而备职方者中，最典型的例子是宋泰始间豫州郡县的侨置。

---

① 周一良：《南朝境内之各种人及政府对待之政策》，《魏晋南北朝史论集》，中华书局，1963年。

据《宋书》卷 35《州郡志》,豫州领淮西十郡、四十三县,泰始(465—471)中这些郡县都沦于北魏,于是将其侨置于淮南,如表 9 所示①。

表 9 南朝宋泰始年间的侨置郡县

原郡	领县	侨郡	领县
汝南郡	上蔡、平舆、慎阳、北新息、安成、南新息、朗陵、阳安、西平、翟阳、安阳	汝南郡	上蔡、平舆、真阳、北新息、安成、南新息、临汝、阳安、西平、翟阳、安阳
新蔡郡	鲖阳、固始、新蔡、苞信	新蔡郡	鲖阳、固始、新蔡、东苞信、西苞信
谯郡	蒙、蕲、宁陵、襄邑、魏、长垣	谯郡	己吾(其余无考)
梁郡	下邑、砀	梁郡	(领县无考)
陈郡	项城、西华、谷阳、长平	陈郡	项城、西华、谷阳、苌平、阳夏
南顿郡	南顿、和城	南顿郡	南顿、和城
颍川郡	邵陵、临颍、曲阳	颍川郡	邵陵、临颍、曲阳
汝阳郡	汝阳、武津	汝阳郡	汝阳、武津
汝阴郡	汝阴、宋、安城、楼烦	汝阴郡	汝阴、宋、安城、楼烦
陈留郡	浚仪、小黄、白马、雍丘	陈留郡	浚仪、小黄、白马、雍丘、襄邑、封丘、尉氏

从上表可看出,不仅沦陷的十郡全部侨置,就是各郡所属县也几乎全部侨立。而且原汝阴郡中的楼烦县已是侨置县(楼烦原属雁门郡),这时又再度侨置,陈留郡及其所辖四县也是侨置郡县,亦同样再度侨置,不但如此,还侨置了原晋代陈留国所领之襄邑、封丘与尉氏三县。这显然是为了名义上保全原有疆域的虚张声势之举。如果将《晋书・地理志》和《宋书》、《南齐书》之《州郡志》相对照,这样的侨州郡县还有不少。梁陈之际,疆域更加萎缩,而侨州郡县之名目反而有所增加,也都纯粹是为备职方而设。

(四) 侨州郡县的施政管理

但凡政区,先要划定施政区域,方能分官设职。但侨州郡县情况特殊,在设置之初,都是"无有境土"②的虚幻政区体系,所以官职的设置并不是以行政区划为依据,而是以侨人集团为基础。也因此,侨州郡县的长官多为侨流人民

① 胡阿祥:《东晋南朝侨州郡县的设置及其地理分布》,《历史地理》第八、九辑,1990 年。
② 《资治通鉴》卷 128。

所推举的领袖人物，而不是朝廷经过正常选举途径派遣的流官。这样一来，侨州郡县的长官所辖只是户口，而无一般州刺史、郡太守和县令长在地理意义上的权力圈，即施政范围。同时，侨州郡县的长官还可以世袭，不像朝廷正式命官，必须定期撤换。

南来的侨民既归侨州郡县所管辖，则他们的户籍也另外管理，而不与新居地的土著相混。土著的户籍称为黄籍，而侨人的户籍则以白纸登记，做成白籍，在白籍上注明他们的本贯，即原居地的州郡县名。由于侨州郡县在实质上不是政区，而是侨流人口的乡族集团，其行政管理也就比一般的正式郡县要宽松些，即所谓"牧司之任，示举大纲而已"。侨民的流动性、分散性较大，"去来纷扰，无暂止息"，"一县之民，散在州境"，"十家五落，各自星处"，而且他们的资财大部分丧失于播迁途中，因此受到政府优待，得以减免他们的赋役租税。这样做，一方面是为了招引更多的北人南迁，另一方面，在侨民家计未立时，实际上也不可能服役缴税。

（五）土断——侨州郡县由虚入实的变化

侨民流寓初期，因为流离失所、生活艰难，而享受优免待遇，自然有其合理性。但侨寓时间一长，侨民已经安居乐业，而且失土恢复无望时，他们享受的特殊照顾就要使政府蒙受不少损失，于是土断办法应运而生。所谓土断，就是将侨流人口的户籍断定在侨居地上，使之可以附着在名副其实的政区之上，以便按时按地征收赋税。现在习惯上把籍贯作为一个单独的概念，其实籍是户籍，贯是本贯，一指户口，一指故乡，并不一致。如果不出现侨寓现象，则籍和贯可以配合一致；如果侨寓他乡，则户籍在新居地，就与本贯相分离。简单地说，土断就是使客籍成为本贯的措施。可以想象，土断政策的某些措施必定要遭到侨民的抵制，尤其是引起豪门大族的不满。因此整个东晋南朝时期，由中央下达土断条格有十次之多，从东晋咸和年间（326—334）直到陈代天嘉元年（560），延续百余年之久。而各级地方政府依照土断条格进行的小范围或地区性土断还不计在内。

由于侨州郡县并没有境土，土断的主要任务就是让这些州郡县有生根落脚的实土，像一般的政区那样。但设置侨州郡县之时，只是从侨流人民的本贯出发给出政区的名称，任意性很大，形态相当复杂，土断的难度也就很大。其实与原州郡县体系一致的侨州郡县体系并不多见。原州郡县一经侨置，就发生许多变化，大体说来，有这么几种形态①：

① 胡阿祥：《东晋南朝侨州郡县的设置及其地理分布》，《历史地理》第八、九辑，1990年。

(1) 只沦没一州一郡一县，而因为侨人的分散，却同时侨置数州数郡数县，于是为了区别，将同名的侨州郡县加上东、西、南、北等方位词[①]。

(2) 侨实并存。如刘宋时徐州(实)与南徐州(虚)并存。

(3) 实土恢复而侨置不废。东晋义熙(405—418)中，收复青州，而南方所侨置之青州不废，而为了区别两个青州，竟将原青州加上北字。益州江阳郡寄治武阳，后原郡恢复，改称东江阳郡，而侨郡不变。

(4) 实土恢复而原政区建置不恢复，只留侨置政区。如《晋书》卷14《地理志》载，徐州彭城郡有武原、傅阳二县，而《宋书》卷35《州郡志》无，仅南徐州南彭城郡领有武原、傅阳两侨县。

(5) 以侨州领原郡县。如《宋书》卷35《州郡志》中豫州寄治睢阳(即淮南寿春)，而遥领淮北的汝南、新蔡等郡县。

(6) 侨置已废之旧郡(国)、县。如汉代之广川郡，早已废，而东晋又侨立广川郡于扬州。楼烦、阴馆亦汉旧县，魏晋废，而东晋雁门侨郡却有楼烦、阴馆两侨县。

(7) 因侨置而改原王国或原县为郡，如平原、乐陵、清河、太原在西晋为王国，侨置改为郡；义成、松滋原为县，侨置亦为郡。

(8) 侨置县，而稍改其原县名。如冀州平原郡领侨平昌县(原西平昌)，同州高阳郡领侨新城县(原北新城)，又秦州南安郡领侨桓道(原獂道)。

(9) 侨置郡县另创新名。如益州始康郡领始康、领城、谈、晋丰等县，郡县名皆新创。这样做的原因有二，一是流民来源成分复杂，无法以一地命名；二是以军户所立侨县，因军人恒为流寓之人，故无乡里之号。

侨州郡县的设置已有如上的任意性，而在设置以后又“省置交加，日回月徙；寄寓迁流，迄无定托；邦名邑号，难或详书”，处于很不稳定的状态。土断就是整理任意设置和变化无常的侨州郡县体系，使之由虚幻而入现实，与原有的行政区划体系相合为一。由于侨置的形式复杂，土断的方法也随之而不同，计有如下几种：

(1) 省并

这是土断的一种主要方式。侨州郡县因人而立，许多州郡县空张名目，并没有多少户口，于是在土断时就被省废(即取消州郡县建置)或合并(合数州郡

---

① 侨名普遍加“南”字，多在宋永初元年后，见钱大昕：《十驾斋养新录》卷6《晋侨置州郡无南字》；加“北”字如北徐、北兖等州，北济阴、北淮阳、北下邳、北京兆、北梁(领北蒙、北陈等县)等郡；加“东”、“西”者如东宕渠，东、西京兆，西扶风，西南顿等郡，东、西苞信，东、西信丰，东、西丰阳等县。

县为一)。如大明土断,“诏并雍州三郡十六县为一郡”①。又如建元土断,南兖州刺史柳世隆以北济阴郡等四郡十七县“散居无实土,官长无廨舍,寄止民村”,于是通通省去,而将“民户帖属”广陵郡。又如幽、冀、青、并四侨州,因流寓者少,于是后来以幽、冀合徐,青、并合兖。省并对于正式政区也是常有的事,故不难理解。只是侨州郡县因虚名较多,故土断的省并数量较大,一次就可能省并十数个行政机构。

(2) 割实

这是特有的一种方式。侨州郡县设置之初,都“无有境土”,后来由于种种原因,也有不少割成实土。所谓割成实土,就是将正式行政区划割出一部分作为侨州郡县的领域。如宋元嘉二十六年(449),割荆州襄阳、南阳、新野、顺阳四郡为侨立的雍州的领土。但雍州所属的侨郡县还寄在其他郡内,没有实土。于是在大明(457—464)年间,又分实土郡县作为侨郡县境,使京兆、始平、扶风等侨郡都领有当地的实县。有实土就有生根之处,就能站住脚跟,所以土断中的割实一项最为侨人所关切。如兖州本土在宋泰始中沦没,泰始六年(470)遂侨兖州于淮阴,但无实土,深为该州侨人不满,而司、徐、青三州也是新置侨州,却都有实土,因此兖州侨人上诉,希望设置实土的东平郡(原兖州属郡)以为侨兖州的立足点。这一要求得到批准,于是割盱眙与山阳(今江苏省淮安)之间的地方立寿张县(原东平郡属县)与淮安县,以此二县属东平郡②。县既有实土,郡州也就相应有了实土。当然在这里,割实也只是象征性的,不可能将原东平郡属县全部割实,只能割实两县;同时也不能将兖州各郡全部割实,只能以东平郡为代表。为何选中东平郡,这也有讲究,是因为该郡人吕安国时任光禄大夫,是通过他上奏才获许可的,自然以其桑梓之邦为割实的对象了。

(3) 改属

土断以前,侨置郡县不管侨于何地,在理论上还是归属原来的州③。若原州有侨州,则侨郡属侨州;若原州无侨州,或侨州与侨郡不在同一区域内,则侨郡名义上仍悬属于原州,而由所在州“兼督”。土断的一个做法,就是将这些侨郡县断入所在的州,将兼督变为实际的领属,这叫“依界土断”。这种做法其实就是改变侨郡与原州的隶属关系,故此处称之为改属。如宋元嘉八年(431),割江南为南徐州实土,则侨兖州所属的在江南的南高平等侨郡,也就归属南

---

① 《资治通鉴》卷128,大明元年条。

② 《南齐书》卷14《州郡志上》,北兖州条。

③ 钱大昕说:“顿丘本属司州,即使侨立徐土,徐州刺史得兼督之,而未经土断,当犹存司州之名而不得云属徐州。”见《廿二史考异》卷19。

徐州。

(4) 借侨名新置县

土断虽然省并了不少不合理的侨州郡县，但在另一方面，也因“流寓来配”而新设了一些有基础的新郡县，如合来自不同州郡县而同寓一处的侨民置新县，归某郡领属，或侨寓者居住相对集中，即“乡屯里聚，二三百家，井甸可修，区域易分”时，也允许别置“侨邦”。

(六) 十六国北朝的侨州郡县

侨州郡县制度以东晋南朝最为典型，但并非东晋南朝所独有，十六国北朝也存在这一情形。十六国时，如前、后赵，前、后秦，成汉，北凉，前、后、南、北燕，西秦及夏等国皆见有侨州、郡、县之置，但这些州、郡、县大多既无土地，亦无人民，形同虚设，其目的当是“务广虚名”，备职方而立。其中唯有慕容廆(前燕王皝之父)“立郡以统流人，冀州人为冀阳郡，豫州人为成周郡，青州人为营丘郡，并州人为唐国郡”[1]，似以侨人而立，但郡名却不尽为原称，如唐国郡即非旧郡名。又有李玄盛(西凉始祖)“分南人五千户置会稽郡，中州人五千户置广夏郡”[2]，也不像虚设。

北朝也有不少侨州郡县，据《魏书》卷 106《地形志》、卷 12《孝静帝纪》、卷 42《寇瓒传》、卷 51《韩均传》及《水经注》等文献可以考见。但前人对此研究尚未深入，只能暂缺以存疑。

(七) 侨州郡县制度的终结

侨州郡县本来是作为一种临时性的、管理北方侨人的行政制度来设计的，故虽有州郡县之名，而无行政区划之实。随着时间的推移，北土的恢复已经无望，侨人已渐渐把新居地当成本贯看待了，即所谓“士民播流江表，已经数世，存者老子长孙，亡者丘陇成行”，“后来童幼，班荆辍音，积习成俗，遂望绝于本邦，宴安于所托”。如《颜氏家训》的作者颜之推就是明显的例子，他原为梁代湘东王记室，其祖颜含随晋元帝过江，至其身已历九世，祖先坟墓都在建康(今江苏省南京)，已视建康为其家乡，故他被北周掳至北方后，犹冒险过黄河砥柱而下北齐，欲由北齐而返梁都之建康。土断政策的施行一方面使部分侨州郡县成为实在的政区，另一方面更使部分北方侨人迅速土著化。待到隋朝重新

---

① 《晋书》卷 108《慕容廆载记》。
② 同上书卷 87《凉武昭王李玄盛传》。

统一天下，南北界线泯灭，侨州郡县的名目就没有继续存在的基础了，所有有关制度也都一笔勾销，成为历史陈迹。整个侨州郡县制度虽然消失，但个别的侨置县名却保留至今。如淮南的当涂县侨置于江南的于湖县，土断以后，于湖县名反而不见，当涂县名却保留到今天，其附近的采石矶就是唐代大诗人李白的长眠之地。

侨州郡县作为一项正式制度虽已随着南北统一而结束，但其流风余韵仍然在后世时隐时现。如据两《唐书·地理志》及《太平寰宇记》所载，自唐武德以来，以归蕃所置侨都督府、州、县合计有上百个。又据《辽史》卷40《地理志四》辽有归义县、容城县，"户民皆居拒马河南，侨治涿州新城县"。拒马河是宋辽界河，河以南有宋雄州之归义县(太平兴国后因避讳改归信县)与容城县，辽为了表示疆域至拒马河南，故特意侨置与宋同名的两县。但辽之侨此二县，也并非全无意义，因为在拒马河南宽约四十里的地带里，其居民是所谓"两属税户"，必须同时向宋与辽纳税[①]。其后，据元代姚燧所撰《邓州长官赵公神道碑》，在蒙古与南宋对峙期间，也曾先后侨置个别州县于洛阳与邓州一带。

三、畸形的双头州郡

所谓双头州郡指的是两州同一刺史，且两州同治一地，以及两郡同一太守，且两郡同治一地的特殊建置。双头郡的建置较多，而双头州的情况较少。

二郡同设一太守、二州设一刺史情形，一般认为始于东晋。据《晋书》卷81《毛璩传》载，毛璩在孝武帝太元(376—396)中任谯梁二郡内史，安帝时行宜都宁蜀太守，又文处茂亦于同时任巴西、梓潼二郡太守。又毛璩弟瑾为梁秦二州刺史、略阳武都太守。该传一气就举出五处双头州郡的名目，可见此制已普遍行于东晋孝武、安帝之际。而上述的巴西、梓潼二郡据考早在穆帝永和三年(347)前即已设置[②]。如果我们再往前追溯，则《三国志·魏书·夏侯惇传》有云："太祖自徐州还，惇从征吕布，为流矢所中，伤左目。复领陈留、济阴太守，加建武将军，封高安乡侯。"惇以一人而领二郡太守，很可能即是双头郡的滥觞，不过此二郡其时是否同治一地，尚待考实。

合二郡为一太守本不甚奇，因有兼职之可能。但在东晋南朝之时，以一人领二郡太守并非兼职，而是因为土地荒残，民户寡少，或者土地已沦于敌手，但又不愿省并政区，而强二郡合为一太守、二州为一刺史。而离奇的是双头郡

---

① 《宋会要辑稿》兵二九之二。

② 参见吴应寿：《东晋南朝的双头州郡》，《历史地理研究》第一辑，复旦大学出版社，1986年。

中,有两郡共领七县、五县、四县、三县、二县、一县的情形,其中两郡共领一县是畸形到了极点。《魏书》卷106《地形志中》载颍州有九对双头郡,楚州有两对,其中新蔡、南陈留二郡就共领鲖阳一县。关于北魏双头郡的来历,《地形志》在汝阴弋阳二郡下注云:"萧衍(梁武帝)置双头郡县,魏因之。"据清人钱大昕的解释,此二郡所在本为汝阴郡地,又侨立弋阳郡,如同《宋书》卷36《州郡志二》中所说的"帖治"①。所谓帖治,就是指某郡治所帖在另一郡治所之上,在刘宋时就有陈郡帖治于南豫州南顿郡和汝南郡帖治于豫州新蔡郡的两例。后一例是实土郡帖治实土郡,与北魏的汝阴、弋阳二郡是侨郡帖治实郡不同。

双头州的典型例子是梁、南秦二州与青、冀二州。《宋书》卷37《州郡志二》及《南齐书·州郡志·秦州》云:秦州(也称为南秦州)于晋"安帝世,在汉中南郑",而南郑又是梁州州治所在,说明在晋安帝以后,南秦州寄治在此,成为梁南秦双头州。又,宋泰始以后侨治于郁洲的青、冀二州,也是"二州共一刺史"②,自然也是双头州。

归纳起来,双头州郡的类型大致有三种③:

(1) 侨州郡帖治于实土州郡。这一类出现最早,实例也较多。双头郡如上文《晋书》卷81《毛璩传》中的巴西、梓潼二郡,治涪县,是侨巴西郡帖于实梓潼郡,自东晋迄梁恒置一太守。又如梁、齐两代的东莞、琅邪二郡,治朐山,是侨东莞郡寄治于琅邪郡,见《南齐书》卷14《州郡志上》。此外还有治于历城的济南、平原二郡(平原侨郡),治于梁邹城的乐安、渤海二郡(渤海侨郡),又有历阳、南谯二郡,晋陵南、下邳二郡等。双头州即如上文治于南郑之梁(实)、南秦(侨)二州,与晋、宋时置于今山东的北青、冀二州。东晋北青州治东阳城,为实土州,而冀州是侨州。

这一类型还有少数倒过来的变形,即侨州、郡割成实土后,实土州、郡反而帖治侨州、郡者。如淮南、宣城二郡,淮南为侨郡,后有实土,而宣城本为实土郡,东晋及宋、齐间,常合二郡置一太守,治淮南郡治于湖。又如青、冀二州,冀州为侨州,割成实土治历城,青州乃实土州,却在宋孝建三年(456)至大明八年(464)间帖治历城。

(2) 两侨州郡同治。即前一类双头州郡的侨置,故实际上其中有一郡或

① 钱大昕:《廿二史考异》卷29。
② 《南齐书》卷14《州郡志上》。
③ 参见吴应寿:《东晋南朝的双头州郡》。

一州是再度侨置。双头郡如《宋书·州郡志》中南豫州之陈、南顿二郡。此二郡是宋泰始中失豫州淮西地后，以淮北豫州之陈、南顿二郡侨置。同《志》又有清河、广川二郡，为冀州侨郡，皆治盘阳城。双头州即前文所述侨治于郁洲的青、冀二州，据《宋书》与《南齐书》之《州郡志》，此双头州乃宋明帝泰始中失淮北后侨置，历齐、梁两代皆存。又据《隋书·地理志》，梁代时有南梁北巴州，也属此类。

(3) 两实土郡同治。此类仅见双头郡，为一实土郡帖治另一实土郡，而与侨郡无关。两实郡同治一地的原因不详，推测可能是为了军事方面的需要。如上文提到的宋豫州之汝南、新蔡二郡，乃新蔡郡帖治于汝南郡上蔡县。而上蔡县治是东晋南北朝时赫赫有名的战略要地悬瓠城，其地控带颍洛，为淮泗屏藩，大约因此而设两郡，以加强实力。又如陈、南顿二郡，乃南顿郡帖治于陈郡项城，该地亦当南北交通要冲。又如《宋书·州郡志》豫州之汝阳、颍川二郡，青州之齐、北海二郡，也都是实土的双头郡。

双头州郡多设置于东晋南朝的北部边地，西自今四川省中部、陕西省南部，东至淮水南北及今山东省西部。其中除少数外，大多变化很大，或治所迁徙不定，或两郡(州)离合无常，以至“地理参差，事难该辨”。双头州郡只存在于东晋南北朝时期，起于东晋，盛行于南朝，北朝又沿袭其制。到隋代统一全国后取消侨置州郡，双头州郡也就随之消失了。据胡阿祥所考，东晋南朝凡有双头州九、双头郡七十余。

另外，东晋还曾出现过三头郡的现象。孝武时期，毛穆之“督扬州之义成、荆州五郡、雍州之京兆军事，襄阳、义成、河南三郡太守”，义成、河南，皆孝武时侨立于襄阳，此三郡合治一处，以一人领三郡太守。又，淮南、安丰与梁国三郡，淮南、安丰与汝阴三郡，在晋末义熙(405—418)中也常共一太守，治寿阳①。

① 胡阿祥：《东晋南朝双头州郡考论》，《中国历史地理论丛》1989年第二辑。

第六章　影响行政区划变迁的诸因素

第一节　政治主导原则

一、内外轻重的概念与转换

在分析了行政区划的历史变迁过程以后，我们应该小结一下政治因素在这些变迁过程中所起的作用，并且讨论政区变迁和历史上治乱相乖与统一分裂的关系。

从秦代到民国，中国历史上所发生的治乱变化，概括起来只不过是一治一乱、统一分裂的循环往复而已。常人感叹的"天下治世少、乱世多"及平话小说作者总结的"天下大势，合久必分，分久必合"，都体现了这一不变的循环规律。那么，产生这一循环的根本原因是什么呢？古人用"内外轻重"之说来进行解释。

所谓"内"指的是中央政府或中央集权，"外"则是指地方政府或地方分权。在中央集权削弱、地方分权偏重的时候，就被称为"外重内轻"，反之则为"内重外轻"。外重内轻可能引发割据分裂局面，促使统一王朝走向瓦解，这是汉、唐两代的教训；内重外轻虽无割据之忧，却使地方失去绥靖御侮能力，在内忧外患交加的情况下，就要导致亡国的危险，这是宋、明王朝的结果。因此古人所追求的理想目标是轻重相维，也就是在中央集权的前提下使地方有适度的分权，但是要做到这一点并不容易。轻重相维是一种不稳定的平衡状态，一旦处置失当，就会失去平衡，不是向外重内轻滑坡，就是向内重外轻倾斜，因此中国历史上的治乱变化总是循环不已，周而复始。当然每一个循环都不是简单的重复，而是吸取前代教训以后的提高。

除了以内外为比拟外，中央和地方的关系还可称为干枝关系、首尾关系、本末关系，如西汉中期削弱诸侯王国的措施叫做强干弱枝或大本小末，唐后期的藩镇割据现象被形容为尾大不掉。但是无论是内外、干枝，还是本末、首尾，矛盾的主要方面总在内、在干、在本、在首这一边。对历代统治者来说，保持一姓专制政权的长期统一和稳定是最高的政治目的，因此对地方安宁的重视超过对地方发展的关心，统治政策的制定也就往往偏向高度中央集权的那一端。宋太宗在一次谈话中就明确地提出了重内轻外的思想，他说："国家若无外忧，必有内患。外忧不过边事，皆可预防。惟奸邪无状，若为内患，深可惧也。帝王用心，常须谨此。"这里内患指的就是地方割据，故宋以后的统治者便只授予地方当局以最低限度的必要权力，维持老百姓的最低生活水平。而为后人企羡不已的汉代吏治，也不过只达到"政平讼理，百姓无愁怨"而已。

但是高度的中央集权并不总能维持下去，当地方多事之秋，亦即连温饱水平也不能满足而引起农民起义，或是因统治权力分配不均而爆发内乱时，中央政府又不得不下放一定的权力，以便地方政府有能力镇压起义和叛乱，以维持王朝的生存，然而每一次权力的下移并不是正好停留在轻重相维的中点，而是常摆向极端地方分权的那一端，于是分裂局面出现，乱世到来，统一王朝走向崩溃，各种势力进入逐鹿中原的混乱舞台，直到最强有力者夺得政权，建立新的王朝，于是统一重现，治世开始。新统治者接受前朝的教训，寻求更佳的中央集权方式，又摆回到高度集权的另一端，一部中国政治史就在外重内轻和内重外轻的两端往复摆动，同时又一步紧似一步地走向极端的中央集权。

从具体的朝代来看，秦汉两代可以算作轻重相维的时期。秦之速亡非由于地方权力太重，而是因为苛政太甚，所以"时则有叛人，而无叛吏"。直到东汉末年才出现极端地方分权，引起军阀割据，造成三国鼎立局面。西晋统一以后实行封建制，外重内轻现象变本加厉，促使西晋王朝早早就在八王之乱中覆灭。此后的东晋南朝和十六国北朝对峙时期，一直处于轻重失序的周期，乱世从东汉末年算起整整延续了四百年之久。

隋代和唐前期又一次达到轻重大体相维的态势，当然在接受汉末的教训之后，中央集权更加强化。但是为了平定安史之乱，唐代政府不得不把权力下移，唐后期又从治世转入乱世，部分方镇拥兵自立，形成割据，其他方镇的分权则可上比汉末的州牧。唐王朝与藩镇偕亡以后，全面分裂的局面再度出现，从唐中期到宋代重新统一，混乱的形势也贯穿了两个世纪。

因此从秦汉到五代十国可以看成是从轻重相维到外重内轻的两次过程，也是由统一到分裂以及由治而乱的两次循环。长达千年以上的这一历史变迁，深刻地教育了宋代统治者，使他们意识到轻重相维的局面固然不错，却是不牢靠的，要想防止出现外重内轻的弊病，没有别的办法，只有走内重外轻的道路，这就是宋代绝对专制的思想基础。于是，宋代不但尽收地方之权于中央,而且集中央之权于皇帝个人手中。

元明清三代中央和地方的关系与宋代一脉相承,乃以中央官员分掌地方大权,实际上再无真正的地方分权可言。因此自宋代以后,中国历史上不再出现因割据而产生的分裂局面。金与南宋的对峙是由异族入侵而引起的,并非地方极端分权的产物。内重外轻之弊历久而愈显,宋以后王朝的覆亡多由外力所造成。宋一亡于女真,再亡于蒙元;明亡于满清,而清几乎将亡于东西方列强。然而只要无强敌压境,即使国势寖弱,地方凋敝,总还是能勉强维持专制政权的延续,所以统治者非不明白内重外轻之病,但与外重内轻相较,则宁愿两害相权取其轻。于是中国封建王朝之世,内重外轻之病已不能去。

二、政治主导原则

行政区划作为地方政治制度的一翼,其创设和变迁,首先要服从于政治目的和政治需要,因而两千年来政区诸要素也就随着内外轻重关系的钟摆来回摆动,未尝稍息。

政区层级最明显地体现出中央和地方关系的变化。就中央政府的主观愿望而言,是力图尽量简化层级,以便加强对地方的控制,只有在形势不许可的情况下才被迫增加层级。秦汉时期的郡县二级制正是轻重相维的体现。层次简单即有利加强控制和提高管理效率,也就可以让地方享受较大的分权,既促进地方发展,又不必担心割据分裂。后人念念不忘的秦汉雄风和盛唐气象,实际上是中央和地方共同参政的结果。如果地方毫无实权,即使社会经济发达,也只能造成宋代积弱的局面。

当然,隋唐时期的州县二级制,已比秦代不如,地方的军权、财权和部分行政权已被剥夺,但大致尚能维持中央与地方的正常关系。这是汉宋之间的过渡时期。隋唐的统治者接受汉末的教训,一方面要削弱地方公权,另一方面又不愿增加层级。

作为外重内轻表征的三级制,无论在汉在唐,都是被迫采用的。在汉是由于镇压黄巾起义,而把监察区改为行政区,在唐是为了平定安史之乱而于各地遍设方镇。因为中央和地方的关系出现了由轻重相维到外重内轻的两次循环,在政区层级上就表现为二级到三级的再度反复。

既然两级制是轻重相维的体现,那么当宋朝实行内重外轻政策时,即使无法将层级简化到二级制以下,也应该在废方镇以后恢复二级制,为什么却采用三级制呢?这是因为统县政区之府州军监幅员太小,数目太多,不得不在其上再加一级区划。从权力的实质而言,路只是各监司(即各职能部门)的工作范围，不像魏晋的州、唐的方镇那样是严格意义上的一级地方政权。甚至从区划上看，其形态也和其他三级制的高层政区有所不同。

前文说过，北宋的路是以转运司路为主，所谓至道十五路、元丰二十三路都是以转运司路为计，但这只是理论上的说法。在当时对于路的计算并不那么刻板，有时是以实际情况来看待的。也就是说，哪一个地区是哪一种监司路为重要，就以哪种路作为计算标准。

譬如西北地区是与夏国对峙的前线，转运司和提刑司都只分永兴军、秦凤两路，而安抚司由于前敌任务重，所以分成六路，亦即由上述的路各分成三路：永兴军路、鄜延路、环庆路；秦凤路、泾原路、熙河路（见图 7）。除永兴军安抚司路外，其他五安抚司路都与西夏或吐蕃接境，所以统称西北五路。这一统称在两宋已经定型，甚至正式标在地图上。现在保存在日本内阁文库的珍本古籍——宋本《历代地理指掌图》中，有一幅《圣朝升改废置州郡图》，在西北边境诸州之中就单标上“五路”的字样，而不详写路名（见图 8）。更特别的是一幅《圣朝元丰九域图》，文字说明是二十三路，图上标的却是二十七路，原因就是西北的六个安抚司路和其他二十一个转运司路同时并列。由此可见，宋人并不把路当成一级正式完善的高层政区。而且后人也往往认为宋代陕西是分为六路而不是两路，如《元史・地理志》就是这样写的。今人读图若以为宋代曾存在这二十七路的体制，那就错了。

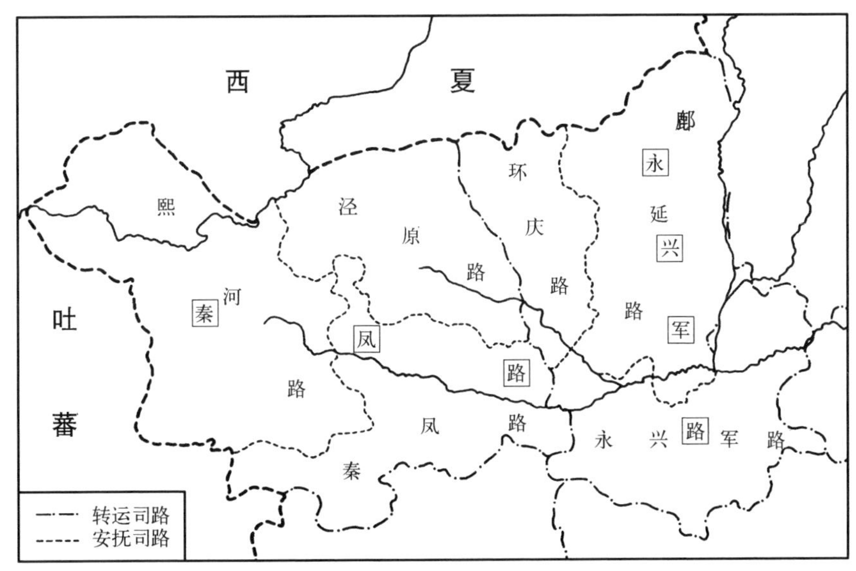

图 7　北宋陕西转运司和安抚司分路图

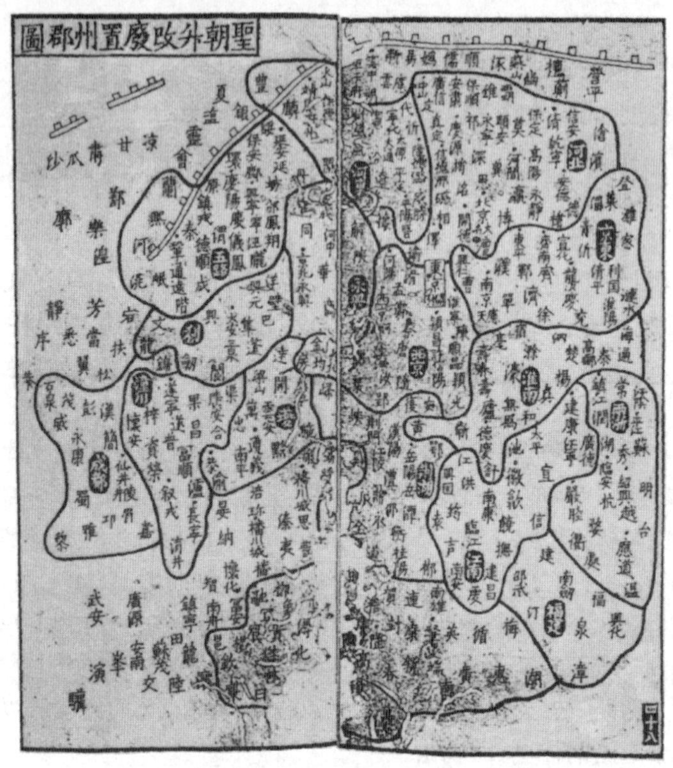

图 8 宋本《圣朝升改废置州郡图》

宋代分路的这种形态，前无古人，后无来者，完全是内重外轻的产物，路不但在权力方面，而且在区划方面也不是完善的一级，因此宋代的行政区划层级只能算虚三级制。元代的多级制是长期战争状态以及综合各种制度的结果。行省只是中书的分支权力机构，本来并非一级正式的地方政府，这是内重外轻的另一种形式。路、府、州、县是正式的行政区划，名为四级实则两级，因为府同路，而州似县，因此也有人把元代的行政区划看成是二级制。当然，由于行省后来实际上成为高层政区，所以元代还应算作是三级制。对于一个版图十分广袤的帝国来说，要实行完全的二级制是很困难的，因此元代中央对地方的控制不以简化层级的办法，而以犬牙相错的手段来体现。

明代以后更加强化内重外轻的措施，于是一方面简化元代形式上的多级制，另一方面又使高层政区三司分立，不但事权分散，而且三司的地域范围也呈现复式状态。总论第四章中已举出山东按察司与布政司不同区域的例子。其实都指挥使司（行都指挥使司）与布政使司之间的出入更为复杂。如山西布政使司统太原、平阳、潞安、大同四府及汾、辽、沁、泽四直隶州；但山西都司却只管大同府以外的州府，大同府与内蒙西部的卫所则归山西行都司所辖。这种地域上的交叉使明代的高层政区也成为不十分完善的一级。

清代一方面将政区层级进一步简化到完全的三级制，以加强中央集权；另一方面却使地方政府形成五级，即总督、巡抚一级，布政使一级，道员一级，知府、知县各一级，以收互相牵制之效。清代省级政区虽然不存在复式状态，但在权力结构上却造成总督和巡抚之间以及督抚与布政使之间互相掣肘的状态。清代十八省除直隶、四川只置总督不置巡抚，山东、山西、河南只置巡抚不置总督外每两三省组成一个总督辖区，每一省又置一巡抚，这样在督、抚同驻一城的情况下就要产生矛盾。如闽浙总督与福建巡抚同驻福州，则福建一省的事务，督、抚总要互不买账，中央也得以经常干预，以收控制之效。

层级是行政区划体系的基础。中央政府乃是以地方区域的层级作为政治组织的系统，因此政区层级必然要随着中央与地方关系的变化而变化。为了加强中央集权，朝廷总是尽力简化层级，不设高层政区；无法简化的就使之成为不完善的形态，或者更进一步使政区层级与权力等级不相一致，这就是二千年来政区层级变化的情况。

政区幅员的变化没有层级这么复杂，其总趋向是县级政区相对稳定，统县政区和高层政区则在逐渐缩小的趋势中有些波折，反映了在中央与地方的关系中，内重外轻倾向的逐步加深。例如隋唐与秦汉大致都可看成轻重相维的时期，但前者的中央集权程度已比后者强化，统县政区幅员也就明显比后者要小。而且即使以汉与秦比、唐与隋比，幅员也是显著缩小，内重倾向一代紧似一代。只是当宋代走到极端，州府幅员太小，举一州一府之力，无法攘外之后，明代才接受教训扩大统县政区的幅员，但到清代又小了下去。因为幅员就是地方政府的权力圈，圈越大，实力越强，这是中央政府所不愿看到的，统县政区如此，高层政区也是如此。汉末州的七八十县的地域，后来逐渐减少到南北朝末年六七县的规模。道、路、行省等莫不如此，步步减缩。而且政区幅员的减缩常常被当作一种政治手段来运用。西汉诸侯王国封域的削夺是如此，唐末五代的方镇亦是如此。后梁开平二年(908)六月，就以邢州置为保义军节度，并割洺、惠二州隶之[①]。邢州原属以潞州为治所的昭义军节度，时潞州尚为李继韬所盘踞，此举等于是将唐末之昭义军节度使辖区一分为二。又，护国军原

① 《五代会要》卷24《诸道节度使军额》。

辖河中、晋、绛、慈、隰五州，开平四年四月升晋州为定昌军节度，以绛、沁二州隶之，实际上也是将护国军一分为二。后唐同光元年(923)庄宗灭梁，“友谦觐于洛阳……既归藩，请割慈、隰二郡，依旧隶河中(上述护国军治所)，不许，诏以绛州隶之”。可见同光以前护国军已无支郡，领绛州后，也仅有此一支郡而已。此外，魏博节度使辖区更是一分为四：后晋天福三年(938)升广晋府为邺都，置留守；升相州为彰德军，澶、卫二州属之；升贝州为永清军，以博、冀二州隶之①；又，开运元年(944)陈州与曹州也分别从忠武军、宣武军析出而升为镇安军与威信军②。所有这些例子都是五代时为防止节度使割据而缩小其辖地的重要措施，实际上是宋代削节镇支郡之先声。

在层级与幅员之间，有一定的依存因果关系。如统县政区幅员足够大，层级就可减少；若幅员太小，则层级不得不增加。前者如秦汉，后者如宋代。但是从中央集权的需要来看，却是想收两面之利，既要简化层级，又要缩小幅员。因为层级太多，则有梗阻之病；幅员太广，则有隔膜之虞；职权太尊，则有尾大之惧。即使层级无法再简，也要使高层政区成为中央官员的施政分治区域，削弱地方政府的权力；即使幅员不能过分缩减，也要尽量分散地方官员的事权。目的只是一个——强化中央集权。

作为第三个要素的政区边界，起初当作一种防范措施，而有犬牙相入原则的制定。然虽有此措施，尚不妨碍行政区划与自然地理区域基本一致的态势。但是越到后来，犬牙相入原则越居上风，山川形便原则渐渐居于次要地位，于是量变引起质变，致使行政区域的分划与自然地理区域逐渐背离，高层政区多非形胜之区。这一变化倾向也是由于内重外轻趋势的强化所造成的。

政区的层级幅员和边界三个要素的历时演变主要是出于政治目的和政治需要，从上面的叙述已可了然。这或许可以称之为政治主导原则。尤其犬牙相入是纯粹的政治手段，层级的波动也基于政治形势的变迁，只有幅员大小的变化除以政治原因为主外，还有经济及其他因素的作用。行政区划作为一种政治现象，其要素随着政治环境的变化而变化，正是天经地义之事。

政治过程在行政区划变迁史中起着主导作用，甚或是决定性作用。这不但已见在上文关于层级、幅员与划界方面的规律性的分析，而且在政区设置以及改隶等方面的实例更是随处可见。这里仅以两例说明之。

《三国志·吴书·贺齐传》云：建安十三年(208)，贺齐“讨丹阳黟、歙，时

---

① 《旧五代史》卷97。
② 同上书卷84。

武强、叶乡、东阳、丰浦四乡先降，齐表言以叶乡为始新县”。随后贺齐又续破“歙贼帅金奇”等，于是“复表分歙为新定、黎阳、休阳，并黟、歙凡六县，权遂割为新都郡”。今安徽省歙县一带，当时还相对闭塞落后，在三国时期开始得到开发，于是在治安稳定以后，就分设县治，并进而设立新郡，以加强对该地的统治。在另一种情况下，则可能为了“剿匪”的需要而对行政区划的统辖关系有特别要求，如宋代蔡戡要求不要将临武、宜章二县划归广东连州管辖[①]，就是为了有利于军事行动。

但是过分重视政治因素的作用有时却会产生行政管理上或其他方面的不便，因此这种作用有时会招致严厉的批评。如元代的行省历来受到诟病，程钜夫在《论行省》一文中就说：“窃谓省者，古来宫禁之别名，宰相常议事其中，故后来宰相治事之地谓之省。今天下疏远去处亦列置行省，此何义也？当初只为伯颜丞相等带省中丞相衔出平江南，因借此名以镇压远地，止是权宜之制。今江南平定已十五余年，尚自因循不改，名称太过，威权太重。凡去行省者皆以宰相自负，骄倨纵横，无敢谁何。所以容易生诸奸弊，钱粮羡溢则百端欺隐，如同己物；盗贼生发则各保界分，不相接应。甚而把握兵权，伸缩由己。然则有省何益，无省何损？又其地长短不均，江淮一省管两淮、两浙、江东，延袤万里，都是繁剧要会去处，而他省有所不及其五分之一，如此偏枯，难为永制。今欲正名分，省冗官，宜罢诸处行省，立宣抚司，一浙东西，二江东西，三淮东西，四福建，五广东西，六湖南北，自江淮以南，止并为六个宣抚司……外如诸道宣慰司，今日止是过道衙门，有无不加损益，宜尽行革罢，归其权于宣抚司。凡旧日行省、宣慰司职事，皆于宣抚司责办。其江淮诸道军马分立六个元帅府，但有宣抚司处，便有一个元帅府，管诸万户以下军官，专一讨灭盗贼。如此军民之事有何乖误，何必令外面权臣借大名分，窃大威权，以恣横于东南哉？”[②]

程钜夫的批评是中肯的，行省本是军事行动的临时之制，结果变成和平时期的经制，只不过从元初的六个行中书省加为十个，以免幅员过大不便管理而已。对行省制度的不合理，许多人都有指摘，但以蒙古游牧民族入主中原，一时只能以军事行动机构来统摄辽、金、南宋、西夏与大理诸政权原有的行政区划，未遑建立新的一套行政机构，也是情有可原的。等到局面稳定以后，先将原来幅员过于辽阔的七省调节为十一省，已经是第一步的改革了，还来不及作

---

① 蔡戡：《定斋集》卷1《割属宜章、临武两县奏状》。
② 程钜夫：《程雪楼文集》卷10。

根本性的调整时,其统治就岌岌可危了。这一改革的真正完成是在明代,即以布政使司来代替行省,将行政区划体系的层级与高层政区的幅员都调整到合适的地步,其实这一思路与上述程钜夫的建立宣抚司的想法在本质上是一致的。元代行省的设立恐怕也有其不得已的地方。由少数族统治多数族不能不将军事行动摆在第一位,所以元代的行省就连形状也与军事行动路线与方向相一致,而与山川形便毫不相干。最突出的如江西行省是将今江西与广东合并在一起,湖广行省则以湖南、广西与海南以及湖北一部分组成,于和平时期的行政管理极为不便。

而更为特殊的例子发生在西汉,即为了政治的需要而完全不理会行政管理的不便。尤其是汉武帝时推恩法的运用,使原来与自然地理大致相适应的政区完全脱离了自然环境的合理基础。例如,在秦代,今山西省地区被划为五个郡,每一个郡大致对应一个河谷盆地,行政区划与自然背景相对一致。到了汉代,这个地区被封为代国,后来因汉文帝的众建诸侯又分成几个小国。到汉武帝时只剩下山西中部的太原国。这时武帝采用主父偃所提到的推恩法,将诸侯王的子弟都分封为王子侯,而他们所建立的王子侯国,却要归属邻近的汉郡(即皇帝直属的郡)所有。于是位于今山西省中部的太原国分立出来的许多王子侯国,不得不划归在黄河西面的上郡管辖,当上郡幅员扩大到一定程度时,又只得分出一个西河郡来,于是这个西河郡的地理位置就很特别,横跨了黄河两岸。即使在今天交通如此便利的情况下,山西、陕西间的黄河依然是高层政区不可逾越的界限,而在两千年前交通极其不便的情况下,为了政治上的需要却可以制造出那样一个政区来,这不能不说其中政治因素起了决定性的作用,而行政管理的不便倒被放到次要的地位上去了。同样的,在东海之滨,江淮之间临淮郡的形成也与西河郡有同工异曲之妙,参见图 9。

前文已经说过,犬牙交错的划界原则使政区行政管理不便,山北的统县政区而领有山南的一个县,显然不便管理。与此同时,政区幅员太大也不便,如元代的行省,上下阻隔太甚;幅员太小亦不利,如元代不管县的州、今河北省南部的小县,无疑增加了管理成本。政区形状不规则同样也不便管理,这以西汉最为典型。至于插花地则更为不合理,元代北方的统县政区有不少地方分裂为不相连接的两块,就是这种状态。行政区划是一项政治行为,其本意是为了行政管理的方便而设置,但如果有特殊的政治需要,则有时并不顾及便利与否,可能会出现行政区划与自然地理区域、人文地理区域不相符合,边界走向特殊甚至奇异等现象。

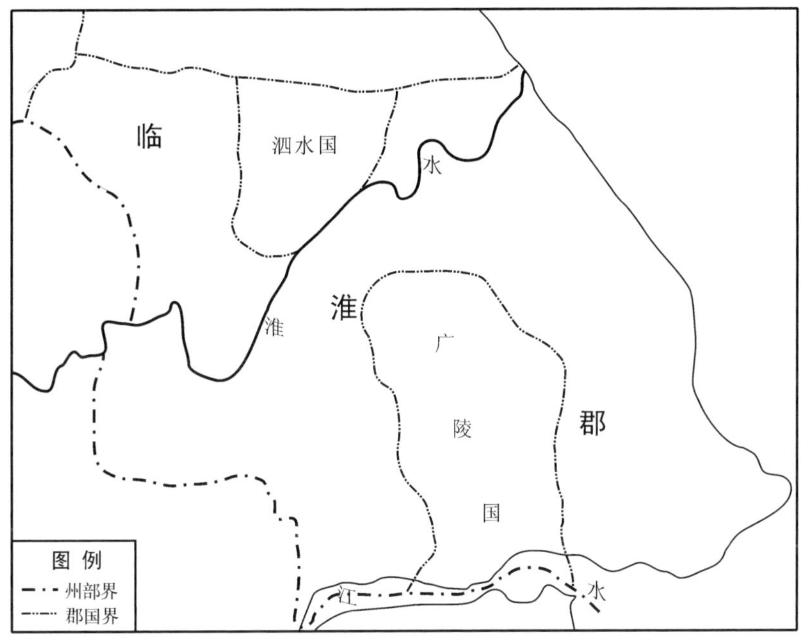

图9　西汉临淮郡建置示意

第二节　自然环境的基础

一、我国的自然地理区域

1. 自然地理区划的概念

地表上存在浩瀚的沙漠、无边的海洋、险峻的高山、坦荡的平原等，地理环境的这种地域分异现象是显而易见的。根据各地理要素的差异，人们经常把地球表面或某一特定地域分成不同的地带和地区。如根据温度的不同，可以分成温带、亚热带和热带；凭借水分条件的差异又可划分为湿润和干旱、半干旱地带；依照地形地势的起伏又有山地、丘陵、盆地、平原、高原的区别。

如果根据各地理要素的共同作用，则可以进行综合自然地理区划工作，以综合反映不同地域的自然地理环境的相似性和差异性。一般地说，气候（主要是温度和水分条件）和地貌（地势起伏与山川排列等）是自然环境中的两个基本因素，划分自然地理区域主要是根据这两个因素的综合影响，并参考土壤和植被两个重要因素的差异。当然，根据不同的标准，会有不同的自然地理区划方案，但大致说来，各种方案都相去不远，尤其几条重要的地理界线，不但今天的地理学家们没有分歧或分歧不大，就是古人和今人的看法也没有什么出入。

按照最近的综合自然地理区划方案，中国可以分成三个大自然区，即东部季风区、西北干旱区和青藏高寒区，这三大区又可进一步分成七个自然地区和三十三个自然区（见图 10 与表 10，表中略去了不相关的自然区名称）。

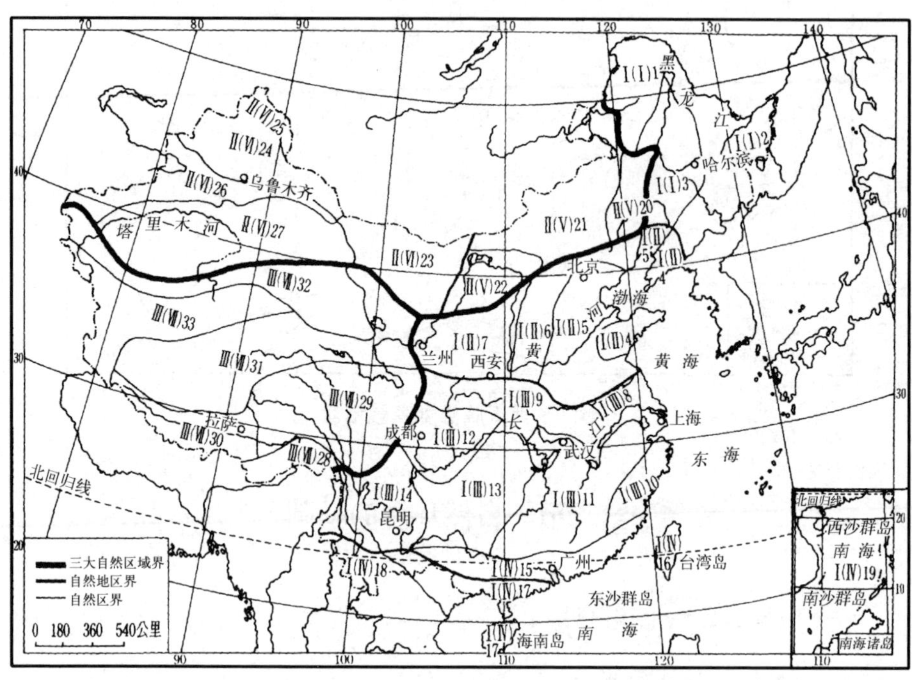

图 10　中国综合自然地理区划示意

表 10　中国三大自然区、七个自然地区和三十三个自然区

大　区	自然地区	自　然　区
Ⅰ 东部季风区	（Ⅰ）东北湿润、半湿润温带地区	1～3
	（Ⅱ）华北湿润、半湿润暖温带地区	4 辽东、山东半岛落叶阔叶区 5 华北平原半旱生落叶阔叶林区 6 冀晋山地半旱生落叶阔叶林、森林草原区 7 黄土高原森林草原、干草原区

续　表

大　　区	自然地区	自　然　区
Ⅰ 东部季风区	（Ⅲ）华中、华南湿润亚热带地区	8 北亚热带长江中下游平原混交林区 9 北亚热带秦岭、大巴山混交林区 10 中亚热带浙闽沿海山地常绿阔叶林区 11 中亚热带长江南岸丘陵盆地常绿阔叶林区 12 中亚热带四川盆地常绿阔叶林区 13 中亚热带贵州高原常绿阔叶林区 14 中亚热带云南高原常绿阔叶林区 15 南亚热带岭南丘陵常绿阔叶林区 16 南亚热带、热带台湾岛常绿阔叶林和季雨林区
	（Ⅳ）华南热带湿润地区	17 琼雷热带雨林、季风林区 18 滇南热带季雨林区 19 南海诸岛热带雨林区
Ⅱ 西北干旱区	（Ⅴ）内蒙古温带草原地区	20～21 22 鄂尔多斯高原干草原、荒漠草原区
	（Ⅵ）西北温带及暖温带荒漠地区	23 阿拉善高原温带荒漠区 24～27
Ⅲ 青藏高原区	（Ⅶ）青藏高原地区	28～33

在三大自然区中，东部季风区约占全国陆地总面积的45%、总人口的95%，该区过去、现在和将来都是我国最重要的农耕区。其内部地域分异的主要因素是随纬度变化的温度，所以自北到南可以细分为四个自然地区。

西部干旱区的主导分异因素则是由距海远近而产生的水分条件差异，所以分成东西两个自然地区。

青藏高寒区的环境差异主要是由地势高低所引起的垂直变化，水平地带性变化则居次要地位，所以全区只作一个自然地区。

2. 中国古代对自然地理区域的认识

在中国古代，人们对于自然环境的差异有深刻的认识。这种认识表现在：中原王朝的历史疆域和自然地理区域竟然密切相关。例如秦帝国的版图正和东北地区以外的东部季风区大体一致，如果后者再加上西北干旱区的鄂尔多斯高原区（即前后河套地区和套西地区），则两者竟完全吻合！不但如此，东部季风区与西北干旱区的界线还与战国时期秦、燕长城的走向惊人地契合。这并非巧合，而是说明先秦时期农耕民族对于自然地理环境已有深刻的认识，因而将农耕文化区推到了极其合理的北界。东部季风区（除东北气温较低外）是自然条件最适宜的农耕区，所以燕、秦长城建筑在该区的边缘。长城以外则是干旱区，本来应该是游牧民族的天下，但是河套地区情况特殊，虽然雨量稀少，却有良好的灌溉条件，所以胡服骑射实行改革的赵武灵王遂北逐胡人，夺得该地，将其改造为农耕区，并在阴山脚下、黄河以北建筑长城予以保护。

秦并六国之时，匈奴乘机夺回河套，恢复其游牧区的原貌。秦帝国建立之后，大将蒙恬再度北却匈奴，占领河套，建立九原郡；又在战国秦昭襄王长城之外，沿黄河筑城为塞，形成一条新的长城，并使之与赵、燕长城连接，作为秦帝国的北界，这也就是当时农耕文化区的北限。长城以外则是广漠无垠的游牧区。秦帝国的版图正是由除东北以外的季风区和一小部分干旱区所组成；以后历代王朝的疆域即以此为基础向外逐渐扩展，直至包括整个季风区、全部干旱区，以至青藏高寒区。

可农可牧的河套地区，在秦汉之际中原大乱时又落入匈奴手中，直到百年以后汉武帝时才又夺回。但是在正北方向，由中原向外的疆域扩张也仅到此为止，除了少数民族建立的王朝以外，汉民族各王朝的正式政区始终也没有跨出燕、赵长城以北。北部疆域的扩展主要是向东北和西北两个方向，以寻求尽可能适宜的农耕区，所以汉代人对于长城早就发出“天所以限胡汉”的感叹。限者，界限也，既是两个民族的分界，也是两种文化的分野。

对于作为中国历史疆域主体部分的东部季风区，古人也早就认识到其内部地理环境的差异性。季风区内可以划出三条东西向的分界线，第一条是在东北自然地区和华北自然地区之间，正与战国燕长城的东段重合。这段长城紧挨在赤峰、阜新和铁岭一线以北伸展，可见辽东半岛和辽西南部在自然地理区域方面不属东北而属华北，不但是今人的观点，也早就是古人的高见。战国时期划分九州的方案中辽东半岛都和山东半岛同处一州之中，亦不无道理。

第二条界线是分开华北和华中两个自然地区的秦岭—淮河一线，这是中国最重要的地理分界线。此线南北两侧，无论地层、地貌、气候、水文、土壤、生物等自然地理要素都显著不同。比如从气候上来看，此线是最冷月太阳辐射热量收支相等（即1月份平均温度为0℃），也是全年水分收支相等的标志线。这个标志作用自古以来就被观察到，所以在《晏子春秋》中记载了“桔过淮即为枳”的故事。由于上述原因，秦岭—淮河一线历来被视为中国南方和北方的分界线，不但南船北马、南米北麦由此线而判然分明，甚至分裂时期南北政权的对峙也常以此线为界。

华中地区和华南地区的分界是亚热带和热带的分界，这一界线令人争议最大，争议的方案在北纬21度至25度之间波动，本书所引用的方案是极端南界（位于北回归线以南）的方案。在其他方案中此线大致画在南岭与北回归线之间。古人没有具体纬度的概念，但对南岭一线南北气候的显著差异却有明显的感觉。"岭上著梅未"的诗句便透露了岭南与岭北梅花开放先后的差异。秦始皇征服南越，建立南海三郡后，中原人来到两广地区，马上就发现了"北向户"现象。所谓北向户指的是夏天太阳光可以从北边窗户射入屋内，这是北回归线以南的特有现象，古人大略把它当成是岭南地区的特点，因此视南岭为重要的地理分界线。由于长城、秦岭—淮河及南岭三条界线，在自然地理区划方面极其重要，因此历史上行政区域的划分在元代以前也几乎不跨越这三条界线。

在由三条界线所划出的四个自然地区之下，又可再细分为十九个自然区。在华北地区和华中地区内的自然区界线也极富标志性。在华北，由于距海的加远，湿润程度随之下降，因此自然区分界线呈南北走向，如太行山和西河（山陕间黄河）就使河北、山西和陕西处于不同的自然区之中。在华中，地势的抬升与降水量密切相关，因此武夷山、雪峰山、大别山、巫山、乌蒙山都成为重要的自然区分界线。历代王朝的政区绝大部分分布在华北和华中地区，上述自然区的分界线也都成为政区之间的天然界线。

正因为重要山川实际上起着划分自然地理区域的作用，因此古代在理想的地理区划和现实的行政区划中都实行山川形便的原则，《禹贡》的九州和秦始皇三十六郡的划分就是这一原则的最初体现。但后世的行政区划却逐渐和自然地理区划脱离关系。

二、"九州制"的设想与自然区的关系

《禹贡》是我国最早的区域地理著作，伪托为夏朝大禹所著，被收入五经之一的《尚书》之中。由于《尚书》是儒家最重要的经典之一，所以《禹贡》所载大禹划分九州的故事，历来被奉为信史，并把九州当成中国最早的行政区划。五四以来的研究已经证明《禹贡》是春秋战国时人的作品，九州是当时人统一意识和地理知识的产物（详见总论终章）。

九州制代表着一种新知识。它以重要山川为标志，将当时的天下划为九个区域，即：

（1）"济、河惟兖州"。济是济水，河指东河，即古黄河下游。济水已湮没，其下游略当今小清河。古黄河下游自今河南延津县北，东至浚县大伾山西折

而北，又东北行，经河北广平、河间、文安，又东至天津入海。古济水和古黄河之间的冲积平原就称兖州。

(2)“海、岱惟青州”。海即渤海，岱即泰山。泰山以东至海为青州，包括今辽东、山东两半岛。

(3)“海、岱及淮惟徐州”。海即黄海，淮即淮河。泰山以南至淮河、以东至黄河的淮海平原，是徐州的范围。

(4)“淮、海惟扬州”。淮水以南、大海以西的地域是扬州，包括长江三角洲、鄱阳湖盆地和江南丘陵几种不同的地貌。

(5)“荆及衡阳惟荆州”。荆即荆山，在今湖北省南漳县。衡即衡山，在今湖南省。从荆山至衡山之南的云梦平原及山地丘陵属荆州。

(6)“荆、河惟豫州”。河指南河，即黄河在今河南省境内的一段。荆山以北到南河为豫州，由黄河冲积平原、豫西山地和南阳盆地所组成。

(7)“华阳、黑水惟梁州”。华即华山。黑水历来聚讼不休，若以汉人的眼光，黑水当即周水，即今怒江，西汉在昆明立黑水祠，就是奉祀这条水道。华山以南、怒江以东地区，即汉中、四川盆地为梁州。

(8)“黑水、西河惟雍州”。此处黑水亦不明，或以为即甘肃之张掖河，西河指陕西与山西之间的一段黄河。西河以西的黄土高原区被称为雍州。

(9)冀州。这一州被认为是帝都所在，其范围《禹贡》没有说明，但除去上述八州的地域，冀州应在“两河之间”，即河东和西河之间的河北平原与山西高原。

九州的标志山川和大致范围已见上述。可以看出，各州的分划是和前述综合自然区划的主要线条相一致的。秦岭—淮河一线的重要性在这里已被注意到，徐州与扬州即以淮河为界。雍州与梁州之界虽未说明，但明显以秦岭中分，华山即在秦岭的东端，荆山是豫州与荆州的分野，正在淮河西向的延长线上。所以九州之中，扬、荆、梁三州在秦岭—淮河一线以南，十分明确，这三州正相当于前述东部季风区中的华中自然地区。青、徐、兖、豫、冀、雍六州在北，相当于华北自然地区。

北方六州之分界与各自然区暗合。青州相当于表10中Ⅰ(Ⅱ)4区，即辽东、山东半岛落叶阔叶区，此区的西界大致正是泰山。参见表10，青州与徐州的分界也恰是Ⅰ(Ⅱ)4和Ⅰ(Ⅱ)5两个自然区的分界；雍州与冀州之间的西河则是Ⅰ(Ⅱ)6和Ⅰ(Ⅱ)7两个自然区的界线；徐、豫二州之间界线不明，在自然地理区域中属同一自然区Ⅰ(Ⅱ)5。

南方三州之间界线模糊，荆州与梁州之间大致可以华山之阳向南延伸，与巫山重合为界，即表10中Ⅰ(Ⅲ)12与Ⅰ(Ⅲ)13之界。但扬州与荆州之间则全无标志山川，说明当时人由于地理知识所限，无法划出明确的界线，而今天在武夷山与湖南雪峰山之间的地区也是同属一个自然区而没有其他中分界线的。

北方各州界限分明，州域较小；南方各州界限不清，州域辽阔，说明中原地区开发深入，人口密集，而南方尚属新开发地区。例如关于梁州的知识，显然是战国后期秦并巴蜀以后才获得的。《禹贡》九州的四至只有东界大海最为明确，北界和南界均未明言，但可以推测，其时北界达长城一线，已尽季风区的北限，南界至多只到南岭，岭南是秦朝的新版图。西北界虽已知有弱水，但战国、秦代的西北疆界只达兰州一带，到汉武帝时才越河水而建河西四郡，占有今甘肃、宁夏和内蒙古西部。这一地区是西北干旱区中的阿拉善荒漠区，即表10中Ⅱ(Ⅵ)23自然区，本来是月氏人的游牧区，后来入匈奴人之手，最后被汉人改造为农耕区。

在九州的区域中，《禹贡》作者记述了各州的山川地理、矿产、田亩赋税等级，物产及手工业品，进贡的交通路线。其中尤有特色的是各州的土壤和植被，如扬州是“厥草惟夭，厥木惟乔，厥土惟涂泥”。夭形容花草盛美，乔指树木高大状，涂泥指湿润的土壤。又如梁州“厥土青黎”、雍州“厥土黄壤”，分别指无石灰性的冲积土和淡栗钙土。由此可见九州的划分是以地貌和气候为基本依据，再参以土壤和植被两个重要因素的自然地理区划。九州的划分表明了战国时期人们普遍向往统一的思想，所以将天下当作一个整体来进行区划。这种思想在当时十分流行，所以九州说并不只《禹贡》一家，今天留下来的记载，至少还有另外三家，那就是《周礼·职方》、《吕氏春秋·有始览》和《尔雅·释地》。

《职方》的九州分划标志与《禹贡》不同，它以地理方位为主，再辅以河水为坐标，即：“东南曰扬州，正南曰荆州，河南曰豫州，正东曰青州，河东曰兖州，正西曰雍州，东北曰幽州，河内曰冀州，正北曰并州。”各州界限更加模糊，与《禹贡》相较，冀州分出幽、并两州，梁州合于雍州，徐州并入青州。这或者表明《禹贡》是西北人士所著，所以明了雍、梁之别。《职方》是中原学者所写，所以将山西高原与河北平原分划为并、冀两州，将战国晚期拓地到辽东的燕国疆域称为幽州。

《尔雅》列于十三经之末，《吕氏春秋》属于子书，其九州之分划不太受重视。汉武帝元封五年(前106)综合《禹贡》与《周礼》两种九州制，去其同，存其异，合为十一州(但改雍为凉，改梁为益)，又在岭南置交趾，从幽州北部分出朔方部，组成十三州刺史部。交趾部相当于华南热带湿润地区，朔方部略似于干旱区中的鄂尔多斯高原草原区，所以十三州部的分划也大致与自然区划相一致，但这已是后话。

《禹贡》的九州分划还仅是一种设想，到秦代真正统一天下之后，自然地理区域就成为行政区划的真实背景了。

三、秦郡的自然地理背景

秦始皇一统四海之后，为了中央集权的需要，曾使一些郡的边界与山川呈犬牙交错状。但从总的方面来说，秦郡的划分基本上是以山川为界，郡的地域范围与自然地理区划存在互相对应的关系，或者是一郡自成一个独立的地理单元，或者数郡组成一个完整的地理区域，少数情况下一郡包含几种不同地貌类型。

秦代的关中和山东地区开发充分，经济发达，人口分布较密集，因此郡的幅员较小，郡数较多，往往是几郡组成一个地理区域。如邯郸、巨鹿两郡为黄河与太行山之间的三角冲积平原；上郡、北地两郡是陕西与陇东黄土高原；雁门、代郡、太原、河东、上党五郡集聚在山西高原，是黄土高原的一部分。当然这五郡又各自成一个地理单元：雁门是大同盆地及其周围高地，代郡是蔚县、广灵盆地及其附近高地，太原是太原盆地，上党是潞安盆地及周围高地，河东是汾河陷落谷及河东盆地。

北方一郡自成一个地理单元的也不少，最赫赫有名的是首都所在的内史，正占据当时最富庶的关中盆地，或称渭河冲积平原，今天仍然是著名的八百里秦川。又如南阳郡即相当于南阳盆地，九原郡即河套土默川平原，上述太原等五郡也是类似情形。也偶有一郡包含两种地貌，如三川郡包含有豫西山地和伊洛小平原。

南方在秦代开发尚浅，地广人稀，郡境很大，甚至一郡超过今天一省，所以常自成一地理区域，或包括几个地理单元。如巴郡是川东褶曲山地及嘉陵江流域，蜀郡是成都平原及川中丘陵，汉中郡是汉中盆地，闽中郡是浙闽丘陵，会稽郡是太湖流域和浙东丘陵，九江郡是淮南平原与丘陵及鄱阳湖盆地，黔中郡是湘西丘陵及鄂西黔东山地等。

秦郡的划分重视地理区域的作用，每郡都以一肥沃盆地或平原为核心而推广至四周之高原或山地，以便保证有相当范围的可耕地，使农业经济的发展有一坚实的基础。汉兴以后，出于政治需要，已破坏了秦郡分划的态势。首先把秦郡划小，如内史一分为三，每郡都成支离破碎之区；其次是削王国之地以充实汉郡，使王国周围的汉郡领域不断变化，以至如西河郡跨黄河两岸，临淮郡居淮水东西，与地理区域完全脱离了关系。

当然南方的汉郡由于地域缩小，也有个别郡反而与地理区域相符，如豫章郡从秦庐江郡分出，恰好是鄱阳湖流域的范围，但这样的例子不多。东汉以后郡域与自然区域的乖离愈甚，因此大致可以说，汉晋南北朝时期的行政区划已和自然地理区划脱离关系。这一情况直到隋代重新统一全国后才有了变化。

四、唐代十道的地理区划

隋文帝结束了南北朝的混乱状态，再次一统四海，虽然他取消郡级政区，直接以州统县，将三级制恢复成二级制，但是当时全国有州三百余，州境与自然地理区域并不尽相一致。于是隋炀帝在大业三年(607)进行一场改革，将三百余州调整为一百九十郡，并使绝大部分郡界与山川形势相符，这不但为以后唐代的十道分划奠定基础，而且也使统县政区又如秦郡一般，大致与自然地理区域相适应，当然是在更小的地域范围内的适应。

隋郡幅员远比汉郡为小，比之秦郡就更不可同日而语了。因此就每一个郡而言，其所辖范围多数只是一个地理单元的一部分而已，但就一群郡来说却往往与一个自然区域相合。因此隋郡的划分重在符合山川大势，不使郡域跨越重要的山川。

最重要的高山大川是：秦岭、南岭、淮河、黄河下游、长江中下游，这是东西向的；太行山、山陕间黄河、武夷山、雪峰山，这是南北向的。除了有两个郡各跨长江下游及武夷山外，上述山川是严格作为郡界而不被跨越的。这是连秦代也没有过的现象。

例如就南岭而言，秦南海三郡的北界与之呈犬牙相入的状态，尽管三郡的地域与华南热带湿润自然地区尚大致相符。但隋代岭南诸郡的北界则完全与南岭的走向相重，其两相一致的程度令人惊讶，如将湘源县(今广西全州)划入岭北的零陵郡，比今天的两广北界还要合理。再如长江中下游地区，除江都一郡外，其他沿江各郡一崭齐地排列在南北两岸。黄河中下游地区也大抵如此，更不用说秦岭—淮河一线的情形了。

因此，对比秦、隋划郡的特点，可知前者重区域，后者重分界。正由于有隋炀帝的这一改革，才有后来唐太宗时山川形便原则的实施，但过去很少有人注意到这一点。

隋唐之际的混战，使隋郡又改成唐州，而且州的数目上升到三百多。唐州的幅员虽更进一步缩小，但是州界依然遵循隋代的规矩，与高山大川的走向重合。而且因唐州多由隋郡分割析小而来,所以隋代跨长江的江都郡和越武夷山的临川郡也不见了。江都郡的江南部分置为常州,临川郡在武夷山以东部分并入建州。只有东都河南府因地位特殊,以及陕州(治今河南省三门峡)因控扼漕粮通道的咽喉,才跨踞黄河两岸。

因为有以山川作州界的基础存在,唐太宗才能在贞观元年(627)将天下诸州以山川形便分为十道。这十道严格地以名山大川及关隘要塞作为界限,并以之取名,形成在地貌组合方面相当完整的地理区域,它们依次是:

(1) 关内道——潼关以西,包括鄂尔多斯高原、河套、银川平原、陕北高原和关中盆地。

(2) 陇右道——陇山以西,包括陇中高原和河西走廊。

(3) 河北道——黄河以北,包括华北平原北部、辽西丘陵和辽河平原。

(4) 河东道——黄河以东,太行山以西的山西高原。

(5) 河南道——黄河以南,淮河以北。包括豫西山地、华北平原南部(即黄淮平原)及山东丘陵。

(6) 淮南道——淮河以南,长江以北。包括长江中下游平原和淮阳丘陵。

(7) 山南道——南山(秦岭)以南,包括汉中盆地、川东褶曲山地、南阳盆地和江汉平原。

(8) 剑南道——剑阁以南的四川盆地西半部及其周围高地。

(9) 江南道——长江以南,南岭以北。包括浙闽丘陵,江南丘陵,沿江平原,鄱阳湖、洞庭湖平原。

(10) 岭南道——南岭以南。包括两广丘陵、珠江三角洲、海南岛及红河平原。

除山南道东与淮南道、西与剑南道之间均无南北向的山川为界之外,其他各道之间都有明确的山川界线。

中国的地理大势是西高东低,主要河流与山脉都呈东西走向,因此十道的分划即以这些山川为骨干,先由黄河、秦岭—淮河、长江及南岭横切四刀,再以南北走向的次要山川太行山、西河(山西间黄河)、陇山以及以淮水之源的桐柏山和嘉陵江为标志竖切五刀,就形成了十个地理区域,这十分自然也相当合理。

十道的分划是《禹贡》划分九州以来第二次最重要的自然地理区划。九州只是统一愿望的体现,十道却是天下统一后君主踌躇满志的表征。大禹治水成功而有九州,大唐混一天下而有十道,都包含奉天承运的重要意义(九和十都是有特定内涵之数,此不赘述)。此后十道和九州一样成为天下的同义词,全国地理志或称十道志,或称九域志。

当然,相隔千年,九州和十道的分划有许多相异之处。前者只有大体范围,后者却有明确界限。九州的分布是北六南三,十道却是南北对半开。九州是自然地理区划而带有政治与经济区划的倾向。十道也符合自然地理区划,却带有政治地理的意味。

十道的作用虽不见载籍,但显然对三百余州起了分组的作用。唐初派遣按察使、巡察使赴各州进行监察工作,年底回京汇报,这些使节之间的分区巡视肯定与十道有关系。道者,路也,分道与交通路线必然关联,以利于监察工作的进行。所以开元(713—741)年间将十道分成十五道以后,就正式成为固定的监察区。

但是十道的背景基本上还是自然地理区划,这从上述各道所包含的完整地貌类型已可看出(只有山南道较特殊,下文再分析)。不但如此,十道的分划也和今天的综合自然地理区划有一定的对应关系。参见表10,如江南道大致相当于季风区中亚热带常绿阔叶林区,即Ⅰ(Ⅲ)10、Ⅰ(Ⅲ)11和Ⅰ(Ⅲ)13自然区;河南道和河北道近似于山东半岛落叶阔叶林区、华北平原半旱生落叶阔叶林区即Ⅰ(Ⅱ)4、Ⅰ(Ⅱ)5区;甚至山南道也与北亚热带秦岭、大巴山混交林区即Ⅰ(Ⅲ)9区相去不远。其他如淮南道、关内道、河东道也都与各自然区有一定的对应关系。

然而十道的分划也有其不足之处。从地貌的角度看,完整的云梦平原被分割在淮南、山南和江南三道之中,是一个缺陷。云梦平原可分为北面的江汉平原与南面的洞庭湖平原两部分,在秦代分别划入南郡和长沙郡之中,在汉代以后即作为一个整体长期处于荆州之内。

从道的地域范围看,山南道最为特殊,它把江汉平原之西半、汉中盆地、大巴山区和四川盆地的东半组成一区,长期以来使中外地理学家迷惑不解,有人将它看成秦岭汉水区,有人视之为中部山地区。然而秦岭只是界山,应为关内道和山南道共有,故秦岭汉水区之说不妥。另一方面,山南道虽容有大巴山区、巫山和川东褶曲山地,但江汉平原、汉中盆地也是其重要组成部分,仅视为中部山地区也有偏颇。如果视为汉水与嘉陵江两流域的组合,则比较切近,但仍有些勉强,因为嘉陵江西侧的支流在剑南道之中。因此看来山南道的划定是以界线为准绳,而不是以地理区域为背景。

山南道与淮南道之间的界线以桐柏山为标志,貌似牵强,其实有一定道理。首先,桐柏山及其西北延长线伏牛山是淮、汉分水岭,桐柏山往南的大洪山则是江、汉流域的分界;其次,桐柏山又是淮水的源头所在,因此以桐柏山为标志,向南沿州界竖切一刀还是正确的,既有流域的意义,又使整个淮水以南地区都属淮南道。而且即使如此分划,淮南道还是十道之中幅员最小的一道。倘把山南道东界向东移至大别山,则淮南道地域将缩减近三分之一,而且这一界线就离南山更为遥远而致名不副实了。

山南道的西界的确有点特别,但也并非绝无道理。大致以嘉陵江为标志的西界,正好把整个川东褶曲山地包括在内,也涵盖了嘉陵江流域的大部分地区。更重要的是,这条界线作为山南道的分野,又恰与秦代巴、蜀两郡的分界相重,因此,此线的划定很可能是因为民情风俗之异,不全为山川之别。

唐代的分道除了与自然地理区域相对应外,还侧重于天然界线,这就是山川形便原则的实质。而比较起来,秦代的分郡更偏重于地理区域。当然,符合山川形便的区划,一般也和自然地理区划相对应,像山南道那样是比较特殊的例子。

唐代的州由隋代的郡划小而来,在地貌方面也大多自成一小地理区域。例如今浙江省在唐代分成十个半州,即杭、湖、越、明、睦、婺、衢、温、台、处十州及苏州的南小半。州与州之间则以河流的分水岭为界。

除北部太湖平原外,浙江全境为丘陵山地所盘踞。在山地之间分布着包括钱塘江在内的许多单独入海的短小河流。这些河流的谷地是人们从事农业生产的基地,因此每条河流的流域或者这个流域的一部分就构成唐代的一个州。如温州是飞云江流域和瓯江的下游,处州则由瓯江的支流小溪流域所组成,台州包括整个灵江流域,明州覆盖了甬江流域,湖州则与苕溪流域相对应。至于钱塘江流域,乃由衢、婺、睦、杭诸州所分割,每州各包含其一条支流。

由于浙江地区在唐代得到比较深入的开发,所以州的幅员已经过小。除了东北一隅外,十个州的地域和界线自唐代直到清末一千年间毫无变化,只有名称更改而已。诸州之间由于关山阻隔,形成一个个的小封闭圈,成为长期保持稳定的地理基础。浙江东北嘉兴一带是长江三角洲的一部分,在唐代属于苏州,北宋从苏州分出置为秀州(南宋改嘉兴府)后,其辖境也延续至清末不变。

在北方的平原地带,州界的划定便没有山地可作依据,尤其是河北道南部,由于黄河水系下游变迁很大,分支水道纵横交叉,地形又是一马平川的千里平原,因此不可能存在与州境明确对应的自然地理区域。但即便如此,州的分划也不是毫无规矩、杂乱无序的。在河北平原(今称海河平原)上,地势还是略有起伏,从东到西可分为滨海平原、中部平原和太行山前平原三部分。河北道南部诸州的分划也大抵依此起伏而排成三列。第一列只有沧、棣二州,第二列是莫、瀛、魏、博等八州,第三列是定、恒、相、卫等七州。即使平原地带不能像南方丘陵山地那样每州成为一个小封闭地理区,也要尽可能使数州成为一组而符合地理大势,这里便体现了唐人划分政区的基本用心。

唐代无论是分道还是划州,都力图使之与自然地理区域相适应,目的就是为了寻求一政区之内的自然地理特征的相似性、均一性,以利于农业经济的发展。直到20世纪,综合自然地理区划的工作依然是直接为着农业生产服务的。因此了解不同自然地理区域之间的差异,并使行政区划与某一自然地理区域相对应,显然有助于古代中央政府和地方政府对农业生产进行统一的指导和规划。

在一个统一的中央集权的农业大帝国中,如何保持正常的乃至发达的农业生产,是保证帝国长期稳定的重要因素。所以皇帝每年要举行籍田仪式,地方官员要适时劝课农桑,中央要根据各地收成的好坏和上计的多少来评定地方官员的政绩。除了这些象征性仪式和行政的措施以外,农业生产的正常与否还要依赖于自然环境,既要靠天,也要靠地。同样的气候、均质的地壤、完整的地形有利于进行同一类型的生产活动,简化农业生产管理,便于进行水利建设。所以秦代和隋唐都有意使统县政区的分划与自然区划相一致。

由于汉代的主要矛盾在于政治方面,即中央专制皇权和地方诸侯王分权的对立,所以西汉尽一代之力来分化瓦解东部地区诸侯王国林立的局面,夺取王国支郡为汉郡,并以蚕食方式不断扩大这些汉郡的领域。这样一来就引起郡域和郡界的不断变动,在这种情况下而求其与自然地理区域相对应,岂不等于缘木求鱼?因此西汉末年的郡大多与自然环境关系不大。此后,这一局面长期延续,直到隋代重新统一全国以后才得以改观。隋唐帝国刻意追求行政区划与自然区划相适应,说明中央集权与地方分权的矛盾基本上得到了妥善的处理,社会主要矛盾已偏向经济方面。这是秦代以地理区划作为分郡基本原则的第二次循环。

但是隋唐的统县政区并非没有缺陷,出于政治目的,隋唐的州(郡)域划得过小,在农业生产方面也产生了不良因素,如有些建设工程在此州为水利,在他州可能就成水患。但是从总的方面来看,可以说自隋唐时候起,直到清末为止,统县政区是与自然区划大体一致的。但是高层政区情况则完全不同,唐后期的方镇已不如前期的十道和十五道那样与地理区域相对应;宋代以后因为中央集权的需要,路一级政区已逐渐和地理区域发生偏离。

五、元代行省与地理区域的脱节

唐后期方镇的分划,已出现与山川形便原则不相对应的情况。如徐泗濠三州节度使(后改武宁军)治淮北徐州而领有淮南的濠州;又如昭义节度使(即泽潞方镇)辖泽、潞、邢、洺、磁五州,前两州在太行山以西的上党盆地,后三州却在太行山以东的山前平原;还有鄂岳观察使由江南的鄂、岳二州与淮南的申、安、黄、蕲、沔五州所组成。但这些还只算是个别的例子。

北宋的路制虽然出自独创,但路的区划却和唐代的道与方镇有渊源关系,只是离山川形便的原则又远了一步。例如宋初京西路边界与山川不吻合,即区划方面既有黄淮平原西部又有汉水流域中段,宋代中期分为京西南、北路后,才各成比较完整的地理区域。还有与京西路相反的例子,如宋初江南路在分成东西两路后,江南西路并不和唐后期自成一地理区域的江南西道一致,而是缺失东北隅饶、信二州(即昌江与信江流域),并在西北越过幕阜山领有兴国军(今湖北省东南角)。这样一来,江南西路就不成为完整的地理区域了。宋代分路的实例表明,高层政区由于中央集权的需要已开始偏离自然地理区域。

但是由于路并不是严格意义上的高层政区,所以无需与地理区域完全脱离关系,因而如两浙路,福建路,广南东、西路在地貌方面就都是比较完善的地理单元。因此宋代可以说是高层政区脱离自然地理区划的过渡时期。

元代形势大变。行省是集民、财、军、政大权于一体的高层政区,为了防止割据,省界的划定以犬牙相入为主导原则,行省的区划根本不考虑自然环境因素,而是根据军事行动和政治需要来确定。蒙元的征服行动是由北向南进行,而中国的主要山川是东西走向,因此沿北南方向布置的行省就必然要跨越黄河、秦岭、淮河、长江、南岭等天然界线,而包容复杂的地貌类型。另一方面,温度的变化又与纬度的变化成函数关系,南北走向过长的行省也不得不纵贯几个不同的气候带。再者,在北方,降水量由滨海地带到内陆呈逐步递减状态,领域过大的行省就不免要横跨湿润与干旱的不同气候区。

以元初的体制而言,全境只分为七省。除福建行省沿袭宋代的福建路而幅员较小之外,其余六省的地域都很辽阔,而且多与地理区域不相契合。其中最不合理的是陕西四川行省,在地貌方面既覆盖了整个陕甘黄土高原西部,又越过秦岭包容了汉中盆地和四川盆地,以至贵州高原北部;从综合自然地理区划来看,则是横跨了西北干旱区和东部季风区两个自然大区,在季风区中又跨越了华北温带和华中亚热带两个自然地区,并且在华中地区还跨越了北亚热带和中亚热带两个自然区。

其次是湖广行省,北从淮河之源,南至海南岛,越长江,跨南岭,地貌复杂支离不说,还纵贯四个温度带(北、中、南亚热带及热带)。江西行省也从长江之滨,越过南岭,到达海边。宋以前岭南完整的自然区域被两省分割成破碎之区。中书省直辖地也过于广袤,等于唐初河北、河南与河东三道之和,在历史上首次将黄河南北地区合为一个高层政区,因此涵盖了山西高原、华北平原和山东丘陵三种主要地貌,而且从东到西又包括了三个自然区。差堪可慰的是淮河尚未被全面跨越,大致仍作为中书省的南界,以与江淮行省分野。后者居长江两岸,略当唐代淮南道和江南东道北部之和,这样组成高层政区也是空前之举。

元初七省之分划是战时体制的反映。为了行政管理的需要,到元代中期调整为十一省的新体制。陕西四川行省一分为三,成为甘肃、陕西、四川三行省,其中陕西行省跨越秦岭的形势已定,直至今日不变。中书省直辖地向北退缩到晋豫间黄河一线,湖广行省则南移到长江。江淮行省撤销,原所属长江南岸地区与福建行省合并为江浙行省,这样一来,就在黄河以南和长江以北地区形成了一个新的河南江北行省。这也是历史上第一次将淮河两岸地域组合为一个高层政区。

秦岭—淮河这一中国地理上重要的分界线在元代完全被弃置不顾,说明自然地理区域已不成为划分政区的重要基础,被优先考虑的是政治因素。虽然后代政区有所变动,但秦岭—淮河一线不作为高层政区界线的状况一直延续至今。

元代十一行省中只有四川行省是唯一完整的自然地理单元,相当于综合自然地理区划中的中亚热带四川盆地常绿阔叶林区。此外,云南行省和江浙行省也大致与自然区划相符合。其余行省和自然地理区划已经脱节。尤其是陕西、河南江北、湖广和江西四行省,因为跨越秦岭—淮河和南岭两条重要的地理界线,已和地理区域呈现明显的交错状态。前两省跨越华北、华中两个自然地区,后两省则纵贯华中、华南两个自然地区。但是前两省与后两省情况还有点不一样。

元代行省由于地域辽阔,远离省会的地区又设某某道宣慰司予以统辖。因此江西行省虽然跨越南岭,但其岭南部分另置广东道宣慰司(即宋广东路),湖广行省亦同此例,在岭南地区设置广西两江道和海北海南道两个宣慰司(即宋广西路)。这样一来,到了明代,岭南地区又很顺当地复原为一完整的地理区域,设立广东和广西两省。只不过这两省与宋代的广东路和广西路领域不同,广东省即元代广东道和海北海南道之和,广西省即与元代广西两江道相当。

对比起来,陕西行省和河南江北行省则是另一种情形。秦岭以南的汉中地区直属陕西行省管辖，未另设宣慰司管理。河南江北行省则所设淮东道慰司本身也跨越淮河南北，不但如此，淮河全线还被三个统县政区，即汝宁府、安丰路、淮安路所跨越。因此明代以后，行政区划跨越秦岭—淮河一线的现象已无法消除。

明代改元十一省为两京十三布政使司，俗称十五省，每省地域有所缩小和调整，大部分省都成为比较完整的地理区域。中书省一分为三，成为北京、山西和山东三省，大致相当于唐初的河北、河东两道和河南道的东北部，在地貌方面即为河北平原、山西高原和山东丘陵三区。河南江北行省撤销，其西半部一分为二，北面建为河南省，南面划给湖广省。河南省略当唐初河南道西半，但因省界犬牙交错的缘故，因而有部分黄河以北与淮河以南地。河南江北行省的东半部则划入南京。

元代湖广行省在分出广西省后，实际上是有湖无广，而划入元河南江北行省西南部后，明代湖广省成为一个完整的地理区域，为云梦平原及其四周高地所组成。江西行省在分出广东省后，其北面边界经过调整又恢复到唐后期江南西道的地理区域。江浙行省南部分出福建省，也重现宋代福建路的原貌。另外，又在西南成立一新省——贵州省，由元代的湖广、云南两行省各割部分地组成，占据了贵州高原的大部分，成为一不太完整的地理区域。明代四川省比元代四川行省为大，其南部边界因湖广和云南两省部分地的划入而向南移动，但其主体部分仍是四川盆地，只是南部也伸入云贵高原的边缘。

明代省的分划之所以能大致照顾到与自然地理区域的对应关系，乃因为省是都、布、按三司分立，权力分散的缘故。但在省界的划定方面，仍然执行犬牙相错的原则。而且除了上述几省相当或近似相当自然地理区域外，还有一些省份是违背自然环境因素作用的。

例如明代陕西省和元代陕西省约略相当，同样跨越秦岭南北，这是沿袭。明代还自有独创，那就是以元代河南江北行省的东部和江浙行省北部合组为南京（南直隶），相当于今天的苏、皖、沪三省市。这个高层政区跨淮越江，居于暖温带和亚热带两自然区之间，又包括有黄淮平原、淮阳丘陵、长江中下游平原、江南丘陵和太湖流域各一部分，其与自然地理区域的交错比河南江北行省尤甚。元代江浙行省之北部划入南京，中西部割给江西，南部分出福建以后，其余十一路置为浙江省，延续至今。宋代两浙路拥有整个太湖流域和浙东、西丘陵地，但是到了明代，太湖流域被一分为二，浙江省也不成完整的地理区域了。

清代十八省由明代十五省析分而来，南直隶被分成东西两半，即江苏与安徽，仍然未改其兼有淮北、淮南和江南三部分地区的特点。陕西省西部划属复置的甘肃省，但仍然领有秦岭以南的汉中府，因此苏、皖、陕三省都与地理区域不合。但是清代甘肃省与元代甘肃行省不同，由河西走廊和陇中高原组成，是完整的地理区。湖广省被分为湖北、湖南两省，虽然云梦平原一分为二，但两省各有其一半，即江汉平原和洞庭湖平原，在地理区域上尚称完整。

其余十二省沿袭明代，但省境有所调整。如贵州省疆域向北向南扩大，因而与贵州高原相一致。四川省边界向西推进，领有青藏高原东部边缘，已逸出四川盆地的范围之外，这是出于加强与西藏地区联系的政治需要。直隶和山西的北界也因疆域的扩大而推到长城以外。另外八省的领域没有什么变化甚至省界也几乎不动，只有些微的出入。

六、行政区与自然区的基本关系

行政区是在地理环境的背景上所划定的政治空间，因此在人为的政区和天然的地理环境之间就存在着契合与否的问题。地理环境是由地貌、气候、水文、土壤和生活于其中的植物、动物等因素组成的复杂的物质体系。中国自古以农立国，对于地理环境的地域差异有很深刻的认识，因此在划分行政区域时就注意到尽量使之与地理环境相一致，以利于农业经济的发展，维护王朝的稳定。《三国志・吴书・孙皓传》载：宝鼎元年(266)“分会稽为东阳郡，分吴、丹阳为吴兴郡”。裴松之注补充了分郡当时所下的诏书的内容，可以看出分置新郡时的思路。诏曰：“今吴郡阳羡、永安、余杭、临水，及丹阳故鄣、安吉、原乡、於潜诸县地势水流之便，悉注乌程，既宜立郡，以镇山越。……其亟分此九县为吴兴郡，治乌程。”当时设置东阳、吴兴等新郡的目的主要是为了镇压山越，即政治方面的需要。但即便如此，仍要兼顾各郡的自然环境，使之与同一地貌区、同一流域即所谓的“地势水流之便”相一致，这就是自然环境对行政区域的划分有直接影响的典型实例。

但这只是问题的一个方面。当政治需要与自然地理区划发生矛盾时，这种自然空间与政治空间的协调就可能转化为背离。随着中央集权的逐步强化，政治因素的作用越来越大，行政区划与地理环境的一致性就越来越差，尤其是高层政区在古代中国社会的后期已和地理环境有相当大程度的背离。如果我们从秦到清作一回顾，就可以发现行政区划与自然区划之间的关系也有一个曲折的发展过程：秦的相符，汉的脱节，隋唐的契合，宋的渐离，元的背离和明清的渐合。这似乎也是一种循环往复。

所谓自然地理环境，以中国的老话说，可称之为天时与地利。气候的两大因素是温度和水分条件，这可谓天时；地貌、土壤、植被则可以比拟为地利。几千年农耕文化的发展都离不开天时和地利。行政区域是人为划定的，也许可以说是人和的因素之一，如何使行政区划与自然地理环境相一致，在某种意义上来说就是如何求得天时、地利与人和的配合，以创造农业发展的最佳条件，这就是秦代、隋唐政区与自然地理区域契合的原因。但是当政治需要超过经济动机的时候，政区的地理背景就被忽视了，出现了元代行省与自然环境的背离，然而这种不合理现象也不能长期维持，所以明清以后又渐渐使行政区划和地理区域趋向一致。

地理区域有自然地理区域与人文地理区域两类，本节所论专指自然地理区域。行政区划和自然与人文两种地理区域应存在何种关系，古人是有明确的概念的，我们从东汉但望所写的《分巴郡疏》中可以看出一些信息。该奏疏的最后一段提出具体的分郡方案："而江州（今重庆）以东，滨江山险，其人半楚，精敏轻疾。垫江（今合川）以西，土地平敞，姿态敦重。上下殊俗，情性不同。敢欲分为两郡：一治临江（今忠县），一治安汉（今南充）。各有桑麻丹漆，布帛鱼池，盐铁足相供给。两近京师。"从地理背景看，两汉的巴郡东部是褶曲山地，亦即"滨江山险"，西部是嘉陵江平原，所以"土地平敞"，可见东西自成地理区域。从人文地理基础看，东西又有风俗的差异，东部"其人半楚，精敏轻疾"，西部却"姿态敦重"，所以"上下（指江水的上下游，亦即东西部的另一种说法）殊俗，情性不同"。以此为据，巴郡应该分为巴东与巴西两郡。可见至迟到汉代，人们就已认识到统县政区必须有合宜的自然和人文地理基础。同时也可以推知汉代以后，统县政区以外的高层和基层政区也受着这种思想的支配。

第三节　经济因素的影响

一、经济发展的地域差异与政区设置的空间变化态势

从政区变迁史看，无论是基层政区、统县政区还是高层政区，其地理分布变化的总趋势都是从北密南稀到南密北稀的逆转，也就是说无论哪一级政区，其设置数量都呈现从北众南寡到南众北寡的转变。这一逆转基本上是全国经济重心由北到南的转移①，以及人口分布从北密南稀到南密北稀的转换所造

① 关于中国古代经济重心从北到南的转移，可参见周振鹤《中国地方行政制度史》（上海人民出版社，2005年）第十章第二节的简述。

成的。由于基层政区的分析比较繁琐，所以这里只着重讨论高层政区和统县政区分布的变化与经济因素的关系。

高层政区及其前身——监察区的南北分布情况最为简单明了地反映了南北稀密的变化。汉武帝元封年间(前110—前105)置十三刺史部，四州在南，九州在北。后来北方又加一司隶校尉部，于是北方监察区是南方的两倍半。东汉末年，十三州演变成为高层政区，依然是南四州和北九州的格局。

西晋前期设十九州，南七、北十二。后期南方又增置二州，南北之比已提高到三比四。到唐贞观元年(627)，分全国为十道，正好五道在北。开元二十一年(733)，十道分成十五道，南八北七，南方已略占优势，何况北方增设两道，纯粹是因为东、西两都的特殊地位，并非由经济因素所致。唐中期以后方镇的设置虽然是北多南少，但那是受军事因素的影响，安史之乱的战事发生在北方，所以规划了较多的方镇。

北宋元丰年间(1078—1085)置二十三路，南方占十四路，而北方只有九路，南北之比已经是三比二强。当然，北宋并非统一全国的中原王朝，与之并立的尚有辽朝和西夏。幽云十六州在五代后晋时已归辽，河西走廊诸州则为西夏所属，这些地方或可当两三路的范围，即使如此，南方依旧稍胜于北疆。

元代重归一统，十一省中大致是五省在北，六省在南。说其大致，是因为将兼有秦岭以南地的陕西省当成北方省份，将跨越淮河以北的河南江北行省当成南方行省。当然说十一省南北各半亦可。但是元代行省不大能体现南北经济差异，如岭北行省只有一路，置省本来多余；辽阳行省也是地广人稀，户口远抵不上南方一个较大的路。倘以元初七省而分南北，则南方有五省半，北方只有一省半(中书省与陕西四川行省的一半)，比例悬殊却又过大。

明代两京十三布政使司，大抵五省在北，而十省在南，基本上反映了经济重心在南方的态势。清代十八省的南北比例也是二与一之比，与明代一致。

统县政区的情况比较复杂，但其变化总趋势与高层政区大体一致。这里只选取有代表性的秦、隋、清三代予以说明。

秦代南、北方的郡幅员相差很大，南方的大郡比今天一省的范围还大，北方的小郡只有今天某些管县的市那么大，因此南北方郡级政区的分布密度也有很大差异。秦一代设内史和四十八郡，在北方者三十三个半，在南方者十五个半(东海郡跨淮水南，各计半郡)，北方的分布密度将近南方的2.2倍。两汉时期，南北郡国数之比大致为三七开，与秦代差不多。

三国鼎立时期，南方经吴、蜀两国的开发，增设很多郡，所以到了西晋短暂统一的时候，北方郡国总数只有南方的1.2倍了。再经过东晋南朝的进一步发展，到隋代大业(605—618)年间，在全国一百九十个郡当中，南北已大致各占一半。而且除浙南福建、湘西贵州一带外，各郡幅员都较均匀。唐代情况比较特殊，在南方设置了过多的政区，那是针对两广贵州少数民族地区的特殊措施。

北宋中期，据《元丰九域志》统计，共有府州军监二百九十七所，其中南方占到一百七十七所，南北比例已经逆转为接近三比二之谱，这一比例与路的分布相一致。同样，如果考虑到幽云十六州等情况，南北比例当有所降低，但南方统县政区的分布密度已超过北方却是确定无疑的。

元代的统县政区为复式层级，难以进行对比。明代已经简化，但仍有复式残余，若大略只以府和直隶州作为统县政区，则在全明一百七十九个府和直隶州中，北方只占四十一个，南北之比已在三比一以上。清代政区恢复为单式层级关系，可以作为南北对比的典型实例。据《嘉庆重修一统志》统计，全清十八省共有二百四十九个府与直隶州，而北方只占八十八个，南北统县政区之比接近于二比一，这与高层政区的南北比例是相当一致的。

统县政区的分布由秦代北方是南方的两倍余，到隋代南北大致相等，中间隔了八百年；之后，又过了一千二百年，到清代中叶，南方的统县政区已将近北方的两倍。与此相映成趣的是高层或准高层政区也经历了几乎雷同的变化，两汉时期北方的州是南方的两倍有余，到唐代是一个转折点，南北的道各占一半，而到了明清的省，南方又是北方的两倍了。这种逆转过程正是经济重心转移的真实写照。

二、经济因素对政区其他方面的影响

虽然经济因素对行政区划的建立、行政中心的迁移、行政区划等第的变迁有很大的影响，但是并未出现以经济区影响行政区设置的情况，倒是反过来，行政区要对经济区产生制约作用。其实在中国古代，并无所谓严格意义上的经济区概念，如果勉强说有的话，那只是农业区与牧业区以及半农半牧业区的区别，至于农业区内部是无所谓经济区的划分的。一省是一个农业区，一府一县也是一农业区，只是区域大小的不同而无实质的差别，至于农作物的地域差异则并不体现经济区的特征。美国学者施坚雅(W. G. Skinner)将中国划为九大经济区，基本上是按商业活动来划分的。只有工业生产与商业活动才对经济区的划分有真正的意义，即使是简化到只是农产品的交换的商业行为。但是由于中国行政区划的管理方式存在很大的刚性，所以直到工商业已经相当发达的今天，行政区与经济区基本上仍为同义语。所以我们这里

所谈的例子只能限于历史上经济因素对行政区划的影响而已。这种影响在唐中期以至宋代表现得很突出，尤其是表现在以经济发达的原因设县或迁徙县治方面。

基层政区县的设置受到种种因素的影响，首先自然是政治因素，尤其是行政管理的需要，其次是军事上的需求，同时也有经济发展的推动。而且经济因素的影响随着历史的发展越来越明显。中唐以后，由作为经济节点而进一步发展为县治的例子不少。据《旧唐书》卷11《代宗纪》载，仅大历七年(772)正月戊子这一天，就以三个行市为中心设置三个新县："以(魏州)顿丘县之观城店置观城县，以张之清丰店置清丰县……以贝州临清县之张桥店置永济县。"这三个县的县治原来的通名都是"店"，此处店与行市同义[①]，就是原来县以下的集镇，因经济发达而以之为中心设置新县。由此可见经济因素对县级行政区划的作用。不但如此，上述引文中的观城与清丰两县还与原有的两个旧县组成一个新州——澶州，说明这种经济因素进而影响到更高一级政区的设置，一个新的州级政区的形成，竟然有一半是与经济发展因素有关的。

秦汉时期行政中心与经济中心相一致。一般而言，郡治就是该郡最大的经济中心，县治也是该县的经济中心。从唐中期至宋代商业经济发达，除了州治、县治以外，还出现了其他的经济中心，因此相应设置了一套以某场某务为通名的地方税收机构。但当时有一项明确的规定，即在城(即县治、州治)的税额必比其他场务高，换言之，行政中心与经济中心必须一致。如果两者不一致，也就是说在县城外出现了新的经济中心，则多半将县治迁移至该处(此情形近代犹存，如因铁路开辟或公路交通便利，县治往往会迁徙到交通要冲，以促进经济发展)。如唐玄宗开元二十三年(735)将幽州安次县治从常道城移至耿桥行市之南[②]，宪宗元和四年(807)从淄青节度使李师道所请，将兖州鱼台县治移至黄台市等[③]。

宋以后行政中心与经济中心从一元化向二元化、多元化过渡。一个行政区域的行政中心一般只能有一个，而经济中心在宋代同一行政区形成了多个，不可能都成为行政中心，于是在行政中心兼经济中心的县治、州治之外，产生了不作为县治、州治的市镇。到明代，这些市镇在经济的繁荣程度上，有不少已超过县治甚至府治。但在明朝初年，仍以迁移县治的办法来维持行政中心

---

① 《元和郡县图志》卷16载："永济县……大历七年，田承嗣奏于张桥行市置。"
② 《太平寰宇记》卷69幽州。
③ 同上书卷14单州。

作为最大的经济中心的地位。到后来才因不胜其迁，而放弃了县治必须同时是经济中心的做法。这种做法为清代所延续，例如，到了晚清，湖州府吴兴县下属南浔镇的经济地位不但超过县城，甚至远远超过府治，但依然是一个镇的建制，在行政区划级别方面没有躐等的变化。

在政区的改置方面也有明显受到经济因素影响的情况，这里仅举两例说明之。

从古代起直至近代，中央集权对经济物流的管理方式，都是将行政区内的物资先集中于政区中心，再调资首都，或倒过来，从中央调拨物资到政区中心，再到政区以下各所属次一级政区，而不管物资的产地是否就在离该行政区不远的地方。元代有人注意到这一弊病，主张予以改革，但改革依然以行政的方法为主，不是改变物流的基本方式，而是移置行政中心。《元史》卷 14《世祖本纪十一》载：至元二十三年(1286)七月庚午，"江淮行省忙兀带言：'今置省杭州，两淮、江东诸路财赋军实，皆南输又复北上，不便。扬州地控江海，宜置省，宿重兵镇之，且转输无往返之劳。行省徙扬州便。'从之"。这是说江淮行省原来的治所是杭州路，因此杭州以北的淮河南北及江南的财赋军实先要南下集中于杭州，然后北运至京城或北方的做法不合理，应将行省治所迁到扬州去，以免迂回运输。但实际上不改变物流方式，行省中心放在哪里都免不了迂回的问题，只是路途长短的区别而已。

在传统的农业社会里，农业赋税的征收是国家财政的基本来源。明代以来同一层级的县就因财政收入的高低而划成不同等第①，在清代甚至因为江南某些州县的赋税收入过高而将其一分为二甚至一分为三，这是因财政因素而致行政区划变化的典型实例。雍正三年(1725)，将江南苏州府、常州府、松江府属下十三县一分为二(其中苏州府附郭则成为吴、长洲与元和三县)。这种分县与因新地区的开发而形成的新县不同，也与因开发程度的提高而割数县之地另立一县的情况完全不同，是将一地域上长期形成的经济共同体与文化共同体生生地割裂开来，目的主要是为了使财政管理方面化繁为简而已。这样的割裂在一定的时段里可能有一定效果，但却不符合传统的农业社会因经济发展与开发程度深化而设置新县的原则，因此在两百年后即出现重新并县的需要，最终在辛亥革命后又复原到分县前的状态②。

---

① 周振鹤：《中国地方行政制度史》，上海人民出版社，2005 年。

② 谢湜：《清代江南苏松常三府的分县和并县研究》，《历史地理》第二十二辑，上海人民出版社，2007 年。

第四节　文化因素的作用

一、行政区划建置和数的关系

“数”是事物普遍存在的一种量的规定性，世上的万事万物莫不与数有关。古代东方和西方的哲人无不把数当作一种哲学范畴。古希腊的毕达哥拉斯学派就有“万物即数”，“数是事物的原本”的观念。古代中国也有“万物皆有定数”的信念，例如“历数”的概念本来指的是根据天象运行规律推算出的岁时节候次序，推衍开来，受命于天的帝王也必须按照“历数”来进行更替。尧在禅让帝位给舜时说：“咨，尔舜，天之历数在尔躬。”历数也被赋予改朝换代的意义了。所以《史记》卷25《律书三》说：“形然后数。”

由于数的观念在古人思维中占据重要地位，所以《禹贡》以九州划分天下，有其深刻的思想背景。九表示多或终极的意思，所谓“天地之至数，始于一，终于九焉”。因此天下有九隅，异族有九戎，人有九族，官有九卿，皇帝尊礼大臣而加以九锡，河水下游入海而分为九河，直到北宋时全国地理志，仍称为《九域志》。

十则表示齐全，完备，比九的应用面要窄，也比较后起。先秦经籍中以十为二字词组的很少，魏晋以后才渐见其多，这恐怕与佛教东来有点关系。如十力、十地、十谛、十善、十齐等皆是佛教用语。以是北周始有十死之恕（比较先秦时期楚辞《离骚》的“虽九死而未悔”），隋律方有十恶之罪，唐人有十友之美谈，宋代取士而有十科之目，清代乾隆皇帝也自称十全老人。在政区上，显然唐太宗分为十道也是表示大唐版图的完满。

但是九州只是理想，十道起初本为地理区划，都还不是正式政区。与“数”发生密切关系的正式行政建置，当以秦代的郡最为典型。

始皇帝一匡天下，以为秦代得水德，因此“衣服旄旌节旗皆尚黑，数以六为纪，符、法冠皆六寸，而舆六尺，六尺为步，乘六马”。水之数为六，所以上列事物都与六有关。更进一步，还与六的倍数有关，如销天下兵器，铸金人十二，徙天下豪富于咸阳，十二万户，刻石以四字一句，三句一韵，一韵十二字，泰山、芝罘、东观三刻石都是三十六句，琅邪、会稽二刻石都是七十二句，无不为六的倍数，这就是《史记》卷28《封禅书六》所说的“度以六为名”的意思。

正是这个缘故，秦始皇二十六年（前221）“分天下以为三十六郡”，一郡不多，一郡不少。其他事物的数是一经确定就不再变的，而郡数却不一样，是会浮动的。如秦始皇三十三年北逐匈奴，南平南越，置九原及南海三郡，就明显突破了三十六郡的格局。而事实上在这之前,由于秦始皇重新疆理政区,已有许多新郡从旧郡之中析置出来,增加了郡的总数。如《史记》卷6《秦始皇本纪》二十八年就载有三十六郡以外的衡山这一郡名。

由于三十六郡之置比较匆忙,因此在天下大定之后,依山川形势、地域大小重新规划,析置新郡乃在情理之中。如以故齐国之大,在始皇二十六年时只置临淄、琅邪两郡,显然不妥,所以后来又增置济北、胶东两郡。上述衡山郡也是从幅员太大的九江郡析置出来的。虽然郡数可以浮动,但六的倍数却仍要保持。据王国维考证,秦一代最终总郡数为四十八①。估计其先从三十六郡发展为四十二郡,所增加的六郡都从旧郡中分置;秦始皇三十三年开疆拓地置四郡以后变为四十六郡,于是又在内地新置二郡,以足四十八之数。

迷信"数"与事物的关系,今人视之似不可理喻,而在古人却是正常的文化心理状态。秦代设郡要符合一定的数并非孤例。王莽代汉之后,为应符命,也同样重视数的作用,这个数是五,因此分全国为一百二十五郡,置州牧、部监二十五人,各辖五郡;又将河南郡的县数增满三十,并设置六郊州长各一人,每人管五县;还将全国郡县三百六十处改为以亭为名等,不一而足。

但是毕竟政区数目变动太大,凑数不易,魏晋以后,政区和数就脱离关系了。但就两汉而言,郡国总数还是跟数存在一定关系的。西汉百三郡国,其中首都所在三辅不计,其余一百郡国是五的倍数(秦之首都特区内史也在三十六郡之外)。东汉迁都洛阳,三辅地区与一般郡国相同,因此总共有一百零五郡国,也是五的整倍数。

二、行政区划建置与宗教的关系

1. 因祭祀需要设置的县

最早与宗教有关的政区是西汉所设的陵县。陵县是在皇帝的陵墓旁边设置的特殊县,专为奉祀陵园之用。西汉时代尚未形成体系严密的一神教,当时的宗教形式主要表现在自然神崇拜和祖先崇拜方面。陵墓的建筑及供奉方式是祖先崇拜的一个重要内容,陵县的设置更把这种崇拜提到新的高度。

陵县的正式名称是陵邑。汉高帝刘邦死后葬于长陵,其陵县就叫长陵邑。长陵邑的设置标志着陵县制度的建立。此后,每个皇帝从即位的第二年起,就开始营建陵园,并划出一定地域,迁来民户,设置陵县。西汉一代共有七个皇帝陵县,即高帝长陵、惠帝安陵、文帝霸陵、景帝阳陵、武帝茂陵、昭帝平陵与宣

① 王国维:《秦郡考》,收入《王国维遗书》,上海书店出版社影印本,1983年。

帝杜陵。这些陵县地位特殊，在地理位置上它们虽然分属京兆尹、左冯翊、右扶风三辅郡，但在行政上却统归太常管理。太常是中央专掌宗庙礼仪的官署，陵县属太常而不隶三辅，正表明了陵县特殊的宗教地位。汉元帝以后不再设置新的陵县，原有陵县才划归三辅所属，宗教地位也就随之取消了。

陵县地位的显要还在于县令的级别上。汉县万户以上才置县令，不足万户置长，但陵邑一律置令。不但如此，陵邑的长官秩俸还特别优厚。县令一般秩千石至六百石，长陵令秩则为二千石，与郡太守相当。同时陵县都筑有规模不小的城垣，这也是地位重要的象征。

表面上看，陵县是为宗教仪式的需要而设立的，但在背后，它还有更深刻的意义。陵县的居民都不是原住户口，而是强迫迁徙关东豪族、天下高赀而来，因此居民的成分多是不事生产的旧贵族、高级官吏、富商大贾、游侠豪杰，将这些人集中于特定区域内，显然是为了加强监视与控制，防止动乱，保证安定。由于人为的迁徙集中，陵县的户口都很殷实，如西汉末年，长陵邑已有五万户，茂陵邑则达六万户。汉代万户以上为大县，这两个陵邑已经是特大县，超过许多郡国的户口数。

西汉陵县都密布在首都长安周围，尤其是有名的五陵——长陵、安陵、阳陵、茂陵与平陵，一字排开在长安以北的渭水北岸，一县紧挨一县，形成“都都相望、邑邑相属”的景象。东汉史学家班固对陵县的繁盛作了生动的描述，他在《西都赋》中说：“……若乃观其四郊，浮游近县，则南望杜霸，北眺五陵，名都对郭，邑居相承。英俊之域，绂冕所兴，冠盖如云……”“五陵”一词后来成为豪门贵族聚居之地的代称，唐代李太白有诗云：“五陵年少金市东，银鞍白马度春风。”杜少陵也有句曰：“同学少年多不贱，五陵衣马自轻肥。”

除了七个皇帝陵县之外，还有四个县也是专为奉祀陵园而设，可称之为准陵县。一是刘邦为其父太上皇陵所设的万年邑，二是文帝为其母薄太后所立的南陵，三是昭帝为其母赵婕妤所置的云陵，四是宣帝为其父史皇孙所建的奉明邑。陵县是西汉的特例，东汉以后这一制度即予取消。但后代依然还有个别的例子，如北宋皇帝陵墓集中在今河南省巩义南郊，宋代先是在该地设立永安镇，以“奉陵寝”，后来又升镇为县，并且定为与首都、陪都地位相当的赤县。永安县的职能就是管理宋帝诸陵，只不过比西汉每帝一陵大大简化了。

比陵县更具宗教意味的政区是奉郊县，这是专为郊祀和封禅而特设的县。古代郊祀对象十分广泛，几乎包括原始宗教里的各种崇拜对象，如天神、地祇、山川、动植物、鬼魂、灵物、祖先等。封禅活动则比较单纯，指的是封泰山与禅梁父，亦即在泰山上祭天，以及在泰山下的小山上祭地。

郊祀的重要性在于宣扬皇权神圣性，所以那位以凿壁偷光而闻名的汉成帝时丞相匡衡说："帝王之事莫大于承天之序，承天之序莫重于郊祀。"[①]封禅的意义则是："王者功成治定，告成功于天。"为封禅和郊祀所特划的政区有两个突出的例子：一是奉高邑，这是汉武帝元封元年（前110）设置于泰山东麓下的一个县，作为封禅大典的基地。二是崇高邑，与奉高邑同时设立，乃为了奉太室山，即今天的中岳嵩山而置。据说那年武帝登太室山时，随从官员在山上听见有"万岁"的呼声，这自然是祥瑞之兆，所以武帝就以山下三百户封崇高山，为其奉邑。奉高和崇高两县既专为宗教目的而立，其民户所出就都作奉祀之用，不纳算赋，也不服徭役。

2. 由宗教事务机构管理的政区

上文提到西汉的陵县不归郡管辖，而归太常这样的宗教事务机构管理，这还是较小范围的事。千余年后的元代也有类似现象，但所管辖的不是区区数县而是比今天西藏自治区范围还大的宣政院辖地。

宣政院是元代的宗教事务机构，《元史》卷87《百官志三》说它的职责是"掌释教僧徒及吐蕃之境而隶治之"，也就是既管全国的佛教事务，又管理吐蕃（即西藏）的行政事务。蒙古人虽然在军事上征服了藏人，但在文化上反被藏人所征服。元朝皇帝就都是藏传佛教——喇嘛教的忠实信徒。因此在西藏归入元朝版图之后并不像其他地方那样设置行省，而是实行"僧俗并同，军民通摄"的政教合一制度。这一制度一直延续到西藏民主改革以前，长达六百余年。

在宣政院下面又按地区分设乌思、藏、纳-里速·古鲁·孙等三路宣慰使司都元帅。这三路的名称是藏文成语 Dbus Gcan Mna-ris skor gsum 的音译，意为"前藏、后藏、阿里三部"。到清代，乌思、藏、纳-里速被读成卫、藏、阿里。"乌思"或"卫"是"中"的意思，指前藏；藏指后藏；纳-里速即阿里，在后藏之西。元代在三路宣慰司之下，又更进一步，将前后藏分为十三个万户。

事实证明，元代采用宗教文化的手段对西藏地区进行特殊的行政管理是行之有效的。统一而强大的吐蕃在唐朝以后陷入了分裂纷争的局面，在归入元代版图时，吐蕃内部各地方政权、各教派、各部落之间的纷争现象还很严重，不宜采取与内地一样的行政制度。相反，宗教及军管形式的制度却可保持其相对安定，有利于其发展。所以明代建立以后沿袭了元朝的制度，在建立乌思藏和朵甘两都司的同时，又分设十三万户府，并且仍以喇嘛教的宗教组织进行

① 《汉书》卷25《郊祀志》。

导化工作，使其效忠于中央政府。

三、行政区与文化区的契合

总论第四章第二节中所引东汉末年巴郡太守但望的《分巴郡疏》是一份极其宝贵的文献，它提出的分郡方案正表明了当时行政区域的划分标准，既注意到自然环境，也兼顾了经济文化背景："江州（今重庆）以东，滨江山险，其人半楚，精敏轻疾；垫江（今合川）以西，土地平敞，姿态敦重。上下殊俗，情性不同，敢欲分为二郡：一治临江（今忠县），一治安汉（今南充）。各有桑麻丹漆，布帛鱼池。盐铁足相供给。"可见当时政区的划分是注意到民情风俗的差异的。虽然分巴郡为二的提议当时未被接受，但四十年后卒分为三，大致遵照但望之提议而行，只是江州以东更细分为二郡而已。

政区不但与风俗区域有关，也与方言的地域差异相对应。本来语言地理和宗教地理是文化地理的两个重要侧面。世界上以文化区域为基础来划分行政区域的国家，以瑞士最为典型。瑞士联邦各州的分界，就是该国基督教派别与语言分区相互叠加的结果。中国人的宗教观念淡薄，宗教派别之间不构成地域特征，但方言的地域差异却十分显著，因此古代在划分政区时已经注意到方言问题，虽然有时本意并非要使行政区与方言区正相叠合，但客观上造成了这样的结果。如汉高祖刘邦封其子刘肥为齐王，划分齐国范围的原则就是"民能齐言者皆属齐"，把齐国领域与齐方言区等同起来。这是很典型的例子，此后未见类似明确记载。

但在宋代，从路的区划来看，却与方言区划存在明显的对应关系。据拟测，宋初南方分布有吴、湘、闽、粤、赣等五种非官话方言（另有客方言正在形成过程中），以及官话方言（即北方方言）的两个分支上江官话与下江官话。而宋代的两浙路（苏南浙江）大致为吴语区，荆湖南路为湘语区，广南东路为粤语区，福建路为闽语区，江南西路为赣语区，荆湖北路为上江官话区，淮南路与江南东路一部分为下江官话区。这一地理格局至今尚无根本变化，只是后来客方言在赣、闽、粤交界地区形成，相应地将三个方言区的范围往北、往东、往南压缩。

尤其值得注意的是，荆湖南北路的划分完全与方言区相一致。荆湖南路相当于今湖南省的湘资流域与广西省东北角，正是湘语区的范围。而今湖南省西部沅澧流域却属荆湖北路所辖，与今湖北省同属官话区。又，两浙路与今吴语区的出入只有润州治一地。宋代润州领三县，州治丹徒（今镇江）今属官话区，而其南面二县丹阳、金坛却是吴语区。推测宋初镇江还处在北方话和南方话的交界点上，两宋之际北方人民又大举南迁，才使镇江与南京一样完全官话化。

不但在路一级的大范围内存在与方言区相对应的关系，在小范围内也有类似现象。宋代的兴化军，治所在今福建省莆田，元代升为兴化路，明清改为兴化府，相当今莆田市。很有意思的是，从宋代至今近一千年中其领域丝毫未变，而且从元至今只辖莆田、仙游二县（宋代虽辖三县，但地域相同）。元代的路、明清的府，一般都要辖五六县，至少三四县，只有兴化例外。为什么这么小的地域始终单独成为一个统县政区？主要原因就在其方言特殊。

闽方言可以分为闽北、闽南、闽东、闽中和莆仙方言等五个方言片。莆仙方言仅仅通行于莆田、仙游二县，范围最小，而且与其他四个方言片包括邻近的闽南、闽东方言都不能通话，其间的差异比湘、赣两大方言之间的差异还大。由于方言特殊，用方言演唱的莆仙戏也只流行于莆、仙二县，形成一个与众不同的文化区。正由于这个缘故，所以这两县始终单独成区，在元代是最小的路，在明清是最小的府，今天则是最小的辖县市。

莆田、仙游在近代似乎没有什么名气，但在古代，尤其是晚唐以后却一直是文化相对发达的一个小区。早在晋室南渡之时，中原已有林、黄、陈、郑等八姓入闽，为福建文化的繁荣打下基础。到南朝梁陈间，莆田已设有南湖先生郑露书堂。中唐安史之乱又促使更多的北方人民移入福建，莆仙一带文化逐渐发达，登科仕宦的人越来越多。因此而有"乌石山前，官职绵绵"的说法，乌石山正在莆田东北二里处。

从唐代后期到南宋，莆仙登科第者年年都有，形成许多著姓望族，出现许多如父子一榜、昆季同年、五世登天、四代攀桂的佳话。以诗名家、以文行世成为相当普遍的现象。担任显宦要职者也在在皆是，林家九牧、陈氏五侯只是最突出的例子。唐代欧阳詹、五代陈洪进、宋代蔡襄都是一时名人。陈洪进是仙游人，于五代时曾占有漳、泉二州，割据一方。

"朝为种田郎，暮登天子堂"是耕读社会的最高理想，莆田、仙游科甲特别鼎盛，与周围的州府有明显差异，成为一个特殊的文化发达区，这也是促使这两县组成的政区能长期延续不变的重要原因。

另外，在宗教方面，莆田也有其特殊性。在沿海地区赫赫有名的海上女神——天妃，传说就是宋代生长于莆田湄洲的林默娘的化身。在东南沿海和港台地区的老百姓都把天妃尊称为妈祖，虔诚朝拜，相信她有无边的神力。天妃后来演变为整个福建的象征，清代以来福建人在外省聚居经商之处都建有天妃宫，有的实际上成为福建会馆的代称。时至今日，天妃依然在海峡两岸起着重要的维系作用。由此可见女神天妃和莆田地方在福建宗教文化方面的特殊地位。

上述这几种原因，造成了从兴化军、兴化路、兴化府到今天莆田市这一长期延续的政区的稳定。明代时，有人曾提出要重划福建的府县，但到底也未能改变兴化府的辖境，文化区与政区的契合在这里算是十分典型的体现。

四、文化心理状态对政区变迁的影响

前文已经提及，行政区划的确定与自然地理环境相关，在南方，不少统县政区都自成一个自然地理单元，四周一般都有天然的河流或山脉作为政区的界线。从唐代以来的州到明清时期的府，都存在这样的情况。不过也有例外的情况，即一些州或府往往领有越出自然地理界线的县级政区，如明代徽州所属六县之中，就有婺源一县是在今安徽与江西的分水岭以南，与其他五县不在一个自然地理单元之中。同样，今玉山县在唐代也北属今浙江的衢州，而不属于江西。这种情况是由开发过程形成的。婺源与玉山两县显然是因为来自分水岭以北的旧县移民的开发而建立的。照一般的常理，以自然地理界线为政区界线最为自然也容易稳定，但在某些特殊情况下，人文因素或者说文化心理因素的影响甚至要超过自然因素。而这种情况在婺源得到了充分的体现。

婺源至少从唐代开始一直到清代就处于新安郡、歙州、徽州与徽州府一系的政区境内，长达一千余年。婺源建县而与徽州(徽州府)其他五县并立也有数百年之久，因此而形成了一个文化共同体。这种共同文化地域的概念根深蒂固，以至民国二十三年(1934)因军事行动需要，将婺源划归江西时，激起当地强烈的反对之声，甚至引发长达十三年的回皖运动，迫使国民政府不得不在三十六年(1947)将婺源重新划回安徽。对于这个回皖运动，当时的中华日报社记者写有《婺源回皖运动实录》[①]予以记载。

当然，在文化因素背后，经济因素亦很重要。婺源的赋税原为八万石，划到江西后增为十七万余石。在商业方面，婺源原来加入徽州同乡会，有竞争力，划归江西后竞争力下降；而且茶叶的出口原来从安徽下水，划归江西后要从九江转运，变得不便，木材经营亦受影响。但经济因素在回皖运动中并不显得突出，运动中重要的是其文化背景。1946 年 4 月组织回皖运动委员会，27 日全县两度罢市、罢课，举行民众大会公推代表，组织请愿团，致电国民大会，并由安徽籍国民大会代表上书陈请回皖，其中就有胡适等名人。婺源回皖的成功表明文化心理要素对行政区划变迁的影响不可小觑。婺源虽然在 1947

① 中华日报社发行，民国三十六年。

年成功划回安徽，但解放以后，依然被重新划入江西省。只不过迄今为止，婺源人在文化心理上还是认同于徽州。

除了婺源的例子以外，由于中国许多行政区划及其名称大都延续了千年之久，有的更达两千年以上，因此造成了根深蒂固的畛域观念。宋代曾有人建言改宜章、临武属广东连州，但另有人上奏反对，理由之一就是宜章、临武久隶湖南，素轻广东[①]。当时广东的发展状况不如湖南，因此民众在心理上不愿划入。由于地域差异，长期以来，就不但有福建人、广东人、江西人、山西人等不同人群的提法，而且更有小地域的苏州人、无锡人、江阴人的区别，由政区不同而形成的心理因素长期难以调整，甚至在今日也没有完全清除。

政区设置的改变受文化心理的影响还有其他例子，如降低政区级别使之消弭于无形。《癸辛杂识·前集》"改春州为县"条载："春州瘴毒可畏，凡窜逐黥配者必死。卢多逊贬朱崖，知开封府李符言，朱崖虽在海外，水土无他恶，春州在内地，而至者必死，望改之。后月余，符坐事，上怒甚，遂以符知春州。至州，月余死。元丰六年[②]，王安石居相位，遂改春州为阳春县，隶南恩州，既改为县，自此获罪者遂不至其地，此仁人之用心也。"这条记载说明当时贬人只贬至州，至于州下属县则不问。春州在北宋时大约是一重要的贬窜地，而南恩州则不是。为了避免再有因贬窜春州而致死者，遂将其降为县。这样的改变更具文化意味，而与行政管理无关了。

第五节　行政区与自然区、文化区的关系概述

本节的目的是探讨行政区与自然区及文化区三者之间最一般的关系，以及它们之间的互动作用，试图弄清楚行政区划对文化区的整合作用，自然区对文化区的制约作用，以及如何调整改革行政区划以适应经济与文化的发展，并与自然区保持某种程度的协调。

如果从直观的感觉来看，似乎在不少地区中，作为行政、自然和文化之区，三者是相当一致的，但仔细分析却不然。自然地理区域虽不像行政区划那样有法定的确切的边界，但在经过学术论证以后，可以有相对明确的范围。但文化区域主要是由感知而来的认识，当选取不同的文化因子作为划分文化区域的标准时，其范围也会有不同的形态。在各文化因子中，语言（或方言）、风俗、

① 蔡戡：《定斋集》卷1《割属宜章、临武两县奏状》，四库全书本。
② 此书中华本点校者吴企明以为当是熙宁六年（1073）。

宗教都是比较重要的标准，而其中语言的标准更显突出。根据现有的研究成果，我们可以分析几个实例来说明文化区域与自然地理区域以及行政区划之间的关系。我们将会看到既有三个区域相重，也有两个地域相重，而另一种区域与此两地域背离的情况，还有三种区域互相间都不重合的情况。

以湖南为例，历史上湖南的综合文化地理区划可以分成东部的湘、资二水流域与西部的沅、澧二水流域两区，两者的分界以雪峰山为标志。这是与自然地理界线相一致的。在唐后期，湖南的概念初步形成，当时仅指湘资流域，沅澧流域尚未得到深入开发。这一地区以五溪蛮为代表的少数民族的文化占有重要的地位。北宋时期，沅澧流域得到开发，成为荆湖北路的一部分。由于对沅澧流域的开发是从湖北方向而来，而且在行政区划上与湘资流域分处两个高层政区，因此通两宋与元代，沅澧流域与湘资流域分属不同的文化区域，方言不同，风俗有别。元代由于湖广行省太大，包容今湖南、广西、海南及湖北南部，对文化区域的整合作用不明显，此时沅澧流域属湖北道，仍与湘资流域的文化不同。明代以后，原荆湖南北路合并成为湖广布政使司。清初，又分湖广为湖南、湖北两省，这时的湖南省包括了湘、资、沅、澧四水流域，于是湖南文化的一致性渐渐体现出来。经过三百年的整合，湘资流域与沅澧流域不再分属两个文化区，而属于同一个文化区的两个亚区。湖南的类型是文化区域既与行政区划大体一致，也与自然地理区域一致。

山西则是另一种情况。从表面上看，山西似乎是三种区域完全一致的典型。例如作为行政区域的山西省在自然地理方面也基本上自成一区，周围有黄河与太行山为其明确的自然边界。在文化上，山西似乎也有文化一体的感觉，晋中文化与相邻的河北地区的燕赵文化、陕西地区的关中文化似乎有明显区别。但仔细加以研究，就会发现其实不然，在山西这样的地区，也存在文化区与行政区及自然区不一致的情况。如从汉语方言来说，晋语有入声，在北方官话区里显得十分特殊，但晋语并不覆盖山西全省，山西省西南部的运城地区的方言就不存在入声，不属晋语区的范围，却与关中方言十分接近。而方言与语言的认同，正是划分文化区的最重要的因素之一。如果再从历史上作深入研究，更可发现在明代以前，并不存在全山西省范围的一体化的山西文化，其中运城地区与陕西关中文化一体，上党地区与河南省的河内地区文化接近，雁北地区则与边塞文化相对一致。这种情况也许会令人感到惊奇，因为在山西这样一个封闭的凸地形中，文化的一体性原本应该是无可怀疑的。

在南方的福建，也存在着类似的情况。福建与江西之间的武夷山是划分自然区的标志界线，福建省本身也成一相对封闭的地形，两面是山，一面是海，只有南边与广东不存在明显的自然界线。但从文化上看,闽西与赣南及粤东北却成为一个独特的客家文化区,既与自然区不符,也与行政区不一致。跨越三省的客家文化区的存在,说明文化区域的活力并不受法定的界线(行政区划)与天然的界线(自然地理区域)所限制。当然,除了客家文化区外,福建其他地区的文化存在着某种一致性,或者可以称之为闽文化区,但在这一文化区域中又有明显的地域差异性,至少可以分为四个亚文化区。而这些亚文化区与历史上的统县政区(即唐宋的州与明清的府)的范围有密切的关系。另外,闽文化区虽然未覆盖福建全省,但却延伸到福建以外的广东东南部的潮汕地区,这一点在明代就已经有明眼人看出来了。王士性在《广志绎》中已指出:"(潮州)以形胜风俗所宜,则隶闽者为是。"当然,若仅以闽方言为基准,则闽文化区还可以扩大到在地域上并不连属的广东雷州半岛、海南岛与台湾地区。

至于陕西省,则是行政区划与自然区划及文化区域相矛盾的典型。秦岭南北分属不同的自然区域,而从文化上看,关中文化与汉中文化也有明显的不同。关中方言属于中原官话,而汉中方言却夹有中原官话与西南官话的成分。而且时至今日,汉中地区仍然流行用西南官话演唱的汉剧,而关中地区却是秦腔一枝独秀。陕西内部的文化地域差异不但体现在关中与汉中地区之间,而且还存在于陕北与关中之间。陕北地区通行的方言是晋语,与关中的中原官话有相当大的区别,而与山西大部分地区有共同方言。就自然环境而言,陕北的黄土高原地貌与关中的渭河冲积平原也截然不同。因此,陕西其实是三种不同的文化区的无机的结合,是自然区、政区、文化区三不重合的典型。但是值得注意的是,自元代将秦岭南北划在同一行政区以来,经过七百年时间,在行政管理体制的作用下,关中与汉中地区的文化却又有逐渐走向一体化的倾向。这种倾向最明显表现在中原官话区的扩大。向北,关中方言侵蚀陕北的晋语,而使之出现由北而南晋语特征逐渐削弱的现象,亦即入声字逐渐弱化的趋向。在汉中,中原官话则从东西两侧南下,使得西南官话的范围收缩到中部一带。同时,在汉中,在关中,都有秦腔的演唱,但倒过来,汉剧却流行不到关中。这种文化的整合过程至今尚未完成,因为原来自然背景与文化因素的差异都很大的不同文化区的整合为一,是要经过很长的历史时期的。

相对陕西地区而言,湖南文化的一致性就比较显著。尽管湖南的沅澧流域与湘资流域组成一个单一的高层政区仅有三百年时间,远比陕西统合秦岭南北的时间为短,即使加上与湖北共处一个布政使司的时间,也还不足六百年,但到底雪峰山所隔开的湖南东西两部分只是第三级自然区的差异,而秦岭所分隔的陕西南北两部分却是第二级的自然区域的差异。相比起来,当然前一差异要比后一差异小得多。加之，自中唐安史之乱以后，北来的移民到达荆南与江湘地区，使得沅澧下游与湘资下游的方言互相靠近，寖假至于今日，新湘语与西南官话的差异也比关中方言与汉中方言的差异为小。

以上是就省一级的高层政区为范围来讨论三种区域之间的关系，但还应该提到的是一个特殊的与行政区划毫无关联的文化区域的形态，那就是上面已经提及的客家文化区。这一文化区主要以特殊的客家方言与其他文化区区别开来。由于中唐以后的一次南北向的大移民以及唐末五代与两宋之际的移民活动，使得客家方言在南宋时期逐渐形成于赣闽粤三省交界的丘陵山区，从而形成一个与江西、福建与广东主体文化不同的特殊文化区。明清以后，由于生存压力，客家人又西行北上东渡，在湖南、广西、四川、台湾形成许多客方言小区与客方言岛，形成了客家文化的外围地域。这一文化区既与历史的、现行的行政区划没有关系，也与自然地理环境的关系不大。当然客家人的分布都在东部季风区的华中与华南自然区域内，这是与他们以稻作为主的农耕生活相一致的，但毕竟与第三级的自然区的差异毫不相干。

客家文化区的存在以及陕西内部三种区域的矛盾，充分说明了文化区域划分的最根本的基础是人群与社会，而不是自然环境与政治区域。但是这样说并不意味着后两者对于文化区域的形成毫无作用。相反，就整个汉民族而言，在历史上，不适合农耕的自然环境往往是汉文化的边缘，就客家人而言，即使他们的迁徙面再广，也脱离不了适合稻作的自然环境。这就是自然地理环境对文化区域的基础性的作用。

虽然山西与陕西分别代表了三种区域一致与不一致的典型，但不管一致还是不一致都说明在划分行政区域时，自然区域是放在基础地位上来考虑的。陕西是有意使其不一致，以便由北而南的统治；山西的一致，是为了经济管理的方便。与此同时，自然区与文化区也有对应关系，这是在长期的历史发展长河中自然形成的，如湖南省的湘、资流域与沅、澧流域就分属不同的亚文化区。而长期稳定的行政区划又对文化区域起着规范整合的作用。即使如陕西的关中与汉中文化那样，原本存在相当大的差异，经过七百年的行政管理的整合，也出现了异中有同的现象。

在三种区域的关系中，尺度范围不同的地域有不同的情形。上面所说的是省区内以及相当于省区的大尺度的范围，已经体现了行政区划的作用。而省以下的文化亚区，行政区划的规范作用就更加明显，因此文化亚区往往与历史上的统县政区的范围相一致。不但如此，在这个尺度范围里，文化区与自然区之间也存在明显的依存关系。例如在浙江与福建，各中小河流的流域往往是一个个统县政区(即州或府),同时又是一个个小文化区。尤其在浙江,流域与府、与吴语的次方言区基本重叠。在山西与湖南,也有同样的现象。这一现象的产生绝非偶然,而是与经济开发过程相联系的。一个府的地域,往往由一两个县先行开发,其他县再由这一两个县分置而来。因此,一府之内的文化具有同一性,相对于其他府则有相异性。而且,一府的府治由于是该府的政治经济文化中心,因此对该府起着一种文化垂范的作用,从而使该府的文化同一性更形加强。这从政治中心所用方言往往是该府的权威土语这一现象可以看出。

对于文化区域与行政区划以及自然地理区域的关系,古人已有明确的认识。前文两度引用的东汉巴郡太守但望的《分巴郡疏》就说明了这一点。他计划分出的新郡,就是自然地理区域、文化区域与行政区划相一致的典型。虽然当时朝廷未接受这一意见,但我们由此可以看出,关于上述三种区域的统一性问题,早已有人注意到了。

形成文化区域的是社会的力量,划定行政区划的是国家的行政权力,而自然地理区域的划分则是受自然规律所支配。因此文化区域与行政区划以及自然地理区域的关系事实上体现了社会、国家与环境之间的关系。

中国疆域辽阔,历史悠久,文化积淀深厚,在不同的地域中,这三者有不同的关系,而且从历史上来看,这一关系又是在逐渐变化的,例如政治需要随着时代的发展而发生变化,行政区也不断发生变迁。在今天,如何调整行政区以促进现代化建设是一个重要的课题。同时在学术上,这项研究也可视为是联系自然地理与人文地理两大分支的桥梁,尤其因为行政区划是政治地理的研究对象,文化区又是文化地理的研究内容,因此这一研究等于是对自然地理与政治地理及文化地理的有机联系进行深入探讨。这对于如何更深刻地认识人地关系,使地理学成为研究人地关系而不单纯只是研究自然环境的科学,有着重要的学术参考意义。而且研究三者的关系对于文化区的重新塑造,深化对中华民族文化的认识,也有一定作用。

目前国外这方面的探索尚未见到,原因是多方面的。例如在美国,其行政区划大多与自然区划没有关系,许多州与县的形状只是简单的几何图形,谈不上三者之间的关系。欧洲各国虽然有政治地理研究,但都注重大尺度的地域范围,较少涉及行政区划与文化区关系的问题,这与它们国土幅员相对较小不无关系。另外,文化地理研究在北美较受重视而在欧洲尚未得到充分发展,也是一个重要的原因。我国与欧美国家不同,在文化区尤其是行政区的变迁方面积累了丰富的历史资源,应当在学术研究方面加以充分利用,从而对地理学理论的发展作出自己有特色的贡献。

终章　从政治区与行政区理解中国政治地理的两种基本格局

中国历史政治地理研究的重要工作之一，应该是就疆域政区本身的要素来进行分解式的、政治学角度的研究。但历来对疆域政区的研究大体上是整体式的、历史学角度的研究。例如，对于疆域方面的研究，主要是探讨版图的伸缩、领土的归属以及国界的划定，而未将历史上的王朝版图分成边疆区、核心区、缓冲区或其他有关的概念来进行研究与分析。当然也有学者从事具体的边疆地理的研究，但多半不是从政治学的角度去理解其与整个国家疆域变迁的关系，而主要集中在边疆地区的地理考证。例如，通过考证，唐代羁縻府州、明代羁縻都卫的具体地理位置大都能够确定，但对其在政治地理方面所起的作用则不够明确，有待于进一步的分析。

边疆区、核心区与缓冲区的地理格局及其相互关系的研究，虽然可以说是国家尺度的研究，但这与地方尺度即行政区划的研究有很大的关联。因为边疆区、核心区与缓冲区往往是由一部分政区组成的，这些政区有一定相似性而组成一个较大的政治区，所以这一研究其实有介乎国家尺度与地方尺度之间的性质。除了边疆区、核心区与缓冲区等概念外，还应对其他各种政治区进行分析与研究。行政区是政治区最基本最主要的一种，但却不是唯一的。例如，在秦汉时期就有边郡、内郡这样对立的概念，在西汉时有初郡的说法，唐代则有边州，明代有羁縻都卫，清代有藩部，这些都是对某些特殊政治区的不同称呼。行政区划以外的政治区有几种情况：一是因地理区位及其政治作用而由一群政区所组成，如上述的边郡与内郡；另一是在统县政区与高层政区之上起着分块进行军事上统摄、财政上统筹或政治上监察作用的政治区，如汉代郡以上的州、魏晋南北朝州以上的都督区、南宋路以上的总领所辖区等；还有一种是正式行政区划以外的特殊政治区，如元代具有宗教性质的宣政院辖地、清代作为少数民族特殊治理区的藩部，但由于少数民族多分布在边疆，所以边疆区与少数民族特殊治理区有时又呈重叠的状态。

除了政治区以外,对分裂时期与统一过程中的政治地理特征也较少有人关注。在秦统一天下之前,战国之间的合纵与连横是政治军事谋略的体现,而表现于地域上的则是政治地理格局的变迁。崇尚统一是中国的传统政治理念,但历史的实际却是分久必合、合久必分,统一与分裂时期各约占一半的时间。在统一时期,中央与地方的关系有隐性的政治地理格局可探究;在分裂局面中,对峙政权之间更有政治空间的变迁需要探研;在统一走向分裂与分裂趋向统一的过程中,政治地理态势的急剧变化更加值得重视。

总论第四章中,我们对历史上的行政区进行政治地理视角的研究,其中主要总结了三条规律:一是政区层级在三层到两层之间反复;二是政区边界划分有山川形便与犬牙交错两大原则;三是政区幅员经过由大到小,又由小到大的波动。上文又指出,行政区的变动是以政治因素为主导原则的,而对其他政治区未进行全面的总结与分析,只是以南宋政治家对组建军事政治区的思路与元代行政区的地理区位及形状作对比,以透视某些政治区的实质而已。但是很显然,有些政治区与行政区不可能没有关联,而且政治区多半是以行政区作为基础来划分的,所以行政区的某些基本原则可以延伸到对各类政治区的理解中。

对于行政区划以外的各种政治区的划分,历来很少有人关注。而对于基本经济区,却早有代表性的成果,如冀朝鼎对于中国历史上基本经济区①的研究,以及施坚雅(W. G. Skinner)关于中国大经济区域的研究②。可以说,20 世纪以来,历史学界对于经济史方面的研究成果大大超过了政治史。这一方面固然因为政治史长期以来是历史研究的重点,使人觉得没有新的空间可以开拓,还因为经济学的发展在 19 世纪的西方取得很大的成功,如政治经济学是马克思主义的重要组成部分,关于人类社会五个发展阶段的理论也是以经济形态(生产力与生产关系)为标准的。这种情况显然也影响了中国的学术界。同样,在地理学界,经济地理因其具有实用价值也取得长足的进展。而与之相比,不但政治史研究发展不快,而且政治地理研究基本上没有得到开展。近年来这种情况并无多少改变,所以我们才产生了建构中国历史政治地理的设想。中国历史上是一个皇权专制的中央集权制国家③,政治因素

① 冀朝鼎:《中国历史上的基本经济区与水利事业的发展》,朱诗鳌译,中国社会科学出版社,1981 年。

② 施坚雅将晚清划分为九大农业区,并提出区域体系分析方法,见其《中华帝国晚期的城市》(中华书局,2000 年)中的《十九世纪中国的地区城市化》与该书"中文版前言"。

③ 严格地说应该是"中国历史上的中原王朝",此处姑从简。

在国家政策的制订方面起着关键的作用；又加以历史上外患频仍，尤其是北方游牧民族的军事威胁始终不断(在分裂时期的不同政权的对峙中，也存在军事方面的对抗)，军事因素对政治区的影响极其显著。中国又是一个传统的农业经济国家，十分注重自然环境与政治区的一致，因而经济因素也受到重视。中国历史悠久和文化发达的因素对政治行为的影响也不可忽视。所以在种种因素的作用之下，政治区的类型除了最重要的行政区以外，实际上还应包括监察区、财政督理区、宗教文化区、军管区等不同的内容。但这些区域的形成，其目的也只有一个，那就是如何加强中央集权，为政治主导的目的服务。前述冀朝鼎对中国基本经济区的划分，其研究虽然以经济区为对象，而结论却是：谁控制基本经济区，谁就控制了天下，这依然可以看作是政治地理的问题。

历史上各种政治区的划分以及历代的政治地理格局并非是我们今天的凭空臆造，而是对当时统治者的意图进行的总结以及对客观上存在的地理形势的分析。政治区域的地理分异是与地理区位及政治形势密切相关的，所以这种分异不能不说是一种客观存在，另一方面这种分异又因人的主观意图而更加显著，这些意图有时是正式见诸文献的，有时却有点隐晦，这就需要我们予以分析诠释。本章即试图对建构中国历史政治地理设想中的一部分稍作展开，对中国历史上的政治地理格局作一简明的、基本的分析，以为今后深入的研究作准备。

虽然在漫长的中国历史上政治地理格局有过十分繁复的变化，但其中有两种类型的地理格局十分明显与突出，本章即就这两种格局举例予以分析。这两种基本格局，一种体现了边疆区与内地的关系，另一种则体现了中央集权与地方分权的对立态势。这两种政治地理格局的形成来源于古代的两种政治地理思维，我们必须由此说起。

一、《禹贡》的两种政治地理思维

《禹贡》是《尚书》中的一篇，也是我国最早的地理学著作。对于《禹贡》的研究可以说是中国学术史上一件重要事情。大致在19世纪以前，一般人或认为此篇是大禹所作，或认为篇中为大禹纪事，而由当时史官所记录，故属于夏书之列，篇中的九州所反映的是夏代的制度。从20世纪以来，学术界对《禹贡》成书年代开始怀疑，产生了各种不同的看法，但有一点是共同的，即《禹贡》是托名大禹的作品，不可能成书于夏代。至于成书于何时，则众说纷纭。有西周说、春秋说、战国说，还有人认为成于秦统一之后。近来则有主张其蓝本早于商代武丁以前，后递修而成的一说。刘起釪先生的意见是：《禹贡》非修于一人一时，故赞同考古学者所云，其蓝本早有，反映了自龙山文化以来就已形成的人文地理区系，但写定于西周，而后又掺进了战国的事实，今天所看到之定本应是战国时期之本子①。

古代典籍内容有非成于一人一时，而随时代加入新成分的可能，但其基本思想应是一人或少数几人兴于一时，这是毫无疑义的。《禹贡》九州的分划，思维极为明确，非有“溥天之下，莫非王土”的王权思想，或“九合诸侯，一匡天下”的霸权理念不能作。所以其早不能过西周，晚则不过春秋。按理说，将九州的分划置于战国时期最为合适，因为其时已渐有大一统的观念，划分天下的思想有其产生的政治背景。但《禹贡》作者不知黄河有改道的事实，亦不知吴王夫差有开凿邗沟以通江淮之事，故不可能作于春秋之后②。至于说“公元前2000年前后黄河长江流域古代文化区系的划分与《禹贡》九州的划分基本相符”③，显然只能是今人的分析(至于如何算作基本相符，则是另一问题，此处不展开)，并不能说明古人已对该区系有所认识而划九州以求与之匹配。因而据“基本相符”而将《禹贡》始作推至商代嫌之过早。

《禹贡》的内容实分为三部分：一是九州的分划，二是导山导水，三是五服制。所谓九州，是以名山大川为标志，划分天下为九个区域，取名为冀、兖、青、徐、扬、荆、豫、梁、雍等九州。所谓五服，则是以王都四面五百里为甸服，而后每隔五百里往外增加一个圈层，形成甸、侯、宾、要、荒五服的圈层结构。九州与五服体现了两种有截然分别的地理区划体系。依现代的眼光看来，九州制大致是以自然地理与经济地理为表征的政治地理区划，五服制则是理想的政治地理格局。

九州制在当时是一种新思维，但又是未曾实行过的制度。以名山大川作为标志来为天下划分地理区域，是农业社会的天然思路，因此各州内部的自然环境有一定的同一性。这种同一性由《禹贡》详载各州的土壤与植被体现出来，以这种同一性为基础划分区域，对农业经济的发展显然有利。《禹贡》没有点明的另两个自然环境的参数是降水与气温，在当时，这两个指标不可能量化，只能通过植被来表现。所以九州是一种自然地理区划。与此同时，九州又是经济地理区划，因为各州的物产与到达王都的交通路线，《禹贡》都详细备载。但在自然与经济因素背后，还有一个重要的因素——政治。西周封建社

①② 刘起釪：《〈禹贡〉写成年代与九州来源诸问题探讨》，《九州》第三辑，商务印书馆，2003年。
③ 邵望平：《〈禹贡〉九州风土考古学丛考》，《九州学刊》第2卷第2期，1988年。

会的基本特征是天子不直辖王畿以外的地方，而以国与家的分层封建的形态，由诸侯与大夫治理地方。诸侯对于天子的义务有三项，即朝觐、进贡与助征伐。因而进贡是一项重要的政治行为，以贡道的不同为九州的区别，实际上就是一种政治区域的划分。九州制还有一个重要特点未受到重视，那就是九州的分布是南三、北六。南方地域虽然辽阔，但只有扬、荆、梁三州；北方却有六州，如兖、豫、青、徐四州地域都很狭小。这一方面表明北方经济开发程度较高，另一方面还因为北方政治单位比南方多得多。南方只有吴、越、楚三个诸侯国以及巴、蜀等小国，而北方却是列国林立，以是划分政治区域时必然要南方稀、北方密。因此九州制可以看作是以自然地理与经济地理为表征的政治地理格局。

但是又不能将九州视为行政区划，因为行政区划产生的前提是中央与地方有行政统辖关系，而在西周及春秋初期，周天子与诸侯之间只存在如上所述的政治关系。中央与地方间的行政关系要经过春秋战国时期的长期演变才得以形成，其表征就是郡县制。在郡县制产生以前，是无所谓行政区划的。先秦人对九州制的设计特别感兴趣，传世文献《吕氏春秋·有始览》、《周礼·职方》与《尔雅·释地》都有自己的九州方案，最近出土的楚简《容成氏》也有九州的分划①，也许当时这是一个热门话题，《禹贡》只是其中最合适、最科学的一种而已。

五服制则是旧套路，所谓“五百里甸服（中心统治区）、五百里侯服（诸侯统治区）、五百里绥服（必须平服的地区）、五百里要服（边远地区）、五百里荒服（蛮荒地区）”，是指不同地位、不同功能的地区，以五百里为宽度，依次向外排列：甸服，作为中心统治区，在空间上同样处于核心地位；其外是侯服，绥服，要服；最外者荒服，就是蛮荒之区了。

五服制正是封建制的理想化，从中心统治区向外围水波纹似地推开去，正和“商郊牧野”和国野制度的圈层型结构——城外是郊，郊外是牧，牧外是野——相似，这是过去现实制度的反映。《周礼》中所谓九服制，性质也与此相同。

虽然现实社会不可能有这样一个方方正正的、圈层严格分明的政治实体，表面看来这只是一种理想化的政治地理格局，但却不是没有事实作依据的。圈层状的地理结构最远可溯源至原始社会的部落分布形态。恩格斯在《家庭、私有制与国家的起源》中提到印第安人部落的特征时说：“每一部落除自己实际居住的地方以外，还占有广大的地区供打猎与捕鱼之用。在这个地区之外

① 见《上海博物馆藏战国楚竹书（二）》，上海古籍出版社，2002年。

还有一块广阔的中立地带，一直延伸到邻近部落的地区边上。……这种地带与德意志人的边境森林，与恺撒（时代）的苏维汇人在他们地区四周所设的荒地相同。”①这里所述就是在部落核心居住区外有一层猎捕圈，再往外还有一个中立缓冲圈。

中国古代社会也有同样的地域结构，在商王朝末年，这种结构形态依然明显。《尚书·牧誓》载：武王伐纣，“王朝至于商郊牧野，乃誓”。这里的商就是天邑商，即商之都城朝歌，郊、牧、野则是城外的三重圈层，郊外是牧，牧外是野。其后仍有较明确的圈层制，《逸周书·王会》载：“方千里之内为比服，方二千里之内为要服，方三千里之内为荒服。”这是比较简单的三层制。而《国语·周语》则扩大到了五层：“先王之制：邦内甸服，邦外侯服，侯卫宾服，夷蛮要服，戎狄荒服。甸服者祭，侯服者祀，宾服者享，要服者贡，荒服者王。日祭，月祀，时享，岁贡，终王。”《禹贡》则进一步，在每一服中还分为两到五个更细化的圈层，如在侯服里又有“百里采，二百里男邦，三百里诸侯”的区别。但圈层的设计并没有止于《禹贡》，《周礼·职方》描写了一种更为细化繁琐的九层模式，即王畿、侯服、甸服、男服、采服、卫服、蛮服、夷服、镇服、藩服。如果说《禹贡》的五服制是理想化的格局，那么《职方》的九服制接近于纸面上的游戏了。

在王权思想指导下产生各种政治地理思维是很正常的，九州制与五服制不过是两种典型的代表而已。一般人都推崇九州制的高明，而以五服制为虚妄，甚而认为五服制是《禹贡》的赘疣②。其实《禹贡》将两种不同的政治地理思维放在同一著作中正表明作者的高明，因为在统一的中央集权制国家出现以后，两种政治地理格局都在不同的情势下出现。九州制是后世的统治者在加强中央集权与最大限度地发挥政府职能方面的思想资源，而方方正正的圈层格局虽然没有出现，简化了的圈层却一直体现在中国历史上的边疆区与内地的关系上。从秦汉时期的边郡与内郡到唐代的边州与内地诸州，都基本上是这个模式。因此五服制所体现的是一个国家的核心区与边缘区的理想关系，而九州制体现的是一个国家的内部如何进行政治分区以实行管理的实际体制，或者说是中央与地方的政治关系的一种地理体现。我们既然称五服制为圈层式结构，亦不妨称九州制为分块式结构。秦汉以降，这两种结构一直是政治地理格局的两种基本形态，以迄于近现代。

---

① 《马克思恩格斯选集》第4卷，人民出版社，1966年，第81页。

② 刘起釪：《〈禹贡〉写成年代与九州来源诸问题探讨》。

二、边疆区与内地的圈层型关系

1. 秦汉时期的边郡与内郡

秦汉时期的边郡是指直接与敌对政权相邻的郡，内郡则是不与敌为邻的内地的郡。有些郡即使离边界很近，只要不与敌相邻，也算作内郡，而不是边郡。例如西汉名将李广勇于作战，原为边郡太守，有人怕他遭到不测，要求将他调离边境，结果调到上郡[①]。其时上郡不与匈奴邻接，不算边郡。又，冯参在永始年间被破格提拔为代郡太守，后朝廷又因为边郡道远，徙其任安定太守[②]，说明代郡是边郡，而安定郡不是边郡。其实安定离边界也不远，只是不与匈奴紧邻。由此说明边郡就仅指边界上的郡而已。所以边郡与内郡的关系依然是圈层型的，边郡成圈状包围着内郡。边郡的组合就是现代意义上的边疆区。在汉武帝以前，边郡有南边郡与北边郡之别。北边郡备胡，即匈奴，南边郡备越。汉武帝开广三边以后，东越、南越地入汉之版图，因此边郡的范围有所变化，只有备胡的北边郡，而西南与南部新开疆土共有十七郡，则视为初郡。这些初郡就是少数民族边疆地区，采用不征税、以故俗治的方式治理。

具体而言，在武帝时期，从东到西方向，西汉的北边郡依次为辽东、辽西、右北平、渔阳、上谷、代郡、雁门、定襄、云中、五原、朔方、北地、武威、张掖、酒泉、敦煌，另外朝鲜四郡玄菟、乐浪、真番、临屯也应该算在内。这些边郡大多数都设置有专门的军事机构都尉，而且往往是东、西部都尉并设，多数还设有中部都尉。这明显地是为了有多头的防御进攻能力。而且正北方的边郡在形状上都有一个共同的特点，即都是南北向长，东西向窄。这些边郡从战国时代起就是抵御匈奴进攻的军事重地，边郡的形状也显然是为了强化军事攻防的力度，增加多头的出击或抵御方向。抑有甚者，在这样南北狭长的郡境里也同样有东、西两部甚至中部都尉的设置，而不是设南北都尉，显示其重要的军事作用。除了北边郡外，在汉武帝开广三边以前还有南边郡，即会稽、豫章、桂阳、武陵等郡。以上定襄以东的各个北边郡以及南边郡，在汉景帝三年(前155)吴楚七国之乱以前都归诸侯王国所有，乱平之后才归中央管辖。所以《史记》卷17《汉兴以来诸侯年表五》说："吴楚时，前后诸侯或以適削地，是以燕、代无北边郡，吴、淮南、长沙无南边郡。"

---

① 《史记》卷109《李将军列传》载："徙为上谷太守，匈奴日以合战。典属国公孙昆邪为上泣曰：'李广才气，天下无双，自负其能，数与虏敌战，恐亡之。'于是乃徙为上郡太守。"

② 《汉书》卷79《冯奉世附冯参传》载："永始中超迁代郡太守，以边郡道远，徙为安定太守。"

汉代的边郡在地理区位上显示其特殊性，这是汉朝与北方游牧部落政权双方都要力争的边缘地带。从自然环境上看，有些边郡也较特别，处于可农可牧的地位。于中原人民而言，这一地区是很好的农业地带，虽然降雨量不足，但却可以靠灌溉弥补。于游牧民族而言，则是丰美的牧场。处于这种境况的边郡，其人文地理风貌也很特别，在风俗方面既与游牧民族有异，也不完全同于内地民风①。

边郡与内郡在军事上的作用有明显的区别，但在其他方面的差别，我们所知不多。所知的只有：边郡无论在什么时候都可用粮食喂马，而内郡在收成不好时，就被严禁以粟喂马②。这显然是为了给边郡提供军事行动的保证；而在内政事务方面，边郡就少了一些权利，如边郡基本上不参与选举贤良方正之事。西汉宣、元、成帝时，曾屡有举文学高第、贤良方正之事，但都仅限于三辅、太常、内郡与诸侯王国的范围内③；又曾有选择吏员补郡太守卒史事，一般的郡补二人，而边郡只一人④。可见边郡之要务重在军事，而较少参与内政事务。再者，由于边郡是军事重地，故律法比内郡为严。东汉建武十八年(42)四月“甲戌，诏曰：今边郡盗谷五十斛，罪至于死，开残吏妄杀之路，其蠲除此法，同之内郡”。

两汉之间的新朝，还在边郡与内郡之间增加了近郡的概念。《汉书》卷99中《王莽传》载：“莽下书曰：常安西都曰六乡，众县曰六尉；义阳东都曰六州，众县曰六队；粟米之内曰内郡，其外曰近郡，有鄣徼者曰边郡，合百二十有五郡。”王莽改制，一切崇古。内郡、近郡与边郡的区分使圈层更加明显，也是模仿禹贡五服制的结果。所谓粟米之内就是相当于五服制里的甸服，即都城附近四五百里之内的范围。边郡概念不变，在边郡与内郡之间的就是近郡，成为三圈层的地理结构。不过此时细分为内郡与近郡两类到底有何实际意义则不清楚。

秦时有否边郡与内郡的明确区分，在传世文献中还没有看到。由于汉承秦制，秦时同样需防御匈奴的进犯，可能也有边郡与内郡之别，以利于军事方面的管理。不过如果上溯至战国时代，则不可能有内郡与边郡的区别。因为郡的出现本来就比县要晚，郡所设置的地理位置都是在各国都城以外的边地，

---

① 参见周振鹤：《秦汉风俗地理区划浅议》，《历史地理》第十三辑，上海人民出版社，1996年。

② 《汉书》卷5《景帝纪》载：后元二年(前146)，“春，以岁不登，禁内郡食马粟，没入之”。

③ 同上书卷8《宣帝纪》载：本始四年(前70)夏四月，“令三辅、太常、内郡国举贤良方正各一人”。另参见卷9《元帝纪》与卷10《成帝纪》。

④ 同上书卷88《儒林传》载：“请选择其秩比二百石以上及吏百石通一艺以上补左右内史、大行卒史，比百石以下补郡太守卒史皆各二人，边郡一人。”

与他国相邻，起着防御的作用。或者不妨说，战国时代的郡按性质讲都是边郡，而内地则只是都城周围的地区。尽管某些国家随着领土的扩大，设郡增多，有些郡不一定紧邻他国，但也不致有边郡与内郡的明确分别，因为距初设郡时的本意在时间上还相去不远。只有到了秦统一天下之后，六国之地尽入于秦，各国的都城附近地区与郡大都变成统一帝国的内地，这时内郡与边郡的概念才可能产生。当然也不排除直到秦代还没有边郡与内郡的明确区分，只是到汉代匈奴之患更加严重时才产生了这一对概念。而自此之后，人们对边疆地区的认识显然强化，所以边郡、边州的叫法直到唐、宋、元、明时还始终盛行[①]。如《元史》卷8《世祖本纪五》载：至元十二年(1275)正月“丁亥，枢密院臣言：‘宋边郡如嘉定、重庆、江陵、郢州、涟海等处，皆阻兵自守，宜降玺书招谕。’从之”。

内郡的称呼也是如此，从汉代一直延续下来，直至宋元以后。如《宋史》卷175《食货志上三》云：“元丰二年(1079)，粂便粮草王子渊论纲舟利害，因言：‘商人入中，岁小不登，必邀厚价，故设内郡寄粂之法，以权轻重。’”可见其时内郡与边郡的粮食政策是有差别的。卷493《蛮夷传四・西南溪洞诸蛮》又载：太平兴国“八年(983)，锦、溪、叙、富四州蛮相率诣辰州，言愿比内郡输租税。诏长吏察其谣俗情伪，并按视山川地形图画来上，卒不许”。由此可知，如果“蛮夷”未曾内附，则可视作边郡，若输租税，其治理方式与内郡同，则可视作内郡。不过比较奇怪的是，在元代，似乎内郡的范围很小，如《元史》卷16《世祖纪十三》载：至元二十七年(1290)五月丙寅，“江西行省言：‘吉、赣、湖南、广东、福建，以禁弓矢，贼益发，乞依内郡例，许尉兵持弓矢。’从之”。广东、福建非内郡是可以想象的，而湖南与江西的吉赣二路亦非内郡则令人不解。

2. *唐代羁縻府州的圈层*

唐代的羁縻府州是为内附的少数民族与所谓“蛮夷”部落而设的管理机构。这些机构虽都以羁縻为名，但在性质上与地域上有很大的区别。大致说来，在性质上可以有三个层次的不同：第一层次与中央政府所辖的一般府州即所谓正州没有实质上的区别，如安北都护府。第二层次是中央政府能够操控的属地，如开元、天宝以前的松漠都督府与饶乐都督府。第三层次则只有名义上的归顺，如忽汗州都督府[②]，实际上是独立的政治实体。而从地域上看，羁縻州只有两个层次：一是设于边外的各国、各族的原住地的羁縻州；一是侨居于边内

---

① 《新唐书》卷8《玄宗纪上》载：开元十五年(727)八月“己巳，降天下死罪，岭南边州流人，徒以下原之”。《新唐书》卷48《百官志》：“边州不置铁冶，器用所须，皆官供。”

② 以上实例见谭其骧师《唐代羁縻州述论》的分析，载《长水集续编》，人民出版社，1994年。

的内迁部族的羁縻州。地域上的这两个圈层从东、北、西与西南各方面包围着唐帝国的疆土，形成一个很合适的缓冲区，对于边疆的安定起了很好的作用。所以羁縻府州的设置并非只是权宜之计，而是有其重要的政治地理思路的。

三、特殊政治区的类型与功能

如果说以五服制为代表的圈层式结构带有一点天然的性质，也就是说，敌对政权并立时总归会出现这样的结构，那么以九州制为代表的分块式结构就是人为的设计了，即不管分块的依据是自然环境和经济因素，还是政治目的，都是按人的主观意志进行的。在中国历史上，这种政治地理格局表现为许多种不同的形式，限于篇幅，以下只举其昭昭者予以说明分析。

1. 两汉的刺史部

秦汉的行政区划体系是郡县两级制，以郡统县，郡以上不设高层政区。汉代将秦郡析小，加之汉武帝开疆拓土增加了许多新郡，所以到元封年间汉郡与王国总数已经达到一百零三个。在这种情况下，中央的管理幅度显然太大，遂将首都附近地区以外的一百零二郡划成十三刺史部，每部设刺史一人，监察该部所属各郡长官郡太守的工作，刺史部就是以监察事务为目的构建起来的政治区①。

十三刺史部的取名中有十一部以某州刺史部为名，故习称十三州。州名基本上沿用了《禹贡》与《职方》九州旧名，只不过改雍州为凉州，改梁州为益州，另外，又从冀州分出幽州与并州。十一州的地域范围与《禹贡》九州基本一致而有所扩大，凉州增加河西五郡，益州扩展至西南夷地区，幽州延伸到朝鲜四郡。十一州中，大部分州的地理区位也与《禹贡》九州相对应，《汉书·地理志》说十三州是兼采夏周之制，其实只因其中有幽、并二州之名来自《职方》而已。可见《禹贡》九州制的分划是合乎汉代人理想的地理区划方案。这个方案的实质就是以都城为中心，通过划分监察区，派遣刺史以控制全国的一种政治措施。东汉沿用了这一制度，但到东汉末年，刺史部演变为行政区，州成为郡以上的高层行政区，与原来的监察区性质完全不同了。

2. 唐初的十道与唐中期的十五道

唐代贞观元年(627)分天下为十道。这十道既非行政区，亦非军事区，有人认为是监察区，虽无文献方面的直接证明，但却是很有可能的。因为监察官员是分道(即分路线)监察，年终回京汇报。分道是分区的另一方式，同一路线

---

① 由于西汉政区变化很大，汉武帝初设十三刺史部与《中国历史地图集》第二册所载西汉末年之十三部有较大差异。

去向的就组成一个地区。《唐会要》亦载，唐初巡抚、按察、存抚之使的派遣络绎不绝[①]，这些使节的派遣应该是分道进行的。这十道基本上按照山川形便来划分，即以大山名川作为标志，分天下为河北、河南、河东、关内、陇右、山南、淮南、剑南、江南、岭南等十道。百年之后的开元二十一年(733)，将十道进一步细分为十五道，每道“置采访使，检察非法”，此时的道是正式明确的监察区，采访使即为负责一道的监察官员。与十道相比，十五道是由关内道分出京畿道，河南道分出都畿道，江南道分出黔中道，而剑南道与山南道各分为东、西而成。

比起《禹贡》的九州与西汉的十三部，唐初十道所反映的政治经济态势已经大不同了。《禹贡》九州的地域若以秦岭—淮河一线为南北界线，则九州之中六州在北方，三州在南方，显见南方开发程度低，人口少，所以区划不密。到了西汉，这种情况尚未发生根本变化，其时长江以南还是饭稻羹鱼的粗放农业经济形态，人口亦是北方多而南方少。十三刺史部中，四部在南，而九部在北，南北经济发展水平相差悬殊。更重要的是，荆、扬两部都跨长江而置，呈南北狭长状，明显有以江北带动江南发展的意味。而到七百多年以后的唐初十道，江南已单独成为一道，在地理区位上成横向布置了。而且唐初十道之数是南北各五道，呈均衡状态。到开元年间，南方分区更加细密，十五道中已成南八、北七的比例了。

《禹贡》九州的影响深远，一直到隋代文献中，还以此框架来分述一百九十个郡的地理情况。但其时南方已获相当发展，《禹贡》的九州分划已脱离实际，所以才有唐初抛弃九州另分十道的革新。不过十道的基本思维还是山川形便，与《禹贡》并无二致。

3. 南宋的大军区构想与元初的行中书省

南宋末年已与蒙元政权形成南北对峙局面。为了抗击北方的强敌，文天祥提出一个建立新军区的设想：“今宜分天下为四镇，建都督统御于其中，以广西益湖南而建阃于长沙，以广东益江西而建阃于隆兴(南昌)，以福建益江东而建阃于番阳，以淮西益淮东而建阃于扬州。责长沙取鄂，隆兴取蕲、黄，番阳取江东，扬州取两淮，使其地大力众，足以抗敌。”这一设想在于使南宋形成多头的抵抗力量，并各有相应的后援。实际上文天祥这一构想是为了将南宋原有的宣抚、制置使与总领所辖区(参见后文)规范化，一方面使两个系统的辖区固定下来，不再废置无常，范围不定；另一方面又使两个系统的辖区相一致，以利于军事行动。而1274年由北而南进攻南宋腹心地区的蒙元军队正与此构想相反相成，元兵分三路，一下江东，一下湖南，一下江西，而底定南方。这以后

---

① 《唐会要》卷77《巡察按察巡抚等使》。

元代所建立的六行中书省，即陕西四川行省、云南行省、江淮行省、湖广行省、江西行省和福建行省，不但与行军路线相关，而且其区划与文天祥的构想基本相类，只是方向上反其道而行之。

元初的行中书省其实不是行政区划，而只是临时性的军事型政治区，亦即在原有被征服政权的行政区划上再叠加的一种军事政治区，因此与自然区域及经济区域毫无关系。这种空间模式似是沿袭了自《禹贡》九州至汉州唐道的分块模式，实质却是大不同了，完全抛弃了以山川来规划高层政区而可使其内部自然环境趋同的思路。

但是等到军事行动结束，元代稳定下来以后，发现管理农业社会仍需要延续千年的政区体系，于是原有的行政区划作了调整而与经济区及自然环境又有了一定关系，形状也从纵向变成横向，行省也由军事型政治区变成正式的行政区划。至元代中期，上述元初行省的两个特点都有所改变，在地理方面，狭长形的行省得到改造，陕西四川行省被分为陕西与四川两省，以中书省、江淮行省及湖广行省部分地建立河南江北行省，使湖广行省向南缩短；还将福建行省与江淮行省南部合并而成江浙行省。加上在蒙古故地建立的岭北行省，在东北与西北建立的辽阳与甘肃行省，十行省与一中书省的地理区划趋向均衡。由总论第四章的分析可知，前代分块模式体现的自然地理因素在元代中后期的行省区划调整过程中，也渐有体现。

还有一个被很多人忽视的重要特点，是元代行中书省始终被视为外廷，在地理上甚至被视为与内郡对立的边郡性质。《元史》卷32《文宗纪一》载：致和元年(1328)“九月……丙寅，命造兵器，江浙、江西、湖广三省六万事，内郡四万事……冬十月……己酉……分遣使者檄行省、内郡罢兵，以安百姓。”这里首先是内郡与江浙、江西与湖广并列，其次以行省与内郡对举，可见行省在外，具有拱卫内郡之作用。两者之间又似有核心区与边疆区的区别。只是内郡所指仍不十分明确，似乎不应该只指中书省，还应包括河南江北行省在内，因为据《元史》，从未有内郡与河南江北行省对举之例。岭北行省是蒙古故地，或不被视为边疆，也许算作内郡，其余行省或许就都是边疆区了①。由此，“九州”的块状模式与

① 下列记载或能补充上述推测：《元史》卷16《世祖本纪十三》载：至元二十八年(1291)，“户部上天下户数：内郡百九十九万九千四百四十四，江淮、四川一千一百四十三万八百七十八，口五千九百八十四万八千九百六十四”。卷21《成宗本纪四》载：大德八年(1304)十一月“壬子，诏内郡、江南人凡为盗黥三次者，谪戍辽阳。诸色人及高丽三次免黥，谪戍湖广”。卷22《武宗本纪一》载：“甲寅，敕内郡、江南、高丽、四川、云南诸寺僧诵藏经，为三宫祈福。”卷35《文宗本纪四》载：天历二年(1329)三月，“以儒学教授在选数多，凡仕，由内郡、江淮者，注江西、江浙、湖广；由陕西、两广者，注福建；由甘肃、四川、云南、福建者，注两广”。

“五服”的圈层结构，在元代后期的高层政区分划上都有一定程度的反映。

四、跨高层政区的特别政治区

汉代以后，各朝统治者都想在行政区划体系之上建立一层非行政区划的政治区，以对整个行政区划体系或高层行政区划起统摄作用，从而在中央集权与地方分权之间保持适度的张力，以利于国家政治的正常运转。这些政治区有监察性质的，如汉代的州与唐中期的道；有军事政治性质的，如东晋南北朝的都督区、总管区和元初的行省；有财务督理性质的，如南宋的总领所辖区。其中汉州与唐道建立在统县政区之上，已见前述。下面要着重分析高层政区之上的特别政治区。

1. 军事型政治区——两晋南朝的都督区

东汉末年，州郡县三级行政区划体系形成，这是长期固定的监察区制度的必然结果。随后整个魏晋南北朝行政区划实行的都是三级制，已经使其时的行政效率有所下降。但事情的发展还不止于此。在魏晋南北朝这一大分裂时期，军事行动的重要性不言而喻，于是产生了管辖数州之地的军事长官都督，形成州以上的新型的一层政治区——都督区。

三国时期，鼎立局面使对峙政权在各自的边境地带都要设有军事区域以利攻防，此时期的都督区正在萌芽，三方的都督区形态差异较大。其中魏之都督区发展较为成熟，而蜀、吴则尚未成型。

魏在缘边诸州皆分置都督区，《三国志·魏书·杜恕传》云：“今荆、扬、青、徐、幽、并、雍、凉缘边诸州皆有兵矣，其所恃内充府库，外制四夷者，惟兖、豫、司、冀而已。”曹魏全境分为十二州，由上引文知其中有八州是边州，只有四州是核心地区。边境八州之中分置四个都督区：一为雍凉都督，治长安以备蜀；二为荆豫都督，治宛，以备蜀、吴；三为扬州都督，治寿春以备吴；四为青徐都督治下邳；五为河北都督统幽、并二州，治蓟，以备胡①。其中不临前敌者惟有青州，乃以此为徐州之后盾而组成青徐都督区。魏之都督区虽是分块状，但其与核心区分立的态势亦是明显的圈层状，只是西北方向仍不圆满，司州应属核心区，但还有一个边郡与羌胡相邻。

同样，蜀于缘边诸郡也分置都督区以备军事。蜀仅一州之地，故都督区所统辖者是郡而不是州。汉中都督备魏；江州都督及永安都督（一名巴东都督）

---

① 参见严耕望：《中国地方行政制度史》上编（三）卷中《魏晋南北朝地方行政制度》上册，（台北）历史语言研究所专刊之四十五，第26～27页。

备吴；庲降都督，统南中七郡备蛮（先治南昌县，后徙平夷县，又徙味县）[①]。吴于缘江军事要地置督以备魏、蜀，督区更小，自西而东有信陵、西陵、夷道、乐乡、江陵、公安、巴丘、蒲圻、沔中、夏口、武昌、半州、柴桑、吉阳、皖口、濡须、芜湖、徐陵、牛渚、京下诸督，亦有称都督者，似以缘长江之军事要地为防线，而非以地区作为都督区，与魏、蜀有异。

西晋承三国，有司、豫、兖、冀、青、徐、幽、并、雍、凉、益、荆、扬、交、广诸州，又分益而置梁、宁，分雍、凉而置秦，分幽而置平，凡十九州。在这十九州之上常置都督者有八：豫州都督、邺城督（至西晋末始有都督冀州之号）、幽州都督兼督平州，关中都督统雍、凉、秦三州，以及沔北都督、荆州都督、青徐都督、扬州都督[②]。后来晋惠帝又分荆、扬二州置江州，常属扬州都督区；怀帝又分荆、广二州置湘州，常属荆州都督区。

至东晋时，都督区的最大特点是经常变化其都督的地域范围。例如扬州都督区的大小就经常因人而异，比较常见者为兼督豫州或加江州或加兖州。荆州都督区通常统辖荆、益、宁、雍、梁五州，时或兼统江州，或兼统交、广二州。江州都督起始仅督本州，后来常包括荆州之汉水以东诸郡及豫州之西南诸郡。徐州都督为徐、兖、青三州。豫州侨置于扬州，所督皆扬州之郡。会稽都督区为浙东五郡，沔中都督区以襄阳为中心，包括南阳、新野、义阳、义成等七郡或八九郡。益州都督区督益、宁二州及梁州之三四郡。广州都督区则督交、广二州。

都督区与州一级政区除了有上下统辖关系之外，还与州郡级行政区在地域上有交错的现象，可以下辖部分州加上部分郡。这种交错是为了军事上与行政上的互相牵制，同时也反映了都督区的性质实为军事型政治区而非行政区的一种。如果都督区是行政区，则范围应与州境相一致，既然都督区可与州境相交叉，则说明都督区意在偏重军事上的统辖，而非行政上之治理。例如《晋书》卷15《地理志下》扬州条载："旧江州督荆州之竟陵郡。及何无忌为（江州）刺史，表以竟陵去州辽远，去江陵三百里，荆州所立绥安郡人户入境，欲资此郡助江滨戍防，以竟陵还荆州……安帝从之。"竟陵郡不邻江州，江州何以越江夏等郡而督竟陵，殊不可解；且言"还荆州"，必是原属荆州，后因为某种缘故而归江州，最终才又归还。

要之，两晋南朝期间之都督区具有很强的军事政治区特征，其主要功能在

---

① 参见洪饴孙：《三国职官表》。

② 参见严耕望：《中国地方行政制度史》上编（三）卷中《魏晋南北朝地方行政制度》上册，第35页。

于军事方面而非行政管理。所以其地域大小弹性很大，大者或半天下，小者仅数郡之地，而且经常不顾行政层级关系而州郡并辖，割裂了原有州郡县的统辖关系。还因人而异，更换都督就可能改变都督区范围，致有都督区与州郡级行政区相交叉的情况。所以不宜视都督区为一级行政区，只能视为权宜之军事型政治区。这种军事型政治区经常由各种因素的变化而变换其形态，处于一种不稳定的状态之中，换句话说，在这一历史时期中，政治地理格局是经常变化的。

2. 经济型政治区——北宋的发运使管辖区

宋代为了边防及供养大量官员的需要，中央政府所需地方供给加上边疆地区需要中央调拨与其他地区支持的财帛粮食数量很大，财赋的转运是当时地方政府最重要的公务。因此北宋的高层政区虽采用多机构多首长并立的制度，但必以转运司为主要机构，并以转运使为一路的主要长官。不但如此，北宋时期还在经济特别发达地区设置路以上的专门的发运机构，这就是江淮荆浙发运使的设置。北宋的发运使与其他地方官员不同，它不是普遍设置的官职，而是一个特别的职务，只管辖发运淮南、江南、荆湖与两浙六路的粮食到首都地区。这个职务的形成与北宋的经济地理形势直接相关。《续资治通鉴长编》曾总结北宋各地的财政情况说："京之东西，财用自足，陕右、河朔，岁须供馈。所仰者，淮南、江东数十郡耳。"①这里所提到的三个地区，实际上包括了除川峡、闽、广以外的各路在内。自足区是京东、京西路，短缺区是陕西、河东与河北路②，供馈区是东南六路（淮南、江东是其代表），故发运使只设在这一地区。下文将会提到，唐代后期的东南八道是中央政府的财政基础。而北宋的东南六路，即荆湖南北路、淮南路、江南东西路与两浙路正与唐代东南八道的范围大体一致，这一地区不但是唐宋时代的经济发达区，在后来的元明清时期，其经济发展依然领先于全国其他地区。

上引《续资治通鉴长编》没有提到的地区是川峡四路、广南东西路及福建路。这一地区的经济情况虽没有明确的描述，但基本上也是自给自足区，有的路如福建路的经济情况不错，能向中央提供财帛，但粮食却只能自给③。因此仅按经济情况，就能将北宋全境划分为四个功能不同的地区。但这四个地区在地缘政治方面又各有其特点。陕右、河朔是前敌攻防区，京东西是政治核心

① 宝元二年五月癸卯条。

② 《宋史》卷175《食货志上三》亦载："河北、河东、陕西三路租税薄，不足以供兵费。屯田、营田岁入无几，籴买入中之外，岁出内藏库金帛及上京榷货务缗钱，皆不翅数百万。"

③ 详见余蔚：《两宋政治地理格局比较研究》，《中国社会科学》2006年第6期。

区，东南六路是基本经济区，川峡闽广最重要的特点还不在经济方面，而是在其险恶边远，是当时人们心目中的边远区[①]。这是一个中央集权制国家的正常的政治地理格局[②]，而且这一地理格局是天然形成的，并不是人为划定的，与南宋时期有意分全国为四个总领所区有很大的区别。北宋的政治地理格局虽分为四块，但其形态显然是圈层状的，其外层是北方防御区与南方边远区，内层是不周全的东南供馈区，中间则是政治核心区。

3. 军事型与经济型相结合的政治区——南宋制置使与总领所辖区的结合

南宋由于与金在军事上长期对峙，其路一级长官遂改以安抚使为主，与北宋以转运使为主的情况有所不同。而且为了协调军事行动，南宋更在路一级政区之上设有大军区，这就是宣抚制置使辖区。宣抚、制置使的设置历史较长，唐代已见端倪，至南宋因政治军事形势的发展而日显重要，而且其所管辖的范围逐渐形成四川、京湖与江淮三个大军区。其中，四川宣抚制置使辖区为川峡四路，最为明确而且稳定；京湖宣抚制置使辖区也相对稳定，包括京西与荆湖北、南三路；唯有江淮宣抚制置使辖区最为不定，大致包括淮南东、西和江南东、西四路[③]。

因为财政经济是支持军事行动的最主要的基础，所以南宋在路以上也建立了一层以经济为主导的地理区域，即四个总领所区。最先建立的是四川总领所，统领川峡四路，随后又建立了淮东、淮西与湖广三个总领所。其中湖广总领所地域范围比较明确，领荆湖南北路与广南东西路[④]。淮东与淮西总领所的领辖地区则不甚明确，而且此两总领所有时废置不定，有时合并，即使分置时所辖范围也有重叠。据余蔚研究，淮东总领大致辖淮东、江东、江西、两浙路，淮西总领则辖淮西、江东、江西路[⑤]。

由于军事行动与财政支持的关系密切，所以宣抚、制置使与总领所的结合趋势越来越明显，即所谓“合官、民、兵为一体，通制（置）、总（领）司为一家”[⑥]。因此余蔚综合宣抚、制置使与总领所辖区，以及其他地理情况，将南宋分为三

---

① 《宋史》卷159《选举志五》载：“川峡、闽、广，阻远险恶，中州之人多不愿仕其地。初，铨格稍限以法：凡州县幕职每一任近，即一任远。川峡、广南及沿边，不许挈家者为远，余悉为近。既分川峡为四路，广南东、西为二路，福建一路，后增荆湖南一路，始立八路定差之制，许中州及土著在选者随意就差，名曰指射，行之不废。”

② 参见余蔚：《两宋政治地理格局比较研究》。

③ 参见余蔚：《论南宋宣抚使和制置使制度》，《中华文史论丛》2007年第一辑。

④ 刘宰：《漫塘集》卷29《故宗氏安人墓志铭》载：“湖广合四道数十州命使，幕府事殷。”

⑤ 参见余蔚：《宋代的财政督理型准政区及其行政组织》，《中国历史地理论丛》2005年第三辑。

⑥ 《宋史》卷403《赵方传》。

个独立攻防区与中央直辖区及边远区，形成与北宋不同的政治地理格局。此一格局还有待进一步探讨，因为南宋的边远区并不如北宋那样明显，中央直辖区也不处于核心地带，但可暂备一说。

五、地方分权偏重时期的政治地理

1. 西汉诸侯王国与汉郡消长的政治格局

汉初因为中央政权不够强大的缘故，不得不采取封建政策，建立与中央分庭抗礼的诸侯王国及由中央直属的侯国。异姓与同姓诸侯王国同中央所属汉郡在地理上的对立，是一种特殊的政治地理格局。诸侯王国并没有形成如五服制那样包围着甸服的侯服，而是占去汉初的大约一半疆域，并与汉郡形成东西对立的态势。这种形势自然不利于皇权专制的中央集权制度，所以在汉文帝、景帝与武帝三朝，相继采取了众建诸侯、削藩与推恩的手段，使诸侯王国占据整个东部地区的政治局面发生根本的变化，这种变化由以下几个方面组成。

首先是通过诸侯王国数目的增加使各王国的封域相对缩小。高帝年间的诸侯王国都地跨连城，拥有数郡之地。所谓“众建诸侯”就是将一国分为数国，如齐国分为六国，赵国分为四国，表面上是在原来只传嫡长的诸侯王之外，让其兄弟也都平等地成为诸侯王，这样做的实质就是要“少其力”，使每一新封王国的封域至多只有原来该国的一郡之地而已。高帝末年只有十个诸侯王国，到景帝时期竟达二十余国，有的王国甚至只有汉初王国所属一郡的二分或三分之一地。其次是削夺诸侯王国的支郡。因为有的诸侯王没有兄弟，无法实行“众建”，就强行采取削藩的办法，借某一罪名削去诸侯王国的支郡，而使其领地只余一郡。再次是利用推恩的办法，使那些剩下的一郡之地不断割出一县或一乡之地建立王子侯国，以分封诸侯王子弟为王子侯，并将这些被封的王子侯国划归其相邻的汉郡。这样一来，到汉末，许多诸侯王国就只剩数县之地了。

诸侯王国封域被削夺，直接体现为地理空间的缩小，同时又间接反映在人口数量与兵源的减少、财力的削弱方面。与此同时，汉郡的数目与领域不断增大，到西汉中期，中央集权势力已经大大超过诸侯王国潜在的割据势力。而且还有另一种地理上的变化：在汉初，十个诸侯王国封域连成一片的格局，到景帝初年已成为“插花”局面，亦即在诸侯王国之间已经插着许多汉郡，政治地理态势发生了很大的变迁。所以景帝三年虽有吴楚七国之乱，但这一中国历史上首次地方对中央的叛乱很快就被敉平，主要原因就是这七国的封域已经很小，而且在地域上并不连成一片，其实力不足以颠覆中央政权。西汉一代诸侯王国的变迁是中国历史上政治地理变迁的一个绝好的实例①,其后期汉郡包围分割王国的插花模式,是一种能有效遏制地方势力的空间形态,它是削藩的政治过程的成果展示。

2. 唐后期的中央与地方关系所反映的政治地理格局

唐中后期的中央—藩镇对抗,近似于西汉之中央—诸侯王国关系,而情况之严重则犹有过之。不过,在中晚唐却呈现出另一种有别于汉代的政治空间形态。

安史之乱以后,为了迅速平定叛乱,各地普建方镇,与作为监察区的道相结合,产生一批上马管军、下马管民,集节度使与观察使于一身或以观察使兼团练使的地方长官,掌握了一镇(道)的行政、军事、财政大权,因此有的方镇向中央政府闹独立,自署官员,截留地方财赋,户口版籍不上报户部。据李吉甫《元和国计簿》载,元和二年(807)"总计天下方镇凡四十八,管州府二百九十五,县一千四百五十三,户二百四十四万二百五十四,其凤翔、鄜坊、邠宁、振武、泾原、银夏、灵盐、河东、易定、魏博、镇冀、范阳、沧景、淮西、淄青十五道凡七十一州不申户口。每岁赋入倚办,止于浙江东、西、宣歙、淮南、江西、鄂岳、福建、湖南等八道,合四十九州,一百四十四万户,比量天宝供税之户,则四分有一"②。这里所说的表面上是经济状况,实际上表明了一种政治地理局面,那就是此时中央政府在西北,而支持中央的政治经济基础却在东南。财政收入对中央政府而言是权威的基础,如果中央政府没有正常的足够的财政收入,政治上的威权就会流失,因此东南八道在经济上保证中央的供给,等于在政治上维持中央政权的运转。

对于唐代藩镇,历史学者已经有过很多精辟的研究③,但从政治地理角度进行审视,还有研究的空间,本节打算就此视角稍作展开。在上述具有割据性质的易定、魏博、镇冀、范阳、沧景、淮西、淄青等七道中,其节度使皆采用世袭制或牙兵拥立制④,其中又以魏博、镇冀、范阳三镇最称割据的典型,甚至一度自称为王⑤。东南八道则是安史之乱以后北方移民的主要聚集地⑥,在唐后

① 诸侯王国的地理变迁,详见周振鹤:《西汉政区地理》上篇,人民出版社,1987年。

② 《旧唐书》卷14《宪宗纪上》,元和二年十二月条。

③ 这些研究的代表作是张国刚的《唐代藩镇研究》,湖南教育出版社,1987年。

④ 李翱:《李文公集》卷11《韩吏部行状》云:"自安禄山起范阳,陷两京,河南、河北七镇节度使,身死则立其子。"

⑤ 据《新唐书》卷212《藩镇卢龙传》,"建中三年(782)冬十月庚申",此三镇之首领田悦号魏王,朱滔号冀王,王武俊号赵王,又淄青镇李纳号齐王。

⑥ 参见周振鹤:《唐代安史之乱与北方人民的南迁》,《中华文史论丛》第2、3辑,1987年。

期这一地区的经济有比较迅速的发展，所以能够成为财赋的来源。介于割据与“忠诚”的藩镇之间的其他方镇则有两种：一种在西北边疆，可以称为前敌诸道，即上述凤翔以下八道，其中河东虽偏内地，但仍被视为边疆，因天宝元年(742)置十节度使，九在西北，而一在河东。另一种在地域上介于河北割据诸道与东南忠诚八道之间，是中央政府防遏河朔割据诸道与联络东南八道的交通命脉，他们有军队可以提供给中央，以进击叛藩，却不能对中央政权有经济方面的支持。他们的政治态度是“乐于自擅，欲倚贼自重”[①]，即希望天下有叛乱以从中取利。这些方镇或可称为中立诸道。此外还有《元和国计簿》未提到的南方边远诸道，即剑南东西川、黔州、两广、容管、桂管与安南都护府，与藩镇的纷争基本上没有什么关系。这一地区如同西北边疆一些方镇那样，有时也不向中央政府上报户口版籍[②]，其原因不在于割据，而在于中央政府有时鞭长莫及，还有在经济上任其自我维持的背景。至于西北边疆的不上版籍，则因为其经济上属于中央必须供给的防卫地区，也不可能有赋税上缴朝廷。

对于藩镇的政治态度，唐人已有分析。如杜牧在《战论》中分藩镇为河北一块，河东、盟津、滑台、大梁、彭城、东平一块，咸阳西北一块以及吴越荆楚一块[③]，正与《元和国计簿》所载相对应。于是我们可以将元和二年(807)方镇的政治态势划分成五个地区：一是东南“忠诚”八道，二是河朔割据诸道，三是西北边疆诸道，四是中部中立诸道，五是南方边远诸道。其中不参与中央与藩镇或藩镇与藩镇之间的战争的，只有南方边远诸道。其他四个地区在中央对某个藩镇开战时都被征过兵。虽说中立诸道是被征兵最多的地方，但边疆诸道、东南诸道，甚至叛乱割据的河朔诸镇，也在被征之列。故唐后期众藩镇一方面有中央控制与割据自立之别，另一方面互相间又要维持均势的局面。宋人尹源说：“弱唐者，诸侯也。唐既弱矣，而久不亡者，诸侯维之也。”[④]有割据经验的藩镇首领自己也说：“礼邻藩，奉朝廷，则家业不坠。”[⑤]虽然唐最后还是亡于藩镇，但因藩镇之间错综复杂的利害关系，却又使时有变化的均势局面维持了百余年之久。上述四个地区之间的关系就有政治均势的意味在内。而且割据诸道在地理上连成一片，也是割据局面能够长期延续的原因。泽潞一镇势力

① 《资治通鉴》元和十年九月。
② 《旧唐书》卷15《穆宗纪下》载：元和十五年(820)“是岁，计户帐，户总二百三十七万五千四百，口总一千五百七十六万。定、盐、夏、剑南东西川、岭南、黔中、邕管、容管、安南合九十七州不申户帐”。
③ 杜牧：《樊川文集》卷5。
④ 《宋史》卷442《尹源传》。
⑤ 《新唐书》卷211《王廷凑附绍懿传》。

单薄,只有三州之地,但也能自立达二十六年之久,就是因为在地域上依傍着河朔诸镇的缘故①。至于河朔诸镇,尤其是幽镇魏三镇能长期自外于中央,有一个重要原因是中央政府将此诸镇视为防御北方外敌的屏障。当泽潞镇第一代割据者刘悟死后,其子求袭,朝议不许,原因就是"上党内镇,与河朔异"。可见时人是将河朔视作防边的"外镇",故亦姑且涵容其割据。

这五个区域在地理上的变迁有可究之处:东南八道与南方边远诸道中,各道的领域几乎不变,割据之七八道稍有变化,变化程度亦不剧烈,因为各道之间既相互牵制,而中央亦无力改变之。西北边疆诸道变化也不大。只有缓冲各道由于中央经常调整其范围,以应对割据诸道的反叛行为,所以变迁较大。

欧阳修纂《新唐书》所立藩镇传,将割据自立的藩镇归在一起叙述是有见地的,并强调其割据时间的长短;与此同时,更立有藩镇表,以地系镇,使割据地域的伸缩变迁相对清楚地显现出来。两相结合,在时间与空间上揭示出其时随中央与地方政治势力消长的地理变迁。不过遗憾的是,新旧《唐书》列传中,于方镇的割据年限多未有明确纪年,故逐年制作唐后期的政治地图还要进行细致的考证。《新唐书》为藩镇立传者有八,即魏博、镇冀、卢龙、淄青、横海、宣武、彰义、泽潞等八道。元和二年至十五年时,泽潞尚未割据。

"忠诚"八道的形成是因为这一地区在安史之乱时,未受战乱波及,中央从未下放兵权,故这八道多以观察使带团练使,而不是节度使兼观察使,因此在政治上仍听命于中央。"分离"八道原先多是安史之乱时的叛将,后表面上归顺中央。从元和二年的藩镇分布态势中可见,其时淮西节度使与其他割据诸道在地域上并不相邻接,而且只据三州之地,但这一割据势力却花了唐王朝很大力量与很长时间才予以铲除,还在当时被当成一件丰功伟绩,由韩愈写下著名的《平淮西碑》来称颂。

中国历史上政治地理格局的变化极其纷繁复杂,但以上两种类型的政治地理格局却贯穿于两千多年的王朝变迁之中。而即使这两种类型的格局也有种种不同的表现形态,本节所述只属于举隅性质,还有许多形态值得探索总结。例如圈层结构其实贯穿于整个中国历史,直到清代藩部与行省之间的关系也是如此。藩部犹如汉代的边郡,包围在本部即直隶行省之外,本部即如汉代的内郡,边郡与内郡都是汉帝国领土的一部分,行省与藩部也都是清帝国的

① 《新唐书》卷214《藩镇泽潞传》载李德裕言:"稹(泽潞镇第三代节度使)所恃者,河朔耳。"

神圣领土。近代一些外国学者或殖民者认为清代的藩部不算中国的领土，除了别有用心的，就是完全不懂中国历史上的政治地理特征。又如对于明代的行政区划，过去只注意布政使司—府—州—县系统，而对于都指挥使司—卫—所体系未曾从行政区划的角度去研究，对明代后期的总督巡抚辖区作为一种实际存在的政治区划也研究得不够。历史政治地理研究的是时间过程中的政治空间的形成与变迁，在过去长期进行的行政区划研究以及今后将进行的关于政治区域的实证研究基础上，我们还应该建立理论思维，总结政治空间变化的基本模式与规律性，为促进政治地理学科的建设而努力。中国历史悠久，政治空间的时代差异与地区差异都过于复杂，对政治思维在地理空间方面的体现还需要作深入的探索。中国历史政治地理研究任重道远，大量具体而微的探究以及宏观的思考还有待于将来。

先　秦　卷

李晓杰　著

目　　录

引　言

本卷探究的主要内容是先秦时期行政区划的产生及其变迁。

一、本卷研究的学术基础

1. 已有的相关研究成果

先秦时期，由于传世文献十分有限，要探究这一时期行政区划的起源及其变迁，可以说是相当困难的。

对于先秦时期的历史政治地理的研究，以往的学者进行了一些有益的探索。有关商周时期的研究主要集中在以下两个问题：其一是对商周的地理考证，其二是对商周中央与地方的关系的探讨。

对于商代地理较为深入系统的研究，开始于20世纪50年代。陈梦家在其《殷虚卜辞综述》[①]的《方国地理》及《政治区域》两章中，运用出土的商代卜辞，在前人有关研究的基础之上，论述了商王朝的政治地理结构及诸方国的地理分布。其后，李学勤又撰写了《殷代地理简论》[②]一书，这是首部专门研究商代卜辞的地理著述。该书重点对商王的田猎区进行了详细的考证。到了80年代，钟柏生在《殷商卜辞地理论丛》[③]中，对殷墟卜辞中所记载的商王田游、部族方国等方面的地理作了细致的论述。90年代，郑杰祥《商代地理概论》[④]问世，打破了中国内地多年来对商代地理缺乏系统研究的沉寂局面，该书全面考证了商代的王畿、田猎区以及四方四土的地理，是现今有关商代地理最为翔实的著作。到本世纪初，李雪山《商代分封制度研究》[⑤]一书，在继承前人研究的基础之上，又将商代的分封制度与封国、方国地理结合在一起进行探讨与考察，是商代地理研究方面的最新成果，为我们进一步了解商代的方国地理与政治制度提供了新的借鉴。此外，日本学者亦在此方面作过有益的研究探索，其

① 科学出版社，1956年；中华书局，1988年。
② 科学出版社，1959年。
③ 台湾艺文印书馆，1989年。
④ 中州古籍出版社，1994年。
⑤ 中国社会科学出版社，2004年。

中尤以岛邦男在《殷墟卜辞研究》[①]中对商代地域与方国的研究为代表。

与殷商地理相比，对西周地理的探究则相对显得要薄弱一些。然其中值得一提的是齐思和的《西周地理考》[②]。该文通过对周民族的发祥地、周初民族的迁徙及向外发展、周初所封诸侯国的地理分布等问题的考证，对西周的地理状况作了整体的描述。

学者们对于商周时期中央与地方的关系的探研，则主要集中在近二十年。早在商周时期，由于国家的出现，中央与地方便形成了某种支配与从属关系，而这种关系的具体情况如何，引起了学者们的关注。对商代中央与地方关系方面的研究，杨升南的《卜辞中所见诸侯对商王室的臣属关系》[③]是颇有代表性的一篇论文。这篇文章运用殷墟卜辞中的有关资料，认为其时各诸侯对商王是存在隶属关系的。谢维扬的《中国早期国家》[④]及李学勤主编的《中国古代文明与国家形成研究》[⑤]在论述相关问题时皆采用了杨文的结论。此外，宋镇豪的《论商代的政治地理架构》[⑥]一文也就其认为的商代所存在的政治地理格局作了较为全面的阐述。

关于西周时期中央与地方关系的研究成果，主要有赵伯雄《周代国家形态研究》[⑦]、赵世超《周代国野制度研究》[⑧]、谢维扬《中国早期国家》、李朝远《西周土地关系论》[⑨]、周书灿《西周王朝经营四土研究》[⑩]与《中国早期国家结构研究》[⑪]、王健《西周政治地理结构研究》[⑫]、葛志毅《周代分封制度研究》(修订本)[⑬]等，这些著述依据文献与甲骨文、金文中的记载，对西周中央与地方的关系提出了自己的看法。其中尤以谢维扬一书所论全面系统。此外，日本学者松井嘉德对此问题亦有所涉及，并最先运用了“中央权力”这一概念来阐述西周当时的王权状况[⑭]。

---

① 岛邦男著，濮茅左、顾伟良译，上海古籍出版社，2006年。
② 原文载《燕京学报》第30期，1946年；后收入《中国史探研》，中华书局，1981年。
③ 收入胡厚宣主编：《甲骨文与殷商史》，上海古籍出版社，1983年。
④ 浙江人民出版社，1995年。
⑤ 云南人民出版社，1997年。
⑥ 载《中国社会科学院历史研究所学刊》第一集，社会科学文献出版社，2001年。
⑦ 湖南教育出版社，1990年。
⑧ 陕西人民出版社，1991年。
⑨ 上海人民出版社，1997年。
⑩ 中州古籍出版社，2000年。
⑪ 人民出版社，2002年。对西周时期的中央与地方的关系探讨，主要见该书的第三章“封建制政体下西周王朝的早期复合制结构形式”。
⑫ 中州古籍出版社，2004年。
⑬ 黑龙江出版社，2005年。
⑭ 松井嘉德：《「県」制遡及に関する議論及ぴその関連問題》，载《泉屋博古館紀要》第九卷，1993年。

至春秋战国时期，随着中央权力的进一步加强，地方行政制度逐步形成，这主要表现在县与郡的先后出现以及郡县制的逐渐完善，这期间经历了一个相当漫长的过程。郡县制的起源与发展，一直是学者们感兴趣的问题。

早在明末清初顾炎武《日知录·郡县》[①]及清人姚鼐《惜抱轩文集·郡县考》[②]、赵翼《陔余丛考·郡县》[③]、洪亮吉《更生斋文甲集·春秋时以大邑为县始于楚》[④]中，即对此有所涉猎。

到20世纪30年代，顾颉刚《春秋时代的县》一文，又依据文献记载将春秋时代有关秦、楚、晋、齐、吴等国设县的材料都钩稽出来，证明春秋时代置县已较为普遍；但是同时又指出，晋县是采邑性质，与秦、楚的县是国君的直辖地有所不同[⑤]。40年代后期，童书业著《春秋史》，对春秋各国设置的县与郡作了概述，认为郡县制创立于春秋时代，县郡本是国都郊外的区划，且各国县的特点又不尽相同[⑥]。

20世纪60年代初，冉光荣《春秋战国时期郡县制度的发生与发展》[⑦]一文，在郡县制的产生及其进一步的发展变化方面，阐述了自己的观点。随后，问题主要集中在探讨春秋各国置县的性质方面。如童书业《楚之县制》[⑧]，钱林书、祝培坤《关于我国县的起源问题》[⑨]，殷崇浩《春秋楚县略论》[⑩]，杨宽《春秋时代楚国县制的性质问题》[⑪]，顾久幸《春秋楚、晋、齐三国县制的比较》[⑫]，虞云国《春秋县制新探》[⑬]，李玉洁《楚国的县制》[⑭]，卫文选《晋国县郡考释》[⑮]，陈伟《(楚)县》[⑯]，吕文郁《春秋时期晋国的县制》[⑰]，徐少华《春秋楚县的建置、

---

① 顾炎武著，黄汝成集释：《日知录集释》卷22，岳麓书社，1994年。
② 姚鼐：《惜抱轩文集》卷2，清嘉庆十二年刻本。
③ 赵翼：《陔余丛考》卷16，河北人民出版社，1990年。
④ 洪亮吉：《更生斋文甲集》卷2，授经堂藏板，清光绪三年重刻本。
⑤ 顾颉刚：《春秋时代的县》，《禹贡》(半月刊)第七卷，第六、七合期。
⑥ 童书业：《春秋史》第三章，开明书店，1946年，第84～89页。
⑦ 载《四川大学学报》1963年第1期。
⑧ 见《春秋左传研究》，上海人民出版社，1980年。
⑨ 载《复旦学报》(增刊)历史地理专辑，1980年。
⑩ 载《江汉论坛》1980年第4期。
⑪ 载《中国史研究》1981年第4期。
⑫ 载《楚文化觅踪》，中州古籍出版社，1986年。
⑬ 载《晋阳学刊》1986年第6期。
⑭ 见《楚史稿》第五章，河南大学出版社，1988年。又见氏著《楚国史》第三章，河南大学出版社，2002年。
⑮ 载《山西师范大学学报》(社会科学版)第18卷第2期，1991年。该文题目虽然提及了晋郡，但实际上主要讨论的还是晋县的一些问题。
⑯ 见《楚"东国"地理研究》第七章第二节，武汉大学出版社，1992年。
⑰ 载《山西师范大学学报》(社会科学版)第19卷第4期，1992年。

特点以及性质和作用》[①]等，都是这方面的代表作。而周振鹤《县制起源三阶段说》[②]，则转换研究视角，对县制的起源提出了县鄙、县邑与郡县之县的三阶段说，使有关县制形成的研究又向前推进了一大步[③]。此外，李家浩《先秦文字中的"县"》[④]，则从古文字的角度，对先秦时期县的出现问题进行了探讨。

日本学者在此方面也有所探讨，如鎌田重雄《郡県制の起源について》[⑤]，增淵龍夫《春秋時代の縣について》[⑥]、《先秦時代の封建と郡縣》[⑦]，西嶋定生《郡縣制の形成と二十等爵制》[⑧]，五井直弘《春秋時代の縣についての覺書》[⑨]，佐藤武敏《商鞅の県制に関する覺書》[⑩]，池田雄一《商鞅の県制——商鞅の变法（一）》[⑪]，平勢隆郎《楚王と県君》[⑫]、《春秋晋国世族とその管領邑》[⑬]，藤田勝久《中国古代の関中開発——郡県制形成過程の一考察》[⑭]，安倍道子《春秋楚国の申県·陳県·蔡県をめぐって》[⑮]、《楚の申県の变容をめぐって》[⑯]，谷口満《春秋楚県試論——新県邑の創設およびその行方》[⑰]等，都

---

① 见《周代南土历史地理与文化》下篇第二章第二节，武汉大学出版社，1994年。
② 载《中国历史地理论丛》1997年第3辑。
③ 本卷第二章第一节在论述春秋时期县制的成立时，主要采自周振鹤此文。
④ 载《文史》第二十八辑，中华书局，1987年；后收入《著名中年语言学家自选集·李家浩卷》，安徽教育出版社，2002年。
⑤ 载東京教育大学東洋史学研究室編：《東洋史学論集》，清水書院，1953年。鎌田氏在此文中对郡县的统属关系作了较为深入的考察。
⑥ 载《一橋論叢》第38卷第4号，1957年。该文又收入《日本学者研究中国史论著选译》第3卷（中华书局，1993年），篇名译作《说春秋时代的县》。增淵氏在这篇文章中认为春秋时期的县与郡县制的县在本质上存在着不同。
⑦ 载《一橋大学研究年报·經濟学研究Ⅱ》，1958年；后收入其所著《中国古代の社会と国家》，旧版，弘文堂，1960年；新版，岩波書店，1996年。
⑧ 参见西嶋定生：《中国古代帝国の形成と構造——二十等爵制の研究》第五章第三节，第503～574页，東京大学出版会，1961年。该书中译本名为《中国古代帝国的形成与结构——二十等爵制研究》，武尚清译，中华书局，2004年。
⑨ 载《東洋史研究》第26卷第4号，1968年。
⑩ 载《中国史研究》(6)，1971年。
⑪ 载《中央大学文学部紀要》史学科22，1977年；后收入氏著《中国古代の聚落と地方行政》中的"地方行政编"第二章，汲古書院，2002年。
⑫ 载《史学雜誌》90(2)，1981年；中译文题目为《楚王和县君》，收入《日本中青年学者论中国史·上古秦汉卷》，上海古籍出版社，1995年，第212～245页。该文内容后经扩充收入平勢隆郎所著《左傳の史料批判的研究》（東京大学東洋文化研究所報告，汲古書院，1998年）第二章第一节"楚国の県"中。
⑬ 载《鳥取大学教育学部研究報告》人文·社会科学第33卷（1982年）及第34卷（1983年）。该文的主要内容后收入平勢隆郎《左傳の史料批判的研究》第二章第二节"晋国の県"中。
⑭ 收入《佐藤博士退官記念中国水利史論叢》，国書刊行会，1984年。
⑮ 载《東海大学紀要》文学部，第41辑，1984年。
⑯ 收入慶應義塾大学東洋史研究室編：《西と東と——前嶋信次先生追悼論文集》，汲古書院，1985年。
⑰ 载《人文論究》1987年3期。

对春秋时期的郡县问题的深层研究贡献良多。另外，美国学者顾立雅（H. G. Creel）对县的起源亦进行了一定的探究[①]。

对春秋时期郡制起源的研究，由于史料阙如，学者所论皆不甚了了；唯阎铸《郡县制的由来》[②]、李志庭《郡县制的起源和经济关系》[③]及臧知非《论县制的发展与古代国家结构的演变——兼谈郡制的起源》[④]等文所论较详。

至于战国时期郡（都）县制及其设置情况的研究，则主要有以下成果。齐思和《战国制度考》[⑤]、杨宽《战国史》[⑥]、陈长琦《战国时代郡的嬗变》[⑦]及前揭臧知非文等，先后对战国时期各国的郡县制作了不同程度的论述。而杨宽《战国郡表》[⑧]，钱林书《战国时期的上党地区及上党郡》[⑨]、《战国齐五都考》[⑩]、《战国时期魏国置郡考》[⑪]，陈伟《包山楚简初探》等[⑫]，则对战国时期各国置郡设都的一些情况作了一定的考述。特别是《战国郡表》，对战国各国置郡的名称、领域及设置的简单经过皆作了较为详细的排列。此外，王国维《秦郡考》[⑬]，钱穆《秦三十六郡考》、《秦三十六郡考补》[⑭]，谭其骧《秦郡新考》、《秦郡界址考》[⑮]，曾昭璇《秦郡考》[⑯]，马非百《秦集史·郡县志》[⑰]，李守清《〈秦郡新考〉辨正》[⑱]，

---

① 顾立雅：《中国官僚制度的开始：县的起源》（“The Beginnings of Bureaucracy in China: The Origin of Hsien”），杨品泉摘译，载《中国史研究动态》1979年第1期。顾立雅在此文中对春秋时期县的论述沿袭了前揭顾颉刚文中的观点。许倬云在他所执笔的《剑桥先秦史》（The Cambridge History of Ancient China, Cambridge University Press, 1999）第八章“春秋时期”中论述县的出现这一问题时，所参考的主要是顾立雅此文。参见该书第574～575页。

② 载《北京师院学报》1979年第3～4期。

③ 参见《杭州大学庆祝建国三十周年科学报告论文集》历史分册，1979年10月。

④ 《中国史研究》1993年第1期。

⑤ 原文载《燕京学报》第24期，1938年；后收入氏著《中国史探研》。

⑥ 参见该书第六章第三节“郡县制度的建立”，上海人民出版社1980年版及1998年新版增订本。

⑦ 原文载《广东社会科学》1994年第1期，后收入氏著《战国秦汉六朝史研究》，广东人民出版社，1997年。

⑧ 参见《战国史》（增订本）附录一。

⑨ 载《地名考释》1985年第2期。

⑩ 载《历史地理》第五辑，上海人民出版社，1987年。

⑪ 载《历史地理》第十五辑，上海人民出版社，1999年。

⑫ 武汉大学出版社，1996年。

⑬ 《观堂集林》卷12，中华书局，1959年。

⑭ 此处钱氏二文原载《禹贡》半月刊，第7卷，第6、7合期；后收入《古史地理论丛》，三联书店，2004年。

⑮ 谭氏二文分别载《浙江学报》第二卷第一期、《真理杂志》第一卷第二期；后皆收入《长水集》（上），人民出版社，1987年。

⑯ 载《岭南学报》第7卷第2期，1947年7月。

⑰ 中华书局，1982年。

⑱ 载《中南民族大学学报》（人文社会科学版）第22卷第4期，2002年7月。

辛德勇《秦始皇三十六郡新考》[①]等,虽所论着眼于秦统一以后,但对战国时期秦国的置郡情况亦有所论述。

有关战国县的组织内容,杨宽《战国史》中略有述及。而各国置县的动态考察则未见专论,仅在史念海的《秦县考》[②]及前揭马非百书中有所牵涉。此外,吴良宝的《战国文字所见三晋置县辑考》[③],则主要依据考古出土的文字资料,对有关战国时期韩、赵、魏三国设置的县邑作了地名上的稽考。

日本学者对于战国时期郡县的研究也较深入,较早的研究主要涉及秦郡设置方面,如鎌田重雄的《秦三十六郡》[④]、日比野丈夫的《漢書地理志の秦郡について》[⑤]。近年来的研究重点则是从出土文字资料方面着手加以分析,如藤田勝久的《包山楚簡よりみた戦国楚の県と封邑》[⑥]就是在此方面所作的探究。

此外,与战国郡县密切相关的诸侯国疆域变迁方面的研究,迄今为止中国学者中有钟凤年、顾颉刚与史念海、杨宽、雁侠、钱林书、陈伟、徐少华[⑦]等学者作了一定的研究;而在日本学者中,则有藤田勝久[⑧]在此方面作过探讨。这些研究为本卷在此方面作进一步的全面考述提供了可能。

2. 新的相关考古发现

现存先秦时期的文献极其有限,而在这些有限的材料中,可作为行政区划研究的资料则更少。这些有限的文献资料已几乎被以往的学者利用殆尽,因此想要对前人的研究有所突破,其中一个很重要的条件就是依靠新的出土资料。前些年出土的一些先秦时期的文字资料,如秦简《编年记》、曾侯乙墓中的简册、《包山楚简》、里耶秦简及大量的战国钱币、兵器铭文、秦封泥等,都为考订这一时期的郡县提供了宝贵的材料。

---

① 《文史》2006 年第 1、第 2 期。
② 载《禹贡》半月刊,第七卷,第六、七合期。
③ 载《中国史研究》2002 年第 4 期。
④ 见《秦漢政治制度の研究》(日本学術振興会,1962 年)第一篇"秦郡考"之第一章。
⑤ 载《東方学報》(京都大学人文科学研究所)第 36 册,1964 年。
⑥ 载《中国出土资料研究》第三号,1999 年。
⑦ 钟凤年:《战国疆域变迁考》(陆续刊载于《禹贡》半月刊第二卷第八、十一期、第三卷第七期、第七卷第六、七合期)对战国主要诸侯国的疆域研究,主要以《汉书・地理志》中所载的范围为基本框架;顾颉刚、史念海:《中国疆域沿革史》(商务印书馆,1938 年)第七章第一节;杨宽:《战国史》(增订本)第七章第一节;雁侠:《先秦赵国疆域变化》,《郑州大学学报》1991 年第 1 期;钱林书:《春秋战国时期齐国的疆域及政区》,《复旦学报》1993 年第 6 期;陈伟:《楚"东国"地理研究》之《疆域编》;徐少华:《周代南土历史地理与文化》下编第四章"战国时期楚国北部疆域的变迁"。
⑧ 藤田勝久:《戦国秦の領域形成と交通路》(收入牧野修二主編《出土文物による中国古代社会の地域的研究》,1992 年;中译文见《秦文化论丛》第 6 期,1998 年)与《戦国楚の領域形成と交通路》(收入間瀬收芳主編《〈史記〉〈漢書〉の再検討と古代社会の地域的研究》,1994 年)两文。

3. 新的历史纪年表的确立

对于先秦时期有限的材料，不仅要充分地利用，更要正确地运用。而以往从事先秦历史研究的学者，在运用这些材料时都会遇到一个很大的不便，即很多事件发生的年代，由于文献记载的矛盾，很难确切判定。仅有的可作为年代参考依据的《史记》之《十二诸侯年表》及《六国年表》，又都包含有大量无法理顺的问题。现在这一问题终于有了一个较为圆满的解答。日本学者平势隆郎经过潜心的研究考证，在前人研究的基础之上，编纂了一部《新編史記東周年表——中国古代紀年の研究序章》(以下简称《新编年表》)①，该书将纷繁矛盾的先秦史料作了梳理，可谓目前最为完善的一部先秦历史纪年表。

这一年表不仅将春秋战国时期的事件作了统一的排序，而且也相应地澄清了一些史实。例如在《史记》卷5《秦本纪》与卷15《六国年表》中都提到秦献公二年(前383)，“城栎阳”。而在《六国年表》秦献公十一年又说“县栎阳”。如此，则“城栎阳”与“县栎阳”应是两件事。然而据《新编年表》，二事皆同在秦献公二年。《史记》卷15《六国年表》秦献公十一年栏所云是从卷44《魏世家》魏武侯十三年所记“秦献公县栎阳”转写而来的，司马迁在《六国年表》中错将魏武侯十三年与秦献公十一年列在同一年，故有此误。其实魏武侯十三年当为秦献公二年。由此我们便可知道，在战国时期，“城”某地与“县”某地可视为同义。这无疑为我们确定战国时期的县提供了一个非常有用的判断依据。仅由此例便可窥知此年表的价值。因此我们在下面所从事的具体郡县考证的系年，基本上即以之为准。不过，需要指出的是，该书的编纂是将《史记》所载之事完全作为信史而进行的，而对《史记》所记之事的真伪并未作进一步的考订，这是此书略显不足之处。

在《新编年表》出版之后，又有一位日本学者藤田勝久刊布了其研究成果——《史記戦国史料の研究》②。此书主要对《史记》的《本纪》及主要《世家》中所涉及的战国史料的编年问题作了深入的研究，其大部分结论与《新编年表》相同。因此本卷在有关战国部分的具体研究中，基本上都采用《新编年表》中的结论。

近些年国内学者涉及战国史料编年的研究著作，据笔者所知主要有两部。一是缪文远的《战国史系年辑证》③，但因此书仍主要是以《史记》卷15《六国年

① 该书为“東京大学東洋文化研究所叢刊”第15辑，東京大学出版会，1995年。

② 東京大学出版会，1997年。该书中译本名为《〈史记〉战国史料研究》，曹峰、广濑薰雄译，上海古籍出版社，2008年。

③ 巴蜀书社，1997年。在该书的《后记》中作者曾提到书稿在出版前获睹《新編史記東周年表》一书，但限于具体情况而未予以一一征引和讨论。

表》及《资治通鉴》的《周纪》与《秦纪》为线索，并未跳出传统的战国纪年的窠臼，故本卷不采缪氏之说。另外一部是杨宽的《战国史料编年辑证》①，该书是作者积数十年心力的一部力作，汇集资料十分丰富，但在主要史料纪年方面，依然采用的是以《史记·六国年表》为主的传统的纪年谱系，所以本卷对其所列纪年也未予采用。

二、本卷研究的基本框架

本卷研究的内容，大致可分为四个部分。

第一部分（第一章），在前人的研究基础之上，从历史政治地理的角度对商周时期中央与地方的关系重新作系统的审视。

第二部分（第二、三章），主要探讨春秋时期县与郡的各自情况。首先，在前人研究的基础上，对县与郡的产生作了较为详尽的论述；其次，对楚、晋两国各自所置的数十个县依年代顺序逐一作了考证；再次，对有文献记载的周、秦、齐、吴、鲁、卫、郑等国的设县概况亦作了考述。

第三部分（第四至第九章），主要是对战国时期各国设县置郡（都）的情况进行详尽论证。笔者先对从春秋到战国时期郡县制度的变化及战国时期各国设置郡县的概况作了总体的描述，然后，对各国所设的县与郡逐一作动态的具体考订。此前学者在此方面几无论及，故笔者对此着力尤多，将确切可考的战国时期二百余县及数十郡的始置之年、县的地望、郡（都）的领域及其在不同年代的各自归属都做了详尽的论述。秦始皇于公元前 221 年统一六国，建立秦王朝，因此将有关战国郡县具体沿革的考证时间断在秦王政二十五年，即公元前 222 年。

第四部分（第十至第十一章），主要考证战国时期主要诸侯国疆域的变迁。战国时期，诸侯国之间征战频仍，其各自之间疆域变动之剧烈，为中国历史上其他时期所少见。由于政区与疆域之间的关系密切，理清其时各诸侯国的疆域变动的轨迹，对全面而深入地了解政区的设置变动，无疑会有很大的帮助。

为了便于读者的阅读，本卷还运用图表的方式，直观地展现一些主要的考证结论。

---

① 上海人民出版社，2001 年。此书虽然出版于 2001 年，但从作者《前言》中可知，实际完稿却早在 1997 年。在该书中未见作者提及《新编年表》及《史記戰国史料の研究》二书之事。

第一章　商周时期中央与地方的关系

夏、商、周是有文献记载的中国上古时期的朝代。由于史料的缺乏，对夏代是否确实存在过，学术界尚未有一致的看法[①]，因此我们探讨上古时期的国家政治结构，便从确实可考的商代开始。

第一节　商王室与周边地方政权的关系

从商到西周到春秋与战国时期，中央权力与地方权力的分离对立关系逐渐出现[②]。商代已有中央地区与地方区域的分别，这由"越(粤)在外服，侯、甸、男、卫邦伯；越在内服，百僚庶尹、惟亚惟服，宗工、越百姓里居(君)"[③]的记载中可以看出。此处的侯、甸、男、卫当是商代的地方政权[④]，而"内服"与"外服"或许指的是一种很初级的中央与地方区域的划分。

商代中央地区与周边区域的划分，在殷墟卜辞中有明确的反映。卜辞中即出现了"商"与"四方"、"四土"的对举。《小屯南地甲骨》1126 载："南方，西方，北方，东方，商。"《殷契粹编》907(《甲骨文合集》36975)曰："乙巳，王卜，贞：(今)岁商受年？王占曰：吉。东土受年？南土受年？西土受年？北土受年？"在《甲骨缀合编》2.405 中，东土、南土、西上、北土又合称为"四土"。既然"商"与"四方"、"四土"相对，则可以认为"商"指商代的中心地区，即由商王直接管理的王畿所在；而

---

① 不过，仍有学者结合文献与考古资料，对其认为的夏代活动范围作了一定的探讨。这方面的研究可参看朱玲玲的《夏代的疆域》(载《史学月刊》1998 年第 4 期)一文。

② 对于商、周国家的政治结构，学术界有着不同的看法。有人以为商代是由许多方国(即诸侯)组成的平等联盟，而周朝也只是城邦联盟，不是国家。依照上述观点，商、周是否存在中央权力，是否存在中央与地方的关系，便成了一个问题。可参看林沄《甲骨文中的商代方国联盟》(载《古文字研究》第六辑，中华书局，1981 年)、日知《古代城邦的政治制度》(收入《古代城邦史研究》，人民出版社，1989 年)。

③ 《尚书·酒诰》。

④ 徐中舒认为侯、甸、男、卫为四种殷王指定的服役制，其论可备一说。见其《殷代侯甸男卫四服的指定服役制与周初的封建制》，收入《先秦史论稿》，巴蜀书社，1992 年，第 73 页。

“四方”、“四土”应是远在中心地区以外的区域,是各类地方政权所治理的地区①。

在殷墟卜辞中,除了“商”之外,还有“中商”、“天邑商”及“大邑商”等,也是与商代的中心区域有关的地名。从这些地名标志的地望②来看,商代的中心地区可能包括今河南北部、河北南部及山东西部的地区③。由此有学者认为商王直接治理的地区即王畿在一定程度上是政治性的概念,在地理上则并不一定完全连成一片,与其他地区之间也不是以简单的边界线来划分的④。

在商代王畿之外的所谓“四方”或“四土”之地,存在着许多的部族方国,其中有些方国为商王所控制,是商王的忠实属国。而另有一些方国则时服时叛,还有一些方国一直在商王的势力范围之外,与商王长期敌对。商王所控之地,其时究竟多大,目前由于资料的缺乏,尚无法作出确切的判断。现从出土的卜辞中分析,所谓的“四土”之地,可能已包括东到大海,西至陕西西部,南跨长江而达湖南、江西,北到山西中部,东北到辽宁,西南到四川的广大地区⑤。

由以上的叙述中可以看出,在商王与地方政权的区域划分中存在着两条脉络:其一是“内服”与“外服”之分。在此脉络中,更多的是从政治层面上着眼,即以对商王的亲疏来确定划分的标准。其二是“商”(王畿)与“四方”、“四土”的分别。这一脉络则相对侧重于区域层面,即以商王是否直接统辖的地区为划分的尺度。“内服”与“商”(王畿)、“外服”与“四方”、“四土”之间应有相互对应与重合之处,但恐不能完全统一,否则即会引起认识上的混乱。

从前面所引《尚书·酒诰》之文可知,商代的地方政权有侯、甸、男、卫等几种,其间是否存在着等级差别,尚无法作出确切的判断。这些地方政权产生的途径,一般认为有两种:一是由商王“裂土”分封子弟功臣而来,这部分在地方政权中只占很小的比例;二是由方国首领接受商王的册封而来,这其中包括商朝先用武力征服而后又赐封的方国⑥,此条途径是商代地方政权形成的主要形式。从接受商王封赐的角度来看,由上述两种途径而产生的地方政权皆可称为商王的诸侯,不过由于后者本为方国,有自己的土地与人民,此类诸侯是与前者真正的“裂土”而封的诸侯是有着很大不同的。

在商王与地方政权(诸侯)之间,应是一种控制与被控制的关系,这不仅从

① 杨升南:《卜辞中所见诸侯对商王室的臣属关系》;郑杰祥:《商代地理概论》。

② 据陈梦家的考证,商,指商丘附近;中商,可能即指商朝晚期的城安阳;天邑商,似指在朝歌的商朝的别都;大邑商,指在沁阳附近的商王狩猎区。参见其《殷虚卜辞综述》。

③ 李学勤:《殷代地理简论》,第95～96页。

④ 谢维扬:《中国早期国家》,第405页。

⑤⑥ 杨升南:《卜辞中所见诸侯对商王室的臣属关系》。

上述商代诸侯产生的两种途径中可以看出端倪①，而且更可从卜辞中所记载的商王对诸侯的用语中得到证实。商王对诸侯可用“令”、“呼”、“取”、“比”等语。

如卜辞中有关商王对诸侯用“令”的记载：“王令□归侯以田”（《小屯南地甲骨》2273），“令犬侯□叶王事”（《战后京津新获甲骨集》4777，《甲骨文合集》32966），“令周从永止，八月”（《龟甲兽骨文字》1·26·18，《甲骨文合集》5618），“王令侯归”（《殷契摭佚续编》185，《甲骨文合集》32929）。

有关商王对诸侯用“呼”的记载，如：“其呼卢钔事”（《甲骨文合集》32969），“勿呼戠取”（《殷契遗珠》480，《甲骨文合集》8847），“呼吝伯于奄”（《殷虚文字乙编》4538，《甲骨文合集》635）。

有关商王对诸侯用“取”的例证，如：“呼取奠（鄭）女子”（《殷虚文字缀合》276，《甲骨文合集》536），“取竹芻于丘”（《殷契粹编》918，《甲骨文合集》108），“勿呼取方囚马”（《殷虚文字乙编》7360，《甲骨文合集》8796）。

有关商王对诸侯用“比”的例子，如：“王比沚戠伐土方”（《殷虚书契后编》上17·5，《甲骨文合集》6417），“王比望乘伐下危”（《甲骨文合集》32）。

由于商王对其臣下及妻妾子妇亦多用“令”、“呼”、“取”等词，故商王对诸侯使用上述三词时无疑可表明其对诸侯同样具有控制能力，两者之间的关系是不平等的。至于“比”一词，虽然古文献中有亲善、亲密之意，但因在有关卜辞中记载商王“比”诸侯去征战的同时，还记有商王对同一诸侯使用“令”、“呼”二词，更何况“比”还具有辅佐的含义，所以商王对诸侯用“比”词时仍说明了商王的主导地位②。

有学者将商王对诸侯所拥有的权力概括为以下五个方面：商王可在诸侯国进行生产活动，拓展自己的耕地面积，此其一；在诸侯国内，商王可以自由田猎，此其二；在对外进行征战时，商王可将诸侯国作为起讫点，此其三；商王可在诸侯国内巡游，此其四；在诸侯国内，商王还可以举行占卜、祭祀等活动，此其五③。

商王不仅在诸侯国内享有上述特权，同时还接受诸侯国对商王所尽的军事及经济等方面的义务。诸侯不但要为王室戍边，战时率军随商王出征，而且还要向王室贡纳各种物品，包括奴隶、人牲、牛马、卜龟及农产品④。

另外，在商代王畿与诸侯所控地区中已出现“邑”，这在甲骨、金文中皆有记载，如：“卤小臣其右邑”（《甲骨文合集》5596），“雀克入□邑”（《甲骨文合集》7076），“癸亥，贞旬甲子……方有曰卪……在邑南”（《甲骨文合集》20962），

①③④　杨升南：《卜辞中所见诸侯对商王室的臣属关系》。
②　杨升南：《卜辞中所见诸侯对商王室的臣属关系》；谢维扬：《中国早期国家》，第409、410、411页。

“乙酉……好邑”(《甲骨文合集》32761)、“佐其敦……柳邑”(《甲骨文合集》36526)等[①]。但这种“邑”大概只是一般的聚落,尚不是经过一定区划的地域性组织形式,因此倘将这些邑视为商代最基层的行政区域单位[②],恐不能成立。

要之,商代中央与地方政权的关系不应是一般的国与国的关系,而是一个国家内的中央与地方的关系。中央与地方处在不平等的地位上这一点是极为明显的。同时中央还对地方政权实行控制,商王享有地方政权所尽的义务[③]。但需要指出的是,商代的这种中央与地方的不平等与控制,还不是后世的中央对地方的支配,更与中央集权不同。

第二节 西周中央与地方的政治关系

公元前11世纪,周武王率军大败殷商的军队,商纣王被迫自杀而亡,中国历史上一个新的朝代——周代自此建立了,史称西周。

周代是在殷商基础上建立的,因此,有些制度与商有一定的承继并有所发展。周代也与商代一样,有着中央与地方区域的划分。周王即周天子享有国家的最高权力,其所统治的范围称为“天下”,不仅包括周代的中央地区,而且还包括远离中央地区以外的广大地区,换言之,周天子是将其时已知的整个世界作为他的统辖范围的。

周王直接控制的中央地区即王畿所在,其时被称为“周邦”、“周”、“有周”或“王国”。如《尚书·大诰》曰:“今天降戾于周邦。”大克鼎铭文:“不(丕)显天子,天子其万年无疆,保辪(壁)周邦,畯尹四方。”师询簋铭文:“王若曰:……肄(肆)皇帝亡旲,临保我有周,雩(于)四方民无不康静。”《诗·小雅·六月》载:“共武之服,以定王国。”在上述文字中,“周邦”或“周”、“有周”与“四方”对称,说明“周邦”等所指为周天子直接控制的地区[④]。

---

① 宋镇豪依照这些邑的性质,将其分为四类:一是商代王都称邑;二是方国之都称邑;三是诸侯或臣属显贵领地称邑;四为商王、诸侯臣属及方国邑下所领之小邑聚。详见其《夏商社会生活史》,中国社会出版社,1994年,第41～46页。

② 肖良谅:《商代的都邑邦鄙》,载胡厚宣主编《全国商史学术讨论会论文集》,《殷都学刊》(增刊),1985年2月。

③ 谢维扬:《中国早期国家》,第413页。

④ 因“周邦”、“周”是周天子直接管辖的地区,故而还经常用来代表整个国家。《诗·大雅·文王》曰:“周虽旧邦,其命维新。”此处的“周”虽被称为“邦”,但并非专指周王直辖的王畿地区,而是用来泛指周朝国家。“王国”在指代周王畿的同时亦可指代国家,如《诗·大雅·文王》曰:“思皇多士,生此王国。王国克生,维周之桢。”这里的“王国”当指周朝国家。参见谢维扬:《中国早期国家》,第415页。

关于周朝王畿的范围，传统上一般认为应有几个区域：一是以丰、镐二京为主的宗周地区，即今陕西西安一带的地区，这一地区还包括周人发祥及灭商以前的都城所在的周原地区。一是以东都洛邑为主的成周地区，即以今河南洛阳地区为中心的区域[①]。甚至有人认为丰、镐与洛邑是连成一片的[②]。传统观点还认为，在王畿内部，除了分封卿大夫以采邑外，还分封诸侯，即所谓的"畿内诸侯"(又称"邦君")。这种畿内诸侯，有人认为更可确切地称为畿内贵族，在周朝中央机构的各种职务中有相当一部分是由畿内贵族来担任的。畿内贵族主要是作为周王直接支配的臣属分布在周王直接治理的区域内的[③]。

但是也有人提出了与上述看法不同的观点，认为周朝并不存在那种内部分布有许多畿内诸侯的王畿，周王畿(周邦)仅指王室附近的狭小区域，所谓的畿内诸侯与畿外诸侯之别亦并不存在[④]。

在"周邦"之外的区域，被称为"万邦"，也叫做"多邦"、"庶邦"。《尚书·洛诰》载："曰其自时中乂，万邦咸休，惟王有成绩。"《尚书·大诰》载："王若曰：猷！大诰尔多邦，越尔御事。"《尚书·酒诰》曰："厥诰毖庶邦庶士越少正御事朝夕曰：祀兹酒。"所谓的"万邦"(或"多邦"、"庶邦")当指各类地方政权。万邦是一个十分广大的地区，《左传》昭公九年(前533)记载周景王所说的一段话对此有较确切的描述："我自夏以后稷，魏、骀、芮、岐、毕，吾西土也。及武王克商，蒲姑、商奄，吾东土也；巴、濮、楚、邓，吾南土也；肃慎、燕、亳，吾北土也。"

一般以为在万邦区域分布有许多地方政权，它们分别具有公、侯、伯、子、男及甸、采、卫等名分[⑤]。这些地方政权主要分为以下几类：一是由周初王室分封其子弟、功臣而形成的一批诸侯国。周代建立之后，先后有过几次大规模的分封。《左传》昭公二十八年载："昔武王克商，光有天下，其兄弟之国者，十有五人，姬姓之国者四十人。"《荀子·儒效》曰："(周公)兼制天下，立七十一国，姬姓独居五十三人。"这些只是对其分封的笼统记载，周代实际分封的数目当远不止这么多[⑥]。又，《左传》僖公二十四年(前636)中记有部分受封诸侯国的名称："昔周公吊二叔之不咸，故封建亲戚以蕃屏周。管、蔡、郕、霍、鲁、卫、毛、聃、郜、雍、曹、滕、毕、原、酆、郇，文之昭也。邘、晋、应、韩，武之穆也；凡、蒋、邢、茅、胙、祭，周之胤也。"二是周天子以册封的形式将原本已存在的方

---

① 谢维扬：《中国早期国家》，第416～419页。

② 杨宽：《西周中央政权机构剖析》，《历史研究》1984年第1期。

③ 谢维扬：《中国早期国家》，第421页。

④ 赵伯雄：《周代国家形态研究》，第39页。

⑤⑥ 谢维扬：《中国早期国家》，第422页。

国部族变成自己名义上的诸侯国。此类诸侯国当亦不少①。如《史记》卷40《楚世家》载,周成王时,楚国的先君熊绎即被"封以子男之田,姓芈氏,居丹阳"。他们的独立性虽然比前者相对要大一些,但与周天子之间仍有明确的君臣名分②。周代施行封建制并不是人为的愿望,而是一种迫不得已的举措。商周之际,地广人稀,交通不便,周王朝在推翻殷商统治之后不可能建立领土国家,以直接统治所有被征服地区,只能采取据点式的城邦国家,以间接统治"溥天之下"。而且以周初的政治形势而言,还必须防止被征服者的反抗,分封的目的,即是借助这些诸侯之手"以藩屏周",使周天子对周边地区的控制增强。这样,"万邦"之地在形式上便完全在周天子的控制之下了。

诸侯在名义上臣属周天子,要定期向周天子朝觐、纳贡及率军从征,但周天子对诸侯的控制相当有限,那些接受册命的方国部族自不待言,就是由周天子分封的诸侯,在受土受民而建国之后,此土此民便不再与周天子有关。故《左传》载昭公七年楚国申无宇的话说:"天子经略,诸侯正封,古之制也。封略之内,何非君土;食土之毛,谁非君臣。"说明诸侯的封域实际上并非天子之土。各诸侯国内是由邦君自己统治的,有相当大的独立性。诸侯国在自己的封国内,大体依照周代的中央职官结构来分职设官。《尚书·立政》中即记载有诸侯国的许多官职:"司徒、司马、司空、亚、旅,夷、微、卢烝,三亳、阪尹。"

由上述可以看出,西周实际上是一个全面分权的社会,周天子所直接管辖的地域范围只是王畿而已,至于诸侯国内的行政事务则与天子无涉。周王与各诸侯间只有政治上的统属关系,而无行政上的治理支配关系,不存在中央与地方的行政关系,如果勉强称之,这种中央与地方关系也与后世中央集权下的真正的中央与地方关系有着显著的不同。换言之,周天子与诸侯间仅仅是统而不治,地方上不存在任何形式的行政区划。这一时期的地域差异,只存在于国与野之间。

有关国与野之称,在《诗经》中即已出现。《诗·大雅·民劳》载:"惠此中国,以绥四方。"《诗·小雅·何草不黄》曰:"匪兕匪虎,率彼旷野。"据《毛传》的解释,此处所说的"国"为京师,"野"则为虎兕经常出没的空旷之地,由此可见国与野的区别。

西周时期,所谓"国",依照传统的观点,即是城。但有学者对此提出异议,

---

① 谢维扬:《中国早期国家》,第422页。

② 林甘泉:《从〈左传〉看中国古代城邦的政治体制》,收入《庆祝杨向奎先生教研六十年论文集》,河北教育出版社,1998年;该文又录于氏著《中国古代政治文化论稿》,安徽教育出版社,2004年。

以为国应仅指少数先进的中心地区，即指周原旧都、丰镐、洛邑及各诸侯国君的居住地[①]，简言之，即“国都”[②]。至于“野”，则分歧不大，一般认为应指国之外的其他地区。这种“国”与“野”的划分，在周天子的王畿与诸侯国的封国内皆存在。

一般认为居住在国中之人，称为国人，是统治者；处在国之外的人，称野人，是被统治者。但也有学者持不同的看法，或认为国人的主体是“士”[③]；或认为国人主要以手工业为生，野人主要以农业为生，两者的区分并无太深的社会含义[④]。

此外，在国与野内的许多邑中还出现了地域性的组织——里，这些里是一些居民区，《诗·大雅·韩奕》载：“韩侯取妻，汾王之甥，蹶父之子。韩侯迎止，于蹶之里。”《诗·小雅·十月之交》曰：“悠悠我里，亦孔之痗。”其时，各个里有首长，称为里君。令彝铭文曰：“舍三事令及卿事僚：及诸君，及里君，及百工。”

与国野划分相伴随的又有所谓“都鄙”之制，《国语·楚语》载：“国有都鄙，古之制也。”说明都鄙的对立至少从西周以来便如此。“都”是指较大的城邑，《左传》隐公元年（前722）载郑大夫祭仲谓郑庄公曰：“都城过百雉，国之害也。先王之制，大都，不过叁国之一；中，五之一；小，九之一。”从这个意义上说，“都”与国野之中的“国”的含义相近。至于“鄙”原本也是一种邑，《释名·释州国》曰：“鄙，否也。小邑不能远通也。”由此可知“鄙”当指“野”中小邑[⑤]。不过在此需要说明的是，这里“鄙”的含义，与在后文县制的成立一节中所说的县鄙之鄙是有所不同的。

要之，国与野、都与鄙就其本质而言，不过是大邑与小邑的关系[⑥]，前者是当时的政治统治的中心所在，后者则是普通的居民聚落。

---

① 赵世超：《周代国野制度研究》，第12页。

② 赵伯雄：《周代国家形态研究》，第200页；林甘泉：《从〈左传〉看中国古代城邦的政治体制》。

③ 童书业：《春秋左传研究》，第133页；赵世超：《周代国野制度研究》，第59页。

④ 李朝远：《西周土地关系论》，第267～273页。

⑤ 赵世超：《周代国野制度研究》，第19页。不过杨宽认为“都鄙”之“鄙”，当指国都或大城邑四周的地区。参见其《试论西周春秋间的乡遂制度与社会结构》，收入《古史新探》，中华书局，1965年。

⑥ 赵伯雄：《周代国家形态研究》，第202页。

第二章　春秋时期行政区划制度的产生——县与郡

春秋时期由于社会生产力的发展，公社及其所有制即井田制度逐渐有了变化，使得国人和野人身份地位的差别渐渐消失，国与野的对立也在渐渐消弭。与此同时，一种新型的制度却渐渐萌芽，这就是郡县制的出现。县和郡在最初出现时，性质还比较模糊，后来就逐步演变为具有一定地域范围的行政区。对于郡县制的起源，由于文献有阙，现在还不能说得很清楚。但学术界的共同看法是：这一制度起于春秋，形成于战国，而全面推行于秦始皇统一天下之后，这是没有疑问的。然而这还只是画了一条很粗的线条。在证明县起源于春秋时，已有的研究著作大都仅仅是将有关的记载进行罗列，而就这些史料的内在关系作出深入分析的并不多见，尤其是对春秋时代的县是如何向郡县制的县转换的，大多语焉不详①。故在此对这一问题再作分析与推测，尽可能将模糊的史实变得清晰一些。

第一节　县制的起源②

为了尽量接近历史事实，在重新检阅春秋各国置县的材料以前，需要先对县的意义作一分析。分析时所用史料仅限于《左传》与《国语》等比较原始或可靠的记载，而完全不用《周礼》中所载的内容，因为该书是由后人所编集的理想与现实制度相混合的著述，不利于说明真相。

一、三种不同含义的县

县的意义在春秋战国时期有三个阶段的发展，即县鄙之县、县邑之县、郡县之县。

---

① 中外学者有关春秋时期县制的研究概况，请参见本卷“引言”部分所述。

② 本节文字主要采自周振鹤《县制起源的三阶段说》一文，唯在个别之处有所补充与更改，特此注明。

先说县鄙之县。在这个意义上，县与鄙相同，国以外的地域为野，为鄙，为县，三者同义。

其实早在西周时期，就有关于“县”的文字出现。在西周中期的铜器免瑚(簠)铭文中就有如下的记载：“隹(唯)三月既生霸乙卯，王才(在)周，令(命)免乍(作)嗣(司)土(徒)，嗣(司)奠(鄭)還歠(林)眔吴(虞)眔牧。易(赐)戠衣、緣(鑾)。对扬王休……”[①]另外，同为西周中期的铜器师旋簋铭文中也记载：“隹(唯)王元年四月既生霸，王才(在)減应。甲寅，王各(格)庙，即立(位)，遅公入右师旋即立(位)中廷(庭)。王乎(呼)乍(作)册尹克册命师旋曰：备于大左，官嗣(司)豐還左右师氏……”[②]对于上述两则铭文中提到的“還”，李家浩综合诸家之说，认为即是后来的“县”字，而“奠(鄭)還”、“豐還”也即是“郑县”与“丰县”[③]。这时的县当是“县鄙”之“县”，也就是指“王畿以内国都以外的地区或城邑四周的地区”[④]，这应当是体现西周封建之制所形成的地域差异，到了春秋时期，情况依然如此。

春秋时期，与国对立的地域既可称为鄙，也可称为县。《左传》庄公二十八年(前666)曰：“(晋)群公子皆鄙，唯二姬之子在绛。”当时晋献公使太子申生居曲沃，重耳居蒲城，夷吾居屈。“群公子皆鄙”即是指申生等三人所居都在国都绛以外的鄙。绛是国，曲沃、蒲城与屈三邑都在鄙。《国语·楚语》也说：“国有都鄙，古之制也。”韦昭注云：“国，郊以内也；鄙，郊以外也。”大体是正确的。《国语·齐语》讲管子为齐国定地方制度，是“参(叁)其国而伍其鄙”，也是将国鄙对立。这是国与鄙在地域上对称的有关记载。但另一方面，也不乏国与县在地域上对立而称的例子。《国语·周语》载单襄公出使，经过陈国，发现那里的行政管理制度很乱，“国无寄寓，县无施舍”，与周制的“国有班事，县有序民”的情况相去很远。这里即是将国都与县对举，把县作为国以外的地域。可见，

---

① 郭沫若：《两周金文辞大系图录考释》3·79·2。

② 《考古学报》1962年第1期，图版伍。

③ 李家浩：《先秦文字中的“县”》。李家浩在文中指出清人阮元在其主编的《积古斋钟鼎款识》卷7中即认为，“還”通“寰”，而“寰”即是古“县”字。另外，他还在文中胪列了在如下古籍中“县”写作“寰”的有关记载：《穀梁传》隐公元年“寰内诸侯”，陆德明《经典释文》曰：“寰，音县，古县字。”《国语·齐语》曰：“三乡为县，县有县帅……”汪远孙《〈国语〉明道本考异》曰：“许本(指许鲁金嘉靖刻本)‘县’作‘寰’。下并同。”《广韵》去声霰韵：“县，郡县也。《释名》曰：‘县，悬也，县于郡也。’古作‘寰’。”《说文新附》：“寰，王者封畿内县也。”《汗简》卷中之一宀部“县”字引《碧落文》作“寰”。《匡谬正俗》卷8：“宇县、州县字本作‘寰’，后借‘县’字为之。所以谓其字者，义训系著……末代以‘县’代‘寰’，遂更造‘悬’字，下辄加‘心’以为分别。”

④ 李家浩：《先秦文字中的“县”》。对西周时期“县”的范围解释，王健提出了与李家浩之见有所不同的观点，参见其《西周政治地理结构研究》，第395～397页。

县与鄙的意义应该是一样的。

县、鄙二字又经常连用。如《左传》昭公十九年(前523)记载,郑子产说郑国将沦为"晋之县鄙也,何国之为?"这是说,郑将要亡于晋,若果真如此,郑国的土地就变成晋国的县鄙之地了。隔了一年,齐国的晏子又说:"县鄙之人,入从其政。"这里的县鄙自然也是指与国对立的郊野乡聚地区①。鄙也可以作为动词用。《左传》宣公十四年(前595)载,楚使赴齐,路过宋国,但不向宋国假道,于是华元对宋昭公说:"过我而不假道,鄙我也。"这里"鄙我"就是视我为楚国的边鄙的意思。对照上述这些意思,我们再来检阅《史记》中的记载。《秦本纪》言:秦武公十年(前688)"伐邽、冀戎,初县之";十一年,"初县杜、郑"。比照上引子产与华元的话,可以认为秦武公其实是把邽、冀戎的地盘与杜、郑二地变成秦国的县(鄙)之地而已,并不一定要理解为秦国当时已经具体设立了邽、冀、杜、郑等县,更何况《史记》这段话是五百多年以后所记(此事不见于《左传》),并非当时的实录。当然,司马迁可能有秦国的文献作依据。但即使有关秦武公的记事准确无误,还有一点令人不解的是,在武公以后的整个春秋时期,秦国再也没有"初县"其他地方的任何记载,这和楚国灭国为县的许多例子,以及晋国更多的有关设县的记述情况完全不同。这样一来,我们便难以将秦武公的"初县之"这个孤证当成秦国在春秋早期已经设县的依据,而应该理解为秦国领域向西扩展到邽、冀,向东扩展到杜、郑地区为宜。退一步说,即使秦武公时已经置县,则这些县也只是县邑之县,还不是郡县之县。

再说县邑之县。作为县鄙的县通常是不可数的,是一片地域的意思,而不是一个个的聚落。鄙就不可数,只有北鄙、南鄙的说法,如《春秋》宣公十五年(前594)载"夏,齐侯伐我北鄙。……秋,邾人伐我南鄙",用以表示国都以北以南的地域。因此文献上不可能有五鄙、十鄙这样的话。童书业认为"小邑或谓之鄙",并举《左传》襄公二十八年(前545)所载"与晏子邶殿其鄙六十"为说②,但这个说法恐怕靠不住。《左传》此语实应理解为"给晏子邶殿之鄙六十邑"才对,"邶殿"与"其鄙"之间不应点断。与鄙不同,邑是聚落,当然是可数的,所以《左传》昭公五年云:"竖牛取东鄙三十邑,以与南遗。"这种鄙中有邑的形态并非春秋特有,而是自商代以来便是如此。《殷契粹编》第801片有文:"大方伐□,鄙廿邑。"杨伯峻释曰:大方即大邦,为殷人自称,谓伐□夺其二十

① 顾颉刚以为"县鄙"连言指国都或大城邑四周的地区,李家浩从其说。分别参见顾颉刚:《春秋时代的县》;李家浩:《先秦文字中的"县"》。

② 童书业:《春秋左传研究》,第181页。

邑，以为边邑。

县鄙虽然同义，但文献上却不见有北县、南县这样的话。相反，从某些记载来看，县却与邑一样也是可数的，说明县的性质在春秋时期开始有所变化，这种变化可以从楚国看出来。《左传》哀公十七年（前 478）记楚子之言曰："彭仲爽，申俘也，文王以为令尹，实县申、息。"这里"实县申、息"有以申、息作为县鄙之地的含意。但既派令尹管理申县，则此县与邑一样也是一个可数的行政单位，而不是过去县鄙的意思了。而且其时县与邑的意义是相通的。楚庄王时，申县县公巫臣反对以申、吕二县作为赏田时就说："此申、吕所以邑也，是以为赋，以御北方。"申是楚县，而称其"所以邑也（之所以为县的原因）"，说明县邑同义。楚文王在位是在公元前 690 年至前 675 年间，亦即楚以申、息二国为县与秦国初县邽、冀戎相去不远。秦是以戎地为县，楚是以灭国为县，两者性质本来无异，但楚任命了县的官员，秦却不知有无，这是两者的区别所在。楚灭申为县不知确在何年，史籍中最早出现申公（申县之长官）的记载是在《左传》庄公三十年（前 664）。楚国置县的记事还有一条，也是事后追述的。《左传》庄公十八年（前 676）载："初，楚武王克权，使斗缗尹之。以叛，围而杀之，迁权于那处（楚地名），使阎敖尹之。"此载虽未明言灭权以为县，而既设尹以治之，与后来楚国县的尹一样，可推知当时是灭权以为县。楚武王于公元前 740 年至前 690 年在位，则以权为县或比秦武公县邽、冀戎稍早。真正记载当时楚灭他国为县的事例则从灭陈始。

楚庄王十六年（前 598）伐陈，以之为县，后因大夫申叔时之谏而罢县，恢复陈国。至楚灵王八年（前 534），再度灭陈为县，使穿封戌为陈公。灵王十一年（前 531），楚又灭蔡，使其弟公子弃疾为蔡公①。陈公、蔡公皆是县公，是一县之主。因楚之国君僭称王，故称其县之长官曰公，等同于诸侯。楚庄王在灭陈以后，曾经嗔怪其臣下申叔时说："诸侯、县公皆庆寡人，女（汝）独不庆寡人，何故?"楚灭蔡虽未明说是以蔡为县，但既任命了蔡公，与陈公一样，自然也是置蔡为县。除陈、蔡之外，楚还曾消灭其他一些小国，其中有些也应当成为楚县，如邓、庸等。所以《左传》宣公十二年（前 597）楚克郑后，郑庄公对楚庄王表示郑国愿等同于楚之九县，亦即称臣于楚的意思。"九县"一语表明其时楚国在边境地带灭国置县数量之多。

楚既灭国为县，则这些县要比一般的邑大，但不管这些县幅员如何，终归是与邑相似的单个的行政单位，与"县鄙"之"县"性质不一样了。与楚国的大

① 分别见《左传》宣公十一年、昭公八年及昭公十一年所载。

县相反，齐国的县却很小。齐侯钟铭载灵公赐叔夷莱邑，“其县三百”。这些县就是很小的邑了①。

邑本来是“人所聚会”，可大可小，弹性很大，有十室之邑，有百家之邑，有千家之邑，至战国时期更有万家之邑。县既与邑同义，则大小县之间相差也很大。这说明，从行政单位的角度而言，春秋的县尚未成形，还保留着从“县鄙”之“县”衍化而来的痕迹。这些县的基层组织也未经过改造，仍是原来的氏族组织。以国为县主要表示权力的归属，并非行政组织的彻底变化。所以陈、蔡二县后来一度复国，也很容易，因其在组织结构方面未有任何实质性的变迁。

以县为邑在春秋时的晋国表现得最为显著。《左传》僖公三十三年（前627）载：晋师破白狄，胥臣所推荐的大将郤缺捉获了白狄子，晋襄公因此“命先茅之县赏胥臣”。这是晋国明确出现的“县”的记载。而晋国之有县当更早，就是此条之记事，上距秦武公时亦不过半个多世纪。再，《左传》宣公十五年（前594）载，晋荀林父灭赤狄潞氏，晋景公赐保奏荀林父的士贞子以“瓜衍之县”。又，《左传》襄公二十六年（前547）载，蔡声子谓楚令尹子木曰：伍举在晋，“晋人将与之县，以比叔向”。上述这些县看来都是以采邑的形式存在，国君可以随意将其赏赐给臣下，甚至是他国来奔之臣。与楚国只在边境上设县的情况不同，晋国设县较普遍，连国都也称县。《左传》襄公三十年（前543）载，绛县一老人因为无子而亲自去杞城服劳役，县大夫赵武认为这是自己失职所致，于是免去老人之役，并任命其为绛县师。绛是晋国之国都，也可以称之为县，这或者表明春秋时晋国的邑均可以县称。国都也是邑，是有先主祖庙之邑。故此时县与邑是一回事，而且县大夫亦是世袭。栾氏无后，所以栾氏所食之州县为卜所觊觎（详后），而国君也可再以这无主的土地转赐他人。上述晋襄公“命先茅之县赏胥臣”，也是因先茅绝后，所以才取其县以赐他人②。

《左传》中关于州县的记述似乎更加能够证明这一推测。晋平公十九年（前539），以州县赐给郑臣伯石。州县本为栾氏之邑，栾氏亡后，范、赵、韩三氏都想得到这个地方。赵氏说：州县本来属温，而温是我的县。范氏与韩氏说：自从州县和温县分开以来，已经过了三代，晋国将县一分为二的例子多得

① 这里采用的是顾颉刚在《春秋时代的县》一文中的观点。而对于这一则有关齐县铭文的解释，还有学者持不同的意见。李家浩在《先秦文字中的“县”》中认为，其中记载的“其县二(三)百”的意思是说“县”中之邑有二(三)百个；平势隆郎在《楚王与县君》中则认为，应将“其县三百”的“县”视为与后代县相关的大邑来加以考察。

② 见《春秋左传集解》僖公三十三年杜预注，上海古籍出版社点校本，1978年。

很，你赵氏怎能算旧账？赵氏无言以对，只得放弃州县。范、韩二氏既以主持公道的面目出现，也不便取州县为己所有。因此韩氏就建议将州县赏赐给伯石。不久，赵氏掌权，有人劝他把州县收回。赵氏说，我连我自己的县都治理不好，还要州县做什么？四年以后，郑子产又替伯石的后人将州县退还给韩氏，韩氏仍觉取之有愧，遂以州县和人换取了原县[①]。上述记载说明了好几方面的问题：一是大夫的采邑有以县为称者，如州县原属栾氏，又温县属赵氏，而且据赵氏自称还有其他县；二是有一些县可由大夫手中转而为国君支配，如州县，所以春秋中期的县在晋似乎是邑的别称；三是晋县可以一分为二，这与后世从老县分置新县已有些类似。加上前面所说的先茅之县、瓜衍之县、绛县，尤其绛县还是国都，这就使人有理由相信，春秋晋国的邑一般都可以称为县。

由于县、邑是一回事，所以晋国的县很多。《左传》昭公五年（前537）记载，楚灵王欲刑辱送晋国君之女出嫁的晋卿韩起与大夫叔向，楚臣薳启彊劝阻说："韩赋七邑，皆成县也。羊舌四族，皆强家也。晋人若丧韩起、杨肸，五卿、八大夫辅韩须、杨石，因其十家九县，长毂九百，其余四十县，遗守四千，奋其武怒，以报其大耻。"从这段话中可以看出，其时之晋县有四十九个之多，而且这些县指的都是成县，亦即能出兵车百乘的大县。晋县还有所谓别县，指从大县分出的小县。前述州县就是温的别县，下文郤县也是温县的别县。而且据范、赵二氏所说的"晋之别县不唯州"来看，晋国之别县的数量恐亦不在少数。

由上述情况来看，春秋初年，是县、邑通称时期，所谓"初县之"，"实县申息"之"县"，其实重点都是在说明以之为自己的领土的意思，而不是设置某个个别的县。此时的行政单位仍是以邑为通称，但已加上县的称呼，县、邑等同。直到春秋中期，县作为行政单位与邑还没有大的区别。但是县作为国君直属地的性质却与采邑有所不同，这尤其表现在边境的县上。

二、晋楚边地县邑的性质

不仅楚国在边地灭国为县，晋也同样有灭国为县的记录[②]，这在过去不大

① 参见《左传》昭公三年及七年所载。

② 灭国为县在春秋时期很普遍，但对于具体的灭国数目，《左传》却无完整记载。后代有些著作曾经提到，但其具体数目只能作参考，不过从中可看出灭国之普遍性。周初诸侯国一千有余，到春秋后期已如子服景伯所说：今其存者，无数十焉（《左传》哀公七年）。据《吕氏春秋·直谏》，楚文王兼国三十九，又据《韩非子·有度》，楚庄王并国二十六，开地三千里。又秦穆公并国二十（李斯《谏逐客书》），晋献公兼国十九（《吕氏春秋·贵直》，《韩非子·难二》则作"并国十七，服国三十八"），齐桓公并国三十（《韩非子·有度》）。

引起注意。同时晋国还在从周天子手中得来的新边疆之地设置县。晋、楚的灭国为县以及在新领土上所设的县虽然还不是后世的郡县，但已开始具有地方行政组织的萌芽，即作为国君的直属地，并且县的长官不实行世袭制。这两个特征本质上是统一的，是地方行政制度的表征。

以楚国为例，最先的楚县虽然也有世袭的例子，但并不成为制度。如申县首任县公是申公斗班，第二任是申公斗克，后者是前者之子。而据日本学者平势隆郎的考证，此后申公再不世袭，而且除此之外，楚国其余的县并无世袭之例①。同时申县又明白地是楚王的直属地，并非申公或其他任何人的采邑。楚庄王时，令尹子重曾要求取申、吕作为赏田（即采邑），但受到申公巫臣的反对，理由是："此申、吕所以邑也，是以为赋，以御北方。若取之，是无申、吕也。晋、郑师必至于汉。"②可见申、吕二县当时是楚王直属地，用以征收军赋以作边防之需，如果以之作为大夫私人的采邑，军赋将无所出，申、吕也不成其为要塞，晋、郑两国的军队就要逼到汉水之滨了。申、吕虽是县，但尚非后来的郡县之县，不过业已具备其特征之一，即作为国君直属地，而不是大夫的采邑。所以当国君在国都待不下去时，还有县可作为退路。据《史记·楚世家》载，楚灵王众叛亲离的时候，其右尹就劝他"待于郊以听国人"，继之又劝其"入大县而乞师于诸侯"③。

依照顾颉刚的意见，晋、楚两国的县性质不同，前者是采邑，而后者是国君直属地。其实恐不尽然，晋县有的也是国君的直属地。杨宽也认为晋国县大夫世袭，举晋国第一任的原县大夫赵衰，继任者是其子赵同为例。然事实并非如此，赵同并不继赵衰任原大夫（详后）。仔细分析起来，晋国的边县并不全是采邑，也有公邑。任命县守，虽亦称守为大夫，但并不世袭，与纯粹的采邑不同。这种差别是随着时间的推移而发生的。

晋献公时灭国为县，的确是以之赐给大夫作为采邑。《左传》闵公元年（前661）有云："晋侯作二军，公将上军，太子申生将下军，赵夙御戎，毕万为右，以灭耿、灭霍、灭魏。还……赐赵夙耿、赐毕万魏，以为大夫。"从这一记事中还不能了解耿、魏是大夫采邑还是国君掌握的公邑。但《左传》文公五年（前622）载有霍伯其人，霍伯即先轸之子先且居，说明霍为先且居之封邑。由霍的地位而律耿、魏，则此二邑也可能是赵凤与毕万的封邑。但这种封邑与过去封建同

① 平势隆郎：《楚王与县君》。
② 《左传》成公八年。
③ 《左传》记载此事时，县作都，是指已经成为楚国领土的原小国之都，其实即灭国为县之县。

姓的“大夫立家”性质有所不同，其表面形式是派异姓大夫去对新邑实行管理，因此这种封邑可能只是食邑的性质，并非锡土而呈相对独立状态。这一做法是当时晋国中央集权制已经有所加强的必然结果。晋献公之时，有“骊姬之乱，诅无畜群公子，自是晋无公族”。群公子既被杀，公族不存，宗法制于是遭到破坏，采邑制也受到影响，而中央集权制则得到加强。晋献公的集权行动是靠异姓大夫的支持才取得胜利的，因此对他们必须有所酬报。与此同时，献公又“并国十七，服国三十八”，于是这些小国如耿、霍、魏等，就不再作为采邑，而是派这些异姓大夫管理，这是地方行政制度产生的端倪。

到晋文公时代，则更进一步，明确地以“异姓之能，掌其远官。以诸姬之良，掌其中官”。中官与远官其实即后世的中央官员与地方官员，远官就是地方官的意思。所以在新领域——南阳之田中设县而命县守。《左传》僖公二十五年(前635)记晋文公平王子带之乱，周襄王因赐其阳樊、温、原、欑茅之田①。而后晋文公就任命赵衰为原大夫、狐溱为温大夫。在正式任命以前，晋文公还曾征询以何人为原守合适，有人以赵衰为荐。虽然《左传》此处未明确载设县之事，但由设守之事可以推知。且温县后来出于赵氏之口②。周襄王所与晋文公之赏田位于太行山以南、河水以北地区(仅一小部分在河以南)，秦汉时称之为河内。晋文公在其中立县置大夫，这些县的前身从西周以来就是大夫的采邑，而晋置县后，虽仍存在邑的形式，却又不是采邑，似是国君的直属地。在南阳之田中，温与原两者面积最大，我们且来具体分析其长官，即县大夫的任命情况。

温县在春秋时期最为引人注目，在《左传》一书中凡二十见，由该书记载可以看出，温最初是周大夫苏忿生之采邑(隐公十一年、成公十一年)，晋文公以之置县后，先是以狐溱为县大夫(僖公二十五年)，而后继者却是阳处父(文公五年)，再后又及于郤至(成公十一年，郤至因此被称作温季)，接下来却是赵氏(昭公元年)。可见温县大夫并非世袭，国君可以调换人选。但必须说明的是，温县也还不是后世的县，因为据《左传》昭公元年(前541)中的记载，赵氏在该县建有祖庙。

再看原县。其第一任大夫确是赵衰(《左传》僖公二十五年)，但继任者并非其子赵同。《左传》僖公二十八年(前632)中即有原轸将中军的记载，距赵衰始任原大夫只有三年。原轸即先轸，因其在原县任大夫故称原轸(旧释原邑

① 据《晋语》则为南阳阳樊、温、原、州、陉、絺、鉏之田。

② 《左传》昭公三年载赵文子云:“温，吾县也。”

为先轸之食邑,未必合适),就像后来的赵同被称为原同一样。倒是赵同何时任原大夫,于史无征。《左传》成公五年(前586)载"原、屏放诸齐",原即指原同,亦即赵同,其为原大夫当在此前。《左传》成公八年又载赵同被诛,原县自然成为公邑。据《左传》昭公七年(前535),韩宣子又以州邑与乐大心交换原县,则不知何时原县又归了乐氏。

由此看来,温、原二县都数易其主,并非大夫的世袭采邑。退一步说,即使是赐给大夫的食邑,也是国君可以随便予夺的,具有国君直属地的性质。下面的例子更能说明这一推论。

《左传》成公十一年载有郤至与周争鄇田之事。鄇是温之别邑,郤至是温的大夫,不愿鄇成为周之别邑。直到晋侯让郤至不必争,才算了事。此又可见无论温或鄇都只能是国君的直属地,亦即公室的邑,而不是大夫私人的采邑。所以晋侯可以命令郤至不要争田。

上述情况说明,晋县的地位在春秋中期已经逐渐发生了变化。虽然灭国为县与南阳之田诸县都是边县,但性质已有不同。性质的变化似应在春秋后期产生。

晋、楚的边县虽然具有国君直属地的性质,而且其长官县大夫和县公并非世袭。但其基层组织尚未经过重新改造(即尚未从氏族组织改造为什伍乡里),且县的幅员并未经过有意识的划定,故还未成为郡县之县。晋的边县还领有别邑,如温的别邑有鄇有州,似乎还经过规划,而楚县完全是以国为县,旧国与新县之间除了换主人以外,尚无行政组织方面质的变化,甚至口头上仍称县为国。如《左传》昭公二十年(前522)载,楚灵王问右尹子革道:"诸侯其畏我乎?"子革说:"畏君王哉,是四国者,专足畏也。"所谓四国即指为楚灭王所建的陈、蔡及东西不羹四县。后来楚平王篡位,为了平息舆论,让陈、蔡两县复建为国,也未出现任何实质性的变化。所以春秋时楚县虽为国君之直属地,但这只是开始脱离封建制的标志,还远未成为郡县之县。而且因为楚县的地域太大,又以世族为县的长官,专权过甚,就有引起叛乱的危险。楚大夫申无宇举了许多例子证明"末大必折,尾大不掉"的道理,并明确指出"夫边境者,国之尾也",以此警告楚灵王①,但灵王未加重视,终至死于蔡县县公的叛乱中②。春秋时,楚只是在边境地带灭国为县,其内地不曾置县,与晋不同。因此从楚的边县不大看得出由县邑到郡县的变化过程,这一过程主要发生在晋国。因为

① 《国语·楚语》及《左传》昭公十一年。
② 参见《史记》卷40《楚世家》。

晋不但在边地灭国为县，以周王所赐南阳之田设县，而且在内地还改造大夫的采邑为县，这才大大推进了将县邑朝郡县方向的转化。

以上对春秋时期资料的分析表明，秦是否有县邑之县，尚属可疑。楚则只在边境置县，唯有晋之县邑则遍及全国。

三、从县邑之县向郡县之县的转型

郡县之县与县邑之县至少应有四个差别。一是郡县之县不是采邑，而完全是国君的直属地；二是其长官不世袭，可随时或定期撤换；三是其幅员或范围一般经过人为的划定，而不纯是天然地形成；四是县以下还有乡里等更为基层的组织。这正是战国时期县的基本特征。这些差别的形成正表明了从县邑之县过渡到郡县之县过程的完成。任何制度都不是一蹴而就的，同样道理，这一过渡时期也是漫长的。

楚的内地在春秋时期大约始终没有设县，而保持着封建形态的国野制度。前面已说到楚灵王众叛亲离的时候，其右尹先是劝他“待于郊以听国人”，显见楚在内地未曾设县，所以我们难以把楚国春秋时期的县与战国时期的县衔接起来，看出楚国的县邑之县是如何转化为郡县之县的。而晋国却不一样，在边境与内地都普遍设县，于是这一转化过程就在春秋后期显示出来了。显示这一转化过程的标志性事件发生在晋顷公十三年(前514)。在这一年，晋国异姓大夫之间发生了一起著名的兼并行动。韩、赵、魏、知、范、中行氏六家大夫联合灭了祁氏与羊舌氏两家，于是“分祁氏之田以为七县，分羊舌氏之田以为三县”。任命十人为县大夫，即“司马弥牟为邬大夫，贾辛为祁大夫，司马乌为平陵大夫，魏戊为梗阳大夫，知徐吾为涂水大夫，韩固为马首大夫，孟丙为盂大夫，乐霄为铜鞮大夫，赵朝为平阳大夫，僚安为杨氏大夫”。这些人之所以当上县大夫，或因有功而受禄，如贾辛与司马乌是“有力于王室”；或因是世族子弟而受荫，如知、赵、韩、魏四人是掌权四家大夫之“余子”；其余四人则是因为贤明而被推举。

其时晋国是魏献子当政，魏戊是其庶子，戊被任命为县大夫，魏献子还担心有人讲闲话，问另一大夫成氏道：“吾与戊也县，人其以我为党乎?”成氏于是列举魏戊之善，说：“虽与之县，不亦可乎!”这不但说明其时大夫之子虽有优先出仕之特权，但受命者需有才有德才可以，而且此时之县大夫已不都是食采之人，而是如同后世的官僚；上述十县也并不是采邑，若为采邑，则尽可属之以亲戚，而不必防备闲言了。说这些县不是采邑，还有两个证明：一是县大夫要到该县履职，而并非待在国都而享受该县之采。贾辛在去祁县之前朝见魏献子，魏献子说："行乎，敬之哉，毋堕乃力。"这完全像是后代知县陛见时皇帝勉励的话。二是，魏戊到梗阳后，有一件案子无法处理，就转报中央定夺。这一方面表示魏戊是国君的命官，同时又表明中央与地方之间存在行政关系，若是依照封建制，则大夫的采邑与诸侯无关，是相对独立的实体，无须将案子上报的。而且，魏献子本来想接受贿赂，曲断此案，却被魏戊使人所劝阻，更说明连在中央执政的魏献子也不能将梗阳当作自己的私邑。

上述以亲举者之四人，及有力于王室之二人自然都是魏献子所熟悉的，只有以贤所举之四人与魏献子素不相识，所以"皆受县而后见于魏子，以贤举也"。这又说明这四人的任命与宗法制无关，而且举贤不举亲，正是官僚制区别于封建制的特点之一。

以上是从官僚制产生的角度来分析，若从行政区划的出现来看，这十县的划分也同样是标志性的。无论楚还是晋，起初都是简单地以国为县（如楚之实县申、息），或是以邑为县（如晋之温、原），并不对这些国或邑加以地域上的改造①，这样县与县之间的幅员及所包含的人口便可能相去甚远，于行政管理不便。后世的政区在层次、幅员与边界的划定方面都有一定的规范，如秦代就规定了县大率方百里的幅员。晋国新置的这十县是由大夫的封建采邑重新疆理而设置，如羊舌氏原为二邑之地，这时划为三县，说明是朝着正式政区迈进了一大步。

当然，十县大夫的任命还处于过渡阶段，因为十人之中，有四人是有权势的大夫之子，这是权力平衡的政治措施。而且县以下的基层组织是否经过改造，还不清楚。县大夫是食禄，还是另有采邑，也还不明朗。但无论如何，地方官员和行政区划的雏形却在这里出现了，因此完全可以把公元前 514 年晋国设置十县的行动作为地方行政制度萌芽的标志。

从县鄙之县到县邑之县，再到郡县之县，由县鄙得县之名，由县邑得县之形，由县的长官不世袭而得郡县之实。这或者可看成是县制成立的三部曲②。

对应于县邑之县与郡县之县的差异，县的长官则有食禄而不食邑，临民而不领土，流动而不世袭的特点。

从采邑（私邑，相对独立，封建制）、食邑（公邑，在封建与郡县之间）到食禄

① 别邑是否是一种改造方式，现在尚不明了。州，一说是温之别邑，但据《国语·晋语》所载，周王所与晋国南阳之田中已有州邑。

② 不过在此需要补充说明的是，这个三部曲，并不是春秋时期所有县的形成过程，而仅仅是一种逻辑推测。各地县的设置情况与此并不一定一致，完全可能会一开始就有直接与后世的县相同的县的出现。

(郡县制),从有土有民(采邑)、有民无土(公邑)到临民而治亦即无土无民(郡县),这也可以看成是县制成立的另外两种三部曲的表现形式。

郡县的产生可能经过了两个阶段。第一阶段是食田的县制代替了食邑的采邑制,第二阶段是食禄的郡县两级官僚制度更趋于完善。《国语·晋语》载:“大国之卿,一旅之田;上大夫一卒之田。”按此食田之制,栾武子便有一卒之田。这种食田,一般是任职授予,去职交还,是俸禄制的萌芽。

地方行政制度的形成,同时也是中央集权已经产生的标志。只有中央对地方有强大的控制力,才有任命非世袭地方官员的可能,否则,即使有新领土也必然要走封建的老路。而此时的晋国,已是中央集权的诸侯国。经过献公时代清除群公子的措施,晋国已将权力集中在国君手中,不会再出现过去两君并立的情况,但为了集权,清除同姓分裂的隐患,晋国的国君不得不利用异姓大夫的力量,从而使这些异姓大夫逐渐强大起来。当国君能力较强时,他只是利用这些大夫轮流执政,不至于出现其他问题。如晋文公就因权力的集中与对臣下驾驭的得当而称霸。但执政大夫权力太大,毕竟要影响国君的专权,所以到晋厉公时企图收回执政大夫的权力,而实行君主专权,但未能成功。此后异姓的世族大夫始终牢牢地控制着晋国的中央权力,各家大夫之间则轮流执政并互相兼并。但国君无权并不意味着不存在中央集权形式,只是权集中在执政者手里,而不在国君手里而已。这在春秋后期是一个普遍性的问题。一方面是中央集权制的萌芽,另一方面却是国君权力的丧失,这就是孔子所说的“陪臣执国命”的阶段。西周时期礼乐征伐自天子出,春秋中期以前演变为自诸侯出,到此时则是从大夫出了。世袭的领主制无可奈何地让位给了官僚地主制。

第二节　郡制的由来

郡的起源十分模糊。春秋时期有关郡的文献记载十分有限,已知的仅有两则史料。其一是《国语·晋语》里的一则记载:晋献公死后,逃亡在外的晋公子夷吾对秦国公子絷说:“君苟辅我,蔑天命矣。亡人苟入扫宗庙,定社稷,亡人何国之与有?君实有郡县,且入河外列城五。”从这则记载来看,似乎当时秦国已有郡县制。但是此条记载颇有可疑处,那就是有关郡县相连、先郡后县的说法是要到战国时期以郡统县的制度实行以后才能有的,所以有学者以为“君实有郡县”是战国人根据当时的制度趁笔书入的话,此说颇有道理①。

① 童书业:《春秋左传研究》,第185页。

事实上，直到春秋末期，同为晋国人在提到郡与县时，还是分别开来的，说明其时之郡与县尚无任何联系。这就是下列第二则有关郡的史料：《左传》哀公二年（前 493）载，晋国执政大夫赵简子在讨伐范氏与中行氏前，为鼓励将士用命，答应"克敌者，上大夫受县，下大夫受郡，士田十万，庶人工商遂，人臣隶圉免。"文中所提及的"克敌者，上大夫受县，下大夫受郡"，是迄今为止能见到的最早亦是最为可信的有关晋国设有郡的史料，可说明晋国其时之地方行政单位已是有县有郡。但郡的详情如何，却不得而知。根据赵简子的誓词，过去有人认为春秋时县大于郡，实行以县统郡之制。但清代顾炎武在《日知录》中却说郡县之别是：在腹里繁华之地称为县，在边鄙之地称为郡，并非两者间有统属关系。姚鼐亦认为："郡远而县近，县成聚富庶，而郡荒陋，故以美恶异等，而非郡与县相统属也。"[①]顾、姚二氏的见解大体是正确的。但应该指出的是，郡起初也是邑的一种形式，郡字从邑君声，也从侧面说明了这一点[②]。晋国置郡始于何时，史未明言，然由上引之文推测可能是在春秋末年。

同时，赵简子所谓的"受县"、"受郡"，指的并不是以县或以郡作为食邑，而是受一县或一郡之禄。"士田十万"也是受十万田之禄的意思。春秋末期，晋国的县已经很普遍，郡的设立当在外围边境地区。

再者，县与郡之分，起先也不一定十分清楚。后世称郡之长官为郡守，而守之为官之责任，春秋时已有，如《左传》文公十三年（前 614）载："晋侯使詹嘉处瑕，以守桃林之塞。"而且"守"好像早已成为官称，《左传》僖公二十五年（前 635）载，"晋侯问原守于寺人勃鞮"，即向勃鞮询问何人担任原守合适。此可谓郡守之先声，虽然后来原称为县，桃林之塞亦未成郡，但源头却在此。后世郡之长官为守，县之长官为令，而此时原之长官为守，似乎说明此时之原是县，还是郡还不明朗。有人又推测郡之长官既为守，则郡最先可能设在戎狄之区，以为羁縻措施，仍以其部落酋长统治，而以军队镇守之，行政上暂归邻近的县所辖（故《逸周书》说县有四郡），待统治加强后，再以郡守取代戎狄君长治理政务，成为正式的地方行政机构[③]。但此说至今尚无实据以资证明，只能阙以存疑。

又，《左传》哀公四年（前 491）曰："蛮子赤奔晋阴地。司马起丰、析与狄戎，以临上雒。左师军于菟和，右师军于仓野，使谓阴地之命大夫士蔑曰：

---

① 姚鼐：《惜抱轩文集》卷 2《郡县考》。

② 童书业推测其时之郡可能是边聚或较小之地。见其《春秋左传研究》，第 186 页。

③ 冉光荣：《春秋战国时期郡县制度的发生与发展》，《四川大学学报》1963 年第 1 期。

‘晋、楚有盟，好恶同之……’士蔑请诸赵孟。”杜预注曰：“命大夫，别县监尹。”顾颉刚据此以为此命大夫即是后来的郡守。只因春秋末郡制尚未正式成立，故名为“阴地”而不名“阴地郡”，名为“命大夫”而不名“郡守”①。其论存此，聊备一说。

另外，《史记》卷67《仲尼弟子列传》载：子贡为救鲁说吴王伐齐，“于是吴王乃遂发九郡兵伐齐”。据此，似春秋吴国亦曾置郡。不过童书业对此采取了较为谨慎的态度。以为这些记载只见于汉人之书，不敢即信为事实②。至于吴国设郡的细节，由于史料阙如，无由确知。

---

① 顾颉刚：《汤山小记》，《顾颉刚读书笔记》第七卷下，台湾联经出版事业公司，1990年。

② 童书业：《春秋左传研究》，第185页。

第三章　春秋时期各国设县的考察

在上一章,我们对春秋时期县与郡的起源作了较为深入的探讨。为了能够更为全面地揭示其时各国所立之县的详细情况,本章将分节考察各国设县的具体过程。

第一节　楚国置县概述

春秋时期,楚国先后在边地灭掉许多小国,并随后在这些地区设县。不过,在此需要说明的是,由于这些县的基层组织尚未经过重新改造,县的幅员也未经过有意识的划定,故此时楚国的这些县还不是后世所说的真正意义上的县——郡县之县,虽然其已具有国君直属地的性质,县的长官县大夫和县公也并不世袭(参见第一章第二节)。下面我们对春秋时期楚国所置之县作一概述。

武王时(前740—前690),灭子姓小国权,并将其改建为县,令楚国大夫斗缗管理县内的有关事务。此为最早明确见于文献记载中的楚县,亦是春秋置县之首例。权县当位于今湖北省荆门市东南。后来斗缗据权县而叛楚,楚武王率军"围而杀之"。随后楚武王把权县原有的臣民迁往那处,并在那处设县,以阎敖为县尹,负责那处的地方政务。那处当位于权县的东南。武王之所以迁权于那处,大概是因那处较权距郢为近之故。武王时,楚又灭蓼,其地在今河南省唐河县西南。后不久,即在其故地置县,并改称湖阳。

文王元年(《左传》庄公四年,前690),巴人叛楚而进攻那处,那处遂为巴人所据。

文王三年(《左传》庄公六年),楚为北上争霸,灭掉了处于地理要冲的邓国,随后设置邓县。邓本为西周曼姓小国,其地当在今湖北省襄阳市西北。

文王四年至七年之间(《左传》庄公七年至十年),楚灭申国,之后将申改建为楚县。申本为周宣王时所分封的姜姓诸侯国。其地位于今河南省南阳市。春秋初期,楚国急于北上扩展疆土,以达到其问鼎中原的目的。而申国正当楚国北进之要冲，于是便很自然地就成为楚国攻击的对象。申县长官称公，斗班是最早见于史书中的申公。

文王十一年(《左传》庄公十四年)，息为楚所灭。其后楚当置息县。其地应在今河南省息县西南。息本为西周分封的姬姓诸侯国。春秋史籍中记载最早的息公是屈御寇，在楚国对外扩展中息县起了很大的作用。息县与申县都建有实力颇强的军队，《左传》中就多次提到申、息之师。

至迟文王十六年(《左传》庄公十九年)，吕亦应为楚县。吕与申相邻，其地在今河南省南阳市西。

至迟成王四十年(《左传》僖公二十八年，前632)，楚置有商县。商县之地望，当在汉水流域，由其商县之名推测，其地恐近商密，在今湖北省丹江口市均县镇附近。楚设商县不久即废。

至迟穆王四年(《左传》文公四年，前623)，楚灭西周初年分封的姬姓诸侯国蒋国，之后，在原蒋国基础之上建立了期思县。期思县之地望，应在今河南省淮滨县期思镇。

庄王元年(《左传》文公十四年)前，楚置有析县。析为楚北边的别都，其地在今河南省西峡县。

大约在穆王、庄王之世(《左传》文公十四年左右)，鄀当已为楚之附庸，楚于是设置鄀县。鄀本为秦、楚界上小国，始都商密(今河南省淅川县西南)，穆王五年(《左传》文公五年)后，迁都于鄀(今湖北省宜城市东南)。

庄王初年(约《左传》文公十四年)，楚在所灭的庐国故地置庐县，以此作为汉水中游南岸要邑。庐县在今湖北省襄阳市西南。

庄王三年(《左传》文公十六年)，庸灭于楚，楚于是时置上庸县。庸本为商代时的小国，建都上庸。其地在今湖北省竹山县西南。

庄王十六年(《左传》宣公十一年，前598)，陈国内乱，楚于是趁机出兵伐陈，杀死了夏征舒，进而灭掉陈国。楚灭陈后，随即置县。陈本为周武王灭商后所封之妫姓诸侯国，建都宛丘(今河南省淮阳县)。然由于楚大夫申叔时的力谏，楚庄王乃复封陈，立陈灭公之子午为成公。经过这次反复，陈国的实力大受损耗。

至迟庄王十七年(《左传》宣公十二年)，楚以取得的部分沈国土地而置沈县。其地当在今安徽省临泉县。

至迟楚庄王二十三年(《左传》宣公十八年)，楚置有城父(成)县。其地在今河南省襄城县西(即宝丰县东)。

至迟共王八年(《左传》成公七年，前584)，楚置郧县。郧本为楚边境旁的小国，被楚灭后改置为县。鄀县之地望，在今湖北省钟祥市北境、汉水以东的丰乐镇附近。

至迟灵王四年(《左传》昭公四年，前538)，州来由吴属楚，楚于是置州来县。州来原为春秋吴、楚境上小国。其地在今安徽省凤台县。

灵王八年(《左传》昭公八年)，陈国国内又因争立之事而发生了内乱，楚王便令公子弃疾带兵灭掉陈国。这是楚国第二次灭陈。楚灭陈之后，将陈设置为县，又使穿封戌为陈公。不久，楚又城陈，修筑城池。

灵王九年(《左传》昭公九年)，楚公子弃疾将因避郑而迁都于叶地的许国复迁于夷，从而重新掌握了叶及其邻近要地，叶地处方城之外，对楚来说，其地理位置十分重要，楚据此可加强方城内外的控制和防御，并可缓冲北方郑、晋等国的侵扰。疑在许从叶迁走后不久，楚便在该地设置了具有军事防御性质的县。

至迟灵王十一年(《左传》昭公十一年)，东、西二不羹当已为楚县。东不羹在今河南省舞阳县西北，西不羹在今河南省襄城县东南。此二县可能是由原楚北部的别都改建而成。

灵王十一年，楚王以蔡灵侯弑杀其父，诱蔡侯于申会宴，事先埋伏好甲士，趁蔡侯喝醉之时，将其及同来的士卒七十人一并杀死。然后楚王又令公子弃疾围蔡。灭之，并置为县，使弃疾为蔡公。蔡本为西周初年分封姬姓诸侯国，春秋以降，建都上蔡(今河南省上蔡县城关一带)。

公元前529年(《左传》昭公十三年)，楚公子弃疾(蔡公)夺取了王位，是为楚平王。他为了获得诸侯国的好感，将陈、蔡复国。不过，这次陈国复国，完全丧失了独立的地位，仅仅是楚国的傀儡而已。蔡复国后，蔡景侯迁蔡于新蔡。新蔡在今河南省新蔡县西。由此可见，蔡县存在的时间很短，仅有两年多而已。同年，吴灭州来，州来又为吴据。

至迟灵王十三年(《左传》昭公十三年)，楚时已置有白、巢、钟离等县。白县之地望，当在今河南省息县东北(或淮滨县西南)。巢本为群舒之一，其地望所在，应在今安徽省六安市东北。钟离本是春秋小国，楚灭之后置县，该县应在今安徽省凤阳县临淮关镇。

平王七年(《左传》昭公十九年)前，楚又取得州来，且城州来，再置为楚县。

平王七年，楚工尹赤所迁阴戎到下阴。楚当在此后不久，即于其地置县，以管理阴戎之民。此阴县之所在，在今湖北省老河口市北。

至迟平王八年(《左传》昭公二十年)前，楚国已置棠县。棠县之地望，当在今江苏省南京市六合区西北。伍尚曾为棠县之县尹(大夫)。

平王十一年(《左传》昭公二十三年)，吴人伐州来，自此州来属吴。从《左传》成公七年至昭公二十三年，吴、楚对州来进行了七十余年的争夺，说明州来的地位重要。楚在此设置具有军事防御性质的县，当在情理之中。同年，吴公子光伐楚，取钟离，此后钟离属吴。

平王十二年(《左传》昭公二十四年)吴取巢，旋楚又收回了巢，并再置为县。

昭王九年(《左传》定公二年，前508)后，巢复为吴攻取。

至迟昭王十一年(《左传》定公四年)前，楚已设武城县。武城最初为楚王经营北方而驻守的别都。其地在今河南省信阳市东北。

至迟昭王十二年(《左传》定公五年)，楚已有蓝县。此蓝县之地望，疑位于今湖北省钟祥市西北。

昭王十三年(《左传》定公六年)，吴复伐楚，取番。楚恐，去郢，北徙都鄀。

公元前489年(《左传》哀公六年)，楚惠王即位之初，因乱复由鄀迁都鄢。此后鄀当一直为楚县。

第二节　楚县考(上)

关于春秋时期楚县，已有一些中外学者作了较为深入的研究[①]。下面即在这些研究成果的基础上，重加厘定，对春秋楚县沿革作一全面的考察。

对春秋楚县的判断，主要依据以下几个原则：第一，有明确的有关设县记载的。第二，在地名后称“公”的，因楚县的长官一般皆称公。《左传》庄公三十年(前664)载有申公斗班，杜预注曰：“申，楚县也，楚僭号，县尹皆称公。”此载可以为证。第三，在地名后称“尹”、“君”或“大夫”的，但此点需作具体分析，不似县公那样可以下完全的断语[②]。

权

此为最早明确见于文献记载中的楚县，亦是春秋置县之首例。权本为子姓小国，后为楚武王所灭，并被改建为县。《左传》庄公十八年载：“初，楚武王克权，使斗缗尹之。”斗缗为楚国大夫，“尹之”，就是以斗缗为权县的长官，来管理县内的有关事务。楚武王在位时间为公元前740年至前690年。

《水经·沔水注》曰：“沔水自荆城东南流，迳当阳县之章山东，山上有故城，太尉陶侃伐杜曾所筑也。……沔水又东，右会权口，水出章山，东南流迳权城北，古之权国也。”《大清一统志》卷342安陆府古迹权城下亦云：“在钟祥县西南。”是权县当

① 参见“引言”部分所提及的论著。
② 陈伟曾将学者们有关春秋楚县的确定标准概括为四条，可参见其《楚“东国”地理研究》，第182页。

位于今湖北省荆门市东南。杨伯峻《春秋左传注》以为在今湖北省当阳县(今当阳市)东南[①],恐非,当是将古当阳县(位于今荆门市西南)与今当阳县错混而致误。

后斗缗据权县而叛楚,楚武王率军"围而杀之"。随后"迁权于那处,使阎敖尹之"(《左传》庄公十八年),即楚武王把权县原有的臣民迁往"那处",并在那处设县,让阎敖为县尹,负责那处的地方政务。又,徐少华认为"迁权于那处"的应是指权国旧贵族及部分平民,在权县当仍有大多数平民留于当地而为县民,不可能全面迁走而使权成为弃地,权县仍当继续存在[②]。其说恐未必与当时的事情发展相符。因权与那处颇近,权迁那处后,权已演变为一居民点,即一般的楚邑,而权县应当不复存在了。

那处

该县亦置于楚武王时,此由上引《左传》庄公十八年之文可知。《水经·沔水注》曰:"《春秋》鲁庄公十八年,楚武王克权,权叛,围而杀之,迁权于那处是也。东南有那口城。"所称的那处当位于权县的东南。顾栋高、洪亮吉以为那处即西周初年所封的那国,恐非[③]。江永《春秋地理考实》卷1以为西周所封之那(聃)当在开封府境,或是。其时楚当已定都郢城,武王之所以迁权于那处,盖那处较权距郢为近之故。楚文王时,那处又为巴人所据。《左传》庄公十八年载:"及文王即位,与巴人伐申,而惊其师,巴人叛楚而伐那处,取之,遂门于楚。阎敖游涌而逸,楚子杀之。"然由于那处地处楚国的腹心,故推测巴人据有那处应仅为一时之事[④]。

湖阳

《汉书·地理志》(以下简称《汉志》)南阳郡湖阳县下班固自注曰:"故廖国也。"廖或作蓼、飂,为祝融八姓之一,春秋时其地在今河南省唐河县西南,与在今河南省固始县东北的姬姓蓼国同名而异地,后者穆王五年(《左传》文公五年,前622)灭于楚。《左传》哀公十七年(前478)载:"(楚大夫)子谷曰:'观丁父,鄀俘也,武王以为军率,是以克州、蓼、服随、唐,大启群蛮……'"据此可知蓼当于楚武王时为楚所灭。又《水经·比水注》曰:"其水西南流迳湖阳县故城南,《地理志》曰:故廖国也。《竹书纪年》曰:楚共王会宋平公于湖阳者矣。"是楚共王时蓼国故地已称湖阳,徐少华依照春秋楚灭国多设县之例,据此推测楚武王灭蓼后不久,即在其故地置县,并改称湖阳,汉湖阳县当因楚县旧制而来[⑤]。其

① 杨伯峻:《春秋左传注》,中华书局,1981年,第208页。
② 徐少华:《周代南土历史地理与文化》,第276页。
③ 杨宽:《春秋时代楚国县制的性质问题》。
④ 此说据陈伟函示。
⑤ 徐少华:《周代南土历史地理与文化》,第56页。

说应是，今从之。

邓

邓本为西周曼姓小国，其地当在今湖北省襄阳市西北，江永《春秋地理考实》卷1、杨伯峻《春秋左传注》等认为在今河南省邓州市，不确①。1974年，在襄阳山湾墓地出土了《邓公乘鼎》，该鼎的器身及盖上有如下相同的铭文："邓公乘自作飤緐，其眉寿无期，永保用之。"②徐少华经过对该器物的器型风格的分析，认为当属春秋晚期的前段，不可能是曼姓邓国的遗物，而应为楚器。铭文中的"邓公"当指楚邓县的县公。此器的出土表明楚灭邓国后，即在邓之故地设立邓县③。徐氏之说应是，今从之。据《左传》庄公六年（前688）所载"楚复伐邓，灭之"，可知邓国灭于楚文王三年（前688），则在是年之后楚即置邓县。

申

申本为周宣王时所分封的姜姓诸侯国。《左传》隐公元年（前722）孔颖达疏曰："申之始封，亦在周兴之初，其后中绝。至宣王时，申伯以王舅改封于谢。"

申国之地望，《汉志》南阳郡宛县下班固自注云："故申伯国。"《左传》隐公元年杜预注曰："申国，今南阳宛县。"《水经·淯水注》曰："（淯水）又南迳宛城东。其城，故申伯之都，楚文王灭申以为县也。秦昭襄王使白起为将，伐楚取郢，即以此地为南阳郡，改县曰宛，王莽更名，郡曰前队，县曰南阳。……大城西南隅即古宛城也。"《大清一统志》卷211南阳府古迹宛县故城下云："今南阳县治，春秋楚邑。"据上述所载，申国位于今河南省南阳市。春秋初期，楚国急于北上扩展疆土，问鼎中原。而申国正当楚国北进之要冲，于是便很自然地就成为楚国攻击的首要对象。《左传》哀公十七年（前478）楚太师子谷追述道："彭仲爽，申俘也，（楚）文王以为令尹，实县申、息。"杜预注曰："楚文王灭申、息以为县。"可见楚灭申国之后，将申改建为县。

申县设立的时间，洪亮吉以为当在《左传》庄公六年，而今人何浩则定为《左传》庄公七年至十年（即楚文王四年至七年）之间④，比较二说，似何说较妥，而洪说稍早，故今采何说。申县长官称公，斗班是最早见于史书中的申公，《左传》庄公三十年所载"秋，申公斗班杀子元"可以为证。其后史载的申公还有申公斗克、申公子仪（以上均见《左传》僖公二十五年）、申公叔侯（《左传》僖公二十六年）、申

① 谭其骧主编：《中国历史地图集》第一册，地图出版社，1982年；石泉：《古邓国邓县考》，《江汉论坛》1980年第3期。

② 杨权喜：《襄阳山湾出土的鄀国和邓国铜器》，《江汉考古》1983年第1期。

③ 徐少华：《周代南土历史地理与文化》，第13页。

④ 何浩：《西申、东申和南申》，《史学月刊》1988年第5期。

公子培(《吕氏春秋·至忠览》)、申公巫臣(屈臣)(《左传》宣公十二年、成公二十七年)、申公子申(《左传》襄公二年)、申公子牟(王子牟)(《左传》襄公二十六年)等。

吕

吕原是周穆王时所分封的姜姓诸侯国。其国力兴盛之时,当在周幽王在位期间,《国语·郑语》有"申、吕方强"之语。春秋初期,为楚所灭。《左传》申、吕连文,成公七年(前584)载:"楚围宋之役,师还,子重请取于申、吕以为赏田。王许之。申公巫臣曰:'不可。此申、吕所以邑也,是以为赋,以御北方。若取之,是无申、吕也,晋、郑必至于汉。'王乃止。"由上述可知吕与申相邻,且申、吕并称为邑,地位理当相同。而申在此前早为楚县,故此处之"邑",当与县同义无疑。故吕亦应为楚县。

吕县之所在,旧有二说。其一以为在今河南省南阳市西,此说以王应麟为代表,其《通鉴地理通释》云:"《国语》史伯曰:当成周者南有申、吕。《汉地理志》:南阳宛县,申伯国。诗、书及左氏解不言吕国所在。《史记正义》引《括地志》云:故吕城在邓州南阳西。徐广云:吕在宛县。《水经注》亦谓宛西吕城,四岳受封。然则申、吕,汉之宛县也。"顾炎武、江永、高士奇皆采王氏之说。其二认为在今河南省新蔡县,此说为沈钦韩所主,其《春秋左氏传地名补注》云:"按,续志汝南新蔡有大吕亭。注引《地道记》曰:故吕侯国。《水经注》:新蔡县青陂之东对大吕亭,西南有小吕亭。《方舆纪要》:在汝南府新蔡县北。"刘文淇《春秋左氏传旧注疏证》比较二说后,已辨沈氏之妄。其实,沈氏所言之吕,乃是吕国的另外一支,与后来为楚所灭而成为吕县的吕,并非一地,新蔡之吕,又称为甫(郙),亦可称东吕,南阳之吕,则称西吕①。徐少华认为新蔡之大、小吕亭,当是吕国故地入楚后的吕人再迁之地,与楚文王取申,于申故地置申县,而东迁申人于淮域的情况相同②。杨宽亦主张吕国在今河南省南阳市西,当与申差不多同时为楚所灭,并改建为县。然他因史籍中不见吕县地方长官的记载,便以为吕县可能是由申公兼管的③,从而否认了吕县存在的独立性,则又恐失之片面,徐少华对此已详辨之④。

息

《左传》哀公十七年(前478)楚太师子谷追述道:"彭仲爽,申俘也,(楚)文王以为令尹,实县申、息。"杜预注曰:"楚文王灭申、息以为县。"据此可知,息县

① 何光岳:《楚灭国考》,上海人民出版社,1990年,第132页。
② 徐少华:《周代南土历史地理与文化》,第47页。
③ 杨宽:《春秋时代楚国县制的性质问题》。
④ 徐少华:《关于春秋楚县的几个问题》,《江汉论坛》1990年第2期。

之置当在楚文王之时。息本为西周分封的姬姓诸侯国，后灭于楚。《左传》庄公十四年（前680）载："蔡哀侯为莘故，绳息妫以语楚子。楚子如息，以食入享，遂灭息。"杨伯峻《春秋左传注》云："此当是前数年之事，此年息妫则已生二子矣。"[①]如此，则息国已在文王十一年（《左传》庄公十四年）前为楚所灭。

息县之地望，旧说不尽一致。《说文解字》卷6下邑部鄎字下、《左传》隐公十一年及定公四年杜预注皆认为在汉晋汝南郡的新息县；而《后汉书·贾复列传》李贤注及《元和郡县图志》蔡州新息县下则认为在唐豫州新息县西南；《太平寰宇记》、《大明一统志》等又主在新息县北。其实上述分异诸说并不难断是非，《水经注》中的两条史料恰好可解决这一分歧。《水经·淮水注》云："淮水东迳故息城南，《春秋左传》隐公十一年，郑、息有违，言息侯伐郑，郑伯败之者也。……淮水又东迳新息县故城南，应劭曰：息后徙东，故加新也。王莽之新德也，光武十九年，封马援为侯国。"此处"故息城"与"新息县故城"，当分别指春秋之息县及汉晋之新息县。而北魏以降的新息县则在汉晋新息县北的汝水流域，此由以下所引《水经注》之文可证。《水经·汝水注》曰："汝水又东与青陂合，水上承慎水于慎阳县之上慎陂右沟，北注马城陂，陂西有黄丘亭，陂水又东迳新息亭北，又东为绸陂，陂水又东迳新息县，结为墙陂。"这样，春秋时息县当在北魏以来的新息县西南，《后汉书》李贤注及《元和郡县图志》所言不误，而《太平寰宇记》等是将汉晋新息县误视为北魏以来的新息县，因而得出春秋息县在宋新息县北的错误结论。此点徐少华业已指出[②]。故春秋时息县应在今河南省息县西南。

史籍中记载最早的息公是屈御寇，《左传》僖公二十五年（前635）载："楚斗克、屈御寇以申、息之师戍商密。……秦师囚申公子仪、息公子边以归。"子仪、子边分别为斗克与屈御寇的字。另外，还有息公子朱（《左传》文公三年、九年）。息县在楚国对外扩展中起了很大的作用。息县与申县都建有实力颇强的军队，《左传》中就多次提到申息之师。

商

《左传》文公十年（前617）载："初，楚范巫矞似谓成王与子玉、子西曰：'三君皆将强死。'城濮之役，王思之，故使止子玉曰：'勿死。'不及。止子西，子西缢而县绝，王使适至，遂止之，使为商公。"此段文字所追述的是成王四十年（《左传》僖公二十八年，前632），楚晋城濮之战后的事情。其中提及商公子

① 杨伯峻：《春秋左传注》，第198页。
② 徐少华：《周代南土历史地理与文化》，第86～87页。

西，是至迟是年时楚已置商县。

商县之地望，旧有二说。其一，《左传》文公十年杜预注曰："商，楚邑。今上雒商县。"其地当在今陕西省商洛市。其二，清人江永《春秋地理考实》卷2对杜说提出质疑，认为"楚成王时，楚地未能至商州，其使子西为商公，或是商密之地"。商密当在今河南省淅川县西南。近人刘文淇、今人杨伯峻、杨宽等皆赞同江永的说法[①]。然徐少华又力主杜预之说，以为其时鄀（秦、楚界上小国）未南迁，仍在商密，楚成王不可能在鄀都商密置县，江永忽略了楚置县与鄀国南迁的时间关系[②]。不过徐少华在指责江永忽略时间关系的同时，自己似乎又忘记了地域关系。因杜氏所言的上雒商县实在距楚太远，且杨宽又据确凿文献（《竹书纪年》）指出杜氏所说的商县，本名称於或邬，秦孝公分封卫鞅于此地后方改名为商，故杜预之说恐不能为凭。而徐少华据汉晋商县遗址出土的具有楚文化特征的器物，即断定其为先秦楚之商县，恐难令人信服。然他所提出的其时鄀未南迁，亦确为事实。且《左传》文公五年载："夏，秦人入鄀。"杨伯峻《春秋左传注》曰："此时鄀盖仍都商密，秦人入鄀，则取商密并入己国。鄀未亡，迁都今湖北省宜城县东南，为楚附庸。"[③]杨说是。故可知楚国至此时亦未据有商密。据此，则上文所述至迟成王四十年楚置之商县不可能即是商密，两者并非一地，江永的说法亦不能成立。既然已有的两种说法都不能成立，便需要重新确定商县的位置。据《左传》文公十年载商公子西"沿汉溯江，将入郢"来分析，商县当在汉水流域，由其商县之名来推测，其地恐近商密，在今湖北省丹江口市均县镇附近。有关商县的记载仅此一见，颇疑楚置商县不久即废。

期思

期思本为西周初年分封的姬姓诸侯国蒋国的都城。《左传》文公十年有楚子田孟诸，"期思公复遂为右司马"之语，杜预注曰："复遂，楚期思邑公。"其为楚穆王时事。杨宽以为至迟穆王时已置期思县[④]，甚是。期思县当是在楚灭蒋国之后在其基础上建立的，而以原蒋国都城期思为名。然蒋国灭亡时间，史籍未载。徐少华依据当时楚在城濮之役战败后，兵锋受挫，穆王继位，一时无力北进，再度转为向东经略淮域的具体情况，推测楚灭蒋应在穆王四年（《左传》文公四年，前623）或稍早。其说可从[⑤]。

---

① 刘文淇：《春秋左氏传旧注疏证》；杨伯峻：《春秋左传注》；杨宽：《春秋时代楚国县制的性质问题》。
② 徐少华：《周代南土历史地理与文化》，第278页。
③ 杨伯峻：《春秋左传注》，第539页。
④ 杨宽：《春秋时代楚国县制的性质问题》。
⑤ 徐少华：《周代南土历史地理与文化》，第117～118页。

至于期思县之地望，《汉志》汝南郡期思县下颜师古注曰："故蒋国。"则西汉期思县当即蒋国都城期思，亦即春秋楚期思县所在地。然西汉期思县之地望，说者不一。其中较通行的说法是《大清一统志》中的提法，该书卷 222 光州古迹期思故城下曰："在固始县西北，楚期思邑。……《寰宇记》，在固始县西北七十里。"据此，则应在今河南省淮滨县期思镇。而石泉则以为此为魏晋以后期思的位置，秦汉以前的期思县当在魏晋期思县的东北之古期思城，即今河南省固始县东北、史灌河以东近淮河南岸处①，其观点可备一说。

析

析亦为楚北边的别都②，其地在今河南省西峡县。《左传》襄公二十六年（前547）曰："子仪之乱，析公奔晋。"其中提到的"析公"，当为析县县公。《国语·楚语上》有析公臣，应与此析公为同一人。据《左传》文公十四年所载知子仪乱楚，在《左传》文公十四年，即楚庄王元年（前 613）。故至迟是年前，楚已置有析县。另外，在曾侯乙墓出土的兵器中有"析君所造之戟"③铭文，其中所言的"析君"，也当为析县的长官，是这则铭文也可为春秋时楚置有析县添一佐证。

又，《春秋》昭公十八年（前 524）云："冬，许迁于白羽。"而《左传》昭公十八年载："冬，楚子使王子胜迁许于析，实白羽。"故可知析又名白羽，并曾一度为许的国都。昭王十一年（《左传》定公四年，前 506），许复由析迁于容城（今河南省鲁山县东南）④，析当重为楚县。《左传》哀公四年（前 491）载："（楚）司马起丰、析与狄戎⑤，以临上雒。"则可知楚又曾在析县征兵，准备出战。

鄀

鄀本为秦、楚界上小国，始都商密（今河南省淅川县西南），《左传》文公五年（前 622）后，迁都于今湖北省宜城市东南⑥。郭沫若《两周金文辞大系考释》认为商密为下鄀，宜城为上鄀。昭王十三年（《左传》定公六年），楚由郢迁都于鄀，则在此前鄀当已为楚所灭而为邑⑦。在今河南淅川下寺八号楚墓中有一件春秋中期的"上鄀公簠"，其上所刻的铭文为："佳正月初吉丁亥，上鄀公择其吉金，铸其叔妳番妃媵簠，其眉寿万年末期，子子孙孙永宝用之。"徐少华据此

---

① 石泉：《古期思——雩娄灌区（期思陂）在今河南省固始县东南境考辨》，载河南省水利史志编纂办公室编：《河南水利史料》1988 年第 1 期。
② 杨宽：《春秋时代楚国县制的性质问题》。
③ 裘锡圭：《谈谈随县曾侯乙墓的文字资料》，《文物》1979 年第 7 期；平勢隆郎：《楚王和县君》。
④ 《春秋》定公四年。
⑤ 杨伯峻《春秋左传注》第 1627 页曰："此谓征召丰、析及狄戎之民为兵。"
⑥ 杜预注曰："鄀本在商密，秦、楚界上小国，其后迁于南郡鄀县。"
⑦ 杨伯峻：《春秋左传注》，第 434、1557 页。

以为铭文中所提到的上鄀公已非原来的允姓鄀人，而是芈姓楚人，以楚县大夫皆称公的惯例，此上鄀公应为楚于故地所置的鄀县县公，是至迟在春秋中期，鄀已并入楚境，且于其故地置鄀县[①]。徐说应是，今从之。又因鄀迁于鄀在穆王五年（《左传》文公五年）后，其时鄀当已为楚之附庸，故颇疑在楚穆王、庄王之世设置鄀县。《史记》卷40《楚世家》载："（昭王）十二年，吴复伐楚，取番。楚恐，去郢，北徙都鄀。"《新编年表》据《左传》定公六年中的记载，考证楚都由郢迁鄀当在楚昭王十三年，即公元前504年。《楚世家》记此事在楚昭王十二年，这是因为司马迁在《史记》卷14《十二诸侯年表》中误将《左传》定公六年与楚昭王十二年排在同一年所致。公元前489年，楚惠王即位之初，因乱复迁都鄢。此后鄀当一直为楚县。

庐

庐本为随周武王伐纣的八国之一[②]。庐，或作纑、卢，春秋时又称庐戎，其地在今湖北省襄阳市西南。春秋时期为楚所灭，故地成为楚邑。《左传》文公十四年载："楚庄王立，子孔、潘崇将袭群舒，使公子燮与子仪守，而伐舒蓼。二子作乱。城郢，而使贼杀子孔，不克而还。八月，二子以楚子出。将如商密，庐戢梨及叔麇诱之，遂杀斗克及公子燮。"杜预注曰："庐，今襄阳中庐县。戢梨，庐大夫；叔麇，其佐，斗克子仪也。"《国语·楚语上》亦云："昔庄王方弱，申公子仪父为师，王子燮为傅，使师崇、子孔帅师以伐舒，燮及仪父施二帅而分其室。师还至，则以王如庐。庐戢黎杀二子而复王。"韦昭注曰："庐，楚邑也。戢黎，庐大夫也。"由上述所载可知戢梨（黎）为庐邑大夫，亦即庐县县公，是楚春秋时置有庐县。徐少华认为楚庄王初年即已置庐县，设县大夫及县佐，以为汉水中游南岸要邑[③]。其说甚是。

庸

庸本为商代时的小国，据《尚书·牧誓》载，为随同周武王伐纣的八国之一，建都上庸。其地在今湖北省竹山县西南（或谓在竹山县东，如顾栋高之见）。《左传》文公十六年即楚庄王三年，庸灭于楚。《春秋》文公十六年所云"楚人、秦人、巴人灭庸"及《左传》文公十六年所载"楚子乘驲，会师于临品，分为二队，子越自石溪，子贝自仞以伐庸。秦人、巴人从楚师。群蛮从楚子盟，遂灭庸"可证。一般认为秦汉时方于庸国故地设上庸县，然《水经·沔水注》曰：

① 徐少华：《关于春秋楚县的几个问题》。
② 《尚书·牧誓》。
③ 徐少华：《周代南土历史地理与文化》，第283页。

“堵水又东北迳上庸郡，故庸国也。《春秋》文公十六年，楚人、秦人、巴人灭庸。庸，小国，附楚。楚有灾不救，举群蛮以叛，故灭之以为县，属汉中郡。”殷崇浩据此以为楚于是时置上庸县[①]，徐少华从其说[②]，应是。

陈

陈本为周武王灭商后所封之妫姓诸侯国，建都宛丘（今河南省淮阳县）。春秋时期，陈曾先后两次为楚所灭，并被改置为县。第一次是在楚庄王十六年（《左传》宣公十一年，前598）。《左传》宣公十一年载：“冬，楚子为陈夏氏乱故，伐陈。谓陈人‘无动，将讨于少西氏’。遂入陈，杀夏征舒，轘诸栗门。因县陈。”这次陈为楚县的时间极短，便由于楚大夫申叔时的力谏，楚庄王“乃复封陈”。《史记》卷36《陈杞世家》对此事亦有记载。经过这次反复，陈国的实力大受损耗。第二次是在楚灵王八年（《左传》昭公八年，前534）。《左传》昭公八年载：“九月，楚公子弃疾帅师奉孙吴围陈，宋戴恶会之。冬十一月壬午，灭陈。”《左传》昭公八年即楚灵王八年。楚灭陈之后，即将陈改建为县。《左传》记载了昭公十一年晋叔向谈到了这次楚灭陈而置县之事。叔向对韩宣子说：“楚王奉孙吴以讨于陈，曰：‘将定而国。’陈人听命，而遂县之。”楚设陈县后，“使穿封戌为陈公”（《左传》昭公八年），杜预注曰：“戌，楚之大夫。灭陈为县，使戌为县公。”不久，楚又城陈（《左传》昭公十一年），修筑城池。楚灵王灭陈后五年，即公元前529年，楚公子弃疾（蔡公）夺取了王位，是为楚平王。他为了获得诸侯国的好感，将陈、蔡复国。平王“乃求故陈悼太子师之子吴，立为陈侯，是为惠公。”（《史记》卷36《陈杞世家》）不过，这次陈国复国，完全丧失了独立的地位，仅仅是楚国的傀儡而已。

沈

沈尹之名，首见于楚庄王十七年（《左传》宣公十二年，前597）。《左传》宣公十二年载：“楚子北师次于郔。沈尹将中军，子重将左，子反将右，将饮马于河而归。”这则史料中提到的“沈尹”，说者不一，或谓指楚令尹孙叔敖；或据《吕氏春秋·当染篇》，谓当指沈尹蒸[③]。杨伯峻[④]、杨宽[⑤]皆以后说为是[⑥]，今从

① 殷崇浩：《春秋楚县略论》。
② 徐少华：《关于春秋楚县的几个问题》。
③ 《吕氏春秋》之《尊师篇》作沈尹巫、《察传篇》作沈尹筮、《赞能篇》作沈尹茎、《新序·杂序五》作沈尹竺，蒸、巫、筮、茎、竺，字形相近，盖指一人。
④ 杨伯峻：《春秋左传注》，第728页。
⑤ 杨宽：《春秋时代楚国县制的性质问题》。
⑥ 清人顾栋高《春秋大事表》卷4《春秋列国疆域表》及卷7《春秋列国都邑表》则认为是楚庄王之子公子贞，杨宽推测可能是“蒸”与“贞”音近之故，或是。

之。是至迟楚庄王十七年时即已置沈县。而其时沈国尚存，说明楚国沈县当是以取得的部分沈国土地而置。故顾栋高《春秋大事表》卷7《春秋列国都邑表》楚沈邑下曰："此沈国之别邑，楚取之以为重镇，故沈尹见于《春秋》甚详。"杨伯峻《春秋左传注》曰："沈为楚国之县，或以为即沈国，然沈国春秋末期犹在，则楚此时不得有其全部土地，或文三年楚伐沈时曾得其部分土地以为楚县。"其说均是[①]。至于沈县之地望，杜预注曰："沈，或作寝，寝县也，今汝阴固始县。"据此一般认为在今河南省固始县，实误。持此结论者并未搞清史实，其实汉晋固始县到刘宋时已向南侨迁，汉晋固始县即楚沈县本当在今安徽省临泉县，徐少华辨之已详[②]。

又，杨宽以《左传》哀公十八年（前477）载有寝尹吴由于，而认定楚另有寝县，与沈县并非一地，此沈县当在河南省平舆县北[③]。其实杨宽在这里误解了"寝尹"一词的含义，寝在此处不是地名，寝尹乃朝官之名，非为寝县之尹，楚并未另置过寝县[④]。而杨宽将沈县定在平舆县北，亦不确，此是将沈国与沈县混淆所致。沈国[⑤]应在今平舆县北，而由沈国别邑所置的沈县则当在今临泉县。春秋楚之沈县一直至《左传》哀公十七年（前478）还见于文献记载，这其间的沈尹有楚康王时的沈尹寿（《左传》襄公二十四年）、楚灵王时的沈尹射（《左传》昭公四年）、楚平王时的沈尹赤（《左传》昭公五年）、楚昭王时的沈尹戌（《左传》昭公十九年）、楚惠王时的沈尹朱（《左传》哀公十七年）。

第三节 楚县考（下）

城父（成）

《左传》昭公十九年（前523）载："楚子为舟师以伐濮。费无极言于楚子曰：'晋之伯也，迩于诸夏；而楚辟陋，故弗能与争。若大城城父，而寘大子焉，以通北方，王收南方，是得天下也。'王说，从之。故大子建居于城父。"《左传》昭公二十年曰："费无极言于楚子曰：'建与伍奢将以方城之外叛，自以为犹宋、郑也，齐、晋又交辅之，将以害楚，其事集矣。'王信之，问伍奢。伍奢对曰：

---

① 顾久幸在《沈县和沈尹》（张正明主编《楚史论丛》初集，湖北人民出版社，1984年）一文中亦持此说。
② 徐少华：《周代南土历史地理与文化》，第280～281页。
③ 杨宽：《春秋时代楚国县制的性质问题》。另，平势隆郎亦持此论（他据陈槃《春秋大事表列国爵姓及存灭表譔异》中的考订，而以为沈县当在今河南省汝南县以东南六十里平舆故城之北、故沈亭），见其前揭《楚王和县君》一文注37之17。
④ 徐少华：《周代南土历史地理与文化》，第276页。
⑤ 即邥国。"邥"与"沈"音同，通用。参见钱坫《新斠注汉书地理志》及洪颐煊《读书丛录》中的考证。

‘君一过多矣,何信于谗?’王执伍奢,使城父司马奋扬杀大子。未至,而使遣之。三月,大子建奔宋。王召奋扬。奋扬使城父人执己以至。”服虔云:“城父人,城父大夫也。”城父大夫当即城父县县公,则楚设有城父县,李玉洁、陈伟、徐少华皆作如是论①,可从。其地在今河南省襄城县西(即宝丰县东),与在今安徽省亳州市东南的城父为同名的两地。又,《吕氏春秋·重言篇》记载有“成公贾”,在楚庄王时;《说苑·辨物篇》云:“王子建出守于城父,与成公乾遇于畴中……”徐少华认为成、城音同可通,此“成公乾”即上引《左传》昭公二十年中的“城父人”,亦即城父大夫,是春秋中期以来楚便置有城父(成)县②。徐氏之说应是。

郧

郧本为楚边境旁的小国,亦作䢵,被楚灭后改置为县。郧县设立的时间,史籍不载。然从文献之中仍可约略推知。《左传》桓公十一年(前701)载:“(楚)遂败郧师于蒲骚,卒盟而还。”则其时郧尚未为楚所灭。又《左传》成公七年(前584)载:“秋,楚子重伐郑,师于汜。诸侯救郑。郑共仲、侯羽军楚师,囚郧公钟仪,献诸晋。”此处明言“郧公钟仪”,是其时郧已为楚县无疑。由此所载史料可断郧县之置不晚于《左传》成公七年,即楚共王八年③。郧县之地望,过去一般皆承继《括地志》及《元和郡县图志》的说法,认为在今湖北省安陆市。石泉、徐少华对此提出了不同的看法,他们依据《汉志》等文献中的记载,认为楚国灭郧后所置之郧县,并非利用郧国故都所置,而是以都城之外的郧国别邑而建。郧国当位于汉晋云杜县的东南(今湖北省京山、钟祥二县市之间),而楚之郧县则应在汉晋江夏郡之竟陵县(今湖北省钟祥市北境),其说可存④。

州来

州来原为春秋吴、楚境上小国。其地在今安徽省凤台县。州来最初属吴,《春秋》成公七年所载“吴入州来”可证。然《左传》昭公四年又载:“冬,吴伐楚,入棘、栎、麻,以报朱方之役。楚沈尹射奔命于夏汭,葴尹宜咎城钟离,薳启彊城巢,然丹城州来。东国水,不可以城。”其时为楚灵王四年,是至迟在是年前,州来又

---

① 李玉洁:《楚史稿》,第85页;陈伟:《楚“东国”地理研究》,第182页;徐少华:《周代南土历史地理与文化》,第278页。

② 徐少华:《周代南土历史地理与文化》,第278页。

③ 又,李玉洁据《左传》宣公四年所载之文,以为楚灭郧后,可能先将郧作为了若敖氏的封地,待若敖氏灭亡后,方将郧改建为县(见其《楚史稿》第84、103页。)。若此,则郧县之置当不会早于若敖氏灭亡的楚庄王九年(《左传》宣公四年,前605)。

④ 石泉:《古代荆楚地理新探》,第146页,武汉大学出版社,1988年;徐少华:《周代南土历史地理与文化》,第280页。

属楚。在《左传》这段文字中,沈、钟离、巢、州来四地并提,且后三地又欲同时筑城,其地位应相当,加之四地皆为楚所灭之国,沈、钟离、巢又皆为楚县(分别见本章中有关考证),故可推知州来亦当为楚所设之县。其置县之年,当在楚灵王四年之前。其后,又为吴据,《春秋》昭公十三年载“吴灭州来”是为明证。旋再归楚,《左传》昭公十九年曰:“楚人城州来。”则在此年之前,楚又取得州来。“城州来”,或可表明此前州来又再置为楚县,因此才有必要城之。《左传》昭公二十三年载:“吴人伐州来。”自此州来属吴。从成公七年至昭公二十三年,吴、楚对州来进行了七十余年的争夺,说明了州来地位的重要。楚在此设置具有军事防御性质的县,当在情理之中。《左传》哀公二年(前493),吴迁蔡于州来,谓之下蔡。

叶

《左传》定公五年(前505)载:“(楚)叶公诸梁之弟后臧从其母于吴,不待而归。”杜预注曰:“诸梁,司马沈尹戌之子,叶公子高也。吴入楚,获后臧之母。楚定,臧弃母而归。”《左传》定公五年为楚昭王十二年,上述记载中提到“叶公诸梁”,是至迟楚昭王十二年时楚国已置有叶县。杨宽认为当在楚惠王时①,恐略嫌晚。

叶曾为周武王所封的姜姓诸侯国许国的都城。许国本都许(今河南省许昌市东),《左传》成公十五年为避郑而迁都于叶,《左传》成公十五年所载“许灵公畏逼于郑,请迁于楚。辛丑,楚公子子申迁许于叶”可证。《春秋》成公十五年杜预注曰:“叶,今南阳叶县也。”《大清一统志》卷211南阳府古迹叶县故城下曰:“在今叶县南三十里,名旧县店,春秋时楚邑。”故可知叶当在今河南省叶县南(《中国历史地图集》将叶定点于今叶县西南)。《左传》昭公九年,许复迁于夷。《左传》昭公九年载:“二月庚申,楚公子弃疾迁许于夷,实城父。取州来、淮北之田以益之,伍举授许男田。”叶地处方城之外,对楚来说,其地理位置十分重要,楚据此可加强方城内外的控制和防御,并可缓冲北方郑、晋等国的侵扰。楚迁许,盖出于重新掌握叶及其邻近要地的目的。早在楚灵王时,楚即欲迁许,惜因故未成(《左传》昭公四年)。上文又言《左传》定公五年时已有楚叶公,故颇疑在许从叶迁走后不久,楚便在该地设置了具有军事防御性质的县。徐少华即以为叶县置于昭公九年许迁夷后②,应可信从。

东不羹、西不羹

《左传》昭公十一年曰:“楚子城陈、蔡、不羹。”十二年又载:“(楚灵)王曰:

① 杨宽:《春秋时代楚国县制的性质问题》。
② 徐少华:《周代南土历史地理与文化》,第297页注(92)。

‘昔诸侯远我而畏晋，今我大城陈、蔡、不羹，赋皆千乘，子与有劳焉，诸侯其畏我乎！’（子革）对曰：‘畏君王哉！是四国者，专足畏也。又加之以楚，敢不畏君王哉！’”杜预注曰：“四国，陈、蔡、二不羹。”杨伯峻《春秋左传注》曰：“国谓大都大邑，盖国之广义。”[①]其说是。这里的“四国”意即四县，“二不羹”指东不羹与西不羹。东不羹在今河南省舞阳县西北[②]，西不羹在今河南省襄城县东南[③]。此二县，杨宽亦认为可能是由原楚北部的别都改建而成[④]。上引《左传》昭公十一年，即楚灵王十一年（前531），“城陈、蔡、不羹”，则其时二不羹当已为楚县，故楚置二不羹县的时间不会晚于该年。

蔡

蔡本为西周初年分封的姬姓诸侯国，《史记》卷35《管蔡世家》载：“武王已克殷纣，平天下，封功臣昆弟。于是封叔鲜于管，封叔度于蔡。”后与叔鲜“挟武庚以作乱”，被周公旦放逐。叔度死后，周公“复封（其子）胡于蔡，以奉蔡叔之祀，是为蔡仲。”蔡仲所封之蔡已与蔡叔时不同，蔡叔始封应在商王畿内的河南省修武县以西地带[⑤]，而蔡仲复封时建都上蔡，即今河南省上蔡县城关一带[⑥]。

春秋以降，蔡国经常受到楚国的侵扰，楚灵王十一年（《左传》昭公十一年，前531），楚灭蔡，并改置为县。《左传》昭公十一年载：“冬十一月，楚子灭蔡，用隐大子于冈山。……十二月……楚子城陈、蔡、不羹。使弃疾为蔡公。”《史记》卷35《管蔡世家》载：“（蔡灵侯）十二年（按，据《新编年表》，当作十三年，即前531），楚灵王以灵侯弑其父，诱蔡灵侯于申，伏甲饮之，醉而杀之，刑其士卒七十人。令公子弃疾围蔡。十一月，灭蔡，使弃疾为蔡公。”两年之后，即《左传》昭公十三年，蔡公楚公子弃疾取得王位，是为平王。楚平王为了亲善诸侯，“乃求蔡景侯少子庐，立之，是为平侯”[⑦]。蔡于是复国，且蔡景侯迁蔡于新蔡。《汉志》汝南郡新蔡县下班固自注曰：“蔡平侯自蔡徙此，后二世徙下蔡。”按，新蔡县当今河南省新蔡县西[⑧]。关于平侯是否徙都新蔡，古今有些学者颇持异议，然皆不能成立。蔡都新蔡，虽不见于《左传》、《史记》，然从上引《汉志》之文

① 杨伯峻：《春秋左传注》，第1340页。
② 《大清一统志》卷211南阳府古迹东不羹城下曰：“在舞阳县西北。”
③ 同上书卷218许州古迹西不羹城下曰：“在襄城县东南二十里。”
④ 杨宽：《春秋时代楚国县制的性质问题》。
⑤ 徐少华：《周代南土历史地理与文化》，第165页。
⑥ 以往学者认为在今上蔡县西南，不确，徐少华已据有关文献及考古资料予以辨明。见其《周代南土历史地理与文化》，第174～175页。
⑦ 《史记》卷35《管蔡世家》。
⑧ 陈伟：《楚“东国”地理研究》，第22页。

及《水经注》等书所载综合来看①,蔡平侯迁都新蔡,当不容否定。此点陈伟、徐少华已辨之②。

又,《左传》哀公四年(前491)载:"夏,楚人既克夷虎,乃谋北方。左司马眅、申公寿余、叶公诸梁致蔡于负函(杜预注曰:"三子,楚大夫也。此蔡之故地人民,楚因以为邑。致之者,会其众也。"),致方城之外于缯关。"《左传》哀公十六年云:白公为乱,"叶公在蔡,方城之外皆曰:'可以入矣。'"此二处所提及的蔡即蔡景侯迁都新蔡前的蔡国旧地上蔡,而由上述两则引文来看,很有可能是楚县。若此,则大概楚在蔡迁新蔡后,复在上蔡设县③。

白

《国语·楚语上》载楚灵王时有白公子张,是楚灵王时已置有白县。白县之地望,自古即无定说。《左传》哀公十六年曰:楚大子建之子胜在吴,楚令尹子西欲召之,叶公力主不可,"(子西)弗从,召之,使处吴竟,为白公"。杜预注曰:"白,楚邑也,汝阴褒信县西南有白亭。"《水经·淮水注》云:"淮水又东迳淮阴亭北,又东迳白城南,楚白公胜之邑也,东北去白亭十里。"据上述所载,则白县当在今河南省息县东北(或淮滨县西南)。然《史记》卷66《伍子胥列传》载:"伍子胥初所与俱亡故楚太子建之子胜者,在于吴。吴王夫差之时,楚惠王欲召胜归楚。叶公谏曰:'胜好勇而阴求死士,殆有私乎!'惠王不听。遂召胜,使居楚之边邑鄢,号为白公。"杨宽以为鄢即鄢陵,在今河南省漯河市东。白城与鄢,皆在楚的北境,与郑相邻,而离吴甚远,故杨宽认为此两种说法都不足信。他据《史记》卷40《楚世家》所载"惠王二年,子西召故平王太子建之子胜于吴,以为巢大夫,号曰白公",而认为春秋时有二地名巢或居巢。白县所在之巢,当今安徽省寿县南,是西周以来的巢国旧都;而巢国,则应在今安徽省桐城市以南④。徐少华对此提出质疑,他据何浩的考证,认为其时只有一巢邑(在今安徽省六安市东北),亦即杨宽所指的在今寿县南的巢⑤。楚令尹子西召公孙为白公在惠王二年,即《左传》哀公七年,时吴国势力正强,且据有巢邑。新立之楚惠王,不可能收复巢邑而令白公胜居之。他认为杜预及《水经注》的说法应为可信⑥。今按,徐少华所论应是,且白公非巢公,楚另置有巢县(详下),

---

① 《水经》之《汝水注》称新蔡城旁的大吕亭为"蔡平侯始封";《淮水注》又曰:"蔡昭侯自新蔡迁于州来,谓之下蔡。"

② 陈伟:《楚"东国"地理研究》第22页;徐少华:《周代南土历史地理与文化》,第175~176页。

③ 此说据武汉大学陈伟教授函告。

④ 杨宽:《春秋时代楚国县制的性质问题》。

⑤ 何浩:《巢国史迹钩沉》,《中国史研究》1983年第2期。

⑥ 徐少华:《周代南土历史地理与文化》,第279~280页。

杨宽之说恐不能成立。

巢

巢本为群舒之一,《左传》文公十二年(前615)杜预注曰"宗、巢二国,群舒之属"可证。其地望所在,后世一般认为在汉晋的居巢县。然汉晋居巢县在何处,则众说不一。唐宋以降的文献,如《太平寰宇记》、《大清一统志》等一般皆以为在今安徽省巢湖市东北。今人对此提出异议。黄盛璋、何浩二位结合有关文献及考古资料,认为应在今六安市东北①。谭其骧据《太平寰宇记》中的记载,认为汉居巢县在今安徽省桐城市南②。诸说相较,当以黄、何二氏之说为是。因史籍中记载春秋时居巢、钟离为二相邻之地(下文所引可证),而钟离当在今安徽省凤阳县东北(详见下文),倘将巢县定在今巢湖市东南或桐城市南,皆与史实不符。

《史记》卷31《吴太伯世家》曰:"(吴王僚)九年(按,据《新编年表》,当作十年),公子光伐楚,拔居巢、钟离。初,楚边邑卑梁氏之处女与吴边邑之女争桑,二女家怒相灭,两国边邑长闻之,怒而相攻,灭吴之边邑。吴王怒,故遂伐楚,取两都而去。"《史记正义》曰:"两都即钟离、居巢。"徐少华以为此处"两都"意即"两县",并引《左传》及《史记》卷40《楚世家》相关之文为证③,应是。《史记》卷66《伍子胥列传》中亦记载了吴王僚十年伐居巢、钟离之事,《史记索隐》则明确注曰:"二邑,楚县也。"吴王僚十年当《左传》昭公二十四年,即楚平王十二年,故至迟是年前楚已设巢县(居巢)。又,《左传》昭公四年载:"冬,吴伐楚,入棘、栎、麻,以报朱方之役。楚沈尹射奔命于夏汭,箴尹宜咎城钟离,薳启疆城巢,然丹城州来。东国水,不可以城。"其时为楚灵王四年(前538),楚欲城巢,故可知巢国是时已为楚所灭,并作为楚国的一个邑而存在。由此颇疑楚灵王时已置巢县。《左传》定公二年载:"冬十月,吴军楚师于豫章,败之。遂围巢,克之,获楚公子繁。"杜预注曰:"繁,守巢大夫。"据此可知《左传》昭公二十四年(即楚平王十二年,前518)吴取巢后至《左传》定公二年(即昭王九年,前508)间,楚又曾收回了巢,并再置为县,此点徐少华业已指出④。《左传》定公二年后,巢属吴。

钟离

钟离本是春秋小国。以上巢县中所引《史记》之文及《史记正义》、《史记索

---

① 黄盛璋:《关于鄂君启节交通路线的复原问题》,《中华文史论丛》1964年第5辑;何浩:《巢国史迹钩沉》。

② 谭其骧:《长水集》(下),人民出版社,1987年,第207、225～231页。

③ 徐少华:《周代南土历史地理与文化》,第281～282页。

④ 同上书,第282页。

隐》之注，皆可证钟离为楚县。另，《水经・淮水注》所载“《世本》曰：钟离，嬴姓也。应劭曰：县，故钟离子国也，楚灭之以为县”，更可说明这一点。《汉志》九江郡钟离县下颜师古引应劭曰：“钟离子国。”故其地一般认为即汉钟离县所在。顾栋高《春秋大事表》卷7《春秋列国都邑表》楚钟离邑下曰：“今江南凤阳府凤阳县东四里有钟离旧城。”《大清一统志》卷126凤阳府古迹钟离故城下云：“在凤阳县。”故楚钟离县应在今安徽省凤阳县临淮关镇[①]。楚何时灭钟离并置县，史籍失载，然据上文巢县考证中所引《左传》昭公四年之文推测或在楚灵王时，亦未可知。《左传》昭公二十三年(前519)，吴公子光伐楚，取钟离，此后钟离遂属吴。

阴

《左传》哀公十六年(前479)载：白公为乱，“叶公在蔡，方城之外皆曰：‘可以入矣。’子高曰：‘吾闻之，以险徼幸者，其求无厌，偏重必离。’闻其杀齐管修也，而后入。”杜预注曰：“管修，楚贤大夫，故齐管仲之后。”《重修广韵》卷2“侵”韵“阴”条下引应劭《风俗通》曰：“管修自齐适楚，为阴大夫。”《后汉书》卷32《阴识列传》云：“阴识……其先出自管仲。管仲七世孙修自齐适楚，为阴大夫，因而氏焉。”综合上引史料，可知阴大夫管修当即阴县大夫，亦即阴县县公。至于此阴县之所在，徐少华认为当在今湖北省老河口市北，即《左传》昭公十九年(前523)楚工尹赤所迁阴戎之下阴，也即汉晋阴县。楚当于迁阴戎于下阴后不久，即于其地置县[②]。

棠

《左传》昭公二十年载：“(楚)棠君尚谓其弟(伍)员曰……”杜预注曰：“棠君，奢之长子尚也，为棠邑大夫。”《经典释文》卷19曰：“棠君尚，君或作尹。”由上述所引可知伍尚当为棠县之县尹(大夫)。然宋代罗泌《路史》卷26《国名纪三》又说“棠君”为“伍尚封号”，杨宽据此以为棠应为封邑而非楚县[③]。徐少华认为其说可商，并举两点理由来论证杜、陆二氏所说之确[④]。按，徐少华所论应是，今从之。《左传》昭公二十年为楚平王八年(前522)，则至迟是年前楚国已置棠县。棠县之地望当在今江苏省南京市六合区西北[⑤]。

---

① 石泉则以为在今安徽省凤台县西北，参见其前揭文，亦可备一说。
② 徐少华：《周代南土历史地理与文化》，第284页。
③ 杨宽：《春秋时代楚国县制的性质问题》。
④ 徐少华：《关于春秋楚县的几个问题》。
⑤ 沈钦韩《春秋左传地名补注》谓即棠谿城，即今河南省遂平县西北。杨伯峻、徐少华皆从其说，或是。

武城

武城最初为楚王经营北方而驻守的别都[①]。其地在今河南省信阳市东北。杨宽以为在今河南省南阳市北，盖误将春秋原属申地、后属楚地的武城视为此地所致。《左传》定公四年载："武城黑谓子常曰……"杜预注曰："黑，楚武城大夫。"武城大夫当即武城县县公，其为楚昭王十一年（前506）时事，是至迟该年前已设武城县。

蓝

《左传》定公五年载："（楚）王之奔随也，将涉于成臼。蓝尹亹涉其帑，不与王舟。"（《国语·楚语下》亦载此事较详）其中提及"蓝尹亹"，杜预注曰："亹，楚大夫。"是亹当为蓝县之县尹，徐少华即持此论[②]。其时为楚昭王十二年（前505），则至迟该年楚已有蓝县。此蓝县之地望，于史无载。然由上引《左传》定公五年之文可知蓝当在成臼附近，而杨伯峻《春秋左传注》以为成臼在今湖北省钟祥市南之旧口镇[③]，则颇疑蓝县即为战国时位于今湖北省钟祥市西北、《战国策·魏策四》所提及的"秦果南攻蓝田、鄢、郢"中的蓝田[④]。

苦

《史记》卷63《老子列传》载："老子者，楚苦县厉乡曲仁里人也。"据此春秋时期楚应置有苦县。其地在今河南省鹿邑县东。至于《史记正义》将此《老子列传》中的"楚"字释为西汉的诸侯王国（《史记正义》曰："按年表云，淮阳国，景帝三年废。至天汉修史之时，楚节王纯都彭城，相近。疑苦此时属楚国，故太史公书之"），则不确。西汉苦县从未隶属过楚国，而是一直为淮阳国（郡）或陈郡属县[⑤]，张守节在此纯系臆测。又，东汉桓帝延熹八年（公元165）陈相边韶所作《老子铭》曰："老子，姓李，字伯阳，楚相县人也。春秋之后，周分为二，称东、西君。晋六卿专征。与齐、楚并僭号为王。以大并小，相县虚荒。今属苦，故城犹在。"[⑥]在此老子的出生地又被说成是相县，而《史记》中所讲的苦县，则成了后世的改隶之地。然以地望观之，相县（在今安徽省濉溪县西北）与苦县二地相距甚远，且中隔数县，若依边韶所说，老子出生地先属相，又属苦，则殊不可解。不知其说源于何据。陈伟据边韶及张守节所说而怀疑《史记》记载的可靠性[⑦]，似恐

① 杨宽：《春秋时代楚国县制的性质问题》。
② 徐少华：《关于春秋楚县的几个问题》。
③ 杨伯峻：《春秋左传注》，第1553页。
④ 程恩泽：《国策地名考》卷6。
⑤ 周振鹤：《西汉政区地理》，第41～43页。
⑥ 洪适：《隶释》卷3。
⑦ 陈伟：《包山楚简初探》，第84～85页。

不必。

另外,《左传》昭公十三年载:“楚公子比、公子黑肱、公子弃疾、蔓成然、蔡朝吴帅陈、蔡、不羹、许、叶之师,因四族之徒,以入楚。”在此许与陈、蔡、东西不羹、叶等楚所置之五县(分别见其各自的有关考证)并提,且明载有“许师”,似可将许论定为楚县,李玉洁、徐少华即持此论[①]。然《左传》昭公十三年载弃疾起事前奏说:“楚子之为令尹也,杀大司马薳掩,而取其室。及即位,夺薳居田;迁许而质许围。”杜预注曰:“迁许在九年。围,许大夫。”迁许当指许国之迁,而许围为许国大夫。楚将许国迁走,恐其背叛,因此以其大夫为质。许既参与了前期的作乱,则后来正式弃疾起兵时参与的许实为许国的可能性非常之大,与其将许定为楚县,似不如视为许国更为合理。故在此不把许列入春秋楚县之列。

再者,在湖北随县出土的楚惠王时期(前489—前433)的曾侯乙墓竹简中,记载曾侯乙死后“賵”车的人有王、大(太)子、命(令)尹、遊(鲁)旸(阳)公、旸(阳)城君,坪(平)夜(輿)君、鄴君、鄦君、鄗(?)君、郘君等人。裘锡圭认为其中自鲁阳公以下所提及的君皆是楚邑君的名称[②]。日本学者平势隆郎据此以为这些楚邑君都是县君,春秋时期楚国应置有与这些县君相应的县[③]。然上述鲁阳公等楚邑君究竟是县君还是封君,实难下断语,因此为稳妥起见,在此亦不将这些邑君所对应的地名确定为楚县。

第四节　晋国置县概述

春秋时期晋国在地方上开始设县。《左传》昭公五年(前537)载:“晋韩宣子如楚送女,叔向为介……及楚。(楚灵王欲辱之,)薳启彊曰:‘……韩赋七邑,皆成县也。羊舌四族,皆强家也。晋人若丧韩起、杨肸,五卿、八大夫辅韩须、杨石,因其十家九县,长毂九百,其余四十县,遗守四千,奋其武怒,以报其大耻……’”由此可知其时晋国有四十九县,且皆为“成县”,即大县。晋县还有别县,即从大县分出的小县。由《左传》昭公三年所载“晋之别县不唯州”这句话来看,晋之别县亦当为数不少。然由于相关文献的缺乏,在此仅能考出其中部分晋县。下面先将其时晋国设县的情况概述于下。

---

① 李玉洁:《楚史稿》,第86页;徐少华:《周代南土历史地理与文化》,第282页。
② 裘锡圭:《谈谈随县曾侯乙墓的文字资料》。
③ 平势隆郎:《楚王和县君》。

武公三十九年(《左传》庄公十八年,前676),晋武公灭荀,并将荀赐给大夫原氏黯,是为荀叔,晋在是年应置有荀县。荀,又作郇,本为西周姬姓诸侯国,其地在今山西省新绛县东北。

献公十六年(《左传》闵公元年,前661),晋灭耿、魏二国。二国皆原本为西周姬姓小国,耿国在今山西省河津市东南,而魏国则在今山西省芮城县北。晋献公将耿、魏二国灭后置县,并将其分别赏赐给晋国的大臣赵夙和毕万二人。

文公三年(《左传》僖公二十五年,前635),周襄王赐给晋文公阳樊、温、原、欑茅、州、陉、絺、鉏之田,"晋于是始启南阳"。阳樊(亦作樊,又称阳,其地在今河南省济源市西南)、温(今河南省温县西南)、原(今河南省济源市西北)、欑茅(今河南省修武县北)、州(今河南省温县东北)、陉(今河南省沁阳市西北)、絺(今河南省沁阳市西南)、鉏(今河南省滑县东)均原本周畿内邑,晋得之后,皆置为县。

至迟文公十年(《左传》僖公三十二年),晋已置"先茅之县"。次年,晋军在箕地大破白狄,并俘获了白狄首领白狄子。由于击败白狄的晋国大将郤缺是胥臣所举荐的,此时恰先茅绝后,因此晋襄公便将"先茅之县"赏赐给胥臣。这是春秋晋国明确出现"县"的最早记载。

灵公七年(《左传》文公十三年,前614),晋置瑕县。瑕本为郑邑,后入于晋。晋以詹嘉为瑕县大夫,守卫桃林之塞。其地在今河南省灵宝市西北。

至迟灵公十四年(《左传》宣公二年,前607),晋已设置阴地县。其地在今河南省卢氏县东北之阴地城。与一般晋县不同的是,该县的长官是命大夫,而非寻常守县邑的大夫。见于史载的,有阴地命大夫士蔑。

至迟景公七年(《左传》宣公十五年,前594),晋置有瓜衍县。同年荀林父率军灭赤狄潞氏,而此前荀林父因兵败险些被晋景公杀掉,晋景公深感这是当时力保荀林父不死的士贞子的功劳,为了酬谢士贞子,于是景公将"瓜衍之县"赏赐给士贞子。其地应在今山西省孝义市北。

景公十二年(《左传》成公二年,前589)设置有邢丘县。同年,楚申公巫臣奔晋,晋景公使其为邢丘大夫。其地在今河南省温县东北。

景公十八年(《左传》成公八年),晋景公诛杀赵同(即原同)[①],原县理当收归晋公所有。原县后又曾一度属宋,唯不知确年。

至迟平公三年(《左传》襄公十八年,前555),晋已设置长子、纯留二县。长子在今山西省长子县;纯留又曰屯留,其地望在今山西省屯留县东南。

至迟平公十五年(《左传》襄公三十年),晋已置绛县。其地在今山西省侯

① 见《春秋》及《左传》成公八年所载。

马市西，亦即史称的新绛。而绛其时为晋之国都，是在晋国，国都亦可称县。

平公十五年，晋设置任县，让由郑而来的羽颉担任县大夫。其地在今河北省任县东南。

平公十九年(《左传》昭公三年，前539)，晋以州县赐郑公孙段(伯石)。文公三年(前635)州县归晋后，属温县管辖。后将州县从温县中分出，别立为县，赐给郤称，之后又成为栾豹之邑，其时的州县为采邑性质。至此时州县当由大夫的采邑，转而为晋国国君支配，并能赐他国来奔之臣，初步具有了国君直属之地的色彩，然仍非郡县之县。

平公二十三年(《左传》昭公七年)，郑子产替公孙段之子将州县归还给韩宣子，然因此前韩宣子曾以正义者的身份阻止过赵文子要州县的想法，若现在韩宣子将州县变为己有，未免有失脸面，于是他便用州县换取了宋大夫乐大心的原县。

至迟平公二十五年(《左传》昭公九年)，晋置有阎县。唯阎县之地望不详。史载阎嘉为阎县大夫。

顷公十三年(《左传》昭公二十八年)秋，晋韩宣子卒，魏献子执掌大政，分祁氏之田为七县，分羊舌氏之田为三县，以司马弥牟为邬大夫、贾辛为祁大夫、司马乌为平陵大夫、魏戊为梗阳大夫、知徐吾为涂水大夫、韩固为马首大夫、孟丙为盂大夫、乐霄为铜鞮大夫、赵朝为平阳大夫、僚安为杨氏大夫。邬县等十县是由大夫的封建采邑重新划定后而设置的、真正具有郡县制意义的县，可视为地方行政制度萌芽的标志。邬县在今山西省介休市东北。祁县在今山西省祁县东南。平陵县在今山西省文水县东北。梗阳县在今山西省清徐县。涂水县在今山西省晋中市榆次区西南。马首县在今山西省寿阳县东南。盂县在今山西省阳曲县东北。铜鞮县在今山西省沁县南。平阳县在今山西省临汾市西南。杨氏县在今山西省洪洞县东南。

至迟定公十三年(《左传》定公十年，前500)，晋置有邯郸县。其地在今河北省邯郸市，春秋前期邯郸属卫邑，后期为晋国所据。到春秋末年邯郸又成为了赵氏的领邑。另外，任县在春秋晚期又为齐所有。

第五节 晋县考(上)[①]

春秋时晋国已开始在地方上设县。现将较为明确可考的晋县，依时间前后

① 本节及第六节的主要内容，曾以《春秋晋县考》为题，先行刊布于《历史地理》第十六辑(上海人民出版社，2000年)。

论述于下。这些晋县的确定是以三条标准为依据的：其一，某某县者；其二，某某(邑名)大夫者，因晋县长官称大夫；其三，与上述两种情况可以类比者。

荀

荀，又作郇，本为西周姬姓诸侯国，其地在今山西省新绛县东北。《汉志》右扶风栒邑下颜师古注引臣瓒曰："《汲郡古文》'晋武公灭荀，以赐大夫原氏黯，是为荀叔'。又云'文公城荀'。然则荀当在晋之境内，不得在扶风界也。今河东有荀城，古荀国。"[①]文中提到原黯由于在荀任大夫，而又称为荀叔，此盖如赵同在原县任大夫而又称原同一样。又，王国维《古本竹书纪年辑校》将晋灭荀事系于晋武公三十九年(前676)，故可推知晋在是年亦应置有荀县。上引《汲郡古文》又云"文公城荀"，则更可说明晋国国君对荀的直接控制，是又为荀应为晋县添一旁证。

耿、魏

耿、魏均本为西周姬姓小国，耿之地望在今山西省河津市东南，而魏在今山西省芮城县北。二国在晋献公十六年(《左传》闵公元年，前661)灭于晋。《左传》闵公元年载："晋侯(按，指晋献公)作二军，公将上军，大子申生将下军。赵夙御戎，毕万为右，以灭耿、灭霍、灭魏。还，为大子城曲沃，赐赵夙耿、赐毕万魏，以为大夫。"[②]据此可知晋献公将耿、魏二国灭后置县，并将其分别赐给赵夙及毕万。耿、魏可能是赵夙与毕万的采邑，但这种封邑已与过去封建同姓的"大夫立家"性质有所不同，其表面形式是派异姓大夫去对新邑进行管理，故此种封邑可能仅具食邑的性质，而并非锡土呈现独立状态，这是当时晋国中央集权制度已经有所加强的必然结果，是地方行政制度产生的端倪(参见第二章第一节)。

州

州原为周王畿内邑，春秋初年成为郑邑，《左传》隐公十一年(前712)载："王取邬、刘、蒍、邘之田于郑，而与郑人苏忿生之田——温、原、絺、樊、隰郕、欑茅、向、盟、州、陉、隤、怀。"州为周王与郑人苏忿生十二邑之一，可以为证。其地在今河南省温县东北。后州属晋。《国语·晋语四》曰："赐(晋文)公南阳阳樊、温、原、州、陉、絺、鉏之田。"参照《左传》僖公二十五年(前635)所载"(周王)与之(按，指晋文公)阳樊、温、原、欑茅之田"，可知晋得州当在《左传》僖公

① 《水经·汾水注》、《文选·北征赋》均引有此《汲郡古文》，文字略同。

② 《国语·晋语一》、《史记》卷14《十二诸侯年表》、卷43《赵世家》、卷44《魏世家》等均载有此事，文字与此略同。

二十五年，即晋文公三年。《左传》不言陉邑之故，杨伯峻《春秋左传注》以为“或本不同，或有所略”①。另外，由是亦可推知此年前郑当已将周王所封之州邑等诸地归于周王，否则周王不能又以州邑等地复与晋国。

《左传》昭公三年曰：“夏四月，郑伯如晋公孙段相，甚敬而卑，礼无违者。晋侯嘉焉，授之以策，曰：‘子丰（按，公孙段之父）有劳于晋国，余闻而弗忘。赐女州田，以胙乃旧勋。’伯石（按，即公孙段）再拜稽首，受策以出。……初，州县，栾豹之邑也。及栾氏亡，范宣子、赵文子、韩宣子皆欲之。文子曰：‘温，吾县也。’二宣子曰：‘自郤称以别，三传矣。晋之别县不唯州，谁获治之？’文子病之，乃舍之。二宣子曰：‘吾不可以正议而自与也。’皆舍之。及文子为政，赵获曰：‘可以取州矣。’文子曰：‘退！二子之言，义也。违义，祸也。余不能治余县，又焉用州，其以徼祸也？君子曰：“弗知实难。”知而弗从，祸莫大焉。有言州必死！’丰氏（按，即公孙段之氏族）故主韩氏，伯石之获州也，韩宣子为之请之，为其复取之之故。”《左传》昭公七年又曰：“子产为丰施（按，即公孙段之子）归州田于韩宣子……宣子辞。（后经子产劝说）宣子受之，以告晋侯。晋侯以与宣子。宣子为初言，病有之，以易原县于乐大心。”

上述引文讲述了晋之州县的前后归属情况。州县起初为栾豹之邑，其时的州县当为采邑性质。《左传》昭公三年（晋平公十九年，前539），晋以州县赐郑公孙段（伯石）。至此时州县当由大夫的采邑，转而为晋国国君支配，并能赐他国来奔之臣，初步具有了国君直属之地的色彩，然仍非郡县之县。四年之后即《左传》昭公七年（晋平公二十三年，前535），郑子产替公孙段之子归还州县给韩宣子，韩宣子觉得受之有愧，于是用州县换取了宋大夫乐大心的原县。又，据上引《左传》昭公三年之文，可知晋州县当析自温县。然由上引《左传》隐公十一年又明言温、州为二邑，其时则为郑地而尚未属晋。杨伯峻《春秋左传注》以为二邑“或属晋后，并为一县”②，其说或是。

原

原本为周畿内邑，春秋初期属郑国。《左传》隐公十一年（前712）载：“王取邬、刘、蔿、邘之田于郑，而与郑人苏忿生之田——温、原、絺、樊、隰郕、欑茅、向、盟、州、陉、隤、怀。”其中原为周王与郑人苏忿生十二邑之一，即为明证。其地在今河南省济源市西北，顾栋高《春秋大事表》将此邑视为《左传》庄公十八

① 陈伟参照上海师范大学古籍整理组校点的《国语》第58页的按语（上海古籍出版社，1978年），而疑是转抄之误。参见其《晋南阳考》，《历史地理》第十八辑，上海人民出版社，2002年。

② 杨伯峻：《春秋左传注》，第1239页。

年(前675)原庄公之原,不确,杨伯峻《春秋左传注》已辨之[①]。

原后又属晋。《左传》僖公二十五年(晋文公三年,前635)曰:"(夏四月)戊午,晋侯朝王。王享醴,命之宥。请隧,弗许,曰:'王章也。未有代德,而有二王,亦叔父之所恶也。'与之阳樊、温、原、欑茅之田。……冬,晋侯围原,命三日之粮。原不降,命去之。谍出,曰:'原将降矣。'军吏曰:'请待之。'公曰:'信,国之宝也,民之所庇也。得原失信,何以庇之?所亡滋多。'退一舍而原降。迁原伯贯于冀。赵衰为原大夫,狐溱为温大夫。"[②]是此年晋得原县。

另外,由上面所载还可说明以下几个问题:一是郑人在得之苏忿生原邑一段时间后,当复归周天子,否则周王无法此时又以原封晋。二是由于晋谓县之长官为大夫[③],文中既言"赵衰为原大夫"[④],则其应为晋原县的长官无疑。由此可说明晋置有原县。三是文中"迁原伯贯于冀"的"伯贯",杜预注曰:"伯贯,周守原大夫也。"据此则伯贯为周王原县的县大夫,是原在属晋前本为周王畿内的天子属县,晋之原县当承继周之原县而来。于此可见周王畿内亦设有县。这种王畿内的县起源应较早[⑤],大概先设于经济较发达、军事较重要之地,县的长官(大夫)受周天子的控制较严,他们只能就地取禄,不似分封于王畿外的诸侯那样享有封邑内的世袭特权[⑥]。

又,《左传》僖公二十八年载"原轸将中军",原轸即先轸,由于其在原县任大夫,故又称原轸,这就似后来赵同任原大夫而又称原同一样。旧释原为先轸之食邑,恐不确(参见第二章第一节)。至于赵同何时任原大夫,史籍失载。《左传》宣公十二年(晋景公四年,前597)云:"知季曰:'原、屏,咎之徒也。'"其中原指原同,亦即赵同,是赵同为原大夫当在此年之前。

晋景公十八年(《左传》成公八年,前583),晋景公诛杀赵同[⑦],原县理当收归晋公所有。《左传》昭公七年又曰:"子产为丰施(按,即公孙段之子)归州田于韩宣子……宣子辞。(后经子产劝说)宣子受之,以告晋侯。晋侯以与宣子。宣子为初言,病有之,以易原县于乐大心。"乐大心为宋大夫,是原县后又曾一度属宋,唯不知确年。

---

① 杨伯峻:《春秋左传注》,第77页。

② 《国语·晋语四》亦载此事。

③ 杨伯峻《春秋左传注》第436页言:"晋谓县宰为大夫,昭公二十八年《传》有邬大夫、祁大夫等尤可证。"

④ 又称"原守",该年《左传》所载"晋侯问原守于寺人勃鞮"可证。

⑤ 赵翼《陔余丛考》卷16"郡县"条曰:"置县本自周始,盖系王畿千里内之制,而未及于侯国。"

⑥ 钱林书、祝培坤:《关于我国县的起源问题》。

⑦ 《春秋》及《左传》成公八年所载。

温

温本为周畿内小国，其地在今河南省温县西南。周武王时，苏忿生为司寇而受封于温(下文所引《左传》成公十一年之文中刘康公、单襄公所说之语可证)，春秋初期成为郑邑。《左传》隐公十一年(前 712)载："(周王)与郑人苏忿生之田——温、原、絺、樊、隰郕、欑茅、向、盟、州、陉、隤、怀。"其中温为周与郑人苏忿生所受封十二邑之一，即是明证。《春秋》僖公十年(前 650)又曰："狄灭温，温子奔卫。"《左传》僖公十年曰："十年春，狄灭温，苏子无信也。苏子叛王即狄，又不能于狄，狄人伐之，王不救，故灭。苏子奔卫。"杜预注曰："苏子，周司寇苏公之后也，国于温，故曰温子。"是温仍为苏氏所封之邑，然则温当在《左传》僖公十年之前复由郑归周，再由周续封苏氏①。苏氏奔卫后，温当仍为周王所有。

《左传》僖公二十五年曰："(夏四月)戊午，晋侯朝王。王享醴，命之宥。请隧，弗许，曰：'王章也。未有代德，而有二王，亦叔父之所恶也。'与之阳樊、温、原、欑茅之田"，以"狐溱为温大夫"。由是可知温又于《左传》僖公二十五年(晋文公三年，前 635)即属晋，并且置县。

《左传》成公十一年(前 580)载："晋郤至与周争鄇田，王命刘康公、单襄公讼诸晋。郤至曰：'温，吾故也，故不敢失。'刘子、单子曰：'昔周克商，使诸侯抚封，苏忿生以温为司寇，与檀伯达封于河。苏氏即狄，又不能于狄而奔卫。襄王劳文公而赐之温，狐氏(按，指狐溱)、阳氏(按，指，阳处父)先处之，而后及子。若治其故，则王官之邑也，子安得之?'晋侯使郤至勿敢争。"从这段引文中可以知晓在狐溱任温大夫之后，继任者先为阳处父，随后是郤至。又，《左传》文公六年(前 621)载"阳处父至自温"，其时为晋襄公八年，是晋襄公时阳处父为温大夫；而《左传》成公十一年，当晋厉公二年，厉公前为景公，则可推知卻至为温大夫当在晋景公之世。

另外，从上文提及的温大夫郤至与周争夺温之别邑鄇，以晋侯下令勿争才了事来分析，其中亦可透出温或鄇皆为晋国国君直属的公邑，而非大夫的采邑的信息，否则晋君无法对此事发号施令。《左传》昭公三年曰："初，州县，栾豹之邑也。及栾氏亡，范宣子、赵文子、韩宣子皆欲之。文子曰：'温，吾县也。'二宣子曰：'自郤称以别，三传矣。晋之别县不唯州，谁获治之?'文子病之，乃舍之。"杜预注曰："州本属温，温，赵氏邑。"然则赵武又为温大夫矣，且知郤称为晋大夫时又曾从温中划出州县。战国时温属魏，后归于秦。《史记》卷 44

① 杨伯峻《春秋左传注》第 77 页认为，《左传》隐公十一年时，周即未将温之全邑与郑，而苏氏仍得有温而为其邑。亦可备一说。

《魏世家》载："（昭王）十年，齐灭宋，宋王死我温。……（安釐王）二年，（秦）又拔我二城，军大梁，韩来救，予秦温以和。"此为显证。

阳樊

阳樊，亦作樊，又称阳。本周畿内邑，其地在今河南省济源市西南。春秋初期为郑邑，《左传》隐公十一年载："王取邬、刘、蒍、邘之田于郑，而与郑人苏忿生之田——温、原、絺、樊、隰郕、欑茅、向、盟、州、陉、隤、怀。"其中（阳）樊为周王与郑人苏忿生十二邑之一，即为明证。后又属晋，《左传》僖公二十五年（晋文公三年，前635）曰："（夏四月）戊午，晋侯朝王。王享醴，命之宥。请隧，弗许，曰：'王章也。未有代德，而有二王，亦叔父之所恶也。'与之阳樊、温、原、欑茅之田。"据此又知，阳樊在属晋之前，当先由郑复归周，然后周王才可于此时将阳樊赐与晋。不过阳樊居民并不愿意由周天子管辖改为从属晋国。《左传》僖公二十五年记载了这一细节："阳樊不服，（晋）围之。苍葛呼曰：'德以柔中国，刑以威四夷，宜吾不敢服也。此，谁非王之亲姻，其俘之也？'乃出其民。"[①]可见最后晋文公采取了令原阳樊之民离去，而仅取其土地的办法。由于阳樊在此处与温、原并称，而后二者已知为晋县（详见本章中有关考证），故晋得阳樊之地后，颇疑似原、温一般同时置县。

欑茅、絺、陉

欑茅、絺、陉皆本周畿内邑。欑茅地在今河南省修武县北[②]。絺在今河南省沁阳市西南，陉在今河南省沁阳市西北。春秋初期三地为郑邑，《左传》隐公十一年载："王取邬、刘、蒍、邘之田于郑，而与郑人苏忿生之田——温、原、絺、樊、隰郕、欑茅、向、盟、州、陉、隤、怀。"其中欑茅、絺、陉为周王与郑人苏忿生十二邑之三，即是明证。后此三地又属晋。《左传》僖公二十五年曰："（夏四月）戊午，晋侯朝王。王享醴，命之宥。请隧，弗许，曰：'王章也。未有代德，而有二王，亦叔父之所恶也。'与之阳樊、温、原、欑茅之田。"《国语・晋语四》曰："赐（晋文）公南阳阳樊、温、原、州、陉、絺、鉏之田。"综合以上二则记载，又知欑茅、絺、陉在属晋之前，当先由郑复归周，然后周王才可于此时（《左传》僖公二十五年，晋文公三年，前635）将此三地赐与晋。虽史籍中不见有欑茅、絺、陉三地大夫的记载，但由于欑茅、絺、陉在上述所列史料中与温、原并称，而后二者已知为晋县（详见其各自有关考证），故以理度之，颇疑晋得欑茅、絺、陉三地后，

① 《国语・晋语四》亦载此事，文字略同。
② 陈伟基于其时周王赐给晋侯之地应相对集中的考虑，而认为欑茅在今济源一带的可能性恐怕要更大一些。见其《晋南阳考》。

与原、温等同时为县。

鉏

《国语·晋语四》曰:“赐(晋文)公南阳阳樊、温、原、州、陉、絺、鉏之田”,比照《左传》僖公二十五年所载“(周王)与之(按,指晋文公)阳樊、温、原、欑茅之田”,可知晋得鉏当在僖公二十五年,即晋文公三年(前635)。《左传》不言鉏邑之故,杨伯峻《春秋左传注》认为“或本不同,或有所略”。其地望在今河南省滑县东[①]。

第六节 晋县考(下)

先茅之县

《左传》僖公三十三年(前627)载:晋师破白狄于箕,胥臣所举荐的大将郤缺擒获了白狄首领白狄子。晋襄公因之将“先茅之县赏胥臣”。此为春秋晋国明确出现“县”的最早记载,但这并不意味着晋县自此始,晋国在此前当已有县制[②],《左传》僖公二十五年所载晋“赵衰为原大夫,狐溱为温大夫”即可为证。又,杜预注曰:“先茅绝后,故取其县以赏胥臣。”而《左传》僖公三十三年为晋襄公二年,其前乃晋文公在位,是当在晋文公时先茅已有其县。又因先茅绝后,晋襄公方才以此复赐胥臣,可见该县的采邑性质是十分明显的。

瑕

瑕本为郑邑,后入于晋。《左传》文公十三年(前614)载:“十三年春,晋侯使詹嘉处瑕,以守桃林之塞。”杜预注曰:“詹嘉,晋大夫,赐其瑕邑。”而《左传》成公元年(前590)又曰“晋侯使瑕嘉平戎于王”,詹嘉又称瑕嘉,此大概与先轸任原大夫而称原轸、赵同任原大夫又称原同是一样的。故可推知詹嘉为瑕县大夫,杨伯峻《春秋左传注》认为瑕为詹嘉的采邑[③],恐非。因从上引《左传》之文中亦可看出,詹嘉处瑕只是听从晋国国君的命令来守卫要塞,晋君对瑕有直接控制的权力。瑕县在今河南省灵宝市西北,郦道元《水经·河水注》以为在今山西省芮城县西南,不确,顾炎武业已辨之[④]。《左传》文公十三年即晋灵公七年,是年晋当置有瑕县。

阴地

《左传》宣公二年(前607)载:“夏,晋赵盾救焦,遂自阴地,及诸侯之师侵

① 杨伯峻:《春秋左传注》,第1666页。
② 童书业:《晋之县郡制》,《春秋左传研究》,第185页。
③ 杨伯峻:《春秋左传注》,第594页。
④ 见顾炎武《日知录》卷31“瑕”条所述。

郑，以报大棘之役。"杜预注曰："阴地，晋河南山北，自上洛以东至陆浑。"一般学者据杜注所云以为此阴地范围甚广，西自今陕西商洛市商州区，东至今河南嵩县，熊耳山以北，黄河以南地区皆是。其实杜氏所言不过为广义之阴地，上引文中之阴地及以下引文中之阴地均当指狭义之阴地。《左传》哀公四年（前491）曰："蛮子赤奔晋阴地。司马起丰、析与狄戎，以临上雒。左师军于菟和，右师军于仓野，使谓阴地之命大夫士蔑曰……"杜预注曰："命大夫，别县监尹。"孔颖达《正义》曰："阴地者，河南山北，东西横长，其间非一邑也。若是典邑大夫，则当以邑冠之。乃言阴地之命大夫，则是特命大夫，使总监阴地，故以为别县监尹也。以其去国遥远，别为置监。"由此可知阴地亦有戍所，即阴地命大夫别县监尹之地，其戍所也称阴地。江永《春秋地理考实》卷2引《汇纂》即持此论，并认为狭义之阴地在今河南省卢氏县东北之阴地城，杨伯峻《春秋左传注》从之，其说应是。故狭义之阴地亦应为晋国之一县邑，唯与一般晋县不同的是该县的长官是命大夫，而非寻常守县邑的大夫。《左传》宣公二年即晋灵公十四年，是至迟该年晋已设置有阴地县。

瓜衍

《左传》宣公十五年载："晋侯（按，指晋景公）赏桓子（按，指荀林父）狄臣千室，亦赏士伯（杜预注曰：士伯，士贞子）以瓜衍之县，曰：'吾获狄土，子之功也。微子，吾丧伯氏（按，指桓子，即荀林父）矣。'"晋楚邲之战，晋大败，晋景公欲杀将军荀林父，士伯谏而止之（见《左传》宣公十二年）。《左传》宣公十五年，荀林父率军灭赤狄潞氏，晋景公深感这是当时力保荀林父不死的士贞子的功劳，于是将"瓜衍之县"赏赐给士贞子。上述这一史实说明至迟其时（《左传》宣公十五年，晋景公七年，前594）晋当置有瓜衍县。至于瓜衍县之地望，江永《春秋地理考实》卷2引《汇纂》曰："孝义县北十里有瓜城，属山西汾州府。"据此则其地应在今山西省孝义市北。

邢丘

《左传》成公二年（前589）载：楚申公巫臣奔晋，"晋人使为邢大夫"。《史记》卷39《晋世家》亦曰：晋景公十一年①，"楚申公巫臣盗夏姬以奔晋，晋以巫臣为邢大夫"。梁履绳《左传补释》认为此邢邑即《左传》宣公六年所载"赤狄伐晋，围怀及邢丘"中之邢丘，其地在今河南省温县东北，刘文淇《春秋左氏传旧注疏证》、杨伯峻《春秋左传注》亦皆持此论，应是。顾栋高《春秋大事表》将该地定在今河北省邢台市的古邢国，恐非。然则申公巫臣当为晋邢丘县之县大

① 据《新编年表》，当作十二年。

夫,是晋当于景公十二年(《左传》成公二年)设置有邢丘县。

又,《左传》昭公十四年载:"晋邢侯(按,即申公巫臣之子)与雍子争鄐田,久而无成。士景伯如楚,叔鱼摄理。韩宣子命断旧狱,罪在雍子。雍子纳其女于叔鱼,叔鱼蔽罪邢侯。邢侯怒,杀叔鱼与雍子于朝。"后韩起采纳叔向之议,"乃施邢侯而尸雍子与叔鱼于市"①。这段文字记述了申公巫臣之子邢侯与故楚人雍子争夺鄐田之事。据《左传》襄公二十六年(前547)载"雍子奔晋,晋人与之鄐",知雍子食有鄐田;而《说文解字》曰"鄐,晋邢侯邑",且上文又言此争鄐田之事,"罪在雍子",则又说明邢侯亦兼有鄐田,是鄐田当为雍子、邢侯所共有,因此二人才会争夺鄐田之界。这又与《左传》成公十一年(前580)温大夫郤至与周争夺温之别邑鄇之事颇似,盖起初鄐亦邢丘之别邑,故邢侯才不愿鄐为雍子所据,最终引发了双方争田之举。从此事最终由韩起代表晋侯出面平息,对双方皆给予应有的惩罚来看,无论是邢丘还是鄐,都是晋国国君的直属地区,而非大夫的私人采邑,因此韩起才能有资格主持公道。

长子、纯留

《左传》襄公十八年载:"夏,晋人执卫行人石买于长子,执孙蒯于纯留,为曹故也。"杜预注曰:"长子、纯留二县,今皆属上党郡。"据杜氏所说,则长子、纯留均当为晋县。长子在周初乃辛甲之封邑,春秋时入于晋,其地在今山西省长子县;纯留原为春秋时期的留吁国,《左传》宣公十六年晋灭之为邑,称纯留,又曰屯留,其地望在今山西省屯留县东南。《左传》襄公十八年为晋平公三年(前555),则至迟是年晋已设置有长子、纯留二县。

绛

绛有二地,其一在今山西省翼城县东南,晋穆侯自曲沃迁都于此,孝侯改绛曰翼。至献公九年(前668),又复称绛,令"士蔿城绛,以深其宫"(《左传》庄公二十六年)。景公徙都新田后,此地谓之故绛。其二在今山西省侯马市西,晋景公十五年(前586)自绛迁都于此,谓之新田或新绛,也称作绛。

《左传》襄公三十年载:"二月癸未,晋悼夫人食舆人之城杞者,绛县人或年长矣,无子而往,与于食。……赵孟问其县大夫,则其属也。召之而谢过焉,曰:'武不才,任君之大事,以晋国之多虞,不能由吾子,使吾子辱在泥涂久矣,武之罪也。敢谢不才。'遂仕之,使助为政。辞以劳。与之田,使为君复陶,以为绛县师,而废其舆尉。"这段文字记述了绛县年老者因无子而去城杞,其县大夫赵武得知后,以为这是自己失职所致,因此决定免去老者的劳役,并让他担

① 《国语·晋语九》亦载此事,文字略有出入。

任绛县师的职务。而绛(此时当是新绛)乃晋之国都,故由是可知在晋国,国都亦可称县[1]。周振鹤进而推测或许春秋晋国的邑均可称县。因国都亦为邑,是有先主祖庙之邑。此时县与邑当同义(参见第二章第一节)。

任

《左传》襄公三十年载:“(郑)羽颉出奔晋,为任大夫。”据此可知羽颉当为任县大夫。《左传》襄公三十年即晋平公十五年(前 543),然则晋于是年应设置有任县,其地在今河北省任县东南。《左传》哀公四年(前 491)又载:“(齐)国夏伐晋,取邢、任、栾、鄗、逆畤、阴人、盂、壶口,会鲜虞,纳荀寅于柏人。”可知春秋晚期,任县又曾属齐。战国时期,为赵邑。

中牟

《韩非子·外储说左下》曰:“中牟无令,晋平公问赵武曰:‘中牟,吾国之股肱,邯郸之肩髀,寡人欲得其良令也,谁使而可?’武曰:‘邢伯子可。’”其中既然提到“中牟无令”,则晋平公时已有该县。又赵武之子景叔在位时为晋平公十九年(前 539,参见《史记》卷 43《赵世家》及《左传》昭公三年所载景叔之时齐景公使晏婴于晋之事),是可断至迟此年晋已置有中牟县。另外《论语·阳货》载:佛肸为中牟宰。《史记》卷 47《孔子世家》又云:“佛肸为中牟宰(《史记集解》引孔安国曰:晋大夫赵简子之邑宰)。赵简子攻范、中行,伐中牟。佛肸畔,使人召孔子。”此事据《新编年表》,在公元前 490 年。这些皆可为晋置有中牟县增添力证。

中牟地望所在,诸说不一。《史记正义》曰:“相州汤阴县西五十八里,有牟山,盖中牟邑在此山侧也。”依其说,中牟在今河南省鹤壁市西。《中国历史地图集》从之。《汉书》卷 28 上《地理志上》以河南郡之中牟县当之(县下班固自注曰:“赵献侯自耿徙此”),不确,此中牟乃春秋郑之中牟,战国时入魏,其地在今河南省中牟县东,与赵之中牟无涉。

阎

《左传》昭公九年载:“周甘人与晋阎嘉争阎田。”杜预注曰:“阎嘉,晋阎县大夫。”据上所载,是至迟《左传》昭公九年(晋平公二十五年,前 533)晋置有阎县。唯阎县之地望今已不详。

邬、祁、平陵、梗阳、涂水、马首、盂

《左传》昭公二十八年载:“秋,晋韩宣子卒,魏献子为政,分祁氏之田以为七县”,“司马弥牟为邬大夫,贾辛为祁大夫,司马乌为平陵大夫,魏戊为梗阳大

---

① 童书业认为是时晋之国都亦立县,参见《春秋左传研究》,第 186 页。

夫，知徐吾为涂水大夫，韩固为马首大夫，孟丙为盂大夫”。是可知晋顷公十三年(前514)晋国设置了邬、祁、平陵、梗阳、涂水、马首、盂等七县。

邬县在今山西省介休市东北。祁县在今山西省祁县东南，本为晋大夫祁奚的采邑。《左传》襄公二十一年曰：“乐王鲋见叔向，曰：‘吾为子请。’叔向弗应。出，不拜。其人皆咎叔向。叔向曰：‘必祁大夫。’”杜预注曰：“祁大夫。祁奚也。食邑于祁，因以为氏。”可资为证。因此祁县是由原祁氏之田分出的，故应比原祁邑小许多。战国时期祁县属赵国，《战国策·东周策》所载“苏厉谓周君曰：‘败韩、魏，杀犀武，攻赵，取蔺、离石、祁者，皆白起”即可说明这一点。平陵县在今山西省文水县东北。战国时属赵，改称大陵。梗阳县在今山西省清徐县。涂水县在今山西省晋中市榆次区西南。马首县在今山西省寿阳县东南，此由江永《春秋地理考实》卷3引《汇纂》云“《元和郡县志》，马首故城在寿阳县东南十五里。今属太原府。今按，寿阳本马首邑，汉为榆次县之东境。晋始置寿阳县，旧属太原府。今以平定州为直隶州，寿阳属之”，可以断定。《中国历史地图集》认为在寿阳县西南，杨伯峻《春秋左传注》定在平定县东南①，均不确。盂县在今山西省阳曲县东北②，杨伯峻《春秋左传注》仅据杜预所注“今太原盂县”而定在今盂县③，不确，是将古今盂县混为一地所致。

铜鞮、平阳、杨

《左传》昭公二十八年载：“秋，晋韩宣子卒，魏献子为政”，“分羊舌氏之田以为三县”，“乐霄为铜鞮大夫，赵朝为平阳大夫，僚安为杨氏大夫”。则可知晋顷公十二年晋还置有铜鞮、平阳、杨县。铜鞮在今山西省沁县南。平阳在今山西省临汾市西南。杨本是西周姬姓诸侯国。杨，或作扬，春秋时期为晋所灭，成为羊舌肸之采邑，其地在今山西省洪洞县东南。

铜鞮、平阳、杨等三县与上面所提及的祁、平陵、梗阳、涂水、马首、盂等七县(共计为十县)，在性质上与其他晋县有所不同，这些县是由大夫的封建采邑重新划定后而设置的、真正具有郡县制意义的县，可视为地方行政制度萌芽的标志(参见第二章第一节)。

邯郸

春秋前期邯郸属卫邑，其地在今河北省邯郸市，后期归于晋国。《左传》定公十年载：“初，卫侯伐邯郸午于寒氏，城其西北而守之，宵熸。”《史记》卷43《赵世家》又曰：“明年(按，指晋定公十五年)春，(赵)简子谓邯郸大夫午曰：

①③　杨伯峻：《春秋左传注》，第1494页。

②　参见《大清一统志》卷136太原府古迹盂县故城下所述。

'归我卫士五百家，吾将置之晋阳。'"据上所载，可知午为邯郸县县大夫。又《左传》定公十年为晋定公十三年（前500），故至迟是年晋应置有邯郸县。《左传》哀公四年（前491）云："九月，赵鞅围邯郸。冬十一月，邯郸降。"则春秋末年邯郸又为赵氏邑。另外，有晋地出土的耸肩尖足空首布"甘丹"[①]，甘丹即邯郸，说明春秋时邯郸已为较大的城市，此可为其时该地已为县添一旁证。

以上是对春秋时期晋国所置之县的考订，其中晋武公时一县（荀）、献公时新增两县（耿、魏）、文公时又增九县（阳樊、温、原、欑茅、州、陉、絺、鉏、先茅之县）、灵公时又增两县（瓜衍、邢丘）、平公时又增六县（长子、纯留、绛、任、中牟、阎）、顷公时又增十县（邬、祁、平陵、梗阳、涂水、马首、盂、铜鞮、平阳、杨氏）、定公时又增一县（邯郸），共得三十三县。这些县大多分布在河流两侧，尤其主要集中在河水及汾水流域。另外，这些县大多远离晋都城绛，换言之，晋县多分布于晋国的边地。

从上面所考订的春秋晋国所设之县的具体情况中，大体可以看出，在春秋中期以前，晋国县与邑同义，即其时的县为县邑之县，虽然其时有些县已作为国君的直属地，有别于以往的采邑，但作为行政单位，与邑可谓无甚大差别。到了春秋后期，晋县的性质已开始发生变化，以往的县邑之县出现了向郡县之县转化的现象[②]。

第七节　周王室及秦、齐、吴、鲁、卫、郑等国之县

上面讨论了楚、晋二国春秋时期置县的情况。除此之外，文献记载中尚有一些零散的有关周天子及秦、齐、吴、鲁等国设县的材料，下面即对此进行具体的探究。

一、周王室之县

春秋时期，周天子亦在王畿内设置了一些县。

原

《左传》僖公二十五年载：周天子将阳樊、温、原、欑茅之田赏给晋文公。

---

① 国家文物局《中国古钱谱》编纂组：《中国古钱谱》，第30页。

② 有关春秋晋县的统管情况，平势隆郎利用《左传》中的相关记载作过细致而深入的考察，可参见其《左傳の史料批判的研究》第二章第二节。

然原不降,晋侯率兵围之,“退一舍而原降。迁原伯贯于冀”。杜预注曰:“伯贯,周守原大夫也。”《左传》僖公二十五年为公元前635年,既然此时已有周之守原大夫,则在前635年之前,周已置有原县。该地在今河南省济源市西北。公元前635年之后,原县归晋(参见本章第五节)。原伯贯迁冀(今山西省河津县东北)后,仍称原伯,在《左传》昭公十二年(前530)及十八年分别记有原伯绞与原伯鲁,皆为原伯贯的子孙[①]。或据《左传》昭公十二年及十八年分别记有原伯绞与原伯鲁,而以为在今河南省济源市西北属晋之原县又归周所有[②],不确,此说实未搞清原县前后的地望变迁。

甘

《左传》昭公九年载:“周甘人与晋阎嘉争阎田。”杜预注曰:“甘人,甘大夫襄也。”既然甘地有大夫治理,是至迟《左传》昭公九年(前533),周置有甘县。甘县在今河南省洛阳市南。甘为周县之前,乃周襄王弟王子带的封邑。《左传》僖公二十四年载:“初,甘昭公有宠于惠后,惠后将立之,未及而卒。”杜预注曰:“甘昭公,王子带也,食邑于甘。”

二、秦国之县

春秋时期有关秦国设县的史料仅有两则,且均载于《史记》。《史记》卷5《秦本纪》载:“(武公)十年,伐邽、冀戎,初县之。十一年,初县杜、郑。”童书业认为春秋时期秦国还很落后,未必即有县制,《秦本纪》所载秦武公所立之县,或即“县鄙”(按,国之外的地域称鄙)之意[③]。周振鹤亦认为《史记》的这两条史料,并不见于《左传》,是孤证,无法将此作为春秋早期秦国已经设县的依据,其时秦武公只是把邽、冀戎的地盘与杜、郑两地变成秦国的县(鄙)之地而已,并非要理解为秦国当时已设置了邽、冀、杜、郑等县。退而言之,即使武公时已设县,则这些县亦只是县邑之县,还不是郡县之县(参见第二章第一节)。

邽县,后称上邽,在今甘肃省天水市;冀县在今甘肃省甘谷县;杜县在今陕西省西安市南,为县前乃亳国地;郑县在今陕西省华县。

另有一些有关秦春秋置县的记载,不能作为确证,兹列于下,仅供参考。

《汉志》京兆尹下邽县下应劭注曰:“秦武公伐邽戎,置有上邽,故加下。”颜师古注曰:“邽音圭,取邽戎之人而来为此县。”《水经·渭水注》云:“渭水又东

① 杨伯峻:《春秋左传注》,第436页。
② 钱林书、祝培坤:《关于我国县的起源问题》。
③ 童书业:《春秋左传研究》,第185页。

迳下邽县故城南，秦伐邽，置邽戎于此。有上邽，故加下也。”综合上述，可知秦在武公十年（前689）伐邽戎，在其地置邽（上邽）县之后，又迁其人至渭水流域置下邽县。其地在今陕西省渭南市北。

《史记》卷5《秦本纪》载：“（武公）十一年，初县杜、郑。灭小虢。”《元和郡县图志》卷2凤翔府虢县下曰：“古虢国。周文王弟虢叔所封，是曰西虢。后秦武公灭为县。”虢本为西周姬姓诸侯国，有东、西、北虢之分。此处所说的小虢，乃是西虢的支族，其地在今陕西省宝鸡市西。倘《元和郡县图志》所载无误，则秦当在武公十一年（前688）灭小虢后，即置虢县。

三、齐国之县

一般学者认为春秋时期齐国所设置的县是很小的，这主要是基于对《齐侯钟铭》中所记述的理解。齐侯钟铭载齐灵公时赐叔夷釐（莱）邑，“其县三百”。由于三百个县尚不能超出一个釐邑的范围，且可同时仅赏赐给一个人，可见这些县不会很大，而只能是很小的邑了①。

然而《晏子春秋》卷7云：“景公谓晏子曰：‘昔吾先君桓公予管仲狐与縠，其县十七，著之于帛，申之以策，通之诸侯，以为其子孙赏邑。’”《说苑·臣术篇》亦曰：“晏子方食，君之使者至，分食而食之，晏子不饱。使者返，言之景公，景公曰：‘嘻，夫子之家若是其贫也……’令吏致千家之县一于晏子。”管仲为齐桓公时重臣，所封却不过十七县；晏子亦为齐景公时的大臣，也只受赐一县。故可推知，这些县当与上文提及的叔夷一次即得三百之县的县不同，其地不会很小，何况晏子得到的是“千家之县”，则更可说明这一点。由此可见春秋时期齐国之县恐不一定都是地域很小的。不过《晏子春秋》及《说苑》皆晚出之书，其所记载的内容未必即是当时真实状况的反映，童书业即持此论②。春秋齐县究竟如何，看来尚有待新的材料的证明。

又，《左传》襄公二十五年（前548）曰：“齐棠公之妻，东郭偃之姊也。”杜预注曰：“棠公，齐棠邑大夫。”棠公既为棠邑大夫，则此处棠邑之邑，即应与县同义。换言之，齐当置有棠县，而棠公则应为齐棠县之长官。棠县之地望，说者不一，江永《春秋地理考实》卷2以为即《左传》襄公十八年所提及的齐邑邮棠所在，后者在今山东省平度市东南。顾栋高《春秋大事表》卷6《春秋列国地形

---

① 有关这条铭文的不同解释，请见第二章第一节注释所叙。

② 童书业：《春秋左传研究》，第185页。另外，李家浩也对此处《晏子春秋》所引的这则史料有所论及，详见其《先秦文字中的“县”》一文。

犬牙相错表》则以为在今山东省聊城市西北。《史记》卷67《仲尼弟子列传》载:"宰我为临菑大夫,与田常作乱,以夷其族,孔子耻之。"时齐都临菑,宰我为该地的长官,称大夫,似临菑亦应为齐县(齐国推行五都制,临菑为五都之一)。

四、吴国之县

春秋时期吴国亦曾设县,唯此方面的记载甚少,无法窥知较全面的情况,兹仅就管见所及,略作考订。

《左传》襄公二十八年载:"(齐庆封)奔吴。吴句馀予之朱方,聚其族焉而居之,富于其旧。"《史记》卷31《吴太伯世家》记载此事曰:"王馀祭三年,齐相庆封有罪,自齐来犇吴。吴予庆封朱方之县,以为奉邑,以女妻之,富于在齐。"综上所引,可知朱方为吴国属县。由庆封得此一县而"富于在齐"推断此朱方县的地域不会太小。顾颉刚、童书业二人皆作如是推断①。朱方在今江苏省镇江市东南,秦改称丹徒,《史记集解》引《吴地记》曰"朱方,秦改曰丹徒"可参证。

又,《吕氏春秋·察微览》曰:"楚之边邑曰卑梁,其处女与吴之边邑处女争桑于境上,戏而伤卑梁之处女……卑梁公怒……举兵反攻之,老弱皆杀之矣。"《史记》卷31《吴太伯世家》亦曰:"(王僚)九年,公子光伐楚,拔居巢、钟离。初,楚边邑卑梁氏之处女与吴边邑之女争桑,二女家怒相灭,两国边邑长闻之,怒而相攻,灭吴之边邑。吴王怒,故遂伐楚,取两都而去。"或据此将卑梁视为楚县。然《史记》卷40《楚世家》载:平王十年,"楚恐,城郢。初,吴之边邑卑梁与楚边邑钟离小童争桑,两家交怒相攻,灭卑梁人。卑梁大夫怒,发邑兵攻钟离。楚王闻之怒,发国兵灭卑梁。吴王闻之大怒,亦发兵,使公子光因建母家攻楚,遂灭钟离、居巢。楚乃恐而城郢。"《史记》卷14《十二诸侯年表》及卷66《伍子胥列传》亦载有此事,且均言卑梁为吴邑。是故卑梁属吴而不归楚,《吕氏春秋》所载当不足凭据,此点徐少华已辨之②。吴王僚九年为《左传》昭公二十三年(前519),则吴置卑梁县当不晚于是年,其地在今安徽省天长市西北。

五、鲁国之县

春秋鲁国虽不见有县的记载,但其地方组织邑的性质却与县无异,其长官称邑宰。

---

① 顾颉刚:《春秋时代的县》;童书业:《春秋左传研究》,第185页。
② 徐少华:《周代南土历史地理与文化》,第277~278页。

鲁之邑宰有两种：其一为大夫所任命的邑宰，如《论语》载：鲁国大夫季氏使孔子之弟子闵子骞为费宰，子游为武城宰，子夏为莒父宰[1]。《史记》卷67《仲尼弟子列传》载："冉求字子有，少孔子二十九岁。为季氏宰。"又曰："子路使子羔为费郈宰。"其二为诸侯任命的邑宰，如《史记》卷47《孔子世家》载："其后(鲁)定公以孔子为中都宰，一年，四方皆则之。"《史记》卷67《仲尼弟子列传》载："子游既已受业，为武城宰。"又载："(宓)子贱为单父宰"。《史记正义》引《说苑》曰："宓子贱理单父，弹琴，身不下堂，单父理。巫马期以星出，以星入，而单父亦理。巫马期问其故。宓子贱曰：'我之谓任人，子之谓任力。任力者劳，任人者逸。'"后者邑宰的地位要比前者高[2]。

六、卫国之县

春秋卫国邑的长官亦称宰。

卫邑宰亦有两种，其一为卫之大夫所任命的邑宰，《史记》卷67《仲尼弟子列传》载："子路为卫大夫孔悝之邑宰。"

其二为卫君任命的邑宰。《史记》卷67《仲尼弟子列传》："子路为蒲大夫，辞孔子。"《史记索隐》曰："蒲，卫邑，子路为之宰也。"据此可知子路为蒲的长官，则蒲疑似卫国的一县。其情况盖与鲁国同。

七、郑国之县

《水经·颍水注》曰："颍水自堨东迳阳翟县故城北，夏禹始封于此为夏国，故武王至周曰：吾其有夏之居乎？遂营洛邑。徐广曰：河南阳城阳翟，则夏地也。《春秋经》书，秋，郑伯突入于栎。《左传》桓公十五年，突杀檀伯而居之。服虔曰：檀伯，郑守栎大夫；栎，郑之大都。宋忠曰：今阳翟也。周末，韩景侯自新郑徙都之。王隐曰：阳翟本栎也。"《左传》桓公十五年为公元前697年，既然檀伯为郑之守栎大夫，则郑至迟此时似应置有栎县。倘若如此，则一般所说的楚国权县为最早之县的观点恐要修正。县是否发源于郑之类的小国，而非楚之类的大国，待考。

---

① 见《论语》之《雍也篇》及《子路篇》。

② 周振鹤：《县制起源三阶段说》。

第四章　战国时期诸侯国设县沿革概述

战国时代,周王室权力更加下移。卿大夫势力上升,到了"陪臣执国命"的地步,逐渐代替了原来的诸侯。赵、韩、魏三国的诸侯原来都是晋国的大夫,这三家分晋成为战国开始的标志。其后以秦、齐、楚、韩、赵、魏为首的诸侯国纷纷进行改革,逐渐建立起中央集权的政治体制,这些中央集权国家在地方上大都采取了县与郡的组织形式。随着县的设置日趋普遍,原来不成体系的小乡聚也并合为县。边地的郡由于日益繁荣,郡下又分设县,于是以郡统县的两级行政区划已现雏形。郡、县长官都由国君任免,不得世袭,郡县领域都由国君控制,不作封赏。这样,以郡县制为其形态的行政区划已经基本完成。本章将重点考察战国时期各国设县的大致过程。在考察之前,有必要先对县制的发展变化作一探究。

第一节　战国时期的县制

春秋时期由于有《左传》这部重要的编年史,许多史实的发展脉络还是比较清楚的。然而,战国时期的史实却缺少同样的编年史来加以贯穿,因而显得比较零碎。所以郡县制从春秋到战国之间的衔接过渡并不是很明确。

战国初期,秦国不断向东拓地,相继县频阳、陕、蒲、蓝田、善明氏、栎阳[①],亦即以这些地方为新领域。这些县的基层组织是否经过变动尚不清楚。至战国中期,秦献公开始改造最基层的居民组织,将全国人口编为五家为伍、十家为什的单位,此举被称为"户籍相伍"[②],亦即《史记》卷68《商君列传》所说的:"令民为什伍,而相牧司连坐。"这体现了国野制度崩溃、国人与野人界线泯灭的变化。接着,在秦孝公十二年(前350),孝公任用商鞅进行变法,"并诸小乡

① 参见《史记》卷5《秦本纪》及卷44《魏世家》。

② 事在秦献公十年,见《史记》卷6《秦始皇本纪》。

聚，集为大县，县一令，四十一县”①，在秦全国推行统一的县制②。

“户籍相伍”与“集乡聚为县”这两件事，是秦国地方行政制度的重大转折点。县即由基层的乡聚组成，乡聚以下又有什、伍之组织，这样一来，就将过去血缘关系的氏族组织，改造成为从户开始经什、伍到乡聚再到县的严密的地缘关系组织，形成了完全意义上的基层地方行政组织体系。而且县既然由乡聚组成，在地域上也必定都经过事先的分划，换言之，一县由多少乡聚所组成，必定经过深思熟虑，而不是任意的凑合。从秦统一天下后将县的幅员定为“大率方百里”的原则来看，在商鞅集小乡聚为县时，也必然已有某种分划的原则。同时每一县都由国君任命的县令担任长官，也标志着官僚制的完善。上述这几项特征表明，秦国此时的县已经是正式的郡县制度下的县了。

从上面的分析还可看出，战国县制与春秋县制有一个绝大的差异，亦即春秋的置县是由上而下（灭国为县），而战国之置县是由下而上（集乡聚为县）。由于战国时期这方面的资料相对比较缺乏，其他诸侯国县以下的具体变化不如秦这样清楚，但从春秋之际典籍的记载中，还是能看出一些线索。

《国语·齐语》与《管子·小匡》都载有管仲相齐桓公时制鄙之事，但春秋时，似不大可能有如此规划齐整的制度，且据《齐侯钟铭》，春秋时齐国设县的可能性很小，也许是后来才并小县为大县，管子制鄙可能就是齐县改造的标志，是战国时期实际情况的反映。据《国语·齐语》，齐国的鄙制组织如下：以三十家为邑，十邑为卒，十卒为乡，三乡为县，十县为属。全齐共有五属，换句话说，全齐共有五十县。这与齐国的疆域大致是相适应的③。又《墨子·尚同》里有天下、国、乡、里的行政系统，《吕氏春秋·怀宠览》里的行政组织则是国、邑、乡、里。《韩非子·八经》则说“伍、闾、连、县而邻”，指明县以下有伍、闾、连三层组织。《鹖冠子·王𫓧》也载有五家为伍、十伍为里、四里为扁、十扁为乡、五乡为县、十县为郡的地方组织系统。这些著作里的行政组织都不一定皆有其实，但却反映了其时各诸侯国由国到县（有的在国与县之间还插入郡一

---

① 此为《史记》卷5《秦本纪》中的记载。其中的“四十一县”，在《史记》卷68《商君列传》则为三十一县。《史记》卷15《六国年表》则记作：“初（取）[聚]小邑为三十一县，令。”

② 有关商鞅变法中所推行的县制问题，除中国学者的研究外，日本学者也多有详细的专门论述。如守屋美都雄：《開阡陌の一解釋》，原载《中国古代の社会と文化》，東京大学出版会，1957年，后收入氏著《中国古代の家族と国家》（東洋史研究會，1968年）国家篇之第三章；西嶋定生的《郡県制の形成と二十等爵制》；佐藤武敏的《商鞅の県制に関する觉書》；池田雄一的《商鞅の県制——商鞅の变法（一）》，等等。

③ 有关战国时期齐国基层地方组织的具体研究，可参见李零：《中国古代居民组织的两大类型及其不同来源——春秋战国时期齐国居民组织试析》，《文史》第二十八辑。

级)、由县到乡里、由乡里再到一家一户的层层规范的行政体系已经完全成形。

不管县以上的组织与县以下的组织具体情形如何,县一级政府的设置在战国时已经普遍化,则是确定无疑的事实。县的普遍推行,是为了把全国政权与兵权集中到朝廷,建立中央集权的政治体制。故《商君书·垦令》说:“百县之治一形,则从;迂者不饰,代者不敢更其制,过而废者不能匿其举。”意思是说,各县的政治制度都是同一种形态,则人人遵从,奸邪的官吏不敢玩弄花样,接替的官吏也不敢擅自变更制度,犯了错误的官吏也不敢掩盖其错误行为。这样一来,各县的权力就集中于中央政府手中了,这就是实行县制的最重要作用。秦国的县级政府在商鞅变法后也正式成形,县令以下还有丞、尉等职,分掌民政与军事;又设有领取定额俸禄的小吏,即《史记》卷15《六国年表》秦孝公十三年栏所谓的“初为县,有秩史”。县的长官,在齐仍称大夫,其他各国与秦一样,一般称为令。但即使在秦,令的名称也并非绝对,也有称县啬夫的。魏、韩等国在各县还设有御史,可能是国君派在各县的监察官员。韩国的县还设有司寇,主管刑法。

值得注意的是,县在地域上已有“城”与“县”之别。《孙膑兵法·擒庞涓》说:“平陵,其城小而县大,人众甲兵盛,东阳战邑,难攻也。”这里的“城”是指县的中心,即后世所谓县治,一般是建有城郭的城市;“县”则是指包括城市以及城外农村地区的整个县的地域①。县与城的这种关系正是国野、都鄙关系的变化与演进。其根本的差别是县与城往往互称,二者是一致的行政关系,而国与野、都与鄙则是相对立的封建关系。

以上我们探讨了从春秋晚期至战国时期县制的发展变化,接下来即概述战国时期各国置县的过程。

第二节　齐县(含宋县)沿革概述

战国时期,齐国在地方上采取设县的方式进行管理。下面先对较为明确可考的齐县作一番概述,至于具体的有关考证,则请见第五章第一节所述。

公元前479年,齐据有临淄县。其地在今山东省淄博市临淄区北。春秋时期,临淄即已置县。降至战国,亦复如是,且已发展成为当时著名的大都会。同年,亦应据有高唐县。高唐春秋时期为齐邑,其地在今山东省高唐县东。

---

① 杨宽指出:“严格讲来,‘城’只是指建有城郭的城市,‘县’是指整个县管辖的地区,包括城市和城市以外的广大农村。”参见其《战国史》(增订本),第230页。

平公五年(前477)后,置安平县。安平,本称酅,为古纪国之邑。其地在今山东省淄博市东北。战国之初,安平曾成为齐田常所自封之邑的一部分。后置为齐县。

桓侯六年(前370)前,置甄(鄄)县,其地在今山东省鄄城县北。同年,赵攻取了甄(鄄)县。

至迟威王即位之时(前356)置即墨、阿二县。即墨在今山东省平度市东南;阿在今山东省阳谷县阿城镇,又作柯。

威王未称王十一年(齐幽公十二年,前345),高唐属赵。

至迟威王二十四年(前332),高唐又属齐。又,至迟同年,得鲁之南武城县。南武城本称武城,因北有武城,故又名南武城,当为春秋鲁县,其地在今山东省平邑县东南故县。降至战国,仍当为鲁县。该县后属齐,又称南城。

威王更元十七年(前322),齐置薛县,其地在今山东省滕州市南。至此,齐国至少已有七县(临淄、高唐、安平、即墨、阿、南武城、薛)。

又,《战国策·齐策一》载,邹忌谓齐威王曰:"今齐地方千里,百二十城……"据此,则齐威王时似应有一百二十县,杨宽即持此论①。然《史记》卷126《滑稽列传》又曰:"齐威王之时喜隐……淳于髡说之以隐……于是乃朝诸县令、长七十二人,赏一人,诛一人,奋兵而出。"这说明其时齐应有七十二县。二则史料所载有异,难断孰是,存此待考。

至迟湣宣王十二年(前308),置狐氏县。该县之地望无考。

湣宣王三十四年,齐破宋杀王偃,从而据有蒙县。蒙,春秋时期为宋邑,其地在今河南省商丘市东北。降至战国,仍属宋,并置县。

湣宣王三十六年前,楚所属之莒已为齐据,且置县。另外以下诸地亦至迟于此时置县:聊城,该地战国时期当为齐县,其地在今山东省聊城市西北;昌城,又作昌国,其地在今山东省淄博市东南昌城。

湣宣王三十六年,燕将乐毅率军与秦、三晋共同击齐,结果齐国七十余城,除莒、即墨外,皆为燕之郡县(其中薛县在此时属鲁)。五年后(前280),齐将田单又将齐之故地收复。经此一役,齐国国力大受损耗。

襄王十年(前274),高唐、昌城(昌国)又为赵国所攻取。

至迟襄王十九年,当置夜县。其地在今山东省莱州市。同年,高唐复归齐。

王建八年(前257)前,莒再次属楚。

① 杨宽:《战国史》(增补本),第230页。

另外，战国时期齐还应置有盖（今山东省沂源县东南）、平陆（今山东省汶上县北）、平陵（今山东省济南市历城区境）、甬（今地不详）、安阳（今山东省阳谷县东北）、阳都（在今山东省沂水县一带）等县。

第三节 韩县(含郑县)沿革概述

战国时期韩国在境内设置了一定数量的县，但由于史料的缺乏，有些已无法确考。下面概述较为明确可考者，其具体的沿革考证则请见第五章第二节所述。

公元前479年，韩据有平阳县、杨氏县。平阳本春秋晋县，其地在今山西省临汾市西南。春秋晚期，平阳为韩氏所据。降至战国，平阳仍当为韩县，且成为韩都；杨氏县，亦春秋时期晋县，其地在今山西省洪洞县东南，战国时期当为韩县。

公元前451年，韩、赵、魏三家分晋，原晋县之长子（尚子）、铜鞮、屯留等为韩所据。长子在今山西省长子县西南，铜鞮在今山西省沁县南，屯留在今山西省屯留县南。以其地望推知，此三县当为韩上党郡属县。

景侯六年（前403），韩称侯，将都城由平阳迁于阳翟，平阳仍为韩县。

哀侯五年（前375），得郑之京县。京本春秋郑邑，其地在今河南省荥阳市东南。降至战国，京仍为郑邑。韩景侯元年（前408），郑城京，则京当于是时置县。哀侯五年，韩灭郑，则至迟此时京县又为韩属。另外，韩灭郑国后徙都于郑（今河南新郑市），故颇疑此时韩置有郑县。

共懿侯五年（前370），韩为答谢赵在韩灭郑中的相助，将长子县送给赵国。

共懿侯六年，屯留为晋君所据。

共懿侯八年，韩城邢丘，则邢丘当为韩县。其地在今河南省温县东平皋故城。其后至昭釐侯六年（前358）间，邢丘一度又为东周所据。

昭釐侯六年，邢丘复为韩所有。同年，韩又从赵手中将长子（尚子）夺回，并将屯留收回。

至迟昭釐侯十四年，屯留又为晋君所据。

至迟宣惠王七年（前326），置卢氏县。其地在今河南省卢氏县一带。旋该县属秦。

大约宣惠王十四年，晋亡，屯留当仍属韩。

至迟宣惠王十六年，置新城县。其地在今河南省伊川县西南。其后新城又属楚。

至迟襄王四年(前 308),置路、涉、端氏三县。路,亦作潞,本古潞国,在今山西省潞城市东北。涉县,在今河北省涉县西北。端氏,本春秋晋邑,其地在今山西省沁水县东。

襄王五年,秦攻韩,夺取宜阳县。宜阳位于今河南省宜阳县西,战国时期宜阳早已为韩县。

襄王六年,韩之武遂由秦还属,且为县。该地在前一年为秦所取,秦置为县。

襄王九年,武遂又为秦攻取。

至迟襄王十一年,置皋落县。其地在今山西垣曲县东南。

襄王十三年,新城复由秦还属。

襄王十六年,秦又将武遂送还给韩国。

釐王六年(前 290),韩将武遂二百里的地方送与秦国。皋落亦当在此时属秦。

釐王二十三年后,韩从秦手中取得修武县。

桓惠王七年(前 266)前,邢丘又属魏。

至迟桓惠王十年,置汝阳县。其地在今河南省商水县附近。桓惠王十年,修武县又属秦。

桓惠王十一年,秦将白起攻取野王县,野王由韩属秦。野王本春秋晋邑,其地在今河南省沁阳市。战国时属韩,当置县。

桓惠王十二年,韩之上党郡降赵,长子、铜鞮、屯留等县当随之又属赵。同年,缑氏、纶氏二县属秦。缑氏县本周王属县,该年前由周属韩;而韩设纶氏县亦当在此年前。

桓惠王十六年,秦将张唐一度攻取了郑县,旋该县复由秦属韩。

至迟桓惠王二十五年,韩又从秦处夺得上党郡,长子、铜鞮、屯留等县当由秦复属韩。

桓惠王二十六年,秦复攻取上党郡,长子、铜鞮、屯留等县最终属秦。

另外,韩当置有修鱼(今河南省原阳县东)、阳人(在今河南省汝州市西)、申阴、格氏(今河南省荥阳市北)等县。唯确年不知。

王安九年(前 230),秦灭韩,阳翟县属秦。阳翟相传为夏禹都城,其地在今河南省禹州市。春秋时属郑,称栎邑,当已置县。战国时期为韩所据。景侯自平阳徙都于此。哀侯五年(前 375),韩灭郑,都城又从阳翟迁至郑,阳翟当复为韩县。亦至迟在王安九年,平阳、杨氏、新城、京、郑、路、涉、端氏、汝阳、修鱼、阳人、申阴、格式等县亦当随韩亡而属秦。

第四节 赵县(含中山县)沿革概述

战国时期,赵国置有大量的县。现就较明确可考者概述于下,而具体考证则请见第五章第三节所述。

公元前479年,韩、赵、魏三家分晋,其时赵已置有下列诸县:祁、大陵(平陵)、盂、邯郸、梗阳、邬、涂水、中牟。这些县在春秋时期均为晋县,至战国,这些县属赵,理当仍为赵县。祁县在今山西省祁县东南,平陵县在今山西省文水县东北,盂县在今山西省阳曲县东北,邯郸在今河北省邯郸市,梗阳在今山西省清徐县,邬在今山西省介休市东北,涂水在今山西省晋中市榆次区西南,中牟在今河南省鹤壁市西。

襄子三十三年(前426),置晋阳县。襄子三十三年之前,晋阳曾为赵国都城。此后赵迁都中牟,晋阳当置为赵县。

献侯十年(前417),赵城泫氏,泫氏当置县。其地在今山西省高平市。

献侯十三年,又城平邑,平邑当于此时置县。其地在今山西省大同县东。

烈侯三年(前406)后,魏苦陉县来属。

至迟烈侯六年,置有番吾县。番吾,或作播吾、鄱吾,其地在今河北省平山县东南。至此,赵国至少已有十三县(祁、大陵、盂、邯郸、梗阳、邬、涂水、中牟、晋阳、泫氏、平邑、苦陉、番吾)。

敬侯元年(前395),赵都由中牟迁至邯郸,中牟此后当复为赵县。

至迟敬侯十年,中山复国,苦陉应在此时复归中山。

成侯五年(前370),韩国为酬谢赵在韩灭郑时的功劳,将其属县长子划给赵国。同年,赵又攻取了齐国的鄄县。旋鄄县又属卫。

成侯十年,赵复从卫手中夺取了鄄县。

成侯十四年,魏国将榆次送给赵国,赵得榆次后置县。其地在今山西省晋中市榆次区。亦在此年,泫氏县为魏所取,赵将旧都中牟送给了魏国。

成侯十七年,长子县还属韩国。

成侯二十二年,邯郸为魏所攻取。

至迟成侯二十四年,赵置蔺县。其地在今山西省吕梁市离石区西。成侯二十四年,魏又将邯郸归还给赵国。

肃侯六年(前344),赵夺得齐之高唐县。

至迟肃侯十九年,高唐又属齐。

肃侯二十二年，赵蔺、离石县为秦所取。离石县该地在今山西省吕梁市离石区。不久，蔺、离石复由秦属赵。

武灵王二年(前 323)，赵城鄗，鄗当为县。其地在今河北省柏乡县北。

至迟武灵王六年，赵置安平郡，安平为其属县。其地在今河北省安平县。

武灵王十二年，蔺县为秦所取。旋，复由秦属赵。

至迟武灵王十八年，赵置代郡(参见战国赵郡沿革考)，代当为其属县。其地在今河北省蔚县东北代王城。

武灵王二十年，赵西略胡地榆中，疑此时置有广衍县(今内蒙古自治区准格尔旗西南)。

武灵王二十一年，赵军攻取中山之石邑，且疑置县。其地在今河北省石家庄市鹿泉区东南。

至迟武灵王二十六年，赵置云中郡，云中县当置于此时。其地在今内蒙古自治区托克托县东北。

至迟武灵王二十七年时置雁门郡，善无为其属县。其地在今山西省右玉县南。

惠文王三年(前 296)，赵灭中山，苦陉自当又归赵。又，至迟此时赵设有肤施县，并将中山王迁到该地。

惠文王四年，广衍县当在此年或此年之前属秦，成为秦上郡属县。

惠文王五年，肤施县属秦，成为秦上郡治所。

惠文王八年，城南行唐，南行唐似应置县。其地在今河北省行唐县东北。

惠文王十一年，梗阳县为秦所取。

惠文王十七年，兹氏县属秦。该地在今山西省汾阳市南。

惠文王十八年，石邑县属秦。蔺、离石、祁亦在此年属秦。

惠文王二十四年，赵国大将廉颇率兵攻打魏国房子，拔之，因城而还。房子县当置于此时。

惠文王二十五年，燕周带兵，攻打齐国的昌城、高唐县，结果此二县为赵所得。

孝成王元年(前 265)，孝成王为抵挡燕人的进攻，将高唐等三城割给齐国，以此作为求齐人安平君田单为将的条件。

孝成王四年，韩之上党郡降赵，铜鞮、长子二县当随之属赵。

孝成王六年之前，置武垣县。武垣县地在今河北省肃宁县东南。同年，秦据有原韩上党郡地，长子、铜鞮县属秦。

孝成王十年，昌城又属燕。

孝成王十一年,置元氏、上原二县。元氏在今河北省元氏县西北,上原县之地望则不详。

至迟孝成王十七年,赵置有邢县,其地在今河北邢台市。

孝成王十八年,新城、狼孟二县属秦。战国时期,赵似当置有新城、狼孟县,新城在今山西省朔州市朔城区南,狼孟在今山西省阳曲县。不久,狼孟复还属。又,同年,榆次、大陵(平陵)、盂、邬、涂水等县亦为秦所攻取。

孝成王十九年,晋阳属秦。旋晋阳复反秦。翌年,晋阳最终归秦。

悼襄王二年(前243),城韩皋,该地当置县。然其地今不详。

悼襄王六年,魏将邺县送给赵国。

悼襄王九年,邺又为秦国属县。

幽缪王元年(前235),城柏人,则柏人当置县。其地在今河北省隆尧县西。

幽缪王二年,云中、善无等县随云中、雁门二郡为秦所据而属秦。次年,平阳县又属秦。

幽缪王四年,番吾、狼孟二县属秦。同年,沮阳由燕属赵。

幽缪王七年,秦大破赵,虏赵王迁,邯郸属秦。又,苦陉、元氏、鄗、安平、上原、武垣、柏人、南行唐、韩皋、防陵、甄(鄄)、邢、平原、富昌、武平、埒、栾、沮阳等县至迟此时属秦。

代王嘉七年(前222),秦灭赵。平邑、代等县至迟此时属秦。

第五节 魏县(含卫县)沿革概述

战国时期,魏国在国境内设立了许多县,以便对这些地区进行有效的控制。下面对较为明确可考者作一概述,其具体的沿革考证则请见第五章第四节所述。

公元前479年,进入战国以后,魏当有温县。温本春秋晋县,其地在今河南省温县西南。

文侯二十一年(前422),魏城少梁,二年后,复城之。魏二度城少梁,则少梁当置为魏县。少梁本古梁国,其地在今陕西省韩城市西南。

文侯二十二年,魏向西攻打秦国,至郑而还,筑雒阴、合阳,则雒(洛)阴、合阳二地当置为县。雒阴在今陕西省大荔县西南洛河南岸,合阳则在今陕西省合阳县东南。

文侯二十八年,魏得秦之庞县。

至迟文侯三十六年(前407),西门豹为邺令,是魏当于此前置邺县。邺,春秋齐桓公始筑城,其地在今河北省临漳县西南。

文侯三十七年拔中山之后,使李克治中山,其时已有苦陉令上计事,则其时魏当设置有苦陉县。苦陉在今河北省无极县东北。此后,苦陉县又属赵国。

文侯四十二年,魏城酸枣,则酸枣当置为县。其地在今河南省延津县西南。

至迟文侯四十五年,魏置承匡县。承匡在今河南省睢县匡城乡。

武侯十四年(前382),城安邑、王垣,则安邑、垣(王垣)当置为魏县。安邑在今山西省夏县西北,战国初期为魏国都城,惠王九年(前361),魏迁都大梁后,旧都安邑仍置县。垣则在今山西省垣曲县东南,因境内有王屋山,故又称王垣。

武侯二十年,魏伐楚,楚鲁阳县为魏所攻取。

惠王五年(前366),雒阴为秦所得。同年,城武都,则魏应在此时置有武堵(都)县。然该地之所在,今不考。

惠王九年,魏与秦战,庞县复属秦。

至迟惠王十年,魏迁都大梁。魏旧都安邑地处河东,与秦国甚近,为魏国都城的安全,出于战略上的考虑,魏将都城内迁至大梁①。大梁在今河南省开封市。其时大梁城为著名的都会,当已置县。同年,又攻取了赵国的泫氏县。赵之中牟县亦在此时属魏。

惠成王十二年,魏与韩、赵分晋君地,使晋君仅居端氏一地,至迟此时魏据有原晋之都城绛县。绛在今山西省侯马市西。

惠成王十七年,少梁为秦所攻取。

惠成王十八年,赵邯郸为魏攻取。

惠成王十九年,安邑属秦。此后安邑又由秦还属魏国。

惠成王二十年,魏与赵盟于漳水之上,魏将邯郸归还给赵。

惠成王三十一年,城济阳,济阳当为魏县。该地在今河南省兰考县东北。

至迟惠成王三十三年,合阳属秦。亦至迟此年,魏置滍阴县。该县的大体位置应在今河南省沙河南岸自漯河市以东至周口市一带。

至迟惠成王三十四年,魏置顿丘县。该地在今河南浚县西。

惠成王更元三年(前332),魏将阴晋县献给秦国,以求与秦和好。阴晋在今陕西省华阴市东。

---

① 参见杨宽:《战国史》(增订本),第301页。然杨宽认为其时魏河东只有上党山区一条路线与河内相通,则似有可商榷之处。因魏其时河东与河内沟通并不是走的上党,而是由南过河水经韩国南部而与河内的魏国领土相连的。

至迟惠成王更元六年，楚上蔡县为魏所攻取。

惠成王更元七年，蒲子（亦作蒲阳，今山西省隰县）为秦所据。同年，魏向秦纳上郡十五县，漆垣（今陕西省铜川市西北）、高奴（今陕西延安市东北延河北岸）等县随之属秦。

襄哀王十三年（前306），城皮氏，则皮氏当置县。

至迟襄哀王十九年，上蔡由魏属楚。此年，上蔡又为魏据。

昭王元年（前295）前，得秦之襄城。同年，襄城复属秦。

昭王四年，垣（王垣）为秦所取，旋秦复还之。

昭王六年，垣、蒲阪、皮氏三县为秦攻取。蒲阪在今山西省永济市西南。

昭王十年，安邑再次属秦。至迟此年绛县属秦。

昭王十九年前，置平丘、仁二县。此年后，平丘、仁为秦所取。

安釐王二年（前275），温县属秦。

至迟安釐王九年前，魏已置怀县。安釐王九年，怀县为秦攻取。旋怀县由秦还属魏国。

至迟安釐王十一年前，韩邢丘县属魏。安釐王十一年，邢丘、怀二县为秦所攻取。

安釐王十二年，卫国成为魏国的附庸，卫国单父县为魏所据。

安釐王二十九年，魏高都县（今山西晋城市）属秦（参见第五章第三节）。

至迟安釐王三十四年，魏攻秦陶郡之地，秦陶县属魏。

景湣王元年（前242），雍丘县属秦。战国初期雍丘属郑，后入韩，之后又属魏，并置县。其地在今河南省杞县。同年，山阳县亦属秦。山阳在今河南省焦作市东北，以位于太行山之阳而得名，战国时期当置为魏县。此外，顿丘、酸枣、燕、虚、长平等县亦在此年为秦所夺取。

景湣王四年，邺为赵国所据。

景湣王五年，首垣县（今河南省长垣县东北）为秦所取。

王假三年（前225），秦灭魏，至迟此时魏承匡、鲁阳、武堵（都）、大梁、泫氏、中牟、单父、济阳、上蔡、濦阴、陶、共（今河南辉县市共城故城）、宅阳（今河南荥阳市东）、梧（在今河南许昌市、鄢陵县一带）、虒（今地不详）、涑（今山西西南的涑水边）等县属秦。

第六节 燕县沿革概述

战国时期，燕国虽亦在其境内设县，但由于这方面的直接史料几近不存，因而对其时燕国置县的详细情况已无由确知。在此仅略述燕县的沿革。

昭王二十九年(前 284),燕将乐毅率兵与秦、三晋共同击齐,齐国七十余城,除莒、即墨外,都成为了燕之郡县。五年后(前 280),齐将田单又将齐之故地全部收复。

大约是在燕昭王执政时期,燕国贤将秦开率军击败东胡,东胡退却了千余里。这次战役的胜利,使燕国的领域一直向东北扩展到了辽东。为防御东胡的日后侵扰,至迟于昭王三十三年(前 280),燕国在造阳至襄平一线修筑长城,同时又在长城沿线之南,自西而东,设立了上谷、渔阳、右北平、辽西及辽东等五郡。其时在此五郡的各自辖区内当分别领有数县,可考者有:上谷郡的沮阳(今河北省怀来县东南),渔阳郡的渔阳(今北京市密云县西南),右北平郡的无终(今天津蓟县),辽西郡的阳乐(今辽宁省义县西)、令支(今河北省迁安市西),辽东郡的襄平(今辽宁省辽阳市)等六县。

孝王元年(前 256),燕攻赵之昌城,拔之。赵昌城又属燕。

王喜二十三年(前 232),赵攻取上谷郡,沮阳属赵。

王喜二十九年,秦破燕,定燕蓟,燕王徙辽东,昌城、沮阳、渔阳、无终、阳乐、令支等六县为秦所取。另外,单佑、阳安、且虑、汤、酉城、白庚、涿、阴坪、恭昌等县其时亦似已置为燕县。这些县亦至迟在此时属秦。

王喜三十三年,秦虏王喜,拔辽东郡,至此燕亡,襄平县应在此时属秦。

第七节　楚县(含吴、越二国县)沿革概述

战国时期,楚国统治者为加强对地方的有效控制,措施之一便是在地方设立了许多县,派官员管理。下面即对其时楚国较明确可考的诸县沿革作一概述,而较具体的考证,则请参见第六章第一节有关楚县的考述。另外,在此需要说明的是,由于吴灭于越,而越最终复为楚所兼并,故在本节的叙述中亦包括吴、越二国之县。

由于春秋时期楚国即曾设置过一定数量的县,因此进入战国以后,楚国应承继了一些春秋时的县,这些县至少有下列十余处:邓,其地当在今湖北省襄阳市西北;湖阳,其地在今河南省唐河县西南;竟陵,其地在今湖北省潜江市西北,大约战国时楚郧县改称竟陵县;苦,其地在今河南省鹿邑县东;期思,其地在今河南省淮滨县期思镇;寝,本春秋楚国之沈县,其地在今安徽省临泉县,大约到了战国时期,沈县之名不显,而代之以寝县;都,其地在今湖北省宜城市东南;上庸,其地在今湖北省竹山县西南;申,本为春秋楚县,战国时改称宛县,其

地在今河南省南阳市；析，其地在今河南省西峡县；叶，其地在今河南省叶县南；阴，其地在今湖北省老河口市北；息，本春秋楚县，其地在今河南省息县西南；武城，其地在今河南省信阳市东北。

另外，战国初期楚还应置有以下诸县：随，其地在今湖北省随州市，战国初期楚灭随后当置县。后楚封曾侯于此。鄢，为春秋战国时期楚国的别都，其地在今湖北省宜城市东南楚王城，是楚都纪郢北边的门户，二者关系密切，因此史籍中鄢郢经常连称。战国时期楚已置有鄢县。

惠王十二年(前478)，楚灭陈，以其地置县。陈县在今河南省淮阳县。这是楚第三次将陈灭掉而置县。前两次是在春秋时期。

惠王四十二年，楚灭蔡，原入蔡之沈国故地又入楚，且置为平舆县。其地在今河南省平舆县北。

简王元年(前433)，楚北伐灭掉莒国。莒属楚后，当置为县。其地在今山东省莒县。

肃王十年(前376)，鲁阳县为魏所取，是楚置鲁阳县不会晚于是年。其地在今河南省鲁山县。

至迟宣王十五年(前361)，楚已置黔中郡，郡治临沅立县时间亦不应晚于此年。其地在今湖南省常德市西。

威王十年(前337)，楚城广陵，是广陵当置为县。其地在今江苏省扬州市西北。

至迟威王十八年，上蔡又属魏。上蔡，本称蔡，其地在今河南省上蔡县城关一带。又，威王十八年，楚伐越，大败之，尽取故吴地，居巢、吴、下蔡、钟离、朱方等县为楚所攻取。居巢又称巢，春秋时期楚置为县，其地在今安徽省六安市东北。春秋末叶该地为吴所取。降至战国仍为吴县。公元前473年越灭吴，居巢又当属越。吴本为吴国都城，其地在今江苏省苏州市。公元前473年越灭吴，其地属越。下蔡本春秋楚之州来县，其地在今安徽省凤台县。《左传》哀公二年(前493)，吴迁蔡于州来，谓之下蔡。战国时期下蔡初当属吴。公元前473年越灭吴，下蔡又当属越。钟离本钟离子国，春秋时期楚灭之以为县，其地在今安徽省凤阳县临淮关镇。《左传》昭公二十三年(前519)为吴所取。进入战国，其地仍当为吴县。公元前473年，越灭吴，钟离又当属越。朱方本春秋吴之朱方县，其地在今江苏省镇江市丹徒区。公元前473年，越灭吴，其地属越。

怀王十一年(前316)后，韩新城县属楚。

怀王十五年，张仪率军攻取上庸，上庸县属秦。

怀王二十三年，楚王入与秦昭王盟，约于黄棘。秦复与楚上庸县。

怀王二十七年，秦攻楚，取新城。

怀王二十九年，秦庶长奂大破楚军，杀楚大将景快(一作景缺)，夺取了襄城。襄城，战国时期楚置为县。其地在今河南省襄城县。

顷襄王元年(前296)，秦攻取析县。

顷襄王五年，宛、叶二县属秦。

顷襄王十三年前，莒县属齐。

顷襄王十七年，秦攻取楚之黔中郡，郡治临沅亦当随之属秦。旋为楚收复。亦在同年，上庸属秦。

顷襄王十八年，邓、鄢二县为秦所取。

顷襄王十九年，竟陵属秦。同年，楚由郢徙都于陈，故陈又称郢陈。

顷襄王二十年，秦再次取楚黔中郡，临沅终成秦县。

顷襄王三十四年，韩汝阳县属秦。

顷襄王三十五年，楚得鲁之薛县。

考烈王五年(前257)前，得齐之莒县。同年，楚灭鲁，此后置兰陵县。兰陵本为鲁邑，其地在今山东省兰陵县西南。

考烈王十年，楚都又由陈迁于巨阳。自此之后，陈仍当为楚县。

考烈王二十二年，楚东徙都寿春，命曰郢。寿春，战国时期为楚县，其地在今安徽省寿县。

王负刍五年(前224)，秦破楚，下列诸县皆至迟此时属秦：陈、寿春、广陵、湖阳、居巢、汝阳、薛、莒、苦、兰陵、平舆、期思、寝、鄀、随、下蔡、阴、钟离、息、武城。

公元前222年，秦灭楚，吴、朱方二县属秦。

另外，据《包山楚简》记载，楚国设有大司败、少司败、司败、邑大夫、攻尹、少攻尹、乔差、莫嚣、左司马、右司马、连嚣、大迅尹等县一级政区的官职，相应的地方名称有：今、尚、繁丘、喜、羕陵、阴、正阳、中阳、浞阳、鄝、觑陵、株阳、夷阳、鬲、阳陵、新都、州、專阳等，说明战国时期楚已在这些地方置县。

第八节 秦县(含周县)沿革概述

战国时期，秦国设置了许多县。在此先将较为明确可考的县的沿革概述于下，其具体的诸县沿革考证，则请见第六章战国秦县沿革一节。

春秋时期，秦已置有(1)①上邽(本名邽，后更名。今甘肃省天水市)，(2)下

---

① 地名之前括号内的数字，表示秦其时至少已有之县数，而并非地名之序号。下同。

邽(今陕西省渭南市北),(3)冀(今甘肃甘谷县东),(4)杜(今陕西西安市南),(5)虢(今陕西宝鸡市西),(6)郑(今陕西华县)等六县。进入战国,这些县仍当为秦县。

厉共公十年(前468)时,秦补魏城,说明其时秦可能已置(7)魏城县。然其地望今不详。

厉共公十六年,秦将大荔夺取后即筑高垒,并更名临晋,以防御晋国的攻击。故颇疑其时秦即设置具有军事防御功能的(8)临晋县,其地在今陕西省大荔县东。同年,秦又补庞戏城,疑其时秦已置(9)庞戏县。然该地今无考。

厉共公二十一年,秦置(10)频阳县。其地在今陕西省富平县东北。县下辖有东乡,秦大将王翦即为频阳东乡人。

至迟灵公十二年(前416),秦从雍迁都泾阳,雍不再为秦国都城,此后(11)雍理当为秦县。其地在今陕西省凤翔县西南。

灵公十二年,秦补庞、城籍姑,疑该年秦置有(12)庞、(13)籍姑二县。庞在今陕西省韩城市东南,而籍姑则在今陕西省韩城市北。

简公二年(前415),魏攻取(12)庞,该地由秦属魏。

简公六年,秦城重泉,疑秦在是年置有(13)重泉县。其地在今陕西省蒲城县南。

献公二年(前383),秦置(14)栎阳县。其地在今陕西省西安市临潼区东北。栎阳又称栎邑。

献公六年,秦设立(15)蒲、(16)蓝田、(17)善明氏三县。蓝田又单称蓝,在今陕西省蓝田县西;蒲及善明氏二县之地望,今无考。

献公十九年,魏(18)雒(洛)阴县为秦所得。

献公二十三年,(19)庞县复由魏属秦。

孝公八年(前354),秦与魏战,攻取魏(20)少梁县。旋(19)少梁复属魏。

孝公十年,卫鞅为秦大良造,将兵攻打魏安邑,取之。(20)安邑县于是年属秦。后(19)安邑又还属魏国。

孝公十二年,卫鞅变法,在秦国普遍推行县制,将许多小的乡、邑、聚合并为县,共置四十一县,(20)高陵、(21)斄、(22)美阳、(23)武功、(24)咸阳当为其中之县。高陵本西周邑,其地在今陕西省西安市高陵区。斄,即邰,传为周始祖后稷封国,其地在今陕西省武功县西南。美阳在今陕西省武功县西北。武功县在今陕西省眉县东。咸阳在今陕西省咸阳市东,翌年,秦徙都之。

孝公十九年,秦城武城(今陕西华县东北),疑此时秦在(25)武城置县。

孝公二十二年,秦封卫鞅十五邑,号为商君。至迟此时秦已置(26)商县。

其地在今陕西省丹凤县西北。

孝公二十四年，秦得魏之(27)合阳县。

惠文君六年(前332)，魏将阴晋县献给秦国。秦更名宁秦。此(28)宁秦县包括魏之阴晋县与原秦之宁秦邑，其领域要远比原魏阴晋县要大。

惠文君十年，秦置(29)陕县，其地在今河南省陕县西南。同年，秦取赵之(30)蔺、(31)离石二县。旋，(30)蔺、(29)离石复归赵。

惠文君十一年，魏(30)蒲子(蒲阳)县为秦所据。又，魏为与秦和好，将上郡十五县献给秦国，(31)漆垣、(32)高奴等县当在此时属秦。同年，义渠君降秦，为秦之臣，秦于此时置(33)义渠县。义渠本春秋西戎国，义渠或作仪渠，其地在今甘肃省庆城县西南。亦在此年，秦复得魏少梁，并更名为(34)夏阳。

惠文君十三年，秦伐蜀，取(35)南郑，该地属秦后当置为县。其地在今陕西省汉中市。

惠文君十四年，秦王使张仪伐取陕，至此秦完全控制了该地。此后陕县成为秦东进的重要据点。又，韩(36)卢氏县大约在此时属秦。

惠文王五年(前320)，秦王游朐衍，颇疑至迟此时秦置(37)朐衍县。朐衍本春秋西戎国。其地在今宁夏回族自治区盐池县境。朐衍当与义渠、乌氏(见下文)一样，皆以戎地为秦县。

惠文王十一年，秦置巴郡，(38)江州、(39)鱼复、(40)阆中至迟在是年已置县。江州在今重庆市嘉陵江北岸，鱼复在今重庆市奉节县东白帝城，阆中在今四川省阆中市。同年，秦又置蜀郡，(41)湔氐县亦当设置于此时。其地在今四川省松潘县西北。

惠文王十二年，樗里子击赵，拔赵(42)蔺县。旋复将(41)蔺还归赵。

惠文王十三年，张仪率军取(42)上庸县，上庸由楚归秦，置为秦县。

至迟惠文王十四年，秦置(43)乌氏县。乌氏县本乌氏戎地，其地在今宁夏回族自治区固原市东南。惠文王十四年，张仪与张若城(44)成都、筑(45)郫城及(46)临邛，皆置为县。成都即今四川省成都市，郫县在今四川郫县，临邛在今四川邛崃市。

至迟武王四年(前307)，秦置(47)郿县，其地在今陕西省眉县东北。武王四年，秦将甘茂拔韩宜阳，韩(48)宜阳县属秦。同年，秦城所取之韩县(49)武遂，疑其时即置为秦县。该地在今山西省垣曲县东南(一说在今山西临汾市西南)。

昭襄王元年(前306)，(48)武遂复由秦还属韩国。

昭襄王三年，秦王与楚王会于黄棘，秦将(47)上庸县归还给楚国。

昭襄王四年，秦又攻取了韩的(48)武遂。同年，又得魏的(49)蒲阪。

昭襄王五年，秦又将(48)蒲阪归还给了魏国。

昭襄王七年，秦拔楚之(49)新城。

昭襄王八年，(48)新城又为韩所得。

昭襄王九年，秦取楚之(49)襄城。旋(48)襄城又由秦属魏。

昭襄王十一年，秦又将(47)武遂送还给韩国。同年，楚(48)析县为秦攻取。

昭襄王十二年，(49)襄城再次属秦。赵(50)广衍县至迟此年属秦，为秦上郡属县。又，秦上郡的(51)洛都、(52)定阳(今陕西延安市东南)二县亦至迟此时已置。

昭襄王十三年，赵(53)肤施属秦，并成为秦上郡治所。

昭襄王十五年，秦取韩之(54)宛县。同年，魏冉取楚之(55)叶县。叶属秦后，又称为叶阳。魏之(56)垣县亦在此年属秦，旋(55)垣县复归魏。

昭襄王十七年，韩与秦武遂地二百里，秦又得韩(56)武遂、(57)皋落等县。同年，秦攻取魏之(58)垣县、(59)蒲阪、(60)皮氏三县。

昭襄王十九年，秦取赵(61)梗阳县。

昭襄王二十一年，秦将司马错攻打魏河内。魏献安邑，(62)安邑再次由魏属秦。又，至迟此年魏(63)绛县属秦。

昭襄王二十五年，赵(64)兹氏县属秦。

昭襄王二十六年，秦拔赵之(65)石邑(石城)、(66)蔺、(67)离石、(68)祁。

昭襄王二十七年，秦将司马错攻楚，拔楚之黔中郡，其领县(69)临沅随之归秦。又在该年，(70)上庸由楚属秦。旋(69)临沅由秦复属楚。

昭襄王二十八年，秦置(70)狄道县。其地在今甘肃省临洮县，为秦在狄人所居之地而设之县。同年，大良造白起攻楚，取(71)鄢、(72)邓，二县归秦。

至迟昭襄王二十九年，秦取韩(73)穰邑、楚之(74)筑阳及(75)枳，分别置为秦县。穰县在今河南省邓州市。筑阳位于今湖北省谷城县东。枳则在今重庆市涪陵区东北。昭襄王二十九年，秦将白起拔楚都(76)郢，置县。其地在今湖北省荆州市西北纪南城，亦即所谓纪郢。同年，又得楚之(77)竟陵。

至迟昭襄王三十年，秦得魏之(78)仁、(79)平丘二县。昭襄王三十年，张若伐楚，取巫郡。楚巫郡属秦后，其地由郡改为(80)巫县。其地在今重庆市巫山县北。同年，(81)临沅最终由楚属秦。

昭襄王三十二年，秦相穰侯攻魏，至魏大梁城下，魏将(82)温县等三县献给秦求和。

昭襄王三十四年，秦得魏(83)修武(宁)县。后(82)修武又一度属韩。同年，秦攻魏卷、蔡阳、长社、华阳等地，取之。秦得(83)卷、(84)蔡阳、(85)长社、(86)华阳后，皆当置县。

昭襄王三十九年，秦得魏(87)怀县。旋(86)怀县又属魏。

昭襄王四十一年，攻魏，取(87)邢丘、(88)怀县。

昭襄王四十二年，秦置陶郡，(89)陶当成为该郡属县。陶即定陶，其地在今山东省定陶县。

昭襄王四十三年，西周亡，其都城河南属秦。(90)河南归秦后仍置县。同年，秦徙西周君至梁，随即设立(91)梁县。该县在今河南省汝州市西南。

昭襄王四十四年，秦从韩手中夺得(92)修武。

昭襄王四十五年，伐韩之野王，韩(93)野王县降秦。

昭襄王四十六年，秦将白起攻取韩(94)缑氏、(95)纶氏二县。

昭襄王四十八年，秦拔赵所控制之韩上党郡，(96)长子、(97)铜鞮、(98)屯留等县属秦，且长子县成为秦上党郡治。此后韩又夺回上党郡，(97)长子、(96)铜鞮、(95)屯留等县当复属韩。

昭襄王五十年，秦将王龁、张唐攻取魏之宁新中。秦得宁新中后更名(96)安阳，且置县。同年，张唐又攻取了韩国的(97)郑县，旋(96)该县又属韩。

至迟昭襄王五十一年，秦置(97)曲阳县。其地在今安徽省淮南市东南。

至迟昭襄王五十二年，韩(98)阳人县属秦。昭襄王五十二年，秦灭东周，(99)洛阳、(100)榖城、(101)平阴、(102)偃师、(103)巩等五县属秦。

庄襄王三年(前248)，秦攻赵，赵(104)榆次、(105)新城、(106)狼孟、(107)涂水、(108)邬、(109)盂、(110)大陵等县属秦。魏(111)高都县亦在此时属秦。旋(110)狼孟又还属赵国。

庄襄王四年，赵之(111)晋阳为秦所得，并成为秦太原郡治所。同年，秦再次攻取韩上党郡，(112)长子、(113)铜鞮、(114)屯留等县最终属秦。然不久，庄襄王死，嬴政代立为秦王。(113)晋阳于此时复反归赵。

秦王政元年(前246)，秦复击取(114)晋阳，最终将该地牢固地控制在手中。

秦王政二年，秦置(115)尉氏县。

至迟秦王政四年，秦置(116)邘县、(117)安陆。邘县在今河南省沁阳市西北。安陆在今湖北省云梦县。几乎在同时，秦陶郡为魏所取，(116)陶县随之入魏。

秦王政五年，秦大将蒙骜攻魏，取(117)酸枣、(118)燕、(119)虚、(120)长平、(121)雍丘、(122)山阳城、(123)顿丘等二十城,且皆置为秦县,并成为秦东郡领地。酸枣在今河南省延津县西南。燕,本西周燕国,其地在今河南省延津县东北。虚在今河南省延津县东。长平县在今河南省西华县东北。雍丘本杞国,其地在今河南省杞县。山阳在今河南省焦作市东北。顿丘在今河南浚县西。

秦王政六年,卫国的都城(124)濮阳属秦,并成为秦东郡的治所。其地在今河南省濮阳市西南。

秦王政九年,秦取魏(125)首垣,首垣为秦所得后,更名为长垣。

秦王政十一年,秦拔赵之(126)邺县。

秦王政十三年,赵之(127)云中县、(128)善无县属秦。其中,云中县成为秦所设云中郡的郡治,善无县则成为秦所置雁门郡治所。

至迟秦王政十四年,秦置有(129)云阳县。

秦王政十五年,秦夺取了赵之(130)番吾及(131)狼孟县。

秦王政十六年,秦置(132)丽邑县。丽邑在今陕西省西安市临潼区东北。

秦王政十七年,秦灭韩,韩国都城郑属秦。秦得(133)郑后,置为秦县,又称新郑。又至迟此时,韩(134)阳翟、(135)京、(136)端氏、(137)路、(138)涉、(139)新城、(140)杨氏、(141)平阳、(142)修鱼、(143)申阴、(144)格氏等县属秦。

秦王政十九年,秦大破赵,虏赵王迁,得赵(145)邯郸。又,至迟此时(146)苦陉、(147)上原、(148)韩皋、(149)武垣、(150)元氏、(151)柏人、(152)鄗、(153)安平、(154)南行唐、(155)防陵、(156)甄(鄄)、(157)邢、(158)平原、(159)富昌、(160)武平、(161)埒、(162)栾、(163)沮阳等县为秦所得。

秦王政二十一年,秦置广阳、上谷、渔阳、右北平、辽西郡,燕都(164)蓟及(165)渔阳、(166)无终、(167)阳乐县属秦,且分别为上述五郡的治所。另外燕(168)令支、(169)昌城(昌国)等县亦在此时属秦。新郑又在此时反秦,旋即为秦所平定。

秦王政二十二年,秦灭魏,秦得魏都(170)大梁及(171)新郪等地,均置县。新郪在今安徽省太和县北。亦在同年,秦置砀郡,设(172)砀、(173)睢阳等县。砀在今安徽省砀山县南。睢阳在今河南省商丘市南,且为砀郡的治所。另外,至迟此时,魏之(174)鲁阳、(175)泫氏、(176)单父、(177)武堵(都)、(178)承匡、(179)济阳、(180)濦阴、(181)上蔡、(182)中牟、(183)共、(184)宅阳、(185)梧、(186)虒、(187)涑、(188)陶(定陶)等地属秦。秦得魏承匡县后,又将其迁址于襄陵,同时易名襄邑,原县址遂废。襄邑县治今河南省睢县。

秦王政二十三年，秦大破楚，楚都(189)寿春及(190)平舆、(191)寝县等地属秦。至迟此时，楚之(192)下蔡、(193)随、(194)湖阳、(195)苦、(196)期思、(197)汝阳、(198)居巢、(199)钟离、(200)阴、(201)都、(202)莒、(203)广陵、(204)陈、(205)兰陵、(206)武城、(207)息等县为秦所有。另外，(208)今、(209)尚、(210)繁丘、(211)喜、(212)羡陵、(213)正阳、(214)中阳、(215)淀阳、(216)鄝、(217)觑陵、(218)株阳、(219)夷阳、(220)鬲、(221)阳陵、(222)新都、(223)州、(224)専阳等楚县，亦至迟在此时属秦。同年，秦置泗水郡，(225)沛、(226)相为其属县。沛在今江苏省沛县。相在今安徽省濉溪县西北。另外，秦于此年在曲阜地置(227)鲁县。曲阜本西周姬姓诸侯国鲁国之都城，其地在今山东省曲阜市。秦得(228)楚之薛县，亦不应晚于此年。

秦王政二十四年，秦置苍梧郡，设(229)临湘、(230)罗县为其属县。临湘本战国时楚青阳地，其地在今湖南省长沙市。罗县在今湖南省汨罗市西北。

秦王政二十五年，秦拔辽东，灭燕，置辽东郡，以(231)襄平县为其郡治。随后，又攻赵之代，虏代王嘉，得赵之(232)代、(233)平邑等县。之后，又定楚江南地，降楚之越君，置会稽郡，以(234)吴、(235)朱方县为其属县。朱方归秦后改名为丹徒。

另外，秦王政二十五年前置有洞庭郡，该郡属县当有(236)迁陵、(237)酉阳、(238)益阳、(239)零阳、(240)孱陵、(241)索等县。

第五章　战国时期诸侯国置县考证(上)

上一章对战国时期各国设县的过程作了结论性的概述,而具体的论证尚未展开。本章与下一章即来完成这一工作。

要确定战国时期各国所设之县,并不容易。由于其时的城邑有许多已建为县,因而在先秦的史籍中往往是“城”与“县”互称(在后来的《续汉书·郡国志》中,县则干脆就称为城),这就为确定哪些是县,哪些仅仅是一般意义的城带来了诸多不便。因此在考证各国置县之前,有必要先确定一下衡量战国设县的标准,即,凡某地符合下列七条标准之一者,即视为其时该地已置县:

其一,明确记载某地为县者。

其二,记载某地有县级官员职称者,如“令”、“尹”、“丞”等①。

其三,“县”某地者。

其四,春秋时期某地已为县者,考虑到其间的传承关系,一般来讲,在战国时期仍视其为县,虽然这两个时期县的性质,如前文所说,并不完全一致。

其五,“城”某地即是“县”某地。关于这一标准,必须举一例证。《史记》卷5《秦本纪》云:“(献公)二年,城栎阳。”《史记》卷15《六国年表》亦云:“(秦献公)二年,城栎阳。”《史记》卷44《魏世家》则曰:“(武侯)十三年,秦献公县栎阳。”《史记》卷15《六国年表》秦献公十一年又曰:“县栎阳。”据以上所载,似“城栎阳”与“县栎阳”是两件事。然据《新编年表》,二事皆同在秦献公二年。《史记》卷15《六国年表》秦献公十一年栏所云是从魏武侯十三年栏转写而来,司马迁在《六国年表》中错将魏武侯十三年与秦献公十一年列在同一年,故有此误。其实魏武侯十三年当秦献公二年。由此例可知战国时期“城”某地与“县”某地大体可视为同义。

---

① 这些县级官员的称谓,是直接表明设县的证据。除此之外,吴良宝在《战国文字所见三晋置县辑考》一文中,还推测了如下的几种战国时期设县的情况:(1)兵器铭文中地名后有“左(右、上)库”等各种武库的;(2)铜器铭文中地名后有“上(下)官”(即食官)的;(3)玺印地名后有左、右“司马”、“司工”,或“发弩”,或“府”的;(4)陶文地名后有“仓器”的。地名凡具备上述情况之一者,也应表明该地当已设县。其论虽不免有将战国所设之县扩大化的可能,但似仍可备一说。故本章在论述具体置县问题时,对吴氏的观点酌情予以采纳。

其六,“筑”某城者。这一标准是沿上述的“城”某地而来。虽然从本义上讲,“筑”某城与“城”某地,都是在该地筑城、建城的意思。但结合上面第五点所提及的《史记》记载,并考虑到战国时期所可能设县的数目,故在此亦将“筑”某城之年,权当是该地置县的时间。

其七,某“城”,疑即为某县。这主要是基于其时“城”与“县”经常互称的考虑。

在上述所制定的确定战国时期某地为县的七条标准中,前三条应是确定无疑已经设县之地;第四条标准也应该不会有太大的问题;第五、六两条则可能会与事实有些出入;至于第七点,则只能是一种大致合理的推测。因此,在此需要着重说明的是,本章及下章根据上述七条标准所考订的战国时期各国所置之县的情况,可能不尽合当时的真正面貌。

另外,还需要指出的是,战国时期出现的封邑,往往与县具有通名,因此,也很难断定哪些是封邑,哪些是县。本书不视封邑为行政区划,因此在此不涉及封邑的问题。

下面即分节考证各国置县的沿革。在此需作说明的是,至始皇二十六年(前 221 年),秦一统天下,建立了历史上第一个统一的中央集权国家,结束了群雄争霸的局面,故这里所考证的战国时期各诸侯国置县的时间下限为秦王政二十五年(前 222 年)。

第一节 齐县考证(含宋县)

战国时期,齐国在境内设有大量的县,《战国策·齐策一》载邹忌谓齐威王曰:“今齐地方千里,百二十城,宫妇左右,莫不私王。”《史记》卷 126《滑稽列传》又曰:“齐威王之时喜隐……淳于髡说之以隐……于是乃朝诸县令、长七十二人,赏一人,诛一人,奋兵而出。”虽然《齐策一》所载为拟托之作[①],其中提到“百二十城”(即百二十县)不可尽信,而《史记》所述又属太史公之追记,其中所述“七十二县”亦恐难为实据,但至少可说明齐威王时所设之县已为数不少。其后,至滑宣王时,燕与秦及三晋联合伐齐,燕将乐毅攻下齐国七十余城[②],则知其时齐县当近百数。然而由于史料缺乏,对有关战国齐县的确切情况,不甚了了,因之,大多数齐县无由确知,现仅就较为确定者,考证如下。

① 缪文远:《战国策考辨》,中华书局,1984 年,第 88 页。

② 《史记》卷 80《乐毅列传》载:“乐毅留徇齐五岁,下齐七十余城,皆为郡县以属燕,唯独莒、即墨未服。”

另外,因齐湣王三十六年(前 284),除莒、即墨外,齐国七十余城皆为燕之郡县。五年后(前 280),田单收复之。故为行文的简洁,在此先需言明的是,以下对齐县具体考证时,除特别需要外,有关此段变迁的文字不再出现于所论证的各个县中。

临淄

临淄本名营丘,周武王封吕尚于齐,建都于此。其地在今山东省淄博市临淄区北。周夷王时,齐胡公徙都薄姑(今山东省博兴县),献公杀胡公,复从薄姑迁都于临淄。此后临淄一直为齐国之都城。春秋时期,临淄即已置县(参见第三章第七节)。降至战国,亦复如是,且已发展成为当时著名的大都会。《战国策·齐策一》载苏秦为赵合纵,说齐宣王曰:"临淄之中七万户,臣窃度之,下户三男子,三七二十一万,不待发于远县,而临淄之卒固以二十一万矣。临淄甚富而实,其民无不吹竽鼓瑟,击筑弹琴,斗鸡走犬,六博蹹踘者;临淄之途,车毂击,人肩摩,连衽成帷,举袂成幕,挥汗成雨;家敦而富,志高而扬。"于此可窥其时临淄之兴盛。

高唐

高唐,春秋时期为齐邑,其地在今山东省高唐县东。《史记》卷 32《齐太公世家》载:"(庄公元年)晋闻齐乱,伐齐,至高唐。"齐庄公元年为公元前 554 年。《史记》卷 39《晋世家》曰:"(平公十年)晋因齐乱,伐败齐于高唐去,报太行之役也。"《史记》卷 14《十二诸侯年表》晋平公十年栏亦曰:"伐齐至高唐,报太行之役。"晋平公十年为公元前 548 年。降至战国,高唐仍属齐,并当置县。齐威王未称王十一年(前 345),高唐属赵(参见本章第三节)。其后高唐复归齐。《史记》卷 46《田敬仲完世家》载齐威王二十四年,威王谓魏王曰:"吾臣有盼子者,使守高唐,则赵人不敢东渔于河。"据《新编年表》,齐威王二十四年即威王更元七年,为公元前 332 年,是至迟此年高唐又属齐。襄王十年(前 274 年),又为赵取。襄王十九年(前 265),高唐复归齐(参见本章第三节)。

安平

安平,本称酅,为古纪国之邑。《括地志》云:"安平城在青州临淄县东十九里,古纪国之酅邑。"[①]其地在今山东省淄博市东北。战国之初,安平一度成为齐田常所自封之邑的一部分。《史记》卷 46《田敬仲完世家》载:"(齐)平公即位,田常为相……行之五年,齐国之政皆归田常。田常于尽诛鲍、晏、监止及公族之强者,而割齐自安平以东至琅邪,自为封邑。"据《新编年表》,此事在平公五年(前 477)。后疑为齐县。又,《史记》卷 82《田单列传》载:"襄王封田单,号曰安平

① 《史记·田敬仲完世家·索隐》引。

君。”据《新编年表》,此乃襄王四年(前280)事,是安平又在是年成为田单封邑。

甄

《战国策·秦策三》载,有人对魏冉说:“齐有东国之地,方千里。楚苞九夷,又方千里。南有符离之塞,北有甘鱼之口。权县宋、卫,宋、卫乃当阿、甄耳。”又,《史记》卷64《司马穰苴列传》载:“齐景公时,晋伐阿、甄。”在上述所引的二则史料中,阿、甄并称,二者地位应相当,又因阿为齐五都之一阿都的阿县,则颇疑甄亦应为齐县。甄即鄄,本春秋卫邑,战国时属齐。其地在今山东省鄄城县北。桓侯六年(前370),该地为赵所取。

即墨、阿

齐威王即位(前356)之初,封赏即墨都大夫而烹阿都大夫(参见第八章第一节),而即墨、阿二都之下理当辖有即墨与阿二县,因此,齐置即墨与阿县不应晚于公元前356年。另外,在出土的战国齐国钱币中有“節墨之法化”、“節墨法化”等大刀币①,“節墨”即“即墨”,而其时铸币之地皆为经济发达的城市或县,钱币上的地名,有许多是其时县的地名②,是上述有关的钱币亦可为即墨为县添一间接佐证。即墨在今山东省平度市东南,阿在今山东省阳谷县阿城镇,又作柯。

南武城

南武城本称武城,因北有武城,故又名南武城,当为春秋鲁邑(参见第三章第七节),其地在今山东省平邑县东南故县。降至战国,仍当为鲁县。后属齐,又称南城。《史记》卷46《田敬仲完世家》载:齐威王二十四年,说魏王曰:“吾臣有檀子者,使守南城,则楚人不敢为寇东取,泗上十二诸侯皆来朝。”齐威王二十四年为公元前332年,是至迟该年齐已有该县。在出土的齐国青铜兵器中有“十四年武城令”戈③、“武城徒”戈及“武城”戈④,也可为其时南武城为齐县添一旁证。

薛

《战国策·齐策一》载:“靖郭君将城薛,客多以谏……君曰:‘善。’乃辍城薛。”《史记·孟尝君列传·索隐》引《竹书纪年》曰:“梁惠王后元十三年四月,齐威王封田婴于薛。十月,齐城薛。”既然“城薛”,疑该年薛已为齐县。此处梁惠王后元十三年,据《新编年表》为公元前322年。薛本古国,相传为夏代车正奚仲所居之国。其地在今山东省滕州市南。春秋末叶薛为齐邑。战国时期,

---

① 《中国古钱谱》,第102～104页。

② 李学勤:《东周与秦代文明》,文物出版社,1984年,第377页。

③ 黄盛璋:《试论三晋兵器的国别和年代及其相关问题》,《考古学报》1974年第1期。

④ 李学勤:《试论山东新出青铜器的意义》,《文物》1983年第12期。

齐封田婴、田文(孟尝君)于此,称为薛公。湣王三十六年(前 284),五国破齐,该地为鲁所袭取(参见第六章第一节)。

狐氏

《战国策·赵策一》载:“甘茂为秦约魏以攻韩宜阳,又北之赵,冷向谓强国曰:‘不如令赵拘甘茂,勿出,以与齐、韩、秦市。齐王欲求救宜阳,必效县狐氏。’”程恩泽曰:“案,县,邑也;狐氏,地名。《檀弓》‘邑裘氏,县潘氏’与此略同。《建元以来侯者年表》有瓡,《索隐》曰:‘县名,《志》属北海。颜师古曰:即狐字(《地理志》作執,盖误),疑即此地。’”[1]金正炜曰:“按,《周礼·大司徒》注:故书求为救。又,古音读‘救’为‘求’,故‘救’亦时误为‘求’,此由一本作‘求’,一本作‘救’,误并入文也。‘齐王欲救宜阳’,与下文‘韩欲有宜阳’,‘秦王欲得宜阳’,文乃一律。《礼记·檀弓》:‘与之邑裘氏,与县潘氏’,盖谓裘氏之邑,及潘氏之县也(《周礼·小司徒》:四井为邑,四甸为县)。郑注以‘县潘’连文,恐不足据。此云‘县狐氏’,正与‘县潘氏’文同。《晏子·内篇》:‘以管仲为有力,邑狐与穀,以共宗庙之鲜。’狐氏或即其地。”(《战国策补释》)上述《战国策》所述之事,由《新编年表》所附《〈战国策〉·〈战国纵横家书〉と本书》中的考订,知在湣宣王十二年(前 308),是至迟该年齐已置有狐氏县。然程恩泽以为即《汉志》北海郡之瓡县,则恐未必如此。因北海之瓡县,颜师古注曰:“瓡即执(執)字。”王念孙亦从音韵的角度上,论证瓡为执(執)之讹。所以《汉志》之瓡县当与此处之狐氏县无涉。狐氏县之地望无考。

蒙

蒙,春秋时期为宋邑,其地在今河南省商丘市东北。降至战国,仍属宋,并置县。《史记》卷 63《老子列传》所附《庄子传》载:“庄子者,蒙人也,名周。周尝为蒙漆园吏,与梁惠王、齐宣王同时。”《史记索隐》曰:“刘向《别录》云宋之蒙人也。”依《史记》列传所书之体例,蒙当为县。且庄周为“蒙漆园吏”,应即蒙县漆园吏之意,是更可证明蒙应为县。另,出土兵器有“蒙”戈[2]。又由上引《索隐》之文,则蒙本为宋县,而齐破宋杀王偃在湣宣王三十四年(前 286)[3],是该年齐据有蒙县。

昌城(昌国)

昌城又作昌国,其地在今山东省淄博市东南昌城。《史记》卷 80《乐毅列传》曰:“(燕昭王)封乐毅于昌国,号为昌国君。”[4]据《新编年表》,此事在燕昭王

---

① 程恩泽:《国策地名考》卷 5。

② 马玺伦:《山东沂水县发现战国铜器》,《考古》1983 年第 9 期。

③ 《史记》卷 38《宋微子世家》及《史记》卷 44《魏世家》。

④ 昌国名称较怪,颇疑《史记》此处之称是比照汉制而记载的,封于昌(城),故称昌国,原名应称昌或昌城。

二十九年，即滑宣王三十六年(前284)，又因此年燕伐齐，故可推知该年昌国属燕。襄王四年(前280)，齐复所失七十余城，昌城又属齐。昌城既然为齐七十余城之一，则应为齐县。又，传世青铜器中有“四年昌国”鼎[①]，出土齐国青铜兵器中有“昌城右”戈[②]。襄王十年(前274)，昌城又属赵(参见本章第三节)。

聊城

聊城为战国时期齐县，其地在今山东省聊城市西北。《战国策·齐策六》曰：“初，燕将攻下聊城，人或谗之。燕将惧诛，遂保守聊城，不敢归。田单攻之岁余。士卒多死，而聊城不下。”[③]因聊城之名，颇疑该地为齐县。

莒

滑宣王三十六年(前284)，燕攻下齐七十余城，唯莒、即墨未服，是莒当亦为齐城之一，又莒与即墨并称，而即墨为齐县。因此，莒亦当为齐县。又，在出土的战国齐国货币中有“莒冶責”、“莒冶齐化”、“莒冶法化”等折刀布[④]及“莒邦”大刀布[⑤]，说明其时莒已为比较发达的地区，亦可为莒为齐县添一旁证。而此前莒本属楚(参见第六章第一节)，是齐据莒及设县时间当在滑宣王三十六年燕攻齐之前。王建八年(前257)前，莒再次属楚(参见第六章第一节)。

夜

《战国策·齐策六》载：“(齐襄王)益封安平君以夜邑万户。”夜邑既为万户，则其规模足堪一县。又，襄王在位时间为公元前283年至前265年，是至迟公元前265年当置夜县。或以东莱之不夜当之，疑非。《汉志》东莱郡有掖县，顾观光认为盖掖、夜古字通[⑥]，甚是。其地在今山东省莱州市。

盖

《孟子·公孙丑下》载：孟子为卿于齐，出吊于滕，“王使盖大夫王驩为辅行”。其中提及“盖大夫”，盖当为齐县。其地在今山东省沂源县东南。

平陆

齐所设五都中有平陆都(参见第八章第一节)，该都理当辖有平陆县。《三代吉金文存》(20·9)录有“平坴(陆)左戟(戈)”，亦可为此添一旁证。平陆县在今山东省汶上县北。

---

① ［日］下中弥三郎编：《世界美术全集》第7卷，中国Ⅰ，图版14，平凡社，1952年。
② 《小校经阁金文拓本》(小校经阁石印本，1935年)10·26·1。
③ 《史记》卷83《鲁仲连列传》亦载此事，文字略同。
④ 《中国古钱谱》，第99～100页。
⑤ 同上书，第100页。
⑥ 顾观光：《七国地理考》卷2。

平陵

战国时期齐国玺印中有“平陵县左廪玺”[①]及陶文“闾门外陈得，平陵县廪豆，佰□□□”[②]。其中既然明言“平陵县”，是齐当置有平陵县无疑。此平陵县当即《汉志》济南郡所属的东平陵县，其地在今山东省济南市历城区境内[③]。

甬

今山东省博物馆收藏有山东临淄出土的一枚战国封泥，经王献唐考释，封泥上的文字为“甬县”[④]。故战国时期齐国亦当设有甬县，唯其地无考。

安阳

出土的战国钱币中，有齐国的“安阳之夻(法)化”大刀币[⑤]，说明安阳其时应为齐国的商业大城市，依理当置为县。然此安阳之地望，文献不载，杨宽认为古代“安”、“阿”同音，故所谓安阳当即在东阿西北的阿泽之阳(今山东阳谷县东北)，其论或是[⑥]。

阳都

战国齐国官玺中有一钮玺文曰：“昜(阳)都邑圣逯盟(?)之玺”[⑦]。因其时官玺多为县级官吏所用之物[⑧]，故颇疑其中的“阳都”已是齐县。其地在今山东省沂水县一带。

另外，在出土的齐国兵器(铜戈)的铭文中，有“平阴”[⑨]、“郓”[⑩]、“鄆”[⑪]、“建阳”[⑫]、“高平”[⑬]、“高宛”[⑭]、“淳于”[⑮]、“柴”[⑯]、“高密”[⑰]、“平阿”[⑱]、“平陆”[⑲]

① 《簠斋古印集》1·15·3。
② 《古陶琐萃》1·1。
③ 李学勤：《战国题铭概述(上)》；张政烺：《“平陵塦导立事岁陶”考证》，国立北京大学潜社《史学论丛》第二册，1935年；李家浩：《先秦文字中的“县”》。
④ 《临淄封泥文字叙目·目录》(1)上，转引自李家浩《先秦文字中的“县”》。
⑤ 《中国古钱谱》，第101页。
⑥ 杨宽：《战国史》(增订本)，第121页。
⑦ 罗福颐：《古玺汇编》0198，文物出版社，1981年。
⑧ 李学勤：《东周与秦代文明》，第377页。
⑨ 严一萍：《金文总集》7093，台北艺文印书馆，1983年。
⑩ 同上书，7310。
⑪ 同上书，7309。
⑫ 《殷周金文集成》10918。
⑬ 同上书，11020。
⑭ 《小校经阁金文拓本》10·24。
⑮ 王丽娟：《泰安市博物馆收藏一件“淳于右造戈”》，《文物》2005年第9期。
⑯ 魏国：《山东新泰出土一件战国“柴内右”铜戈》，《文物》1994年第3期。
⑰ 邹安：《周金文存》(6·32)录有“高密戈”。
⑱ 《考古》1994年第9期中收录了济南市博物馆收藏的“平阿右同戈”；《小校经阁金文拓本》收录有“平阿右戈”(10·30)、“平阿左戈”(10·31)。
⑲ 罗振玉：《三代吉金文存》20·9，中华书局，1983年。

等地名。说明这些地方在当时也都是经济发达之所,故很有可能其时齐在这些地方也都设置了县。

第二节　韩县考证(含郑县)[①]

本节中战国韩县沿革考包括郑国之县。兹依时间先后对韩县沿革作一番考察。

平阳

平阳本春秋晋县,其地在今山西省临汾市西南(参见第三章第六节)。春秋晚期,平阳为韩氏所据。《史记》卷45《韩世家》载:“晋定公十五年,(韩)宣子与赵简子侵伐范、中行氏。宣子卒,子贞子代立。贞子徙居平阳。”降至战国,平阳仍当为韩县,且成为韩都。《水经·汾水注》引《竹书纪年》曰:“晋烈公元年,韩武子都平阳。”晋烈公元年当为韩武子七年,即公元前417年,是该年韩都于平阳。《史记》卷40《楚世家》载昭睢说楚王曰:“秦破韩宜阳,而韩犹复事秦者,以先王墓在平阳,而秦之武遂去之七十里,以故尤畏秦。”《史记》卷69《苏秦列传》载苏秦的族弟苏代求见燕王曰:“秦正告韩曰:‘……我起乎宜阳而触平阳,二日而莫不尽繇。’”《史记正义》曰:“宜阳、平阳皆韩大都也。”景侯六年(前403),韩为侯,将都城由平阳迁于阳翟(参见下文阳翟县考证),则平阳仍为韩县。另,出土的战国韩国钱币中有“平阳”方足布[②],兵器有“平阳”矛[③],此亦可为其时平阳已为县添一间接证据。王安九年(前230),秦灭韩,至迟此时平阳属秦。

杨氏

春秋时期,晋置有杨氏县,其地在今山西省洪洞县东南(参见第三章第六节)。战国时期当为韩县。王安九年(前230),秦灭韩,至迟此时杨氏县属秦。

长子(尚子)

长子本春秋时期晋县,其地在今山西省长子县西南。《国语·晋语九》载:“晋阳之围……(赵)襄出,曰:‘吾何走乎?’从者曰:‘长子近,且城厚完。’”(参见第三章第六节)战国时期,公元前451年,韩、赵、魏三家分晋,长子属韩,为上党郡属县(参见第八章第二节)。《史记》卷43《赵世家》曰:“(成侯)五

---

① 本节及第三节、第四节的主要内容,曾以《战国时期三晋设县考》为题,先行刊布于复旦大学出版社出版的《九州学林》2005年春季号(总七辑),现重作修订,收录于此。

② 《中国古钱谱》,第64～65页。

③ 《周金文存》6·86·5。

年……攻郑,败之,以与韩,韩与我长子。”赵成侯五年为公元前370年,则是年后韩国之长子县属赵。又,《水经·浊漳水注》曰:“《竹书纪年》曰:梁惠成王十二年,郑取屯留、尚子、涅。尚子,即长子之异名也。”《太平御览》卷163州郡部引《竹书纪年》曰:“梁惠成王十二年,郑取屯留、尚子,即长子之地也。”《竹书纪年》所记为逾年法年次(参见《新编年表》),梁惠成王十二年当为公元前358年。而其中提及的“尚子”当即“长子”,而“郑”当指“韩”,因韩灭郑国后,徙都于郑,故韩又称郑。是长子于此年又还属韩国。桓惠王十一年(前262),韩之上党郡降赵(参见第八章第二节),长子县当随之又属赵。公元前258年至前248年间,韩又由秦处夺回上党郡(参见第九章第二节),长子县当复属韩。公元前247年,秦又攻取上党郡,长子县当最终属秦(参见第九章第二节)。

铜鞮

铜鞮本春秋晋县,其地在今山西省沁县南(参见第三章第六节)。战国时期,公元前451年,韩、赵、魏三家分晋,铜鞮属韩,以其地望论之,当为上党郡属县。公元前262年,韩之上党郡降赵(参见第八章第二节),铜鞮县当又随之属赵。在公元前258年至前248年间,韩又由秦处夺回上党郡(参见第九章第二节),铜鞮县当复属韩。公元前247年,秦又攻取上党郡,铜鞮县当最终属秦(参见第九章第二节)。

屯留

屯留本春秋时期晋县,其地在今山西省屯留县南(参见第三章第六节)。出土战国青铜兵器有“廿二年屯留”戈[①]。战国时期,公元前451年,韩、赵、魏三家分晋,屯留属韩,以其地望论之,共懿侯六年(前369),韩之屯留县为晋君所据。《水经·浊漳水注》引《竹书纪年》曰:“梁惠成王元年(按,据《新编年表》,此为逾年法年次,实即惠成王二年,即公元前369),韩共侯、赵成侯迁晋桓公于屯留。”《史记·晋世家·索隐》引《竹书纪年》曰:“(晋)桓公二十年(按,据《新编年表》,当为二十一年),赵成侯、韩共侯迁桓公于屯留。”昭釐侯五年(前359),晋君又被迫迁到端氏。《史记》卷43《赵世家》载:赵成侯十六年(前359),“赵与韩、魏分晋,封晋君以端氏”。翌年,韩复据有屯留。《水经·浊漳水注》曰:“《竹书纪年》曰:梁惠成王十二年,郑取屯留、尚子、涅。尚子,即长子之异名也。”(《太平御览》卷163州郡部引《竹书纪年》曰:“梁惠成王十二年,郑取屯留、尚子,即长子之地也。”)《竹书纪年》所记为逾年法年次(参见《新编年表》),实为梁惠成王十三年,即公元前358年,“郑”当指“韩”。昭釐侯十四年(前350),屯留当又为晋君

① 萧春源:《珍秦斋藏金·吴越三晋篇》,澳门基金会,2008年,第240页。

所据。《史记》卷43《赵世家》曰:“肃侯元年(前350),夺晋君端氏,徙处屯留。”晋亡(据《新编年表》,约在前319)后,屯留当仍属韩。以其地望论之,当为韩上党郡属县。公元前262年,韩之上党郡降赵(参见第八章第二节),屯留县当又随之属赵。公元前258年至前248年间,韩又由秦处夺回上党郡(参见第九章第二节),屯留县当复属韩。公元前247年,秦又攻取上党郡(参见第九章第二节),屯留县当最终属秦。

京

京本春秋郑邑,其地在今河南省荥阳市东南。降至战国,京仍为郑邑。《史记》卷15《六国年表》韩景侯虔元年栏曰:“伐郑,取雍丘。郑城京。”《史记》卷42《郑世家》亦载此事。韩景侯元年即公元前408年,此年郑既城京,则京当于是时置县。又,《史记》卷63《老子列传》所附《申不害列传》载:“申不害者,京人也,故郑之贱臣。学术以干韩昭侯,昭侯用为相。”以《史记》所书列传之体例推之,京亦当为县。而昭侯在景侯之后,此又可为京县置于景侯时添一佐证。哀侯五年(前375),韩灭郑,至迟此时京县属韩。出土战国青铜兵器有“九年京令”戈。[①] 王安九年(前230),秦灭韩,至迟此时京县又属秦。

郑

在今河南新郑市“郑韩故城”出土的多件兵器铭文中,标有(韩桓惠王)九年(前264)至三十四年、(韩王安)元年(前238)到八年由郑县令监造的字样[②],足可证明其时韩置有郑县。又因在韩哀侯五年(前375)韩灭郑国后徙都于郑(今河南省新郑市),故颇疑韩迁都郑后便在该地设县。然《史记》卷5《秦本纪》载:昭襄王五十年,“张唐攻郑,拔之”。据《新编年表》,秦昭襄王五十年为韩桓惠王十六年,即公元前257年。结合上面提及的兵器铭文所载,可知郑只是一时被秦占有,旋当由秦复属韩国,而且直到韩灭国时,该地一直为韩所有,不然,无法解释韩国在郑地制造自己兵器之事。

邢丘

春秋时期,邢丘本晋县,其地在今河南省温县东平皋故城(参见第三章第六节)。降至战国,邢丘为韩县。《水经·济水注》引《竹书纪年》曰:“梁惠成王三年,郑城邢丘。”此处之“郑”国当指韩国无疑。这是由于韩哀侯五年(前375)[③]韩

---

① 方辉:《九年京令戈考》,《中国文物报》,1988年9月23日第3版。

② 郝本性:《新郑“郑韩故城”发现一批战国兵器》,《文物》1972年第10期;黄盛璋:《新郑出土战国兵器中的一些问题》,《考古》1973年第6期,又收入氏著《历史地理与考古论丛》,齐鲁书社,1982年,第148～165页。

③ 《史记》卷45《韩世家》作哀侯二年,误。辨见《新编年表》。

灭郑并徙都郑，故此后韩又称郑。又因《竹书纪年》用逾年法纪年[①]，故这里提到的梁惠成王三年当为公元前 367 年。韩国既然在是年"城邢丘"，又知春秋邢丘为晋县，则邢丘已置为韩县。又，《史记》卷 45《韩世家》曰："(昭侯)六年，伐东周，取陵观、邢丘。"《史记》卷 43《六国年表》韩昭侯六年栏曰："伐东周，取陵观、廪丘。"此处"廪丘"即"邢丘"，顾观光《七国地理考》认为此乃异文，甚是。内蒙古乌兰察布盟清水河县出土一件铜戈铭文有"廪丘"二字[②]，可为佐证。韩昭侯六年即公元前 358 年，是在公元前 367 年至前 358 年间，邢丘一度为东周所据，公元前 358 年后又复为韩所有。桓惠王七年(前 266)前，邢丘又属魏(参见第六章第三节)。

卢氏

韩国有"七年卢氏令戈"，当为宣惠王七年(前 326)时的兵器[③]，是至迟此时韩置有该县。该县在今河南省卢氏县一带。《水经·洛水注》所引《竹书纪年》曰："晋出公十九年(前 456)，晋韩庞取卢氏城。"据此可知，春秋末叶，该地为晋国所辖。三家分晋后，卢氏当即属韩，出土的"卢氏百涅"锐角布可资为证。旋卢氏属秦(参见第六章第二节)。

新城

新城，在今河南省伊川县西南。战国时期当为韩县。《战国策·秦策一》："司马错与张仪争论于秦惠王前。司马错欲伐蜀，张仪曰：'不如伐韩。'王曰：'请闻其说。'对曰：'亲魏善楚，下兵三川，塞轘辕、缑氏之口，当屯留之道，魏绝南阳，楚临南郑，秦攻新城、宜阳，以临二周之郊，诛周主之罪，侵楚、魏之地……'"由此知新城为韩邑。又《商周金文录遗》581 录有战国韩国出土兵器"八年亲(新)城大命(令)"戈[④]，是可证韩置有新城县。如此，结合上引《战国策》之文，可断韩新城县之设不会晚于宣惠王十七年(前 316)。因上述《战国策》所言之事，据《新编年表》的考证，即为该年之事。其后新城属楚(参见第六章第一节)。襄王十三年(前 299)，新城复由秦属韩。王安九年(前 230)，秦灭韩，至迟此时新城又为秦所得(参见第六章第二节)。

路、涉、端氏

路，亦作潞，本古潞国，在今山西省潞城市东北。公元前 594 年为晋所灭

---

① 参见《新编年表》。

② 乌兰察布盟文物工作站：《内蒙古清水河县拐子上古城发现秦兵器》，《文物》1987 年第 8 期。

③ 吴良宝：《东周兵器铭文四考》，《第四届国际中国古文字学研讨会论文集》，香港中文大学，2003 年。

④ 黄盛璋：《试论三晋兵器的国别和年代及其相关问题》，载《考古学报》1974 年第 1 期；又收入氏著《历史地理与考古论丛》，齐鲁书社，1982 年，第 89～147 页。

(《春秋》及《左传》宣公十五年)。降至战国,路为韩属,并当置县;涉,在今河北省涉县西北,亦当置为韩县;战国青铜兵器中有"涉"戈[①]。端氏本春秋晋邑,其地在今山西省沁水县东。战国之初,赵成侯十六年(前359),赵与韩、魏分晋,封晋君以端氏。赵肃侯元年(前350),夺晋君端氏,徙处屯留(《史记》卷43《赵世家》)。自此,端氏属赵。其后端氏又为韩国所据并置为县。《战国策·赵策一》载:"甘茂为秦约魏以攻韩宜阳,又北之赵,冷向谓强国曰:'不如令赵拘甘茂,勿出,以与齐、韩、秦市。齐王欲求救宜阳,必效县狐氏。韩欲有宜阳,必以路、涉、端氏赂赵。'"上述《战国策》所述之事,由《新编年表》所附《〈战国策〉·〈战国纵横家书〉と本书》中的考订,知在公元前308年。这里韩之路、涉、端氏与齐之狐氏对称,其性质应相同,而狐氏乃为齐县(参见本章第一节),故此三地亦至迟此时应为韩县。王安九年(前230),秦灭韩,至迟此时端氏、路、涉三县当属秦。

修鱼

《三代吉金文存》[②]及《小校经阁金文拓本》[③]中并录有韩国兵器"三年脩余命(令)韩谯"戈[④]。此处脩余当即修鱼,在今河南原阳县东。由铭文中提到的"脩(修)余令",可知战国时期韩国当置有修鱼县。宣惠王十六年(前317),秦在此处大败韩军(《史记》卷45《韩世家》)。至迟在秦灭韩时修鱼为秦所属[⑤]。

宜阳

宜阳在今河南省宜阳县西,战国时期韩置县。《战国策·秦策二》即载:秦将甘茂对秦武王曰:"宜阳,大县也,上党、南阳积之久矣。名曰县,其实郡也。"[⑥]襄王五年(前307),秦拔宜阳,此后宜阳遂属秦(参见第六章第二节)。

武遂

《史记》卷45《韩世家》载:"(襄王)六年,秦复与我武遂。"《史记》卷15《六国年表》韩襄王六年栏曰:"秦复与我武遂。"韩襄王六年与秦昭襄王元年为同一年,即公元前306年。然在此前一年,秦置武遂县(参见第六章第二节),故据此可知,武遂原属韩,公元前307年为秦所取,公元前306年复由秦还属韩。又因武遂属秦时已置县,则还属韩时仍当为县。襄王九年(前303),武遂又为

① 《三代吉金文存》20·1·1。
② 同上书,20·25·1。
③ 《小校经阁金文拓本》10·54·4。
④ 铭文中的"脩余",后又有学者释为"负黍"(参见吴振武:《东周兵器铭文考释五篇》,收入《容庚先生百年诞辰纪念文集》,广东人民出版社,1998年)或"扶予"(参见何琳仪:《古兵地名杂识》,《考古与文物》1996年第6期)。
⑤ 黄盛璋:《试论三晋兵器的国别和年代及其相关问题》。
⑥ 《史记》卷71《甘茂列传》亦载此事,文字略同。

秦攻取(参见第六章第二节)。又,《史记》卷45《韩世家》曰:"(襄王)十六年,秦与我河外及武遂。"《史记》卷15《六国年表》韩襄王十六年栏曰:"秦与我武遂和。"襄王十六年为公元前296年,如上所引,则该年武遂又由秦还属韩国。釐王六年(前290),韩将武遂二百里的地方送与秦国(参见第六章第二节)。

皋落

出土韩国兵器铭文中有"十一年皋落大令戈"[①]。皋落在今山西垣曲县东南,而"皋落大令"之文,则说明皋落当为一县。由《史记》卷45《韩世家》所述可知,在韩釐王六年(前290)时,韩已将包括今垣曲在内的武遂二百里之地送给了秦国,因此可以推断,此处铭文中所载的"十一年"当为韩襄王十一年,即公元前301年。是至迟在该年前,韩已置有皋落县,并在公元前290年随武遂一同别属秦国。

修武

釐王二十三年(前273)后至桓惠王九年(前264)间,修武由秦属韩。桓惠王十年(前263),修武县再度属秦(参见第六章第三节)。另,传世青铜器有一件"修武使君"甗[②]。

汝阳

在山东莒县出土的韩国兵器中有"十年洱阳倫(令)长疋" 戈[③],其中的"洱阳",何琳仪将其定为"汝阳"(在今河南商水县附近),并从铭文的格式及"十年"的记载中,将此物时间断为桓惠王十年(前263)[④]。如此,则至迟在公元前263年,韩置有汝阳县。其后,汝阳又属楚,最后归秦,唯具体时间不详[⑤]。

野王

野王本春秋晋邑,其地在今河南省沁阳市。战国时属韩,疑置县。桓惠王十一年(前262),秦将白起攻取之(参见第六章第三节)。

缑氏

桓惠王十二年(前261)前,周之缑氏县属韩,并于该年复由韩属秦(参见第六章第三节)。

纶氏

传世拓本中有韩国兵器"七年仑氏命(令)韩□"戈[⑥],仑氏当即纶氏,在

---

① 蔡运章、杨海钦:《十一年皋落戈及其相关问题》,《考古》1991年第5期。
② 陈佩芬:《夏商周青铜器研究》,上海古籍出版社,2005年,第603页。
③ 孙敬明、苏兆庆:《十年洱阳令戈考》,《文物》1990年第7期。
④⑤ 何琳仪:《莒县出土东周铜器铭文汇释》,《文史》2000年第1期。
⑥ 黄盛璋:《试论三晋兵器的国别和年代及其相关问题》。

今河南登封市西南。而这则铭文中提到的“仑(纶)氏命(令)”,则可说明该地战国时当置为韩县。桓惠王十二年(前261),纶氏县为秦所据(参见第六章第三节)。

阳翟

阳翟相传为夏禹都城,其地在今河南省禹州市。春秋时属郑,称栎邑,当已置县(参见《水经·颍水注》及第三章第七节)。战国时期为韩所据。《汉志》颍川郡阳翟县下班固自注曰:“夏禹国。周末,韩景侯自新郑徙此。”然《史记》卷45《韩世家》又载哀侯二年(实应为哀侯五年,参见《新编年表》)徙都新郑。而哀侯在景侯之后,未闻其后由新郑又徙阳翟,不知《汉志》以何为据。又因韩在战国初期都平阳(参见上文平阳县考证),故颇疑班固在阳翟县下所注之文当为“韩景侯自平阳徙此”。又,《史记》卷85《吕不韦列传》载:“吕不韦者,阳翟大贾人也。”依《史记》列传所书之体例,阳翟当为韩县①。哀侯五年(前375),韩灭郑,都城又从阳翟迁至郑,阳翟当复为韩县。另,河南新郑市白庙范村曾出土一件“八年阳翟令”矛②。王安九年(前230),秦灭韩,至迟此时阳翟县属秦(参见第六章第四节)。

阳人

韩国兵器有“三年昜人命(令)”戈③,其中“昜人”,当即“阳人”。这里既然提及“昜(阳)人命(令)”,是韩国应置有阳人县。该地原属周地,在今河南汝州市西④。战国后期,阳人一度曾属楚⑤。又,《史记》卷5《秦本纪》载:庄襄王元年灭东周,“秦不绝其祀,以阳人地赐周君,奉其祭祀”。据《新编年表》,秦灭东周应在昭襄王五十二年(前255),其时为韩桓惠王十八年,据此条史料,则阳人在此年之前又已归于秦。

申阴

《三代吉金文存》收有韩国兵器“廿四年郙阴命(令)韩□”戈⑥。郙当即

① 《战国策·秦策五》载:“濮阳人吕不韦贾于邯郸。”是吕不韦又为濮阳人。《史记索隐》认为司马迁当别有所见。然此并不影响阳翟为县之结论。

② 河南博物院:《群雄逐鹿:两周中原列国文物瑰宝》,大象出版社,2003年,第153页。

③ 刘体智:《善斋吉金录》,民国二十三年(1934)庐江刘氏善斋石印本。《善斋吉金录》,古兵录,卷上33;《小校经阁金文拓本》10·53·1。不过这则铭文在两书中基本没有印出。又,吴良宝据铭文纪年格式及监造者中没有司寇推测这件兵器可能是韩桓惠王三年器(参见其《〈战国时期韩国疆域变迁考〉补正》)。其论存此,聊备一说。

④ 黄盛璋:《试论三晋兵器的国别和年代及其相关问题》。

⑤ 吴良宝:《〈战国时期韩国疆域变迁考〉补正》。

⑥ 《三代吉金文存》20·26·1。

申，此则铭文中既言“郇阴命(令)”，则战国时期韩国置有申阴县。其地当在申北[①]。该县至迟在秦灭韩后为秦所有。

格氏

在湖南出土的战国兵器中有“六年格氏命(令)”戈，李学勤定为韩器[②]。如此，则战国时期韩国置有格氏县。其地在今河南荥阳市北。该县至迟在秦灭韩后为秦所有。

此外，战国时期，韩国还可能设置过安阳、彘、雍氏、阳城、襄城、喜、负黍、垣雍、阏舆、少曲、邘、比阳、折、桐丘、马雍、成皋等县[③]。韩国方足布中有“壤阴”[④]、“郎(狼)皋”[⑤]、“涅”[⑥]、“露”[⑦]、“於疋”[⑧]、“来”[⑨]、“郐(骀或怡)”[⑩]、“鄁(注)”[⑪]，这些地名在战国时期亦可能已为韩县。

---

① 黄盛璋：《试论三晋兵器的国别和年代及其相关问题》。

② 李学勤：《湖南战国兵器铭文选释》，《古文字研究》第十二辑，中华书局，1985年。

③ 《陶斋吉金续录》(2·25)录有“六年安阳命(令)韩望”断矛；《小校经阁金文拓本》(10·59)收有“十七年彘命(令)解胡”戈；黄盛璋据这些铭文并参照韩兵器铸造特点，而认为上述二件兵器当为韩国所造。其论可备一说。山西博物馆藏有“廿七年安阳令戈”，亦被学者视为韩兵器。参见张德光：《试谈山西博物馆拣选的几件珍贵铜器》(《考古》1988年第7期)。另外，在河南新郑还出土有雍氏、阳城等地所造的兵器。参见黄盛璋《试论三晋兵器的国别和年代及其相关问题》及《新郑出土战国兵器中的一些问题》二文。又传世有“六年襄城令戈”。参见苏辉：《韩国纪年兵器研究》(引王人聪：《六年襄城令戈考》，《第三届国际中国古文字研讨会论文集》，香港中文大学，1997年)，中国社会科学院历史研究所学刊，第三辑，商务印书馆2004年，第116页。另外，襄城令的问题，请参见本章第四节襄城条。“阏舆”戈也属韩国兵器(参见陶正刚：《山西临县窑头故城出土铜戈铭文考释》，《文物》1994年第4期)；《三代吉金文存》(20·57·4)录有“十七年比阳令”戈；吴良宝认为韩国尚设有“折”县(参见吴良宝：《战国文字所见三晋置县辑考》，《中国史研究》2002年第4期)；出土三晋兵器有“五年桐丘令”戈，黄盛璋以为韩国设有桐丘县(参见黄盛璋：《新出五年桐丘令戈及其相关古城问题》，《考古》1987年第12期)；旅顺博物馆藏有“十四年成皋令”鼎(参见旅顺博物馆：《旅顺博物馆馆藏文物选萃·青铜器卷》，第20号，文物出版社，2008年，第52页)；《殷周金文集成》11351号录有“十六年喜令戈”、11338号录有“三年负黍令”戈、11562号录有“四年垣雍令”戈、11355号录有“十二年少曲令”戈、11335号录有“四年邘县令”戈、11375号录有“三年马雍”戈。

④ 汪庆正主编：《中国历代货币大系·先秦货币》，1658。具体考订参见吴良宝：《战国布币四考》，《考古与文物》丛刊第四号《古文字论集》，2001年。

⑤ 《中国历代货币大系·先秦货币》，1873－1886。释文据黄锡全：《〈中国历代货币大系·先秦货币〉释文校订》，见《先秦货币研究》，中华书局，2001年。

⑥ 同上书，1887。

⑦ 同上书，1922。

⑧ 同上书，1950－1951，1953－1957。释文据前揭。

⑨ 同上书，1994。

⑩ 同上书，2213－2219。释文据前揭。

⑪ 同上书，2264－2269。释文据前揭。

第三节　赵县考证(含中山县)

本节赵县沿革包括中山国所属之县。

盂、大陵(平陵)

盂，在今山西省阳曲县东北；平陵，在今山西省文水县东北。春秋时期晋国设置了盂、平陵县(参见第三章第六节)。战国时二地属赵，且平陵改称大陵[①]，《史记》卷43《赵世家》曰："十六年，肃侯游大陵"，"(武灵王)十六年……王游大陵"。所载"大陵"即是此地。孝成王十八年(前248)，盂与大陵二县当属秦(参见第六章第三节)。

梗阳

梗阳本春秋晋县，其地在今山西省清徐县(参见第三章第六节)。降至战国，梗阳属赵，仍当置县。惠文王十一年(前288)，梗阳为秦所取(参见第六章第三节)。

邬

邬本春秋晋县，其地在今山西省介休市东北(参见第三章第六节)。降至战国，邬属赵，仍当置县。孝成王十八年(前248)，邬为秦所取(参见第六章第三节)。

涂水

涂水本春秋晋县，其地在今山西省晋中市榆次区西南(参见第三章第六节)。战国时期涂水属赵国，仍当置县。赵国货币中有"余水"尖足布[②]，"余水"当即涂水[③]。该县大概在孝成王十八年(前248)为秦所有(参见第六章第三节)。

邯郸

春秋前期邯郸属卫邑，其地在今河北省邯郸市，后期归于晋国，且置为县。春秋末年邯郸又为赵氏邑。战国时期邯郸当为赵县，后成为赵国的都城。《史记》卷43《赵世家》载："敬侯元年……赵始都邯郸。"在出土的战国时期赵国钱币中，有"甘丹"尖足布[④]、"甘丹"、"甘丹化"直刀[⑤]，"甘丹"即邯郸，说明邯郸其时已为一发达的城市。另在邯郸北家村还曾出土过一件"邯郸

---

① 顾观光：《七国地理考》卷4。

② 《中国历代货币大系·先秦货币》，1213。

③ 何琳仪：《尖足布考》，见《古币丛考》，台北文史哲出版社，1996年。

④ 《中国古钱谱》，第33页。

⑤ 同上书，第109页。

上”戈[①]。成侯二十二年(前353),邯郸为魏所拔。成侯二十四年(前351),魏又将邯郸归还赵国(参见本章第四节)。幽缪王七年(前229),秦灭赵后,邯郸属秦(参见第六章第四节)。

祁

祁本春秋晋县,其地在今山西省祁县东南(参见第三章第六节)。战国时期祁县属赵国。另,出土的战国赵币中有“祁”方足布[②],可证其时祁地已甚发达,此可为祁为赵县添一间接论据。惠文王十八年(前281),祁县属秦(参见第六章第三节)。

中牟

中牟春秋末叶即已为晋县。其地当在今河南省鹤壁市西(参见第三章第五节)。《史记》卷43《赵世家》载:“献侯少即位,治中牟。”敬侯元年(前395),复迁都邯郸(参见上文邯郸县考证),中牟此后当复为赵县。《吕氏春秋·审分览》中记载有“赵襄子之时,以任登为中牟令”[③],亦可证赵国设有该县。成侯十四年(前361),中牟县属魏(参见本章第四节)。

晋阳

晋阳本春秋晋邑,其地在今山西省太原市西南。春秋末期为赵氏邑。战国时期晋阳为赵国所据。《战国策·齐策三》曰:国子曰:“晋阳者,赵之柱国也。”高诱注曰:“柱国,都也。”据此则可知晋阳战国时期为赵之都城。又,献侯元年(前426),都中牟;敬侯元年(前395),复徙都邯郸(《史记》卷43《赵世家》),此后,赵一直都于此。是晋阳为赵之都城当在公元前426年之前。晋阳城规模不小,故颇疑该年赵都由此迁出之后,晋阳置为赵县。出土战国赵青铜兵器有“晋阳”戈[④]、“廿八年晋阳”戈[⑤]。又,战国赵币中有“晋阳”尖足布[⑥]和“晋阳”小直刀[⑦],皆可为晋阳为县提供一旁证。孝成王十九年(前247),晋阳属秦。旋反,又属赵国。孝成王二十年(前246),晋阳最终归秦(参见第六章第三节)。

泫氏

《水经·沁水注》引《竹书纪年》曰:“晋烈公元年,赵献子城泫氏。”晋烈公

---

① 河北省文化局文化工作队:《河北邯郸百家村战国墓》,《考古》1962年第12期。

② 《中国古钱谱》,第72页。

③ 《韩非子·外储说》亦有类似记载,唯“任登”作“王登”。

④ 《善斋吉金录》10·20。

⑤ 萧春源:《珍秦斋藏金·吴越三晋篇》,第196页。

⑥ 《中国古钱谱》,第34页。

⑦ 王毓铨:《中国古代货币的起源和发展》,中国社会科学出版社,1990年,第89页及所附图版四十,1-3。

元年为公元前 417 年,既然此年赵“城泫氏”,则似其时置泫氏县。其地在今山西省高平市。成侯二十四年(前 351),泫氏县入魏(参见本章第四节)。

平邑

《史记》卷 43《赵世家》:“(献侯)十三年,城平邑。”(《史记》卷 15《六国年表》所载同)《水经·河水注》曰:“故渎又东北迳平邑郭西,《竹书纪年》,晋烈公四年,赵城平邑。”(《初学记》卷 8 州郡部、《太平寰宇记》卷 54 魏州南乐县所载与此同)《水经·濛水注》曰:“濛水又东迳平邑县故城南,赵献侯十三年,城平邑。”赵献侯十三年即晋烈公四年,亦即公元前 414 年,既言“城平邑”,则平邑似当于此时置县。其地在今山西省大同县东。代王嘉七年(前 222),秦灭赵,平邑至迟此时属秦。

苦陉

在烈侯三年(前 406)魏取中山后(参见本章第四节),中山又复为赵据,《战国策·齐策五》即有“赵氏兼中山”之语。苦陉当随之属赵。至迟敬侯十年(前 386),中山复国(参见《史记·赵世家》及《新编年表》),苦陉应还属中山。惠文王三年(前 296),赵灭中山,苦陉自当又归赵。幽缪王七年(前 229),秦大破赵,苦陉至迟此时属秦。

番吾

番吾,或作播吾(《韩非子·外储说》)、鄱吾(《史记》卷 15《六国年表》)。《史记》卷 43《赵世家》载:“番吾君自代来”。此事在烈侯六年与九年间。《战国策·赵策二》曰:“王(按,指赵武灵王)立周绍为傅,曰:‘寡人始行县,过番吾……’”顾观光以为“盖当时县令皆僭称君”[①]。如是,则至迟烈侯六年(前 403)赵设有番吾县。其地在今河北省平山县东南。《韩非子·外储说》云:“赵主父令工施钩梯而缘播吾,刻疏人迹其上,广三尺,长五尺,而勒之曰:‘主父常游于此。’”是番吾因山而得名。幽缪王四年(前 232),番吾属秦(参见第六章第四节)。

长子

《史记》卷 43《赵世家》曰:“(成侯)五年……攻郑,败之,以与韩,韩与我长子。”成侯五年为公元前 370 年,则是年后韩国之长子县属赵。成侯十七年(前 358),长子县还属韩国(参见本章第三节)。孝成王四年(前 262),韩之上党郡降赵(参见第八章第三节),长子县当随之又属赵。孝成王六年(前 260),秦据有原韩上党郡地,长子县属秦(参见第六章第三节)。

---

① 顾观光:《七国地理考》卷 4。

高唐

《史记》卷43《赵世家》曰:“(肃侯)六年,拔高唐。”赵肃侯六年即公元前345年,是此年得齐之高唐。至迟公元前332年,高唐又属齐(参见本章第一节)。《史记》卷43《赵世家》曰:“(惠文王)二十五年,燕周将,攻(齐)昌城、高唐,取之。”赵惠文王二十五年为公元前274年,据此则此年高唐又复为赵取。自后遂为赵邑。《战国策·赵策四》载:“燕封宋人荣蚠为高阳君,使将而攻赵。赵王因割济东三城(令)卢、高唐、平原陵地城邑市五十七,命以与齐,而以求安平君而将之。马服君谓平原君曰:‘国奚无人甚哉!……且君奚不将奢也?奢尝抵罪居燕,燕以奢为上谷守,燕之通谷要塞,奢习知之。’”结合《史记》卷43《赵世家》所载知此事在赵孝成王元年,即公元前265年,是此年后,高唐复为齐据。又,在此高唐为赵向齐所割的三城之一,故颇疑高唐乃为赵县,进而又疑高唐原属齐时即已置县。

甄(鄄)

成侯五年(前370),齐甄县属赵。《史记》卷46《田敬仲完世家》载:威王九年,“赵伐我,取鄄”。然《史记》卷43《赵世家》载:“(成侯)五年,伐齐于鄄。”其中的鄄,即甄。是《新编年表》依《史记》卷43《赵世家》所载,而以为《史记》卷46《田敬仲完世家》所说的齐威王九年,当作赵成侯五年,即齐桓侯六年(前370)。又,《史记》卷43《赵世家》载:成侯十年(前365),“(赵)攻卫,取甄”。据此,颇疑鄄在成侯五年之后该地又属卫。至十年赵复又从卫手中最终夺得鄄。幽缪王七年(前229),秦大破赵,至迟此时甄(鄄)县属秦。

榆次

战国时期榆次本属魏,其地在今山西省晋中市榆次区。成侯十四年(前361),榆次属赵。《水经·洞过水注》引《竹书纪年》曰:“梁惠成王九年,与邯郸榆次、阳邑者也。”据《新编年表》,知此处的梁惠成王九年为溯上纪年法纪年,与赵成侯十四年为同一年,“邯郸”亦当为赵国之代称。赵得榆次后,当置县。在战国赵币中有“榆即”、“榆即半”尖足布及“榆即”方足布①,“榆即”当即榆次,这又可为赵置有榆次县提供一间接论据。孝成王十八年(前248),榆次县属秦(参见第六章第三节)。

蔺

出土战国赵币中有“蔺”尖足布、方足布、圆足布、直刀、圆钱及“蔺半”尖

---

① 《中国古钱谱》,第37~38、71页。

足布[①],说明其时蔺为一经济较发达之地,可为其时赵设有蔺县提供一间接证据。又,《史记》卷43《赵世家》载,赵成侯二十四年,"秦攻我蔺"。赵成侯二十四年为公元前351年,故颇疑至迟该年赵已置蔺县。其地在今山西省吕梁市离石区西。在已知的战国赵币中有"蔺"直刀[②],兵器有"十一年閵(蔺)令赵狽"矛[③]、"三年閵(蔺)令"戈[④],也可为赵置有该县增添佐证。肃侯二十二年(前329),秦攻取蔺县。不久,该地复为赵据。武灵王十二年(前313),蔺又为秦所取。旋蔺又归赵。惠文王十八年(前281),蔺复属秦(参见第六章第二节)。

离石

《史记》卷43《赵世家》载,赵肃侯二十二年(前329),"赵疪与秦战,败,秦杀疪河西,取我蔺、离石"。又,出土的战国赵币中有"离石"尖足布、圆足布及圆钱[⑤],可为其时赵设有离石县添一旁证,故颇疑至迟前329年赵已有离石县,且在此年离石属秦。旋离石又归赵。惠文王十八年(前281),离石复属秦。(参见第六章第二节)。

鄗

鄗本春秋晋邑,其地在今河北省柏乡县北。战国时期为赵邑。《史记》卷43《赵世家》曰:"(武灵王)三年,城鄗。"[⑥]赵武灵王三年为公元前322年,此处既言"城鄗",似鄗应在是年置为县。《史记》卷43《赵世家》又载:"(武灵王)二十一年,攻中山。……王军取鄗、石邑、封龙、东垣。中山献四邑和,王许之,罢兵。"赵武灵王二十一年为公元前304年,顾观光据此推测鄗曾为中山所得,又复取之,并引《战国策·赵策二》赵武灵王所曰"先时中山负齐之强兵,侵掠吾地,系累吾民,引水围鄗。非社稷神灵,即鄗几不守"为证[⑦]。然其说实有误。《赵策二》之文,恰说明鄗为赵地,而不属中山,否则中山不会"引水围鄗"。《史记》卷43《赵世家》中所提到的"鄗"当为衍文。王先谦已辨之[⑧]。赵孝成王时,魏公子信陵君无忌窃符救赵有功,"赵王以鄗为公子汤沐邑"(《史记》卷47《魏公子列传》)。幽缪王七年(前229),秦大破赵,至迟此时

---

① 《中国古钱谱》,第35、65、77、110、117页。
② 王毓铨:《中国古代货币的起源和发展》,第89页及图版四十,4。
③ 《殷周金文集成》11561。
④ 张光裕:《武陵新见古兵器三十六器集录》,《雪斋学术论文二集》,台北艺文出版社,2004年,第119页。
⑤ 《中国古钱谱》,第40～41、78、117页。
⑥ 《史记》卷15《六国年表》曰"(赵武灵王)二年,城鄗。"误。辨见《新编年表》。
⑦ 顾观光:《七国地理考》卷4。
⑧ 王先谦:《鲜虞中山国大事表》。

鄗属秦。

安平

至迟赵武灵王六年(前 319),赵置安平郡(参见第八章第三节)。而安平郡领域自当以安平为中心区域,故可推断其时赵已置有安平县。战国钱币中有“安平”[①]地名,亦可为赵其时置有该县添一旁证。幽缪王七年(前 229),秦大破赵,至迟此时安平县属秦。

代

武灵王十八年(前 307)时已置有代郡(参见第八章第三节),代应为其属县。另,在出土的战国赵布中有“代邑”[②],亦可证战国时赵可能已有代县。其地在今河北省蔚县东北代王城。代王嘉七年(前 222),秦攻赵,取其地,置代郡,代县属秦,为代郡治所(参见第九章第三节)。

广衍

赵武灵王二十年(前 305),赵西略胡地榆中,广衍疑在此时而置为城邑(参见第六章第三节)。又因该地为秦上郡属县,故推测在为秦所占据前即已是赵县。在内蒙古准格尔旗出土的战国铜矛上有“广衍”地名[③]。至于该地何时属秦,不详(参见第六章第二节),但似不应晚于惠文王四年(前 295)。

石邑(石城)

战国时期石邑本为中山邑,其地在今河北省石家庄市鹿泉区东南。《史记》卷 43《赵世家》载:“(武灵王)二十一年,攻中山……王军取鄗、石邑、封龙、东垣。中山献四邑和,王许之,罢兵。”赵武灵王二十一年为公元前 304 年,据此则该年石邑属赵国。石邑归赵后,疑置为赵县(参见第六章第三节)。战国赵币中有“如(石)邑”三孔布[④],也可为其时赵置有该县添一旁证。惠文王十八年(前 281),石邑属秦。石邑一名石城(参见第六章第三节)。

云中

云中战国时期为赵县,其地在今内蒙古自治区托克托县东北。至迟武灵王二十六年(前 299)置云中郡,云中县为其属县(参见第八章第三节),是赵云中县之置亦不会晚于该年。幽缪王二年(前 234),云中县属秦。

---

① 丁福保:《古钱大辞典》391。
② 转引自李学勤:《东周与秦代文明》,第 314 页。
③ 崔璿:《秦汉广衍故城及其附近的墓葬》,《文物》1977 年第 5 期。
④ 裘锡圭:《战国货币考(十二篇)》,《北京大学学报》1978 年第 2 期。

善无

至迟武灵王二十七年(前 298),赵置雁门郡(参见第八章第三节),善无当为其属县。其地在今山西省右玉县南。战国赵国钱币中有“善往”平首尖足布,善往当即善无[①],是又可为赵国其时置有该县添一旁证。幽缪王二年(前 234),秦攻赵,取其地,置雁门郡,善无县属秦,为雁门郡治所(参见第九章第三节)。

肤施

肤施本战国赵邑,《史记》卷 43《赵世家》载:“(惠文王)三年,灭中山,迁其王于肤施。”赵惠文王三年为公元前 296 年。惠文王五年,肤施属秦,并成为秦上郡的郡治(参见第六章第三节)。是颇疑赵时已置有肤施县。

南行唐

《史记》卷 43《赵世家》曰:“(惠文王)八年,城南行唐。”赵惠文王八年即公元前 291 年,此年既然“城南行唐”,则南行唐似应于其时置县。又,在《商周金文录遗》599 中录有赵国的“南行阳徻(令)”剑,而其中的“南行阳”,当即南行唐[②]。另外,在战国出土的赵国钱币中有“南行昜(唐)”三孔布[③],这都为南行唐为县提供了佐证[④]。该地在今河北省行唐县东北。幽缪王七年(前 229),秦破赵,南行唐至迟此时属秦。

兹氏

战国时期赵置有兹氏县,其地在今山西省汾阳市南。在内蒙古境内出土有“八年兹氏令”戈,当为赵国兵器[⑤]。此可证其时赵置有该县。另外,出土的战国赵币中有“兹氏”、“兹氏半”的尖足布与方足布[⑥],也为其时赵在兹氏已设县添一旁证。惠文王十七年(前 282),兹氏县属秦(参见第六章第三节)。

防陵

《史记》卷 43《赵世家》载:“(惠文王)二十四年,廉颇将,攻魏房子,拔之,因城而还。又攻安阳,取之。”惠文王二十四年为公元前 275 年。然《廉颇列传》载此事时却说廉颇所取魏之二地为防陵、安阳。又因房子自中山灭国后,

---

① 黄锡全:《平首尖足布新品数种考述——兼述这类布的种类、分布与年代》,《先秦货币研究》,中华书局,2001 年。

②③ 裘锡圭:《战国货币考(十二篇)》。

④ 又,旅顺博物馆藏“郾王喜”剑铭文云:“郾(燕)王喜立(涖)事,南行昜(唐)倫(令)瞿(瞿)卯、右库工师司马郃、冶肴(尹)㐌得敎(挞)齎(剂)。”(《殷周金文集成》11705)据此似乎南行唐一度属燕。

⑤ 黄盛璋:《试论三晋兵器的国别和年代及其相关问题》。

⑥ 《中国古钱谱》,第 43～45、70 页。

当一直属赵，是《史记》卷43《赵世家》所载的“房子”当依《史记》卷81《廉颇列传》作防陵为是①。防陵在今河南安阳市西南。又因是“因城而还”，则颇疑其时赵得防陵后置县。幽缪王七年(前229)，秦大破赵，虏赵王迁，至迟此时防陵属秦。

昌城

《史记》卷43《赵世家》曰：“(惠文王)二十五年，燕周将，攻(齐)昌城、高唐，取之。”赵惠文王二十五年为公元前274年，是该年得齐之昌城。公元前256年，昌城又属燕(参见本章第五节)。

铜鞮、屯留

孝成王四年(前262)，韩之上党郡属赵(参见第八章第三节)，铜鞮、屯留二县当随之属赵。孝成王六年(前260)，秦据有原韩上党郡地，铜鞮、屯留县属秦(参见第六章第三节)。

武垣

《史记》卷43《赵世家》载：“(长平之战后)武垣令傅豹、王容、苏射率众反燕地。”《史记正义》曰：“武垣此时属赵，与燕接境，故云率燕众反燕地也。”长平之战发生在孝成王六年(前260)，傅豹既然为“武垣令”，则赵当在此年前置有武垣县。以往一般认为秦设该县，不确。武垣县地在今河北省肃宁县东南。幽缪王七年(前229)，秦大破赵，武垣县至迟此时属秦。

元氏、上原

《史记》卷43《赵世家》云：“(孝成王)十一年，城元氏，县上原。”赵孝成王十一年即公元前255年，据上所述，既云“城元氏、县上原”，是该年赵置有上原县，而元氏也似应在此时置县。元氏在今河北省元氏县西北。至于上原县之地望，不详，疑近元氏。幽缪王七年(前229)，秦大破赵，元氏、上原至迟此时属秦。

邢

在出土的赵国铜戈中，见有如下的两则铭文，其一曰：“十七年，埜(邢)倫(令)吴荢，上库工币(师)宋艮，治痽执斋(剂)。”②其二曰：“二年，壄(邢)倫(令)孟柬庆、□库工币(师)乐参，冶明执齐(剂)”③。其中的“邢令”“吴荢”及

① 杨宽亦以为此年廉颇所攻之地为防陵与安阳。见其《战国史》(增订本)，第408页。

② 李学勤：《北京拣选青铜器的几件珍品》，《文物》1982年第9期。

③ 刘龙启、李振奇：《河北临城柏畅城发现战国兵器》，《文物》1988年第3期。

"孟柬庆",当即其时的邢县县令[①],因此赵国应置有邢县。其地在今河北邢台市。另外,据李学勤的考证,第一则铭文中所提到的"十七年",当为赵孝成王十七年(前249)[②]。若此,则至迟该年,赵已置邢县。幽缪王七年(前229),秦大破赵,邢县至迟此时属秦。

新城

战国时期,赵当置有新城县(参见第六章第二节),出土的战国时期赵国的钱币中有"亲(新)城"尖足布[③],亦为新城其时为赵县添一旁证。其地在今山西省朔州市南。孝成王十八年(前248),新城属秦(参见第六章第三节)。

狼孟

战国时期,赵似当置有狼孟县,其地在今山西省阳曲县。孝成王十八年(前248),狼孟属秦。不久,狼孟复还属。幽缪王四年(前232),狼孟再次归秦(参见第六章第三节)。

韩皋

《史记》卷43《赵世家》载:"(悼襄王二年)城韩皋。"悼襄王二年为公元前243年,既云"城韩皋",则该地当置县。然其地今址不详。幽缪王七年(前229),秦大破赵,韩皋至迟此时属秦。

邺

邺本魏县(参见本章第四节)。现存有"三十三年邺令"戈。[④]《史记》卷43《赵世家》载:"(悼襄王)六年……魏与赵邺。"赵悼襄王六年为公元前239年,是自此年后邺为赵国所据。然《韩非子·外储说》中又记载梁车曾在赵成侯(前373—前350)时担任赵之邺令。如此载不误,邺曾在公元前239年之前一度先由魏属赵。悼襄王九年(前236),邺又为秦国属县(参见第六章第四节)。

柏人

柏人本晋邑,其地在今河北省隆尧县西。战国时属赵国。《史记》卷43《赵世家》载:"幽缪王迁元年,城柏人。"赵幽缪王迁元年为公元前235年,顾

---

① 日本学者江村治樹据后一则铭文,业已指出孟柬庆为邢县县令。参见其所著《戦国時代における都市の発達と秦漢官僚制の形成》,收入岩波講座《世界歷史3——中華の形成と東方世界—2世紀》,岩波書店,1998年,第179～204页。又见氏著《春秋戦国秦漢時代出土文字資料の研究》,汲古書院,2000年,第387页。

② 李学勤:《北京拣选青铜器的几件珍品》。

③ 《中国历代货币大系·先秦货币》,1073。

④ 《小校经阁金文拓片》10·52·3。

栋高据此以为是年赵置柏人县[1],应是。顾氏之论又可在出土的战国赵币中找到论据,赵直刀币中有“白人”[2],此“白人”当即柏人,柏人直刀币可说明其时柏人已很发达,依理亦当置县。又,河北临城县东出土有铭文为“柏人”的战国铜戈[3]。幽缪王七年(前229),秦破赵后,柏人县至迟此时属秦。

沮阳

沮阳本为燕上谷郡治所(参见本章第五节)。幽缪王四年(前232),该地又为赵据。《史记》卷71《樗里子甘茂列传》载:“(赵襄王从甘罗言)赵王立自割五城(于秦)以广河间。秦归燕太子。赵攻燕,得上谷三十城,令秦有十一。”此事据《新编年表》的考证,当在公元前232年,即赵幽缪王四年。幽缪王七年(前229),秦大破赵,沮阳县至迟此时属秦。

平原

《战国策·秦策五》中记载赵有“平原津令郭遗”,其中的“平原津令”在下文又作“平原令”。故赵似亦当置有平原县,其地在今山东省平原县南。幽缪王七年(前229),秦大破赵,平原县至迟此时属秦。

富昌

战国古赵国玺印中有一钮“富昌韩君”玺[4],由于其时官玺多为县级官吏使用之物,故颇疑其时赵国已置有富昌县,其地在今内蒙古自治区准格尔旗。幽缪王七年(前229),秦大破赵,富昌至迟此时属秦。

武平

战国时期赵国的兵器中有“三年武平‘命(令)’”剑[5],由其中的“武平令”,可知武平应为赵县。该地在今河北省文安县北[6]。幽缪王七年(前229),秦大破赵,武平县至迟此时属秦。

埒

《商周金文录遗》录有战国时期赵国兵器“元年郛竝(令)”戈[7]。其中的“郛”当是埒。这里既云“郛(埒)竝(令)”,是赵国其时当置有该县。当是赵雁

① 顾栋高:《春秋大事表》卷7《春秋列国都邑表》。
② 《中国古钱谱》,第113页。
③ 刘龙启、杨振奇:《河北临城柏畅城发现战国兵器》。
④ 《古玺汇编》0006。
⑤ 《善斋吉金录》,古兵录,卷下14。此则铭文基本没有印出。原书题为“三年右军剑”。
⑥ 黄盛璋:《试论三晋兵器的国别和年代及其相关问题》。
⑦ 于省吾:《商周金文录遗》(考古学专刊乙种第六号,科学出版社,1957年)582.1。

门郡属县①。幽缪王七年(前229),秦大破赵,埒县至迟此时归秦。

栾

出土的战国时期赵国兵器中有"三年䜌䧴(令)"剑②,其中的"䜌"当是栾。据此铭文可知战国时期赵国设置了该县。其地在今河北省赵县西北南轮城。幽缪王七年(前229),秦大破赵,栾县至迟此时属秦。

另外,出土的战国时期赵国的钱币中还有"商城"、"商平"、"中阳"、"阳化"、"阳丘"、"阳邑"、"武安"、"西都"、"平周"、"平州"、"寿阴"、"虑虒"、"虑虒半"、"藿人"、"大阴"、"大阴半"③、"繁寺(止?)"(繁畤)、"娄番(弁?)"(楼烦)、"鄤邡"、"尹城"、"平城"、"椁"(崞)、"邪"(推邪?)、"奴邑"(茹?)、"博"、"平匋"、"襄洹"、"平襄"、"郎"、"成襄"④等尖足布,"平阴"、"鄩氏"、"鄫"、"隰城"、"莆子"、"奇氏"、"盧阳"、"平氏"⑤、"完(冠)阳"(原阳)、"星阳"(清阳)、"人也"(任)、"氏金"(泜)、"平于"(平舒)、"沙乇"(沙泽)⑥、"干关"(扞关)⑦、"平阳"⑧、"邸"⑨、"北箕"⑩、"狋氏"⑪等方足布,"圁阳化"、"圁阳新化"、"成"、"成白"等刀币⑫,"上邙(曲)阳"、"下邙(曲)阳"、"安阳"⑬、"家阳"、"上専(博)"、"下専(博)"、"北九门"、"五陉"、"封氏"、"新处"、"王夸"(望诸?)、"关"、"宋子"、"上艾"、"平台"、"侹"、"�(苏)阳"、"邳"、"禽即"(安次?)、"卩翯"(即裴)、"安陰(阴? 险?)"、"大酉"(扶柳)、"鄗"(权)、"阿"、"貍"、"亲(新)处"、"阳湔(原)"、"余亡(吾)"、"戏"、"武阳"、"郘(沾?)"等三孔布⑭。这些钱币中所出现的地名,亦有可能其时已为赵县。

①② 黄盛璋:《试论三晋兵器的国别和年代及其相关问题》。

③ 以上录自《中国古钱谱》,第36～43页。

④ 以上参见黄锡全:《平首尖足布新品数种考述——兼述这类布的种类、分布与年代》,见《先秦货币研究》。

⑤ 以上录自《中国古钱谱》,第55～63页。

⑥ 以上参见黄锡全:《赵国方足布七考》,见《先秦货币研究》。

⑦ 黄锡全:《"干关"方足布考——干关、扞关、挺关、麋关异名同地》,见《先秦货币研究》。

⑧ 《中国历代货币大系·先秦货币》,1730。

⑨ 同上书,2021。释文据黄锡全:《〈中国历代货币大系·先秦货币〉释文校订》,见《先秦货币研究》。

⑩ 同上书,1604。

⑪ 同上书,1850-1865。释文据前揭。或释氏祁读虒祁,属魏。

⑫ 《中国古钱谱》,第110～112页。

⑬ 同上书,第79～82页。

⑭ 以上这些三孔布地名,请参见黄锡全:《三孔布奥秘试探》,见《先秦货币研究》。另,有关先秦时期三孔布的国别与年代问题,目前主要有四种说法:其一,秦国铸币说,铸行于战国晚期;其二,中山国铸币说,铸行于战国中期;其三,赵国铸币说,铸行于战国晚期。有关这方面的详细探讨,可参见黄锡全《三孔布奥秘试探》一文。本卷在此采用第三种说法,即三孔布为战国晚期的赵国货币。

第四节 魏县考证(含卫县)

战国时期,魏国在境内设置了许多县。现依时间先后,将较为确切的魏县逐一考订。

温

温本春秋晋县,其地在今河南省温县西南(参见第三章第五节)。战国时为魏县。安釐王二年(前 275)属秦(参见第六章第三节)。

少梁

少梁本梁国,其地在今陕西省韩城市西南。鲁僖公十九年(前 641),秦灭之。鲁文公十年(前 617)又归晋。战国时属魏。《史记》卷 5《秦本纪》载:"灵公六年,晋城少梁,秦击之。"卷 44《魏世家》载:"(文侯)六年,城少梁。"《史记》卷 15《六国年表》魏文侯六年栏曰:"魏城少梁。……八年,复城少梁。"以上可资为证。据《新编年表》,《魏世家》所说的魏文侯六年有误,实应为文侯称侯十六年,即文侯二十一年,亦即秦灵公六年(前 422)。魏二度城少梁,是魏当置有少梁县。惠成王十七年(前 354)少梁属秦(参见第六章第二节)。旋少梁又还属魏,并于惠成王更元七年(前 328)再次属秦(参见第十一章第二节)。

雒(洛)阴、合阳

《史记》卷 44《魏世家》载:"(文侯)十七年,伐中山,使子击守之,赵仓唐傅之。……西攻秦,至郑而还,筑雒阴、合阳。"卷 15《六国年表》魏文侯十七年栏曰:"击宋中山。伐秦至郑,还筑洛阴、合阳。"《史记集解》引徐广曰:"一云击宋中山,置合阳。世家云攻秦至郑而还,筑雒阴、合阳。"此处的魏文侯十七年,据《新编年表》,当是文侯称侯十七年,即文侯二十二年(前 421),其时既言文侯"筑(置)雒(洛)阴、合阳",则雒阴、合阳当于此时置县。雒阴在今陕西省大荔县西南洛河南岸。惠成王五年(前 366),雒阴为秦所得(参见第六章第二节)。合阳在今陕西省合阳县东南。至迟惠成王三十三年(前 338),合阳属秦(参见第六章第二节)。

邺

邺,春秋齐桓公始筑城①,其地在今河北省临漳县西南。后属晋。魏文侯七年(前 436)得其地②。《战国策·魏策一》曰:"西门豹为邺令,而辞乎魏文侯。"《史记》卷 44《魏世家》曰:"(魏文侯)任西门豹守邺,而河内称治。"

①② 《水经·浊漳水注》引《献帝春秋》。

卷126《滑稽列传》曰:“魏文侯时,西门豹为邺令。”《韩非子·内储说》载:“西门豹为邺令,佯亡其车辖,令吏求之不能得,使人求之而得之家人屋间。”《史记》卷44《魏世家》将西门豹守邺事系于魏文侯二十五年(按,据《新编年表》当作三十五年,即前408)与二十六年(按,据《新编年表》当作三十六年,即前407)之间,故至迟公元前407年魏已置邺县。另外,在《三代吉金文存》(20·23·1)中录有魏国“卅二年𦳝(业)竛(令)”戈,是又可为魏置有邺县添一力证。景湣王四年(前239)邺为赵国所据(参见本章第三节)。

庞

《史记》卷44《魏世家》载,魏文侯十三年,“使子击围繁庞,出其民”。繁庞当即庞。此处的魏文侯十三年,据《新编年表》的考证,当是魏文侯称侯二十三年,即公元前415年。而庞本秦县,是该年魏得此县。魏惠王九年(前362),庞县复属秦(参见第六章第二节)。

苦陉

苦陉本中山国邑,其地在今河北省无极县东北。后为魏县。《韩非子·难二》载:“李克治中山,苦陉令上计而入多。”李克乃魏文侯臣。据《新编年表》,魏文侯三十七年(前406)拔中山,使太子击守之。是李克治中山当在公元前406年之后(参见《史记》卷43《赵世家》及卷44《魏世家》)。《韩非子》中既已言及“苦陉令”,则其时魏当设置有苦陉县。其后,苦陉县为赵所据(参见本章第三节)。

酸枣

酸枣本春秋郑邑,其地在今河南省延津县西南。《水经·济水注》引圈称曰:“酸枣以棘名邦,故曰酸枣。”《史记》卷44《魏世家》曰:“(文侯)三十二年,伐郑。城酸枣。”卷15《六国年表》亦在魏文侯三十二年栏曰:“伐郑,城酸枣。”此处的魏文侯三十二年,据《新编年表》,应为魏文侯四十二年,即公元前401年。如此,则魏当于是年得酸枣。又因此年魏文侯“城酸枣”,所以魏应该在此时置酸枣县。景湣王元年(前242),酸枣县为秦所取(参见第六章第四节)。

承匡

承匡,亦作承筐,本春秋宋邑,其地在今河南省睢县匡城乡。战国初期承匡属魏,《战国策·齐策二》载“犀首以梁为齐战于承匡而不胜”,可证。《史记》卷44《魏世家》又载:“(文侯)三十五年,齐伐取我襄陵。”(卷15《六国年表》所载与此同)。据《新编年表》的考证,此处魏文侯三十五年当应作文侯四十五年

(前398),既然此时魏已有襄陵,而由《汉志》陈留郡襄邑下颜师古注引圈称所云"襄邑,宋地,本承匡襄陵乡也。宋襄公所葬,故曰襄陵。秦始皇以承匡卑湿,故徙县于襄陵,谓之襄邑,县西三十里有承匡城"之文,又知襄陵为承匡之襄陵乡,是至迟此时魏已有宋之承匡地。承匡属魏后,当置县(参见第六章第四节),颇疑置县亦即在其时①。王假三年(前225),秦灭魏,至迟此时魏承匡县属秦。

安邑、垣(王垣)

安邑,春秋时期为晋邑,其地在今山西省夏县西北。晋大夫魏绛自霍迁于此地。《史记》卷44《魏世家》即载:晋文公立,"而立魏武子袭魏氏之后封,列为大夫,治于魏。生悼子。魏悼子徙治霍。生魏绛。……(晋悼公之十一年,魏绛)徙治安邑"。其中的晋悼公十一年,据《新编年表》,当为晋悼公十二年(前562)。进入战国,安邑成为魏国都城。垣,乃战国时期魏邑,因境内有王屋山,故又称王垣。其地在今山西省垣曲县东南。《史记》卷44《魏世家》曰:"(武侯)二年,城安邑、王垣。"卷15《六国年表》魏武侯二年栏曰:"城安邑、王垣。"然其中魏武侯二年应作十四年(前382),这是由于司马迁在《六国年表》中误排魏国纪年所致(详见《新编年表》),因此《史记索隐》曰:"按,《纪年》十四年城洛阳及安邑、王垣。"(按,其中《纪年》当指《竹书纪年》)既言"城安邑、王垣",似安邑、王垣二地即在此时分别置县。《史记》卷44《魏世家》曰:"(魏惠王三十一年)秦用商君,东地至河,而齐、赵数破我,安邑近秦,于是徙治大梁。"据此似魏由安邑徙都大梁当在魏惠王三十一年(前340)。然据《新编年表》的考证,以为应在魏惠王九年(前361)(详见本节大梁县考证)。魏迁都大梁后,旧都安邑,理当仍置县。又,在出土的战国魏国钱币中有"安邑二釿"、"安邑一釿"、"安邑半釿"②及"垣"圆钱③,说明安邑、垣(王垣)其时已是较为发达的城

---

① 文献中有关承匡的记载仅上引《战国策》中之一见,而关于承匡县襄陵乡的记载却颇有一些,因此在此将襄陵的归属作一梳理。由上引《魏世家》之文可知,在公元前398年,襄陵属齐。而《史记》卷44《魏世家》又载:"(惠王)十九年,诸侯围我襄陵。"《水经·淮水注》引《竹书纪年》曰:"梁惠成王十七年,宋景敾、卫公孙仓会齐师,围我襄陵。十八年,惠成王以韩师败诸侯师于襄陵。"据《新编年表》的考证,《竹书纪年》所云的梁惠成王十八年乃逾年法纪年,与《史记》卷44《魏世家》所载的魏惠王十九年当为同一年,即公元前352年,是据上所载,至迟该年襄陵已复由齐归魏。《史记》卷44《魏世家》又曰:"(襄王)十二年,楚败我襄陵。"(《包山楚简》简104亦载:"大司马卲(昭)鄗败晋(晋)帀(师)於襄陵之戢(歲)享月。")据《新编年表》,《史记》卷44《魏世家》中的魏襄王十二年应为魏惠成王更元十二年,亦即公元前323年,是该年襄陵又属楚。

② 《中国古钱谱》,第48~50页。

③ 同上书,第115~116页。

邑。又,陕西咸阳塔儿坡出土一件"安邑下官"钟[①],洛阳师范学院文物馆收藏有一件"三年垣上官"鼎[②],亦可为安邑、垣(王垣)为县提供间接资料。惠成王十九年(前352),安邑属秦。此后安邑又还属魏。昭王四年(前292),垣(王垣)为秦所取,旋由秦处复得。昭王六年(前290),该县又为秦攻取(第六章第三节"秦县考证(中)")。昭王十年(前286),安邑再次属秦(参见第六章第二节)。

鲁阳

《史记》卷44《魏世家》载:"(武侯)十六年,伐楚,取鲁阳。"卷15《六国年表》魏武侯十六年栏亦曰:"伐楚,取鲁阳。"然卷40《楚世家》云:"(肃王)十年,魏取我鲁阳。"《六国年表》楚肃王十年栏亦有"魏取我鲁阳"的记载。据《新编年表》的考证,《魏世家》所云的"武侯十六年"是因司马迁错排《六国年表》,将楚肃王十年与魏武侯十六年置于同一年,这样便将《楚世家》所载肃王十年魏取鲁阳之事亦写入魏武侯十六年栏中,进而又记入《魏世家》之中。其实楚肃王十年为公元前376年,于魏当为武侯二十年,故魏取楚鲁阳县当在是年。王假三年(前225),秦灭魏,至迟此时鲁阳属秦。

武堵(都)

《史记》卷44《魏世家》曰:"(惠王)五年……城武堵。"卷15《六国年表》:"(魏惠王)五年……城武都。"魏惠王五年为公元前366年,据此,则魏应在此时置有武堵(都)县。又,内蒙古乌兰察布盟清水河县出土一件战国晚期的铜矛上有铭文"武都"二字[③]。然该地之所在,今不详。王假三年(前225),秦灭魏,至迟此时武堵(都)县属秦。

中牟

战国时期,中牟本赵县(参见本章第三节)。《水经·河水注》载:"昔魏徙大梁,赵以中牟易魏。"《水经·渠水注》亦曰:"自魏徙大梁,赵以中牟易魏,故赵之南界,极于浮水,匪直专漳也。"魏自安邑徙都大梁在惠王九年(前361),是当在此时,赵将其旧都中牟县送给了魏国[④]。王假三年(前225),秦灭魏,至迟此时中牟归秦。

大梁

大梁在今河南省开封市,战国时为魏国都城。《史记》卷44《魏世家》载:"(惠王三十一年)安邑近秦,于是徙治大梁。"《史记集解》曰:"骃案:《汲冢纪

① 《金文总集》5779·2。
② 蔡运章、赵晓军:《三年垣上官鼎铭文考释》,《文物》2005年第8期。
③ 乌兰察布盟文物工作站:《内蒙古清水河县拐子上城发现秦兵器》。
④ 杨宽:《战国史》(增订本),第301~302页。

年》曰'梁惠成王九年四月甲寅,徙都大梁'也。"《史记索隐》曰:"《纪年》以为惠王九年。"《新编年表》认为魏迁都大梁应依《竹书纪年》所载当在魏惠王九年(前361),《魏世家》之所以将此事系于魏惠成王三十一年(前340),是因为司马迁将《史记》卷68《商君列传》中卫鞅评价公元前341年齐伐魏时魏居领阨之西都安邑,误视为魏都安邑,进而又通过《史记》卷15《六国年表》中魏惠成王三十一年(按,实应在三十年,即前341)魏将公子卬被虏的系年线索,从而把魏徙都大梁定在了该年。至于《水经注》[①]与《汉书·高帝纪》注[②]所引的《竹书纪年》作魏惠王六年,平势隆郎氏认为"六"乃"九"字之讹,因"九"的残字与"六"的字形相似。其时大梁城为著名的都会,且出土有"梁正尚百当寽"、"梁半尚二百当寽"、"梁充釿五十当寽"桥足布[③],还有铸造于魏惠王三十三年的大梁戈[④],故理当置县。《史记》卷72《穰侯列传》载:"(秦)昭王三十二年,穰侯为相国,将兵攻魏,走芒卯,入北宅,遂围大梁。梁大夫须贾说穰侯曰:……"其中言及的"梁大夫须贾"之"梁"当指大梁,大梁既有大夫,则亦可说明其时已置县。王假三年(前225),秦灭魏,大梁属秦(参见第六章第四节)。

绛

绛本春秋晋国之都,同时亦为晋县,其地在今山西省侯马市西(参见第三章第六节)。战国时期,绛仍当为县,先仍属晋。《史记》卷39《晋世家》:"(晋)幽公之时,晋畏,反朝韩、赵、魏之君。独有绛、曲沃,余皆入三晋。"其后绛入于魏。《战国策·齐策一》载陈轸谓齐王曰:"今秦欲攻梁绛、安邑,秦得绛、安邑以东下河,必表里河而东攻齐。"《战国策·魏策三》载须贾为魏说穰侯曰:"夫兵不用而魏效绛、安邑,又为阴启两(原书疑有脱文),机尽故宋,卫效尤惮。"《战国策·韩策三》载或谓韩王曰:"秦王欲出事于梁,而欲攻绛、安邑,韩计将安出矣?"以上所载皆可证战国时绛属魏。又,《史记》卷43《赵世家》载:"成侯十六年,与韩、魏分晋,封晋君以端氏。"赵成侯十六年即公元前359年,据上所载,知此时晋君仅有端氏一地,是至迟该年绛县入魏。又,绛县之南的安邑与垣皆分别在公元前286年与前290年属秦(参见上文),是依绛县之望而言,该县至迟当在公元前286年属秦。

邯郸

惠成王十八年(前353),魏拔赵邯郸。《史记》卷44《魏世家》载,魏惠王十

---

① 《水经·渠水注》曰:"《竹书纪年》,梁惠成王六年四月甲寅,徙都于大梁。"
② 《汉书·高帝纪》颜师古注引臣瓒曰:"《汲郡古文》云:惠王之六年,自安邑迁于大梁。"
③ 《中国古钱谱》,第50~52页。
④ 参见《考古》1977年第5期,第357页图三。

八年,“拔邯郸”。《史记》卷43《赵世家》载,赵成侯二十二年,“魏惠王拔我邯郸”。魏惠王十八年与赵成侯二十二为同年,即公元前353年。惠成王二十年(前351),邯郸复为赵据。《魏世家》载,魏惠王二十年,“归赵邯郸,与盟”。《赵世家》载,赵成侯二十四年,“魏归我邯郸,与魏盟漳水上”。魏惠成王二十年与赵成侯二十四年为同年,即公元前351年。

泫氏

《太平御览》卷163州郡部引《竹书纪年》曰:“梁惠王九年,晋取泫氏。”《太平寰宇记》卷44泽州高平县下引《竹书纪年》曰:“梁惠王九年,晋取泫氏县。”然《水经·沁水注》引《竹书纪年》曰:“梁惠成王十九年,晋取玄武(按,当作泫氏)、濩泽。”陈逢衡《竹书纪年集证》及雷学淇《考订竹书纪年》皆以为《太平御览》和《太平寰宇记》所引的“梁惠王九年”脱去了“十”字,当与《沁水注》所引为一事,当是。梁惠王十九年,据《新编年表》,为逾年法年次,乃公元前351年,而所谓的“晋取泫氏县”的“晋”又当指魏国①,又因泫氏本属赵(参见本章第三节),是该年泫氏县由赵入魏。战国时期魏国铸造的桥形布中有“郯氏”②,何琳仪读为“泫氏”③,如此,则又为魏置有该县添一旁证。王假三年(前225),秦灭魏,至迟此时泫氏属秦。

济阳

《水经·济水注》曰:“(济水)东迳济阳县故城北,圈称《陈留风俗传》曰:县,故宋地也。《竹书纪年》,梁惠成王三十年,城济阳。”由于此处《竹书纪年》所用为逾年法纪年,故实为梁惠成王三十一年,即公元前340年,既然“城济阳”,则魏此时当置县。该县在今河南省兰考县东北。王假三年(前225),秦灭魏,至迟此时济阳属秦。

濦阴

上海博物馆藏有“三十三年陈险(阴)命(令)歂”戈。其中的“陈险”应为濦阴,而“三十三年”则当为魏惠王三十三年(前338)④,此则铭文中既然提及“濦阴令”,

---

① 方诗铭、王修龄:《古本竹书纪年辑证》(引朱右曾:《汲冢纪年存真》及范祥雍:《古本竹书纪年辑校订补》之说),第114页。

② 《中国历代货币大系·先秦货币》,1440-1442。释文据黄锡全:《〈中国历代货币大系·先秦货币〉释文校订》,见《先秦货币研究》。

③ 何琳仪:《三晋方足布汇释》,见《古币丛考》,台北文史哲出版社,1996年。

④ 此戈中的地名“陈险”,李朝远先释为“汝阴”,后吴振武著文重新释为“濦阴”。此处从吴氏之说。至于此戈铭文中的“三十三年”,吴氏从李氏之说,而认为是魏惠成王三十三年。参见吴振武:《新见古兵地名考释两则》,《九州》第三辑,商务印书馆,2003年;李朝远:《汝阴令戈小考》,《中国文字研究》第一辑,广西教育出版社,1999年。

是至迟在该年，魏置有濦阴县。该县的大体位置应在今河南省沙河南岸自漯河市以东至周口市一带[①]。王假三年(前225)，秦灭魏，至迟此时濦阴又属秦。

顿丘

顿丘，春秋时本为卫邑，在今河南浚县西。《诗·卫风·氓》"送子涉淇，至于顿丘"可以为证。至春秋末年，该地为晋所有。《水经·淇水注》引《竹书纪年》曰："晋定公三十一年(前482)，城顿丘。"到了战国时期，顿丘属魏。江陵拍马山5号墓考古出土有"卅四年邨(顿)丘命(令)"戈。此处的"卅四年"，据学者考订为魏惠成王三十四年(前337)[②]，又因其中言及"顿丘令"，是至迟该年魏置有顿丘县。景愍王元年(前242)，秦得魏二十城，置东郡，顿丘当在此时为秦所据(参见第六章第四节)。

阴晋

阴晋，战国时期属魏，其地在今陕西省华阴市东。《史记》卷70《张仪列传》所附犀首传曰："犀首者，魏之阴晋人也，名衍，姓公孙氏。"依据《史记》列传所书之体例，阴晋应为魏县。另，在出土的战国魏币中，有"阴晋一釿"、"阴晋半釿"，兵器中又有"阴晋左库"戈[③]，此皆可为其时阴晋已为县提供间接依据。惠成王更元三年(前332)，阴晋属秦(参见第六章第二节)。

上蔡

《水经·汝水注》引《竹书纪年》曰："魏章率师及郑师伐楚，取上蔡。"魏章为魏将，故可知上蔡此后属魏。又《史记》卷41《越王句践世家》云："齐威王使人说越王曰：'越不伐楚，大不王，小不伯。图越之所为不伐楚者，为不得晋也。韩、魏固不攻楚。韩之攻楚，覆其军，杀其将，则叶、阳翟危；魏亦覆其军，杀其将，则陈、上蔡不安。'"《史记正义》曰："二邑(按，指陈、上蔡)此时属魏。"据《新编年表》，此为公元前329年事，则是时上蔡属魏。故至迟惠成王更元六年(前329)前，楚上蔡属魏。其后至襄哀王十九年(前300)前，上蔡又由魏还属楚。公元前300年，又为魏据(参见第八章第四节)。王假三年(前225)，秦灭魏，至迟此时上蔡又属秦。

蒲子(蒲阳)

中国历史博物馆藏有战国时期魏国的"三年蒲子(令)"戈[④]，说明其时魏曾置有蒲子县。其地在今山西隰县。蒲子，又作蒲阳。惠成王更元七年(前

---

① 吴振武：《新见古兵地名考释两则》。

②④ 黄盛璋：《试论三晋兵器的国别和年代及其相关问题》。

③ 《小校经阁金文拓本》10·43。

328),蒲子(蒲阳)为秦所据(参见第十一章第二节)。

漆垣

漆垣当为魏上郡十五县之一,其地在今陕西铜川市西北。又,出土战国魏币中有"漆垣一釿"圆钱①,此可为其时漆垣为魏县添一旁证。惠成王更元七年(前 328),魏上郡属秦,该县随之成为秦县(参见第六章第二节)。

咎奴(高奴)

《三代吉金文存》收有战国时期魏国"四年咎奴曹命(令)壮罂"戈②。其中的咎,据《史记集解》知音高,是咎奴即是高奴。据其中提及的高奴令,可知其时魏当置有高奴县。其地在今陕西延安市东北延河北岸。秦高奴县属上郡,而魏上郡十五县在惠成王更元七年(前 328)入秦,是咎奴(高奴)当为魏上郡属县之一③,并于公元前 328 年属秦。

皮氏

皮氏本战国魏邑,其地在今山西省河津市西。惠成王更元六年(前 329),为秦所据(参见第六章第三节)。至迟于襄哀王十二年(前 307),皮氏复归魏。《史记》卷 44《魏世家》载:"(襄哀王)十二年……秦来伐我皮氏,未拔而解。"《水经·汾水注》亦曰:"汾水又西迳皮氏县南,《竹书纪年》:魏襄王十二年,秦公孙爰率师伐我,围皮氏,翟章率师救皮氏围,疾西风。"上述所载皆可为证。又《水经·汾水注》引《竹书纪年》曰:"(魏襄王)十三年,城皮氏。"魏襄哀王十三年为公元前 306 年,既然"城皮氏",则皮氏应于此时置县。又,出土的战国魏币中有"皮氏"方足布④,魏青铜器中"十三年皮氏"戟⑤、"皮氏"铜牌⑥,也可为其时皮氏为魏县增添凭证。昭王六年(前 290),皮氏县属秦(参见第六章第三节)。

蒲阪

在山西芮城出土的战国兵器中有"蒲坂"令戈⑦,"蒲坂"当即是蒲阪,是其时魏当设置了蒲阪县。战国魏币中有"甫反"桥形布,"甫反"也即蒲阪。此亦可说明其时蒲阪已较发达,为魏其时已置更添佐证。其地在今山西省永济市西南。襄哀王十六年(前 303),秦夺取了蒲阪,翌年,秦复将蒲阪还给魏国(参见第六章第三节)。昭王七年(前 290),秦攻蒲阪,该县属秦。

---

① 《中国古钱谱》,第 116 页。
② 《三代吉金文存》20·25·2,第 2080 页。
③ 黄盛璋:《试论三晋兵器的国别和年代及其相关问题》。
④ 《中国古钱谱》,第 60 页。
⑤ 萧春源:《珍秦斋藏金·吴越三晋篇》,第 106 页。
⑥ 《三代吉金文存》18·38·3。
⑦ 杨明珠:《山西芮城出土战国铜戈》,《考古》1989 年第 1 期。

襄城

《史记》卷44《魏世家》载:“昭王元年,秦拔我襄城。”魏昭王元年为公元前295年,而秦曾于公元前298年由楚国夺取襄城(参见第六章第二节),故据以上所引,其地又于公元前295前年由秦属魏①。公元前295年,襄城再次属秦(第六章第二节)。

平丘

平丘本春秋卫邑,其地在今河南省封丘县东。战国时期平丘先属韩。惠成王十四年(前357)属魏,《水经·河水注》引《竹书纪年》曰:“梁惠成王十三年,郑釐侯使许息来致地:平丘、户牖、首垣诸邑及郑驰地。我取枳道,与郑鹿。”此处梁惠成王十三年当为十四年,即公元前357年。“驰地”,杨宽从王念孙、王引之二人之说而作“弛地”,并引《尔雅·释诂》所曰“弛,易也”,而将“弛地”解释为交换土地②。今从其说。而郑釐侯当即韩釐侯(韩迁都郑后亦称郑),梁惠成王即魏惠成王(魏迁都大梁后又称梁),既然此时是交换土地,是该年韩平丘属魏。至迟昭王十九年(前277)置为县。此后,平丘为秦所取(参见第六章第三节)。

首垣

惠成王十四年(前357),首垣由韩属魏(参见上文平丘条所引)。后魏置有首垣县,其地在今河南省长垣县东北。出土战国铜器有“首垣”鼎③。景湣王五年(前238)该县属秦(参见第六章第四节)。

仁

至迟昭王十九年(前277)置为县。该地所在不详,疑近平丘。此后,仁县为秦取所(参见第六章第三节)。

怀

安釐王九年(前268),秦攻取魏怀城(参见第六章第三节),是颇疑此年前魏已置有怀县。旋怀又由秦还属魏。二年后,该县再次属秦。出土战国青铜兵器有“褱”戈,铭文为:“□年褱□工师□”④,“褱”即怀。

邢丘

至迟安釐王十一年(前266)前,韩邢丘县属魏。该年之后,邢丘又属秦

① 另外,在战国兵器中有“六年襄城令戈”(《殷周金文集成》11565)、“二十三年襄城令矛”(《武陵新见古兵三十六器集录》32号),吴良宝推断为韩桓惠王时兵器,参见其《〈战国时期韩国疆域变迁考〉补正》。若此,则襄城在战国时期还曾属韩。然上述兵器是否的确属韩,尚难定论,故暂将吴氏之说存此备考。

② 杨宽:《战国史》(增订本),第302页注(2)。

③ 刘余力:《首垣鼎铭文考略》,《中国国家博物馆馆刊》,2011年第10期。

④ 《殷周金文集成》5432。

(参见第六章第三节)。

单父

单父本春秋鲁邑,其地在今山东省单县(参见第三章第七节)。《史记》卷72《穰侯列传》载大梁大夫须贾说穰侯曰:“又为陶开两道,几尽故宋,卫必效单父。”据《新编年表》的考证,此为公元前273年事,其中提及“卫必效单父”,则单父战国时期又属卫。又在卫怀君三十一年(前265),卫已成为魏之附庸①,是至迟此时单父已为魏据。魏铜器中有“卅年单父上官鼎”,其中的“上官”,即食官,该类官所置用的城邑应为县邑所在之地②,此亦可为魏其时置有单父县添一佐证。王假三年(前225),秦灭魏,至迟此时单父属秦。

高都

端方辑《陶斋吉金录》(5·29)中收有战国时期魏国“廿九年高都命(令)陈愈”剑(《小校经阁金文拓本》10·52·2收有相同铭文戈),据其中提到的“高都令”,可知其时魏当置有高都县。其地在今山西晋城市。安釐王二十九年(前248),高都县属秦(参见第六章第三节)。

陶

至迟安釐王三十四年(前243),秦陶郡之地为魏所取(参见第九章第二节),陶县亦当由秦入魏。王假三年(前225),秦灭魏,至迟此时陶县复归秦。

燕、虚、长平、雍丘、山阳

燕,本西周燕国,其地在今河南省延津县东北。战国时期当为魏县。虚,春秋时为宋邑,在今河南省延津县东。战国时期该地属魏,并当置县。长平,在今河南省西华县东北。战国时应为魏县。雍丘,本杞国,其地在今河南省杞县。春秋时期杞国东迁(《左传》僖公十四年载:“十四年,诸侯城缘陵而迁杞焉。”),其地遂为宋邑(《左传》哀公九年载:“郑武子賸之嬖许瑕求邑,无以与之。请外取,许之,故围宋雍丘。宋皇瑗围郑师……二月甲戌,宋取郑师于雍丘。”)。战国初期雍丘属郑,后入韩。《史记》卷45《韩世家》曰:“景侯虔元年,伐郑,取雍丘。”后又属魏,《战国策·燕策三》载:“(楚)于是遂不救燕而攻魏雝丘,取之,以与宋。”雝丘即雍丘,据此则该地亦尝入宋。其后又当属魏,且疑已置县。山阳在今河南省焦作市东北,以位于太行山之阳而得名。战国时期应为魏县,魏

① 《史记》卷37《卫康叔世家》载:“怀君三十一年,朝魏,魏囚杀怀君。魏更立嗣君弟,是为元君。元君为魏壻,故魏立之。”杨宽据此以为是年应是魏灭亡卫。魏立卫元君,实际上只是附庸性质(《战国史》增订本,第420页)。

② 黄盛璋:《三晋铜器的国别、年代与相关制度问题》,《古文字研究》第17辑,中华书局,1989年。

桥形布中有“山阳”[①],亦为魏置有该县添一旁证。景湣王元年(前 242),秦攻取魏二十城,燕、虚、长平、雍丘、山阳等县当在其中(参见第六章第四节)。

修武(宁)

战国魏国古玺中有一钮“脩武鄠吏”玺,此“脩武鄠吏”当即修武县吏[②],由此可证其时修武已为魏县。其地在今河南省获嘉县。修武又称宁,出土战国魏铜器有“十二年宁右库”剑[③]、“廿七年宁为鉶”器[④],有时还称南阳。魏安釐王四年(前 273),修武县属秦(参见第六章第三节)。

共

据传世拓本,有战国时期魏国兵器“五年龏埯(令)宁”戈。龏,即共[⑤]。其地在今河南辉县市共城故城。这则铭文中既然提到“龏(共)令”,是其时魏国当置有共县。王假三年(前 225),秦灭魏,至迟此时共县属秦。

宅阳

《小校经阁金文拓本》(10·74·6)录有战国时期魏国兵器“七年宅阳命(令)”矛。由其中的“宅阳令”之文,可知其时魏当置有宅阳县[⑥]。其地在今河南荥阳市东。至迟秦灭魏时,该地归秦。

梧

中国历史博物馆藏有魏国“廿三年郚命(令)垠”戈[⑦]。郚,当即梧。在今河南许昌市、鄢陵县一带。此戈的铭文中既然提到“郚(梧)令”,是战国时期魏曾置有梧县。至迟在王假三年(前 225),秦灭魏时梧县属秦。

虒

传世青铜器中有“卅二年虒令鼎”(《商周金文录遗》522)、“卅五年虒令”(故宫博物院藏)及“卅五年虒令盉”(《书道全集》第一册〔100〕,平凡社,1965年,芝加哥博物馆藏)。这些青铜器当为魏国所造[⑧]。由其中的“虒令”可知,

---

① 《中国历代货币大系·先秦货币》,1447。

② 《古玺汇编》0302,第 53 页。原书编者将此方印文释作“修武鄠事”,这里所释乃据李学勤说。参见李学勤:《东周与秦代文明》,第 330 页。

③ 《殷周金文集成》11633。

④ 容庚:《商周彝器通考》,上海人民出版社重排本,2008 年,第 362 页。

⑤⑥ 黄盛璋:《试论三晋兵器的国别和年代及其相关问题》。

⑦ 黄盛璋:《试论三晋兵器的国别和年代及其相关问题》。又,后来在湖南又出土了一件与此铭文完全相同的戈,李学勤作了考释,认为从戈的形制看,应属战国晚期。从其中所提及的“廿三年”推测,铸造年代为魏襄王二十三年或魏安釐王二十三年,且以后者的可能性为大。参见其《湖南战国兵器铭文选释》。

⑧ 江村治樹:《春秋战国秦漢時代出土文字資料の研究》,第 198 页。另外,李学勤据这些青铜器的形制而断为是魏惠王时器物,参见其《论梁十九鼎及有关青铜器》,《考古与文物》丛刊第 2 号《古文初论集(一)》。其论可备一说。

魏其时当置有虒县。唯该县的具体地望不详。王假三年（前 225），秦灭魏，至迟此时虒县属秦。

涑

在《十二家吉金图录》栔 31 上录有“涑鄙发弩戈，冶珍”戈。李家浩据此以为“涑鄙”当为位于今山西西南的涑水边上的一个县，其地在战国时属魏[①]。至迟在王假三年（前 225），秦灭魏时涑县属秦。

此外，战国时期魏国还可能设置过安成、焦等县[②]。魏国铸造的桥形布中有“禾”（和）[③]、“垂”、“言阳”、“陕”、“甾”[④]、“阴安”[⑤]；锐角布中有“公（沇）”（浚）[⑥]；方足布中有“襄垣”[⑦]、“奇氏”[⑧]、“成阳”[⑨]、“虘阳”[⑩]、“土匀”（土军）[⑪]、“�（向）”[⑫]，这些地名在其时也可能已置为魏县。

再有，出土战国魏青铜器中有“魏十七年平阴”鼎盖[⑬]、“廿一年启封令”戈[⑭]、“九年甾丘令”戈[⑮]、“十四年州工师”戈[⑯]、“十三年繁阳令”戈[⑰]、“二十八年上洛左库”戈[⑱]、“四年成阴啬夫”戈[⑲]、“朝歌右库”戈[⑳]、“蔷下官”钟[㉑]，故平阴、启封、甾丘、州、繁阳、上洛、成阴、朝歌、蔷可能置为魏县。又，魏青铜器

① 李家浩：《先秦文字中的“县”》。

② 在河南新城出土有安成、焦等地所铸造的兵器。参见黄盛璋：《试论三晋兵器的国别和年代及其相关问题》。

③ 《中国历代货币大系・先秦货币》，1311－1333；又见方足布“秝（和）”（1866－1870）。释文据黄锡全：《〈中国历代货币大系・先秦货币〉释文校订》。

④ 同上书，1373－1416。释文据前揭。

⑤ 同上书，1452－1456。释文据前揭。

⑥ 《中国历代货币大系・先秦货币》，1231－1237。释文据黄锡全：《〈中国历代货币大系・先秦货币〉释文校订》。

⑦ 同上书，1611。

⑧ 同上书，1723。

⑨ 同上书，1689－1691，1694。释文据前揭。

⑩ 同上书，1961、1971－1974、1976。

⑪ 同上书，2006－2010，2012－2014。释文据前揭。又，吴良宝认为土匀（土军）战国时为赵国辖地，参见其《战国布币释读三则》（载《古文字研究》第二十二辑，中华书局，2000 年）。

⑫ 《中国历代货币大系・先秦货币》，2280。释文据前揭。

⑬ 《殷周金文集成》2577。

⑭ 黄盛璋：《旅大市所出启封戈的国别、地理及相关问题》，《考古》1980 年第 5 期。

⑮ 黄盛璋：《试论三晋兵器的国别和年代及相关问题》。

⑯ 《殷周金文集成》11269。

⑰ 汤余惠：《战国文字中的繁阳与繁氏》，《古文字研究》，第 19 辑。

⑱ 徐在国：《兵器铭文考释（七则）》，《古文字研究》，第 22 辑。此外，古印玺有“上洛左府”，吴振武《古玺合文考（十八篇）》（《古文字研究》第 17 辑）认为是魏玺。

⑲ 萧春源：《珍秦斋藏金・吴越三晋篇》，第 148～153 页。

⑳ 《三代吉金文存》19・46・1。

㉑ 方浚益：《缀遗斋彝器款识考释》，1935 年石印本。

“十一年库啬夫”鼎铭文有“贾氏大令所为”，或以为“贾氏”即“五氏”[①]，若此，则贾氏(五氏)亦为魏县。此外，在先秦的古印中，还记载有“妾(?)都蒙(?)鄖”(《古玺汇编》53·0303)及“獏鄐疆丘鄖昌里□”(《古玺汇编》61·0352)。李家浩认为，由于其中的“鄖”经前人考订即是“县”，如此，则“蒙(?)县”与“疆丘县”当分别应是“妾(?)都”与“獏鄐”所辖的县，而“妾(?)都”与“獏鄐”则疑是郡名。他还认为虽然上述地名均不可考，但从字体上分析，这些地名应属韩、赵、魏三晋地区。同样被他认为可能是三晋所设之县的还有“鄟遽鄖”(《古玺文字徵》6·5)，其地亦不详[②]。其说存此备考。

第五节 燕县考证

战国时期，燕国在其境内亦曾以置县的形式来控制地方，然由于有关史料缺乏，对其时燕国所设之县大多已无法确知。故在此仅将较明确可考者作考述如下，至于更全面的情况，还有待新资料的发现。

沮阳、渔阳、无终、阳乐

至迟昭王三十三年(前280)，燕置上谷、渔阳、右北平、辽西郡(参见第八章第五节)。又因后秦因燕旧制而重置的上谷郡治所在沮阳、渔阳郡治所在渔阳、右北平郡治所在无终、辽西郡治所在阳乐(参见第九章第三节)，故颇疑沮阳、渔阳、无终、阳乐原分别本为燕上谷、渔阳、右北平、辽西郡属县。沮阳在今河北省怀来县东南，渔阳在今北京市密云县西南，无终在今天津市蓟县，阳乐在今辽宁省义县西。王喜二十三年(前232)，赵攻取了上谷郡(参见第十章第三节)，沮阳当在此时又属赵。王喜二十九年，秦定燕蓟，上谷、渔阳、右北平、辽西郡当于此时属秦(参见第九章第三节)，渔阳、无终、阳乐等县亦当随之属秦。

令支

至迟昭王三十三年(前280)，燕置辽西郡(参见第九章第三节)。而秦因燕辽西郡旧制而重置的辽西郡又辖有令支县(参见第六章第四节)，故颇疑燕置辽西郡之时即已领有该县。令支本春秋时期小国，其地在今河北省迁安市西。《国语·齐语》即载，齐桓公“北伐山戎，刜令支，斩孤竹而南归”。韦昭注：“二国，山戎之与也。”后该地属燕。王喜二十九年(前226)，秦定燕蓟，辽西郡

---

① 秦晓华：《三晋彝器铭文札记两则》，《江汉考古》2010年第2期。
② 李家浩：《先秦文字中的“县”》。

当于此时属秦(参见第九章第三节),令支县亦当随之属秦。

襄平

《史记》卷110《匈奴列传》载:“燕亦筑长城,自造阳至襄平。置上谷、渔阳、右北平、辽西、辽东郡以拒胡。”又至迟昭王三十三年(前280)燕置辽东郡(参见第八章第五节),故综上可知,襄平在燕所置辽东郡领域之内。又因秦破燕后沿袭燕之旧制而重置的右北平郡治所在襄平(参见第九章第三节),故可推知襄平原当为燕辽东郡属县。又,出土的战国燕币中有“襄坪”方足布①,襄坪即襄平;《古玺汇编》0125有“襄平右丞”,右丞当为县级官员;上海博物馆藏战国“湏脒”鼎铭云:“廿三年鈢(铸),襄平,脣(容)少半齋”②。这些均可证其时襄平当已为燕县。襄平在今辽宁省辽阳市。王喜三十三年(前222),秦拔辽东郡(参见第九章第三节),襄平县应在此时属秦。

昌城

《史记》卷43《赵世家》载:“(孝成王)十年,燕攻昌壮,五月拔之。”《史记正义》曰:“‘壮’字误,当作‘城’。……此时属赵,故攻之。”赵孝成王十年与燕孝王元年为同一年,即公元前256年,是该年赵昌城又属燕。王喜二十九年(前226),秦破燕,燕王喜徙辽东,昌城属秦。

另外,出土的战国燕币中有“涿”③、“阴坪”、“恭昌”④、“匋阳”⑤等方足布,由于铸币是一个地方经济比较发达的标志,所以颇疑这些钱币中所提及的地名,其时亦业已为燕国之县。

又,在《三代吉金文存》卷18中收录了包括“方城睘”在内的几件“睘小器”铭文。而在战国时期燕国文字中,“县”写作“睘”,则其时燕国当有方城(今河北固安县南)等县。然因在古印中又称“方城”为“都”,而古代的“都”,是指有城郭的大邑,因此上述所提及的这些“县”是县鄙之县,还是郡县之“县”,抑或是其他性质的“县”,现在并不能最终确定⑥,故在此暂不将这些“县”列入战国时期燕国所置的郡县之县中。

---

① 《中国古钱谱》,第74页。
② 唐友波:《新见湏脒鼎小识》,《上海博物馆集刊》第九辑,上海书画出版社,2002年;吴良宝:《战国金文考释两篇》,《中国历史文物》2006年第2期。
③ 《中国古钱谱》,第71页。
④ 同上书,第73～74页。
⑤ 王毓铨:《中国古代货币的起源和发展》,第105页。
⑥ 李家浩:《先秦文字中的“县”》。

还有在战国时期燕国玺印中有“单佑都市节鍴”玺[①]、“队都司徒”、“夏屋都司徒”、“黍□都司徒”、“文安都司徒”、“平阴都司徒”、“泃城都司徒”、“隬阴都司徒”、“方城都司徒”、“怳阴都司徒”、“庚都右司马”、“㙷都右司马”、“甫阳都右司马”、“鄗邱都右司马”、“桤湩都左司马”、“和阳都□皇”、“闵阳都□皇”、“松城都枋郏左”、“单佑都市鉨”、“中阳都加王卩”[②]。出土的战国时期燕国陶文有“阳安都王氏鉢”[③]、“汤都司徒鉢”[④]、“且虑都市王伏(司)”[⑤]、“西城都王氏鉢”[⑥]、“日庚都王氏鉢”[⑦]。王恩田《陶文图录》亦录有“余(徐)无(吾)都鉢鍴”(4.21.1)、“阳安都王卩鍴”(4.21.2)、“杲□市王氏(?)□”(4.21.3)、“□昜(阳)都王卩(氏?)□”(4.22.1)、“西城都王卩鍴”(4.211.1)、“□□都王卩鍴”(4.211.2)、“日庚都王卩鍴”(4.211.3)、“汤都司徒鉢”(4.211.4)。[⑧] 在这些铭文中的地名后面都带有一个“都”字,有学者据此认为这些都是燕国介于郡与县之间的政区[⑨]。其说待考。

① 《古玺汇编》0361。
② 以上俱见庄新兴:《战国玺印分域编》燕系卷,上海书店,2001年,第3～13页。
③ 高明:《古陶文汇编》4.29,中华书局,1990年。
④ 同上书4.130。
⑤⑥⑦ 徐秉琨:《辽宁发现战国陶铭四种考略》,《辽海文物学刊》1992年第2期。
⑧ 王恩田:《陶文图录》第四册,齐鲁书社,2006年。其中释文结合该书《自序》所述做了些许更动。
⑨ 李宇峰:《东北郡县制始于燕国的考古学观察》,见《东北亚历史地理研究》,中州古籍出版社,1998年。

第六章　战国时期诸侯国置县考证(下)

第一节　楚县考证(含吴、越二国县)

本节中楚县考证包括吴、越二国之县。

邓

邓，本为西周曼姓小国，其地当在今湖北省襄阳市西北。春秋时期为楚所灭，楚在其地置县(参见第三章第二节)。战国时仍当为楚县。顷襄王十八年(前279)，邓县为秦将白起所攻取(参见本章第三节)。

湖阳

湖阳，春秋时期即已设县，其地在今河南省唐河县西南(参见第三章第二节)。战国时期当仍为楚县。王负刍五年(前224)，秦破楚，至迟此时湖阳县属秦。

竟陵

竟陵，本春秋楚国郧县，其地在今湖北省潜江市西北(参见第三章第三节)。大约战国时楚郧县改称竟陵县。顷襄王十九年(前278)，该地为秦所取(参见本章第三节)。

苦

苦，本春秋时期楚县，其地在今河南省鹿邑县东(参见第三章第三节)。战国时，苦仍当为楚县。王负刍五年(前224)，秦破楚，苦县至迟是年属秦。

期思

期思，春秋时期即已为楚县，其地在今河南省淮滨县期思镇(参见第三章第二节)。战国时期仍当为楚县。《包山楚简》中记载期思设有少司马(简129、130)，而少司马为县级地方职官，此亦可证其时楚有期思县[1]。公元前224年，

---

[1] 陈伟:《包山楚简初探》，第100页。

秦破楚，至迟此时期思县属秦。

寝

寝，本春秋楚国之沈县，其地在今安徽省临泉县（参见第三章第二节）。大约到了战国时期，沈县之名不显，而代之以寝县。王负刍五年（前 224），寝县属秦（参见本章第四节）。

鄀

鄀，在春秋时期已置县，其地在今湖北省宜城市东南（参见第三章第二节）。至战国，鄀仍当为楚县。王负刍五年（前 224），其地属秦，依旧为县（参见本章第四节）。

申（宛）

宛，本为春秋楚申县，其地在今河南省南阳市（参见第三章第二节）。战国时期申仍为楚县，并改称宛县。楚悼王时（前 405—前 385），吴起为宛守（参见第九章第一节）。《战国策·楚策二》亦载："术视伐楚，楚令昭鼠以十万军汉中。昭雎胜秦于重丘。苏厉谓宛公昭鼠曰：'王欲昭雎之乘秦也，必分公之兵以益之。秦知公兵之分也，必出汉中。请为公令辛戎，谓王曰："秦兵且出汉中。"则公之兵全矣。'"（此处《战国策》中所载之事，据《新编年表》在公元前 299）上引文中昭鼠为"宛公"，且鲍彪注曰"鼠为宛尹"，则昭鼠应为楚宛县县公。是至迟公元前 385 年，申县已更名为宛。又，《水经·淯水注》载："（淯水）又南迳宛城东。其城，故申伯之都，文王灭申以为县也。秦昭襄王使白起为将，伐楚取郢，即以此地为南阳郡，改县曰宛，王莽更名，郡曰前队，县曰南阳。……大城西南隅即古宛城也"。其中认为秦昭襄王改申县为宛县，不确。顷襄王五年（前 292），楚宛属秦（参见本章第三节）。

析

析本春秋楚县，又名白羽，其地在今河南省西峡县（参见第三章第二节）。战国时期析当仍为楚县。《左传》哀公十八年载："三月，楚公孙宁、吴由于、薳固败巴师于鄾，故封子国于析。"子国即公孙宁。据此可知在是年（惠王十三年，前 477）析县又成为公孙宁的封邑。顷襄王元年（前 296），秦攻取之（参见本章第三节）。

叶

春秋时楚已置叶县，该地在今河南省叶县南（参见第三章第三节）。《汉志》南阳郡叶县下班固自注亦曰："楚叶公邑。"战国时期楚仍当置有叶县。在《包山楚简》中记载枼（叶）设有邑大夫（简 129、130），邑大夫为县级地方职官，此亦可证其时楚有叶县[1]。顷襄王五年(前292),叶县属秦(参见本章第三节)。

阴

阴在春秋时期即为楚县,其地在今湖北省老河口市北(参见第三章第二节)。战国时期楚仍置有阴县。在《包山楚简》中记载阴设有司败(简131)、大迅尹(简51)等县级职官,便可说明其时楚置有阴县[2]。王负刍五年(前224),秦破楚,至迟此时阴县属秦。

息

息本春秋楚县,应在今河南省息县西南(参见第三章第二节),降至战国,仍当为楚县,并以其地望论之,当为楚南阳郡之属县。王负刍五年(前224),秦大破楚,息县至迟此时属秦。

武城

武城,春秋时已为楚县(参见第三章第二节),其地在今河南省信阳市东北。惠王十二年(《左传》哀公十七年,前478),《左传》中记有武城尹公孙朝[3],更可证明战国时期楚置有武城县。王负刍五年(前224),秦大破楚,武城至迟此时属秦。

上庸

上庸,本商时庸国的都城,其地在今湖北省竹山县西南[4]。《左传》文公十六年(即楚庄王三年),庸灭于楚,并置为上庸县(参见第三章第二节)。进入战国,上庸仍当为楚县。怀王十五年(前312),上庸县属秦。二十三年(前304),怀王入与秦昭王盟,约于黄棘,秦复与楚上庸县。顷襄王十七年(前280),上庸复由楚属秦(参见本章第二节)。

随

《水经·涢水》曰:"(涢水)东南过随县西。"郦道元注曰:"县,故随国矣,《春秋左传》所谓汉东之国,随为大者也。楚灭之以为县。"随为西周初年分封之国,其地在今湖北省随州市,终春秋之世而存在。故郦氏所说的楚灭随后为县当在战国初期。后楚封曾侯于此,近年在随县出土的曾侯乙墓,即为明证。楚王负刍五年(前224),秦破楚,至迟此时随县属秦。

鄢

鄢为春秋战国时期楚国的别都,其地在今湖北省宜城市东南楚王城,是楚

① 陈伟:《包山楚简初探》,第100页。
② 同上书,第97页。
③ 《左传》哀公十七年:"(楚)王卜之,武城尹吉。"杜预注曰:"武城尹,子西子公孙朝。"
④ 或谓在竹山县东,如顾栋高《春秋大事表》卷6《春秋列国地形犬牙相错表》。

都纪郢北边的门户，二者关系密切，因此史籍中鄢郢经常连称。《包山楚简》中记载鄢有“邑大夫”、“攻尹”（简157）、“左司马”（简155）、“乔差”（简49），这些应为在鄢地设置的县级官职，说明战国时期楚已置有鄢县①。《读史方舆纪要》卷79湖广五襄阳府宜城县下曰：“战国时楚鄢县，秦因之。”鄢城下曰：“县西南九里，古鄢子国，楚为鄢县。”顷襄王十八年（前279），鄢县属秦（参见本章第三节）。

陈（郢陈）

春秋时期，楚两度灭陈，亦两次置有陈县，其地在今河南省淮阳县（参见第三章第二节）。惠王十二年（前478），陈再次成为楚县。《左传》哀公十七年载：“楚白公之乱，陈人恃其聚而侵楚。楚既宁，将取陈麦。……使（公孙朝）帅师取陈麦。陈人御之，败，遂围陈。秋七月己卯，楚公孙朝帅师灭陈。”《左传》鲁哀公十七年，即楚惠王十二年。《史记》卷40《楚世家》曰：“惠王乃复位。是岁也，灭陈而县之。”“是岁”，《史记集解》引徐广曰：“惠王之十年。”《史记会注考证》：“事见于左传哀公十七年，即楚惠王十一年，徐说亦误。”按，据《新编年表》，则当作楚惠王十二年。自此以后，陈国便成为了楚国的永久属县。后陈又成为楚都，故又称郢陈。《史记》卷78《春申君列传》载：“当是之时，秦已前使白起攻楚，取巫、黔中之郡，拔鄢、郢，东至竟陵，楚顷襄王东徙治于陈县。”据《新编年表》考订，楚由郢徙都于陈在楚顷襄王十九年（前278）。楚考烈王二十二年（前240），楚都又由陈迁于寿春②。自此之后，陈仍当为楚县。王负刍五年（前224），秦大破楚，陈于此时属秦（参见本章第四节）。

平舆

平舆本沈国，其地在今河南省平舆县北。鲁定公四年（前506），蔡灭沈。战国时期楚又灭蔡（前448），沈国故地自当又入楚，且置为平舆县。《水经·汝水注》曰：“（平舆）县，旧沈国也，有沈亭。《春秋》定公四年，蔡灭沈，以沈子嘉归，后楚以为县。”王负刍五年（前224），秦灭楚，平舆县属秦（参见本章第四节）。

莒

莒本为西周己姓诸侯国，始都计斤（一作介根，在今山东省胶州市西南）。春秋初期迁都莒，其地在今山东省莒县。楚简王元年（前433）为楚所灭③。顷

---

① 陈伟：《包山楚简初探》，第97页。

② 《史记》卷15《六国年表》楚考烈王十年（前252）栏所曰“徙于巨阳”不可信，辨见徐少华前揭书，第362～363页。

③ 《史记》卷40《楚世家》曰：“简王元年，北伐灭莒。”《汉志》城阳国莒县下班固自注曰：“故国，盈姓，三十世为楚所灭。少昊后。”

襄王十三年(前 284)前,莒属齐(参见第五章第一节)。考烈王五年(前 257)前,楚复得莒县。《史记》卷 15《六国年表》楚考烈王八年栏曰:“取鲁,封鲁君于莒。”据《新编年表》,此处的楚考烈王八年当作五年,即公元前 257 年,而此前莒为齐县(参见第五章第一节),是该年前莒又为楚所取。王负刍五年(前 224),秦破楚,莒又属秦。

鲁阳

《淮南子·览冥训》、曾侯乙墓、包山楚简等皆提到“鲁阳公”。楚称县令为公,是战国时期楚当置有鲁阳县。其地在今河南省鲁山县。鲁阳县设置之时间,史未明载,然由楚肃王十年(前 376)鲁阳县为魏所取,可知楚置鲁阳县不会晚于是年(参见第五章第四节)。

临沅

临沅本楚黔中郡属县,其地在今湖南省常德市西。《水经·沅水注》所载“沅水又东迳临沅县南,县南临沅水,因以为名,王莽更之曰监沅也。……县治武陵郡下,本楚之黔中郡矣”可以为证。而楚黔中郡至迟于宣王十五年(前 361)已置(参见第九章第一节),则临沅立县亦不应晚于此年。顷襄王十七年(前 280),秦攻取楚之黔中郡,临沅亦当随之属秦。旋为楚收复。顷襄王二十年(前 277),秦再次取楚黔中郡,临沅终成秦县(参见本章第三节)。

广陵

《史记》卷 15《六国年表》楚威王十年栏曰:“城广陵。”楚威王十年即公元前 337 年。既然楚于是年“城广陵”,则颇疑楚置有广陵县。其地在今江苏省扬州市西北。王负刍五年(前 224),秦大败楚,广陵至迟此年属秦。

居巢

居巢又称巢,春秋时期楚置为县,其地在今安徽省六安市东北。春秋末叶该地为吴所取。降至战国仍为吴县。公元前 473 年越灭吴,居巢又当属越。公元前 329 年,楚伐越,尽取故吴地,居巢则又归楚。王负刍五年(前 224),秦大败楚,居巢至迟此年属秦。

吴

吴本为吴国都城,其地在今江苏省苏州市。公元前 473 年,越灭吴,其地属越。威王十八年(前 329,据《新编年表》),楚大败越,尽取故吴地至浙江,吴又当属楚。秦王政二十五年(前 222),其地又为秦取。

上蔡

上蔡本为西周蔡仲所复封姬姓诸侯国蔡国的都城,本称蔡,其地在今河南省上蔡县城关一带。以往学者认为在今上蔡县西南,不确(参见第三章第三节)。春秋以降,蔡国经常受到楚国的侵扰,《左传》昭公十一年(前 531),楚灭蔡,并改置为县。两年之后,即《左传》昭公十三年,楚公子弃疾取得王位,是为平王。楚平王为了亲善诸侯,"乃求蔡景侯少子庐,立之,是为平侯。"[①]蔡于是复国,且蔡平侯迁蔡于新蔡(今河南省新蔡县)。后蔡昭侯时又迁蔡于州来(今安徽省凤台县),并改州来为下蔡,因此又将最初的都城蔡改称上蔡。战国时期上蔡仍为楚县。《淮南子·人间训》载:"子发为上蔡令。民有罪当刑,狱断论定,决于令尹前,子发喟然有悽怆之心。"其中提到"上蔡令",则可断楚置有上蔡县。至迟威王十八年(前 329)上蔡又尝属魏(参见第五章第四节)。至迟怀王二十七年(前 300)之前,上蔡又由魏还属楚。公元前 300 年,又为魏据(参见第五章第四节)。

下蔡

下蔡本春秋楚之州来县,其地在今安徽省凤台县。鲁哀公二年,吴迁蔡于州来,谓之下蔡。战国时期下蔡初当属吴。公元前 473 年,越灭吴,下蔡又当属越。威王十八年(前 329),楚伐越,尽取故吴地,下蔡则又归楚。《史记》卷71《樗里子甘茂列传》曰:"甘茂者,下蔡人也。事下蔡史举先生,学百家之术。因张仪、樗里子而求见秦惠王。"同传又载楚臣范蜎谓楚怀王曰:"夫史举,下蔡之监门也。"甘茂求见秦惠王之事,据《新编年表》的考证,当在秦惠王十三年(前 312),即楚怀王十五年。而此前既然史举为下蔡监门,是亦可为公元前329 年楚复得下蔡后仍置为县添一证据。又,出土战国楚玺中有"下蔡宫夫人"玺[②],而官玺大多为县级官吏所用,故由此亦可证明其时下蔡当置县。王负刍五年(前 224),秦破楚后,下蔡县属秦。

钟离

钟离本钟离子国,春秋时期楚灭之以为县,其地在今安徽省凤阳县临淮关镇。《左传》昭公二十三年(前 519)为吴所取(参见第三章第三节)。进入战国,其地仍当为吴县。公元前 473 年,越灭吴,钟离又当属越。威王十八年(前329),楚伐越,尽取故吴地,钟离则复归楚。王负刍五年(前 224),秦大败楚,钟离至迟此年属秦。

朱方

朱方本春秋吴之朱方县,其地在今江苏省镇江市丹徒区。《史记》卷 31《吴太伯世家》曰:"王馀祭三年,齐相庆封有罪,自齐来犇吴,吴予庆封朱方之县,以

① 《史记》卷 35《管蔡世家》。
② 《古玺汇编》0097。

为奉邑。”公元前473年,越灭吴,其地属越。朱方既为吴县,则越得之后仍当为县。威王十八年(前329),楚大败越,尽取故吴地至浙江,朱方又属楚。待越君二年(前222),秦灭楚后①,该地才归秦,并改名丹徒(参见本章第四节)。

新城

《战国策·楚策一》载:“城浑出周,三人偶行,南游于楚,至于新城。城浑说其令曰:‘郑、魏者,楚之耎国;而秦,楚之强敌也。郑、魏之弱,而楚以上梁应之;宜阳之大也,楚以弱新城(圉)[围]之。蒲反、平阳相去百里,秦人一夜而袭之,安邑不知;新城、上梁相去五百里,秦人一夜而袭之,上梁亦不知也。今边邑之所恃者,非江南、泗上也,故楚王何不以新城为主郡也,边邑甚利之。’新城公大说,乃为具驷马乘车五百金之(尽)[楚]。城浑得之,遂南交于楚,楚王果以新城为主郡。”其中提及“新城令(公)”,则战国时期楚有新城县无疑。另,湖北鄂州战国墓出土有“新城”戈②。又因怀王十一年(前316)时新城尚属韩(参见第五章第二节),是楚得韩之新城当在此年之后。怀王二十七年(前300),新城属秦(参见本章第二节)。

襄城

《水经·汝水注》云:“汝水又东南迳襄城县故城南。王隐《晋书地道记》曰:楚灵王筑。刘向《说苑》曰:襄城君始封之日,服翠衣,带玉佩,徙倚于流水之上,即是水也。楚大夫庄辛所说处,后乃县之。”又,江苏连云港出土有战国青铜兵器“向寿”戈,其铭文云:“向寿之岁,襄城公兢脽所造。”③可证襄城为楚县无疑。该地在今河南省襄城县。怀王二十九年(前298),襄城为秦所取(参见本章第二节)。

汝阳

顷襄王三十四年(前263)后,韩汝阳县属楚(参见第五章第二节)。至迟负刍五年(前224)楚为秦并后,该地属秦。

薛

《史记》卷33《鲁周公世家》载:鲁顷公十九年,“楚伐我,取徐州”。徐州即薛,该地本齐县,是鲁国乘齐被五国合纵攻破时所夺取的④。据《新编年表》,鲁顷公十九年当楚顷襄王三十五年(前262),是此年薛又复为楚所据。楚王

---

① 《史记》卷6《秦始皇本纪》载:“(二十五年)王翦遂定荆江南地;降越君,置会稽郡。”此处的越君,一般视为东越地之君,不确。其实此越君仍为楚王,只不过因在越地即位而称越君而已。详见《新编年表》及其有关考证。

② 黄锡全、冯务建:《湖北鄂州新出一件有铭铜戈》,《文物》,2004年第10期。

③ 董珊:《向寿戈考》,《考古》2006年第3期。

④ 杨宽:《战国史》(增订本),第419页。

刍五年(前 224),秦置有薛郡,薛县至迟此时由楚属秦(参见本章第四节)。

兰陵

兰陵本为鲁邑,其地在今山东省兰陵县西南。《史记》卷 74《荀卿列传》载:"齐人或谗荀卿,荀卿乃适楚,而春申君以为兰陵令。"卷 78《春申君列传》亦云:"春申君相楚八年,为楚北伐灭鲁,以荀卿为兰陵令。"与此相似的记载还见于《荀子·赋篇》、《韩非子·奸劫弑臣》及《韩诗外传》。楚灭鲁在考烈王五年(前 257),既然荀子为"兰陵令",则楚当于公元前 257 年后置有兰陵县。王负刍五年(前 224),秦破楚,至迟是年兰陵县属秦。

寿春

寿春战国后期为楚都,其地在今安徽省寿县。天津博物馆藏有属战国晚期的"寿春"鼎[①]。《史记》卷 40《楚世家》载:"(考烈王)二十二年……楚东徙都寿春,命曰郢。"楚考烈王二十二年即公元前 240 年。《太平寰宇记》卷 129 寿州寿春县下载:"寿春县,本楚县也。战国时属楚。"楚王负刍五年(前 224),秦破楚,至迟此年寿春县归秦(参见本章第四节)。

另外,在《包山楚简》中记载在今设有大司败、少司败(简 23),尚设有司败(简 31),繁丘设有少司败(简 90),喜设有邑大夫(简 47)、司败(简 20、47),蒹陵设有邑大夫(简 12、126、128)、攻尹(简 107、117)、司败(简 128)、乔差(简 128 反),正阳设有司马(简 119)、莫嚣、少攻尹(简 111)、正差(简 177),中阳设有司败(简 71),浞阳设有少司马(简 173),鄝设有莫嚣、左司马(简 116),戲陵设有攻尹、少攻尹(简 106、116),株阳设有莫嚣(简 108、117)、乔差(简 108),夷阳设有司马(简 109),鬲设有连嚣、攻尹(简 110),阳陵设有连嚣、大迅尹(简 112)、司马、右司马(简 119),新都设有莫嚣(简 113),州设有莫嚣(简 114),尃阳设有邑大夫(简 26)。上述这些地方设置的这些职官,均为县一级政区的官职,说明战国时期楚已置有今、尚、繁丘、喜、蒹陵、正阳、中阳、浞阳、鄝、戲陵、株阳、夷阳、鬲、阳陵、新都、州、尃阳等县[②]。又出土楚系青铜器有"富春大夫"甑[③]、"Ȇ宫大夫鉨"铜印[④]、"相公"戈[⑤],可能楚国设置过

① 《金文总集》0951。
② 陈伟:《包山楚简初探》,第 97、100 页。
③ 王辉:《"富春大夫"甑跋》,《考古与文物》1994 年第 4 期。
④ 龙朝彬:《湖南常德出土"秦十七年太后"扣器漆盒及相关问题探讨》,《考古与文物》,2002 年第 5 期。
⑤ 《殷周金文集成》11285。

富春、鄳(鄂)、相等县。这些县的所在地,至迟亦当在王负刍五年(前 224)秦灭楚时为秦所得。

第二节　秦县(含周县)考证(上)

战国时期,秦国在地方置有大量的县。下面依时间先后,对较为明确的秦县沿革进行逐一考证。

邽(上邽)

春秋秦武公十年(前 689)置县,其地在今甘肃省天水市(参见第三章第七节)。战国时期仍当为秦县,更名为上邽。《汉志》载上邽县属陇西郡。

冀

春秋秦武公十年(前 689)置县,其地在今甘肃省甘谷县东(参见第五章第七节)。战国时期仍当为秦县。《汉志》载冀县属天水郡。

下邽

《汉志》京兆尹下邽县下应劭注曰:"秦武公伐邽戎,置有上邽,故加下。"颜师古注曰:"邽音圭,取邽戎之人而来为此县。"《水经・渭水注》云:"渭水又东迳下邽县故城南,秦伐邽,置邽戎于此。有上邽,故加下也。"综合上述可知秦在武公十年(前 689)伐邽戎,在其地置邽(上邽)县之后,又迁其人至渭水流域置下邽县。其地在今陕西省渭南市北。出土秦封泥中有"下邽丞印",而丞为县令之佐官,是亦可证秦置有下邽县①。

杜

春秋秦武公十一年(前 688)置县,其地在今陕西省西安市南(参见第三章第七节)。战国时期仍当为秦县。出土的秦封泥中有"杜丞之印"②,也可为秦置有杜县添一佐证。据《汉志》,杜县属京兆尹,其时已更名杜陵。

郑

春秋秦武公十一年(前 688)置县,其地在今陕西省华县(参见第三章第七节)。战国时期仍当为秦县。据《汉志》,郑县属京兆尹。

虢

《史记》卷 5《秦本纪》载:"(武公)十一年,初县杜、郑。灭小虢。"《元和郡县志》卷 2 关内道凤翔府虢县下曰:"古虢国。周文王弟虢叔所封,是曰西虢。

---

① 周伟洲:《新发现的秦封泥与秦代郡县制》,《西北大学学报》1997 年第 1 期。
② 周天游、刘瑞:《西安相家巷出土秦封泥简读》,《文史》2002 年第 3 期。

后秦武公灭为县。”虢本为西周姬姓诸侯国，有东、西、北虢之分。此处所说的小虢，乃是西虢的支族，其地在今陕西省宝鸡市西。倘《元和郡县志》所载无误，则秦当在武公十一年（前688）灭小虢后，即置县。战国时期虢仍当为秦县。据《汉志》，虢县属右扶风。

魏城

《史记》卷15《六国年表》秦厉共公十年栏曰：“庶长将兵拔魏城。”《集解》曰：“《音义》：‘“拔”一作“捕”。’”《史记会注考证》曰：“魏城，秦地，不可言拔，当作补。若后年补庞戏城、补庞。”泷川资言氏所说甚是。既然“补魏城”，故颇疑秦厉共公十年（前468）时秦已置魏城县。然其地望今不详。

临晋

《史记》卷5《秦本纪》曰：“（厉共公）十六年，堑河旁。以兵二万伐大荔，取其王城。”《史记集解》引徐广曰：“今之临晋也。临晋有王城。”《汉志》左冯翊临晋县下班固自注曰：“故大荔，秦获之，更名。”应劭曰：“临晋水，故曰临晋。”臣瓒曰：“晋水在河之间，此县在河之西，不得云临晋水也。旧说曰，秦筑高垒以临晋国，故曰临晋也。”颜师古曰：“瓒说是也。说者或以为魏文侯伐秦始置临晋非也。文侯重城之耳，岂始置之乎！”据上引可知，秦厉共公十六年（前462）秦夺取大荔后即筑高垒，并更名临晋，以防御晋国的攻击。故颇疑秦于更名之时即置具有军事防御功能的临晋县，其地在今陕西省大荔县东。又，出土秦封泥中有“临晋丞印”，是亦可为秦置有临晋县添一力证①。灵公六年（前422），临晋之元里为魏所得。《史记》卷44《魏世家》载：“（文侯）十六年，伐秦，筑临晋元里。”（《六国年表》所载与此同）此处之魏文侯十六年，据《新编年表》的考证，乃是魏文侯称侯二十六年减十年之纪年，即公元前412年，马非百据上所载认为魏文侯由秦夺取临晋后，当是重修之耳（参见《秦集史·郡县志上》）。其实恐不然。《魏世家》之文当释为“筑临晋之元里”，即魏只夺取了秦临晋的元里，而非临晋全县，临晋依然属秦。如此也就不难理解此后秦与魏、韩二国国君的多次会面皆在临晋②。

庞戏城

《史记》卷15《六国年表》秦厉共公十六年栏曰：“补庞戏城。”其中提到“庞戏城”，则颇疑秦厉共公十六年（前462）时秦已置庞戏城县。然该地今无考。

---

① 周伟洲：《新发现的秦封泥与秦代郡县制》。

② 事见《史记》卷5《秦本纪》、卷44《魏世家》、卷45《韩世家》及卷15《六国年表》所载。

频阳

《史记》卷5《秦本纪》载:“(厉共公)二十一年,初县频阳。”秦厉共公二十一年为公元前457年,是该年秦置频阳县。其地在今陕西省富平县东北。出土秦封泥中有“频阳丞印”①,亦可为秦置有该县添一佐证。频阳县有东乡,《史记》卷73《王翦列传》所载“王翦者,频阳东乡人也”可证。《汉志》载频阳县属左冯翊,频阳县下班固自注亦曰:“秦厉公置。”

雍

雍本春秋秦邑,德公元年(前679)为秦都。《史记》卷5《秦本纪》曰:“德公元年,初居雍城大郑宫。”此后至灵公间皆以此为都,其地在今陕西省凤翔县西南。至灵公时,秦又迁都泾阳。《史记》卷6《秦始皇本纪》载:“肃灵公,昭子子也。居泾阳。”秦灵公在位时间为公元前427年至前416年,是至迟公元前416年雍已不再为都城,此后雍理当为秦县。出土秦封泥中有“雍丞之印”,是亦可证秦统一前后置有雍县②。《汉志》载雍县属右扶风。

籍姑、庞

《史记》卷5《秦本纪》载:“(灵公)十三年,城籍姑。”卷15《六国年表》秦灵公十年栏曰:“补庞、城籍姑。”《史记索隐》曰:“案,庞及籍姑皆城邑之名。补者,修也,谓修庞而城籍姑也。”据《新编年表》,此事当在秦灵公十二年,即公元前416年。是颇疑该年秦置有籍姑、庞二县。籍姑在今陕西省韩城市北。庞在今陕西省韩城市东南。简公二年(前415),庞为魏所取(参见第五章第四节)。《史记》卷44《魏世家》载:“(惠王)九年,与秦战少梁,虏我将公孙痤,取庞。”魏惠王九年即秦献公二十三年,亦即公元前362年,则据此可知秦复从魏得庞县。

重泉

《史记》卷5《秦本纪》曰:“简公六年,令吏初带剑。堑洛。城重泉。”卷15《六国年表》秦简公七年栏曰:“堑洛,城重泉。”据《新编年表》中的考订,“城重泉”事应在简公六年,即公元前411年。既云“城重泉”,则颇疑秦在是年置有该县。其地在今陕西省蒲城县南。又,出土秦封泥中有“重泉丞印”,是亦可为秦置有重泉县添一佐证③。《汉志》载重泉县属左冯翊。

---

① 周晓陆、路东之、庞睿:《秦代封泥的重大发现——梦斋藏秦封泥的初步研究》,《考古与文物》1997年第1期。

②③ 周伟洲:《新发现的秦封泥与秦代郡县制》。

栎阳

《史记》卷5《秦本纪》:"(献公)二年,城栎阳。"卷15《六国年表》秦献公二年栏曰:"城栎阳。"[①]卷44《魏世家》载:"(武侯)十三年,秦献公县栎阳。"由上所载可知战国时期"城"某地与"县"某地为同义。秦献公二年即魏武侯十三年,亦即公元前383年,故可知是年秦置有栎阳县。其地在今陕西省西安市临潼区东北。出土秦封泥中有"栎阳丞印"、"栎阳右工室丞"、"栎阳左工室丞"[②],出土"元年丞相斯"戈铭文有"栎阳左工去疾"[③],也可证秦置有栎阳县。献公二年城栎阳后,即将秦都自雍迁至此处[④]。于此又可知,秦国都城亦可为县,此与春秋晋国都绛县(新绛)盖同(参见第三章第六节)。至孝公十二年(前350),秦又徙都咸阳。栎阳又称栎邑,《货殖列传》所载"献公徙栎邑,栎邑北却戎翟,东通三晋,亦多大贾"可证。《汉志》载栎阳县属左冯翊。

蒲、蓝田、善明氏

《史记》卷15《六国年表》秦献公六年栏曰:"初县蒲、蓝田、善明氏。"秦献公六年为公元前379年,据此则是年秦置有蒲、蓝田、善明氏三县。出土秦封泥中也有"蓝田丞印"之文[⑤]。蒲、善明氏二县之地望,今无考。蓝田县在今陕西省蓝田县西。《元和郡县志》卷1关内道京兆府蓝田县下曰:"本秦孝公置。"不确。《水经·渭水注》曰:"霸水又北历蓝田川,迳蓝田县东。《竹书纪年》,梁惠成王三年,秦子向命为蓝君。盖子向之故邑也。"则由此可知蓝田又单称蓝。《战国策·秦策五》曰:"子楚立,以不韦为相,号曰文信侯,食蓝田十二县。"[⑥]《汉志》载蓝田属京兆尹。

雒(洛)阴

《史记》卷15《六国年表》秦献公十九年栏曰:"败韩、魏洛阴。"秦献公十九年即公元前366年,既然是秦"败韩、魏洛阴",则魏雒(洛)阴当于此后为秦所得。

少梁(夏阳)

《史记》卷44《魏世家》载:"(惠王)十七年,与秦战元里,秦取我少梁。"[⑦]魏

---

① 《史记》卷15《六国年表》秦献公十一年栏又曰:"县栎阳。"然据《新编年表》,当为秦献公二年事。此处记载是从《六国年表》魏武侯十三年转写而来,司马迁在《六国年表》中错将魏武侯十三年与秦献公十一年列在同一年,故有此误。其实魏武侯十三年当秦献公二年。

② 周天游、刘瑞:《西安相家巷出土秦封泥简读》。

③ 许玉林、王连春:《辽宁宽甸县发现秦石邑戈》,《考古与文物》1983年第3期。

④ 参见《史记正义》引徐广曰及《水经·渭水注》。

⑤ 周天游、刘瑞:《西安相家巷出土秦封泥简读》。

⑥ 《史记》卷85《吕不韦传》载:"食河南雒阳十万户。"

⑦ 同上书,卷15《六国年表》所载与此同。

惠王十七年与秦孝公八年为同一年,亦即公元前 354 年,是该年秦得魏少梁。旋少梁复属魏。惠文君十一年,少梁又属秦,并更名为夏阳(参见第十一章第二节)。《汉志》左冯翊夏阳县下班固自注曰:“故少梁,秦惠文王十一年更名。”秦惠文君十一年为公元前 328 年。

安邑

《史记》卷 5《秦本纪》载:“(孝公)十年,卫鞅为大良造,将兵围魏安邑,降之。”卷 15《六国年表》秦孝公十年栏曰:“卫公孙鞅为大良造,伐魏安邑,降之。”卷 68《商君列传》曰:“于是以卫鞅为大良造,将兵围魏安邑,降之。”而安邑又本为魏县(参见第五章第四节),故据上所引,则魏安邑于孝公十年(前 352)属秦。然秦简《编年记》曰:“(昭王)廿年,攻安邑。”《秦本纪》又曰:“(昭襄王)二十一年,(司马)错攻魏河内。魏献安邑,秦出其人,募徙河东赐爵,赦罪人迁之。”《六国年表》秦昭襄王二十一年栏曰:“魏纳安邑及河内。”综合上述,可知秦在昭襄王二十年(前 287)开始攻打安邑,次年,安邑为秦所取。是安邑在此年前又复属魏,而在公元前 286 年安邑再次由魏属秦。出土秦封泥中有“安邑丞印”①,是可证秦得安邑后,置有该县②。《汉志》载安邑县属河东郡。

高陵

高陵本西周邑,其地在今陕西省西安市高陵区。战国时属秦,《史记》卷 72《穰侯列传》即载秦昭襄王封同母弟显为高陵君。《元和郡县志》卷 2 关内道高陵县下曰:“本秦旧县,孝公置。”又,《碧葭精舍印存》载有秦“高陵司马印”③;出土秦封泥中有“高陵丞印”,而丞为县令之佐官④。又依《史记》卷 5《秦本纪》所载,知孝公十二年即公元前 350 年,“并诸小乡聚,集为大县,县一令,四十一县”。是综上所述,秦当于公元前 350 年置高陵县。《汉志》载高陵县属左冯翊。

斄、美阳、武功

斄,即邰,传为周始祖后稷封国,其地在今陕西省武功县西南。《元和郡县志》卷 2 关内道京兆府武功县下曰:“汉旧县。古有邰国,尧封后稷之地。周平王东迁,以赐秦襄公。孝公置四十一县,斄、美阳、武功各其一也。”出土秦封泥中有“斄丞之印”⑤,而丞为县令之佐官。又依《史记》卷 5《秦本纪》所载,知孝

①④ 周伟洲:《新发现的秦封泥与秦代郡县制》。

② 又,《战国策·韩策三》载:“安邑之御史死,其次恐不得也。输人为之谓安(邑)令曰……”其中提及“安邑御史”及“安(邑)令”。《史记》卷 73《白起列传》又载:“起迁为国尉。涉河取韩安邑以东,到乾河。”《史记索隐》曰:“魏以安邑入秦,然安邑以东至乾河皆韩故地,故云取韩安邑。”综上所引,似韩亦曾置有安邑县,唯其设置年代未详,附此待考。

③ 参见马非百《秦集史·郡县志上》所引。

⑤ 周伟洲:《新发现的秦封泥与秦代郡县制》。

公十二年即公元前350年,“并诸小乡聚,集为大县,县一令,四十一县”。是综上所述,秦当于公元前350年置斄县。《汉志》载斄县属右扶风。又由上面所引《元和郡县志》之文,可知美阳与武功也皆当为秦县。另外,《愙斋集古录》及《秦金文录》皆载有秦美阳权,《小校经阁金文拓本》亦录有其拓文,出土秦封泥中有“美阳丞印”,这些也都可证秦已置有美阳县①。其地在今陕西省武功县西北。《汉志》载美阳属右扶风。至于武功县,其地在今陕西省眉县东,《汉志》载武功属右扶风。

咸阳

《史记》卷5《秦本纪》载:“(孝公)十二年,作为咸阳,筑冀阙,秦徙都之。”然卷6《秦始皇本纪》载:“其(按,指孝公)十三年,始都咸阳。”对此,《史记正义》释曰:“本纪云‘十二年作咸阳,筑冀阙’,是十三年始都之。”张守节所说应是。此前秦都栎阳。咸阳在今陕西省咸阳市东。既然孝公十二年(前350)咸阳为都城,且此年秦又“并诸小乡聚,集为大县,县一令,四十一县”②,则咸阳当为秦县。出土秦封泥中有“咸阳丞印”、“咸阳工室”、“咸阳工室丞”等,其中的“工室”与“丞”一样,应是县级官员③,此亦可证明秦置有咸阳县。《汉志》载:“渭城,故咸阳”,属右扶风。

武城

《史记》卷15《六国年表》秦孝公十九年(前343)栏曰:“城武城。”据此颇疑秦在此时设置了武城县。此武城,当即《左传》文公八年所载之“秦人伐晋,取武城”之武城。该地在今陕西华县东北。《汉志》载武城属左冯翊。

商

《史记》卷68《商君列传》载:“卫鞅既破魏还,秦封之於商十五邑,号为商君。”《史记集解》引徐广曰:“弘农商县也。”《史记索隐》曰:“於、商,二县名,在弘农。”《史记正义》曰:“於、商在邓州内乡县东七里,古於邑也。商洛县在商州东八十九里,本商邑,周之商国。”其中,徐广认为於商即弘农商县,《史记索隐》《史记正义》则皆认为於、商乃为二邑。然《水经·浊漳水注》引《竹书纪年》曰:“梁惠成王三十年,秦封卫鞅于邬,改名曰商。”陈逢衡《竹书纪年集证》卷47曰:“《商君列传》谓:‘鞅既破魏,封之於商十五邑。’‘於’读为乌,当即邬也。旧名止邬,今改曰商,故谓之商於(按,当作於商)。”杨宽同意陈氏观点,并引

① 周伟洲:《新发现的秦封泥与秦代郡县制》。
② 见《史记》卷5《秦本纪》。卷68《商君列传》所记则为“凡三十一县”。
③ 周天游、刘瑞:《西安相家巷出土秦封泥简读》。

《汉志》弘农郡商县下班固自注所云“秦相卫鞅邑也”为证。他认为此地原名於或邬,封给卫鞅时改名曰商,因而或称为於商①。今从陈、杨二氏之说。出土秦封泥中有“商丞之印”②,是可证商确为秦所置之县。其地在今陕西省丹凤县西北。又由《史记》卷5《秦本纪》及卷15《六国年表》知,商鞅受封于秦孝公二十二年,即公元前340年,是至迟此年秦已置商县。《汉志》载商县属弘农郡。

合阳

《史记》卷15《六国年表》孝公二十四年栏曰:“秦、大荔围合阳。”秦孝公二十四年为公元前338年,而合阳本属魏(参见第五章第四节)。据上所载,则合阳至迟此时已由魏属秦。据《汉志》,合阳作郃阳,属左冯翊。上海博物馆藏“廿三年稾朝”鼎铭文有“廿四年稾朝为合阳铸”③,河北蓟县出土“十七年丞相启状”戈铭文有“郃(合)阳”地名④,皆可为合阳置县提供佐证。

阴晋(宁秦)

《史记》卷5《秦本纪》:“(惠文君)六年,魏纳阴晋,阴晋更名宁秦。”卷15《六国年表》秦惠文王(君)六年栏曰:“魏以阴晋为和,命曰宁秦。”秦惠文君六年(据《新编年表》,此为溯上逾年法,实七年)即公元前332年,是此年魏之阴晋县属秦。《汉志》京兆尹华阴县下班固自注曰:“故阴晋,秦惠文王五年更名宁秦,高帝八年更名华阴。”其中曰秦惠文王五年更名,不确,应从《秦本纪》所云作六年。又,《史记·苏秦列传·正义》引《华山记》云:“此山分秦晋之境,晋之西鄙则曰阴晋,秦之东邑则曰宁秦。”据此,秦得魏阴晋县后更名为宁秦县,应包括魏之阴晋县与秦之宁秦邑,其领域要远比原魏阴晋县为大。出土秦封泥中也有“宁秦丞印”之文⑤。

陕

《史记》卷15《六国年表》载:“(秦惠公)十年……县陕。”此秦惠公据《新编年表》中的考证,当指秦惠文君,司马迁视为秦出子父惠公,误。而秦惠文君十年为公元前329年,故秦置陕县应在是年。陕县在今河南省陕县西南。然《史记》卷5《秦本纪》载:“(惠文君)十三年……使张仪伐取陕,出其人与魏。”卷70《张仪列传》亦云:“居一岁,(仪)为秦将,取陕。筑上郡塞。”既然秦惠文君十年秦已县陕,而十三年又曰秦取陕,则秦初县陕时,盖仅以陕部分之地而设,待三

---

① 杨宽:《战国史》(增订本),第210页注(1)。
② 周伟洲:《新发现的秦封泥与秦代郡县制》。
③ 李朝远:《合阳鼎拾遗》,《古文字研究》第26辑,第237页。
④ 田凤岭、陈雍:《新发现的“十七年丞相启状”戈》,《文物》,1986年第3期。
⑤ 周天游、刘瑞:《西安相家巷出土秦封泥简读》。

年之后方完全控制该地。此后陕县成为秦东进的重要据点。

蔺

《史记》卷43《赵世家》载，赵肃侯二十二年(前329)，“赵疵与秦战，败，秦杀疵河西，取我蔺、离石”。由此所载可知，在公元前329年，秦得赵蔺县。旋赵又夺回该地。惠文王十二年(前313)，秦复夺蔺。《赵世家》又载，赵武灵王十二年[①]，“秦拔我蔺，虏将军赵庄。”《史记》卷15《六国年表》赵武灵王十二年[②]栏曰：“秦拔我蔺，虏将赵庄。”秦惠文王十二年栏曰：“樗里子击蔺阳，虏赵将。”卷71《樗里子列传》载：“秦惠王二十五年(按，即秦惠王更元十二年)，使樗里子为将伐赵，虏赵将军庄豹，拔蔺。”秦惠文王十二年与赵武灵王十二年同年，即公元前313年，是可知蔺又称蔺阳[③]。秦取蔺后仍当置县。然《史记》卷4《周本纪》载苏厉谓周君曰：“秦破韩、魏，扑师武，北取赵蔺、离石者，皆白起也。”《战国策》之《西周策》及《赵策三》亦皆有类似记载，据《新编年表》的考证，以上史料皆为秦昭王二十六年(前281)之事。依据以上史料，则蔺当在公元前313年后再次由秦还属赵，然后又在公元前281年最终由赵属秦。《汉志》载蔺县属西河郡。

离石

《史记》卷43《赵世家》载，赵肃侯二十二年，“赵疵与秦战，败，秦杀疵河西，取我蔺、离石。”赵肃侯二十二年即秦惠文君十年，亦即公元前329年，是该年赵离石县属秦。然《史记》卷4《周本纪》载苏厉谓周君曰：“秦破韩、魏，扑师武，北取赵蔺、离石者，皆白起也。”《战国策》之《西周策》及《赵策三》亦皆有类似记载，据《新编年表》的考证，以上史料皆为秦昭王二十六年(前281)之事。且秦简《编年记》亦载：昭王二十六年，攻离石。依据以上史料，则离石当在公元前329年后复由秦还属赵，然后又在公元前281年再次由赵属秦。据《汉志》，离石县属西河郡。

蒲阳(蒲子)

惠文君十一年(前328)，魏蒲子(蒲阳)县为秦所据，《史记》卷44《魏世家》所载是年“秦降我蒲阳”可证(据《史记正义》，蒲阳即蒲子)。此处的魏襄王七年实当为魏惠成王更元七年，与秦惠文君十一年为同一年(参见第十一章第二

---

① 《史记》卷43《赵世家》本作十三年，兹据《新编年表》改。

② 同上书，卷15《六国年表》本作十三年，兹据《新编年表》改。

③ 又，《史记》卷73《白起列传》载：“(秦昭襄王)四十六年，秦攻韩缑氏、蔺，拔之。”秦昭襄王四十六年为公元前261年，故据此似蔺迟至该年方属秦。其实不然，此处的蔺当为纶之音转，《史记正义》已作了很好的解释：“按，检诸地记，颍川无蔺。《括地志》云：‘洛州嵩县本夏之纶国也，在缑氏东南六十里。’《地理志》云：‘纶氏属颍川郡。’按，既攻缑氏、蔺，二邑合相近，恐纶、蔺声相似，字随音而转作蔺。”

节)。《汉志》载蒲子县属河东郡。

漆垣

1975年,内蒙古自治区准格尔旗瓦尔吐沟秦墓中出土一铜戈,其铭文曰:“十二年,上郡守寿(向寿)造,漆垣工师爽、工更长猗,洛都,洛都,平陆洛都,广衍,欧。”(《殷周金文集成》11404)据此,崔璿认为漆垣应是秦上郡属县[①]。又因漆垣当为魏县(参见第五章第四节),故可推知该地为原魏上郡属秦前所领十五县之一。惠文君十一年(前328),魏上郡属秦(参见第九章第二节),是漆垣当在此年由魏属秦。据《汉志》,漆垣县属上郡。

高奴

惠文君十一年(前328),魏上郡属秦,高奴县由魏属秦。另外,在陕西博物馆还藏有“高奴禾石”权,当为秦昭襄王三年(前304)时物[②],也可为战国后期该地属秦添一佐证。《汉志》高奴县属上郡。

义渠

义渠本春秋西戎国。义渠或作仪渠,《墨子》曰:“秦之西有仪渠之国者。”仪、义古通。其地在今甘肃省庆阳市西南。战国时,秦置义渠县。《史记》卷5《秦本纪》载:“(惠文君)十一年,县义渠。……(更元十年)伐取义渠二十五城。”卷15《六国年表》秦惠文王十一年栏曰:“侵义渠,得二十五城。”卷110《匈奴列传》载:“义渠之戎筑城郭以自守,而秦稍蚕食,至于惠王,遂拔义渠二十五城。”据《新编年表》的考证,上述《秦本纪》及《六国年表》所载的秦惠文王十年(或十一年)取义渠二十五城之事亦当在惠文君十一年(前328),这是由于司马迁将惠文君时期的立年称元法与逾年称元法混淆所致。如此则应是秦取义渠二十五城之后,才置的义渠县。胡三省未晓司马迁年代的排列有误,徒据《秦本纪》及《六国年表》所载,认为“盖先此秦以义渠为县,君为臣,虽臣属于秦,义渠之国未灭也,秦稍蚕食,侵其地。今得二十五城,义渠之国所余无几矣”[③],实为大误。《汉志》载北地郡有义渠道。

南郑

南郑在今陕西省汉中市。早在战国初期该地即为秦所据。《史记》卷15《六国年表》秦厉共公二十六年(前452)栏云:“左庶长城南郑。”其后秦躁公二年(前442)南郑又反秦[④],依附蜀国。《史记》卷5《秦本纪》载:“(惠公)十三

---

① 崔璿:《秦汉广衍故城及其附近的墓葬》,《文物》1977年第5期。

② 王辉:《秦出土文献编年》,新文丰出版公司,2000年,第63页。

③ 《资治通鉴》周赧王元年注。

④ 参见《史记》卷5《秦本纪》、卷15《六国年表》。

年，伐蜀，取南郑。惠公卒，出子立。”《六国年表》秦惠公十三年栏曰：“蜀取我南郑。”据《新编年表》的考证，此处的秦惠公当指秦惠文君，司马迁误作出子父惠公。这样，秦惠公十三年当作秦惠文君十三年，即周慎靓王二年（前326）。至于《秦本纪》与《六国年表》关于南郑归属的矛盾记载，平势隆郎未作解释。其实《六国年表》所记恐有讹误。《水经·沔水》曰：“（沔水）东过南郑县南。”郦道元注曰：“县，故褒之附庸也。周显王之世，蜀有褒汉之地，至六国，楚人并之。怀王衰弱，秦略取焉。周赧王二年，秦惠王置汉中郡，因水名也。”此处明言秦在楚怀王之时夺取了南郑，而秦惠文君十三年为楚怀王元年，与上引《秦本纪》所叙相符。如是则《六国年表》所载“蜀取我南郑”疑为“我取蜀南郑”之讹[①]。又，秦置汉中郡在惠文王十三年（前312），其时为周赧王十一年（《水经注》提到周赧王二年秦惠王置汉中郡，误。参见第九章第二节），其时南郑自当为该郡属县，是颇疑即在秦惠文君十三年南郑属秦后该地便置为县。出土秦封泥中有“南郑丞印”[②]，可证秦确置有南郑县。《汉志》载南郑县属汉中郡。

卢氏

大约在惠文君十四年（前325），韩卢氏县属秦[③]。《汉志》载卢氏县属弘农郡。

朐衍

朐衍本春秋西戎国。《史记》卷110《匈奴列传》载：秦穆公时，“岐、梁山、泾、漆之北有义渠、大荔、乌氏、朐衍之戎”。《史记索隐》曰：“案，《地理志》朐衍，县名，在北地。”《汉书》卷27下之上《五行志下之上》载：“秦孝文王五年，斿朐衍，有献五足牛者。”然据《史记》卷5《秦本纪》知，秦孝文王在位仅三日即卒，则上引《五行志》文中“秦孝文王五年”定误。又，《史记》卷5《秦本纪》载：“（惠文王）五年，王游至北河。”卷15《六国年表》惠文王五年栏亦曰：“王北游戎地，至河上。”马非百据《史记》此二处所载，认为《汉书》卷27下之上《五行志下之上》所记当即此事[④]，甚是。上引《五行志》“秦孝文王五年”中“孝”字当为“惠”字之误。马非百还认为既然义渠、乌氏皆以戎地为秦县，则朐衍亦必以戎地为秦县[⑤]，其说当是。又因秦惠文王五年（前320）游朐衍，故颇疑秦置该县当不迟于是年。出土秦封泥中有“朐衍道丞”[⑥]，亦可证秦置有该县。朐衍县

① 任乃强《华阳国志校补图注》第64页注(3)对此矛盾记载则有另一番解释，可参看。然任氏之说似过于拘泥史载。

② 周伟洲：《新发现的秦封泥与秦代郡县制》。

③ 吴良宝：《〈战国时期韩国疆域变迁考〉补正》，《中国史研究》2003年第3期。

④⑤ 马非百：《秦集史·郡县志》，第582页。

⑥ 周天游、刘瑞：《西安相家巷出土秦封泥简读》。

在今宁夏回族自治区盐池县境。《汉志》载朐衍县属北地郡,唯"朐"字作"眗"。

江州

江州本巴子国都城,其地在今重庆市嘉陵江北岸。《水经·江水注》曰:"江州县,故巴子之都也。《春秋》桓公九年,巴子使韩服告楚,请与邓好是也。及七国称王,巴亦王焉。秦惠王遣张仪等救苴侯于巴,仪贪巴、苴之富,因执其王以归,而置巴郡焉,治江州。"从《江水注》的这段文字中,可知张仪在秦惠王时灭巴,在其地设置了巴郡,治所在江州。又,因秦置巴郡在惠文王十一年,即公元前314年(参见第九章第二节),如此,则江州应至迟在是年已置县。《汉志》载江州县属巴郡。

鱼复

《水经·江水注》曰:"江水又东迳鱼复县故城南,故鱼国也。《春秋》、《左传》文公十六年,庸与群蛮叛,楚庄王伐之,七遇皆北,惟裨、儵、鱼人逐之是也。"《读史方舆纪要》卷69四川四夔州府奉节县下曰:"附郭,秦置鱼复县,属巴郡。"又因秦置巴郡在惠文王十一年,即公元前314年(参见第九章第二节),是鱼复至迟应在是年已置县。其地在今重庆市奉节县东白帝城。《汉志》载鱼复县属巴郡。

阆中

《读史方舆纪要》卷68四川三保宁府阆中县下曰:"附郭。秦县,汉属巴郡。以阆水纡曲绕县三面而名。"在该县阆中城下又曰:"府东二十里。秦筑,亦谓之张仪城,县旧治此。"由顾祖禹所记可知秦置阆中县时治阆中城,亦即张仪城。既然称作"张仪城",那么可以推测此城之筑当在张仪率军灭巴之后。又由于《汉志》载阆中县属巴郡,加之秦汉巴郡领域变化不是很大,所以秦阆中县也理应隶属于巴郡之下。而秦在惠文王十一年(前314)设置了巴郡(参见第九章第二节),是秦置阆中县的时间不会晚于该年。出土秦封泥中有"阆中丞印"①,也可证明秦置有阆中县。其地在今四川省阆中市。

湔氐

《华阳国志·蜀志》曰:"周灭后,秦孝文王以李冰为蜀守。冰能知天文、地理,谓汶山为天彭门;乃至湔氐县,见两山对如阙,因号天彭阙;仿佛若见神。遂从水上立祀三所。"《水经·江水注》曰:"秦昭王以李冰为蜀守,冰见氐道县有天彭山,两山相对,其形如阙,谓之天彭门,亦曰天彭阙。"氐道,《汉志》载属陇西郡。故清代学者赵一清考证《水经注》此处氐道县当为湔氐县之讹(《水经

---

① 周天游、刘瑞:《西安相家巷出土秦封泥简读》。

注释》)。其说甚是。从上引两则史料中的蜀守李冰见湔氐县天彭阙之事,可推知湔氐县为秦蜀郡属县,而秦置蜀郡在惠文王十一年(前 314)(参见第九章第二节),故湔氐县亦当设置于此时。这样一般学者据《水经·江水注》所载"江水自天彭阙东迳汶关,而历氐道县北……县,本秦始皇置,后为升迁县也",而以为湔氐县置于秦始皇之时,则未免失之过晚。湔氐县在今四川省松潘县西北。据《汉志》,西汉改湔氐县为湔氐道,属蜀郡(《汉志》)。

上庸

《战国策·秦策二》载:甘茂谓秦武王曰:"臣闻张仪西并巴蜀之地,北取西河之外,南取上庸,天下不以多张仪而贤先王。"《史记》卷 71《甘茂列传》亦载此事。据《新编年表》,张仪取上庸在秦惠文王十三年(前 312),则是年上庸由楚归秦。《战国策·楚策二》载:楚靳尚对王之幸夫人郑袖曰:"张仪者,秦王之忠信有功臣也,今楚拘之,秦王欲出之。秦王有爱女而美,又简择宫中佳丽好玩习音者,以懽从之,资之金玉宝器,奉以上庸六县为汤沐邑,欲因张仪内之楚王。"《史记》卷 40《楚世家》载:楚怀王十八年,张仪至楚被囚。靳尚谓夫人郑袖曰:"秦王甚爱张仪,而王欲杀之,今将以上庸之地六县赂楚,以美人聘楚王,以宫中善歌者为之媵。"卷 70《张仪列传》载,楚大夫靳尚对楚夫人郑袖曰:"秦王甚爱张仪而不欲出之。今将以上庸之地六县赂楚,以美人聘楚……"既言"上庸六县"或"上庸之地六县",则上庸归秦后成为秦县。《史记》卷 5《秦本纪》载:"(昭襄王三年)与楚王会蒲黄棘,与楚上庸。"卷 40《楚世家》亦载:"二十五年,怀王入与秦昭王盟,约于黄棘。秦复与楚上庸。"卷 15《六国年表》楚怀王二十五年栏亦曰:"与秦王会黄棘,秦复归我上庸。"据《新编年表》,《楚世家》及《六国年表》所云楚怀王二十五年当依《秦本纪》改作与秦昭襄王三年相当的楚怀王二十三年(前 304),据此则是年上庸县由秦复属楚。卷 40《楚世家》又曰:"(顷襄王)十九年,秦伐楚,楚军败,割上庸、汉北地予秦。"卷 15《六国年表》楚顷襄王十九年栏曰:"秦败我军,与秦汉北及上庸地。"此处的楚顷王十九年,依《新编年表》当作十七年,即公元前 280 年,则该年上庸复由楚属秦。《史记》卷 5《秦本纪》载:"(昭襄王)三十四年,秦与魏、韩上庸地为一郡,南阳免臣迁居之。"秦昭襄王三十四年即魏安釐王四年(前 273),而卷 15《六国年表》魏安釐王四年栏曰:"与秦南阳以和。"卷 44《魏世家》载:"(安釐王)四年,秦破我及韩、赵,杀十五万人,走我将芒卯。"故可知该年魏、韩均败于秦,则秦不可能与魏、韩二国上庸地。《秦本纪》所载当有脱文,《新编年表》认为当作"秦(以南阳)与魏、韩上庸地为一郡,南阳免臣迁居之",或是。综上所论,则此年上庸成为秦汉中郡的一县。《汉志》载上庸县属汉中郡。

乌氏

《史记》卷110《匈奴列传》载:"秦穆公得由余,西戎八国服于秦,故自陇以西有绵诸、绲戎、翟、獂之戎,岐、梁山、泾、漆之北有义渠、大荔、乌氏、朐衍之戎。"《史记正义》引《括地志》云:"乌氏故城在泾州安定县东三十里。周之故地,后入戎,秦惠王取之,置乌氏县也。"据此可知乌氏县本乌氏戎地,倘《括地志》所云无误,则秦惠王时当置该县。秦惠王于公元前338年至前311年在位执政,故乌氏县之置应不会晚于公元前311年。其地在今宁夏回族自治区固原市东南。《史记》卷129《货殖列传》载:"乌氏倮畜牧,及众,斥卖,求奇缯物,间献遗戎王。戎王什倍其偿,与之畜,畜至用谷量马牛,秦始皇令倮比封君,以时与列臣朝请。"《汉志》载乌氏县属安定郡。

成都

成都本为蜀国都城,其地在今四川省成都市。秦惠文王九年(前316),蜀为秦所灭(参见第九章第二节),成都亦随之归秦。五年后,成都筑城置县。《华阳国志·蜀志》曰:"(秦)惠王二十七年,(张)仪与(张)若城成都,周回十二里,高七丈。……成都县本治赤里街,若徙少城。内城营广府舍,置盐铁市官并长、丞。修整里阓,市张列肆,与咸阳同制。"《水经·江水注》曰:"秦惠文王二十七年,遣张仪与司马错等灭蜀,遂置蜀郡焉,王莽改之曰导江也。仪筑成都,以象咸阳。"《读史方舆纪要》卷67四川二成都府成都县下曰:"附郭,在府治西北,春秋时蜀侯所理。秦惠文王二十七年始置成都县。"华阳县成都城下曰:"府城旧有太城、有少城,有子城、又有罗城。太城,府南城也。秦张仪、司马错所筑,一名龟城。俗传张仪筑城未立,有大龟出于江,周行旋走,随而筑之,城因以立也。少城,府西城也。惟西南北三壁,东即太城之西墉。昔张仪既筑太城后一年,又筑少城。"上述秦惠文王二十七年即秦惠文王更元十四年,亦即公元前311年。综合上述,是该年秦置成都县。又,出土秦封泥中有"成都丞印"①,四川雅安荥经县出土"成都"铜矛②,皆可为秦其时设有成都县增添佐证。《汉志》载成都县属蜀郡。

郫

《华阳国志·蜀志》曰:"(秦)惠王二十七年,(张)仪与(张)若城成都,周回十二里,高七丈。郫城,周回七里,高六丈。"《元和郡县志》卷32成都府郫县下

① 周天游、刘瑞:《西安相家巷出土秦封泥简读》。
② 四川省文物考古研究院:《巴蜀埋珍——四川五十年抢救性考古发掘记事》,天地出版社,2006年,第62页。

载:“本郫邑,蜀望帝治汶山下邑曰郫是也。秦灭蜀,因而县之不改。”又曰:“故郫城在县北五十步。”《华阳国志》既言秦惠王二十七年张仪等筑郫城,而《元和郡县志》又云秦灭蜀而县郫,则秦当于是年(即前311)置郫县。郫县地在今四川省郫县。《汉志》载郫县属蜀郡。

临邛

《华阳国志·蜀志》曰:“(秦)惠王二十七年,(张)仪与(张)若城成都,周回十二里,高七丈。郫城,周回七里,高六丈。临邛城,周回六里,高五丈。”秦惠文王二十七年为公元前311年,其时张仪等筑成都、郫、临邛城,而成都、郫又皆置县于此时,因此可以断定临邛其时亦必为秦县。其地在今四川省邛崃市。任乃强《华阳国志校补图注》曰:“秦临邛城,为蜀与西南邛、莋、夜郎市易中枢奴隶商之最大市场。故先筑城。周回六里,径一里半而已。在当时亦非小城。”①《汉志》载临邛县属蜀郡。

郿

郿本西周邑,其地在今陕西省眉县东北,即《诗·大雅·崧高》所曰“申伯信迈,王饯于郿”中的郿邑。春秋时期郿属秦②。战国时期,秦当置郿县。《史记》卷73《白起列传》载:“白起者,郿人也。善用兵,事秦昭王。昭王十三年,而白起为左庶长。”依列传记人籍贯的体例,“白起者,郿人也”,当释为白起为郿县人。《传》文又云白起在昭王十三年时为左庶长,则可推知白起至迟当生于武王之世,而武王于公元前311年至前307年在位,故秦置郿县的时间当不会晚于公元前307年。出土秦封泥中也有“郿(?)丞之印”③,亦可为秦置有郿县添一佐证。《汉志》载郿县属右扶风。

宜阳

《史记》卷5《秦本纪》载:“(武王)三年……武王谓甘茂曰:‘寡人欲容车通三川,窥周室,死不恨矣。’其秋,使甘茂、庶长封伐宜阳。四年,拔宜阳,斩首六万。”卷71《甘茂列传》曰:“(秦武王三年)向寿归,以告王,王迎甘茂于息壤。甘茂至,王问其故。对曰:‘宜阳,大县也,上党、南阳积之久矣。名曰县,其实郡也。今王倍数险,行千里攻之,难……’(武王使甘茂将兵伐宜阳)斩首六万,遂拔宜阳。”④《史记》卷45《韩世家》“(襄王)四年……其秋,秦使其茂攻我宜阳。五年,秦拔我宜阳,斩首六万。”卷15《六国年表》秦武王四年栏曰:“拔宜

① 任乃强:《华阳国志校补图注》,第131页注(6)。
② 《史记》卷5《秦本纪》载文公营郿邑。
③ 周天游、刘瑞:《西安相家巷出土秦封泥简读》。
④ 《战国策·秦策二》亦载此事,文字略同。

阳，斩首六万。”韩襄王四年栏曰：“秦击我宜阳。”五年栏曰：“秦拔我宜阳，斩首六万。”据上所载可知甘茂在秦武王三年(即韩襄王四年，亦即前308)攻韩宜阳县，拔之则在次年(即前307)。然《韩世家》又载：“(昭侯)二十四年，秦来拔我宜阳。”《六国年表》秦惠文王三年曰：“拔韩宜阳。”韩昭侯二十四年栏曰：“秦拔我宜阳。”这显然与上述秦武王三年伐宜阳，四年取之相左。对此，平勢隆郎在《新编年表》中进行了考订，使这一问题涣然冰释。他认为秦武王三年秦伐宜阳之事，在原始的史料中恐怕被记述为秦王三年，这样司马迁便误与《六国年表》中秦惠文王三年相配，而又由于司马迁在《六国年表》中将秦惠文王三年与韩昭侯二十四年错排在同一年，于是他便将秦伐宜阳之事转写在韩昭侯二十四年，进而又写进了《韩世家》之中，且在记述此事时，他还将“伐宜阳”误作了“拔宜阳”。故《六国年表》在秦惠文王三年及韩昭侯二十四年栏中所记的秦拔(“伐”字之误)韩宜阳，实际上就是指秦武王三年(前308)秦伐韩宜阳之事。秦得宜阳之后，仍设为县。出土秦封泥中有“宜阳丞印”[①]，即可为证。《水经·洛水注》云：“洛水又东迳宜阳县故城南。秦武王以甘茂为左丞相，曰：寡人欲通三川，窥周室，死不朽矣。茂请约魏以攻韩，斩首六万，遂拔宜阳城，故韩地也，后乃县之。”《汉志》载宜阳县属弘农郡。

武遂

《史记》卷5《秦本纪》载：“(武王)四年，拔宜阳，斩首六万。涉河，城武遂。”卷15《六国年表》秦武王四年栏曰：“拔宜阳城，斩首六万。涉河，城武遂。”武遂本为韩邑(参见第五章第二节)，既云“城武遂”，则秦当于武王四年(前307)夺取该地，且置为县。该地在今山西省垣曲县东南(一说在今山西省临汾市西南)。武王五年(前306)武遂复由秦还属韩(参见第五章第二节)。《史记》卷45《韩世家》曰：“(襄王)九年，秦复取我武遂。”卷15《六国年表》韩襄王九年栏曰：“秦取武遂。”韩襄王九年即秦昭襄王四年(前303)，由是知武遂于是年复由韩属秦。昭襄王十一年(前296)，秦又将武遂送还给韩国(参见第五章第二节)。《韩世家》又载：“(釐王)六年，与秦武遂地二百里。”韩釐王六年与秦昭襄王十七年为同一年，即公元前290年，据此所载，该年秦又得韩武遂县。

蒲阪

《史记》卷5《秦本纪》载：“(昭襄王)四年，取蒲阪。”昭襄王四年为公元前303年，而蒲阪本属魏，是该年秦得蒲阪。《秦本纪》又载：“(昭襄王)五年，魏王来朝应亭，复与魏蒲阪。”是秦得蒲阪的第二年，复将该地归还魏国。《秦本

---

① 周天游、刘瑞：《西安相家巷出土秦封泥简读》。

纪》曰:"(昭襄王)十七年……秦以垣为蒲阪、皮氏。"《秦本纪》的这则记载,依照上文所提杨宽之说,作"秦攻垣及蒲阪、皮氏。"秦简《编年记》又载:"(昭襄王)十八年,攻蒲反。"此处的"蒲反"即"蒲阪"。结合这两处所载史料分析,可能是秦自昭襄王十七年便开始攻打魏之蒲阪,一直持续到十八年(前289),虽然这两则史料都未明言此役秦是否从魏手中夺得该地,但依据其时形势,颇疑蒲阪在此役之后便由魏属秦。出土秦封泥中有"蒲反丞印",蒲反即蒲阪[1],是可证秦得蒲阪后亦置县。《汉志》载蒲阪亦作蒲反,属河东郡。

新城

《史记》卷5《秦本纪》曰:"(昭襄王)七年,拔新城。"秦简《编年记》载:"(昭襄王)六年,攻新城。七年,新城陷。"新城本为楚县(参见本章第一节),秦昭襄王七年为公元前300年,故是年新城县由楚属秦。又,《秦本纪》曰:"(昭襄王)十三年……左更白起攻新城。"《史记》卷73《白起列传》曰:"昭王十三年,而白起为左庶长,将而击韩之新城。"秦昭襄王十三年为公元前294年,据此则秦于公元前300年从楚得新城后,又在公元前299年复为韩所得[2]。秦王政十七年(前230),秦灭韩,是至迟是年新城为秦最终所有。《汉志》载新城县属河南郡,唯新城作新成。

襄城

《史记》卷15《六国年表》楚怀王二十九年栏曰:"秦取我襄城。"然由于司马迁在《六国年表》中将楚怀王二十九年与秦昭襄王成七年置于同一年,又在《秦本纪》中言"(昭襄王)七年,拔新城"。因此以往的学者便认为襄城又称新城。此说不确。据《新编年表》,楚怀王二十九年当与秦昭襄王九年(前298)为同一年,如此,襄城与新城自当为二地。故该年(前298),楚襄城县属秦。昭襄王十二年(前295)前,其地又曾由秦属魏。《史记》卷44《魏世家》载:"昭王元年,秦拔我襄城。"魏昭王元年为公元前295年,据上所引,则秦于公元前298年该年之前夺取襄城后,其地又于公元前295年前为魏所占。公元前295年,襄城再次属秦。出土秦封泥中有"襄城丞印"[3],也可证秦置有襄城县。《汉志》载襄城县属颍川郡。

---

① 周伟洲:《新发现的秦封泥与秦代郡县制》。

② 陈伟据秦简《编年记》所载"(昭王)七年,新城陷。八年,新城归"而以为新城可能在昭襄王八年(前299)由秦归还于韩。参见氏著《楚"东国"地理研究》,第117页。马非百对秦简《编年记》的这段文字记载则有不同的解释,他认为秦于昭襄王七年夺取新城后,又为楚人所攻陷,故曰新城陷;八年,秦又取之,故曰新城归。参见其《云梦秦简大事年记集传》一文,载《中国历史文献研究集刊》第二集。比较二说,似陈氏之说为胜,今从之。

③ 周天游、刘瑞:《西安相家巷出土秦封泥简读》。

第三节 秦县(含周县)考证(中)

析

秦昭襄王十一年(前296),楚析县属秦。《史记》卷40《楚世家》载:"(顷襄王元年,秦)取析十五城而去。"《史记集解》引徐广曰:"年表(按,指《史记》卷15《六国年表》)云:取十六城。既取析,又并左右十五城也。"其说是。析既为楚十六城之一,则析似应为楚县。又,楚顷襄王元年当秦昭襄王十一年,是该年秦取析后疑承楚制而仍为县①。《汉志》载析县属弘农郡。

广衍

在今内蒙古自治区准格尔旗西南,南距漆垣甚远,该地当为秦昭王二年(赵武灵王二十年,前305)赵西略胡地榆中(今陕西榆林市以北、黄河以南的地区)而设立之城邑②。据上节漆垣县中所引上郡守戈铭文,崔璿认为广衍也应是秦上郡属县,勿尔图沟秦汉古城即为当时的广衍县城③。又据铭文中的"十二年"④,广衍应不会晚于秦昭襄王十二年(前295)属秦。《汉志》载广衍县属西河郡。

洛都

在上节漆垣县中所引出土上郡守戈刻铭中有"洛都"二字,说明该地当为秦上郡属县。该县何时所置与具体地望均不详。依据上述广衍的情况,推测至迟应在公元前295年,洛都成为上郡属县。《汉志》载洛都属上郡。

定阳

本为赵邑,《战国策·齐策五》载苏秦说齐闵王曰:昔魏王"其强而拔邯郸,西围定阳",即此。其地在今陕西省延安市东南。出土上郡守戈刻铭中有"定阳"二字⑤,颇疑此地由赵属秦后置县,并成为秦上郡属县之一。又参照上述广衍的情况,推测至迟应在公元前295年该县成为上郡属县。《汉志》载定阳属上郡。

肤施

《水经·河水注》曰:"奢延水又东迳肤施县南,秦昭王三年置,上郡治。"

---

① 马非百以为秦置析县后改称中阳县,未详何据。参见氏著《秦集史》,第603~604页。
② 杨宽:《战国史料编年辑证》,第702页。
③ 崔璿:《秦汉广衍故城及其附近的墓葬》。
④ 此处的"十二年",杨宽以为当为秦昭襄王十二年,参见其《战国史料编年辑证》,第702页。
⑤ 参见《文博》1988年第6期,第39页所刊摹本。

其中的“三年”，当作“十三年”①，即公元前294年。据此可知肤施为秦上郡治。而肤施本属赵，是至迟公元前294年该县由赵属秦。《汉志》载肤施县属上郡。

宛

秦昭王十五年（前292），楚宛县属秦。《史记》卷5《秦本纪》载：“（昭襄王）十五年，大良造白起攻魏，取垣。复予之。攻楚，取宛。十六年……封公子市宛……为诸侯。”《史记》卷72《穰侯列传》曰：“明年（按，指昭襄王十五年），（魏冉）又取楚之宛、叶。”然《史记》卷45《韩世家》曰：“（釐王）五年，秦拔我宛。”而韩釐王五年为秦昭襄王十六年（前291），程恩泽（《国策地名考》卷7）、顾观光（《七国地理考》卷3）皆认为宛盖一地而分属韩、楚，而秦并之。其说或是。宛入秦后，亦为秦再置为县。下引《水经注》之文可为明证。《水经·淯水注》：“（淯水）又南迳宛城东。其城，故申伯之都，文王灭申以为县也。秦昭襄王使白起为将，伐楚取郢，即以此地为南阳郡。”《汉志》载宛县属南阳郡。

叶

秦昭襄王十五年（前292），得楚之叶县。《史记》卷72《穰侯列传》曰：“明年（按，指昭襄王十五年），（魏冉）又取楚之宛、叶。”叶属秦后，仍当置县。出土秦封泥中有“叶丞之印”②，是可证秦置有叶县。《史记》卷44《魏世家》载无忌谓安釐王曰：“秦叶阳、昆阳与舞阳邻。”《史记正义》引《括地志》云：“叶阳在今许州叶县也。”据《新编年表》，《史记》卷44《魏世家》所记之事在魏安釐王十三年至十五年之间，即公元前264年至前262年间，是叶属秦后，又称为叶阳。又，《史记》卷5《秦本纪》载昭襄王十六年，封公子悝于邓。四十五年，叶阳君悝出之国，未至而死。顾观光据此以为“盖叶阳近邓，皆悝之食邑，故有是称”③。其说或是。然叶阳与邓地非甚近，或公子悝先封邓，后又改封叶阳，亦未可知。《汉志》载叶县属南阳郡。

垣

《史记》卷5《秦本纪》曰：“（昭襄王）十五年，大良造白起攻魏，取垣，复予之。”秦昭襄王十五年当公元前292年，据此，秦当于是年得魏之垣县后，又归魏。然《秦本纪》又曰：“（昭襄王）十七年……秦以垣为蒲阪、皮氏。”《史记索隐》曰：“‘为’当为‘易’，盖字讹也。”据《索隐》之说，则似为公元前292年，秦并未将垣予魏，而是在二年之后秦昭襄王十七年（前290），方才以该县换取了魏

① 杨宽：《战国史料编年辑证》，第702页。
② 周伟洲：《新发现的秦封泥与秦代郡县制》。
③ 顾观光：《七国地理考》卷3。

之蒲阪、皮氏,魏亦在此时才又据该县。杨宽对《索隐》之说提出否定意见,认为《秦本纪》所载的"秦以垣为蒲阪、皮氏",当作"秦攻垣及蒲阪、皮氏。"并引秦简《编年记》此年"攻垣、枳"及《史记》卷73《白起列传》此年"起与客卿错攻垣城拔之"为证①。其说甚是,今从之。是垣县当在秦昭襄王十五年秦夺取后不久即复归还给魏。而又在二年之后(前290)秦重新从魏处夺得。《汉志》载垣县属河东郡。

皮氏

《史记》卷5《秦本纪》载:"(昭襄王)十七年……秦以垣为蒲阪、皮氏。"《史记索隐》曰:"'为'当为'易',盖字讹也。"杨宽以为《索隐》之说不确,应作"秦攻垣及蒲阪、皮氏"。秦昭襄王十五年当公元前290年,故综合上述,秦或于是年得魏之皮氏县。在此之前,秦于公元前329年曾一度占据魏之皮氏。《秦本纪》又载:"(惠文君)九年,渡河,取汾阴、皮氏。"《史记》卷44《魏世家》曰:"(襄王)六年,与秦会应。秦取我汾阴、皮氏、焦。"卷15《六国年表》秦惠文王(君)九年栏曰:"度河,取汾阴、皮氏。"魏襄王六年栏曰:"与秦会应。秦取我汾阴、皮氏。"据《新编年表》,此处的魏襄王六年实应作魏惠成王更元六年,而秦惠文君九年即魏惠成王更元六年,亦即公元前329年,是秦于此年夺取了魏之皮氏。公元前307年前,皮氏复还属魏(参见第五章第四节)。前面提及的秦昭襄王十五年秦得皮氏县,已属第二次夺得。秦得该县后,仍应置县。《汉志》载皮氏县属河东郡。

皋落

本为韩县,在秦昭襄王十七年(前290)随武遂一同属秦(参见第五章第二节)。疑秦得该地后,亦当置县。

梗阳

《史记》卷43《赵世家》载:"(惠文王)十一年……秦取梗阳。"②梗阳当为赵县(参见第五章第三节),赵惠文王十一年与秦昭襄王十九年为同一年,即公元前288年,据此则梗阳此时属秦。梗阳属秦后,理当置县。《汉志》载太原郡榆次县下有梗阳乡,知梗阳当为汉时所废而并入榆次县中。

绛

绛本魏县。至迟在昭襄王二十一年由魏属秦(参见第六章第四节)。绛县,《汉志》载属河东郡。

---

① 杨宽:《战国史》(增订本),第380页注(2)。

② 《史记》卷15《六国年表》赵惠文王十一年栏作"桂阳",当为"梗阳"之讹。

兹氏

秦简《编年记》载:“(昭襄王)廿五年,攻兹氏。”秦昭王二十五年为公元前282年。又,《史记》卷5《秦本纪》载:“(昭王)二十五年,拔赵二城。”卷15《六国年表》赵惠文王十七年栏曰:“秦拔我二城。”卷43《赵世家》同。综合以上史料可知其中一城当即指兹氏[①]。由此可知该年赵兹氏县属秦。

石邑(石城)

《史记》卷43《赵世家》载:“(惠文王)十八年,秦拔我石城。”卷15《六国年表》赵惠文王十八年栏曰:“秦拔我石城。”卷81《廉颇蔺相如列传》曰:“其后秦伐赵,拔石城。”《史记集解》引徐广曰:“惠文王十八年。”《史记索隐》曰:“刘氏云盖谓石邑。”《中国历史地图集》即采此说。是上述引文中的“石城”当即指“石邑”。赵惠文王十八年乃公元前281年,如此则秦当于是年得赵之石邑。因石邑又称石城,既曰“城”,则似应为一县。若此,石邑属赵时即已置县,秦取之后,仍当设县。《汉志》载石邑县属常山郡。

祁

《战国策·西周策》载:苏厉谓周君曰:“败韩、魏,杀犀武,攻赵,取蔺、离石、祁者,皆白起。”《战国策·赵策三》载:“秦攻赵,蔺、离石、祁拔。”据《新编年表》的考证,以上史料所载之事当在秦昭襄王二十六年(前281),是年赵之祁县属秦。《汉志》载祁县属太原郡。

临沅

《史记》卷5《秦本纪》载:“(昭襄王)二十七年……又使司马错发陇西,因蜀攻楚黔中,拔之。”秦昭襄王二十七年即公元前280年,既然此年秦拔楚之黔中郡,楚所领之临沅县自当随之归秦。然《秦本纪》又曰:“(昭襄王)三十年,蜀守(张)若伐楚,取巫郡及江南为黔中郡。”卷40《楚世家》云:“(顷襄王)二十二年,秦复拔我巫、黔中郡。”卷15《六国年表》楚顷襄王二十二年栏曰:“秦拔我巫、黔中。”据《新编年表》的考证,《楚世家》及《六国年表》所载的楚顷襄二十二年当作二十年。由于司马迁在《六国年表》中将楚顷襄王二十二年与秦昭襄王三十年误排在同一年,因而将《秦本纪》中昭襄王三十年拔楚巫、黔中郡之事转写至《六国年表》楚顷襄王二十二年栏中,进而又记入《楚世家》中。实际上秦昭襄王三十年应与楚顷襄王二十年为同一年,即公元前277年。这样又可知晓在秦昭襄王二十七年后不久,楚复收回了黔中郡,临沅亦当由秦复属楚。直

---

① 黄盛璋:《云梦秦简〈编年记〉地理与历史问题》,《考古学报》1977年第1期。又收入氏著《历史地理与考古论丛》一书,第46～88页;杨宽:《战国史》(增订本),第399页。

至秦昭襄王三十年(前277),秦再次夺取楚黔中等地,临沅才最终属秦,并成为秦洞庭郡的属县(参见第九章第三节)。

狄道

《水经·河水注》曰:"(滥水)又西北迳狄道故城东。《百官表》曰:县有蛮夷谓之道,公主所食曰邑。应劭曰:反舌左衽,不与华同,须有译言,乃通也。汉陇西郡治,秦昭王二十八年置。"狄道在今甘肃省临洮县,当秦在狄人所居之地而设。《太平寰宇记》卷151兰州狄道县下即云:"本秦旧县也。其地故西戎别种所居,秦取以为县。"秦昭襄王二十八年即公元前279年,据上引《水经注》所言,则是年秦置狄道县。《汉志》载狄道为陇西郡治。

邓

《史记》卷5《秦本纪》:"(昭襄王)二十八年。大良造白起攻楚,取鄢、邓,赦罪人迁之。"又,《水经·淯水》云:"(淯水)南过邓县东"。郦道元注曰:"县,故邓侯吾离之国也,楚文王灭之,秦以为县。"秦昭襄王二十八年即公元前279年,是该年楚邓县为秦攻取。秦得邓后,亦置县。出土秦封泥中有"邓丞之印"①,亦可证秦置有邓县。《汉志》载邓县属南阳郡。

鄢

《史记》卷5《秦本纪》曰:"(昭襄王)二十八年,大良造白起攻楚,取鄢、邓,赦罪人迁之。"卷72《白起列传》亦曰:"后七年,白起攻楚,拔鄢、邓五城。"是秦昭襄王二十八年(前279),楚鄢县属秦。秦得楚鄢县后,仍当置县。因此《水经·沔水注》曰:"(宜)城,故鄢郢之旧都,秦以为县。"《读史方舆纪要》卷79湖广五襄阳府宜城县下曰:"战国时楚鄢县,秦因之。"鄢城下曰:"县西南九里,古鄢子国,楚为鄢县。……秦亦为鄢县。"秦鄢县属南郡。《汉志》南郡宜城县下班固自注曰:"故鄢,惠帝三年更名。"

穰

穰本战国楚邑,《元和郡县图志》卷21邓州穰县下谓穰"取丰穰之义"。其地在今河南省邓州市。后属韩。《史记》卷45《韩世家》曰:"(襄王)十一年,秦伐我,取穰。"《史记正义》引郭仲产《南雍州记》云:"楚之别邑。秦初伐楚,封公子悝为穰侯。后属韩,秦昭王取之也。"然《水经·淯水注》曰:"(朝水)又东南迳穰县故城南,楚别邑也,秦拔鄢郢,即以为县。秦昭王封相魏冉为侯邑。"程恩泽《国策地名考》卷3据此以为郭仲产谓秦初伐楚,封公子悝为穰侯有误,当是。又据《水经注》之文知,秦置穰县在取鄢郢之后,而由《史记》卷5《秦本纪》

① 周天游、刘瑞:《西安相家巷出土秦封泥简读》。

及卷72《白起列传》所载知秦取鄢、郢分别在昭襄王二十八年(前279)及二十九年(前278),是至迟公元前278年秦当置有穰县。在设置穰县之前,秦于昭襄王十六年(前291),曾以穰邑封魏冉。《史记》卷72《穰侯列传》所载"其明年(按,指秦昭襄王十六年),(寿)烛免,复相冉,乃封魏冉于穰,复益封陶,号曰穰侯"可证。又《史记》卷5《秦本纪》载昭襄王二十六年(前281),"赦罪人迁之穰"。《汉志》载穰县属南阳郡。

筑阳

筑阳本穀国地(《汉志》),位于今湖北省谷城县东。《水经·沔水注》曰:"筑水又东迳筑阳县故城南,县,故楚附庸也,秦平鄢郢,立以为县。"据《史记》卷5《秦本纪》及卷72《白起列传》所载,秦取鄢、郢分别在昭襄王二十八年(前279)及二十九年(前278),故至迟公元前278年秦当置有筑阳县。《汉志》载筑阳县属南阳郡。

枳

枳本为战国楚邑,《战国策·燕策二》即曰:"苏代约燕王曰:'楚得枳而国亡,齐得宋而国亡,齐、楚不得以有枳、宋而事秦者,何也?'"①其地在今重庆市涪陵区东北。后枳属秦并置县。《史记正义》云:"枳,支是反,今涪州城。在秦,枳县在江南。"《元和郡县图志》卷30涪州涪陵县下曰:"(涪)州城,本秦枳县城也。"《太平寰宇记》卷120涪州滨化县下云:"本秦为枳县地。"从上引《战国策》所言"楚得枳而国亡"来看,至迟在秦昭襄王二十八年(前279)及二十九年(前278)取楚之鄢、郢后秦即得枳地。又《汉志》载枳县属巴郡,于是可推测秦巴郡亦当领有枳县,故颇疑秦取楚之枳地后即置县。

郢

郢为春秋、战国时期楚国的都城。其地在今湖北省江陵县西北纪南城,亦即所谓纪郢。秦昭襄王二十九年取之。《史记》卷5《秦本纪》曰:"(昭襄王)二十九年,大良造白起攻楚,取郢为南郡。"卷40《楚世家》载:"(顷襄王)二十一年,秦将白起遂拔我郢,烧先王墓夷陵。"卷15《六国年表》秦昭襄王二十九年栏曰:"白起击楚,拔郢,更东至竟陵,以为南郡。"楚顷襄王二十一年栏曰:"秦拔我郢,烧夷陵,王亡走陈。"而据《新编年表》,秦昭襄王二十九年当为楚顷襄王十九年,即公元前278年。司马迁之所以将此事系于楚顷襄王二十一年,是因其在《六国年表》中误将楚顷王二十一年与秦昭襄王二十九年排在同一年所致。至于《楚世家》中的记载,则是《六国年表》的转写。

① 《史记》卷69《苏秦列传》亦载此事,文字略同。

郢既然成为秦南郡的领地,则郢必为秦县,而置县的时间即应在设南郡之时。《汉志》南郡江陵县下班固自注曰:"故楚郢都,楚文王自丹阳徙此。后九世平王城之。后十世秦拔我郢,徙(东)[陈]。"出土秦封泥中有"郢采金丞"[1],亦可证秦置有郢县。

竟陵

《战国策·中山策》载秦王使应侯谓武安君曰:"君前率数万之众入楚,拔鄢郢,焚其庙,东至竟陵,楚人震恐,东徙而不敢西向。"《史记》卷 15《六国年表》秦昭襄王二十九年栏曰:"白起击楚,拔郢,更东至竟陵,以为南郡。"卷 72《白起列传》曰:"其明年,攻楚,拔郢,烧夷陵,遂东至竟陵。楚王亡去郢,东走徙陈,秦以郢为南郡,白起迁为武安君。"《水经·沔水注》亦曰:"巾水又西迳竟陵县北,西注扬水,谓之巾口。水西有古竟陵大城,古郧国也。郧公辛所治,所谓郧乡矣。昔白起拔郢,东至竟陵,即此也。秦以为县。"综上所引,是秦昭襄王二十九年(前 278)楚竟陵成为秦南郡的辖地,且设置为县。《汉志》载竟陵县属江夏郡。

仁、平丘

《史记》卷 78《春申君列传》载:春申君上书秦昭王曰:"王修甲息众,二年而后复之;又并蒲、衍、首垣,以临仁、平丘、黄、济阳婴城而魏氏服。"《史记索隐》曰:"仁及平丘,二县名。谓以兵临此二县,则黄及济阳等自婴城而守也。"《新编年表》将春申君上书说秦昭王之事系于楚顷襄王二十年(前 277)以后,而上引《史记索隐》又言仁、平丘为二县,是该年前魏当已置有仁、平丘二县;而至迟是年秦得此二县。《汉志》载平丘县属陈留郡。

巫

巫本为战国楚郡,秦昭襄王三十年(前 277)巫郡为秦所取,巫县成为南郡领县(参见第九章第一节)[2]。其地在今重庆市巫山县北。《汉志》载巫县属南郡。

温

秦昭襄王三十二年,魏之温等三县来属。《史记》卷 5《秦本纪》载:"(昭襄王)三十二年,相穰侯攻魏,至大梁,破暴鸢,斩首四万,鸢走,魏入三县请和。"而《史记》卷 44《魏世家》曰:"(安釐王)二年,(秦)又拔我二城,军大梁下,韩来救,予秦温以和。"卷 72《穰侯列传》曰:"(秦昭王三十二年)秦使穰侯伐魏,斩

---

① 周天游、刘瑞:《西安相家巷出土秦封泥简读》。
② 马非百以为巫郡省县后当并入黔中郡(《秦集史》,第 623 页),不确。

首四万，走魏将暴鸢，得魏三县。”卷15《六国年表》魏安釐王二年栏亦曰：“秦拔我两城，军大梁，韩来救，与秦温以和。”魏安釐王二年即秦昭襄王三十二年，亦即公元前275年，是上述所引三则史料为同一事，故可推知温乃魏入秦请和的三县之一。出土秦封泥中有“温丞之印”①，亦可为秦置有温县添一佐证。《汉志》载温县属河内郡。

修武(宁)

《史记》卷5《秦本纪》载：昭襄王三十三年(前274)，“魏入南阳以和”。卷44《魏世家》曰：安釐王四年(前273)，“魏将段干子请予秦南阳以和”。卷15《六国年表》魏安釐王四年栏曰：“与秦南阳以和。”上述所提到的魏入秦的“南阳”，在《史记》卷5《秦本纪》与卷44《魏世家》的《集解》中，都引用徐广的解释而认为是“修武”(即“宁”)，而不是指一个古南阳地区。是修武县当在公元前274年或前273年属秦。其后，该地又曾一度由秦复属韩。秦昭襄王四十四年(前263)，秦从韩手中夺得南阳(修武)。《史记》卷15《六国年表》秦昭襄王四十四年栏曰：“攻韩取南阳。”《汉志》载修武县属河内郡。

蔡阳、长社

《史记》卷5《秦本纪》曰：“(昭襄王)三十三年，客卿胡(伤)[阳]攻魏卷、蔡阳、长社，取之。”据《新编年表》的考证，《秦本纪》所说的秦昭襄王三十三年当作三十四年，又出土秦封泥中有“蔡阳丞印”、“长社丞印”，是颇疑秦在昭襄王三十四年(前273)得蔡阳、长社后，即分别设置了该二县。《汉志》载蔡阳属南阳郡，长社县属颍川郡。

华阳

《史记》卷5《秦本纪》曰：“(昭襄王)三十三年，客卿胡(伤)[阳]攻魏卷、蔡阳、长社，取之。击芒卯、华阳，破之，斩首十五万。”卷15《六国年表》秦昭襄王三十四年栏曰：“白起击魏华阳军，芒卯走，得三晋将，斩首十五万。”卷73《白起列传》载：“(秦)昭王三十四年，白起攻魏，拔华阳，走芒卯，而虏三晋将，斩首十三万。”据《新编年表》的考证，《史记》卷5《秦本纪》所说的秦昭襄王三十三年当作三十四年，即公元前273年，是该年秦得魏之华阳。又，出土秦封泥中有“华阳丞印”②、“华阳禁印”③，是可证秦得华阳后，当置县。其地在今河南省新郑市北。

---

① 周天游、刘瑞：《西安相家巷出土秦封泥简读》。
② 周伟洲：《新发现的秦封泥与秦代郡县制》。
③ “华阳禁印”，或即是设于华阳县之禁用印。见周天游、刘瑞：《西安相家巷出土秦封泥简读》。

卷

据上引《史记》卷5《秦本纪》及《新编年表》知,昭襄王三十四年(前273),秦得魏之卷地。又,出土秦封泥中有"卷丞□印",而丞为县令之佐官①,是可证秦得魏之卷后,当置县。其地在今河南省原阳县原武镇西北。《汉志》载卷县属河南郡。

怀

《史记》卷44《魏世家》载:"(安釐王)九年,秦拔我怀。"卷15《六国年表》魏安釐王九年栏曰:"秦拔我怀城。"秦简《编年记》曰:"昭王三十九年,攻怀。"魏安釐王九年与秦昭王三十九年为同一年,即公元前268年。据上所述,秦得魏之怀当在是年。又因《六国年表》中称"怀"为"怀城",故颇疑怀属魏时已置县。然该地旋又属魏,两年之后,又由魏属秦。因此《史记》卷5《秦本纪》又曰:"(昭襄王)四十一年夏,攻魏,取邢丘、怀。"秦得怀后,当置县,秦封泥中有"怀令之印"②可证。《汉志》载怀县属河内郡。

邢丘

《史记》卷5《秦本纪》曰:"(昭襄王)四十一年夏,攻魏,取邢丘、怀。"秦简《编年记》曰:"昭王四十一,攻邢丘。"《史记》卷44《魏世家》载:"(安釐王)十一年,秦拔我郪丘。"《史记集解》引徐广曰:"郪丘,一作'廪丘',又作'邢丘'。"卷15《六国年表》魏安釐王十一年栏曰:"秦拔我廪丘。"《史记集解》引徐广曰:"或作'邢丘'。"秦昭襄王四十一年即魏安釐王十一年,为公元前266年,据上所引,此年前邢丘当属魏,之后又属秦。邢丘属韩时已设县(参见第五章第二节),故该地由韩属魏及由魏属秦后似应一直为县。西汉邢丘县改称平皋县,《汉志》载平皋县属河内郡。

陶

陶即定陶,其地在今山东省定陶县。春秋时期,陶原本宋国属地。战国时期齐灭宋后,该地复属齐。昭襄王二十三年(前284),秦与燕等五国联合破齐,秦又占有该地。昭襄王三十三年,又益封穰侯魏冉于此。昭襄王四十二年魏冉死后,秦又置陶郡,陶当成为其郡属县。至迟秦王政四年(前243),陶郡之地为魏所取(参见第九章第二节),陶县亦当入魏。秦王政二十二年(前225),秦灭魏,至迟此时陶县复归秦。秦封泥中有"定陶丞印"③,也可证秦置

① 陈伟:《晋南阳考》,《历史地理》第十八辑。
② 周晓陆、刘瑞:《90年代之前所获秦式封泥》,《西北大学学报》1998年第1期。
③ 同上。

有该县。《汉志》载定陶县属济阴郡。

河南

《汉志》河南郡河南县下班固自注曰:“故郏鄏地。周武王迁九鼎,周公致太平,营以为都,是为王城,至平王居之。”战国时期为西周国都城,其地在今河南省洛阳市西。《史记》卷4《周本纪》载:“(周赧王)五十九年……西周恐,倍秦,与诸侯约从,将天下锐师出伊阙攻秦,令秦无得通阳城。秦昭王怒,使将军摎攻西周。西周君奔秦,顿首受罪,尽献其邑三十六,口三万。秦受其献,归其君于周。”卷5《秦本纪》亦载此事,唯系于秦昭襄王五十一年。据《新编年表》的考证,西周国之灭于秦应在周赧王五十九年,即秦昭襄王四十三年,亦即公元前264年,《秦本纪》记此事于昭襄王五十一年,误。西周国既亡,其都城河南自应属秦。又,《周本纪》中《史记集解》引徐广曰:“周比亡之时,凡七县,河南、洛阳、穀城、平阴、偃师、巩、缑氏。”则河南归秦后仍当为县。

梁

《水经·汝水注》曰:“汝水又左合三里水,水北出梁县西北,而东南流迳其县故城西,故罴狐聚也。《地理志》云:秦灭西周徙其君于此,因乃县之。杜预曰:河南县西南有梁城,即是县也。”而《史记》卷4《周本纪》载秦灭西周在周赧王五十九年,即公元前264年,故结合《水经注》所述,可推知秦置梁县亦当在是年。梁县在今河南省汝州市西南。

野王

《史记》卷73《白起列传》载:“(秦昭王)四十五年,伐韩之野王。野王降秦,上党道绝。”由此知秦昭襄王四十五年(前262),韩野王属秦。又,《史记》卷37《卫康叔世家》曰:“元君十四年,秦拔魏东地,秦初置东郡,更徙卫野王县而并濮阳为东郡。”据《新编年表》,其中的元君十四年当为二十四年,即公元前242年。《史记》卷44《魏世家》又云:“(景湣王)二年,秦拔我朝歌。卫徙野王。”卷15《六国年表》魏景湣王二年栏曰:“秦拔我朝歌。卫从濮阳徙野王。”魏景湣王二年为公元前241年。依据以上所载,则野王当为秦县无疑。又因野王县本属韩国,故颇疑韩即已在该地置县。《汉志》载野王县属河内郡。

缑氏

缑氏本春秋周侯氏邑,其地在今河南偃师市东南。战国时为周县。《史记》卷4《周本纪》载:“后七年(按,指秦昭襄王五十二年),秦庄襄王灭东周。”《史记集解》引徐广曰:“周比亡之时,凡七县,河南、洛阳、穀城、平阴、偃师、巩、缑氏。”秦昭襄王五十二年为公元前255年,据此似至迟缑氏在是年归秦。然《史记》卷72《白起列传》载:“(秦昭襄王)四十六年,秦攻韩缑氏、蔺,拔之。”秦昭襄王四十六年为公元前261年,故可知缑氏在属秦前本已先属韩,并早在公元前261年前已由韩属秦,可见《史记集解》所言有误。又,出土秦封泥中有“缑氏丞印”[①],可为秦置有该县添一佐证。《汉志》载缑氏县属河南郡。

纶氏

秦昭襄王四十六年(前261),韩纶氏县为秦所据。《史记》卷72《白起列传》载:“(秦昭襄王)四十六年,秦攻韩缑氏、蔺,拔之。”此处所提及之“蔺”,不应为远在西河的赵地“蔺”。《史记索隐》曰:“今其地阙。西河别有蔺县也。”《史记正义》曰:“按:检诸地记,颍川无蔺。《括地志》云:‘洛州嵩县本夏之纶国也,在缑氏东南六十里。’《地理志》云:‘纶氏属颍川郡。’按:既攻缑氏、蔺,二邑合相近,恐纶蔺声相似,字随音而转作‘蔺’。”是据以上所述,此处《白起列传》所说之“蔺”当是“纶”字之音转。《汉志》载纶氏县属颍川郡。

长子、铜鞮、屯留

秦昭襄王四十八年(前259),秦拔赵所控制之韩上党郡(参见第九章第二节),长子、铜鞮、屯留三县当于此时属秦。然韩复在昭襄王四十九年至庄襄王三年(前248)间,将上党郡夺回(参见第九章第二节),长子、铜鞮、屯留三县当复属韩。庄襄王四年,秦又攻取韩上党郡(参见第九章第二节),长子、铜鞮、屯留三县最终属秦。又,《水经·浊漳水注》曰:“尧水自西山东北流,迳尧庙北,又东迳长子县故城南,周史辛甲所封邑也。《春秋》襄公十八年,晋人执卫行人石买于长子,即是县也。秦置上党郡,治此。”据此,知长子为秦上党郡治。《汉志》载长子、铜鞮、屯留三县并属上党郡。

安阳(宁新中)

安阳本名宁新中,战国时期魏邑,其地在今河南省安阳市南。昭襄王五十年(前257),秦攻取之。《史记》卷5《秦本纪》载:“(昭襄王五十年,王龁)攻汾城,即从(张)唐拔宁新中,宁新中更名安阳。”《史记正义》引《括地志》曰:“宁新中,七国时魏邑,秦昭襄王拔魏宁新中,更名安阳城,即今相州外城是也。”秦昭襄王五十年为公元前257年,是此年秦得魏之宁新中后更名为安阳。既然更名,颇疑秦将宁新中改称安阳后置县。《汉志》载安阳县属汝南郡。

---

① 周天游、刘瑞:《西安相家巷出土秦封泥简读》。

郑(新郑)

《史记》卷5《秦本纪》载：昭襄王五十年，"张唐攻郑，拔之"。据《新编年表》，秦昭襄王五十年为韩桓惠王十六年，即公元前257年。据此，似韩都郑县应属秦。然在今河南新郑"郑韩故城"出土的多件兵器中，有韩桓惠王九年(前264)至三十四年、韩王安元年(前238)到八年由郑县令监造的铭文(参见第五章第二节)，故可知郑县只是一时被秦占据，旋当由秦复属韩国，而且直到韩灭国时，该地一直为韩所有。秦王政十七年(前230)，秦灭韩，郑县当在此时属秦。《汉志》载郑县属京兆尹。又，《史记》卷6《秦始皇本纪》载："二十一年……新郑反。"由此可知，在郑属秦的最初时间里，秦对其控制并不十分稳固。

曲阳

在云梦睡虎地七号墓的椁室门楣上刻有"五十一年曲阳徒邦"八字，据考证，其中的"五十一年"为秦昭王五十一年[①]。秦昭王五十一年为公元前256年，是至迟在是年秦已置有曲阳县，马非百即持此说[②]。曲阳在今安徽省淮南市东南。《汉志》载曲阳县属九江郡。

阳人

至迟昭襄王五十二年(前255)，阳人县由韩属秦(参见第五章第二节)。又《汉志》载河南郡梁县下有阳人聚，则秦阳人县在汉时当并入梁县。

穀城、平阴、偃师、巩

穀城本春秋周邑，《左传》定公八年(前502)载："单子伐穀城。"其地在今河南省洛阳市西北，战国时为周天子辖县。平阴本春秋周邑，其地在今河南省孟津县东北，战国时期为周县。偃师本春秋周邑，其地在今河南省偃师市东，战国时为周县。巩本周邑，其地在今河南省巩义市西南，战国时期东周定为国都。《史记》卷4《周本纪》载："后七年(按，指秦昭襄王五十二年)，秦庄襄王灭东周。"《史记集解》引徐广曰："周比亡之时，凡七县，河南、洛阳、穀城、平阴、偃师、巩、缑氏。"据上所述，则穀城、平阴、偃师、巩县当在秦昭襄王五十二年(前255)属秦，且仍当置县。《汉志》载穀城县属河南郡，平阴县属河南郡，偃师县属河南郡，巩县属河南郡。

洛阳

洛阳本为周成王时周公营建洛邑的成周城，周敬王迁都于此，并加以扩

---

① 湖北孝感地区第二期亦工亦农文物考古训练班：《湖北云梦睡虎地十一座墓发掘简报》，《文物》1976年第9期。

② 马非百：《秦集史·郡县志》，第631页。

建。战国时称洛阳。由上面所引《史记》卷4《周本纪》及《史记集解》引徐广所说可知,洛阳至迟当在秦昭襄王五十二年即公元前255年属秦。又,《史记》卷7《项羽本纪》曰:"(羽)故立申阳为河南王,都雒阳。"《史记正义》引《括地志》云:"洛阳故城在洛州洛阳县东北二十六里,周公所筑,即成周城也。《舆地志》云:成周之地,秦庄襄王以为洛阳县,三川守理之。"如此,若《舆地志》所云无误,则秦置洛阳县当在公元前255年属秦之后。出土秦封泥中有"雒阳丞印",可知秦置洛阳县时,洛阳之"洛"已作"雒"①。《汉志》载洛阳属河南郡。

高都

《史记》卷5《秦本纪》载:"(庄襄王)三年,蒙骜攻魏高都、汲,拔之。"秦庄襄王三年为魏安釐王二十九年,即公元前248年,是魏高都县此时属秦。《汉志》载高都县属上党郡。

榆次、新城、狼孟、涂水

秦庄襄王三年(前248),赵榆次、新城、狼孟等县属秦。《史记》卷5《秦本纪》曰:"(庄襄王)三年,蒙骜攻魏高都、汲,拔之。攻赵榆次、新城、狼孟,取三十七城。"《史记》卷15《六国年表》秦庄襄王二年(按,二年当为三年。参见《新编年表》)栏曰:"蒙骜击赵榆次、新城、狼孟,得三十七城。"卷43《赵世家》曰:"(赵孝成王)十八年……秦拔我榆次三十七城。"卷34《燕召公世家》载:"(今王喜)七年,秦拔赵榆次三十七城,秦置大原郡。"秦庄襄王三年与赵孝成王十八年及燕今王喜七年为同一年,亦即公元前248年,是该年秦得赵榆次、新城、狼孟等三十七城。又战国时期县与城常互称,则其时榆次、新城、狼孟等应为县②。如此,赵当置有榆次、新城、狼孟等三县。《汉志》载榆次县属太原郡。又,《汉志》榆次县下班固自注云:"涂水乡,晋大夫知徐吾邑。"涂水本春秋晋县(参见第三章第六节),战国时期涂水当为赵县。因该县地近榆次县地,则颇疑与榆次县一起为秦所有(或即为上述榆次三十七城之一,也未可知),并在西汉时成为榆次县的一个乡。又,《史记》卷6《秦始皇本纪》载:"十五年,大兴兵,一军至邺,一军至太原,取狼孟。"卷15《六国年表》秦始皇十五年栏曰:"兴军至邺。一军至太原。取狼孟。"据此,是公元前248年狼孟属秦后不久,该城又还属赵国,秦复于秦王政十五年(前232)夺取之。秦再度得狼孟后,仍当设县。《汉志》载狼孟县属太原郡。

---

① 周天游、刘瑞:《西安相家巷出土秦封泥简读》。

② 马非百即以此认为榆次其时为县,参见其《秦集史》,第664页。

邬、盂、大陵

公元前248年，赵之邬、盂、大陵等县当属秦。《史记》卷5《秦本纪》载："（庄襄王）二年，使蒙骜攻赵，定太原。三年，蒙骜攻魏高都、汲，拔之。攻赵榆次、新城、狼孟，取三十七城。四年，王龁攻上党。初置太原郡。"《史记正义》曰："上党以北皆太原地，即上三十七城也。"以邬、盂、大陵、涂水等四县之地望观之，该四地当在此三十七城之列，故赵之邬县应在秦庄襄王三年（前248）时属秦。《汉志》载邬、盂、大陵等三县皆属太原郡。

晋阳

《水经·汾水》曰："（汾水）东南过晋阳县东，晋水从县南东流注之。"郦道元注曰："太原郡治晋阳城，秦庄襄王三年立。"然秦置太原郡当在秦庄襄王四年，即公元前247年（参见第九章第二节），是晋阳当在是年由赵属秦并置为县。不过，晋阳在属秦的当年即反。《史记》卷6《秦始皇本纪》曰："庄襄王死，政代立为秦王。……晋阳反。元年，将军蒙骜击定之。"《史记》卷43《赵世家》曰："（孝成王）二十年，秦王政初立。秦拔我晋阳。"卷15《六国年表》秦始皇元年栏曰："击取晋阳，作郑国渠。"赵孝成王二十年栏曰："秦拔我晋阳。"秦王政元年即赵孝成王二十年，亦即公元前246年，由上所载，则秦王政于此年，即晋阳反秦的翌年，又将晋阳平定，最终将其牢固地控制在手中。《汉志》载晋阳县属太原郡。

尉氏

《太平寰宇记》卷1开封府尉氏县下曰："秦始皇二年，置尉氏县。"其地在今河南省尉氏县。《汉志》载该县属陈留郡。

邘

邘本古邘国，周武王封子邘叔于此，其地在今河南省沁阳市西北。春秋初期属郑国，后又归周。《奇觚室吉金文述》（一〇、二七、二）载有邘令戈，其上铭文曰："四年，邘令辂，庶长工师郢，□□□奠。"据李学勤的考证，此戈为秦王政四年器物①。如此，则至迟秦王政四年（前243）秦已置邘县。《汉志》河内郡壄（即野）王县下颜师古注引孟康曰："故邘国也，今邘亭是也。"《水经·沁水注》曰："其水（按，指沁水）南流迳邘城西，故邘国也。城南有邘台，《春秋》僖公二十四年，王将伐郑，富辰谏曰：邘，武之穆也。京相璠曰：今野王西北三十里有故邘城，邘台是也。"由上所引，则又可知西汉时邘县地当并入野王县。

---

① 李学勤：《战国时代的秦国铜器》。

安陆

秦简《编年记》载:"(昭王)二十九年,攻安陆","(今)四年……喜为安陆御史。……六年四月,(喜)为安陆令史"。安陆在今湖北省云梦县,以其地望可知其地本属楚。综上所引,安陆当在秦昭王二十九年(前278)时已由楚属秦,因而喜才会有在秦王政四年为安陆御史、六年为安陆令史之举,故可断秦至迟于秦王政四年(前243)已置有安陆县。《汉志》载安陆县属江夏郡。

第四节　秦县(含周县)考证(下)

酸枣、燕、虚、长平、雍丘、山阳、顿丘

《史记》卷6《秦始皇本纪》曰:"五年,将军(蒙)骜攻魏,定酸枣、燕、虚、长平、雍丘、山阳城,皆拔之,取二十城。初置东郡。"卷44《魏世家》载:"景湣王元年,秦拔我二十城,以为秦东郡。"秦始皇五年与魏景湣王元年为同一年,即公元前242年,是该年魏酸枣、燕、虚、长平、雍丘、山阳等二十城属秦。又因战国时期城与县经常互称,故可推知魏已置有酸枣、燕、虚、长平、雍丘、山阳等六县。秦得这些县后,仍当置县。酸枣,《汉志》载属陈留郡。《通典》卷180州郡十滑州酸枣县下曰:"秦拔魏,置县。汉因。以其地多酸枣,因以为名。"《元和郡县志》卷9河南道滑州酸枣县下曰:"本秦旧县,属陈留郡。以地多酸枣,其仁入药用,故为名。"燕,据《汉志》,后改称南燕县,属东郡。虚,《汉志》不载该地,疑秦后即废。长平,《汉志》载属汝南县。出土秦封泥中有"长平丞印"[①],也可证秦据长平后,置有长平县。雍丘,《水经·睢水注》曰:"睢水又东迳雍丘县故城北,县,旧杞国也。殷汤、周武以封夏后,继禹之嗣,楚灭杞,秦以为县。圈称曰:县有五陵之名,故以氏矣。城内有夏后祠,享祀不辍。秦始皇因筑其表为大城,而以县焉。"《汉志》载雍丘县属陈留郡。山阳,《汉志》载属河内郡。又,《汉志》载顿丘属东郡,故颇疑魏顿丘县亦在上引《秦始皇本纪》与《魏世家》中提到的秦得魏地的"二十城"之列,若此,则顿丘县亦当于是年由魏属秦[②],成为秦东郡属县。

---

① 周伟洲:《新发现的秦封泥与秦代郡县制》。唯周文将此长平视为赵长平(今山西省高平市西北),误。

② 黄盛璋:《试论三晋兵器的国别和年代及其相关问题》。

濮阳

濮阳本为卫国的都城，其地在今河南省濮阳市西南，后为秦所得。《史记》卷37《卫康叔世家》载："元君十四年，秦拔魏东地，秦初置东郡，更徙卫野王县，而并濮阳为东郡。"卷6《秦始皇本纪》云："六年……拔卫，迫东郡，其君角率其支属徙居野王"。卷44《魏世家》曰："(景湣王)二年，秦拔我朝歌。卫徙野王。"卷15《六国年表》魏景湣王二年栏亦曰："秦拔我朝歌。卫从濮阳徙野王。"《新编年表》据上面所引的《秦本纪》、《魏世家》及《六国年表》中的记载，认为卫徙野王在秦王政六年(魏景湣王二年，前241)，而该年当卫元君二十五年。司马迁之所以在《卫康叔世家》中将此事系于元君十四年，是因为他在《六国年表》魏表卫纪年中错排卫国君主纪年，将卫元君十四年与魏湣王二年同配于一年所致。综上所述，则濮阳属秦亦应在公元前241年。又《水经·瓠子河注》曰："河水旧东决，迳濮阳城东北，故卫也……卫成公自楚丘迁此，秦始皇徙卫君角于野王，置东郡，治濮阳县。濮水迳其南，故曰濮阳也。"其中提到濮阳为秦东郡治所，则濮阳当为秦县无疑。濮阳置县的时间史虽未载，然依上引《史记》及《水经注》所云，理当在公元前241年秦得该地并入东郡之时。《汉志》载濮阳县仍属东郡。

首垣(长垣)

《史记》卷6《秦始皇本纪》曰："九年……攻魏垣、蒲阳。"卷44《魏世家》载："(景湣王)五年，秦拔我垣、蒲阳、衍。"卷15《六国年表》魏景湣王五年栏曰："秦拔我垣、蒲阳、衍。"上述史料中所提及的垣当即首垣①，秦王政九年即魏景湣王五年，亦即公元前238年，是此年秦据有魏之首垣县。又《水经·济水注》曰："濮渠东绝驰道，东迳长垣县故城北，卫地也，故首垣矣。秦更从今名，王莽改为长固县。《陈留风俗传》曰：县有防垣，故县氏之。"《太平寰宇记》卷2开封府长垣县下曰："长垣城，在县东北二十五里。《地理志》：秦灭魏，以为长垣县。"综上所述，可知秦得首垣后更名为长垣。《汉志》载长垣县属陈留郡。

邺

战国初期邺为魏县(参见第五章第四节)，公元前239年为赵县(参见第五章第三节)。《史记》卷6《秦始皇本纪》载："十一年，王翦、桓齮、杨端和攻邺，取九城。"卷43《赵世家》云："(悼襄王九年)秦攻邺，拔之"卷34《燕召公世家》曰："(今王喜十九年)秦拔赵之邺九城。"秦王政十一年与赵悼襄王九年及燕王

① 杨宽：《战国史》(增订本)，第427页。

喜十九年为同一年,即公元前236年,据此,则邺县又于是年由赵属秦。《汉志》载邺县属魏郡。

云中、善无

秦王政十三年(前234),立云中郡,云中县为其郡治(参见第九章第三节)。而云中本属赵国,是该年赵之云中县属秦,并仍置为县。《汉志》载云中县属云中郡。是年,赵雁门郡亦当属秦,善无县当随之由赵属秦,且为雁门郡治所(参见第九章第三节)。《汉志》善无县属雁门郡。

云阳

《史记》卷6《秦始皇本纪》载:"十四年……韩非使秦,秦用李斯谋,留非,非死云阳。"出土秦封泥中又有"云阳丞印"。综上可证,至迟秦王政十四年即公元前233年,秦置有云阳县①。其地在今陕西省淳化县西北。《汉志》载云阳县属左冯翊。

番吾

《史记》卷43《赵世家》曰:"(幽缪王)四年,秦攻番吾,李牧与之战,却之。"卷15《六国年表》赵王迁四年栏曰:"秦拔我狼孟、鄱吾,军邺。"赵幽缪王四年为公元前232年,即秦王政十五年,据上所载,秦于是年夺取了赵之番吾县。番吾属秦后,仍当置县。《汉志》载常山郡有蒲吾县,顾观光认为即是赵番吾县地,"番、蒲古今音异耳"②,当是。

丽邑

《史记》卷6《秦始皇本纪》载:"十六年……魏献地于秦,秦置丽邑"。《史记正义》引《括地志》云:"雍州新丰县,本周时骊戎邑。《左传》云晋献公伐骊戎,杜注云在京兆新丰县,其后秦灭之以为邑。"顾观光曰:"据《国语》,则灭骊戎乃晋献公事,盖晋灭之而不能有,后遂入于秦也。"③《秦始皇本纪》此处既言"置丽邑",而出土的秦封泥中又有"丽邑丞印"④,则颇疑丽邑在此年设县。丽邑在今陕西省西安市临潼区东北。据《汉志》,西汉时丽邑改称新丰,属京兆尹。

阳翟

《史记》卷6《秦始皇本纪》曰:"十七年,内史腾攻韩,得韩王安,尽纳其地,以其地为郡,命曰颍川。"卷45《韩世家》载:"(王安)九年,秦虏王安,尽入其地,为颍川郡。韩遂亡。"《水经·颍水注》曰:"颍水自堨东迳阳翟县故城北,夏

① 周伟洲:《新发现的秦封泥与秦代郡县制》。
② 顾观光:《七国地理考》卷4。
③ 同上书卷1。
④ 周天游、刘瑞:《西安相家巷出土秦封泥简读》。

禹始封于此为夏国，故武王至周曰：吾其有夏之居乎？遂营洛邑。徐广曰：河南阳城阳翟，则夏地也。《春秋经》书：秋，郑伯突入于栎。《左传》桓公十五年，突杀檀伯而居之。服虔曰：檀伯，郑守栎大夫；栎，郑之大都。宋忠曰：今阳翟也。周末，韩景侯自新郑徙都之。王隐曰：阳翟本栎邑也。故颍川郡治也。”秦王政十七年与韩王安九年为同一年，即公元前230年，是此年秦灭韩并置颍川郡。又由上引《水经注》之文知阳翟为颍川郡治，是阳翟至迟在此时已为秦县。《汉志》载阳翟县属颍川郡。

京、端氏、路、涉、杨氏、平阳、修鱼、申阴、格氏

秦王政十七年(前230)，秦灭韩，至迟此时韩所置京、端氏、路、涉、杨氏、修鱼、申阴、格氏等县属秦。据《汉志》，京县属河南郡，端氏县属河东郡，路县作潞县，属上党郡，杨氏县改称杨县，属河东郡。平阳亦属河东郡。

邯郸

《史记》卷6《秦始皇本纪》载：“十九年，王翦、羌瘣尽定取赵地东阳，得赵王。引兵欲攻燕，屯中山。秦王之邯郸，诸尝与王生赵时母家有仇怨，皆坑之。”卷15《六国年表》秦王政十九年(前228)栏曰：“王翦拔赵，虏赵王迁(之)邯郸。”赵幽缪王八年栏曰：“秦王翦虏王迁邯郸。”卷43《赵世家》曰：“(幽缪王)八年十月，邯郸为秦。”然据《新编年表》的考证，秦王政十九年(颛顼历翌年)应与赵幽缪王七年(赵历夏正本年)为同一年。司马迁之所以会将秦灭赵之事系于赵幽缪王八年，是因其在《六国年表》中将秦王政十九年误与赵幽缪王八年排于同一年，进而又记入了《赵世家》之中。《赵世家》中赵幽缪王八年应为七年之误。是秦王政十九年得赵邯郸，秦得邯郸后，当置为县。出土秦封泥中有“邯郸之丞”可为证①。《汉志》载邯郸县属赵国。

苦陉、上原、韩皋、武垣、元氏、柏人、鄗、安平、南行唐、防陵、甄(鄄)、邢、平原、富昌、武平、埒、栾、沮阳

秦王政十九年(前228)大破赵，苦陉、上原、韩皋、武垣、元氏、柏人、鄗、安平、南行唐、防陵、甄(鄄)、邢、平原、富昌、武平、埒、栾、沮阳等县至迟此时属秦。其中，据《汉志》，苦陉县属中山国，武垣县属涿郡，元氏县常山郡、柏人县属赵国、鄗县属常山郡、安平县属涿郡、南行唐县属常山郡、平原县属平原郡，沮阳属上谷郡。

渔阳

《水经·鲍丘水注》曰：“鲍丘水又东南迳渔阳县故城南，渔阳郡治也。秦

① 周天游、刘瑞：《西安相家巷出土秦封泥简读》。

王政二十二年置,王莽更名通潞,县曰得渔。"据此,秦置渔阳郡,以渔阳为郡治。然秦置渔阳郡当在秦王政二十一年,即公元前 226 年(参见第九章第三节),是秦得燕之渔阳县且仍置为县亦当在二十一年。《汉志》载渔阳县属渔阳郡。

令支

《水经·濡水注》曰:"濡水又东南流迳令支县故城东,王莽之令氏亭也。秦王政二十二年分燕置辽西郡,令支隶焉。"既然令支隶属秦之辽西郡,则秦必当置有令支县。又因秦设辽西郡应在秦王政二十一年,即公元前 226 年(参见第九章第三节),是秦得燕之令支县且仍设县亦应在此年。郦道元以为在二十二年,误。《汉志》载令支县属辽西郡。

无终

《水经·鲍丘水注》曰:"蓝水注之(按,指灅水),水出北山,东南屈而南,迳无终县故城东,故城,无终子国也。《春秋》襄公四年,无终子嘉父使孟乐如晋,因魏降纳虎豹之皮,请和诸戎是也,故燕地矣。秦始皇二十二年灭燕,置右北平郡,治此。"据此,秦灭燕后,置右北平郡,以无终为郡治,则无终为秦县无疑。然《史记》卷 6《秦始皇本纪》曰:"二十一年,王贲攻(蓟)[荆]。乃益发卒诣王翦军,遂破燕太子军,取蓟城,得太子丹之首。燕王东收辽东而王之。"是秦据蓟城当在秦王政二十一年(前 226),郦道元以为在二十二年,误。此点谭其骧《秦郡新考》已指出。如是,则无终县属秦亦当在二十一年。《汉志》载无终县属右北平郡。

蓟

蓟本为燕国都城,其地在今北京市西南隅。秦王政二十一年(前 226),燕之蓟都属秦。《水经·㶟水注》曰:"㶟水又东北迳蓟县故城南……昔周武王封尧后于蓟,今城内西北隅有蓟丘,因丘以名邑也。犹鲁之曲阜、齐之营丘矣。武王封召公之故国也,秦始皇二十三年灭燕,以为广阳郡。"据此,秦灭燕后,置广阳郡,以蓟为郡治,则蓟为秦县无疑。然《史记》卷 6《秦始皇本纪》曰:"二十一年,王贲攻(蓟)[荆]。乃益发卒诣王翦军,遂破燕太子军,取蓟城,得太子丹之首。燕王东收辽东而王之。"卷 34《燕召公世家》载:"(王喜)二十九年,秦攻拔我蓟,燕王亡,徙居辽东,斩丹以献秦。"卷 15《六国年表》燕王喜二十九年栏曰:"秦拔我蓟,得太子丹。王徙辽东。"秦王政二十一年与燕王喜二十九年为同一年,即公元前 226 年,是秦据蓟城当在秦王政二十一年,郦道元以为在二十三年,误(参见第九章第三节)。蓟属秦后,理当置县。《汉志》载蓟县属广阳国。

阳乐

《水经·濡水注》曰:"(阳乐)水出东北阳乐县溪,《地理风俗记》曰:阳乐,故燕地,辽西郡治,秦始皇二十二年置。"由上所载,秦置辽西郡,以阳乐为郡治,是秦置有阳乐县。然秦定燕蓟置辽西郡当在秦王政二十一年,即公元前226年(参见第九章第三节),是秦得燕之阳乐县且仍设县亦应在此年。郦道元以为在二十二年,误。《汉志》载阳乐县属辽西郡。

昌城(昌国)

秦王政二十一年(前226),秦破燕,燕王喜徙辽东,燕昌城(国)县属秦。秦封泥中有"昌城丞印"①,也可证明秦置有昌城县。《汉志》载昌国属齐郡。

承匡(襄邑)

《水经·淮水注》曰:"涣水又东南流迳雍丘县故城南,又东迳承匡城,又东迳襄邑县故城南。故宋之承匡、襄牛之地,宋襄公之所葬,故号襄陵矣。……西有承匡城,《春秋》,会于承匡者也。秦始皇以承匡卑湿,徙县于襄陵,更为襄邑。"《汉志》陈留郡襄邑下颜师古注亦曰:"圈称云:襄邑宋地,本承匡襄陵乡也。宋襄公所葬,故曰襄陵。秦始皇以承匡卑湿,故徙县于襄陵,谓之襄邑,县西三十里有承匡城。"分析上引之文,可得出两点结论:其一,因承匡战国初期已为魏据,故据上所述,承匡在属魏时即已置县。其二,秦王政二十二年(前225),秦灭魏,是至迟该年秦得承匡县。又由上引史料可知,秦得承匡县后,秦始皇又将其迁址于襄陵,同时易名襄邑,原县址遂废。襄邑县治今河南省睢县。《元和郡县图志》卷7河南道宋州襄邑县下亦曰:"本汉旧县。即春秋时宋襄牛地也。秦始皇徙承匡县于襄陵,改为襄邑县。"唯其中言襄邑县为汉旧县,误。《汉志》载襄邑县属陈留郡。

泫氏、中牟、单父、武堵(都)、济阳、濦阴、上蔡、鲁阳、共、宅阳、梧、虒、涑

秦王政二十二年(前225),秦灭魏,至迟此时魏之泫氏、中牟、单父、绛、武堵(都)、济阳、濦阴、上蔡、鲁阳、共、宅阳、梧、虒、涑等县属秦。这些魏县属秦后大多仍当为县。《史记》卷87《李斯列传》记载李斯即为上蔡人。出土秦封泥中有"鲁阳丞□"、"卢氏丞印"②。《汉志》载泫氏县属上党郡,单父县属山阳郡,济阳县属陈留郡,上蔡县属汝南郡,鲁阳县属南阳郡。

砀

砀本为魏邑,其地在今安徽省砀山县南。魏亡后,砀当属秦。《水经·获

① 周晓陆、刘瑞:《90年代之前所获秦式封泥》。

② 周天游、刘瑞:《西安相家巷出土秦封泥简读》。

水注》曰:“获水又东迳砀县故城北,应劭曰:县有砀山,山在东,出文石,秦立砀郡,盖取山之名也。”秦灭魏置砀郡在秦王政二十二年,即公元前225年(参见第九章第三节),而砀郡自当辖有砀县,是秦设砀县亦应在此年。出土秦封泥中有“砀丞之印”[①],也可证秦置有该县。《汉志》载砀县属梁国。

睢阳

睢阳本宋国邑,其地在今河南省商丘市南,后入于魏。《韩非子·有度篇》曰:魏安釐王时“睢阳之事,荆军老而走”。《水经·睢水注》曰:“睢水又东迳睢阳县故城南,周成王封微子启于宋,以嗣殷后,为宋都也。……秦始皇二十二年以为砀郡。”据此,秦王政二十二年(前225)当置有睢阳县,并且为砀郡的治所。《汉志》载睢阳县属梁国。

大梁

《史记》卷6《秦始皇本纪》载:“二十二年,王贲攻魏,引河沟灌大梁,大梁城坏,其王请降,尽取其地。”秦王政二十二年即公元前225年,此年魏大梁属秦。秦得大梁后,仍置县。《水经·渠水注》曰:“(渠水)又东迳大梁城南,本《春秋》之阳武高阳乡也,于战国为大梁。周梁伯之故居矣。梁伯好土功,大其城,号曰新里,民疲而溃,秦遂取焉。后魏惠王自安邑徙都之,故曰梁耳。《竹书纪年》,梁惠成王六年四月甲寅,徙都于大梁是也。秦灭魏以为县。”《汉志》陈留郡浚仪县下班固自注曰:“故大梁。魏惠王自安邑徙此。”颜师古注引应劭曰:“魏惠王自安邑徙此,号曰梁。”据此则又知西汉改大梁县为浚仪县。

新郪

新郪本魏邑,其地在今安徽省太和县北。《战国策·魏策一》曰:“苏子为赵合从,说魏王曰:‘大王之埊,南有鸿沟、陈、汝南、许、鄢、昆阳、邵陵、舞阳、新郪;东有淮、颍、沂、黄、煮枣、海盐、无踈;西有长城之界;北有河外、卷、衍、燕、酸枣,埊方千里。’”后该地属秦,传世有“新郪虎符”,则秦当置有新郪县。《汉志》汝南郡新郪县下颜师古注引应劭曰:“秦伐魏,取郪丘。汉兴为新郪。章帝封殷后,更名宋。”以往一些学者据此以为新郪又作郪丘。其实不然。应劭所说的“秦伐魏,取郪丘”,当本自《史记》卷44《魏世家》所载的“(安釐王)十一年,秦拔我郪丘”。然此处的“郪丘”乃“邢丘”之讹[②],而邢丘自有一地在。是其时新郪并无别称,新郪与郪丘无涉。另外,应劭所说的“汉兴为新郪”,则

① 周天游、刘瑞:《西安相家巷出土秦封泥简读》。

② 详见程恩泽《国策地名考》卷11及本章第三节邢丘县条。

更属臆度之说，因上引《战国策》已有新郪之名，故其说不足为凭。

鲁

《水经·泗水注》曰："（鲁）县，即曲阜之地，少昊之墟，有大庭氏之库，《春秋》竖牛之所攻也。……周成王封姬旦于曲阜，曰鲁。秦始皇二十三年，以为薛郡。"由此知秦王政二十三年（前224）于曲阜地置鲁县。出土秦封泥中有"鲁丞之印"①，亦可证秦置有该县。曲阜本西周姬姓诸侯国鲁国之都城，其地在今山东省曲阜市。春秋时期鲁国逐渐衰落，至战国沦为小国。公元前257年，为楚所灭②。后秦又得该地，并置为县。《汉志》载鲁县属鲁国。

薛

出土秦封泥中有"薛丞之印"③，此可证秦置有薛县。又，秦王政二十三年，秦置有薛郡（参见第九章第三节）。而薛县自当领为薛郡属县，又因薛县本齐县，后属鲁，再属楚，故可推知薛县由楚属秦不会晚于薛郡设置之时。《汉志》载薛县属鲁国。

息

秦王政二十三年，秦大破楚，息县至迟此时属秦。

寿春

寿春公元前240年为楚都（参见本章第一节）。据《史记》卷5《秦本纪》，秦王政二十三年（前224），秦破楚，寿春自当属秦。《水经·淮水注》曰："（淮水）又东北迳寿春县故城西。县，即楚考烈王自陈徙此，秦始皇立九江郡，治此，兼得庐江豫章之地，故以九江名郡。"《太平寰宇记》卷129寿州寿春县下曰："本楚县也。战国时属楚。……考烈王二十二年，与诸侯共伐秦，不利而去。楚东徙都寿春，命曰郢。寻为秦所灭，以寿春为县，属九江郡。"由上引之文可知，寿春属秦后，仍立为县，并成为秦九江郡治所。出土秦封泥中有"寿春丞印"④，也可证明秦置有该县。《汉志》载寿春县属九江郡。

陈、平舆

《史记》卷6《秦始皇本纪》曰："二十三年，秦王复召王翦，强起之，使将击荆。取陈以南至平舆，虏荆王。"卷73《王翦列传》亦载此事，唯"平舆"作"平舆"，当为同地异书。秦王政二十三年为公元前224年，是年秦得楚之陈、平舆县。秦得楚陈、平舆县后，理当仍置为县。马非百即持此论⑤。出土秦封泥中

---

①④ 周天游、刘瑞：《西安相家巷出土秦封泥简读》。

② 《史记》卷33《鲁周公世家》。

③ 周伟洲：《新发现的秦封泥与秦代郡县制》。

⑤ 马非百：《秦集史》，第645页。

有“平舆丞印”[①],也可证明秦置有该县。《汉志》载陈县属淮阳国,平舆属汝南郡。

沛

沛本春秋宋邑,其地在今江苏省沛县。战国时沛邑属楚。《战国策·魏策一》载张仪谓魏王曰:“楚破南阳、九夷,内沛”。后该地属秦。《水经·泗水》曰:“(泗水)又东过沛县东。”郦道元注曰:“昔许由隐于沛泽,即是县也,县盖取泽为名。宋灭属楚,在泗水之滨,于秦为泗水郡治。”是沛县为秦泗水郡治所。又因秦置泗水郡在秦王政二十三年即公元前224年(参见第九章第三节),则秦设沛县亦应不晚于是年。《汉志》载沛县属沛郡。

相

相本春秋宋邑,其地在今安徽省濉溪县西北。战国时相邑仍属宋。《战国策·秦策四》载楚人黄歇说秦昭王曰:“且王攻楚之日,四国必悉起应王。秦楚之兵,构而不离,魏氏将出兵而攻留、方与、铚、胡陵、砀、萧、相,故宋必尽。”[②]后相邑属秦。《水经·睢水注》曰:“相县,故宋地也。秦始皇二十三年,以为泗水郡,汉高帝四年,改曰沛郡,治此。”是相县乃秦泗水郡属县。又因秦泗水郡置于秦王政二十三年(前224),是至迟应在此年设立相县。出土秦封泥中有“相丞之印”[③],也可为秦置有该县添一佐证。《汉志》载相县属沛郡。

下蔡、随、湖阳、苦、期思、汝阳、居巢、钟离、阴、今、尚、繁丘、喜、羕陵、正阳、中阳、浞阳、鄝、鄜陵、株阳、夷阳、鬲、阳陵、新都、州、専阳

秦王政二十三年(前224),秦破楚后,楚下蔡、随、湖阳、苦、期思、汝阳、居巢、钟离、阴、今、尚、繁丘、喜、羕陵、正阳、中阳、浞阳、鄝、鄜陵、株阳、夷阳、鬲、阳陵、新都、州、専阳等县应属秦,并理当依旧保持原置。据《汉志》,下蔡县属沛郡,随、阴二县属南阳郡,湖阳县属南郡,苦县属淮阳国,期思、汝阳二县并属汝南郡[④],居巢县属庐江郡,钟离县属九江郡。

寝

《史记》卷73《王翦列传》曰:“李信攻平舆,蒙恬攻寝,大破荆军。”其事在秦破楚之秦王政二十三年(前224),而寝本楚县(参见本章第一节),是该年寝县属秦。《汉志》载寝县作寖县,属汝南郡。

---

①③　周天游、刘瑞:《西安相家巷出土秦封泥简读》。

②　《史记》卷78《春申君列传》亦载此事,文字略同。

④　汝阳,《汉志》汝南郡下作“女阳”。另,出土秦封泥中有“女阳丞印”(参见周天游、刘瑞:《西安相家巷出土秦封泥简读》),“女阳”当即“汝阳”,此亦可证秦置有女(汝)阳县。

鄀

《水经·沔水注》曰："沔水又迳鄀县故城南，古鄀子之国也。秦、楚之间，自商密迁此，为楚附庸，楚灭之以为邑。县南临沔津，津南有石山，上有古烽火台，县北有大城，楚昭王为吴所迫，自纪郢徙都之。即所谓鄢、鄀、卢、罗之地也，秦以为县。"秦王政二十三年(前224)，秦大破楚，虏荆王，鄀至迟当于是年属秦且仍置为县。《汉志》载鄀县属南郡，唯鄀作若。

莒

秦王政二十三年(前224)，秦破楚，莒属秦，并置为县。《水经·沭水》曰："(沭水)又东南过莒县东。"郦道元注曰："《地理志》曰：莒子之国，盈姓也，少昊后。……《尸子》曰：莒君好鬼巫而国亡。无知之难，小白奔焉。乐毅攻齐，守险全国。秦始皇县之，汉兴以为城阳国，封朱虚侯章，治莒，王莽之莒陵也。"《汉志》载莒县属城阳国。

广陵、兰陵、武城

秦王政二十三年(前224)，秦大败楚，广陵、兰陵、武城等县至迟此年属秦。秦封泥中有"兰陵丞印"①，亦可证秦置有兰陵县。《汉志》载广陵县属广陵国，兰陵县属东海郡。

临湘

临湘本战国时楚青阳地，其地在今湖南省长沙市。秦王政二十五年(前222)秦灭楚后置苍梧郡，临湘为其郡治，是临湘当在此时置为县。《水经·湘水注》："(湘水)又右迳临湘县故城西县治，湘水滨临川侧，故即名焉。王莽改号抚陆，故楚南境之地也。秦灭楚，立长沙郡，即青阳之地也。秦始皇二十六年，令曰，荆王献青阳以西。"其中的"长沙郡"当即指的是"苍梧郡"(参见第九章第三节)。《汉志》载临湘县属长沙国。

罗

罗本为春秋熊姓国，罗国先处今湖北省宜城市西，后徙今湖北省枝江市东北，楚文王时复迁于今湖南省汨罗市西北。秦王政二十五年(前222)秦灭楚后设苍梧郡，其地秦置为县。《水经·湘水注》："汨水又西迳罗县北，本罗子国也，故在襄阳宜城县西，楚文王移之于此，秦立长沙郡，因以为县，水亦谓之罗水。"《史记·屈原列传·正义》曰："故罗县城在岳州湘阴县东北六十里。春秋时罗子国，秦置长沙郡而为县也。"其中的"长沙郡"当即指的是"苍梧郡"(参见第九章第三节)。《汉志》载罗县属长沙国。

---

① 周晓陆、刘瑞：《90年代之前所获秦式封泥》。

襄平

《水经·大辽水注》曰:“辽水亦言出砥石山,自塞外东流,直辽东之望平县西,王莽之长说也。屈而西南流迳襄平县故城西,秦始皇二十二年灭燕置辽东郡,治此。”由上所载,是秦灭燕后设置了辽东郡,以襄平县为其郡治。然《史记》卷6《秦始皇本纪》曰:“二十五年,大兴兵,使王贲将,攻燕辽东,得燕王喜。”卷34《燕召公世家》曰:“(王喜)三十三年,秦拔辽东,虏燕王喜,卒灭燕。”秦王政二十五年即燕王喜三十三年,亦即公元前222年,是秦置辽东郡当在秦王政二十五年,郦道元以为在二十二年,误。如此,则秦得燕之襄平县且仍设县亦当在二十五年。《汉志》载襄平县属辽东郡。

吴

吴本为吴国都城,其地在今江苏省苏州市。公元前473年越灭吴,其地属越。公元前329年(据《新编年表》),楚大败越,尽取故吴地至浙江,吴又当属楚。秦王政二十五年(前222),其地又为秦取。《史记》卷6《秦始皇本纪》载:“二十五年,大兴兵,使王贲将,攻燕辽东,得燕王喜。还攻代,虏代王嘉。王翦遂定荆江南地;降越君,置会稽郡。”《三国志·吴书·虞翻传》裴松之注引《会稽典录》载濮阳府君谓朱育曰:“吾闻秦始皇二十五年,以吴越地为会稽郡,治吴。”《元和郡县志》卷25江南道苏州府吴县下曰:“本吴国阖闾所都,秦置县。”出土秦封泥中有“吴丞之印”①,也为秦置有该县添一佐证。《汉志》载吴县属会稽郡。

丹徒

秦王政二十五年(前222)秦定楚江南地后,朱方县当归秦并改名为丹徒县。《史记·吴太伯世家·集解》引《吴地记》曰:“朱方,秦改曰丹徒。”《汉志》会稽郡丹徒县下颜师古注曰:“即《春秋》云朱方也。”秦之所以将朱方县改名为丹徒县,《元和郡县志》卷25江南道润州府丹徒县下解释道:“本朱方地。……初秦以其地有王气,始皇遣赭衣徒三千人凿破长陇,故名丹徒。”

代

秦王政二十五年(前222),赵之代县属秦。《水经·㶟水注》载:“其水(按,指雁门水)东南流迳高柳县故城北,旧代郡治,秦始皇二十三年虏赵王迁,以国为郡。”秦破代,虏代王嘉在秦王政二十五年(前222),秦置代郡亦应在是年,是上引《水经注》中秦王政二十三年当作二十五年,赵王迁亦当作代王嘉。

① 周天游、刘瑞:《西安相家巷出土秦封泥简读》。

秦置代郡后，代县为其郡治(参见第九章第三节)。秦封泥中有“代丞之印”[①]，也可证秦置有代县。《汉志》载代县属代郡。

平邑

秦王政二十五年(前222)，秦灭赵，平邑县至迟此时属秦。据《汉志》，平邑县属代郡。

迁陵

在出土的里耶秦简中有多处提到迁陵及“迁陵守丞”、“迁陵司空”[②]，说明秦置有该县。秦迁陵县治即应在今湖南龙山县里耶城址，当为秦洞庭郡属县[③]。又，秦洞庭郡当承继楚国旧制而来(参见第九章第三节)，因此，推测楚国已置迁陵县。《汉志》载迁陵县属武陵郡。

酉阳

里耶秦简J1(8)133正面载：“廿七年八月甲戌朔壬辰，酉阳具狱，(狱)史启敢□启治所狱留□，敢言之。封迁陵留。”其中提及的“酉阳”，当为县名[④]。其地在今湖南省永顺县南。依其地望应为秦洞庭郡属县。《汉志》载酉阳县属武陵郡。

益阳

里耶秦简J1(8)147正面载：“迁陵已计，卅四年余见(现)弩臂百六十九，凡百六十九。出弩臂四输益阳，出弩臂三输临沅，凡出七。今八月见(现)弩臂百六十二。”其中提及的“益阳”、“临沅”当为县名。益阳在今湖南益阳市东。依其地望应为秦苍梧郡属县。《汉志》载益阳属长沙国。

零阳

里耶秦简J1(16)3载：“尉曹书二封，丞印。一封诣零阳。”其中的“零阳”，当为秦县。其地在今湖南省慈利县东。从其地望来看，当为秦洞庭郡的属县。《汉志》载零阳属武陵郡治。

孱陵、索

里耶秦简J1(16)52载：“鄢到销百八十四里，销到江陵二百四十里，江陵到孱陵百一十里，孱陵到索二百九十五里，索到临沅六十里，临沅到迁陵九百

---

① 周晓陆、刘瑞：《90年代之前所获秦式封泥》。

② 如J1(6)2正面，J1(8)133正面，J1(8)133背面等。参见湖南省文物考古研究所等：《湖南龙山里耶战国——秦代古城一号井发掘简报》，《文物》2003年第1期；湖南省文物考古研究所等：《湘西里耶秦代简牍选释》，《中国历史文物》2003年第1期。

③ 李学勤：《初读里耶秦简》，《文物》2003年第1期。

④ 湖南省文物考古研究所等：《湘西里耶秦代简牍选释》。

一十里。”其中提及的“孱陵”、“索”等，皆当为秦县。孱陵，在今湖南安乡县。索，在今湖南汉寿县。从此二地之地望来看，皆当为秦洞庭郡属县。《汉志》载孱陵、索二县并属武陵郡。

另有不得确年的秦所置之县，兹列表如下备考。

战国时期未知确年的秦所置之县一览表

秦县名	秦封泥文字	相关的史料记载及考证	《汉志》属郡(国)
泾　阳	泾下家马	“泾下家马”，泾当指泾阳，此封泥之文当释为设于泾阳之“下家马”。《史记》卷6《秦始皇本纪》载：“肃灵公，昭子子也。居泾阳。”	安定郡
阴　密	阴密丞印		安定郡
安　武	安武丞印		安定郡
彭　阳	彭阳丞印		安定郡
方渠除道	方渠除丞	《汉志》北地郡，旧标点读有“方渠、除道”两县，由此封泥知当为“方渠除道”。	北地郡
平　寿	平寿丞印		北海郡
都　昌	都昌丞印		北海郡
浮　阳	浮阳丞印		渤海郡
阳　都	阳都丞印	战国齐国官玺中有一钮玺文曰：“昜(阳)都邑圣逯盟(?)之玺”①，而其时官玺多为县级官吏所用之物，故颇疑其中的“阳都”已是齐县。若此，秦所设之阳都县当承此而来。	城阳国
彭　城	彭城丞印	《史记》卷45《韩世家》载：“文侯二年，伐郑，取阳城。伐宋，到彭城，执宋君。”	楚　国
吕	吕丞之印		楚　国

① 罗福颐：《古玺汇编》0198。

续 表

秦县名	秦封泥文字	相关的史料记载及考证	《汉志》属郡(国)
傅 阳	傅阳丞印		楚 国
当 城	当城丞印		代 郡
建 陵	建陵丞印		东海郡
承	承丞之印		东海郡
郯	郯丞之印		东海郡
东武阳	东武阳丞		东 郡
东 阿	东阿丞印		东 郡
东 牟	东牟丞印		东莱郡
黄	黄丞之印		东莱郡
腄	腄丞之印		东莱郡
昌 阳	昌阳丞印		东莱郡
任 城	任城丞印		东平国
无 盐	无盐丞印		东平国
高 密	高密丞印		高密国
西 成	西成丞印	西成,或即西城。	汉中郡
乐 成	乐成之印		河间国
轵	轵丞之印		河内郡
上 雒	上雒丞印		弘农郡
新 安	新安丞印		弘农郡
柘	柘丞之印		淮阳国
阳 夏	阳夏丞印		淮阳国
般 阳	般阳丞印		济南郡
於 陵	於陵丞印		济南郡

续　表

秦县名	秦封泥文字	相关的史料记载及考证	《汉志》属郡(国)
著	著丞之印		济南郡
梁　邹	梁邹丞印		济南郡
东平陵	东平陵丞		济南郡
济　阴	济阴丞印		济阴郡
城　阳	城阳侯印		济阴郡
西　陵	西陵丞印	《史记》卷40《楚世家》载:“(顷襄王)二十年,秦将白起拔我西陵。”	江夏郡
即　墨	即墨丞印		胶东国
下　密	下密丞印		胶东国
历　阳	历阳丞印		九江郡
郏	郏丞之印		琅邪郡
琅　邪	琅邪县丞		琅邪郡
下　邑	下邑丞印		梁国
取　虑	取(?)虑丞印		临淮郡
僮	僮丞之印		临淮郡
徐	徐丞之印		临淮郡
下　相	下相丞印		临淮郡
厹　犹	厹猷丞印		临淮郡
堂　邑	堂邑丞印		临淮郡
安　丰	安豐丞印		六安国
西	西丞之印	《史记》卷5《秦本纪》载:“周宣王乃召庄公昆弟五人,与兵七千人,使伐西戎,破之。于是复予秦仲后,及其先大骆地犬丘并有之,为西垂大夫。”《正义》引《注水经》云:“秦庄公伐西戎,破之,周宣王与大骆犬丘之地,为西垂大夫。”《括地志》云:“秦州上邽县西南九十里,汉陇西西县是也。”	陇西郡

续 表

秦县名	秦封泥文字	相关的史料记载及考证	《汉志》属郡(国)
驺	驺丞之印	《汉志》鲁国下载:“驺,故邾国,曹姓,二十九世为楚所灭。”	鲁　国
成　固	成固□印		鲁　国
蕃	蕃丞之印		鲁　国
丰	豐　玺		沛　郡
符　离	符　离		沛　郡
虹	虹丞之印		沛　郡
芒	芒丞之印		沛　郡
酂	酂丞之印		沛郡(或南阳郡)
乐　陵	乐陵丞印		平原郡
临　朐	临朐丞印		齐　郡
博　昌	博昌丞印	秦墓志瓦文有“博昌去疾”、“博昌不更余”。	千乘郡
乐　安	乐安丞印		千乘郡
慎	慎丞之印		汝南郡
新　蔡	新蔡丞印		汝南郡
南　顿	南顿丞印		汝南郡
女　阴	女阴丞印		汝南郡
阳　安	阳安丞印		汝南郡
方　与	方與丞印	《战国策·秦策四》载楚人黄歇说秦昭王曰:“且王攻楚之日,四国必悉起应王。秦楚之兵,构而不离,魏氏将出兵而攻留、方与、铚、胡陵、砀、萧、相,故宋必尽。”	山阳郡
薄　道	溥道丞印		山阳郡
夷　舆	夷舆丞印		上谷郡
洛　都	洛都丞印		上　郡

续 表

秦县名	秦封泥文字	相关的史料记载及考证	《汉志》属郡(国)
卢	卢丞之印		泰山郡
博城	博城丞印		泰山郡
兰干	兰干丞印		天水郡
略阳	略阳丞印		天水郡
平城	平城丞印		雁门郡
长社	长社丞印	《史记》卷5《秦本纪》曰:“(昭襄王)三十三年,客卿胡(伤)[阳]攻魏卷、蔡阳、长社,取之。”	颍川郡
傿陵	傿陵丞印	《汉志》作鄢陵。	颍川郡
颍阳	颍阳丞印		颍川郡
徐无	徐无丞印		右北平郡
白狼	白狼之丞		右北平郡
廷陵	廷陵丞印		右北平郡
資城	資城之印		右北平郡
广城	广城丞印		右北平郡
夕阳	夕阳丞印		右北平郡
漆	漆丞之印		右扶风
好畤	好畤丞印		右扶风
废丘	灋丘丞印、废丘丞印		右扶风
泉州	泉州丞印		渔阳郡
新淦	新淦丞印		豫章郡
东安平	东安平丞		菑川国

续 表

秦县名	秦封泥文字	相关的史料记载及考证	《汉志》属郡(国)
褱 德	褱德丞印	《汉志》左冯翊下曰:"褱德,《禹贡》北条荆山在南,下有强梁原。洛水东南入渭,雍州寖。莽曰德驩。"颜师古曰:"褱亦怀字。"	左冯翊
翟 道	翟導丞印	導,同道。	左冯翊
衙	衙丞之印	《史记》卷5《秦本纪》:"武公元年,伐彭戏氏。"《正义》:"戏音许宜反,戎号也。盖同州彭衙故城是也。"《秦本纪》又曰:"缪公于是复使孟明视等将兵伐晋,战于彭衙。"《集解》:"杜预曰:冯翊合阳县西北有衙城。"《正义》引《括地志》云:"彭衙故城在同州白水县东北六十里。"《史记》卷6《秦始皇本纪》:"宪公享国十二年,居西新邑。死,葬衙。"《集解》:"《地理志》云:冯翊有衙县。"《索隐》:"宪公灭荡社,居新邑,葬衙。本纪宪公徙居平阳,葬西山。"	左冯翊
戏	戏丞之印	《秦代陶文》录有"戏工禾"。	
定 阳	定阳市丞	《战国策·齐策五》载苏子谓齐王曰:"昔者魏王拥土千里,带甲三十六万,其强而拔邯郸,西围定阳。"秦金文见上郡戈"定阳"。	
狄 城	狄城之印	《汉志》千乘郡有狄县。	
篸 城	篸城丞印	《汉志》千乘郡有蓼城县。	
夜	夜丞之印	《汉志》东莱郡有掖县。	
虖 娄	虖娄丞印	史籍失载,或以为即是《汉志》庐江郡之雩娄县①。	
晦 陵	晦陵丞印	史籍失载,或以为"晦疑读为海",即是《汉志》临海郡之海陵县②。	
乌 呈	乌呈之印	《汉志》会稽郡有乌程县。	

①② 参见王辉:《西安中国书法艺术博物馆藏秦封泥选释续》,《陕西历史博物馆馆刊》第八辑,2001年。

续 表

秦县名	秦封泥文字	相关的史料记载及考证	《汉志》属郡(国)
芷 阳	茝阳丞印	《史记》卷5《秦本纪》:“(昭襄王)四十年,悼太子死魏,归葬芷阳。”《集解》引徐广曰:“今霸陵。”《正义》引《括地志》云:“芷阳在雍州蓝田县西六里。《三秦记》云白鹿原东有霸川之西阪,故芷阳也。”《史记》卷6《秦始皇本纪》:“昭襄王享国五十六年。葬茝阳。”《索隐》曰:“十九年而立,葬芷陵也。”其中的“茝阳”,即“芷阳”。	
酆	酆 丞	指周都丰镐①。	
寿 陵	寿陵丞印	寿陵有二:其一为秦孝文王陵,《史记》卷6《秦始皇本纪》:“孝文王享国一年,葬寿陵。”其二见《秦始皇本纪》:“六年,韩、魏、赵、卫、楚共击秦,取寿陵。”《正义》:“徐广曰:在常山。按,本赵邑也。”《史记》卷43《赵世家》:“(肃侯)十五年,起寿陵。”《正义》:“徐广云:在常山。”	
庸	庸丞□印		
新成阳	新成阳丞		
新东阳	新东阳丞		
游 阳	游阳丞印		
旱	旱丞之印		
穀寇(?)	穀寇丞印		
高 栎	高栎丞印		
长 武	长武丞印		
新 阴	新阴□□		
高 阳	高阳丞印		

① 王辉:《秦封泥的发现及其研究》,载《文物世界》2002年第2期。

续 表

秦县名	秦封泥文字	相关的史料记载及考证	《汉志》属郡(国)
岐	岐丞之印		
卢　丘	卢丘丞印		
桔　邑	桔邑丞印		
秋　城	秋城之印		

资料来源：周天游、刘瑞：《西安相家巷出土秦封泥简读》；周晓陆、刘瑞：《90年代之前所获秦式封泥》。

第七章 战国时期诸侯国置郡(都)概述

第一节 战国时期的郡(都)制

有关郡的记载,在春秋时期还是很罕见的,到了战国时期就逐渐增多起来。郡最先在哪一诸侯国出现,现在还没有一个明确的答案,但从《左传》哀公二年所载晋国执政大夫赵简子所说的"克敌者,上大夫受县,下大夫受郡,士田十万,庶人工商遂,人臣隶圉免"来看,或许晋国先于其他诸侯国而有郡的建置。

战国时期各国的郡都设在边地,郡的长官称守,可见郡的作用是在军事方面。例如,魏国所置的河西、上郡二郡,目的即是抵御秦国。后来魏在失去西河、上郡后,退而在河东设郡,仍为防秦之用。其他诸侯国之间也有为同样目的而设置的郡,尤其是在各国的交界地带。如,上党地区为魏、赵、韩交界之险要地,韩即在此地置上党郡①。又,韩在三川设郡,楚在汉中设郡,也都是为了防秦。

除了诸侯国之间争池夺地之战外,各国还向北、西、南三方少数民族地区不断扩展其领域,并设郡予以防守。如赵为防林胡、楼烦而设云中、雁门、代郡;燕为防东胡而设上谷、渔阳、右北平、辽西、辽东等郡;秦为防戎而设陇西、北地二郡;楚为防百越、西南夷而设巫郡、黔中郡。

以郡统县的制度也是起于青蘋之末,由微而著,不详其具体年代与国度。一种推测是,起初郡置于边境地区,幅员虽大但相对比较荒陋,后来随着经济发展,郡也逐渐繁荣,其下遂再分为县,以郡统县的制度就慢慢形成了。还有一种情况是,国境地带本来设有不少县,后为了军事上的需要,又在这些县之

---

① 除韩上党郡外,杨宽认为赵亦曾设置上党郡(《战国史》增订本,第678页),钱林书又认为魏也设有上党郡(《战国时期的上党地区及上党郡》,《地名知识》1985年第2期),恐不确。有关这一问题的讨论,详见第八章第二节。

上设置了郡，从而形成以郡统县的制度。如战国后期楚在淮北之地与江旁之地所设的郡，其下肯定原已有县的建置。起初，各国所置之县都由国君直属，即使到了战国末年，各国的腹地都还不设郡，县仍归中央所直辖。商鞅变法时所置之四十一县就是在秦的腹地，而非边境地区，并不隶属于任何郡，秦统一后即属内史地区。以郡统县之制始终仅在各国的边郡实行。在战国中期，郡下属县的记载已很普遍，据《史记》卷5《秦本纪》，魏纳上郡于秦时，该郡所统有十五县。又据《战国策·秦策一》载，代郡有三十六县，韩的上党郡有十七县；《战国策·秦策五》载，燕昭王时所置之上谷郡有三十六县。

郡的长官称守，即取防守之义，说明其责任以军事为主，自然也都是由武官来担任。郡守由国君直接任免，对其郡负有全责，有权征发本郡役卒。魏文侯任吴起为西河守时，就赋予全权。代行或试用期的郡守称假守。从秦简可知，秦郡的衙署叫府，但郡级政府的组织不很明朗。秦郡设监御史，掌监察郡治。《史记·萧相国世家·集解》引苏林说："秦时无刺史，以御史监郡。"监御史隶属于御史中丞，是中央监临地方之官。

战国时期县制在各国普遍实行，但郡却稍有不同，战国七雄之一的齐国就始终不曾设郡。从史籍记载来看，当时齐国实行的是五都之制。本来一国只有一都，而齐却有五都，这是很特别的制度，这一制度与齐人的宗教形态、经济思想、文化学术一起，形成齐国与西方六国尤其是秦国之间存在很大差别的文化特征①。齐以外的六国在战国末年已大致形成了郡—县—乡—里的地方行政组织的层次，体现了各国中央对地方的严密控制。而齐国的五都制大概反映了一种权力相对比较分散的中央集权制。

第二节　齐、韩、赵、魏、燕诸国置郡(都)概述

一、齐五都

战国时期，齐国与其他六国不同，并未推行郡制，而是实行其独有的五都制。齐五都之名，由于文献失载，至今说者纷纭，莫衷一是。

现推测齐国五都可能是下列的五处所在，即西部的高唐，西南部的阿、平陆，东部的即墨及中部的国都临淄。除了临淄，其他四都均设在齐国的边地，

① 周振鹤：《假如齐国统一天下》，《二十一世纪》1995年第2期；收入《随无涯之旅》，三联书店，1996年。

可以想见齐都设置应主要出于军事防御的需要,当与另外六国设郡的目的相一致。齐五都之下各应统县。

二、韩郡

战国时期韩国亦在边地设郡,然由于此方面的资料记载太少,现可知的战国韩郡只有上党、三川二郡。

公元前451年,韩、赵、魏联合,共同灭掉了晋国六卿中最有权势的智伯瑶,然后三分其地。晋君反听命于韩、赵、魏三家之君,成为三国的附庸,形成"三家分晋"的局面,晋上党之地即在此时当为韩国所据,且置郡。其时韩上党郡有十七县之地。

至迟宣惠王二十年(前313),韩已置三川郡。三川郡之名乃因地处黄河、洛水、伊水三川而来。三川南部与楚为邻,故韩国在此设郡以御楚。该郡之领域,当有今黄河以南、河南省灵宝以东、中牟以西及北汝河上游地区。

桓惠王十一年(前262),秦攻韩上党郡,郡守冯亭率众就近降赵,赵遂得韩上党郡。二十三年,韩三川郡为秦所得。又,在十五年至二十五年间,韩复从秦国收回了上党郡。二十六年,韩上党郡为秦所得。

三、赵郡

战国时期赵国曾先后在其境内的一些地区设郡进行管理。

至迟武灵王六年(前319),赵将处于齐、燕、中山交界之地单独划出,以安平为中心,设置安平郡①,以防御三国对赵的进攻。安平郡应在今河北省安平县一带。

至迟武灵王十八年,赵置代郡。代郡本为代国之地,赵襄子元年(前458),代国为赵所灭,至武灵王时又立郡。代郡其时似领有三十六县,辖境当有今山西省东北部以及河北省与内蒙古自治区的一部分地区。

武灵王二十年,赵西略胡地,一直打到了榆中(今陕西省榆林市以北地区)。"林胡王献马"②,表示从此归附赵国。至迟二十三年,赵于榆中以北地区设置九原郡,命吏大夫奴迁于九原。赵九原郡之领域当在今内蒙古自治区后套及其以东至包头市的地区。其地后来大概为匈奴所侵占,直至秦王政统一后,复又派兵攻取该地,仍置为九原郡。

---

① 杨宽:《战国史》(增订本)附录一《战国郡表》(二)赵国设置的郡,第678页。
② 《史记》卷43《赵世家》。

武灵王二十六年，赵复攻中山，攘地北至燕、代，西至云中、九原。至迟此时赵置有云中郡。云中郡本为林胡地，赵武灵王击败林胡、楼烦之后为赵所据。云中郡当有今内蒙古自治区大青山以南、长城以北的地区。

至迟武灵王二十七年，赵又在攻破的楼烦地置雁门郡。该郡当辖有今山西省北部神池、五寨、宁武等县以北到内蒙古自治区一部分地区的区域。

惠文王十九年(前280)，秦将白起攻赵，夺取了代郡的光狼城。

孝成王四年(前262)，秦攻韩上党郡，韩上党郡守冯亭降赵，赵遂控制了韩之上党郡。二年后，此上党郡地又为秦所取。

孝成王七年，秦大将司马梗率军北上，平定了赵的太原郡。赵太原郡始置之年，因史籍失载，今已无法确知。该郡所辖的范围当有今山西省句注山以南，霍山以北，五台、阳泉以西，黄河以东地区。赵太原郡属秦后不久，又为赵夺回。

孝成王十八年，秦大将蒙骜率军夺取赵太原郡境内的榆次等三十七城，太原郡最终为秦所得。

幽缪王二年(前234)，秦攻赵，云中郡属秦。大约亦在此年，雁门郡又为秦所攻取。

幽缪王七年，秦大破赵，虏王迁，至迟此时安平郡之地为秦所取。

幽缪王迁为秦所虏后，赵公子嘉率众出奔至代郡，赵之亡大夫共立嘉为代王，代郡又成为赵公子嘉称王之所。

代王嘉七年(前222)，秦进兵攻代，虏代王嘉，代郡为秦所得。

四、魏郡

现已知可考的魏曾设置的郡有西河(河西)郡、上郡、河东郡、大宋郡、方与郡、上蔡郡等。

至文侯时，魏置有西河郡，文侯即曾以吴起为西河守，以抵御秦、韩两国的进攻。魏西河郡又称河西郡，此乃因地处黄河之西而得名。西河郡的领域，当有今陕西省华阴市以北、黄龙县以南、洛河以东、黄河以西的地区。

亦于文侯在位之时，魏设立了上郡。上郡之领域，应有今陕西省洛河以东，黄梁河以北，东北到子长、延安一带。魏上郡又称上地。李悝即曾担任过上地之守。魏上郡辖有十五县之地。

惠成王更元五年(前330)，魏河西郡之地为秦所取。

惠成王更元七年，上郡属秦。魏失上郡之地后，为防御秦国的入侵，复又在国境西部设置了河东郡。河东郡的领域，当有今山西省沁水以西、霍山以南地区。

昭王六年(前 290),魏河东郡大部分地区属秦。

昭王十年,魏河东郡全境为秦所有。

在昭王十二年齐为燕与三晋所破之前,魏利用其地理形势之便,将齐新得的一部分宋国土地占为己有,此即《荀子·议兵》中所讲的“齐能并宋而不能凝也,故魏夺之”①。魏随即在这片区域内设置了大宋、方与二郡。大宋郡的领域当以宋国的旧都睢阳为中心,有今河南省商丘市及安徽省砀山县等地;而方与郡的领域则应以方与(今山东省鱼台县东南)为中心,有今山东省嘉祥县以南金乡县等地,还包括今江苏省丰县一带。

至迟昭王十七年,魏已置上蔡郡。此前一年,魏从楚国手中取得上蔡县之地,是魏所设上蔡之郡在一定意义上沿袭了楚上蔡郡的原有建置。其领域应有今河南省上蔡县一带的区域。另外,方与郡之地当亦在昭王十七年属楚。

王假三年(前 225),秦灭魏,至迟此时大宋、上蔡二郡属秦。

五、燕郡

有关战国时期燕国设郡的史料记载甚少,且主要集中在大约燕昭王时期,因此战国燕郡的沿革显得相对比较简单。

大约是在燕昭王执政时期,燕国贤将秦开作为人质居住在东胡,他取得东胡人的信任,掌握了东胡的内部情况。待回到燕国后,他便率军打败东胡,占据了东胡的聚集地,使东胡退却了千余里。这次战役的胜利,使燕国的国土一直向东北扩展至辽东一带。为了抵御东胡日后的侵扰,燕国一方面在造阳至襄平一线修筑长城,另一方面又在长城沿线之南,自西而东设立了上谷、渔阳、右北平、辽西及辽东等五郡。

第三节　楚郡概述

战国楚郡见于文献记载的有关资料并不很详备,对楚郡的始设年代,无从确考。现仅将可确考的楚郡沿革状况概述如下,而有关楚郡的具体变化则请见战国楚郡考证一节。

现在可知的楚国最早设置的郡为南阳郡,其设立的年代不会晚于悼王二十一年(前 385)。其时吴起为逃避魏相公孙的迫害,离开魏武侯而来到楚国。

① 杨宽:《战国史》(增订本),第 396 页。

楚悼王便任命他为南阳郡的最高长官(其时称宛守)。该郡所辖范围当以郡治宛县为中心,东南至息县。

至迟宣王十五年(前361),楚已置黔中、汉中二郡。黔中郡的领域在今湖北西南部、湖南西北部与重庆东南部的长江以南地区。其郡治当在沅陵。汉中郡的领域,当有今陕西省东南角,南到今湖北省西北角。汉中郡的治所在西城。

怀王十五年(前312),秦将魏章攻楚汉中,取地六百里,楚汉中郡属秦。

怀王二十一年,楚败越国,以所取之地置江东郡。其领域当有今安徽省东南部、江苏省南部及浙江省北部地区。其时楚之江东又可称吴。

怀王二十七年前,楚已置有上蔡郡。其郡之领域大约包括了整个楚"方城之外"的地区。郡治当为上蔡县。

至迟怀王二十七年,由上蔡郡析置新城郡。新城郡当辖有今河南省伊川县附近的地区。郡治新城县。

怀王二十七年,齐将匡章、韩将暴鸢、魏将公孙喜率三国联军合力攻楚,在沘水之滨的垂沙大败楚军,斩杀楚国大将唐蔑(或作唐眛)。于是楚国在宛、叶以北的领地被韩、魏两国所占据。其中上蔡属魏,楚上蔡郡当不复存在。同年,秦又伐楚,斩首三万,夺取楚的新城县,楚新城郡恐亦在此时消亡。

至迟于怀王三十年,楚已置有巫郡。此年楚怀王应秦之约至武关结盟,秦昭襄王趁机将其留之,要挟楚王把巫、黔中二郡割给秦国。楚怀王对此十分忿怒,坚决不答应秦的要求。楚国得知此消息后,立顷襄王,以绝秦之要挟。秦最终不能得巫、黔中二郡。巫郡以巫山而得名,其领域当有今湖北省清江中、上游和重庆市东部。郡治当在巫县。

顷襄王十七年(前280),黔中郡为秦所攻取。旋复收回该郡①。

顷襄王二十年,黔中郡再次为秦所攻取。同时巫郡亦为秦所得(参见下文秦郡概述)。

顷襄王二十一年,顷襄王收东地兵,得十余万,复西取秦所拔的江旁十五邑为郡,用以拒秦。此江旁十五邑当即前一年秦由楚所得的位于江南的黔中郡地。史未载该郡名称,姑且称为"江南"(或仍沿用黔中郡之名)。

---

① 杨宽认为楚率军收复黔中郡的将军应为庄跻。大约在公元前279年,庄跻通过黔中郡向西南进攻,一直打到滇池。此即史载的"庄跻入滇",参见其《战国史》(增订本),第405页。其论存此,聊备一说。另,任乃强以为庄跻入滇在公元前276年楚顷襄王得江旁十五邑之后,与杨宽的观点不同,可参看其《华阳国志校补图注》卷4附一《庄跻入滇考》,第313~315页。

至迟顷襄王二十五年,楚南阳郡地为秦所据,该郡建置当废。

考烈王十二年(前250),楚相春申君黄歇以淮北之地与齐为邻,所处位置紧要,要求楚考烈王在此置郡,并将原封给他的淮北十二县献出,请改封于江东。考烈王答应了他的请求。由于楚在淮北所立之郡的名称于史无载,故暂名以"淮北"。至于楚淮北郡的领域,当以春申君所献之十二县之地为主,还可能包括楚随后攻取的驺、鲁等靠近齐国之地。同年,由于春申君改封江东,江东郡成为春申君黄歇的封域。其时又称作吴。

考烈王二十五年,春申君为刺客所杀,江东或许重新置郡。

王负刍五年(前224),秦大破楚,至迟此时淮北郡、江东郡当不复存在。

越君二年(前222),原楚黔中郡地为秦最终所夺得。

另外,战国时期楚还当在其南部地区设置了洞庭、苍梧二郡。楚为秦所灭后,此两郡的建置又当为秦所承继。

第四节　秦郡概述

战国时期,秦国在本土西南设有若干郡,统一六国的过程中也先后设置了许多郡,至秦王政二十五年(前222),秦并齐国之前,共置有三十一郡。现将秦在此过程中所设之郡概述于下,而其具体的沿革状况则请见战国秦郡考证一节。

惠文君十年(前328),秦使公孙华与张仪围攻魏的蒲阳,待夺取蒲阳之后,张仪又让秦王把该地归还给魏,并且使秦公子繇至魏作"质子"。然后张仪跑到魏襄王面前讲秦王对魏礼遇甚厚,魏亦应以礼相待,不可无礼。魏襄王无奈,只得将上郡十五县之地连同少梁一起献给秦,以谢秦惠王。秦纳魏上郡之地后,即应重新置郡。唯该郡的领域要比原魏上郡要大一些,有今陕西省黄河以西、黄陵宜川以北、内蒙古自治区伊金霍洛旗、乌审旗以东地区。秦上郡的治所当在肤施。

惠文王九年(前316),蜀王伐苴,苴侯逃到巴国。巴王为此向秦国求救,秦惠王于是派司马错、都尉墨等率军从汉中经石牛道伐蜀,蜀王亲自于葭萌带兵进行抵抗,结果大败,蜀王逃到武阳后,为秦军所杀,蜀国至此而亡。随后,秦军又灭掉巴国。惠文王十一年,惠王封公子通为蜀侯,以陈壮为相。同时置巴、蜀二郡,以张若为蜀守。这样,在蜀地出现了国郡并置的局面。

蜀郡之领域,当有今四川省阆中以西,松潘、天全以东,宜宾、石棉以北的地区。秦蜀郡的治所当在成都。巴郡领域,当有今四川省阆中、南充、泸州以东，重庆市奉节以西及綦江、武隆以北的地区。秦巴郡的治所在江州。

惠文王十三年，秦庶长魏章统兵在丹阳大败楚军，俘虏楚大将军屈匄、裨将军逢侯丑等七十余人，斩首八万。随后又攻楚汉中郡，取地六百里。同时又将巴郡与蜀国(郡)一部分地划出，与原楚汉中郡一起重新置汉中郡。所以，秦汉中郡的领域比原楚汉中郡的要大，有今陕西省秦岭以南，湖北省十堰市郧阳区、保康县以西，大巴山以北地区。秦汉中郡治南郑。见于史载的汉中郡守有昭襄王时的任鄙。

惠文王十四年，蜀地发生内乱，蜀相陈壮杀蜀侯。次年，即武王元年(前310)，秦遣庶长甘茂、张仪、司马错等复率兵伐蜀，杀死蜀相陈壮。此后，公子恽与绾又相继为蜀侯，蜀地依然是国郡并存。

昭襄王十七年(前290)，秦攻魏，魏被迫将河东郡四百里的地方献给秦。

昭襄王二十一年，秦将司马错攻打魏国的河内，魏献河东郡的治所安邑，至此魏河东郡全境入秦。秦得魏河东郡全境之后，当重新置郡。昭襄王即曾拜王稽为河东守。秦河东郡领域与魏之原领域相同，秦时河东郡治由属魏时的安邑迁至临汾。

昭襄王二十二年，秦昭襄王怀疑蜀侯绾谋反，将其杀死，从此在蜀地不再设立封国，而只置蜀郡来管理该地。

至迟昭襄王二十七年，秦已置陇西郡。秦陇西郡原本为义渠地，昭襄王时起兵伐残义渠，在该地置郡。秦陇西郡的领域，当有今甘肃临夏、临潭以西，宕昌、礼县以北的地区，郡治当在狄道。同年，昭襄王又使司马错由陇西发兵，因蜀攻取了楚国的黔中郡。在昭襄王二十七年至三十年间，黔中郡又曾由秦还属楚国。

昭襄王二十九年，秦将攻楚，拔楚都郢，烧夷陵，向东一直攻到了竟陵。楚顷襄王只得出走郢，东迁都城于陈。于是，秦便以郢为中心而建立了南郡。

至昭襄王三十年，秦蜀守张若伐楚，夺取了楚国的巫郡、黔中郡。楚黔中郡之地入秦后，黔中郡东部之地便划归了秦所设置的洞庭郡，而其西部地区，则划入巴郡。楚巫郡入秦后，巫县及其以东地区，划入了前一年所置的南郡领域，巫县(不含巫县)以西地区则划归巴郡管辖。至此，秦南郡的领域，当有今湖北省武汉市以西、襄阳市以南、监利县以北及重庆市巫山县以东的区域。秦南郡当治郢。

昭襄王三十一年，楚人复反秦于江南，黔中郡重又为楚所据。

昭襄王三十三年，魏为向秦求和而将南阳献给了秦国。魏之南阳，即后来秦、汉之河内郡地。秦有该地后，将其并属在河东郡之下，并未单独置郡。待秦统一后,才又分河东郡而置河内郡。

昭襄王三十五年,秦又以所夺取的楚地宛为中心设置了南阳郡。秦南阳郡有今河南省栾川县、鲁山县以南,湖北省襄樊市、随州市以北,河南省西峡县、湖北省丹江口市以东,河南省信阳市以西的地区,郡治设在宛县。

至迟昭襄王三十六年,秦灭义渠,之后,又在该地设置了北地郡。秦北地郡介于陇西与上郡之间,辖有今宁夏回族自治区贺兰山、青铜峡、苦水河以东以及甘肃省东北部马莲河流域,郡治当在义渠。

昭襄王四十二年之后,秦置陶郡。春秋时期,陶为宋国属地。降至战国,齐灭宋,该地为齐占据。后来燕等五国联合破齐,秦又趁机占有此地,昭襄王三十三年,封穰侯魏冉于此。待魏冉死后,又在此地设郡。陶即定陶,该郡当有今山东省宁阳至定陶县一带。

昭襄王四十七年,秦夺取了为赵国所控制的韩上党郡,翌年,韩上党郡之地完全归入秦国领地。此后至庄襄王三年(前 248)间,韩复由秦处夺回上党郡。

昭襄王四十八年,秦将司马梗北定赵之太原郡。此后至庄襄王三年(前 248)间,赵复一度曾将太原郡夺回。

至昭襄王五十年,秦河东郡由于陆续得怀、邢丘及宁新中等地,其领域当较前有所扩大。

庄襄王元年(前 250),蒙骜为秦将,带兵伐韩,夺取了包括成皋、荥阳等地在内的韩三川郡地,重新建立三川郡。秦三川郡的领域当与韩三川郡同,郡治当在洛阳。

庄襄王三年,秦将蒙骜再次攻打赵太原郡,将其所领的三十七城全部攻取。

庄襄王四年,秦于该地重置太原郡。秦太原郡的领域,当与赵太原郡同,其治所在晋阳。同年,秦将王龁再次攻取韩上党郡。秦复得韩上党郡后,当沿袭韩国旧制而重置上党郡,领域当与原韩上党郡范围略相同,有今山西省和顺、榆社等县以南,太行山以西、以北以及沁河以东的地区。郡治当在长子。

至此,秦设郡的情况即如《史记》卷 6《秦始皇本纪》所载的那样,“秦地已并巴、蜀、汉中,越宛有郢,置南郡矣;北收上郡以东,有河东、太原、上党郡”。

至迟秦王政四年(前 243),秦陶郡为魏攻取,秦陶郡遂不复存在。

秦王政五年,将军蒙骜攻魏,夺取了酸枣、燕、虚、长平、雍丘、山阳等二十城,建立东郡。翌年,秦又将原卫之都城濮阳并入东郡辖地之中。秦东郡的领域,当有今山东省东阿、梁山二县以西,河南省延津县以东,山东省定陶、成武等县以北，河南省清丰、南乐等县以南的地区。该郡的治所应在濮阳。

秦王政八年，封嫪毐长信侯，予之山阳地，又以河西、太原郡更为毐国。秦太原郡因之而成为嫪毐封国的一部分。明年，嫪毐发动叛乱，废其封国，太原复为秦郡。

秦王政十三年，秦攻赵，夺得赵云中与雁门二郡，并于其故地重置云中郡与雁门郡。秦云中、雁门郡的领域，应与赵云中、雁门郡同。秦云中郡治云中，雁门郡则治善无。

秦王政十七年，内史腾进攻韩国，俘虏了韩王安，尽纳其地，韩亡，秦于其地置颍川郡。颍川郡的领域，有今河南省登封、宝丰等市县以东，鄢陵以西，新密市以南，舞阳以北的地区。颍川郡的治所当在阳翟。

秦王政十八年，秦大破赵，至迟此时安平郡之地为秦所攻取。又，此年秦可能已置有上谷郡。

秦王政十九年，王翦等大破赵，将赵王迁俘获，占领了赵国都城邯郸，于是秦在赵国故地设置了赵郡。秦赵郡的领域，有今河北省高邑县、白洋淀、文安洼以南，河南省浚县、内黄，山东省高唐、临清等县以北，河北省涉县、晋州市、邢台市以东，大名、馆陶、青县、南皮及山东省冠县等以西的地区。郡治当在邯郸。

秦王政二十一年，王翦率军破燕太子军，取燕都蓟城，得太子丹之首。燕王喜只好把都城东迁至辽东郡。秦得燕都蓟城之后，设置了广阳郡。秦广阳郡之领域，当有今北京市以南、河北省雄县以北、易县以东、天津市静海县以西的地区，该郡当治蓟县。与此同时，秦又先后在所得的故燕之渔阳、右北平、辽西等三郡之地重置上述三郡，所设之郡的领域亦与燕之旧郡同。郡治依次为渔阳、无终、阳乐等县。

秦王政二十二年，秦将王贲攻魏，引大沟之水灌魏都大梁，大梁城坏，魏王假被俘，魏亡，秦以魏大宋郡之故地为基础而设置了砀郡。秦砀郡的领域，有今河南省开封、通许等地以东，安徽省砀山县以西，亳州市以北，河南省兰考县，山东省巨野、嘉祥等县以南的区域。砀郡当治睢阳。又因原魏大宋郡亦以睢阳为中心(参见第八章第四节)，故可推知秦砀郡当是在其基础之上而设置的。另外，秦灭魏后，原秦陶郡之地复为秦得，然秦未再恢复陶郡建置，而是将该地划归新置的东郡之下。

秦王政二十三年，秦设立了泗水郡。秦泗水郡的领域，有今江苏省沛县、丰县以南，安徽、江苏省淮河以北，安徽省涡阳、萧县等县以东，江苏省睢宁、泗洪等县以西的地区。秦泗水郡治沛县。亦在此年，秦置薛郡。薛郡本为薛国故地。战国初期,齐国灭薛,该地后来先后成为齐相田婴与田文的封邑,待秦夺取该地后,复设置为郡。薛郡的领域,有今山东省东平以南,枣庄市以北,济宁市以东及平邑县以西的地区。

秦王政二十四年,王翦、蒙武等率军大破楚军,项燕自杀,其所据之楚淮南地当为秦所取。秦于此置九江郡。九江郡的领域,有今河南、安徽二省淮河以南,湖北省黄石市以东及江西省大部的地区。郡治在寿春。

秦王政二十五年,秦大举兴兵,派王贲攻打燕之辽东郡,得燕王喜,燕国宣告灭亡。秦在原燕之辽东郡故地重新设置了辽东郡。其领域应与燕辽东郡大略相同,郡治在襄平。秦灭燕后,又转而向西攻打在赵之代郡称王的赵公子代王嘉。结果代王嘉被俘,赵国最终灭亡。秦在赵代郡故地重设代郡。秦代郡之领域应与原赵代郡大致相同。秦代郡的治所在代县。同年,秦复得位于江南的楚黔中郡地,降服了在越地即位的楚国国君①,楚至此而亡。秦得原楚黔中郡地后,对这一地区重新做了调整,将黔中西部划属巴郡,而在东部另置洞庭郡;在洞庭郡的东部,则仍沿袭楚的旧置设置了苍梧郡。另外,秦还在越地设置了会稽郡。秦会稽郡的领域,当有今江苏省南京、镇江等市以南,浙江省衢州、金华等市以北,安徽省黟县、芜湖市以东的地区。郡治当在吴县。

① 《史记》卷6《秦始皇本纪》载:"(二十五年)王翦遂定荆江南地;降越君,置会稽郡。"此处的越君,一般视为东越地之君,不确。其实此越君仍为楚王,只不过因在越地即位而称越君而已。详见《新编年表》及其有关考证。

第八章　战国时期诸侯国设郡（都）考证（上）

战国时期，有关各国（齐国除外）设郡的标准较为明确，凡出现"某某郡"、"某某郡守"、"某某守"等字样记载者，均可视为有"某某郡"的存在。因此，在考证战国时期各国置郡之时，即主要以此为依据。又由于其时齐国采取的是五都制，并未置县，故在此先讨论齐都的设置，然后再依次考证其他诸侯国置郡的具体情况。

第一节　齐 都 考 证

战国时期，齐国是七雄之中唯一未曾实行郡县制的国家，而代之以都邑制。

齐在全国共设有五都，这在文献中有明确的记载。《战国策·燕策一》载："孟轲谓齐宣王曰：'今伐燕，此文、武之时，不可失也。'王因令章子将五都之兵，以因北地之众以伐燕。"（类似的记载亦见于《史记》卷34《燕召公世家》，具体引文见下）另外，《战国策·齐策一》载，苏秦为赵合纵而对齐宣王说："齐车之良，五家之兵，疾如锥矢，战如雷电，解如风雨。"其中的"五家之兵"应即"五都之兵"①。齐在五都之下还分别设县，在地方所采取的是都邑制。齐将地方行政权力分属于五都，而并不尽集中于国都。这种制度与郡县制有很大的不同。郡县制是中央集权制下的产物，而都邑制则偏重于分权。

有关齐国五都制的具体情况，史无详载，以至于究竟是哪五都，学界亦无定说。一种观点认为齐五都指临淄、平陆、高唐、即墨、莒②，另一种观点则认为齐五都应为临淄、平陆、高唐、博、邶殿③，还有一种观点认为齐五都当是高唐、南城、平陆、即墨、阿④。为了使齐五都之说较为明确，笔者进行了重新考订，认为齐五都应为临淄、即墨、平陆、阿、高唐。现将具体考证叙述如下。

---

① 杨宽：《战国史》（增订本），第229页注（2）。
② 同上书，第229～230页。
③ 钱林书：《战国齐五都考》。
④ 韩连琪：《春秋战国时代的官制及其演变》，《先秦两汉史论丛》，齐鲁书社，1986。

临淄

临淄为战国时期齐国国都,理应包括在齐五都之中。然《史记会注考证》引日人中井積德曰:“五都并指国外别邑也。若临淄是国治矣,必不在其数。”顾颉刚以为中井氏之说甚是,且指出:“五都者,齐北境边燕之都。”[①]韩连琪亦以为齐都当亦与其他国家的郡一样,最初设在边地,齐国都可能不在五都之内[②]。

其实齐国都邑制偏于分权,不像他国把权力集中于国都,故临淄还是应在齐五都之内的。《史记》卷 34《燕召公世家》载:“(齐滑)王因令章子将五都之兵,以因北地之众以伐燕。”《史记索隐》曰:“五都即齐也。按,临淄是五都之一也。”可见唐人司马贞亦持此论。又,《战国策·齐策一》载苏秦说齐宣王曰:“临淄之中七万户,臣窃度之,下户三男子,三七二十一万,不待发于远县,而临淄之卒固以二十一万矣。临淄甚富而实,其民无不吹竽鼓瑟,击筑弹琴,斗鸡走犬,六博蹹踘者;临淄之途,车毂击,人肩摩,连衽成帷,举袂成幕,挥汗成雨;家敦而富,志高而扬。”由此可窥临淄人口之众多,景象之繁华。以临淄都城为中心,再将周围一些县划入而组成齐之一都,实应在情理之中,杨宽、钱林书即皆作如是论断[③],故临淄为齐五都之一当无疑义。

高唐

高唐亦应在齐五都之列。该地处于齐国西部,西方各诸侯国在进攻齐国之时,高唐每每成为其必争之地。早在春秋时期,齐晋相邻,高唐即曾遭到晋军的攻击。《左传》哀公十年即载:晋赵鞅率军伐齐,“取犁及辕,毁高唐之郭,侵及赖而还”。另在《史记》中还留下了两则比《左传》所记更早的史料。《史记》卷 32《齐太公世家》载:齐庄公元年,“晋闻齐乱,伐齐,至高唐”。《史记》卷 39《晋世家》曰:晋平公十年,“晋因齐乱,伐败齐于高唐去,报太行之役也”[④]。由上所载可见高唐地理位置之重要。

随着韩、赵、魏的三家分晋,高唐成为齐国与赵国接境之地。赵欲东侵,扩展领土,高唐即成为其攻占的目标。高唐在齐、赵之间,曾二度易手。第一次是在公元前 345 年,《史记》卷 43《赵世家》载:肃侯六年,“攻齐,拔高唐”。赵肃侯六年即公元前 345 年。是该年高唐由齐属赵。但没过几年,高唐又重为

---

① 顾颉刚:《缓斋杂记》(四),载《顾颉刚读书笔记》第六卷,联经出版事业公司,1990 年,第 4382～4383 页。顾颉刚还认为:“齐之都必不止于五,特北方之都则五耳。”(《缓斋杂记》(三),载《顾颉刚读书笔记》第六卷,第 4353 页)其论存此备考。

② 韩连琪:《春秋战国时代的官制及其演变》。

③ 杨宽:《战国史》(增订本),第 229～230 页;钱林书:《战国齐五都考》。

④ 《史记》卷 14《十二诸侯年表》晋平公十年栏曰:“伐齐至高唐,报太行之役。”

齐人夺回。《史记》卷46《田敬仲完世家》载，齐威王二十四年（前332），威王对魏王说："吾臣有肦子者，使守高唐，则赵人不敢东渔于河。"这说明至迟此时高唐复属齐，并由齐将肦子率军驻守。第二次是在公元前274年，《史记》卷43《赵世家》曰："（惠文王）二十五年，燕周将，攻（齐）昌城、高唐，取之。"赵惠文王二十五年即公元前274年。然则齐高唐在该年又为赵攻占。又，《战国策·赵策四》载："燕封宋人荣盆为高阳君，使将而攻赵。赵王因割济东三城（令）卢、高唐、平原陵地城邑市五十七，命以与齐，而以求安平君而将之。"结合《赵世家》所载知此事在赵孝成王元年，即公元前265年，是此年后，高唐复为齐据。此后高唐一直属齐而至秦灭齐为止。

又，《孙膑兵法·擒庞涓》载："忌子召孙子而问曰：'事将何为？'孙子曰：'都大夫孰为不识事？'曰：'齐城、高唐。'"后在齐魏桂陵之战中，齐城、高唐二都大夫在行军途中大败。这里的齐城当指临淄。由此所载知在临淄、高唐均设置有都大夫，而都大夫乃为齐五都中地方长官之称谓（参见下引《孟子·公孙丑下》之文），因此从以上所述中可以断定以高唐城为中心的高唐都应位列齐五都之中。杨宽、韩连琪、钱林书亦都认为高唐当为齐五都之一①。

平陆

平陆地处齐国西南部边地，一度受到境外鲁、宋等国的侵袭。《史记》卷46《田敬仲完世家》载："（康公十六年）鲁败齐平陆。"《战国策·齐策四》载苏秦劝齐滑王伐宋国时说："夫有宋则卫之阳城危，有淮北则楚之东国危，有济西则赵之河东危，有阴、平陆则梁门不启。"于此可见平陆地理位置之重要。

《孟子·公孙丑下》载，孟子到平陆后，对其都大夫孔距心说："子之持戟之士，一日而三失伍，则去之否乎？"过了几天，孟子又见于齐王曰："王之为都者，臣知五人焉，知其罪者，惟孔距心。"《韩非子·有度》载：魏安釐王"加兵于齐，私平陆之都"。《战国策·齐策》载："魏攻平陆，齐无南面之心。"据此可得出二点结论：其一，以平陆为中心的平陆都当为齐五都之一。杨宽、钱林书皆以为平陆应列入齐五都之中②。其二，齐五都均设有都大夫，治理一都之内的政务，此点杨宽业已言之③。

即墨、阿

《史记》卷46《田敬仲完世家》载："威王初即位以来，不治，委政卿大夫，九

①② 杨宽：《战国史》（增订本），第229～230页；韩连琪：《春秋战国时代的官制及其演变》；钱林书：《战国齐五都考》。

③ 杨宽：《战国史》（增订本），第230页注（1）。

年之间,诸侯并伐,国人不治。于是威王召即墨大夫而语之曰:'自子之居即墨也,毁言日至。然吾使人视即墨,田野辟,民人给,官无留事,东方以宁。是子不事吾左右以求誉也。'封之万家。召阿大夫语曰:'自子之守阿,誉言日闻。然使使视阿,田野不辟,民贫苦。昔日赵攻甄,子弗能救。卫取薛陵,子弗知。是子以币厚吾左右以求誉也。'是日,烹阿大夫,及左右尝誉者皆并烹之。"上引文中明言齐威王时齐有即墨大夫与阿大夫,此二大夫当是都大夫而非一般之县大夫,即墨与阿应为齐五都中之二都。

先论即墨。如果说上述《史记》中所载的即墨大夫尚难看出是都大夫而非县大夫,那么下面《战国策》中的记载则应可较为明确地说明这一问题。《战国策·齐策六》载:"齐王建入朝于秦……即墨大夫与雍门司马谏而听之……齐王不听即墨大夫而听陈驰。"其中两度提及即墨大夫,单就此即墨大夫可直接向齐王谏言而论,该大夫当有一定地位而非一般普通的行政官员,故将此即墨大夫视为都大夫,应无不妥。

《战国策·齐策一》又载,张仪为秦连横齐王曰:"大王不事秦,秦驱韩、魏攻齐之南地,悉赵涉河关,指博关,临淄、即墨非王之有也。"(《史记》卷70《张仪列传》所载与此略同)在此张仪将临淄、即墨连文,一方面说明即墨地位之重要,另一方面也可说明即墨之地位与临淄相仿,而只有齐都方能有此地位,故上述所载又可为即墨乃齐五都之一添一佐证。

齐湣王时,燕将乐毅破齐,攻下七十余城,唯即墨与莒不下。后,齐将田单固守即墨,终于收复了整个齐国。田单凭借之即墨当非区区一县而应是以即墨城为中心的即墨都,否则他不能有此雄厚的后盾来击败燕国的入侵,此又说明即墨可能为齐五都之一。

再者,从即墨的地理位置来看,该地处齐之东土,向西可直达齐国都临淄,齐在此设置一都,可作为齐国抵御东部境外少数部族的侵扰,拱卫东部疆土的门户。因此将即墨归入齐五都之中,应为情理中之事。杨宽、韩连琪两人即将即墨置于齐五都之列①。

关于阿,在上引《史记》卷46《田敬仲完世家》之文中,阿大夫与即墨大夫并称,既然即墨为齐五都之一,则阿亦应为齐之一都。又,《战国策·秦策三》载,有人对魏冉说:"齐有东国之地,方千里。楚苞九夷,又方千里,南有符离之塞,北有甘鱼之口。权县宋、卫,宋、卫乃当阿、甄耳。"《战国策·齐策六》亦载即墨大夫对齐王建说:"齐地方数千里,带甲数十万,夫三晋大夫,皆不便秦,而在阿、甄之间者百数,王

---

① 杨宽:《战国史》(增订本),第230页;韩连琪:《春秋战国时代的官制及其演变》。

收而与之百万之众，使收三晋之故地，即临晋之关可以入矣。”阿地处齐国西南境，从上述两则史料中，可见齐要经常在此地与其他诸侯国接触，于此可见阿地理位置之重要。齐在此置有一都，亦甚合情理。韩连琪即认为阿应为齐五都之一①。

以上我们将齐五都重新考订一番，认为齐五都应为中部的国都临淄、东部的即墨、西南部的平陆与阿、西部的高唐。

至于前文中所提及的莒、博、邶殿及南城等四地，不应在齐五都之中。这是因为在判断何地为齐国五都之一时，最有说服力的一条标准即是看该地是否有都大夫这一官职，我们在上述考证中便主要依据这一点。以此标准来衡量莒等四地，恐怕其作为齐五都之说便很难成立了。莒与南城本即属论者推断之语，无确凿之据②，在此自不必深论，即使有颇多所谓依据的博、邶殿二地，亦甚有可商之处。首先，该二地为齐都的论据是曾为齐之别都，然此立论的依据皆为后人的注释，一是《国语·齐语》中的韦昭注，一是《左传》襄公二十八年中的杜预注，且这两则所注的材料都是记载春秋时的文献，用以作为论证战国时期齐国的五都问题，这就很难令人完全信服。其次，邶殿自春秋以后几无记载，倘该地为战国时的齐国五都之一，似不会看不出一点痕迹。基于上述考虑，博与邶殿恐不能列入齐五都之名中③。

第二节 韩郡考证

战国时期韩国所设之郡可考者，仅上党、三川二郡④。下面即对此二郡的沿革作一具体考证。

上党郡

《战国策·东周策》载：“周最谓金投曰：‘公负令秦与强齐战，战胜，秦且收齐而封之，使无多割而听天下之战；不胜，国大伤，不得不听秦。秦尽韩、魏之上党，太原西止秦之有已。’”此处虽然提到韩、魏之上党，实际上还应指的是韩上党，因上党处于韩、魏两国之间的缘故⑤。《战国策·西周策》曰：“韩、魏

---

① 韩连琪：《春秋战国时代的官制及其演变》。

② 杨宽：《战国史》(增订本)，第230页；韩连琪：《春秋战国时代的官制及其演变》。

③ 有关博与邶殿为齐都的详细文字，参见钱林书：《战国齐五都考》。

④ 杨宽据《史记》卷6《秦始皇本纪》所载“十六年九月，发卒受地韩南阳假守腾”而以为战国时期腾为韩南阳郡守(《战国史》(增订本)，第430页)，不确。《史记会注考证》引方苞曰：“发卒受韩南阳地，而使内史腾为假守也。”又引赵翼曰：“秦汉时，官吏摄事者皆曰假，盖言借也。”如此，则腾并非为韩南阳郡的郡守，而是秦南阳郡郡守，韩亦曾设立南阳郡。

⑤ 王念孙《读书杂志·战国策》曰：“以地在韩、魏间，犹安邑近韩，而云韩安邑也。”

易地，西周弗利。樊余为周谓楚王曰：'周亡必矣。韩、魏之易地，韩得二县，魏亡二县。所以为之者，尽包二周，多于二县，九鼎存焉。且魏有南阳、郑地、三川而包二周，则楚方城之外危；韩兼两上党以临赵，即赵羊肠以上危。故易成之曰，楚、赵皆轻。'"这里的"韩兼两上党"，意与上引《东周策》之文同，着重强调的还应是韩上党。《战国策·秦策一》载张仪说秦昭王曰："赵氏中央之国也，杂民之所居也，其民轻而难用，号令不治，赏罚不信，地形不便，上非能尽其力。彼固亡国之形也，而不忧民氓，悉其士民，军于长平之下，以争韩之上党，大王以诈破之，拔武安。当是时，赵氏上下不相亲也，贵贱不相信，然则是邯郸不守，拔邯郸，完河间，引军而去，西攻修武，逾羊肠，降代、上党。代三十六县，上党十七县，不用一领甲，不苦一民，皆秦之有也。"①此处也提及了韩上党。《战国策》中有关韩上党郡的记载，还有以下的几则材料。《战国策·秦策二》曰："苏代为齐献书穰侯曰：'……秦得安邑，善齐以安之，亦必无患矣。秦有安邑，则韩、魏必无上党哉。'"《战国策·赵策一》载："苏秦为齐上书说赵王曰：'秦尽韩、魏之上党，则地与国都邦属而壤挈者七百里。'"《战国策·魏策三》载："魏将与秦攻韩，朱己谓魏王曰：'……夫存韩安魏而利天下，此亦王之大时已。通韩之上党于共、莫，使道已通，因而关之，出入者赋之，是魏重质韩以其上党也。'"②

除《战国策》外，《史记》中也有韩上党郡的记载，如《史记》卷40《楚世家》载："(怀王)二十六年(按，据《新编年表》，当作十六年)，齐滑王欲为从长，恶楚之与秦合，乃使使遗楚王书曰：'……王率诸侯并伐，破秦必矣。王取武关、蜀、汉之地，私吴、越之富而擅江海之利，韩、魏割上党，西薄函谷，则楚之强百万也。'"《楚世家》又载昭雎说楚王曰："秦破韩宜阳，而韩犹复事秦者，以先王墓在平阳，而秦之武遂去之七十里，以故尤畏秦。不然，秦攻三川，赵攻上党，楚攻河外，韩必亡。"《史记》卷43《赵世家》载："(惠文王)十六年，秦复与赵数击齐，齐人患之。苏厉为齐遗赵王书曰：'……燕尽齐之北地，去沙丘、巨鹿敛三百里，韩之上党去邯郸百里，燕、秦谋王之河山。间三百里而通矣。'"卷44《魏世家》曰："无忌谓魏王曰：'……夫越山逾河，绝韩上党而攻强赵，是复阏与之事，秦必不为也。'"卷72《穰侯列传》载苏代为齐阴遗穰侯书曰："秦有安邑，韩氏必无上党。"由上述记载，可确知战国时期韩当置有上党郡。

刘熙《释名·释州国》曰："上党，党所也。在山上，其所最高，故曰上党

---

① 《韩非子·初见秦》亦载此事，文字略同。
② 此事亦见《史记》卷44《魏世家》，文字略同。

也。"可知上党地区乃形势险要之地。韩上党郡设置之确年不详，公元前 451 年韩、赵、魏三家分晋，推测当在此后不久即置①。

韩上党郡其时大概领有十七县之地。上引《战国策·秦策一》中即提及"上党十七县"。再有，《战国策·赵策一》载："（韩王）令韩阳告上党之守靳黈……乃使冯亭代靳黈。冯亭守三十日，阴使人（请）[谓]赵王曰：'韩不能守上党……今有城市之邑（七十）[十七]，愿拜内之于王，惟王才之。'……（赵王）乃使赵胜往受地。赵胜至曰：'敝邑之王使使者臣胜，太守有诏，使臣胜谓曰：请以三万户之都封太守，千户封县令。诸吏皆益爵三级，民能相集者，赐家六金。'"《史记》卷 43《赵世家》载：孝成王四年，"韩氏上党守冯亭使者至，曰：'韩不能守上党，入之于秦。其吏民皆安为赵，不欲为秦。有城市邑十七，愿再拜入之赵，财王所以赐吏民。'王大喜……赵遂发兵取上党"。这些史料均可资为证。另外，由于《汉志》上党郡下班固自注曰"秦置"，领有十四县，与韩上党郡十七县之数相近，故推测韩上党郡的领域当与秦汉上党郡的领域大体相当②。

桓惠王十一年（前 262），韩上党郡降赵。此可由上引《战国策·赵策一》、《史记》卷 43《赵世家》所载，及下面的几则史料中得到证明。《史记》卷 73《白起列传》载："（秦昭王）四十五年，伐韩之野王。野王降秦，上党道绝。其守冯亭与民谋曰：'郑道已绝，韩必不可得为民。秦兵日进，韩不能应，不如以上党归赵。赵若受我，秦怒，必攻赵。赵被兵，必亲韩。韩赵为一，则可以当秦。'因使人报赵。……赵受之，因封冯亭为华阳君。"赵孝成王四年与秦昭王四十五年为同一年，即公元前 262 年，是该年韩上党郡属赵。然《史记》卷 5《秦本纪》

---

① 杨宽：《战国史》（增订本）附录一《战国郡表》（三）韩国设置的郡，第 678 页。

② 另外，杨宽认为赵亦置有上党郡，并以《战国策·齐策二》所载赵"以上党二十四县许秦王"而认为其时赵上党郡领有二十四县（参见杨宽：《战国史》（增订本）附录一《战国郡表》（三）韩国设置的郡，第 678 页）。钱林书则依据在《战国策》之《西周策》、《东周策》、《秦策二》、《秦策四》、《赵策一》及《史记》卷 40《楚世家》、卷 44《魏世家》中有"韩魏上党"连称的记载，而认为魏也设有上党郡，并据张守节在《史记正义》中的界定——"秦上党郡今泽、潞、仪、沁等四州之地，兼相州之半，韩总有之。至七国时，赵得仪、沁二州之地，韩犹有潞州及泽州之半，半属赵、魏"——将韩、赵、魏三上党郡的领域作了划分（钱林书：《战国时期魏国置郡考》）。然而，仔细分析这些史料可知，其时赵、魏并未曾另置有上党郡。《战国策·齐策二》的赵上党有"二十四县"的记载且不论是策士所托（参见缪文远：《战国策考辨》，中华书局，1984 年，第 98～99 页），即使是信史，此事据清人研究亦是在秦赵长平之战（前 260）之后，换言之，当是在公元前 262 年韩上党郡降赵之后。所以此时赵的上党当是接手的韩上党，更何况以"二十四县"数之多，揆诸上党地区之狭，势必无法另置一赵上党郡。至于魏置有上党郡的那些史料，也都不可靠，大体也都是策士信口由韩上党而连及于魏，并不能作为魏置有上党郡的确证，杨宽也并不认为魏另置有上党郡（参见杨宽：《战国史》（增订本）附录一《战国郡表》，第 677～678 页），当即是从此角度考虑。另外，如果魏果真另置有上党郡，秦灭魏时不应对此丝毫不提，而事实恰与此相反。此又可为魏未曾另置该郡添一旁证。

载:"(昭襄王)四十七年,秦攻韩上党,上党降赵,秦因攻赵,赵发兵击秦,相距。"卷45《韩世家》曰:"(桓惠王)十年,秦击我于太行,我上党郡守以上党郡降赵。"秦昭襄王四十七年为公元前260年,而韩桓惠王十年为公元前263年,与上引《赵世家》及《白起列传》所载韩上党郡降赵之时间相较,分别晚二年和早一年,谭其骧以为《秦本纪》与《韩世家》所载并误[①]。其说甚是。《秦本纪》所记的秦昭襄王四十七年当为秦攻占上党郡之年(参见第九章第二节)。

在桓惠王十五年至二十五年间,韩复由秦国手中夺回上党郡(参见第九章第二节)。

桓惠王二十六年,上党郡又为秦得(参见第九章第二节)。

三川郡

《战国策·齐策二》载张仪谓秦武王:"王以其间伐韩,入三川,出兵函谷而无伐以临周,祭器必出,挟天子,案图籍,此王业也。"《战国策·赵策一》曰:"苏秦为齐上书说赵王曰:'……且夫说士之计皆曰:韩亡三川,魏灭晋国,恃韩未穷而祸及于赵。'"《战国策·魏策一》曰:"张仪欲并相秦、魏,故谓魏王曰:'仪请以秦攻三川,王以其间约南阳,韩氏亡。'"又曰:"魏王将相张仪,犀首弗利,故令人谓韩公叔曰:'张仪以合秦、魏矣。其言曰:魏攻南阳,秦攻三川,韩氏必亡。'"[②]《战国策·韩策二》曰:"锜宣之教韩王取秦,曰:'为公叔具车百乘,言之楚,易三川,因令公仲谓秦王曰:"三川之言曰,秦王必取我,韩王之心,不可解矣。王何不试以襄子为质于韩,令韩王知王之不取三川也。"因以出襄子而德太子。'"《战国策·韩策三》载:"韩阳役于三川而欲归,足强为之说韩王曰:'三川服矣,王亦知之乎?役且共贵公子。'王于是召诸公子役于三川者而归之。"又曰:"张登(请)[谓]费緤曰:'请令公子年谓韩王曰:"费緤,西周仇之,东周宝之,此其家万金,王何不召之,以为三川之守,是緤以三川与西周戒也,必尽其家以事王。西周恶之,必效先王之器以止王。"韩王必为之。西周闻之,必解子之罪,以止子之事。'"《史记》卷40《楚世家》载昭雎谓楚怀王曰:"秦攻三川,赵攻上党,楚攻河外,韩必亡。"卷70《张仪列传》载司马错曰:"周自知失九鼎,韩自知亡三川。"又载张仪谓秦武王曰:"梁齐之兵连于城下而不能去,王以其间伐韩,入三川,出兵函谷而毋伐,以临周,祭器必出。"在以上所引文字中皆提及韩有三川郡,且其中《韩策三》还言及张登向韩王推荐费緤为"三川之守",则战国时期韩国置有三川郡无疑。

---

① 谭其骧:《秦郡新考》,《长水集》(上),第3页。

② 此事亦载《史记》卷70《张仪列传》所附《犀首传》,文字略同。

韩设三川郡的时间，史无确载。在上述所引的《战国策》之文中，以《魏策一》“魏王将相张仪”章所载之事为最早，据《新编年表》的考证，当在宣惠王二十年(前 313)，故可断至迟此年韩已置三川郡①。

韩三川郡之领域，据杨宽的研究，当有今黄河以南、河南省灵宝以东、中牟以西及北汝河上游地区。三川郡乃因地处黄河、洛水、伊水三川之地而得名②。

桓惠王二十三年(前 250)，韩三川郡为秦所得(参见第九章第二节)。

第三节　赵郡考证

本节将已知战国时期赵国所设之郡的沿革状况，按其所置年代的先后，逐一考证如下。

安平郡

上海博物馆藏有铭文为“六年，安平守畋疾，左库工帀(师)戱 㾗、冶余执齐(剂)”的青铜剑③，此“六年”乃指赵武灵王六年，即公元前 319 年，杨宽据此认为其时赵置有安平郡。其说当是，今从之。

安平郡领域当以安平为中心区域，即今河北省安平县一带④。

惠文王四年(前 295)，公子成与李兑攻杀公子章及田不礼，公子成为相，号安平君⑤。杨宽据此以为安平此时成为公子成封邑⑥。

幽缪王七年(前 229)，秦大破赵，至迟此时安平之地为秦所取。

代郡

《史记》卷 110《匈奴列传》载：“赵武灵王亦变俗胡服，习骑射，北破林胡、楼烦。筑长城，自代并阴山下，至高阙为塞。而置云中、雁门、代郡。”是据上引文可知赵武灵王时已置有代郡。又《史记》卷 43《赵世家》载：武灵王十八年，“赵王使代相赵固迎公子稷于燕，送归，立为秦王，是为昭王”。赵武灵王十八年为公元前 307 年，既然其时赵固为代相，则可证至迟是年赵置代郡。

代郡本代国之地，赵襄子元年(前 458)，代国为赵襄子所灭。《史记》卷 43

---

① 杨宽认为韩宣王时置三川郡。参见其《战国史》(增订本)附录一《战国郡表》(三)韩国设置的郡，第 678 页。

② 参见杨宽：《战国史》(增订本)附录一《战国郡表》(三)韩国设置的郡，第 678 页。

③ 见马承源主编：《商周青铜器铭文选》第四册，文物出版社，1990 年，第 595 页。

④ 杨宽：《战国史》(增订本)附录一《战国郡表》(二)赵国设置的郡，第 678 页。

⑤ 《史记》卷 43《赵世家》。

⑥ 杨宽：《战国史料编年辑证》，第 466～467 页。

《赵世家》载：赵襄子元年，“遂兴兵平代地”。卷15《六国年表》赵襄子元年栏曰：“未除服，登夏屋，诱代王，以金斗杀代王。”其后于赵武灵王时又在代地设立代郡。

赵代郡之领域，于史无载。据杨宽的结论当有今山西省东北部以及河北省与内蒙古自治区一部分地区①。代郡其时似领有三十六县。下引《战国策》之文可参证。《秦策一》载张仪说秦昭王曰：“赵氏，中央之国也，杂民之所居也。其民轻而难用，号令不治，赏罚不信，地形不便，上非能尽其民力。彼固亡国之形也，而不忧民氓，悉其士民，军于长平之下，以争韩之上党，大王以诈破之，拔武安。当是时，赵氏上下不相亲也，贵贱不相信，然则是邯郸不守，拔邯郸，完河间，引军而去，西攻修武，逾羊肠，降代、上党。代三十六县，上党十七县，不用一领甲，不苦一民，皆秦之有也。”②见于文献记载的赵代郡守有李伯。《赵策三》载：“齐人李伯见(赵)孝成王，成王说之，以为代郡守。”

惠文王十九年(前280)，秦将白起攻取代郡之光狼城(参见第九章第三节)。

代王嘉元年(前228)，代郡又成为赵公子嘉自立为王之所。六年之后(前222)，秦虏代王嘉，代复为秦之代郡(参见第九章第三节)。

九原郡

《史记》卷43《赵世家》载：“(武灵王)二十六年，复攻中山，攘地北至燕、代，西至云中、九原。二十七年……立王子何为王……是为惠文王。……武灵王自号为主父。主父欲令子主治国，而身胡服将士大夫西北略胡地，而欲从云中、九原直南袭秦，于是诈自为使者入秦。”在此，九原与云中相提并举，而云中乃为赵武灵王时所置之郡(参见下文云中郡考证)。故可推知九原亦应为赵郡。又《水经・河水注》引《竹书纪年》曰：“魏襄王十七年，邯郸命吏大夫奴迁于九原，又命将军、大夫、適子、戍吏皆貉服。”此处所谓“邯郸”当指赵国而言，魏襄王十七年为公元前302年，即赵武灵王二十三年，其时既然赵“命吏大夫奴迁于九原”，则可知至迟是年赵已置九原郡③。

至于赵九原郡之领域，史虽无确载，然仍可约略推知。《史记》卷110《匈奴列传》载：“赵武灵王亦变俗胡服，习骑射，北破林胡、楼烦。筑长城，自代并

---

① 杨宽：《战国史》(增订本)附录一《战国郡表》(二)赵国设置的郡，第678页。

② 《韩非子・初见秦》亦载此事，文字略同。

③ 杨宽认为赵置九原郡在武灵王二十二年(依杨宽《战国大事年表》为公元前304年)。参见其《战国史》(增订本)，第373页。另，史念海亦认为赵在武灵王时置有九原郡，唯未言置郡之确年。参见其《论秦九原郡始置的年代》，《中国历史地理论丛》1993年第2期，收入氏著《河山集》七集，陕西师范大学出版社，1999年，第376～384页。

阴山下,至高阙为塞。而置云中、雁门、代郡。”其中的云中以西至高阙一带(即今内蒙古自治区后套及其以东至包头市的地区),史未言为何郡所属,其实恰应即九原郡所辖之领域(因九原郡当在云中郡以西)。

赵九原郡之地大概后来为匈奴所据,故《史记》卷6《秦始皇本纪》载:始皇三十二年(前215),“乃使将军蒙恬发兵三十万人北击胡,略取河南地”。复又于三十三年,“西北斥逐匈奴,自榆中并河以东,属之阴山,以为三十四县,城河上为塞。又使蒙恬渡河取高阙、陶山①、北假中,筑亭障以逐戎人”②。秦得河南地后,置朔方、九原二郡③。

云中郡

《史记》卷43《赵世家》:“(武灵王)二十六年,复攻中山,攘地北至燕、代,西至云中、九原。”卷110《匈奴列传》载:“赵武灵王亦变俗胡服,习骑射,北破林胡、楼烦。筑长城,自代并阴山下,至高阙为塞。而置云中、雁门、代郡。”综合以上引文可知,至迟赵武灵王二十六年(前299)时已置有云中郡④。云中郡本为林胡地,赵武灵王击败林胡、楼烦之后为赵所据。赵置云中郡应是出于两方面的考虑:一是可以北防匈奴,二是从郡之西南渡河,又可防御林胡⑤。

云中郡之领域,当有今内蒙古自治区大青山以南、长城以北的地区⑥。

幽缪王二年(前234),秦攻赵,云中郡属秦(参见第九章第三节)。

雁门郡

《史记》卷110《匈奴列传》载:“赵武灵王亦变俗胡服,习骑射,北破林胡、楼烦。筑长城,自代并阴山下,至高阙为塞。而置云中、雁门、代郡。”而赵武灵王在位时间为公元前324年至前298年,是至迟公元前298年赵已置雁门郡。雁门郡本楼烦地,赵武灵王在击败林胡、楼烦之后而置郡。

赵雁门郡的领域当有今山西省北部神池、五寨、宁武等县以北到内蒙古自治区一部分地区⑦。

---

① 按,陶山当作阴山。参见周庄:《阴山、陶山和阳山》,《历史地理》第三辑。

② 《史记》卷110《匈奴列传》亦载此事,文字略同。

③ 谭其骧:《秦郡新考》,《长水集》(上),第6页;周振鹤:《西汉政区地理》,人民出版社,1987年,第155～156页。然史念海以为赵九原郡地并未曾被匈奴侵占过,秦承赵规,在始皇二十六年所分的36郡中,就应已有九原郡,不待三十三年蒙恬北征匈奴后才开始设置。其论可备一说。参见其《论秦九原郡始置的年代》。辛德勇亦持此论。参见其《秦始皇三十六郡新考》。其论存此,备考。

④ 杨宽认为赵云中郡置于武灵王二十二年(依杨宽《战国大事年表》为公元前304年)。参见其《战国史》(增订本),第373页。

⑤ 史念海:《论秦九原郡始置的年代》。

⑥⑦ 杨宽:《战国史》(增订本)附录一《战国郡表》(二)赵国设置的郡,第678页。

大约在幽缪王二年(前 234),秦攻赵,雁门郡属秦(参见第九章第三节)。

上党郡

孝成王四年(前 262),韩上党郡降赵(参见本章第二节),赵当有韩上党郡地。孝成王六年,秦攻赵所控制的韩上党郡,取之(参见第九章第二节)。是赵据有韩上党郡地仅有两年的时间。

太原郡

现在一般以《史记》卷 5《秦本纪》所载而认为太原郡之置(参见第九章第二节)始于秦庄襄王四年(前 247)。其实战国时期赵先于秦已置有太原郡,秦太原郡当是沿袭的赵国旧制。赵太原郡之置(参见第九章第二节)不会晚于孝成王七年(前 259)。

太原郡的领域,当有今山西省句注山以南,霍山以北,五台、阳泉以西,黄河以东地区①。

孝成王七年(前 259),秦攻取赵太原郡。旋复为赵收回。十八年(前 248),秦大将蒙骜率军夺取赵太原郡境内的榆次、新城、狼孟等三十七城,太原郡最终属秦(参见第九章第二节)。

第四节　魏郡考证

战国时期魏国设置过以下诸郡,下面即以时间为序,依次述之。

西河(河西)郡

西河,本指自今内蒙古自治区托克托县折而南流,至陕西华阴市东流的一段黄河。战国初期,魏据有西河以西地区,为防御秦国的东侵,而设置了西河郡②。《史记》卷 65《吴起列传》载:“(魏)文侯以吴起善用兵,廉平,尽得士心,乃以为西河守,以拒秦、韩。”既然魏文侯时吴起为“西河守”,而魏文侯从称侯到卒位的时间为公元前 437 年至前 395 年,是可知至迟公元前 395 年,魏已置西河郡③。又,《史记》卷 110《匈奴列传》曰:“赵襄子踰句注而破并代以临胡貉。其后既与韩魏共灭智伯,分晋地而有之,则赵有代、句注之北,魏有河西、上郡,以与戎界边。”据此,则魏西河郡又称河西郡。

---

① 谭其骧主编:《中国历史地图集》第二册秦时期,图 9－10;杨宽:《战国史》(增订本)附录一《战国郡表》(六)秦国设置的郡,第 681 页。

② 钱林书:《战国时期魏国置郡考》。

③ 杨宽认为魏西河郡于魏文侯时设置。参见其《战国史》(增订本)附录一《战国郡表》(一)魏国设置的郡,第 677 页。

魏西河郡的领域，史无明载，因而对这一问题的研究，历来分歧很大①。据杨宽《战国郡表》中的描述，当有今陕西省华阴市以北、黄龙县以南、洛河以东、黄河以西的地区②。

惠成王更元五年（前 330），魏予秦河西之地，魏西河（河西）郡遂废（参见第十章第四节）。

上郡

《史记》卷 110《匈奴列传》曰："赵襄子踰句注而破并代以临胡貉。其后既与韩魏共灭智伯，分晋地而有之，则赵有代、句注之北，魏有河西、上郡，以与戎界边。"在此魏之西河与上郡并称，则魏当置有上郡无疑。又，魏上郡又称上地。《韩非子·内储说上》载："李悝为魏文侯上地之守，而欲人之善射也。"此上地之守当即上郡地之守。顾观光《七国地理考》卷 5 云"上郡又名上地"，甚是。而魏文侯从称侯到卒位的时间为公元前 437 年至前 395 年，如此则又可知至迟公元前 395 年，魏已置上郡③。

上郡之领域，当位于魏西河郡的北面，杨宽以为有今陕西省洛河以东，黄梁河以北，东北到子长、延安一带④。魏上郡辖有十五县之地（参见第九章第二节）。

惠成王更元七年（前 328），上郡属秦（参见第九章第二节）。

河东郡

《战国策·楚策一》载："城浑出周……南游于楚，至于新城。城浑说其令曰：'郑、魏者，楚之耎国；而秦，楚之强敌也。郑、魏之弱，而楚以上梁应之；宜阳之大也，楚以弱新城（圉）[围]之。蒲反、平阳相去百里，秦人一夜而袭之，安邑不知；新城、上梁相去五百里，秦人一夜而袭之，上梁亦不知也。今边邑之所恃者，非江南、泗上也，故楚王何不以新城为主郡也，边邑甚利之。'新城公大说，乃为具驷马乘车五百金之（尽）[楚]。城浑得之，遂南交于楚，楚王果以新城为主郡。"在此城浑以魏的安邑与楚的上蔡（据金正炜《战国策补释》，"上梁"乃"上蔡"之误）相比较，可推知魏曾在安邑置郡，安邑当为魏的河东郡治所⑤。

---

① 有关魏西河郡的范围考订，大体有今陕西中部说，山西中部说，陕西中、北部说及陕西中部、西部说。这方面的详细情况，请参见钱林书：《战国时期魏国置郡考》。

② 杨宽：《战国史》（增订本）附录一《战国郡表》（一）魏国设置的郡，第 677 页。

③ 杨宽认为魏上郡于魏文侯时设置。参见其《战国史》（增订本）附录一《战国郡表》（一）魏国设置的郡，第 677 页；钱林书则推测魏上郡当与西河郡同时所置。参见其《战国时期魏国置郡考》。

④ 杨宽：《战国史》（增订本）附录一《战国郡表》（一）魏国设置的郡，第 677 页。对魏上郡的领域，钱林书则表述为其地当包括唐时的延州、鄜州、及丹州之半，北界应在肤施、平都以南，即今陕西安塞、延川等县一线，南界与河西郡接壤。参见其《战国时期魏国置郡考》。

⑤ 杨宽：《战国史》（增订本）附录一《战国郡表》附注 2。

又,上引《战国策》之文所记之事当在公元前 300 年前(参见第九章第一节),是其时魏已置有河东郡。杨宽以为公元前 328 年魏上郡之地属秦后,魏国为防御秦国,复又设河东郡①。

河东郡的领域,据杨宽的结论,当有今山西省沁水以西、霍山以南地区②。

昭王六年(前 290),魏河东郡大部分地属秦,四年之后(前 286)魏安邑属秦,魏河东郡全境为秦所有(参见第九章第二节)。

大宋郡、方与郡

有关魏大宋、方与二郡的记载,仅《史记》中之一见。《史记》卷 40《楚世家》载:"(顷襄王)十八年,楚人有好以弱弓微缴加归雁之上者,顷襄王闻,召而问之。对曰:'……王朝张弓而射魏之大梁之南,加其右臂而径属之于韩,则中国之路绝而上蔡之郡坏矣。还射圉之东,解魏左肘而外击定陶,则魏之东弃而大宋、方与二郡者举矣。'"楚顷襄王十八年为魏昭王十七年,亦即公元前 279 年,其中提到魏的"大宋、方与二郡",是其时魏已置有该二郡。

大宋、方与二郡之地本为宋国领地,公元前 286 年,齐大破宋③,其地当为齐所据。在公元前 284 年齐为燕与三晋所破之后,魏又夺取了该地,并随即设置了大宋、方与二郡④。

大宋、方与二郡的领域,史籍无载,仅据上引《楚世家》之文知二郡在定陶(今山东省定陶县西北)以东。杨宽对此二郡的辖区进行了界定,他认为大宋郡当以宋国的旧都睢阳(今河南省商丘市南)为中心,有今河南省商丘市及安徽省砀山县等地;而方与郡则以方与(今山东省鱼台县东南)为中心,有今山东省嘉祥县以南金乡县等地,还包括今江苏省丰县一带⑤。

至迟昭王十九年(前 277),魏方与之地属楚。《战国策·秦策四》载楚顷襄王二十年(前 277)黄歇说秦昭王曰:"且王攻楚之日,四国必应悉起应王。

---

① 杨宽:《战国史》(增订本)附录一《战国郡表》(一)魏国设置的郡,第 677 页。但由于在史籍中并无魏置有河东郡这样的明确文字,因而有学者对魏是否设置过河东郡而提出质疑。如全祖望在《汉志地理志稽疑》、宓三能在《战国时魏国未曾设置河东郡》(《中国历史地理论丛》1991 年第 4 期)中都认为魏并未设置过河东郡。针对这些质疑,钱林书又再次进行了详细论证,认为战国时期魏确实曾设置过河东郡。参见其《战国时期魏国置郡考》。

② 杨宽:《战国史》(增订本)附录一《战国郡表》(一)魏国设置的郡,第 677 页。对魏河东郡的辖境,钱林书表述为应在今山西省西南部,即今黄河以东、以北,太岳山及历山以西,介休、隰县等以南地。见其《战国时期魏国置郡考》。

③ 见《史记》卷 38《宋微子世家》。一般认为公元前 286 年齐灭宋,不确。详见《新编年表》。

④ 杨宽:《战国史》(增订本)附录一《战国郡表》(一)魏国设置的郡,第 677 页。钱林书认为此二郡为魏在战国后期为防御齐、楚等国而设。参见其《战国时期魏国置郡考》。

⑤ 杨宽:《战国史》(增订本),第 396 及 677 页附录一《战国郡表》(一)魏国设置的郡。

秦、楚之构而不离，魏氏将出兵而攻留、方与、铚、胡陵、砀、萧、相，故宋必尽。”其中提到的方与之地已属楚。

王假三年（前 225），秦灭魏，至迟此时大宋郡属秦。

上蔡郡

《史记》卷 40《楚世家》：“（顷襄王）十八年，楚人有好以弱弓微缴加归雁之上者，顷襄王闻，召而问之。对曰：‘……王朝张弓而射魏之大梁之南，加其右臂而径属之于韩，则中国之路绝而上蔡之郡坏矣。’”《史记正义》对此解释道：“言王朝张弓射魏大梁、汴州之南，即加大梁之右臂；连韩、郑，则河北中国之路向东南断绝，则韩上蔡之郡自破坏矣。”从中可知张守节认为上蔡之郡属韩。杨宽亦持此说①。这种说法几成定论。然陈伟对此提出了不同的看法。他认为上引《楚世家》中提到的上蔡郡应为魏郡，并结合一些具体史料对这一观点进行了详尽的论证。他认为魏得上蔡的年代当在公元前 312 年至前 299 年之间。而沘水之役（即一般所称的“垂沙之役”）恰巧发生在这一期间的公元前 300 年，此役楚国惨败，将上蔡等地的失守视为该战役的结局，应属合理之事。魏得上蔡后所置之上蔡郡在一定意义上沿袭了楚上蔡郡的原有建置②。比较诸说，似陈伟之论颇有力度，今从之。

魏上蔡之郡的设置时间，史载不详。然据上引《楚世家》所载知此为楚顷襄王十八年（前 279）即魏昭王十七年之事，其时既然已提及魏上蔡之郡，则至迟是年魏已置有该郡。魏上蔡郡当以上蔡县为主要的领域范围，是该郡应有今河南省上蔡县一带的区域。

王假三年（前 225），秦灭魏，至迟此时上蔡县属秦，魏上蔡郡之废亦不会晚于此时。

另外，战国时期魏亦有可能置有河内郡。《史记》卷 44《魏世家》载：“文侯……任西门豹守邺而河内称治。”《史记索隐》曰：“按，大河在邺东，故名邺为河内。”据此顾颉刚认为：“河内为邺一带之大区域名。河内实有为魏郡之趋势。”并引《孟子》：“梁惠王曰：寡人之于国也，尽心焉耳矣。河内凶，则移民于河东，移其粟于河内。河东凶亦然。”③顾氏所论有理，因河东已知为魏郡。另，《资治通鉴》卷 4 周赧王二十九年胡三省注曰：“汉河内郡即魏河内之地，秦

---

① 杨宽：《战国史》（增订本）附录一《战国郡表》（三）韩国设置的郡，第 678 页及附注 2，第 684 页。

② 陈伟：《楚“东国”地理研究》，第 115～116 页、200 页。

③ 顾颉刚：《缓斋杂记》（五），收入《顾颉刚读书笔记》第六卷，第 4457 页。

并属河东郡。《孟子》记梁惠王曰：'河内凶则移其民于河东，移其粟于河内。'盖魏之有国，河东、河内自为二郡也。"

第五节　燕郡考证

战国时期，燕国主要在国境东北设置了一些郡，下面即对这些郡逐一考证。

上谷郡

《战国策·秦策五》载："赵王立割五城以广河间，归燕太子。赵攻燕，得上谷三十六县，与秦什一。"[①]《战国策·赵策四》载："燕封宋人荣蚠为高阳君，使将而攻赵。赵王因割济东三城(令)卢、高唐、平原陵地城邑市五十七，命以与齐，而以求安平君而将之。马服君谓平原君曰：'国奚无人甚哉！……且君奚不将奢也？奢尝抵罪居燕，燕以奢为上谷守，燕之通谷要塞，奢习知之。'"《史记》卷110《匈奴列传》载："其后(按，指赵武灵王破林胡、楼烦而置云中、雁门、代郡之后)燕有贤将秦开，为质于胡，胡甚信之。归而袭破东胡，东胡却千里。与荆轲刺秦王秦舞阳者，开之孙也。燕亦筑长城，自造阳至襄平。置上谷、渔阳、右北平、辽西、辽东郡以拒胡。"依据以上引文可知，战国时期燕国置有上谷郡。

燕上谷郡设立时间，于史无载。然由上面所引《匈奴列传》之文可约略推知。《匈奴列传》载燕将秦开攻破东胡之地，燕于是设置了上谷等郡。杨宽据吕祖谦《大事记解题》卷4所说"秦开不知当燕何君之世，然秦舞阳乃开之孙，计其年，或在昭王时"，亦将秦开定于燕昭王时人[②]，而燕昭王卒于公元前280年，如此，倘其推断无误，则公元前280年左右，燕已置上谷郡。

燕上谷郡之名，《水经·圣水注》引王隐《晋书地道志》有如下的解释："郡在谷之头，故因以上谷名焉。"该郡当与赵代郡相接，《史记》卷6《秦始皇本纪》所载"(十九年)赵公子嘉率其宗数百人之代，自立为代王，东与燕合兵，军上谷"是为明证。此点清人顾观光业已指出[③]。上谷郡当辖有今河北省张北、万全等县和小五台山以东，赤城县与北京市延庆县以西，以及北京市昌平区以北的地区[④]。又由上引《秦策五》之文，上谷郡似应领三十六县(《史记》卷71《樗里子甘茂列传》所附《甘罗传》作"三十城")。然此乃策士夸大之辞，未可遽信[⑤]。

---

① 《史记》卷71《甘茂列传》附《甘罗列传》亦载此事，唯"得上谷三十六县"为"得上谷三十城"。
② 杨宽：《战国史》(增订本)，第400页。
③ 参见顾观光：《七国地理考》卷7。
④ 杨宽：《战国史》(增订本)附录一《战国郡表》(五)燕国设置的郡，第679页。
⑤ 梁玉绳：《史记志疑》卷29。

王喜二十九年(前226),秦定燕蓟,上谷郡当于此时属秦(参见第九章第三节)。

渔阳郡、右北平郡、辽西郡、辽东郡

《史记》卷110《匈奴列传》载:"其后(按,指赵武灵王破林胡、楼烦而置云中、雁门、代郡之后)燕有贤将秦开,为质于胡,胡甚信之。归而袭破东胡,东胡却千里。与荆轲刺秦王秦舞阳者,开之孙也。燕亦筑长城,自造阳至襄平。置上谷、渔阳、右北平、辽西、辽东郡以拒胡。"据此燕置有渔阳、右北平、辽西、辽东等郡。又,秦开当燕昭王时人(参见上文上谷郡考证),而燕昭王卒于公元前280年,是可大体推断渔阳、右北平、辽西、辽东等四郡置于此年前后。

据杨宽的有关结论,渔阳郡的领域,当有今内蒙古自治区赤峰市以南,北京市通县、怀柔县以东,天津以北地区。右北平郡之领域,当有今河北省承德市、天津市蓟县以东,辽宁省大凌河上游以南,六股河以西地区。辽西郡的领域,当辖有今辽宁省大凌河以西,长城以南,河北省迁西县、乐亭县以东地区。辽东郡的领域,当辖有今辽宁省大凌河以东地区①。因地处辽水以东,故而名辽东。

王喜二十九年(前226),秦大破燕都蓟,渔阳、右北平、辽西等三郡当在此时属秦(参见第九章第三节)。

王喜三十三年,秦将王贲率军攻燕辽东,燕王喜被俘,燕国最终灭亡。燕辽东郡之地属秦(参见第九章第三节)。

① 杨宽:《战国史》(增订本)附录一《战国郡表》(五)燕国设置的郡,第679页。

第九章　战国时期诸侯国设郡(都)考证(下)

第一节　楚郡考证

本节按战国时期楚郡设置时间的先后，依次考证如下。

南阳郡

《说苑·指武》载："吴起为苑(宛)守，行县，适息。"此为楚悼王时事，据此一般认为楚悼王时置有宛郡①。其实此宛郡应称为南阳郡，而宛仅为南阳郡的治所而已。这是汉人的习惯，如称东海郡为郯郡，乃因郯是东海郡治所，而非有一与东海郡并称的郯郡。《说苑》言吴起为"宛守"，当是依郡治而言，此恰似秦河东郡之太守又可依其郡治临汾而称为"临汾守"一般(参见本章第二节)。清人顾观光亦认为楚置有南阳郡，并引《战国策·秦策四》所载"楚魏战于陉山，魏许秦以上洛，以绝秦于楚。魏战胜，楚败于南阳"为证②。另外，由于楚悼王在位时间为公元前405年至前385年，是至迟公元前385年楚已置南阳郡。

南阳郡之领域，史未明载，然以郡治宛县为其中心区域则应无疑，又因上引《说苑》中提到吴起为郡守时"行县，适息"，故杨宽认为郡境东南到息县③。其说甚是。公元前272年，秦设置南阳郡(参见本章第二节)，是至迟此年楚南阳郡乃废。

汉中郡

《史记》卷5《秦本纪》载："孝公元年，河、山以东强国六，与齐威、楚宣、魏惠、燕悼、韩哀、赵成侯并。淮泗之间小国十余。楚、魏与秦接界。魏筑长城，

① 杨宽：《战国史》(增订本)附录一《战国郡表》(四)楚国设置的郡，第678页；陈伟：《楚"东国"地理研究》，第194页。
② 顾观光：《七国地理考》卷3。
③ 杨宽：《战国史》(增订本)附录一《战国郡表》(四)楚国设置的郡，第678页。

自郑滨洛以北，有上郡。楚自汉中，南有巴黔中。”秦孝公元年当楚宣王十五年，其时为公元前 361 年，既然此处已提及楚有“汉中”，且与魏之上郡并称，则颇疑此时楚已置有汉中郡。杨宽以为怀王时置①，恐失之过晚。

今陕西南部的地方，现称为“汉中盆地”。在其核心地区有一狭长平原，有沔水横贯其中，故此平原称为“沔中”。又因此地在西周世为褒国封地，所以又称为“褒中”。在平原之东的山谷地区，沔水从中穿过，楚人称沔水为汉水，故称此山谷地区为“汉中”。战国时期，秦楚两国曾在这一地区有过激烈争夺。楚置汉中郡的目的便主要是为了抵御秦国的入侵②。汉中郡的名称当“因水名也”③。

汉中郡的领域，于史无载。杨宽认为有今陕西省东南角，南到今湖北省西北角④。楚汉中郡的治所，任乃强认为在西城(今陕西省安康市)⑤。

怀王十五年(前 312)，汉中郡属秦(参见本章第二节)。

黔中郡

《战国策·楚策一》载：“苏秦为赵合从，说楚威王曰：‘楚，天下之强国也；大王，天下之贤王也。楚地西有黔中、巫郡，东有夏州、海阳，南有洞庭、苍梧，北有汾陉之塞、郇阳。’”《史记》卷 69《苏秦列传》亦载此事，文字略同。旧说皆将《战国策》该章所载系于楚威王七年。杨宽便根据以上结论，认为楚黔中郡置于楚威王之时⑥。然据缪文远的考证，此章所述与当时形势不合，乃为依托之词⑦。《新编年表》在所附《〈战国策〉·〈战国纵横家书〉と本书》中则更进一步将此章所记内容考定在楚襄顷王十九年，即公元前 278 年。这样若仍认为楚黔中郡置于楚威王之时，则显然是不合适的。其实上文汉中郡考证中所引《史记》卷 5《秦本纪》孝公元年一条记载已说到“楚自汉中，南有巴黔中”，而依《新编年表》，秦孝公元年当楚宣王十五年，即公元前 361 年，是颇疑此时楚已置有黔中郡⑧。

楚黔中郡的治所，杨宽以为当在临沅⑨，并引《水经·沅水注》所说“沅水又东迳临沅县南，县南临沅水，因以为名，王莽更之曰监沅也。……县治武陵

---

①④ 杨宽：《战国史》(增订本)附录一《战国郡表》(四)楚国设置的郡，第 678 页。

②⑤ 任乃强：《华阳国志校补图注》，第 63 页注(1)。

③ 《华阳国志·汉中志》、《水经·沔水注》。

⑥ 杨宽：《战国史》(增订本)附录一《战国郡表》(四)楚国设置的郡，第 679 页。

⑦ 缪文远：《战国策考辨》，第 138～139 页。

⑧ 本书稿写竟后，在修改过程中又看到周宏伟《楚秦黔中郡新考》(载《九州学林》2005 年春季号)一文，其中亦认为楚黔中郡开置之年为楚宣王九年(前 361)。

⑨ 杨宽：《战国史》(增订本)附录一《战国郡表》(四)楚国设置的郡，第 679 页。又见杨宽：《战国史料编年辑证》，第 582 页。

郡下,本楚之黔中郡矣”为证。然现据有关考古学家的研究,基本认定楚黔中郡的治所当在今湖南省沅陵县窑头故城[①]。至于楚黔中郡的领域,史亦无明载。杨宽认为有今湖南省西部及贵州省东北部[②]。然而,在2002年湖南龙山县里耶所发现的秦简文字中,却明确记载着今湘南西部的沅水、澧水流域一带是属于秦洞庭郡的,并未见这一地区归属秦黔中郡的记载。那么楚黔中郡领域究竟在何处?秦是否像一般学者所认为的那样承继楚制而仍设有黔中郡?为解决上述疑难,现重新梳理相关史料,再作考订如下。

《史记》卷5《秦本纪》载:昭襄王二十七年(前280),“又使司马错发陇西,因蜀攻楚黔中,拔之”。从这则史料中可以得知,在公元前280年,楚黔中郡被秦将司马错率兵攻取。

《秦本纪》又载:“(昭襄王)三十年,蜀守(张)若伐楚,取巫郡,及江南为黔中郡。”卷72《白起列传》亦载:“武安君(按,指白起)因取楚,定巫、黔中郡。”卷40《楚世家》云:“(顷襄王)二十二年,秦复拔我巫、黔中郡。”卷15《六国年表》楚顷襄王二十二年栏亦曰:“秦拔我巫、黔中。”据《新编年表》,此处《楚世家》及《六国年表》所云“楚顷襄王二十二年”当作楚顷襄王二十年,而此年与秦昭襄王三十年应为同一年。其中《楚世家》云“复拔”楚黔中郡,而此前在昭襄王二十七年时,秦已攻取过楚黔中郡(见上文),是可推知在楚顷襄王十七年至二十年(秦昭襄王二十七年至三十年)间,黔中郡又曾由秦还属楚国。至楚顷襄王二十年(秦昭襄王三十年,前277)时,秦复得楚之黔中郡。

秦得楚之黔中郡之后,是否承袭了楚制而仍旧设置了黔中郡呢?大多数学者对此持肯定态度,他们主要依据的是下面几条史料:

一为上引《史记》卷5《秦本纪》所说的“(昭襄王)三十年,蜀守若伐楚,取巫郡,及江南为黔中郡”。这句话是其最主要的一个理由。

二为《华阳国志·巴志》载:“司马错自巴涪水,取楚商於地,为黔中郡。”又载:“涪陵郡,巴之南鄙。从枳南入,折丹涪水,本与楚商於之地接,秦将司马错由之取商於地为黔中郡也。”《华阳国志·蜀志》亦载:周赧王七年,“司马错率巴、蜀众数十万,大舶船万艘,米六百万斛,浮江伐楚,取商於之地,为黔中郡”。

三为《水经·沅水注》曰:“秦昭王二十七年使司马错以陇蜀军攻楚,楚割汉北与秦。至三十年,秦又取楚巫、黔及江南地,以为黔中郡。”

---

① 《楚“黔中郡”郡治基本认定在沅陵》,载人民网2002年6月25日。

② 杨宽:《战国史》(增订本)附录一《战国郡表》(四)楚国设置的郡,第679页。又见杨宽:《战国史料编年辑证》,第582页。

由上述史料表面来看，似乎秦在夺取了楚黔中郡之后仍保留了该郡的建置。但是如果我们仔细分析一下这些史料，就可以看出《华阳国志》与《水经注》中有关黔中郡的记载，实际上都应缘自《史记·秦本纪》中的那则记载，只是内容更为详细且与《秦本纪》有了一定的出入（如其中提及的“商於之地”等）[①]。钱大昕曾言：“言有出于古人而未可信者，非古人之不足信也，古人之前尚有古人，前之古人无此言，而后之古人言之，我从其前者而已矣”[②]。有鉴于此，笔者在此不采用《华阳国志》与《水经注》中的史料[③]，而仅据《秦本纪》中的记载加以分析。

由上述史料编年可知，《秦本纪》所说的“取巫郡，及江南为黔中郡”之事，在《楚世家》中写作“秦复拔我巫、黔中郡”。这就说明，《秦本纪》中这句话，并非一般学者所理解的那样，是将巫郡与江南地合而置为黔中郡，而应是伐楚巫郡与在江南的黔中郡的意思。其中的“为”字，或者有“是”的含义[④]。因此，秦是否设置了黔中郡，现在看来并没有确切的依据。早在清代，著名考据学家钱大昕便提出了黔中郡不在秦三十六郡之列的说法[⑤]。前文提及的里耶秦简也可证明传统观点认为秦黔中郡在今湘西一带也是不能成立的。故综上所述笔者不认为秦承楚制而设置了黔中郡。

那么楚黔中郡地望究竟在何处，它与现在已知的秦洞庭郡又是怎样的关系呢？其实在上引《秦本纪》所说的“（昭襄王）三十年，蜀守若伐楚，取巫郡，及江南为黔中郡”中，已透出了一些信息。既然其中的“江南为黔中郡”可释为“在江南的黔中郡”，那么楚黔中郡的地望位于江南应该是毋庸置疑的了。这样，结合当时的形势，可大致认为楚之黔中郡与巫郡应是南北布置的，巫郡或由巫山得名，处于以今巫山县为中心的鄂渝交界一带，而黔中郡则在今鄂西南、湘西北与渝东南的长江以南地区[⑥]。楚黔中郡之地入秦后，黔中郡东部之

---

① 有学者据《华阳国志》与《水经注》的记载，便认定秦沿楚仍置有黔中郡，并将黔中郡的领域重新界定，恐难成立。参见周宏伟：《楚秦黔中郡新考》。

② 钱大昕：《潜研堂文集·秦四十郡辨》。

③ 贺刚认为《华阳国志》之《巴志》与《蜀志》的记载，是将司马错因蜀攻楚黔中与错取汉北（商於之地）混为一谈，故这两则记载皆不可取。参见其《战国黔中三论》（《湖南考古辑刊》第六集，《求索》增刊，1994 年 4 期）与《楚黔中地及其晚期墓葬的初步考察》（《楚文化研究论集》第四集，河南人民出版社，第 287 页）二文。

④ 周振鹤：《秦代洞庭苍梧两郡悬想》。

⑤ 钱大昕：《潜研堂文集·秦三十六郡考》。

⑥ 周振鹤：《秦代洞庭苍梧两郡悬想》。又，周宏伟认为楚黔中郡应置于汉江上中游地区，具体来讲，大约相当于今鄂西北汉江支流堵河流域（参见其前揭《楚秦黔中郡新考》）。然其观点难释楚黔中与汉中郡领域关系，而且对楚巫郡领域的界定也造成一定的困难，因此，在此不采其说。

地便划归了秦所设置的洞庭郡，而其西部地区则划入了巴郡(参见本章第三节)。

然而由于黔中是楚国与秦国之间的要害地区，黔中的得失关系到楚国的安危，是楚在所必夺的地方。因此，就在秦占有该地区的第二年，楚便将这一地区再次夺回。《史记》为我们保留了有关的一些记载。

《史记》卷5《秦本纪》载："(昭襄王)三十一年……楚人反我江南。"卷40《楚世家》载："(顷襄王)二十三年，襄王乃收东地兵，得十余万，复西取秦所拔我江旁十五邑为郡，距秦。"卷15《六国年表》楚顷襄王二十三年栏曰："秦所拔我江旁反秦。"据《新编年表》的考证，此处之楚顷襄王二十三年应为二十一年，与秦昭襄王三十一年为同一年，即公元前276年。在顷襄王二十年时，秦攻取了楚黔中、巫郡二郡，而此处《楚世家》又提到的"复西取秦所拔我江旁十五邑为郡，距秦"，此处的"江旁十五邑"，由上引《秦本纪》所述与《楚世家》及《六国年表》之文对照可知，当即位于江南的楚黔中郡地，杨宽认为当指今巴东一带临江地区①。顷襄王二十一年复从秦收回，且置郡以抵御秦国。楚所置江旁十五邑之郡，史未载该郡名称，姑且在此称为"江南"，抑或仍沿用黔中郡之名，亦未可知。

此后楚国将黔中地区控制在手中长达数十年之久，一直到秦王政二十三年(前224)，秦亡楚后才将这一地区最终夺取。但事情并未到此结束，因为依据《史记》卷6《秦始皇本纪》的记载，就在这一年，"楚将项燕又立昌平君为荆王，反秦于淮南"，而其中"淮南"的"淮"，据《集解》引徐广注曰："淮"一作"江"。这样，可以推测，很可能就是位于江南的原黔中地再次起兵反秦。当然这次起兵并不能改变楚最终走向灭亡的命运。仅仅在两年之后的秦王政二十五年，这一地区就被平定了，《秦始皇本纪》所载"二十五年……王翦遂定荆江南地"可以为证。

洞庭郡、苍梧郡

楚还应在其南部疆域设置有洞庭、苍梧二郡，楚亡后，此两郡的建置为秦所承继，唯在郡境方面作了一些调整(参见本章第三节)。

江东郡

《战国策·楚策一》载范环对楚怀王曰："且王尝用滑于越而纳句章，昧之难，越乱，故楚南(察)[塞]濑胡而(野)[郡]江东。"《史记》卷71《甘茂列传》载范蜎对楚怀王曰："且王前尝用召滑于越，而内行章义之难，越国乱，故楚南塞厉门而郡江东。"据《新编年表》，此事在秦昭襄王元年(前306)之后，亦即楚怀

---

① 杨宽：《战国史料编年辑证》，第880页。

王二十一年以后，其中提及楚“郡江东”，则至迟该年楚已置有江东郡[①]。又，《史记》卷40《楚世家》载昭雎说楚怀王曰：“王虽东取地于越，不足以刷耻；必且取地于秦，而后足以刷耻于诸侯。”而此事依《新编年表》，亦应在楚怀王二十一年之后，故综合上述所引之文，可知楚江东郡当是以败越所取之地而置。此点陈伟已指出[②]。

至于江东郡的具体领域，史未明言，杨宽认为有今安徽省东南部、江苏省南部及浙江省北部地区[③]，而陈伟认为此江东郡的江东也许是指淮水下游南岸，而非长江下游南岸[④]。其实陈伟的推测是不成立的。当时楚之江东又可称吴（参见本节淮北郡考证），即说明江东应还是指长江下游南岸地区。

考烈王十二年（前250），春申君改封江东，江东又成为春申君黄歇的封域。其时又称吴（参见本节淮北郡考证）。

考烈王二十五年，春申君为刺客所杀，江东或许重新置郡[⑤]。

王负刍五年（前224），秦大破楚，至迟此时江东郡应不存。

上蔡郡

《战国策·楚策一》载：“城浑出周……南游于楚，至于新城。城浑说其令曰：‘郑、魏者，楚之耎国而秦、楚之强敌也。郑、魏之弱，而楚以上梁应之；宜阳之大也，楚以弱新城(圉)[围]之。蒲反、平阳相去百里，秦人一夜而袭之，安邑不知；新城、上梁相去五百里，秦人一夜而袭之，上梁亦不知也。今边邑之所恃者，非江南、泗上也，故楚王何不以新城为主郡也，边邑甚利之。’新城公大说，乃为具驷乘车五百金之(尽)[楚]。城浑得之，遂南交于楚，楚王果以新城为主郡。”金正炜《战国策补释》认为其中的“上梁”乃“上蔡”之误，杨宽认为金说是正确的[⑥]。今亦从金氏之说。由此可知，楚曾设上蔡郡。

楚上蔡郡的设置时间，史籍失载。然又由上引《战国策》所云“新城、上梁相去五百里，秦人一夜而袭之，上梁亦不知也”（按，其中“上梁”当作“上蔡”）之文可知，新城在置郡前本为上蔡郡属县，是可知新城郡当由上蔡郡析置。而新城郡之置（参见下文新城郡考证）不应晚于怀王二十七年（前300），因此可进

---

① 杨宽认为楚江东郡置于楚怀王时（参见其《战国史》（增订本）附录一《战国郡表》（四）楚国设置的郡，第678～679页）；陈伟则将楚置江东郡的时间系于楚怀王十七年至二十三年之间（参见其《楚“东国”地理研究》，第200页）。

② 陈伟：《楚“东国”地理研究》，第133～134页。

③ 杨宽：《战国史》（增订本）附录一《战国郡表》（四）楚国设置的郡，第679页。

④ 陈伟：《楚“东国”地理研究》，第135及200页。

⑤ 同上书，第200页。

⑥ 杨宽：《战国史》（增订本）附录一《战国郡表》附注2，第684页。

而推知上蔡设郡应在此时之前。又因公元前329年时，上蔡尚属魏(参见第五章第四节)，则上蔡郡之置当又不会早于该年。陈伟认为上蔡郡可能是楚国最早设郡的地方之一。在析置新城郡之前，该郡之领域大约包括了整个楚“方城之外”的地区①。上蔡郡治当在上蔡县。

怀王二十七年(前300)，上蔡又属魏(参见第八章第四节)，楚上蔡郡亦当在此时不复存在②。

新城郡

在上文上蔡郡所引《战国策·楚策一》的那则史料中，还提到楚“以新城为主郡”，王应麟云：“郡者，县之主，故谓之主郡。”③顾颉刚认为“主郡当为高级之郡”④，何浩则理解为在新城设郡⑤，陈伟从之⑥。总之，楚置有新城郡应无疑。

战国时期新城本为韩县，楚怀王十一年(前316)后，为楚所据(参见第五章第二节及第六章第一节)。由此可推测楚置新城郡不会早于怀王十一年。而新城为秦所取在怀王二十七年(参见第六章第二节)，是楚新城郡所存时间当不会超出怀王十一年至二十七年间⑦。

至于新城郡的领域，史无确载。因新城郡以新城县之地而设，而新城县在今河南省伊川县西南，故新城郡当辖有今河南省伊川县附近的地区，杨宽即持此论⑧。至于陈伟所说的新城郡可能领有汝、颍二水的上游一带⑨，实际上也即是今伊川县一带。

怀王二十七年，秦得新城县，楚新城郡恐亦在此时消亡，不复存在。

巫郡

巫郡设置时间，史未明载。据现有文献记载来看，至迟于怀王三十年(前297)时已置有该郡。《史记》卷40《楚世家》曰：“(怀王三十年)秦因留楚王，要以割巫、黔中之郡。”杨宽亦认为怀王时已设巫郡⑩。

巫郡的领域，史亦不载。杨宽认为当有今湖北省清江中、上游和重庆市

---

① 陈伟：《楚“东国”地理研究》，第199～200页。
② 同上书，第200页。
③ 《通鉴地理通释》卷1《秦四十郡》。
④ 顾颉刚：《法华读书记》。
⑤ 何浩：《楚灭国研究》，第326页。
⑥⑨ 陈伟：《楚“东国”地理研究》，第199页。
⑦ 陈伟认为新城郡存在于怀王二十二年至二十九年的数年间。参见其《楚“东国”地理研究》，第199页。
⑧⑩ 杨宽《战国史》(增订本)附录一《战国郡表》(四)楚国设置的郡，第679页。

东部[1]。巫郡之名,程恩泽(《国策地名考》卷7)、顾观光(《七国地理考》卷3)皆认为是因巫山而得名。杨宽亦持此说。

顷襄王二十年(前277)巫郡为秦所得(参见本节黔中郡考证)。秦得巫郡之地后,先将该地建置降低,从郡而降为县,然后又将原来郡境巫县及以东地区,划入公元前278年即已设置的南郡领域之中,《水经·江水注》所云"江水又东迳巫县故城南,县,故楚之巫郡也,秦省郡立县,以隶南郡"可以为证[2]。至于巫县以西的地区,则划归秦巴郡管辖[3]。

淮北郡

《史记》卷78《春申君列传》云:"(楚)考烈王元年,以黄歇为相,封为春申君,赐淮北地十二县。后十五岁,黄歇言之楚王曰:'淮北地边齐,其事急,请以为郡便。'因并献淮北十二县,请封于江东。考烈王许之。"据《新编年表》,上引《春申君列传》所载的"后十五岁"并非为楚考烈王十五年,而是春申君相楚十五年,即实际上的楚考烈王十二年(前250)。既然上文中提及春申君献出淮北十二县请楚考烈王置郡,则楚当在此年以此淮北十二县之地建郡。因所立之郡的名称于史无载,故在此暂以"淮北"代之[4]。

又,《史记》卷15《六国年表》楚考烈王十五年栏曰:"春申君徙封于吴。"而据《新编年表》,《六国年表》楚考烈王十五年栏中的内容也应相应调至十二年栏中。如此,将上引《春申君列传》及《六国年表》之文对照即可看出,公元前250年春申君所封的江东,即是吴。此点清人顾观光业已指出[5]。

淮北本为吴地,吴为越灭后,其地为楚所得。《史记》卷40《楚世家》曰:"(惠王)十六年,越灭吴。四十二年,楚灭蔡。四十四年,楚灭杞。与秦平。是时越已灭吴而不能正江、淮北;楚东侵,广地至泗上。"越灭吴的时间,据《新编年表》的考证,当在楚惠王十七年(前473),故由上引文知,楚得淮北当在是年之后。楚据淮北一段时间后,淮北又为宋所取。《战国策·宋策》曰:"于是(宋康王)灭滕、伐薛,取淮北之地。"《史记》卷38《宋微子世家》载:"君偃十一年,自立为王。东败齐,取五城;南败楚,取地三百里。"君偃即康王[6],其十一年为

---

① 杨宽:《战国史》(增订本)附录一《战国郡表》(四)楚国设置的郡,第679页。

② 谭其骧则认为巫郡省郡立县后,初属黔中郡,后属南郡。参见《秦郡界址考》,载《长水集》(上),第14页。但现在我们既然可以大致证明秦是没有黔中郡的(参见本节黔中郡考证),所以谭氏的观点也需要修正了。

③ 周振鹤:《秦代洞庭苍梧两郡悬想》。

④ 陈伟:《楚"东国"地理研究》,第200页。

⑤ 顾观光:《七国地理考》卷3。

⑥ 《史记索隐》曰:"《战国策》、《吕氏春秋》皆以偃谥曰康王也。"

公元前322年,结合《宋策》与《宋微子世家》之文,可知该年之后,楚淮北为宋攻取。陈伟推测宋取淮北在楚怀王、顷襄王之际(前298年至前296年之间)①。公元前288年齐破宋之后,淮北为齐所据。《史记》卷46《田敬仲完世家》曰:"(湣王)三十八年……于是齐遂伐宋,宋王出亡,死于温。齐南割楚之淮北,西侵三晋,欲以并周室。"此事据《新编年表》当在公元前288年,则其时齐已有淮北之地。不过在此需要说明的是,由于上引文中提到的是"齐南割楚之淮北",则尚无法完全肯定齐所得的淮北即是宋由楚所取的那部分淮北之地②。又《史记》卷40《楚世家》载:"(顷襄王)十五年,楚王与秦、三晋、燕共伐齐,取淮北。"卷15《六国年表》楚顷襄王十五年栏曰:"取齐淮北。"据《新编年表》的考证,此实为楚顷襄王十三年(前284)之事。故楚又在此年复得淮北之地。此后方有楚王以此地封春申君之事。

由上所述,陈伟认为楚淮北郡的设置时间或可上推至楚怀、襄之际宋败楚之前。其时淮北与越、宋、齐诸国接壤,边境情况复杂,可能亦为楚最早设郡之地。至于楚淮北郡的领域,当以春申君所献之十二县之地为主,还可能包括楚随后攻取的馅、鲁等靠近齐国之地③。

王负刍五年(前224),秦大破楚,至迟此时淮北郡不复存在④。

另外,在《包山楚简》中的简103至114、简115至119两组简册中有貣金的记录,其中均是先讲高间,然后才述及其他县,其间似曾存在着隶属关系,陈伟据此认为高间很可能是统摄貣金各县的郡⑤。其论可备一说,录此待考。

第二节　秦郡考证(上)

战国时期秦在统一六国的过程中,先后设置过一些郡。下面即依其建立年代的先后,逐一考证。

上郡

《史记》卷5《秦本纪》载:"(惠文君)十年……魏纳上郡十五县。"卷44《魏

---

① 陈伟:《楚"东国"地理研究》,第128及200页。

② 陈伟认为:"这是对楚淮北故地由宋入齐之事的误载,还是齐师乘灭宋(晓杰按,当为破宋。详见《新编年表》)余威另外攻取了一部分楚地,有待进一步研究。"参见其《楚"东国"地理研究》,第128～129页。

③④ 陈伟:《楚"东国"地理研究》,第200页。

⑤ 陈伟:《包山楚简初探》,第100～101页。

世家》载:“(魏襄王)七年,魏尽入上郡于秦。”卷15《六国年表》秦惠文王十年栏曰:“魏纳上郡。”魏襄王七年栏曰:“入上郡于秦。”卷70《张仪列传》载:“秦惠王十年,使公子华与张仪围蒲阳,降之。……魏因入上郡、少梁,谢秦惠王。惠王乃以张仪为相,更名少梁曰夏阳。”据《新编年表》,上引《魏世家》及《六国年表》中的魏襄王七年当为魏惠成王更元七年,与秦惠文王十年(此为溯上逾年法,实为十一年)为同一年,即公元前328年,如此则该年魏上郡十五县之地尽入于秦①。《汉志》上郡下班固自注曰:“秦置。”

《水经·河水注》曰:“奢延水又东,迳肤施县南,秦昭王三年置,上郡治。”据此,似秦于昭襄王三年(前304)置上郡,杨宽即持此论②。其实不然。马非百已辨《河水注》之非。他以陕西省历史博物馆所藏“王五年上郡疾造”残戟及《痴菴藏金》所记“王六年上郡守疾之造”戈(按,王五年、王六年为秦惠文王更元五年及六年,而疾为樗里疾)为证,认为秦在惠文君十年魏纳上郡时,即已置上郡③。在马氏此说之前,谭其骧早已撰文,认为秦上郡即置于惠文君十年魏上郡入秦之时④。谭、马二氏之说甚是,今从之。

秦上郡之领域,要较魏上郡为大,有今陕西省黄河以西、黄陵宜川以北、内蒙古自治区伊金霍洛旗、乌审旗以东地区⑤。又由上引《河水注》之文,知秦上郡的治所当在肤施。其地在今陕西省榆林市东南(参见第五章第三节)。

蜀郡

《战国策·秦策一》载:秦惠文王采司马错之议,“卒起兵伐蜀,十月取之,遂定蜀。蜀主更号为侯,而使陈庄相蜀。蜀既属,秦益强,富厚,轻诸侯”⑥。《史记》卷5《秦本纪》载:“(惠文王更元)九年,司马错伐蜀,灭之。……十一年……公子通封于蜀。”卷15《六国年表》秦惠文王更元九年栏曰:“击蜀,灭之。”《汉志》蜀郡下班固自注曰:“秦置。”《华阳国志·巴志》载:“周慎王五年,蜀王伐苴。苴侯奔巴。巴为求救于秦。秦惠文王遣张仪、司马错救苴、巴。遂伐蜀,灭之。”《华阳国志·蜀志》:“周慎王五年秋,秦大夫张仪,司马错、都尉墨

① 谭其骧:《秦郡新考》,《长水集》(上),第2页。又,杨宽认为公元前328年魏所献上郡十五县只是上郡一部分地,而又于公元前312年尽献上郡给秦,并标其结论出处为《史记》卷5《秦本纪》与卷44《魏世家》(参见其《战国史》(增订本)附录一《战国郡表》(一)魏国设置的郡,第677页)。然遍检《史记》之《秦本纪》及《魏世家》,亦未见有公元前312年魏尽献上郡之事,故未详杨宽论据何出。

② 杨宽:《战国史》(增订本)附录一《战国郡表》(六)秦国设置的郡,第680页。

③ 马非百:《秦集史·郡县志上》,第578页。

④ 谭其骧:《秦郡新考》,《长水集》(上),第2页。

⑤ 谭其骧主编:《中国历史地图集》第二册,秦时期,图5-6。钱林书认为秦上郡领域还包括了攻赵所得的榆中之地。详见其前揭《战国时期魏国置郡考》一文。

⑥ 《史记》卷70《张仪列传》亦载此事,文字略同。

等从石牛道伐蜀。蜀王自于葭萌拒之,败绩。……冬十月,蜀平。……周赧王元年,秦惠王封子通国为蜀侯,以陈壮为相。置巴、蜀郡,以张若为蜀守。"此处秦灭蜀及公子通为蜀侯的时间之所以分别定在周慎王五年及周赧王元年,当是常璩依据《六国年表》所排定的秦惠文王更元九年与周慎王五年为同一年,以及秦惠文王更元十一年与周赧王元年为同一年所致。其实,据《新编年表》,司马迁在这里误排了《六国年表》,秦惠文王更元九年实应为周赧王七年(前316),十一年当为周赧王九年(前314)。这样《华阳国志·蜀志》所载的周慎王五年及周赧王元年当相应调整至周赧王七年与九年。故综上所述可断公元前316年秦灭蜀,又于公元前314年秦封公子通于此,以陈壮为蜀相;同时设置蜀郡,以张若为蜀守,出现了国郡并置的局面①。其时蜀相当在成都,而蜀守应治葭萌②。

惠文王十三年(前312),又分蜀国(郡)一部分地而划入新置的汉中郡之中(参见本节汉中郡考证)。

《史记》卷5《秦本纪》载:"(惠文王)十四年……蜀相(陈)壮杀蜀侯来降。武王元年……诛蜀相壮。"卷15《六国年表》秦惠文王十四年栏曰:"蜀相杀蜀侯。"秦武王元年栏曰:"诛蜀相壮。"据上所载,知惠文王更元十四年(前311)蜀相陈壮杀蜀侯,次年,即武王元年(前310),陈壮被诛。然《华阳国志·蜀志》载:"(周赧王)六年,陈壮反,杀蜀侯通国。秦遣庶长甘茂、张仪、司马错复伐蜀。诛陈壮。"其中的周赧王六年,据《六国年表》中的原有排年,当为秦武王二年(前309),与上引《史记》之文不同,常璩所载疑有误。又,《水经·江水注》曰:"江水又东迳成都县……秦惠王二十七年,遣张仪与司马错等灭蜀,遂置蜀郡焉。"《江水注》所谓的秦惠王二十七年,即惠文王更元十四年,据此并结合上引《秦本纪》及《六国年表》之文分析,似秦于武王元年诛陈壮后,不再于蜀设封国,而只设蜀郡。不过,《华阳国志·蜀志》又载陈壮被诛后,公子恽与绾又相继为蜀侯,由此则又说明其时蜀地仍是国郡并存③,《水经注》所载恐不足信。

《华阳国志·蜀志》载:"(周赧王)三十年,疑蜀侯绾反,(秦昭襄)王复诛之。但置蜀守。"此处的周赧王三十年,依《史记·六国年表》为秦昭襄王二十二年(按,据《新编年表》,秦昭襄王二十二年实当周赧王三十八年),而秦昭襄

---

① 任乃强:《华阳国志校补图注》,第130页注(1)。然而,杨宽认为其时但设封国,并未置郡。参见杨宽:《战国史》(增订本)附录一《战国郡表》(六)秦国设置的郡,第680页。又见杨宽:《战国史料编年辑证》,第496～497、499页。

② 任乃强:《华阳国志校补图注》,第130页注(1)。

③ 谭其骧:《秦郡新考》,《长水集》(上),第2页。

王二十二年乃公元前285年，是由上述《华阳国志·蜀志》所载，当公元前285年秦在蜀地废封国，而只置蜀郡①。出土秦封泥中有"蜀左织官"，说明秦蜀郡中设过左织②，同时也可为秦置有该郡添一佐证。

蜀郡之领域，据谭其骧的考证，以今地言之，当有今四川省阆中以西，松潘、天全以东，宜宾、石棉以北的地区③。秦蜀郡的治所据上引《水经·江水注》之文，当在成都。

巴郡

《汉志》巴郡下班固自注曰："秦置。"《华阳国志·巴志》载："周慎王五年，蜀王伐苴。苴侯奔巴。巴为求救于秦。秦惠文王遣张仪、司马错救苴、巴。遂伐蜀，灭之。仪贪巴、苴之富，因取巴，执王以归。置巴、蜀及汉中郡。"《华阳国志·蜀志》载："周慎王五年秋，秦大夫张仪，司马错、都尉墨等从石牛道伐蜀。蜀王自于葭萌拒之，败绩。……冬十月，蜀平。……周赧王元年，秦惠王封子通国为蜀侯，以陈壮为相。置巴、蜀郡。"《水经·江水注》曰："江州县，故巴子之都也。《春秋》桓公九年，巴子使韩服告楚，请与邓好是也。及七国称王，巴亦王焉。秦惠王遣张仪等救苴侯于巴，仪贪巴、苴之富，因执其王以归，而置巴郡焉，治江州。"上引《华阳国志》之《巴志》及《蜀志》所说的周慎王五年及周赧王元年，当分别为周赧王七年与周赧王九年(参见本节蜀郡考证)，亦即秦惠文王更元九年(前316)和十一年(前314)。故综合上述史料可知，惠文王九年，秦取巴，十一年，又于该地设置巴郡④。出土秦封泥中有"巴左工印"，其中的左工或为左工室省称⑤，是又可为秦置有巴郡添一证明。

惠文王十三年，又分巴郡北境一部分地而隶属于新置的汉中郡之下(参见本节汉中郡考证)。

昭襄王三十年(前277)，秦得楚巫郡地，将原巫郡之巫县(不含巫县)以西地区划归巴郡管辖(参见本章第一节)。

巴郡乃因巴国之地而置，故其领域当与之相同。《华阳国志·巴志》载："其地(按，指巴国)，东至鱼复，西至僰道，北接汉中，南极黔涪。"秦巴郡亦当大

---

① 谭其骧：《秦郡新考》，载《长水集》(上)，第2页；杨宽：《战国史》(增订本)附录一《战国郡表》(六)秦国设置的郡，第680页。

② 周天游、刘瑞：《西安相家巷出土秦封泥简读》。

③ 谭其骧：《秦郡界址考》，《长水集》(上)，第13～14页；谭其骧主编：《中国历史地图集》第二册秦时期，图11-12。

④ 谭其骧：《秦郡新考》，《长水集》(上)，第2页。杨宽认为巴郡设于公元前316年之后，见其《战国史》(增订本)附录一《战国郡表》(六)秦国设置的郡，第680页。

⑤ 周天游、刘瑞：《西安相家巷出土秦封泥简读》。

体以此为领域,以今地言之,当有四川省阆中、南充、泸州市以东,巫山县、奉节县以西,綦江、武隆县以北及陕西省汉中市以南的地区[①]。至于秦巴郡的治所,从上引《江水注》之文中可知当在江州[②]。

汉中郡

《史记》卷5《秦本纪》载:"(惠文王)十三年,庶长章击楚于丹阳,虏其将屈匄,斩首八万;又攻楚汉中,取地六百里,置汉中郡。"卷40《楚世家》载:"(楚怀王)十七年春,与秦战丹阳,秦大败我军,斩甲士八万,虏我大将军屈匄、裨将军逢侯丑等七十余人,遂取汉中之郡。"卷71《樗里子列传》曰:"明年(按,指秦惠文王十三年),(樗里子)助魏章攻楚,败楚将屈匄,取汉中地。"卷70《张仪列传》载:"楚王不听,卒发兵而使将军屈匄击秦,秦、齐共攻楚[③],斩首八万,杀屈匄,遂取丹阳、汉中之地。"卷84《屈原列传》曰:"怀王怒,大兴师伐秦。秦伐兵击之,大破楚师于丹、淅,斩首八万,虏楚将屈匄,遂取楚之汉中地。"《汉志》汉中郡下班固自注曰:"秦置。"《华阳国志·蜀志》载:"(周赧王)三年,分巴、蜀置汉中郡。"上引《楚世家》中的楚怀王十七年,据《新编年表》,当作十五年,而楚怀王十五年即秦惠文王十三年(前312)。又《华阳国志·蜀志》所说的周赧王三年,当是常璩依据《史记》卷15《六国年表》中周赧王三年与秦惠文王十三年排在同一年所致,其实司马迁在这里是误排了《六国年表》,据《新编年表》,秦惠文王十三年当是周赧王十一年,《华阳国志·蜀志》所载亦当相应调整至周赧王十一年才是。故综合上述《史记》与《华阳国志》中的记载可知,公元前312年,秦在丹阳之战中大败楚军,夺取了楚之汉中郡,并在楚汉中郡的基础上又加以一部分巴蜀之地而重新设置了汉中郡。这样,秦汉中郡的领域较原楚汉中郡要大。

秦汉中郡的领域,以今地言之,应有今陕西省秦岭以南,湖北省十堰市郧阳区、保康县以西,大巴山以北地区[④]。秦汉中郡治南郑(今陕西省汉中市)。《水经·沔水》曰:"(沔水)东过南郑县南。"郦道元注曰:"县,故褒之附庸也。周显王之世,蜀有褒汉之地。至六国,楚人兼之。怀王衰弱,秦略取焉。周赧王二年(按,当作十一年),秦惠王置汉中郡,因水名也。《耆旧传》云:南郑之号,始于

① 此处有关巴郡领域的界定,主要依据谭其骧的《秦郡界址考》(载《长水集》(上),第14页)及谭其骧主编的《中国历史地图集》第二册(秦时期,图11-12)的结论而略有修正。

② 任乃强认为秦巴郡先治阆中,分置汉中郡后,郡治南徙于垫江,待张仪筑江州城成,郡治又迁至江州。参见其《华阳国志校补图注》第13页注(8)。其论可备一说。

③ 按,杨宽认为此处当为"秦、韩共攻楚",甚是。参见杨宽:《战国史料编年辑证》,第545页。

④ 谭其骧:《秦郡界址考》,《长水集》(上),第13～14页;谭其骧主编:《中国历史地图集》第二册秦时期,图11-12。

郑桓公。桓公死于犬戎,其民南奔,故以南郑为称。即汉中郡治也。”①

见于史载的秦汉中郡守,有昭襄王时的任鄙。《史记》卷5《秦本纪》载:“(昭襄王十三年)任鄙为汉中守。”卷15《六国年表》亦曰:“(秦昭襄王)十三年,任鄙为汉中守。”

河东郡

《史记》卷44《魏世家》载:“(昭王)六年,予秦河东地方四百里。”卷15《六国年表》秦昭襄王十七年栏曰:“魏入河东四百里。”魏昭王六年即秦昭襄王十七年,亦即公元前290年,是魏河东郡此时入秦。然《史记》卷5《秦本纪》载:“(昭襄王)二十一年,(司马)错攻魏河内。魏献安邑,秦出其人,募徙河东赐爵,赦罪人迁之。”卷15《六国年表》秦昭襄王二十一年栏曰:“魏纳安邑及河内。”而安邑乃魏河东郡治所(参见第八章第四节),至此时(秦昭襄王二十一年,前286)方由魏入秦。是可知公元前290年秦所得魏之河东郡当是一部分地,四年之后(前286)才将魏河东郡全境控制在手。秦得魏河东郡全境之后,亦当随之置郡②。《水经·涑水注》所载“秦始皇使左更、白起取安邑,置河东郡”中的“秦始皇”当作“秦昭襄王”才是。《史记》卷79《范雎蔡泽列传》所载“(秦)昭王召王稽,拜为河东守,三岁不上计”,亦可证秦昭王时秦已置河东郡。《汉志》河东郡下班固自注亦曰:“秦置。”

秦所置河东郡当袭自魏国。其领域与魏之原领域相同。江西遂川出土的秦戈铭文载:“廿二年,临汾守曋、库系、工歍造。”③此戈疑为秦昭襄王二十二年或秦王政二十二年所制。由其中的“临汾守”铭文,可知秦又将河东郡治由属魏时的安邑迁至临汾④。

《史记》卷5《秦本纪》载:“(昭襄王)三十三年,魏入南阳以和。”《史记正义》引徐广曰:“河内修武,古曰南阳,秦始皇更名河内。属魏地。”谭其骧据此以为秦昭襄王三十三年(前274)始有魏河内之地,然其时秦东尚不得邢丘、怀,北不得宁新中,地狭而不足以设置一郡,于是并属在河东郡之下⑤。其后至昭襄王五十年(前257),怀、邢丘及宁新中(入秦后更名安阳)陆续为

---

① 任乃强认为秦汉中郡始置之时仍当治楚汉中郡治西城,后汉时方徙治南郑。详见其《华阳国志校补图注》第63页注(1)。其论可备一说。

② 谭其骧:《秦郡新考》,《长水集》(上),第2页。杨宽认为秦置河东郡在昭襄王十七年(前290),不确。见其《战国史》(增订本)附录一《战国郡表》(六)秦国设置的郡,第680页。

③ 江西省博物馆、遂川县文化馆:《记江西遂川出土的几件秦代铜兵器》,《考古》1978年第1期。

④ 杨宽:《战国史》(增订本)附录一《战国郡表》(六)秦国设置的郡,第680及684页附注(2);杨宽:《战国史料编年辑证》,第800页。

⑤ 谭其骧:《秦郡新考》,《长水集》(上),第9~10页。

秦所得，这些地方亦应归河东郡所统。如此，则秦河东郡领域当较前有所扩大。待秦始皇统一天下之后，复又析河东郡而置河内郡，因此秦始皇二十六年时的三十六郡不闻河内郡之名。马非百认为秦昭襄王时即已置河内郡[①]，不确。

陇西郡

《汉志》陇西郡下班固自注曰："秦置。"《水经·河水注》载："(滥水)又西北迳狄道故城东……汉陇西郡治，秦昭王二十八年置。"据《河水注》所述，谭其骧、杨宽二人均以为秦陇西郡置于秦昭襄王二十八年(前279)[②]。然《史记》卷5《秦本纪》又载：昭襄王二十七年，"又使司马错发陇西，因蜀攻楚黔中，拔之"。马非百则由此所载，以为秦陇西郡之置，当在昭襄王二十八年之前[③]。马氏之说甚是，郦氏所记恐有讹误。如此则至迟秦昭襄王二十七年(前280)，秦已置陇西郡。又，在出土的秦戈中有秦昭王"廿八年陇栖郡守囗造，西工宰阉，工囗"铭文[④]，其中的"廿八"或释为"廿六"[⑤]，是亦可为秦在昭襄王二十七年置有陇西郡添一佐证。

秦陇西郡原本为义渠地，此由《史记》卷110《匈奴列传》所载"秦昭王时，义渠戎王与宣太后乱，有二子。宣太后诈而杀义渠戎王于甘泉，遂起兵伐残义渠。于是秦有陇西、北地、上郡，筑长城以拒胡"可知。秦陇西郡的领域，当有今甘肃省兰州、定西、静宁等市县以南，宕昌、礼县、成县等县以北，永靖、临潭等县以东，庄浪、两当等县以西的地区[⑥]。郡治则由上引《河水注》之文，推知当在狄道。

南郡

《史记》卷5《秦本纪》载："(昭襄王)二十九年，大良造白起攻楚，取郢为南郡，楚王走。"卷15《六国年表》载："(昭襄王)二十九年，白起击楚郢，拔郢，更东至竟陵，以为南郡。"卷72《穰侯列传》载："四岁(按，指秦昭襄王二十九年)，而使白起拔楚之郢，秦置南郡。"卷73《白起列传》载："其明年(按，指秦昭襄王二十九年)，攻楚，拔郢，烧夷陵，遂东至竟陵。楚王亡去郢，东走徙陈，秦以郢

---

① 马非百：《秦集史·郡县志上》，第594页。
② 谭其骧：《秦郡新考》，《长水集》(上)，第2页；杨宽：《战国史》附录一《战国郡表》(六)秦国设置的郡，第680页。
③ 马非百：《秦集史·郡县志上》，第583页。杨宽亦持此论。参见其《战国史料编年辑证》，第842页。
④ 参见《文物》1980年第9期。
⑤ 李仲操：《二十六年秦戈考》，《文博》1989年第1期。
⑥ 谭其骧主编：《中国历史地图集》第二册秦时期，图5-6。

为南郡。"《汉志》南郡下班固自注亦曰:"秦置。"秦昭襄王二十九年为公元前278年,是该年秦置南郡①。秦封泥有"南郡司空",秦印中有"南郡侯丞"②,也可证明秦置有该郡。

昭襄王三十年(前277),楚巫郡入秦,成为秦新置黔中郡辖地,然其郡巫县及其以东地区后来则划入了南郡领域(参见本章第一节)。

南郡的领域,《水经·江水注》中有概略的记载:"秦兼天下,置立南郡,自巫东上,皆其域也。"据谭其骧的考订,以今行政区划言之,当有湖北省武汉市以西、襄樊市以南、监利县以北及其四川省巫山县以东的区域③。秦南郡当治郢。

南阳郡

《史记》卷5《秦本纪》载:"(秦昭襄王)三十五年……初置南阳郡。"《汉志》南阳郡下班固自注亦曰:"秦置。"《水经·淯水注》曰:"淯水又西南迳晋蜀郡太守邓义山墓南,又南迳宛城东。其城,故申伯之都,楚文王灭申以为县也。秦昭襄王使白起为将,伐楚取郢,即以此地为南阳郡,改县曰宛。"秦昭襄王三十五年为公元前272年,据上所载,秦当于是年置南阳郡④。出土秦封泥中有"南阳邸丞"⑤,也可为秦置有南阳郡添一佐证。

《史记》卷5《秦本纪》又载:"(昭襄王)三十四年,秦与魏、韩上庸地为一郡,南阳免臣迁居之。"杨宽据此以为秦于次年所置的南阳郡,是将所占韩、魏南阳之地与楚的上庸地合在一起而建立的⑥,其说恐误。韩、魏南阳地是指太行山南、黄河北岸的狭长地带,即秦、汉河内郡的辖地,与南阳郡地无涉。秦南阳郡当以楚宛县地为中心而置,据谭其骧的研究,以今地言之,当有河南省栾川县、鲁山县以南,湖北省襄阳市、随州市以北,河南省西峡县、湖北省丹江口市以东,河南省信阳市以西的地区⑦。秦南阳郡治所在宛县,此由上引《淯水注》之文可知。又,楚曾置有南阳郡,亦以宛县为其郡治(参见本章第一节),是秦南阳郡当是在楚南阳郡基础之上设置的。

北地郡

《史记》卷110《匈奴列传》载:"秦昭王时,义渠戎王与宣太后乱,有二子。

---

①④ 谭其骧:《秦郡新考》,《长水集》(上),第2页。

② 周晓陆、刘瑞:《90年代之前所获秦式封泥》,《西北大学学报》1998年第1期。

③ 谭其骧:《秦郡界址考》,《长水集》(上),第16～17页;谭其骧主编《中国历史地图集》第二册秦时期,图11-12。

⑤ "南阳邸丞",初次发表时释为"南阳郎丞",周晓陆以为不确。出土的秦封泥中还有"郡左邸印"、"郡右邸印",是可证"邸丞"当为郡级职官。参见周晓陆:《秦封泥与中原古史》。

⑥ 杨宽:《战国史》(增订本)附录一《战国郡表》(六)秦国设置的郡,第681页。

⑦ 谭其骧主编:《中国历史地图集》第二册秦时期,图7-8。

宣太后诈而杀义渠戎王于甘泉,遂起兵伐残义渠。于是秦有陇西、北地、上郡,筑长城以拒胡。"据此,秦灭残义渠后当置北地郡。又,《史记》卷79《范雎列传》载:范雎入秦,"待命岁余。当是之时,昭王已立三十六年"。其时昭王谓范雎曰:"寡人宜以身受命久矣,会义渠之事急,寡人旦暮自请太后;今义渠之事已,寡人乃得受命。"①谭其骧据此以为秦灭残义渠之事当在昭襄王三十五六年之际②,马非百亦持此论③,《新编年表》也认为此事在昭襄王三十六年之后。《后汉书》卷87《西羌传》又载:"及昭王立,义渠王朝秦,遂与昭王母宣太后通,生二子。至王赧四十三年,宣太后诱杀义渠王于甘泉宫,因起兵灭之,始置陇西、北地、上郡焉。"蒙文通认为其中的"王赧四十三年"当为"王赧十三年"之讹④,杨宽不同意蒙氏之说,而依《史记》卷15《六国年表》中的秦纪年与周赧王四十三年相对照,认为秦灭义渠当在秦昭王三十五年⑤。综合分析以上诸家所论,可断至迟秦昭襄王三十六年(前271),秦灭义渠,之后,又于其地置北地郡。

秦北地郡介于陇西与上郡之间,其领域当有今宁夏回族自治区贺兰山、青铜峡、苦水河以东以及甘肃省东北部马莲河流域,郡治当在义渠⑥。

上党郡

《史记》卷5《秦本纪》载:"(昭襄王)四十七年,秦攻韩上党,上党降赵……(四十八年)司马梗北定太原,尽有韩上党。"卷73《白起列传》载:"(秦昭王)四十七年,秦使左庶长王龁攻韩,取上党。……四十八年十月,秦复定上党郡。"卷45《韩世家》载:"(桓惠王)十四年,秦拔赵上党,杀马服子卒四十余万于长平。"据《新编年表》,上引《韩世家》所说的韩惠王十四年应为十三年,与秦昭襄王四十七年为同一年,即公元前260年。而上引《秦本纪》中所载秦昭襄王四十七年,韩上党郡降赵,亦不确,因韩上党郡已于公元前262年降赵(参见第八章第二节),由上引《白起列传》与《韩世家》之文来看,秦昭襄王四十七年应为秦由赵国手中夺取韩上党郡之年。如此,综上所述,秦昭襄王四十七年,秦始夺取被赵国控制的韩上党郡,翌年,将韩上党郡之地完全归入秦国版图之中⑦。

---

① 《战国策·秦策三》亦载此事,文字略同。

② 谭其骧:《秦郡新考》,《长水集》(上),第2页。

③ 马非百:《秦集史·郡县志上》,第580页。

④ 蒙文通:《周秦少数民族研究》第七章中"义渠与匈奴",《蒙文通文集》(第二卷),巴蜀书社,1993年。

⑤ 杨宽:《战国史》(增订本),第407页注(2)。

⑥ 谭其骧:《秦郡新考》,《长水集》(上),第2页;谭其骧主编:《中国历史地图集》第二册秦时期,图5-6。

⑦ 谭其骧:《秦郡新考》,《长水集》(上),第3页;杨宽:《战国史》(增订本),第416页,及附录一《战国郡表》(六)秦国设置的郡,第681页。

《史记》卷5《秦本纪》又曰:"(庄襄王)四年,王龁攻上党。"卷45《韩世家》载:"(桓惠王)二十六年,秦悉拔我上党。"卷15《六国年表》秦庄襄王三年栏曰:"王龁击上党。"韩桓惠王二十六年栏曰:"秦拔我上党。"据《新编年表》,《六国年表》中的秦庄襄王三年当为四年之误,即公元前247年。然前文已知,秦曾于昭襄王四十八年(前259)据有韩上党郡,故由上所引可推知,在昭襄王四十九年(前258)至庄襄王三年(前248)间,韩复由秦处夺回上党郡[①],而秦方于庄襄王四年(前247)再次攻取该郡。秦复得韩上党郡后,当沿袭韩国旧制而重置上党郡,因此,《史记》卷6《秦始皇本纪》载:"庄襄王死,(其子)政代立为秦王。当是之时,秦地已并巴、蜀、汉中,越宛有郢,置南郡矣;北收上郡以东,有河东、太原 、上党郡。"《汉志》上党郡下班固自注曰:"秦置。"其时秦上党郡的领域当与原韩上党郡范围约略相同。

以今地言之,秦上党郡有山西省和顺、榆社等县以南,太行山以西、以北以及沁河以东的地区[②]。秦上党郡的治所当在长子。《水经·浊漳水注》载:"尧水自西山东北流,迳尧庙北,又东迳长子县故城南……秦置上党郡,治此。"

太原郡

《史记》卷5《秦本纪》载:"(昭襄王)四十八年……王龁将北伐赵皮牢,拔之。司马梗北定太原,尽有韩上党。"其中提及"司马梗北定太原",此太原当即指赵之太原郡无疑,故赵于秦昭襄王四十八年(前259)前已置太原郡,至该年,为秦所平定。

然《秦本纪》又载:"(庄襄王)二年,使蒙骜攻赵,定太原。三年,蒙骜攻魏高都、汲,拔之。攻赵榆次、新城、狼孟,取三十七城……四年,王龁攻上党。初置太原郡。"(《正义》上党以北皆太原地,即上三十七城也。)《史记》卷34《燕召公世家》载:"(今王喜)七年,秦拔赵榆次三十七城,秦置大(太)原郡。"卷15《六国年表》秦庄襄王三年(按,据《新编年表》的考证,当为四年)栏曰:"王齮击上党。初置太原郡。"秦庄襄王三年与燕王喜七年为同一年,即公元前248年,据上所引,赵太原郡所领的三十七城,在秦庄襄王三年为秦所攻取,四年(前247),秦于该地重置太原郡。《汉志》太原郡下班固自注亦曰:"秦置。"秦封泥中有"太原守印"之文[③],亦可为秦置有该郡添一佐证。又由前文知,前259年秦已平定赵太原郡,是结合以上结论,可推断在公元前259年与前248年之

① 杨宽认为公元前257年韩收复上党郡,然未详何据。参见杨宽:《战国史》(增订本),附录一《战国郡表》(六)秦国设置的郡,第681页。

② 谭其骧主编:《中国历史地图集》第二册秦时期,图9-10。

③ 周晓陆、刘瑞:《90年代之前所获秦式封泥》。

间,赵一度复将太原郡从秦处夺回。

秦太原郡的领域当与赵太原郡同。其治所在晋阳,《水经·汾水注》所云“太原郡治晋阳城,秦庄襄王三年立”可证。

《史记》卷6《秦始皇本纪》又载:八年,“嫪毐封为长信侯,予之山阳地,令毐居之……又以河西、太原郡更为毐国”。据此,秦王政八年(前239),太原郡又成为嫪毐封国的一部分。九年(前238),嫪毐作乱被擒(《史记》卷6《秦始皇本纪》),其封国当因之而废,太原当复为秦郡。

三川郡

《史记》卷5《秦本纪》载:“(庄襄王)元年……使蒙骜伐韩,韩献成皋、巩。秦界至大梁,初置三川郡。”卷15《六国年表》秦庄襄王元年栏曰:“蒙骜取成皋、荥阳。初置三川郡。”卷88《蒙恬列传》载:“秦庄襄王元年,蒙骜为秦将,伐韩,取成皋、荥阳,作置三川郡。”卷34《燕召公世家》载:“(王喜)六年,秦灭东(西)周,置三川郡。”据《新编年表》,上引《燕召公世家》所载的燕王喜六年应为五年,与秦庄襄王元年,即公元前250年为同一年,又因成皋、荥阳等均为韩三川郡境内之地,故据上所载,秦于该年夺得了韩三川郡地,并重置为三川郡。在出土的秦封泥中也可有“参川尉印”,参川即叁川、三川①,此亦可为秦置有该郡添一佐证。

秦三川郡的领域当与韩三川郡同②,郡治当在洛阳,《史记》卷7《项羽本纪》之《正义》引《括地志》所云“洛阳故城在洛州洛阳县东北二十六里,周公所筑,即成周城也。《舆地志》云成周之地,秦庄襄王以为洛阳县,三川守理之”可为佐证。《资治通鉴·秦纪三·二世皇帝二年》胡三省注曰“秦灭周置三川郡,其治所当在洛阳。……宋白曰:秦立三川郡,初理洛阳,后徙荥阳。”亦可为证。

秦三川郡,至汉初高帝时更名为河南郡。《汉志》河南郡下班固自注曰:“故三川郡,高帝更名。”此载可以为证。

东郡(附:陶郡)

《史记》卷6《秦始皇本纪》载:“五年,将军骜攻魏,定酸枣、燕、虚、长平、雍丘、山阳城,皆拔之,取二十城。初置东郡。”卷15《六国年表》秦王政五年栏曰:“蒙骜取魏酸枣二十城。初置东郡。”卷88《蒙恬列传》载:秦王政“五年,蒙骜攻魏,取二十城,作置东郡”。卷37《卫康叔世家》载:“元君十四年,秦拔魏东地,

---

① 周晓陆、刘瑞:《90年代之前所获秦式封泥》;周晓陆:《秦封泥与中原古史》,《中州学刊》2003年第6期。

② 谭其骧:《秦郡界址考》,《长水集》(上),第14页;谭其骧主编:《中国历史地图集》第二册秦时期,图7-8。

秦初置东郡”。卷34《燕召公世家》载：“(王喜)十二年，秦拔魏二十城，置东郡。”卷44《魏世家》载：“景湣王元年，秦拔我二十城，以为秦东郡。”卷46《田敬仲完世家》载：“(王建)二十三年，秦置东郡。”卷78《春申君列传》载：“秦徙卫野王，作置东郡。”卷77《魏公子列传》载：“秦闻公子死，使蒙骜攻魏，拔二十城，初置东郡。”卷86《刺客列传》载：“其后秦伐魏，置东郡，徙卫元君之支属于野王。”《汉志》东郡下班固自注曰：“秦置。”出土的秦封泥也有“东郡司马”之文[①]。据《新编年表》的考证，上引《卫康叔世家》中的“元君十四年”当作“元君二十四年”，与秦王政五年、魏景湣王元年、齐王建二十三年等为同一年，即公元前242年。是综上所述，秦王政五年，秦于所取魏地的二十城而置东郡[②]。

又，《秦始皇本纪》载：“六年……拔卫，迫东郡，其君角率其支属徙居野王，阻其山以保魏之河内。”《卫康叔世家》载：“元君十四年(按，当作二十四年，参见上文)，秦拔魏东地，秦初置东郡，更徙卫野王县，而并濮阳为东郡。”《魏世家》载：“(景湣王)二年，秦拔我朝歌。卫徙野王。”故由上可知，秦王政六年，秦又将原卫之都城濮阳并入东郡之中。

秦王政二十二年(前225)，秦灭魏，复将原所立陶郡之地隶于东郡之下(参见下文所附陶郡考证)。

秦东郡的领域，据谭其骧的考证，以今地言之，当有山东省东阿、梁山二县以西，定陶、成武等县以北，河南省延津县以东，清丰、南乐等县以南的地区[③]。东郡的治所应在濮阳。《水经·瓠子河注》载：“秦始皇徙卫君角于野王，置东郡，治濮阳县。”

附：陶郡

《史记》卷72《穰侯列传》载：“穰侯卒于陶，而因葬焉。秦复收陶为郡。”据《新编年表》，穰侯魏冉当卒于昭襄王四十二年(前265)之后，如是，秦置陶郡亦应在公元前265年以后。陶郡乃因陶邑而得名，陶邑即定陶，该郡当有今山东省宁阳至定陶县一带。陶，春秋时期为宋国属地，战国时期齐灭宋后，为齐所据。后来燕等五国联合破齐，秦又占有该地，秦昭襄王三十三年(前274)，又益封穰侯魏冉于此。魏冉死后，方又设郡[④]。

---

① 周晓陆、刘瑞：《90年代之前所获秦式封泥》；周晓陆：《秦封泥与中原古史》。

② 谭其骧：《秦郡新考》，《长水集》(上)，第3页。

③ 谭其骧：《秦郡界址考》，《长水集》(上)，第15页；谭其骧主编：《中国历史地图集》第二册秦时期，图7-8。

④ 杨宽：《战国史》(增订本)附录一《战国郡表》(六)秦国设置的郡，第681页。

秦始皇二十六年(前221),秦统一六国,将天下划分为三十六郡,其时已不闻陶郡之名①,是可知陶郡当在此年前已不存。《韩非子·有度》载:"魏安釐王攻赵救燕,取地河东;攻尽陶、魏之地。"《韩非子·饰邪》曰:"初时者,魏数年东乡攻尽陶、卫,数年西乡以失其国。"《吕氏春秋·应言》载:魏安釐王"存魏举陶,削卫地方六百里"。由上述所载,可以断定魏安釐王时,将秦陶郡攻取。魏安釐王卒于公元前243年,是至迟此年秦陶郡为魏所得②。秦灭魏后,未再设置陶郡,而是将原立陶郡之地隶于新置的东郡之下③。

第三节　秦郡考证(下)

云中郡

《汉志》云中郡下班固自注曰:"秦置。"《水经·河水注》曰:"白渠水又西南迳云中故城南,故赵地。《虞氏记》云:赵武侯自五原河曲筑长城,东至阴山。又于河西造大城,一箱崩不就,乃改卜阴山河曲而祷焉。昼见群鹄游于云中,徘徊经日,见大光在其下,武侯曰:此为我乎?乃即于其处筑城,今云中城是也。秦始皇十三年,立云中郡。"据此所载,秦王政十三年(前234),秦设置了云中郡。然,赵于武灵王时即已置有云中郡(参见第八章第三节),是秦所立之云中郡,当是在赵云中郡原地的重建。

秦云中郡的领域,亦应与赵云中郡同④。秦云中郡当治云中县,上引《河水注》之文可资为证。

雁门郡

《汉志》雁门郡下班固自注曰:"秦置。"而又知早在赵武灵王时,赵即置有雁门郡(参见第八章第三节),故班固所谓的秦置雁门郡当是在赵雁门郡的基础上重新设置。赵雁门郡属秦的时间,史未明载,谭其骧及杨宽均认为应在秦王政十三年(前234)与赵云中郡同时入秦⑤,如此,则秦雁门郡当置于此年。

秦雁门郡的领域,应与原赵雁门郡相同⑥。该郡郡治为善无。《水经·河

---

① 谭其骧:《秦郡新考》,《长水集》(上),第1～11页。

② 杨宽将此事推定在魏安釐王二十三年(前254),可备一说。参见其《战国史》(增订本),第420、681页附录一《战国郡表》(六)秦国设置的郡。

③ 谭其骧:《秦郡新考》,《长水集》(上),第3页。

④ 谭其骧主编:《中国历史地图集》第二册秦时期,图5-6。

⑤ 谭其骧:《秦郡新考》,《长水集》(上),第3页;杨宽:《战国史》(增订本),第429及682页附录一《战国郡表》(六)秦国设置的郡。

⑥ 谭其骧主编:《中国历史地图集》第二册秦时期,图9-10。

水注》曰:"中陵水又西北流,迳善无县故城西,王莽之阴馆也。《十三州志》曰:旧定襄郡治。《地理志》,雁门郡治。"又因秦雁门郡乃为赵雁门郡旧制的重置,故颇疑善无原应为赵雁门郡属县。

颍川郡

《史记》卷6《秦始皇本纪》载:"十七年,内史腾攻韩,得韩王安,尽纳其地为郡,命曰颍川"。卷15《六国年表》秦王政十七年栏曰:"内史(胜)[腾]击得韩王安,尽取其地,置颍川郡。"卷45《韩世家》载:"(王安)九年,秦虏王安,尽入其地,为颍川郡。韩遂亡。"卷34《燕召公世家》载:"(今王喜)二十五年,秦虏灭韩王安,置颍川郡。"《汉志》颍川郡下班固自注曰:"秦置。"秦王政十七年与韩王安九年、燕王喜二十五年为同一年,即公元前230年,是综上所述该年秦置颍川郡。

颍川郡之名,《水经·颍水注》中解释道:"秦始皇十七年灭韩,以其地为颍川郡,盖因水以著其称者也。"颍川郡的领域,据谭其骧的考证,以今地言之,有河南省登封、宝丰等市县以东,鄢陵以西,新密市以南,舞阳以北的地区①。颍川郡的治所在阳翟。《水经·颍水注》载:"颍水自堨东迳阳翟县故城北……周末,韩景侯自新郑徙都之。王隐曰:阳翟,本栎也。故颍川郡治也。"

上谷郡

战国时期燕已先置有上谷郡(参见第八章第五节),秦王政十五年时该郡又为赵所攻取(参见第五章第三、五节)。秦王政十八年(前229),秦大破赵,上谷郡地当在此时属秦。《汉志》上谷郡下班固自注曰:"秦置。"《水经·圣水》曰:"圣水出上谷。"郦道元注曰:"故燕地,秦始皇二十三年置上谷郡。"由此所载,似秦王政二十三年(前224)置上谷郡。杨宽即持此论②。但谭其骧、马非百二人又认为上谷郡地当在秦王政二十一年(前226)由燕入秦,并重置该郡,由此又认为郦氏认为秦上谷郡置于秦王政二十三年当误③。不过,谭、马虽驳郦氏之误,但其论仍有可商之处。由上文可知,上谷郡并不是由燕入秦的,而是由赵入秦的,故颇疑秦置上谷郡在公元前229年。

秦上谷郡的治所为沮阳。《水经·灅水注》曰:"清夷水又西迳沮阳县故城北,秦上谷郡治此。"

赵郡

《史记》卷6《秦始皇本纪》载:"十九年,王翦、羌瘣尽定取赵地东阳,得赵

---

① 谭其骧:《秦郡界址考》,《长水集》(上),第14～15页;谭其骧主编:《中国历史地图集》第二册秦时期,图7-8。

② 杨宽:《战国史》(增订本)附录一《战国郡表》(六)秦国设置的郡,第682页。

③ 谭其骧:《秦郡新考》,《长水集》(上),第3页;马非百《秦集史·郡县志下》,第654页。

王。"卷73《王翦列传》载：秦王政"十八年，翦将攻赵。岁余，遂拔赵，赵王降，尽定赵地为郡"。《汉志》赵国下班固自注曰："故秦邯郸郡。"出土秦封泥中有"邯郸造工"、"邯郸工丞"，其中的"邯郸"即指邯郸郡[①]。综上所引，似秦王政十九年(前228)平定赵国后设置了邯郸郡[②]。然秦封泥中又有"赵郡左田"(录于《封泥考略》)，周晓陆等据此以为秦曾在秦王政二十六年前先设置了赵郡，然后，又在统一六国后，将赵郡析为邯郸、巨鹿等郡[③]。辛德勇从之[④]。今亦从其说。是秦王政十九年取得赵地后，首先设置的应是赵郡。

秦赵郡的领域，处于太行山以东地区，以今地言之，有河北省高邑县、白洋淀、文安洼以南，河南省浚县、内黄，山东省高唐、临清等县市以北，河北省涉县、晋州市、邢台市以东，大名、馆陶、南皮、青县及山东省冠县等县以西的地区[⑤]。秦赵郡当治邯郸。

广阳郡

《水经・㶟水注》曰："㶟水又东北迳蓟县故城南……昔周武王封尧后于蓟，今城内西北隅有蓟丘，因丘以名邑也。犹鲁之曲阜、齐之营丘矣。武王封召公之故国也，秦始皇二十三年灭燕，以为广阳郡。"据此，秦似在秦王政二十三年(前224)置广阳郡，杨宽即从郦氏此说[⑥]。然《史记》卷6《秦始皇本纪》曰："二十一年，王贲攻(蓟)[荆]。乃益发卒诣王翦军，遂破燕太子军，取蓟城，得太子丹之首。燕王东收辽东而王之。"卷34《燕召公世家》载："(王喜)二十九年，秦攻拔我蓟，燕王亡，徙居辽东，斩丹以献秦。"卷15《六国年表》燕王喜二十九年栏曰："秦拔我蓟，得太子丹，王徙辽东。"秦王政二十一年与燕王喜二十九年为同一年，即公元前226年，是秦取蓟城并置广阳郡应在此年，郦道元以为在二十三年，误。此点谭其骧已指出，马非百从之[⑦]。

渔阳郡

《汉志》渔阳郡下班固自注曰："秦置。"《水经・鲍丘水注》曰："鲍丘水又东南迳渔阳县故城南，渔阳郡治也。秦始皇二十二年置。"据此，秦似于秦王政二

---

① 周天游、刘瑞：《西安相家巷出土秦封泥简读》。
② 谭其骧：《秦郡新考》，《长水集》(上)，第13页。
③ 周晓陆：《秦封泥与中原古史》；周晓陆、路东之：《秦封泥集》，第255页。
④ 辛德勇：《秦始皇三十六郡新考》。另辛德勇以为秦赵郡析置为邯郸、巨鹿二郡在始皇二十六年(前221)。
⑤ 此处赵郡的领域，依据的是谭其骧对秦邯郸、巨鹿二郡领域的界定，因谭氏所认定的这两郡领域，实际与赵郡同。参见谭其骧：《秦郡界址考》，《长水集》(上)，第14～15页；谭其骧主编：《中国历史地图集》第二册秦时期，图9-10。
⑥ 参见杨宽：《战国史》(增订本)附录一《战国郡表》(六)秦国设置的郡，第682页。
⑦ 参见谭其骧：《秦郡新考》，《长水集》(上)，第4页；马非百《秦集史・郡县志下》，第653页。

十二年(前 225)置渔阳郡。马非百、杨宽二人即皆持此论①。然由前文上谷郡考证中所引《史记》卷 6《秦始皇本纪》、卷 34《燕召公世家》及卷 15《六国年表》之文,知秦定燕蓟当在秦王政二十一年,而战国时期燕已先置有渔阳郡(参见第八章第五节),故秦应是在秦王政二十一年夺取燕渔阳郡,并重置该郡。郦氏以为秦渔阳郡置于秦王政二十三年,误。谭其骧业已辨之②。

秦渔阳郡的领域应与原燕渔阳郡同③。该郡当治渔阳,此由上引《鲍丘水注》所载可证。

右北平郡

《汉志》右北平郡下班固自注曰:"秦置。"《水经·鲍丘水注》曰:"蓝水注之(按,指灅水),水出北山,东南屈而南,迳无终县故城东……故燕地矣。秦始皇二十二年灭燕,置右北平郡,治此。"据此,秦似于秦王政二十二年(前 225)置右北平郡。马非百、杨宽二人即皆采郦氏此说④。然由前文上谷郡考证中所引《史记》卷 6《秦始皇本纪》、卷 34《燕召公世家》及卷 15《六国年表》中的记载,可断秦定燕蓟当在秦王政二十一年,而又知战国时期燕已先置有右北平郡(参见第八章第五节),故秦应于秦王政二十一年夺取燕右北平郡,并在该地重置右北平郡。郦氏认为秦右北平郡置于秦王政二十三年,不确。谭其骧已辨之⑤。

秦右北平郡的领域应与原燕右北平郡同⑥。该郡应以无终为郡治,上引《鲍丘水》之文可资为证。

辽西郡

《汉志》辽西郡下班固自注曰:"秦置。"《水经·濡水注》曰:"濡水又东南流迳令支县故城东,王莽之令氏亭也。秦始皇二十二年分燕置辽西郡,令支隶焉。"由此所载,秦似于秦王政二十二年(前 225)置辽西郡。马非百、杨宽二人即皆从郦氏此说⑦。然由上谷郡考证中所引《史记》卷 6《秦始皇本纪》、卷 34《燕召公世家》及卷 15《六国年表》中的记载,可断秦定燕蓟当在秦王政二十一年,而又知战国时期燕已先置有辽西郡(参见第八章第五节),故秦应于秦王政二十一年夺取燕之辽西郡,并重置该郡。郦氏认为秦辽西郡置于秦王政二十

---

① 马非百:《秦集史·郡县志下》,第 655～666 页;杨宽:《战国史》(增订本)附录一《战国郡表》(六)秦国设置的郡,第 682 页。

②⑤ 谭其骧:《秦郡新考》,《长水集》(上),第 3 页。

③⑥ 谭其骧主编:《中国历史地图集》第二册秦时期,图 9-10。

④ 马非百:《秦集史·郡县志下》,第 654 页;杨宽:《战国史》(增订本)附录一《战国郡表》(六)秦国设置的郡,第 682 页。

⑦ 马非百:《秦集史·郡县志下》,第 654 页;杨宽:《战国史》(增订本)附录一《战国郡表》(六)秦国设置的郡,第 683 页。

三年,不确。谭其骧已辨之[①]。

秦辽西郡的领域当与原燕辽西郡大略同[②]。辽西郡的郡治为阳乐县。《水经·濡水注》曰:“(阳乐)水出东北阳乐县溪,《地理风俗记》曰:阳乐,故燕地,辽西郡治,秦始皇二十二年置。”

砀郡

《史记》卷6《秦始皇本纪》载:“二十二年,王贲攻魏,引河沟灌大梁,大梁城坏,其王请降,尽取其地。”卷44《魏世家》载:“(王假)三年,秦灌大梁,虏王假,遂灭魏以为郡县。”《汉志》梁国下班固自注曰:“故秦砀郡。”《水经·睢水注》曰:“睢水又东迳睢阳县故城南,周成王封微子启于宋,以嗣殷后,为宋都也。……秦始皇二十二年以为砀郡。”综上所述,秦于秦王政二十二年(前225)置有砀郡[③]。

秦砀郡的领域,据谭其骧的考证,以今地言之,有河南省开封、通许等市县以东,安徽省砀山县以西,亳州市以北,河南省兰考县,山东省巨野、嘉祥等县以南的区域[④]。砀郡当治睢阳,此由上引《睢水注》之文可证。又因原魏大宋郡亦以睢阳为中心(参见第八章第四节),故可推知秦砀郡当是在魏大宋郡之故地基础上而设置的。

泗水郡

《汉志》沛郡下班固自注曰:“故秦泗水郡。”《水经·睢水注》曰:“相县,故宋地也。秦始皇二十三年,以为泗水郡,汉高帝四年,改曰沛郡,治此。”据此,秦置泗水郡当在秦王政二十三年(前224)[⑤]。西安相家巷出土的秦封泥中有“四川太守”与“四川水丞”,其中的“四川”当即是“泗水”[⑥],亦可证秦置有该郡。

秦泗水郡的领域,据谭其骧的考证,以今地言之,有江苏省沛县、丰县以

---

① 谭其骧:《秦郡新考》,《长水集》(上),第3页。另外,辛德勇以为既然惯行的“辽东郡”据秦封泥应书作“潦东郡”,那么这里的辽西郡也应相应更作“潦西郡”。见其《秦始皇三十六郡新考》。

② 谭其骧主编:《中国历史地图集》第二册秦时期,图9-10。

③ 谭其骧:《秦郡新考》,《长水集》(上),第3页。

④ 谭其骧:《秦郡界址考》,《长水集》(上),第15～16页;谭其骧主编:《中国历史地图集》第二册秦时期,图9-10。

⑤ 谭其骧:《秦郡新考》,《长水集》(上),第4页。

⑥ 周天游、刘瑞:《西安相家巷出土秦封泥简读》。然,周晓陆等又据上述封泥而认为秦泗水郡之名实应为四川郡,后因字形相近,讹“川”为“水”。其论存此,聊备一说。参见周晓陆、路东之、庞睿:《西安出土秦封泥补读》,《考古与文物》1998年第2期;周晓陆:《秦封泥与中原古史》;周晓陆:《秦封泥所见江苏史料考》,《江苏社会科学》2003年第2期;周晓陆:《秦封泥所见安徽史料考》,《安徽大学学报》27卷第3期(2003年5月)。

南,安徽、江苏省淮河以北,安徽省涡阳、萧县等县以东,江苏省睢宁、泗洪等县以西的地区①。又,《水经·泗水》曰:"(泗水)又泗过沛县东。"郦道元注曰:"昔许由隐于沛,即是县也,县盖取泽为名。宋灭属楚,在泗水之滨,于秦为泗水郡治。"是秦泗水郡当治沛县。杨宽以上引《睢水注》之文而认为秦泗水郡的治所在相县②,恐不妥。综合分析《睢水注》及《泗水注》之文,当是秦泗水郡初治沛县,后又迁于相县③。

薛郡

《汉志》鲁国下班固自注曰:"故秦薛郡。"《水经·泗水注》曰:"(鲁)县,即曲阜之地,少昊之墟,有大庭氏之库,《春秋》竖牛之所攻也。……周成王封姬旦于曲阜,曰鲁。秦始皇二十三年,以为薛郡。"由此知秦在秦王政二十三年(前224)设置薛郡④。薛郡本为薛国故地。战国初期,齐国灭薛,该地后来先后成为齐相田婴与田文的封邑,秦夺取该地后,又设置为郡⑤。

薛郡的领域,据谭其骧的考证,以今地言之,有山东省东平、汶上等县以南,枣庄市以北,济宁市以东及平邑县以西的地区⑥。秦薛郡当治鲁县,上引《泗水注》之文可资为证。

九江郡

《汉志》九江郡下班固自注曰:"秦置。"《水经·淮水注》曰:"(淮水)又东北流迳寿春县故城西。县,即楚考烈王自陈徙此,秦始皇立九江郡,治此,兼得庐江豫章之地,故以九江名郡。"由此可知,秦在楚淮南地置有九江郡。秦封泥中有"九江守印",也可证秦置有九江郡。此郡设置的时间,虽史未明载,然仍可依据有关史料推知。《史记》卷6《秦始皇本纪》载:"二十三年,秦王复召王翦,强起之,使将击荆。取陈以南至平舆,虏荆王。秦王游至郢陈。荆将项燕立昌平君为荆王,反秦于淮南。二十四年,王翦、蒙武攻荆,破荆军,昌平君死,项燕遂自杀。"项燕反秦于楚之淮南,时在秦王政二十三年,翌年,项燕败,其所据之楚淮南地当为秦取。故可知秦取楚淮南地在秦王政二十四年(前223),而秦置九江郡亦应在此年。谭其骧、杨宽二人即皆持此论⑦。

九江郡的领域,据谭其骧的考证,以今地言之,有河南、安徽二省淮河以

①⑥ 谭其骧:《秦郡界址考》,《长水集》(上),第17页;谭其骧主编:《中国历史地图集》第二册秦时期,图7-8。

②⑤ 杨宽:《战国史》(增订本)附录一《战国郡表》(六)秦国设置的郡,第683页。

③ 禾子:《秦泗水郡治》,《历史地理》第三辑。

④ 谭其骧:《秦郡新考》,《长水集》(上),第4页。

⑦ 谭其骧:《秦郡新考》,《长水集》(上),第4页;杨宽:《战国史》(增订本),第432页,及附录一《战国郡表》(六)秦国设置的郡,第683页。

南,湖北省黄石市以东及江西省大部的地区①。由上所引《淮水注》之文可知,秦九江郡治寿春。

辽东郡

《汉志》辽东郡下班固自注曰:“秦置。”《水经・大辽水注》曰:“辽水亦言出砥石山,自塞外东流,直辽东之望平县西,王莽之长说也。屈而西南流迳襄平县故城西,秦始皇二十二年灭燕置辽东郡,治此。”由此所载,秦似于秦王政二十二年(前 225)置辽东郡。然《史记》卷 6《秦始皇本纪》载:“二十五年,大兴兵,使王贲将,攻燕辽东,得燕王喜。”卷 34《燕召公世家》载:“(王喜)三十三年,秦拔辽东,虏燕王喜,卒灭燕。”卷 15《六国年表》秦王政二十五年栏曰:“王贲击燕,虏王喜。”燕王喜三十三年栏曰:“秦虏王喜,拔辽东,秦灭燕。”秦王政二十五年与燕王喜三十三年为同一年,即公元前 222 年,是秦取辽东当在此年,郦氏认为在秦王政二十二年,误。此点谭其骧已指出,马非百从之②。又,秦封泥中有一枚“潦东守印”,也可证秦曾置辽东郡③。

战国时期燕国已先置有辽东郡(参见第八章第五节),是秦所置的辽东郡当是在燕国旧制基础之上的重新设立,其领域亦应与燕原辽东郡大略相同④。由上引《大辽水注》之文,可知秦辽东郡的治所在襄平。

会稽郡

《史记》卷 6《秦始皇本纪》载:“(二十五年)王翦遂定荆江南地;降越君,置会稽郡。”《汉志》会稽郡下班固自注曰:“秦置。”据此可知秦于秦王政二十五年(前 222)设立会稽郡⑤。

秦会稽郡的领域,当有今江苏省南京、镇江等市以南,浙江省衢州、金华等市以北,安徽省黟县、芜湖市以东的地区⑥。秦会稽郡当治吴县。《三国志・吴书・虞翻传》裴松之注引《会稽典录》载濮阳府君谓朱育曰:“吾闻秦始皇二十五年,以吴越地为会稽郡,治吴。”

代郡

《史记》卷 6《秦始皇本纪》载:“二十五年,大兴兵,使王贲将,攻燕辽东,得

---

①⑥　谭其骧:《秦郡界址考》,《长水集》(上),第 17～18 页;谭其骧主编:《中国历史地图集》第二册秦时期,图 11－12。

②　谭其骧:《秦郡新考》,《长水集》(上),第 4 页;马非百:《秦集史・郡县志(下)》,第 656 页。

③　周晓陆、刘瑞:《90 年代之前所获秦式封泥》。另,辛德勇据此方印泥以为秦时辽东郡的正式写法应即“潦东郡”,而非“辽东郡”。见其《秦始皇三十六郡新考》。

④　谭其骧:《秦郡界址考》,《长水集》(上),第 16 页;谭其骧主编:《中国历史地图集》第二册秦时期,图 9－10;杨宽:《战国史》(增订本)附录一《战国郡表》(六)秦国设置的郡,第 684 页。

⑤　谭其骧:《秦郡新考》,《长水集》(上),第 4 页。

燕王喜。还攻代,虏代王嘉。”卷 43《赵世家》载:“秦既虏迁,赵之亡大夫共立嘉为王,王代六岁,秦进兵破嘉,遂灭赵以为郡。”《汉志》代郡下班固自注曰:“秦置。”《水经·㶟水注》载:“其水(按,指雁门水)东南流迳高柳县故城北,旧代郡治,秦始皇二十三年虏赵王迁,以国为郡。”综上所述,秦当于秦王政二十五年(前 222)虏代王嘉后而置代郡。《㶟水注》以为在始皇二十三年,误,且其中提到的赵王迁当作代王嘉①。另外,在出土的秦封泥中也有“代马丞印”之文,其中的“马丞”为代郡负责养马之官职②,此亦为秦置有代郡添一佐证。

又,赵国已先于秦而置有代郡(参见第八章第三节),是秦代郡当是在赵国代郡基础上重新建立的。亦即由此,秦代郡之领域应与原赵代郡大致相同,秦代郡的治所应在代县③,进而可推测代县本为赵代郡属县。《㶟水注》所说的高柳县,乃东汉时代郡治所。

洞庭郡、苍梧郡

在 2002 年湖南龙山里耶出土的秦简 J1(16)5 正面及 J1(16)6 正面的简文中,有如下的相同记载:“廿七年二月丙子朔庚寅,洞庭守礼谓县啬夫、卒史嘉、叚(假)卒史穀、属尉:令曰:‘传送委输,必先悉行城旦舂、隶臣妾、居赀赎责(债)。急事不可留,乃兴䌛。’今洞庭兵输内史及巴、南郡、苍梧,输甲兵当传者多。节(即)传之,必先悉行乘城卒、隶臣妾、城旦舂、鬼薪白粲、居赀赎责(债)、司寇、隐官、践更县者。”④在 J1(9)2 正面又载:“不狱戍洞庭郡不智(知)何县署。”⑤从上述所引简册中的“洞庭守”及“洞庭郡”的记载中,可以明确断定秦置有洞庭郡。

至于在上引第一条的简牍中提到“苍梧”,因与内史、巴、南郡并列,因此也可确定为郡名无疑。此外,张家山汉简《奏谳书》中的记载也为秦置有苍梧郡提供了有力证据。在其中的《南郡卒史盖庐、挚、朔,叚(假)卒史瞗复攸庳等狱簿》一篇中,有如下的记载:“……今复之。庳曰:‘初视事,苍梧守竈、尉徒唯

---

① 谭其骧:《秦郡新考》,《长水集》(上),第 4 页;马非百:《秦集史·郡县志下》,第 658 页。

② 周天游、刘瑞:《西安相家巷出土秦封泥简读》。

③ 谭其骧主编:《中国历史地图集》第二册秦时期,图 9-10。

④ 湖南省文物考古研究所等:《湖南龙山里耶战国—秦代古城一号井发掘简报》,《文物》2003 年第 1 期。其中涉及诸郡的“今洞庭兵输内史,及巴、南郡、苍梧输甲兵,当传者多”一句句读,采用的是陈伟的断读,参见陈伟:《秦苍梧、洞庭二郡刍论》,《历史研究》2003 年第 5 期。此外,这一句还有一种李学勤的断读:“今洞庭兵输内史及巴、南郡、苍梧输甲兵,当传者多。”参见李学勤:《初读里耶秦简》,《文物》2003 年第 1 期。

⑤ 像 J1(9)2 正面这样直称“洞庭郡”的简文还有 J1(9)1 正面、J1(9)3 至 J1(9)12 每简的正面。参见湖南省文物考古研究所等:《湖南龙山里耶战国—秦代古城一号井发掘简报》,《文物》2003 年第 1 期;湖南省文物考古研究所等:《湘西里耶秦代简牍选释》,《中国历史文物》2003 年第 1 期。

谓庳:"利乡反,新黔首往毄(击),去北当捕治者多,皆未得。其事甚害难,恐为败。"庳视狱留,以问狱史氏。氏曰:"苍梧县反者,御史恒令南郡复。义等战死,新黔首恐,操其叚(假)兵匿山中,诱召稍来,皆榣(摇)恐,畏其大不安,有须南郡复者即来捕。义等将吏卒毄(击)反盗,弗先候视,为惊败,义等罪也。"上书言裁新黔首罪。它如书。'"这篇文书为汉人保存的秦代司法档案,是南郡官员对原攸县官员庳的复审记录。而此事在秦始皇二十七年、二十八年间,据此可以认为其中提及的苍梧当是秦代郡名[①]。

然而有关秦设置洞庭、苍梧两郡的情况,在传世文献中并无明确记载,因此里耶秦简的发现,给已几近定论的秦郡研究带来了巨大的冲击[②],至今已有几位学者对此二郡的情况作了较为深入探究[③]。下面对秦洞庭、苍梧两郡的领域及始置时间的论述,便是建立在这些学者的研究基础之上的。

《战国策·楚策一》中载苏秦说楚威王曰:"楚,天下之强国也;大王,天下之贤王也。楚地西有黔中、巫郡,东有夏州、海阳,南有洞庭、苍梧,北有汾陉之塞、郇阳……大王不从亲,秦必起两军,一军出武关,一军下黔中,若此,则鄢、郢动矣。"《史记》卷69《苏秦列传》亦载:"(苏秦)乃西南说楚威王曰:'楚,天下之强国也。王,天下之贤王也。西有黔中、巫郡,东有夏州、海阳,南有洞庭、苍梧,北有陉塞、郇阳……大王不从亲,秦必起两军,一军出武关,一军下黔中,则鄢、郢动矣。'"其中提及了洞庭、苍梧。既然秦代已明确有洞庭、苍梧二郡(参见上文),而秦置郡又往往沿用原诸侯国的旧制,所以推断《楚策一》与《苏秦列传》里的洞庭与苍梧,为楚国所设置的两郡之名,应该是合理的。

另外,上述两则引文中讲到洞庭、苍梧在楚境南部,而这一方位的标示,自然应当是以楚国的核心区鄢、郢一带为中心而言的。如此,结合楚国当时的具体情况分析,可以推断当时楚之洞庭与苍梧二郡应与今湖北西南部及湖南的范围大体相当。至于洞庭之名,当与洞庭湖有关,而苍梧之名,则应来自苍梧之野,即今湘粤桂交界一带、湘水与资水发源的地方。里耶秦简中提到的秦洞庭郡与苍梧郡当是以楚洞庭、苍梧二郡的范围为基础而设置的,只是秦洞庭郡

---

① 陈伟:《秦苍梧、洞庭二郡刍论》。

② 有关秦郡的研究,当以谭其骧《秦郡新考》为代表,其中提出了有秦一代有四十六郡说(后他本人又采周振鹤说,而将秦郡定为四十八郡)。然而其中并未提及有洞庭、苍梧二郡。

③ 除上面提及的陈伟一文外,对洞庭郡与苍梧郡提及与探讨的还有以下的几篇论文:湖南省文物考古研究所等:《湘西里耶秦代简牍选释》,《中国历史文物》2003 年第 1 期;周宏伟:《传世文献中没有记载过洞庭郡吗?》,《湖南师范大学社会科学学报》2003 年第 3 期;王焕林:《里耶秦简释地》,《社会科学战线》2004 年第 3 期;赵炳清:《秦洞庭郡略论》,《江汉考古》2005 卷 2 期;周振鹤:《秦代洞庭苍梧两郡悬想》,《复旦学报》2005 年第 5 期。

的领域比楚洞庭郡的要大一些①。

既然在地理分布上，洞庭湖在北，而苍梧之野在南，那么秦洞庭郡与苍梧郡的相对位置就有如下两种可能：其一是洞庭郡在北，苍梧郡在南；其二是洞庭郡在西，苍梧郡在东②。分析起来，应以后一种分布为是。依据有二：第一，从今湖南境内的地理形势来看。雪峰山将境内的湘、资二水与沅、澧二水在地域上分成为两个部分。而且从汉代开始直到南宋，湘、资二水流域与沅、澧二水流域不仅始终分处于不同的郡级政区，而且还往往不处于同一个高层政区之中。从这个自然背景来推测，在战国时期与秦代建立以后，苍梧郡与洞庭郡亦应东西分处湘资与沅澧两个流域。第二，从已公布的里耶秦简来看，与洞庭郡有关的主要地名，如迁陵、酉阳、临沅、零阳、索等，大多分布在今湖南西部的沅、澧二水流域③。检《汉志》，上述这些地名皆为县名，如果由此而推断这些地方在秦代已经置县，大致不应有误，倘若再进一步推测其中的某些县还始置于楚国，也是应当成立的④。因此，其时洞庭与苍梧二郡当是东西分布的。

有关洞庭与苍梧二郡的各自领域，周振鹤认为只需将《中国历史地图集》中秦图的黔中郡与长沙郡改为洞庭郡与苍梧郡，并将洞庭湖由原图中的长沙郡（即新定的苍梧郡）移属洞庭郡（即原图中之黔中郡）即可⑤。如此，过去一般认为的秦代置有长沙郡的观点⑥，也就随之需要修正了。

至于秦洞庭与苍梧二郡的设置时间，也可作大致推测，由于里耶秦简中的纪年始自秦王政二十五年（前 222），而秦最终占有楚黔中郡地也是在该年，因而似可作如下的推断，即秦在是年随后将原楚黔中郡地做了调整，将

---

① 周振鹤：《秦代洞庭苍梧两郡悬想》。

② 陈伟：《秦苍梧洞庭二郡刍论》。

③ 其中只有益阳一处与湘、资二水流域有关。另有孱陵一处在紧邻澧水北面的油水流域。益阳之名虽在里耶秦简中，但并不一定非为洞庭郡属县不可。因为上引“今洞庭兵输内史及巴、南郡、苍梧”之简文，指的是洞庭郡的兵器输往内史及其他三个邻郡，益阳当在苍梧郡中，也应是兵器输入的地点。参见周振鹤：《秦代洞庭苍梧两郡悬想》。

④⑤ 周振鹤：《秦代洞庭苍梧两郡悬想》。

⑥ 谭其骧：《秦郡新考》，《长水集》（上），第 4 页；杨宽：《战国史》（增订本）第 432 页及附录一《战国郡表》（六）秦国设置的郡，第 683 页。在谭、杨等人所认定的秦置有长沙郡的史料中，最主要的除了《汉志》长沙国下班固自注曰“秦郡，高帝五年为国”外，还有两条：一是宋本《太平寰宇记》卷 114 潭州下所引甄烈《湘州记》所记载的“秦始皇二十五年并天下，分黔中以南之沙乡为长沙郡”；一是郦道元《水经·湘水注》所说的“（湘水）又右迳临湘县故城西县治，湘水滨临川侧，故即名焉。王莽改号抚陆，故楚南境之地也。秦灭楚，立长沙郡，即青阳之地也。秦始皇二十六年，令曰，荆王献青阳以西”。但是《湘州记》与《水经注》皆六朝时的著述，而《汉志》所云的长沙郡之地在我们上述利用秦简所作的分析中，又可知是苍梧郡辖境，因此，如果此时再认为秦置有长沙郡，显然是不能成立的了。现在唯一的疑问是，何以秦代没有设置长沙郡之事，连去西汉不太远的班固也不知晓，周振鹤推测或许苍梧郡本有长沙这一别称（参见其《秦代洞庭苍梧两郡悬想》），其论可备一说。

黔中西部属巴郡,而将东部另置洞庭郡;在洞庭郡的东部仍沿袭楚的旧置设置了苍梧郡①。至于秦洞庭郡与苍梧郡的郡治所在,现在还无法确考②。

除上述所论及的秦郡外,以往大多学者还认为在秦始皇二十六年前应置有陈郡、闽中郡等二郡,那么事实是否如此呢? 为辨是非,现对此二郡重作讨论如下。

先说陈郡。《史记》卷6《秦始皇本纪》载:"二十三年,秦王复召王翦,强起之,使将击荆。取陈以南至平舆,虏荆王。"卷40《楚世家》载:"(王负刍)五年,秦将王翦、蒙武遂破楚国,虏楚王负刍,灭楚,名为楚郡云。"《史记》卷48《陈涉世家》载:"(陈涉)攻陈,陈守、令皆不在,独守丞与战谯门中。"据此,清人全祖望认为秦有楚郡③。杨宽亦持此论,认为秦王政二十四年(前223)秦灭楚后置楚郡,陈为楚郡治所④。又谭其骧认为《楚世家》所说的"灭楚,名为楚郡云",当从《史记集解》所引孙检说,"名"字应连上读,意谓灭去楚名,以楚地为秦郡。至于"楚郡"之"楚",则为衍文⑤。是仍当从《陈涉世家》所云,作陈郡为是⑥。据上面学者所论,似秦王政二十三年(前224)时设有陈郡。然细查史料,认为秦置有陈郡的观点,颇值得商榷。

在上述史料中,最能证明秦置有陈郡的是《陈涉世家》中的记载。但这段话的原文是"(陈涉)攻陈,陈守、令皆不在,独守丞与战谯门中。弗胜,守丞死,乃入据陈。"现在问题的关键是其中所提到的"守",究竟是不是郡守。如果不是,则秦不当置有陈郡。

《史记索隐》引唐人张晏曰:"郡守、县令皆不在,非也。《地理志》及秦三十六郡并无陈郡,则陈止是县。言守令,则守非官也,与下守丞同也,则'皆'是衍字。"张晏的这一论证,颇具说服力。胡三省亦认为陈只是县而未曾设郡,《陈涉世家》原文应订正为"陈守令、尉皆不在"⑦。马世之从其说⑧。此外,李守

---

① 陈伟:《秦苍梧洞庭二郡刍论》;周振鹤:《秦代洞庭苍梧两郡悬想》。又,辛德勇以为在秦王政二十五年析分黔中郡时,所分置的两个郡的名称,还应该依据现存史料而定为是黔中郡和长沙郡。至于这两个郡分别改称为洞庭郡与苍梧郡,则应是在秦始皇二十六年分天下为三十六郡之后的事情。详见其《秦始皇三十六郡新考》一文中所述。其论存此,备考。

② 王焕林据里耶秦简推断秦洞庭郡治所在临沅、苍梧郡治所在零陵,其论存此,聊备一说。参见其《里耶秦简释地》。

③ 《汉书地理志稽疑》卷1,《二十五史补编》第一册,中华书局,1955年。

④ 杨宽:《战国史》(增订本)附录一《战国郡表》(六)秦国设置的郡,第683页。

⑤ 《史记》中华书局点校本亦持此论,以为应作"灭楚名为郡云"。

⑥ 谭其骧:《秦郡新考》,《长水集》(上),第5页。

⑦ 《资治通鉴》卷7秦二世皇帝元年胡三省注。

⑧ 马世之:《秦置陈郡质疑》,《历史地理》第四辑,上海人民出版社,1986年,第130页。

清又从语法的角度,对此处的记载进行了讨论,如果其中的"守令",可释为"守与令",那么后面的"守丞",则应释为"守与丞",但是上句既然讲了守和令"皆不在",下句再说独"守和丞"在谯门中与起义军作战,这样再来看这段文字,就会产生守令时在时不在的矛盾。但是,如果将其中的"守",释为"据城而守的",用来修饰与限定后面的"令"或"丞",则因果关系就会十分明确,语义也颇合情理①。其论颇多中的之语,唯"守丞"之意如果释为"代理县丞"(其中的"守"为"试守"之意),可能更贴切些②。另外,在这段文字之后,紧接的记载是:"数日,号令召三老、豪杰与皆来会计事。"三老,是县级建制中的小吏,从这一点来分析,也可为上文中提及的陈应是县提供有力的证明。综上所述,当时陈涉所占据的是陈县,而非陈郡。从而,秦设有陈郡之说也就不能成立了。

再有,谭其骧等还认为秦在秦始皇二十六年前还置有闽中郡,所论的依据是《史记》卷114《东越列传》所载:"闽越王无诸及越东海王摇者,其先皆越王句践之后也,姓驺氏。秦已并天下,皆废为君长,以其地为闽中郡。"且由《史记》卷73《王翦列传》所载"岁余,虏荆王负刍,竟平荆地为郡县。因南征百越之君"③,而推知秦置闽中郡当在秦王政二十五年(前222)④,并进一步论证闽中郡的领域,以今地言之,有浙江省临海、丽水等市以南及福建省除云霄县之外的全境之地⑤。马非百又据《史记》卷114《东越列传》载"汉五年,复立无诸为闽越王,王闽中故地,都东冶"中提到的无诸"王闽越故地",而论定秦闽中郡当治东冶⑥。

然而,秦所置闽中郡是否在秦三十六郡之列,其性质是否与真正的秦郡相同?这些都是颇值得商榷的。清人钱大昕早就对此类问题有所关注,他所提出的观点很值得重视,不妨在此引述如下:"闽中与南海三郡,皆置于王翦定百越之时,但其初虽有郡名,仍令其君长治之,如后世羁縻州之类。其后尉屠睢击南越,杀其君长始置官吏,比于内地;而闽中则仍无诸与摇治之,是以不在三十六郡之数,非班史有遗漏也。"⑦基于钱氏的上述所论,故在此不将闽中郡列入秦始皇二十六年前秦所置郡之列⑧。

---

① 李守清:《〈秦郡新考〉辨正》,《中南民族大学学报》第22卷第4期,2002年7月。
② 此处有关"守丞"的解释,请参照湖南省文物考古研究所等:《湘西里耶秦代简牍选释》。
③ 按,王翦征服百越之事,据《新编年表》的考证,当在秦王政二十五年(前222)。
④ 谭其骧:《秦郡新考》,《长水集》(上),第5页。
⑤ 谭其骧主编:《中国历史地图集》第二册秦时期,图11-12。
⑥ 马非百:《秦集史·郡县志下》,第635页;谭其骧主编:《中国历史地图集》第二册秦时期,图11-12。
⑦ 钱大昕:《潜研堂文集·秦四十郡辨》。
⑧ 辛德勇亦认为闽中郡当置于秦始皇二十六年之后。详见其《秦始皇三十六郡新考》。

综上所述,至秦王政二十五年(前222),秦共设置了三十一郡。在此需要说明的是,此三十一郡,是秦王政占领齐国领域前所设之郡的一个最保守估计的数目,换言之,秦在当时所设置的郡数完全有可能超过这一数目[①]。不过,由于本卷的讨论截至秦王政二十五年,而本书《秦汉卷》中又将辟有专章对秦始皇统一六国后所设的三十六郡进行深入探讨,故此处不再赘言。

① 有关这一问题的讨论,可参见辛德勇:《秦始皇三十六郡新考》。

第十章　战国时期诸侯国疆域变迁考述(上)

在国家大一统的时代,边地政区与疆域之间常会存在一种互动的关系,即二者之中的一方发生变化,便会带动另一方的更动。而在战国时期,诸侯国虽未在其边地内遍置政区,但疆域与政区之间的连带变化在一定区域内依然存在,且有时疆域的扩展直接即体现为新的政区的设置。因此要详尽了解战国时期各诸侯国的政区变迁,便不能忽视对各诸侯国疆域变动情况的考察。

关于战国时期诸侯国的疆域,迄今为止虽然已有中外学者作了一定的探讨[①],但在这些研究中,除陈伟、徐少华先生对战国时期楚国北疆的变迁考证,以及藤田勝久先生对战国秦、楚疆域的论述较为翔实之外,其余的研究都是比较初步的,需要对此进行重新审视。本章及下一章将分节对战国时期的主要诸侯国齐、韩、赵、魏、燕、楚、秦的疆域变动情况作逐年的考订。

第一节　齐国疆域考

齐,本是西周分封的姜姓诸侯国,开国君主为吕尚,国都营丘(今山东省淄博市东旧临淄北)。春秋时齐的领域在《史记》卷32《齐太公世家》中有这样的记载:"东至海,西至河,南至穆陵,北至无棣。"其中的穆陵,当指穆陵关,在今山东临朐县东南大岘山上;无棣,指无棣水,在今河北盐山县南。

春秋末年,齐国君权逐渐为大臣田氏所夺。《史记》卷32《齐太公世家》即载:"(齐)平公即位,田常相之,专齐之政,割齐安平以东为田氏封邑。"《史记》卷46《田敬仲完世家》亦载:"封邑大于平公之所食。"

降至战国,齐宣公在位时,田襄子为相,三晋杀知伯,分其地。襄子使其兄弟宗人尽为齐都邑大夫,与三晋通使,且以有齐国[②]。至公元前338年,田氏

---

① 这些学者所做的相关具体研究,请参见本卷"引言"部分所述。

② 《史记》卷46《田敬仲完世家》。

遂并齐而有之,是为齐威王。

由于齐北境与东境均临海,因此本节主要探讨战国时期齐国西部与南部疆界的变化。

一、西部疆域的伸缩

战国时期齐在西部主要与魏、卫、赵、燕等国为邻,其疆界的变动即是这些国家彼此之间征战的结果。

宣公四十三年(前415),齐伐魏,毁黄城(今山东冠县南),围阳狐(今山西垣曲县东南)①。

康公十三年(前394),赵败齐于灵丘②。灵丘在今山东高唐县南,其地位于河水之北,由此可推知其时赵东南境与齐西境大致以河水为界。

康公二十年,三晋因齐丧而一同出兵伐齐,攻至灵丘③。

康公三十六年(桓侯五年,前371),齐在秦、魏攻韩而楚、赵出兵相救之时趁机发兵袭击燕国,夺取了桑丘④。该地在今河北徐水县西南。由于该地远离齐国疆土的中心区域,又有黄河阻隔,故推测桑丘旋由齐复属燕。

康公三十九年赵侵齐至长城⑤,齐长城西起平阴(今山东平阴县东北)附近的防门⑥,而其地又邻济水,是此时赵东境与齐以济水为界。

康公四十一年,齐与赵战阿下⑦。阿在今山东阳谷县东北,其地位于濮水(后汇入济水)之北。加之此前所述,可知其时齐西境与赵东境当以济水、濮水为界。

幽公三年(田侯因齐三年,前354),齐师与燕在泃水交战,结果齐师败绩。《水经·鲍水注》引《竹书纪年》曰:"梁惠成王十六年(按,此为溯上逾年法年次,实魏惠成王十七年,即前354),齐师及燕战于泃水,齐师遁。"

幽公六年,赵、魏伐齐,至博陵⑧。该地在今山东高唐县南。

幽公七年,卫伐齐,取薛陵⑨。该地在今山东阳谷县东北。从该地地望距卫都濮阳看,卫据此地不能久,齐随后当将此地又收回。

幽公十二年,赵攻取齐高唐⑩。高唐,春秋时期即为齐邑,其地在今山东

①⑧　《史记》卷46《田敬仲完世家》、卷15《六国年表》。
②⑦⑩　同上书卷43《赵世家》。
③　同上书卷43《赵世家》、卷44《魏世家》、卷45《韩世家》。
④⑨　同上书卷46《田敬仲完世家》。
⑤　同上书卷43《赵世家》、卷15《六国年表》。
⑥　杨宽:《战国史》(增订本),第321页;张维华:《齐长城考》,《禹贡》半月刊,第七卷第一、二、三合期。

省高唐县东。高唐在河水之东岸，是其时赵东境与齐北境以河水为界。

幽公十五年，魏攻韩，韩求救于齐。齐派田忌、田肦为将，孙膑为军师，出兵救韩。结果在马陵（今河南范县西南），齐军设下埋伏，大败魏军。魏太子申被俘，魏将庞涓自杀。《史记》卷5《秦本纪》载："（孝公）二十一年（据《新编年表》，当为二十年，前342），齐败魏马陵。"卷44《魏世家》载："（惠王）三十年（据《新编年表》，当为二十九年）魏伐赵（按，当是韩），赵（按，当是韩）告急齐。齐宣王（按，当是威王）用孙子计，救赵（按，当是韩）击魏。魏遂大兴师，使庞涓将，而令太子申为上将军。……魏果与齐人战，败于马陵。齐虏魏太子申，杀将军涓，军遂大破。"《史记·魏世家·索隐》引《竹书纪年》亦云："（魏惠成王）二十八年（按，据《新编年表》，实为二十九年），与齐田肦战于马陵。"①

威宣王更元六年（前333），齐、魏联合伐赵，赵决河水灌齐、魏之军②，说明此时赵东南与齐、魏仍以河水为界。

更元七年，高唐复归齐。《史记》卷46《田敬仲完世家》载，齐威王二十四年，威王谓魏王曰："吾臣有肦子者，使守高唐，则赵人不敢东渔于河。"此处的威王二十四年，据《新编年表》，知是采用的溯上逾年法通算的纪年，即威宣王更元七年。

更元十一年，齐与魏伐赵，赵又决河水灌齐、魏，兵罢③。

更元十四年，齐夺取了赵的平邑与新城。《水经·河水注》引《竹书纪年》曰："（梁惠成王后元）十年，齐田肸及邯郸、韩举战国于平邑，郸邯之师败逋，获韩举，取平邑、新城。"据《新编年表》，梁惠王后元（更元）十年，即公元前325年，与威宣王更元十四年及赵肃侯二十六年为同一年。田肸，即田肦。

湣宣王八年（前312），齐、宋二国合力围魏煮枣（今山东东明县南）④。

湣宣王三十六年，秦、赵、魏、韩、燕五国各出精锐之师，联合攻齐，夺得齐之灵丘⑤。随后又在济西大破齐军。齐湣王败至莒⑥。燕将乐毅遂率军乘势向东，攻下齐国七十余城（仅有莒、即墨未降）⑦，尽取齐之宝器⑧。至襄王四

---

① 类似记载亦见于《史记》卷46《田敬仲完世家》、卷65《孙子吴起列传》及卷75《孟尝君列传》的《索隐》。

②⑤ 《史记》卷43《赵世家》。

③ 《史记》卷46《田敬仲完世家》此事系于宣王十一年，兹据《新编年表》改。

④ 同上书卷45《韩世家》徐广注引《竹书纪年》。

⑥ 同上书卷5《秦本纪》、卷46《田敬仲完世家》、卷15《六国年表》。

⑦ 《战国策·齐策六》曰："燕攻齐，取七十余城，唯莒、即墨不下。"《史记》卷80《乐毅列传》载："乐毅留徇齐五岁，下齐七十余城，皆为郡县以属燕，唯独莒、即墨未服。"

⑧ 《史记》卷46《田敬仲完世家》。

年(前 280),齐又重新夺回所失之地。

襄王四年,赵国大将赵奢领兵攻取齐麦丘①。该地在今山东商河县西北。

襄王十年,赵将燕周攻取齐国昌城(今山东淄博市东南)与高唐二地②。

襄王十三年,蔺相如伐齐,至平邑③。

襄王十九年,赵与齐卢、高唐、平原等济东三城。《史记》卷 43《赵世家》载:"孝成王元年……齐安平君田单将赵师而攻燕中阳,拔之。又攻韩注人,拔之。"《战国策·赵策四》又载:"燕封宋人荣蚠为高阳君,使将而攻赵。赵王因割济东三城(令)卢、高唐、平原陵地城邑市五十七,命以与齐,而以求安平君而将之。马服君谓平原君曰:'国奚无人甚哉!……且君奚不将奢也?奢尝抵罪居燕,燕以奢为上谷守,燕之通谷要塞,奢习知之。'"结合《赵世家》所载知此事在赵孝成王元年,即公元前 265 年。是此年后,卢(今山东济南市长清区西南)、高唐、平原(今山东平原县南)等地为齐据。卢,据《左传》隐公三年所载"齐、郑盟于石门,寻卢之盟也"可知,在春秋时本为齐地,然此处言赵将卢地割给齐国,当时在战国时期,赵又从齐国手中夺得该地,唯确年不知。又,从平原地望来推测,该地亦恐与卢地情形相同,本为齐地,战国时又为赵据。

王建二十四年(前 241),赵攻齐,取饶安④。饶安在今河北盐山县西南旧县。

王建四十年⑤,秦伐齐,拔齐河东九县⑥。

二、南部疆域的演变

战国时期齐国南境主要与鲁、宋、卫、魏、楚等国为邻。

宣公四十四年(前 414),伐鲁、莒、安阳⑦。

宣公四十五年,齐伐鲁,取鲁之一城:都。《史记》卷 46《田敬仲完世家》载:"(齐宣公四十五年)取鲁之一城。"卷 15《六国年表》齐宣公四十五年栏曰:"伐鲁取都。"

宣公四十八年,取鲁之郕(今山东宁阳县东北)⑧。

宣公四十九年,齐伐卫,取毌丘(今山东曹县西南)⑨。

---

①②③④　《史记》卷 43《赵世家》。

⑤　此事《史记·田敬仲完世家》系于齐湣王三十九年,兹据《新编年表》改。

⑥　《史记》卷 46《田敬仲完世家》、卷 5《秦本纪》。

⑦　同上书卷 46《田敬仲完世家》则记作:"明年(齐宣公四十四年),伐鲁、葛、安陵。"杨宽从地望上分析,以为当从《史记·六国年表》。安阳当在齐之东边,在东阿西北。参见杨宽:《战国史料编年辑证》,第 161～162 页。

⑧⑨　《史记》卷 46《田敬仲完世家》。

宣公五十一年,宣公卒,齐国发生内乱,田会自廪丘(今山东郓城县西北)反[①],投奔赵国[②]。

康公元年(前406),三晋联合出兵伐齐,围攻齐西南境的关塞平阴(今山东平阴县东北)[③],攻入齐长城[④],三晋君主迫使康公一同见周烈王,让周王封三晋君主各自为诸侯[⑤]。

康公九年,魏襄陵(今河南睢县)为齐所攻取。《史记》卷44《魏世家》载:"(文侯)三十五年(按,据《新编年表》当为四十五年),齐伐取我襄陵。"襄陵地处魏东南境上。

康公十一年,齐伐鲁,取最[⑥]。

康公十四年,赵救魏于廪丘(今山东郓城县西北),大败齐人[⑦]。

康公十五年,鲁败齐平陆[⑧]。该地在今山东汶上县北。这说明其时齐南境在平陆与鲁为界。

康公二十二年,齐伐鲁,破之[⑨]。

康公二十五年,魏、韩再次伐齐,至齐桑丘(今山东济宁市兖州区西)。《史记》卷44《魏世家》载:"(武侯)七年,伐齐,至桑丘。"上述《魏世家》所记的武侯二年及七年事,据《新编年表》的考证,均当作十四年。《史记》卷45《韩世家》亦载文侯七年(前382)伐齐桑丘之事。

康公三十七年(桓侯六年,前370),赵伐齐,至取鄄(甄)(参见本章第三节)。鄄在今山东鄄城县北旧城,依其地望可知,赵东南境其时已越过河水与齐为界。

康公三十九年,齐败魏于观(一作观泽,在今河南清丰县南)。《史记》卷44《魏世家》载:"(惠王)三年(前368),齐败我观。"卷15《六国年表》魏惠成王三年栏曰:"齐伐我观。"齐威王十一年(按,据《新编年表》当为齐桓侯八年,即前368)栏曰:"伐魏取观。"《水经·河水注》引《竹书纪年》曰:"梁惠成王二年(按,据《新编年表》,此为溯上逾年法年次,实为三年,即前368),齐田寿率师伐我,围观,观降。"观位于河水东岸,说明其时魏与齐在此处以河水为界。不

---

① 《史记》卷32《齐太公世家》、卷46《田敬仲完世家》、卷15《六国年表》。
② 《史记索隐》引《竹书纪年》。
③ 《厂羌钟铭文》、《淮南子·人间训》。
④ 《水经·汶水注》引《竹书纪年》、《吕氏春秋·不广》。
⑤ 此段史事的叙述,请参见杨宽:《战国史》(增订本),第292～294页。
⑥⑨ 《史记》卷15《六国年表》。
⑦ 同上书卷43《赵世家》。
⑧ 同上书卷46《田敬仲完世家》。

久，观又属魏（参见下文）。

至迟幽公四年（田侯因齐四年，前 353），襄陵由齐还属魏国（参见本章第四节）。

幽公四年，魏伐赵，攻占了赵国都城邯郸（参见本章第四节）。赵于是向齐求救，齐便派田忌、孙膑率兵救赵。田忌率军大败魏军于桂陵（今河南长垣县西北）[①]。《孙膑兵法》中所记载的智擒庞涓的"围魏救赵"著名战例，即指此次战役。

幽公六年，鲁伐齐，入阳关（今山东泰安市东南汶水东岸）。

幽公七年，齐扩建长城。《水经·汶水注》引《竹书纪年》曰："梁惠成王二十年（按，据《新编年表》，此为溯上逾年法年次，实为二十一年，即前 350），齐筑防以为长城。"杨宽认为齐长城西端起于防门，西部的长城在战国初期已经建成，现在的"筑防以为长城"，当是进一步向东扩建[②]。

幽公十六年，齐国大将田朌与宋人一起联合攻魏东境（参见本章第四节），围魏平阳（今河南滑县南）。

至迟威宣王更元七年（前 332），齐有南城[③]，又称南武城，其地在今山东省平邑县东南故县。

更元十年，楚围我徐州（今山东滕州市东南）[④]。此徐州即薛（参见第十一章第一节）。

更元十七年，封田婴于薛[⑤]，并城薛[⑥]。此地即上文所说的徐州。

湣宣王四年（前 316），齐败魏、赵于观泽。此观泽即前文所提及之观[⑦]。

湣宣王七年，齐与宋攻魏，又败魏于观泽[⑧]。

湣宣王二十一年，齐与秦击败楚于重丘[⑨]。该地在今河南泌阳县北。

湣宣王二十四年，宋伐薛。《战国策·宋卫策》载："（宋）康王大喜，于是灭

---

① 《史记》卷 43《赵世家》、卷 44《魏世家》、卷 46《田敬仲完世家》、卷 65《孙子吴起列传》附《孙膑传》，以及《水经·济水注》。

② 杨宽：《战国史料编年辑证》，第 346 页。

③ 《史记》卷 46《田敬仲完世家》载：齐威王二十四年，说魏王曰："吾臣有檀子者，使守南城，则楚人不敢为守寇东取，泗上十二诸侯皆来朝。"此处的威王二十四年，据《新编年表》，知是采用的溯上逾年法通算的纪年，即威宣王更元七年。

④ 《史记》卷 46《田敬仲完世家》将此事系于宣王十年，兹据《新编年表》改。

⑤ 同上书卷 46《田敬仲完世家》将系此事于齐湣王三年，兹据《新编年表》改。

⑥ 《史记·孟尝君列传·索隐》引《竹书纪年》曰："梁惠王后元十三年（按，据《新编年表》当为更元十三年，即公元前 322 年）四月，齐威王封田婴于薛。十月，齐城薛。"

⑦ 此事见《史记》卷 44《魏世家》魏哀王二年（前 316）及《史记》卷 43《赵世家》赵武灵王九年（前 316）。

⑧ 《史记》卷 46《田敬仲完世家》。

⑨ 此事《史记》卷 46《田敬仲完世家》系于齐湣王二十三年，兹据《新编年表》改。

滕伐薛，取淮北之地。”杨宽认为宋灭滕、取淮北之地，确与赵灭中山同时。而依《新编年表》，赵灭中山在公元前296年，即齐湣宣王二十四年。

湣宣王三十年，赵梁将与齐合军攻韩，至鲁关下①。鲁关在今河南鲁山县西南，是洛阳与南阳盆地间的交通要冲。

湣宣王三十二年，齐破宋，宋王出亡②。

湣宣王三十四年，齐湣王与魏、楚伐宋，杀王偃③。随后宋亡。齐灭宋后，领土当向西南有所扩展。

湣宣王三十六年前，莒由楚属齐(参见第五章第一节)。

湣宣王三十六年，楚攻取了齐的淮北之地(参见第十一章第一节)。魏亦当在此时夺得齐所并的一部分宋地(参见本章第四节)。鲁国也可能在此时乘机夺得了徐州(薛)，因而《吕氏春秋·首时》载：“齐以东帝困于天下，而鲁取徐州。”④

湣宣王三十七年，赵国大将廉颇率军攻取齐之阳晋(参见本章第三节)。

襄王四年(前280)，齐田单以即墨攻破燕军，迎襄王于莒，入临淄。齐故地尽复属齐，齐封田单为安平君⑤。

襄王十四年，秦击(按，当为“取”之误)齐之刚、寿二地⑥。

王建八年(前257)，莒县又由齐属楚(参见第六章第一节)。

王建四十四年，秦兵击齐。齐王听相后胜计，不战，以兵降秦。秦虏王建，迁到共(今河南辉县市)。秦遂灭齐为郡⑦。

三、小结

以上我们对战国时期齐国南部与西部疆域的变动情况，分别进行了考察。为了使齐国疆域的变化更易了解，下面再按时间顺序选取一些主要时段作一综述。

宣公四十九年(前409)，齐西境大体以河水为界，与燕、赵、魏、卫等国接境，有饶安、麦丘、高唐、灵丘、博陵、聊城、平阴、薛陵、阿、马陵等地；南境则达泗水流域，有阳关、郕、平陆、桑丘(今山东济宁市兖州区西)、廪丘、阳晋、甄(鄄)、毌丘、薛(今江苏徐州市)、刚、寿等地。

---

① 《史记》卷43《赵世家》。

② 同上书卷46《田敬仲完世家》系此事于齐湣王三十八年，兹据《新编年表》改。

③ 见《史记》卷38《宋微子世家》。然《史记》卷44《魏世家》则曰“宋王死我温”，与卷38《宋微子世家》所载异。杨宽采《魏世家》之说，可参看其《战国史》(增订本)，第389～390页。

④ 杨宽：《战国史料编年辑证》，第809页。

⑤ 《史记》卷46《田敬仲完世家》、卷94《田单列传》。

⑥⑦ 同上书卷46《田敬仲完世家》。

康公三十六年(桓侯五年,前 371),西境增桑丘(今河北徐水县西南),旋无桑丘;南境增襄陵、最。

幽公十二年(田侯因齐十二年,前 345),西境无高唐,南境无襄陵、甄(鄄)。

威宣王更元七年(前 332),西境增高唐,南境增南城。

湣宣王三十六年(前 284),秦、赵、魏、韩、燕五国联合出兵,除即墨、莒、聊城外,齐国七十余城皆为燕之郡县。

襄王四年(前 280),田单率军收复齐国失地,西境无麦丘,南境无薛(徐州)。

第二节　韩国疆域考[①]

韩,本为春秋晋大夫韩武子的封地,晋献公时封韩武子于韩原[②]。

韩宣子时徙居州[③]。州在今河南省温县武德镇。

晋顷公十三年(前 514)[④],韩宣子与赵、魏共分祁氏、羊舌氏之地,然后在该地共设置了十个县。

韩贞子时,又徙居平阳[⑤]。该地在今山西省临汾市西南。据《新编年表》,贞子迁居平阳当在公元前 514 年至前 510 年之间。

公元前 457 年,韩康子与赵襄子、魏桓子联合共败知伯,分其地。随后,韩又与魏、赵两国三分晋国[⑥],正式确定了韩国的领土范围。又,《史记》卷 45《韩世家》载:"(韩)康子与赵襄子、魏桓子共败知伯,分其地,地益大,大于诸侯。"可见其时韩国的领土面积不小。

公元前 417 年,韩武子定都平阳。《水经·汾水注》引《竹书纪年》曰:"晋烈公元年,韩武子都平阳。"依《新编年表》,晋烈公元年当为韩武子七年,即公元前 417 年,是该年韩都于平阳。

下面即按地理方位对韩的疆域变化作一考述。由于在公元前 290 年后,随着韩武遂为秦所据,秦便沿河水北岸攻击韩国的中腹,使韩国疆域发生了很

---

① 本节主要内容曾以《战国时期韩国疆域变迁考》为题,先行刊布于《中国史研究》2001 年第 3 期。后吴良宝发表了《〈战国时期韩国疆域变迁考〉补正》(《中国史研究》2003 年第 3 期)一文,对拙文进行了订补。兹已据其部分意见加以补充修改,特此志之。

② 《史记》卷 45《韩世家》。韩原今地诸说不一,一说在今山西河津市与万荣县之间;一说在今山西芮城县北;一说在今陕西韩城市南。

③⑤ 《史记》卷 45《韩世家》。

④ 同上书卷 45《韩世家》作晋顷公十二年,兹据《新编年表》改。

⑥ 同上书卷 44《魏世家》、卷 43《赵世家》、卷 45《韩世家》。《魏世家》载:"(武侯)十一年,与韩、赵三分晋地,灭其后。"《韩世家》载:"哀侯元年,与赵、魏分晋国。"此事据《新编年表》的考证,当在晋敬哀公四年,即公元前 451 年。

大变化。因此以公元前209年为线,分前后两个时段来考察韩国疆界的变动情况。

一、疆域前期的变动(公元前290年及其之前)

1. 东境的变化

韩武子十六年(前408)[①],韩伐郑,攻取了郑的雍丘[②]。雍丘在今河南杞县。

文侯二年(前387)[③],韩又伐齐,攻至灵丘[④]。

文侯七年,韩攻打齐,到了齐的桑丘。

共懿侯六年(前369),韩、赵联合出兵伐魏之葵,取之,该地当由魏属韩。《水经·沁水注》引《竹书纪年》曰:"梁惠成王元年,赵成侯偃、韩懿侯若伐我葵。"其中的"伐我葵",在《史记·魏世家·索隐》中作"取蔡",王国维《古本竹书纪年辑校》认为"蔡"为"葵"之误。因《竹书纪年》所用为逾年法,因此,赵、韩二国所取魏葵之地当在公元前369年。其地在今河南省焦作市西。从地望上来分析,葵地当由魏入韩。

共懿侯八年,韩城邢丘(今河南省温县东平皋故城)。春秋时期邢丘本晋地,降至战国,邢丘属韩[⑤](参见第五章第二节)。

共懿侯十年,魏伐韩,两国交战于中阳,结果魏军败于圃田泽北(参见本章第四节)。

昭釐侯二年(前362),韩黄池(今河南省封丘县西南)为宋攻取,朱则为魏占据[⑥]。

昭釐侯六年,韩攻打东周,夺取了陵观、邢丘二地[⑦]。而上文提及邢丘本韩地,是在公元前367年至前358年间,邢丘一度为东周所据,公元前358年后又复为韩所有。

昭釐侯七年,韩平丘(今河南省封丘县东)、户牖(今河南省兰考县北)、首垣(今河南省长垣县东北)属魏,后魏又取得了韩的轵(今河南省济源市西北),

---

① 《史记》卷45《韩世家》作韩景侯元年,兹据《新编年表》改。

② 同上书卷45《韩世家》、卷42《郑世家》。

③ 同上书卷45《韩世家》系此事于文侯九年,兹据《新编年表》改。

④ 同上书卷45《韩世家》。

⑤ 《水经·济水注》引《竹书纪年》。

⑥ 《史记》卷45《韩世家》、卷15《六国年表》。

⑦ 同上书卷45《韩世家》。卷15《六国年表》韩昭侯六年栏曰:"伐东周,取陵观、廪丘。"顾观光《七国地理考》以为此处"廪丘"即"邢丘",此乃异文,甚是。然杨宽等以为《韩世家》"邢丘"当从《六国年表》而为"廪丘",则恐不确。因廪丘在今山东郓城县西北,东周疆域不应远至如此。

把鹿(今河南省浚县东南)给了韩国(参见本章第四节)。同年,魏将釐(今河南省原阳县西南)归还给韩。《水经·济水注》引《竹书纪年》曰:"(梁)惠成王十三年(按,据《新编年表》,当为十四年,前357),王及郑釐侯盟于巫沙,以释宅阳之围,归釐于郑。"韩国曾铸有"郲"方足布币,该地即《左传》隐公十一年"公会郑伯于来"之"来",经文作"时来"。"郲"即"釐"[①]。至于何时釐曾由韩属魏,于史已无考。

宣惠王十六年(前317),秦在修鱼大败韩军[②]。

宣惠王十八年,阳、向二地由韩属魏,并将阳更名为河雍,向更为高平(参见本章第四节)。

宣惠王二十一年,韩将韩朋率军伐楚之襄丘。《水经·济水注》引《竹书纪年》曰:"(魏)襄王七年,韩明率师伐襄丘。"据《新编年表》,魏襄哀王七年与韩宣惠王二十一年为同一年。其中所提及的"韩明",杨宽认为系"韩朋"之误。韩朋即公仲朋,时为韩相。

2. 南境的盈缩

景侯二年(前407),郑伐韩,败韩兵于负黍[③]。负黍在今河南省登封市西南。此后负黍属郑。

景侯六年,韩为侯[④],将都城由平阳迁于阳翟(参见第五章第二节)。

烈侯四年(前397),楚伐韩,占领了韩国的负黍[⑤]。然前文已述公元前407年负黍已为郑据,而负黍又在公元前394年由郑返韩(见下文),是颇疑公元前407年郑所取的负黍仅为该地的一部分区域,而公元前397年楚又将另一部分负黍地夺走。

列侯七年,郑负黍反,其所据的负黍部分地复归韩[⑥]。

文侯二年(前387),韩伐郑,攻占了郑的阳城(今河南省登封市东南)。又伐宋,一直打到宋的彭城(今江苏省徐州市),并将宋君俘获[⑦]。另外,由于负黍位于阳城西边不远之处,推测楚所据的部分负黍地当在此时还属韩[⑧]。

文侯七年,郑又反韩[⑨]。

---

① 吴良宝:《〈战国时期韩国疆域考〉补正》。
② 《史记》卷45《韩世家》。
③⑦ 同上书卷45《韩世家》、卷42《郑世家》。
④ 同上书卷45《韩世家》:"(景侯)六年,与赵、魏俱得列为诸侯。"
⑤ 同上书卷40《楚世家》。
⑥ 同上书卷42《郑世家》。
⑧ 徐少华:《周代南土的历史地理与文化》,第316页。
⑨ 《史记》卷45《韩世家》。

哀侯五年(前 375)[①],韩灭郑,并其国,并徙都于郑[②]。其后,郑一时曾被秦占有,旋复由秦还属韩国(参见第五章第二节)。又,至迟此年,京(今河南省荥阳市东南)属韩。京本春秋郑邑,降至战国,仍为郑邑。《史记》卷 15《六国年表》韩景侯虔元年(前 408)栏曰:“伐郑,取雍丘。郑城京。”《史记》卷 42《郑世家》亦载此事。韩灭郑,至迟此时京属韩。

共懿侯五年(前 370)[③],魏在马陵(今河南省新郑市东南)大败韩军,马陵当属魏(参见本章第四节)。

共懿侯十年,韩得周高都、利二地。《水经·伊水注》引《竹书纪年》载:“梁惠成王十七年,东周与郑高都、利。”此处的高都在今河南省洛阳市西南。

宣惠王十四年(前 319),秦败韩之鄢[④]。其地在今河南省鄢陵县西北。鄢,又作鄢陵,本为郑邑[⑤],当是哀侯五年韩灭郑后为韩所据。

至迟宣惠王十七年,韩有新城地(参见第五章第二节)。其后新城属楚(参见第六章第一节)。

宣惠王二十一年,楚围韩雍氏(今河南省禹州市东北)。《史记》卷 45《韩世家》载:“(襄王十二年)楚围雍氏,韩求救于秦。”[⑥]此事据《新编年表》的考证,当在韩襄王即位之时,即公元前 312 年。雍氏,一名雍梁,本郑邑[⑦],该地当是哀侯五年韩灭郑后来属。

襄王十一年(前 301),秦伐韩,攻取了韩邑穰(参见第十一章第二节)。

襄王十三年,新城复由秦属韩(参见第六章第二节)。

釐王三年(前 293),秦败韩赵联军于伊阙(今河南省洛阳市南)。《史记》卷 5《秦本纪》载:“(昭襄王)十四年(前 293),左更白起攻韩、魏于伊阙,斩首二十四万……拔五城。”《史记》卷 40《楚世家》载:“(顷襄王)六年(按,据《新编年表》,此事在楚顷襄王四年,即前 293),秦使白起伐韩于伊阙,大胜,斩首二十四万。”因伊阙属韩,故此时秦所取得的五城当为韩地。

釐王五年,秦攻取韩宛(参见第十一章第二节)。

---

① 《史记》卷 45《韩世家》载韩灭郑在韩哀侯二年,兹据《新编年表》改。

② 同上书卷 45《韩世家》、卷 42《郑世家》。

③ 此事在《史记》卷 45《韩世家》为韩懿侯二年,在《史记》卷 44《魏世家》为魏惠王二年,依《新编年表》的考证,当分别改为韩懿侯五年(因“五”与“二”字形相近而讹)和魏惠王元年(因“元”与“二”字形相近而误)。又,《史记》卷 15《六国年表》系此事于韩庄侯二年,据《新编年表》,此乃司马迁误排事件所致。

④ 《史记》卷 45《韩世家》。

⑤ 《春秋》隐公元年、成公十六年。

⑥ 与此相同的记载亦见于《战国策·东周策》、《史记》卷 46《田敬仲完世家》及卷 71《樗里子甘茂列传》等。

⑦ 《左传》襄公十八年、三十年。

釐王六年,赵与齐合军攻韩,至鲁关下[①]。鲁关在今河南省鲁山县西南,是洛阳与南阳盆地间的交通要冲。

3. 西境的演变

昭釐侯二年(前362)[②],魏败韩于浍[③]。

威侯四年(前330),秦伐韩宜阳(今河南省宜阳县西),取六邑(参见第十一章第二节)。

至迟宣惠王七年(前326),韩置有卢氏县。这说明,战国早期,韩国的西境当在今河南省卢氏县一带(参见第五章第二节)。旋该地属秦(参见第六章第二节)。

宣惠王十八年,秦夺取韩石章[④]。石章今地不详,疑在韩西境。

襄王四年(前308),秦伐韩宜阳。次年,秦攻取宜阳(参见第六章第二节)。

襄王六年,秦将武遂归还给韩[⑤]。然在此前一年,秦城武遂。是秦当于武王四年(韩襄王五年,公元前307年)夺取该地(参见第十一章第二节),又在翌年武遂复由秦还属韩。九年,秦复据武遂(参见第十一章第二节)。

襄王十六年,秦将所据的河外及武遂交给了韩,以示和好[⑥](参见第十一章第二节)。

釐王六年(前290),韩将武遂二百里的地方送与秦国[⑦]。在此区域之内的皋落(在今山西省垣曲县)也当在此时属秦(参见第五章第二节)。

4. 北境的变迁

公元前479年,韩据有平阳、杨氏等县(参见第五章第二节)。

公元前451年,韩、赵、魏三家分晋,原晋之长子(尚子)、铜鞮、屯留等地为韩所属。

共懿侯五年(前370),赵得韩之长子[⑧]。涅大约亦在此时由韩属赵。

共懿侯六年,屯留为晋君所据(参见第五章第二节)。

昭釐侯五年(前359),韩与赵、魏分晋,封晋君以端氏[⑨]。

昭釐侯六年,长子、屯留、涅(今山西省武乡县西北)属韩[⑩](参见第五章第二节)。

---

①⑧⑨　《史记》卷43《赵世家》。

②　此事《史记》卷45《韩世家》系于懿侯九年,兹据《新编年表》改。

③　《史记》卷45《韩世家》、卷44《魏世家》。

④　同上书卷5《秦本纪》。

⑤⑥　同上书卷45《韩世家》、卷15《六国年表》。

⑦　同上书卷45《韩世家》。

⑩　《水经·浊漳水注》引《竹书纪年》。

昭釐侯十四年，夺晋君端氏，徙处屯留。自此，端氏属赵（参见第五章第二节）。

大约宣惠王十四年（前319），晋亡，屯留县当又属韩（参见第五章第二节）。

至迟襄王四年（前308），韩领域之内已设有路、涉、端氏三县（参见第五章第二节）。

釐王二年（前294），秦将向寿伐韩，取武始①。该地在今河北省武安市南。

二、疆域后期的变动（公元前290年之后）

釐王六年（前290），韩将武遂二百里的地方送与秦国。于是秦趁势控制了韩国境的河水一线，使韩仅在南阳地区将其北部的上党之地、汾水流域与河水南岸的三川及河外之地相连。下面考察这之后的韩国疆界的具体变动。

1. 河水以北的区域（上党、南阳等地区）

釐王十年（前286），秦败韩师于夏山（参见第十一章第二节）。夏山今地无考，疑在河水以北的韩境。

至迟桓惠王七年（前266），韩邢丘属魏（参见本章第四节）。

桓惠王八年，赵攻韩注人，拔之②。注人一般认为即魏败秦之注，在今河南省汝州市西，疑非。因赵不太可能其时越过魏境而占领韩南境上的该地。颇疑此注人应在韩国北境，毗邻赵国之处。同年，韩少曲（今河南省济源市东北）、高平为秦所得③。而前文已言，高平（即向）在公元前315年由韩属魏，是在公元前315年至前265年之间，高平又由魏还属韩。

桓惠王九年，秦军攻克了在汾水之滨的陉城④。该地在今山西省侯马市东北。

桓惠王十年，秦军在白起的率领下攻取韩太行山附近之南阳（修武）。南阳本属魏，在公元前274年或前273年属秦。其后又属韩。故秦于此时攻取该地（参见第十一章第二节）。

桓惠王十一年，韩上党郡降赵，该郡内所属的长子、铜鞮、屯留、涅等县自然属赵（参见第五章第二、三节及第八章第二节）。亦在此年，秦五大夫贲伐韩，取十城⑤。又，《史记》卷73《白起列传》载："（昭王）四十五年（前262），伐韩之野王。野王降秦，上党道绝。"秦简《编年记》载："（昭王）卌五年，攻大壄

①⑤ 《史记》卷5《秦本纪》。
② 同上书卷43《赵世家》。
③ 同上书卷79《范雎列传》；秦简《编年记》。
④ 《史记》卷45《韩世家》。

王。”马非百认为其中脱“行”字,疑当作“攻大(太)行、壄(野)王”,应是。因此在这一年,秦将白起又攻取了韩地野王(参见第六章第三节)。

桓惠王十三年,秦始夺取被赵国控制的韩上党郡,翌年(前259),上党郡之地完全归入秦国版图之中。然而从公元前258年到前248年之间,韩复由秦处夺回上党郡,长子(尚子)、铜鞮、屯留、涅等地又当由秦属韩,而秦又于桓惠王二十六年(前247)再次攻取该郡(参见第九章第二节),长子(尚子)、铜鞮、屯留、涅等地当于此时最终属秦。

至迟王安九年(前230),秦灭韩,韩平阳县为秦所据(参见第五章第二节)。

2. 河水以南的区域(三川、河外等地)

釐王二十三年(前273),赵、魏联合攻韩之华阳[①]。该地在今河南省新郑市北。华阳属魏,即刻又为秦将白起攻得[②]。

至迟桓惠王十年(前263),韩置有汝阳县。之后,汝阳又属楚,最后归秦,唯具体时间无考(参见第五章第二节)。

桓惠王十二年,秦将白起攻取韩之缑氏、纶氏。缑氏本春秋周侯氏邑,其地在今河南省偃师市东南。战国时为周县,后属韩[③](参见第五章第二节及第六章第三节)。

桓惠王十六年,秦张唐拔韩之郑[④]。然此后郑地当由秦复属韩国(参见第五章第二节)。

桓惠王十七年,秦攻取韩阳城、负黍二地,斩首四万[⑤]。

桓惠王二十四年,秦军攻占了韩城皋(今河南省荥阳市西北汜水西)、荥阳(今荥阳市东北)。

桓惠王二十九年,秦将蒙骜攻韩,取十三城[⑥]。

至迟桓惠王三十年,雍丘属魏(参见本章第四节)。

王安九年(前230),秦军虏韩王安,韩地尽入于秦,为颍川郡。韩遂亡。

三、小结

以上我们对战国时期韩国疆域的变动情况分阶段且按方位进行了考察。

---

① 《史记》卷45《韩世家》。

②③ 同上书卷73《白起列传》。

④ 同上书卷5《秦本纪》载昭王五十年,“张唐攻郑,拔之”。据《新编年表》,秦昭王五十年为韩桓惠王十六年。

⑤ 同上书卷5《秦本纪》、卷45《韩世家》;秦简《编年记》。

⑥ 《史记》卷6《秦始皇本纪》、卷45《韩世家》、卷15《六国年表》。

为了使韩国疆域的整体变化更易了解，下面再按时间顺序选取一些主要时段作一综述。

韩武子十六年（前 408），东境有注人、少曲、修鱼、野王、邢丘、州、轵、城皋、荥阳、垣雍、黄池、朱、平丘、户牖、首垣、雍丘，南境有伊阙、负黍、阳翟、华阳、马陵，西境有宜阳、石章、武遂、卢氏、皋落，北境有平阳、杨氏、陉城、屯留、长子、铜鞮、武始。

共懿侯五年（前 370），南境无马陵，增阳城、郑、京、鄢、雍氏；北境无长子、屯留。

昭釐侯七年（前 357），东境无黄池、朱、平丘、户牖、首垣、轵，增鹿、陵观、釐；北境增长子、屯留、涅。

宣惠王十七年（前 316），东境增阳（?）、向（?）；南境无鄢，增高都、利、新城；西境无卢氏；北境无屯留。

襄王五年（前 307），东境无阳、向，增路、涉、端氏；西境无宜阳、石章、武遂。

釐王六年（前 290），西境无武遂、皋落，北境无武始。

桓惠王十一年（前 262），河水以北无邢丘、注人、少曲、高平、陉城、野王及包括长子、铜鞮、涅在内的上党郡之地，至此河水以北的韩地已大体无存；河水以南增缑氏、纶。

桓惠王二十四年，无垣雍、阳城、负黍、城皋、荥阳等地。

王安九年（前 230），韩地尽为秦所据。

第三节　赵国疆域考[①]（附：中山国疆域考）

赵，本为晋国大夫赵夙的封邑，原本在耿（今山西省河津市东南）。《左传》闵公元年载："晋侯作二军，公将上军，大子申生将下军。赵夙御戎，毕万为右，以灭耿、灭霍、灭魏。还，为大子城曲沃，赐赵夙耿，赐毕万魏，以为大夫。"《史记》卷 43《赵世家》亦曰："晋献公之十六年（前 661）伐霍、魏、耿，而赵夙为将伐霍。……晋献公赐赵夙耿。"晋文公执政后，以赵衰为原大夫，居原（今河南省济源市西北），任国政。到了晋景公时，大夫屠岸贾擅自与诸将攻杀赵氏于下宫，杀死赵朔、赵同、赵括、赵婴齐，皆灭其族。后景公与韩厥又复立赵武，"复

① 本节主要内容曾以《战国时期赵国疆域变迁考》为题，先行刊布于《九州》第三辑（商务印书馆，2003 年）。现重加厘订，收录于此。

与赵武田邑如故”。至赵简子时,又居晋阳(今山西省太原市西南)①。赵简子独揽晋国大权,公元前 491 年,借围攻范、中行文子之机,趁势占有晋国内数邑。《赵世家》载:“晋定公二十一年(当为二十二年),简子拔邯郸,中行文子奔柏人。简子又围柏人,中行文子、范昭子遂奔齐,赵竟有邯郸、柏人。范、中行余邑入于晋。赵名晋卿,实专晋权,奉邑侔于诸侯。”赵简子所占据的城邑为邯郸、柏人。赵的奉邑已有数邑,说明此时赵的势力已发展得很大了。

赵襄子时,仍居晋阳。《战国策·齐策三》载国子曰:“晋阳者,赵之柱国也。”高诱注曰:“柱国,都也。”据此可知晋阳战国时期为赵之都城。《赵世家》载:“襄子姊前为代王夫人。简子既葬,未除服,北登夏屋,请代王。使厨人操铜枓以食代王及从者,行斟,阴令宰人各以枓击杀代王及从官,遂兴兵平代地。……遂以代封伯鲁子周为代成君。伯鲁者,襄子兄,故太子。太子蚤死,故封其子。”《史记》卷 110《匈奴列传》载:“后百有余年,赵襄子踰句注而破并代以临胡貉。其后既与韩魏共灭智伯,分晋地而有之,则赵有代、句注之北,魏有河西、上郡,以与戎界边。”代国在今河北省蔚县东北。至此赵北地拓至句注山以北的代戎之地。

《赵世家》载:“襄子立四年(前 455),知伯与赵,韩、魏尽分其范、中行故地。……(晋懿公立)知伯益骄,请地韩、魏,韩、魏与之。请地赵,赵不与,以其围郑之辱。知伯怒,遂率韩、魏攻赵。赵襄子惧,乃奔保晋阳。……三国攻晋阳岁余(前 451)……襄子惧,乃夜使相张孟同私于韩、魏。韩、魏与合谋,以三月丙戌,三国反灭知氏,共分其地。……于是赵北有代,南并知氏,强于韩、魏。”②《匈奴列传》亦载:“其后,既与韩魏共灭智伯,则赵有代、句注之北。”韩、赵、魏三家分晋后,正式确定了赵国的领土范围。下面即按地理方位对赵的疆域变化作一考述。

一、南境的演变

战国时期,曾与赵国南境接界的诸侯国主要有魏、韩、卫、秦等国。

公元前 426 年,献侯少即位,赵由耿迁至中牟(今河南省鹤壁市西)③。

献侯十年(前 417),赵国为了加强南境的防御,在泫氏(今山西省高平市)筑城。《水经·沁水注》引《竹书纪年》曰:“晋烈公元年,赵献子城泫氏。”晋烈

① 《史记》卷 43《赵世家》载:“明年春(据《新编年表》当为晋定公十六年,前 497 年),简子谓邯郸大夫午曰:‘归我卫士五百家,吾将置之晋阳。’”于此可证其时简子居晋阳。

② 同上书卷 43《赵世家》又载:“(敬侯)十一年,魏、韩、赵共灭晋,分其地。”然据《新编年表》,此处的赵敬侯十一年当为晋敬哀公四年,亦即公元前 451 年。

③ 同上书卷 43《赵世家》。

公元年即为公元前417年。

献侯十三年，赵城平邑。《史记》卷43《赵世家》载："(献侯)十三年，城平邑。"①《水经·河水注》曰："故渎又东北迳平邑郭西，《竹书纪年》，晋烈公四年，赵城平邑。"②《水经·灅水注》曰："灅水又东迳平邑县故城南，赵献侯十三年，城平邑。"赵献侯十三年即晋烈公四年，亦即公元前414年，平邑在今河南省南乐县东北。

敬侯元年(前395)，赵国正式定都于邯郸(今河北省邯郸市)③。

敬侯四年，赵南境至刚平(今河南省清丰县西南)与卫接壤。《史记》卷43《赵世家》载："(敬侯)四年，魏败我兔台。筑刚平以侵卫。"又，《战国策·秦策四》载或为六国说秦王曰："……(赵)筑刚平，卫无东野，刍牧薪采莫敢窥东门。"高诱注："刚平，卫地，赵筑之以为邑，故卫无东野，故卫人刍牧不敢出于东门。"据此知刚平本为卫地，敬侯四年为赵所据。赵筑刚平的目的就是想以此为基地而进一步进攻卫都城濮阳。然《赵世家》又载："(敬侯)五年，齐、魏为卫攻赵，取我刚平。"是刚平在翌年复当归卫，并乘势攻破了赵中牟的城廓④。赵南境有所北退。

敬侯六年，赵向楚借兵，攻取了魏的棘蒲(今河北省魏县南)⑤。两年之后，赵又攻取魏黄城⑥。黄城，即黄，在今河南省内黄县西北⑦。

敬侯九年，赵伐齐，至灵丘⑧。

成侯三年(前372)，赵伐卫，夺取了卫地的七十三个乡邑⑨。由于此七十三个乡邑的名称不详，不知赵所占卫地具体在何处。又因赵南与卫相邻，故可大致推断赵所取之卫地，当在卫之北境。

成侯五年，魏败赵于怀(今河南省武陟县西南)，怀属魏(参见本章第四节)。之后，赵又得韩之长子。《史记》卷43《赵世家》载：赵成侯五年，"魏败我怀。攻郑，败之，以与韩，韩与我长子"。怀位于少水(今沁河)以南，是其时赵南境与魏应与少水为界。又，韩之涅地盖与长子县同时属赵(参见下文)。

成侯六年，魏军败赵师于平阳(参见本章第四节)。

---

① 《史记》卷15《六国年表》所载同。

② 《初学记》卷8州郡部、《太平寰宇记》卷54魏州南乐县所载与此同。

③⑤⑥⑨ 《史记》卷43《赵世家》。

④ 《战国策·赵策四》。

⑦ 杨宽据《战国策·齐策四》所载，认为赵攻占魏棘蒲、黄城为一时事，《史记》卷43《赵世家》分记在赵敬侯六年与八年，恐有误。其论可备一说。参见杨宽：《战国史》(增订本)，第296页注(1)。

⑧ 《史记》卷15《六国年表》、卷43《赵世家》。

成侯十三年,魏、赵战于浍水北岸,赵皮牢为魏所攻取[①]。皮牢在今山西省翼城县东北,其地近浍水,是其时赵西南境大致与魏以浍水为界。同年,魏北伐赵,攻占了赵国的列人(今河北省肥乡县东北)与肥(今河北省肥乡县西)(参见本章第四节)。列人与肥两邑地近赵都邯郸,魏占据之后,对赵十分不利。

成侯十四年,赵将其旧都中牟送给了魏国。而此时魏亦将浮水一带给了赵国[②]。《水经·河水注》载:"左会浮水故渎。故渎上承大河于顿丘县而北出,东迳繁阳县故城南。……昔魏徙大梁,赵以中牟易魏,故志曰:赵南至浮水繁阳,即是渎也。"但需要指出的是,其中虽提及繁阳(今河南省内黄县西北),但此时赵并不据有该地,繁阳属赵当在孝成王二十一年(参见下文),魏自安邑徙都大梁在惠王十年(前361年),即赵成侯十四年。是上述所载可资为证。赵、魏两国易地,使赵南界发生了变化,因此《水经·渠水注》曰:"自魏徙大梁,赵以中牟易魏,故赵之南界,极于浮水,匪直专漳也。"

成侯十六年,赵与韩、魏分晋,封晋君以端氏(今山西省沁水县东四十五里西城)[③]。

成侯十七年,长子、涅复为韩所取(参见本章第二节)。

成侯二十一年,赵伐卫,攻取漆、富丘,并城之。《水经·济水注》引《竹书纪年》曰:"梁惠成王十六年,邯郸伐卫,取漆、富丘,城之。"据《新编年表》,此处所记为逾年法年次,实际梁惠王十七年,即赵成侯二十一年(前354)。

成侯二十二年,赵都城邯郸为魏惠王所率之军攻占[④]。赵于是向齐求救,齐便派田忌、孙膑率兵前去援救赵国。结果,在桂陵(今河南省长垣县西北)一战中,齐军大败魏军(参见本章第一节)。两年之后,魏又将邯郸归还给赵国[⑤]。同年,魏攻取了赵的泫氏与濩泽(今山西省沁水县东南)(参见第五章第四节)。

肃侯元年(前350),赵又占据晋的端氏,并徙晋君于屯留。《史记》卷43《赵世家》曰:"肃侯元年,夺晋君端氏,徙处屯留。"赵地又当向南有所扩展。

肃侯七年,赵公子刻攻魏首垣(今河南省长垣县东北)[⑥]。首垣位于濮水之南。据此可推测其时赵南与魏大致以濮水为界。

肃侯十年,魏与赵在魏之北境交战。《史记索隐》引《竹书纪年》载:"(梁惠成王)二十九年……十月,邯郸伐我北鄙。"据《新编年表》,此为逾年法纪年,实

---

① 《史记》卷43《赵世家》。
② 杨宽:《战国史》(增订本),第301~302页。
③⑥ 《史记》卷43《赵世家》。
④⑤ 同上书卷43《赵世家》、卷44《魏世家》。

为魏惠王三十年，即赵肃侯十年。

肃侯十七年，赵围魏黄城，但未攻取[①]。然由前述可知，魏黄城在敬侯八年（前388）为赵所取。故推测后黄又归魏，因此才又在肃侯十七年再围之。《史记正义》亦曰："黄城在魏州，前拔之，却为魏，今赵围之矣。"同年，赵筑长城。《史记正义》载："刘伯庄云'盖从云中以北至代'。按，赵长城从蔚州北西至岚州北，尽赵界。又疑此长城在潭水之北，赵南界。"杨宽认为赵此时所筑长城，当以《正义》"赵南界"之说为是，唯潭水为漳水之误；并认为赵的南长城是由漳水、滏水（今滏阳河）的堤防接连扩建而成的，大体从今河北省武安市西南起，东南行沿漳水，到今磁县西南，折而东北行，沿漳水到达今肥乡县南[②]。不过，需要指出的是，此处所说的"赵南界"当是泛言之，并非具体的赵南界。据上述所考，赵国南界应远在赵南长城之南。

肃侯二十六年，赵将韩举与齐田肦在平邑交战，结果赵军大败，齐取得了平邑、新城（参见本章第一节）。

惠文王十一年（前288），赵董叔与魏氏伐宋，得魏在河阳之地。《史记》卷43《赵世家》载："（惠文王）十一年，董叔与魏氏伐宋，得河阳于魏。"此处所提及的河阳，即河雍，在今河南省孟州市西[③]。赵南境南扩。

惠文王十七年，乐毅率领赵国的军队攻取魏伯阳（今河南省安阳市西北）[④]。

惠文王十九年，赵与魏伯阳。同年，秦取赵二城，其中一城当为光狼城（参见第十一章第二节）。

惠文王二十三年，赵国大将廉颇又领兵攻取了魏国东北境的幾（今河北省大名县东南）[⑤]。

惠文王二十四年，攻取魏的防陵、安阳。《史记》卷43《赵世家》载："（赵惠文王）二十四年，廉颇将，攻魏房子，拔之，因城而还。又攻安阳，取之。"然卷81《廉颇列传》载此事时，却说廉颇所取魏之二地为防陵、安阳。又因"房子"自中山灭国后当一直属赵，是《赵世家》所载的"房子"当依《廉颇列传》作防陵为是[⑥]。防陵与安阳都在今河南省安阳市西南。

惠文王二十五年，赵与魏共击秦。秦将白起破赵于华阳，并得一赵将军[⑦]。

---

①④⑦　《史记》卷43《赵世家》。

②　杨宽：《战国史》（增订本），第323页及注（1）。

③　同上书，第380页。

⑤　《史记》卷81《廉颇列传》亦载此事，而将"幾"记为齐邑，误。梁玉绳《史记志疑》卷30已辨其非。

⑥　杨宽亦以为此年廉颇所攻之地为防陵与安阳。见其《战国史》（增订本），第408页。又见其《战国史料编年辑证》，第881～882页。

华阳在今河南新郑市北,其时为魏国属地,并不属赵(参见本章第四节)。

孝成王元年(前265),赵攻韩注人,拔之[①]。注人一般认为即魏败秦之注,在今河南省汝州市西,疑非。因赵不太可能在其时越过魏境而占领韩南境上的该地。颇疑此注人应在韩国北境,毗邻赵国之处。

孝成王四年,韩上党郡降赵(参见第八章第三节)。长子、屯留、铜鞮、涅等地当在此时随韩上党郡的属赵而由韩属赵。

孝成王六年,赵国所控制的韩上党郡开始为秦所取(参见第八章第三节)。亦在此年,秦大破赵于长平(今山西省高平市西北),长平当属秦(参见第十一章第二节)。

孝成王七年,秦攻取赵武安、皮牢(参见第十一章第二节)。由上文知,皮牢在成侯十三年(前362)已为魏取,此处又言秦取赵皮牢,则皮牢当在赵孝成王七年前又由魏归赵。赵又割六城与秦和[②]。亦在此年,被赵国控制的韩上党郡完全为秦所据,赵长子随之复属秦(参见第十一章第二节)。

孝成王十年,秦将军摎攻韩,取阳城、负黍,斩首四万;攻赵,取二十余县,首虏九万[③]。从秦所攻取的韩阳城、负黍地望来推测,秦随后所攻取的赵二十余县之地当亦在赵国之南境。

孝成王二十一年,孝成王卒。赵派廉颇将,攻魏之繁阳,拔之[④]。繁阳在今河南省内黄县西北。因该地在繁水之北,故其时赵、魏两国当与繁水为界。

悼襄王六年(前239),魏国将邺给了赵国[⑤]。

悼襄王九年,秦攻赵,得数城,其中有邺、安阳等地。

幽缪王二年(前234),秦军进攻赵的武城(今河北省磁县西南)。后秦军夺取了平阳(今河北省磁县东南)、武城(参见第十一章第二节)。

幽缪王七年,赵王迁降秦[⑥],赵都邯郸为秦所据(参见第六章第四节)。

二、东境的变化

三家分晋后,赵与中山接界。赵襄子时,攻占了中山的左人、中人二邑[⑦]。《国语·晋语》载:"赵襄子使新稚穆子伐狄,胜左人、中人,遽人来告,襄子将

---

①⑤⑥　《史记》卷43《赵世家》。
②　同上书卷73《白起列传》。
③　同上书卷5《秦本纪》。
④　同上书卷43《赵世家》、卷81《廉颇列传》。
⑦　杨宽认为此事当在晋出公二十二年韩、赵、魏三晋共灭智伯而三分其地以后。参见杨宽:《战国史料编年辑证》,第111页。

食，寻饭，有恐色。”《列子·说符》载：“赵襄子使新穉穆子攻翟，胜之，取左人、中人（张湛注：翟，鲜虞也；左人、中人，鲜虞二邑名），使遽人来谒之，襄子方食而有忧色。”《太平御览》卷161《州郡部七》引应劭《风俗通》载：“中人城北四十里有左人亭，鲜虞故邑。”

烈侯六年（前403），赵已领有番吾。番吾，或作播吾（《韩非子·外储说》）、鄱吾[①]。《史记》卷43《赵世家》曰：“番吾君自代来。”此事在烈侯六年与九年间。《战国策·赵策二》曰：“王（按，指赵武灵王）立周绍为傅，曰：‘寡人始行县，过番吾……’”顾观光认为“盖当时县令皆僭称君”[②]。如是，则至迟烈侯六年（前403）赵已有番吾县。其地在今河北省平山县东南。《韩非子·外储说》云：“赵主父令工施钩梯而缘播吾，刻疏人迹其上，广三尺，长五尺，而勒之曰：‘主父常游于此。’”是番吾因山而得名。

敬侯二年（前394），赵败齐于灵丘（今山东省高唐县南）[③]。其地位于河水之北，由此可推知其时赵东南境与齐西境大致以河水为界。

至迟敬侯十年，中山复国（参见下文所附中山国疆域考）。十年与十一年，赵与中山先后战于中山的房子与中人二地[④]。然前文已述中人在赵襄子时由中山属赵，而此时赵复与中山战于中人，因此可推知中人后又由赵还属中山。

成侯五年（前370），赵伐齐，取鄄[⑤]。鄄其时属齐，依其地望可知，赵东南境其时已越过河水与齐为界。

成侯七年，赵侵齐。《史记·赵世家》载：“（成侯）七年，侵齐，至长城。”齐长城西起平阴（今山东省平阴县东北）附近的防门[⑥]，而其地又邻济水，是此时赵东境与齐以济水为界。

成侯九年，赵东境复有变化。《史记·赵世家》载：“（成侯）九年，与齐战阿下。”阿在今山东省阳谷县东北。其地位于濮水（后汇入济水）之北。加之此前所述，可知其时赵东境与齐当以济水、濮水为界。

成侯十年，赵攻卫，取甄[⑦]。甄即鄄。然成侯五年赵曾攻取齐之鄄（参见上文），故颇疑鄄在成侯五年之后该地又属卫。至此时赵复又从卫手中最终夺得鄄。

肃侯六年（前345），赵攻齐，夺取了高唐（今山东省高唐县东）[⑧]。高唐春秋

---

① 《史记》卷15《六国年表》。

② 顾观光：《七国地理考》卷4。

③④⑦⑧ 《史记》卷43《赵世家》。

⑤ 同上书卷43《赵世家》、卷46《田敬仲完世家》。《田敬仲完世家》系此事于齐威王九年，据《新编年表》，当为齐桓侯六年，即公元前370年。

⑥ 杨宽：《战国史》（增订本），第321页；张维华：《齐长城考》，《禹贡》半月刊，第七卷第一、二、三合期。

时期即为齐邑。其地在河水之东岸,因此可知其时赵东境与齐北境以河水为界。

肃侯十八年,齐、魏联合伐赵,赵决河水灌齐、魏之军[①]。此事说明此时赵东南与齐、魏仍以河水为界。

至迟肃侯十九年,高唐复归齐(参见本章第一节)。

武灵王三年(前 322),赵在鄗筑城(今河北省柏乡县北)[②]。鄗地近房子,而其时房子为中山国南境地,则鄗当为赵东北境上地。

至迟武灵王六年,赵置安平郡。上海博物馆藏有赵武灵王六年(前 319)安平守青铜剑,说明其时赵置有安平郡。安平郡领域当以安平为中心区域,即今河北省安平县一带[③]。

武灵王九年,齐败赵于观泽[④]。

武灵王十年,赵军在房子被中山击败(参见下文所附中山国疆域考)。

武灵王十七年,武灵王出九门(今河北省石家庄市藁城区西北九门回族乡),为野台,而望齐、中山之境[⑤]。既然武灵王能在九门外为野台,而望齐与中山的国境,则赵九门之北当是中山国境,其东南为齐国界,而九门为赵边地则无疑。

武灵王二十一年,赵对中山发起了一次大规模的进攻,中山境内的诸多地方为赵国攻取。中山北方境内的丹丘(今河北省曲阳县西北)、华阳(即北岳恒山,在今河北省曲阳县西北)、最北之关隘鸱之塞(又名鸿上关,在今河北省曲阳县西北)、西南及中部的石邑(今河北省石家庄市鹿泉区东南)、封龙(今河北省石家庄市鹿泉区东南)、东垣(今河北省正定县东南)及不知名的四邑(其中之一或当是南行唐)。还有东部的中人、苦陉等地,也恐在此年后亦属赵(参见下文所附中山国疆域考)。

武灵王二十六年,赵又攻打中山(参见下文所附中山国疆域考)。此时,赵东北与燕接壤。

惠文王元年(前 298),赵复攻中山,扶柳为赵所据。三年,中山国最终为赵所灭,迁其王于肤施(参见下文所附中山国疆域考)。中山灭后,其地属赵,于是出现了"起灵寿,北地方从,代道大通"[⑥]的情况。

惠文王五年,赵与燕易地,赵将鄚(今河北省雄县南)、易(雄县西)二地送给了燕[⑦]。

惠文王十五年,赵相国乐毅将赵、秦、韩、魏、燕攻齐,取灵丘[⑧]。

---

①④⑤⑥⑦⑧　《史记》卷 43《赵世家》。

②　同上书卷 43《赵世家》。《史记》卷 15《六国年表》将此事系于赵武灵王二年。据《新编年表》,乃是司马迁误配所致,当从《赵世家》作二年为是。

③　杨宽:《战国史》(增订本)附录一《战国郡表》(二)赵国设置的郡,第 678 页。

惠文王十六年，赵攻取齐之阳晋。《史记》卷43《赵世家》载："（惠文王十六年）廉颇将，攻齐昔阳，取之。"卷15《六国年表》所载与此略同。上述"昔阳"实乃"阳晋"之误[①]，其地在今山东省郓城县西。

惠文王十九年，赵奢率领赵军，攻取齐麦丘（今山东省商河县西北）[②]。

惠文王二十五年，赵燕周率军，攻齐昌城、高唐，取之[③]。

惠文王二十八年，蔺相如伐齐，至平邑[④]。

孝成王元年（前265），赵与齐济东三城：卢、高唐、平原（参见本章第一节）。后赵又得燕中阳。《史记》卷43《赵世家》载："孝成王元年……齐安平君田单将赵师而攻燕中阳，拔之。"卷15《六国年表》燕武成王七年栏曰："齐田单拔中阳。"《史记》卷34《燕召公世家》曰："武成王七年[⑤]，齐田单伐我，拔中阳[⑥]。"

孝成王六年，赵与燕在武垣（今河北省肃宁县东南）接境。《史记》卷43《赵世家》载：长平之战后，"武垣令傅豹、王容、苏射率燕众反燕地"。《史记正义》载："武垣此时属赵，与燕接境，故云率燕众反燕地也。"此事据《新编年表》考证，发生在孝成王六年。

孝成王十年，燕攻取赵昌城[⑦]。其地在今河北省冀州市西北。

孝成王十九年，赵、燕两国相互交换土地：赵以龙兑（今河北省满城县北）、汾门（今河北省徐水县西北）、临乐（今河北省固安县南）与燕，燕以葛（今河北省任丘市西北）、武阳（今河北省易县南）、平舒（今河北省大城县东）与赵[⑧]。

悼襄王二年（前243），李牧将，攻燕，拔武遂（今河北省徐水县西）、方城（今河北省固安县南）[⑨]。赵东北境向外延伸。

悼襄王四年，赵攻齐，取饶安（今河北省盐山县西南旧县）[⑩]。

悼襄王五年，赵与齐仍以河为界。《史记》卷43《赵世家》载："（悼襄王）五年，庆舍将东阳河外师，守河梁。"

---

① 杨宽：《战国史》（增订本），第399页。

②③④⑧⑨⑩ 《史记》卷43《赵世家》。

⑤ 武成王七年，据《新编年表》的考证，当作六年（前265）。

⑥ 此处中阳，《史记集解》引徐广曰："一作人。"《史记正义》曰："燕无中阳，《括地志》云：中山故城一名中人亭，在定州唐县东北四十一里，尔时属燕国。"杨宽认为中人在今河北省唐县西四十里（《战国史料编年辑证》，第946页）。然中山之中人未闻有属燕之记载，故在此不可将"中阳"迳改为"中人"，上述诸说恐非。唯燕中阳之地望待考。

⑦ 《史记》卷43《赵世家》载："（孝成王）十年，燕攻昌壮，五月拔之。"《史记正义》曰："'壮'字误，当作'城'。《括地志》云：'昌城故城，在冀州信都县西北五里。'此时属赵，故攻之也。"

至迟悼襄王六年,鄄(甄)由赵属魏(参见本章第四节)。

悼襄王九年,赵攻取燕貍、阳城(今河北省保定市西南)①。

幽缪王二年(前234)②,秦攻赵之赤丽、宜安(今河北省石家庄市东南,从该地之地望推测,原为中山国辖地,赵灭中山后,该地属赵),李牧率师与秦军战于肥(今河北省晋州市西),抵挡住了秦军。李牧因此被赵王封为武安君③。后秦军终于攻取了宜安。

幽缪王四年,赵将李牧与秦军大战于番吾,番吾为秦攻取(参见第十一章第二节)。亦在此年,赵将五城割给秦国,又夺取了燕上谷郡。《史记》卷71《樗里子甘茂列传》载:赵襄王从甘罗言,"赵王立自割五城(于秦)以广河间。秦归燕太子。赵攻燕,得上谷三十城,令秦有十一"。此事据《新编年表》的考证,当在公元前232年,即赵幽缪王四年。

三、北境的盈缩

至迟武灵王十八年(前307),赵置代郡。赵代郡之领域当有今山西省东北部以及河北省与内蒙古自治区一部分地区(参见第八章第三节)。又,代应为代郡属县(参见第五章第三节)。又由《史记》卷110《匈奴列传》所载"(赵)筑长城,自代并阴山下,至高阙为塞",可知赵武灵王时还在赵北境筑有长城。从留存的遗迹来看,赵北长城大体有内外两条,外长城在今内蒙古乌加河以北,沿今狼山一带而构筑;内长城则从今内蒙古乌拉特前旗向东,经包头北,沿乌拉山向东,沿大青山,经呼和浩特北、卓资和集宁南,一直到今河北省张北县以南④。

武灵王十九年,赵攻打中山,扩展北境。《史记》卷43《赵世家》载:武灵王十九年,"王北略中山之地,至于房子,遂之代,北至无穷,西至河,登黄华之上。"房子为中山国南境内地(参见下文所附中山国疆域考);代,即代戎之地,战国初期为赵襄子所占,前文已述;无穷,其地不详,从上引文句分析,当在代之北;河,指河水;黄华,《史记正义》曰:"黄华盖西河侧之山名也。"由此可知,其时赵西境与秦以河水为界,西南为韩;北境远至代北的无穷;中山在赵的东北。赵的边境形势不容乐观,因此武灵王召大臣楼缓谋曰:"……今中山在我腹心,北有燕,东有胡,西有林胡、楼烦、秦、韩之边,而无强兵之救,是亡社稷,奈何?"⑤之后,武灵王在对公子成的谈话中再次提到了赵的边境形势。此时中山东南境当以漳

---

①③⑤ 《史记》卷43《赵世家》。
② 同上书卷43《赵世家》将此事系于幽缪王三年,兹据《新编年表》考证改。
④ 杨宽:《战国史》(增订本),第324页;张维华:《赵长城考》,载《禹贡》半月刊,第七卷第八、九合期。

水及河水与赵国为界(参见下文所附中山国疆域考)。为使赵能有强国之兵,武灵王便决定实行"胡服骑射"。

武灵王二十年,赵国土向北、向西拓展。《史记》卷43《赵世家》载:"(武灵王)二十年,王略中山地,至宁葭;西略胡地,至榆中。林胡王献马……代相赵固主胡,致其兵。"宁葭在今河北省石家庄市西北,赵既攻中山至此,说明其时赵与中山在该地交界;榆中则在今陕西省榆林市以北地区,原为林胡活动的地区,因有大片的榆柳之林而得名。"林胡王献马……代相赵固主胡,致其兵",是说林胡此时已当属赵国,武灵王派赵固兼管该部族,并收编了林胡的军队[①]。

武灵王二十一年,赵已据九原。《水经·河水注》引《竹书纪年》曰:"魏襄王十七年,邯郸命吏大夫奴迁于九原,又命将军、大夫、適子、戍吏皆貉服。"此处所谓"邯郸"当指赵国而言,魏襄王十七年为公元前302年,即赵武灵王二十三年,其时既然赵"命吏大夫奴迁于九原",则可知至迟是年赵据九原。

赵献侯十三年(前414),城平邑(参见第五章第三节)。其地在今山西省大同县东。说明此年前赵已据有平邑。

至迟武灵王二十六年(前299),赵已置有云中郡与九原郡(参见第八章第三节)[②]。云中郡本为林胡地,赵武灵王击败林胡、楼烦之后为赵所据。云中郡之领域,当有今内蒙古自治区大青山以南、长城以北的地区。至于赵九原郡之领域,则应领有云中以西至高阙一带,即今内蒙古自治区后套及其以东至包头市的地区。另外,其时赵所置之边郡尚有雁门郡,其领域当有今山西省北部神池、五寨、宁武等县以北到内蒙古自治区一部分地区(参见第八章第三节)。

惠文王二年(前297),武灵王又收编了楼烦的军队。《史记》卷43《赵世家》载:"惠文王二年,主父行新地,遂出代,西遇楼烦王于西河而致其兵。"其中所提到的主父,即武灵王。

惠文王二十六年,赵取东胡欧代地[③]。欧代为东胡、匈奴的方言,指荒芜的弃地[④]。

幽缪王二年(前234),赵云中、雁门二郡属秦,秦置此二郡[⑤]。云中、善无

---

① 杨宽:《战国史》(增订本),第372～373页。
② 杨宽以为赵置云中郡、九原郡在公元前304年。参见其《战国史》(增订本),第373页。
③ 《史记》卷43《赵世家》。
④ 杨宽:《战国史》(增订本),第408页。
⑤ 谭其骧:《秦郡新考》,《长水集》(上),第3页;杨宽:《战国史》(增订本),第429页,及附录一《战国郡表》(六)秦国设置的郡,第682页。

二地当随之成为秦县。

代王嘉七年(前 222),秦攻代,尽取赵代王之地,赵最终而亡。在幽缪王八年十月赵都邯郸为秦所据后,赵大夫共立赵嘉为代王,在赵之代郡又坚守了六年,至公元前 222 年,才最终为秦所灭(参见第十一章第二节)。

四、西境的变动

成侯三年(前 372),魏败赵于蔺(今山西省吕梁市离石区西)(参见本章第四节)。由于蔺位于赵之西南,是赵国西南境其时与魏在此地相邻。

成侯四年,赵败秦于高安。《史记》卷 43《赵世家》载:"(成侯)四年,与秦战高安,败之。"高安今地不详,一说在今山西省临猗县西南。倘此说无误,则其时赵西南与秦以高安为界。

成侯十四年,赵与魏又易地,魏将北境的榆次(今山西省晋中市榆次区)与阳邑(今山西省太谷县东北)送给了赵国。《水经·洞过水注》引《竹书纪年》曰:"梁惠成王九年(按,依《新编年表》,知此为溯上法纪年,与赵成侯十四年为同一年),与邯郸榆次、阳邑。"

成侯二十四年,秦攻赵蔺①。蔺地近西河,是其时赵西境与秦当以河水为界。

肃侯十六年(前 335),赵肃侯游大陵②。由此说明大陵为赵国境内邑。其地在今山西省文水县东北。春秋时期称平陵,为晋国属地,战国时属赵,改称大陵③。

肃侯二十二年,秦与赵在西河展开争夺,结果秦越过西河,杀死赵将赵疵,占领了赵的蔺和离石(今山西省吕梁市离石区)④。此役使赵西境内缩。

武灵王十二年(前 313),秦樗里子为将伐赵,虏赵将军庄豹,再次攻取了地处赵西境的蔺⑤。然上文已述在公元前 329 年时,秦曾攻占了赵的蔺。故结合此处所引史料,可推知公元前 329 年之后不久,该地复为赵据。公元前 313 年,该地又被秦占领。其后蔺又为赵夺回(参见第六章第二节)。

赵攻占了中山与大片的胡地之后,疆域向西向北大幅伸展,加之收编了林胡与楼烦的军队,军事力量也大大增强⑥。

武灵王二十年,赵西略胡地榆中,广衍疑在此时置为城邑(参见第六章第

①②④　《史记》卷 43《赵世家》。
③　顾观光:《七国地理考》卷 4。
⑤　《史记》卷 43《赵世家》、卷 15《六国年表》、卷 71《樗里子列传》。
⑥　杨宽:《战国史》(增订本),第 373 页。

三节)。

惠文王四年(前 295),广衍当已属秦(参见第六章第三节)。

惠文王五年,肤施属秦,定阳亦应大约在此时属秦(参见第六章第三节)。

惠文王十一年,秦得赵之梗阳(参见第六章第三节)。

惠文王十四年,赵西都及中阳属秦(参见第十一章第二节)。

惠文王十七年,秦又拔赵两城。《史记》卷 43《赵世家》载:"(赵惠文王)十七年……而秦怨赵不与己击齐,伐赵,拔我两城。"卷 5《秦本纪》载:"(昭王)二十五年,拔赵二城。"秦简《编年记》载:昭王二十五年,攻兹氏。杨宽综合以上史料认为其中一城当即指兹氏(今山西省汾阳市南),而另一城又据《战国策·西周策》所载认为是祁(今山西省祁县)①。杨宽认为秦拔赵二城中一城为兹氏,应无疑;而认为另一城为祁,则又有可商之处。杨宽立论的依据当是《西周策》所载苏厉谓周君曰:"败韩、魏,杀犀武,攻赵,取蔺、离石、祁者,皆白起。"此事又见《战国策·赵策三》:"秦攻赵,蔺、离石、祁拔。"然据《新编年表》的考证,以上史料所载之事当在秦昭襄王二十六年(前 281),而非二十五年。是其时秦所拔的另一城,不应是祁。然该地当近兹氏,因此估计当在赵之西境。

惠文王十八年,赵蔺、离石、祁为秦所攻取(参见第六章第二、三节及第十一章第二节)。又由上述知,离石已在赵肃侯二十二年(前 329)属秦,是据此所载史料,则离石亦当在肃侯二十二年后复由秦还属赵,然后又在惠文王十八年再次由赵属秦。同年,秦取赵之石城②。此石城当即原中山国之石邑,在武灵王二十一年(前 304 年)时,由中山而属赵(参见下文所述)。

惠文王二十九年(前 270,在秦为前 269),赵败秦于阏与。《史记》卷 43《赵世家》载:"(惠文王)二十九年,秦、韩相攻,而围阏与,赵使赵奢将,击秦,大破秦军阏与下,赐号为马服君。"卷 15《六国年表》赵惠文王二十九年栏曰:"秦拔我阏与,赵奢将击秦,大败之,号马服君。"③卷 5《秦本纪》载:"(昭襄王)三十八年中更胡伤攻赵阏与,不能取。"秦简《编年记》载:"(昭王)卅八年,阏与。"据《新编年表》,秦昭襄王三十九年的头三个月与赵惠文王二十九年的末三个月同在公元前 269 年④。

---

① 杨宽:《战国史》(增订本),第 399 页。

② 《史记》卷 43《赵世家》。

③ 同上书卷 15《六国年表》韩桓惠王三年栏所记"秦击我阏与城,不拔"当是赵惠文王二十九年栏之内容的误配。参见《新编年表》。杨宽亦指出此条记载有误,因阏与为赵地,而非韩地。见其《战国史料编年辑证》,第 915 页。

④ 有关此役的详情,请参见《史记》卷 81《廉颇蔺相如列传》的记载。

孝成王元年(前265),秦伐赵,取三城①。

至迟孝成王七年,赵置太原郡。该郡的领域,当有今山西省句注山以南,霍山以北,五台、阳泉以西,黄河以东地区(参见第八章第三节及第九章第二节)。

孝成王七年,秦平定了太原郡(参见第十一章第二节)。太原郡邻秦,为赵抵御秦入侵的重要据点,此次失守,对赵甚为不利。

孝成王十八年,秦拔赵榆次三十七城②。此处所提及的榆次(今山西省太原市东南)三十七城,当指赵太原郡之地,除榆次外,可知的地名还有新城(今山西省朔州市南)、狼孟(今山西省太原市北)。另外以地望推论,涂水,盂、邬、大陵等县也应在此三十七城之中,在此年一同属秦(参见第六章第三节)。

孝成王十九年,晋阳属秦(参见第十一章第二节)。晋阳本春秋晋邑,其地在今山西省太原市西南。春秋末期为赵氏邑。战国时期晋阳为赵国所据。《战国策·齐策三》载国子曰:"晋阳者,赵之柱国也。"高诱注曰:"柱国,都也。"据此可知晋阳战国时期为赵之都城。又,献侯元年(前426),都中牟;敬侯元年(前395),复徙都邯郸③,此后,赵一直都于此。是晋阳为赵之都城当在公元前426年之前。从该地的地望上来看,晋阳也当为赵太原郡地。晋阳属秦后旋反。《史记》卷6《秦始皇本纪》曰:"庄襄王死,政代立为秦王。……晋阳反。"

孝成王二十年,秦最终攻拔赵晋阳④。

悼襄王九年(前236),秦攻赵,阏与、橑阳等地为秦将王翦等攻取(参见第十一章第二节)。

幽缪王二年(前234)⑤,秦攻赵之赤丽、宜安(今河北省石家庄市东南),李牧率师与秦军战于肥(今河北省晋州市西),抵挡住了秦军。李牧因此被赵王封为武安君⑥。后秦军终于攻取了宜安。

幽缪王四年,赵将李牧与秦军大战于番吾,番吾、狼孟被秦攻取(参见第十一章第二节)。然,前文已提及在孝成王十八年(前248)为秦所得。是可推知,不久,狼孟复由秦还属归赵。幽缪王四年,狼孟再次归秦。亦在此年,赵将五城割给秦国。《史记》卷71《樗里子甘茂列传》载:赵襄王从甘罗言,"赵王立自割五城(于秦)以广河间"。此事据《新编年表》的考证,当在公元前232年,即赵幽缪王四年。

五、小结

以上我们对战国时期赵国疆域的变动情况,按地理方位分别进行了考察。

---

①②③④⑥　《史记》卷43《赵世家》。

⑤　同上书卷43《赵世家》将此事系于幽缪王三年,兹据《新编年表》考证改。

为了使赵国疆域的整体变化更易了解，下面再按时间顺序选取一些主要时段作一综述。

敬侯四年（前392），赵国疆域的大致范围是：南境与魏、韩、卫等国为邻，有中牟、泫氏、邯郸、列人、肥、怀、光狼城、武安、皮牢、平阳、濩泽、平邑、新城、长平、武城等地；东境东北与燕国接境的有鄚、易、龙兑、汾门、临乐等地，与中山国相邻的有左人、中人、九门、鄗、安平等地，东南在河水流域与齐接境；北境界限不甚明确，其时可知的有平邑、代等地；西境主要以西河为界与秦为邻，确知的领地有肤施、定阳、西都、中阳、离石、蔺、晋阳、梗阳、大陵、祁、兹氏、盂、邬、涂水、新城、狼孟、阏与、橑阳等地。

成侯五年（前370），变化主要发生在南、东二境：南境无怀，增棘蒲、长子、涅；东境无中人，增鄄（旋属卫）。西、北二境无变化的记载。

肃侯二十二年（前329），南境无皮牢、列人、肥、泫氏、中牟、长子、涅、濩津，增端氏、漆、富丘；东境增鄄；北境无变化的记载；西境无蔺、离石，增榆次、阳邑。秦已越过河水，秦、赵二国不再以西河为界。

武灵王时主要经营东、北二疆，而南、西二境则未见变动的记载。至二十六年（前299）时，东境增丹丘、华阳、鸱之塞、石邑、封龙、东垣以及中人、苦陉、南行唐（?）等地；北境已置有代、雁门、云中及九原等郡，并已修筑了内外两条北长城，使北境发展到了河套地区；西境增蔺、离石、广衍。

惠文王二十六年（前273），南境无梗阳、兹氏、祁、石城、光狼城，增河阳之地、几、防陵、安阳；东境无鄚、易，增阳晋、麦丘、昌城、高唐及中山国全境之地；北境无变动记载；西境无蔺、离石、广衍、定阳、肤施、西都、中阳。

孝成王十九年（前247），赵南境无武安、长子、屯留、铜鞮、涅；东北境无昌城、龙兑、汾门、临乐，增中阳、武垣、葛、武阳、平舒等地；东南境无高唐、卢、平原；西境已无晋阳、榆次及新城、大陵、盂、邬、涂水等太原郡地，从而失去了汾水流域。这样赵西南境便大体以太行山及木马水一线与秦为界，西北境则仍是九原、云中郡，北境仍有雁门及代二郡。

悼襄王九年（前236），西境无阏与、橑阳，南境无邺、安阳，增繁阳；东北境增武遂、方城、貍、阳城；东南境无鄄（甄），增饶安。

幽缪王八年（前228），赵王迁已降秦，包括都城邯郸在内的赵大部分土地已为秦夺取，其时仅剩代郡的一部分地而已。

代王嘉七年（前222），秦攻代地，尽取赵代王所据代郡之地，赵最终灭亡。

从上述考述中，可知赵国疆域的范围主要是在黄河北岸今河北省、山西省以及内蒙古自治区一带变动，随着秦国不断进攻，赵国的疆域从西南向东北呈逐渐收缩之势。

附：中山国疆域考①

中山国，春秋时期称鲜虞。改称中山的年代，据《左传》载，当在定公四年(前506)②。其时鲜虞与晋接境。

鲜虞东南境在昔阳(今河北省晋州市西)一带。《左传》昭公十二年(前530)载："晋荀吴伪会齐师者，假道于鲜虞，遂入昔阳。秋八月壬午，灭肥，以肥子绵皋归。"晋伪会齐师，当自晋而东行。此处言"假道于鲜虞，遂入昔阳"，则昔阳当在鲜虞之东。杜预认为昔阳为肥国都，误。昔阳当为鼓国都③，其时肥、鼓都是鲜虞的属国④。据此，公元前530年鲜虞所属肥国更替为属晋。

鲜虞北境当在中人(今河北省唐县西南)附近。《左传》昭公十三年载："鲜虞人闻晋师之悉起也，而不警边，且不修备。晋荀吴自著雍以上军侵鲜虞，及中人，驱冲竞，大获而归。"杜注曰："中山望都县西北有中人城。"《左传》此处言鲜虞人"不警边"，使晋军得以到中人，是可知中人为鲜虞边地。

公元前527年，昔阳属晋，鲜虞南境内缩。《左传》昭公十五年曰："晋荀吴帅师伐鲜虞，围鼓……克鼓而反。"⑤杜预注曰："鼓，白狄之别。巨鹿下曲阳县有鼓聚。"《汉志》巨鹿郡下曲阳颜师古注引应劭曰："晋荀吴灭鼓，今鼓聚昔阳亭是。"《续汉书·郡国志》巨鹿郡下亦曰："下曲阳有鼓聚，故翟鼓子国，有昔阳亭。"据上所引，则鼓聚当与昔阳为同一地，即故鼓国都城所在。鼓既为晋攻克，昔阳当属晋。

公元前521年，鼓又叛晋，属鲜虞。《左传》昭公二十一年载："公如晋，及河。鼓叛晋。"杜预注："叛晋属鲜虞。"

公元前520年，鼓再归晋。《左传》昭公二十二年曰："晋之取鼓也，既献而反鼓子焉，又叛于鲜虞(杜预注：'叛晋属鲜虞。')。六月，荀吴略东阳，使师伪籴者负甲以息于昔阳之门外，遂袭鼓，灭之。以鼓子鸢鞮归，使涉佗守之。"

公元前507年，鲜虞侵晋之平中。《左传》定公三年载："秋九月，鲜虞人败

---

① 此部分内容曾以《中山国疆域沿革考述》为题，收入《面向新世纪的中国历史地理学——2000年国际中国历史地理学术讨论会论文集》(齐鲁书社，2001年)。现重录于此，略有修改。

② 吕苏生：《鲜虞中山国事表疆域图说补释》，上海古籍出版社，1993年，第8页。

③ 同上书，第72页。

④ 杨伯峻：《春秋左传注》，第1334页。

⑤ 《国语·晋语》亦载此事，文字略同。

晋师于平中,获晋观虎,恃其勇也。"平中,杜预注曰"晋地"。其地无考。杨伯峻认为该地与中人近①。若是,则鲜虞北境当有所扩展。

公元前494年,鲜虞攻取晋之棘蒲。《左传》哀公元年载:"师及齐师、卫孔圉、鲜虞人伐晋,取棘蒲。"棘蒲在今河北省赵县。据此,鲜虞南境向外扩大。

公元前461年至前458年间,晋取中山穷鱼之邱。《水经·巨马水注》引《竹书纪年》曰:"荀瑶伐中山,取穷鱼之邱。"此条无系年,《今本竹书纪年》系于周贞王十六年(前461),而朱右曾《汲冢纪年存真》系于晋出公十六年(前461)之后与十九年(前458)之间,未详孰是。"穷鱼之邱",依郦道元所载,指射鱼城;而依杨守敬《水经注疏》,则指鱼山。吕苏生认为杨氏之说似是,今从之。鱼山在今河北省易县境内。如此,则中山北境内缩。

降至战国时期,三家分晋,中山与赵接界。赵襄子时(前458—前426),中山失左人(今河北省唐县西)、中人二邑,为赵所取。《国语·晋语》载:"赵襄子使新稚穆子伐狄,胜左人、中人,遽人来告,襄子将食,寻饭,有恐色。"《列子·说符》载:"赵襄子使新穉穆子攻翟,胜之,取左人、中人(张湛注:翟,鲜虞也;左人、中人,鲜虞二邑名),使遽人来谒之,襄子方食而有忧色。"应劭《风俗通》载:"中人城北四十里有左人亭,鲜虞故邑。"

公元前417年,中山武公立,定都顾(今河北省定州市)。《史记》卷43《赵世家》:"(献侯)十年,中山武公初立。"《史记索隐》曰:"中山,古鲜虞国。姬姓也。《系本》云中山武公居顾,桓公徙灵寿,为赵武灵王所灭,不言谁之子孙。"赵献侯十年,据《新编年表》,当为公元前417年。

又,《战国策·齐策二》云:"权之难,齐、燕战。秦使魏冉之赵,出兵助燕击齐。薛公使魏处之赵,谓李向曰:'君助燕击齐,齐必急,急必以地和于燕,而身与赵战矣。……故为君计者,不如按兵勿出。齐必缓,缓必复与燕战。战而胜,兵罢弊,赵可取唐、曲逆。"鲍彪注:"唐、曲逆,并属中山国。"《水经·滱水注》曰:"滱水又东迳唐县故城南……唐亦中山城也,为武公之国,周同姓。"杨守敬《水经注疏》曰:"此中山,谓周之中山国也。"王先谦认为唐属中山,而曲逆属燕②。吕苏生则认为二地均曾属中山,后又并属燕③。今从吕氏之说。唐在今河北省唐县东北,地近中人。曲逆在今河北省顺平县东南。二地皆当为中山北境之地。

公元前408年,魏越赵界伐中山,至公元前406年而拔中山。《战国策·秦

① 杨伯峻:《春秋左传注》,第1531页。
② 王先谦:《中山疆域图说》。
③ 吕苏生:《鲜虞中山国事表疆域图说补释》,第84页。

策二》载:“魏文侯令乐羊将攻中山,三年而拔之。”《战国策·魏策一》:“乐羊为魏将而攻中山。其子在中山,中山之君烹其子而遗之羹,乐羊坐于幕下而啜之,尽一盃。文侯谓覩师赞曰:‘乐羊以我之故,食其子之肉。’赞对曰:‘其子之肉尚食之,其谁不食!’乐羊既罢中山,文侯赏其功而疑其心。”《战国策·赵策一》载:“魏文侯借道于赵攻中山,赵侯将不许,赵利曰:‘过矣。魏攻中山而不能取,则魏必罢,罢则赵重。魏拔中山,必不能越赵而有中山矣。是用兵者,魏也;而得地者,赵也。君不如许之,许之大劝,彼将知矣利之也,必辍。君不如借之道,而示之不得已。’”①《史记》卷43《赵世家》载:“烈侯元年,魏文侯伐中山,使太子击守之。”卷15《六国年表》同。卷44《魏世家》载:“(魏文侯)十七年,伐中山,使子击守之,赵仓唐傅之。”卷71《樗里子甘茂列传》载:甘茂对秦武王说:“魏文侯令乐羊将而攻中山,三年而拔之。”据《新编年表》,赵烈侯元年为公元前408年,魏文侯十七年当为三十七年,即公元前406年,再结合上引《战国策·秦策二》之文,可知魏文侯伐中山在公元前408年,经过三年在公元前406年而攻占中山。

又,《史记》卷80《乐毅列传》载:“乐羊为魏文侯将,伐取中山,魏文侯封乐羊以灵寿。乐羊死,葬于灵寿。”既然魏文侯以灵寿封乐羊,则中山未灭时当有灵寿无疑。以灵寿(今河北省灵寿县西北故城)地望知,其地当在中山西境。

又,《韩非子·难二》载:“李克治中山,苦陉令上计而入多。”李克乃魏文侯臣,是李克治中山当在公元前406年魏据中山之后。由此,知苦陉本中山国邑,其地在今河北省无极县东北。依该地望,苦陉当在中山东境。

其后,中山复国。《史记》卷43《赵世家》云:“敬侯元年,武公子朝作乱,不克,出奔魏。”此处的武公子朝当为中山武公之子。《赵世家》又曰:“(敬侯)十年(前386),与中山战于房子。”而《史记》卷80《乐毅列传》载:“中山复国,至赵武灵王时复灭中山。”是至迟公元前386年,中山已复国②。其时桓公在位。中山既复国,依理仍当有魏拔中山前之境。至于中山复国的原因,杨宽认为是魏与中山之间有赵国相隔,不利于魏国控制中山。待魏与赵、楚混战时,无力越赵而制中山,中山于是乘机复国③。其论可备一说。周振鹤亦指出,春秋及战国初灭国恐仍保留其原有国家机器,只是领属关系改变而已,因而复国较易;否则原国家机器被打碎,原统治者已不存,复国谈何容易?前鼓国之叛晋

① 另,《战国策·中山策》载:“魏文侯欲残中山,常庄谈谓赵襄子曰:‘魏并中山,必无赵矣。公何不请公子倾以为正妻,因封之中山,是中山复立也。’”然此篇疑为伪作,因此时赵襄子已死。故存此篇,待考。

② 杨宽以为中山复国当在周安王二十一年至二十四年间。参见其《战国史料编年辑证》,第247页。

③ 杨宽:《战国史》(增订本),第299页。

复国当亦如此。

桓公时，中山徙都灵寿，上引《史记·赵世家·索隐》文可证。

由上引《赵世家》所载赵敬侯十年与中山战于房子之事，则又可推知其时中山境内有房子。其地在今河北省高邑县西。依地望，房子当在中山南境。

公元前385年，赵伐中山。《史记》卷43《赵世家》载："(敬侯)十一年……伐中山，又战于中人。"

公元前369年，中山筑长城。《史记》卷43《赵世家》载："(赵成侯)六年，中山筑长城。"其时中山所筑长城的位置及规模，诸史不载。然依中山其时所据的地理形势而言，极有可能是设置于中山南境房子以南，以备赵国的入侵。段连勤即持此说①。

其后，中山与赵及燕分别交战，皆胜之。《战国策·齐策五》载苏秦说齐闵王曰："日者，中山悉起而迎燕、赵，南战于长子，败赵氏；北战于中山(当"中人"之误)，克燕军，杀其将。"据此可知中山南败赵国于长子(今山西省长子县西南)，北大败燕军于中人②。王先谦认为长子距中山甚远，或为房子之讹③。其说或是。中山大败燕军，疆域当向北有所扩展。据出土的中山王譻铸造铁足大鼎铭文载，其时中山乘燕之乱，由中山相邦司马賙率兵攻燕，"辟启封疆，方数百里，列城数十"。其中虽有夸大之词④，但中山攻燕所取得的胜利，于此可窥一斑。吕苏生推测中山伐燕在子之之乱的燕王哙七年(前314)⑤，而据《新编年表》，此处所载事当在燕王哙五年，即公元前315年。

公元前306年时，中山南部与赵仍以房子为界。《史记》卷43《赵世家》载：赵武灵王十九年(前306)，"王北略中山之地，至于房子"。

又，《史记》卷43《赵世家》曰：武灵王十九年，"王遂往之公子成家，因自请之，曰：'……吾国东有河、薄洛之水，与齐、中山同之，无舟楫之用。自常山以至代、上党，东有燕、东胡之境，而西有楼烦、秦、韩之边，今无骑射之备。……且昔者简主不塞晋阳以及上党，而襄主并戎取代以攘诸胡。'"其中提到赵东与中山以河水及薄洛水为界。而薄洛水当即漳水之异名⑥，所以此时中山东南境当以漳水及河水与赵国为界。

---

① 段连勤：《北狄族与中山国》，河北人民出版社，1982年，第126页。
② 杨宽：《战国史》(增订本)，第357～358页。
③ 王先谦：《鲜虞中山国大事表》。
④ 杨宽：《战国史》(增订本)，第358页。
⑤ 吕苏生：《鲜虞中山国事表疆域图说补释》，第58页。
⑥ 同上书，第55页。

至迟于公元前 305 年,中山仍辖有宁葭邑。《史记》卷 43《赵世家》载:"(赵武灵王)二十年(前 305),王略中山地,至宁葭。"宁葭在今河北省石家庄市西北,依其地望当在中山国西部境内。

公元前 304 年,赵对中山发起了一次大规模的进攻,中山境内的诸多地方为赵国攻取。《史记》卷 43《赵世家》:"(赵武灵王)二十一年(前 304),攻中山。赵袑为右军,许钧为左军,公子章为中军,王并将之。牛翦将车骑,赵希并将胡、代。赵与之陉,合军曲阳,攻取丹丘、华阳、鸱之塞。王军取鄗、石邑、封龙、东垣。中山献四邑请和,王许之,罢兵。"此役,赵武灵王亲率右、左、中三军,与牛翦、赵希所统的队伍,在曲阳(今河北省曲阳县西)会合后向中山进军。上引《赵世家》中提及赵夺取了中山的鄗邑,王先谦据《赵世家》所载武灵王二年城鄗,十九年中山围赵之鄗,几于不守,以及二十年后,赵攻中山,中山拒守尚且无暇,安有余力以取坚完不拔之鄗,又加之各家在此皆对《史记》不加注,故认为此鄗字乃为衍文①。其说甚是。因此,赵在此年当攻取了中山的丹丘、华阳、鸱之塞、石邑、封龙、东垣及未名的四邑。又,《赵世家》载惠文王八年(前 291),赵"城南行唐",而据该地之地望,知原本属中山,故颇疑南行唐即是中山献给赵国的四邑之一。又由于上述诸邑南北横贯中山境内,因此中山国此后大概仅存都城灵寿、宁葭等狭小之地。中山国东部的中人、苦陉等地,因无力控制,则恐在此年后亦属赵,亦未可知。

公元前 299 年,赵攻破中山。《史记》卷 43《赵世家》曰:"(赵武灵王)二十六年(前 299),复攻中山,攘地北至燕、代,西至云中、九原。"卷 5《秦本纪》云:"(昭襄王)八年(前 299)……赵破中山,其君亡,竟死齐。"中山国境又当有所缩小。

公元前 298 年,赵复攻中山。《战国策·赵策四》载:魏、韩、齐攻秦,"赵攻中山,取扶柳,五年以擅呼沱"。据《新编年表》的考证,此次三国攻秦在公元前 298 年,五年则指公元前 294 年。而杨宽据《战国策·赵策一》所载"楚人久伐而中山亡"的唐昧之役(前 301)及《赵策五》所说的"齐燕战而赵氏兼中山"的权之战(前 296),以及《赵策二》所云"赵以二十万之众攻中山,五年乃归"和《吕氏春秋·先识览》所记"夫五割而与赵……未有益也(高诱注:中山五割地与赵,赵卒亡之)"而认为赵灭中山历时五年,即从公元前 301 年至前 296 年②。吕苏生亦持此论③。今从杨、吕之说。

---

① 王先谦:《鲜虞中山国大事表》。
② 杨宽:《战国史》(增订本),第 373 页注 1。
③ 吕苏生:《鲜虞中山国事表疆域图说补释》,第 65 页。

公元前296年，中山国最终为赵所灭。《史记》卷43《赵世家》载："（赵惠文王）三年，灭中山，迁其王于肤施。起灵寿，北地方从，代道大通。"卷46《田敬仲完世家》云："（齐湣王）二十九年……齐佐赵灭中山。"卷15《六国年表》赵惠文王四年栏曰："与齐、燕共灭中山。"齐湣王二十九年栏曰："佐赵灭中山。"据《新编年表》的考证，赵、齐、燕灭中山之事应以《赵世家》所载的赵惠文王三年，即公元前296年为是。而《田世家》及《六国年表》分别所载的齐湣王二十九年与赵惠文王四年皆当分别改为与公元前296年相当的齐湣王二十四年和赵惠文王三年。

至于赵灭中山是否有齐、燕的出兵助战，学者意见不一。徐中舒认为中山处燕、齐、赵之间，为三国必争之地，燕、齐无与赵共灭中山而独肥赵之理①。段连勤亦认为不是齐与赵一同出兵灭中山，而应是齐、赵互相勾结而造成中山灭亡②。

综合以上考证，逆而推之，中山国战国时期不同时段的疆界可大体明晰：

至迟公元前426年，中山左人、中人为赵所取。

公元前417年至前408年，武公在位，中山都顾，其时至少已辖有唐、曲逆、苦陉等地。

公元前406年，中山为魏所攻占。

至迟公元前386年，中山复国，都灵寿。其时至公元前304年之前，中山疆域应有南至房子，东南至扶柳，东有苦陉，东北有中人，北有华阳、鸱之塞，西有灵寿，西南有宁葭、封龙、石邑所形成的一个区域。这一疆域中有东垣、曲逆、顾、唐等城邑。

至公元前304年，中山失宁葭、鸱之塞、华阳、丹丘、石邑、封龙、东垣等地。中山辖地为赵国从中央切断。中山东部的苦陉等地此后亦恐未保。

公元前298年时，中山国东南境尚能越过河水而辖有扶柳。此后该地为赵所据，中山与赵当以河水为境。

公元前296年，中山国临亡之时，大概仅有都城灵寿及附近的数邑之地。

第四节　魏国疆域考③

魏，本为西周封国，公元前661年为晋国所灭，封大夫毕万于此地。《左

① 徐中舒：《论战国策的编写及有关苏秦诸问题》，《历史研究》1964年第1期。

② 段连勤：《北狄与中山国》，第188页。

③ 本节主要内容曾以《战国时期魏国疆域变迁考》为题，先行刊布于《历史地理》第十九辑（上海人民出版社，2003年）。现重加厘订，收录于此。

传》闵公元年载:“晋侯作二军,公将上军,大子申生将下军。赵夙御戎,毕万为右,以灭耿、灭霍、灭魏。还,为大子城曲沃,赐赵夙耿,赐毕万魏,以为大夫。”《史记》卷44《魏世家》所载略同:“(晋)献公之十六年(前661),赵夙为御,毕万为右,以伐霍、耿、魏,灭之。以耿封赵夙,以魏封毕万,为大夫。”魏城在今山西省芮城县北。后来毕万的势力越来越大,于是从其国名而称为魏氏。战国时期的魏国即是在此基础上发展而来的。

晋文公即位,令毕万子魏武子袭魏氏之后封,列为大夫,治于魏。据《史记》卷44《魏世家》,魏武子之子悼子时,又徙治霍(今山西省霍州市西南)。晋悼公十二年(前562),魏绛又由霍徙治安邑(今山西省夏县西北)。

公元前451年,魏桓子与韩康子、赵襄子伐灭知伯,分其地。随后,魏又与韩、赵两国三分晋国①,正式确定了魏国的领土范围。由于战国前中期韩国北疆与赵国南境接壤,这种形势便将魏国河东与河内地区隔断,使魏国疆域分为东、西两个地理区域,因此本文拟分别考证这两个区域四至的变动情况。

一、西部区域疆界的变化

战国时期,魏国西部区域主要指魏河西、河东地区。在这一区域魏主要与秦、赵、韩四国接壤。下面我们就具体来讨论魏这一部分疆域的变化情况。

1. 西境

魏西境的变化是魏、秦两国相互争夺土地的结果。魏、秦之间的领土争夺先从西河地区展开。

魏文侯执政后,任用李悝,实行了一系列的变法改革措施,使魏国的实力大为增强。二十一年(前422),魏为防范秦国的侵袭,在少梁(今陕西省韩城市西南)筑城。《史记》卷5《秦本纪》载:“灵公六年,晋城少梁,秦击之。”卷44《魏世家》载:“(文侯)六年,城少梁。”卷15《六国年表》魏文侯六年栏曰:“魏城少梁。”这些记载均可资为证。据《新编年表》,《魏世家》所说的魏文侯六年实应为称侯十六年,亦即秦灵公六年(前422)。少梁在西河以西,加之《秦本纪》说在魏筑少梁后,“秦击之”,所以可推知该地其时与秦地相接,为魏西境之地。此时魏国西境已有西河的部分土地。

魏文侯二十二年,魏国再次向位于自己领土西境外的秦国发动进攻,一直打到渭水南岸的郑(今陕西省华县)地才收兵,并在雒(洛)阴(今陕西省大荔县

① 《史记》卷44《魏世家》载:“(武侯)十一年,与韩、赵三分晋地,灭其后。”此事据《新编年表》的考证,当在晋敬哀公四年,即公元前451年。

西南洛河南岸）、合阳（今陕西省合阳县东南）筑城。《魏世家》载："（文侯）十七年……西攻秦，至郑而还，筑雒阴、合阳。"《六国年表》魏文侯十七年栏曰："伐秦至郑，还筑洛阴、合阳。"此处的魏文侯十七年，据《新编年表》，当是文侯称侯十七年，即文侯二十二年（前 421）。同年，秦与魏战于少梁①。

魏文侯二十三年，魏复城少梁。《史记·六国年表》魏文侯八年栏曰："复城少梁。"此处的魏文侯八年，依《新编年表》当为称侯十八年，即文侯二十三年。此年复城少梁，当是同前一年魏与秦战于此地有关。

魏文侯二十八年，魏派太子击围攻秦之庞（今陕西省韩城市东南），"出其民"，将庞地占为已有。《史记》卷 44《魏世家》载，魏文侯十三年，"使子击围繁庞，出其民"。繁庞当即庞。此处的魏文侯十三年，据《新编年表》的考证，当是魏文侯称侯二十三年，即公元前 415 年。而庞本秦县，是该年魏得此县。

魏文侯三十一年，魏将吴起率军伐秦，夺取了秦临晋（今陕西省大荔县东）与元里（今陕西省澄城县南）等地，并在该二地筑城。《魏世家》载："（文侯）十六年，伐秦，筑临晋、元里。"②此处之魏文侯十六年，据《新编年表》的考证，乃是魏文侯称侯二十六年减十年之纪年，即公元前 412 年。《史记》卷 65《吴起列传》载："于是魏文侯以（吴起）为将，击秦，拔五城。"此事据《新编年表》，亦在公元前 412 年。临晋、元里亦在西河地区，加上前此魏所据有的少梁、洛阴、合阳、庞等地，魏将河西地区大部分土地控制在自己手中。春秋时期，河西之地本为晋地，公元前 645 年，晋将河西地献给了秦（参见第十一章第二节）。现在魏又占领了该地的大部分。于是魏置西河郡，魏文侯以善用兵的吴起为郡守，以抵御秦、韩等国的进攻③。

魏文侯四十六年，秦又侵位于渭水之南的魏之阴晋（今陕西省华阴市东）（参见第十一章第二节）。魏、秦两国在渭南地区展开了激烈的争夺。

魏文侯四十八年，秦伐魏，再败魏于渭南的武下（即武城，今陕西省华县东）（参见第十一章第二节）。如此，则魏国渭水以南领土缩减了不少。

武侯十二年（前 384），魏最终从秦手中全部夺回了河西地。《史记》卷 5《秦本纪》："出子二年（前 384）……故晋复强，夺秦河西地。"

武侯十四年，复城洛阴。《史记·魏世家·索隐》引《竹书纪年》曰："（魏武侯）十一年，城洛阳及安邑、王垣。""洛阳"当为"洛阴"之误。此事据《新编年

① 《史记》卷 15《六国年表》。
② 同上书卷 15《六国年表》所载与此同。
③ 同上书卷 65《吴起列传》。

表》,当为魏武侯十四年。由上文知,在魏文侯二十二年时,魏已城洛阴,故此时当是再次筑城。其目的应是为了防御秦国。

惠成王五年(前366),魏为了巩固其在渭南的疆土,于是在武堵(都)(今陕西省华县东)筑城①,但仍被秦国所败。因此时秦为献公执政,通过一些改革,秦国力已由弱转强。同年,秦又败韩、魏联军于洛阴。《史记》卷15《六国年表》秦献公十九年栏曰:"败韩、魏洛阴。"秦献公十九年为公元前366年,既然是秦"败韩、魏洛阴",则魏洛阴当于此后为秦所得。自此,秦开始了逐步重新夺取魏河西之地的行动。

惠成王八年,秦又向北攻打魏河西的少梁,赵再次出兵相救②,才得以抵挡秦军的攻势。

惠成王九年,魏继续与秦在少梁作战,结果被秦庶长国所率的军队击败,魏将公孙痤等被俘,位于少梁东北的庞为秦所取。庞原本属秦,故此次秦当是将其收回③。

惠成王十三年,魏筑西边长城。《水经·济水注》引《竹书纪年》曰:"梁惠成王十二年龙贾率师筑长城于西边。"据《新编年表》,此为逾年法年次,当为惠成王十三年,即公元前358年。《淮南子·说林训》中亦载:"秦通崤塞而魏筑城也。"高诱注曰:"魏徙都于大梁,闻秦通治崤关,知欲来东兼之,故筑城设守备也。"杨宽认为魏此时所筑之西边长城,当起自黄河边之卷,在今河南省原阳县,东向到阳武,在今原阳东南,折而往西南行,到密;在今河南省新密市东北④。

惠成王十七年,魏与秦战于元里,秦攻占了魏的少梁⑤。

惠成王十九年,魏在河西筑长城。《史记》卷5《秦本纪》载:"孝公元年……楚、魏与秦接界,魏筑长城,自郑滨洛,以北有上郡。"卷44《魏世家》:"(惠王)十九年,诸侯围我襄陵。筑长城,塞固阳。"《盐铁论·险固篇》载:"魏滨洛筑城,阻山带河,以保晋国。"魏河西长城南起于渭水南岸的阴晋,向北越过渭水、洛水,经大荔、澄城、合阳诸县,最后止于少梁⑥。

惠成王二十年,秦大良造卫鞅围魏固阳,最终迫使固阳归降(参见第十一

---

① 《史记》卷44《魏世家》、卷15《六国年表》。
② 同上书卷43《赵世家》。
③ 同上书卷5《秦本纪》、卷44《魏世家》、卷43《赵世家》。
④ 杨宽:《战国史料编年辑证》,第291页。
⑤ 《史记》卷44《魏世家》。
⑥ 有关魏河西长城的具体情况,请参见张维华《魏长城考》(《禹贡》半月刊,第七卷第六、七合期)及史念海《西北地区诸长城的分布及其历史军事地理》(收入《河山集》七集,陕西师范大学出版社,1999年)。此处依史氏之说而述。

章第二节)。

惠成王三十年,魏在西境与卫鞅所率的秦军交战,结果魏军败北。《史记索隐》引《竹书纪年》曰:"(梁惠成王)二十九年(按,据《新编年表》,此为逾年法纪年,实为魏惠王三十年,即前341)……九月,秦卫鞅伐我西鄙。……王攻卫鞅,我师败绩。"

惠成王更元三年(前332),魏将阴晋(今陕西省华阴市东)献给了秦国,以求和好。秦得该地后,更名为宁秦(参见第六章第二节)。另外,从地望上来看,颇疑近邻阴晋的武堵也在此时前后属秦。

更元五年,秦在雕阴(今陕西省甘泉县南)大败魏将龙贾所率之军,斩首四万五千,该地当属秦。与此同时,迫于秦的压力,魏将河西之地献给了秦国,这些地方当有合阳、临晋、元里(参见第十一章第二节)。这样,魏与秦当以黄河为界。

更元六年,秦攻取了魏的汾阴(今山西省万荣县西南)、皮氏(今山西省河津市东)(参见第十一章第二节)。

更元七年,魏上郡属秦,原为魏十五县的漆垣等地亦当同时属秦(参见第六章第二节)。

至迟于襄哀王十二年(前307),皮氏复由秦归魏①。

襄哀王十三年,魏又在皮氏筑城。《水经·汾水注》引《竹书纪年》曰:"(魏襄王)十三年,城皮氏。"

昭王六年(前290),秦攻皮氏,颇疑该地即在是年为秦所据(参见第六章第三节)。魏又将河东四百里之地送给了秦国(参见第十一章第二节)。

2. 北境

武侯九年(前387),翟败魏于浍水②。

武侯二十五年,魏败赵于蔺。《史记》卷44《魏世家》载:"(武侯)十五年,败赵北蔺。"这里所提及的武侯十五年,据《新编年表》的考证,当作二十五年。《史记正义》曰:"(北蔺)在石州,赵之西北。属赵,故云赵北蔺也。"是《魏世家》所记的北蔺当即蔺。此事亦见于《史记》卷43《赵世家》:"(成侯)三年,魏败我蔺。"③据《新编年表》,由于当时采同的是观象授时历,赵成侯三年末与魏武侯二十五年始同,即应同为公元前372年。

---

① 《史记》卷44《魏世家》;《水经·汾水注》引《竹书纪年》。

② 《史记》卷44《魏世家》。蒙文通认为此处所言之"翟"当即中山(《周秦少数民族研究》之《魏灭中山与中山复国》),杨宽否之。参见其《战国史料编年辑证》,第247页。

③ 《史记》卷15《六国年表》同。

惠成王十年(前361),赵又与魏易地。魏将榆次(今山西省晋中市榆次区)、阳邑(今山西省太谷县东北)二地给了赵国(参见本章第三节)。

惠成王更元七年(前328),秦夺得魏蒲阳(今山西省隰县),同时魏将上郡献给了秦国(参见第十一章第二节)。魏至迟在魏文侯卒位的公元前395年已置有上郡。上郡之领域,杨宽认为有今陕西省洛河以东,黄梁河以北,东北到子长、延安一带①。

更元十三年,秦攻取了魏的平周(今山西省介休市西)(参见第十一章第二节)。

3. 东境

武侯十四年(前382),魏城王垣(今山西省垣曲县东南)。《史记》卷44《魏世家》:"(武侯)二年,城安邑、王垣。"《索隐》引《竹书纪年》曰:"(魏武侯)十一年,城洛阳及安邑、王垣。"此事据《新编年表》考证,当作魏武侯十四年。王垣即下文所提及的垣。

惠成王九年(前362),魏与韩、赵发生冲突,魏相公孙痤大败韩、赵联军于浍水,擒赵将乐祚,并伐取了赵的皮牢(今山西省翼城县东北)。《史记》卷44《魏世家》载:"(惠王)十年,伐取赵皮牢。"此处的惠王十年,依《新编年表》当作九年。

惠成王更元十三年(前322),秦攻取了魏的曲沃(今山西省闻喜县东北)(参见第十一章第二节)。曲沃在战国初期属晋,《史记》卷39《晋世家》所载晋幽公时仅有绛、曲沃二地可以为证。公元前369年,韩、赵迁晋桓公于屯留②,曲沃地当于此时属魏。

昭王四年(前292),秦大良造白起率军攻魏,夺取了魏之垣邑,旋秦又将该地归还给魏国③。

昭王六年,垣又为秦攻取(参见第十一章第二节)。

至迟昭王十年,魏绛(今山西省侯马市西)地属秦。绛本春秋晋国之都,战国时期,绛初仍属晋,其后入于魏。《战国策·齐策一》载陈轸谓齐王曰:"今秦欲攻梁绛、安邑,秦得绛、安邑以东下河,必表里河而东攻齐。"《战国策·魏策三》载须贾为魏说穰侯曰:"夫兵不用而魏效绛、安邑,又为阴启两(原书疑有脱文),机尽故宋,卫效尤惮。"《战国策·韩策三》载或谓韩王曰:"秦王欲出事于梁,而欲攻绛、安邑,韩计将安出矣?" 以上所载皆可证战国时绛属魏。又,据

① 杨宽:《战国史》(增订本),第677页。

② 《史记》卷43《赵世家》。

③ 同上书卷5《秦本纪》曰:"(昭襄王)十五年,大良造白起攻魏,取垣,复予之。"秦昭襄王十五年当为公元前292年,据此,秦当于是年得魏之垣后,又归魏。

上所载，知公元前 369 年，晋桓公已迁居屯留，是至迟该年绛县入魏。又，绛县之南的安邑与垣皆分别在公元前 286 年与公元前 290 年属秦，是依绛县地望而言，该县至迟当在公元前 286 年属秦(参见第五章第四节)。

至迟安釐王十七年(前 260)，皮牢还属赵国(参见本章第三节)。

4. 南境

文侯二十八年(前 415)，楚伐魏，至于上洛(参见第十一章第一节)。

文侯三十九年时，秦对魏发动攻击，一直打到魏国的阳狐(今山西省垣曲县东南古城)，此时两国当以此地为界(参见第十一章第二节)。

武侯十四年(前 382)，魏城安邑(今山西省夏县西北)①。

惠成王二年(前 369)，魏与韩、赵联军战于浊泽。结果，魏军大败。《史记》卷 44《魏世家》载："惠王元年……(韩懿侯)与赵成侯合军并兵以伐魏，战于浊泽，魏氏大败，魏君围。"卷 43《赵世家》载："(成侯)六年(前 369)……伐魏，败涿泽，围魏惠王。"《魏世家》所言的魏惠王元年，据《新编年表》的考证，为溯上纪年法，实即为惠王二年。由上所引知，涿泽即浊泽。其地应在今山西省运城市盐湖区解州镇西。

惠成王七年，秦向东进军，越过黄河，攻打魏的河东之地。在石门(今山西省运城市西南)，秦军大败魏军。赵派兵急救魏，方解秦之围(参见第十一章第二节)。

惠成王十年，秦出兵围魏之陕城(参见第十一章第二节)。

惠成王十九年，秦大良造卫鞅率军围攻魏旧都安邑，迫使安邑降秦(参见第六章第二节)。后安邑又还属魏(见下文)。

惠成王三十三年，秦攻魏，败魏于岸门，俘虏了守将魏错(参见第十一章第二节)。

更元五年(前 330)，围魏在黄河南岸的焦(今河南省三门峡市以西)、曲沃(今河南省三门峡市西南)二地(参见第十一章第二节)。

更元六年，焦与曲沃二地属秦(参见第十一章第二节)。

更元八年，秦复将焦、曲沃归还魏国。《史记》卷 44《魏世家》载："(襄王)八年(按，依《新编年表》当作更元八年)，秦归我焦、曲沃。"卷 5《秦本纪》载："(惠文君)十一年，县义渠。归魏焦、曲沃。"

更元十年，秦得魏之陕城(参见第十一章第二节)。

哀王五年(前 314)，秦将樗里子攻取魏的曲沃、岸门、焦(参见第十一章第

---

① 见上文"东境"魏武侯十四年考述。

二节)。

哀王十六年,秦攻取魏蒲阪(反)(今山西省永济市西)、晋阳(阳晋)(山西省永济市虞乡镇西)、封陵(今山西省芮城县西南)三地①。此三地都位于魏河东地区。

哀王十七年,秦又将蒲阪(反)归还魏国②。

哀王二十三年,魏、韩、齐三国联合攻秦,攻入函谷关,迫使秦求和。秦复将河外之地与封陵还给魏国,以示和好③。

昭王六年(前290),秦攻蒲阪,直至次年。随后该地或即为秦据(参见第十一章第二节)。

昭王九年,秦将司马错攻打魏之河内,魏将安邑(此前已由秦复属魏)献给秦(参见第六章第二节)。

安釐王二十三年(前254),秦取魏之吴城(今山西省平陆县北)④。至此,魏在河东之地尽失于秦。

二、东部区域疆界的变动

魏国疆域的东部区域是指魏河内及黄河以南的地区。

1. 西境

魏国河内及中原地区西侧为韩国疆土,魏这一段疆界的变化,涉及战国前期魏与韩和后期魏与秦之间的领土变化与争夺。

魏文侯四十二年(前401),魏在酸枣(今河南省延津县西南)筑城⑤。

惠成王元年(前370),魏在怀(今河南省武陟县西南)大败赵军,怀当属魏。《史记》卷43《赵世家》载:赵成侯五年(前370),“魏败我怀”。卷44《魏世家》载:“(惠王)二年,魏败韩于马陵,败赵于怀。”此处的魏惠王二年,据《新编年表》的考证当作元年,因“元”与“二”字形相近而误。

惠成王二年,魏葵为赵、韩二国联合攻取(参见本章第二节)。

惠成王六年,魏伐韩,在中阳交战,结果魏军败绩。《水经·济水注》引《竹书纪年》曰:“梁惠成王五年(按,据《新编年表》,此为溯上逾年法年次,实为六年,即前365),公子景贾率师伐郑,韩明战于阳,我师败逋泽北。”其中的“韩明战于阳”之“阳”,杨守敬等人认为应是“濮阳”,杨宽以为其说非,

---

①② 《史记》卷5《秦本纪》、卷44《魏世家》。

③ 同上书卷44《魏世家》。

④ 同上书卷5《秦本纪》。

⑤ 同上书卷44《魏世家》载:“(文侯)三十二年(据《新编年表》,当为四十二年),伐郑。城酸枣。”

当是“中阳”①。此从杨说。另外，其中的“逋泽”，应是“圃田泽”②。

惠成王十三年，魏将龙贾率军在魏大梁西侧修筑了一条长城。《水经·济水注》引《竹书纪年》曰：“梁惠成王十二年（按，据《新编年表》，此为溯上逾年法年次，实为十三年，即前358），龙贾率师筑长城于西边。”这条长城北起黄河南岸的卷（今河南省原阳县西），东南经阳武（今河南省原阳县东南），再折向西南，最后至密（今河南省新密市东北）③。魏筑此长城主要为了防备秦国越过崤关向东的侵袭④。

惠成王十四年，魏又从韩国手中取得了穿越太行山的要道轵，同时将鹿（今河南省浚县东南）给了韩国。《水经·河水注》引《竹书纪年》曰：“梁惠成十三年（按，据《新编年表》，此为溯上逾年法年次，当为十四年），郑釐侯使许息来致地……我取枳道，与郑鹿。”⑤其中的枳道当即轵道。同年，魏归釐于韩（参见本章第二节）。

惠成王十六年，魏将龙贾筑阳池用以御秦。《元和郡县图志》卷8郑州原武县下引《竹书纪年》曰：“（梁）惠王十五年，遣将龙贾筑阳池以备秦⑥。”其中的魏惠王十五年，据《新编年表》当为溯上逾年法年次，实魏惠王十六年，即公元前355年。

襄哀王四年（前315），阳、向二地由韩归魏，魏将阳更名为河雍，向更名为高平。《水经·济水注》引《竹书纪年》曰：“郑侯使韩辰归晋阳及向。二月，城阳、向，更名阳为河雍，向为高平。”《史记·赵世家·集解》、《史记》卷79《范雎蔡泽列传》正义等将此事均列于魏襄哀王四年。

昭王七年（前289），秦攻魏至轵，取魏河内六十一城。轵疑在此时属秦（参见第十一章第二节）。

昭王八年，魏河阳之地（即河雍）为赵所得（参见本章第三节）。

昭王九年，秦取得魏新垣、曲阳（河南省济源市西）二城⑦。

昭王十三年，秦发动“攻林”之战，得魏安城（今河南省原阳县西南，一说在今河南省汝南县东南），并逼至魏都大梁城下而还（参见第十一章第二节）。

安釐王二年（前275），秦攻取魏二城，并兵临魏都大梁城下。魏最终将温（今河南省温县西南）割给了秦国，才求得议和局面（参见第六章第三节）。

---

① 杨宽：《战国史料编年辑证》，第419～420页。
② 方诗铭、王修龄：《古本竹书纪年辑证》，第109页。
③ 《续汉书·郡国志》河南郡下载：“卷有长城，经阳武到密。”
④ 杨宽：《战国史》（增订本），第323页。
⑤ 杨宽将上引《竹书纪年》中“我取枳道与郑鹿”中的“郑鹿”解释为一地名，可参见其《战国史料编年辑证》，第292～293页。
⑥ 《太平寰宇记》卷9郑州原武县下所引与此略同。
⑦ 《史记》卷44《魏世家》。

安釐王三年,秦客卿胡阳攻魏,又得魏四城:卷、蔡、长社及中阳(参见第十一章第二节)。

安釐王四年,赵、魏联合攻韩之华阳(今河南省新郑市北)①,华阳属魏。秦将白起攻华阳,败三晋军,斩首十五万,魏将芒卯被迫逃走,魏献南阳(修武,或称宁)②以求和③。

安釐王九年,秦夺取了魏的怀地(今河南省武陟县西南)④。

至迟安釐王十一年,韩邢丘(今河南省温县东平皋东北隅)属魏,十一年该地又属秦(参见第十一章第二节)。

安釐王二十九年,秦拔魏高都(今山西省晋城市)(参见第十一章第二节)。

安釐王三十二年,秦麃公将军攻卷,斩首三万,复取魏卷(参见第十一章第二节)。卷由上文知,在安釐王三年本已属秦,此年秦又攻之,当是得而复失,故再次攻取之。

景湣王元年(前242),秦拔魏酸枣(今河南省延津县西南)、山阳(今河南省焦作市东南)等地(参见第九章第二节)。

景湣王五年,秦将杨端和攻魏,夺取了魏的衍(今河南省郑州市北)等地(参见第十一章第二节)。

景湣王十二年,魏献地于秦⑤。从当时的形势来推测,魏所献之地当在魏都大梁附近。

2. 北境

魏文侯七年(前436),魏得鄄地(参见第五章第四节)。以该地所处位置来看,当在魏、赵两国交界处。

魏文侯三十五年,魏越赵界伐中山,至三十七年而拔中山(参见本章第三节所附中山国疆域考)。因其时魏与中山之间有赵国相隔,所以魏对中山当是遥领之。魏文侯为守中山,将太子击封于中山,乐羊封于灵寿⑥,并任命李克为中山相⑦。

---

① 《史记》卷45《韩世家》。

② 陈伟:《晋南阳考》,《历史地理》第十八辑。

③ 《史记》卷5《秦本纪》、卷44《魏世家》、卷15《六国年表》;秦简《编年记》。

④ 《史记》卷44《魏世家》、卷15《六国年表》;秦简《编年记》。

⑤ 《史记》卷6《秦始皇本纪》。

⑥ 同上书卷80《乐毅列传》。

⑦ 《韩非子·外储说左下》载翟黄向魏文侯说:"得中山,忧欲治之,臣荐李克而中山治。"同书《难二》亦载:"李克治中山,苦陉令上计而入多。"《史记》卷44《魏世家》记翟璜对李克说:"中山以拔,无使守之,臣进先生。"

武侯六年（前390），赵借兵于楚，进攻魏的河北地区，攻取魏的棘蒲（今河北省魏县南）[①]。两年之后，赵复取魏黄城（河南省内黄县西北）。《史记》卷43《赵世家》载："（敬侯）八年（前388），拔魏黄城。"又，杨宽据《战国策·齐策四》所载，以为赵攻占魏棘蒲、黄城为一时之事，《赵世家》分记在赵敬侯六年与八年，恐有误。其论可备一说[②]。

至迟武侯十年，因魏不能越过赵国而对中山实行强有力的管辖，因此中山趁机复国，魏不再控有中山（参见本章第四节所附中山国疆域考）。

惠成王二年（前369），魏败赵于平阳。《水经·浊漳水注》引《竹书纪年》曰："梁惠成王元年，邺师败邯郸师于平阳。"《太平寰宇记》卷55相州临漳县下引《竹书纪年》曰："梁惠成王败邯郸之师于平阳。"据《新编年表》，此处的梁惠王元年为逾年法年次，实即惠成王二年，即公元前369年。

惠成王九年，魏伐赵，攻取赵列人（今河北省肥乡县东北）与肥（今河北省肥乡县西）二地。《水经·浊漳水注》引《竹书纪年》曰："梁惠成王八年，伐邯郸，取列人。"又曰："梁惠成王八年，伐邯郸，取肥。"据《新编年表》，此为逾年法年次，当为公元前362年。

惠成王十年，赵与魏又易地。赵将其旧都中牟县送给了魏国。而此时魏亦将浮水一带给了赵国（参见本章第三节）。

惠成王十八年，魏伐赵，攻占了赵国都城邯郸[③]。赵于是向齐求救，齐便派田忌、孙膑率兵救赵。结果齐军在桂陵大败魏军（参见本章第一节）。两年之后，魏又将邯郸归还给赵国[④]。同年，魏又攻取了赵的泫氏与濩泽（参见第五章第三节）。

惠成王三十年，魏与赵在魏之北境交战。《史记索隐》引《竹书纪年》曰："（梁惠成王）二十九年……十月，邯郸伐我北鄙。"据《新编年表》，此处所记为逾年法纪年，实为魏惠王三十年，即公元前341年。

惠王更元元年（前334），赵围魏之黄城。《史记》卷43《赵世家》载："（肃侯）十七年，围魏黄，不克。"其中的黄当即黄城。然由前述可知，魏黄城在武侯八年时为赵所取。故推测后黄又归魏，因此才又在肃侯十七年再围之。《史记正义》亦曰："黄城在魏州，前拔之，却为魏，今赵围之矣。"据《新编年表》，赵肃侯十七年为魏惠王更元元年。

---

① 《史记》卷43《赵世家》。
② 杨宽：《战国史》（增订本），第296页注（1）。
③④ 《史记》卷44《魏世家》、卷43《赵世家》。

昭王十四年(前282),魏伯阳为乐毅所率领的赵国军队攻取。二年之后(十六年),赵又将伯阳还给了魏国(参见本章第三节)。

安釐王元年(前276),赵国大将廉颇又领兵攻取了魏国东北境的几[①]。

安釐王二年,魏的防陵、安阳被赵攻取(参见本章第三节)。

安釐王二十年,魏宁新中(今河南省安阳市西)属秦[②]。

安釐王二十九年,秦拔汲(今河南省卫辉市西南)等地(参见第十一章第二节)。

安釐王三十二年,魏繁阳为赵所取(参见本章第三节)。

景湣王元年(前242),秦拔魏燕(今河南省延津县东北)、虚(今河南省延津县东)等地(参见第九章第二节)。

景湣王二年,魏朝歌(今河南省淇县)为秦所取[③]。

景湣王三年,魏汲被秦国所攻取[④]。由上文知,安釐王二十九年(前248)时,秦已从魏国手中夺取了汲,此时又复取,当是汲在公元前248年后又复属魏之故。

景湣王四年,魏将邺给了赵国[⑤]。

3. 东境

文侯四十五年(前398),襄陵(今河南省睢县)为齐所攻取。《史记》卷44《魏世家》载:"(文侯)三十五年(据《新编年表》当为四十五年),齐伐取我襄陵。"襄陵地处魏东南境上,其时当与齐为邻。而由《汉志》陈留郡襄邑下颜师古注引圈称《陈留风俗传》所云"襄邑,宋地,本承匡襄陵乡也。宋襄公所葬,故曰襄陵。秦始皇以承匡卑湿,故徙县于襄陵,谓之襄邑,县西三十里有承匡城"之文,又知襄陵为承匡之襄陵乡,是至迟此时魏已有宋之承匡地。承匡,亦作承筐,本春秋宋邑,其地在今河南省睢县匡城乡。战国初期承匡属魏,《战国策·齐策二》载"犀首以梁为齐战于承匡而不胜"可证。

武侯九年(前387),魏又使吴起伐齐,至灵丘[⑥]。

武侯十四年,魏再次伐齐,至齐桑丘。《史记》卷44《魏世家》载:"(武侯)七年,伐齐,至桑丘。"上述《魏世家》所记的武侯二年及七年事,据《新编年表》的考证,均当作十四年。

惠成王三年(前368),齐败魏于观[⑦],观属齐,不久,观复属魏(参见本章第一节)。观位于河水东岸,说明其时魏与齐在此处以河水为界。

惠成王十四年,韩派使者许息至魏,将韩伸入到魏国境内的平丘(今河南

①⑤　《史记》卷43《赵世家》。

②　同上书卷5《秦本纪》、卷15《六国年表》。

③④⑥⑦　同上书卷44《魏世家》。

省封丘县东)、户牖(今河南省兰考县北)、首垣(今河南省长垣县东北)等地送给魏国。《水经·河水注》引《竹书纪年》曰:"梁惠成十三年(按,据《新编年表》,此为溯上逾年法年次,当为十四年),郑釐侯使许息来致地:平丘、户牖、首垣诸邑,及郑驰地,我取枳道,与郑鹿。"

至迟惠成王十八年,襄陵由齐还属魏国,该年诸侯围魏襄陵。《史记》卷44《魏世家》:"(惠王)十九年,诸侯围我襄陵。"《水经·淮水注》引《竹书纪年》曰:"梁惠成王十七年,宋景敾、卫公孙仓会齐师,围我襄陵。十八年,惠成王以韩师败诸侯师于襄陵。"据《新编年表》的考证,《竹书纪年》所云的梁惠成王十八年乃为逾年法纪年,与《魏世家》所载的魏惠王十九年当为同一年,即公元前352年,是据上所载,至迟惠成王十八年襄陵已复由齐归魏。

惠成王二十年,魏伐齐,至博陵(参见本章第一节)。

惠成王二十九年,魏攻韩,韩求救于齐。齐派田忌、田肦为将,孙膑为军师,出兵救韩。结果在马陵(今河南省范县西南),齐军设下埋伏,大败魏军。魏太子申被俘,魏将庞涓自杀(参见本章第一节)。

惠成王三十年,齐国大将田肦与宋人一起联合攻魏东境,围魏平阳(今河南省滑县南)。《史记·魏世家·索隐》引《竹书纪年》曰:"(梁惠成王)二十九年五月(按,据《新编年表》,此为溯上逾年法年次,实为魏惠王三十年,即前341),齐田肦伐我东鄙。"《水经·泗水注》引《竹书纪年》曰:"梁惠成王二十九年,齐田肦及宋人伐我东鄙,围平阳。"

惠成王三十一年,魏在济阳(今河南省兰考县东北)筑城。《水经·济水注》曰:"(济水)东迳济阳县故城北,圈称《陈留风俗传》曰:县,故宋地也。《竹书纪年》,梁惠成王三十年,城济阳。"由于此处《竹书纪年》所用为溯上逾年法纪年,故实为梁惠成王三十一年,即公元前340年。又由上引《济水注》之文可知,济阳属魏前本属宋,唯由宋属魏之时间失载。

更元十二年(前323),楚伐魏,魏襄陵属楚(参见第十一章第一节)。

襄哀王三年(前316),魏与齐战,齐败魏于观泽①。观泽即观。

襄哀王六年,齐、宋又败魏于观泽(参见本章第一节)。

襄哀王七年,齐、宋围魏之煮枣(参见本章第一节)。旋秦、韩两国助魏解煮枣之围②。

---

① 见《史记》卷15《六国年表》。《史记》卷44《魏世家》"观泽"作"观津"。杨宽认为当从《六国年表》所载,参见其《战国史料编年辑证》,第493页。

② 杨宽:《战国史料编年辑证》,第547页。

襄哀王八年,魏攻卫,得卫二城[①]。

安釐王十二年(前265),魏据单父(今山东省单县)。单父本春秋鲁县。《史记》卷72《穰侯列传》载大梁大夫须贾说穰侯曰:"又为陶开两道,几尽故宋,卫必效单父。"据《新编年表》的考证,此为公元前273年事,其中提及"卫必效单父",则单父战国时期又属卫。又在卫怀君三十一年(前265),卫已成为魏之附庸。《史记》卷37《卫康叔世家》载:"怀君三十一年,朝魏,魏囚杀怀君。魏更立嗣君弟,是为元君。元君为魏婿,故魏立之。"杨宽据此认为是年应是魏灭亡卫。魏立卫元君,实际上只是附庸性质[②]。是至迟此时单父已为魏据。卫刚平亦至迟此时属魏。

至迟安釐王三十四年,秦陶郡之地为魏所取(参见第九章第二节)。

安釐王三十四年,秦将蒙骜率兵夺取魏旸、有诡二地[③]。

景湣王五年(前238),秦将杨端和攻魏,夺取了魏的首垣(今河南省长垣县东北)、蒲阳(今河南省长垣县西)等地,并在随后攻占了魏的仁(当近平丘)、平丘(今河南省长垣县西南)、小黄(今河南省开封市东北)、济阳(今河南省兰考县东北)、甄城(今山东省鄄城县北)等地(参见第十一章第二节)。甄(鄄)在公元前356年时已属赵,是此地至迟于公元前238年前又属魏。

4. 南境

魏文侯四十二年(前401),魏向南进攻郑国。《史记》卷44《魏世家》:"(文侯)三十二年,伐郑。"据《新编年表》,此处魏文侯三十二年当为四十二年。

武侯二十年(前376),魏伐楚,得楚之鲁阳(今河南省鲁山县)。《史记》卷44《魏世家》载:"(武侯)十六年,伐楚,取鲁阳。"卷15《六国年表》魏武侯十六年栏亦曰:"伐楚,取鲁阳。"然卷40《楚世家》云:"(肃王)十年,魏取我鲁阳。"《六国年表》楚肃王十年栏亦有"魏取我鲁阳"的记载。据《新编年表》的考证,《魏世家》所云的"武侯十六年"是因司马迁错排《六国年表》,将楚肃王十年与魏武侯十六年置于同一年,这样便将《楚世家》所载肃王十年魏取鲁阳之事亦写入魏武侯十六年栏中,进而又记入《魏世家》之中。其实楚肃王十年为公元前376年,于魏当为武侯二十年,故魏取楚鲁阳县当在是年。魏得鲁阳后,使魏在黄河以南有了较为广阔的领土。

惠成王元年(前370),魏在马陵(今河南省新郑市东南)大败韩军,马陵当

---

① 《史记》卷44《魏世家》。
② 杨宽:《战国史》(增订本),第420页。
③ 《史记》卷6《秦始皇本纪》。

属魏。《史记》卷44《魏世家》:“(惠王)二年,魏败韩于马陵,败赵于怀。”此处的魏惠王二年,据《新编年表》的考证当作元年,因“元”与“二”字形相近而误。

惠成王六年,魏伐宋,取仪台(今河南省虞城县西南)①。

惠成王九年,魏为了使地处河东的国都安邑免遭秦国的侵扰,决定将都城由安邑徙都中原地带的大梁。《史记》卷44《魏世家》载:惠王三十一年,“安邑近秦,于是徙治大梁”。《史记集解》曰:“骃案:《汲冢纪年》曰‘梁惠成王九年四月甲寅,徙都大梁也。’”《史记索隐》曰:“《纪年》以为惠王九年。”《新编年表》认为魏迁都大梁依《竹书纪年》所载当在魏惠王九年(前362),《魏世家》之所以将此事系于魏惠成王三十一年(前340),是因为司马迁将《商君列传》中卫鞅评价公元前341年齐伐魏时魏居领阨之西都安邑,误视为魏都安邑,进而又通过《六国年表》中魏惠成王三十一年(按,实应在三十年,即前341)魏将公子卬被虏的系年线索,从而把魏徙都大梁定在了该年。至于《水经注》②与《汉书·高帝纪》注③所引的《竹书纪年》作魏惠王六年,平勢隆郎氏以为“六”乃“九”字之讹,因“九”的残字与“六”的字形相似。魏国迁都大梁后,其政治中心也因此由西部转到了东部。同年,魏据韩之朱(参见本章第二节)。

惠成王十六年,魏侵宋黄池(今河南省封丘县西南),不久,宋复取之④。

至迟惠成王更元六年(前329),楚上蔡属魏。《水经·汝水注》引《竹书纪年》曰:“魏章率师及郑师伐楚,取上蔡。”魏章为魏将,故可知上蔡此后属魏。又《史记》卷41《越王句践世家》云:“齐威王使人说越王曰:‘越不伐楚,大不王,小不伯。图越之所为不伐楚者,为不得晋也。韩、魏固不攻楚。韩之攻楚,覆其军,杀其将,则叶、阳翟危;魏亦覆其军,杀其军,杀其将,则陈、上蔡不安。’”《史记正义》曰:“二邑(按,指陈、上蔡)此时属魏。”据《新编年表》,此为公元前329年事,则是时上蔡仍属魏。故至迟惠成王更元六年(前329),楚上蔡属魏。

更元十二年(前323),楚攻取了魏的襄陵(参见第十一章第一节)。

哀王二十三年(前296),魏趁楚顷襄王新立,政权不稳,出兵伐楚,攻取了楚陉山(今河南省漯河市东)。《史记》卷40《楚世家》载:顷襄王立,“魏闻楚丧,伐楚,取我陉山”。此事据《新编年表》,当在楚怀王三十一年,即公元前296年。

昭王元年(前295),秦取魏南部的襄城(今河南省襄城县)(参见第十一章

---

① 《史记》卷44《魏世家》、卷15《六国年表》。

② 《水经·渠水注》引《竹书纪年》曰:“梁惠成王六年四月甲寅,徙邦于大梁。”

③ 《汉书》卷1上《高帝纪上》注引臣瓒曰:“《汲郡古文》云:惠王之六年,自安邑迁于大梁。”

④ 《史记》卷44《魏世家》。

第二节)。

昭王十二年,燕、三晋、秦等五国之师共同伐齐,败齐于济西之后,魏夺得了齐所并之宋地一部分,故《荀子·议兵》言:“齐能并宋而不能凝也,故魏夺之。”魏在这一区域曾置大宋、方与二郡[①]。

安釐王元年(前276),秦将白起伐魏,又攻取魏二城[②]。依据当时的形势推断,此二城应在魏大梁附近。

安釐王二年,秦再攻取魏二城,并兵临魏都大梁城下,韩派暴鸢率兵前来救魏,结果被秦击败,暴鸢退走启封(今河南省开封市西南),秦军追至该地(参见第六章第三节)。又秦简《编年记》曰:“(昭王)卅二年,攻启封。”马非百认为开封在汉以前本名启封,汉人为避景帝名启之讳而改为开封,此处所说的“启封”即开封,是魏大梁旁之小邑[③],应是。如此秦当在此年又曾攻打魏之启封。

景湣王元年(前242),秦拔魏长平(今河南省西华县东北)、雍丘(今河南省杞县)及酸枣、山阳(见前文魏西境所述)、燕、虚(见前文魏北境所述)等二十城,随后即建立了东郡(参见第九章第二节)。雍丘在公元前409年后本属韩(参见本章第二节),而此处又言魏雍丘,是至迟公元前243年,雍丘又由韩属魏。

王假三年(前225),秦将王贲率军攻魏,将魏都大梁包围,引河水及大沟水灌大梁,结果大梁城坏,魏王假被俘,于是魏亡于秦[④]。

三、小结

以上我们对战国时期魏国的疆域变动情况,按地理方位分别进行了考察。为了使魏国疆域的整体变化更易了解,下面再按时间顺序选取一些主要时段作一综述。

在安釐王二十三年(前254)之前,魏国的疆域主要分为以安邑为中心的西部区域及以大梁为中心的东部区域。前一区域主要包括魏河西与河东地区。后一区域主要是魏河内及黄河南岸的中原地区。在这两大区域之间是韩国的疆土。

文侯三十七年(前406)时,魏国疆域的大致范围如下:西部区域西境在渭水以南有武堵、武下、阴晋,渭水北岸洛水及黄河以西有洛阴、临晋、元里、合

---

① 杨宽:《战国史料编年辑证》,第809页。

② 《史记》卷5《秦本纪》、卷44《魏世家》。

③ 马非百:《云梦秦简大事记集传》,载《中国历史文献研究集刊》第二集。

④ 《史记》卷6《秦始皇本纪》、卷44《魏世家》。

阳、少梁、庞、皮氏、雕阴、漆垣、汾阴等地与秦为界；北境有榆次、阳邑、平周、蒲阳与赵相接；东境有绛、曲沃（山西省闻喜县东北）、垣等地与韩接壤；南境大体以黄河为界，有阳晋、蒲阪（反）、封陵、陕、岸门、焦、曲沃（今河南省三门峡市西南）、阳狐、吴等地。东部区域西境有鹿、曲阳、温、葵、卷、酸枣、衍、密、华阳、山阳等地与韩为界；北境有繁阳、棘浦、黄城、宁新中、朝歌、汲等地与赵为邻；另外，魏向北越过赵界还控制有中山国领土；东境有观（观泽）、平阳等地；东南境有襄城等地。

武侯二十年（前 376），西部区域，西境无武下。东部区域，北境无棘浦、黄城，但增加了邺，且中山国之地亦不再控制；东境又增灵丘、桑丘二地，但东南已有襄陵；南境拓展至鲁阳。

惠成王十四年（前 357），西部区域，西境无武都、洛阴、庞，北境无榆次、阳邑，东境增皮牢、安邑。东部区域，西境增怀、轵，无鹿。北境无繁阳，增列人、肥、泫氏、中牟；东境增平丘、户牖、首垣；南境增马陵、仪台、朱。且此时魏都已由河东的安邑迁到黄河以南的大梁。

哀王二十三年（前 296），西部区域，西境无少梁、合阳、阴晋、雕阴、漆垣等河西及上郡之地，亦无汾阴。魏、秦接壤处已从河西东移至河东；北境无蒲阳、平周；东境无曲沃（山西闻喜县东北），南境无晋阳（阳晋）、封陵、陕、曲沃（今河南三门峡市西南）、岸门、焦。东部区域，东境增济阳，又得卫二城；南境增陉山；西境增：河雍、高平。

昭王十三年（前 283），西部区域无垣、蒲阪、皮氏、绛、安邑；东部区域，西境失河内六十一城、新垣、曲阳、安城、轵；南境无襄城。

安釐王二十三年（前 254），魏西部区域尽为秦所得，魏疆与其时的东部区域重合。西境无温、修武（宁、南阳）、怀、高都、汲、卷、蔡阳、长社、中阳、华阳，北境无宁新中，东境增单父。

景湣王五年（前 238），北境无酸枣、燕、虚、长平、雍丘、山阳、朝歌、邺、垣、蒲阳、衍、仁、平丘、小黄、济阳、甄，东境增陶。

王假三年（前 225），秦破魏都大梁，魏亡。

战国时期魏国疆域沿革的主要情况，已如上述。不过，需要指出的是，战国时期的疆域还不具备后世那样的封闭性，在没有修筑长城的地方，往往会有城邑交错。在有像太行山险的地方，韩、魏二国城邑的错综复杂更是可以想见。本节在此所勾画的只是一个理想的魏国疆域，与当时的实际情况可能会有一定的出入。

另外,尚有一个问题需要提出,即魏国东、西两大区域是通过哪条路线保持彼此之间的联系的？对此,已有学者作过一定的探讨。钟凤年推测其时魏可能是通过借道于韩来保持两区域间的往来[①]。史念海先生则指出:“在魏国更为重要的却是新旧两都间的道路,也就是由河东经过河内通向河外的道路。尤其是河东和河内间的道路在较早的时期就更为重要。梁惠王就曾经说过:‘河内凶,则移其民于河东,移其粟于河内;河东凶亦然。’这条河东河内间的道路当是由安邑,经过晋国旧都绛,再东南行达到河内。由河内东南行,前往大梁,是要渡过黄河的。渡河之处当在卷。”[②]其论可备一说。另外,在《淮南子·说林篇》所载“秦通崤塞而魏筑城也”及高诱所注“魏徙都大梁,闻秦通治崤关,知欲来东兼之,故筑城设守备也”之文中,似亦可窥出一些信息。这段文字虽然是讲述魏所筑的中原长城之事,然从中可推知,秦从崤关攻魏当是沿黄河进兵的。如此,则魏是否还可通过黄河沿岸的道路来沟通河内与河东地区？这一问题尚待考证。至于《中国历史地图集》及杨宽先生所认为的魏通过上党山区一线来联系河东与河内的结论[③],则是不可靠的。这不仅因为魏当时绕行赵、韩上党地区于理不合,更因为这一区域在战国时期始终为赵、韩的领地,从未有过魏据有赵、韩上党之地的记载(参见本章第二节及第三节)。总之,在魏国的东西两大区域之间,一定存有沟通的道路,只是由于史料不足,目前尚难作出明确的判断。要准确复原这种情形,还有赖于新的相关文献的发现及对太行通道与南阳诸邑归属的详尽检讨。

第五节　燕国疆域考

燕,本为西周封国,召公奭为其始封之君。有关燕国疆域变动的史料较少,兹仅就史载,对燕国的疆域变迁作一勾勒。

春秋时期,燕庄公二十年(前663),山戎侵燕,齐桓公发兵救燕,燕、齐二国合力北败山戎后,燕庄公送齐桓公出境,齐桓公于是“割燕所至地予燕”[④]。《史记正义》引《括地志》云:“燕留故城,在沧州长芦县东北十七里,即齐桓公分沟割燕君所至地与燕,因筑此城,故名燕留。”

降至战国时期,燕国的疆域又有了许多变化。

---

① 钟凤年:《战国疆域变迁考》。

② 史念海:《战国时期的交通道路》,《河山集》七集,陕西师范大学出版社,1999年。

③ 谭其骧主编:《中国历史地图集》第一册,图33～34;杨宽:《战国史》(增订本),第301页。

④ 《史记》卷34《燕召公世家》系此事于燕庄公二十七年,兹据《新编年表》改。

孝桓公二年(前 371)[①],齐在秦、魏攻韩而楚、赵出兵相救之时趁机发兵袭击燕国,夺取了位于今河北省徐水县西南的桑丘[②]。该地旋当复由齐属燕(参见本章第一节)。

文公七年(前 354),燕与齐在泃水交战,最终燕战胜了齐军(参见本章第一节)。

燕王哙五年(前 315),燕军在中人被中山击败(参见本章第三节所附中山国疆域考)。燕王职立(前 314)[③],"齐宣王因燕丧伐我,取十城;苏秦说齐,使复归燕十城"[④]

大约在燕昭王(前 312—前 280)时,燕东北疆域大大扩展。《史记》卷 110《匈奴列传》载:"燕有贤将秦开,为质于胡,胡甚信之。归而袭破走东胡,东胡却千余里。与荆轲刺秦王秦舞阳者,开之孙也。燕亦著长城,自造阳至襄平。置上谷、渔阳、右北平、辽西、辽东郡以拒胡。"据吕祖谦考证,秦开当在燕昭王时[⑤]。

昭王十九年(前 294)[⑥],赵与燕易地,赵将鄚(今河北省雄县南)、易(雄县西)二地送给了燕[⑦]。

昭王二十九年(前 284)[⑧],燕与秦、三晋合力攻齐,夺得齐之灵丘[⑨]。随后又在济西大破齐军[⑩]。燕将乐毅遂率军乘势向东,攻下齐国七十余城[⑪],尽取齐之宝器[⑫]。"齐城之不下者,独唯聊(《索引》按,余篇及《战国策》并无"聊"字)、莒、即墨,其余皆属燕,六岁。"[⑬]

昭王三十三年(前 280)卒,惠王即位,齐将田单凭借即墨之地"击败燕军,骑劫死,燕兵引归",燕所据之齐地,尽复由齐夺回[⑭]。

武成王六年(前 265),中阳为齐将田单率领赵军攻取(参见本章第四节)。

武成王十一年(前 260),燕与赵在武垣(今河北省肃宁县东南)接境。《史

---

① 《史记》卷 46《田敬仲完世家》载此事为齐桓侯五年(前 371),据《新编年表》知与燕孝桓公二年为同一年。

②⑫ 同上书卷 46《田敬仲完世家》。

③ 同上书卷 34《燕召公世家》系此事于"易王初立"时,平势隆郎以为此乃燕王哙父易王职之误,应是。兹据《新编年表》改。

④⑬ 同上书卷 34《燕召公世家》。

⑤ 吕祖谦《大事记解题》卷 4:"秦开不知当燕何君之世,然秦武阳乃开之孙,计其年,或在昭王时。"

⑥ 《史记》卷 43《赵世家》系此事于赵惠文王五年(前 294),据《新编年表》知与燕昭王十九年为同一年。

⑦⑨ 同上书卷 43《赵世家》。

⑧ 同上书卷 34《燕召公世家》系此事于燕昭王二十八年,兹据《新编年表》改。

⑩ 同上书卷 5《秦本纪》、卷 46《田敬仲完世家》。

⑪ 同上书卷 80《乐毅列传》载:"乐毅留徇齐五岁,下齐七十余城,皆为郡县以属燕,唯独莒、即墨未服。"

⑭ 同上书卷 34《燕召公世家》、卷 46《田敬仲完世家》、卷 94《田单列传》。

记》卷43《赵世家》载：长平之战后，“武垣令傅豹、王容、苏射率燕众反燕地”。《史记正义》载：“武垣此时属赵，与燕接境，故云率燕众反燕地也。”此事据《新编年表》考证，发生在孝成王六年(前260年)。

孝王元年(前256)，燕攻取赵昌城①。

燕王喜四年(前251)，燕伐赵，赵破燕军，燕将栗腹被杀。《史记》卷43《赵世家》载赵孝成王十五年(前251)，燕丞相栗腹说燕王曰：“赵氏壮者皆死长平，其孤未壮，可伐也。”燕王于是“起二军，车二千乘，栗腹将而攻鄗、卿秦将而攻代。廉颇为赵将，破杀栗腹，虏卿秦、乐闲”②。

燕王喜五年至七年，燕与赵多次发生边境冲突。《史记》卷43《赵世家》载：赵孝成王十六年(前250)，“廉颇围燕。以乐乘为武襄君。十七年，假相大将武襄君攻燕，围其国。十八年，延陵钧率师从相国信平君助魏攻燕。”

燕王喜八年，赵、燕两国相互交换土地：赵以龙兑(今河北满城县北)、汾门(今河北徐水县西北)、临乐(今河北固安县南)与燕；燕以葛(今河北省任丘市西北)、武阳(今河北省易县南)、平舒(今河北省大城县东)与赵③。

燕王喜十二年④，李牧将，攻燕，拔武遂(今河北省徐水县西)、方城(今河北省固安县南)⑤。

燕王喜十九年，燕貍、阳城为赵所攻取⑥。

燕王喜二十三年，燕上谷郡又为赵所攻取(参见本章第三节)。

燕王喜二十九年，秦大将王贲率军攻拔燕都蓟等地，燕王逃亡，徙居辽东⑦。

燕王喜三十三年(前222)，秦大兴兵，使王贲将，攻燕辽东，燕王喜为秦所虏，燕亡⑧。

---

① 见《史记》卷43《赵世家》。《赵世家》系此事于孝成王十年(前256)，据《新编年表》知与燕孝王元年为同一年。

② 同上书卷34《燕召公世家》亦载此事。

③ 见同上书卷43《赵世家》。《赵世家》系此事于孝成王十九年(前247)，据《新编年表》知与燕王喜八年为同一年。

④ 同上书卷43《赵世家》系此事于赵悼襄王二年，据《新编年表》知与燕王喜十二年为同一年。

⑤⑥ 同上书卷43《赵世家》。

⑦ 同上书卷34《燕召公世家》及卷6《秦始皇本纪》。

⑧ 同上书卷6《秦始皇本纪》。

第十一章　战国时期诸侯国疆域变迁考述(下)

第一节　楚国疆域考

楚，亦称荆或荆楚，芈姓。《史记》卷40《楚世家》载：始祖鬻熊曾孙熊绎做国君时，周成王封其于楚蛮，都丹阳(今湖北省秭归县东南①)。后疆土向长江中游扩展。楚武王时迁都于郢(今湖北省荆州市)②。春秋时兼并许多小国，势力逐渐发展到中原地区，与晋争霸。

至战国时期，楚国疆域又有许多变化，下面我们即对此作一详细的考察。

一、北部疆域的变迁

惠王四十二年(前448)，楚灭蔡③。

惠王四十四年，楚灭杞。《史记》卷15《六国年表》楚惠王四十四年栏曰："灭杞。杞，夏之后。"卷40《楚世家》载："(惠王)四十四年楚灭杞，与秦平。是时越已灭吴，而不能正江、淮北；楚东侵，广地至泗上。"卷36《陈杞世家》载："楚惠王之四十四年灭杞。"

简王元年(433)，楚北伐灭莒④。

简王十九年，楚伐魏，至于上洛(今陕西省商洛市商州区)。《水经・丹水注》引《竹书纪年》曰："晋烈公三年(前415)，楚人伐我南鄙，至于上洛。"

悼王二年(前404)，韩、赵、魏三国伐楚，至乘丘。《史记》卷40《楚世家》载："悼王二年，三晋来伐楚，至乘丘而还。"⑤乘丘地望，《史记正义》引《括地

---

① 关于丹阳的地望，众说不一，有枝江、秭归、丹淅等诸说。今姑依《中国历史地图集》之定位。

② 有关楚都迁郢的时间，主要有武王、文王二说，经学者考辨，应以武王说为信。参见徐少华：《周代南土历史地理与文化》，第260页。

③ 《史记》卷15《六国年表》、卷35《管蔡世家》。

④ 同上书卷40《楚世家》、卷15《六国年表》。

⑤ 同上书卷15《六国年表》作"桑丘"。

志》所说认为在唐兖州瑕丘县西北三十五里。徐少华以为其说误,并依据当时的形势认为乘丘应在颍水上游或汝颍之间①。今从徐氏之说。

悼王三年,楚将榆关归还给郑国。《史记》卷15《六国年表》楚悼王三年栏曰:"归榆关于郑。"由此说明榆关本属郑,后为楚得,又于此年复属郑。

悼王九年,楚伐韩,占领了韩国的负黍(今河南省登封市西南)。《史记》卷40《楚世家》载:"(悼王)九年,伐韩,取负黍。"此时楚国所占的负黍当为原韩负黍的一部分(参见第十章第二节)。

悼王十一年,韩、赵、魏三国联合伐楚,败楚于大梁、榆关。《史记》卷40《楚世家》载:"(悼王)十一年,三晋伐楚,败我大梁、榆关。"由上文知,榆关本在公元前403年由楚属郑,此处又言三晋败楚榆关,是榆关当在公元前395年之前复由郑属楚。徐少华推测郑榆关当在楚悼王四年楚败郑师又围郑之时属楚②。其说或是。至于大梁,徐少华认为应在今河南省汝州市西南的故梁邑,而非传统所说的后来作为魏国都城的大梁③。《中国历史地图集》在今汝州市西南标有南梁,应是此大梁之所在。今从其说。

悼王十九年,楚所据有的部分负黍当于此时重为韩国所有(参见第十章第二节)。

肃王十年,魏攻取楚鲁阳(参见第十章第四节)。

威王十八年(前329),楚败齐于徐州。《史记》卷40《楚世家》载:"威王七年(按,据《新编年表》当为十八年),齐孟尝君父田婴欺楚,楚威王伐齐,败之于徐州。"卷15《六国年表》楚威王七年栏曰:"围齐于徐州。"此徐州即薛。《史记·孟尝君列传》正义引《竹书纪年》所说"梁惠王三十年(据《新编年表》,当三十一年,即前339),下邳迁于薛,改名徐州"可证。其地在今山东省滕州市南。同年,楚上蔡属魏(参见第十章第四节)。

怀王五年(前322),楚攻取了魏的襄陵。《史记》卷40《楚世家》载:"(怀王)六年,楚使柱国昭阳将兵攻魏,破之于襄陵,得八邑。"此处的楚怀王六年,据《新编年表》当作五年,即公元前322年。《包山楚简》简103亦载:"大司马卲(昭)鄒败䢁(晋)帀(师)於襄陵之戢(歳),享月"。《史记》卷44《魏世家》又曰:"(襄王)十二年,楚败我襄陵。"据《新编年表》,《魏世家》中的魏襄王十二年应为魏惠成王更元十二年,亦即公元前323年,是该年襄陵又属楚。据《新编年表》,由于楚、魏两国历法的差别,在楚公元前322年与在魏公元前323年为同一年。

---

①②③　徐少华:《周代南土历史地理与文化》,第316页。

怀王十年,六国联合攻秦,至函谷关遇秦兵而还。《史记》卷40《楚世家》载:“(怀王)十一年,苏秦约从山东六国共攻秦,楚怀王为从长。至函谷关,秦出兵击六国,六国兵皆引而归。”此处的楚怀王十一年,依《新编年表》,当作十年。

怀王十一年后,楚从韩手中取得新城(参见第六章第二节)。

怀王十五年,韩、魏袭楚至邓。《史记》卷40《楚世家》:“(怀王)十七年春,与秦战丹阳,秦大败我军,斩甲士八万,虏我大将军屈匄、裨将军逢侯丑等七十余人,遂取汉中之郡。楚怀王大怒,乃悉国兵复袭秦,战于蓝田,大败楚军。韩、魏闻楚之困,乃南袭楚,至于邓。”亦在是年,楚围韩雍氏。《史记》卷45《韩世家》载:襄王十二年,“楚围雍氏,韩求救于秦”。此事据《新编年表》的考证,当在韩襄王即位之时,即公元前312年。与此相同的记载亦见于《战国策·东周策》、《史记》卷46《田敬仲完世家》及卷71《樗里子甘茂列传》等。同年,韩伐楚之襄丘(参见第十章第二节)。

怀王十六年,秦伐楚,夺得楚之召陵[①]。

怀王二十七年,楚新城为秦所攻取(参见第六章第二节)。

怀王二十八年,楚重丘为秦等国所据。楚新市亦在此年属秦(参见本章第二节)。

怀王二十九年,楚襄城为秦所攻取(参见本章第二节)。

怀王三十年,秦又攻取了楚之八城(参见本章第二节)。

怀王三十一年(前296),魏攻取楚陉山(参见第十章第四节)。

顷襄王元年(前296),秦攻取楚析及十五城(参见本章第二节)。同年,宋攻取楚淮北之地(参见第十章第一节)。

顷襄王五年,秦夺得楚宛、叶地(参见本章第二节)。

顷襄王十三年前,莒由楚属齐(参见第五章第一节)。

顷襄王十三年,楚与秦、三晋、燕一同攻打齐国,楚得淮北之地。《史记》卷40《楚世家》载:“(顷襄王)十五年,楚王与秦、三晋、燕共伐齐,取淮北。”据《新编年表》,当作十三年。由上文所述可知,淮北此前为宋所取。齐在公元前286年之后灭宋(参见第十章第一节),该地当又属齐,故楚又从齐手中夺回淮北之地。

顷襄王十八年,秦攻取了楚的西陵、鄢、邓等地(参见本章第二节)。

顷襄王十九年,楚都郢、楚先王墓所在地夷陵、竟陵、安陆为秦所占据,楚

① 《史记》卷5《秦本纪》。

被迫迁都于陈(参见本章第二节)。

至迟顷襄王二十年,楚已据有留、方与、铚、胡陵、砀、萧、相等地。《战国策・秦策四》载楚顷襄王二十年(前 277)黄歇说秦昭王曰:“且王攻楚之日,四国必应悉起应王。秦、楚之构而不离,魏氏将出兵而攻留、方与、铚、胡陵、砀、萧、相,故宋必尽。”方与此前本为魏国所有,魏曾设方与郡[①]。

顷襄王三十五年,楚攻取鲁徐州。《史记》卷 33《鲁周公世家》载:“(顷公)十九年(前 262 年),楚伐我,取徐州。”此徐州当即薛邑。鲁国当在燕、三晋、秦等五国伐齐后(前 284 年),乘机占有了齐之徐州(薛)(参见第十章第一节),故此时楚从鲁手中夺得该地。

考烈王元年(前 261),楚将夏州给了秦国(参见本章第二节)。

考烈王五年前,楚复得莒县于齐(参见第六章第一节)。

考烈王五年,楚灭鲁。《史记》卷 33《鲁周公世家》载:“(顷公)二十四年(前 257),楚考烈王伐灭鲁。”卷 78《春申君列传》载:“春申君相楚八年(前 257),为楚北伐灭鲁,以荀卿为兰陵令。”

考烈王二十二年,楚再迁都于寿春。《史记》卷 40《楚世家》载:“(考烈王)二十二年……楚东徙都寿春,命曰郢。”卷 78《春申君列传》载:朱英议为春申君采纳,“楚于是去陈徙寿春”。然《史记》卷 15《六国年表》楚烈王十年(前 252)栏曰“徙于巨阳”。对于《六国年表》的记载,前人已提出疑问,徐少华在其基础之上更进一步进行了辨正,以为《六国年表》之说未必可信[②]。今从其说。

楚王负刍二年(前 227),秦大破楚军,攻占了楚十余城[③]。

楚王负刍五年,秦灭楚。《史记》卷 6《秦始皇本纪》载:“二十三年(前 224),(王翦)击荆。取陈以南至平舆,虏荆王。秦王游至郢陈。荆将项燕立昌平君为荆王,反秦于淮南。”卷 40《楚世家》载:“(王负刍)五年,秦将王翦、蒙武遂破楚国,虏楚王负刍,灭楚名为郡云。”卷 73《王翦列传》载:秦王政“遂使李信及蒙恬将二十万南伐荆。……李信攻平舆,蒙恬攻寝,大破荆军。信又攻鄢郢,破之,于是引兵而西,与蒙恬会城父”。

越君元年(前 223),秦军夺取了蕲。《史记》卷 40《楚世家》载:“(王负刍)四年,秦将王翦破我军于蕲。”此处的楚王负刍四年,据《新编年表》的考证,应为秦王政二十四年所在的公元前 223 年,亦即楚越君元年。

---

①③　《史记》卷 40《楚世家》。

②　详见徐少华:《周代南土历史地理与文化》,第 362～363 页。

二、西部疆域的盈缩

肃王四年(前382),楚在西部与蜀发生争端,蜀取楚之兹方。《史记》卷40《楚世家》载:"肃王四年,蜀伐楚,取兹方。于是楚为扞关以距之。"卷15《六国年表》楚肃王四年栏曰:"蜀伐我兹方。"扞关在今重庆市奉节县东,兹方在其西[①]。

怀王十五年(前312),楚丹阳及汉中郡为秦所得。亦在此年,秦取楚上庸之地(参见本章第二节)。

怀王十六年,秦欲分汉中之半与楚和好。《史记》卷40《楚世家》载:"(怀王)十八年(按,据《新编年表》当作十六年),秦使使约复与楚亲,分汉中之半以和楚。楚王曰:'愿得张仪,不愿得地。'"

怀王二十三年,秦将上庸归还于楚。《史记》卷5《秦本纪》载:昭襄王三年,"与楚王会黄棘,与楚上庸"。卷40《楚世家》亦载:"二十五年,怀王入与秦昭王盟,约于黄棘。秦复与楚上庸。"卷15《六国年表》楚怀王二十五年栏亦曰:"与秦王会黄棘,秦复归我上庸。"据《新编年表》,《楚世家》及《六国年表》所云楚怀王二十五年当依《秦本纪》改作与秦昭襄王三年相当的楚怀王二十三年(前304),据此则是年上庸县由秦复属楚。

顷襄王十七年(前280),秦败楚军,楚将汉北与上庸地给了秦国,亦在此年,秦得楚黔中郡地(参见本章第二节)。

顷襄王二十年,秦攻取了巫郡,并复取楚黔中郡(在顷襄王十七年至二十年间,黔中郡又曾由秦还属楚国)(参见第九章第一节)。

顷襄王二十一年,楚又从秦处将江南地收回(原楚在江南的黔中郡地),并置郡(参见第九章第一节)。该郡之领域当为巴东一带的临江地区[②],郡治无考。

王负刍五年(前224)前,楚江南地为秦所取。该年,楚江南地又反秦。《史记》卷6《秦始皇本纪》载:秦王政二十三年,"楚将项燕又立昌平君为荆王,反秦于淮南"。而其中"淮南"的"淮",据《集解》引徐广注曰:"淮"一作"江"。

越君二年(前222),秦将王翦遂平定楚江南地,降越君[③]。楚至此而亡。

三、东部疆域的变化

威王十年(前337),楚城广陵(今江苏省扬州市西北)[④]。

---

① 此二地定点从杨宽《战国史料编年辑证》,第248页。
② 杨宽:《战国史》(增订本),第405页。
③ 《史记》卷6《秦始皇本纪》。
④ 同上书卷15《六国年表》将此事系于楚怀王十年。《新编年表》认为应为楚威王十年事,今从之。

威王十八年[1],楚伐越,大败之,杀越王吴彊,尽取故吴地至浙江。从此,越为楚灭,但越君系统并未就此结束,而是到了楚考烈王五年(前257)左右,越君才正式消亡[2]。

四、小结

以上我们对战国时期楚国的北境、西境与东境的变动作了一番考证。为使其中的变化显现得更为清晰明朗,下面再择取一些主要时段作一小结。

悼王十一年(前395),北境有上蔡、杞、莒、乘丘、负黍、鲁阳、鄢、邓、召陵、重丘、新城、陉山、析、宛、叶、西陵、郢、夷陵、竟陵、安陆、陈、寿春,西境有兹方、丹阳、汉中郡地、上庸、黔中郡地、巫郡地。

怀王十六年(前311),北境增襄陵,无上蔡、负黍、鲁阳、召陵;西境无兹方、丹阳及汉中郡地、上庸;东境增广陵。

顷襄王十九年(前278)北境增淮北之地,无重丘、新城、陉山、析、宛、叶、鄢、邓、西陵、夷陵、竟陵、安陆、莒;西境无黔中郡地。

考烈王五年(前257),北境增留、方与、铚、胡陵、砀、萧、相、徐州、莒;西境无巫郡,增江南地。

楚王负刍五年(前224),楚为秦所灭,荆将项燕立昌平君为荆王,反秦于江南。

越君二年(前223),秦军夺取了楚之蕲,平定楚江南地,降越君。楚至此而亡。

第二节　秦国疆域考

秦,嬴姓。《史记》卷5《秦本纪》载,周孝王封非子于秦(今甘肃省清水县东北)。传至秦仲时,周宣王以之为大夫。秦仲为西戎所杀,其子庄公继位,大败犬戎。周平王东迁时,庄公子襄公率军护送,被分封为诸侯,占有岐山以西地。春秋时,国力日强。宁公时,徙都平阳(今陕西省岐山县)。德公时,迁都雍(今陕西省凤翔县南)。穆公时,与晋战,“秦地东至河”。又灭梁、芮,西收诸戎,“益国十二,开地千里,遂霸西戎”,而成为大国。

战国初,秦国力一度转衰。孝公时,迁都咸阳(今陕西省咸阳市东北),任用商鞅变法,使国力变强,为战国七雄中力量最强者。至惠王时,夺取巴、蜀及楚汉中等地,疆域大为扩展。昭王时屡败韩、赵、魏、楚、齐等国,到公元前221

---

① 此年的考证,据《新编年表》。

② 参见《新编年表·新六国年表》所附的系年依据。

年，秦王政灭掉六国，统一中国，建立秦朝。下面我们即将战国时期秦国的疆域变动情况作一详尽的考述。

一、东部疆域的变化

厉共公十六年(前 462)，秦伐大荔，取其王城(今陕西省大荔县东南)。《史记》卷 5《秦本纪》载："(厉共公)十六年，堑河旁。以兵二万伐大荔，取其王城。"卷 15《六国年表》秦厉共公十六年栏曰："堑河旁，伐大荔，补庞戏城。"

厉共公二十一年，晋夺取了秦的武城。《史记》卷 5《秦本纪》载："(厉共公)二十一年，初县频阳。晋取武城。"

灵公六年(前 422)，魏城少梁，秦击之。《史记》卷 5《秦本纪》载："灵公六年，晋城少梁，秦击之。"此处的晋当指魏国而言。

灵公七年，魏大败秦军，一直攻打到郑，并在所攻得的洛阴、合阳筑城(参见第十章第四节)。

灵公十二年，秦补庞，城籍姑。《史记》卷 5《秦本纪》："(灵公)十三年(按，据《新编年表》当作十二年)，城籍姑。"卷 15《六国年表》灵公十二年栏曰："补庞，城籍姑。"

简公二年(前 415)，魏败秦，据秦之庞(参见第十章第四节)。同年，秦又与魏战，败郑下。

简公五年，魏将吴起率军伐秦，夺取了秦西河地区的临晋与元里等地，并在该二地筑城(参见第十章第四节)。至此，魏将河西地区大部分土地控制在自己手中。

简公六年，秦为防备魏之侵袭，而城重泉(今陕西省蒲城县东南)。《史记》卷 5《秦本纪》载："简公六年，令吏初带剑。堑洛。城重泉。"

敬公四年(前 404)，秦伐魏至阳狐。《史记》卷 44《魏世家》载："(文侯)二十四年①，秦伐我，至阳狐。"《六国年表》亦载此事。

敬公十一年，秦侵魏之阴晋。《史记》卷 44《魏世家》载："(文侯)三十六年②，秦侵我阴晋。"

敬公十三年，秦败魏于武下。《史记》卷 44《魏世家》载："(文侯)三十八年③，伐秦，败我武下，得其将识。"④此武下即前文所述的武城。

---

① 据《新编年表》，当为魏文侯三十九年，即秦敬公四年。

② 据同上表，当为魏文侯四十六年，即秦敬公十一年。

③ 据同上表，当为魏文侯四十八年，即秦敬公十三年。

④ 此处《史记》卷 44《魏世家》所载的"得其将识"句当有脱误，参见杨宽：《战国史料编年辑证》，第 229 页。

出子二年(前384),秦所据原晋之河西之地又复为魏所得(参见第十章第四节)。春秋时期,河西之地本为晋地,公元前645年,晋将河西地献给了秦国。《史记》卷5《秦本纪》载:穆公十五年[①]“十一月,(穆公)归晋君夷吾,夷吾献其河西地……是时秦地东至河”。此时晋(即魏)趁秦内乱复又占领了该地。

献公二年(前383),秦城栎阳。

献公十四年,赵败秦于高安。《史记》卷43《赵世家》载:“(成侯)四年,与秦战高安,败之。”据《新编年表》,秦献公十四年与赵成侯四年为同一年。

献公十九年,秦得魏之洛阴。《史记》卷15《六国年表》秦献公十九年栏曰:“败韩、魏洛阴。”既然是秦“败韩、魏洛阴”,则魏洛阴当于此后为秦所得。

献公二十一年,秦向东进军,攻打魏的河东之地,在石门大败魏军,赵派兵急救魏,方解秦之围。《史记》卷5《秦本纪》载:“(献公)二十一年(前364),与晋战于石门,斩首六万,天子贺以黼黻。”卷15《六国年表》秦献公二十一年栏曰:“章蛴与晋战石门,斩首六万,天子贺。”卷43《赵世家》载:“(成侯)十一年(前364),秦攻魏,赵救之石阿。”上述引文所提到的晋,当指魏而言。《秦本纪》、《六国年表》与《赵世家》所记当为一事,是石门与石阿当为一地。

献公二十三年,秦与魏在少梁作战,将魏击败,魏将公孙痤被俘,位于少梁东北的庞为秦所取。《史记》卷5《秦本纪》载:“(献公)二十三年,与魏晋战少梁,虏其将公孙痤。”卷44《魏世家》载:“(惠王)九年(前362),伐败韩于浍。与秦战少梁,虏我将公孙痤,取庞。”卷43《赵世家》载:“(成侯)十三年(前362),秦献公使庶长国伐魏少梁,虏其太子、痤。”

孝公元年(前361),秦出兵东围陕城。

孝公八年,秦与魏在元里交战,并夺取了魏的少梁。《史记》卷5《秦本纪》载:“(孝公)八年,与魏战元里。”卷44《魏世家》载:“(魏惠王)十七年(前354),与秦战元里,秦取我少梁。”同年,秦又伐郑。《水经·渠水注》引《竹书纪年》曰:“梁惠成王十六年(按,据《新编年表》,此为逾年法年次,实为魏惠成王十七年),秦公孙壮帅师伐郑,围焦城,不克。”亦在此年,秦将公孙壮帅军城上枳、安陵、山氏。《水经·渠水注》引《竹书纪年》曰:“梁惠成王十六年(按,实为魏惠成王十七年),秦公孙壮帅师城上枳、安陵、山氏。”

孝公十年,秦攻取了魏的安邑。后安邑又还属魏(参见第六章第三节)。

孝公十一年,秦“城商塞。卫鞅围固阳,降之”[②]。此处的固阳,当为魏地。

---

① 据《新编年表》,当为穆公十六年(前645)。

② 《史记》卷15《六国年表》。

《史记》卷44《魏世家》载:“(魏惠王)十九年(按,据《新编年表》,当为公元前352年),诸侯围我襄陵。筑长城,塞固阳。”此为明证。

孝公十二年,秦徙都咸阳。《史记》卷5《秦本纪》载:“(孝公)十二年,作为咸阳,筑冀阙,秦徙都之……东地渡洛。”

孝公十九年,秦城武城。《史记》卷15《六国年表》秦孝公十九年栏所谓“城武城”可资为证。

孝公二十四年,秦败魏于岸门。《史记》卷5《秦本纪》载:“(孝公)二十四年①,与晋战雁门,虏其将魏错。”《史记索隐》引《竹书纪年》曰:“与魏战岸门。”司马贞认为《秦本纪》此处所说的“雁门”应当是“岸门”的声误,秦与魏交战不应远至雁门。其说甚是。又,《史记》卷15《六国年表》秦孝公二十三年栏曰:“与晋战岸门。”据《新编年表》,此处的秦孝公二十三年,当从《秦本纪》作二十四年。

惠文君七年(前332),秦得魏阴晋之地,并更名为宁秦(参见第六章第二节)。武堵或亦即在此时属秦。

惠文君九年,秦在雕阴(今陕西省甘泉县南)大败魏军,该地当于此时属秦。秦又围魏焦(今河南省三门峡市以西)、曲沃(今三门峡市西南)之地。魏将河西之地给了秦国。《史记》卷5《秦本纪》载:“(惠文君)八年②,魏纳河西地。”卷44《魏世家》载:“(襄王)五年③,秦败我龙贾军四万五千于雕阴,围我焦、曲沃。予秦河西之地。”依据地望,合阳、临晋、元里等地处于河西地区,故这些地方至迟当于此时由魏属秦。同年,秦伐韩宜阳,取六邑④。

惠文君十年,秦攻取了魏的汾阴、皮氏、焦、曲沃。《史记》卷5《秦本纪》载:“(惠文君)九年⑤,渡河,取汾阴、皮氏。与魏王会应。围焦,降之。”卷44《魏世家》载:“(襄王)六年⑥,与秦会应。秦取我汾阴、皮氏、焦。”这里虽然未提及曲沃,但由上文所叙秦在前一年已围该地,并结合下文所叙,二年之后,秦又将焦与曲沃二地还给魏国,可知曲沃亦当在此时属秦。亦在同年,秦与赵在西河展开争夺,结果秦杀赵疪,越过西河,占领了赵的蔺和离石⑦,赵西境因此内缩。

① 据《新编年表》,秦孝公二十四年与魏惠成王三十三年为同一年,即公元前338年。
② 据同上表,此处惠文君八年所用为惠文君的溯上逾年法纪年,实即惠文君九年,即公元前330年。
③ 据同上表,当为魏惠成王更元五年,即公元前330年。
④ 《史记》卷15《六国年表》本将此事置于秦惠公九年栏,《史记》卷45《韩世家》系此事于韩列侯九年,此据《新编年表》改。
⑤ 据《新编年表》,此处惠文君十年所用为惠文君的溯上逾年法纪年,实即秦惠文君十一年,即公元前329年。
⑥ 据同上表,当为魏惠成王更元六年,即公元前329年。
⑦ 《史记》卷43《赵世家》。

惠文君十一年,秦夺得魏蒲阳(亦作“蒲子”,今山西省隰县),同时魏将上郡全境十五县之地献给了秦国。《史记》卷5《秦本纪》载:“(惠文君)十年……魏纳上郡十五县。”卷44《魏世家》载:“(襄王)七年,魏尽入上郡于秦。秦降我蒲阳。”卷15《六国年表》秦惠文王十年栏曰:“魏纳上郡。”魏襄王七年栏曰:“入上郡于秦。”卷70《张仪列传》载:“秦惠王十年,使公子华与张仪围蒲阳,降之。……魏因入上郡、少梁,谢秦惠王。惠王乃以张仪为相,更名少梁曰夏阳。”据《新编年表》,上引《魏世家》及《六国年表》中的魏襄王七年当为魏惠成王更元七年,与秦惠文王十年(此为溯上逾年法纪年,实为十一年)为同一年,即公元前328年。如此则该年上郡十五县之地尽入于秦。然其中的少梁,由前文知已在秦孝公八年(前354)由魏属秦,而此时又言秦得魏之少梁,盖秦在公元前354年一度取得少梁后,旋又为魏所有。直到二十五年后才最终由魏属秦①。同年,秦将焦与曲沃归还给了魏国(参见第十章第四节)。

惠文君十四年,秦取魏之陕(今河南省陕县西南)。《史记》卷5《秦本纪》载:“(惠文君)十三年②……使张仪伐取陕,出其人与魏。”卷15《六国年表》秦表中亦有相似记载。卷70《张仪列传》亦云:“居一岁,(仪)为秦将,取陕。筑上郡塞。”然《六国年表》又曰:“(秦惠公)十年……县陕。”此秦惠公据《新编年表》中的考证,当指秦惠文君,司马迁视为秦出子父惠公,误。而秦惠文君十年为公元前329年。既然秦惠文君十年秦已县陕,而十三年又曰秦取陕,则秦初县陕时,盖仅以陕部分之地而设,待三年之后方完全控制该地。此后陕县成为秦东进的重要据点。又,大约在是年,韩卢氏县属秦(参见第六章第二节)。

惠文王更元三年(前322),秦攻取了魏的曲沃(今山西省闻喜县东北)与平周(今山西省介休市西)二地。《史记》卷44《魏世家》载:“(襄王)十三年,秦取我曲沃、平周。”此处的魏襄王十三年,依《新编年表》,当作更元十三年,即公元前322年。

更元十年,秦夺取韩石章③。

更元十一年,秦将樗里子攻取魏的曲沃、岸门、焦。《史记》卷44《魏世家》载:“(哀王)五年(前314),秦使樗里子伐取我曲沃,走犀首岸门。”卷15《六国年表》魏哀王五年栏曰:“秦拔我曲沃,归其人。走犀首岸门。”然卷5《秦本纪》载:“(惠文王更元)十一年,樗里疾攻魏焦,降之。败韩岸门,斩首万,其将犀首

---

① 杨宽:《战国史料编年辑证》,第322页。
② 按,此处惠文君十三年所用为惠文君的溯上逾年法纪年,实即惠文君十四年。参见《新编年表》的考证。
③ 《史记》卷5《秦本纪》。

走。”卷45《韩世家》载：“（宣惠王）十九年（前314），大破我岸门。”皆言岸门为韩地，与上引《魏世家》及《六国年表》异。传统观点认为其时有魏岸门（今山西省河津市南）、韩岸门（今河南省许昌市西北），《中国历史地图集》亦持此说。但如果依据当时的形势来分析，犀首其时是魏相[①]，而由上引史料也可看出公元前314年秦所伐岸门应只有一处，因此可断其时秦所伐的岸门即靠近魏曲沃、焦的魏岸门[②]。《秦本纪》与《韩世家》所载并误。

更元十二年，位于赵西境的蔺为秦再次攻占。《史记》卷43《赵世家》载，赵武灵王十二年[③]，“秦拔我蔺，虏将军赵庄”。卷15《六国年表》赵武灵王十二年[④]栏曰：“秦拔我蔺，虏将赵庄。”秦惠文王十二年栏曰：“樗里子击蔺阳，虏赵将。”卷71《樗里子列传》载：“秦惠王二十五年（按，即秦惠王更元十二年），使樗里子为将伐赵，虏赵将军庄豹，拔蔺。”秦惠文王更元十二年与赵武灵王十二年同年，即公元前313年，是可知蔺又称蔺阳。然上文已述在公元前329年时，秦曾攻占了赵的蔺。故结合此处所引史料，可推知公元前329年之后不久，该地复为赵据。公元前313年，该地又被秦占领。

至迟武王四年（前307），皮氏由秦属魏（参见第十章第四节）。武王四年，秦得韩宜阳、武遂。《史记》卷5《秦本纪》载：“（武王）四年，拔宜阳，斩首六万。涉河，城武遂。”卷15《六国年表》秦武王四年栏曰：“拔宜阳城，斩首六万。涉河，城武遂。”则秦当于武王四年（前307）夺取该地，翌年武遂复由秦还属韩（参见第十章第二节）。

昭襄王四年（前303），秦取魏蒲阪（反）、晋阳（阳晋）、封陵[⑤]（《史记》之《秦本纪》、《魏世家》、《六国年表》及秦简《编年记》），且复取韩武遂[⑥]。

昭襄王五年，秦将蒲阪（反）又归还给了魏国[⑦]。

昭襄王十一年，齐、韩、魏、赵、宋、中山等国联合攻秦。《史记》卷5《秦本纪》载：“（昭襄王）十一年，齐、韩、魏、赵、宋、中山五国（《史记正义》曰：盖中山此时属赵，故云五国也）共攻秦，至盐氏而还。秦与韩、魏河北及封陵以和。”据此秦又将河北与封陵归还给了韩、魏二国。然《史记》卷45《韩世家》曰：“（襄

---

① 《史记》卷70《张仪列传》所附犀首传、《战国策·魏策一》及《战国策·韩策一》。
② 《中国历史地图集》将魏岸门不定点置于今山西河津市南，当误。
③ 《史记》卷43《赵世家》本作十三年，兹据《新编年表》改。
④ 同上书卷15《六国年表》本作十三年，兹据《新编年表》改。
⑤ 秦简《编年记》曰：“（昭王）四年攻封陵。”对照下文所引《史记》卷5《秦本纪》秦昭王十一年归封陵之事，可知，秦昭王四年的“攻封陵”后，当取之。
⑥ 《史记》卷45《韩世家》、卷15《六国年表》。
⑦ 同上书卷5《秦本纪》、卷44《魏世家》及卷15《六国年表》。

王)十六年,秦与我河外及武遂。”卷15《六国年表》韩襄王十六年栏曰:“秦与我武遂和。”卷44《魏世家》载:“(哀王)二十三年,秦复予我河外及封陵为和。”则可知《秦本纪》所言不甚确切。实际上,此役之后,秦将河外(北)地的一部分与武遂给了韩国,又将河外(北)地的另一部分与封陵给了魏国。

昭襄王十二年,赵广衍当已属秦(参见第六章第三节)。

昭襄王十三年,秦取韩武始并攻韩新城。《史记》卷5《秦本纪》曰:“(昭襄王)十三年,向寿伐韩,取武始。左更白起攻新城。”卷73《白起王翦列传》曰:“昭王十三年,而白起为左庶长,将而击韩之新城。”秦昭襄王十三年为公元前294年,据此则秦于公元前299年从楚得新城后,又至迟在公元前294年前复为韩所得。同年,赵肤施、定阳属秦(参见第六章第三节)。

昭襄王十四年,秦败韩赵联军于伊阙。《史记》卷5《秦本纪》曰:“(昭襄王)十四年,左更白起攻韩、魏于伊阙,斩首二十四万……拔五城。”卷40《楚世家》曰:“(顷襄王)六年(按,据《新编年表》,此事在楚顷襄王四年,即公元前293年,秦昭襄王十四年),秦使白起伐韩于伊阙,大胜,斩首二十四万。”《白起王翦列传》:秦昭王十四年,白起“攻韩、魏于伊阙……拔五城……涉河取韩安邑以东,到乾河”。因伊阙属韩,故此时秦所取得的五城当为韩地。又,秦简《编年记》载:“(昭王)十三年,攻伊阙。十四年,伊阙。”据此可知这次伊阙之战前后进行了两年。

昭襄王十五年,秦将白起攻魏,取垣,旋又归还给魏。《史记》卷5《秦本纪》载:“(昭襄王)十五年,大良造白起攻魏,取垣,复予之。”

昭襄王十七年,秦攻垣及蒲阪、皮氏,垣又为秦攻取。《史记》卷5《秦本纪》曰:“(昭襄王)十七年……秦以垣为蒲阪、皮氏。”《史记索隐》曰:“‘为’当为‘易’,盖字讹也。”杨宽对《索引》之说提出否定意见,以为《秦本纪》所载“(昭襄王)十七年,秦以垣为蒲阪、皮氏”当作“秦攻垣及蒲阪、皮氏”,并引秦简《编年记》此年“攻垣、枳”及《白起列传》此年“起与客卿错攻垣城,拔之”为证[①]。其说甚是,今从之。是垣县当在秦昭襄王十五年秦夺取后不久即复归还给魏。而在两年之后(前290)秦重新从魏处夺得。同年,魏又将河东四百里之地送给了秦国。亦在此年,韩将武遂二百里的地方送给秦国(《史记·韩世家》)。

昭襄王十八年,秦仍攻蒲阪。秦简《编年记》载:“(昭王)十八年,攻蒲反。”蒲反,当即蒲阪。该地或即在是年由魏属秦。杨宽以为秦在前一年已攻取了蒲阪[②],

① 杨宽:《战国史》(增订本),第380页注(2)。
② 同上书,第380页。

恐不确。

昭襄王十九年，秦攻取魏轵等六十一城。《史记》卷44《魏世家》载："（昭王）七年（前289），秦拔我城大小六十一。"《六国年表》秦昭襄王十八年（按，依《新编年表》当作十九年）栏曰："客卿错击魏至轵，取城大小六十一。"《穰侯列传》载："穰侯封四年（按，依《新编年表》，当秦昭王十九年，即前288），为秦将攻魏，魏献河东方四百里。拔魏之河内，取城大小六十余。"依《新编年表》的考证，由于秦、魏两国纪年不同，秦取魏六十一城之事，在秦为公元前288年，在魏为公元前289年。同年，又得赵之梗阳（参见第六章第三节）。

昭襄王二十年，秦司马错攻魏，取新垣、曲阳。《史记》卷5《秦本纪》载："（昭襄王）十八年（按，据《新编年表》当为二十年），错攻垣、河雍，决桥取之。"卷44《魏世家》载："（昭王）九年（前287），秦拔我新垣、曲阳之城。"上引《秦本纪》中所提到的"垣"，结合《魏世家》所载，可知当是"新垣"，而不应是位于今山西省垣曲县东南的垣。因后者在三年前已由魏属秦。

昭襄王二十一年，魏献安邑（参见第六章第二节）。同年，秦败韩兵于夏山。《史记》卷45《韩世家》载："（韩釐王）十年，秦败我师于夏山。"[①]秦简《编年记》载："（昭王）廿一年，攻夏山。"又，至迟此年，魏绛县属秦（参见第五章第四节）。

昭襄王二十二年，秦攻赵，夺取了西都与中阳二地。《史记》卷5《秦本纪》载："（惠文王）九年（据《新编年表》，当昭襄王二十二年，穰侯相秦九年）伐取赵中都、西阳。"卷43《赵世家》载："（武灵王）十年（据《新编年表》，当惠文王十四年，即前285），秦取我西都及中阳。"[②]据《新编年表》的考证，秦昭襄王二十二年与赵惠文王十四年为同一年，即公元前285年。其中《秦本纪》中所提到的"中都、西阳"，杨宽从梁玉绳之说，认为应从《赵世家》作"西都、中阳"。据《汉志》，二地皆属河西郡，而中都属太原，西阳属山阳。是时秦不能攻至中都、西阳[③]。今从其说。

昭襄王二十四年，秦取魏安城，至魏都大梁，迫于燕、赵救魏之兵，旋又离去。《史记》卷5《秦本纪》载："（昭襄王）二十四年……秦取魏安城，至大梁，燕、赵救之，秦军去。"又，秦简《编年记》载："（昭王）廿四年，攻林。"此"林"，杨宽认为位于魏都大梁之西北，今河南省中牟县东北，临近黄河[④]，今从之。此

---

① 《史记》卷15《六国年表》同。

② 今本《史记》卷43《赵世家》有误作"中都、西阳"者。参见杨宽：《战国史料编年辑证》，第499页。

③ 杨宽：《战国史料编年辑证》，第499页。

④ 同上书，第817页。

“攻林”之战所指,当即上文《秦本纪》所言伐魏至大梁之举。

昭襄王二十五年,秦拔赵二城。《史记》卷5《秦本纪》载:“(昭襄王)二十五年,拔赵二城。”秦简《编年记》载:“(昭王)廿五年,攻兹氏。”其中一城当即指兹氏,而另一城估计当在赵之西境(参见第十章第三节)。

昭襄王二十六年,秦取赵之石城(邑)。亦在同年,赵蔺、离石为秦所攻取。《史记》卷4《周本纪》载苏厉谓周君曰:“秦破韩、魏,扑师武,北取赵蔺、离石者,皆白起也。”《战国策》之《西周策》及《赵策三》亦皆有类似记载,据《新编年表》的考证,以上史料皆为秦昭王二十六年(前281)之事。秦简《编年记》亦曰:“(昭王)廿六年,攻离石。”依据以上史料,则蔺当在公元前313年后再次由秦还属赵,然后又在公元前281年最终由赵属秦①。又由上述知,离石已在公元前329年属秦,是据此所载史料,则离石亦当在公元前329年后复由秦还属赵,然后又在公元前281年再次由赵属秦。此外,祁亦在此年为秦所取(参见第六章第三节)。

昭襄王二十七年,秦得赵代之光狼城。《史记》卷5《秦本纪》载:“(昭襄王)二十七年,错攻楚。赦罪人迁之南阳。白起攻赵,取代光狼城。又使司马错发陇西,因蜀攻楚黔中,拔之。”卷43《赵世家》载:“(惠文王)十九年(前280),秦取赵二城。”《秦本纪》所说的秦所得赵二城中的一城当即光狼城。另一城,杨宽以为是代(今河北省蔚县东北)②。然代与光狼城二地相距甚远,且代深处赵国北境,秦军其时似不能攻取之,故在此不取其说。

昭襄王三十一年,秦将白起攻魏,得魏二城。《史记》卷5《秦本纪》载:“(昭襄王)三十一年,白起伐魏,取两城。”卷44《魏世家》载:“安釐王元年(前276),秦拔我两城。”

昭襄王三十二年,秦攻魏,得魏三县,其中一县当为温县。《史记》卷5《秦本纪》载:“(昭襄王)三十二年,相穰侯攻魏,至大梁,破暴鸢,斩首四万,鸢走,魏入三县请和。”卷44《魏世家》载:“(安釐王)二年(前275),又拔我二城,军大梁下,韩来救,予秦温以和。”卷72《穰侯列传》载:秦昭王三十二年,“秦使穰侯伐魏,斩首四万,走魏将暴鸢,得魏三县”。又,秦简《编年记》曰:“(昭王)卅二

---

① 又,《史记》卷73《白起列传》载:“(秦昭襄王)四十六年,秦攻韩缑氏、蔺,拔之。”秦昭襄王四十六年为公元前261年,故据此似蔺迟至该年方属秦。其实不然,此处的蔺当为纶之音转,《史记正义》已作了很好的解释:“按,检诸地记,颍川无蔺。《括地志》云:‘洛州嵩县本夏之纶国也,在缑氏东南六十里。’《地理志》云:‘纶氏属颍川郡。’按,既攻缑氏、蔺,二邑合相近,恐纶、蔺声相似,字随音而转作蔺。”

② 杨宽:《战国史》(增订本),第399页。

年，攻启封。”马非百认为开封在汉以前本名启封，汉人为避景帝名启之讳而改为开封，此处所说的“启封”即开封，是魏大梁旁之小邑[①]，应是。如此秦当在此年又曾攻打魏之启封。

昭襄王三十三年，秦又得魏四城。《史记》卷44《魏世家》载：“（安釐王）三年（前274），秦拔我四城。”《六国年表》魏安釐王三年栏曰：“秦拔我四城，斩首四万。”卷5《秦本纪》载：“（昭襄王）三十三年，客卿胡阳攻魏卷、蔡阳、长社，取之。”秦简《编年记》曰：“（昭王）卅三年，攻蔡、中阳。”此四城结合《秦本纪》与秦简《编年记》所载当是卷、蔡（阳）、长社及中阳。

昭襄王三十四年，秦攻华阳，魏献南阳（修武）以和。《史记》卷5《秦本纪》载：“（昭襄王）三十三年（按，当为三十四年）……击芒卯华阳，破之，斩首十五万。魏入南阳以和。”卷44《魏世家》载：“（安釐王）四年（前273），秦破我及韩、赵，杀十五万人，走我将芒卯。魏将段干子请予秦南阳以和。”卷15《六国年表》秦昭襄王三十四年栏曰：“白起击魏华阳军，芒卯走，得三晋将，斩首十五万。”魏安釐王四年栏曰：“与秦南阳以和。”卷73《白起列传》载：“昭王三十四年，白起攻魏，拔华阳，走芒卯，而虏三晋将，斩首十三万。与赵将贾偃战，沉其卒二万于河中。”秦简《编年记》载：“（昭王）卅四年，攻华阳。”又，《秦本纪》载：“（昭襄王）三十四年，秦与魏、韩上庸地为一郡，南阳免臣迁居之。”其中的“秦与魏、韩上庸地为一郡，南阳免臣迁居之”，《新编年表》补为“秦[以南阳]与魏、韩上庸地为一郡，南阳免臣迁居之”。然上庸地乃秦从楚国手中所夺，魏、韩未闻据有过上庸，“韩”上庸当为“楚”上庸之讹。因此《秦本纪》此处不仅有脱文，且有衍文与讹文，似应作“秦[以]魏南阳与(韩)[楚]上庸地为一郡，免臣迁居之”。若此，则其时秦又在此年筹置南阳郡。

昭襄王三十五年，正式设置南阳郡。《史记》卷5《秦本纪》载：“（昭襄王）三十五年，佐韩、魏、楚伐燕。初置南阳郡。”

昭襄王三十六年，秦伐齐的刚、寿。《史记》卷5《秦本纪》载：“（昭襄王）三十六年，客卿灶攻齐，取刚、寿，予穰侯。”其中的“取刚、寿”，据《新编年表》的考证，当为“伐刚、寿”之误。

昭襄王三十七年，秦取齐之刚、寿。《史记》卷46《田敬仲完世家》载：“（襄王）十四年（前270），秦击我刚、寿。”卷15《六国年表》齐襄王十四年栏曰：“秦楚击我刚、寿。”据《新编年表》的考证，此二处的“击我刚、寿”乃“取我刚、寿”之

---

① 参见马非百：《云梦秦简大事记集传》，《中国历史文献研究集刊》第二集。另外，在马氏之前，清人钱献之、吴侃叔皆以为启封即是开封（参见黄盛璋：《云梦秦简〈编年记〉地理与历史问题》）。

误。秦简《编年记》亦曰:“卅七年,耤寇刚。”其中的“寇刚”即是攻取刚之意[①]。

昭襄王三十八年,秦与韩军在赵的阏与交战,结果赵趁机败秦(参见第十章第三节)。

昭襄王三十九年,秦夺取了魏的怀。《史记》卷44《魏世家》载:“(安釐王)九年(前268),秦拔我怀。”卷15《六国年表》魏安釐王九年栏曰:“秦拔怀城。”秦简《编年记》载:“(昭王)卅九年,攻怀。”

昭襄王四十一年,秦攻取了魏的邢丘。《史记》卷5《秦本纪》曰:“(昭襄王)四十一年夏,攻魏,取邢丘、怀。”秦简《编年记》曰:“(昭王)卌一,攻邢丘。”《史记》卷44《魏世家》载:“(安釐王)十一年(前266),秦拔我郪丘。”《史记集解》引徐广曰:“郪丘,一作‘廪丘’,又作‘邢丘’。”卷15《六国年表》魏安釐王十一年栏曰:“秦拔我廪丘。”《史记集解》引徐广曰:“或作‘邢丘’。”至于其中《秦本纪》所提到的“怀”,《史记考证》曰:“此两年事并入一年。”甚是。邢丘本韩地,据上所引,可知公元前266年前邢丘当由韩属魏,之后又由魏属秦。

昭襄王四十二年,韩少曲、高平为秦所得。《史记》卷79《范雎列传》载:“范雎相秦二年,秦昭王之四十二年,东伐韩少曲、高平,拔之。”秦简《编年记》载:“卌二年,攻少曲。”同年,秦攻取了赵的三城。《史记》卷43《赵世家》:“孝成王元年(前265),秦伐我,拔三城。”

昭襄王四十三年,秦攻韩,夺取了九城。《史记》卷5《秦本纪》载:“(昭襄王)四十三年,武安君白起攻韩,拔九城,斩首五万。”卷45《韩世家》:“(桓惠王)九年(前264),秦拔我陉,城汾旁。”卷73《白起列传》载:“(秦)昭王四十三年,白起攻韩陉城,拔五城,斩首五万。”卷79《范雎蔡泽列传》:“(秦)昭王四十三年,秦攻韩汾陉,拔之,因城河上广武。”从上述史料中,可知此九城中应有陉城。亦在此年,秦得西周所献的三十六城,西周亡。《史记》卷5《秦本纪》载:“(昭襄王)五十一年(按,据《新编年表》,当作四十三年,即前264)……西周君走来自归……尽献其邑三十六城。”西周君所居的河南当在此时属秦。

昭襄王四十四年,秦攻韩南阳(修武)。《史记》卷5《秦本纪》载:“(昭襄王)四十四年,攻韩南(郡)[阳],取之。”卷15《六国年表》秦昭襄王四十四年栏曰:“攻韩,取南阳。”韩桓惠王十年栏曰:“秦击我太行。”卷73《白起列传》载:“(昭王)四十四年,白起攻南阳太行道,绝之。”《史记集解》引徐广曰:“此南阳,河内修武是也。”《史记正义》曰:“案,南阳属韩,秦攻之,则韩太行羊肠道绝

---

① 参见马非百:《云梦秦简大事记集传》。又,杨宽以为所识“寇刚”之“寇”字,恐不确。参见其《战国史料编年辑证》,第906页。

矣。"其说应是。秦简《编年记》曰:"(昭王)卌四年,攻大行。"其中的"大行",即指太行山无疑①。此亦可证秦所攻之南阳地在太行山附近。由上文知,南阳(修武)已在昭襄王三十四年时,由魏入秦。而此处又言秦攻韩南阳(修武),是该地当在属秦后,又为韩所得,并在昭襄王四十四年时重又属秦。

昭襄王四十五年,秦伐韩,取十城。《史记》卷5《秦本纪》载:"(昭襄王)四十五年,五大夫贲攻韩,取十城。"又,卷73《白起列传》载:"(秦昭王)四十五年,伐韩之野王。野王降秦,上党道绝。"秦简《编年记》载:"(昭王)卌五年,攻大壄王。"马非百以为其中脱"行"字,疑当作"攻大(太)行、壄(野)王"②,应是。因此在这一年,韩野王亦属秦。

昭襄王四十六年,秦将白起攻取韩之缑氏、纶(参见第五章第二节及第六章第三节)。秦简《编年记》又载同年"攻□亭"。马非百以为"亭"前所缺之字当是"冯",即冯亭。时冯亭为韩上党郡守,他将韩上党郡降赵。秦"攻冯亭"当即是"攻上党"。其论可备一说③。

昭襄王四十七年,赵国所控制的韩上党郡开始为秦所攻取(参见第八章第三节)。亦在此年,秦大破赵于长平,长平当属秦。《史记》卷5《秦本纪》载:"(昭襄王)四十七年,秦攻韩上党,上党降赵。……大破赵于长平,四十余万尽杀之。"秦简《编年记》载:"(昭王)卌七,攻长平。"

昭襄王四十八年,韩献秦垣雍。同时秦攻取赵武安、皮牢及太原郡。赵又献六城与秦和。《史记》卷5《秦本纪》载:"(昭襄王)四十八年,韩献垣雍。秦军分为三军。武安君归。王龁将伐赵武安④、皮牢,拔之。司马梗北定太原,尽有韩上党。正月,兵罢,复守上党。"卷73《白起列传》载:"(秦昭王)四十八年十月,秦复定上党郡。秦分军为二:王龁攻皮牢,拔之;司马梗定太原。……(秦王听相应侯之言)割韩垣雍、赵六城以和。"秦简《编年记》载:"(昭王)卌八年,攻武安。"由上引文亦知,被赵国控制的韩上党郡之地完全归入秦国版图之中⑤。赵长子随之复属秦。其后,韩又从秦处夺得上党郡地(参见第八章第二节)。

昭襄王五十年,秦围赵之邯郸,并拔韩之郑及魏的宁新中。秦简《编年记》载:昭王五十年,"攻邯单"。邯单,当即邯郸。《史记》卷15《六国年表》秦昭襄王五十年栏曰:"王龁、郑安平围邯郸,及龁还军,拔新中。"卷5《秦本纪》载:"(昭襄王)五十年……张唐攻郑,拔之。……攻汾城,即从唐拔宁新中,宁新中

---

①②③　马非百:《云梦秦简大事记集传》。

④　中华书局标点本《史记》删去"武安",误。马非百已言之。

⑤　参见谭其骧:《秦郡新考》,载《长水集》(上),第3页;杨宽:《战国史》(增订本),第416页,及附录一《战国郡表》(六)秦国设置的郡,第681页。

更名安阳。”旋郑复属韩(参见第六章第二节)。

昭襄王五十一年,秦夺取了韩之阳城、负黍,又攻占了赵二十余县。《史记》卷5《秦本纪》载:“(昭襄王)五十一年,将军摎攻韩,取阳城、负黍,斩首四万。攻赵,取二十余县,首虏九万。”卷45《韩世家》载:“(桓惠王)十七年,秦拔我阳城、负黍。”秦简《编年记》载:“(昭襄王)五十一年,攻阳城。”

昭襄王五十二年,秦灭东周,得周之五县。《史记》卷15《六国年表》秦昭襄王五十二年曰:“取西周。”据《新编年表》,其中的“西”字当是衍文,应是取东周。《史记》卷4《周本纪》载:“后七岁,秦庄襄王灭东周。”《史记集解》引徐广曰:“周比亡之时,凡七县,河南、洛阳、谷城、平阴、偃师、巩、缑氏。”此事据《新编年表》的考证,当在秦昭襄王五十二年。然其中提及的河南,在公元前264年秦灭西周君已属秦,而缑氏县亦已在昭襄王四十六年(前261)前属韩(参见第五章第二节),《集解》此处所载有误,故秦其时应得东周五县。

昭襄王五十三年,秦取魏之吴城。《史记》卷5《秦本纪》载:“(昭襄王)五十三年,天下来宾。魏后,秦使摎伐魏,取吴城。”至此,魏河东之地尽为秦所据。

庄襄王二年(前249),秦伐韩,韩献成皋、荥阳。同时置三川郡。《史记》卷5《秦本纪》载:“庄襄王元年(按,据《新编年表》,当为二年)……使蒙骜伐韩,韩献成皋、巩。秦界至大梁,初置三川郡。”卷45《韩世家》载:“(桓惠王)二十四年(前249),秦拔我城皋、荥阳。”因巩为东周属邑,在公元前255年时已属秦,是此处《秦本纪》之文应据《韩世家》改作荥阳①。

庄襄王三年,秦取魏高都、汲二城。《史记》卷5《秦本纪》载:“(庄襄王)二年(据《新编年表》,当三年,即前248),蒙骜攻魏高都、汲,拔之。”同年,又得赵榆次、新城、狼孟、盂、邬等三十七城。此三十七城即赵太原郡地(参见第六章第三节)。

庄襄王四年,韩上党郡地最终属秦(参见第八章第二节)。亦在此年,秦置太原郡(参见第九章第二节)。又由前文知,公元前259年秦已平定赵太原郡,是结合以上结论,可推断在公元前259年与前248年之间,赵复一度曾将太原郡从秦处夺回。也在此年,赵晋阳属秦。《水经·汾水》曰:“(汾水)东南过晋阳县东,晋水从县南东流注之。”郦道元注曰:“太原郡治晋阳城,秦庄襄王三年立。”然秦置太原郡当在秦庄襄王四年,即公元前247年,是晋阳当在是年由赵属秦。然该地属秦后旋反秦(参见第十章第三节)。

秦王政元年(前246),大将蒙骜平定晋阳的叛乱。《史记》卷6《秦始皇本纪》载:“晋阳反,元年,将军蒙骜击定之。”卷43《赵世家》载:“(孝成王)二十年

---

①　此点《新编年表》已指出。

(前 246 年),秦王政初立。秦拔我晋阳。”卷 15《六国年表》始皇帝元年栏曰:“击取晋阳。”赵孝成王二十年栏曰:“秦拔我晋阳。”

秦王政二年,秦复取魏卷。《史记》卷 6《秦始皇本纪》载:“二年,麃公将卒攻卷,斩首三万。”秦简《编年记》载:秦王政“三年,卷军”。其中“卷军”,当指麃公将卒攻卷之事无疑。由上文知,卷地早在秦昭襄王三十三年(前 274)时由魏属秦。此处秦又攻之,当是得而复失,故有再次攻取之事。

秦王政三年,秦攻取韩十三城。《史记》卷 6《秦始皇本纪》载:“三年,蒙骜攻韩,取十三城。”卷 45《韩世家》载:“(桓惠王)二十九年,秦拔我十三城。”卷 15《六国年表》始皇帝三年栏曰:“蒙骜击韩,取十三城。”韩桓惠王二十九年栏曰:“秦拔我十三城。”卷 88《蒙恬列传》载:“始皇三年,蒙骜攻韩,取十三城。”

至迟秦王政四年,秦陶郡之地为魏所取,陶县亦当由秦入魏(参见第九章第二节)。

秦王政四年,秦夺取魏畼、有诡二地。《史记》卷 6《秦始皇本纪》载:“四年,(蒙骜)拔(魏)畼、有诡。”

秦王政五年,秦拔魏酸枣、燕、虚、长平、雍丘、山阳等二十城,随后即建立了东郡(参见第九章第二节)。

秦王政六年,秦取魏的朝歌,又攻占了卫国,迁卫君及其从属由濮阳而至野王。《史记》卷 6《秦始皇本纪》载:“六年……拔卫,迫东郡,其君角率其支属徙居野王,阻其山以保魏之河内。”卷 44《魏世家》载:“(景湣王)二年,秦拔我朝歌。卫徙野王。”卷 15《六国年表》魏景湣王二年栏曰:“秦拔我朝歌,卫从濮阳徙野王。”卷 37《卫康叔世家》载:“元君十四年,秦拔魏东地,秦初置东郡,更徙卫野王县,而并濮阳为东郡。”按,据《新编年表》,上引《卫康叔世家》所载“元君十四年”当作“元君二十四年”,而“更徙卫野王县”之事则在元君二十五年,即公元前 241 年。

秦王政七年,秦拔魏汲。《史记》卷 44《魏世家》:“(景湣王)三年(前 240),秦拔我汲。”公元前 248 年,秦已从魏国手中夺取了汲,此时又复取,当是汲在公元前 248 年后又复属魏之故。

秦王政九年,秦攻取了魏首垣、蒲阳及衍三地。《史记》卷 6《秦始皇本纪》曰:“九年……攻魏垣、蒲阳……杨端和攻衍氏。”《魏世家》载:“(景湣王)五年,秦拔我垣、蒲阳、衍。”卷 15《六国年表》魏景湣王五年栏曰:“秦拔我垣、蒲阳、衍。”上述史料中所提及的垣当即首垣。随后秦又攻占了魏的仁、平丘、小黄、济阳、甄城等地。《战国策·秦策四》顷襄王二十年章又载:“(秦)又取蒲、衍、首垣,以临仁、平丘、小黄、济阳、婴(甄)城,而魏氏服矣。”杨宽据此认为秦在夺取了首垣、蒲阳及衍三地后，又先后攻占了魏的仁、平丘、小黄、济阳、甄城等地[①]。今从其说。

秦王政十一年，秦攻赵，得数城，其中有邺、阏与、橑阳、安阳等地。《史记》卷6《秦始皇本纪》载："十一年，王翦、桓齮、杨端和攻邺，取九城。王翦攻阏与、橑阳，皆并为一军。翦将十八日，军归斗食以下，什推二人从军。取邺、安阳，桓齮将。"卷43《赵世家》载："(悼襄王)九年，赵攻燕，取貍阳城。兵未罢，秦攻邺，拔之。"卷73《王翦列传》载："始皇十一年，翦将攻赵阏与，破之，拔九城。"秦王政十一年与赵悼襄王九年为同一年。

秦王政十三年，秦将桓齮攻赵平阳。《史记》卷6《秦始皇本纪》载："十三年，桓齮攻赵平阳，杀赵将扈辄，斩首十万。"

秦王政十四年，秦攻赵之赤丽、宜安，李牧率师与秦军战于肥下，抵挡住了秦军[②]。李牧因此被赵王封为武安君。后秦军终于攻取宜安，又夺取平阳、武城。《史记》卷6《秦始皇本纪》曰："十四年，攻赵军于平阳，取宜安，破之，杀其将军。桓齮定平阳、武城。"[③]上述之事，据《新编年表》的考证，当为公元前234年之事。亦在同年，赵云中、雁门二郡属秦，秦置此二郡[④]。云中、善无二地当随之为秦县。

秦王政十五年，秦与赵将李牧大战于番吾，夺取了赵的狼孟、番吾。《史记》卷6《秦始皇本纪》载："十五年，大兴兵，一军至邺，一军至太原，取狼孟。"卷43《赵世家》曰："(幽缪王迁)四年，秦攻番吾，李牧与之战，却之。"卷15《六国年表》赵王迁四年栏曰："秦拔我狼孟、鄱吾，军邺。"公元前248年，秦已夺取了狼孟，此次复取，当是在公元前248年之后，该地复属赵之故。亦在此年，赵将五城割给秦国。《史记》卷71《樗里子甘茂列传》载：赵襄王从甘罗言，"赵王立自割五城(与秦)以广河间。秦归燕太子"。此事据《新编年表》的考证，当在公元前232年。

秦王政十六年，魏献地于秦。《史记》卷6《秦始皇本纪》载："十六年……魏献地于秦。秦置丽邑。"

秦王政十七年，秦军虏韩王安，韩地尽入于秦。秦置颍川郡。《史记》卷6

---

① 杨宽：《战国史》(增订本)，第427～428页及428页注1。又，《史记》卷78《春申君列传》亦载：春申君上书秦昭王曰："王修甲息众，二年而后复之；又并蒲、衍、首垣，以临仁、平丘，黄、济阳婴城而魏氏服。"《史记索隐》曰："仁及平丘二县名。谓以兵临此二县，则黄及济阳等自婴城而守也。"《新编年表》将春申君上书说秦昭王之事系于楚顷襄王二十年(前277)以后。

② 《史记》卷43《赵世家》将此事系于幽缪王迁三年，兹据《新编年表》考证改。

③ 同上书卷15《六国年表》亦载此事，文字略同。

④ 参见谭其骧：《秦郡新考》，《长水集》(上)，第3页；杨宽：《战国史》(增订本)，第429页，及附录一《战国郡表》(六)秦国设置的郡，第682页。

《秦始皇本纪》载:“十七年,内史腾攻韩,得韩王安,尽纳其地为郡,命曰颍川。”卷15《六国年表》始皇帝十七年栏曰:“内史(胜)[腾]击得韩王安,尽取其地,置颍川郡。”卷45《韩世家》载:“(王安)九年,秦虏王安,尽入其地,为颍川郡。韩遂亡。”卷34《燕召公世家》载:“(今王喜)二十五年,秦虏灭韩王安,置颍川郡。”秦简《编年记》载:“(始皇)十七年,攻韩。”

秦王政十九年,秦取赵东阳、邯郸。《史记》卷6《秦始皇本纪》载:“十九年,王翦、羌瘣尽定取赵地东阳,得赵王。”卷43《赵世家》载:“(幽缪王迁)七年(前229),秦人攻赵,赵大将李牧、将军司马尚将,击之。李牧诛,司马尚免,赵怱及齐将颜聚代之。赵怱军破,颜聚亡去。以王迁降。八年十月,邯郸为秦。”此处的“八年”,当为七年之误(参见第六章第四节)。

秦王政二十一年,秦攻取燕都蓟城等地。《史记》卷6《秦始皇本纪》载:“二十一年……(王贲)取燕蓟城……燕王东收辽东而王之。”

秦王政二十二年,秦攻取大梁,灭魏。又攻齐,得齐河东九县。《史记》卷6《秦始皇本纪》载:“二十二年,王贲攻魏,引河沟灌大梁,大梁城坏,其王请降,尽取其地。”卷44《魏世家》载:“(王假)三年(前225),秦灌大梁,虏王假,遂灭魏以为郡县。”卷5《秦本纪》载:“(昭襄王)二十二年(按,据《新编年表》,当秦王政二十二年),蒙武伐齐河东,为九县。”

秦王政二十五年,先后灭掉燕、赵之残部。《史记》卷34《燕召公世家》载:“(王喜)二十七年(前228),秦虏赵王迁,灭赵。赵公子嘉自立为代王。”卷43《赵世家》载:“秦既虏迁,赵之亡大夫共立嘉为王,王代六岁,秦进兵破嘉,遂灭赵以为郡。”卷6《秦始皇本纪》载:“二十五年(前222),大兴兵,使王贲将,攻燕辽东,得燕王喜。还攻代,虏代王嘉。”

秦始皇二十六年,秦最终灭齐,一统天下。《史记》卷6《秦始皇本纪》载:“二十六年,齐王建与其相后胜发兵守其西界,不通秦。秦使将军王贲从燕南攻齐,得齐王建。”

二、南部疆域的变动

厉共公二十六年(前452),秦城南郑。《史记》卷15《六国年表》秦厉共公二十六年栏曰:“左庶长城南郑。”南郑本为古蜀国地,在今陕西省汉中市一带①。此时言秦城南郑,说明在此之前,秦已从蜀国夺取了该地②。

---

① 参见《大清一统志》卷238汉中府古迹南郑故城下所述。

② 徐少华:《周代南土历史地理与文化》,第325～326页。

躁公二年(前442),秦所控制的南郑复反。《史记》卷5《秦本纪》载:“躁公二年,南郑反。”南郑反秦后,当复归于蜀①。

惠文君十三年(前326),秦伐蜀,再次夺取了南郑。《史记》卷5《秦本纪》载:“(惠公)十三年(按,据《新编年表》,当作惠文君十三年),伐蜀,取南郑。”然卷15《六国年表》却曰:“蜀取我南郑。”因此前南郑当属蜀(见上文),是可断《六国年表》所说当是“取蜀南郑”之讹。

惠文王更元九年(前316),秦灭蜀。《史记》卷5《秦本纪》载:“(惠文王)九年,司马错伐蜀,灭之。”卷15《六国年表》惠文王九年栏曰:“击蜀,灭之。”

更元十三年,秦军击楚于丹阳,虏其将屈匄,斩首八万;又攻楚汉中,取地六百里,楚丹阳及汉中郡为秦所得。《史记》卷40《楚世家》载:“(怀王)十七年春,与秦战丹阳,秦大败我军,斩甲士八万,虏我大将军屈匄、裨将军逢侯丑等七十余人,遂取汉中之郡。楚怀王大怒,乃悉国兵复袭秦,战于蓝田,大败楚军。”卷5《秦本纪》载:“(惠文王)十三年,庶长章击楚于丹阳,虏其将屈匄,斩首八万;又攻楚汉中,取地六百里,置汉中郡。”卷71《樗里子甘茂列传》曰:“明年(按,指秦惠文王更元十三年),(樗里子)助魏章攻楚,败楚将屈匄,取汉中地。”《华阳国志·蜀志》载:“(周赧王)三年,分巴、蜀置汉中郡。”上引《楚世家》中的楚怀王十七年,据《新编年表》,当作十五年,而楚怀王十五年即秦惠文王更元十三年(前312)。又《华阳国志·蜀志》所说的周赧王三年,当是常璩依据《六国年表》中周赧王三年与秦惠文王更元十三年排在同一年所致,其实司马迁在这里是误排了《六国年表》,据《新编年表》,与秦惠文王更元十三年为同一年的当是周赧王十一年,《华阳国志·蜀志》所载亦应相应调整至周赧王十一年才是。故由上述史载可知公元前312年秦夺取了楚之汉中郡。亦在此年,秦取楚上庸之地。《战国策·秦策二》载甘茂谓秦武王曰:“臣闻张仪西并巴蜀之地,北取西河之外,南取上庸,天下不以多张仪而贤先王。”《史记》卷71《樗里子甘茂列传》亦载此事。据《新编年表》,张仪取上庸在秦惠文王更元十三年(前312),则是年上庸由楚归秦。

更元十四年,秦夺得楚召陵。且蜀相杀蜀侯,与丹、犁二国一同降秦。《史记》卷5《秦本纪》载:“(惠文王更元)十四年,伐楚,取召陵。丹、犁臣,蜀相壮杀蜀侯来降。”

昭襄王三年(前304),秦将上庸归还楚。《史记》卷5《秦本纪》载:昭襄王三年,“与楚王会蒲黄棘,与楚上庸”。卷40《楚世家》亦载:“二十五年,怀王入

① 徐少华:《周代南土历史地理与文化》,第325～326页。

与秦昭王盟,约于黄棘。秦复与楚上庸。"卷15《六国年表》楚怀王二十五年栏亦曰:"与秦王会黄棘,秦复归我上庸。"据《新编年表》,《楚世家》及《六国年表》所云楚怀王二十五年当依《秦本纪》改作与秦昭襄王三年相当的楚怀王二十三年(前304),据此则是年上庸县由秦复属楚。

昭襄王六年,蜀侯复反,秦派司马错平定之。《史记》卷5《秦本纪》载:"(昭襄王)六年,蜀侯煇反,司马错定蜀。"同年,秦伐韩,夺取了韩邑穰[1]。穰本战国楚邑,《元和郡县图志》卷21邓州穰县下谓穰"取丰穰之义"。后属韩。《史记正义》引郭仲产《南雍州记》云:"楚之别邑。秦初伐楚,封公子悝为穰侯。后属韩,秦昭王取之也。"然《水经·淯水注》曰:"(朝水)又东南迳穰县故城南,楚别邑也,秦拔鄢郢,即以为县。秦昭王封相魏冉为侯邑。"程恩泽《国策地名考》卷3据此以为郭仲产谓秦初伐楚,封公子悝为穰侯有误,当是。

昭襄王六年,攻打楚之新城,七年拔之,八年新城又为韩据(参见第六章第二节)。

昭襄王八年,楚重丘为秦等国所据。《史记》卷40《楚世家》曰:"(怀王)二十八年,秦乃与齐、韩、魏共攻楚,杀楚将唐眛,取我重丘而去。"此处重丘似应为秦所攻取。亦在此年,楚新市属秦。《史记》卷5《秦本纪》载:"(昭襄王)八年,使将军芈戎攻楚,取新市。"

昭襄王九年,楚襄城属秦。《史记》卷15《六国年表》楚怀王二十九年栏曰:"秦取我襄城。"然由于司马迁在《六国年表》中将楚怀王二十九年与秦昭襄王成七年置于同一年,又在《秦本纪》中言:"(昭襄王)七年,拔新城。"因此以往的学者便以为襄城又称新城。其实此说不确。据《新编年表》,楚怀王二十九年当与秦昭襄王九年(前298)为同一年,如此,襄城与新城自当为二地,二者了不相涉。故该年(前298),楚襄城县属秦。其后该地又属魏(见下文)。

昭襄王十年,秦又攻取了楚之八城。《史记》卷5《秦本纪》:"(昭襄王)九年(前298)……奂攻楚,取八城,杀其将景快。"卷40《楚世家》亦曰:"(怀王)二十九年(前298),秦复攻楚,大破楚,楚军死者二万,杀我将军景缺。……三十年,秦复伐楚,取八城。"此处秦取楚八城的时间,虽然《秦本纪》与《楚世家》所记相差一年,但结合两处记载分析,可以看出秦得楚八城时间应以《楚世家》所载为是。

昭襄王十一年,秦攻取楚析及十五城。《史记》卷40《楚世家》载:"顷襄王横元年(前296),秦要怀王不可得地,楚立王以应秦,秦昭王怒,发兵出武关攻

---

① 《史记》卷45《韩世家》、卷15《六国年表》。

楚,大败楚军,斩首五万,取析十五城而去。"《史记集解》引徐广曰:"年表(按,指《史记》卷15《六国年表》)云:取十六城。既取析,又并左右十五城也。"其说是。

昭襄王十二年,魏襄城属秦。《史记》卷44《魏世家》:"昭王元年(前295),秦拔我襄城。"而由上文知秦曾于公元前298年由楚国夺取襄城。故据上所引,其地又于公元前295前年由秦属魏。

昭襄王十五年,秦又夺得楚宛、叶。《史记》卷5《秦本纪》载:"(昭襄王)十五年……攻楚,取宛。"卷72《穰侯列传》载:秦昭襄王十五年,"又取楚之宛、叶"。

昭襄王十六年,秦攻取韩宛。《史记》卷45《韩世家》载:"(釐王)五年,秦拔我宛。"①然上文公元前292年所引《秦本纪》之文已明证宛本属楚。对于上述《韩世家》与《秦本纪》两处所述,程恩泽(《国策地名考》卷7)、顾观光(《七国地理考》卷3)皆以为宛盖一地而分属韩、楚,而秦并之。其说或是。亦在此年,秦攻轵与邓二地。《史记》卷45《秦本纪》载:"(昭襄王)十六年,左更错取轵及邓。"据此似秦应在该年夺得此二地。然秦简《编年记》又载:"(昭王)十七年(前290),攻垣、枳。"枳即轵。既然秦在昭襄王十七年还攻轵,则说明十六年秦并未夺得轵,因此《秦本纪》所载"取轵及邓"或恐为"攻轵及邓"之讹。

昭襄王二十七年,秦败楚军,楚将汉北与上庸地给了秦国。《史记》卷40《楚世家》曰:"(顷襄王)十九年,秦伐楚,楚军败,割上庸、汉北地予秦。"卷15《六国年表》楚顷襄王十九年栏曰:"秦败我军,与秦汉北及上庸地。"此处的楚顷王十九年,依《新编年表》,当作十七年,即公元前280年,则该年上庸复由楚属秦。亦在此年,秦得楚黔中郡地(参见第九章第一节)。

昭襄王二十八年,秦攻取了楚的鄢、邓及西陵等地。《史记》卷5《秦本纪》载:"(昭襄王)二十八年,大良造白起攻楚,取鄢、邓。赦罪人迁之。"卷40《楚世家》载:"(顷襄王)二十年(据《新编年表》,当作十八年,即前279),秦将白起拔我西陵。"卷73《白起王翦列传》载:"后七年(按,即秦昭王二十八年),白起攻楚,拔鄢、邓五城。"②

昭襄王二十九年,楚都郢、楚先王墓所在地夷陵、竟陵、安陆为秦所占据,楚被迫迁都于陈③。《史记》卷5《秦本纪》载:"(昭襄王)二十九年,大良造白起攻楚,取郢为南郡,楚王走。"卷40《楚世家》载:"(顷襄王)二十一年(据《新编

---

① 《史记》卷15《六国年表》韩釐王五年栏曰:"秦拔我宛城。"
② 梁玉绳《史记志疑》综合《秦本纪》、《楚世家》等记载,以为《白起列传》所说的拔鄢、邓五城,当是拔鄢、邓、西陵三城之误。
③ 杨宽:《战国史》(增订本),附录一《战国郡表》(四)楚国设置的郡,第679页。

年表》,当作十九年,即前 278),秦将白起遂拔我郢,烧先王墓夷陵。楚襄王兵散,遂不复战,东北保于陈城。"卷 78《春申君列传》载:"当是之时,秦已前使白起攻楚,取巫、黔中之郡,拔鄢郢,东至竟陵,楚顷襄王东徙治于陈县。"卷 44《魏世家》载:"(昭王)十八年,秦拔郢,楚王徙陈。"卷 33《鲁世家》载:"顷公二年,秦拔楚之郢,楚顷王东徙于陈。"据《新编年表》的考证,由于鲁国纪年与秦楚的不同,鲁顷公二年所在的公元前 279 年,应与秦楚公元前 278 年为同一年。《史记》卷 15《六国年表》秦昭襄王二十九年栏曰:"白起击楚,拔郢,更东至竟陵,以为南郡。"楚顷王二十一年(按,当作十九年)栏曰:"秦拔我郢,烧夷陵,王亡走陈。"秦简《编年记》又曰:"(昭王)廿九年,攻安陆。"是安陆亦应在白起所取的楚城之列①。

昭襄王三十年,秦攻取了巫郡,并复取楚黔中郡。次年,秦所得楚之江旁地(黔中郡地)又为楚收回。

昭襄王四十六年,楚将夏州给了秦国。《史记》卷 40《楚世家》载:"考烈王元年(前 261),纳[夏]州于秦以平。是时楚益弱。"②杨宽认为夏州当为楚东部之地区名,指汉水与长江合流之间,包括汉阳以下,长江以西之水泽地带,为楚东边之要地③。其说存此备考。

秦王政二十三年(前 224),秦灭楚。《史记》卷 5《秦始皇本纪》载:"二十三年,(王翦)击荆。取陈以南至平与,虏荆王。秦王游至郢陈。荆将项燕立昌平君为荆王,反秦于淮(徐广曰:"淮"一作"江")南。"按,此处的"淮南"疑是"江南"之讹④。由上文知楚江南地本在顷襄王三十一年时为楚收回,此处又言"反秦于江南",是楚江南地当在秦王政二十三年前又属秦。《史记》卷 40《楚世家》载:"(王负刍)五年(前 224),秦将王翦、蒙武遂破楚国,虏楚王负刍,灭楚名为郡云。"卷 73《白起王翦列传》:"(秦王政)遂使李信及蒙恬将二十万南伐荆。……李信攻平舆,蒙恬攻寝,大破荆军。信又攻鄢郢,破之,于是引兵而西,与蒙恬会城父。"

秦王政二十四年,秦攻楚之残部,夺取了蕲。《史记》卷 6《秦始皇本纪》载:"二十四年,王翦、蒙武攻荆。破荆军,昌平君死,反,项燕遂自杀。"卷 40

① 马非百:《云梦秦简大事记集传》,《中国历史文献研究集刊》第二集。
② 《史记》卷 40《楚世家》原文作"纳州于秦"。杨宽据《史记・苏秦列传・集解》引徐广所说"楚考烈王元年秦取夏州"而加以补正。今从之。参见杨宽:《战国史料编年辑证》,第 968 页。
③ 杨宽:《战国史料编年辑证》,第 968～969 页。
④ 参见黄盛璋:《云梦秦简〈编年记〉地理与历史问题》。不过他在稍后的另一篇文章里又认为《秦始皇本纪》所记的"淮南"如非"淮北"之讹,当即"淮阳"之讹。见黄盛璋:《云梦秦简辨正》,《考古学报》1979 年第 1 期。

《楚世家》载:“(王负刍)四年,秦将王翦破我军于蕲。”此处的楚王负刍四年,据《新编年表》的考证,应为秦王政二十四年,即公元前223年,亦即楚越君元年。

秦王政二十五年,灭掉楚之残部。《史记》卷6《秦始皇本纪》载:“二十五年……王翦遂定荆江南地;降越君,置会稽郡。”

三、北部疆域的变迁

厉共公三十三年(前445),秦伐义渠。《史记》卷5《秦本纪》载:“(厉共公)三十三年,伐义渠,虏其王。”

躁公十三年(前431),义渠侵秦至渭南。《史记》卷5《秦本纪》载:“(躁公)十三年,义渠来伐,至渭南。”卷15《六国年表》秦躁公十三年栏曰:“义渠伐秦,侵至渭阳。”①

惠文君五年(前334),秦伐绵诸。《史记》卷15《六国年表》秦惠公五年栏曰:“伐诸繇。”此处的秦惠公五年,据《新编年表》,当作秦惠文君五年。其中的“诸繇”,杨宽以为当为“绵(緜)诸”之误。绵诸是西戎的一支,在今甘肃天水市,汉曾置有绵诸道,属天水郡。因此后不见有绵诸的记载,当为秦灭于此时②。

惠文君十一年,秦取义渠二十五城,并县之(参见第六章第二节)。

四、小结

以上对战国时期秦国的疆域变动情况,按地理方位分别进行了考察。为了更明晰地了解秦国疆域的整体变化,下面再按时间顺序选取一些主要时段作一综述。

厉共公二十一年(前457),秦东境有大荔、庞戏城、频阳、郑、洛阴、郃阳、籍姑、庞、临晋、元里、重泉、栎阳、咸阳、陕、武遂、封陵,南境有南郑。

灵公十二年(前416),东境无武城、洛阴,合阳,南境无南郑。

简公六年(前411),东境无庞、临晋、元里。

敬公四年(前404),东境增阳狐。

出子二年(前384),东境增武城(武下),失所领之河西地。

献公二十三年(前362),东境复得庞、洛阴。

孝公十年(前352),东境增少梁。

---

① 此处《史记》卷15《六国年表》所说的“渭阳”,恐非,当从卷5《秦本纪》。参见杨宽:《战国史料编年辑证》,第138页。

② 杨宽:《战国史料编年辑证》,第218页。

惠文君十一年(前 328),东境增合阳、阴晋(宁秦)、武堵、汾阴、皮氏、焦、曲沃、蔺、离石、蒲子,复得所失河西之地,另外,魏上郡十五县之地尽入于秦;北境增绵诸、义渠。

惠文王更元十一年(前 315),东境增陕(原属韩部分)、平周、石章、岸门、卢氏,南境增南郑、蜀地,北境增义渠二十五城。

昭襄王十四年(前 293),东境增武始、原韩地五城,无河外(北)地的一部分及武遂、封陵;南境增丹阳、原楚汉中郡地、召陵、重丘、新城、析等地。

昭襄王二十三年(前 284),东境增原魏河东四百里之地、韩武遂二百里之地、魏六十一城、新垣、曲阳、安邑、西都、中阳、轵,南境增宛、叶。

昭襄王五十三年(前 254),东境增安城、兹氏、石城、祁、光狼城、仁、平丘、温、卷、蔡(阳)、长社、中阳、南阳、刚、寿、怀、邢丘、少曲、高平、缑氏、纶、长平、垣雍、武安、皮牢、长子、宁新中(安阳)、阳城、负黍、河南、洛阳、谷城、平阴、偃师、巩、缑氏、吴城等地,南境增楚汉北之地、上庸、鄢、邓、西陵、郢、夷陵、竟陵、安陆、原楚之巫郡、江南地、黔中郡地、州。

庄襄王四年(前 247),东境增成皋、荥阳、高都、汲及榆次、新城、狼孟、盂、邬等原赵太原郡地、原韩上党郡地。

秦王政十五年(前 232),东境增魏暘、有诡、酸枣、燕、虚、长平、雍丘、山阳、濮阳、首垣、蒲阳、衍、小黄、济阳、甄、邺、阏与、橑阳、安阳、宜安、平阳、武城、原赵云中、雁门二郡地(包括云中、善无)、番吾,失陶郡。

秦王政二十二年(前 225),韩地尽入于秦(秦颍川郡地),东阳、邯郸、蓟、大梁、齐河东九县等地属秦,魏亡。

秦王政二十六年(前 221)时,秦灭掉燕、赵、楚、齐,一统天下。

附　　录

一、附　图

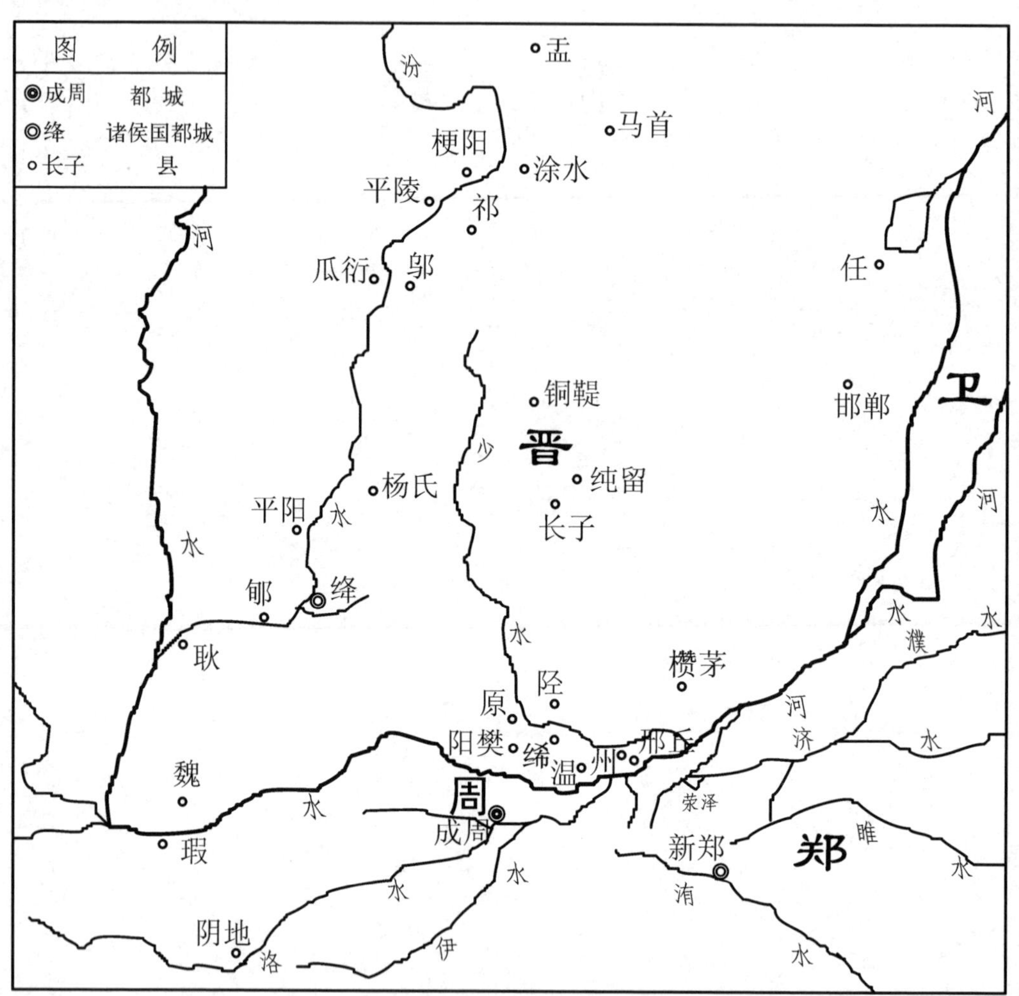

1. 公元前500年晋县分布示意图

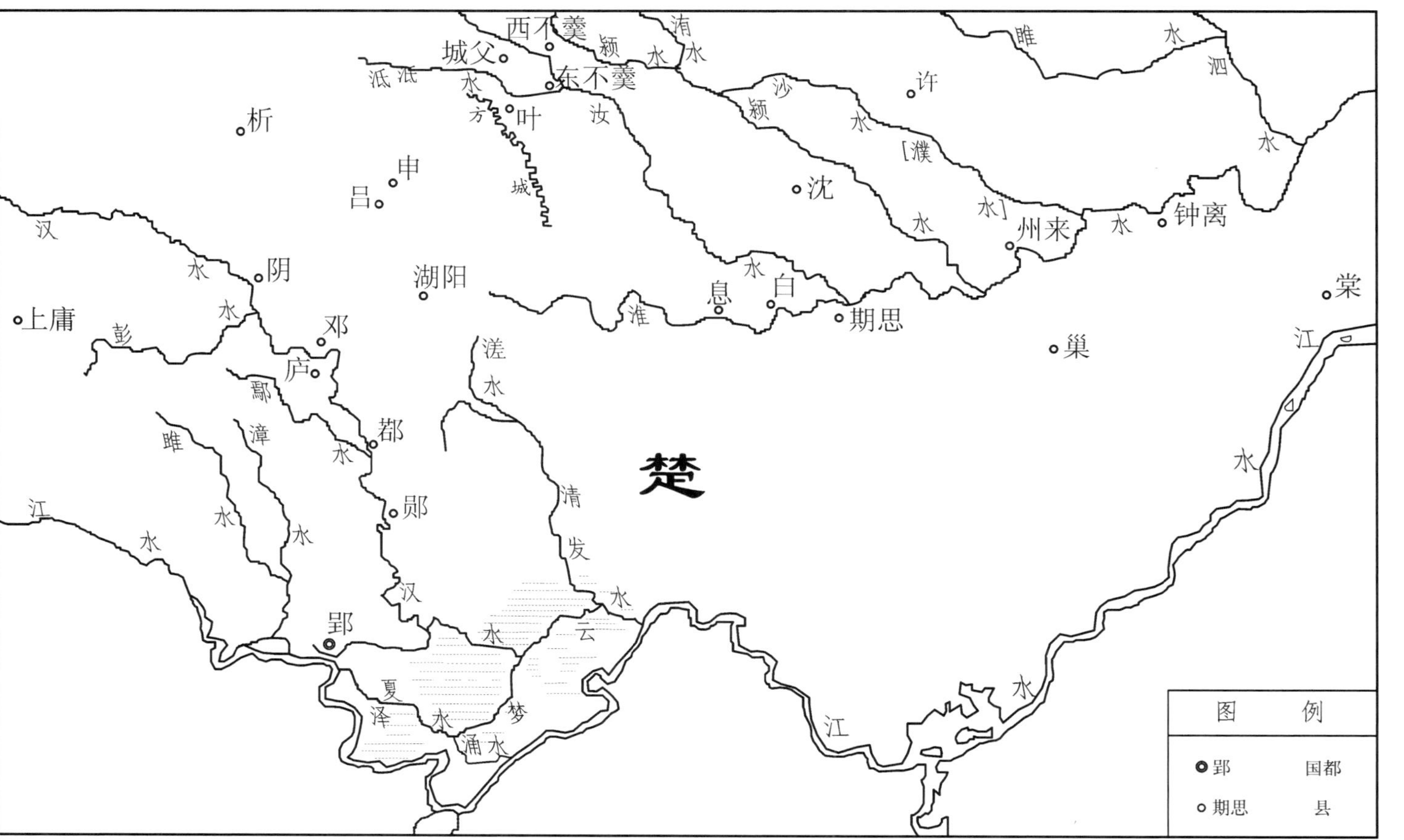

2. 公元前522年楚县分布示意图

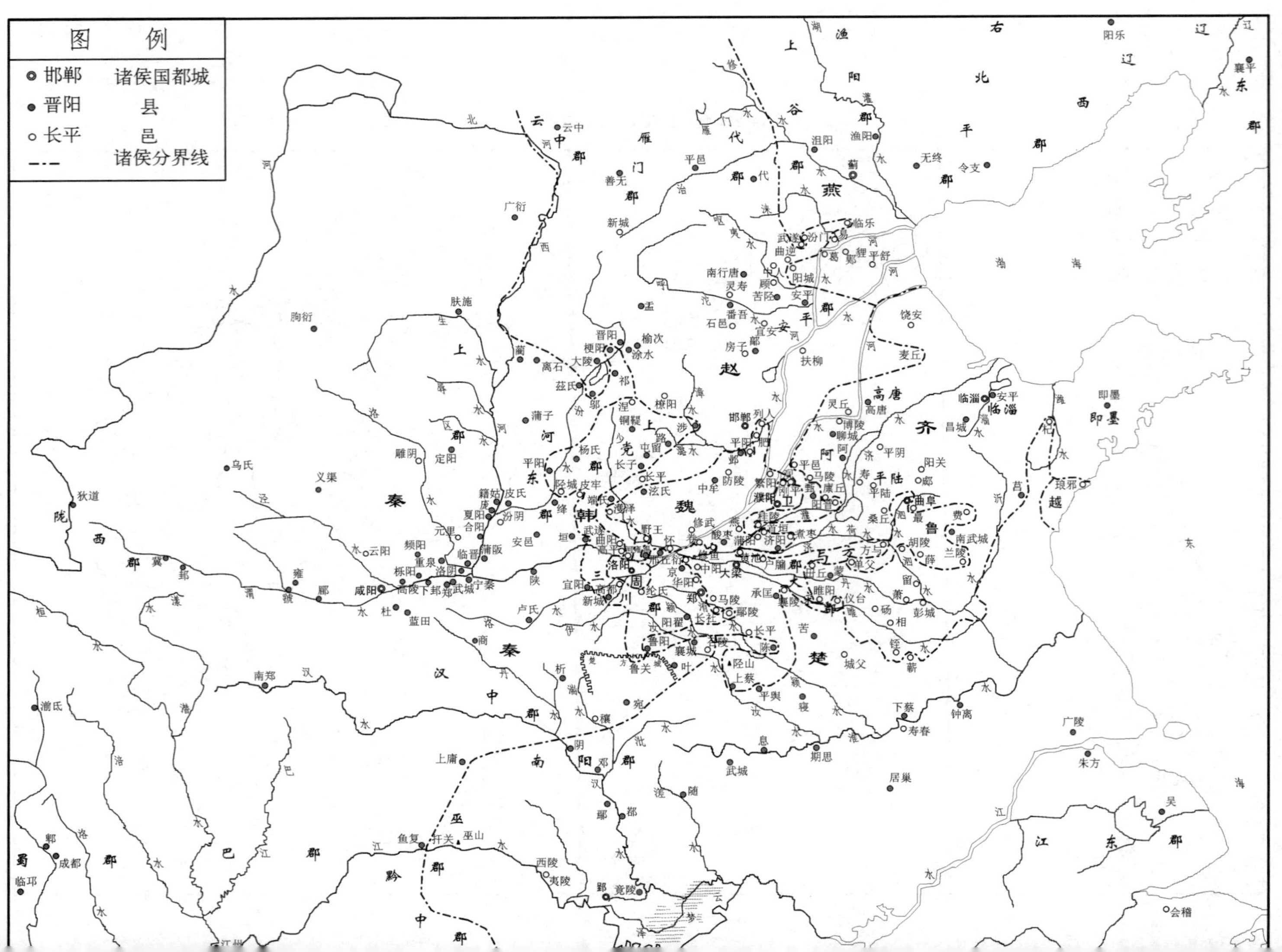
图　例
邯郸　诸侯国都城
晋阳　县
长平　邑
诸侯分界线
燕
赵
齐
魏
韩
鲁
秦
楚
越
临淄
邯郸
咸阳
洛阳
大梁
晋阳
曲阜
上党郡
河东郡
南阳郡
三川郡
巴郡
蜀郡
陇西郡
上郡
云中郡
雁门郡
代郡
上谷郡
渔阳郡
右北平郡
辽西郡
辽东郡
江东郡
黔中郡
汉中郡
东海

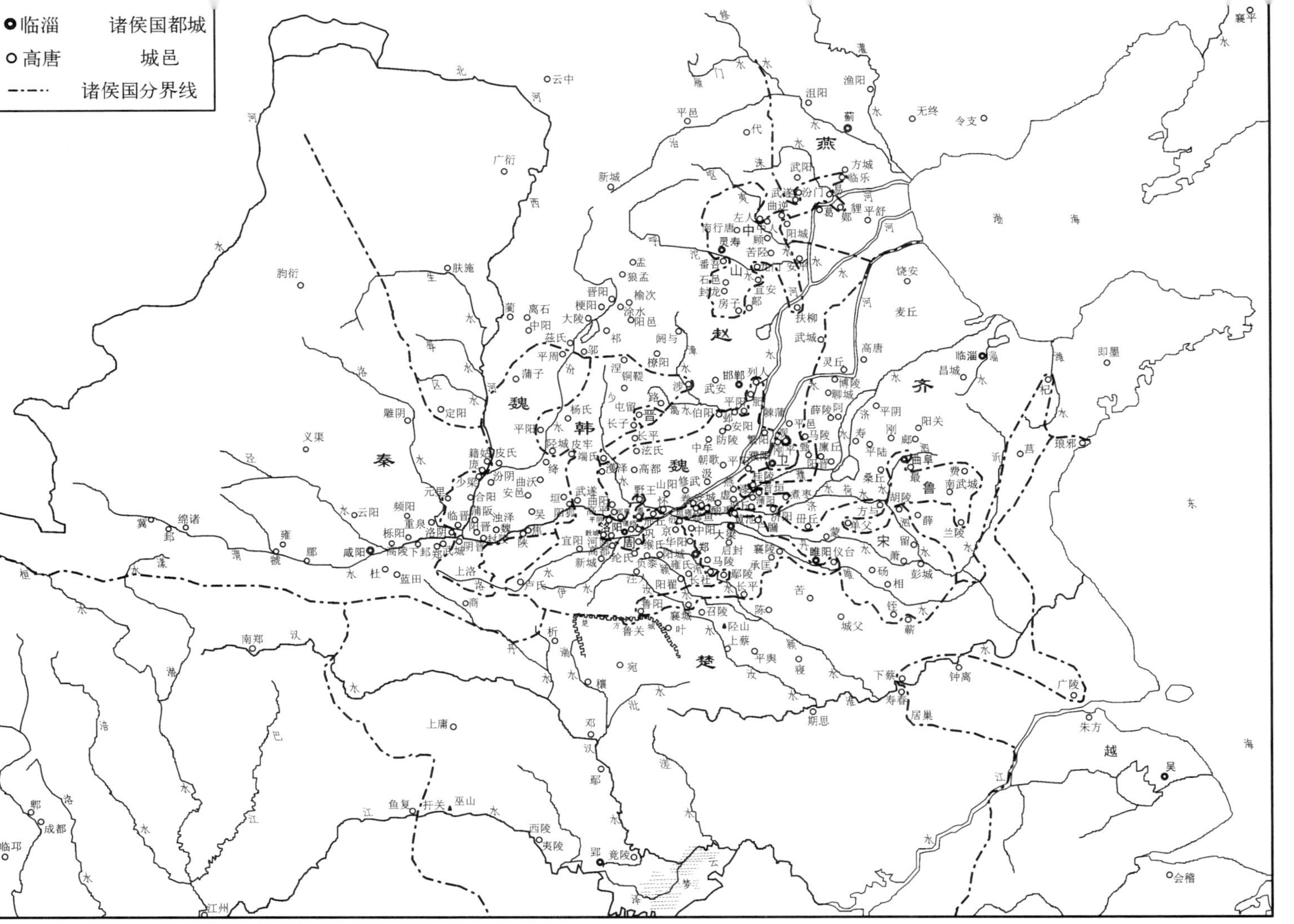

4. 公元前 350 年诸侯国疆域形势示意图

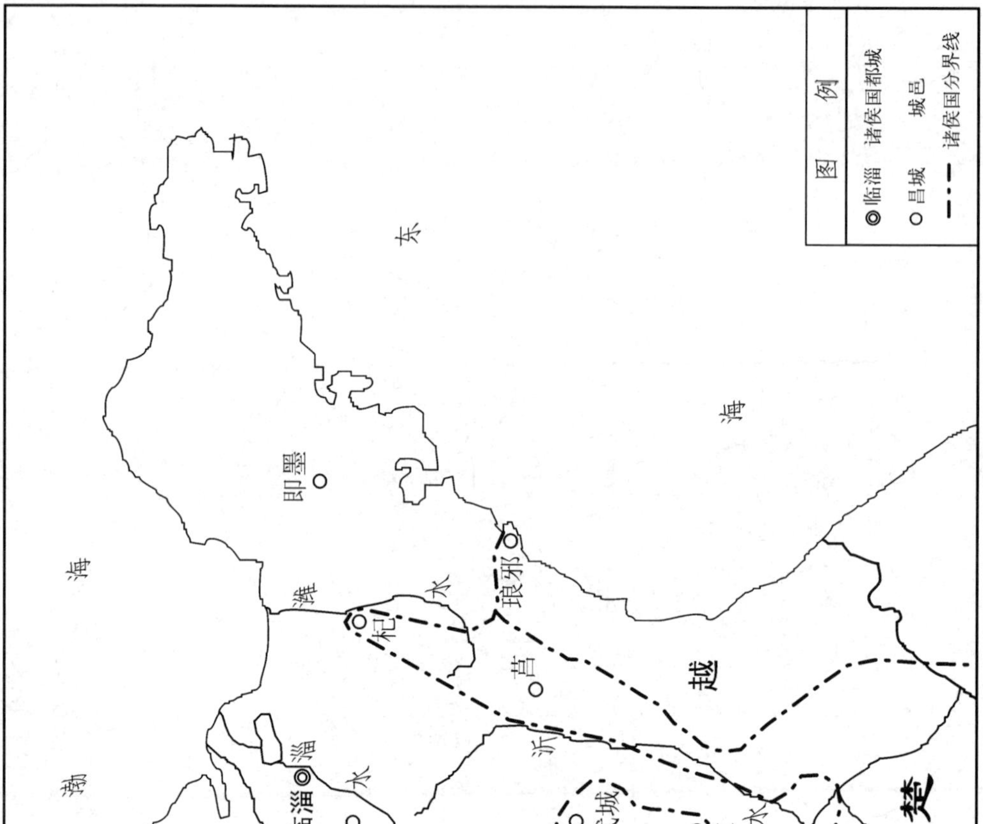

5. 公元前350年齐、鲁、宋三国疆域形势示意图

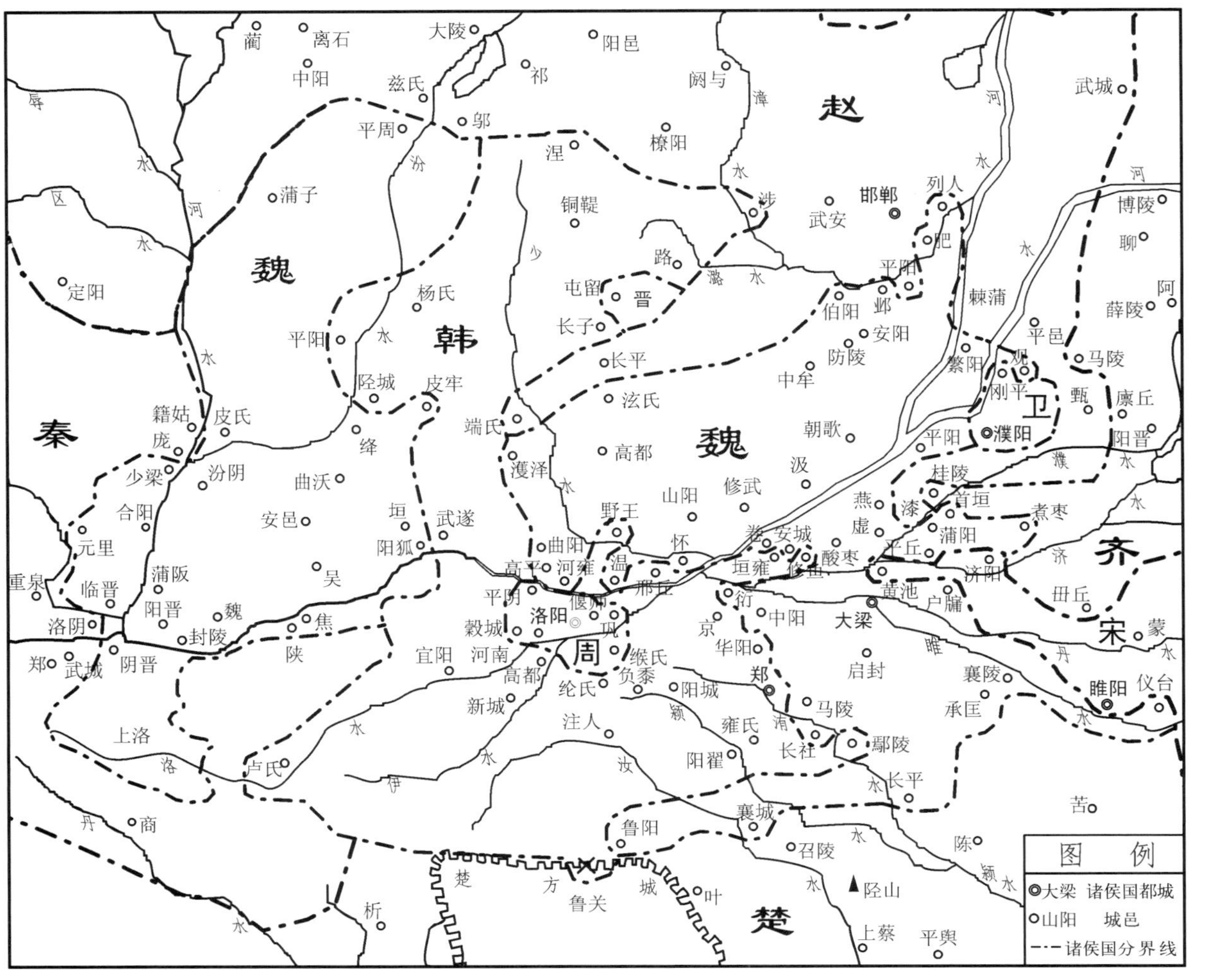

6. 公元前350年韩、魏二国疆域形势示意图

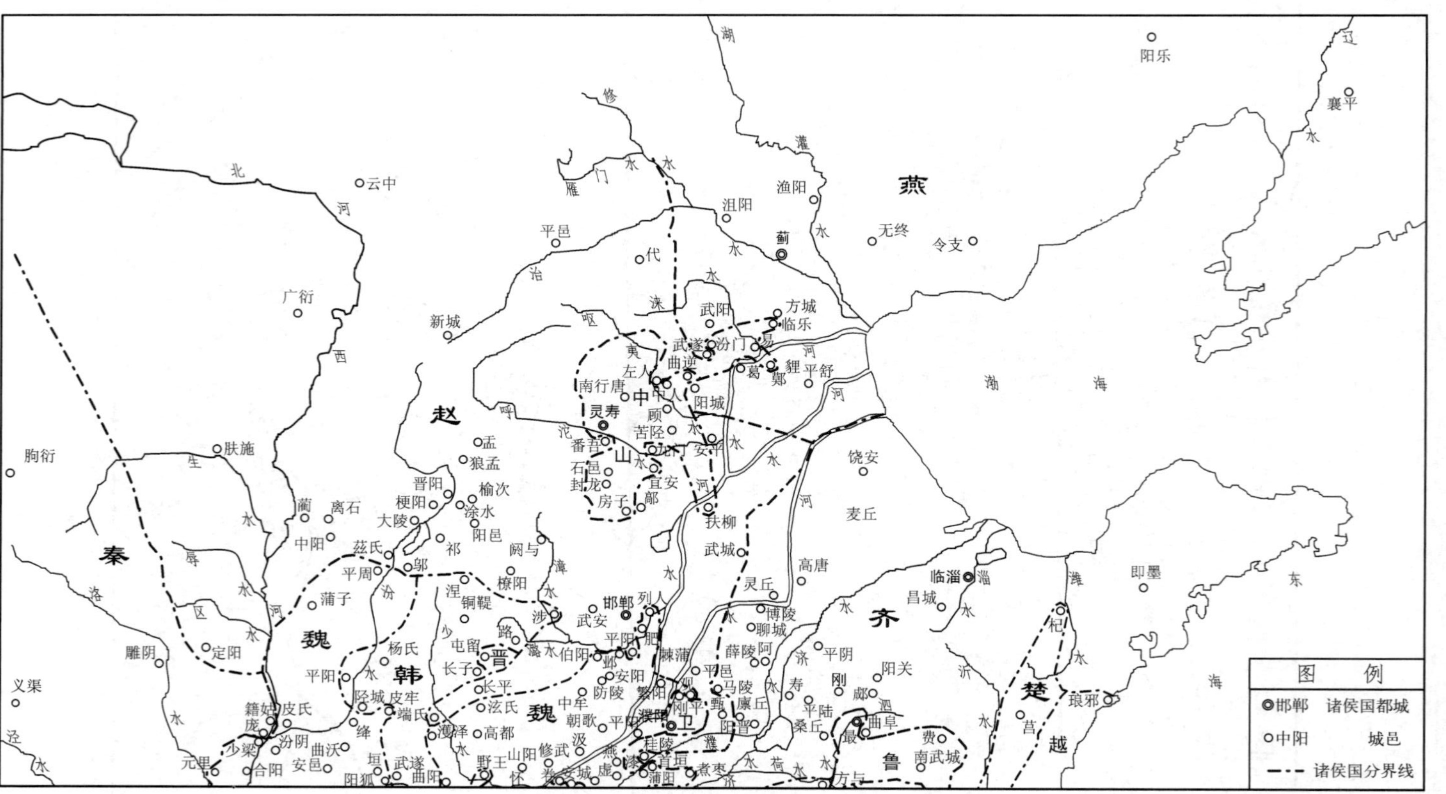

7. 公元前350年赵、中山、燕三国疆域形势示意图

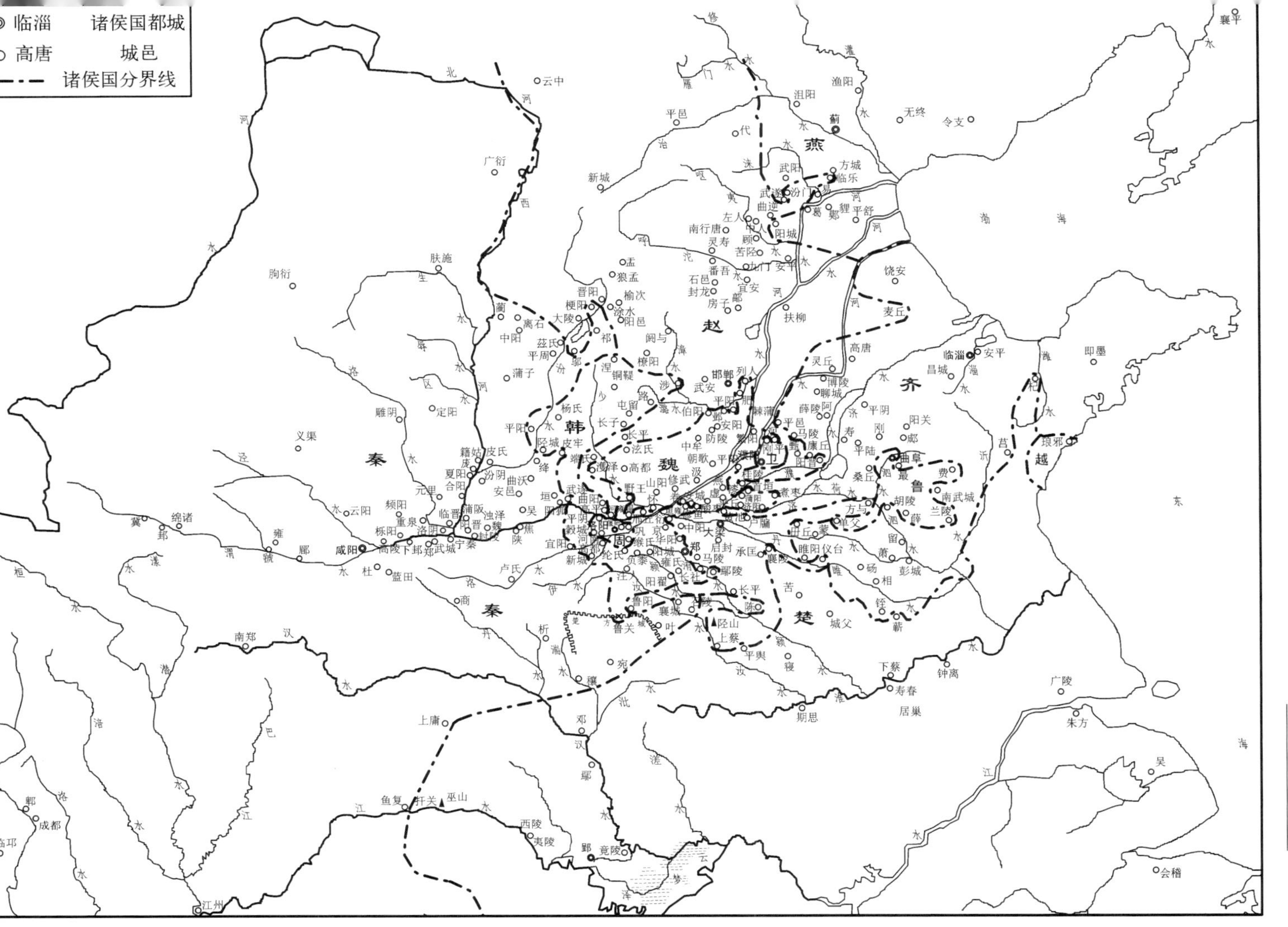

8. 公元前280年诸侯国疆域形势示意图

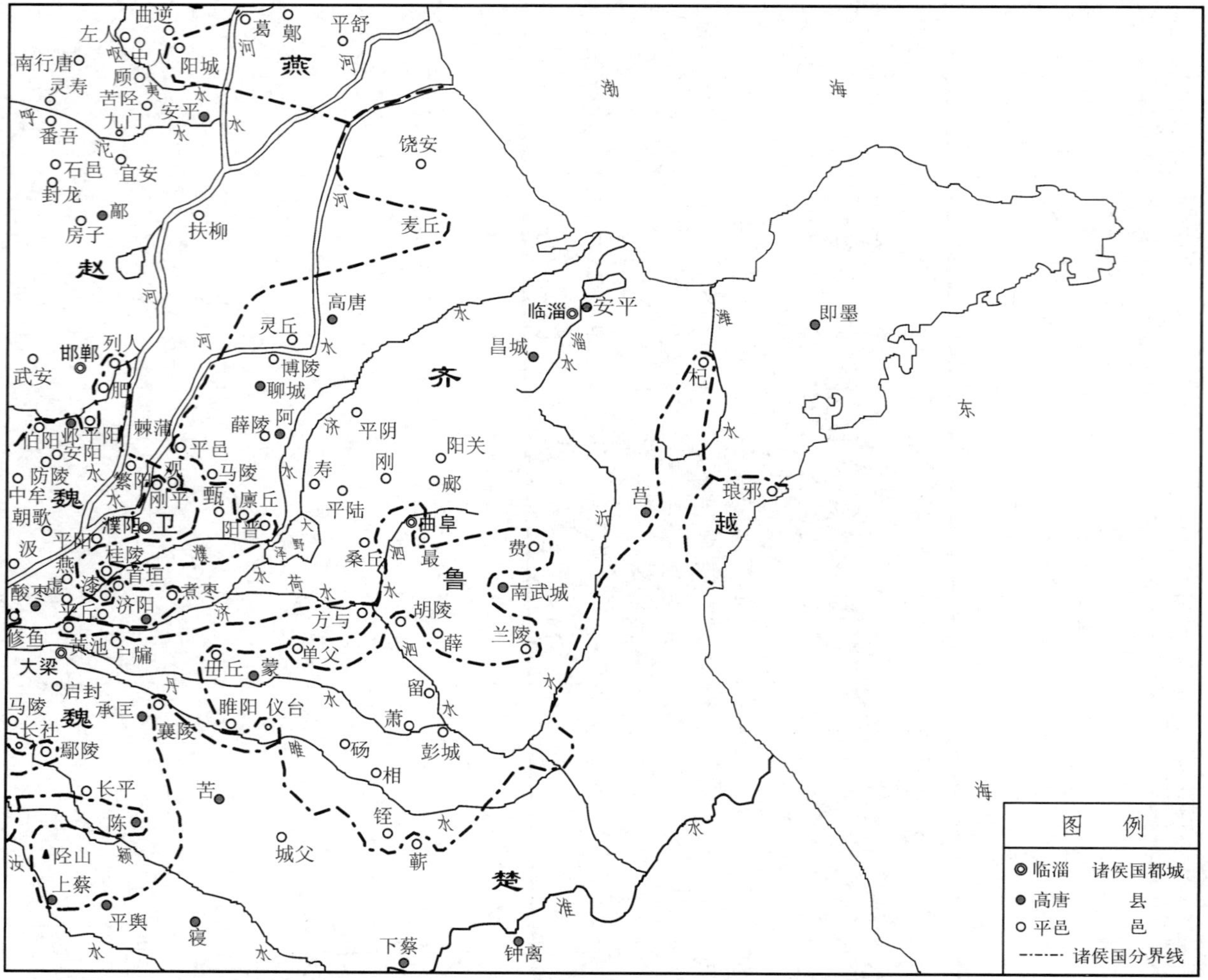

9. 公元前280年齐国疆域形势示意图

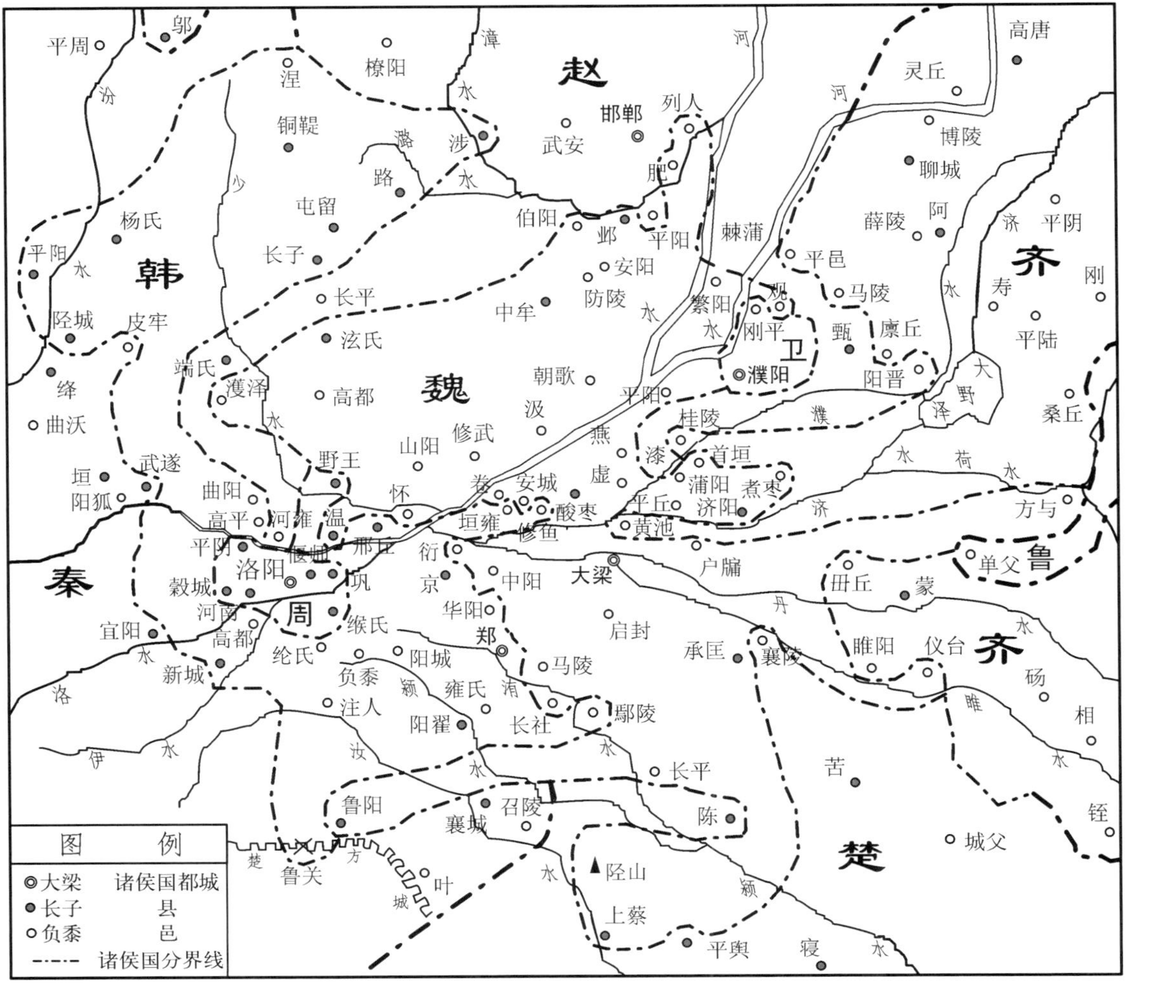

10. 公元前 280 年韩、魏二国疆域形势示意图

二、附　表

1. 战国时期主要诸侯国领县沿革表

说明：

（一）本表中诸侯国县名所系年代表明该县在当年或始置，或至迟在该年已置（以？表示），或在该年已存，或至迟在该年已存（以？表示），且在该年年底见在（特别说明除外）。

（二）表中相同地名，采用在地名首次出现时加注数字与今地，且在该地名随后出现时也加注相同数字的方法，以示与其他同名地名的区别。如武城（1）（今河南省信阳市东北）、武城（1）……；武城（2）（今陕西华县东）、武城（2）……。

（三）表中所列诸侯国所领县名，均为年代可考或大体可考者，考虑到文献记载的不足，诸侯国实际领县数目当与此表各年代中所列县数有所出入。

公元前	齐		韩		赵		魏		燕		楚		秦	
	县数	县名	县数	县名	县数	县名	县数	县名	县数	县名	县数	县名	县数	县名
479	2	临淄、高唐	2	平阳、杨氏	8	盂、大陵、梗阳、邬、涂水、邯郸、祁、中牟	1	温			16	邓、湖阳、竟陵、苦、期思、寝、都、上庸、申、叶、析、阴、息、武城(1)(今河南省信阳市东北)、随、鄢	6	上邽、下邽、冀、杜、虢、郑
478	2	临淄、高唐	2	平阳、杨氏	8	盂、大陵、梗阳、邬、涂水、邯郸、祁、中牟	1	温			17	邓、湖阳、竟陵、苦、期思、寝、都、上庸、申、叶、析、阴、息、武城(1)、随、鄢、陈	6	上邽、下邽、冀、杜、虢、郑
477	3	临淄、高唐、安平	2	平阳、杨氏	8	盂、大陵、梗阳、邬、涂水、邯郸、祁、中牟	1	温			17	邓、湖阳、竟陵、苦、期思、寝、都、上庸、申、叶、析、阴、息、武城(1)、随、鄢、陈	6	上邽、下邽、冀、杜、虢、郑
468	3	临淄、高唐、安平	2	平阳、杨氏	8	盂、大陵、梗阳、邬、涂水、邯郸、祁、中牟	1	温			17	邓、湖阳、竟陵、苦、期思、寝、都、上庸、申、叶、析、阴、息、武城(1)、随、鄢、陈	7	上邽、下邽、冀、杜、虢、郑、魏城？
462	3	临淄、高唐、安平	2	平阳、杨氏	8	盂、大陵、梗阳、邬、涂水、邯郸、祁、中牟	1	温			17	邓、湖阳、竟陵、苦、期思、寝、都、上庸、申、叶、析、阴、息、武城(1)、随、鄢、陈	9	上邽、下邽、冀、杜、虢、郑、魏城、临晋？、庞戏城？
457	3	临淄、高唐、安平	2	平阳、杨氏	8	盂、大陵、梗阳、邬、涂水、邯郸、祁、中牟	1	温			17	邓、湖阳、竟陵、苦、期思、寝、都、上庸、申、叶、析、阴、息、武城(1)、随、鄢、陈	10	上邽、下邽、冀、杜、虢、郑、魏城、临晋、庞戏城、频阳

续　表

公元前	齐		韩		赵		魏		燕		楚		秦	
	县数	县名	县数	县名	县数	县名	县数	县名	县数	县名	县数	县名	县数	县名
451	3	临淄、高唐、安平	5	平阳、杨氏、长子、铜鞮、屯留	8	盂、大陵、梗阳、邬、涂水、邯郸、祁、中牟	1	温			17	邓、湖阳、竟陵、苦、期思、寝、鄀、上庸、申、叶、析、阴、息、武城(1)、随、鄢、陈	10	上邽、下邽、冀、杜、虢、郑、魏城、临晋、庞戏城、频阳
448	3	临淄、高唐、安平	5	平阳、杨氏、长子、铜鞮、屯留	8	盂、大陵、梗阳、邬、涂水、邯郸、祁、中牟	1	温			18	邓、湖阳、竟陵、苦、期思、寝、鄀、上庸、申、叶、析、阴、息、武城(1)、随、鄢、陈、平舆	10	上邽、下邽、冀、杜、虢、郑、魏城、临晋、庞戏城、频阳
443	3	临淄、高唐、安平	5	平阳、杨氏、长子、铜鞮、屯留	8	盂、大陵、梗阳、邬、涂水、邯郸、祁、中牟	1	温			19	邓、湖阳、竟陵、苦、期思、寝、鄀、上庸、申、叶、析、阴、息、武城(1)、随、鄢、陈、平舆、莒	10	上邽、下邽、冀、杜、虢、郑、魏城、临晋、庞戏城、频阳
426	3	临淄、高唐、安平	5	平阳、杨氏、长子、铜鞮、屯留	9	盂、大陵、梗阳、邬、涂水、邯郸、祁、中牟、晋阳?	1	温			19	邓、湖阳、竟陵、苦、期思、寝、鄀、上庸、申、叶、析、阴、息、武城(1)、随、鄢、陈、平舆、莒	10	上邽、下邽、冀、杜、虢、郑、魏城、临晋、庞戏城、频阳
422	3	临淄、高唐、安平	5	平阳、杨氏、长子、铜鞮、屯留	9	盂、大陵、梗阳、邬、涂水、邯郸、祁、中牟、晋阳	2	温、少梁			19	邓、湖阳、竟陵、苦、期思、寝、鄀、上庸、申、叶、析、阴、息、武城(1)、随、鄢、陈、平舆、莒	10	上邽、下邽、冀、杜、虢、郑、魏城、临晋、庞戏城、频阳
421	3	临淄、高唐、安平	5	平阳、杨氏、长子、铜鞮、屯留	9	盂、大陵、梗阳、邬、涂水、邯郸、祁、中牟、晋阳	4	温、少梁、洛阴(雒阴)、合阳			19	邓、湖阳、竟陵、苦、期思、寝、鄀、上庸、申、叶、析、阴、息、武城(1)、随、鄢、陈、平舆、莒	10	上邽、下邽、冀、杜、虢、郑、魏城、临晋、庞戏城、频阳
417	3	临淄、高唐、安平	5	平阳、杨氏、长子、铜鞮、屯留	10	盂、大陵、梗阳、邬、涂水、邯郸、祁、中牟、晋阳、泫氏	4	温、少梁、洛阴、合阳			19	邓、湖阳、竟陵、苦、期思、寝、鄀、上庸、申、叶、析、阴、息、武城(1)、随、鄢、陈、平舆、莒	10	上邽、下邽、冀、杜、虢、郑、魏城、临晋、庞戏城、频阳
416	3	临淄、高唐、安平	5	平阳、杨氏、长子、铜鞮、屯留	10	盂、大陵、梗阳、邬、涂水、邯郸、祁、中牟、晋阳、泫氏	4	温、少梁、洛阴、合阳			19	邓、湖阳、竟陵、苦、期思、寝、鄀、上庸、申、叶、析、阴、息、武城(1)、随、鄢、陈、平舆、莒	13	上邽、下邽、冀、杜、虢、郑、魏城、临晋、庞戏城、频阳、雍?、庞?、籍姑?
415	3	临淄、高唐、安平	5	平阳、杨氏、长子、铜鞮、屯留	10	盂、大陵、梗阳、邬、涂水、邯郸、祁、中牟、晋阳、泫氏	5	温、少梁、洛阴、合阳、庞			19	邓、湖阳、竟陵、苦、期思、寝、鄀、上庸、申、叶、析、阴、息、武城(1)、随、鄢、陈、平舆、莒	12	上邽、下邽、冀、杜、虢、郑、魏城、临晋、庞戏城、频阳、雍、籍姑
414	3	临淄、高唐、安平	5	平阳、杨氏、长子、铜鞮、屯留	11	盂、大陵、梗阳、邬、涂水、邯郸、祁、中牟、晋阳、泫氏、平邑	5	温、少梁、洛阴、合阳、庞			19	邓、湖阳、竟陵、苦、期思、寝、鄀、上庸、申、叶、析、阴、息、武城(1)、随、鄢、陈、平舆、莒	12	上邽、下邽、冀、杜、虢、郑、魏城、临晋、庞戏城、频阳、雍、籍姑
411	3	临淄、高唐、安平	5	平阳、杨氏、长子、铜鞮、屯留	11	盂、大陵、梗阳、邬、涂水、邯郸、祁、中牟、晋阳、泫氏、平邑	5	温、少梁、洛阴、合阳、庞			19	邓、湖阳、竟陵、苦、期思、寝、鄀、上庸、申、叶、析、阴、息、武城(1)、随、鄢、陈、平舆、莒	13	上邽、下邽、冀、杜、虢、郑、魏城、临晋、庞戏城、频阳、雍、籍姑、重泉

续 表

公元前	齐		韩		赵		魏		燕		楚		秦	
	县数	县名	县数	县名	县数	县名	县数	县名	县数	县名	县数	县名	县数	县名
407	3	临淄、高唐、安平	5	平阳、杨氏、长子、铜鞮、屯留	11	盂、大陵、梗阳、邬、涂水、邯郸、祁、中牟、晋阳、泫氏、平邑	6	温、少梁、洛阴、合阳、庞、鄤?			19	邓、湖阳、竟陵、苦、期思、寝、都、上庸、申、叶、析、阴、息、武城(1)、随、鄢、陈、平舆、莒	13	上邽、下邽、冀、杜、虢、郑、魏城、临晋、庞戏城、频阳、雍、籍姑、重泉
406	3	临淄、高唐、安平	5	平阳、杨氏、长子、铜鞮、屯留	11	盂、大陵、梗阳、邬、涂水、邯郸、祁、中牟、晋阳、泫氏、平邑	7	温、少梁、洛阴、合阳、庞、鄤、苦陉?			19	邓、湖阳、竟陵、苦、期思、寝、都、上庸、申、叶、析、阴、息、武城(1)、随、鄢、陈、平舆、莒	13	上邽、下邽、冀、杜、虢、郑、魏城、临晋、庞戏城、频阳、雍、籍姑、重泉
405	3	临淄、高唐、安平	5	平阳、杨氏、长子、铜鞮、屯留	12	盂、大陵、梗阳、邬、涂水、邯郸、祁、中牟、晋阳、泫氏、平邑、苦陉?	6	温、少梁、洛阴、合阳、庞、鄤			19	邓、湖阳、竟陵、苦、期思、寝、都、上庸、申、叶、析、阴、息、武城(1)、随、鄢、陈、平舆、莒	13	上邽、下邽、冀、杜、虢、郑、魏城、临晋、庞戏城、频阳、雍、籍姑、重泉
403	3	临淄、高唐、安平	5	平阳、杨氏、长子、铜鞮、屯留	13	盂、大陵、梗阳、邬、涂水、邯郸、祁、中牟、晋阳、泫氏、平邑、苦陉、番吾?	6	温、少梁、洛阴、合阳、庞、鄤			19	邓、湖阳、竟陵、苦、期思、寝、都、上庸、申、叶、析、阴、息、武城(1)、随、鄢、陈、平舆、莒	13	上邽、下邽、冀、杜、虢、郑、魏城、临晋、庞戏城、频阳、雍、籍姑、重泉
401	3	临淄、高唐、安平	5	平阳、杨氏、长子、铜鞮、屯留	13	盂、大陵、梗阳、邬、涂水、邯郸、祁、中牟、晋阳、泫氏、平邑、苦陉、番吾	7	温、少梁、洛阴、合阳、庞、鄤、酸枣			19	邓、湖阳、竟陵、苦、期思、寝、都、上庸、申、叶、析、阴、息、武城(1)、随、鄢、陈、平舆、莒	13	上邽、下邽、冀、杜、虢、郑、魏城、临晋、庞戏城、频阳、雍、籍姑、重泉
398	3	临淄、高唐、安平	5	平阳、杨氏、长子、铜鞮、屯留	13	盂、大陵、梗阳、邬、涂水、邯郸、祁、中牟、晋阳、泫氏、平邑、苦陉、番吾	8	温、少梁、洛阴、合阳、庞、鄤、酸枣、承匡?			19	邓、湖阳、竟陵、苦、期思、寝、都、上庸、申、叶、析、阴、息、武城(1)、随、鄢、陈、平舆、莒	13	上邽、下邽、冀、杜、虢、郑、魏城、临晋、庞戏城、频阳、雍、籍姑、重泉
395	3	临淄、高唐、安平	5	平阳、杨氏、长子、铜鞮、屯留	13	盂、大陵、梗阳、邬、涂水、邯郸、祁、中牟、晋阳、泫氏、平邑、苦陉、番吾	8	温、少梁、洛阴、合阳、庞、鄤、酸枣、承匡			19	邓、湖阳、竟陵、苦、期思、寝、都、上庸、申、叶、析、阴、息、武城(1)、随、鄢、陈、平舆、莒	13	上邽、下邽、冀、杜、虢、郑、魏城、临晋、庞戏城、频阳、雍、籍姑、重泉
386	3	临淄、高唐、安平	5	平阳、杨氏、长子、铜鞮、屯留	12	盂、大陵、梗阳、邬、涂水、邯郸、祁、中牟、晋阳、泫氏、平邑、番吾	8	温、少梁、洛阴、合阳、庞、鄤、酸枣、承匡			19	邓、湖阳、竟陵、苦、期思、寝、都、上庸、申、叶、析、阴、息、武城(1)、随、鄢、陈、平舆、莒	13	上邽、下邽、冀、杜、虢、郑、魏城、临晋、庞戏城、频阳、雍、籍姑、重泉
385	3	临淄、高唐、安平	5	平阳、杨氏、长子、铜鞮、屯留	12	盂、大陵、梗阳、邬、涂水、邯郸、祁、中牟、晋阳、泫氏、平邑、番吾	8	温、少梁、洛阴、合阳、庞、鄤、酸枣、承匡			19	邓、湖阳、竟陵、苦、期思、寝、都、上庸、宛(原申县)、叶、析、阴、息、武城(1)、随、鄢、陈、平舆、莒	13	上邽、下邽、冀、杜、虢、郑、魏城、临晋、庞戏城、频阳、雍、籍姑、重泉

续表

公元前	齐		韩		赵		魏		燕		楚		秦	
	县数	县名	县数	县名	县数	县名	县数	县名	县数	县名	县数	县名	县数	县名
383	3	临淄、高唐、安平	5	平阳、杨氏、长子、铜鞮、屯留	12	盂、大陵、梗阳、邬、涂水、邯郸、祁、中牟、晋阳、泫氏、平邑、番吾	8	温、少梁、洛阴、合阳、庞、邺、酸枣、承匡			19	邓、湖阳、竟陵、苦、期思、寝、鄀、上庸、宛、叶、析、阴、息、武城(1)、随、鄢、陈、平舆、莒	14	上邽、下邽、冀、杜、虢、郑、魏城、临晋、庞戏城、频阳、雍、籍姑、重泉、栎阳
382	3	临淄、高唐、安平	5	平阳、杨氏、长子、铜鞮、屯留	12	盂、大陵、梗阳、邬、涂水、邯郸、祁、中牟、晋阳、泫氏、平邑、番吾	10	温、少梁、洛阴、合阳、庞、邺、酸枣、承匡、安邑、垣			19	邓、湖阳、竟陵、苦、期思、寝、鄀、上庸、宛、叶、析、阴、息、武城(1)、随、鄢、陈、平舆、莒	14	上邽、下邽、冀、杜、虢、郑、魏城、临晋、庞戏城、频阳、雍、籍姑、重泉、栎阳
379	3	临淄、高唐、安平	5	平阳、杨氏、长子、铜鞮、屯留	12	盂、大陵、梗阳、邬、涂水、邯郸、祁、中牟、晋阳、泫氏、平邑、番吾	10	温、少梁、洛阴、合阳、庞、邺、酸枣、承匡、安邑、垣			19	邓、湖阳、竟陵、苦、期思、寝、鄀、上庸、宛、叶、析、阴、息、武城(1)、随、鄢、陈、平舆、莒	17	上邽、下邽、冀、杜、虢、郑、魏城、临晋、庞戏城、频阳、雍、籍姑、重泉、栎阳、蒲、蓝田、善明氏
377	3	临淄、高唐、安平	5	平阳、杨氏、长子、铜鞮、屯留	12	盂、大陵、梗阳、邬、涂水、邯郸、祁、中牟、晋阳、泫氏、平邑、番吾	10	温、少梁、洛阴、合阳、庞、邺、酸枣、承匡、安邑、垣			20	邓、湖阳、竟陵、苦、期思、寝、鄀、上庸、宛、叶、析、阴、息、武城(1)、随、鄢、陈、平舆、莒、鲁阳?	17	上邽、下邽、冀、杜、虢、郑、魏城、临晋、庞戏城、频阳、雍、籍姑、重泉、栎阳、蒲、蓝田、善明氏
376	3	临淄、高唐、安平	5	平阳、杨氏、长子、铜鞮、屯留	12	盂、大陵、梗阳、邬、涂水、邯郸、祁、中牟、晋阳、泫氏、平邑、番吾	11	温、少梁、洛阴、合阳、庞、邺、酸枣、承匡、安邑、垣、鲁阳			19	邓、湖阳、竟陵、苦、期思、寝、鄀、上庸、宛、叶、析、阴、息、武城(1)、随、鄢、陈、平舆、莒	17	上邽、下邽、冀、杜、虢、郑、魏城、临晋、庞戏城、频阳、雍、籍姑、重泉、栎阳、蒲、蓝田、善明氏
375	3	临淄、高唐、安平	7	平阳、杨氏、长子、铜鞮、屯留、京、郑?	12	盂、大陵、梗阳、邬、涂水、邯郸、祁、中牟、晋阳、泫氏、平邑、番吾	11	温、少梁、洛阴、合阳、庞、邺、酸枣、承匡、安邑、垣、鲁阳			19	邓、湖阳、竟陵、苦、期思、寝、鄀、上庸、宛、叶、析、阴、息、武城(1)、随、鄢、陈、平舆、莒	17	上邽、下邽、冀、杜、虢、郑、魏城、临晋、庞戏城、频阳、雍、籍姑、重泉、栎阳、蒲、蓝田、善明氏
371	3	临淄、高唐、安平、甄?	7	平阳、杨氏、长子、铜鞮、屯留、京、郑	12	盂、大陵、梗阳、邬、涂水、邯郸、祁、中牟、晋阳、泫氏、平邑、番吾	11	温、少梁、洛阴、合阳、庞、邺、酸枣、承匡、安邑、垣、鲁阳			19	邓、湖阳、竟陵、苦、期思、寝、鄀、上庸、宛、叶、析、阴、息、武城(1)、随、鄢、陈、平舆、莒	17	上邽、下邽、冀、杜、虢、郑、魏城、临晋、庞戏城、频阳、雍、籍姑、重泉、栎阳、蒲、蓝田、善明氏
370	3	临淄、高唐、安平	6	平阳、杨氏、铜鞮、屯留、京、郑	14	盂、大陵、梗阳、邬、涂水、邯郸、祁、中牟、晋阳、泫氏、平邑、番吾、甄、长子	11	温、少梁、洛阴、合阳、庞、邺、酸枣、承匡、安邑、垣、鲁阳			19	邓、湖阳、竟陵、苦、期思、寝、鄀、上庸、宛、叶、析、阴、息、武城(1)、随、鄢、陈、平舆、莒	17	上邽、下邽、冀、杜、虢、郑、魏城、临晋、庞戏城、频阳、雍、籍姑、重泉、栎阳、蒲、蓝田、善明氏
369	3	临淄、高唐、安平	5	平阳、杨氏、铜鞮、京、郑	13	盂、大陵、梗阳、邬、涂水、邯郸、祁、中牟、晋阳、泫氏、平邑、番吾、长子	11	温、少梁、洛阴、合阳、庞、邺、酸枣、承匡、安邑、垣、鲁阳			19	邓、湖阳、竟陵、苦、期思、寝、鄀、上庸、宛、叶、析、阴、息、武城(1)、随、鄢、陈、平舆、莒	17	上邽、下邽、冀、杜、虢、郑、魏城、临晋、庞戏城、频阳、雍、籍姑、重泉、栎阳、蒲、蓝田、善明氏

续 表

公元前	齐		韩		赵		魏		燕		楚		秦	
	县数	县名	县数	县名	县数	县名	县数	县名	县数	县名	县数	县名	县数	县名
367	3	临淄、高唐、安平	6	平阳、杨氏、铜鞮、京、郑、邢丘	13	盂、大陵、梗阳、邬、涂水、邯郸、祁、中牟、晋阳、泫氏、平邑、番吾、长子	11	温、少梁、洛阴、合阳、庞、鄄、酸枣、承匡、安邑、垣、鲁阳			19	邓、湖阳、竟陵、苦、期思、寝、都、上庸、宛、叶、析、阴、息、武城(1)、随、鄢、陈、平舆、莒	17	上邽、下邽、冀、杜、虢、郑、魏城、临晋、庞戏城、频阳、雍、籍姑、重泉、栎阳、蒲、蓝田、善明氏
366	3	临淄、高唐、安平	6	平阳、杨氏、铜鞮、京、郑、邢丘	13	盂、大陵、梗阳、邬、涂水、邯郸、祁、中牟、晋阳、泫氏、平邑、番吾、长子	11	温、少梁、合阳、庞、鄄、酸枣、承匡、安邑、垣、鲁阳、武堵			19	邓、湖阳、竟陵、苦、期思、寝、都、上庸、宛、叶、析、阴、息、武城(1)、随、鄢、陈、平舆、莒	18	上邽、下邽、冀、杜、虢、郑、魏城、临晋、庞戏城、频阳、雍、籍姑、重泉、栎阳、蒲、蓝田、善明氏、洛阴
365	3	临淄、高唐、安平	6	平阳、杨氏、铜鞮、京、郑、邢丘	14	盂、大陵、梗阳、邬、涂水、邯郸、祁、中牟、晋阳、泫氏、平邑、番吾、甄、长子	11	温、少梁、合阳、庞、鄄、酸枣、承匡、安邑、垣、鲁阳、武堵			19	邓、湖阳、竟陵、苦、期思、寝、都、上庸、宛、叶、析、阴、息、武城(1)、随、鄢、陈、平舆、莒	18	上邽、下邽、冀、杜、虢、郑、魏城、临晋、庞戏城、频阳、雍、籍姑、重泉、栎阳、蒲、蓝田、善明氏、洛阴
362	3	临淄、高唐、安平	6	平阳、杨氏、铜鞮、京、郑、邢丘	14	盂、大陵、梗阳、邬、涂水、邯郸、祁、中牟、晋阳、泫氏、平邑、番吾、甄、长子	10	温、少梁、合阳、鄄、酸枣、承匡、安邑、垣、鲁阳、武堵			19	邓、湖阳、竟陵、苦、期思、寝、都、上庸、宛、叶、析、阴、息、武城(1)、随、鄢、陈、平舆、莒	19	上邽、下邽、冀、杜、虢、郑、魏城、临晋、庞戏城、频阳、雍、籍姑、重泉、栎阳、蒲、蓝田、善明氏、洛阴、庞
361	3	临淄、高唐、安平	6	平阳、杨氏、铜鞮、京、郑、邢丘	14	盂、大陵、梗阳、邬、涂水、邯郸、祁、晋阳、泫氏、平邑、番吾、甄、长子、榆次	12	温、少梁、合阳、鄄、酸枣、承匡、安邑、垣、鲁阳、武堵、中牟、大梁?			20	邓、湖阳、竟陵、苦、期思、寝、都、上庸、宛、叶、析、阴、息、武城(1)、随、鄢、陈、平舆、莒、临沅?	19	上邽、下邽、冀、杜、虢、郑、魏城、临晋、庞戏城、频阳、雍、籍姑、重泉、栎阳、蒲、蓝田、善明氏、洛阴、庞
359	3	临淄、高唐、安平	6	平阳、杨氏、铜鞮、京、郑、邢丘	14	盂、大陵、梗阳、邬、涂水、邯郸、祁、晋阳、泫氏、平邑、番吾、甄、长子、榆次	13	温、少梁、合阳、鄄、酸枣、承匡、安邑、垣、鲁阳、武堵、中牟、大梁、绛			20	邓、湖阳、竟陵、苦、期思、寝、都、上庸、宛、叶、析、阴、息、武城(1)、随、鄢、陈、平舆、莒、临沅	19	上邽、下邽、冀、杜、虢、郑、魏城、临晋、庞戏城、频阳、雍、籍姑、重泉、栎阳、蒲、蓝田、善明氏、洛阴、庞
358	3	临淄、高唐、安平	8	平阳、杨氏、铜鞮、京、郑、邢丘、长子、屯留	13	盂、大陵、梗阳、邬、涂水、邯郸、祁、晋阳、泫氏、平邑、番吾、甄、榆次	13	温、少梁、合阳、鄄、酸枣、承匡、安邑、垣、鲁阳、武堵、中牟、大梁、绛			20	邓、湖阳、竟陵、苦、期思、寝、都、上庸、宛、叶、析、阴、息、武城(1)、随、鄢、陈、平舆、莒、临沅	19	上邽、下邽、冀、杜、虢、郑、魏城、临晋、庞戏城、频阳、雍、籍姑、重泉、栎阳、蒲、蓝田、善明氏、洛阴、庞
356	5	临淄、高唐、安平、即墨?、阿?	8	平阳、杨氏、铜鞮、京、郑、邢丘、长子、屯留	13	盂、大陵、梗阳、邬、涂水、邯郸、祁、晋阳、泫氏、平邑、番吾、甄、榆次	13	温、少梁、合阳、鄄、酸枣、承匡、安邑、垣、鲁阳、武堵、中牟、大梁、绛			20	邓、湖阳、竟陵、苦、期思、寝、都、上庸、宛、叶、析、阴、息、武城(1)、随、鄢、陈、平舆、莒、临沅	19	上邽、下邽、冀、杜、虢、郑、魏城、临晋、庞戏城、频阳、雍、籍姑、重泉、栎阳、蒲、蓝田、善明氏、洛阴、庞
354	5	临淄、高唐、安平、即墨、阿	8	平阳、杨氏、铜鞮、京、郑、邢丘、长子、屯留	14	盂、大陵、梗阳、邬、涂水、邯郸、祁、晋阳、泫氏、平邑、苦陉、番吾、甄、榆次	12	温、合阳、鄄、酸枣、承匡、安邑、垣、鲁阳、武堵、中牟、大梁、绛			20	邓、湖阳、竟陵、苦、期思、寝、都、上庸、宛、叶、析、阴、息、武城(1)、随、鄢、陈、平舆、莒、临沅	20	上邽、下邽、冀、杜、虢、郑、魏城、临晋、庞戏城、频阳、雍、籍姑、重泉、栎阳、蒲、蓝田、善明氏、洛阴、庞、少梁

续 表

公元前	齐		韩		赵		魏		燕		楚		秦	
	县数	县名	县数	县名	县数	县名	县数	县名	县数	县名	县数	县名	县数	县名
353	5	临淄、高唐、安平、即墨、阿	8	平阳、杨氏、铜鞮、京、郑、邢丘、长子、屯留	12	盂、大陵、梗阳、邬、涂水、祁、晋阳、泫氏、平邑、番吾、甄、榆次	14	温、合阳、邺、酸枣、承匡、安邑、垣、鲁阳、武堵、中牟、大梁、绛、邯郸、少梁?			20	邓、湖阳、竟陵、苦、期思、寝、都、上庸、宛、叶、析、阴、息、武城（1）、随、鄢、陈、平舆、莒、临沅	19	上邽、下邽、冀、杜、虢、郑、魏城、临晋、庞戏城、频阳、雍、籍姑、重泉、栎阳、蒲、蓝田、善明氏、洛阴、庞
352	5	临淄、高唐、安平、即墨、阿	8	平阳、杨氏、铜鞮、京、郑、邢丘、长子、屯留	12	盂、大陵、梗阳、邬、涂水、祁、晋阳、泫氏、平邑、番吾、甄、榆次	13	温、合阳、邺、酸枣、承匡、垣、鲁阳、武堵、中牟、大梁、绛、邯郸、少梁			20	邓、湖阳、竟陵、苦、期思、寝、都、上庸、宛、叶、析、阴、息、武城（1）、随、鄢、陈、平舆、莒、临沅	20	上邽、下邽、冀、杜、虢、郑、魏城、临晋、庞戏城、频阳、雍、籍姑、重泉、栎阳、蒲、蓝田、善明氏、洛阴、庞、安邑
351	5	临淄、高唐、安平、即墨、阿	8	平阳、杨氏、铜鞮、京、郑、邢丘、长子、屯留	13	盂、大陵、梗阳、邬、涂水、邯郸、祁、晋阳、平邑、番吾、甄、榆次、蔺?	14	温、合阳、邺、酸枣、承匡、垣、鲁阳、武堵、中牟、大梁、绛、少梁、安邑?、泫氏			20	邓、湖阳、竟陵、苦、期思、寝、都、上庸、宛、叶、析、阴、息、武城（1）、随、鄢、陈、平舆、莒、临沅	19	上邽、下邽、冀、杜、虢、郑、魏城、临晋、庞戏城、频阳、雍、籍姑、重泉、栎阳、蒲、蓝田、善明氏、洛阴、庞
350	5	临淄、高唐、安平、即墨、阿	7	平阳、杨氏、铜鞮、京、郑、邢丘、长子	13	盂、大陵、梗阳、邬、涂水、邯郸、祁、晋阳、平邑、番吾、甄、榆次、蔺	14	温、合阳、邺、酸枣、承匡、垣、鲁阳、武堵、中牟、大梁、绛、少梁、安邑、泫氏			20	邓、湖阳、竟陵、苦、期思、寝、都、上庸、宛、叶、析、阴、息、武城（1）、随、鄢、陈、平舆、莒、临沅	24	上邽、下邽、冀、杜、虢、郑、魏城、临晋、庞戏城、频阳、雍、籍姑、重泉、栎阳、蒲、蓝田、善明氏、洛阴、庞、高陵、斄、美阳、武功、咸阳
345	4	临淄、安平、即墨、阿	7	平阳、杨氏、铜鞮、京、郑、邢丘、长子	14	盂、大陵、梗阳、邬、涂水、邯郸、祁、晋阳、平邑、番吾、甄、榆次、蔺、高唐	14	温、合阳、邺、酸枣、承匡、垣、鲁阳、武堵、中牟、大梁、绛、少梁、安邑、泫氏			20	邓、湖阳、竟陵、苦、期思、寝、都、上庸、宛、叶、析、阴、息、武城（1）、随、鄢、陈、平舆、莒、临沅	24	上邽、下邽、冀、杜、虢、郑、魏城、临晋、庞戏城、频阳、雍、籍姑、重泉、栎阳、蒲、蓝田、善明氏、洛阴、庞、高陵、斄、美阳、武功、咸阳
343	4	临淄、安平、即墨、阿	7	平阳、杨氏、铜鞮、京、郑、邢丘、长子	14	盂、大陵、梗阳、邬、涂水、邯郸、祁、晋阳、平邑、番吾、甄、榆次、蔺、高唐	14	温、合阳、邺、酸枣、承匡、垣、鲁阳、武堵、中牟、大梁、绛、少梁、安邑、泫氏			20	邓、湖阳、竟陵、苦、期思、寝、都、上庸、宛、叶、析、阴、息、武城（1）、随、鄢、陈、平舆、莒、临沅	25	上邽、下邽、冀、杜、虢、郑、魏城、临晋、庞戏城、频阳、雍、籍姑、重泉、栎阳、蒲、蓝田、善明氏、洛阴、庞、高陵、斄、美阳、武功、咸阳、武城(2)(今陕西华县东)
340	4	临淄、安平、即墨、阿	7	平阳、杨氏、铜鞮、京、郑、邢丘、长子	14	盂、大陵、梗阳、邬、涂水、邯郸、祁、晋阳、平邑、番吾、甄、榆次、蔺、高唐	15	温、合阳、邺、酸枣、承匡、垣、鲁阳、武堵、中牟、大梁、绛、少梁、安邑、泫氏、济阳			20	邓、湖阳、竟陵、苦、期思、寝、都、上庸、宛、叶、析、阴、息、武城（1）、随、鄢、陈、平舆、莒、临沅	26	上邽、下邽、冀、杜、虢、郑、魏城、临晋、庞戏城、频阳、雍、籍姑、重泉、栎阳、蒲、蓝田、善明氏、洛阴、庞、高陵、斄、美阳、武功、咸阳、武城(2)、商?
338	4	临淄、安平、即墨、阿	7	平阳、杨氏、铜鞮、京、郑、邢丘、长子	14	盂、大陵、梗阳、邬、涂水、邯郸、祁、晋阳、平邑、番吾、甄、榆次、蔺、高唐	15	温、邺、酸枣、承匡、垣、鲁阳、武堵、中牟、大梁、绛、少梁、安邑、泫氏、济阳、瀍阴?			20	邓、湖阳、竟陵、苦、期思、寝、都、上庸、宛、叶、析、阴、息、武城（1）、随、鄢、陈、平舆、莒、临沅	27	上邽、下邽、冀、杜、虢、郑、魏城、临晋、庞戏城、频阳、雍、籍姑、重泉、栎阳、蒲、蓝田、善明氏、洛阴、庞、高陵、斄、美阳、武功、咸阳、武城(2)、商、合阳

续 表

公元前	齐		韩		赵		魏		燕		楚		秦	
	县数	县名	县数	县名	县数	县名	县数	县名	县数	县名	县数	县名	县数	县名
337	4	临淄、安平、即墨、阿	7	平阳、杨氏、铜鞮、京、郑、邢丘、长子	14	盂、大陵、梗阳、邬、涂水、邯郸、祁、晋阳、平邑、番吾、甄、榆次、蔺、高唐	16	温、邺、酸枣、承匡、垣、鲁阳、武堵、中牟、大梁、绛、少梁、安邑、汾氏、济阳、瀍阴、顿丘?			21	邓、湖阳、竟陵、苦、期思、寝、都、上庸、宛、叶、析、阴、息、武城(1)、随、鄢、陈、平舆、莒、临沅、广陵	27	上邽、下邽、冀、杜、虢、郑、魏城、临晋、庞戏城、频阳、雍、籍姑、重泉、栎阳、蒲、蓝田、善明氏、洛阴、庞、高陵、蘩、美阳、武功、咸阳、武城(2)、商、合阳
333	4	临淄、安平、即墨、阿	7	平阳、杨氏、铜鞮、京、郑、邢丘、长子	14	盂、大陵、梗阳、邬、涂水、邯郸、祁、晋阳、平邑、番吾、甄、榆次、蔺、高唐	17	温、邺、酸枣、承匡、垣、鲁阳、武堵、中牟、大梁、绛、少梁、安邑、汾氏、济阳、瀍阴、顿丘、阴晋?			21	邓、湖阳、竟陵、苦、期思、寝、都、上庸、宛、叶、析、阴、息、武城(1)、随、鄢、陈、平舆、莒、临沅、广陵	27	上邽、下邽、冀、杜、虢、郑、魏城、临晋、庞戏城、频阳、雍、籍姑、重泉、栎阳、蒲、蓝田、善明氏、洛阴、庞、高陵、蘩、美阳、武功、咸阳、武城(2)、商、合阳
332	6	临淄、高唐、安平、即墨、阿、南武城?	7	平阳、杨氏、铜鞮、京、郑、邢丘、长子	13	盂、大陵、梗阳、邬、涂水、邯郸、祁、晋阳、平邑、番吾、甄、榆次、蔺	16	温、邺、酸枣、承匡、垣、鲁阳、武堵、中牟、大梁、绛、少梁、安邑、汾氏、济阳、瀍阴、顿丘			21	邓、湖阳、竟陵、苦、期思、寝、都、上庸、宛、叶、析、阴、息、武城(1)、随、鄢、陈、平舆、莒、临沅、广陵	28	上邽、下邽、冀、杜、虢、郑、魏城、临晋、庞戏城、频阳、雍、籍姑、重泉、栎阳、蒲、蓝田、善明氏、洛阴、庞、高陵、蘩、美阳、武功、咸阳、武城(2)、商、合阳、阴晋(更名宁秦)
330	6	临淄、高唐、安平、即墨、阿、南武城	7	平阳、杨氏、铜鞮、京、郑、邢丘、长子	14	盂、大陵、梗阳、邬、涂水、邯郸、祁、晋阳、平邑、番吾、甄、榆次、蔺、离石?	16	温、邺、酸枣、承匡、垣、鲁阳、武堵、中牟、大梁、绛、少梁、安邑、汾氏、济阳、瀍阴、顿丘			22	邓、湖阳、竟陵、苦、期思、寝、都、上庸、宛、叶、析、阴、息、武城(1)、随、鄢、陈、平舆、莒、临沅、广陵、上蔡?	28	上邽、下邽、冀、杜、虢、郑、魏城、临晋、庞戏城、频阳、雍、籍姑、重泉、栎阳、蒲、蓝田、善明氏、洛阴、庞、高陵、蘩、美阳、武功、咸阳、武城(2)、商、合阳、宁秦
329	6	临淄、高唐、安平、即墨、阿、南武城	7	平阳、杨氏、铜鞮、京、郑、邢丘、长子	12	盂、大陵、梗阳、邬、涂水、邯郸、祁、晋阳、平邑、番吾、甄、榆次	20	温、邺、酸枣、承匡、垣、鲁阳、武堵、中牟、大梁、绛、少梁、安邑、汾氏、济阳、瀍阴、顿丘、上蔡?蒲子?、漆垣?、高奴?			26	邓、湖阳、竟陵、苦、期思、寝、都、上庸、宛、叶、析、阴、息、武城(1)、随、鄢、陈、平舆、莒、临沅、广陵、居巢、吴、下蔡、钟离、朱方	31	上邽、下邽、冀、杜、虢、郑、魏城、临晋、庞戏城、频阳、雍、籍姑、重泉、栎阳、蒲、蓝田、善明氏、洛阴、庞、高陵、蘩、美阳、武功、咸阳、武城(2)、商、合阳、宁秦、陕、蔺、离石
328	6	临淄、高唐、安平、即墨、阿、南武城	7	平阳、杨氏、铜鞮、京、郑、邢丘、长子	14	盂、大陵、梗阳、邬、涂水、邯郸、祁、晋阳、平邑、番吾、甄、榆次、离石?、蔺?	15	温、邺、酸枣、承匡、垣、鲁阳、武堵、中牟、大梁、绛、安邑、汾氏、济阳、瀍阴、顿丘			27	邓、湖阳、竟陵、苦、期思、寝、都、上庸、宛、叶、析、阴、息、武城(1)、随、鄢、陈、平舆、莒、临沅、广陵、居巢、吴、下蔡、钟离、朱方、上蔡?	34	上邽、下邽、冀、杜、虢、郑、魏城、临晋、庞戏城、频阳、雍、籍姑、重泉、栎阳、蒲、蓝田、善明氏、洛阴、庞、少梁(更名夏阳)、高陵、蘩、美阳、武功、咸阳、武城(2)、商、合阳、宁秦、陕、蒲子(蒲阳)、漆垣、高奴、义渠
326	6	临淄、高唐、安平、即墨、阿、南武城	8	平阳、杨氏、铜鞮、京、郑、邢丘、长子、卢氏?	14	盂、大陵、梗阳、邬、涂水、邯郸、祁、晋阳、平邑、番吾、甄、榆次、离石、蔺	15	温、邺、酸枣、承匡、垣、鲁阳、武堵、中牟、大梁、绛、安邑、汾氏、济阳、瀍阴、顿丘			27	邓、湖阳、竟陵、苦、期思、寝、都、上庸、宛、叶、析、阴、息、武城(1)、随、鄢、陈、平舆、莒、临沅、广陵、居巢、吴、下蔡、钟离、朱方、上蔡	35	上邽、下邽、冀、杜、虢、郑、魏城、临晋、庞戏城、频阳、雍、籍姑、重泉、栎阳、蒲、蓝田、善明氏、洛阴、庞、夏阳、高陵、蘩、美阳、武功、咸阳、武城(2)、商、合阳、宁秦、陕、蒲子、漆垣、高奴、义渠、南郑

续　表

公元前	齐		韩		赵		魏		燕		楚		秦	
	县数	县名	县数	县名	县数	县名	县数	县名	县数	县名	县数	县名	县数	县名
325	6	临淄、高唐、安平、即墨、阿、南武城	7	平阳、杨氏、铜鞮、京、郑、邢丘、长子	14	盂、大陵、梗阳、邬、涂水、邯郸、祁、晋阳、平邑、番吾、甄、榆次、离石、蔺	15	温、邺、酸枣、承匡、垣、鲁阳、武堵、中牟、大梁、绛、安邑、泫氏、济阳、濦阴、顿丘			27	邓、湖阳、竟陵、苦、期思、寝、鄀、上庸、宛、叶、析、阴、息、武城（1）、随、鄢、陈、平舆、莒、临沅、广陵、居巢、吴、下蔡、钟离、朱方、上蔡	36	上邽、下邽、冀、杜、虢、郑、魏城、临晋、庞戏城、频阳、雍、籍姑、重泉、栎阳、蒲、蓝田、善明氏、洛阴、庞、夏阳、高陵、亃、美阳、武功、咸阳、武城(2)、商、合阳、宁秦、陕、蒲子、漆垣、高奴、义渠、南郑、卢氏?
323	6	临淄、高唐、安平、即墨、阿、南武城	7	平阳、杨氏、铜鞮、京、郑、邢丘、长子	14	盂、大陵、梗阳、邬、涂水、邯郸、祁、晋阳、平邑、番吾、甄、榆次、离石、蔺	15	温、邺、酸枣、承匡、垣、鲁阳、武堵、中牟、大梁、绛、安邑、泫氏、济阳、濦阴、顿丘			27	邓、湖阳、竟陵、苦、期思、寝、鄀、上庸、宛、叶、析、阴、息、武城（1）、随、鄢、陈、平舆、莒、临沅、广陵、居巢、吴、下蔡、钟离、朱方、上蔡	36	上邽、下邽、冀、杜、虢、郑、魏城、临晋、庞戏城、频阳、雍、籍姑、重泉、栎阳、蒲、蓝田、善明氏、洛阴、庞、夏阳、高陵、亃、美阳、武功、咸阳、武城(2)、商、合阳、宁秦、陕、蒲子、漆垣、高奴、义渠、南郑、卢氏
322	7	临淄、高唐、安平、即墨、阿、南武城、薛?	7	平阳、杨氏、铜鞮、京、郑、邢丘、长子	15	盂、大陵、梗阳、邬、涂水、邯郸、祁、晋阳、平邑、番吾、甄、榆次、离石、蔺、鄗?	15	温、邺、酸枣、承匡、垣、鲁阳、武堵、中牟、大梁、绛、安邑、泫氏、济阳、濦阴、顿丘			27	邓、湖阳、竟陵、苦、期思、寝、鄀、上庸、宛、叶、析、阴、息、武城（1）、随、鄢、陈、平舆、莒、临沅、广陵、居巢、吴、下蔡、钟离、朱方、上蔡	36	上邽、下邽、冀、杜、虢、郑、魏城、临晋、庞戏城、频阳、雍、籍姑、重泉、栎阳、蒲、蓝田、善明氏、洛阴、庞、夏阳、高陵、亃、美阳、武功、咸阳、武城(2)、商、合阳、宁秦、陕、蒲子、漆垣、高奴、义渠、南郑、卢氏
320	7	临淄、高唐、安平、即墨、阿、南武城、薛	7	平阳、杨氏、铜鞮、京、郑、邢丘、长子	15	盂、大陵、梗阳、邬、涂水、邯郸、祁、晋阳、平邑、番吾、甄、榆次、离石、蔺、鄗	15	温、邺、酸枣、承匡、垣、鲁阳、武堵、中牟、大梁、绛、安邑、泫氏、济阳、濦阴、顿丘			27	邓、湖阳、竟陵、苦、期思、寝、鄀、上庸、宛、叶、析、阴、息、武城（1）、随、鄢、陈、平舆、莒、临沅、广陵、居巢、吴、下蔡、钟离、朱方、上蔡	37	上邽、下邽、冀、杜、虢、郑、魏城、临晋、庞戏城、频阳、雍、籍姑、重泉、栎阳、蒲、蓝田、善明氏、洛阴、庞、夏阳、高陵、亃、美阳、武功、咸阳、武城(2)、商、合阳、宁秦、陕、蒲子、漆垣、高奴、义渠、南郑、卢氏、朐衍
319	7	临淄、高唐、安平、即墨、阿、南武城、薛	8	平阳、杨氏、铜鞮、京、郑、邢丘、长子、屯留?	16	盂、大陵、梗阳、邬、涂水、邯郸、祁、晋阳、平邑、番吾、甄、榆次、离石、蔺、鄗、安平?	15	温、邺、酸枣、承匡、垣、鲁阳、武堵、中牟、大梁、绛、安邑、泫氏、济阳、濦阴、顿丘			27	邓、湖阳、竟陵、苦、期思、寝、鄀、上庸、宛、叶、析、阴、息、武城（1）、随、鄢、陈、平舆、莒、临沅、广陵、居巢、吴、下蔡、钟离、朱方、上蔡	37	上邽、下邽、冀、杜、虢、郑、魏城、临晋、庞戏城、频阳、雍、籍姑、重泉、栎阳、蒲、蓝田、善明氏、洛阴、庞、夏阳、高陵、亃、美阳、武功、咸阳、武城(2)、商、合阳、宁秦、陕、蒲子、漆垣、高奴、义渠、南郑、卢氏、朐衍
316	7	临淄、高唐、安平、即墨、阿、南武城、薛	9	平阳、杨氏、铜鞮、京、郑、邢丘、长子、屯留、新城（1）（今河南伊川县西南）?	16	盂、大陵、梗阳、邬、涂水、邯郸、祁、晋阳、平邑、番吾、甄、榆次、离石、蔺、鄗、安平	15	温、邺、酸枣、承匡、垣、鲁阳、武堵、中牟、大梁、绛、安邑、泫氏、济阳、濦阴、顿丘			27	邓、湖阳、竟陵、苦、期思、寝、鄀、上庸、宛、叶、析、阴、息、武城（1）、随、鄢、陈、平舆、莒、临沅、广陵、居巢、吴、下蔡、钟离、朱方、上蔡	37	上邽、下邽、冀、杜、虢、郑、魏城、临晋、庞戏城、频阳、雍、籍姑、重泉、栎阳、蒲、蓝田、善明氏、洛阴、庞、夏阳、高陵、亃、美阳、武功、咸阳、武城(2)、商、合阳、宁秦、陕、蒲子、漆垣、高奴、义渠、南郑、卢氏、朐衍
315	7	临淄、高唐、安平、即墨、阿、南武城、薛	8	平阳、杨氏、铜鞮、京、郑、邢丘、长子、屯留	16	盂、大陵、梗阳、邬、涂水、邯郸、祁、晋阳、平邑、番吾、甄、榆次、离石、蔺、鄗、安平	15	温、邺、酸枣、承匡、垣、鲁阳、武堵、中牟、大梁、绛、安邑、泫氏、济阳、濦阴、顿丘			28	邓、湖阳、竟陵、苦、期思、寝、鄀、上庸、宛、叶、析、阴、息、武城（1）、随、鄢、陈、平舆、莒、临沅、广陵、居巢、吴、下蔡、钟离、朱方、上蔡、新城(1)?	37	上邽、下邽、冀、杜、虢、郑、魏城、临晋、庞戏城、频阳、雍、籍姑、重泉、栎阳、蒲、蓝田、善明氏、洛阴、庞、夏阳、高陵、亃、美阳、武功、咸阳、武城(2)、商、合阳、宁秦、陕、蒲子、漆垣、高奴、义渠、南郑、卢氏、朐衍

续 表

公元前	齐		韩		赵		魏		燕		楚		秦	
	县数	县名	县数	县名	县数	县名	县数	县名	县数	县名	县数	县名	县数	县名
314	7	临淄、高唐、安平、即墨、阿、南武城、薛	8	平阳、杨氏、铜鞮、京、郑、邢丘、长子、屯留	16	盂、大陵、梗阳、邬、涂水、邯郸、祁、晋阳、平邑、番吾、甄、榆次、离石、蔺、鄗、安平	15	温、邺、酸枣、承匡、垣、鲁阳、武堵、中牟、大梁、绛、安邑、泫氏、济阳、瀳阴、顿丘			28	邓、湖阳、竟陵、苦、期思、寝、都、上庸、宛、叶、析、阴、息、武城(1)、随、鄢、陈、平舆、莒、临沅、广陵、居巢、吴、下蔡、钟离、朱方、上蔡、新城(1)	41	上邽、下邽、冀、杜、虢、郑、魏城、临晋、庞戏城、频阳、雍、籍姑、重泉、栎阳、蒲、蓝田、善明氏、洛阴、庞、夏阳、高陵、麓、美阳、武功、咸阳、武城(2)、商、合阳、宁秦、陕、蒲子、漆垣、高奴、义渠、南郑、卢氏、朐衍、江洲?、鱼复?、阆中?、湔氏?
313	7	临淄、高唐、安平、即墨、阿、南武城、薛	8	平阳、杨氏、铜鞮、京、郑、邢丘、长子、屯留	15	盂、大陵、梗阳、邬、涂水、邯郸、祁、晋阳、平邑、番吾、甄、榆次、离石、鄗、安平	15	温、邺、酸枣、承匡、垣、鲁阳、武堵、中牟、大梁、绛、安邑、泫氏、济阳、瀳阴、顿丘			28	邓、湖阳、竟陵、苦、期思、寝、都、上庸、宛、叶、析、阴、息、武城(1)、随、鄢、陈、平舆、莒、临沅、广陵、居巢、吴、下蔡、钟离、朱方、上蔡、新城(1)	42	上邽、下邽、冀、杜、虢、郑、魏城、临晋、庞戏城、频阳、雍、籍姑、重泉、栎阳、蒲、蓝田、善明氏、洛阴、庞、夏阳、高陵、麓、美阳、武功、咸阳、武城(2)、商、合阳、宁秦、陕、蒲子、漆垣、高奴、义渠、南郑、卢氏、朐衍、江洲、鱼复、阆中、湔氏、蔺
312	7	临淄、高唐、安平、即墨、阿、南武城、薛	8	平阳、杨氏、铜鞮、京、郑、邢丘、长子、屯留	16	盂、大陵、梗阳、邬、涂水、邯郸、祁、晋阳、平邑、番吾、甄、榆次、离石、鄗、安平、蔺?	15	温、邺、酸枣、承匡、垣、鲁阳、武堵、中牟、大梁、绛、安邑、泫氏、济阳、瀳阴、顿丘			27	邓、湖阳、竟陵、苦、期思、寝、都、宛、叶、析、阴、息、武城(1)、随、鄢、陈、平舆、莒、临沅、广陵、居巢、吴、下蔡、钟离、朱方、上蔡、新城(1)	42	上邽、下邽、冀、杜、虢、郑、魏城、临晋、庞戏城、频阳、雍、籍姑、重泉、栎阳、蒲、蓝田、善明氏、洛阴、庞、夏阳、高陵、麓、美阳、武功、咸阳、武城(2)、商、合阳、宁秦、陕、蒲子、漆垣、高奴、义渠、南郑、卢氏、朐衍、江洲、鱼复、阆中、湔氏、上庸
311	7	临淄、高唐、安平、即墨、阿、南武城、薛	8	平阳、杨氏、铜鞮、京、郑、邢丘、长子、屯留	16	盂、大陵、梗阳、邬、涂水、邯郸、祁、晋阳、平邑、番吾、甄、榆次、离石、鄗、安平、蔺	15	温、邺、酸枣、承匡、垣、鲁阳、武堵、中牟、大梁、绛、安邑、泫氏、济阳、瀳阴、顿丘			27	邓、湖阳、竟陵、苦、期思、寝、都、宛、叶、析、阴、息、武城(1)、随、鄢、陈、平舆、莒、临沅、广陵、居巢、吴、下蔡、钟离、朱方、上蔡、新城(1)	46	上邽、下邽、冀、杜、虢、郑、魏城、临晋、庞戏城、频阳、雍、籍姑、重泉、栎阳、蒲、蓝田、善明氏、洛阴、庞、夏阳、高陵、麓、美阳、武功、咸阳、武城(2)、商、合阳、宁秦、陕、蒲子、漆垣、高奴、义渠、南郑、卢氏、朐衍、江洲、鱼复、阆中、湔氏、上庸、成都、郫城、临邛、乌氏?
308	8	临淄、高唐、安平、即墨、阿、南武城、薛、狐氏?	12	平阳、杨氏、铜鞮、京、郑、邢丘、长子、路?、涉?、端氏?、宜阳?、武遂?	16	盂、大陵、梗阳、邬、涂水、邯郸、祁、晋阳、平邑、番吾、甄、榆次、离石、鄗、安平、蔺	15	温、邺、酸枣、承匡、垣、鲁阳、武堵、中牟、大梁、绛、安邑、泫氏、济阳、瀳阴、顿丘			27	邓、湖阳、竟陵、苦、期思、寝、都、宛、叶、析、阴、息、武城(1)、随、鄢、陈、平舆、莒、临沅、广陵、居巢、吴、下蔡、钟离、朱方、上蔡、新城(1)	46	上邽、下邽、冀、杜、虢、郑、魏城、临晋、庞戏城、频阳、雍、籍姑、重泉、栎阳、蒲、蓝田、善明氏、洛阴、庞、夏阳、高陵、麓、美阳、武功、咸阳、武城(2)、商、合阳、宁秦、陕、蒲子、漆垣、高奴、义渠、南郑、卢氏、朐衍、江洲、鱼复、阆中、湔氏、上庸、成都、郫城、临邛、乌氏
307	8	临淄、高唐、安平、即墨、阿、南武城、薛、狐氏	11	平阳、杨氏、铜鞮、京、郑、邢丘、长子、屯留、路、涉、端氏	17	盂、大陵、梗阳、邬、涂水、邯郸、祁、晋阳、平邑、番吾、甄、榆次、离石、鄗、安平、蔺、代?	15	温、邺、酸枣、承匡、垣、鲁阳、武堵、中牟、大梁、绛、安邑、泫氏、济阳、瀳阴、顿丘			27	邓、湖阳、竟陵、苦、期思、寝、都、宛、叶、析、阴、息、武城(1)、随、鄢、陈、平舆、莒、临沅、广陵、居巢、吴、下蔡、钟离、朱方、上蔡、新城(1)	49	上邽、下邽、冀、杜、虢、郑、魏城、临晋、庞戏城、频阳、雍、籍姑、重泉、栎阳、蒲、蓝田、善明氏、洛阴、庞、夏阳、高陵、麓、美阳、武功、咸阳、武城(2)、商、合阳、宁秦、陕、蒲子、漆垣、高奴、义渠、南郑、卢氏、朐衍、江洲、鱼复、阆中、湔氏、上庸、成都、郫城、临邛、乌氏、宜阳、武遂、郿?
306	8	临淄、高唐、安平、即墨、阿、南武城、薛、狐氏	12	平阳、杨氏、铜鞮、京、郑、邢丘、长子、屯留、路、涉、端氏、武遂	17	盂、大陵、梗阳、邬、涂水、邯郸、祁、晋阳、平邑、番吾、甄、榆次、离石、鄗、安平、蔺、代	16	温、邺、酸枣、承匡、垣、鲁阳、武堵、中牟、大梁、绛、安邑、泫氏、济阳、瀳阴、顿丘、皮氏			27	邓、湖阳、竟陵、苦、期思、寝、都、宛、叶、析、阴、息、武城(1)、随、鄢、陈、平舆、莒、临沅、广陵、居巢、吴、下蔡、钟离、朱方、上蔡、新城(1)	48	上邽、下邽、冀、杜、虢、郑、魏城、临晋、庞戏城、频阳、雍、籍姑、重泉、栎阳、蒲、蓝田、善明氏、洛阴、庞、夏阳、高陵、麓、美阳、武功、咸阳、武城(2)、商、合阳、宁秦、陕、蒲子、漆垣、高奴、义渠、南郑、卢氏、朐衍、江洲、鱼复、阆中、湔氏、上庸、成都、郫城、临邛、乌氏、宜阳、郿

续 表

公元前	齐		韩		赵		魏		燕		楚		秦	
	县数	县名	县数	县名	县数	县名	县数	县名	县数	县名	县数	县名	县数	县名
305	8	临淄、高唐、安平、即墨、阿、南武城、薛、狐氏	12	平阳、杨氏、铜鞮、京、郑、邢丘、长子、屯留、路、涉、端氏、武遂	18	盂、大陵、梗阳、邬、涂水、邯郸、祁、晋阳、平邑、番吾、甄、榆次、离石、鄗、安平、蔺、代、广衍?	16	温、邺、酸枣、承匡、垣、鲁阳、武堵、中牟、大梁、绛、安邑、汝氏、济阳、濝阴、顿丘、皮氏			27	邓、湖阳、竟陵、苦、期思、寝、都、宛、叶、析、阴、息、武城(1)、随、鄢、陈、平舆、莒、临沅、广陵、居巢、吴、下蔡、钟离、朱方、上蔡、新城(1)	48	上邽、下邽、冀、杜、虢、郑、魏城、临晋、庞戏城、频阳、雍、籍姑、重泉、栎阳、蒲、蓝田、善明氏、洛阴、庞、夏阳、高陵、斄、美阳、武功、咸阳、武城(2)、商、合阳、宁秦、陕、蒲子、漆垣、高奴、义渠、南郑、卢氏、朐衍、江洲、鱼复、阆中、湔氐、上庸、成都、郫城、临邛、乌氏、宜阳、郿
304	8	临淄、高唐、安平、即墨、阿、南武城、薛、狐氏	12	平阳、杨氏、铜鞮、京、郑、邢丘、长子、屯留、路、涉、端氏、武遂	19	盂、大陵、梗阳、邬、涂水、邯郸、祁、晋阳、平邑、番吾、甄、榆次、离石、鄗、安平、蔺、代、广衍、石邑?	17	温、邺、酸枣、承匡、垣、鲁阳、武堵、中牟、大梁、绛、安邑、汝氏、济阳、濝阴、顿丘、皮氏、蒲阪?			28	邓、湖阳、竟陵、苦、期思、寝、都、宛、叶、析、阴、息、武城(1)、随、鄢、陈、平舆、莒、临沅、广陵、居巢、吴、下蔡、钟离、朱方、上蔡、新城(1)、上庸	47	上邽、下邽、冀、杜、虢、郑、魏城、临晋、庞戏城、频阳、雍、籍姑、重泉、栎阳、蒲、蓝田、善明氏、洛阴、庞、夏阳、高陵、斄、美阳、武功、咸阳、武城(2)、商、合阳、宁秦、陕、蒲子、漆垣、高奴、义渠、南郑、卢氏、朐衍、江洲、鱼复、阆中、湔氐、成都、郫城、临邛、乌氏、宜阳、郿
303	8	临淄、高唐、安平、即墨、阿、南武城、薛、狐氏	11	平阳、杨氏、铜鞮、京、郑、邢丘、长子、屯留、路、涉、端氏	19	盂、大陵、梗阳、邬、涂水、邯郸、祁、晋阳、平邑、番吾、甄、榆次、离石、鄗、安平、蔺、代、广衍、石邑	16	温、邺、酸枣、承匡、垣、鲁阳、武堵、中牟、大梁、绛、安邑、汝氏、济阳、濝阴、顿丘、皮氏			28	邓、湖阳、竟陵、苦、期思、寝、都、宛、叶、析、阴、息、武城(1)、随、鄢、陈、平舆、莒、临沅、广陵、居巢、吴、下蔡、钟离、朱方、上蔡、新城(1)、上庸	49	上邽、下邽、冀、杜、虢、郑、魏城、临晋、庞戏城、频阳、雍、籍姑、重泉、栎阳、蒲、蓝田、善明氏、洛阴、庞、夏阳、高陵、斄、美阳、武功、咸阳、武城(2)、商、合阳、宁秦、陕、蒲子、漆垣、高奴、义渠、南郑、卢氏、朐衍、江洲、鱼复、阆中、湔氐、成都、郫城、临邛、乌氏、宜阳、郿、武遂、蒲阪
302	8	临淄、高唐、安平、即墨、阿、南武城、薛、狐氏	11	平阳、杨氏、铜鞮、京、郑、邢丘、长子、屯留、路、涉、端氏	19	盂、大陵、梗阳、邬、涂水、邯郸、祁、晋阳、平邑、番吾、甄、榆次、离石、鄗、安平、蔺、代、广衍、石邑	17	温、邺、酸枣、承匡、垣、鲁阳、武堵、中牟、大梁、绛、安邑、汝氏、济阳、濝阴、顿丘、皮氏、蒲阪			28	邓、湖阳、竟陵、苦、期思、寝、都、宛、叶、析、阴、息、武城(1)、随、鄢、陈、平舆、莒、临沅、广陵、居巢、吴、下蔡、钟离、朱方、上蔡、新城(1)、上庸	48	上邽、下邽、冀、杜、虢、郑、魏城、临晋、庞戏城、频阳、雍、籍姑、重泉、栎阳、蒲、蓝田、善明氏、洛阴、庞、夏阳、高陵、斄、美阳、武功、咸阳、武城(2)、商、合阳、宁秦、陕、蒲子、漆垣、高奴、义渠、南郑、卢氏、朐衍、江洲、鱼复、阆中、湔氐、成都、郫城、临邛、乌氏、宜阳、郿、武遂
301	8	临淄、高唐、安平、即墨、阿、南武城、薛、狐氏	12	平阳、杨氏、铜鞮、京、郑、邢丘、长子、屯留、路、涉、端氏、皋落?	19	盂、大陵、梗阳、邬、涂水、邯郸、祁、晋阳、平邑、番吾、甄、榆次、离石、鄗、安平、蔺、代、广衍、石邑	17	温、邺、酸枣、承匡、垣、鲁阳、武堵、中牟、大梁、绛、安邑、汝氏、济阳、濝阴、顿丘、皮氏、蒲阪			28	邓、湖阳、竟陵、苦、期思、寝、都、宛、叶、析、阴、息、武城(1)、随、鄢、陈、平舆、莒、临沅、广陵、居巢、吴、下蔡、钟离、朱方、上蔡、新城(1)、上庸	48	上邽、下邽、冀、杜、虢、郑、魏城、临晋、庞戏城、频阳、雍、籍姑、重泉、栎阳、蒲、蓝田、善明氏、洛阴、庞、夏阳、高陵、斄、美阳、武功、咸阳、武城(2)、商、合阳、宁秦、陕、蒲子、漆垣、高奴、义渠、南郑、卢氏、朐衍、江洲、鱼复、阆中、湔氐、成都、郫城、临邛、乌氏、宜阳、郿、武遂
300	8	临淄、高唐、安平、即墨、阿、南武城、薛、狐氏	12	平阳、杨氏、铜鞮、京、郑、邢丘、长子、屯留、路、涉、端氏、皋落	19	盂、大陵、梗阳、邬、涂水、邯郸、祁、晋阳、平邑、番吾、甄、榆次、离石、鄗、安平、蔺、代、广衍、石邑	18	温、邺、酸枣、承匡、垣、鲁阳、武堵、中牟、大梁、绛、安邑、汝氏、济阳、濝阴、顿丘、皮氏、蒲阪、上蔡			26	邓、湖阳、竟陵、苦、期思、寝、都、宛、叶、析、阴、息、武城(1)、随、鄢、陈、平舆、莒、临沅、广陵、居巢、吴、下蔡、钟离、朱方、上庸	49	上邽、下邽、冀、杜、虢、郑、魏城、临晋、庞戏城、频阳、雍、籍姑、重泉、栎阳、蒲、蓝田、善明氏、洛阴、庞、夏阳、高陵、斄、美阳、武功、咸阳、武城(2)、商、合阳、宁秦、陕、蒲子、漆垣、高奴、义渠、南郑、卢氏、朐衍、江洲、鱼复、阆中、湔氐、成都、郫城、临邛、乌氏、宜阳、郿、武遂、新城(1)(1)
299	8	临淄、高唐、安平、即墨、阿、南武城、薛、狐氏	13	平阳、杨氏、铜鞮、京、郑、邢丘、长子、屯留、路、涉、端氏、皋落、新城(1)	20	盂、大陵、梗阳、邬、涂水、邯郸、祁、晋阳、平邑、番吾、甄、榆次、离石、鄗、安平、蔺、代、广衍、石邑、云中?	18	温、邺、酸枣、承匡、垣、鲁阳、武堵、中牟、大梁、绛、安邑、汝氏、济阳、濝阴、顿丘、皮氏、蒲阪、上蔡			27	邓、湖阳、竟陵、苦、期思、寝、都、宛、叶、析、阴、息、武城(1)、随、鄢、陈、平舆、莒、临沅、广陵、居巢、吴、下蔡、钟离、朱方、上庸、襄城?	48	上邽、下邽、冀、杜、虢、郑、魏城、临晋、庞戏城、频阳、雍、籍姑、重泉、栎阳、蒲、蓝田、善明氏、洛阴、庞、夏阳、高陵、斄、美阳、武功、咸阳、武城(2)、商、合阳、宁秦、陕、蒲子、漆垣、高奴、义渠、南郑、卢氏、朐衍、江洲、鱼复、阆中、湔氐、成都、郫城、临邛、乌氏、宜阳、郿、武遂

续 表

公元前	齐		韩		赵		魏		燕		楚		秦	
	县数	县名	县数	县名	县数	县名	县数	县名	县数	县名	县数	县名	县数	县名
298	8	临淄、高唐、安平、即墨、阿、南武城、薛、狐氏	13	平阳、杨氏、铜鞮、京、郑、邢丘、长子、屯留、路、涉、端氏、皋落、新城(1)	21	盂、大陵、梗阳、邬、涂水、邯郸、祁、晋阳、平邑、番吾、甄、榆次、离石、鄗、安平、蔺、代、广衍、石邑、云中、善无?	18	温、邺、酸枣、承匡、垣、鲁阳、武堵、中牟、大梁、绛、安邑、泫氏、济阳、濦阴、顿丘、皮氏、蒲阪、上蔡			26	邓、湖阳、竟陵、苦、期思、寝、都、宛、叶、析、阴、息、武城(1)、随、鄢、陈、平舆、莒、临沅、广陵、居巢、吴、下蔡、钟离、朱方、上庸	49	上邽、下邽、冀、杜、虢、郑、魏城、临晋、庞戏城、频阳、雍、籍姑、重泉、栎阳、蒲、蓝田、善明氏、洛阴、庞、夏阳、高陵、斄、美阳、武功、咸阳、武城(2)、商、合阳、宁秦、陕、蒲子、漆垣、高奴、义渠、南郑、卢氏、朐衍、江洲、鱼复、阆中、湔氏、成都、郫城、临邛、乌氏、宜阳、郿、武遂、襄城
296	8	临淄、高唐、安平、即墨、阿、南武城、薛、狐氏	14	平阳、杨氏、铜鞮、京、郑、邢丘、长子、屯留、路、涉、端氏、皋落、武遂、新城(1)	23	盂、大陵、梗阳、邬、涂水、邯郸、祁、晋阳、平邑、番吾、甄、榆次、离石、鄗、安平、蔺、代、广衍、石邑、云中、善无、苦陉、肤施?	19	温、邺、酸枣、承匡、垣、鲁阳、武堵、中牟、大梁、绛、安邑、泫氏、济阳、濦阴、顿丘、皮氏、蒲阪、上蔡、襄城?			25	邓、湖阳、竟陵、苦、期思、寝、都、宛、叶、阴、息、武城(1)、随、鄢、陈、平舆、莒、临沅、广陵、居巢、吴、下蔡、钟离、朱方、上庸	48	上邽、下邽、冀、杜、虢、郑、魏城、临晋、庞戏城、频阳、雍、籍姑、重泉、栎阳、蒲、蓝田、善明氏、洛阴、庞、夏阳、高陵、斄、美阳、武功、咸阳、武城(2)、商、合阳、宁秦、陕、蒲子、漆垣、高奴、义渠、南郑、卢氏、朐衍、江洲、鱼复、阆中、湔氏、成都、郫城、临邛、乌氏、宜阳、郿、析
295	8	临淄、高唐、安平、即墨、阿、南武城、薛、狐氏	14	平阳、杨氏、铜鞮、京、郑、邢丘、长子、屯留、路、涉、端氏、皋落、武遂、新城(1)	22	盂、大陵、梗阳、邬、涂水、邯郸、祁、晋阳、平邑、番吾、甄、榆次、离石、鄗、安平、蔺、代、石邑、云中、善无、苦陉、肤施	19	温、邺、酸枣、承匡、垣、鲁阳、武堵、中牟、大梁、绛、安邑、泫氏、济阳、濦阴、顿丘、蒲子、皮氏、蒲阪、上蔡			25	邓、湖阳、竟陵、苦、期思、寝、都、宛、叶、阴、息、武城(1)、随、鄢、陈、平舆、莒、临沅、广陵、居巢、吴、下蔡、钟离、朱方、上庸	52	上邽、下邽、冀、杜、虢、郑、魏城、临晋、庞戏城、频阳、雍、籍姑、重泉、栎阳、蒲、蓝田、善明氏、洛阴、庞、夏阳、高陵、斄、美阳、武功、咸阳、武城(2)、商、合阳、宁秦、陕、蒲子、漆垣、高奴、义渠、南郑、卢氏、朐衍、江洲、鱼复、阆中、湔氏、成都、郫城、临邛、乌氏、宜阳、郿、析、襄城、广衍?、洛都?、定阳?
294	8	临淄、高唐、安平、即墨、阿、南武城、薛、狐氏	14	平阳、杨氏、铜鞮、京、郑、邢丘、长子、屯留、路、涉、端氏、皋落、武遂、新城(1)	21	盂、大陵、梗阳、邬、涂水、邯郸、祁、晋阳、平邑、番吾、甄、榆次、离石、鄗、安平、蔺、代、石邑、云中、善无、苦陉	18	温、邺、酸枣、承匡、垣、鲁阳、武堵、中牟、大梁、绛、安邑、泫氏、济阳、濦阴、顿丘、皮氏、蒲阪、上蔡			25	邓、湖阳、竟陵、苦、期思、寝、都、宛、叶、阴、息、武城(1)、随、鄢、陈、平舆、莒、临沅、广陵、居巢、吴、下蔡、钟离、朱方、上庸	53	上邽、下邽、冀、杜、虢、郑、魏城、临晋、庞戏城、频阳、雍、籍姑、重泉、栎阳、蒲、蓝田、善明氏、洛阴、庞、夏阳、高陵、斄、美阳、武功、咸阳、武城(2)、商、合阳、宁秦、陕、蒲子、漆垣、高奴、义渠、南郑、卢氏、朐衍、江洲、鱼复、阆中、湔氏、成都、郫城、临邛、乌氏、宜阳、郿、析、襄城、广衍、洛都、定阳、肤施
292	8	临淄、高唐、安平、即墨、阿、南武城、薛、狐氏	14	平阳、杨氏、铜鞮、京、郑、邢丘、长子、屯留、路、涉、端氏、皋落、武遂、新城(1)	21	盂、大陵、梗阳、邬、涂水、邯郸、祁、晋阳、平邑、番吾、甄、榆次、离石、鄗、安平、蔺、代、石邑、云中、善无、苦陉	17	温、邺、酸枣、承匡、鲁阳、武堵、中牟、大梁、绛、安邑、泫氏、济阳、濦阴、顿丘、皮氏、蒲阪、上蔡			23	邓、湖阳、竟陵、苦、期思、寝、都、阴、息、武城(1)、随、鄢、陈、平舆、莒、临沅、广陵、居巢、吴、下蔡、钟离、朱方、上庸	56	上邽、下邽、冀、杜、虢、郑、魏城、临晋、庞戏城、频阳、雍、籍姑、重泉、栎阳、蒲、蓝田、善明氏、洛阴、庞、夏阳、高陵、斄、美阳、武功、咸阳、武城(2)、商、合阳、宁秦、陕、蒲子、漆垣、高奴、义渠、南郑、卢氏、朐衍、江洲、鱼复、阆中、湔氏、成都、郫城、临邛、乌氏、宜阳、郿、析、襄城、广衍、洛都、定阳、肤施、宛、垣、叶
291	8	临淄、高唐、安平、即墨、阿、南武城、薛、狐氏	14	平阳、杨氏、铜鞮、京、郑、邢丘、长子、屯留、路、涉、端氏、皋落、武遂、新城(1)	22	盂、大陵、梗阳、邬、涂水、邯郸、祁、晋阳、平邑、番吾、甄、榆次、离石、鄗、安平、蔺、代、石邑、云中、善无、苦陉、南行唐?	18	温、邺、酸枣、承匡、鲁阳、武堵、中牟、大梁、绛、安邑、泫氏、济阳、濦阴、顿丘、皮氏、蒲阪、上蔡、垣?			23	邓、湖阳、竟陵、苦、期思、寝、都、阴、息、武城(1)、随、鄢、陈、平舆、莒、临沅、广陵、居巢、吴、下蔡、钟离、朱方、上庸	55	上邽、下邽、冀、杜、虢、郑、魏城、临晋、庞戏城、频阳、雍、籍姑、重泉、栎阳、蒲、蓝田、善明氏、洛阴、庞、夏阳、高陵、斄、美阳、武功、咸阳、武城(2)、商、合阳、宁秦、陕、蒲子、漆垣、高奴、义渠、南郑、卢氏、朐衍、江洲、鱼复、阆中、湔氏、成都、郫城、临邛、乌氏、宜阳、郿、析、襄城、广衍、洛都、定阳、肤施、宛、叶

续 表

公元前	齐		韩		赵		魏		燕		楚		秦	
	县数	县 名	县数	县 名	县数	县 名	县数	县 名	县数	县 名	县数	县 名	县数	县 名
290	8	临淄、高唐、安平、即墨、阿、南武城、薛、狐氏	12	平阳、杨氏、铜鞮、京、郑、邢丘、长子、屯留、路、涉、端氏、新城(1)	22	孟、大陵、梗阳、邬、涂水、邯郸、祁、晋阳、平邑、番吾、甄、榆次、离石、鄗、安平、蔺、代、石邑、云中、善无、苦陉、南行唐	15	温、邺、酸枣、承匡、鲁阳、武堵、中牟、大梁、绛、安邑、泫氏、济阳、瀍阴、顿丘、上蔡			23	邓、湖阳、竟陵、苦、期思、寝、都、阴、息、武城(1)、随、鄢、陈、平舆、莒、临沅、广陵、居巢、吴、下蔡、钟离、朱方、上庸	60	上邽、下邽、冀、杜、虢、郑、魏城、临晋、庞戏城、频阳、雍、籍姑、重泉、栎阳、蒲、蓝田、善明氏、洛阴、庞、夏阳、高陵、蘩、美阳、武功、咸阳、武城(2)、商、合阳、宁秦、陕、蒲子、漆垣、高奴、义渠、南郑、卢氏、朐衍、江洲、鱼复、阆中、湔氐、成都、郫城、临邛、乌氏、宜阳、郿、析、襄城、广衍、洛都、定阳、肤施、宛、叶、武遂、皋落、垣、蒲阪、皮氏
288	8	临淄、高唐、安平、即墨、阿、南武城、薛、狐氏	12	平阳、杨氏、铜鞮、京、郑、邢丘、长子、屯留、路、涉、端氏、新城(1)	21	孟、大陵、邬、涂水、邯郸、祁、晋阳、平邑、番吾、甄、榆次、离石、鄗、安平、蔺、代、石邑、云中、善无、苦陉、南行唐	15	温、邺、酸枣、承匡、鲁阳、武堵、中牟、大梁、绛、安邑、泫氏、济阳、瀍阴、顿丘、上蔡			23	邓、湖阳、竟陵、苦、期思、寝、都、阴、息、武城(1)、随、鄢、陈、平舆、莒、临沅、广陵、居巢、吴、下蔡、钟离、朱方、上庸	61	上邽、下邽、冀、杜、虢、郑、魏城、临晋、庞戏城、频阳、雍、籍姑、重泉、栎阳、蒲、蓝田、善明氏、洛阴、庞、夏阳、高陵、蘩、美阳、武功、咸阳、武城(2)、商、合阳、宁秦、陕、蒲子、漆垣、高奴、义渠、南郑、卢氏、朐衍、江洲、鱼复、阆中、湔氐、成都、郫城、临邛、乌氏、宜阳、郿、析、襄城、广衍、洛都、定阳、肤施、宛、叶、武遂、皋落、垣、蒲阪、皮氏、梗阳
287	8	临淄、高唐、安平、即墨、阿、南武城、薛、狐氏	12	平阳、杨氏、铜鞮、京、郑、邢丘、长子、屯留、路、涉、端氏、新城(1)	21	孟、大陵、邬、涂水、邯郸、祁、晋阳、平邑、番吾、甄、榆次、离石、鄗、安平、蔺、代、石邑、云中、善无、苦陉、南行唐	15	温、邺、酸枣、承匡、鲁阳、武堵、中牟、大梁、绛、安邑、泫氏、济阳、瀍阴、顿丘、上蔡			23	邓、湖阳、竟陵、苦、期思、寝、都、阴、息、武城(1)、随、鄢、陈、平舆、莒、临沅、广陵、居巢、吴、下蔡、钟离、朱方、上庸	61	上邽、下邽、冀、杜、虢、郑、魏城、临晋、庞戏城、频阳、雍、籍姑、重泉、栎阳、蒲、蓝田、善明氏、洛阴、庞、夏阳、高陵、蘩、美阳、武功、咸阳、武城(2)、商、合阳、宁秦、陕、蒲子、漆垣、高奴、义渠、南郑、卢氏、朐衍、江洲、鱼复、阆中、湔氐、成都、郫城、临邛、乌氏、宜阳、郿、析、襄城、广衍、洛都、定阳、肤施、宛、叶、武遂、皋落、垣、蒲阪、皮氏、梗阳
286	9	临淄、高唐、安平、即墨、阿、南武城、薛、狐氏、蒙	12	平阳、杨氏、铜鞮、京、郑、邢丘、长子、屯留、路、涉、端氏、新城(1)	21	孟、大陵、邬、涂水、邯郸、祁、晋阳、平邑、番吾、甄、榆次、离石、鄗、安平、蔺、代、石邑、云中、善无、苦陉、南行唐	13	温、邺、酸枣、承匡、鲁阳、武堵、中牟、大梁、泫氏、济阳、瀍阴、顿丘、上蔡			23	邓、湖阳、竟陵、苦、期思、寝、都、阴、息、武城(1)、随、鄢、陈、平舆、莒、临沅、广陵、居巢、吴、下蔡、钟离、朱方、上庸	63	上邽、下邽、冀、杜、虢、郑、魏城、临晋、庞戏城、频阳、雍、籍姑、重泉、栎阳、蒲、蓝田、善明氏、洛阴、庞、夏阳、高陵、蘩、美阳、武功、咸阳、武城(2)、商、合阳、宁秦、陕、蒲子、漆垣、高奴、义渠、南郑、卢氏、朐衍、江洲、鱼复、阆中、湔氐、成都、郫城、临邛、乌氏、宜阳、郿、析、襄城、广衍、洛都、定阳、肤施、宛、叶、武遂、皋落、垣、蒲阪、皮氏、梗阳、安邑、绛?
285	12	临淄、高唐、安平、即墨、阿、南武城、薛、狐氏、蒙、聊城?、昌城?、莒?	12	平阳、杨氏、铜鞮、京、郑、邢丘、长子、屯留、路、涉、端氏、新城(1)	21	孟、大陵、邬、涂水、邯郸、祁、晋阳、平邑、番吾、甄、榆次、离石、鄗、安平、蔺、代、石邑、云中、善无、苦陉、南行唐	13	温、邺、酸枣、承匡、鲁阳、武堵、中牟、大梁、泫氏、济阳、瀍阴、顿丘、上蔡			22	邓、湖阳、竟陵、苦、期思、寝、都、阴、息、武城(1)、随、鄢、陈、平舆、临沅、广陵、居巢、吴、下蔡、钟离、朱方、上庸	63	上邽、下邽、冀、杜、虢、郑、魏城、临晋、庞戏城、频阳、雍、籍姑、重泉、栎阳、蒲、蓝田、善明氏、洛阴、庞、夏阳、高陵、蘩、美阳、武功、咸阳、武城(2)、商、合阳、宁秦、陕、蒲子、漆垣、高奴、义渠、南郑、卢氏、朐衍、江洲、鱼复、阆中、湔氐、成都、郫城、临邛、乌氏、宜阳、郿、析、襄城、广衍、洛都、定阳、肤施、宛、叶、武遂、皋落、垣、蒲阪、皮氏、梗阳、安邑、绛
284	3	即墨、聊城、莒	12	平阳、杨氏、铜鞮、京、郑、邢丘、长子、屯留、路、涉、端氏、新城(1)	21	孟、大陵、邬、涂水、邯郸、祁、晋阳、平邑、番吾、甄、榆次、离石、鄗、安平、蔺、代、石邑、云中、善无、苦陉、南行唐	13	温、邺、酸枣、承匡、鲁阳、武堵、中牟、大梁、泫氏、济阳、瀍阴、顿丘、上蔡	8	临淄、高唐、安平、阿、南武城、狐氏、蒙、昌城	22	邓、湖阳、竟陵、苦、期思、寝、都、阴、息、武城(1)、随、鄢、陈、平舆、临沅、广陵、居巢、吴、下蔡、钟离、朱方、上庸	63	上邽、下邽、冀、杜、虢、郑、魏城、临晋、庞戏城、频阳、雍、籍姑、重泉、栎阳、蒲、蓝田、善明氏、洛阴、庞、夏阳、高陵、蘩、美阳、武功、咸阳、武城(2)、商、合阳、宁秦、陕、蒲子、漆垣、高奴、义渠、南郑、卢氏、朐衍、江洲、鱼复、阆中、湔氐、成都、郫城、临邛、乌氏、宜阳、郿、析、襄城、广衍、洛都、定阳、肤施、宛、叶、武遂、皋落、垣、蒲阪、皮氏、梗阳、安邑、绛

续 表

公元前	齐		韩		赵		魏		燕		楚		秦	
	县数	县名	县数	县名	县数	县名	县数	县名	县数	县名	县数	县名	县数	县名
283	3	即墨、聊城、莒	12	平阳、杨氏、铜鞮、京、郑、邢丘、长子、屯留、路、涉、端氏、新城(1)	22	孟、大陵、邬、涂水、邯郸、祁、晋阳、平邑、番吾、甄、榆次、离石、鄗、安平、蔺、代、石邑、云中、善无、苦陉、南行唐、兹氏?	13	温、邺、酸枣、承匡、鲁阳、武堵、中牟、大梁、泫氏、济阳、瀸阴、顿丘、上蔡	8	临淄、高唐、安平、阿、南武城、狐氏、蒙、昌城	22	邓、湖阳、竟陵、苦、期思、寝、都、阴、息、武城(1)、随、鄢、陈、平舆、临沅、广陵、居巢、吴、下蔡、钟离、朱方、上庸	63	上邽、下邽、冀、杜、虢、郑、魏城、临晋、庞戏城、频阳、雍、籍姑、重泉、栎阳、蒲、蓝田、善明氏、洛阴、庞、夏阳、高陵、斄、美阳、武功、咸阳、武城(2)、商、合阳、宁秦、陕、蒲子、漆垣、高奴、义渠、南郑、卢氏、朐衍、江洲、鱼复、阆中、湔氏、成都、郫城、临邛、乌氏、宜阳、郿、析、襄城、广衍、洛都、定阳、肤施、宛、叶、武遂、皋落、垣、蒲阪、皮氏、梗阳、安邑、绛
282	3	即墨、聊城、莒	12	平阳、杨氏、铜鞮、京、郑、邢丘、长子、屯留、路、涉、端氏、新城(1)	21	孟、大陵、邬、涂水、邯郸、祁、晋阳、平邑、番吾、甄、榆次、离石、鄗、安平、蔺、代、石邑、云中、善无、苦陉、南行唐	13	温、邺、酸枣、承匡、鲁阳、武堵、中牟、大梁、泫氏、济阳、瀸阴、顿丘、上蔡	8	临淄、高唐、安平、阿、南武城、狐氏、蒙、昌城	22	邓、湖阳、竟陵、苦、期思、寝、都、阴、息、武城(1)、随、鄢、陈、平舆、临沅、广陵、居巢、吴、下蔡、钟离、朱方、上庸	64	上邽、下邽、冀、杜、虢、郑、魏城、临晋、庞戏城、频阳、雍、籍姑、重泉、栎阳、蒲、蓝田、善明氏、洛阴、庞、夏阳、高陵、斄、美阳、武功、咸阳、武城(2)、商、合阳、宁秦、陕、蒲子、漆垣、高奴、义渠、南郑、卢氏、朐衍、江洲、鱼复、阆中、湔氏、成都、郫城、临邛、乌氏、宜阳、郿、析、襄城、广衍、洛都、定阳、肤施、宛、叶、武遂、皋落、垣、蒲阪、皮氏、梗阳、安邑、绛、兹氏
281	3	即墨、聊城、莒	12	平阳、杨氏、铜鞮、京、郑、邢丘、长子、屯留、路、涉、端氏、新城(1)	17	孟、大陵、邬、涂水、邯郸、晋阳、平邑、番吾、甄、榆次、鄗、安平、代、云中、善无、苦陉、南行唐	13	温、邺、酸枣、承匡、鲁阳、武堵、中牟、大梁、泫氏、济阳、瀸阴、顿丘、上蔡	8	临淄、高唐、安平、阿、南武城、狐氏、蒙、昌城	22	邓、湖阳、竟陵、苦、期思、寝、都、阴、息、武城(1)、随、鄢、陈、平舆、临沅、广陵、居巢、吴、下蔡、钟离、朱方、上庸	68	上邽、下邽、冀、杜、虢、郑、魏城、临晋、庞戏城、频阳、雍、籍姑、重泉、栎阳、蒲、蓝田、善明氏、洛阴、庞、夏阳、高陵、斄、美阳、武功、咸阳、武城(2)、商、合阳、宁秦、陕、蒲子、漆垣、高奴、义渠、南郑、卢氏、朐衍、江洲、鱼复、阆中、湔氏、成都、郫城、临邛、乌氏、宜阳、郿、析、襄城、广衍、洛都、定阳、肤施、宛、叶、武遂、皋落、垣、蒲阪、皮氏、梗阳、安邑、绛、兹氏、离石、蔺、石邑、祁
280	11	临淄、高唐、安平、即墨、阿、南武城、狐氏、蒙、聊城、昌城、莒	12	平阳、杨氏、铜鞮、京、郑、邢丘、长子、屯留、路、涉、端氏、新城(1)	17	孟、大陵、邬、涂水、邯郸、晋阳、平邑、番吾、甄、榆次、鄗、安平、代、云中、善无、苦陉、南行唐	13	温、邺、酸枣、承匡、鲁阳、武堵、中牟、大梁、泫氏、济阳、瀸阴、顿丘、上蔡	6	沮阳?、渔阳?、无终?、阳乐?、令支?、襄平?	20	邓、湖阳、竟陵、苦、期思、寝、都、阴、息、武城(1)、随、鄢、陈、平舆、广陵、居巢、吴、下蔡、钟离、朱方	70	上邽、下邽、冀、杜、虢、郑、魏城、临晋、庞戏城、频阳、雍、籍姑、重泉、栎阳、蒲、蓝田、善明氏、洛阴、庞、夏阳、高陵、斄、美阳、武功、咸阳、武城(2)、商、合阳、宁秦、陕、蒲子、漆垣、高奴、义渠、南郑、卢氏、朐衍、江洲、鱼复、阆中、湔氏、成都、郫城、临邛、乌氏、宜阳、郿、析、襄城、广衍、洛都、定阳、肤施、宛、叶、武遂、皋落、垣、蒲阪、皮氏、梗阳、安邑、绛、兹氏、离石、蔺、石邑、祁、临沅、上庸
279	11	临淄、高唐、安平、即墨、阿、南武城、狐氏、蒙、聊城、昌城、莒	12	平阳、杨氏、铜鞮、京、郑、邢丘、长子、屯留、路、涉、端氏、新城(1)	17	孟、大陵、邬、涂水、邯郸、晋阳、平邑、番吾、甄、榆次、鄗、安平、代、云中、善无、苦陉、南行唐	13	温、邺、酸枣、承匡、鲁阳、武堵、中牟、大梁、泫氏、济阳、瀸阴、顿丘、上蔡	6	沮阳、渔阳、无终、阳乐、令支、襄平	19	湖阳、竟陵、苦、期思、寝、都、阴、息、武城(1)、随、陈、平舆、临沅?、广陵、居巢、吴、下蔡、钟离、朱方	72	上邽、下邽、冀、杜、虢、郑、魏城、临晋、庞戏城、频阳、雍、籍姑、重泉、栎阳、蒲、蓝田、善明氏、洛阴、庞、夏阳、高陵、斄、美阳、武功、咸阳、武城(2)、商、合阳、宁秦、陕、蒲子、漆垣、高奴、义渠、南郑、卢氏、朐衍、江洲、鱼复、阆中、湔氏、成都、郫城、临邛、乌氏、宜阳、郿、析、襄城、广衍、洛都、定阳、肤施、宛、叶、武遂、皋落、垣、蒲阪、皮氏、梗阳、安邑、绛、兹氏、离石、蔺、石邑、祁、上庸、狄道、邓、鄢
278	11	临淄、高唐、安平、即墨、阿、南武城、狐氏、蒙、聊城、昌城、莒	12	平阳、杨氏、铜鞮、京、郑、邢丘、长子、屯留、路、涉、端氏、新城(1)	17	孟、大陵、邬、涂水、邯郸、晋阳、平邑、番吾、甄、榆次、鄗、安平、代、云中、善无、苦陉、南行唐	15	温、邺、酸枣、承匡、鲁阳、武堵、中牟、大梁、泫氏、济阳、瀸阴、顿丘、上蔡、平丘?、仁?	6	沮阳、渔阳、无终、阳乐、令支、襄平	18	湖阳、苦、期思、寝、都、阴、息、武城(1)、随、陈、平舆、临沅、广陵、居巢、吴、下蔡、钟离、朱方	77	上邽、下邽、冀、杜、虢、郑、魏城、临晋、庞戏城、频阳、雍、籍姑、重泉、栎阳、蒲、蓝田、善明氏、洛阴、庞、夏阳、高陵、斄、美阳、武功、咸阳、武城(2)、商、合阳、宁秦、陕、蒲子、漆垣、高奴、义渠、南郑、卢氏、朐衍、江洲、鱼复、阆中、湔氏、成都、郫城、临邛、乌氏、宜阳、郿、析、襄城、广衍、洛都、定阳、肤施、宛、叶、武遂、皋落、垣、蒲阪、皮氏、梗阳、安邑、绛、兹氏、离石、蔺、石邑、祁、上庸、狄道、邓、鄢、穰?、筑?、枳?、郢、竟陵

续 表

公元前	齐		韩		赵		魏		燕		楚		秦	
	县数	县 名	县数	县 名	县数	县 名	县数	县 名	县数	县 名	县数	县 名	县数	县 名
277	11	临淄、高唐、安平、即墨、阿、南武城、狐氏、蒙、聊城、昌城、莒	12	平阳、杨氏、铜鞮、京、郑、邢丘、长子、屯留、路、涉、端氏、新城(1)	17	盂、大陵、邬、涂水、邯郸、晋阳、平邑、番吾、甄、榆次、鄗、安平、代、云中、善无、苦陉、南行唐	13	温、邺、酸枣、承匡、鲁阳、武堵、中牟、大梁、泫氏、济阳、瀍阴、顿丘、上蔡	6	沮阳、渔阳、无终、阳乐、令支、襄平	17	湖阳、苦、期思、寝、都、阴、息、武城(1)、随、陈、平舆、广陵、居巢、吴、下蔡、钟离、朱方	81	上邽、下邽、冀、杜、虢、郑、魏城、临晋、庞戏城、频阳、雍、籍姑、重泉、栎阳、蒲、蓝田、善明氏、洛阴、庞、夏阳、高陵、斄、美阳、武功、咸阳、武城(2)、商、合阳、宁秦、陕、蒲子、漆垣、高奴、义渠、南郑、卢氏、朐衍、江洲、鱼复、阆中、湔氏、成都、郫城、临邛、乌氏、宜阳、郿、析、襄城、广衍、洛都、定阳、肤施、宛、叶、武遂、皋落、垣、蒲阪、皮氏、梗阳、安邑、绛、兹氏、离石、蔺、石邑、祁、上庸、狄道、邓、鄢、穰、筑、枳、郢、竟陵、平丘?、仁?、巫、临沅
275	11	临淄、高唐、安平、即墨、阿、南武城、狐氏、蒙、聊城、昌城、莒	12	平阳、杨氏、铜鞮、京、郑、邢丘、长子、屯留、路、涉、端氏、新城(1)	18	盂、大陵、邬、涂水、邯郸、晋阳、平邑、番吾、甄、榆次、鄗、安平、代、云中、善无、苦陉、南行唐、防陵	12	邺、酸枣、承匡、鲁阳、武堵、中牟、大梁、泫氏、济阳、瀍阴、顿丘、上蔡	6	沮阳、渔阳、无终、阳乐、令支、襄平	17	湖阳、苦、期思、寝、都、阴、息、武城(1)、随、陈、平舆、广陵、居巢、吴、下蔡、钟离、朱方	82	上邽、下邽、冀、杜、虢、郑、魏城、临晋、庞戏城、频阳、雍、籍姑、重泉、栎阳、蒲、蓝田、善明氏、洛阴、庞、夏阳、高陵、斄、美阳、武功、咸阳、武城(2)、商、合阳、宁秦、陕、蒲子、漆垣、高奴、义渠、南郑、卢氏、朐衍、江洲、鱼复、阆中、湔氏、成都、郫城、临邛、乌氏、宜阳、郿、析、襄城、广衍、洛都、定阳、肤施、宛、叶、武遂、皋落、垣、蒲阪、皮氏、梗阳、安邑、绛、兹氏、离石、蔺、石邑、祁、上庸、狄道、邓、鄢、穰、筑、枳、郢、竟陵、平丘、仁、巫、临沅、温
274	9	临淄、安平、即墨、阿、南武城、狐氏、蒙、聊城、莒	12	平阳、杨氏、铜鞮、京、郑、邢丘、长子、屯留、路、涉、端氏、新城(1)	20	盂、大陵、邬、涂水、邯郸、晋阳、平邑、番吾、甄、榆次、鄗、安平、代、云中、善无、苦陉、南行唐、防陵、高唐、昌城	13	邺、酸枣、承匡、鲁阳、武堵、中牟、大梁、泫氏、济阳、瀍阴、顿丘、上蔡、修武?	6	沮阳、渔阳、无终、阳乐、令支、襄平	17	湖阳、苦、期思、寝、都、阴、息、武城(1)、随、陈、平舆、广陵、居巢、吴、下蔡、钟离、朱方	82	上邽、下邽、冀、杜、虢、郑、魏城、临晋、庞戏城、频阳、雍、籍姑、重泉、栎阳、蒲、蓝田、善明氏、洛阴、庞、夏阳、高陵、斄、美阳、武功、咸阳、武城(2)、商、合阳、宁秦、陕、蒲子、漆垣、高奴、义渠、南郑、卢氏、朐衍、江洲、鱼复、阆中、湔氏、成都、郫城、临邛、乌氏、宜阳、郿、析、襄城、广衍、洛都、定阳、肤施、宛、叶、武遂、皋落、垣、蒲阪、皮氏、梗阳、安邑、绛、兹氏、离石、蔺、石邑、祁、上庸、狄道、邓、鄢、穰、筑、枳、郢、竟陵、平丘、仁、巫、临沅、温
273	9	临淄、安平、即墨、阿、南武城、狐氏、蒙、聊城、莒	12	平阳、杨氏、铜鞮、京、郑、邢丘、长子、屯留、路、涉、端氏、新城(1)	20	盂、大陵、邬、涂水、邯郸、晋阳、平邑、番吾、甄、榆次、鄗、安平、代、云中、善无、苦陉、南行唐、防陵、高唐、昌城	12	邺、酸枣、承匡、鲁阳、武堵、中牟、大梁、泫氏、济阳、瀍阴、顿丘、上蔡	6	沮阳、渔阳、无终、阳乐、令支、襄平	17	湖阳、苦、期思、寝、都、阴、息、武城(1)、随、陈、平舆、广陵、居巢、吴、下蔡、钟离、朱方	87	上邽、下邽、冀、杜、虢、郑、魏城、临晋、庞戏城、频阳、雍、籍姑、重泉、栎阳、蒲、蓝田、善明氏、洛阴、庞、夏阳、高陵、斄、美阳、武功、咸阳、武城(2)、商、合阳、宁秦、陕、蒲子、漆垣、高奴、义渠、南郑、卢氏、朐衍、江洲、鱼复、阆中、湔氏、成都、郫城、临邛、乌氏、宜阳、郿、析、襄城、广衍、洛都、定阳、肤施、宛、叶、武遂、皋落、垣、蒲阪、皮氏、梗阳、安邑、绛、兹氏、离石、蔺、石邑、祁、上庸、狄道、邓、鄢、穰、筑、枳、郢、竟陵、平丘、仁、巫、临沅、温、修武、卷、蔡阳、长社、华阳
272	9	临淄、安平、即墨、阿、南武城、狐氏、蒙、聊城、莒	13	平阳、杨氏、铜鞮、京、郑、邢丘、长子、屯留、路、涉、端氏、新城(1)、修武?	20	盂、大陵、邬、涂水、邯郸、晋阳、平邑、番吾、甄、榆次、鄗、安平、代、云中、善无、苦陉、南行唐、防陵、高唐、昌城	12	邺、酸枣、承匡、鲁阳、武堵、中牟、大梁、泫氏、济阳、瀍阴、顿丘、上蔡	6	沮阳、渔阳、无终、阳乐、令支、襄平	17	湖阳、苦、期思、寝、都、阴、息、武城(1)、随、陈、平舆、广陵、居巢、吴、下蔡、钟离、朱方	86	上邽、下邽、冀、杜、虢、郑、魏城、临晋、庞戏城、频阳、雍、籍姑、重泉、栎阳、蒲、蓝田、善明氏、洛阴、庞、夏阳、高陵、斄、美阳、武功、咸阳、武城(2)、商、合阳、宁秦、陕、蒲子、漆垣、高奴、义渠、南郑、卢氏、朐衍、江洲、鱼复、阆中、湔氏、成都、郫城、临邛、乌氏、宜阳、郿、析、襄城、广衍、洛都、定阳、肤施、宛、叶、武遂、皋落、垣、蒲阪、皮氏、梗阳、安邑、绛、兹氏、离石、蔺、石邑、祁、上庸、狄道、邓、鄢、穰、筑、枳、郢、竟陵、平丘、仁、巫、临沅、温、卷、蔡阳、长社、华阳

续 表

公元前	齐		韩		赵		魏		燕		楚		秦	
	县数	县名	县数	县名	县数	县名	县数	县名	县数	县名	县数	县名	县数	县名
269	9	临淄、安平、即墨、阿、南武城、狐氏、蒙、聊城、莒	13	平阳、杨氏、铜鞮、京、郑、邢丘、长子、屯留、路、涉、端氏、新城(1)、修武	20	盂、大陵、邬、涂水、邯郸、晋阳、平邑、番吾、甄、榆次、鄗、安平、代、云中、善无、苦陉、南行唐、防陵、高唐、昌城	13	邺、酸枣、承匡、鲁阳、武堵、中牟、大梁、泫氏、济阳、濦阴、顿丘、上蔡、怀?	6	沮阳、渔阳、无终、阳乐、令支、襄平	17	湖阳、苦、期思、寝、都、阴、息、武城(1)、随、陈、平舆、广陵、居巢、吴、下蔡、钟离、朱方	86	上邽、下邽、冀、杜、虢、郑、魏城、临晋、庞戏城、频阳、雍、籍姑、重泉、栎阳、蒲、蓝田、善明氏、洛阴、庞、夏阳、高陵、斄、美阳、武功、咸阳、武城(2)、商、合阳、宁秦、陕、蒲子、漆垣、高奴、义渠、南郑、卢氏、朐衍、江洲、鱼复、阆中、湔氏、成都、郫城、临邛、乌氏、宜阳、郿、析、襄城、广衍、洛都、定阳、肤施、宛、叶、武遂、皋落、垣、蒲阪、皮氏、梗阳、安邑、绛、兹氏、离石、蔺、石邑、祁、上庸、狄道、邓、鄢、穰、筑、枳、郢、竟陵、平丘、仁、巫、临沅、温、卷、蔡阳、长社、华阳
268	9	临淄、安平、即墨、阿、南武城、狐氏、蒙、聊城、莒	13	平阳、杨氏、铜鞮、京、郑、邢丘、长子、屯留、路、涉、端氏、新城(1)、修武	20	盂、大陵、邬、涂水、邯郸、晋阳、平邑、番吾、甄、榆次、鄗、安平、代、云中、善无、苦陉、南行唐、防陵、高唐、昌城	12	邺、酸枣、承匡、鲁阳、武堵、中牟、大梁、泫氏、济阳、濦阴、顿丘、上蔡	6	沮阳、渔阳、无终、阳乐、令支、襄平	17	湖阳、苦、期思、寝、都、阴、息、武城(1)、随、陈、平舆、广陵、居巢、吴、下蔡、钟离、朱方	87	上邽、下邽、冀、杜、虢、郑、魏城、临晋、庞戏城、频阳、雍、籍姑、重泉、栎阳、蒲、蓝田、善明氏、洛阴、庞、夏阳、高陵、斄、美阳、武功、咸阳、武城(2)、商、合阳、宁秦、陕、蒲子、漆垣、高奴、义渠、南郑、卢氏、朐衍、江洲、鱼复、阆中、湔氏、成都、郫城、临邛、乌氏、宜阳、郿、析、襄城、广衍、洛都、定阳、肤施、宛、叶、武遂、皋落、垣、蒲阪、皮氏、梗阳、安邑、绛、兹氏、离石、蔺、石邑、祁、上庸、狄道、邓、鄢、穰、筑、枳、郢、竟陵、平丘、仁、巫、临沅、温、卷、蔡阳、长社、华阳、怀
267	9	临淄、安平、即墨、阿、南武城、狐氏、蒙、聊城、莒	13	平阳、杨氏、铜鞮、京、郑、邢丘、长子、屯留、路、涉、端氏、新城(1)、修武	20	盂、大陵、邬、涂水、邯郸、晋阳、平邑、番吾、甄、榆次、鄗、安平、代、云中、善无、苦陉、南行唐、防陵、高唐、昌城	14	邺、酸枣、承匡、鲁阳、武堵、中牟、大梁、泫氏、济阳、濦阴、顿丘、上蔡、怀?、邢丘?	6	沮阳、渔阳、无终、阳乐、令支、襄平	17	湖阳、苦、期思、寝、都、阴、息、武城(1)、随、陈、平舆、广陵、居巢、吴、下蔡、钟离、朱方	86	上邽、下邽、冀、杜、虢、郑、魏城、临晋、庞戏城、频阳、雍、籍姑、重泉、栎阳、蒲、蓝田、善明氏、洛阴、庞、夏阳、高陵、斄、美阳、武功、咸阳、武城(2)、商、合阳、宁秦、陕、蒲子、漆垣、高奴、义渠、南郑、卢氏、朐衍、江洲、鱼复、阆中、湔氏、成都、郫城、临邛、乌氏、宜阳、郿、析、襄城、广衍、洛都、定阳、肤施、宛、叶、武遂、皋落、垣、蒲阪、皮氏、梗阳、安邑、绛、兹氏、离石、蔺、石邑、祁、上庸、狄道、邓、鄢、穰、筑、枳、郢、竟陵、平丘、仁、巫、临沅、温、卷、蔡阳、长社、华阳
266	9	临淄、安平、即墨、阿、南武城、狐氏、蒙、聊城、莒	12	平阳、杨氏、铜鞮、京、郑、长子、屯留、路、涉、端氏、新城(1)、修武	20	盂、大陵、邬、涂水、邯郸、晋阳、平邑、番吾、甄、榆次、鄗、安平、代、云中、善无、苦陉、南行唐、防陵、高唐、昌城	12	邺、酸枣、承匡、鲁阳、武堵、中牟、大梁、泫氏、济阳、濦阴、顿丘、上蔡	6	沮阳、渔阳、无终、阳乐、令支、襄平	17	湖阳、苦、期思、寝、都、阴、息、武城(1)、随、陈、平舆、广陵、居巢、吴、下蔡、钟离、朱方	88	上邽、下邽、冀、杜、虢、郑、魏城、临晋、庞戏城、频阳、雍、籍姑、重泉、栎阳、蒲、蓝田、善明氏、洛阴、庞、夏阳、高陵、斄、美阳、武功、咸阳、武城(2)、商、合阳、宁秦、陕、蒲子、漆垣、高奴、义渠、南郑、卢氏、朐衍、江洲、鱼复、阆中、湔氏、成都、郫城、临邛、乌氏、宜阳、郿、析、襄城、广衍、洛都、定阳、肤施、宛、叶、武遂、皋落、垣、蒲阪、皮氏、梗阳、安邑、绛、兹氏、离石、蔺、石邑、祁、上庸、狄道、邓、鄢、穰、筑、枳、郢、竟陵、平丘、仁、巫、临沅、温、卷、蔡阳、长社、华阳、怀、邢丘
265	11	临淄、安平、即墨、阿、南武城、狐氏、蒙、聊城、莒、高唐、夜?	12	平阳、杨氏、铜鞮、京、郑、长子、屯留、路、涉、端氏、新城(1)、修武	19	盂、大陵、邬、涂水、邯郸、晋阳、平邑、番吾、甄、榆次、鄗、安平、代、云中、善无、苦陉、南行唐、防陵、昌城	13	邺、酸枣、承匡、鲁阳、武堵、中牟、大梁、泫氏、济阳、濦阴、顿丘、上蔡、单父?	6	沮阳、渔阳、无终、阳乐、令支、襄平	17	湖阳、苦、期思、寝、都、阴、息、武城(1)、随、陈、平舆、广陵、居巢、吴、下蔡、钟离、朱方	89	上邽、下邽、冀、杜、虢、郑、魏城、临晋、庞戏城、频阳、雍、籍姑、重泉、栎阳、蒲、蓝田、善明氏、洛阴、庞、夏阳、高陵、斄、美阳、武功、咸阳、武城(2)、商、合阳、宁秦、陕、蒲子、漆垣、高奴、义渠、南郑、卢氏、朐衍、江洲、鱼复、阆中、湔氏、成都、郫城、临邛、乌氏、宜阳、郿、析、襄城、广衍、洛都、定阳、肤施、宛、叶、武遂、皋落、垣、蒲阪、皮氏、梗阳、安邑、绛、兹氏、离石、蔺、石邑、祁、上庸、狄道、邓、鄢、穰、筑、枳、郢、竟陵、平丘、仁、巫、临沅、温、卷、蔡阳、长社、华阳、怀、邢丘、陶

续　表

公元前	齐		韩		赵		魏		燕		楚		秦	
	县数	县　名	县数	县　名	县数	县　名	县数	县　名	县数	县　名	县数	县　名	县数	县　名
264	11	临淄、安平、即墨、阿、南武城、狐氏、蒙、聊城、莒、高唐、夜	12	平阳、杨氏、铜鞮、京、郑、长子、屯留、路、涉、端氏、新城(1)、修武	19	盂、大陵、邬、涂水、邯郸、晋阳、平邑、番吾、甄、榆次、鄗、安平、代、云中、善无、苦陉、南行唐、防陵、昌城	13	邺、酸枣、承匡、鲁阳、武堵、中牟、大梁、泫氏、济阳、瀗阴、顿丘、上蔡、单父	6	沮阳、渔阳、无终、阳乐、令支、襄平	17	湖阳、苦、期思、寝、鄀、阴、息、武城(1)、随、陈、平舆、广陵、居巢、吴、下蔡、钟离、朱方	91	上邽、下邽、冀、杜、虢、郑、魏城、临晋、庞戏城、频阳、雍、籍姑、重泉、栎阳、蒲、蓝田、善明氏、洛阴、庞、夏阳、高陵、斄、美阳、武功、咸阳、武城(2)、商、合阳、宁秦、陕、蒲子、漆垣、高奴、义渠、南郑、卢氏、朐衍、江洲、鱼复、阆中、湔氏、成都、郫城、临邛、乌氏、宜阳、郿、析、襄城、广衍、洛都、定阳、肤施、宛、叶、武遂、皋落、垣、蒲阪、皮氏、梗阳、安邑、绛、兹氏、离石、蔺、石邑、祁、上庸、狄道、邓、鄢、穰、筑、枳、郢、竟陵、平丘、仁、巫、临沅、温、卷、蔡阳、长社、华阳、怀、邢丘、陶、河南、梁
263	11	临淄、安平、即墨、阿、南武城、狐氏、蒙、聊城、莒、高唐、夜	12	平阳、杨氏、铜鞮、京、郑、长子、屯留、路、涉、端氏、新城(1)、汝阳?、野王?	19	盂、大陵、邬、涂水、邯郸、晋阳、平邑、番吾、甄、榆次、鄗、安平、代、云中、善无、苦陉、南行唐、防陵、昌城	13	邺、酸枣、承匡、鲁阳、武堵、中牟、大梁、泫氏、济阳、瀗阴、顿丘、上蔡、单父	6	沮阳、渔阳、无终、阳乐、令支、襄平	17	湖阳、苦、期思、寝、鄀、阴、息、武城(1)、随、陈、平舆、广陵、居巢、吴、下蔡、钟离、朱方	92	上邽、下邽、冀、杜、虢、郑、魏城、临晋、庞戏城、频阳、雍、籍姑、重泉、栎阳、蒲、蓝田、善明氏、洛阴、庞、夏阳、高陵、斄、美阳、武功、咸阳、武城(2)、商、合阳、宁秦、陕、蒲子、漆垣、高奴、义渠、南郑、卢氏、朐衍、江洲、鱼复、阆中、湔氏、成都、郫城、临邛、乌氏、宜阳、郿、析、襄城、广衍、洛都、定阳、肤施、宛、叶、武遂、皋落、垣、蒲阪、皮氏、梗阳、安邑、绛、兹氏、离石、蔺、石邑、祁、上庸、狄道、邓、鄢、穰、筑、枳、郢、竟陵、平丘、仁、巫、临沅、温、卷、蔡阳、长社、华阳、怀、邢丘、陶、河南、梁、修武
262	11	临淄、安平、即墨、阿、南武城、狐氏、蒙、聊城、莒、高唐、夜	10	平阳、杨氏、京、郑、路、涉、端氏、新城(1)、缑氏?、纶氏?	22	盂、大陵、邬、涂水、邯郸、晋阳、平邑、番吾、甄、榆次、鄗、安平、代、云中、善无、苦陉、南行唐、防陵、昌城、长子、铜鞮、屯留	13	邺、酸枣、承匡、鲁阳、武堵、中牟、大梁、泫氏、济阳、瀗阴、顿丘、上蔡、单父	6	沮阳、渔阳、无终、阳乐、令支、襄平	19	湖阳、苦、期思、寝、鄀、阴、息、武城(1)、随、陈、平舆、广陵、居巢、吴、下蔡、钟离、朱方、薛、汝阳	93	上邽、下邽、冀、杜、虢、郑、魏城、临晋、庞戏城、频阳、雍、籍姑、重泉、栎阳、蒲、蓝田、善明氏、洛阴、庞、夏阳、高陵、斄、美阳、武功、咸阳、武城(2)、商、合阳、宁秦、陕、蒲子、漆垣、高奴、义渠、南郑、卢氏、朐衍、江洲、鱼复、阆中、湔氏、成都、郫城、临邛、乌氏、宜阳、郿、析、襄城、广衍、洛都、定阳、肤施、宛、叶、武遂、皋落、垣、蒲阪、皮氏、梗阳、安邑、绛、兹氏、离石、蔺、石邑、祁、上庸、狄道、邓、鄢、穰、筑、枳、郢、竟陵、平丘、仁、巫、临沅、温、卷、蔡阳、长社、华阳、怀、邢丘、陶、河南、梁、修武、野王
261	11	临淄、安平、即墨、阿、南武城、狐氏、蒙、聊城、莒、高唐、夜	8	平阳、杨氏、京、郑、路、涉、端氏、新城(1)	22	盂、大陵、邬、涂水、邯郸、晋阳、平邑、番吾、甄、榆次、鄗、安平、代、云中、善无、苦陉、南行唐、防陵、昌城、长子、铜鞮、屯留	13	邺、酸枣、承匡、鲁阳、武堵、中牟、大梁、泫氏、济阳、瀗阴、顿丘、上蔡、单父	6	沮阳、渔阳、无终、阳乐、令支、襄平	19	湖阳、苦、期思、寝、鄀、阴、息、武城(1)、随、陈、平舆、广陵、居巢、吴、下蔡、钟离、朱方、薛、汝阳	95	上邽、下邽、冀、杜、虢、郑、魏城、临晋、庞戏城、频阳、雍、籍姑、重泉、栎阳、蒲、蓝田、善明氏、洛阴、庞、夏阳、高陵、斄、美阳、武功、咸阳、武城(2)、商、合阳、宁秦、陕、蒲子、漆垣、高奴、义渠、南郑、卢氏、朐衍、江洲、鱼复、阆中、湔氏、成都、郫城、临邛、乌氏、宜阳、郿、析、襄城、广衍、洛都、定阳、肤施、宛、叶、武遂、皋落、垣、蒲阪、皮氏、梗阳、安邑、绛、兹氏、离石、蔺、石邑、祁、上庸、狄道、邓、鄢、穰、筑、枳、郢、竟陵、平丘、仁、巫、临沅、温、卷、蔡阳、长社、华阳、怀、邢丘、陶、河南、梁、修武、野王、缑氏、纶氏
赵260 秦259	11	临淄、安平、即墨、阿、南武城、狐氏、蒙、聊城、莒、高唐、夜	8	平阳、杨氏、京、郑、路、涉、端氏、新城(1)	20	盂、大陵、邬、涂水、邯郸、晋阳、平邑、番吾、甄、榆次、鄗、安平、代、云中、善无、苦陉、南行唐、防陵、昌城、武垣?	13	邺、酸枣、承匡、鲁阳、武堵、中牟、大梁、泫氏、济阳、瀗阴、顿丘、上蔡、单父	6	沮阳、渔阳、无终、阳乐、令支、襄平	19	湖阳、苦、期思、寝、鄀、阴、息、武城(1)、随、陈、平舆、广陵、居巢、吴、下蔡、钟离、朱方、薛、汝阳	98	上邽、下邽、冀、杜、虢、郑、魏城、临晋、庞戏城、频阳、雍、籍姑、重泉、栎阳、蒲、蓝田、善明氏、洛阴、庞、夏阳、高陵、斄、美阳、武功、咸阳、武城(2)、商、合阳、宁秦、陕、蒲子、漆垣、高奴、义渠、南郑、卢氏、朐衍、江洲、鱼复、阆中、湔氏、成都、郫城、临邛、乌氏、宜阳、郿、析、襄城、广衍、洛都、定阳、肤施、宛、叶、武遂、皋落、垣、蒲阪、皮氏、梗阳、安邑、绛、兹氏、离石、蔺、石邑、祁、上庸、狄道、邓、鄢、穰、筑、枳、郢、竟陵、平丘、仁、巫、临沅、温、卷、蔡阳、长社、华阳、怀、邢丘、陶、河南、梁、修武、野王、缑氏、纶氏、长子、铜鞮、屯留

续 表

公元前	齐		韩		赵		魏		燕		楚		秦	
	县数	县名	县数	县名	县数	县名	县数	县名	县数	县名	县数	县名	县数	县名
257	10	临淄、安平、即墨、阿、南武城、狐氏、蒙、聊城、高唐、夜	10	平阳、杨氏、京、路、涉、端氏、新城(1)、长子?、铜鞮?、屯留?	20	盂、大陵、邬、涂水、邯郸、晋阳、平邑、番吾、甄、榆次、鄗、安平、代、云中、善无、苦陉、南行唐、防陵、昌城、武垣	13	邺、酸枣、承匡、鲁阳、武堵、中牟、大梁、泫氏、济阳、瀗阴、顿丘、上蔡、单父	6	沮阳、渔阳、无终、阳乐、令支、襄平	21	湖阳、苦、期思、寝、鄀、阴、息、武城(1)、随、陈、平舆、广陵、居巢、吴、下蔡、钟离、朱方、薛、汝阳、莒?、兰陵?	97	上邽、下邽、冀、杜、虢、郑、魏城、临晋、庞戏城、频阳、雍、籍姑、重泉、栎阳、蒲、蓝田、善明氏、洛阴、庞、夏阳、高陵、釐、美阳、武功、咸阳、武城(2)、商、合阳、宁秦、陕、蒲子、漆垣、高奴、义渠、南郑、卢氏、朐衍、江洲、鱼复、阆中、湔氏、成都、郫城、临邛、乌氏、宜阳、郿、析、襄城、广衍、洛都、定阳、肤施、宛、叶、武遂、皋落、垣、蒲阪、皮氏、梗阳、安邑、绛、兹氏、离石、蔺、石邑、祁、上庸、狄道、邓、鄢、穰、筑、枳、郢、竟陵、平丘、仁、巫、临沅、温、卷、蔡阳、长社、华阳、怀、邢丘、陶、河南、梁、修武、野王、缑氏、纶氏、安阳、郑
256	10	临淄、安平、即墨、阿、南武城、狐氏、蒙、聊城、高唐、夜	12	平阳、杨氏、京、路、涉、端氏、新城(1)、长子、铜鞮、屯留、郑?、阳人?	19	盂、大陵、邬、涂水、邯郸、晋阳、平邑、番吾、甄、榆次、鄗、安平、代、云中、善无、苦陉、南行唐、防陵、武垣	13	邺、酸枣、承匡、鲁阳、武堵、中牟、大梁、泫氏、济阳、瀗阴、顿丘、上蔡、单父	7	沮阳、渔阳、无终、阳乐、令支、襄平、昌城	21	湖阳、苦、期思、寝、鄀、阴、息、武城(1)、随、陈、平舆、广陵、居巢、吴、下蔡、钟离、朱方、薛、汝阳、莒、兰陵	97	上邽、下邽、冀、杜、虢、郑、魏城、临晋、庞戏城、频阳、雍、籍姑、重泉、栎阳、蒲、蓝田、善明氏、洛阴、庞、夏阳、高陵、釐、美阳、武功、咸阳、武城(2)、商、合阳、宁秦、陕、蒲子、漆垣、高奴、义渠、南郑、卢氏、朐衍、江洲、鱼复、阆中、湔氏、成都、郫城、临邛、乌氏、宜阳、郿、析、襄城、广衍、洛都、定阳、肤施、宛、叶、武遂、皋落、垣、蒲阪、皮氏、梗阳、安邑、绛、兹氏、离石、蔺、石邑、祁、上庸、狄道、邓、鄢、穰、筑、枳、郢、竟陵、平丘、仁、巫、临沅、温、卷、蔡阳、长社、华阳、怀、邢丘、陶、河南、梁、修武、野王、缑氏、纶氏、安阳、曲阳?
255	10	临淄、安平、即墨、阿、南武城、狐氏、蒙、聊城、高唐、夜	11	平阳、杨氏、京、路、涉、端氏、新城(1)、长子、铜鞮、屯留、郑	21	盂、大陵、邬、涂水、邯郸、晋阳、平邑、番吾、甄、榆次、鄗、安平、代、云中、善无、苦陉、南行唐、防陵、武垣、元氏、上原	13	邺、酸枣、承匡、鲁阳、武堵、中牟、大梁、泫氏、济阳、瀗阴、顿丘、上蔡、单父	7	沮阳、渔阳、无终、阳乐、令支、襄平、昌城	21	湖阳、苦、期思、寝、鄀、阴、息、武城(1)、随、陈、平舆、广陵、居巢、吴、下蔡、钟离、朱方、薛、汝阳、莒、兰陵	103	上邽、下邽、冀、杜、虢、郑、魏城、临晋、庞戏城、频阳、雍、籍姑、重泉、栎阳、蒲、蓝田、善明氏、洛阴、庞、夏阳、高陵、釐、美阳、武功、咸阳、武城(2)、商、合阳、宁秦、陕、蒲子、漆垣、高奴、义渠、南郑、卢氏、朐衍、江洲、鱼复、阆中、湔氏、成都、郫城、临邛、乌氏、宜阳、郿、析、襄城、广衍、洛都、定阳、肤施、宛、叶、武遂、皋落、垣、蒲阪、皮氏、梗阳、安邑、绛、兹氏、离石、蔺、石邑、祁、上庸、狄道、邓、鄢、穰、筑、枳、郢、竟陵、平丘、仁、巫、临沅、温、卷、蔡阳、长社、华阳、怀、邢丘、陶、河南、梁、修武、野王、缑氏、纶氏、安阳、曲阳、阳人?、洛阳、榖城、平阴、偃师、巩
249	10	临淄、安平、即墨、阿、南武城、狐氏、蒙、聊城、高唐、夜	11	平阳、杨氏、京、路、涉、端氏、新城(1)、长子、铜鞮、屯留、郑	24	盂、大陵、邬、涂水、邯郸、晋阳、平邑、番吾、甄、榆次、鄗、安平、代、云中、善无、苦陉、南行唐、防陵、武垣、元氏、上原、邢?、新城(2)(山西朔州南)?、狼孟?	14	邺、酸枣、承匡、鲁阳、武堵、中牟、大梁、泫氏、济阳、瀗阴、顿丘、上蔡、单父、高都?	7	沮阳、渔阳、无终、阳乐、令支、襄平、昌城	21	湖阳、苦、期思、寝、鄀、阴、息、武城(1)、随、陈、平舆、广陵、居巢、吴、下蔡、钟离、朱方、薛、汝阳、莒、兰陵	103	上邽、下邽、冀、杜、虢、郑、魏城、临晋、庞戏城、频阳、雍、籍姑、重泉、栎阳、蒲、蓝田、善明氏、洛阴、庞、夏阳、高陵、釐、美阳、武功、咸阳、武城(2)、商、合阳、宁秦、陕、蒲子、漆垣、高奴、义渠、南郑、卢氏、朐衍、江洲、鱼复、阆中、湔氏、成都、郫城、临邛、乌氏、宜阳、郿、析、襄城、广衍、洛都、定阳、肤施、宛、叶、武遂、皋落、垣、蒲阪、皮氏、梗阳、安邑、绛、兹氏、离石、蔺、石邑、祁、上庸、狄道、邓、鄢、穰、筑、枳、郢、竟陵、平丘、仁、巫、临沅、温、卷、蔡阳、长社、华阳、怀、邢丘、陶、河南、梁、修武、野王、缑氏、纶氏、安阳、曲阳、阳人、洛阳、榖城、平阴、偃师、巩

续 表

公元前	齐		韩		赵		魏		燕		楚		秦	
	县数	县 名	县数	县 名	县数	县 名	县数	县 名	县数	县 名	县数	县 名	县数	县 名
248	10	临淄、安平、即墨、阿、南武城、狐氏、蒙、聊城、高唐、夜	11	平阳、杨氏、京、路、涉、端氏、新城(1)、长子、铜鞮、屯留、郑	17	邯郸、晋阳、平邑、番吾、甄、鄗、安平、代、云中、善无、苦陉、南行唐、防陵、武垣、元氏、上原、邢、	13	邺、酸枣、承匡、鲁阳、武堵、中牟、大梁、泫氏、济阳、濦阴、顿丘、上蔡、单父	7	沮阳、渔阳、无终、阳乐、令支、襄平、昌城	21	湖阳、苦、期思、寝、都、阴、息、武城(1)、随、陈、平舆、广陵、居巢、吴、下蔡、钟离、朱方、薛、汝阳、莒、兰陵	111	上邽、下邽、冀、杜、虢、郑、魏城、临晋、庞戏城、频阳、雍、籍姑、重泉、栎阳、蒲、蓝田、善明氏、洛阴、庞、夏阳、高陵、斄、美阳、武功、咸阳、武城(2)、商、合阳、宁秦、陕、蒲子、漆垣、高奴、义渠、南郑、卢氏、朐衍、江洲、鱼复、阆中、湔氏、成都、郫城、临邛、乌氏、宜阳、郿、析、襄城、广衍、洛都、定阳、肤施、宛、叶、武遂、皋落、垣、蒲阪、皮氏、梗阳、安邑、绛、兹氏、离石、蔺、石邑、祁、上庸、狄道、邓、鄢、穰、筑、枳、郢、竟陵、平丘、仁、巫、临沅、温、卷、蔡阳、长社、华阳、怀、邢丘、陶、河南、梁、修武、野王、缑氏、纶氏、安阳、曲阳、阳人、洛阳、榖城、平阴、偃师、巩、榆次、新城(2)、狼孟、涂水、邬、盂、大陵、高都
247	10	临淄、安平、即墨、阿、南武城、狐氏、蒙、聊城、高唐、夜	8	平阳、杨氏、京、路、涉、端氏、新城(1)、郑	18	邯郸、晋阳、平邑、番吾、甄、鄗、安平、代、云中、善无、苦陉、南行唐、防陵、武垣、元氏、上原、邢、狼孟?	13	邺、酸枣、承匡、鲁阳、武堵、中牟、大梁、泫氏、济阳、濦阴、顿丘、上蔡、单父	7	沮阳、渔阳、无终、阳乐、令支、襄平、昌城	21	湖阳、苦、期思、寝、都、阴、息、武城(1)、随、陈、平舆、广陵、居巢、吴、下蔡、钟离、朱方、薛、汝阳、莒、兰陵	114	上邽、下邽、冀、杜、虢、郑、魏城、临晋、庞戏城、频阳、雍、籍姑、重泉、栎阳、蒲、蓝田、善明氏、洛阴、庞、夏阳、高陵、斄、美阳、武功、咸阳、武城(2)、商、合阳、宁秦、陕、蒲子、漆垣、高奴、义渠、南郑、卢氏、朐衍、江洲、鱼复、阆中、湔氏、成都、郫城、临邛、乌氏、宜阳、郿、析、襄城、广衍、洛都、定阳、肤施、宛、叶、武遂、皋落、垣、蒲阪、皮氏、梗阳、安邑、绛、兹氏、离石、蔺、石邑、祁、上庸、狄道、邓、鄢、穰、筑、枳、郢、竟陵、平丘、仁、巫、临沅、温、卷、蔡阳、长社、华阳、怀、邢丘、陶、河南、梁、修武、野王、缑氏、纶氏、安阳、曲阳、阳人、洛阳、榖城、平阴、偃师、巩、榆次、新城(2)、涂水、邬、盂、大陵、高都、长子、铜鞮、屯留、晋阳(当年又属赵)
246	10	临淄、安平、即墨、阿、南武城、狐氏、蒙、聊城、高唐、夜	8	平阳、杨氏、京、路、涉、端氏、新城(1)、郑	17	邯郸、平邑、番吾、甄、鄗、安平、代、云中、善无、苦陉、南行唐、防陵、武垣、元氏、上原、邢、狼孟	13	邺、酸枣、承匡、鲁阳、武堵、中牟、大梁、泫氏、济阳、濦阴、顿丘、上蔡、单父	7	沮阳、渔阳、无终、阳乐、令支、襄平、昌城	21	湖阳、苦、期思、寝、都、阴、息、武城(1)、随、陈、平舆、广陵、居巢、吴、下蔡、钟离、朱方、薛、汝阳、莒、兰陵	114	上邽、下邽、冀、杜、虢、郑、魏城、临晋、庞戏城、频阳、雍、籍姑、重泉、栎阳、蒲、蓝田、善明氏、洛阴、庞、夏阳、高陵、斄、美阳、武功、咸阳、武城(2)、商、合阳、宁秦、陕、蒲子、漆垣、高奴、义渠、南郑、卢氏、朐衍、江洲、鱼复、阆中、湔氏、成都、郫城、临邛、乌氏、宜阳、郿、析、襄城、广衍、洛都、定阳、肤施、宛、叶、武遂、皋落、垣、蒲阪、皮氏、梗阳、安邑、绛、兹氏、离石、蔺、石邑、祁、上庸、狄道、邓、鄢、穰、筑、枳、郢、竟陵、平丘、仁、巫、临沅、温、卷、蔡阳、长社、华阳、怀、邢丘、陶、河南、梁、修武、野王、缑氏、纶氏、安阳、曲阳、阳人、洛阳、榖城、平阴、偃师、巩、榆次、新城(2)、涂水、邬、盂、大陵、高都、长子、铜鞮、屯留、晋阳
245	10	临淄、安平、即墨、阿、南武城、狐氏、蒙、聊城、高唐、夜	8	平阳、杨氏、京、路、涉、端氏、新城(1)、郑	17	邯郸、平邑、番吾、甄、鄗、安平、代、云中、善无、苦陉、南行唐、防陵、武垣、元氏、上原、邢、狼孟	13	邺、酸枣、承匡、鲁阳、武堵、中牟、大梁、泫氏、济阳、濦阴、顿丘、上蔡、单父	7	沮阳、渔阳、无终、阳乐、令支、襄平、昌城	21	湖阳、苦、期思、寝、都、阴、息、武城(1)、随、陈、平舆、广陵、居巢、吴、下蔡、钟离、朱方、薛、汝阳、莒、兰陵	115	上邽、下邽、冀、杜、虢、郑、魏城、临晋、庞戏城、频阳、雍、籍姑、重泉、栎阳、蒲、蓝田、善明氏、洛阴、庞、夏阳、高陵、斄、美阳、武功、咸阳、武城(2)、商、合阳、宁秦、陕、蒲子、漆垣、高奴、义渠、南郑、卢氏、朐衍、江洲、鱼复、阆中、湔氏、成都、郫城、临邛、乌氏、宜阳、郿、析、襄城、广衍、洛都、定阳、肤施、宛、叶、武遂、皋落、垣、蒲阪、皮氏、梗阳、安邑、绛、兹氏、离石、蔺、石邑、祁、上庸、狄道、邓、鄢、穰、筑、枳、郢、竟陵、平丘、仁、巫、临沅、温、卷、蔡阳、长社、华阳、怀、邢丘、陶、河南、梁、修武、野王、缑氏、纶氏、安阳、曲阳、阳人、洛阳、榖城、平阴、偃师、巩、榆次、新城(2)、涂水、邬、盂、大陵、高都、长子、铜鞮、屯留、晋阳、尉氏

续 表

公元前	齐		韩		赵		魏		燕		楚		秦	
	县数	县名	县数	县名	县数	县名	县数	县名	县数	县名	县数	县名	县数	县名
243	10	临淄、安平、即墨、阿、南武城、狐氏、蒙、聊城、高唐、夜	8	平阳、杨氏、京、路、涉、端氏、新城(1)、郑	18	邯郸、平邑、番吾、甄、鄗、安平、代、云中、善无、苦陉、南行唐、防陵、武垣、元氏、上原、邢、狼孟、韩皋?	19	邺、酸枣、承匡、鲁阳、武堵、中牟、大梁、泫氏、济阳、瀍阴、顿丘、上蔡、单父、陶?、燕?、虚?、长平?、雍丘?、山阳?	7	沮阳、渔阳、无终、阳乐、令支、襄平、昌城	21	湖阳、苦、期思、寝、都、阴、息、武城(1)、随、陈、平舆、广陵、居巢、吴、下蔡、钟离、朱方、薛、汝阳、莒、兰陵	116	上邽、下邽、冀、杜、虢、郑、魏城、临晋、庞戏城、频阳、雍、籍姑、重泉、栎阳、蒲、蓝田、善明氏、洛阴、庞、夏阳、高陵、斄、美阳、武功、咸阳、武城(2)、商、合阳、宁秦、陕、蒲子、漆垣、高奴、义渠、南郑、卢氏、朐衍、江洲、鱼复、阆中、湔氏、成都、郫城、临邛、乌氏、宜阳、郿、析、襄城、广衍、洛都、定阳、肤施、宛、叶、武遂、皋落、垣、蒲阪、皮氏、梗阳、安邑、绛、兹氏、离石、蔺、石邑、祁、上庸、狄道、邓、鄢、穰、筑、枳、郢、竟陵、平丘、仁、巫、临沅、温、卷、蔡阳、长社、华阳、怀、邢丘、河南、梁、修武、野王、缑氏、纶氏、安阳、曲阳、阳人、洛阳、穀城、平阴、偃师、巩、榆次、新城(2)、涂水、邬、盂、大陵、高都、长子、铜鞮、屯留、晋阳、尉氏、邘、安陆
242	10	临淄、安平、即墨、阿、南武城、狐氏、蒙、聊城、高唐、夜	8	平阳、杨氏、京、路、涉、端氏、新城(1)、郑	18	邯郸、平邑、番吾、甄、鄗、安平、代、云中、善无、苦陉、南行唐、防陵、武垣、元氏、上原、邢、狼孟、韩皋	12	邺、承匡、鲁阳、武堵、中牟、大梁、泫氏、济阳、瀍阴、上蔡、单父、陶	7	沮阳、渔阳、无终、阳乐、令支、襄平、昌城	21	湖阳、苦、期思、寝、都、阴、息、武城(1)、随、陈、平舆、广陵、居巢、吴、下蔡、钟离、朱方、薛、汝阳、莒、兰陵	123	上邽、下邽、冀、杜、虢、郑、魏城、临晋、庞戏城、频阳、雍、籍姑、重泉、栎阳、蒲、蓝田、善明氏、洛阴、庞、夏阳、高陵、斄、美阳、武功、咸阳、武城(2)、商、合阳、宁秦、陕、蒲子、漆垣、高奴、义渠、南郑、卢氏、朐衍、江洲、鱼复、阆中、湔氏、成都、郫城、临邛、乌氏、宜阳、郿、析、襄城、广衍、洛都、定阳、肤施、宛、叶、武遂、皋落、垣、蒲阪、皮氏、梗阳、安邑、绛、兹氏、离石、蔺、石邑、祁、上庸、狄道、邓、鄢、穰、筑、枳、郢、竟陵、平丘、仁、巫、临沅、温、卷、蔡阳、长社、华阳、怀、邢丘、河南、梁、修武、野王、缑氏、纶氏、安阳、曲阳、阳人、洛阳、穀城、平阴、偃师、巩、榆次、新城(2)、涂水、邬、盂、大陵、高都、长子、铜鞮、屯留、晋阳、尉氏、邘、安陆、酸枣、燕、虚、长平、雍丘、山阳、顿丘
241	10	临淄、安平、即墨、阿、南武城、狐氏、蒙、聊城、高唐、夜	8	平阳、杨氏、京、路、涉、端氏、新城(1)、郑	18	邯郸、平邑、番吾、甄、鄗、安平、代、云中、善无、苦陉、南行唐、防陵、武垣、元氏、上原、邢、狼孟、韩皋	12	邺、承匡、鲁阳、武堵、中牟、大梁、泫氏、济阳、瀍阴、上蔡、单父、陶	7	沮阳、渔阳、无终、阳乐、令支、襄平、昌城	21	湖阳、苦、期思、寝、都、阴、息、武城(1)、随、陈、平舆、广陵、居巢、吴、下蔡、钟离、朱方、薛、汝阳、莒、兰陵	124	上邽、下邽、冀、杜、虢、郑、魏城、临晋、庞戏城、频阳、雍、籍姑、重泉、栎阳、蒲、蓝田、善明氏、洛阴、庞、夏阳、高陵、斄、美阳、武功、咸阳、武城(2)、商、合阳、宁秦、陕、蒲子、漆垣、高奴、义渠、南郑、卢氏、朐衍、江洲、鱼复、阆中、湔氏、成都、郫城、临邛、乌氏、宜阳、郿、析、襄城、广衍、洛都、定阳、肤施、宛、叶、武遂、皋落、垣、蒲阪、皮氏、梗阳、安邑、绛、兹氏、离石、蔺、石邑、祁、上庸、狄道、邓、鄢、穰、筑、枳、郢、竟陵、平丘、仁、巫、临沅、温、卷、蔡阳、长社、华阳、怀、邢丘、河南、梁、修武、野王、缑氏、纶氏、安阳、曲阳、阳人、洛阳、穀城、平阴、偃师、巩、榆次、新城(2)、涂水、邬、盂、大陵、高都、长子、铜鞮、屯留、晋阳、尉氏、邘、安陆、酸枣、燕、虚、长平、雍丘、山阳、顿丘、濮阳
240	10	临淄、安平、即墨、阿、南武城、狐氏、蒙、聊城、高唐、夜	8	平阳、杨氏、京、路、涉、端氏、新城(1)、郑	18	邯郸、平邑、番吾、甄、鄗、安平、代、云中、善无、苦陉、南行唐、防陵、武垣、元氏、上原、邢、狼孟、韩皋	12	邺、承匡、鲁阳、武堵、中牟、大梁、泫氏、济阳、瀍阴、上蔡、单父、陶	7	沮阳、渔阳、无终、阳乐、令支、襄平、昌城	22	湖阳、苦、期思、寝、都、阴、息、武城(1)、随、陈、平舆、广陵、居巢、吴、下蔡、钟离、朱方、薛、汝阳、莒、兰陵、寿春?	124	上邽、下邽、冀、杜、虢、郑、魏城、临晋、庞戏城、频阳、雍、籍姑、重泉、栎阳、蒲、蓝田、善明氏、洛阴、庞、夏阳、高陵、斄、美阳、武功、咸阳、武城(2)、商、合阳、宁秦、陕、蒲子、漆垣、高奴、义渠、南郑、卢氏、朐衍、江洲、鱼复、阆中、湔氏、成都、郫城、临邛、乌氏、宜阳、郿、析、襄城、广衍、洛都、定阳、肤施、宛、叶、武遂、皋落、垣、蒲阪、皮氏、梗阳、安邑、绛、兹氏、离石、蔺、石邑、祁、上庸、狄道、邓、鄢、穰、筑、枳、郢、竟陵、平丘、仁、巫、临沅、温、卷、蔡阳、长社、华阳、怀、邢丘、河南、梁、修武、野王、缑氏、纶氏、安阳、曲阳、阳人、洛阳、穀城、平阴、偃师、巩、榆次、新城(2)、涂水、邬、盂、大陵、高都、长子、铜鞮、屯留、晋阳、尉氏、邘、安陆、酸枣、燕、虚、长平、雍丘、山阳、顿丘、濮阳

续　表

公元前	齐		韩		赵		魏		燕		楚		秦	
	县数	县　名	县数	县　名	县数	县　名	县数	县　名	县数	县　名	县数	县　名	县数	县　名
239	10	临淄、安平、即墨、阿、南武城、狐氏、蒙、聊城、高唐、夜	8	平阳、杨氏、京、路、涉、端氏、新城(1)、郑	19	邯郸、平邑、番吾、甄、鄗、安平、代、云中、善无、苦陉、南行唐、防陵、武垣、元氏、上原、邢、狼孟、韩皋、郚	12	承匡、鲁阳、武堵、中牟、大梁、泫氏、济阳、瀸阴、上蔡、单父、陶、首垣?	7	沮阳、渔阳、无终、阳乐、令支、襄平、昌城	22	湖阳、苦、期思、寝、鄀、阴、息、武城(1)、随、陈、平舆、广陵、居巢、吴、下蔡、钟离、朱方、薛、汝阳、莒、兰陵、寿春	124	上邽、下邽、冀、杜、虢、郑、魏城、临晋、庞戏城、频阳、雍、籍姑、重泉、栎阳、蒲、蓝田、善明氏、洛阴、庞、夏阳、高陵、斄、美阳、武功、咸阳、武城(2)、商、合阳、宁秦、陕、蒲子、漆垣、高奴、义渠、南郑、卢氏、朐衍、江洲、鱼复、阆中、湔氏、成都、郫城、临邛、乌氏、宜阳、郿、析、襄城、广衍、洛都、定阳、肤施、宛、叶、武遂、皋落、垣、蒲阪、皮氏、梗阳、安邑、绛、兹氏、离石、蔺、石邑、祁、上庸、狄道、邓、鄢、穰、筑、枳、郢、竟陵、平丘、仁、巫、临沅、温、卷、蔡阳、长社、华阳、怀、邢丘、河南、梁、修武、野王、缑氏、纶氏、安阳、曲阳、阳人、洛阳、榖城、平阴、偃师、巩、榆次、新城(2)、涂水、邬、盂、大陵、高都、长子、铜鞮、屯留、晋阳、尉氏、邘、安陆、酸枣、燕、虚、长平、雍丘、山阳、顿丘、濮阳
238	10	临淄、安平、即墨、阿、南武城、狐氏、蒙、聊城、高唐、夜	8	平阳、杨氏、京、路、涉、端氏、新城(1)、郑	19	邯郸、平邑、番吾、甄、鄗、安平、代、云中、善无、苦陉、南行唐、防陵、武垣、元氏、上原、邢、狼孟、韩皋、郚	11	承匡、鲁阳、武堵、中牟、大梁、泫氏、济阳、瀸阴、上蔡、单父、陶	7	沮阳、渔阳、无终、阳乐、令支、襄平、昌城	22	湖阳、苦、期思、寝、鄀、阴、息、武城(1)、随、陈、平舆、广陵、居巢、吴、下蔡、钟离、朱方、薛、汝阳、莒、兰陵、寿春	125	上邽、下邽、冀、杜、虢、郑、魏城、临晋、庞戏城、频阳、雍、籍姑、重泉、栎阳、蒲、蓝田、善明氏、洛阴、庞、夏阳、高陵、斄、美阳、武功、咸阳、武城(2)、商、合阳、宁秦、陕、蒲子、漆垣、高奴、义渠、南郑、卢氏、朐衍、江洲、鱼复、阆中、湔氏、成都、郫城、临邛、乌氏、宜阳、郿、析、襄城、广衍、洛都、定阳、肤施、宛、叶、武遂、皋落、垣、蒲阪、皮氏、梗阳、安邑、绛、兹氏、离石、蔺、石邑、祁、上庸、狄道、邓、鄢、穰、筑、枳、郢、竟陵、平丘、仁、巫、临沅、温、卷、蔡阳、长社、华阳、怀、邢丘、河南、梁、修武、野王、缑氏、纶氏、安阳、曲阳、阳人、洛阳、榖城、平阴、偃师、巩、榆次、新城(2)、涂水、邬、盂、大陵、高都、长子、铜鞮、屯留、晋阳、尉氏、邘、安陆、酸枣、燕、虚、长平、雍丘、山阳、顿丘、濮阳、首垣(更名长垣)
236	10	临淄、安平、即墨、阿、南武城、狐氏、蒙、聊城、高唐、夜	8	平阳、杨氏、京、路、涉、端氏、新城(1)、郑	18	邯郸、平邑、番吾、甄、鄗、安平、代、云中、善无、苦陉、南行唐、防陵、武垣、元氏、上原、邢、狼孟、韩皋	11	承匡、鲁阳、武堵、中牟、大梁、泫氏、济阳、瀸阴、上蔡、单父、陶	7	沮阳、渔阳、无终、阳乐、令支、襄平、昌城	22	湖阳、苦、期思、寝、鄀、阴、息、武城(1)、随、陈、平舆、广陵、居巢、吴、下蔡、钟离、朱方、薛、汝阳、莒、兰陵、寿春	126	上邽、下邽、冀、杜、虢、郑、魏城、临晋、庞戏城、频阳、雍、籍姑、重泉、栎阳、蒲、蓝田、善明氏、洛阴、庞、夏阳、高陵、斄、美阳、武功、咸阳、武城(2)、商、合阳、宁秦、陕、蒲子、漆垣、高奴、义渠、南郑、卢氏、朐衍、江洲、鱼复、阆中、湔氏、成都、郫城、临邛、乌氏、宜阳、郿、析、襄城、广衍、洛都、定阳、肤施、宛、叶、武遂、皋落、垣、蒲阪、皮氏、梗阳、安邑、绛、兹氏、离石、蔺、石邑、祁、上庸、狄道、邓、鄢、穰、筑、枳、郢、竟陵、平丘、仁、巫、临沅、温、卷、蔡阳、长社、华阳、怀、邢丘、河南、梁、修武、野王、缑氏、纶氏、安阳、曲阳、阳人、洛阳、榖城、平阴、偃师、巩、榆次、新城(2)、涂水、邬、盂、大陵、高都、长子、铜鞮、屯留、晋阳、尉氏、邘、安陆、酸枣、燕、虚、长平、雍丘、山阳、顿丘、濮阳、长垣、鄄
235	10	临淄、安平、即墨、阿、南武城、狐氏、蒙、聊城、高唐、夜	8	平阳、杨氏、京、路、涉、端氏、新城(1)、郑	19	邯郸、平邑、番吾、甄、鄗、安平、代、云中、善无、苦陉、南行唐、防陵、武垣、元氏、上原、邢、狼孟、韩皋、柏人	11	承匡、鲁阳、武堵、中牟、大梁、泫氏、济阳、瀸阴、上蔡、单父、陶	7	沮阳、渔阳、无终、阳乐、令支、襄平、昌城	22	湖阳、苦、期思、寝、鄀、阴、息、武城(1)、随、陈、平舆、广陵、居巢、吴、下蔡、钟离、朱方、薛、汝阳、莒、兰陵、寿春	126	上邽、下邽、冀、杜、虢、郑、魏城、临晋、庞戏城、频阳、雍、籍姑、重泉、栎阳、蒲、蓝田、善明氏、洛阴、庞、夏阳、高陵、斄、美阳、武功、咸阳、武城(2)、商、合阳、宁秦、陕、蒲子、漆垣、高奴、义渠、南郑、卢氏、朐衍、江洲、鱼复、阆中、湔氏、成都、郫城、临邛、乌氏、宜阳、郿、析、襄城、广衍、洛都、定阳、肤施、宛、叶、武遂、皋落、垣、蒲阪、皮氏、梗阳、安邑、绛、兹氏、离石、蔺、石邑、祁、上庸、狄道、邓、鄢、穰、筑、枳、郢、竟陵、平丘、仁、巫、临沅、温、卷、蔡阳、长社、华阳、怀、邢丘、河南、梁、修武、野王、缑氏、纶氏、安阳、曲阳、阳人、洛阳、榖城、平阴、偃师、巩、榆次、新城(2)、涂水、邬、盂、大陵、高都、长子、铜鞮、屯留、晋阳、尉氏、邘、安陆、酸枣、燕、虚、长平、雍丘、山阳、顿丘、濮阳、长垣、鄄

续 表

公元前	齐		韩		赵		魏		燕		楚		秦	
	县数	县名	县数	县名	县数	县名	县数	县名	县数	县名	县数	县名	县数	县名
234	10	临淄、安平、即墨、阿、南武城、狐氏、蒙、聊城、高唐、夜	8	平阳、杨氏、京、路、涉、端氏、新城(1)、郑	17	邯郸、平邑、番吾、甄、鄗、安平、代、苦陉、南行唐、防陵、武垣、元氏、上原、邢、狼孟、韩皋、柏人	11	承匡、鲁阳、武堵、中牟、大梁、泫氏、济阳、瀌阴、上蔡、单父、陶	7	沮阳、渔阳、无终、阳乐、令支、襄平、昌城	22	湖阳、苦、期思、寝、都、阴、息、武城(1)、随、陈、平舆、广陵、居巢、吴、下蔡、钟离、朱方、薛、汝阳、莒、兰陵、寿春	128	上邽、下邽、冀、杜、虢、郑、魏城、临晋、庞戏城、频阳、雍、籍姑、重泉、栎阳、蒲、蓝田、善明氏、洛阴、庞、夏阳、高陵、斄、美阳、武功、咸阳、武城(2)、商、合阳、宁秦、陕、蒲子、漆垣、高奴、义渠、南郑、卢氏、朐衍、江洲、鱼复、阆中、湔氏、成都、郫城、临邛、乌氏、宜阳、郿、析、襄城、广衍、洛都、定阳、肤施、宛、叶、武遂、皋落、垣、蒲阪、皮氏、梗阳、安邑、绛、兹氏、离石、蔺、石邑、祁、上庸、狄道、邓、鄢、穰、筑、枳、郢、竟陵、平丘、仁、巫、临沅、温、卷、蔡阳、长社、华阳、怀、邢丘、河南、梁、修武、野王、缑氏、纶氏、安阳、曲阳、阳人、洛阳、穀城、平阴、偃师、巩、榆次、新城(2)、涂水、邬、盂、大陵、高都、长子、铜鞮、屯留、晋阳、尉氏、邘、安陆、酸枣、燕、虚、长平、雍丘、山阳、顿丘、濮阳、长垣、郪、云中、善无
233	10	临淄、安平、即墨、阿、南武城、狐氏、蒙、聊城、高唐、夜	8	平阳、杨氏、京、路、涉、端氏、新城(1)、郑	17	邯郸、平邑、番吾、甄、鄗、安平、代、苦陉、南行唐、防陵、武垣、元氏、上原、邢、狼孟、韩皋、柏人	11	承匡、鲁阳、武堵、中牟、大梁、泫氏、济阳、瀌阴、上蔡、单父、陶	7	沮阳、渔阳、无终、阳乐、令支、襄平、昌城	22	湖阳、苦、期思、寝、都、阴、息、武城(1)、随、陈、平舆、广陵、居巢、吴、下蔡、钟离、朱方、薛、汝阳、莒、兰陵、寿春	129	上邽、下邽、冀、杜、虢、郑、魏城、临晋、庞戏城、频阳、雍、籍姑、重泉、栎阳、蒲、蓝田、善明氏、洛阴、庞、夏阳、高陵、斄、美阳、武功、咸阳、武城(2)、商、合阳、宁秦、陕、蒲子、漆垣、高奴、义渠、南郑、卢氏、朐衍、江洲、鱼复、阆中、湔氏、成都、郫城、临邛、乌氏、宜阳、郿、析、襄城、广衍、洛都、定阳、肤施、宛、叶、武遂、皋落、垣、蒲阪、皮氏、梗阳、安邑、绛、兹氏、离石、蔺、石邑、祁、上庸、狄道、邓、鄢、穰、筑、枳、郢、竟陵、平丘、仁、巫、临沅、温、卷、蔡阳、长社、华阳、怀、邢丘、河南、梁、修武、野王、缑氏、纶氏、安阳、曲阳、阳人、洛阳、穀城、平阴、偃师、巩、榆次、新城(2)、涂水、邬、盂、大陵、高都、长子、铜鞮、屯留、晋阳、尉氏、邘、安陆、酸枣、燕、虚、长平、雍丘、山阳、顿丘、濮阳、长垣、郪、云中、善无、云阳?
232	10	临淄、安平、即墨、阿、南武城、狐氏、蒙、聊城、高唐、夜	8	平阳、杨氏、京、路、涉、端氏、新城(1)、郑	16	邯郸、平邑、甄、鄗、安平、代、苦陉、南行唐、防陵、武垣、元氏、上原、邢、韩皋、柏人、沮阳	11	承匡、鲁阳、武堵、中牟、大梁、泫氏、济阳、瀌阴、上蔡、单父、陶	6	渔阳、无终、阳乐、令支、襄平、昌城	22	湖阳、苦、期思、寝、都、阴、息、武城(1)、随、陈、平舆、广陵、居巢、吴、下蔡、钟离、朱方、薛、汝阳、莒、兰陵、寿春	131	上邽、下邽、冀、杜、虢、郑、魏城、临晋、庞戏城、频阳、雍、籍姑、重泉、栎阳、蒲、蓝田、善明氏、洛阴、庞、夏阳、高陵、斄、美阳、武功、咸阳、武城(2)、商、合阳、宁秦、陕、蒲子、漆垣、高奴、义渠、南郑、卢氏、朐衍、江洲、鱼复、阆中、湔氏、成都、郫城、临邛、乌氏、宜阳、郿、析、襄城、广衍、洛都、定阳、肤施、宛、叶、武遂、皋落、垣、蒲阪、皮氏、梗阳、安邑、绛、兹氏、离石、蔺、石邑、祁、上庸、狄道、邓、鄢、穰、筑、枳、郢、竟陵、平丘、仁、巫、临沅、温、卷、蔡阳、长社、华阳、怀、邢丘、河南、梁、修武、野王、缑氏、纶氏、安阳、曲阳、阳人、洛阳、穀城、平阴、偃师、巩、榆次、新城(2)、涂水、邬、盂、大陵、高都、长子、铜鞮、屯留、晋阳、尉氏、邘、安陆、酸枣、燕、虚、长平、雍丘、山阳、顿丘、濮阳、长垣、郪、云中、善无、云阳、番吾、狼孟

续 表

公元前	齐		韩		赵		魏		燕		楚		秦	
	县数	县名	县数	县名	县数	县名	县数	县名	县数	县名	县数	县名	县数	县名
231	10	临淄、安平、即墨、阿、南武城、狐氏、蒙、聊城、高唐、夜	12	平阳、杨氏、京、路、涉、端氏、新城(1)、郑、阳翟?、修鱼?、申阴?、格氏?	16	邯郸、平邑、甄、鄗、安平、代、苦陉、南行唐、防陵、武垣、元氏、上原、邢、韩皋、柏人、沮阳	11	承匡、鲁阳、武堵、中牟、大梁、泫氏、济阳、瀗阴、上蔡、单父、陶	6	渔阳、无终、阳乐、令支、襄平、昌城	22	湖阳、苦、期思、寝、都、阴、息、武城(1)、随、陈、平舆、广陵、居巢、吴、下蔡、钟离、朱方、薛、汝阳、莒、兰陵、寿春	132	上邽、下邽、冀、杜、虢、郑、魏城、临晋、庞戏城、频阳、雍、籍姑、重泉、栎阳、蒲、蓝田、善明氏、洛阴、庞、夏阳、高陵、斄、美阳、武功、咸阳、武城(2)、商、合阳、宁秦、陕、蒲子、漆垣、高奴、义渠、南郑、卢氏、朐衍、江洲、鱼复、阆中、湔氏、成都、郫城、临邛、乌氏、宜阳、郿、析、襄城、广衍、洛都、定阳、肤施、宛、叶、武遂、皋落、垣、蒲阪、皮氏、梗阳、安邑、绛、兹氏、离石、蔺、石邑、祁、上庸、狄道、邓、鄢、穰、筑、枳、郢、竟陵、平丘、仁、巫、临沅、温、卷、蔡阳、长社、华阳、怀、邢丘、河南、梁、修武、野王、缑氏、纶氏、安阳、曲阳、阳人、洛阳、穀城、平阴、偃师、巩、榆次、新城(2)、涂水、邬、盂、大陵、高都、长子、铜鞮、屯留、晋阳、尉氏、邘、安陆、酸枣、燕、虚、长平、雍丘、山阳、顿丘、濮阳、长垣、邺、云中、善无、云阳、番吾、狼孟、丽邑
230	10	临淄、安平、即墨、阿、南武城、狐氏、蒙、聊城、高唐、夜			21	邯郸、平邑、甄、鄗、安平、代、苦陉、南行唐、防陵、武垣、元氏、上原、邢、韩皋、柏人、沮阳、平原?、富昌?、武平?、埒?、栾?	11	承匡、鲁阳、武堵、中牟、大梁、泫氏、济阳、瀗阴、上蔡、单父、陶	6	渔阳、无终、阳乐、令支、襄平、昌城	22	湖阳、苦、期思、寝、都、阴、息、武城(1)、随、陈、平舆、广陵、居巢、吴、下蔡、钟离、朱方、薛、汝阳、莒、兰陵、寿春	144	上邽、下邽、冀、杜、虢、郑、魏城、临晋、庞戏城、频阳、雍、籍姑、重泉、栎阳、蒲、蓝田、善明氏、洛阴、庞、夏阳、高陵、斄、美阳、武功、咸阳、武城(2)、商、合阳、宁秦、陕、蒲子、漆垣、高奴、义渠、南郑、卢氏、朐衍、江洲、鱼复、阆中、湔氏、成都、郫城、临邛、乌氏、宜阳、郿、析、襄城、广衍、洛都、定阳、肤施、宛、叶、武遂、皋落、垣、蒲阪、皮氏、梗阳、安邑、绛、兹氏、离石、蔺、石邑、祁、上庸、狄道、邓、鄢、穰、筑、枳、郢、竟陵、平丘、仁、巫、临沅、温、卷、蔡阳、长社、华阳、怀、邢丘、河南、梁、修武、野王、缑氏、纶氏、安阳、曲阳、阳人、洛阳、穀城、平阴、偃师、巩、榆次、新城(2)、涂水、邬、盂、大陵、高都、长子、铜鞮、屯留、晋阳、尉氏、邘、安陆、酸枣、燕、虚、长平、雍丘、山阳、顿丘、濮阳、长垣、邺、云中、善无、云阳、番吾、狼孟、丽邑、平阳、杨氏、京、路、涉、端氏、新城(1)、郑(又称新郑)、阳翟、修鱼、申阴、格氏
赵229 秦228	10	临淄、安平、即墨、阿、南武城、狐氏、蒙、聊城、高唐、夜			2	代、平邑	11	承匡、鲁阳、武堵、中牟、大梁、泫氏、济阳、瀗阴、上蔡、单父、陶	6	渔阳、无终、阳乐、令支、襄平、昌城	22	湖阳、苦、期思、寝、都、阴、息、武城(1)、随、陈、平舆、广陵、居巢、吴、下蔡、钟离、朱方、薛、汝阳、莒、兰陵、寿春	163	上邽、下邽、冀、杜、虢、郑、魏城、临晋、庞戏城、频阳、雍、籍姑、重泉、栎阳、蒲、蓝田、善明氏、洛阴、庞、夏阳、高陵、斄、美阳、武功、咸阳、武城(2)、商、合阳、宁秦、陕、蒲子、漆垣、高奴、义渠、南郑、卢氏、朐衍、江洲、鱼复、阆中、湔氏、成都、郫城、临邛、乌氏、宜阳、郿、析、襄城、广衍、洛都、定阳、肤施、宛、叶、武遂、皋落、垣、蒲阪、皮氏、梗阳、安邑、绛、兹氏、离石、蔺、石邑、祁、上庸、狄道、邓、鄢、穰、筑、枳、郢、竟陵、平丘、仁、巫、临沅、温、卷、蔡阳、长社、华阳、怀、邢丘、河南、梁、修武、野王、缑氏、纶氏、安阳、曲阳、阳人、洛阳、穀城、平阴、偃师、巩、榆次、新城(2)、涂水、邬、盂、大陵、高都、长子、铜鞮、屯留、晋阳、尉氏、邘、安陆、酸枣、燕、虚、长平、雍丘、山阳、顿丘、濮阳、长垣、邺、云中、善无、云阳、番吾、狼孟、丽邑、平阳、杨氏、京、路、涉、端氏、新城(1)、新郑、阳翟、修鱼、申阴、格氏、邯郸、甄?、鄗?、安平?、苦陉?、南行唐?、防陵?、武垣?、元氏?、上原?、邢?、韩皋?、柏人?、平原?、富昌?、武平?、埒?、栾?、沮阳?

续 表

公元前	齐		韩		赵		魏		燕		楚		秦	
	县数	县名	县数	县名	县数	县名	县数	县名	县数	县名	县数	县名	县数	县名
226	10	临淄、安平、即墨、阿、南武城、狐氏、蒙、聊城、高唐、夜			2	代、平邑	16	承匡、鲁阳、武堵、中牟、大梁、泫氏、济阳、瀫阴、上蔡、单父、陶、共?、宅阳?、梧?、虒?、涑?	1	襄平	22	湖阳、苦、期思、寝、都、阴、息、武城(1)、随、陈、平舆、广陵、居巢、吴、下蔡、钟离、朱方、薛、汝阳、莒、兰陵、寿春	169	上邽、下邽、冀、杜、虢、郑、魏城、临晋、庞戏城、频阳、雍、籍姑、重泉、栎阳、蒲、蓝田、善明氏、洛阴、庞、夏阳、高陵、櫜、美阳、武功、咸阳、武城(2)、商、合阳、宁秦、陕、蒲子、漆垣、高奴、义渠、南郑、卢氏、朐衍、江洲、鱼复、阆中、湔氏、成都、郫城、临邛、乌氏、宜阳、鄢、析、襄城、广衍、洛都、定阳、肤施、宛、叶、武遂、皋落、垣、蒲阪、皮氏、梗阳、安邑、绛、兹氏、离石、蔺、石邑、祁、上庸、狄道、邓、鄢、穰、筑、枳、郢、竟陵、平丘、仁、巫、临沅、温、卷、蔡阳、长社、华阳、怀、邢丘、河南、梁、修武、野王、缑氏、纶氏、安阳、曲阳、阳人、洛阳、穀城、平阴、偃师、巩、榆次、新城(2)、涂水、邬、盂、大陵、高都、长子、铜鞮、屯留、晋阳、尉氏、邗、安陆、酸枣、燕、虚、长平、雍丘、山阳、顿丘、濮阳、长垣、郸、云中、善无、云阳、番吾、狼孟、丽邑、平阳、杨氏、京、路、涉、端氏、新城(1)、新郑、阳翟、修鱼、申阴、格氏、邯郸、甄、鄗、安平、苦陉、南行唐、防陵、武垣、元氏、上原、邢、韩皋、柏人、平原、富昌、武平、埒、栾、蓟、沮阳、渔阳、无终、阳乐、令支、昌城
225	10	临淄、安平、即墨、阿、南武城、狐氏、蒙、聊城、高唐、夜			2	代、平邑			1	襄平	39	湖阳、苦、期思、寝、都、阴、息、武城(1)、随、陈、平舆、广陵、居巢、吴、下蔡、钟离、朱方、薛、汝阳、莒、兰陵、寿春、今?、尚?、繁丘?、喜?、羕陵?、正阳?、中阳?、淀阳?、鄝?、叡陵?、株阳?、夷阳?、鬲?、阳陵?、新都?、州?、専阳?	188	上邽、下邽、冀、杜、虢、郑、魏城、临晋、庞戏城、频阳、雍、籍姑、重泉、栎阳、蒲、蓝田、善明氏、洛阴、庞、夏阳、高陵、櫜、美阳、武功、咸阳、武城(2)、商、合阳、宁秦、陕、蒲子、漆垣、高奴、义渠、南郑、卢氏、朐衍、江洲、鱼复、阆中、湔氏、成都、郫城、临邛、乌氏、宜阳、鄢、析、襄城、广衍、洛都、定阳、肤施、宛、叶、武遂、皋落、垣、蒲阪、皮氏、梗阳、安邑、绛、兹氏、离石、蔺、石邑、祁、上庸、狄道、邓、鄢、穰、筑、枳、郢、竟陵、平丘、仁、巫、临沅、温、卷、蔡阳、长社、华阳、怀、邢丘、河南、梁、修武、野王、缑氏、纶氏、安阳、曲阳、阳人、洛阳、穀城、平阴、偃师、巩、榆次、新城(2)、涂水、邬、盂、大陵、高都、长子、铜鞮、屯留、晋阳、尉氏、邗、安陆、酸枣、燕、虚、长平、雍丘、山阳、顿丘、濮阳、长垣、郸、云中、善无、云阳、番吾、狼孟、丽邑、平阳、杨氏、京、路、涉、端氏、新城(1)、新郑、阳翟、修鱼、申阴、格氏、邯郸、甄、鄗、安平、苦陉、南行唐、防陵、武垣、元氏、上原、邢、韩皋、柏人、平原、富昌、武平、埒、栾、蓟、沮阳、渔阳、无终、阳乐、令支、昌城、大梁?、新郪、砀、睢阳、承匡(旋易名襄邑)?、鲁阳?、武堵?、中牟?、泫氏?、济阳?、瀫阴?、上蔡?、单父?、共?、宅阳?、梧?、虒?、涑?、陶?

公元前	齐		韩		赵		魏		燕		楚		秦	
	县数	县名	县数	县名	县数	县名	县数	县名	县数	县名	县数	县名	县数	县名
224	10	临淄、安平、即墨、阿、南武城、狐氏、蒙、聊城、高唐、夜			2	代、平邑			1	襄平	2	吴、朱方	228	上邽、下邽、冀、杜、虢、郑、魏城、临晋、庞戏城、频阳、雍、籍姑、重泉、栎阳、蒲、蓝田、善明氏、洛阴、庞、夏阳、高陵、鳌、美阳、武功、咸阳、武城(2)、商、合阳、宁秦、陕、蒲子、漆垣、高奴、义渠、南郑、卢氏、朐衍、江洲、鱼复、阆中、湔氏、成都、郫城、临邛、乌氏、宜阳、郿、析、襄城、广衍、洛都、定阳、肤施、宛、叶、武遂、皋落、垣、蒲阪、皮氏、梗阳、安邑、绛、兹氏、离石、蔺、石邑、祁、上庸、狄道、邓、鄢、穰、筑、枳、郢、竟陵、平丘、仁、巫、临沅、温、卷、蔡阳、长社、华阳、怀、邢丘、河南、梁、修武、野王、缑氏、纶氏、安阳、曲阳、阳人、洛阳、榖城、平阴、偃师、巩、榆次、新城(2)、涂水、邬、盂、大陵、高都、长子、铜鞮、屯留、晋阳、尉氏、邘、安陆、酸枣、燕、虚、长平、雍丘、山阳、顿丘、濮阳、长垣、邺、云中、善无、云阳、番吾、狼孟、丽邑、平阳、杨氏、京、路、涉、端氏、新城(1)、新郑、阳翟、修鱼、申阴、格氏、邯郸、甄、鄗、安平、苦陉、南行唐、防陵、武垣、元氏、上原、邢、韩皋、柏人、平原、富昌、武平、埒、栾、蓟、沮阳、渔阳、无终、阳乐、令支、昌城、大梁、新郪、砀、睢阳、襄邑、鲁阳、武堵、中牟、泫氏、济阳、瀧阴、上蔡、单父、共、宅阳、梧、虒、涞、陶、寿春、平舆、寝、沛、相、鲁、莒?、薛?、湖阳?、苦?、期思?、郗?、阴?、息?、武城?、随?、陈?、广陵?、居巢?、下蔡?、钟离?、汝阳?、兰陵?、今?、尚?、繁丘?、喜?、莱陵?、正阳?、中阳?、泥阳?、鄝?、叡陵?、株阳?、夷阳?、鬲?、阳陵?、新都?、州?、専阳?
223	10	临淄、安平、即墨、阿、南武城、狐氏、蒙、聊城、高唐、夜			2	代、平邑			1	襄平	2	吴、朱方	230	上邽、下邽、冀、杜、虢、郑、魏城、临晋、庞戏城、频阳、雍、籍姑、重泉、栎阳、蒲、蓝田、善明氏、洛阴、庞、夏阳、高陵、鳌、美阳、武功、咸阳、武城(2)、商、合阳、宁秦、陕、蒲子、漆垣、高奴、义渠、南郑、卢氏、朐衍、江洲、鱼复、阆中、湔氏、成都、郫城、临邛、乌氏、宜阳、郿、析、襄城、广衍、洛都、定阳、肤施、宛、叶、武遂、皋落、垣、蒲阪、皮氏、梗阳、安邑、绛、兹氏、离石、蔺、石邑、祁、上庸、狄道、邓、鄢、穰、筑、枳、郢、竟陵、平丘、仁、巫、临沅、温、卷、蔡阳、长社、华阳、怀、邢丘、河南、梁、修武、野王、缑氏、纶氏、安阳、曲阳、阳人、洛阳、榖城、平阴、偃师、巩、榆次、新城(2)、涂水、邬、盂、大陵、高都、长子、铜鞮、屯留、晋阳、尉氏、邘、安陆、酸枣、燕、虚、长平、雍丘、山阳、顿丘、濮阳、长垣、邺、云中、善无、云阳、番吾、狼孟、丽邑、平阳、杨氏、京、路、涉、端氏、新城(1)、新郑、阳翟、修鱼、申阴、格氏、邯郸、甄、鄗、安平、苦陉、南行唐、防陵、武垣、元氏、上原、邢、韩皋、柏人、平原、富昌、武平、埒、栾、蓟、沮阳、渔阳、无终、阳乐、令支、昌城、大梁、新郪、砀、睢阳、襄邑、鲁阳、武堵、中牟、泫氏、济阳、瀧阴、上蔡、单父、共、宅阳、梧、虒、涞、陶、寿春、平舆、寝、沛、相、鲁、莒、薛、湖阳、苦、期思、郗、阴、息、武城(1)、随、陈、广陵、居巢、下蔡、钟离、汝阳、兰陵、今、尚、繁丘、喜、莱陵、正阳、中阳、泥阳、鄝、叡陵、株阳、夷阳、鬲、阳陵、新都、州、専阳、临湘、罗

续 表

公元前	齐		韩		赵		魏		燕		楚		秦	
	县数	县名	县数	县名	县数	县名	县数	县名	县数	县名	县数	县名	县数	县名
222	16	临淄、安平、即墨、阿、南武城、狐氏、蒙、聊城、高唐、夜、盖?、平陆?、平陵?、甬?、安阳?、阳都?											241	上邽、下邽、冀、杜、虢、郑、魏城、临晋、庞戏城、频阳、雍、籍姑、重泉、栎阳、蒲、蓝田、善明氏、洛阴、庞、夏阳、高陵、斄、美阳、武功、咸阳、武城(2)、商、合阳、宁秦、陕、蒲子、漆垣、高奴、义渠、南郑、卢氏、朐衍、江洲、鱼复、阆中、湔氏、成都、郫城、临邛、乌氏、宜阳、郿、析、襄城、广衍、洛都、定阳、肤施、宛、叶、武遂、皋落、垣、蒲阪、皮氏、梗阳、安邑、绛、兹氏、离石、蔺、石邑、祁、上庸、狄道、邓、鄢、穰、筑、枳、郢、竟陵、平丘、仁、巫、临沅、温、卷、蔡阳、长社、华阳、怀、邢丘、河南、梁、修武、野王、缑氏、纶氏、安阳、曲阳、阳人、洛阳、穀城、平阴、偃师、巩、榆次、新城(2)、涂水、邬、盂、大陵、高都、长子、铜鞮、屯留、晋阳、尉氏、邘、安陆、酸枣、燕、虚、长平、雍丘、山阳、顿丘、濮阳、长垣、鄴、云中、善无、云阳、番吾、狼孟、丽邑、平阳、杨氏、京、路、涉、端氏、新城(1)、新郑、阳翟、修鱼、申阴、格氏、邯郸、甄、鄗、安平、苦陉、南行唐、防陵、武垣、元氏、上原、邢、韩皋、柏人、平原、富昌、武平、埒、栾、蓟、沮阳、渔阳、无终、阳乐、令支、昌城、大梁、新鄵、砀、睢阳、襄邑、鲁阳、武堵、中牟、泫氏、济阳、瀸阴、上蔡、单父、共、宅阳、梧、虒、涑、陶、寿春、平舆、寝、沛、相、鲁、莒、薛、湖阳、苦、期思、都、阴、息、武城(1)、随、陈、广陵、居巢、下蔡、钟离、汝阳、兰陵、今、尚、繁丘、喜、羕陵、正阳、中阳、泥阳、鄝、䣜陵、株阳、夷阳、鬲、阳陵、新都、州、専阳、临湘、罗、代、平邑、襄平、吴、朱方(后改称丹徒)、迁陵、酉阳、益阳、零阳、孱陵、索

2. 战国时期主要诸侯国属郡沿革表

说明：

本表中诸侯国郡名所系年代表明该郡在当年或始置，或至迟在该年已置（以？表示），或在该年已存，或至迟在该年已存（以？表示），且在该年年底见在。

公元前	韩郡	赵郡	魏郡	燕郡	楚郡	秦郡
451	上党					
395	上党		西河(河西)?、上郡			
385	上党		西河(河西)、上郡		南阳?	
361	上党		西河(河西)、上郡		南阳、汉中？黔中?	
330	上党		上郡		南阳、汉中、黔中	
328	上党		河东		南阳、汉中、黔中	上郡

续　表

公元前	韩　郡	赵　郡	魏　郡	燕　郡	楚　郡	秦　郡
319	上党	安平?	河东		南阳、汉中、黔中	上郡
314	上党	安平	河东		南阳、汉中、黔中	上郡、蜀郡、巴郡
313	上党、三川?	安平	河东		南阳、汉中、黔中	上郡、蜀郡、巴郡
312	上党、三川	安平	河东		南阳、黔中	上郡、蜀郡、巴郡、汉中
307	上党、三川	安平、代?	河东		南阳、黔中	上郡、蜀郡、巴郡、汉中
306	上党、三川	安平、代	河东		南阳、黔中、江东?	上郡、蜀郡、巴郡、汉中
302	上党、三川	安平、代、九原(后为匈奴所据)?	河东		南阳、黔中、江东	上郡、蜀郡、巴郡、汉中
301	上党、三川	安平、代	河东		南阳、黔中、江东、上蔡? 新城?	上郡、蜀郡、巴郡、汉中
300	上党、三川	安平、代	河东		南阳、黔中、江东	上郡、蜀郡、巴郡、汉中
299	上党、三川	安平、代、云中?	河东		南阳、黔中、江东	上郡、蜀郡、巴郡、汉中
298	上党、三川	安平、代、云中、雁门?	河东		南阳、黔中、江东	上郡、蜀郡、巴郡、汉中
297	上党、三川	安平、代、云中、雁门	河东		南阳、黔中、江东、巫郡?	上郡、蜀郡、巴郡、汉中
286	上党、三川	安平、代、云中、雁门			南阳、黔中、江东、巫郡	上郡、蜀郡、巴郡、汉中、河东
284	上党、三川	安平、代、云中、雁门	大宋?、方与?		南阳、黔中、江东、巫郡	上郡、蜀郡、巴郡、汉中、河东
280	上党、三川	安平、代、云中、雁门	大宋、方与	上谷?、渔阳?、右北平?、辽西?、辽东?	南阳、江东、巫郡	上郡、蜀郡、巴郡、汉中、河东、陇西、黔中
279	上党、三川	安平、代、云中、雁门	大宋、方与、上蔡?	上谷、渔阳、右北平、辽西、辽东	南阳、江东、巫郡	上郡、蜀郡、巴郡、汉中、河东、陇西、黔中
278	上党、三川	安平、代、云中、雁门	大宋、方与、上蔡	上谷、渔阳、右北平、辽西、辽东	南阳、江东、黔中?、巫郡	上郡、蜀郡、巴郡、汉中、河东、陇西、南郡
277	上党、三川	安平、代、云中、雁门	大宋、方与、上蔡	上谷、渔阳、右北平、辽西、辽东	南阳、江东	上郡、蜀郡、巴郡、汉中、河东、陇西、南郡、黔中
276	上党、三川	安平、代、云中、雁门	大宋、方与、上蔡	上谷、渔阳、右北平、辽西、辽东	南阳、江东、黔中(江南)	上郡、蜀郡、巴郡、汉中、河东、陇西、南郡
272	上党、三川	安平、代、云中、雁门	大宋、方与、上蔡	上谷、渔阳、右北平、辽西、辽东	江东、黔中(江南)	上郡、蜀郡、巴郡、汉中、河东、陇西、南郡、南阳
271	上党、三川	安平、代、云中、雁门	大宋、方与、上蔡	上谷、渔阳、右北平、辽西、辽东	江东、黔中(江南)	上郡、蜀郡、巴郡、汉中、河东、陇西、南郡、南阳、北地
265	上党、三川	安平、代、云中、雁门	大宋、方与、上蔡	上谷、渔阳、右北平、辽西、辽东	江东、黔中(江南)	上郡、蜀郡、巴郡、汉中、河东、陇西、南郡、南阳、北地、陶郡?
262	三川	安平、代、云中、雁门、上党	大宋、方与、上蔡	上谷、渔阳、右北平、辽西、辽东	江东、黔中(江南)	上郡、蜀郡、巴郡、汉中、河东、陇西、南郡、南阳、北地、陶郡
260	三川	安平、代、云中、雁门、上党、太原?	大宋、方与、上蔡	上谷、渔阳、右北平、辽西、辽东	江东、黔中(江南)	上郡、蜀郡、巴郡、汉中、河东、陇西、南郡、南阳、北地、陶郡
259	三川	安平、代、云中、雁门	大宋、方与、上蔡	上谷、渔阳、右北平、辽西、辽东	江东、黔中(江南)	上郡、蜀郡、巴郡、汉中、河东、陇西、南郡、南阳、北地、陶郡、太原、上党
250	上党?	安平、代、云中、雁门	大宋、方与、上蔡	上谷、渔阳、右北平、辽西、辽东	黔中(江南)、江东(为春申君封域,又称吴)、淮北	上郡、蜀郡、巴郡、汉中、河东、陇西、南郡、南阳、北地、太原、三川

续 表

公元前	韩 郡	赵 郡	魏 郡	燕 郡	楚 郡	秦 郡
248	上党?	安平、代、云中、雁门	大宋、方与、上蔡	上谷、渔阳、右北平、辽西、辽东	黔中(江南)、淮北	上郡、蜀郡、巴郡、汉中、河东、陇西、南郡、南阳、北地、陶郡、太原、三川
247		安平、代、云中、雁门	大宋、方与、上蔡	上谷、渔阳、右北平、辽西、辽东	黔中(江南)、淮北	上郡、蜀郡、巴郡、汉中、河东、陇西、南郡、南阳、北地、陶郡、太原、三川、上党
243		安平、代、云中、雁门	大宋、方与、上蔡	上谷、渔阳、右北平、辽西、辽东	黔中(江南)、淮北	上郡、蜀郡、巴郡、汉中、河东、陇西、南郡、南阳、北地、太原、三川、上党
242		安平、代、云中、雁门	大宋、方与、上蔡	上谷、渔阳、右北平、辽西、辽东	黔中(江南)、淮北	上郡、蜀郡、巴郡、汉中、河东、陇西、南郡、南阳、北地、太原、三川、上党
237		安平、代、云中、雁门	大宋、方与、上蔡	上谷、渔阳、右北平、辽西、辽东	黔中(江南)、淮北、江东(重置)?	上郡、蜀郡、巴郡、汉中、河东、陇西、南郡、南阳、北地、太原、三川、上党
236		安平、代、云中、雁门	大宋、方与、上蔡	上谷、渔阳、右北平、辽西、辽东	黔中(江南)、淮北、江东	上郡、蜀郡、巴郡、汉中、河东、陇西、南郡、南阳、北地、太原、三川、上党、东郡
234		安平、代	大宋、方与、上蔡	上谷、渔阳、右北平、辽西、辽东	黔中(江南)、淮北、江东	上郡、蜀郡、巴郡、汉中、河东、陇西、南郡、南阳、北地、太原、三川、上党、东郡、云中、雁门?
230		安平、代	大宋、方与、上蔡	上谷、渔阳、右北平、辽西、辽东	黔中(江南)、淮北、江东	上郡、蜀郡、巴郡、汉中、河东、陇西、南郡、南阳、北地、太原、三川、上党、东郡、云中、雁门、颍川
229		代	大宋、方与、上蔡	上谷、渔阳、右北平、辽西、辽东	黔中(江南)、淮北、江东	上郡、蜀郡、巴郡、汉中、河东、陇西、南郡、南阳、北地、太原、三川、上党、东郡、云中、雁门、颍川
228		代	大宋、方与、上蔡	上谷、渔阳、右北平、辽西、辽东	黔中(江南)、淮北、江东	上郡、蜀郡、巴郡、汉中、河东、陇西、南郡、南阳、北地、太原、三川、上党、东郡、云中、雁门、颍川、赵郡
226		代	大宋、方与、上蔡	辽东	黔中(江南)、淮北、江东	上郡、蜀郡、巴郡、汉中、河东、陇西、南郡、南阳、北地、太原、三川、上党、东郡、云中、雁门、颍川、赵郡、广阳、上谷、渔阳、右北平、辽西
225		代		辽东	黔中(江南)、淮北、江东、洞庭?、苍梧?	上郡、蜀郡、巴郡、汉中、河东、陇西、南郡、南阳、北地、太原、三川、上党、东郡、云中、雁门、颍川、赵郡、广阳、上谷、渔阳、右北平、辽西、砀郡
224		代		辽东		上郡、蜀郡、巴郡、汉中、河东、陇西、南郡、南阳、北地、太原、三川、上党、东郡、云中、雁门、颍川、赵郡、广阳、上谷、渔阳、右北平、辽西、砀郡、泗水、薛郡
223		代		辽东		上郡、蜀郡、巴郡、汉中、河东、陇西、南郡、南阳、北地、太原、三川、上党、东郡、云中、雁门、颍川、赵郡、广阳、上谷、渔阳、右北平、辽西、砀郡、泗水、薛郡、九江
222						上郡、蜀郡、巴郡、汉中、河东、陇西、南郡、南阳、北地、太原、三川、上党、东郡、云中、雁门、颍川、赵郡、广阳、上谷、渔阳、右北平、辽西、砀郡、泗水、薛郡、九江、会稽、代、辽东、洞庭、苍梧

3. 战国时期主要诸侯国疆域变迁表

说明：

（一）本表中诸侯国所辖地名所系年代表明该地名或在该年已存，或至迟在该年已存、或约在该年别属、或约在该年来属（以？表示）。

（二）表中相同地名，采用在地名首次出现时加注数字与今地，且在该地名随后出现时也加注相同数字的方法，以示与其他同名地名的区别。如平阳(1)（今河南滑县南）、平阳(1)……；平阳(2)（今山西临汾市西南）、平阳(2)……；平阳(3)（今河北磁县东南）、平阳(3)……。

（三）战国时期诸侯国疆域变化十分频繁，因此，表中诸侯国东、南、西、北各境所归入的地名仅是一种大致的划分，而非精确的地域表述，其主要目的是将诸侯国的疆域作一动态表述。

（四）因版面所限，本表析为两个子表（表3－1和表3－2）分别排印。

表 3－1

公元前	齐		魏								鲁	卫	郑	宋	晋	周	韩			
			西部区域（主要指魏河西、河东地区）				东部区域（指魏河内及黄河以南的地区）													
	东境、南境	西境	西境	北境	东境	南境	西境	北境	东境	南境							西境	南境	东境	北境
415	即墨、廪丘、平阴、平陆、桑丘(1)（今山东济宁市兖州区西）、甄(鄄)、阳关、薛、刚、寿、阳晋(1)（今山东郓城县西）	灵丘、阿、博陵、聊城、薛陵、高唐、马陵(1)（今山东范县西南）、麦丘、昌城、饶安	少梁、洛阴、合阳、庞、阴晋、武下、武堵、固阳、雕阴、汾阴、皮氏、漆垣	榆次、阳邑、蒲子、平周	垣	阳狐、安邑、陕、岸门、焦、曲沃(2)（今河南陕县西南）、蒲阪、阳晋(2)（今山西永济市虞乡西）、封陵、吴	酸枣、鹿、卷、蔡、长社、中阳(1)（今河南郑州市东南）、新垣、曲阳、安城、温、修武（南阳）、高都、山阳、衍、葵	邺、棘蒲、黄城、繁阳、伯阳、几、防陵、安阳、宁新中、汲、燕、虚、朝歌	襄陵、观、平阳(1)（今河南滑县南）、煮枣、蒲阳、晹、有诡、仁、小黄	襄城、大梁、启封、长平(1)（今河南西华县东北）	都、郕、最、单父、曲阜、费、兰陵、南武城	濮阳、毋丘、刚平、漆、富丘	郑、雍丘、京、阳城、鄢、雍氏	睢阳、彭城、济阳、仪台、方与、留、铚、胡陵、砀、萧、相、承匡、陶、蒙	绛、曲沃(1)	河南、洛阳、穀城、平阴、偃师、巩、缑氏、陵观、高都、利	宜阳、卢氏、石章、武遂、皋落	阳翟、负黍、马陵(2)（今河南新郑市东南）、纶氏、新城(1)（今河南伊川县西南）、伊阙、宛、鲁关、华阳(1)（今河南新郑市北）	邢丘、黄池、朱、平丘、户牖、首垣、轵、鳖、修鱼、垣雍、阳、向、注人、少曲、野王、城皋、荥阳	平阳(2)（今山西临汾市西南）、杨氏、陉城、涅、长子、屯留、铜鞮、端氏、路、涉、武始
413	即墨、廪丘、平阴、平陆、桑丘(1)、甄、阳关、薛、刚、寿、阳晋(1)、都	灵丘、阿、博陵、聊城、薛陵、高唐、马陵(1)、麦丘、昌城、饶安	少梁、洛阴、合阳、庞、阴晋、武下、武堵、固阳、雕阴、汾阴、皮氏、漆垣	榆次、阳邑、蒲子、平周	垣	阳狐、安邑、陕、岸门、焦、曲沃(2)、蒲阪、阳晋(2)、封陵、吴	酸枣、鹿、卷、蔡、长社、中阳(1)、新垣、曲阳、安城、温、修武、高都、山阳、衍、葵	邺、棘蒲、黄城、繁阳、伯阳、几、防陵、安阳、宁新中、汲、燕、虚、朝歌	襄陵、观、平阳(1)、煮枣、蒲阳、晹、有诡、仁、小黄	襄城、大梁、启封、长平(1)	都、郕、最、单父、曲阜、费、兰陵、南武城	濮阳、毋丘、刚平、漆、富丘	郑、雍丘、京、阳城、鄢、雍氏	睢阳、彭城、济阳、仪台、方与、留、铚、胡陵、砀、萧、相、承匡、陶、蒙	绛、曲沃(1)	河南、洛阳、穀城、平阴、偃师、巩、缑氏、陵观、高都、利	宜阳、卢氏、石章、武遂、皋落	阳翟、负黍、马陵(2)、纶氏、新城(1)、伊阙、宛、鲁关、华阳(1)	邢丘、黄池、朱、平丘、户牖、首垣、轵、鳖、修鱼、垣雍、阳、向、注人、少曲、野王、城皋、荥阳	平阳(2)、杨氏、陉城、涅、长子、屯留、铜鞮、端氏、路、涉、武始

续 表

公元前	齐		魏								鲁	卫	郑	宋	晋	周	韩			
			西部区域(主要指魏河西、河东地区)				东部区域(指魏河内及黄河以南的地区)													
	东境、南境	西境	西境	北境	东境	南境	西境	北境	东境	南境							西境	南境	东境	北境
412	即墨、廪丘、平阴、平陆、桑丘(1)、甄、阳关、薛、刚、寿、阳晋(1)、都	灵丘、阿、博陵、聊城、薛陵、高唐、马陵(1)、麦丘、昌城、饶安	少梁、洛阴、合阳、庞、阴晋、武下、武堵、固阳、雕阴、汾阴、皮氏、漆垣、临晋、元里	榆次、阳邑、蒲子、平周	垣	阳狐、安邑、陕、岸门、焦、曲沃(2)、蒲阪、阳晋(2)、封陵、吴	酸枣、鹿、卷、蔡、长社、中阳(1)、新垣、曲阳、安城、温、修武、高都、山阳、衍、葵	邺、棘蒲、黄城、繁阳、伯阳、几、防陵、安阳、宁新中、汲、燕、虚、朝歌	襄陵、观、平阳(1)、煮枣、蒲阳、暘、有诡、仁、小黄	襄城、大梁、启封、长平(1)	郕、最、单父、曲阜、费、兰陵、南武城	濮阳、毋丘、刚平、漆、富丘	郑、雍丘、京、阳城、鄢、雍氏	睢阳、彭城、济阳、仪台、方与、留、铚、胡陵、砀、萧、相、承匡、陶、蒙	绛、曲沃(1)	河南、洛阳、穀城、平阴、偃师、巩、缑氏、陵观、高都、利	宜阳、卢氏、石章、武遂、皋落	阳翟、负黍、马陵(2)、纶氏、新城(1)、伊阙、宛、鲁关、华阳(1)	邢丘、黄池、朱、平丘、户牖、首垣、轵、鳌、修鱼、垣雍、阳、向、注人、少曲、野王、城皋、荥阳	平阳(2)、杨氏、陉城、涅、长子、屯留、铜鞮、端氏、路、涉、武始
410	即墨、廪丘、平阴、平陆、桑丘(1)、甄、阳关、薛、刚、寿、阳晋(1)、都、郕	灵丘、阿、博陵、聊城、薛陵、高唐、马陵(1)、麦丘、昌城、饶安	少梁、洛阴、合阳、庞、阴晋、武下、武堵、固阳、雕阴、汾阴、皮氏、漆垣、临晋、元里	榆次、阳邑、蒲子、平周	垣	阳狐、安邑、陕、岸门、焦、曲沃(2)、蒲阪、阳晋(2)、封陵、吴	酸枣、鹿、卷、蔡、长社、中阳(1)、新垣、曲阳、安城、温、修武、高都、山阳、衍、葵	邺、棘蒲、黄城、繁阳、伯阳、几、防陵、安阳、宁新中、汲、燕、虚、朝歌	襄陵、观、平阳(1)、煮枣、蒲阳、暘、有诡、仁、小黄	襄城、大梁、启封、长平(1)	最、单父、曲阜、费、兰陵、南武城	濮阳、毋丘、刚平、漆、富丘	郑、雍丘、京、阳城、鄢、雍氏	睢阳、彭城、济阳、仪台、方与、留、铚、胡陵、砀、萧、相、承匡、陶、蒙	绛、曲沃(1)	河南、洛阳、穀城、平阴、偃师、巩、缑氏、陵观、高都、利	宜阳、卢氏、石章、武遂、皋落	阳翟、负黍、马陵(2)、纶氏、新城(1)、伊阙、宛、鲁关、华阳(1)	邢丘、黄池、朱、平丘、户牖、首垣、轵、鳌、修鱼、垣雍、阳、向、注人、少曲、野王、城皋、荥阳	平阳(2)、杨氏、陉城、涅、长子、屯留、铜鞮、端氏、路、涉、武始
409	即墨、廪丘、平阴、平陆、桑丘(1)、甄、阳关、薛、刚、寿、阳晋(1)、都、郕、毌丘	灵丘、阿、博陵、聊城、薛陵、高唐、马陵(1)、麦丘、昌城、饶安	少梁、洛阴、合阳、庞、阴晋、武下、武堵、固阳、雕阴、汾阴、皮氏、漆垣、临晋、元里	榆次、阳邑、蒲子、平周	垣	阳狐、安邑、陕、岸门、焦、曲沃(2)、蒲阪、阳晋(2)、封陵、吴	酸枣、鹿、卷、蔡、长社、中阳(1)、新垣、曲阳、安城、温、修武、高都、山阳、衍、葵	邺、棘蒲、黄城、繁阳、伯阳、几、防陵、安阳、宁新中、汲、燕、虚、朝歌	襄陵、观、平阳(1)、煮枣、蒲阳、暘、有诡、仁、小黄	襄城、大梁、启封、长平(1)	最、单父、曲阜、费、兰陵、南武城	濮阳、刚平、漆、富丘	郑、京、阳城、鄢、雍氏	睢阳、彭城、济阳、仪台、方与、留、铚、胡陵、砀、萧、相、承匡、陶、蒙	绛、曲沃(1)	河南、洛阳、穀城、平阴、偃师、巩、缑氏、陵观、高都、利	宜阳、卢氏、石章、武遂、皋落	阳翟、负黍、马陵(2)、纶氏、新城(1)、伊阙、宛、鲁关、华阳(1)	邢丘、黄池、朱、平丘、户牖、首垣、轵、鳌、修鱼、垣雍、阳、向、注人、少曲、野王、雍丘、城皋、荥阳	平阳(2)、杨氏、陉城、涅、长子、屯留、铜鞮、端氏、路、涉、武始
407	即墨、廪丘、平阴、平陆、桑丘(1)、甄、阳关、薛、刚、寿、阳晋(1)、都、郕、毌丘	灵丘、阿、博陵、聊城、薛陵、高唐、马陵(1)、麦丘、昌城、饶安	少梁、洛阴、合阳、庞、阴晋、武下、武堵、固阳、雕阴、汾阴、皮氏、漆垣、临晋、元里	榆次、阳邑、蒲子、平周	垣	阳狐、安邑、陕、岸门、焦、曲沃(2)、蒲阪、阳晋(2)、封陵、吴	酸枣、鹿、卷、蔡、长社、中阳(1)、新垣、曲阳、安城、温、修武、高都、山阳、衍、葵	邺、棘蒲、黄城、繁阳、伯阳、几、防陵、安阳、宁新中、汲、燕、虚、朝歌	襄陵、观、平阳(1)、煮枣、蒲阳、暘、有诡、仁、小黄	襄城、大梁、启封、长平(1)	最、单父、曲阜、费、兰陵、南武城	濮阳、刚平、漆、富丘	郑、京、阳城、鄢、雍氏、负黍(部分)	睢阳、彭城、济阳、仪台、方与、留、铚、胡陵、砀、萧、相、承匡、陶、蒙	绛、曲沃(1)	河南、洛阳、穀城、平阴、偃师、巩、缑氏、陵观、高都、利	宜阳、卢氏、石章、武遂、皋落	阳翟、负黍(部分)、马陵(2)、纶氏、新城(1)、伊阙、宛、鲁关、华阳(1)	邢丘、黄池、朱、平丘、户牖、首垣、轵、鳌、修鱼、垣雍、阳、向、注人、少曲、野王、雍丘、城皋、荥阳	平阳(2)、杨氏、陉城、涅、长子、屯留、铜鞮、端氏、路、涉、武始

续表

公元前	齐		魏								鲁	卫	郑	宋	晋	周	韩			
			西部区域(主要指魏河西、河东地区)				东部区域(指魏河内及黄河以南的地区)													
	东境、南境	西境	西境	北境	东境	南境	西境	北境	东境	南境							西境	南境	东境	北境
406	即墨、廪丘、平阴、平陆、桑丘(1)、甄、阳关、薛、刚、寿、阳晋(1)、都、郕、毌丘	灵丘、阿、博陵、聊城、薛陵、高唐、马陵(1)、麦丘、昌城、饶安	少梁、洛阴、合阳、庞、阴晋、武下、武堵、固阳、雕阴、汾阴、皮氏、漆垣、临晋、元里	榆次、阳邑、蒲子、平周	垣	阳狐、安邑、陕、岸门、焦、曲沃(2)、蒲阪、阳晋(2)、封陵、吴	酸枣、鹿、卷、蔡、长社、中阳(1)、新垣、曲阳、安城、温、修武、高都、山阳、衍、葵	邺、棘蒲、黄城、繁阳、伯阳、几、防陵、安阳、宁新中、汲、燕、虚、朝歌、中山国属地	襄陵、观、平阳(1)、煮枣、蒲阳、暘、有诡、仁、小黄	襄城、大梁、启封、长平(1)	最、单父、曲阜、费、兰陵、南武城	濮阳、刚平、漆、富丘	郑、京、阳城、鄢、雍氏、负黍(部分)	睢阳、彭城、济阳、仪台、方与、留、铚、胡陵、砀、萧、相、承匡、陶、蒙	绛、曲沃(1)	河南、洛阳、穀城、平阴、偃师、巩、缑氏、陵观、高都、利	宜阳、卢氏、石章、武遂、皋落	阳翟、负黍(部分)、马陵(2)、纶氏、新城(1)、伊阙、宛、鲁关、华阳(1)	邢丘、黄池、朱、平丘、户牖、首垣、轵、鳌、修鱼、垣雍、阳、向、注人、少曲、野王、雍丘、城皋、荥阳	平阳(2)、杨氏、陉城、涅、长子、屯留、铜鞮、端氏、路、涉、武始
404	即墨、廪丘、平阴、平陆、桑丘(1)、甄、阳关、薛、刚、寿、阳晋(1)、都、郕、毌丘	灵丘、阿、博陵、聊城、薛陵、高唐、马陵(1)、麦丘、昌城、饶安	少梁、洛阴、合阳、庞、阴晋、武下、武堵、固阳、雕阴、汾阴、皮氏、漆垣、临晋、元里	榆次、阳邑、蒲子、平周	垣	安邑、陕、岸门、焦、曲沃(2)、蒲阪、阳晋(2)、封陵、吴	酸枣、鹿、卷、蔡、长社、中阳(1)、新垣、曲阳、安城、温、修武、高都、山阳、衍、葵	邺、棘蒲、黄城、繁阳、伯阳、几、防陵、安阳、宁新中、汲、燕、虚、朝歌、中山国属地	襄陵、观、平阳(1)、煮枣、蒲阳、暘、有诡、仁、小黄	襄城、大梁、启封、长平(1)	最、单父、曲阜、费、兰陵、南武城	濮阳、刚平、漆、富丘	郑、京、阳城、鄢、雍氏、负黍(部分)	睢阳、彭城、济阳、仪台、方与、留、铚、胡陵、砀、萧、相、承匡、陶、蒙	绛、曲沃(1)	河南、洛阳、穀城、平阴、偃师、巩、缑氏、陵观、高都、利	宜阳、卢氏、石章、武遂、皋落	阳翟、负黍(部分)、马陵(2)、纶氏、新城(1)、伊阙、宛、鲁关、华阳(1)	邢丘、黄池、朱、平丘、户牖、首垣、轵、鳌、修鱼、垣雍、阳、向、注人、少曲、野王、雍丘、城皋、荥阳	平阳(2)、杨氏、陉城、涅、长子、屯留、铜鞮、端氏、路、涉、武始
403	即墨、廪丘、平阴、平陆、桑丘(1)、甄、阳关、薛、刚、寿、阳晋(1)、都、郕、毌丘	灵丘、阿、博陵、聊城、薛陵、高唐、马陵(1)、麦丘、昌城、饶安	少梁、洛阴、合阳、庞、阴晋、武下、武堵、固阳、雕阴、汾阴、皮氏、漆垣、临晋、元里	榆次、阳邑、蒲子、平周	垣	安邑、陕、岸门、焦、曲沃(2)、蒲阪、阳晋(2)、封陵、吴	酸枣、鹿、卷、蔡、长社、中阳(1)、新垣、曲阳、安城、温、修武、高都、山阳、衍、葵	邺、棘蒲、黄城、繁阳、伯阳、几、防陵、安阳、宁新中、汲、燕、虚、朝歌、中山国属地	襄陵、观、平阳(1)、煮枣、蒲阳、暘、有诡、仁、小黄	襄城、大梁、启封、长平(1)	最、单父、曲阜、费、兰陵、南武城	濮阳、刚平、漆、富丘	郑、京、阳城、鄢陵、负黍(部分)、榆关	睢阳、彭城、济阳、仪台、方与、留、铚、胡陵、砀、萧、相、承匡、陶、蒙	绛、曲沃(1)	河南、洛阳、穀城、平阴、偃师、巩、缑氏、陵观、高都、利	宜阳、卢氏、石章、武遂、皋落	阳翟、负黍(部分)、马陵(2)、纶氏、新城(1)、伊阙、宛、鲁关、华阳(1)	邢丘、黄池、朱、平丘、户牖、首垣、轵、鳌、修鱼、垣雍、阳、向、注人、少曲、野王、雍丘、城皋、荥阳	平阳(2)、杨氏、陉城、涅、长子、屯留、铜鞮、端氏、路、涉、武始
398	即墨、廪丘、平阴、平陆、桑丘(1)、甄、阳关、薛、刚、寿、阳晋(1)、都、郕、毌丘、襄陵	灵丘、阿、博陵、聊城、薛陵、高唐、马陵(1)、麦丘、昌城、饶安	少梁、洛阴、合阳、庞、阴晋、武下、武堵、陕、固阳、雕阴、汾阴、皮氏、漆垣、临晋、元里	榆次、阳邑、蒲子、平周	垣	安邑、陕、岸门、焦、曲沃(2)、蒲阪、阳晋(2)、封陵、吴	酸枣、鹿、卷、蔡、长社、中阳(1)、新垣、曲阳、安城、温、修武、高都、山阳、衍、葵	邺、棘蒲、黄城、繁阳、伯阳、几、防陵、安阳、宁新中、汲、燕、虚、朝歌、中山国属地	观、平阳(1)、煮枣、蒲阳、暘、有诡、仁、小黄、承匡?	襄城、大梁、启封、长平(1)	最、单父、曲阜、费、兰陵、南武城	濮阳、刚平、漆、富丘	郑、京、阳城、鄢、雍氏、负黍(部分)、榆关	睢阳、彭城、济阳、仪台、方与、留、铚、胡陵、砀、萧、相、陶、蒙	绛、曲沃(1)	河南、洛阳、穀城、平阴、偃师、巩、缑氏、陵观、高都、利	宜阳、卢氏、石章、武遂、皋落	阳翟、负黍(部分)、马陵(2)、纶氏、新城(1)、伊阙、宛、鲁关、华阳(1)	邢丘、黄池、朱、平丘、户牖、首垣、轵、鳌、修鱼、垣雍、阳、向、注人、少曲、野王、雍丘、城皋、荥阳	平阳(2)、杨氏、陉城、涅、长子、屯留、铜鞮、端氏、路、涉、武始

续 表

公元前	齐		魏								鲁	卫	郑	宋	晋	周	韩			
			西部区域(主要指魏河西、河东地区)				东部区域(指魏河内及黄河以南的地区)													
	东境、南境	西境	西境	北境	东境	南境	西境	北境	东境	南境							西境	南境	东境	北境
397	即墨、廪丘、平阴、平陆、桑丘(1)、甄、阳关、薛、刚、寿、阳晋(1)、鄣、郕、毋丘、襄陵	灵丘、阿、博陵、聊城、薛陵、高唐、马陵(1)、麦丘、昌城、饶安	少梁、洛阴、合阳、庞、阴晋、武下、武堵、固阳、雕阴、汾阴、皮氏、漆垣、临晋、元里	榆次、阳邑、蒲子、平周	垣	安邑、陕、岸门、焦、曲沃(2)、蒲阪、阳晋(2)、封陵、吴	酸枣、鹿、卷、蔡、长社、中阳(1)、新垣、曲阳、安城、温、修武、高都、山阳、衍、葵	邺、棘蒲、黄城、繁阳、伯阳、几、防陵、安阳、宁新中、汲、燕、虚、朝歌、中山国属地	观、平阳(1)、煮枣、蒲阳、鴡、有诡、仁、小黄、承匡	襄城、大梁、启封、长平(1)	最、单父、曲阜、费、兰陵、南武城	濮阳、刚平、漆、富丘	郑、京、阳城、鄢、雍氏、负黍（部分）、榆关	睢阳、彭城、济阳、仪台、方与、留、铚、胡陵、砀、萧、相、陶、蒙	绛、曲沃(1)	河南、洛阳、穀城、平阴、偃师、巩、缑氏、陵观、高都、利	宜阳、卢氏、石章、武遂、皋落	阳翟、马陵(2)、纶氏、新城(1)、伊阙、宛、鲁关、华阳(1)	邢丘、黄池、朱、平丘、户牖、首垣、轵、鳌、修鱼、垣雍、阳、向、注人、少曲、野王、雍丘、城皋、荥阳	平阳(2)、杨氏、陉城、涅、长子、屯留、铜鞮、端氏、路、涉、武始
396	即墨、廪丘、平阴、平陆、桑丘(1)、甄、阳关、薛、刚、寿、阳晋(1)、鄣、郕、毋丘、襄陵、最	灵丘、阿、博陵、聊城、薛陵、高唐、马陵(1)、麦丘、昌城、饶安	少梁、洛阴、合阳、庞、阴晋、武下、武堵、陕、固阳、雕阴、汾阴、皮氏、漆垣、临晋、元里	榆次、阳邑、蒲子、平周	垣	安邑、陕、岸门、焦、曲沃(2)、蒲阪、阳晋(2)、封陵、吴	酸枣、鹿、卷、蔡、长社、中阳(1)、新垣、曲阳、安城、温、修武、高都、山阳、衍、葵	邺、棘蒲、黄城、繁阳、伯阳、几、防陵、安阳、宁新中、汲、燕、虚、朝歌、中山国属地	观、平阳(1)、煮枣、蒲阳、鴡、有诡、仁、小黄、承匡	襄城、大梁、启封、长平(1)	单父、曲阜、费、兰陵、南武城	濮阳、刚平、漆、富丘	郑、京、阳城、鄢、雍氏	睢阳、彭城、济阳、仪台、方与、留、铚、胡陵、砀、萧、相、陶、蒙	绛、曲沃(1)	河南、洛阳、穀城、平阴、偃师、巩、缑氏、陵观、高都、利	宜阳、卢氏、石章、武遂、皋落	阳翟、马陵(2)、纶氏、新城(1)、伊阙、宛、鲁关、华阳(1)、负黍（部分）	邢丘、黄池、朱、平丘、户牖、首垣、轵、鳌、修鱼、垣雍、阳、向、注人、少曲、野王、雍丘、城皋、荥阳	平阳(2)、杨氏、陉城、涅、长子、屯留、铜鞮、端氏、路、涉、武始
395	即墨、廪丘、平阴、平陆、桑丘(1)、甄、阳关、薛、刚、寿、阳晋(1)、鄣、郕、毋丘、襄陵、最	灵丘、阿、博陵、聊城、薛陵、高唐、马陵(1)、麦丘、昌城、饶安	少梁、洛阴、合阳、庞、阴晋、武堵、固阳、雕阴、汾阴、皮氏、漆垣、临晋、元里	榆次、阳邑、蒲子、平周	垣	安邑、陕、岸门、焦、曲沃(2)、蒲阪、阳晋(2)、封陵、吴	酸枣、鹿、卷、蔡、长社、中阳(1)、新垣、曲阳、安城、温、修武、高都、山阳、衍、葵	邺、棘蒲、黄城、繁阳、伯阳、几、防陵、安阳、宁新中、汲、燕、虚、朝歌、中山国属地	观、平阳(1)、煮枣、蒲阳、鴡、有诡、仁、小黄、承匡	襄城、大梁、启封、长平(1)	单父、曲阜、费、兰陵、南武城	濮阳、刚平、漆、富丘	郑、京、阳城、鄢、雍氏、负黍（部分）	睢阳、彭城、济阳、仪台、方与、留、铚、胡陵、砀、萧、相、陶、蒙	绛、曲沃(1)	河南、洛阳、穀城、平阴、偃师、巩、缑氏、陵观、高都、利	宜阳、卢氏、石章、武遂、皋落	阳翟、马陵(2)、纶氏、新城(1)、伊阙、宛、鲁关、华阳(1)、负黍（部分）	邢丘、黄池、朱、平丘、户牖、首垣、轵、鳌、修鱼、垣雍、阳、向、注人、少曲、野王、雍丘、城皋、荥阳	平阳(2)、杨氏、陉城、涅、长子、屯留、铜鞮、端氏、路、涉、武始
394	即墨、廪丘、平阴、平陆、桑丘(1)、甄、阳关、薛、刚、寿、阳晋(1)、鄣、郕、毋丘、襄陵、最	灵丘、阿、博陵、聊城、薛陵、高唐、马陵(1)、麦丘、昌城、饶安	少梁、洛阴、合阳、庞、阴晋、武堵、固阳、雕阴、汾阴、皮氏、漆垣、临晋、元里	榆次、阳邑、蒲子、平周	垣	安邑、陕、岸门、焦、曲沃(2)、蒲阪、阳晋(2)、封陵、吴	酸枣、鹿、卷、蔡、长社、中阳(1)、新垣、曲阳、安城、温、修武、高都、山阳、衍、葵	邺、棘蒲、黄城、繁阳、伯阳、几、防陵、安阳、宁新中、汲、燕、虚、朝歌、中山国属地	观、平阳(1)、煮枣、蒲阳、鴡、有诡、仁、小黄、承匡	襄城、大梁、启封、长平(1)	单父、曲阜、费、兰陵、南武城	濮阳、刚平、漆、富丘	郑、京、阳城、鄢、雍氏	睢阳、彭城、济阳、仪台、方与、留、铚、胡陵、砀、萧、相、陶、蒙	绛、曲沃(1)	河南、洛阳、穀城、平阴、偃师、巩、缑氏、陵观、高都、利	宜阳、卢氏、石章、武遂、皋落	阳翟、马陵(2)、纶氏、新城(1)、伊阙、宛、鲁关、华阳(1)、负黍（部分）	邢丘、黄池、朱、平丘、户牖、首垣、轵、鳌、修鱼、垣雍、阳、向、注人、少曲、野王、雍丘、城皋、荥阳	平阳(2)、杨氏、陉城、涅、长子、屯留、铜鞮、端氏、路、涉、武始

续　表

公元前	齐		魏								鲁	卫	郑	宋	晋	周	韩			
			西部区域（主要指魏河西、河东地区）				东部区域（指魏河内及黄河以南的地区）													
	东境、南境	西境	西境	北境	东境	南境	西境	北境	东境	南境							西境	南境	东境	北境
393	即墨、廪丘、平阴、平陆、桑丘(1)、甄、阳关、薛、刚、寿、阳晋(1)、都、郕、毌丘、襄陵、最	灵丘、阿、博陵、聊城、薛陵、高唐、马陵(1)、麦丘、昌城、饶安	少梁、洛阴、合阳、庞、阴晋、武堵、固阳、雕阴、汾阴、皮氏、漆垣、临晋、元里	榆次、阳邑、蒲子、平周	垣	安邑、陕、岸门、焦、曲沃(2)、蒲阪、阳晋(2)、封陵、吴	酸枣、鹿、卷、蔡、长社、中阳(1)、新垣、曲阳、安城、温、修武、高都、山阳、衍、葵	邺、棘蒲、黄城、繁阳、伯阳、几、防陵、安阳、宁新中、汲、燕、虚、朝歌、中山国属地	观、平阳(1)、煮枣、蒲阳、畼、有诡、仁、小黄、承匡	襄城、大梁、启封、长平(1)	单父、曲阜、费、兰陵、南武城	濮阳、刚平、漆、富丘	郑、京、阳城、鄢、雍氏	睢阳、彭城、济阳、仪台、方与、留、铚、胡陵、砀、萧、相、陶、蒙	绛、曲沃(1)	河南、洛阳、穀城、平阴、偃师、巩、缑氏、陵观、高都、利	宜阳、卢氏、石章、武遂、皋落	阳翟、马陵(2)、纶氏、新城(1)、伊阙、宛、鲁关、华阳(1)、负黍（部分）	邢丘、黄池、朱、平丘、户牖、首垣、轵、鳌、修鱼、垣雍、阳、向、注人、少曲、野王、雍丘、城皋、荥阳	平阳(2)、杨氏、陉城、涅、长子、屯留、铜鞮、端氏、路、涉、武始
392	即墨、廪丘、平阴、平陆、桑丘(1)、甄、阳关、薛、刚、寿、阳晋(1)、都、郕、毌丘、襄陵、最	灵丘、阿、博陵、聊城、薛陵、高唐、马陵(1)、麦丘、昌城、饶安	少梁、洛阴、合阳、庞、阴晋、武堵、固阳、雕阴、汾阴、皮氏、漆垣、临晋、元里	榆次、阳邑、蒲子、平周	垣	安邑、陕、岸门、焦、曲沃(2)、蒲阪、阳晋(2)、封陵、吴	酸枣、鹿、卷、蔡、长社、中阳(1)、新垣、曲阳、安城、温、修武、高都、山阳、衍、葵	邺、棘蒲、黄城、繁阳、伯阳、几、防陵、安阳、宁新中、汲、燕、虚、朝歌、中山国属地	观、平阳(1)、煮枣、蒲阳、畼、有诡、仁、小黄、承匡	襄城、大梁、启封、长平(1)	单父、曲阜、费、兰陵、南武城	濮阳、漆、富丘	郑、京、阳城、鄢、雍氏	睢阳、彭城、济阳、仪台、方与、留、铚、胡陵、砀、萧、相、陶、蒙	绛、曲沃(1)	河南、洛阳、穀城、平阴、偃师、巩、缑氏、陵观、高都、利	宜阳、卢氏、石章、武遂、皋落	阳翟、马陵(2)、纶氏、新城(1)、伊阙、宛、鲁关、华阳(1)、负黍（部分）	邢丘、黄池、朱、平丘、户牖、首垣、轵、鳌、修鱼、垣雍、阳、向、注人、少曲、野王、雍丘、城皋、荥阳	平阳(2)、杨氏、陉城、涅、长子、屯留、铜鞮、端氏、路、涉、武始
391	即墨、廪丘、平阴、平陆、桑丘(1)、甄、阳关、薛、刚、寿、阳晋(1)、都、郕、毌丘、襄陵、最	灵丘、阿、博陵、聊城、薛陵、高唐、马陵(1)、麦丘、昌城、饶安	少梁、洛阴、合阳、庞、阴晋、武堵、固阳、雕阴、汾阴、皮氏、漆垣、临晋、元里	榆次、阳邑、蒲子、平周	垣	安邑、陕、岸门、焦、曲沃(2)、蒲阪、阳晋(2)、封陵、吴	酸枣、鹿、卷、蔡、长社、中阳(1)、新垣、曲阳、安城、温、修武、高都、山阳、衍、葵	邺、棘蒲、黄城、繁阳、伯阳、几、防陵、安阳、宁新中、汲、燕、虚、朝歌、中山国属地	观、平阳(1)、煮枣、蒲阳、畼、有诡、仁、小黄、承匡	襄城、大梁、启封、长平(1)	单父、曲阜、费、兰陵、南武城	濮阳、刚平、漆、富丘	郑、京、阳城、鄢、雍氏	睢阳、彭城、济阳、仪台、方与、留、铚、胡陵、砀、萧、相、陶、蒙	绛、曲沃(1)	河南、洛阳、穀城、平阴、偃师、巩、缑氏、陵观、高都、利	宜阳、卢氏、石章、武遂、皋落	阳翟、马陵(2)、纶氏、新城(1)、伊阙、宛、鲁关、华阳(1)、负黍（部分）	邢丘、黄池、朱、平丘、户牖、首垣、轵、鳌、修鱼、垣雍、阳、向、注人、少曲、野王、雍丘、城皋、荥阳	平阳(2)、杨氏、陉城、涅、长子、屯留、铜鞮、端氏、路、涉、武始
390	即墨、廪丘、平阴、平陆、桑丘(1)、甄、阳关、薛、刚、寿、阳晋(1)、都、郕、毌丘、襄陵、最	灵丘、阿、博陵、聊城、薛陵、高唐、马陵(1)、麦丘、昌城、饶安	少梁、洛阴、合阳、庞、阴晋、武堵、固阳、雕阴、汾阴、皮氏、漆垣、临晋、元里	榆次、阳邑、蒲子、平周	垣	安邑、陕、岸门、焦、曲沃(2)、蒲阪、阳晋(2)、封陵、吴	酸枣、鹿、卷、蔡、长社、中阳(1)、新垣、曲阳、安城、温、修武、高都、山阳、衍、葵	邺、黄城、繁阳、伯阳、几、防陵、安阳、宁新中、汲、燕、虚、朝歌、中山国属地	观、平阳(1)、煮枣、蒲阳、畼、有诡、仁、小黄、承匡	襄城、大梁、启封、长平(1)	单父、曲阜、费、兰陵、南武城	濮阳、刚平、漆、富丘	郑、京、阳城、鄢、雍氏	睢阳、彭城、济阳、仪台、方与、留、铚、胡陵、砀、萧、相、陶、蒙	绛、曲沃(1)	河南、洛阳、穀城、平阴、偃师、巩、缑氏、陵观、高都、利	宜阳、卢氏、石章、武遂、皋落	阳翟、马陵(2)、纶氏、新城(1)、伊阙、宛、鲁关、华阳(1)、负黍（部分）	邢丘、黄池、朱、平丘、户牖、首垣、轵、鳌、修鱼、垣雍、阳、向、注人、少曲、野王、雍丘、城皋、荥阳	平阳(2)、杨氏、陉城、涅、长子、屯留、铜鞮、端氏、路、涉、武始

续 表

公元前	齐		魏								鲁	卫	郑	宋	晋	周	韩			
			西部区域(主要指魏河西、河东地区)				东部区域(指魏河内及黄河以南的地区)													
	东境、南境	西境	西境	北境	东境	南境	西境	北境	东境	南境							西境	南境	东境	北境
388	即墨、廪丘、平阴、平陆、桑丘(1)、甄、阳关、薛、刚、寿、阳晋(1)、都、郕、毌丘、襄陵、最	灵丘、阿、博陵、聊城、薛陵、高唐、马陵(1)、麦丘、昌城、饶安	少梁、洛阴、合阳、庞、阴晋、武堵、固阳、雕阴、汾阴、皮氏、漆垣、临晋、元里	榆次、阳邑、蒲子、平周	垣	安邑、陕、岸门、焦、曲沃(2)、蒲阪、阳晋(2)、封陵、吴	酸枣、鹿、卷、蔡、长社、中阳(1)、新垣、曲阳、安城、温、修武、高都、山阳、衍、葵	邺、繁阳、伯阳、几、防陵、安阳、宁新中、汲、燕、虚、朝歌、中山国属地	观、平阳(1)、煮枣、蒲阳、睗、有诡、仁、小黄、承匡	襄城、大梁、启封、长平(1)	单父、曲阜、费、兰陵、南武城	濮阳、刚平、漆、富丘	郑、京、阳城、鄢、雍氏	睢阳、彭城、济阳、仪台、方与、留、铚、胡陵、砀、萧、相、陶、蒙	绛、曲沃(1)	河南、洛阳、穀城、平阴、偃师、巩、缑氏、陵观、高都、利	宜阳、卢氏、石章、武遂、皋落	阳翟、马陵(2)、纶氏、新城(1)、伊阙、宛、鲁关、华阳(1)、负黍(部分)	邢丘、黄池、朱、平丘、户牖、首垣、轵、鳌、修鱼、垣雍、阳、向、注人、少曲、野王、雍丘、城皋、荥阳	平阳(2)、杨氏、陉城、涅、长子、屯留、铜鞮、端氏、路、涉、武始
387	即墨、廪丘、平阴、平陆、桑丘(1)、甄、阳关、薛、刚、寿、阳晋(1)、都、郕、毌丘、襄陵、最	灵丘、阿、博陵、聊城、薛陵、高唐、马陵(1)、麦丘、昌城、饶安	少梁、洛阴、合阳、庞、阴晋、武堵、固阳、雕阴、汾阴、皮氏、漆垣、临晋、元里	榆次、阳邑、蒲子、平周	垣	安邑、陕、岸门、焦、曲沃(2)、蒲阪、阳晋(2)、封陵、吴	酸枣、鹿、卷、蔡、长社、中阳(1)、新垣、曲阳、安城、温、修武、高都、山阳、衍、葵	邺、繁阳、伯阳、几、防陵、安阳、宁新中、汲、燕、虚、朝歌、中山国属地、黄城?	观、平阳(1)、煮枣、蒲阳、睗、有诡、仁、小黄、承匡	襄城、大梁、启封、长平(1)	单父、曲阜、费、兰陵、南武城	濮阳、刚平、漆、富丘	郑、京、阳城、鄢、雍氏	睢阳、彭城、济阳、仪台、方与、留、铚、胡陵、砀、萧、相、陶、蒙	绛、曲沃(1)	河南、洛阳、穀城、平阴、偃师、巩、缑氏、陵观、高都、利	宜阳、卢氏、石章、武遂、皋落	阳翟、马陵(2)、纶氏、新城(1)、伊阙、宛、鲁关、华阳(1)、阳城(1)(今河南登封市东南)、负黍	邢丘、黄池、朱、平丘、户牖、首垣、轵、鳌、修鱼、垣雍、阳、向、注人、少曲、野王、雍丘、城皋、荥阳	平阳(2)、杨氏、陉城、涅、长子、屯留、铜鞮、端氏、路、涉、武始
386	即墨、廪丘、平阴、平陆、桑丘(1)、甄、阳关、薛、刚、寿、阳晋(1)、都、郕、毌丘、襄陵、最	灵丘、阿、博陵、聊城、薛陵、高唐、马陵(1)、麦丘、昌城、饶安	少梁、洛阴、合阳、庞、阴晋、武堵、固阳、雕阴、汾阴、皮氏、漆垣、临晋、元里	榆次、阳邑、蒲子、平周	垣	安邑、陕、岸门、焦、曲沃(2)、蒲阪、阳晋(2)、封陵、吴	酸枣、鹿、卷、蔡、长社、中阳(1)、新垣、曲阳、安城、温、修武、高都、山阳、衍、葵	邺、繁阳、伯阳、几、防陵、安阳、宁新中、汲、燕、虚、朝歌、黄城	观、平阳(1)、煮枣、蒲阳、睗、有诡、仁、小黄、承匡	襄城、大梁、启封、长平(1)	单父、曲阜、费、兰陵、南武城	濮阳、刚平、漆、富丘	郑、京、阳城、鄢、雍氏	睢阳、彭城、济阳、仪台、方与、留、铚、胡陵、砀、萧、相、陶、蒙	绛、曲沃(1)	河南、洛阳、穀城、平阴、偃师、巩、缑氏、陵观、高都、利	宜阳、卢氏、石章、武遂、皋落	阳翟、马陵(2)、纶氏、新城(1)、伊阙、宛、鲁关、华阳(1)、阳城(1)、负黍	邢丘、黄池、朱、平丘、户牖、首垣、轵、鳌、修鱼、垣雍、阳、向、注人、少曲、野王、雍丘、城皋、荥阳	平阳(2)、杨氏、陉城、涅、长子、屯留、铜鞮、端氏、路、涉、武始
385	即墨、廪丘、平阴、平陆、桑丘(1)、甄、阳关、薛、刚、寿、阳晋(1)、都、郕、毌丘、襄陵、最	灵丘、阿、博陵、聊城、薛陵、高唐、马陵(1)、麦丘、昌城、饶安	少梁、洛阴、合阳、庞、阴晋、武堵、固阳、雕阴、汾阴、皮氏、漆垣、临晋、元里	榆次、阳邑、蒲子、平周	垣	安邑、陕、岸门、焦、曲沃(2)、蒲阪、阳晋(2)、封陵、吴	酸枣、鹿、卷、蔡、长社、中阳(1)、新垣、曲阳、安城、温、修武、高都、山阳、衍、葵	邺、繁阳、伯阳、几、防陵、安阳、宁新中、汲、燕、虚、朝歌、黄城	观、平阳(1)、煮枣、蒲阳、睗、有诡、仁、小黄、承匡	襄城、大梁、启封、长平(1)	单父、曲阜、费、兰陵、南武城	濮阳、刚平、漆、富丘	郑、京、鄢、雍氏	睢阳、彭城、济阳、仪台、方与、留、铚、胡陵、砀、萧、相、陶、蒙	绛、曲沃(1)	河南、洛阳、穀城、平阴、偃师、巩、缑氏、陵观、高都、利	宜阳、卢氏、石章、武遂、皋落	阳翟、马陵(2)、纶氏、新城(1)、伊阙、宛、鲁关、华阳(1)、阳城(1)、负黍	邢丘、黄池、朱、平丘、户牖、首垣、轵、鳌、修鱼、垣雍、阳、向、注人、少曲、野王、雍丘、城皋、荥阳	平阳(2)、杨氏、陉城、涅、长子、屯留、铜鞮、端氏、路、涉、武始

续　表

公元前	齐		魏								鲁	卫	郑	宋	晋	周	韩			
			西部区域（主要指魏河西、河东地区）				东部区域（指魏河内及黄河以南的地区）													
	东境、南境	西境	西境	北境	东境	南境	西境	北境	东境	南境							西境	南境	东境	北境
384	即墨、廪丘、平阴、平陆、桑丘(1)、甄、阳关、薛、刚、寿、阳晋(1)、鄄、郜、毌丘、襄陵、最	灵丘、阿、博陵、聊城、薛陵、高唐、马陵(1)、麦丘、昌城、饶安	少梁、洛阴、合阳、庞、阴晋、武堵、固阳、雕阴、汾阴、皮氏、漆垣、临晋、元里	榆次、阳邑、蒲子、平周	垣	安邑、陕、岸门、焦、曲沃(2)、蒲阪、阳晋(2)、封陵、吴	酸枣、鹿、卷、蔡、长社、中阳(1)、新垣、曲阳、安城、温、修武、高都、山阳、衍、葵	邺、繁阳、伯阳、儿、防陵、安阳、宁新中、汲、燕、虚、朝歌、黄城	观、平阳(1)、煮枣、蒲阳、暘、有诡、仁、小黄、承匡	襄城、大梁、启封、长平(1)	单父、曲阜、费、兰陵、南武城	濮阳、刚平、漆、富丘	郑、京、鄢、雍氏	睢阳、彭城、济阳、仪台、方与、留、铚、胡陵、砀、萧、相、陶、蒙	绛、曲沃(1)	河南、洛阳、穀城、平阴、偃师、巩、缑氏、陵观、高都、利	宜阳、卢氏、石章、武遂、皋落	阳翟、马陵(2)、纶氏、新城(1)、伊阙、宛、鲁关、华阳(1)、阳城(1)、负黍	邢丘、黄池、朱、平丘、户牖、首垣、轵、鳌、修鱼、垣雍、阳、向、注人、少曲、野王、雍丘、城皋、荥阳	平阳(2)、杨氏、陉城、涅、长子、屯留、铜鞮、端氏、路、涉、武始
382	即墨、廪丘、平阴、平陆、桑丘(1)、甄、阳关、薛、刚、寿、阳晋(1)、鄄、郜、毌丘、襄陵、最	灵丘、阿、博陵、聊城、薛陵、高唐、马陵(1)、麦丘、昌城、饶安	少梁、洛阴、合阳、庞、阴晋、武堵、固阳、雕阴、汾阴、皮氏、漆垣、临晋、元里	榆次、阳邑、蒲子、平周	垣	安邑、陕、岸门、焦、曲沃(2)、蒲阪、阳晋(2)、封陵、吴	酸枣、鹿、卷、蔡、长社、中阳(1)、新垣、曲阳、安城、温、修武、高都、山阳、衍、葵	邺、繁阳、伯阳、儿、防陵、安阳、宁新中、汲、燕、虚、朝歌、黄城	观、平阳(1)、煮枣、蒲阳、暘、有诡、仁、小黄、承匡	襄城、大梁、启封、长平(1)	单父、曲阜、费、兰陵、南武城	濮阳、刚平、漆、富丘	郑、京、鄢、雍氏	睢阳、彭城、济阳、仪台、方与、留、铚、胡陵、砀、萧、相、陶、蒙	绛、曲沃(1)	河南、洛阳、穀城、平阴、偃师、巩、缑氏、陵观、高都、利	宜阳、卢氏、石章、武遂、皋落	阳翟、马陵(2)、纶氏、新城(1)、伊阙、宛、鲁关、华阳(1)、阳城(1)、负黍	邢丘、黄池、朱、平丘、户牖、首垣、轵、鳌、修鱼、垣雍、阳、向、注人、少曲、野王、雍丘、城皋、荥阳	平阳(2)、杨氏、陉城、涅、长子、屯留、铜鞮、端氏、路、涉、武始
376	即墨、廪丘、平阴、平陆、桑丘(1)、甄、阳关、薛、刚、寿、阳晋(1)、鄄、郜、毌丘、襄陵、最	灵丘、阿、博陵、聊城、薛陵、高唐、马陵(1)、麦丘、昌城、饶安	少梁、洛阴、合阳、庞、阴晋、武堵、固阳、雕阴、汾阴、皮氏、漆垣、临晋、元里	榆次、阳邑、蒲子、平周	垣	安邑、陕、岸门、焦、曲沃(2)、蒲阪、阳晋(2)、封陵、吴	酸枣、鹿、卷、蔡、长社、中阳(1)、新垣、曲阳、安城、温、修武、高都、山阳、衍、葵	邺、繁阳、伯阳、儿、防陵、安阳、宁新中、汲、燕、虚、朝歌、黄城	观、平阳(1)、煮枣、蒲阳、暘、有诡、仁、小黄、承匡	襄城、大梁、启封、长平(1)、鲁阳	单父、曲阜、费、兰陵、南武城	濮阳、刚平、漆、富丘	郑、京、鄢、雍氏	睢阳、彭城、济阳、仪台、方与、留、铚、胡陵、砀、萧、相、陶、蒙	绛、曲沃(1)	河南、洛阳、穀城、平阴、偃师、巩、缑氏、陵观、高都、利	宜阳、卢氏、石章、武遂、皋落	阳翟、马陵(2)、纶氏、新城(1)、伊阙、宛、鲁关、华阳(1)、阳城(1)、负黍	邢丘、黄池、朱、平丘、户牖、首垣、轵、鳌、修鱼、垣雍、阳、向、注人、少曲、野王、雍丘、城皋、荥阳	平阳(2)、杨氏、陉城、涅、长子、屯留、铜鞮、端氏、路、涉、武始
375	即墨、廪丘、平阴、平陆、桑丘(1)、甄、阳关、薛、刚、寿、阳晋(1)、鄄、郜、毌丘、襄陵、最	灵丘、阿、博陵、聊城、薛陵、高唐、马陵(1)、麦丘、昌城、饶安	少梁、洛阴、合阳、庞、阴晋、武堵、固阳、雕阴、汾阴、皮氏、漆垣、临晋、元里	榆次、阳邑、蒲子、平周	垣	安邑、陕、岸门、焦、曲沃(2)、蒲阪、阳晋(2)、封陵、吴	酸枣、鹿、卷、蔡、长社、中阳(1)、新垣、曲阳、安城、温、修武、高都、山阳、衍、葵	邺、繁阳、伯阳、儿、防陵、安阳、宁新中、汲、燕、虚、朝歌、黄城	观、平阳(1)、煮枣、蒲阳、暘、有诡、仁、小黄、承匡	襄城、大梁、启封、长平(1)、鲁阳	单父、曲阜、费、兰陵、南武城	濮阳、刚平、漆、富丘	灭于韩	睢阳、彭城、济阳、仪台、方与、留、铚、胡陵、砀、萧、相、陶、蒙	绛、曲沃(1)	河南、洛阳、穀城、平阴、偃师、巩、缑氏、陵观、高都、利	宜阳、卢氏、石章、武遂、皋落	阳翟、马陵(2)、纶氏、新城(1)、伊阙、宛、鲁关、华阳(1)、阳城(1)、负黍、郑、京、鄢、雍氏	邢丘、黄池、朱、平丘、户牖、首垣、轵、鳌、修鱼、垣雍、阳、向、注人、少曲、野王、雍丘、城皋、荥阳	平阳(2)、杨氏、陉城、涅、长子、屯留、铜鞮、端氏、路、涉、武始

续　表

公元前	齐		魏								鲁	卫	郑	宋	晋	周	韩			
			西部区域(主要指魏河西、河东地区)				东部区域(指魏河内及黄河以南的地区)													
	东境、南境	西境	西境	北境	东境	南境	西境	北境	东境	南境							西境	南境	东境	北境
372	即墨、廪丘、平阴、平陆、桑丘(1)、甄、阳关、薛、刚、寿、阳晋(1)、都、鄜、毌丘、襄陵、最	灵丘、阿、博陵、聊城、薛陵、高唐、马陵(1)、麦丘、昌城、饶安	少梁、洛阴、合阳、庞、阴晋、武堵、固阳、雕阴、汾阴、皮氏、漆垣、临晋、元里	榆次、阳邑、蒲子、平周	垣	安邑、陕、岸门、焦、曲沃(2)、蒲阪、阳晋(2)、封陵、吴	酸枣、鹿、卷、蔡、长社、中阳(1)、新垣、曲阳、安城、温、修武、高都、山阳、衍、葵	邺、繁阳、伯阳、几、防陵、安阳、宁新中、汲、燕、虚、朝歌、黄城	观、平阳(1)、煮枣、蒲阳、暘、有诡、仁、小黄、承匡	襄城、大梁、启封、长平(1)、鲁阳	单父、曲阜、费、兰陵、南武城	濮阳、刚平、漆、富丘	亡	睢阳、彭城、济阳、仪台、方与、留、铚、胡陵、砀、萧、相、陶、蒙	绛、曲沃(1)	河南、洛阳、穀城、平阴、偃师、巩、缑氏、陵观、高都、利	宜阳、卢氏、石章、武遂、皋落	阳翟、马陵(2)、纶氏、新城(1)、伊阙、宛、鲁关、华阳(1)、阳城(1)、负黍、郑、京、鄢、雍氏	邢丘、黄池、朱、平丘、户牖、首垣、轵、鳌、修鱼、垣雍、阳、向、注人、少曲、野王、雍丘、城皋、荥阳	平阳(2)、杨氏、陉城、涅、长子、屯留、铜鞮、端氏、路、涉、武始
371	即墨、廪丘、平阴、平陆、桑丘(1)、甄、阳关、薛、刚、寿、阳晋(1)、都、鄜、毌丘、襄陵、最	灵丘、阿、博陵、聊城、薛陵、高唐、马陵(1)、麦丘、昌城、饶安、桑丘(2)	少梁、洛阴、合阳、庞、阴晋、武堵、固阳、雕阴、汾阴、皮氏、漆垣、临晋、元里	榆次、阳邑、蒲子、平周	垣	安邑、陕、岸门、焦、曲沃(2)、蒲阪、阳晋(2)、封陵、吴	酸枣、鹿、卷、蔡、长社、中阳(1)、新垣、曲阳、安城、温、修武、高都、山阳、衍、葵	邺、繁阳、伯阳、几、防陵、安阳、宁新中、汲、燕、虚、朝歌、黄城	观、平阳(1)、煮枣、蒲阳、暘、有诡、仁、小黄、承匡	襄城、大梁、启封、长平(1)、鲁阳	单父、曲阜、费、兰陵、南武城	濮阳、刚平、漆、富丘	亡	睢阳、彭城、济阳、仪台、方与、留、铚、胡陵、砀、萧、相、陶、蒙	绛、曲沃(1)	河南、洛阳、穀城、平阴、偃师、巩、缑氏、陵观、高都、利	宜阳、卢氏、石章、武遂、皋落	阳翟、马陵(2)、纶氏、新城(1)、伊阙、宛、鲁关、华阳(1)、阳城(1)、负黍、郑、京、鄢、雍氏、马陵(2)、纶氏?	邢丘、黄池、朱、平丘、户牖、首垣、轵、鳌、修鱼、垣雍、阳、向、注人、少曲、野王、雍丘、城皋、荥阳	平阳(2)、杨氏、陉城、涅、长子、屯留、铜鞮、端氏、路、涉、武始
370	即墨、廪丘、平阴、平陆、桑丘(1)、阳关、薛、刚、寿、阳晋(1)、都、鄜、毌丘、襄陵、最	灵丘、阿、博陵、聊城、薛陵、高唐、马陵(1)、麦丘、昌城、饶安	少梁、洛阴、合阳、庞、阴晋、武堵、固阳、雕阴、汾阴、皮氏、漆垣、临晋、元里	榆次、阳邑、蒲子、平周	垣	安邑、陕、岸门、焦、曲沃(2)、蒲阪、阳晋(2)、封陵、吴	酸枣、鹿、卷、蔡、长社、中阳(1)、新垣、曲阳、安城、温、修武、高都、山阳、衍、葵、怀	邺、繁阳、伯阳、几、防陵、安阳、宁新中、汲、燕、虚、朝歌、黄城	观、平阳(1)、煮枣、蒲阳、暘、有诡、仁、小黄、承匡	襄城、大梁、启封、长平(1)、鲁阳、马陵(2)	单父、曲阜、费、兰陵、南武城	濮阳、刚平、漆、富丘	亡	睢阳、彭城、济阳、仪台、方与、留、铚、胡陵、砀、萧、相、陶、蒙	绛、曲沃(1)	河南、洛阳、穀城、平阴、偃师、巩、缑氏、陵观、高都、利	宜阳、卢氏、石章、武遂、皋落	阳翟、纶氏、新城(1)、伊阙、宛、鲁关、华阳(1)、阳城(1)、负黍、郑、京、鄢、雍氏	邢丘、黄池、朱、平丘、户牖、首垣、轵、鳌、修鱼、垣雍、阳、向、注人、少曲、野王、雍丘、城皋、荥阳	平阳(2)、杨氏、陉城、屯留、铜鞮、端氏、路、涉、武始
369	即墨、廪丘、平阴、平陆、桑丘(1)、阳关、薛、刚、寿、阳晋(1)、都、鄜、毌丘、襄陵、最	灵丘、阿、博陵、聊城、薛陵、高唐、马陵(1)、麦丘、昌城、饶安	少梁、洛阴、合阳、庞、阴晋、武堵、固阳、雕阴、汾阴、皮氏、漆垣、临晋、元里	榆次、阳邑、蒲子、平周	垣、曲沃(1)(今山西闻喜县东北)、绛	安邑、陕、岸门、焦、曲沃(2)、蒲阪、阳晋(2)、封陵、吴	酸枣、鹿、卷、蔡、长社、中阳(1)、新垣、曲阳、安城、温、修武、高都、山阳、衍、怀	邺、繁阳、伯阳、几、防陵、安阳、宁新中、汲、燕、虚、朝歌、黄城	观、平阳(1)、煮枣、蒲阳、暘、有诡、仁、小黄、承匡	襄城、大梁、启封、长平(1)、鲁阳、马陵(2)	单父、曲阜、费、兰陵、南武城	濮阳、刚平、漆、富丘、甄?	亡	睢阳、彭城、济阳、仪台、方与、留、铚、胡陵、砀、萧、相、陶、蒙	屯留	河南、洛阳、穀城、平阴、偃师、巩、缑氏、陵观、高都、利	宜阳、卢氏、石章、武遂、皋落	阳翟、纶氏、新城(1)、伊阙、宛、鲁关、华阳(1)、阳城(1)、负黍、郑、京、鄢、雍氏	邢丘、黄池、朱、平丘、户牖、首垣、轵、鳌、修鱼、垣雍、阳、向、注人、少曲、野王、雍丘、葵、城皋、荥阳	平阳(2)、杨氏、陉城、铜鞮、端氏、路、涉、武始

续 表

公元前	齐		魏								鲁	卫	郑	宋	晋	周	韩			
			西部区域(主要指魏河西、河东地区)				东部区域(指魏河内及黄河以南的地区)													
	东境、南境	西境	西境	北境	东境	南境	西境	北境	东境	南境							西境	南境	东境	北境
368	即墨、廪丘、平阴、平陆、桑丘(1)、阳关、薛、刚、寿、阳晋(1)、都、郕、毌丘、襄陵、最、观	灵丘、阿、博陵、聊城、薛陵、高唐、马陵(1)、麦丘、昌城、饶安	少梁、洛阴、合阳、庞、阴晋、武堵、固阳、雕阴、汾阴、皮氏、漆垣、临晋、元里	榆次、阳邑、蒲子、平周	垣、曲沃(1)、绛	安邑、陕、岸门、焦、曲沃(2)、蒲阪、阳晋(2)、封陵、吴	酸枣、鹿、卷、蔡、长社、中阳(1)、新垣、曲阳、安城、温、修武、高都、山阳、衍、怀	邺、繁阳、伯阳、几、防陵、安阳、宁新中、汲、燕、虚、朝歌、黄城	平阳、煮枣、蒲阳、暘、有诡、仁、小黄、承匡	襄城、大梁、启封、长平(1)、鲁阳、马陵(2)	单父、曲阜、费、兰陵、南武城	濮阳、刚平、漆、富丘、甄	亡	睢阳、彭城、济阳、仪台、方与、留、铚、胡陵、砀、萧、相、陶、蒙	屯留	河南、洛阳、穀城、平阴、偃师、巩、缑氏、陵观、高都、利	宜阳、卢氏、石章、武遂、皋落	阳翟、纶氏、新城(1)、伊阙、宛、鲁关、华阳(1)、阳城(1)、负黍、郑、京、鄢、雍氏	邢丘、黄池、朱、平丘、户牖、首垣、轵、鳌、修鱼、垣雍、阳、向、注人、少曲、野王、雍丘、城皋、荥阳、葵	平阳(2)、杨氏、陉城、铜鞮、端氏、路、涉、武始
367	即墨、廪丘、平阴、平陆、桑丘(1)、阳关、薛、刚、寿、阳晋(1)、都、郕、毌丘、襄陵、最	灵丘、阿、博陵、聊城、薛陵、高唐、马陵(1)、麦丘、昌城、饶安	少梁、洛阴、合阳、庞、阴晋、武堵、固阳、雕阴、汾阴、皮氏、漆垣、临晋、元里	榆次、阳邑、蒲子、平周	垣、曲沃(1)、绛	安邑、陕、岸门、焦、曲沃(2)、蒲阪、阳晋(2)、封陵、吴	酸枣、鹿、卷、蔡、长社、中阳(1)、新垣、曲阳、安城、温、修武、高都、山阳、衍、怀	邺、繁阳、伯阳、几、防陵、安阳、宁新中、汲、燕、虚、朝歌、黄城	平阳、煮枣、蒲阳、暘、有诡、仁、小黄、承匡、观?	襄城、大梁、启封、长平(1)、鲁阳、马陵(2)	单父、曲阜、费、兰陵、南武城	濮阳、刚平、漆、富丘、甄	亡	睢阳、彭城、济阳、仪台、方与、留、铚、胡陵、砀、萧、相、陶、蒙	屯留	河南、洛阳、穀城、平阴、偃师、巩、缑氏、陵观、高都、利	宜阳、卢氏、石章、武遂、皋落	阳翟、纶氏、新城(1)、伊阙、宛、鲁关、华阳(1)、阳城(1)、负黍、郑、京、鄢、雍氏	邢丘、黄池、朱、平丘、户牖、首垣、轵、鳌、修鱼、垣雍、阳、向、注人、少曲、野王、雍丘、葵	平阳(2)、杨氏、陉城、铜鞮、端氏、路、涉、武始
366	即墨、廪丘、平阴、平陆、桑丘(1)、阳关、薛、刚、寿、阳晋(1)、都、郕、毌丘、襄陵、最	灵丘、阿、博陵、聊城、薛陵、高唐、马陵(1)、麦丘、昌城、饶安	少梁、合阳、庞、阴晋、武堵、固阳、雕阴、汾阴、皮氏、漆垣、临晋、元里	榆次、阳邑、蒲子、平周	垣、曲沃(1)、绛	安邑、陕、岸门、焦、曲沃(2)、蒲阪、阳晋(2)、封陵、吴	酸枣、鹿、卷、蔡、长社、中阳(1)、新垣、曲阳、安城、温、修武、高都、山阳、衍、怀	邺、繁阳、伯阳、几、防陵、安阳、宁新中、汲、燕、虚、朝歌、黄城	平阳、煮枣、蒲阳、暘、有诡、仁、小黄、承匡、观	襄城、大梁、启封、长平(1)、鲁阳、马陵(2)	单父、曲阜、费、兰陵、南武城	濮阳、刚平、漆、富丘、甄	亡	睢阳、彭城、济阳、仪台、方与、留、铚、胡陵、砀、萧、相、陶、蒙	屯留	河南、洛阳、穀城、平阴、偃师、巩、缑氏、陵观	宜阳、卢氏、石章、武遂、皋落	阳翟、纶氏、新城(1)、伊阙、宛、鲁关、华阳(1)、阳城(1)、负黍、郑、京、鄢、雍氏	邢丘、黄池、朱、平丘、户牖、首垣、轵、鳌、修鱼、垣雍、阳、向、注人、少曲、野王、雍丘、葵	平阳(2)、杨氏、陉城、铜鞮、端氏、路、涉、武始
365	即墨、廪丘、平阴、平陆、桑丘(1)、阳关、薛、刚、寿、阳晋(1)、都、郕、毌丘、襄陵、最	灵丘、阿、博陵、聊城、薛陵、高唐、马陵(1)、麦丘、昌城、饶安	少梁、合阳、庞、阴晋、武堵、固阳、雕阴、汾阴、皮氏、漆垣、临晋、元里	榆次、阳邑、蒲子、平周	垣、曲沃(1)、绛	安邑、陕、岸门、焦、曲沃(2)、蒲阪、阳晋(2)、封陵、吴	酸枣、鹿、卷、蔡、长社、中阳(1)、新垣、曲阳、安城、温、修武、高都、山阳、衍、怀	邺、繁阳、伯阳、几、防陵、安阳、宁新中、汲、燕、虚、朝歌、黄城	观、平阳(1)、煮枣、蒲阳、暘、有诡、仁、小黄、承匡	襄城、大梁、启封、长平(1)、鲁阳、马陵(2)、仪台	单父、曲阜、费、兰陵、南武城	濮阳、刚平、漆、富丘	亡	睢阳、彭城、济阳、方与、留、铚、胡陵、砀、萧、相、陶、蒙	屯留	河南、洛阳、穀城、平阴、偃师、巩、缑氏、陵观	宜阳、卢氏、石章、武遂、皋落	阳翟、纶氏、新城(1)、伊阙、宛、鲁关、华阳(1)、阳城(1)、负黍、郑、京、鄢、雍氏、高都、利	邢丘、黄池、朱、平丘、户牖、首垣、轵、鳌、修鱼、垣雍、阳、向、注人、少曲、野王、雍丘、城皋、荥阳、葵	平阳(2)、杨氏、陉城、铜鞮、端氏、路、涉、武始

续 表

公元前	齐		魏								鲁	卫	郑	宋	晋	周	韩			
			西部区域(主要指魏河西、河东地区)				东部区域(指魏河内及黄河以南的地区)													
	东境、南境	西境	西境	北境	东境	南境	西境	北境	东境	南境							西境	南境	东境	北境
362	即墨、廪丘、平阴、平陆、桑丘(1)、阳关、薛、刚、寿、阳晋(1)、都、郕、毋丘、襄陵、最	灵丘、阿、博陵、聊城、薛陵、高唐、马陵(1)、麦丘、昌城、饶安	少梁、合阳、阴晋、武堵、固阳、雕阴、汾阴、皮氏、漆垣、临晋、元里	榆次、阳邑、蒲子、平周	垣、曲沃(1)、绛、皮牢	安邑、陕、岸门、焦、曲沃(2)、蒲阪、阳晋(2)、封陵、吴	酸枣、鹿、卷、蔡、长社、中阳(1)、新垣、曲阳、安城、温、修武、高都、山阳、衍、怀	邺、繁阳、伯阳、几、防陵、安阳、宁新中、汲、燕、虚、朝歌、黄城、列人、肥	观、平阳(1)、煮枣、蒲阳、鴡、有诡、仁、小黄、承匡	襄城、大梁、启封、长平(1)、鲁阳、马陵(2)、仪台、朱	单父、曲阜、费、兰陵、南武城	濮阳、刚平、漆、富丘	亡	睢阳、彭城、济阳、方与、留、铚、胡陵、砀、萧、相、陶、蒙、黄池	屯留	河南、洛阳、榖城、平阴、偃师、巩、缑氏、陵观	宜阳、卢氏、石章、武遂、皋落	阳翟、纶氏、新城(1)、伊阙、宛、鲁关、华阳(1)、阳城(1)、负黍、郑、京、鄢、雍氏、高都、利	邢丘、平丘、户牖、首垣、轵、鳌、修鱼、垣雍、阳、向、注人、少曲、野王、雍丘、城皋、荥阳、葵	平阳(2)、杨氏、陉城、铜鞮、端氏、路、涉、武始
361	即墨、廪丘、平阴、平陆、桑丘(1)、阳关、薛、刚、寿、阳晋(1)、都、郕、毋丘、襄陵、最	灵丘、阿、博陵、聊城、薛陵、高唐、马陵(1)、麦丘、昌城、饶安	少梁、合阳、阴晋、武堵、固阳、雕阴、汾阴、皮氏、漆垣、临晋、元里	蒲子、平周	垣、曲沃(1)、绛、皮牢	安邑、陕、岸门、焦、曲沃(2)、蒲阪、阳晋(2)、封陵、吴	酸枣、鹿、卷、蔡、长社、中阳(1)、新垣、曲阳、安城、温、修武、高都、山阳、衍、怀	邺、繁阳、伯阳、几、防陵、安阳、宁新中、汲、燕、虚、朝歌、黄城、列人、肥、中牟	观、平阳(1)、煮枣、蒲阳、鴡、有诡、仁、小黄、承匡	襄城、大梁、启封、长平(1)、鲁阳、马陵(2)、仪台、朱	单父、曲阜、费、兰陵、南武城	濮阳、刚平、漆、富丘	亡	睢阳、彭城、济阳、方与、留、铚、胡陵、砀、萧、相、陶、蒙、黄池	屯留	河南、洛阳、榖城、平阴、偃师、巩、缑氏、陵观	宜阳、卢氏、石章、武遂、皋落	阳翟、纶氏、新城(1)、伊阙、宛、鲁关、华阳(1)、阳城(1)、负黍、郑、京、鄢、雍氏、高都、利	邢丘、平丘、户牖、首垣、轵、鳌、修鱼、垣雍、阳、向、注人、少曲、野王、雍丘、城皋、荥阳、葵	平阳(2)、杨氏、陉城、铜鞮、端氏、路、涉、武始
359	即墨、廪丘、平阴、平陆、桑丘(1)、阳关、薛、刚、寿、阳晋(1)、都、郕、毋丘、襄陵、最	灵丘、阿、博陵、聊城、薛陵、高唐、马陵(1)、麦丘、昌城、饶安	少梁、合阳、阴晋、武堵、固阳、雕阴、汾阴、皮氏、漆垣、临晋、元里	蒲子、平周	垣、曲沃(1)、绛、皮牢	安邑、陕、岸门、焦、曲沃(2)、蒲阪、阳晋(2)、封陵、吴	酸枣、鹿、卷、蔡、长社、中阳(1)、新垣、曲阳、安城、温、修武、高都、山阳、衍、怀	邺、繁阳、伯阳、几、防陵、安阳、宁新中、汲、燕、虚、朝歌、黄城、列人、肥、中牟	观、平阳(1)、煮枣、蒲阳、鴡、有诡、仁、小黄、承匡	襄城、大梁、启封、长平(1)、鲁阳、马陵(2)、仪台、朱	单父、曲阜、费、兰陵、南武城	濮阳、刚平、漆、富丘	亡	睢阳、彭城、济阳、方与、留、铚、胡陵、砀、萧、相、陶、蒙、黄池	端氏	河南、洛阳、榖城、平阴、偃师、巩、缑氏、陵观、邢丘?	宜阳、卢氏、石章、武遂、皋落	阳翟、纶氏、新城(1)、伊阙、宛、鲁关、华阳(1)、阳城(1)、负黍、郑、京、鄢、雍氏、高都、利	平丘、户牖、首垣、轵、鳌、修鱼、垣雍、阳、向、注人、少曲、野王、雍丘、城皋、荥阳、葵	平阳(2)、杨氏、陉城、铜鞮、路、涉、武始
358	即墨、廪丘、平阴、平陆、桑丘(1)、阳关、薛、刚、寿、阳晋(1)、都、郕、毋丘、最、南武城?	灵丘、阿、博陵、聊城、薛陵、高唐、马陵、平邑、饶安、高唐	少梁、合阳、阴晋、武堵、固阳、雕阴、汾阴、皮氏、漆垣、临晋、元里	蒲子、平周	垣、曲沃(1)、绛、皮牢	安邑、陕、岸门、焦、曲沃(2)、蒲阪、阳晋(2)、封陵、吴	酸枣、鹿、卷、蔡、长社、中阳(1)、新垣、曲阳、安城、温、修武、高都、山阳、衍、怀、鳌?	邺、繁阳、伯阳、几、防陵、安阳、宁新中、汲、燕、虚、朝歌、黄城、列人、肥、中牟	观、平阳(1)、煮枣、蒲阳、鴡、有诡、仁、小黄、承匡	襄城、大梁、启封、长平(1)、鲁阳、马陵(2)、仪台、朱	单父、曲阜、费、兰陵	濮阳、刚平、漆、富丘	亡	睢阳、彭城、济阳、方与、留、铚、胡陵、砀、萧、相、陶、蒙、黄池	端氏	河南、洛阳、榖城、平阴、偃师、巩、缑氏	宜阳、卢氏、石章、武遂、皋落	阳翟、纶氏、新城(1)、伊阙、宛、鲁关、华阳(1)、阳城(1)、负黍、郑、京、鄢、雍氏、高都、利	平丘、户牖、首垣、轵、修鱼、垣雍、阳、向、注人、少曲、野王、雍丘、城皋、荥阳、葵、陵观?、邢丘?	平阳(2)、杨氏、陉城、涅、铜鞮、路、涉、武始、长子、涅、屯留

续　表

公元前	齐		魏								鲁	卫	郑	宋	晋	周	韩			
			西部区域(主要指魏河西、河东地区)				东部区域(指魏河内及黄河以南的地区)													
	东境、南境	西境	西境	北境	东境	南境	西境	北境	东境	南境							西境	南境	东境	北境
357	即墨、廪丘、平阴、平陆、桑丘(1)、阳关、薛、刚、寿、阳晋(1)、都、郕、毌丘、襄陵、最	灵丘、阿、博陵、聊城、薛陵、高唐、马陵(1)、麦丘、昌城、饶安	少梁、合阳、阴晋、武堵、固阳、雕阴、汾阴、皮氏、漆垣、临晋、元里	蒲子、平周	垣、曲沃(1)、绛、皮牢	安邑、陕、岸门、焦、曲沃(2)、蒲阪、阳晋(2)、封陵、吴	酸枣、卷、蔡、长社、中阳(1)、新垣、曲阳、安城、温、修武、高都、山阳、衍、怀、轵	邺、繁阳、伯阳、几、防陵、安阳、宁新中、汲、燕、虚、朝歌、黄城、列人、肥、中牟	观、平阳(1)、煮枣、蒲阳、暘、有诡、仁、小黄、承匡、平丘、户牖、首垣	襄城、大梁、启封、长平(1)、鲁阳、马陵(2)、仪台、朱	单父、曲阜、费、兰陵、南武城	濮阳、刚平、漆、富丘	亡	睢阳、彭城、济阳、方与、留、铚、胡陵、砀、萧、相、陶、蒙、黄池	端氏	河南、洛阳、穀城、平阴、偃师、巩、缑氏	宜阳、卢氏、石章、武遂、皋落	阳翟、纶氏、新城(1)、伊阙、宛、鲁关、华阳(1)、阳城(1)、负黍、郑、京、鄢、雍氏、高都、利	修鱼、垣雍、阳、向、注人、少曲、野王、雍丘、葵、陵观、邢丘、鹿、鳌	平阳(2)、杨氏、陉城、涅、铜鞮、路、涉、武始、长子、屯留
355	即墨、廪丘、平阴、平陆、桑丘(1)、阳关、薛、刚、寿、阳晋(1)、都、郕、毌丘、襄陵、最	灵丘、阿、博陵、聊城、薛陵、高唐、马陵(1)、麦丘、昌城、饶安	少梁、合阳、阴晋、武堵、固阳、雕阴、汾阴、皮氏、漆垣、临晋、元里	蒲子、平周	垣、曲沃(1)、绛、皮牢	安邑、陕、岸门、焦、曲沃(2)、蒲阪、阳晋(2)、封陵、吴	酸枣、卷、蔡、长社、中阳(1)、新垣、曲阳、安城、温、修武、高都、山阳、衍、怀、轵	邺、繁阳、伯阳、几、防陵、安阳、宁新中、汲、燕、虚、朝歌、黄城、列人、肥、中牟	观、平阳(1)、煮枣、蒲阳、暘、有诡、仁、小黄、承匡、平丘、户牖、首垣	襄城、大梁、启封、长平(1)、鲁阳、马陵(2)、仪台、朱、黄池(旋复归宋)	单父、曲阜、费、兰陵、南武城	濮阳、刚平、漆、富丘		睢阳、彭城、济阳、方与、留、铚、胡陵、砀、萧、相、陶、蒙	端氏	河南、洛阳、穀城、平阴、偃师、巩、缑氏	宜阳、卢氏、石章、武遂、皋落	阳翟、纶氏、新城(1)、伊阙、宛、鲁关、华阳(1)、阳城(1)、负黍、郑、京、鄢、雍氏、高都、利	修鱼、垣雍、阳、向、注人、少曲、野王、雍丘、葵、陵观、邢丘、鹿、鳌	平阳(2)、杨氏、陉城、涅、铜鞮、路、涉、武始、长子、屯留
354	即墨、廪丘、平阴、平陆、桑丘(1)、阳关、薛、刚、寿、阳晋(1)、都、郕、毌丘、襄陵、最	灵丘、阿、博陵、聊城、薛陵、高唐、马陵(1)、麦丘、昌城、饶安	合阳、阴晋、武堵、固阳、雕阴、汾阴、皮氏、漆垣、临晋、元里	蒲子、平周	垣、曲沃(1)、绛、皮牢	安邑、陕、岸门、焦、曲沃(2)、蒲阪、阳晋(2)、封陵、吴	酸枣、卷、蔡、长社、中阳(1)、新垣、曲阳、安城、温、修武、高都、山阳、衍、怀、轵	邺、繁阳、伯阳、几、防陵、安阳、宁新中、汲、燕、虚、朝歌、黄城、列人、肥、中牟	观、平阳(1)、煮枣、蒲阳、暘、有诡、仁、小黄、承匡、平丘、户牖、首垣	襄城、大梁、启封、长平(1)、鲁阳、马陵(2)、仪台、朱	单父、曲阜、费、兰陵、南武城	濮阳、刚平	亡	睢阳、彭城、济阳、方与、留、铚、胡陵、砀、萧、相、陶、蒙、黄池	端氏	河南、洛阳、穀城、平阴、偃师、巩、缑氏	宜阳、卢氏、石章、武遂、皋落	阳翟、纶氏、新城(1)、伊阙、宛、鲁关、华阳(1)、阳城(1)、负黍、郑、京、鄢、雍氏、高都、利	修鱼、垣雍、阳、向、注人、少曲、野王、雍丘、城皋、荥阳、葵、陵观、邢丘、鹿、鳌	平阳(2)、杨氏、陉城、涅、铜鞮、路、涉、武始、长子、屯留
353	即墨、廪丘、平阴、平陆、桑丘(1)、阳关、薛、刚、寿、阳晋(1)、都、郕、毌丘、最	灵丘、阿、博陵、聊城、薛陵、高唐、马陵(1)、麦丘、昌城、饶安	合阳、阴晋、武堵、固阳、雕阴、汾阴、皮氏、漆垣、临晋、元里	蒲子、平周	垣、曲沃(1)、绛、皮牢	安邑、陕、岸门、焦、曲沃(2)、蒲阪、阳晋(2)、封陵、吴	酸枣、卷、蔡、长社、中阳(1)、新垣、曲阳、安城、温、修武、高都、山阳、衍、怀、轵	邺、繁阳、伯阳、几、防陵、安阳、宁新中、汲、燕、虚、朝歌、黄城、列人、肥、中牟、邯郸	观、平阳(1)、煮枣、蒲阳、暘、有诡、仁、小黄、承匡、平丘、户牖、首垣、襄陵?	襄城、大梁、启封、长平(1)、鲁阳、马陵(2)、仪台、朱	单父、曲阜、费、兰陵、南武城	濮阳、刚平	亡	睢阳、彭城、济阳、方与、留、铚、胡陵、砀、萧、相、陶、蒙、黄池	端氏	河南、洛阳、穀城、平阴、偃师、巩、缑氏	宜阳、卢氏、石章、武遂、皋落	阳翟、纶氏、新城(1)、伊阙、宛、鲁关、华阳(1)、阳城(1)、负黍、郑、京、鄢、雍氏、高都、利	修鱼、垣雍、阳、向、注人、少曲、野王、雍丘、城皋、荥阳、葵、陵观、邢丘、鹿、鳌	平阳(2)、杨氏、陉城、涅、铜鞮、路、涉、武始、长子、屯留

续 表

公元前	齐		魏								鲁	卫	郑	宋	晋	周	韩			
			西部区域(主要指魏河西、河东地区)				东部区域(指魏河内及黄河以南的地区)													
	东境、南境	西境	西境	北境	东境	南境	西境	北境	东境	南境							西境	南境	东境	北境
352	即墨、廪丘、平阴、平陆、桑丘(1)、阳关、薛、刚、寿、阳晋(1)、都、郕、毌丘、最	灵丘、阿、博陵、聊城、薛陵、高唐、马陵(1)、麦丘、昌城、饶安	合阳、阴晋、武堵、固阳、雕阴、汾阴、皮氏、漆垣、临晋、元里	蒲子、平周	垣、曲沃(1)、绛、皮牢	陕、岸门、焦、曲沃(2)、蒲阪、阳晋(2)、封陵、吴	酸枣、卷、蔡、长社、中阳(1)、新垣、曲阳、安城、温、修武、高都、山阳、衍、怀、轵	邺、繁阳、伯阳、几、防陵、安阳、宁新中、汲、燕、虚、朝歌、黄城、列人、肥、中牟、邯郸	观、平阳(1)、煮枣、蒲阳、暘、有诡、仁、小黄、承匡、平丘、户牖、首垣、襄陵	襄城、大梁、启封、长平(1)、鲁阳、马陵(2)、仪台、朱	单父、曲阜、费、兰陵、南武城	濮阳、刚平	亡	睢阳、彭城、济阳、方与、留、铚、胡陵、砀、萧、相、陶、蒙、黄池	端氏	河南、洛阳、榖城、平阴、偃师、巩、缑氏	宜阳、卢氏、石章、武遂、皋落	阳翟、纶氏、新城(1)、伊阙、宛、鲁关、华阳(1)、阳城(1)、负黍、郑、京、鄢、雍氏、高都、利	修鱼、垣雍、阳向、注人、少曲、野王、雍丘、城皋、荥阳、葵、陵观、邢丘、鹿、鳌	平阳(2)、杨氏、陉城、涅、铜鞮、路、涉、武始、长子、屯留
351	即墨、廪丘、平阴、平陆、桑丘(1)、阳关、薛、刚、寿、阳晋(1)、都、郕、毌丘、最	灵丘、阿、博陵、聊城、薛陵、高唐、马陵(1)、麦丘、昌城、饶安	合阳、阴晋、武堵、雕阴、汾阴、皮氏、漆垣、临晋、元里	蒲子、平周	垣、曲沃(1)、绛、皮牢	陕、岸门、焦、曲沃(2)、蒲阪、阳晋(2)、封陵、吴、安邑?	酸枣、卷、蔡、长社、中阳(1)、新垣、曲阳、安城、温、修武、高都、山阳、衍、怀、轵	邺、繁阳、伯阳、几、防陵、安阳、宁新中、汲、燕、虚、朝歌、黄城、列人、肥、中牟、泫氏、濩泽	观、平阳(1)、煮枣、蒲阳、暘、有诡、仁、小黄、承匡、平丘、户牖、首垣、襄陵	襄城、大梁、启封、长平(1)、鲁阳、马陵(2)、仪台、朱	单父、曲阜、费、兰陵、南武城	濮阳、刚平	亡	睢阳、彭城、济阳、方与、留、铚、胡陵、砀、萧、相、陶、蒙、黄池	端氏	河南、洛阳、榖城、平阴、偃师、巩、缑氏	宜阳、卢氏、石章、武遂、皋落	阳翟、纶氏、新城(1)、伊阙、宛、鲁关、华阳(1)、阳城(1)、负黍、郑、京、鄢、雍氏、高都、利	修鱼、垣雍、阳向、注人、少曲、野王、雍丘、城皋、荥阳、葵、陵观、邢丘、鹿、鳌	平阳(2)、杨氏、陉城、涅、铜鞮、路、涉、武始、长子、屯留
350	即墨、廪丘、平阴、平陆、桑丘(1)、阳关、薛、刚、寿、阳晋(1)、都、郕、毌丘、最	灵丘、阿、博陵、聊城、高唐、马陵(1)、麦丘、昌城、饶安	合阳、阴晋、武堵、雕阴、汾阴、皮氏、漆垣、临晋、元里	蒲子、平周	垣、曲沃(1)、绛、皮牢	陕、岸门、焦、曲沃(2)、蒲阪、阳晋(2)、封陵、吴、安邑	酸枣、卷、蔡、长社、中阳(1)、新垣、曲阳、安城、温、修武、高都、山阳、衍、怀、轵	邺、繁阳、伯阳、几、防陵、安阳、宁新中、汲、燕、虚、朝歌、黄城、列人、肥、中牟、泫氏、濩泽	观、平阳(1)、煮枣、蒲阳、暘、有诡、仁、小黄、承匡、平丘、户牖、首垣、襄陵	襄城、大梁、启封、长平(1)、鲁阳、马陵(2)、仪台、朱	单父、曲阜、费、兰陵、南武城	濮阳、刚平、薛陵	亡	睢阳、彭城、济阳、方与、留、铚、胡陵、砀、萧、相、陶、蒙、黄池	屯留	河南、洛阳、榖城、平阴、偃师、巩、缑氏	宜阳、卢氏、石章、武遂、皋落	阳翟、纶氏、新城(1)、伊阙、宛、鲁关、华阳(1)、阳城(1)、负黍、郑、京、鄢、雍氏、高都、利	修鱼、垣雍、阳向、注人、少曲、野王、雍丘、城皋、荥阳、葵、陵观、邢丘、鹿、鳌	平阳(2)、杨氏、陉城、涅、铜鞮、路、涉、武始、长子
346	即墨、廪丘、平阴、平陆、桑丘(1)、阳关、薛、刚、寿、阳晋(1)、都、郕、毌丘、最	灵丘、阿、博陵、聊城、薛陵?、高唐、马陵(1)、麦丘、昌城、饶安	合阳、阴晋、武堵、雕阴、汾阴、皮氏、漆垣、临晋、元里	蒲子、平周	垣、曲沃(1)、绛、皮牢	陕、岸门、焦、曲沃(2)、蒲阪、阳晋(2)、封陵、吴、安邑	酸枣、卷、蔡、长社、中阳(1)、新垣、曲阳、安城、温、修武、高都、山阳、衍、怀、轵	邺、繁阳、伯阳、几、防陵、安阳、宁新中、汲、燕、虚、朝歌、黄城、列人、肥、中牟、泫氏、濩泽	观、平阳(1)、煮枣、蒲阳、暘、有诡、仁、小黄、承匡、平丘、户牖、首垣、襄陵	襄城、大梁、启封、长平(1)、鲁阳、马陵(2)、仪台、朱	单父、曲阜、费、兰陵、南武城	濮阳、刚平	亡	睢阳、彭城、济阳、方与、留、铚、胡陵、砀、萧、相、陶、蒙、黄池	屯留	河南、洛阳、榖城、平阴、偃师、巩、缑氏	宜阳、卢氏、石章、武遂、皋落	阳翟、纶氏、新城(1)、伊阙、宛、鲁关、华阳(1)、阳城(1)、负黍、郑、京、鄢、雍氏、高都、利	修鱼、垣雍、阳向、注人、少曲、野王、雍丘、城皋、荥阳、葵、陵观、邢丘、鹿、鳌	平阳(2)、杨氏、陉城、涅、铜鞮、路、涉、武始、长子

续表

公元前	齐		魏								鲁	卫	郑	宋	晋	周	韩			
			西部区域(主要指魏河西、河东地区)				东部区域(指魏河内及黄河以南的地区)													
	东境、南境	西境	西境	北境	东境	南境	西境	北境	东境	南境							西境	南境	东境	北境
345	即墨、廪丘、平阴、平陆、桑丘(1)、阳关、薛、刚、寿、阳晋(1)、都、郕、毌丘、最	灵丘、阿、博陵、聊城、薛陵、马陵(1)、麦丘、昌城、饶安	合阳、阴晋、武堵、雕阴、汾阴、皮氏、漆垣、临晋、元里	蒲子、平周	垣、曲沃(1)、绛、皮牢	陕、岸门、焦、曲沃(2)、蒲阪、阳晋(2)、封陵、吴、安邑	酸枣、卷、蔡、长社、中阳(1)、新垣、曲阳、安城、温、修武、高都、山阳、衍、怀、轵	邺、繁阳、伯阳、几、防陵、安阳、宁新中、汲、燕、虚、朝歌、黄城、列人、肥、中牟、泫氏、濩泽	观、平阳(1)、煮枣、蒲阳、暘、有诡、仁、小黄、承匡、平丘、户牖、首垣、襄陵	襄城、大梁、启封、长平(1)、鲁阳、马陵(2)、仪台、朱	单父、曲阜、费、兰陵、南武城	濮阳、刚平	亡	睢阳、彭城、济阳、方与、留、铚、胡陵、砀、萧、相、陶、蒙、黄池	屯留	河南、洛阳、榖城、平阴、偃师、巩、缑氏	宜阳、卢氏、石章、武遂、皋落	阳翟、纶氏、新城(1)、伊阙、宛、鲁关、华阳(1)、阳城(1)、负黍、郑、京、鄢、雍氏、高都、利	修鱼、垣雍、阳、向、注人、少曲、野王、雍丘、城皋、荥阳、葵、陵观、邢丘、鹿、鳌	平阳(2)、杨氏、陉城、涅、铜鞮、路、涉、武始、长子
344	即墨、廪丘、平阴、平陆、桑丘(1)、阳关、薛、刚、寿、阳晋(1)、都、郕、毌丘、最	灵丘、阿、博陵、聊城、薛陵、马陵(1)、麦丘、昌城、饶安	合阳、阴晋、武堵、雕阴、汾阴、皮氏、漆垣、临晋、元里	蒲子、平周	垣、曲沃(1)、绛、皮牢	陕、岸门、焦、曲沃(2)、蒲阪、阳晋(2)、封陵、吴、安邑	酸枣、卷、蔡、长社、中阳(1)、新垣、曲阳、安城、温、修武、高都、山阳、衍、怀、轵	邺、繁阳、伯阳、几、防陵、安阳、宁新中、汲、燕、虚、朝歌、黄城、列人、肥、中牟、泫氏、濩泽	观、平阳(1)、煮枣、蒲阳、暘、有诡、仁、小黄、承匡、平丘、户牖、首垣、襄陵	襄城、大梁、启封、长平(1)、鲁阳、马陵(2)、仪台、朱	单父、曲阜、费、兰陵、南武城	濮阳、刚平	亡	睢阳、彭城、济阳、方与、留、铚、胡陵、砀、萧、相、陶、蒙、黄池	屯留	河南、洛阳、榖城、平阴、偃师、巩、缑氏	宜阳、卢氏、石章、武遂、皋落	阳翟、纶氏、新城(1)、伊阙、宛、鲁关、华阳(1)、阳城(1)、负黍、郑、京、鄢、雍氏、高都、利	修鱼、垣雍、阳、向、注人、少曲、野王、雍丘、城皋、荥阳、葵、陵观、邢丘、鹿、鳌	平阳(2)、杨氏、陉城、涅、铜鞮、路、涉、武始、长子
341	即墨、廪丘、平阴、平陆、桑丘(1)、阳关、薛、刚、寿、阳晋(1)、都、郕、毌丘、最	灵丘、阿、博陵、聊城、薛陵、马陵(1)、麦丘、昌城、饶安	合阳、阴晋、武堵、雕阴、汾阴、皮氏、漆垣、临晋、元里	蒲子、平周	垣、曲沃(1)、绛、皮牢	陕、岸门、焦、曲沃(2)、蒲阪、阳晋(2)、封陵、吴、安邑	酸枣、卷、蔡、长社、中阳(1)、新垣、曲阳、安城、温、修武、高都、山阳、衍、怀、轵	邺、繁阳、伯阳、几、防陵、安阳、宁新中、汲、燕、虚、朝歌、黄城、列人、肥、中牟、泫氏、濩泽	观、平阳(1)、煮枣、蒲阳、暘、有诡、仁、小黄、承匡、平丘、户牖、首垣、襄陵	襄城、大梁、启封、长平(1)、鲁阳、马陵(2)、仪台、朱	单父、曲阜、费、兰陵、南武城	濮阳、刚平	亡	睢阳、彭城、济阳、方与、留、铚、胡陵、砀、萧、相、陶、蒙、黄池	屯留	河南、洛阳、榖城、平阴、偃师、巩、缑氏	宜阳、卢氏、石章、武遂、皋落	阳翟、纶氏、新城(1)、伊阙、宛、鲁关、华阳(1)、阳城(1)、负黍、郑、京、鄢、雍氏、高都、利	修鱼、垣雍、阳、向、注人、少曲、野王、雍丘、城皋、荥阳、葵、陵观、邢丘、鹿、鳌	平阳(2)、杨氏、陉城、涅、铜鞮、路、涉、武始、长子
340	即墨、廪丘、平阴、平陆、桑丘(1)、阳关、薛、刚、寿、阳晋(1)、都、郕、毌丘、最	灵丘、阿、博陵、聊城、薛陵、马陵(1)、麦丘、昌城、饶安	合阳、阴晋、武堵、雕阴、汾阴、皮氏、漆垣、临晋、元里	蒲子、平周	垣、曲沃(1)、绛、皮牢	陕、岸门、焦、曲沃(2)、蒲阪、阳晋(2)、封陵、吴、安邑	酸枣、卷、蔡、长社、中阳(1)、新垣、曲阳、安城、温、修武、高都、山阳、衍、怀、轵	邺、繁阳、伯阳、几、防陵、安阳、宁新中、汲、燕、虚、朝歌、黄城、列人、肥、中牟、泫氏、濩泽	观、平阳(1)、煮枣、蒲阳、暘、有诡、仁、小黄、承匡、平丘、户牖、首垣、襄陵、济阳?	襄城、大梁、启封、长平(1)、鲁阳、马陵(2)、仪台、朱	单父、曲阜、费、兰陵、南武城	濮阳、刚平	亡	睢阳、彭城、方与、留、铚、胡陵、砀、萧、相、陶、蒙、黄池	屯留	河南、洛阳、榖城、平阴、偃师、巩、缑氏	宜阳、卢氏、石章、武遂、皋落	阳翟、纶氏、新城(1)、伊阙、宛、鲁关、华阳(1)、阳城(1)、负黍、郑、京、鄢、雍氏、高都、利	修鱼、垣雍、阳、向、注人、少曲、野王、雍丘、城皋、荥阳、葵、陵观、邢丘、鹿、鳌	平阳(2)、杨氏、陉城、涅、铜鞮、路、涉、武始、长子

续 表

公元前	齐		魏								鲁	卫	郑	宋	晋	周	韩			
			西部区域(主要指魏河西、河东地区)				东部区域(指魏河内及黄河以南的地区)													
	东境、南境	西境	西境	北境	东境	南境	西境	北境	东境	南境							西境	南境	东境	北境
338	即墨、廪丘、平阴、平陆、桑丘(1)、阳关、薛、刚、寿、阳晋(1)、都、郿、毌丘、最	灵丘、阿、博陵、聊城、薛陵、马陵(1)、麦丘、昌城、饶安	合阳、阴晋、武堵、雕阴、汾阴、皮氏、漆垣、临晋、元里	蒲子、平周	垣、曲沃(1)、绛、皮牢	陕、岸门、焦、曲沃(2)、蒲阪、阳晋(2)、封陵、吴、安邑	酸枣、卷、蔡、长社、中阳(1)、新垣、曲阳、安城、温、修武、高都、山阳、衍、怀、轵	邺、繁阳、伯阳、几、防陵、安阳、宁新中、汲、燕、虚、朝歌、黄城、列人、肥、中牟、泫氏、濩泽	观、平阳(1)、煮枣、蒲阳、暘、有诡、仁、小黄、承匡、平丘、户牖、首垣、襄陵、济阳	襄城、大梁、启封、长平(1)、鲁阳、马陵(2)、仪台、朱	单父、曲阜、费、兰陵、南武城、南武城	濮阳、刚平	亡	睢阳、彭城、方与、留、铚、胡陵、砀、萧、相、陶、蒙、黄池	屯留	河南、洛阳、穀城、平阴、偃师、巩、缑氏	宜阳、卢氏、石章、武遂、皋落	阳翟、纶氏、新城(1)、伊阙、宛、鲁关、华阳(1)、阳城(1)、负黍、郑、京、鄢、雍氏、高都、利	修鱼、垣雍、阳向、注人、少曲、野王、雍丘、城皋、荥阳、葵、陵观、邢丘、鹿、鳌	平阳(2)、杨氏、陉城、涅、铜鞮、路、涉、武始、长子
334	即墨、廪丘、平阴、平陆、桑丘(1)、阳关、薛、刚、寿、阳晋(1)、都、郿、毌丘、最	灵丘、阿、博陵、聊城、薛陵、马陵(1)、麦丘、昌城、饶安	合阳、阴晋、武堵、雕阴、汾阴、皮氏、漆垣、临晋、元里	蒲子、平周	垣、曲沃(1)、绛、皮牢	陕、岸门、焦、曲沃(2)、蒲阪、阳晋(2)、封陵、吴、安邑	酸枣、卷、蔡、长社、中阳(1)、新垣、曲阳、安城、温、修武、高都、山阳、衍、怀、轵	邺、繁阳、伯阳、几、防陵、安阳、宁新中、汲、燕、虚、朝歌、黄城、列人、肥、中牟、泫氏、濩泽	观、平阳(1)、煮枣、蒲阳、暘、有诡、仁、小黄、承匡、平丘、户牖、首垣、襄陵、济阳	襄城、大梁、启封、长平(1)、鲁阳、马陵(2)、仪台、朱	单父、曲阜、费、兰陵、南武城、南武城	濮阳、刚平	亡	睢阳、彭城、方与、留、铚、胡陵、砀、萧、相、陶、蒙、黄池	屯留	河南、洛阳、穀城、平阴、偃师、巩、缑氏	宜阳、卢氏、石章、武遂、皋落	阳翟、纶氏、新城(1)、伊阙、宛、鲁关、华阳(1)、阳城(1)、负黍、郑、京、鄢、雍氏、高都、利	修鱼、垣雍、阳向、注人、少曲、野王、雍丘、城皋、荥阳、葵、陵观、邢丘、鹿、鳌	平阳(2)、杨氏、陉城、涅、铜鞮、路、涉、武始、长子
332	即墨、廪丘、平阴、平陆、桑丘(1)、阳关、薛、刚、寿、阳晋(1)、都、郿、毌丘、最、南武城?	灵丘、阿、博陵、聊城、薛陵、马陵(1)、麦丘、昌城、饶安、高唐	合阳、雕阴、汾阴、皮氏、漆垣、临晋、元里	蒲子、平周	垣、曲沃(1)、绛、皮牢	陕、岸门、焦、曲沃(2)、蒲阪、阳晋(2)、封陵、吴、安邑	酸枣、卷、蔡、长社、中阳(1)、新垣、曲阳、安城、温、修武、高都、山阳、衍、怀、轵	邺、繁阳、伯阳、几、防陵、安阳、宁新中、汲、燕、虚、朝歌、黄城、列人、肥、中牟、泫氏、濩泽	观、平阳(1)、煮枣、蒲阳、暘、有诡、仁、小黄、承匡、平丘、户牖、首垣、襄陵、济阳	襄城、大梁、启封、长平(1)、鲁阳、马陵(2)、仪台、朱	单父、曲阜、费、兰陵	濮阳、刚平	亡	睢阳、彭城、方与、留、铚、胡陵、砀、萧、相、陶、蒙、黄池	屯留	河南、洛阳、穀城、平阴、偃师、巩、缑氏	宜阳、卢氏、石章、武遂、皋落	阳翟、纶氏、新城(1)、伊阙、宛、鲁关、华阳(1)、阳城(1)、负黍、郑、京、鄢、雍氏、高都、利	修鱼、垣雍、阳向、注人、少曲、野王、雍丘、城皋、荥阳、葵、陵观、邢丘、鹿、鳌	平阳(2)、杨氏、陉城、涅、铜鞮、路、涉、武始、长子
330	即墨、廪丘、平阴、平陆、桑丘(1)、阳关、薛、刚、寿、阳晋(1)、都、郿、毌丘、最、南武城?	灵丘、阿、博陵、聊城、薛陵、马陵(1)、麦丘、昌城、饶安、高唐	汾阴、皮氏、漆垣	蒲子、平周	垣、曲沃(1)、绛、皮牢	陕、岸门、焦、曲沃(2)、蒲阪、阳晋(2)、封陵、吴、安邑	酸枣、卷、蔡、长社、中阳(1)、新垣、曲阳、安城、温、修武、高都、山阳、衍、怀、轵	邺、繁阳、伯阳、几、防陵、安阳、宁新中、汲、燕、虚、朝歌、黄城、列人、肥、中牟、泫氏、濩泽	观、平阳(1)、煮枣、蒲阳、暘、有诡、仁、小黄、承匡、平丘、户牖、首垣、襄陵、济阳	襄城、大梁、启封、长平(1)、鲁阳、马陵(2)、仪台、朱	单父、曲阜、费、兰陵	濮阳、刚平	亡	睢阳、彭城、方与、留、铚、胡陵、砀、萧、相、陶、蒙、黄池	屯留	河南、洛阳、穀城、平阴、偃师、巩、缑氏	宜阳、卢氏、石章、武遂、皋落	阳翟、纶氏、新城(1)、伊阙、宛、鲁关、华阳(1)、阳城(1)、负黍、郑、京、鄢、雍氏、高都、利	修鱼、垣雍、阳向、注人、少曲、野王、雍丘、城皋、荥阳、葵、陵观、邢丘、鹿、鳌	平阳(2)、杨氏、陉城、涅、铜鞮、路、涉、武始、长子

续 表

公元前	齐		魏								鲁	卫	郑	宋	晋	周	韩			
			西部区域(主要指魏河西、河东地区)				东部区域(指魏河内及黄河以南的地区)													
	东境、南境	西境	西境	北境	东境	南境	西境	北境	东境	南境							西境	南境	东境	北境
329	即墨、廪丘、平阴、平陆、桑丘(1)、阳关、薛、刚、寿、阳晋(1)、都、郕、毌丘、最、南武城?	灵丘、阿、博陵、聊城、薛陵、马陵(1)、麦丘、昌城、饶安、高唐	漆垣	蒲子、平周	垣、曲沃(1)、绛、皮牢	陕(部分)、岸门、蒲阪、阳晋(2)、封陵、吴、安邑	酸枣、卷、蔡、长社、中阳(1)、新垣、曲阳、安城、温、修武、高都、山阳、衍、怀、轵	邺、繁阳、伯阳、儿、防陵、安阳、宁新中、汲、燕、虚、朝歌、黄城、列人、肥、中牟、泫氏、濩泽	观、平阳(1)、煮枣、蒲阳、畼、有诡、仁、小黄、承匡、平丘、户牖、首垣、襄陵、济阳	襄城、大梁、启封、长平(1)、鲁阳、马陵(2)、仪台、朱、上蔡	单父、曲阜、费、兰陵	濮阳、刚平	亡	睢阳、彭城、方与、留、铚、胡陵、砀、萧、相、陶、蒙、黄池	屯留	河南、洛阳、穀城、平阴、偃师、巩、缑氏	宜阳、卢氏、石章、武遂、皋落	阳翟、纶氏、新城(1)、伊阙、宛、鲁关、华阳(1)、阳城(1)、负黍、郑、京、鄢、雍氏、高都、利	修鱼、垣雍、阳、向、注人、少曲、野王、雍丘、城皋、荥阳、葵、陵观、邢丘、鹿、鳌	平阳(2)、杨氏、陉城、涅、铜鞮、路、涉、武始、长子
328	即墨、廪丘、平阴、平陆、桑丘(1)、阳关、薛、刚、寿、阳晋(1)、都、郕、毌丘、最、南武城?	灵丘、阿、博陵、聊城、薛陵、马陵(1)、麦丘、昌城、饶安、高唐		平周	垣、曲沃(1)、绛、皮牢	陕(部分)、岸门、蒲阪、阳晋(2)、封陵、吴、安邑、焦、曲沃(2)	酸枣、卷、蔡、长社、中阳(1)、新垣、曲阳、安城、温、修武、高都、山阳、衍、怀、轵	邺、繁阳、伯阳、儿、防陵、安阳、宁新中、汲、燕、虚、朝歌、黄城、列人、肥、中牟、泫氏、濩泽	观、平阳(1)、煮枣、蒲阳、畼、有诡、仁、小黄、承匡、平丘、户牖、首垣、襄陵、济阳	襄城、大梁、启封、长平(1)、鲁阳、马陵(2)、仪台、朱、上蔡	单父、曲阜、费、兰陵	濮阳、刚平		睢阳、彭城、方与、留、铚、胡陵、砀、萧、相、陶、蒙、黄池	屯留	河南、洛阳、穀城、平阴、偃师、巩、缑氏	宜阳、卢氏、石章、武遂、皋落	阳翟、纶氏、新城(1)、伊阙、宛、鲁关、华阳(1)、阳城(1)、负黍、郑、京、鄢、雍氏、高都、利	修鱼、垣雍、阳、向、注人、少曲、野王、雍丘、城皋、荥阳、葵、陵观、邢丘、鹿、鳌	平阳(2)、杨氏、陉城、涅、铜鞮、路、涉、武始、长子
326	即墨、廪丘、平阴、平陆、桑丘(1)、阳关、薛、刚、寿、阳晋(1)、都、郕、毌丘、最、南武城?	灵丘、阿、博陵、聊城、薛陵、马陵(1)、麦丘、昌城、饶安、高唐		平周	垣、曲沃(1)、绛、皮牢	陕(部分)、岸门、蒲阪、阳晋(2)、封陵、吴、安邑、焦、曲沃(2)	酸枣、卷、蔡、长社、中阳(1)、新垣、曲阳、安城、温、修武、高都、山阳、衍、怀、轵	邺、繁阳、伯阳、儿、防陵、安阳、宁新中、汲、燕、虚、朝歌、黄城、列人、肥、中牟、泫氏、濩泽	观、平阳(1)、煮枣、蒲阳、畼、有诡、仁、小黄、承匡、平丘、户牖、首垣、襄陵、济阳	襄城、大梁、启封、长平(1)、鲁阳、马陵(2)、仪台、朱、上蔡	单父、曲阜、费、兰陵	濮阳、刚平	亡	睢阳、彭城、方与、留、铚、胡陵、砀、萧、相、陶、蒙、黄池	屯留	河南、洛阳、穀城、平阴、偃师、巩、缑氏	宜阳、卢氏、石章、武遂、皋落	阳翟、纶氏、新城(1)、伊阙、宛、鲁关、华阳(1)、阳城(1)、负黍、郑、京、鄢、雍氏、高都、利	修鱼、垣雍、阳、向、注人、少曲、野王、雍丘、城皋、荥阳、葵、陵观、邢丘、鹿、鳌	平阳(2)、杨氏、陉城、涅、铜鞮、路、涉、武始、长子
325	即墨、廪丘、平阴、平陆、桑丘(1)、阳关、薛、刚、寿、阳晋(1)、都、郕、毌丘、最、南武城	灵丘、阿、博陵、聊城、薛陵、马陵(1)、麦丘、昌城、饶安、高唐、平邑(1)、新城(2)		平周	垣、曲沃(1)、绛、皮牢	岸门、蒲阪、阳晋(2)、封陵、吴、安邑、焦、曲沃(2)	酸枣、卷、蔡、长社、中阳(1)、新垣、曲阳、安城、温、修武、高都、山阳、衍、怀、轵	邺、繁阳、伯阳、儿、防陵、安阳、宁新中、汲、燕、虚、朝歌、黄城、列人、肥、中牟、泫氏、濩泽	观、平阳(1)、煮枣、蒲阳、畼、有诡、仁、小黄、承匡、平丘、户牖、首垣、襄陵、济阳	襄城、大梁、启封、长平(1)、鲁阳、马陵(2)、仪台、朱、上蔡	单父、曲阜、费、兰陵	濮阳、刚平	亡	睢阳、彭城、方与、留、铚、胡陵、砀、萧、相、陶、蒙、黄池	屯留	河南、洛阳、穀城、平阴、偃师、巩、缑氏	宜阳、石章、武遂、皋落	阳翟、纶氏、新城(1)、伊阙、宛、鲁关、华阳(1)、阳城(1)、负黍、郑、京、鄢、雍氏、高都、利	修鱼、垣雍、阳、向、注人、少曲、野王、雍丘、城皋、荥阳、葵、陵观、邢丘、鹿、鳌	平阳(2)、杨氏、陉城、涅、铜鞮、路、涉、武始、长子

续 表

公元前	齐		魏								鲁	卫	郑	宋	晋	周	韩			
			西部区域(主要指魏河西、河东地区)				东部区域(指魏河内及黄河以南的地区)													
	东境、南境	西境	西境	北境	东境	南境	西境	北境	东境	南境							西境	南境	东境	北境
323	即墨、廪丘、平阴、平陆、桑丘(1)、阳关、薛、刚、寿、阳晋(1)、都、郕、毌丘、最、南武城	灵丘、阿、博陵、聊城、薛陵、马陵(1)、麦丘、昌城、饶安、高唐、平邑(1)、新城(2)		平周	垣、曲沃(1)、绛、皮牢	岸门、蒲阪、阳晋(2)、封陵、吴、安邑、焦、曲沃(2)	酸枣、卷、蔡、长社、中阳(1)、新垣、曲阳、安城、温、修武、高都、山阳、衍、怀、轵	邺、繁阳、伯阳、几、防陵、安阳、宁新中、汲、燕、虚、朝歌、黄城、列人、肥、中牟、泫氏、濩泽	观、平阳(1)、煮枣、蒲阳、畼、有诡、仁、小黄、承匡、平丘、户牖、首垣、济阳	襄城、大梁、启封、长平(1)、鲁阳、马陵(2)、仪台、朱、上蔡	单父、曲阜、费、兰陵	濮阳、刚平		睢阳、彭城、方与、留、铚、胡陵、砀、萧、相、陶、蒙、黄池	屯留	河南、洛阳、縠城、平阴、偃师、巩、缑氏	宜阳、石章、武遂、皋落	阳翟、纶氏、新城(1)、伊阙、宛、鲁关、华阳(1)、阳城(1)、负黍、郑、京、鄢、雍氏、高都、利	修鱼、垣雍、阳向、注人、少曲、野王、雍丘、城皋、荥阳、葵、陵观、邢丘、鹿、鳌	平阳(2)、杨氏、陉城、涅、铜鞮、路、涉、武始、长子
322	即墨、廪丘、平阴、平陆、桑丘(1)、阳关、薛、刚、寿、阳晋(1)、都、郕、毌丘、最、南武城	灵丘、阿、博陵、聊城、薛陵、马陵(1)、麦丘、昌城、饶安、高唐、平邑(1)、新城(2)			垣、绛、皮牢	岸门、蒲阪、阳晋(2)、封陵、吴、安邑、焦、曲沃(2)	酸枣、卷、蔡、长社、中阳(1)、新垣、曲阳、安城、温、修武、高都、山阳、衍、怀、轵	邺、繁阳、伯阳、几、防陵、安阳、宁新中、汲、燕、虚、朝歌、黄城、列人、肥、中牟、泫氏、濩泽	观、平阳(1)、煮枣、蒲阳、畼、有诡、仁、小黄、承匡、平丘、户牖、首垣、济阳	襄城、大梁、启封、长平(1)、鲁阳、马陵(2)、仪台、朱、上蔡	单父、曲阜、费、兰陵	濮阳、刚平	亡	睢阳、彭城、方与、留、铚、胡陵、砀、萧、相、陶、蒙、黄池	屯留	河南、洛阳、縠城、平阴、偃师、巩、缑氏	宜阳、石章、武遂、皋落	阳翟、纶氏、新城(1)、伊阙、宛、鲁关、华阳(1)、阳城(1)、负黍、郑、京、鄢、雍氏、高都、利	修鱼、垣雍、阳向、注人、少曲、野王、雍丘、城皋、荥阳、葵、陵观、邢丘、鹿、鳌	平阳(2)、杨氏、陉城、涅、铜鞮、路、涉、武始、长子
319	即墨、廪丘、平阴、平陆、桑丘(1)、阳关、薛、刚、寿、阳晋(1)、都、郕、毌丘、最、南武城	灵丘、阿、博陵、聊城、薛陵、马陵(1)、麦丘、昌城、饶安、高唐、平邑(1)、新城(2)			垣、绛、皮牢	岸门、蒲阪、阳晋(2)、封陵、吴、安邑、焦、曲沃(2)	酸枣、卷、蔡、长社、中阳(1)、新垣、曲阳、安城、温、修武、高都、山阳、衍、怀、轵	邺、繁阳、伯阳、几、防陵、安阳、宁新中、汲、燕、虚、朝歌、黄城、列人、肥、中牟、泫氏、濩泽	观、平阳(1)、煮枣、蒲阳、畼、有诡、仁、小黄、承匡、平丘、户牖、首垣、济阳	襄城、大梁、启封、长平(1)、鲁阳、马陵(2)、仪台、朱、上蔡	单父、曲阜、费、兰陵	濮阳、刚平	亡	睢阳、彭城、方与、留、铚、胡陵、砀、萧、相、陶、蒙、黄池	晋亡?	河南、洛阳、縠城、平阴、偃师、巩、缑氏	宜阳、石章、武遂、皋落	阳翟、纶氏、新城(1)、伊阙、宛、鲁关、华阳(1)、阳城(1)、负黍、郑、京、鄢、雍氏、高都、利	修鱼、垣雍、阳向、注人、少曲、野王、雍丘、城皋、荥阳、葵、陵观、邢丘、鹿、鳌	平阳(2)、杨氏、陉城、涅、铜鞮、路、涉、武始、长子、屯留
316	即墨、廪丘、平阴、平陆、桑丘(1)、阳关、薛、刚、寿、阳晋(1)、都、郕、毌丘、最、南武城	灵丘、阿、博陵、聊城、薛陵、马陵(1)、麦丘、昌城、饶安、高唐、平邑(1)、新城(2)			垣、绛、皮牢	岸门、蒲阪、阳晋(2)、封陵、吴、安邑、焦、曲沃(2)	酸枣、卷、蔡、长社、中阳(1)、新垣、曲阳、安城、温、修武、高都、山阳、衍、怀、轵	邺、繁阳、伯阳、几、防陵、安阳、宁新中、汲、燕、虚、朝歌、黄城、列人、肥、中牟、泫氏、濩泽	观、平阳(1)、煮枣、蒲阳、畼、有诡、仁、小黄、承匡、平丘、户牖、首垣、济阳	襄城、大梁、启封、长平(1)、鲁阳、马陵(2)、仪台、朱、上蔡	单父、曲阜、费、兰陵	濮阳、刚平	亡	睢阳、彭城、方与、留、铚、胡陵、砀、萧、相、陶、蒙、黄池	亡	河南、洛阳、縠城、平阴、偃师、巩、缑氏	宜阳、石章、武遂、皋落	阳翟、纶氏、伊阙、宛、鲁关、华阳(1)、阳城(1)、负黍、郑、京、鄢、雍氏、高都、利	修鱼、垣雍、阳向、注人、少曲、野王、雍丘、城皋、荥阳、葵、陵观、邢丘、鹿、鳌	平阳(2)、杨氏、陉城、涅、铜鞮、路、涉、武始、长子、屯留

续表

公元前	齐		魏								鲁	卫	郑	宋	晋	周	韩			
			西部区域(主要指魏河西、河东地区)				东部区域(指魏河内及黄河以南的地区)													
	东境、南境	西境	西境	北境	东境	南境	西境	北境	东境	南境							西境	南境	东境	北境
315	即墨、廪丘、平阴、平陆、桑丘(1)、阳关、薛、刚、寿、阳晋(1)、都、郿、毋丘、最、南武城	灵丘、阿、博陵、聊城、薛陵、马陵(1)、麦丘、昌城、饶安、高唐、平邑(1)、新城(2)			垣、绛、皮牢	岸门、蒲阪、阳晋(2)、封陵、吴、安邑、焦、曲沃(2)	酸枣、卷、蔡、长社、中阳(1)、新垣、曲阳、安城、温、修武、高都、山阳、衍、怀、轵、阳(更名河雍)、向(更名高平)	邺、繁阳、伯阳、几、防陵、安阳、宁新中、汲、燕、虚、朝歌、黄城、列人、肥、中牟、泫氏、濩泽	观、平阳(1)、煮枣、蒲阳、畅、有诡、仁、小黄、承匡、平丘、户牖、首垣、济阳	襄城、大梁、启封、长平(1)、鲁阳、马陵(2)、仪台、朱、上蔡	单父、曲阜、费、兰陵	濮阳、刚平	亡	睢阳、彭城、方与、留、铚、胡陵、砀、萧、相、陶、蒙、黄池	亡	河南、洛阳、榖城、平阴、偃师、巩、缑氏	宜阳、武遂、皋落	阳翟、纶氏、伊阙、宛、鲁关、华阳(1)、阳城(1)、负黍、郑、京、鄢、雍氏、高都、利	修鱼、垣雍、注人、少曲、野王、雍丘、城皋、荥阳、葵、陵观、邢丘、鹿、鳌	平阳(2)、杨氏、陉城、涅、铜鞮、路、涉、武始、长子、屯留
314	即墨、廪丘、平阴、平陆、桑丘(1)、阳关、薛、刚、寿、阳晋(1)、都、郿、毋丘、最、南武城	灵丘、阿、博陵、聊城、薛陵、马陵(1)、麦丘、昌城、饶安、高唐、平邑(1)、新城(2)			垣、绛、皮牢	蒲阪、阳晋(2)、封陵、吴、安邑	酸枣、卷、蔡、长社、中阳(1)、新垣、曲阳、安城、温、修武、高都、山阳、衍、怀、轵、河雍	邺、繁阳、伯阳、几、防陵、安阳、宁新中、汲、燕、虚、朝歌、黄城、列人、肥、中牟、泫氏、濩泽	观、平阳(1)、煮枣、蒲阳、畅、有诡、仁、小黄、承匡、平丘、户牖、首垣、济阳	襄城、大梁、启封、长平(1)、鲁阳、马陵(2)、仪台、朱、上蔡	单父、曲阜、费、兰陵	濮阳、刚平	亡	睢阳、彭城、方与、留、铚、胡陵、砀、萧、相、陶、蒙、黄池	亡	河南、洛阳、榖城、平阴、偃师、巩、缑氏	宜阳、武遂、皋落	阳翟、纶氏、伊阙、宛、鲁关、华阳(1)、阳城(1)、负黍、郑、京、鄢、雍氏、高都、利	修鱼、垣雍、注人、少曲、野王、雍丘、城皋、荥阳、葵、陵观、邢丘、鹿、鳌、高平?	平阳(2)、杨氏、陉城、涅、铜鞮、路、涉、武始、长子、屯留
313	即墨、廪丘、平阴、平陆、桑丘(1)、阳关、薛、刚、寿、阳晋(1)、都、郿、毋丘、最、南武城	灵丘、阿、博陵、聊城、薛陵、马陵(1)、麦丘、昌城、饶安、高唐、平邑(1)、新城(2)			垣、绛、皮牢	蒲阪、阳晋(2)、封陵、吴、安邑	酸枣、卷、蔡、长社、中阳(1)、新垣、曲阳、安城、温、修武、高都、山阳、衍、怀、轵、河雍	邺、繁阳、伯阳、几、防陵、安阳、宁新中、汲、燕、虚、朝歌、黄城、列人、肥、中牟、泫氏、濩泽	观、平阳(1)、煮枣、蒲阳、畅、有诡、仁、小黄、承匡、平丘、户牖、首垣、济阳	襄城、大梁、启封、长平(1)、鲁阳、马陵(2)、仪台、朱、上蔡	单父、曲阜、费、兰陵	濮阳、刚平	亡	睢阳、彭城、方与、留、铚、胡陵、砀、萧、相、陶、蒙、黄池	亡	河南、洛阳、榖城、平阴、偃师、巩、缑氏	宜阳、武遂、皋落	阳翟、纶氏、伊阙、宛、鲁关、华阳(1)、阳城(1)、负黍、郑、京、鄢、雍氏、高都、利	修鱼、垣雍、注人、少曲、野王、雍丘、城皋、荥阳、葵、陵观、邢丘、鹿、鳌、高平?	平阳(2)、杨氏、陉城、涅、铜鞮、路、涉、武始、长子、屯留
312	即墨、廪丘、平阴、平陆、桑丘(1)、阳关、薛、刚、寿、阳晋(1)、都、郿、毋丘、最、南武城	灵丘、阿、博陵、聊城、薛陵、马陵(1)、麦丘、昌城、饶安、高唐、平邑(1)、新城(2)			垣、绛、皮牢	蒲阪、阳晋(2)、封陵、吴、安邑	酸枣、卷、蔡、长社、中阳(1)、新垣、曲阳、安城、温、修武、高都、山阳、衍、怀、轵、河雍	邺、繁阳、伯阳、几、防陵、安阳、宁新中、汲、燕、虚、朝歌、黄城、列人、肥、中牟、泫氏、濩泽	观、平阳(1)、煮枣、蒲阳、畅、有诡、仁、小黄、承匡、平丘、户牖、首垣、济阳	襄城、大梁、启封、长平(1)、鲁阳、马陵(2)、仪台、朱、上蔡	单父、曲阜、费、兰陵	濮阳、刚平	亡	睢阳、彭城、方与、留、铚、胡陵、砀、萧、相、陶、蒙、黄池	亡	河南、洛阳、榖城、平阴、偃师、巩、缑氏	宜阳、武遂、皋落	阳翟、纶氏、伊阙、宛、鲁关、华阳(1)、阳城(1)、负黍、郑、京、鄢、雍氏、高都、利	修鱼、垣雍、注人、少曲、野王、雍丘、城皋、荥阳、葵、陵观、邢丘、鹿、鳌、高平	平阳(2)、杨氏、陉城、涅、铜鞮、路、涉、武始、长子、屯留

续 表

公元前	齐		魏								鲁	卫	郑	宋	晋	周	韩			
			西部区域(主要指魏河西、河东地区)				东部区域(指魏河内及黄河以南的地区)													
	东境、南境	西境	西境	北境	东境	南境	西境	北境	东境	南境							西境	南境	东境	北境
311	即墨、廪丘、平阴、平陆、桑丘(1)、阳关、薛、刚、寿、阳晋(1)、都、鄗、毌丘、最、南武城	灵丘、阿、博陵、聊城、薛陵、马陵(1)、麦丘、昌城、饶安、高唐、平邑(1)、新城(2)			垣、绛、皮牢	蒲阪、阳晋(2)、封陵、吴、安邑	酸枣、卷、蔡、长社、中阳(1)、新垣、曲阳、安城、温、修武、高都、山阳、衍、怀、轵、河雍	邺、繁阳、伯阳、几、防陵、安阳、宁新中、汲、燕、虚、朝歌、黄城、列人、肥、中牟、泫氏、濩泽	观、平阳(1)、煮枣、蒲阳、畼、有诡、仁、小黄、承匡、平丘、户牖、首垣、济阳	襄城、大梁、启封、长平(1)、鲁阳、马陵(2)、仪台、朱、上蔡	单父、曲阜、费、兰陵	濮阳、刚平	亡	睢阳、彭城、方与、留、铚、胡陵、砀、萧、相、陶、蒙、黄池	亡	河南、洛阳、穀城、平阴、偃师、巩、缑氏	宜阳、武遂、皋落	阳翟、纶氏、伊阙、宛、鲁关、华阳(1)、阳城(1)、负黍、郑、京、鄢、雍氏、高都、利	修鱼、垣雍、注人、少曲、野王、雍丘、城皋、荥阳、葵陵、观、邢丘、鹿、鳌、高平	平阳(2)、杨氏、陉城、涅、铜鞮、路、涉、武始、长子、屯留
308	即墨、廪丘、平阴、平陆、桑丘(1)、阳关、薛、刚、寿、阳晋(1)、都、鄗、毌丘、最、南武城	灵丘、阿、博陵、聊城、薛陵、马陵(1)、麦丘、昌城、饶安、高唐、平邑(1)、新城(2)			垣、绛、皮牢	蒲阪、阳晋(2)、封陵、吴、安邑	酸枣、卷、蔡、长社、中阳(1)、新垣、曲阳、安城、温、修武、高都、山阳、衍、怀、轵、河雍	邺、繁阳、伯阳、几、防陵、安阳、宁新中、汲、燕、虚、朝歌、黄城、列人、肥、中牟、泫氏、濩泽	观、平阳(1)、煮枣、蒲阳、畼、有诡、仁、小黄、承匡、平丘、户牖、首垣、济阳	襄城、大梁、启封、长平(1)、鲁阳、马陵(2)、仪台、朱、上蔡	单父、曲阜、费、兰陵	濮阳、刚平	亡	睢阳、彭城、方与、留、铚、胡陵、砀、萧、相、陶、蒙、黄池	亡	河南、洛阳、穀城、平阴、偃师、巩、缑氏	宜阳、武遂、皋落	阳翟、纶氏、伊阙、宛、鲁关、华阳(1)、阳城(1)、负黍、郑、京、鄢、雍氏、高都、利	修鱼、垣雍、注人、少曲、野王、雍丘、城皋、荥阳、葵陵、观、邢丘、鹿、鳌、高都、利、高平	平阳(2)、杨氏、陉城、涅、铜鞮、路、涉、武始、长子、屯留、端氏
307	即墨、廪丘、平阴、平陆、桑丘(1)、阳关、薛、刚、寿、阳晋(1)、都、鄗、毌丘、最、南武城	灵丘、阿、博陵、聊城、薛陵、马陵(1)、麦丘、昌城、饶安、高唐、平邑(1)、新城(2)	皮氏		垣、绛、皮牢	蒲阪、阳晋(2)、封陵、吴、安邑	酸枣、卷、蔡、长社、中阳(1)、新垣、曲阳、安城、温、修武、高都、山阳、衍、怀、轵、河雍	邺、繁阳、伯阳、几、防陵、安阳、宁新中、汲、燕、虚、朝歌、黄城、列人、肥、中牟、泫氏、濩泽	观、平阳(1)、煮枣、蒲阳、畼、有诡、仁、小黄、承匡、平丘、户牖、首垣、济阳	襄城、大梁、启封、长平(1)、鲁阳、马陵(2)、仪台、朱、上蔡	单父、曲阜、费、兰陵	濮阳、刚平	亡	睢阳、彭城、方与、留、铚、胡陵、砀、萧、相、陶、蒙、黄池	亡	河南、洛阳、穀城、平阴、偃师、巩、缑氏	皋落	阳翟、纶氏、伊阙、宛、鲁关、华阳(1)、阳城(1)、负黍、郑、京、鄢、雍氏、高都、利	修鱼、垣雍、注人、少曲、野王、雍丘、城皋、荥阳、葵陵、观、邢丘、鹿、鳌、高都、利、高平	平阳(2)、杨氏、陉城、涅、铜鞮、路、涉、武始、长子、屯留、端氏
306	即墨、廪丘、平阴、平陆、桑丘(1)、阳关、薛、刚、寿、阳晋(1)、都、鄗、毌丘、最、南武城	灵丘、阿、博陵、聊城、薛陵、马陵(1)、麦丘、昌城、饶安、高唐、平邑(1)、新城(2)	皮氏		垣、绛、皮牢	蒲阪、阳晋(2)、封陵、吴、安邑	酸枣、卷、蔡、长社、中阳(1)、新垣、曲阳、安城、温、修武、高都、山阳、衍、怀、轵、河雍	邺、繁阳、伯阳、几、防陵、安阳、宁新中、汲、燕、虚、朝歌、黄城、列人、肥、中牟、泫氏、濩泽	观、平阳(1)、煮枣、蒲阳、畼、有诡、仁、小黄、承匡、平丘、户牖、首垣、济阳	襄城、大梁、启封、长平(1)、鲁阳、马陵(2)、仪台、朱、上蔡	单父、曲阜、费、兰陵	濮阳、刚平	亡	睢阳、彭城、方与、留、铚、胡陵、砀、萧、相、陶、蒙、黄池	亡	河南、洛阳、穀城、平阴、偃师、巩、缑氏	武遂、皋落	阳翟、纶氏、伊阙、宛、鲁关、华阳(1)、阳城(1)、负黍、郑、京、鄢、雍氏、高都、利	修鱼、垣雍、注人、少曲、野王、雍丘、城皋、荥阳、葵陵、观、邢丘、鹿、鳌、高平	平阳(2)、杨氏、陉城、涅、铜鞮、路、涉、武始、长子、屯留、端氏

续　表

公元前	齐		魏								鲁	卫	郑	宋	晋	周	韩			
			西部区域（主要指魏河西、河东地区）				东部区域（指魏河内及黄河以南的地区）													
	东境、南境	西境	西境	北境	东境	南境	西境	北境	东境	南境							西境	南境	东境	北境
305	即墨、廪丘、平阴、平陆、桑丘(1)、阳关、薛、刚、寿、阳晋(1)、都、郕、毋丘、最、南武城	灵丘、阿、博陵、聊城、薛陵、马陵(1)、麦丘、昌城、饶安、高唐、平邑(1)、新城(2)	皮氏		垣、绛、皮牢	蒲阪、阳晋(2)、封陵、吴、安邑	酸枣、卷、蔡、长社、中阳(1)、新垣、曲阳、安城、温、修武、高都、山阳、衍、怀、轵、河雍	邺、繁阳、伯阳、几、防陵、安阳、宁新中、汲、燕、虚、朝歌、黄城、列人、肥、中牟、泫氏、濩泽	观、平阳(1)、煮枣、蒲阳、暘、有诡、仁、小黄、承匡、平丘、户牖、首垣、济阳	襄城、大梁、启封、长平(1)、鲁阳、马陵(2)、仪台、朱、上蔡	单父、曲阜、费、兰陵	濮阳、刚平	亡	睢阳、彭城、方与、留、铚、胡陵、砀、萧、相、陶、蒙、黄池	亡	河南、洛阳、穀城、平阴、偃师、巩、缑氏	武遂、皋落	阳翟、纶氏、伊阙、宛、鲁关、华阳(1)、阳城(1)、负黍、郑、京、鄢、雍氏、高都、利	修鱼、垣雍、注人、少曲、野王、雍丘、城皋、荥阳、葵、陵观、邢丘、鹿、鳌、高平	平阳(2)、杨氏、陉城、涅、铜鞮、路、涉、武始、长子、屯留、端氏
304	即墨、廪丘、平阴、平陆、桑丘(1)、阳关、薛、刚、寿、阳晋(1)、都、郕、毋丘、最、南武城	灵丘、阿、博陵、聊城、薛陵、马陵(1)、麦丘、昌城、饶安、高唐、平邑(1)、新城(2)	皮氏		垣、绛、皮牢	蒲阪、阳晋(2)、封陵、吴、安邑	酸枣、卷、蔡、长社、中阳(1)、新垣、曲阳、安城、温、修武、高都、山阳、衍、怀、轵、河雍	邺、繁阳、伯阳、几、防陵、安阳、宁新中、汲、燕、虚、朝歌、黄城、列人、肥、中牟、泫氏、濩泽	观、平阳(1)、煮枣、蒲阳、暘、有诡、仁、小黄、承匡、平丘、户牖、首垣、济阳	襄城、大梁、启封、长平(1)、鲁阳、马陵(2)、仪台、朱、上蔡	单父、曲阜、费、兰陵	濮阳、刚平	亡	睢阳、彭城、方与、留、铚、胡陵、砀、萧、相、陶、蒙、黄池	亡	河南、洛阳、穀城、平阴、偃师、巩、缑氏	武遂、皋落	阳翟、纶氏、伊阙、宛、鲁关、华阳(1)、阳城(1)、负黍、郑、京、鄢、雍氏、高都、利	修鱼、垣雍、注人、少曲、野王、雍丘、城皋、荥阳、葵、陵观、邢丘、鹿、鳌、高平	平阳(2)、杨氏、陉城、涅、铜鞮、路、涉、武始、长子、屯留、端氏
303	即墨、廪丘、平阴、平陆、桑丘(1)、阳关、薛、刚、寿、阳晋(1)、都、郕、毋丘、最、南武城	灵丘、阿、博陵、聊城、薛陵、马陵(1)、麦丘、昌城、饶安、高唐、平邑(1)、新城(2)	皮氏		垣、绛、皮牢	吴、安邑	酸枣、卷、蔡、长社、中阳(1)、新垣、曲阳、安城、温、修武、高都、山阳、衍、怀、轵、河雍	邺、繁阳、伯阳、几、防陵、安阳、宁新中、汲、燕、虚、朝歌、黄城、列人、肥、中牟、泫氏、濩泽	观、平阳(1)、煮枣、蒲阳、暘、有诡、仁、小黄、承匡、平丘、户牖、首垣、济阳	襄城、大梁、启封、长平(1)、鲁阳、马陵(2)、仪台、朱、上蔡	单父、曲阜、费、兰陵	濮阳、刚平	亡	睢阳、彭城、方与、留、铚、胡陵、砀、萧、相、陶、蒙、黄池	亡	河南、洛阳、穀城、平阴、偃师、巩、缑氏	皋落	阳翟、纶氏、伊阙、宛、鲁关、华阳(1)、阳城(1)、负黍、郑、京、鄢、雍氏、高都、利	修鱼、垣雍、注人、少曲、野王、雍丘、葵、陵观、邢丘、鹿、鳌、高平	平阳(2)、杨氏、陉城、涅、铜鞮、路、涉、武始、长子、屯留、端氏
302	即墨、廪丘、平阴、平陆、桑丘(1)、阳关、薛、刚、寿、阳晋(1)、都、郕、毋丘、最、南武城	灵丘、阿、博陵、聊城、薛陵、马陵(1)、麦丘、昌城、饶安、高唐、平邑(1)、新城(2)	皮氏		垣、绛、皮牢	吴、安邑、蒲阪	酸枣、卷、蔡、长社、中阳(1)、新垣、曲阳、安城、温、修武、高都、山阳、衍、怀、轵、河雍	邺、繁阳、伯阳、几、防陵、安阳、宁新中、汲、燕、虚、朝歌、黄城、列人、肥、中牟、泫氏、濩泽	观、平阳(1)、煮枣、蒲阳、暘、有诡、仁、小黄、承匡、平丘、户牖、首垣、济阳	襄城、大梁、启封、长平(1)、鲁阳、马陵(2)、仪台、朱、上蔡	单父、曲阜、费、兰陵	濮阳、刚平	亡	睢阳、彭城、方与、留、铚、胡陵、砀、萧、相、陶、蒙、黄池	亡	河南、洛阳、穀城、平阴、偃师、巩、缑氏	皋落	阳翟、纶氏、伊阙、宛、鲁关、华阳(1)、阳城(1)、负黍、郑、京、鄢、雍氏、高都、利、穰?	修鱼、垣雍、注人、少曲、野王、雍丘、葵、陵观、邢丘、鹿、鳌、高平	平阳(2)、杨氏、陉城、涅、铜鞮、路、涉、武始、长子、屯留、端氏

续 表

公元前	齐		魏								鲁	卫	郑	宋	晋	周	韩			
			西部区域（主要指魏河西、河东地区）				东部区域（指魏河内及黄河以南的地区）													
	东境、南境	西境	西境	北境	东境	南境	西境	北境	东境	南境							西境	南境	东境	北境
301	即墨、廪丘、平阴、平陆、桑丘(1)、阳关、薛、刚、寿、阳晋(1)、都、郕、毌丘、最、南武城	灵丘、阿、博陵、聊城、薛陵、马陵(1)、麦丘、昌城、饶安、高唐、平邑(1)、新城(2)	皮氏		垣、绛、皮牢	吴、安邑、蒲阪	酸枣、卷、蔡、长社、中阳(1)、新垣、曲阳、安城、温、修武、高都、山阳、衍、怀、轵、河雍	邺、繁阳、伯阳、几、防陵、安阳、宁新中、汲、燕、虚、朝歌、黄城、列人、肥、中牟、泫氏、濩泽	观、平阳(1)、煮枣、蒲阳、睗、有诡、仁、小黄、承匡、平丘、户牖、首垣、济阳	襄城、大梁、启封、长平(1)、鲁阳、马陵(2)、仪台、朱、上蔡	单父、曲阜、费、兰陵	濮阳、刚平	亡	睢阳、彭城、方与、留、铚、胡陵、砀、萧、相、陶、蒙、黄池	亡	河南、洛阳、穀城、平阴、偃师、巩、缑氏	皋落	阳翟、纶氏、伊阙、宛、鲁关、华阳(1)、阳城(1)、负黍、郑、京、鄢、雍氏、高都、利	修鱼、垣雍、注人、少曲、野王、雍丘、城皋、荥阳、葵陵、观、邢丘、鹿、鳌、高平	平阳(2)、杨氏、陉城、涅、铜鞮、路、涉、武始、长子、屯留、端氏
300	即墨、廪丘、平阴、平陆、桑丘(1)、阳关、薛、刚、寿、阳晋(1)、都、郕、毌丘、最、南武城	灵丘、阿、博陵、聊城、薛陵、马陵(1)、麦丘、昌城、饶安、高唐、平邑(1)、新城(2)	皮氏		垣、绛、皮牢	吴、安邑、蒲阪	酸枣、卷、蔡、长社、中阳(1)、新垣、曲阳、安城、温、修武、高都、山阳、衍、怀、轵、河雍	邺、繁阳、伯阳、几、防陵、安阳、宁新中、汲、燕、虚、朝歌、黄城、列人、肥、中牟、泫氏、濩泽	观、平阳(1)、煮枣、蒲阳、睗、有诡、仁、小黄、承匡、平丘、户牖、首垣、济阳	襄城、大梁、启封、长平(1)、鲁阳、马陵(2)、仪台、朱、上蔡	单父、曲阜、费、兰陵	濮阳、刚平		睢阳、彭城、方与、留、铚、胡陵、砀、萧、相、陶、蒙、黄池	亡	河南、洛阳、穀城、平阴、偃师、巩、缑氏	皋落	阳翟、纶氏、伊阙、宛、鲁关、华阳(1)、阳城(1)、负黍、郑、京、鄢、雍氏、高都、利	修鱼、垣雍、注人、少曲、野王、雍丘、城皋、荥阳、葵陵、观、邢丘、鹿、鳌、高平	平阳(2)、杨氏、陉城、涅、铜鞮、路、涉、武始、长子、屯留、端氏
299	即墨、廪丘、平阴、平陆、桑丘(1)、阳关、薛、刚、寿、阳晋(1)、都、郕、毌丘、最、南武城	灵丘、阿、博陵、聊城、薛陵、马陵(1)、麦丘、昌城、饶安、高唐、平邑(1)、新城(2)	皮氏		垣、绛、皮牢	吴、安邑、蒲阪	酸枣、卷、蔡、长社、中阳(1)、新垣、曲阳、安城、温、修武、高都、山阳、衍、怀、轵、河雍	邺、繁阳、伯阳、几、防陵、安阳、宁新中、汲、燕、虚、朝歌、黄城、列人、肥、中牟、泫氏、濩泽	观、平阳(1)、煮枣、蒲阳、睗、有诡、仁、小黄、承匡、平丘、户牖、首垣、济阳	襄城、大梁、启封、长平(1)、鲁阳、马陵(2)、仪台、朱、上蔡	单父、曲阜、费、兰陵	濮阳、刚平	亡	睢阳、彭城、方与、留、铚、胡陵、砀、萧、相、陶、蒙、黄池	亡	河南、洛阳、穀城、平阴、偃师、巩、缑氏	皋落	阳翟、纶氏、伊阙、宛、鲁关、华阳(1)、阳城(1)、负黍、郑、京、鄢、雍氏、高都、利、新城(1)	修鱼、垣雍、注人、少曲、野王、雍丘、城皋、荥阳、葵陵、观、邢丘、鹿、鳌、高都、利、高平	平阳(2)、杨氏、陉城、涅、铜鞮、路、涉、武始、长子、屯留、端氏
298	即墨、廪丘、平阴、平陆、桑丘(1)、阳关、薛、刚、寿、阳晋(1)、都、郕、毌丘、最、南武城	灵丘、阿、博陵、聊城、薛陵、马陵(1)、麦丘、昌城、饶安、高唐、平邑(1)、新城(2)	皮氏		垣、绛、皮牢	吴、安邑、蒲阪	酸枣、卷、蔡、长社、中阳(1)、新垣、曲阳、安城、温、修武、高都、山阳、衍、怀、轵、河雍	邺、繁阳、伯阳、几、防陵、安阳、宁新中、汲、燕、虚、朝歌、黄城、列人、肥、中牟、泫氏、濩泽	观、平阳(1)、煮枣、蒲阳、睗、有诡、仁、小黄、承匡、平丘、户牖、首垣、济阳	襄城、大梁、启封、长平(1)、鲁阳、马陵(2)、仪台、朱、上蔡	单父、曲阜、费、兰陵	濮阳、刚平	亡	睢阳、彭城、方与、留、铚、胡陵、砀、萧、相、陶、蒙、黄池	亡	河南、洛阳、穀城、平阴、偃师、巩、缑氏	皋落	阳翟、纶氏、伊阙、宛、鲁关、华阳(1)、阳城(1)、负黍、郑、京、鄢、雍氏、高都、利、新城(1)	修鱼、垣雍、注人、少曲、野王、雍丘、城皋、荥阳、葵陵、观、邢丘、鹿、鳌、高都、利、高平	平阳(2)、杨氏、陉城、涅、铜鞮、路、涉、武始、长子、屯留、端氏

续　表

公元前	齐		魏								鲁	卫	郑	宋	晋	周	韩			
			西部区域(主要指魏河西、河东地区)				东部区域(指魏河内及黄河以南的地区)													
	东境、南境	西境	西境	北境	东境	南境	西境	北境	东境	南境							西境	南境	东境	北境
296	即墨、廪丘、平阴、平陆、桑丘(1)、阳关、薛、刚、寿、阳晋(1)、都、郕、毌丘、最、南武城	灵丘、阿、博陵、聊城、薛陵、马陵(1)、麦丘、昌城、饶安、高唐、平邑(1)、新城(2)	皮氏		垣、绛、皮牢	吴、安邑、蒲阪、封陵	酸枣、卷、蔡、长社、中阳(1)、新垣、曲阳、安城、温、修武、高都、山阳、衍、怀、轵、河雍	邺、繁阳、伯阳、几、防陵、安阳、宁新中、汲、燕、虚、朝歌、黄城、列人、肥、中牟、泫氏、濩泽	观、平阳(1)、煮枣、蒲阳、暘、有诡、仁、小黄、承匡、平丘、户牖、首垣、济阳	襄城、大梁、启封、长平(1)、鲁阳、马陵(2)、仪台、朱、上蔡、陉山、襄城?	单父、曲阜、费、兰陵	濮阳、刚平	亡	睢阳、彭城、方与、留、铚、胡陵、砀、萧、相、陶、蒙、黄池	亡	河南、洛阳、榖城、平阴、偃师、巩、缑氏	武遂、皋落	阳翟、纶氏、伊阙、宛、鲁关、华阳(1)、阳城(1)、负黍、郑、京、鄢、雍氏、高都、利、新城(1)	修鱼、垣雍、注人、少曲、野王、雍丘、城皋、荥阳、葵陵、观、邢丘、鹿、鳌、高都、利、高平	平阳(2)、杨氏、陉城、涅、铜鞮、路、涉、武始、长子、屯留、端氏
295	即墨、廪丘、平阴、平陆、桑丘(1)、阳关、薛、刚、寿、阳晋(1)、都、郕、毌丘、最、南武城	灵丘、阿、博陵、聊城、薛陵、马陵(1)、麦丘、昌城、饶安、高唐、平邑(1)、新城(2)	皮氏		垣、绛、皮牢	吴、安邑、蒲阪、封陵	酸枣、卷、蔡、长社、中阳(1)、新垣、曲阳、安城、温、修武、高都、山阳、衍、怀、轵、河雍	邺、繁阳、伯阳、几、防陵、安阳、宁新中、汲、燕、虚、朝歌、黄城、列人、肥、中牟、泫氏、濩泽	观、平阳(1)、煮枣、蒲阳、暘、有诡、仁、小黄、承匡、平丘、户牖、首垣、济阳	大梁、启封、长平(1)、鲁阳、马陵(2)、仪台、朱、上蔡、陉山	单父、曲阜、费、兰陵	濮阳、刚平	亡	睢阳、彭城、方与、留、铚、胡陵、砀、萧、相、陶、蒙、黄池	亡	河南、洛阳、榖城、平阴、偃师、巩、缑氏	武遂、皋落	阳翟、纶氏、伊阙、宛、鲁关、华阳(1)、阳城(1)、负黍、郑、京、鄢、雍氏、高都、利、新城(1)	修鱼、垣雍、注人、少曲、野王、雍丘、城皋、荥阳、葵陵、观、邢丘、鹿、鳌、高都、利、高平	平阳(2)、杨氏、陉城、涅、铜鞮、路、涉、武始、长子、屯留、端氏
294	即墨、廪丘、平阴、平陆、桑丘(1)、阳关、薛、刚、寿、阳晋(1)、都、郕、毌丘、最、南武城	灵丘、阿、博陵、聊城、薛陵、马陵(1)、麦丘、昌城、饶安、高唐、平邑(1)、新城(2)	皮氏		垣、绛、皮牢	吴、安邑、蒲阪、封陵	酸枣、卷、蔡、长社、中阳(1)、新垣、曲阳、安城、温、修武、高都、山阳、衍、怀、轵、河雍	邺、繁阳、伯阳、几、防陵、安阳、宁新中、汲、燕、虚、朝歌、黄城、列人、肥、中牟、泫氏、濩泽	观、平阳(1)、煮枣、蒲阳、暘、有诡、仁、小黄、承匡、平丘、户牖、首垣、济阳	大梁、启封、长平(1)、鲁阳、马陵(2)、仪台、朱、上蔡、陉山	单父、曲阜、费、兰陵	濮阳、刚平	亡	睢阳、彭城、方与、留、铚、胡陵、砀、萧、相、陶、蒙、黄池	亡	河南、洛阳、榖城、平阴、偃师、巩、缑氏	武遂、皋落	阳翟、纶氏、伊阙、宛、鲁关、华阳(1)、阳城(1)、负黍、郑、京、鄢、雍氏、高都、利、新城(1)	修鱼、垣雍、注人、少曲、野王、雍丘、城皋、荥阳、葵陵、观、邢丘、鹿、鳌、高平	平阳(2)、杨氏、陉城、涅、铜鞮、路、涉、长子、屯留、端氏
293	即墨、廪丘、平阴、平陆、桑丘(1)、阳关、薛、刚、寿、阳晋(1)、都、郕、毌丘、最、南武城	灵丘、阿、博陵、聊城、薛陵、马陵(1)、麦丘、昌城、饶安、高唐、平邑(1)、新城(2)	皮氏		垣、绛、皮牢	吴、安邑、蒲阪、封陵	酸枣、卷、蔡、长社、中阳(1)、新垣、曲阳、安城、温、修武、高都、山阳、衍、怀、轵、河雍	邺、繁阳、伯阳、几、防陵、安阳、宁新中、汲、燕、虚、朝歌、黄城、列人、肥、中牟、泫氏、濩泽	观、平阳(1)、煮枣、蒲阳、暘、有诡、仁、小黄、承匡、平丘、户牖、首垣、济阳	大梁、启封、长平(1)、鲁阳、马陵(2)、仪台、朱、上蔡、陉山	单父、曲阜、费、兰陵	濮阳、刚平	亡	睢阳、彭城、方与、留、铚、胡陵、砀、萧、相、陶、蒙、黄池	亡	河南、洛阳、榖城、平阴、偃师、巩、缑氏	武遂、皋落	阳翟、纶氏、宛、鲁关、华阳(1)、阳城(1)、负黍、郑、京、鄢、雍氏、高都、利、新城(1)	修鱼、垣雍、注人、少曲、野王、雍丘、城皋、荥阳、葵陵、观、邢丘、鹿、鳌、高平	平阳(2)、杨氏、陉城、涅、铜鞮、路、涉、长子、屯留、端氏

续 表

公元前	齐		魏								鲁	卫	郑	宋	晋	周	韩			
			西部区域(主要指魏河西、河东地区)				东部区域(指魏河内及黄河以南的地区)													
	东境、南境	西境	西境	北境	东境	南境	西境	北境	东境	南境							西境	南境	东境	北境
292	即墨、廪丘、平阴、平陆、桑丘(1)、阳关、薛、刚、寿、阳晋(1)、都、郕、毌丘、最、南武城	灵丘、阿、博陵、聊城、薛陵、马陵(1)、麦丘、昌城、饶安、高唐、平邑(1)、新城(2)	皮氏		绛、皮牢	吴、安邑、蒲阪、封陵	酸枣、卷、蔡、长社、中阳(1)、新垣、曲阳、安城、温、修武、高都、山阳、衍、怀、轵、河雍	邺、繁阳、伯阳、几、防陵、安阳、宁新中、汲、燕、虚、朝歌、黄城、列人、肥、中牟、泫氏、濩泽	观、平阳(1)、煮枣、蒲阳、暘、有诡、仁、小黄、承匡、平丘、户牖、首垣、济阳	大梁、启封、长平(1)、鲁阳、马陵(2)、仪台、朱、上蔡、陉山	单父、曲阜、费、兰陵	濮阳、刚平	亡	睢阳、彭城、方与、留、铚、胡陵、砀、萧、相、陶、蒙、黄池	亡	河南、洛阳、榖城、平阴、偃师、巩、缑氏	武遂、皋落	阳翟、纶氏、宛、鲁关、华阳(1)、阳城(1)、负黍、郑、京、鄢、雍氏、高都、利、新城(1)	修鱼、垣雍、注人、少曲、野王、雍丘、城皋、荥阳、葵陵、观、邢丘、鹿、鳌、高平	平阳(2)、杨氏、陉城、涅、铜鞮、路、涉、长子、屯留、端氏
291	即墨、廪丘、平阴、平陆、桑丘(1)、阳关、薛、刚、寿、阳晋(1)、都、郕、毌丘、最、南武城	灵丘、阿、博陵、聊城、薛陵、马陵(1)、麦丘、昌城、饶安、高唐、平邑(1)、新城(2)	皮氏		绛、皮牢	吴、安邑、蒲阪、封陵	酸枣、卷、蔡、长社、中阳(1)、新垣、曲阳、安城、温、修武、高都、山阳、衍、怀、轵、河雍	邺、繁阳、伯阳、几、防陵、安阳、宁新中、汲、燕、虚、朝歌、黄城、列人、肥、中牟、泫氏、濩泽	观、平阳(1)、煮枣、蒲阳、暘、有诡、仁、小黄、承匡、平丘、户牖、首垣、济阳	大梁、启封、长平(1)、鲁阳、马陵(2)、仪台、朱、上蔡、陉山	单父、曲阜、费、兰陵	濮阳、刚平	亡	睢阳、彭城、方与、留、铚、胡陵、砀、萧、相、陶、蒙、黄池	亡	河南、洛阳、榖城、平阴、偃师、巩、缑氏	武遂、皋落	阳翟、纶氏、鲁关、华阳(1)、阳城(1)、负黍、郑、京、鄢、雍氏、高都、利、新城(1)	修鱼、垣雍、注人、少曲、野王、雍丘、城皋、荥阳、葵陵、观、邢丘、鹿、鳌、高平	平阳(2)、杨氏、陉城、涅、铜鞮、路、涉、长子、屯留、端氏
290	即墨、廪丘、平阴、平陆、桑丘(1)、阳关、薛、刚、寿、阳晋(1)、都、郕、毌丘、最、南武城	灵丘、阿、博陵、聊城、薛陵、马陵(1)、麦丘、昌城、饶安、高唐、平邑(1)、新城(2)			绛、皮牢	吴、安邑、蒲阪、封陵	酸枣、卷、蔡、长社、中阳(1)、新垣、曲阳、安城、温、修武、高都、山阳、衍、怀、轵、河雍	邺、繁阳、伯阳、几、防陵、安阳、宁新中、汲、燕、虚、朝歌、黄城、列人、肥、中牟、泫氏、濩泽	观、平阳(1)、煮枣、蒲阳、暘、有诡、仁、小黄、承匡、平丘、户牖、首垣、济阳	大梁、启封、长平(1)、鲁阳、马陵(2)、仪台、朱、上蔡、陉山	单父、曲阜、费、兰陵	濮阳、刚平	亡	睢阳、彭城、方与、留、铚、胡陵、砀、萧、相、陶、蒙、黄池	亡	河南、洛阳、榖城、平阴、偃师、巩、缑氏	武遂、皋落	阳翟、纶氏、鲁关、华阳(1)、阳城(1)、负黍、郑、京、鄢、雍氏、高都、利、新城(1)	修鱼、垣雍、注人、少曲、野王、雍丘、城皋、荥阳、葵陵、观、邢丘、鹿、鳌、高平	平阳(2)、杨氏、陉城、涅、铜鞮、路、涉、长子、屯留、端氏
289	即墨、廪丘、平阴、平陆、桑丘(1)、阳关、薛、刚、寿、阳晋(1)、都、郕、毌丘、最、南武城	灵丘、阿、博陵、聊城、薛陵、马陵(1)、麦丘、昌城、饶安、高唐、平邑(1)、新城(2)			绛、皮牢	吴、安邑、封陵	酸枣、卷、蔡、长社、中阳(1)、新垣、曲阳、安城、温、修武、高都、山阳、衍、怀、河雍	邺、繁阳、伯阳、几、防陵、安阳、宁新中、汲、燕、虚、朝歌、黄城、列人、肥、中牟、泫氏、濩泽	观、平阳(1)、煮枣、蒲阳、暘、有诡、仁、小黄、承匡、平丘、户牖、首垣、济阳	大梁、启封、长平(1)、鲁阳、马陵(2)、仪台、朱、上蔡、陉山	单父、曲阜、费、兰陵	濮阳、刚平	亡	睢阳、彭城、方与、留、铚、胡陵、砀、萧、相、陶、蒙、黄池	亡	河南、洛阳、榖城、平阴、偃师、巩、缑氏		阳翟、纶氏、鲁关、华阳(1)、阳城(1)、负黍、郑、京、鄢、雍氏、高都、利、新城(1)	修鱼、垣雍、注人、少曲、野王、雍丘、城皋、荥阳、葵陵、观、邢丘、鹿、鳌、高平	平阳(2)、杨氏、陉城、涅、铜鞮、路、涉、长子、屯留、端氏

续 表

公元前	齐		魏								鲁	卫	郑	宋	晋	周	韩			
			西部区域(主要指魏河西、河东地区)				东部区域(指魏河内及黄河以南的地区)													
	东境、南境	西境	西境	北境	东境	南境	西境	北境	东境	南境							西境	南境	东境	北境
288	即墨、廪丘、平阴、平陆、桑丘(1)、阳关、薛、刚、寿、阳晋(1)、都、郕、毌丘、最、南武城	灵丘、阿、博陵、聊城、薛陵、马陵(1)、麦丘、昌城、饶安、高唐、平邑(1)、新城(2)			绛、皮牢	吴、安邑、封陵	酸枣、卷、蔡、长社、中阳(1)、新垣、曲阳、安城、温、修武、高都、山阳、衍、怀	邺、繁阳、伯阳、几、防陵、安阳、宁新中、汲、燕、虚、朝歌、黄城、列人、肥、中牟、泫氏、濩泽	观、平阳(1)、煮枣、蒲阳、疁、有诡、仁、小黄、承匡、平丘、户牖、首垣、济阳	大梁、启封、长平(1)、鲁阳、马陵(2)、仪台、朱、上蔡、陉山	单父、曲阜、费、兰陵	濮阳、刚平	亡	睢阳、彭城、方与、留、铚、胡陵、砀、萧、相、陶、蒙、黄池	亡	河南、洛阳、榖城、平阴、偃师、巩、缑氏		阳翟、纶氏、鲁关、华阳(1)、阳城(1)、负黍、郑、京、鄢、雍氏、高都、利、新城(1)	修鱼、垣雍、注人、少曲、野王、雍丘、城皋、荥阳、葵、陵观、邢丘、鹿、釐、高平	平阳(2)、杨氏、陉城、涅、铜鞮、路、涉、长子、屯留、端氏
287	即墨、廪丘、平阴、平陆、桑丘(1)、阳关、薛、刚、寿、阳晋(1)、都、郕、毌丘、最、南武城	灵丘、阿、博陵、聊城、薛陵、马陵(1)、麦丘、昌城、饶安、高唐、平邑(1)、新城(2)			绛、皮牢	吴、安邑、封陵	酸枣、卷、蔡、长社、中阳(1)、安城、温、修武、高都、山阳、衍、怀	邺、繁阳、伯阳、几、防陵、安阳、宁新中、汲、燕、虚、朝歌、黄城、列人、肥、中牟、泫氏、濩泽	观、平阳(1)、煮枣、蒲阳、疁、有诡、仁、小黄、承匡、平丘、户牖、首垣、济阳	大梁、启封、长平(1)、鲁阳、马陵(2)、仪台、朱、上蔡、陉山	单父、曲阜、费、兰陵	濮阳、刚平	亡	睢阳、彭城、方与、留、铚、胡陵、砀、萧、相、陶、蒙、黄池	亡	河南、洛阳、榖城、平阴、偃师、巩、缑氏		阳翟、纶氏、鲁关、华阳(1)、阳城(1)、负黍、郑、京、鄢、雍氏、高都、利、新城(1)	修鱼、垣雍、注人、少曲、野王、雍丘、城皋、荥阳、葵、陵观、邢丘、鹿、釐、高平	平阳(2)、杨氏、陉城、涅、铜鞮、路、涉、长子、屯留、端氏
286	即墨、廪丘、平阴、平陆、桑丘(1)、阳关、薛、刚、寿、阳晋(1)、都、郕、毌丘、最、南武城、睢阳、彭城、方与、留、铚、胡陵、砀、萧、相、陶、蒙、黄池	灵丘、阿、博陵、聊城、薛陵、马陵(1)、麦丘、昌城、饶安、高唐、平邑(1)、新城(2)			绛、皮牢	吴、封陵	酸枣、卷、蔡、长社、中阳(1)、安城、温、修武、高都、山阳、衍、怀	邺、繁阳、伯阳、几、防陵、安阳、宁新中、汲、燕、虚、朝歌、黄城、列人、肥、中牟、泫氏、濩泽	观、平阳(1)、煮枣、蒲阳、疁、有诡、仁、小黄、承匡、平丘、户牖、首垣、济阳	大梁、启封、长平(1)、鲁阳、马陵(2)、仪台、朱、上蔡、陉山	单父、曲阜、费、兰陵	濮阳、刚平	亡	灭于齐	亡	河南、洛阳、榖城、平阴、偃师、巩、缑氏		阳翟、纶氏、鲁关、华阳(1)、阳城(1)、负黍、郑、京、鄢、雍氏、高都、利、新城(1)	修鱼、垣雍、注人、少曲、野王、雍丘、城皋、荥阳、葵、陵观、邢丘、鹿、釐、高平	平阳(2)、杨氏、陉城、涅、铜鞮、路、涉、长子、屯留、端氏

续 表

公元前	齐		魏								鲁	卫	郑	宋	晋	周	韩			
			西部区域(主要指魏河西、河东地区)				东部区域(指魏河内及黄河以南的地区)													
	东境、南境	西境	西境	北境	东境	南境	西境	北境	东境	南境							西境	南境	东境	北境
285	即墨、廪丘、平阴、平陆、桑丘(1)、阳关、薛、刚、寿、阳晋(1)、都、郿、毌丘、最、南武城、睢阳、彭城、方与、留、铚、胡陵、砀、萧、相、陶、蒙、黄池、莒?	灵丘、阿、博陵、聊城、薛陵、马陵(1)、麦丘、昌城、饶安、高唐、平邑(1)、新城(2)			皮牢	吴、封陵	酸枣、卷、蔡、长社、中阳(1)、安城、温、修武、高都、山阳、衍、怀	邺、繁阳、伯阳、几、防陵、安阳、宁新中、汲、燕、虚、朝歌、黄城、列人、肥、中牟、泫氏、濩泽	观、平阳(1)、煮枣、蒲阳、畼、有诡、仁、小黄、承匡、平丘、户牖、首垣、济阳	大梁、启封、长平(1)、鲁阳、马陵(2)、仪台、朱、上蔡、陉山	单父、曲阜、费、兰陵	濮阳、刚平	亡	亡	亡	河南、洛阳、穀城、平阴、偃师、巩、缑氏		阳翟、纶氏、鲁关、华阳(1)、阳城(1)、负黍、郑、京、鄢、雍氏、高都、利、新城(1)	修鱼、垣雍、注人、少曲、野王、雍丘、城皋、荥阳、葵、陵观、邢丘、鹿、鳌、高平	平阳(2)、杨氏、陉城、涅、铜鞮、路、涉、长子、屯留、端氏
284	即墨、莒				皮牢	吴、封陵	酸枣、卷、蔡、长社、中阳(1)、安城、温、修武、高都、山阳、衍、怀	邺、繁阳、伯阳、几、防陵、安阳、宁新中、汲、燕、虚、朝歌、黄城、列人、肥、中牟、泫氏、濩泽	观、平阳(1)、煮枣、蒲阳、畼、有诡、仁、小黄、承匡、平丘、户牖、首垣、济阳、方与	大梁、启封、长平(1)、鲁阳、马陵(2)、仪台、朱、上蔡、陉山	单父、曲阜、费、兰陵、薛(徐州)?	濮阳、刚平	亡	亡	亡	河南、洛阳、穀城、平阴、偃师、巩、缑氏		阳翟、纶氏、鲁关、华阳(1)、阳城(1)、负黍、郑、京、鄢、雍氏、高都、利、新城(1)	修鱼、垣雍、注人、少曲、野王、雍丘、城皋、荥阳、葵、陵观、邢丘、鹿、鳌、高平	平阳(2)、杨氏、陉城、涅、铜鞮、路、涉、长子、屯留、端氏
283	即墨、莒				皮牢	吴、封陵	酸枣、卷、蔡、长社、中阳(1)、温、修武、高都、山阳、衍、怀	邺、繁阳、伯阳、几、防陵、安阳、宁新中、汲、燕、虚、朝歌、黄城、列人、肥、中牟、泫氏、濩泽	观、平阳(1)、煮枣、蒲阳、畼、有诡、仁、小黄、承匡、平丘、户牖、首垣、济阳、方与	大梁、启封、长平(1)、鲁阳、马陵(2)、仪台、朱、上蔡、陉山	单父、曲阜、费、兰陵、薛	濮阳、刚平	亡	亡	亡	河南、洛阳、穀城、平阴、偃师、巩、缑氏		阳翟、纶氏、宛、鲁关、华阳(1)、负黍、阳城、负黍、郑、京、鄢、雍氏、高都、利、新城(1)	修鱼、垣雍、注人、少曲、野王、雍丘、城皋、荥阳、葵、陵观、邢丘、鹿、鳌、高平	平阳(2)、杨氏、陉城、涅、铜鞮、路、涉、长子、屯留、端氏

续 表

公元前	齐		魏 西部区域(主要指魏河西、河东地区)				魏 东部区域(指魏河内及黄河以南的地区)				鲁	卫	郑	宋	晋	周	韩			
	东境、南境	西境	西境	北境	东境	南境	西境	北境	东境	南境							西境	南境	东境	北境
282	即墨、莒				皮牢	吴、封陵	酸枣、卷、蔡、长社、中阳(1)、温、修武、高都、山阳、衍、怀	邺、繁阳、几、防陵、安阳、宁新中、汲、燕、虚、朝歌、黄城、列人、肥、中牟、泫氏、濩泽	观、平阳(1)、煮枣、蒲阳、畼、有诡、仁、小黄、承匡、平丘、户牖、首垣、济阳、方与	大梁、启封、长平(1)、鲁阳、马陵(2)、仪台、朱、上蔡、陉山	单父、曲阜、费、兰陵、薛	濮阳、刚平	亡	亡	亡	河南、洛阳、榖城、平阴、偃师、巩、缑氏		阳翟、纶氏、宛、鲁关、华阳(1)、负黍、阳城、负黍、郑、京、鄢、雍氏、高都、利、新城(1)	修鱼、垣雍、注人、少曲、野王、雍丘、城皋、荥阳、葵陵、观、邢丘、鹿、鼇、高平	平阳(2)、杨氏、陉城、涅、铜鞮、路、涉、长子、屯留、端氏
281	即墨、莒				皮牢	吴、封陵	酸枣、卷、蔡、长社、中阳(1)、温、修武、高都、山阳、衍、怀	邺、繁阳、几、防陵、安阳、宁新中、汲、燕、虚、朝歌、黄城、列人、肥、中牟、泫氏、濩泽	观、平阳(1)、煮枣、蒲阳、畼、有诡、仁、小黄、承匡、平丘、户牖、首垣、济阳、方与	大梁、启封、长平(1)、鲁阳、马陵(2)、仪台、朱、上蔡、陉山	单父、曲阜、费、兰陵、薛	濮阳、刚平	亡	亡	亡	河南、洛阳、榖城、平阴、偃师、巩、缑氏		阳翟、纶氏、宛、鲁关、华阳(1)、负黍、阳城、负黍、郑、京、鄢、雍氏、高都、利、新城(1)	修鱼、垣雍、注人、少曲、野王、雍丘、城皋、荥阳、葵陵、观、邢丘、鹿、鼇、高平	平阳(2)、杨氏、陉城、涅、铜鞮、路、涉、长子、屯留、端氏
280	即墨、廪丘、平阴、平陆、桑丘(1)、阳关、刚寿、都、郕、毋丘、最、南武城、睢阳、彭城、留、铚、胡陵、砀、萧、相、蒙、黄池、莒	灵丘、阿、博陵、聊城、薛陵、马陵(1)、昌城、饶安、高唐、平邑(1)、新城(2)			皮牢	吴、封陵	酸枣、卷、蔡、长社、中阳(1)、温、修武、高都、山阳、衍、怀	邺、繁阳、几、防陵、安阳、宁新中、汲、燕、虚、朝歌、黄城、列人、肥、中牟、泫氏、濩泽、伯阳	观、平阳(1)、煮枣、蒲阳、畼、有诡、仁、小黄、承匡、平丘、户牖、首垣、济阳、方与	大梁、启封、长平(1)、鲁阳、马陵(2)、仪台、朱、上蔡、陉山	单父、曲阜、费、兰陵、薛	濮阳、刚平	亡	亡	亡	河南、洛阳、榖城、平阴、偃师、巩、缑氏		阳翟、纶氏、鲁关、华阳(1)、阳城(1)、负黍、郑、京、鄢、雍氏、高都、利、新城(1)	修鱼、垣雍、注人、少曲、野王、雍丘、城皋、荥阳、葵陵、观、邢丘、鹿、鼇、高平	平阳(2)、杨氏、陉城、涅、铜鞮、路、涉、长子、屯留、端氏

续 表

公元前	齐		魏								鲁	卫	郑	宋	晋	周	韩			
			西部区域(主要指魏河西、河东地区)				东部区域(指魏河内及黄河以南的地区)													
	东境、南境	西境	西境	北境	东境	南境	西境	北境	东境	南境							西境	南境	东境	北境
279	即墨、廪丘、平阴、平陆、桑丘(1)、阳关、刚、寿、都、郿、毋丘、最、南武城、睢阳、彭城、留、铚、胡陵、砀、萧、相、蒙、黄池、莒	灵丘、阿、博陵、聊城、薛陵、马陵(1)、昌城、饶安、高唐、平邑(1)、新城(2)			皮牢	吴、封陵	酸枣、卷、蔡、长社、中阳(1)、温、修武、高都、山阳、衍、怀	邺、繁阳、几、防陵、安阳、宁新中、汲、燕、虚、朝歌、黄城、列人、肥、中牟、泫氏、濩泽、伯阳	观、平阳(1)、煮枣、蒲阳、睗、有诡、仁、小黄、承匡、平丘、户牖、首垣、济阳、方与	大梁、启封、长平(1)、鲁阳、马陵(2)、仪台、朱、上蔡、陉山	单父、曲阜、费、兰陵、薛	濮阳、刚平	亡	亡	亡	河南、洛阳、榖城、平阴、偃师、巩、缑氏		阳翟、纶氏、鲁关、华阳(1)、阳城(1)、负黍、郑、京、鄢、雍氏、高都、利、新城(1)	修鱼、垣雍、注人、少曲、野王、雍丘、城皋、荥阳、葵、陵观、邢丘、鹿、鳌、高平	平阳(2)、杨氏、陉城、涅、铜鞮、路、涉、长子、屯留、端氏
278	即墨、廪丘、平阴、平陆、桑丘(1)、阳关、刚、寿、都、郿、毋丘、最、南武城、睢阳、彭城、留、铚、胡陵、砀、萧、相、蒙、黄池、莒	灵丘、阿、博陵、聊城、薛陵、马陵(1)、昌城、饶安、高唐、平邑(1)、新城(2)			皮牢	吴、封陵	酸枣、卷、蔡、长社、中阳(1)、温、修武、高都、山阳、衍、怀	邺、繁阳、几、防陵、安阳、宁新中、汲、燕、虚、朝歌、黄城、列人、肥、中牟、泫氏、濩泽、伯阳	观、平阳(1)、煮枣、蒲阳、睗、有诡、仁、小黄、承匡、平丘、户牖、首垣、济阳、方与	大梁、启封、长平(1)、鲁阳、马陵(2)、仪台、朱、上蔡、陉山	单父、曲阜、费、兰陵、薛	濮阳、刚平	亡	亡	亡	河南、洛阳、榖城、平阴、偃师、巩、缑氏		阳翟、纶氏、鲁关、华阳(1)、阳城(1)、负黍、郑、京、鄢、雍氏、高都、利、新城(1)	修鱼、垣雍、注人、少曲、野王、雍丘、城皋、荥阳、葵、陵观、邢丘、鹿、鳌、高平	平阳(2)、杨氏、陉城、涅、铜鞮、路、涉、长子、屯留、端氏
277	即墨、廪丘、平阴、平陆、桑丘(1)、阳关、刚、寿、都、郿、毋丘、最、南武城、睢阳、彭城、蒙、黄池、莒	灵丘、阿、博陵、聊城、薛陵、马陵(1)、昌城、饶安、高唐、平邑(1)、新城(2)			皮牢	吴、封陵	酸枣、卷、蔡、长社、中阳(1)、温、修武、高都、山阳、衍、怀	邺、繁阳、几、防陵、安阳、宁新中、汲、燕、虚、朝歌、黄城、列人、肥、中牟、泫氏、濩泽、伯阳	观、平阳(1)、煮枣、蒲阳、睗、有诡、仁、小黄、承匡、平丘、户牖、首垣、济阳	大梁、启封、长平(1)、鲁阳、马陵(2)、仪台、朱、上蔡、陉山	单父、曲阜、费、兰陵、薛	濮阳、刚平		亡	亡	河南、洛阳、榖城、平阴、偃师、巩、缑氏		阳翟、纶氏、鲁关、华阳(1)、阳城(1)、负黍、郑、京、鄢、雍氏、高都、利、新城(1)	修鱼、垣雍、注人、少曲、野王、雍丘、城皋、荥阳、葵、陵观、邢丘、鹿、鳌、高平	平阳(2)、杨氏、陉城、涅、铜鞮、路、涉、长子、屯留、端氏

公元前	齐		魏								鲁	卫	郑	宋	晋	周	韩			
			西部区域(主要指魏河西、河东地区)				东部区域(指魏河内及黄河以南的地区)													
	东境、南境	西境	西境	北境	东境	南境	西境	北境	东境	南境							西境	南境	东境	北境
276	即墨、廪丘、平阴、平陆、桑丘(1)、阳关、刚、寿、都、郕、毌丘、最、南武城、睢阳、彭城、蒙、黄池、莒	灵丘、阿、博陵、聊城、薛陵、马陵(1)、昌城、饶安、高唐、平邑(1)、新城(2)			皮牢	吴、封陵	酸枣、卷、蔡、长社、中阳(1)、温、修武、高都、山阳、衍、怀	邺、繁阳、防陵、安阳、宁新中、汲、燕、虚、朝歌、黄城、列人、肥、中牟、泫氏、濩泽、伯阳	观、平阳(1)、煮枣、蒲阳、畼、有诡、仁、小黄、承匡、平丘、户牖、首垣、济阳	大梁、启封、长平(1)、鲁阳、马陵(2)、仪台、朱、上蔡、陉山	单父、曲阜、费、兰陵、薛	濮阳、刚平	亡	亡	亡	河南、洛阳、穀城、平阴、偃师、巩、缑氏		阳翟、纶氏、鲁关、华阳(1)、阳城(1)、负黍、郑、京、鄢、雍氏、高都、利、新城(1)	修鱼、垣雍、注人、少曲、野王、雍丘、城皋、荥阳、葵陵、观、邢丘、鹿、鳌、高平	平阳(2)、杨氏、陉城、涅、铜鞮、路、涉、长子、屯留、端氏
275	即墨、廪丘、平阴、平陆、桑丘(1)、阳关、刚、寿、都、郕、毌丘、最、南武城、睢阳、彭城、蒙、黄池、莒	灵丘、阿、博陵、聊城、薛陵、马陵(1)、昌城、饶安、高唐、平邑(1)、新城(2)			皮牢	吴、封陵	酸枣、卷、蔡、长社、中阳(1)、修武、高都、山阳、衍、怀	邺、繁阳、宁新中、汲、燕、虚、朝歌、黄城、列人、肥、中牟、泫氏、濩泽、伯阳	观、平阳(1)、煮枣、蒲阳、畼、有诡、仁、小黄、承匡、平丘、户牖、首垣、济阳	大梁、启封、长平(1)、鲁阳、马陵(2)、仪台、朱、上蔡、陉山	单父、曲阜、费、兰陵、薛	濮阳、刚平	亡	亡	亡	河南、洛阳、穀城、平阴、偃师、巩、缑氏		阳翟、纶氏、鲁关、华阳(1)、阳城(1)、负黍、郑、京、鄢、雍氏、高都、利、新城(1)	修鱼、垣雍、注人、少曲、野王、雍丘、城皋、荥阳、葵陵、观、邢丘、鹿、鳌、高平	平阳(2)、杨氏、陉城、涅、铜鞮、路、涉、长子、屯留、端氏
274	即墨、廪丘、平阴、平陆、桑丘(1)、阳关、刚、寿、都、郕、毌丘、最、南武城、睢阳、彭城、蒙、黄池、莒	灵丘、阿、博陵、聊城、薛陵、马陵(1)、饶安、平邑(1)、新城(2)			皮牢	吴、封陵	酸枣、修武、高都、山阳、衍、怀	邺、繁阳、宁新中、汲、燕、虚、朝歌、黄城、列人、肥、中牟、泫氏、濩泽、伯阳	观、平阳(1)、煮枣、蒲阳、畼、有诡、仁、小黄、承匡、平丘、户牖、首垣、济阳	大梁、启封、长平(1)、鲁阳、马陵(2)、仪台、朱、上蔡、陉山	单父、曲阜、费、兰陵、薛	濮阳、刚平	亡	亡	亡	河南、洛阳、穀城、平阴、偃师、巩、缑氏		阳翟、纶氏、鲁关、华阳(1)、阳城(1)、负黍、郑、京、鄢、雍氏、高都、利、新城(1)	修鱼、垣雍、注人、少曲、野王、雍丘、葵陵、观、邢丘、鹿、鳌、高平	平阳(2)、杨氏、陉城、涅、铜鞮、路、涉、长子、屯留、端氏
273	即墨、廪丘、平阴、平陆、桑丘(1)、阳关、刚、寿、都、郕、毌丘、最、南武城、睢阳、彭城、蒙、黄池、莒	灵丘、阿、博陵、聊城、薛陵、马陵(1)、饶安、平邑(1)、新城(2)			皮牢	吴、封陵	酸枣、高都、山阳、衍、怀、华阳(旋属秦)	邺、繁阳、宁新中、汲、燕、虚、朝歌、黄城、列人、肥、中牟、泫氏、濩泽、伯阳	观、平阳(1)、煮枣、蒲阳、畼、有诡、仁、小黄、承匡、平丘、户牖、首垣、济阳	大梁、启封、长平(1)、鲁阳、马陵(2)、仪台、朱、上蔡、陉山	曲阜、费、兰陵、薛	濮阳、刚平、单父?	亡	亡	亡	河南、洛阳、穀城、平阴、偃师、巩、缑氏		阳翟、纶氏、鲁关、阳城(1)、负黍、郑、京、鄢、雍氏、高都、利、新城(1)	修鱼、垣雍、注人、少曲、野王、雍丘、城皋、荥阳、葵陵、观、邢丘、鹿、鳌、高平	平阳(2)、杨氏、陉城、涅、铜鞮、路、涉、长子、屯留、端氏

续 表

公元前	齐		魏								鲁	卫	郑	宋	晋	周	韩			
			西部区域(主要指魏河西、河东地区)				东部区域(指魏河内及黄河以南的地区)													
	东境、南境	西境	西境	北境	东境	南境	西境	北境	东境	南境							西境	南境	东境	北境
272	即墨、廪丘、平阴、平陆、桑丘(1)、阳关、刚、寿、都、郕、毌丘、最、南武城、睢阳、彭城、蒙、黄池、莒	灵丘、阿、博陵、聊城、薛陵、马陵(1)、饶安、平邑(1)、新城(2)			皮牢	吴、封陵	酸枣、高都、山阳、衍、怀	邺、繁阳、宁新中、汲、燕、虚、朝歌、黄城、列人、肥、中牟、泫氏、濩泽、伯阳	观、平阳(1)、煮枣、蒲阳、鴫、有诡、仁、小黄、承匡、平丘、户牖、首垣、济阳	大梁、启封、长平(1)、鲁阳、马陵(2)、仪台、朱、上蔡、陉山	曲阜、费、兰陵、薛	濮阳、刚平、单父	亡	亡	亡	河南、洛阳、穀城、平阴、偃师、巩、缑氏		阳翟、纶氏、鲁关、阳城(1)、负黍、郑、京、鄢、雍氏、高都、利、新城(1)	修鱼、垣雍、注人、少曲、野王、雍丘、葵、陵观、邢丘、鹿、鳌、高平、修武?	平阳(2)、杨氏、陉城、涅、铜鞮、路、涉、长子、屯留、端氏
270	即墨、廪丘、平阴、平陆、桑丘(1)、阳关、刚、寿、都、郕、毌丘、最、南武城、睢阳、彭城、蒙、黄池、莒	灵丘、阿、博陵、聊城、薛陵、马陵(1)、饶安、平邑(1)、新城(2)			皮牢	吴、封陵	酸枣、高都、山阳、衍、怀	邺、繁阳、宁新中、汲、燕、虚、朝歌、黄城、列人、肥、中牟、泫氏、濩泽、伯阳	观、平阳(1)、煮枣、蒲阳、鴫、有诡、仁、小黄、承匡、平丘、户牖、首垣、济阳	大梁、启封、长平(1)、鲁阳、马陵(2)、仪台、朱、上蔡、陉山	曲阜、费、兰陵、薛	濮阳、刚平、单父	亡	亡	亡	河南、洛阳、穀城、平阴、偃师、巩、缑氏		阳翟、纶氏、鲁关、阳城(1)、负黍、郑、京、鄢、雍氏、高都、利、新城(1)	修鱼、垣雍、注人、少曲、野王、雍丘、城皋、荥阳、葵、陵观、邢丘、鹿、鳌、高平、修武	平阳(2)、杨氏、陉城、涅、铜鞮、路、涉、长子、屯留、端氏
268	即墨、廪丘、平阴、平陆、桑丘(1)、阳关、刚、寿、都、郕、毌丘、最、南武城、睢阳、彭城、蒙、黄池、莒	灵丘、阿、博陵、聊城、薛陵、马陵(1)、饶安、平邑(1)、新城(2)			皮牢	吴、封陵	酸枣、高都、山阳、衍	邺、繁阳、宁新中、汲、燕、虚、朝歌、黄城、列人、肥、中牟、泫氏、濩泽、伯阳	观、平阳(1)、煮枣、蒲阳、鴫、有诡、仁、小黄、承匡、平丘、户牖、首垣、济阳	大梁、启封、长平(1)、鲁阳、马陵(2)、仪台、朱、上蔡、陉山	曲阜、费、兰陵、薛	濮阳、刚平、单父	亡	亡	亡	河南、洛阳、穀城、平阴、偃师、巩、缑氏		阳翟、纶氏、鲁关、阳城(1)、负黍、郑、京、鄢、雍氏、高都、利、新城(1)	修鱼、垣雍、注人、少曲、野王、雍丘、城皋、荥阳、葵、陵观、邢丘、鹿、鳌、高平、修武	平阳(2)、杨氏、陉城、涅、铜鞮、路、涉、长子、屯留、端氏
266	即墨、廪丘、平阴、平陆、桑丘(1)、阳关、刚、寿、都、郕、毌丘、最、南武城、睢阳、彭城、蒙、黄池、莒	灵丘、阿、博陵、聊城、薛陵、马陵(1)、饶安、平邑(1)、新城(2)、卢?、平原?			皮牢	吴、封陵	酸枣、高都、山阳、衍、邢丘(?,同年属秦)	邺、繁阳、宁新中、汲、燕、虚、朝歌、黄城、列人、肥、中牟、泫氏、濩泽、伯阳	观、平阳(1)、煮枣、蒲阳、鴫、有诡、仁、小黄、承匡、平丘、户牖、首垣、济阳	大梁、启封、长平(1)、鲁阳、马陵(2)、仪台、朱、上蔡、陉山	曲阜、费、兰陵、薛	濮阳、刚平、单父	亡	亡	亡	河南、洛阳、穀城、平阴、偃师、巩、缑氏		阳翟、纶氏、鲁关、阳城(1)、负黍、郑、京、鄢、雍氏、高都、利、新城(1)	修鱼、垣雍、注人、少曲、野王、雍丘、城皋、荥阳、葵、陵观、鹿、鳌、高平、修武	平阳(2)、杨氏、陉城、涅、铜鞮、路、涉、长子、屯留、端氏

续表

公元前	齐		魏								鲁	卫	郑	宋	晋	周	韩			
			西部区域(主要指魏河西、河东地区)				东部区域(指魏河内及黄河以南的地区)													
	东境、南境	西境	西境	北境	东境	南境	西境	北境	东境	南境							西境	南境	东境	北境
265	即墨、廪丘、平阴、平陆、桑丘(1)、阳关、刚、寿、都、郕、毋丘、最、南武城、睢阳、彭城、蒙、黄池、莒	灵丘、阿、博陵、聊城、薛陵、马陵(1)、饶安、平邑(1)、新城(2)、高唐、卢、平原			皮牢	吴、封陵	酸枣、高都、山阳、衍	邺、繁阳、宁新中、汲、燕、虚、朝歌、黄城、列人、肥、中牟、泫氏、濩泽、伯阳	观、平阳(1)、煮枣、蒲阳、鴡、有诡、仁、小黄、承匡、平丘、户牖、首垣、济阳、单父、刚平	大梁、启封、长平(1)、鲁阳、马陵(2)、仪台、朱、上蔡、陉山	曲阜、费、兰陵、薛	濮阳(亡于魏,成为魏之附庸)	亡	亡	亡	河南、洛阳、穀城、平阴、偃师、巩、缑氏		阳翟、纶氏、鲁关、阳城(1)、负黍、郑、京、鄢、雍氏、高都、利、新城(1)	修鱼、垣雍、野王、雍丘、城皋、荥阳、葵、陵观、鹿、釐、修武	平阳(2)、杨氏、陉城、涅、铜鞮、路、涉、长子、屯留、端氏
264	即墨、廪丘、平阴、平陆、桑丘(1)、阳关、刚、寿、都、郕、毋丘、最、南武城、睢阳、彭城、蒙、黄池、莒	灵丘、阿、博陵、聊城、薛陵、马陵(1)、饶安、平邑(1)、新城(2)、高唐、卢、平原			皮牢	吴、封陵	酸枣、高都、山阳、衍	邺、繁阳、宁新中、汲、燕、虚、朝歌、黄城、列人、肥、中牟、泫氏、濩泽、伯阳	观、平阳(1)、煮枣、蒲阳、鴡、有诡、仁、小黄、承匡、平丘、户牖、首垣、济阳、单父、刚平	大梁、启封、长平(1)、鲁阳、马陵(2)、仪台、朱、上蔡、陉山	曲阜、费、兰陵、薛	濮阳(亡于魏,成为魏之附庸)	亡	亡	亡	洛阳、穀城、平阴、偃师、巩、缑氏		阳翟、纶氏、鲁关、阳城(1)、负黍、郑、京、鄢、雍氏、高都、利、新城(1)、汝阳?	修鱼、垣雍、野王、雍丘、城皋、荥阳、葵、陵观、鹿、釐、修武	平阳(2)、杨氏、涅、铜鞮、路、涉、长子、屯留、端氏
263	即墨、廪丘、平阴、平陆、桑丘(1)、阳关、刚、寿、都、郕、毋丘、最、南武城、睢阳、彭城、蒙、黄池、莒	灵丘、阿、博陵、聊城、薛陵、马陵(1)、饶安、平邑(1)、新城(2)、高唐、卢、平原			皮牢	吴、封陵	酸枣、高都、山阳、衍	邺、繁阳、宁新中、汲、燕、虚、朝歌、黄城、列人、肥、中牟、泫氏、濩泽、伯阳	观、平阳(1)、煮枣、蒲阳、鴡、有诡、仁、小黄、承匡、平丘、户牖、首垣、济阳、单父、刚平	大梁、启封、长平(1)、鲁阳、马陵(2)、仪台、朱、上蔡、陉山	曲阜、费、兰陵、薛	濮阳(亡于魏,成为魏之附庸)	亡	亡	亡	洛阳、穀城、平阴、偃师、巩、缑氏		阳翟、纶氏、鲁关、阳城(1)、负黍、郑、京、鄢、雍氏、高都、利、新城(1)、汝阳	修鱼、垣雍、野王、雍丘、城皋、荥阳、葵、陵观、鹿、釐	平阳(2)、杨氏、涅、铜鞮、路、涉、长子、屯留、端氏
262	即墨、廪丘、平阴、平陆、桑丘(1)、阳关、刚、寿、都、郕、毋丘、最、南武城、睢阳、彭城、蒙、黄池、莒	灵丘、阿、博陵、聊城、薛陵、马陵(1)、饶安、平邑(1)、新城(2)、高唐、卢、平原			皮牢	吴、封陵	酸枣、高都、山阳、衍	邺、繁阳、宁新中、汲、燕、虚、朝歌、黄城、列人、肥、中牟、泫氏、濩泽、伯阳	观、平阳(1)、煮枣、蒲阳、鴡、有诡、仁、小黄、承匡、平丘、户牖、首垣、济阳、单父、刚平	大梁、启封、长平(1)、鲁阳、马陵(2)、仪台、朱、上蔡、陉山	曲阜、费、兰陵	濮阳(亡于魏,成为魏之附庸)	亡	亡	亡	洛阳、穀城、平阴、偃师、巩		阳翟、纶氏、鲁关、阳城(1)、负黍、郑、京、鄢、雍氏、高都、利、新城(1)、缑氏?	修鱼、垣雍、雍丘、城皋、荥阳、葵、陵观、鹿、釐	平阳(2)、杨氏、路、涉、端氏

续 表

公元前	齐		魏								鲁	卫	郑	宋	晋	周	韩			
			西部区域(主要指魏河西、河东地区)				东部区域(指魏河内及黄河以南的地区)													
	东境、南境	西境	西境	北境	东境	南境	西境	北境	东境	南境							西境	南境	东境	北境
261	即墨、廪丘、平阴、平陆、桑丘(1)、阳关、刚、寿、都、郿、毋丘、最、南武城、睢阳、彭城、蒙、黄池、莒	灵丘、阿、博陵、聊城、薛陵、马陵(1)、饶安、平邑(1)、新城(2)、高唐、卢、平原			皮牢	吴、封陵	酸枣、高都、山阳、衍	邺、繁阳、宁新中、汲、燕、虚、朝歌、黄城、列人、肥、中牟、泫氏、濩泽、伯阳	观、平阳(1)、煮枣、蒲阳、睗、有诡、仁、小黄、承匡、平丘、户牖、首垣、济阳、单父、刚平	大梁、启封、长平(1)、鲁阳、马陵(2)、仪台、朱、上蔡、陉山	曲阜、费、兰陵	濮阳(亡于魏,成为魏之附庸)	亡	亡	亡	洛阳、榖城、平阴、偃师、巩		阳翟、鲁关、阳城(1)、负黍、郑、京、鄢、雍氏、高都、利、新城(1)	修鱼、垣雍、雍丘、城皋、荥阳、葵、陵观、鹿、鼇	平阳(2)、杨氏、路、涉、端氏
260	即墨、廪丘、平阴、平陆、桑丘(1)、阳关、刚、寿、都、郿、毋丘、最、南武城、睢阳、彭城、蒙、黄池、莒	灵丘、阿、博陵、聊城、薛陵、马陵、平邑、饶安、平邑(1)、新城(2)、高唐、卢、平原				吴、封陵	酸枣、高都、山阳、衍	邺、繁阳、宁新中、汲、燕、虚、朝歌、黄城、列人、肥、中牟、泫氏、濩泽、伯阳	观、平阳(1)、煮枣、蒲阳、睗、有诡、仁、小黄、承匡、平丘、户牖、首垣、济阳、单父、刚平	大梁、启封、长平(1)、鲁阳、马陵(2)、仪台、朱、上蔡、陉山	曲阜、费、兰陵	濮阳(亡于魏,成为魏之附庸)	亡	亡	亡	洛阳、榖城、平阴、偃师、巩		阳翟、鲁关、阳城(1)、负黍、郑、京、鄢、雍氏、高都、利、新城(1)	修鱼、垣雍、雍丘、城皋、荥阳、葵、陵观、鹿、鼇	平阳(2)、杨氏、路、涉、端氏
259	即墨、廪丘、平阴、平陆、桑丘(1)、阳关、刚、寿、都、郿、毋丘、最、南武城、睢阳、彭城、蒙、黄池、莒	灵丘、阿、博陵、聊城、薛陵、马陵、平邑、饶安、平邑(1)、新城(2)、高唐、卢、平原				吴、封陵	酸枣、高都、山阳、衍	邺、繁阳、宁新中、汲、燕、虚、朝歌、黄城、列人、肥、中牟、泫氏、濩泽、伯阳	观、平阳(1)、煮枣、蒲阳、睗、有诡、仁、小黄、承匡、平丘、户牖、首垣、济阳、单父、刚平	大梁、启封、长平(1)、鲁阳、马陵(2)、仪台、朱、上蔡、陉山	曲阜、费、兰陵	濮阳(亡于魏,成为魏之附庸)	亡	亡	亡	洛阳、榖城、平阴、偃师、巩		阳翟、鲁关、阳城(1)、负黍、郑、京、鄢、雍氏、高都、利、新城(1)	修鱼、雍丘、城皋、荥阳、葵、陵观、鹿、鼇	平阳(2)、杨氏、路、涉、端氏
258	即墨、廪丘、平阴、平陆、桑丘(1)、阳关、刚、寿、都、郿、毋丘、最、南武城、睢阳、彭城、蒙、黄池、莒	灵丘、阿、博陵、聊城、薛陵、马陵(1)、饶安、平邑(1)、新城(2)、高唐、卢、平原				吴、封陵	酸枣、高都、山阳、衍	邺、繁阳、宁新中、汲、燕、虚、朝歌、黄城、列人、肥、中牟、泫氏、濩泽、伯阳	观、平阳(1)、煮枣、蒲阳、睗、有诡、仁、小黄、承匡、平丘、户牖、首垣、济阳、单父、刚平	大梁、启封、长平(1)、鲁阳、马陵(2)、仪台、朱、上蔡、陉山	曲阜、费、兰陵	濮阳(亡于魏,成为魏之附庸)	亡	亡	亡	洛阳、榖城、平阴、偃师、巩		阳翟、鲁关、阳城(1)、负黍、郑、京、鄢、雍氏、高都、利、新城(1)	修鱼、雍丘、城皋、荥阳、葵、陵观、鹿、鼇	平阳(2)、杨氏、路、涉、端氏、长子?、屯留?、铜鞮?、涅?

续 表

公元前	齐		魏								鲁	卫	郑	宋	晋	周	韩			
			西部区域(主要指魏河西、河东地区)				东部区域(指魏河内及黄河以南的地区)													
	东境、南境	西境	西境	北境	东境	南境	西境	北境	东境	南境							西境	南境	东境	北境
257	即墨、廪丘、平阴、平陆、桑丘(1)、阳关、刚、寿、都、郦、毌丘、最、南武城、睢阳、彭城、蒙、黄池	灵丘、阿、博陵、聊城、薛陵、马陵(1)、饶安、平邑(1)、新城(2)、高唐、卢、平原				吴、封陵	酸枣、高都、山阳、衍	邺、繁阳、汲、燕、虚、朝歌、黄城、列人、肥、中牟、泫氏、濩泽、伯阳	观、平阳(1)、煮枣、蒲阳、暘、有诡、仁、小黄、承匡、平丘、户牖、首垣、济阳、单父、刚平	大梁、启封、长平(1)、鲁阳、马陵(2)、仪台、朱、上蔡、陉山	亡	濮阳(亡于魏,成为魏之附庸)	亡	亡	亡	洛阳、穀城、平阴、偃师、巩		阳翟、鲁关、阳城(1)、负黍、京、鄢、雍氏、高都、利、新城(1)	修鱼、雍丘、城皋、荥阳、葵、陵观、鹿、鳌	平阳(2)、杨氏、路、涉、端氏、长子、屯留、铜鞮、涅
256	即墨、廪丘、平阴、平陆、桑丘(1)、阳关、刚、寿、都、郦、毌丘、最、南武城、睢阳、彭城、蒙、黄池	灵丘、阿、博陵、聊城、薛陵、马陵(1)、饶安、平邑(1)、新城(2)、高唐、卢、平原				吴、封陵	酸枣、高都、山阳、衍	邺、繁阳、汲、燕、虚、朝歌、黄城、列人、肥、中牟、泫氏、濩泽、伯阳	观、平阳(1)、煮枣、蒲阳、暘、有诡、仁、小黄、承匡、平丘、户牖、首垣、济阳、单父、刚平	大梁、启封、长平(1)、鲁阳、马陵(2)、仪台、朱、上蔡、陉山	亡	濮阳(亡于魏,成为魏之附庸)	亡	亡	亡	洛阳、穀城、平阴、偃师、巩		阳翟、鲁关、京、鄢、雍氏、高都、利、新城(1)、郑?	修鱼、雍丘、城皋、荥阳、葵、陵观、鹿、鳌	平阳(2)、杨氏、路、涉、端氏、长子、屯留、铜鞮、涅
255	即墨、廪丘、平阴、平陆、桑丘(1)、阳关、刚、寿、都、郦、毌丘、最、南武城、睢阳、彭城、蒙、黄池	灵丘、阿、博陵、聊城、薛陵、马陵(1)、饶安、平邑(1)、新城(2)、高唐、卢、平原				吴、封陵	酸枣、高都、山阳、衍	邺、繁阳、汲、燕、虚、朝歌、黄城、列人、肥、中牟、泫氏、濩泽、伯阳	观、平阳(1)、煮枣、蒲阳、暘、有诡、仁、小黄、承匡、平丘、户牖、首垣、济阳、单父、刚平	大梁、启封、长平(1)、鲁阳、马陵(2)、仪台、朱、上蔡、陉山	亡	濮阳(亡于魏,成为魏之附庸)	亡	亡	亡	灭于秦		阳翟、鲁关、京、鄢、雍氏、高都、利、新城(1)、郑	修鱼、雍丘、城皋、荥阳、葵、陵观、鹿、鳌	平阳(2)、杨氏、路、涉、端氏、长子、屯留、铜鞮、涅
254	即墨、廪丘、平阴、平陆、桑丘(1)、阳关、刚、寿、都、郦、毌丘、最、南武城、睢阳、彭城、蒙、黄池	灵丘、阿、博陵、聊城、薛陵、马陵(1)、饶安、平邑(1)、新城(2)、高唐、卢、平原	无				酸枣、高都、山阳、衍	邺、繁阳、汲、燕、虚、朝歌、黄城、列人、肥、中牟、泫氏、濩泽、伯阳	观、平阳(1)、煮枣、蒲阳、暘、有诡、仁、小黄、承匡、平丘、户牖、首垣、济阳、单父、刚平	大梁、启封、长平(1)、鲁阳、马陵(2)、仪台、朱、上蔡、陉山	亡	濮阳(亡于魏,成为魏之附庸)	亡	亡	亡	亡		阳翟、鲁关、京、鄢、雍氏、高都、利、新城(1)、郑	修鱼、雍丘、城皋、荥阳、葵、陵观、鹿、鳌	平阳(2)、杨氏、路、涉、端氏、长子、屯留、铜鞮、涅

续 表

公元前	齐		魏								鲁	卫	郑	宋	晋	周	韩			
			西部区域(主要指魏河西、河东地区)				东部区域(指魏河内及黄河以南的地区)													
	东境、南境	西境	西境	北境	东境	南境	西境	北境	东境	南境							西境	南境	东境	北境
249	即墨、廪丘、平阴、平陆、桑丘(1)、阳关、刚、寿、都、郿、毌丘、最、南武城、睢阳、彭城、蒙、黄池	灵丘、阿、博陵、聊城、薛陵、马陵(1)、饶安、平邑(1)、新城(2)、高唐、卢、平原	无				酸枣、高都、山阳、衍	邺、繁阳、汲、燕、虚、朝歌、黄城、列人、肥、中牟、泫氏、濩泽、伯阳	观、平阳(1)、煮枣、蒲阳、睗、有诡、仁、小黄、承匡、平丘、户牖、首垣、济阳、单父、刚平	大梁、启封、长平(1)、鲁阳、马陵(2)、仪台、朱、上蔡、陉山	亡	濮阳(亡于魏,成为魏之附庸)	亡	亡	亡	亡		阳翟、鲁关、京、鄢、雍氏、高都、利、新城(1)、郑	修鱼、雍丘、葵、陵观、鹿、鳌	平阳(2)、杨氏、路、涉、端氏、长子、屯留、铜鞮、涅
248	即墨、廪丘、平阴、平陆、桑丘(1)、阳关、刚、寿、都、郿、毌丘、最、南武城、睢阳、彭城、蒙、黄池	灵丘、阿、博陵、聊城、薛陵、马陵(1)、饶安、平邑(1)、新城(2)、高唐、卢、平原	无				酸枣、山阳、衍	邺、繁阳、燕、虚、朝歌、黄城、列人、肥、中牟、泫氏、濩泽、伯阳	观、平阳(1)、煮枣、蒲阳、睗、有诡、仁、小黄、承匡、平丘、户牖、首垣、济阳、单父、刚平	大梁、启封、长平(1)、鲁阳、马陵(2)、仪台、朱、上蔡、陉山	亡	濮阳(亡于魏,成为魏之附庸)	亡	亡	亡	亡		阳翟、鲁关、京、鄢、雍氏、高都、利、新城(1)、郑	修鱼、雍丘、葵、陵观、鹿、鳌	平阳(2)、杨氏、路、涉、端氏、长子、屯留、铜鞮、涅
247	即墨、廪丘、平阴、平陆、桑丘(1)、阳关、刚、寿、都、郿、毌丘、最、南武城、睢阳、彭城、蒙、黄池	灵丘、阿、博陵、聊城、薛陵、马陵(1)、饶安、平邑(1)、新城(2)、高唐、卢、平原	无				酸枣、山阳、衍	邺、繁阳、燕、虚、朝歌、黄城、列人、肥、中牟、泫氏、濩泽、伯阳、汲?	观、平阳(1)、煮枣、蒲阳、睗、有诡、仁、小黄、承匡、平丘、户牖、首垣、济阳、单父、刚平	大梁、启封、长平(1)、鲁阳、马陵(2)、仪台、朱、上蔡、陉山	亡	濮阳(亡于魏,成为魏之附庸)	亡	亡	亡	亡		阳翟、鲁关、京、鄢、雍氏、高都、利、新城(1)、郑	修鱼、雍丘、葵、陵观、鹿、鳌	平阳(2)、杨氏、路、涉、端氏
246	即墨、廪丘、平阴、平陆、桑丘(1)、阳关、刚、寿、都、郿、毌丘、最、南武城、睢阳、彭城、蒙、黄池	灵丘、阿、博陵、聊城、薛陵、马陵(1)、饶安、平邑(1)、新城(2)、高唐、卢、平原	无				酸枣、山阳、衍、卷?	邺、繁阳、燕、虚、朝歌、黄城、列人、肥、中牟、泫氏、濩泽、伯阳、汲	观、平阳(1)、煮枣、蒲阳、睗、有诡、仁、小黄、承匡、平丘、户牖、首垣、济阳、单父、刚平	大梁、启封、长平(1)、鲁阳、马陵(2)、仪台、朱、上蔡、陉山	亡	濮阳(亡于魏,成为魏之附庸)	亡	亡	亡	亡		阳翟、鲁关、京、鄢、雍氏、高都、利、新城(1)、郑	修鱼、雍丘、葵、陵观、鹿、鳌	平阳(2)、杨氏、路、涉、端氏

续表

公元前	齐		魏								鲁	卫	郑	宋	晋	周	韩			
			西部区域(主要指魏河西、河东地区)				东部区域(指魏河内及黄河以南的地区)													
	东境、南境	西境	西境	北境	东境	南境	西境	北境	东境	南境							西境	南境	东境	北境
245	即墨、廪丘、平阴、平陆、桑丘(1)、阳关、刚寿、都、郿、毌丘、最、南武城、睢阳、彭城、蒙、黄池	灵丘、阿、博陵、聊城、薛陵、马陵(1)、平邑、饶安、平邑(1)、新城(2)、高唐、卢、平原	无				酸枣、山阳、衍	邺、燕、虚、朝歌、黄城、列人、肥、中牟、泫氏、濩泽、伯阳、汲	观、平阳(1)、煮枣、蒲阳、暘、有诡、仁、小黄、承匡、平丘、户牖、首垣、济阳、单父、刚平	大梁、启封、长平(1)、鲁阳、马陵(2)、仪台、朱、上蔡、陉山	亡	濮阳(亡于魏,成为魏之附庸)	亡	亡	亡	亡		阳翟、鲁关、京、鄢、雍氏、高都、利、新城(1)、郑	修鱼、雍丘、葵、陵观、鹿、鳌	平阳(2)、杨氏、路、涉、端氏
243	即墨、廪丘、平阴、平陆、桑丘(1)、阳关、刚寿、都、郿、毌丘、最、南武城、睢阳、彭城、蒙、黄池	灵丘、阿、博陵、聊城、薛陵、马陵(1)、平邑、饶安、平邑(1)、新城(2)、高唐、卢、平原	无				酸枣、山阳、衍	邺、燕、虚、朝歌、黄城、列人、肥、中牟、泫氏、濩泽、伯阳、汲	观、平阳(1)、煮枣、蒲阳、仁、小黄、承匡、平丘、户牖、首垣、济阳、单父、刚平、陶	大梁、启封、长平(1)、鲁阳、马陵(2)、仪台、朱、上蔡、陉山、雍丘?	亡	濮阳(亡于魏,成为魏之附庸)	亡	亡	亡	亡		阳翟、鲁关、京、鄢、雍氏、高都、利、新城(1)、郑	修鱼、葵、陵观、鹿、鳌	平阳(2)、杨氏、路、涉、端氏
242	即墨、廪丘、平阴、平陆、桑丘(1)、阳关、刚寿、都、郿、毌丘、最、南武城、睢阳、彭城、蒙、黄池	灵丘、阿、博陵、聊城、薛陵、马陵(1)、平邑、饶安、平邑(1)、新城(2)、高唐、卢、平原	无				衍	邺、朝歌、黄城、列人、肥、中牟、泫氏、濩泽、伯阳、汲	观、平阳(1)、煮枣、蒲阳、仁、小黄、承匡、平丘、户牖、首垣、济阳、单父、刚平、陶	大梁、启封、鲁阳、马陵(2)、仪台、朱、上蔡、陉山	亡	濮阳(亡于魏,成为魏之附庸)	亡	亡	亡	亡		阳翟、鲁关、京、鄢、雍氏、高都、利、新城(1)、郑	修鱼、葵、陵观、鹿、鳌	平阳(2)、杨氏、路、涉、端氏
241	即墨、廪丘、平阴、平陆、桑丘(1)、阳关、刚寿、都、郿、毌丘、最、南武城、睢阳、彭城、蒙、黄池	灵丘、阿、博陵、聊城、薛陵、马陵(1)、平邑(1)、新城(2)、高唐、卢、平原	无				衍	邺、黄城、列人、肥、中牟、泫氏、濩泽、伯阳、汲	观、平阳(1)、煮枣、蒲阳、仁、小黄、承匡、平丘、户牖、首垣、济阳、单父、刚平、陶	大梁、启封、鲁阳、马陵(2)、仪台、朱、上蔡、陉山	亡	(秦徙卫于野王)	亡	亡	亡	亡		阳翟、鲁关、京、鄢、雍氏、高都、利、新城(1)、郑	修鱼、葵、陵观、鹿、鳌	平阳(2)、杨氏、路、涉、端氏

续 表

公元前	齐		魏								鲁	卫	郑	宋	晋	周	韩			
			西部区域(主要指魏河西、河东地区)				东部区域(指魏河内及黄河以南的地区)													
	东境、南境	西境	西境	北境	东境	南境	西境	北境	东境	南境							西境	南境	东境	北境
240	即墨、廪丘、平阴、平陆、桑丘(1)、阳关、刚、寿、都、郕、毌丘、最、南武城、睢阳、彭城、蒙、黄池	灵丘、阿、博陵、聊城、薛陵、马陵(1)、平邑(1)、新城(2)、高唐、卢、平原	无				衍	邺、黄城、列人、肥、中牟、泫氏、濩泽、伯阳	观、平阳(1)、煮枣、蒲阳、仁、小黄、承匡、平丘、户牖、首垣、济阳、单父、刚平、陶	大梁、启封、鲁阳、马陵(2)、仪台、朱、上蔡、陉山	亡	(秦徙卫于野王)	亡	亡	亡	亡		阳翟、鲁关、京、鄢、雍氏、高都、利、新城(1)、郑	修鱼、葵、陵观、鹿、酸	平阳(2)、杨氏、路、涉、端氏
239	即墨、廪丘、平阴、平陆、桑丘(1)、阳关、刚、寿、都、郕、毌丘、最、南武城、睢阳、彭城、蒙、黄池	灵丘、阿、博陵、聊城、薛陵、马陵(1)、平邑(1)、新城(2)、高唐、卢、平原	无				衍	黄城、列人、肥、中牟、泫氏、濩泽、伯阳	观、平阳(1)、煮枣、蒲阳、仁、小黄、承匡、平丘、户牖、首垣、济阳、单父、刚平、陶、甄?	大梁、启封、鲁阳、马陵(2)、仪台、朱、上蔡、陉山	亡	(秦徙卫于野王)	亡	亡	亡	亡		阳翟、鲁关、京、鄢、雍氏、高都、利、新城(1)、郑	修鱼、葵、陵观、鹿、酸	平阳(2)、杨氏、路、涉、端氏
238	即墨、廪丘、平阴、平陆、桑丘(1)、阳关、刚、寿、都、郕、毌丘、最、南武城、睢阳、彭城、蒙、黄池	灵丘、阿、博陵、聊城、薛陵、马陵(1)、平邑(1)、新城(2)、高唐、卢、平原	无					黄城、列人、肥、中牟、泫氏、濩泽、伯阳	观、平阳(1)、煮枣、承匡、户牖、单父、刚平、陶	大梁、启封、鲁阳、马陵(2)、仪台、朱、上蔡、陉山	亡	(秦徙卫于野王)	亡	亡	亡	亡		阳翟、鲁关、京、鄢、雍氏、高都、利、新城(1)、郑	修鱼、葵、陵观、鹿、酸	平阳(2)、杨氏、路、涉、端氏
236	即墨、廪丘、平阴、平陆、桑丘(1)、阳关、刚、寿、都、郕、毌丘、最、南武城、睢阳、彭城、蒙、黄池	灵丘、阿、博陵、聊城、薛陵、马陵(1)、平邑(1)、新城(2)、高唐、卢、平原	无					黄城、列人、肥、中牟、泫氏、濩泽、伯阳	观、平阳(1)、煮枣、承匡、户牖、单父、刚平、陶	大梁、启封、鲁阳、马陵(2)、仪台、朱、上蔡、陉山	亡	(秦徙卫于野王)	亡	亡	亡	亡		阳翟、鲁关、京、鄢、雍氏、高都、利、新城(1)、郑	修鱼、葵、陵观、鹿、酸	平阳(2)、杨氏、路、涉、端氏

续　表

公元前	齐		魏								鲁	卫	郑	宋	晋	周	韩			
			西部区域（主要指魏河西、河东地区）				东部区域（指魏河内及黄河以南的地区）													
	东境、南境	西境	西境	北境	东境	南境	西境	北境	东境	南境							西境	南境	东境	北境
赵234、秦233	即墨、廪丘、平阴、平陆、桑丘（1）、阳关、刚、寿、都、郕、毌丘、最、南武城、睢阳、彭城、蒙、黄池	灵丘、阿、博陵、聊城、薛陵、马陵（1）、平邑（1）、新城（2）、高唐、卢、平原	无					黄城、列人、肥、中牟、泫氏、濩泽、伯阳	观、平阳（1）、煮枣、承匡、户牖、单父、刚平、陶	大梁、启封、鲁阳、马陵（2）、仪台、朱、上蔡、陉山	亡	（秦徙卫于野王）	亡	亡	亡	亡		阳翟、鲁关、京、鄢、雍氏、高都、利、新城（1）、郑	修鱼、雍丘、葵、陵观、鹿、鳌	平阳（2）、杨氏、路、涉、端氏
232	即墨、廪丘、平阴、平陆、桑丘（1）、阳关、刚、寿、都、郕、毌丘、最、南武城、睢阳、彭城、蒙、黄池	灵丘、阿、博陵、聊城、薛陵、马陵（1）、平邑（1）、新城（2）、高唐、卢、平原	无					黄城、列人、肥、中牟、泫氏、濩泽、伯阳	观、平阳（1）、煮枣、承匡、户牖、单父、刚平、陶	大梁、启封、鲁阳、马陵（2）、仪台、朱、上蔡、陉山	亡	（秦徙卫于野王）	亡	亡	亡	亡		阳翟、鲁关、京、鄢、雍氏、高都、利、新城（1）、郑	修鱼、葵、陵观、鹿、鳌	平阳（2）、杨氏、路、涉、端氏
230	即墨、廪丘、平阴、平陆、桑丘（1）、阳关、刚、寿、都、郕、毌丘、最、南武城、睢阳、彭城、蒙、黄池	灵丘、阿、博陵、聊城、薛陵、马陵（1）、平邑（1）、新城（2）、高唐、卢、平原	无					黄城、列人、肥、中牟、泫氏、濩泽、伯阳	观、平阳（1）、煮枣、承匡、户牖、单父、刚平、陶	大梁、启封、鲁阳、马陵（2）、仪台、朱、上蔡、陉山	亡	（秦徙卫于野王）	亡	亡	亡	亡	亡			
赵229、秦228	即墨、廪丘、平阴、平陆、桑丘（1）、阳关、刚、寿、都、郕、毌丘、最、南武城、睢阳、彭城、蒙、黄池	灵丘、阿、博陵、聊城、薛陵、马陵（1）、平邑（1）、新城（2）、高唐、卢、平原	无					黄城、列人、肥、中牟、泫氏、濩泽、伯阳	观、平阳（1）、煮枣、承匡、户牖、单父、刚平、陶	大梁、启封、鲁阳、马陵（2）、仪台、朱、上蔡、陉山	亡	（秦徙卫于野王）	亡	亡	亡	亡	亡			

续 表

公元前	齐		魏								鲁	卫	郑	宋	晋	周	韩			
			西部区域（主要指魏河西、河东地区）				东部区域（指魏河内及黄河以南的地区）													
	东境、南境	西境	西境	北境	东境	南境	西境	北境	东境	南境							西境	南境	东境	北境
226	即墨、廪丘、平阴、平陆、桑丘(1)、阳关、刚、寿、都、廊、毌丘、最、南武城、睢阳、彭城、蒙、黄池	灵丘、阿、博陵、聊城、薛陵、马陵(1)、平邑(1)、新城(2)、高唐、卢、平原	无					黄城、列人、肥、中牟、泫氏、濩泽、伯阳	观、平阳(1)、煮枣、承匡、户牖、单父、刚平、陶	大梁、启封、鲁阳、马陵(2)、仪台、朱、上蔡、陉山	亡	（秦徙卫于野王）	亡	亡	亡	亡	亡			
225	即墨、廪丘、平阴、平陆、桑丘(1)、阳关、刚、寿、都、廊、毌丘、最、南武城、睢阳、彭城、蒙、黄池	灵丘、阿、博陵、聊城、薛陵、马陵(1)、平邑(1)、新城(2)、高唐、卢、平原	亡								亡	（秦徙卫于野王）		亡	亡	亡	亡			
224	即墨、廪丘、平阴、平陆、桑丘(1)、阳关、刚、寿、都、廊、毌丘、最、南武城、睢阳、彭城、蒙、黄池	灵丘、阿、博陵、聊城、薛陵、马陵(1)、平邑(1)、新城(2)、高唐、卢、平原	亡								亡	（秦徙卫于野王）		亡	亡	亡	亡			
222	即墨、廪丘、平阴、平陆、桑丘(1)、阳关、刚、寿、都、廊、毌丘、最、南武城、睢阳、彭城、蒙、黄池	灵丘、阿、博陵、聊城、薛陵、马陵(1)、平邑(1)、新城(2)、高唐、卢、平原	亡								亡	（秦徙卫于野王）		亡	亡	亡	亡			

表 3－2

公元前	赵				中　山	燕	楚			越	秦		
	南　境	东　境	北境	西　境			北　境	西　境	东境		东　境	南　境	北境
415	中牟、泫氏、邯郸、列人、肥、怀、光狼城、武安、皮牢、平阳(3)(今河北磁县东南)、濩泽、平邑(1)(今河南南乐县东北)、新城(2)(今地待考)、长平(2)(今山西高平市西北)、武城(1)(今河北磁县西南)	左人、中人、鄗、安平、九门、鄚、易、龙兑、汾门、临乐	平邑(2)(今山西大同县东)	蔺、大陵、离石、肤施、定阳、梗阳、邬、涂水、西都、中阳(2)(今山西中阳县)、祁、兹氏、新城(3)(今山西朔州市南)、盂、狼孟、晋阳、阏与、橑阳	顾、唐、曲逆、苦陉	蓟、桑丘(2)(今河北徐水县西南)、中阳(3)(今地待考)、葛、武阳、平舒、武遂、方城、狸、阳城(2)(今河北保定市西南)	上蔡、杞、莒、乘丘、鲁阳、穰、邓、襄丘、召陵、重丘、新市、襄城、陉山、析、宛、叶、西陵、鄢、陈、夏州、寿春、平舆、寝、城父、蕲、夷陵、竟陵、安陆、郢	兹方、扞关、丹阳、汉中、上庸、黔中、巫	广陵	吴、会稽、居巢、下蔡、钟离、朱方、琅邪	杜、郑、大荔、庞戏城、频阳、籍姑、临晋、元里、重泉、栎阳、咸阳、蒲、蓝田、善明氏、商		
413	中牟、泫氏、邯郸、列人、肥、怀、光狼城、武安、皮牢、平阳(3)、濩泽、平邑(1)、新城(2)、长平(2)、武城(1)	左人、中人、鄗、安平、九门、鄚、易、龙兑、汾门、临乐	平邑(2)	蔺、大陵、离石、肤施、定阳、梗阳、邬、涂水、西都、中阳(2)、祁、兹氏、新城、盂、狼孟、晋阳、阏与、橑阳	顾、唐、曲逆、苦陉	蓟、桑丘(2)、中阳(3)、葛、武阳、平舒、武遂、方城、狸、阳城(2)	上蔡、杞、莒、乘丘、鲁阳、穰、邓、襄丘、召陵、重丘、新市、襄城、陉山、析、宛、叶、西陵、鄢、陈、夏州、寿春、平舆、寝、城父、蕲、夷陵、竟陵、安陆、郢	兹方、扞关、丹阳、汉中、上庸、黔中、巫	广陵	吴、会稽、居巢、下蔡、钟离、朱方、琅邪	杜、郑、大荔、庞戏城、频阳、籍姑、临晋、元里、重泉、栎阳、咸阳、蒲、蓝田、善明氏、商		
412	中牟、泫氏、邯郸、列人、肥、怀、光狼城、武安、皮牢、平阳(3)、濩泽、平邑(1)、新城(2)、长平(2)、武城(1)	左人、中人、鄗、安平、九门、鄚、易、龙兑、汾门、临乐	平邑(2)	蔺、大陵、离石、肤施、定阳、梗阳、邬、涂水、西都、中阳(2)、祁、兹氏、新城、盂、狼孟、晋阳、阏与、橑阳	顾、唐、曲逆、苦陉	蓟、桑丘(2)、中阳(3)、葛、武阳、平舒、武遂、方城、狸、阳城(2)	上蔡、杞、莒、乘丘、鲁阳、穰、邓、襄丘、召陵、重丘、新市、襄城、陉山、析、宛、叶、西陵、鄢、陈、夏州、寿春、平舆、寝、城父、蕲、夷陵、竟陵、安陆、郢	兹方、扞关、丹阳、汉中、上庸、黔中、巫	广陵	吴、会稽、居巢、下蔡、钟离、朱方、琅邪	杜、郑、大荔、庞戏城、频阳、籍姑、重泉、栎阳、咸阳、蒲、蓝田、善明氏、商		
410	中牟、泫氏、邯郸、列人、肥、怀、光狼城、武安、皮牢、平阳(3)、濩泽、平邑(1)、新城(2)、长平(2)、武城(1)	左人、中人、鄗、安平、九门、鄚、易、龙兑、汾门、临乐	平邑(2)	蔺、大陵、离石、肤施、定阳、梗阳、邬、涂水、西都、中阳(2)、祁、兹氏、新城、盂、狼孟、晋阳、阏与、橑阳	顾、唐、曲逆、苦陉	蓟、桑丘(2)、中阳(3)、葛、武阳、平舒、武遂、方城、狸、阳城(2)	上蔡、杞、莒、乘丘、鲁阳、穰、邓、襄丘、召陵、重丘、新市、襄城、陉山、析、宛、叶、西陵、鄢、陈、夏州、寿春、平舆、寝、城父、蕲、夷陵、竟陵、安陆、郢	兹方、扞关、丹阳、汉中、上庸、黔中、巫	广陵	吴、会稽、居巢、下蔡、钟离、朱方、琅邪	杜、郑、大荔、庞戏城、频阳、籍姑、重泉、栎阳、咸阳、蒲、蓝田、善明氏、商		

续 表

公元前	赵				中山	燕	楚			越	秦		
	南境	东境	北境	西境			北境	西境	东境		东境	南境	北境
409	中牟、泫氏、邯郸、列人、肥、怀、光狼城、武安、皮牢、平阳(3)、蔓泽、平邑(1)、新城(2)、长平(2)、武城(1)	左人、中人、鄗、安平、九门、鄚、易、龙兑、汾门、临乐	平邑(2)	蔺、大陵、离石、肤施、定阳、梗阳、邬、涂水、西都、中阳(2)、祁、兹氏、新城、盂、狼孟、晋阳、阏与、橑阳	顾、唐、曲逆、苦陉	蓟、桑丘(2)、中阳(3)、葛、武阳、平舒、武遂、方城、狸、阳城(2)	上蔡、杞、莒、乘丘、鲁阳、穰、邓、襄丘、召陵、重丘、新市、襄城、陉山、析、宛、叶、西陵、鄢、陈、夏州、寿春、平舆、寝、城父、蕲、夷陵、竟陵、安陆、郢	兹方、扞关、丹阳、汉中、上庸、黔中、巫	广陵	吴、会稽、居巢、下蔡、钟离、朱方、琅邪	杜、郑、大荔、庞戏城、频阳、籍姑、重泉、栎阳、咸阳、蒲、蓝田、善明氏、商		
407	中牟、泫氏、邯郸、列人、肥、怀、光狼城、武安、皮牢、平阳(3)、蔓泽、平邑(1)、新城(2)、长平(2)、武城(1)	左人、中人、鄗、安平、九门、鄚、易、龙兑、汾门、临乐	平邑(2)	蔺、大陵、离石、肤施、定阳、梗阳、邬、涂水、西都、中阳(2)、祁、兹氏、新城、盂、狼孟、晋阳、阏与、橑阳	顾、唐、曲逆、苦陉	蓟、桑丘(2)、中阳(3)、葛、武阳、平舒、武遂、方城、狸、阳城(2)	上蔡、杞、莒、乘丘、鲁阳、穰、邓、襄丘、召陵、重丘、新市、襄城、陉山、析、宛、叶、西陵、鄢、陈、夏州、寿春、平舆、寝、城父、蕲、夷陵、竟陵、安陆、郢	兹方、扞关、丹阳、汉中、上庸、黔中、巫	广陵	吴、会稽、居巢、下蔡、钟离、朱方、琅邪	杜、郑、大荔、庞戏城、频阳、籍姑、重泉、栎阳、咸阳、武城(2)(今陕西华县东)、蒲、蓝田、善明氏、商		
406	中牟、泫氏、邯郸、列人、肥、怀、光狼城、武安、皮牢、平阳(3)、蔓泽、平邑(1)、新城(2)、长平(2)、武城(1)	左人、中人、鄗、安平、九门、鄚、易、龙兑、汾门、临乐	平邑(2)	蔺、大陵、离石、肤施、定阳、梗阳、邬、涂水、西都、中阳(2)、祁、兹氏、新城、盂、狼孟、晋阳、阏与、橑阳	灭于魏	蓟、桑丘(2)、中阳(3)、葛、武阳、平舒、武遂、方城、狸、阳城(2)	上蔡、杞、莒、乘丘、鲁阳、穰、邓、襄丘、召陵、重丘、新市、襄城、陉山、析、宛、叶、西陵、鄢、陈、夏州、寿春、平舆、寝、城父、蕲、夷陵、竟陵、安陆、郢	兹方、扞关、丹阳、汉中、上庸、黔中、巫	广陵	吴、会稽、居巢、下蔡、钟离、朱方、琅邪	杜、郑、大荔、庞戏城、频阳、籍姑、重泉、栎阳、咸阳、蒲、蓝田、善明氏、商		
404	中牟、泫氏、邯郸、列人、肥、怀、光狼城、武安、皮牢、平阳(3)、蔓泽、平邑(1)、新城(2)、长平(2)、武城(1)	左人、中人、鄗、安平、九门、鄚、易、龙兑、汾门、临乐	平邑(2)	蔺、大陵、离石、肤施、定阳、梗阳、邬、涂水、西都、中阳(2)、祁、兹氏、新城、盂、狼孟、晋阳、阏与、橑阳	魏据	蓟、桑丘(2)、中阳(3)、葛、武阳、平舒、武遂、方城、狸、阳城(2)	上蔡、杞、莒、乘丘、鲁阳、穰、邓、襄丘、召陵、重丘、新市、襄城、陉山、析、宛、叶、西陵、鄢、陈、夏州、寿春、平舆、寝、城父、蕲、夷陵、竟陵、安陆、郢、榆关？	兹方、扞关、丹阳、汉中、上庸、黔中、巫	广陵	吴、会稽、居巢、下蔡、钟离、朱方、琅邪	杜、郑、大荔、庞戏城、频阳、籍姑、重泉、栎阳、咸阳、蒲、蓝田、善明氏、商、阳狐		

续 表

公元前	赵				中山	燕	楚			越	秦		
	南境	东境	北境	西境			北境	西境	东境		东境	南境	北境
403	中牟、泫氏、邯郸、列人、肥、怀、光狼城、武安、皮牢、平阳(3)、濩泽、平邑(1)、新城(2)、长平(2)、武城(1)	左人、中人、鄗、安平、九门、鄚、易、龙兑、汾门、临乐、番吾	平邑(2)	蔺、大陵、离石、肤施、定阳、梗阳、邬、涂水、西都、中阳(2)、祁、兹氏、新城、盂、狼孟、晋阳、阏与、橑阳	魏据	蓟、桑丘(2)、中阳(3)、葛、武阳、平舒、武遂、方城、狸、阳城(2)	上蔡、杞、莒、乘丘、鲁阳、穰、邓、襄丘、召陵、重丘、新市、襄城、陉山、析、宛、叶、西陵、鄢、陈、夏州、寿春、平舆、寝、城父、蕲、夷陵、竟陵、安陆、郢	兹方、扞关、丹阳、汉中、上庸、黔中、巫	广陵	吴、会稽、居巢、下蔡、钟离、朱方、琅邪	杜、郑、大荔、庞戏城、频阳、籍姑、重泉、栎阳、咸阳、蒲、蓝田、善明氏、商、阳狐		
398	中牟、泫氏、邯郸、列人、肥、怀、光狼城、武安、皮牢、平阳(3)、濩泽、平邑(1)、新城(2)、长平(2)、武城(1)	左人、中人、鄗、安平、九门、鄚、易、龙兑、汾门、临乐、番吾	平邑(2)	蔺、大陵、离石、肤施、定阳、梗阳、邬、涂水、西都、中阳(2)、祁、兹氏、新城、盂、狼孟、晋阳、阏与、橑阳	魏据	蓟、桑丘(2)、中阳(3)、葛、武阳、平舒、武遂、方城、狸、阳城(2)	上蔡、杞、莒、乘丘、鲁阳、穰、邓、襄丘、召陵、重丘、新市、襄城、陉山、析、宛、叶、西陵、鄢、陈、夏州、寿春、平舆、寝、城父、蕲、夷陵、竟陵、安陆、郢	兹方、扞关、丹阳、汉中、上庸、黔中、巫	广陵	吴、会稽、居巢、下蔡、钟离、朱方、琅邪	杜、郑、大荔、庞戏城、频阳、籍姑、重泉、栎阳、咸阳、蒲、蓝田、善明氏、商、阳狐		
397	中牟、泫氏、邯郸、列人、肥、怀、光狼城、武安、皮牢、平阳(3)、濩泽、平邑(1)、新城(2)、长平(2)、武城(1)	左人、中人、鄗、安平、九门、鄚、易、龙兑、汾门、临乐、番吾	平邑(2)	蔺、大陵、离石、肤施、定阳、梗阳、邬、涂水、西都、中阳(2)、祁、兹氏、新城、盂、狼孟、晋阳、阏与、橑阳	魏据	蓟、桑丘(2)、中阳(3)、葛、武阳、平舒、武遂、方城、狸、阳城(2)	上蔡、杞、莒、乘丘、鲁阳、穰、邓、襄丘、召陵、重丘、新市、襄城、陉山、析、宛、叶、西陵、鄢、陈、夏州、寿春、平舆、寝、城父、蕲、夷陵、竟陵、安陆、郢、负黍(部分)	兹方、扞关、丹阳、汉中、上庸、黔中、巫	广陵	吴、会稽、居巢、下蔡、钟离、朱方、琅邪	杜、郑、大荔、庞戏城、频阳、籍姑、重泉、栎阳、咸阳、蒲、蓝田、善明氏、商、阳狐		
396	中牟、泫氏、邯郸、列人、肥、怀、光狼城、武安、皮牢、平阳(3)、濩泽、平邑(1)、新城(2)、长平(2)、武城(1)	左人、中人、鄗、安平、九门、鄚、易、龙兑、汾门、临乐、番吾	平邑(2)	蔺、大陵、离石、肤施、定阳、梗阳、邬、涂水、西都、中阳(2)、祁、兹氏、新城、盂、狼孟、晋阳、阏与、橑阳	魏据	蓟、桑丘(2)、中阳(3)、葛、武阳、平舒、武遂、方城、狸、阳城(2)	上蔡、杞、莒、乘丘、鲁阳、穰、邓、襄丘、召陵、重丘、新市、襄城、陉山、析、宛、叶、西陵、鄢、陈、夏州、寿春、平舆、寝、城父、蕲、夷陵、竟陵、安陆、郢、负黍(部分)、榆关?	兹方、扞关、丹阳、汉中、上庸、黔中、巫	广陵	吴、会稽、居巢、下蔡、钟离、朱方、琅邪	杜、郑、大荔、庞戏城、频阳、籍姑、重泉、栎阳、咸阳、蒲、蓝田、善明氏、商、阳狐		

续表

公元前	赵				中山	燕	楚			越	秦		
	南境	东境	北境	西境			北境	西境	东境		东境	南境	北境
395	中牟、泫氏、邯郸、列人、肥、怀、光狼城、武安、皮牢、平阳(3)、濩泽、平邑(1)、新城(2)、长平(2)、武城(1)	左人、中人、鄗、安平、九门、鄚、易、龙兑、汾门、临乐、番吾	平邑(2)	蔺、大陵、离石、肤施、定阳、梗阳、邬、涂水、西都、中阳(2)、祁、兹氏、新城、盂、狼孟、晋阳、阏与、橑阳	魏据	蓟、桑丘(2)、中阳(3)、葛、武阳、平舒、武遂、方城、狸、阳城(2)	上蔡、杞、莒、乘丘、鲁阳、穰、邓、襄丘、召陵、重丘、新市、襄城、陉山、析、宛、叶、西陵、鄢、陈、夏州、寿春、平舆、寝、城父、蕲、夷陵、竟陵、安陆、郢、负黍(部分)、榆关	兹方、扞关、丹阳、汉中、上庸、黔中、巫	广陵	吴、会稽、居巢、下蔡、钟离、朱方、琅邪	杜、郑、大荔、庞戏城、频阳、籍姑、重泉、栎阳、咸阳、武城(2)(武下)、蒲、蓝田、善明氏、商、阳狐		
394	中牟、泫氏、邯郸、列人、肥、怀、光狼城、武安、皮牢、平阳(3)、濩泽、平邑(1)、新城(2)、长平(2)、武城(1)	左人、中人、鄗、安平、九门、鄚、易、龙兑、汾门、临乐、番吾	平邑(2)	蔺、大陵、离石、肤施、定阳、梗阳、邬、涂水、西都、中阳(2)、祁、兹氏、新城、盂、狼孟、晋阳、阏与、橑阳	魏据	蓟、桑丘(2)、中阳(3)、葛、武阳、平舒、武遂、方城、狸、阳城(2)	上蔡、杞、莒、乘丘、鲁阳、穰、邓、襄丘、召陵、重丘、新市、襄城、陉山、析、宛、叶、西陵、鄢、陈、夏州、寿春、平舆、寝、城父、蕲、夷陵、竟陵、安陆、郢、负黍(部分)、榆关	兹方、扞关、丹阳、汉中、上庸、黔中、巫	广陵	吴、会稽、居巢、下蔡、钟离、朱方、琅邪	杜、郑、大荔、庞戏城、频阳、籍姑、重泉、栎阳、咸阳、武城(2)、蒲、蓝田、善明氏、商、阳狐		
393	中牟、泫氏、邯郸、列人、肥、怀、光狼城、武安、皮牢、平阳(3)、濩泽、平邑(1)、新城(2)、长平(2)、武城(1)	左人、中人、鄗、安平、九门、鄚、易、龙兑、汾门、临乐、番吾	平邑(2)	蔺、大陵、离石、肤施、定阳、梗阳、邬、涂水、西都、中阳(2)、祁、兹氏、新城、盂、狼孟、晋阳、阏与、橑阳	魏据	蓟、桑丘(2)、中阳(3)、葛、武阳、平舒、武遂、方城、狸、阳城(2)	上蔡、杞、莒、乘丘、鲁阳、穰、邓、襄丘、召陵、重丘、新市、襄城、陉山、析、宛、叶、西陵、鄢、陈、夏州、寿春、平舆、寝、城父、蕲、夷陵、竟陵、安陆、郢、负黍(部分)、榆关	兹方、扞关、丹阳、汉中、上庸、黔中、巫	广陵	吴、会稽、居巢、下蔡、钟离、朱方、琅邪	杜、郑、大荔、庞戏城、频阳、籍姑、重泉、栎阳、咸阳、武城(2)、蒲、蓝田、善明氏、商、阳狐		
392	中牟、泫氏、邯郸、列人、肥、怀、光狼城、武安、皮牢、平阳(3)、濩泽、平邑(1)、新城(2)、长平(2)、武城(1)、刚平	左人、中人、鄗、安平、九门、鄚、易、龙兑、汾门、临乐、番吾	平邑(2)	蔺、大陵、离石、肤施、定阳、梗阳、邬、涂水、西都、中阳(2)、祁、兹氏、新城、盂、狼孟、晋阳、阏与、橑阳	魏据	蓟、桑丘(2)、中阳(3)、葛、武阳、平舒、武遂、方城、狸、阳城(2)	上蔡、杞、莒、乘丘、鲁阳、穰、邓、襄丘、召陵、重丘、新市、襄城、陉山、析、宛、叶、西陵、鄢、陈、夏州、寿春、平舆、寝、城父、蕲、夷陵、竟陵、安陆、郢、负黍(部分)、榆关	兹方、扞关、丹阳、汉中、上庸、黔中、巫	广陵	吴、会稽、居巢、下蔡、钟离、朱方、琅邪	杜、郑、大荔、庞戏城、频阳、籍姑、重泉、栎阳、咸阳、武城(2)、蒲、蓝田、善明氏、商、阳狐		

续 表

公元前	赵				中山	燕	楚			越	秦		
	南境	东境	北境	西境			北境	西境	东境		东境	南境	北境
391	中牟、泫氏、邯郸、列人、怀、光狼城、武安、皮牢、平阳(3)、濩泽、平邑(1)、新城(2)、长平(2)、武城(1)	左人、中人、鄗、安平、九门、鄚、易、龙兑、汾门、临乐、番吾	平邑(2)	蔺、大陵、离石、肤施、定阳、梗阳、邬、涂水、西都、中阳(2)、祁、兹氏、新城、盂、狼孟、晋阳、阏与、橑阳	魏据	蓟、桑丘(2)、中阳(3)、葛、武阳、平舒、武遂、方城、狸、阳城(2)	上蔡、杞、莒、乘丘、鲁阳、穰、邓、襄丘、召陵、重丘、新市、襄城、陉山、析、宛、叶、西陵、鄢、陈、夏州、寿春、平舆、寝、城父、蕲、夷陵、竟陵、安陆、郢、负黍(部分)、榆关	兹方、扞关、丹阳、汉中、上庸、黔中、巫	广陵	吴、会稽、居巢、下蔡、钟离、朱方、琅邪	杜、郑、大荔、庞戏城、频阳、籍姑、重泉、栎阳、咸阳、武城(2)、蒲、蓝田、善明氏、商、阳狐		
390	中牟、泫氏、邯郸、列人、肥、怀、光狼城、武安、皮牢、平阳(3)、濩泽、平邑(1)、新城(2)、长平(2)、武城(1)、棘蒲	左人、中人、鄗、安平、九门、鄚、易、龙兑、汾门、临乐、番吾	平邑(2)	蔺、大陵、离石、肤施、定阳、梗阳、邬、涂水、西都、中阳(2)、祁、兹氏、新城、盂、狼孟、晋阳、阏与、橑阳	魏据	蓟、桑丘(2)、中阳(3)、葛、武阳、平舒、武遂、方城、狸、阳城(2)	上蔡、杞、莒、乘丘、鲁阳、穰、邓、襄丘、召陵、重丘、新市、襄城、陉山、析、宛、叶、西陵、鄢、陈、夏州、寿春、平舆、寝、城父、蕲、夷陵、竟陵、安陆、郢、负黍(部分)、榆关	兹方、扞关、丹阳、汉中、上庸、黔中、巫	广陵	吴、会稽、居巢、下蔡、钟离、朱方、琅邪	杜、郑、大荔、庞戏城、频阳、籍姑、重泉、栎阳、咸阳、武城(2)、蒲、蓝田、善明氏、商、阳狐		
388	中牟、泫氏、邯郸、列人、肥、怀、光狼城、武安、皮牢、平阳(3)、濩泽、平邑(1)、新城(2)、长平(2)、武城(1)、棘蒲、黄城	左人、中人、鄗、安平、九门、鄚、易、龙兑、汾门、临乐、番吾	平邑(2)	蔺、大陵、离石、肤施、定阳、梗阳、邬、涂水、西都、中阳(2)、祁、兹氏、新城、盂、狼孟、晋阳、阏与、橑阳	魏据	蓟、桑丘(2)、中阳(3)、葛、武阳、平舒、武遂、方城、狸、阳城(2)	上蔡、杞、莒、乘丘、鲁阳、穰、邓、襄丘、召陵、重丘、新市、襄城、陉山、析、宛、叶、西陵、鄢、陈、夏州、寿春、平舆、寝、城父、蕲、夷陵、竟陵、安陆、郢、负黍(部分)、榆关	兹方、扞关、丹阳、汉中、上庸、黔中、巫	广陵	吴、会稽、居巢、下蔡、钟离、朱方、琅邪	杜、郑、大荔、庞戏城、频阳、籍姑、重泉、栎阳、咸阳、武城(2)、蒲、蓝田、善明氏、商、阳狐		
387	中牟、泫氏、邯郸、列人、肥、怀、光狼城、武安、皮牢、平阳(3)、濩泽、平邑(1)、新城(2)、长平(2)、武城(1)、棘蒲	左人、中人、鄗、安平、九门、鄚、易、龙兑、汾门、临乐、番吾	平邑(2)	蔺、大陵、离石、肤施、定阳、梗阳、邬、涂水、西都、中阳(2)、祁、兹氏、新城、盂、狼孟、晋阳、阏与、橑阳	魏据	蓟、桑丘(2)、中阳(3)、葛、武阳、平舒、武遂、方城、狸、阳城(2)	上蔡、杞、莒、乘丘、鲁阳、穰、邓、襄丘、召陵、重丘、新市、襄城、陉山、析、宛、叶、西陵、鄢、陈、夏州、寿春、平舆、寝、城父、蕲、夷陵、竟陵、安陆、郢、榆关	兹方、扞关、丹阳、汉中、上庸、黔中、巫	广陵	吴、会稽、居巢、下蔡、钟离、朱方、琅邪	杜、郑、大荔、庞戏城、频阳、籍姑、重泉、栎阳、咸阳、武城(2)、蒲、蓝田、善明氏、商、阳狐		

续 表

公元前	赵				中 山	燕	楚			越	秦		
	南 境	东 境	北境	西 境			北 境	西 境	东境		东 境	南 境	北境
386	中牟、泫氏、邯郸、列人、肥、怀、光狼城、武安、皮牢、平阳(3)、濩泽、平邑(1)、新城(2)、长平(2)、武城(1)、棘蒲	左人、鄗、安平、九门、鄚、易、龙兑、汾门、临乐、番吾	平邑(2)	蔺、大陵、离石、肤施、定阳、梗阳、邬、涂水、西都、中阳(2)、祁、兹氏、新城、盂、狼孟、晋阳、阏与、橑阳	复国(灵寿、房子、扶柳、苦陉、中人、丹丘、华阳(2)(在今河北曲阳县西北)、鸱之塞、宁葭、封龙、石邑、东垣、唐行唐、曲逆、顾、唐?	蓟、桑丘(2)、中阳(3)、葛、武阳、平舒、武遂、方城、狸、阳城(2)	上蔡、杞、莒、乘丘、鲁阳、穰、邓、襄丘、召陵、重丘、新市、襄城、陉山、析、宛、叶、西陵、鄢、陈、夏州、寿春、平舆、寝、城父、蕲、夷陵、竟陵、安陆、郢、榆关	兹方、扞关、丹阳、汉中、上庸、黔中、巫	广陵	吴、会稽、居巢、下蔡、钟离、朱方、琅邪	杜、郑、大荔、庞戏城、频阳、籍姑、重泉、栎阳、咸阳、武城(2)、蒲、蓝田、善明氏、商、阳狐		
385	中牟、泫氏、邯郸、列人、肥、怀、光狼城、武安、皮牢、平阳(3)、濩泽、平邑(1)、新城(2)、长平(2)、武城(1)、棘蒲	左人、鄗、安平、九门、鄚、易、龙兑、汾门、临乐、番吾	平邑(2)	蔺、大陵、离石、肤施、定阳、梗阳、邬、涂水、西都、中阳(2)、祁、兹氏、新城、盂、狼孟、晋阳、阏与、橑阳	灵寿、房子、扶柳、苦陉、中人、丹丘、华阳(2)、鸱之塞、宁葭、封龙、石邑、东垣、唐行唐、曲逆、顾、唐	蓟、桑丘(2)、中阳(3)、葛、武阳、平舒、武遂、方城、狸、阳城(2)	上蔡、杞、莒、乘丘、鲁阳、穰、邓、襄丘、召陵、重丘、新市、襄城、陉山、析、宛、叶、西陵、鄢、陈、夏州、寿春、平舆、寝、城父、蕲、夷陵、竟陵、安陆、郢、榆关	兹方、扞关、丹阳、汉中、上庸、黔中、巫	广陵	吴、会稽、居巢、下蔡、钟离、朱方、琅邪	杜、郑、大荔、庞戏城、频阳、籍姑、重泉、栎阳、咸阳、武城(2)、蒲、蓝田、善明氏、商、阳狐		
384	中牟、泫氏、邯郸、列人、肥、怀、光狼城、武安、皮牢、平阳(3)、濩泽、平邑(1)、新城(2)、长平(2)、武城(1)、棘蒲	左人、鄗、安平、九门、鄚、易、龙兑、汾门、临乐、番吾	平邑(2)	蔺、大陵、离石、肤施、定阳、梗阳、邬、涂水、西都、中阳(2)、祁、兹氏、新城、盂、狼孟、晋阳、阏与、橑阳	灵寿、房子、扶柳、苦陉、中人、丹丘、华阳(2)、鸱之塞、宁葭、封龙、石邑、东垣、唐行唐、曲逆、顾、唐	蓟、桑丘(2)、中阳(3)、葛、武阳、平舒、武遂、方城、狸、阳城(2)	上蔡、杞、莒、乘丘、鲁阳、穰、邓、襄丘、召陵、重丘、新市、襄城、陉山、析、宛、叶、西陵、鄢、陈、夏州、寿春、平舆、寝、城父、蕲、夷陵、竟陵、安陆、郢、榆关	兹方、扞关、丹阳、汉中、上庸、黔中、巫	广陵	吴、会稽、居巢、下蔡、钟离、朱方、琅邪	杜、郑、大荔、庞戏城、频阳、籍姑、重泉、栎阳、咸阳、武城(2)、蒲、蓝田、善明氏、商、阳狐		
382	中牟、泫氏、邯郸、列人、肥、怀、光狼城、武安、皮牢、平阳(3)、濩泽、平邑(1)、新城(2)、长平(2)、武城(1)、棘蒲	左人、鄗、安平、九门、鄚、易、龙兑、汾门、临乐、番吾	平邑(2)	蔺、大陵、离石、肤施、定阳、梗阳、邬、涂水、西都、中阳(2)、祁、兹氏、新城、盂、狼孟、晋阳、阏与、橑阳	灵寿、房子、扶柳、苦陉、中人、丹丘、华阳(2)、鸱之塞、宁葭、封龙、石邑、东垣、唐行唐、曲逆、顾、唐	蓟、桑丘(2)、中阳(3)、葛、武阳、平舒、武遂、方城、狸、阳城(2)	上蔡、杞、莒、乘丘、鲁阳、穰、邓、襄丘、召陵、重丘、新市、襄城、陉山、析、宛、叶、西陵、鄢、陈、夏州、寿春、平舆、寝、城父、蕲、夷陵、竟陵、安陆、郢、榆关	扞关、丹阳、汉中、上庸、黔中、巫	广陵	吴、会稽、居巢、下蔡、钟离、朱方、琅邪	杜、郑、大荔、庞戏城、频阳、籍姑、重泉、栎阳、咸阳、武城(2)、蒲、蓝田、善明氏、商、阳狐		

续 表

公元前	赵				中山	燕	楚			越	秦		
	南境	东境	北境	西境			北境	西境	东境		东境	南境	北境
376	中牟、泫氏、邯郸、列人、肥、怀、光狼城、武安、皮牢、平阳(3)、濩泽、平邑(1)、新城(2)、长平(2)、武城(1)、棘蒲	左人、鄗、安平、九门、鄚、易、龙兑、汾门、临乐、番吾	平邑(2)	蔺、大陵、离石、肤施、定阳、梗阳、邬、涂水、西都、中阳(2)、祁、兹氏、新城、盂、狼孟、晋阳、阏与、橑阳	灵寿、房子、扶柳、苦陉、中人、丹丘、华阳(2)、鸱之塞、宁葭、封龙、石邑、东垣、唐行唐、曲逆、顾、唐	蓟、桑丘(2)、中阳(3)、葛、武阳、平舒、武遂、方城、貍、阳城(2)	上蔡、杞、莒、乘丘、穰、邓、襄丘、召陵、重丘、新市、襄城、陉山、析、宛、叶、西陵、鄢、陈、夏州、寿春、平舆、寝、城父、蕲、夷陵、竟陵、安陆、郢、榆关	扞关、丹阳、汉中、上庸、黔中、巫	广陵	吴、会稽、居巢、下蔡、钟离、朱方、琅邪	杜、郑、大荔、庞戏城、频阳、籍姑、重泉、栎阳、咸阳、武城(2)、蒲、蓝田、善明氏、商、阳狐		
375	中牟、泫氏、邯郸、列人、肥、怀、光狼城、武安、皮牢、平阳(3)、濩泽、平邑(1)、新城(2)、长平(2)、武城(1)、棘蒲	左人、鄗、安平、九门、鄚、易、龙兑、汾门、临乐、番吾	平邑(2)	蔺、大陵、离石、肤施、定阳、梗阳、邬、涂水、西都、中阳(2)、祁、兹氏、新城、盂、狼孟、晋阳、阏与、橑阳	灵寿、房子、扶柳、苦陉、中人、丹丘、华阳(2)、鸱之塞、宁葭、封龙、石邑、东垣、南行唐、曲逆、顾、唐	蓟、桑丘(2)、中阳(3)、葛、武阳、平舒、武遂、方城、貍、阳城(2)	上蔡、杞、莒、乘丘、穰、邓、襄丘、召陵、重丘、新市、襄城、陉山、析、宛、叶、西陵、鄢、陈、夏州、寿春、平舆、寝、城父、蕲、夷陵、竟陵、安陆、郢、榆关	扞关、丹阳、汉中、上庸、黔中、巫	广陵	吴、会稽、居巢、下蔡、钟离、朱方、琅邪	杜、郑、大荔、庞戏城、频阳、籍姑、重泉、栎阳、咸阳、武城(2)、蒲、蓝田、善明氏、商、阳狐		
372	中牟、泫氏、邯郸、列人、肥、怀、光狼城、武安、皮牢、平阳(3)、濩泽、平邑(1)、新城(2)、长平(2)、武城(1)、棘蒲	左人、鄗、安平、九门、鄚、易、龙兑、汾门、临乐、番吾	平邑(2)	蔺、大陵、离石、肤施、定阳、梗阳、邬、涂水、西都、中阳(2)、祁、兹氏、新城、盂、狼孟、晋阳、阏与、橑阳	灵寿、房子、扶柳、苦陉、中人、丹丘、华阳(2)、鸱之塞、宁葭、封龙、石邑、东垣、南行唐、曲逆、顾、唐	蓟、桑丘(2)、中阳(3)、葛、武阳、平舒、武遂、方城、貍、阳城(2)	上蔡、杞、莒、乘丘、穰、邓、襄丘、召陵、重丘、新市、襄城、陉山、析、宛、叶、西陵、鄢、陈、夏州、寿春、平舆、寝、城父、蕲、夷陵、竟陵、安陆、郢、榆关	扞关、丹阳、汉中、上庸、黔中、巫	广陵	吴、会稽、居巢、下蔡、钟离、朱方、琅邪	杜、郑、大荔、庞戏城、频阳、籍姑、重泉、栎阳、咸阳、武城(2)、蒲、蓝田、善明氏、商、阳狐		
371	中牟、泫氏、邯郸、列人、肥、怀、光狼城、武安、皮牢、平阳(3)、濩泽、平邑(1)、新城(2)、长平(2)、武城(1)、棘蒲	左人、鄗、安平、九门、鄚、易、龙兑、汾门、临乐、番吾	平邑(2)	蔺、大陵、离石、肤施、定阳、梗阳、邬、涂水、西都、中阳(2)、祁、兹氏、新城、盂、狼孟、晋阳、阏与、橑阳	灵寿、房子、扶柳、苦陉、中人、丹丘、华阳(2)、鸱之塞、宁葭、封龙、石邑、东垣、南行唐、曲逆、顾、唐	蓟、中阳(3)、葛、武阳、平舒、武遂、方城、貍、阳城(2)	上蔡、杞、莒、乘丘、穰、邓、襄丘、召陵、重丘、新市、襄城、陉山、析、宛、叶、西陵、鄢、陈、夏州、寿春、平舆、寝、城父、蕲、夷陵、竟陵、安陆、郢、榆关	扞关、丹阳、汉中、上庸、黔中、巫	广陵	吴、会稽、居巢、下蔡、钟离、朱方、琅邪	杜、郑、大荔、庞戏城、频阳、籍姑、重泉、栎阳、咸阳、武城(2)、蒲、蓝田、善明氏、商、阳狐		

续 表

公元前	赵				中山	燕	楚			越	秦		
	南境	东境	北境	西境			北境	西境	东境		东境	南境	北境
370	中牟、泫氏、邯郸、列人、肥、光狼城、武安、皮牢、平阳(3)、蔓泽、平邑(1)、新城(2)、长平(2)、武城(1)、棘蒲、长子、涅	左人、鄗、安平、九门、鄚、易、龙兑、汾门、临乐、番吾、甄	平邑(2)	蔺、大陵、离石、肤施、定阳、梗阳、邬、涂水、西都、中阳(2)、祁、兹氏、新城、盂、狼孟、晋阳、阏与、橑阳	灵寿、房子、扶柳、苦陉、中人、丹丘、华阳(2)、鸱之塞、宁葭、封龙、石邑、东垣、南行唐、曲逆、顾、唐	蓟、中阳(3)、葛、武阳、平舒、武遂、方城、狸、阳城(2)、桑丘(2)?	上蔡、杞、莒、乘丘、穰、邓、襄丘、召陵、重丘、新市、襄城、陉山、析、宛、叶、西陵、鄢、陈、夏州、寿春、平舆、寝、城父、蕲、夷陵、竟陵、安陆、郢、榆关	扞关、丹阳、汉中、上庸、黔中、巫	广陵	吴、会稽、居巢、下蔡、钟离、朱方、琅邪	杜、郑、大荔、庞戏城、频阳、籍姑、重泉、栎阳、咸阳、武城(2)、蒲、蓝田、善明氏、商、阳狐		
369	中牟、泫氏、邯郸、列人、肥、光狼城、武安、皮牢、平阳(3)、蔓泽、平邑(1)、新城(2)、长平(2)、武城(1)、棘蒲、长子、涅	左人、鄗、安平、九门、鄚、易、龙兑、汾门、临乐、番吾	平邑(2)	蔺、大陵、离石、肤施、定阳、梗阳、邬、涂水、西都、中阳(2)、祁、兹氏、新城、盂、狼孟、晋阳、阏与、橑阳	灵寿、房子、扶柳、苦陉、中人、丹丘、华阳(2)、鸱之塞、宁葭、封龙、石邑、东垣、南行唐、曲逆、顾、唐	蓟、中阳(3)、葛、武阳、平舒、武遂、方城、狸、阳城(2)、桑丘(2)	上蔡、杞、莒、乘丘、穰、邓、襄丘、召陵、重丘、新市、襄城、陉山、析、宛、叶、西陵、鄢、陈、夏州、寿春、平舆、寝、城父、蕲、夷陵、竟陵、安陆、郢、榆关	扞关、丹阳、汉中、上庸、黔中、巫	广陵	吴、会稽、居巢、下蔡、钟离、朱方、琅邪	杜、郑、大荔、庞戏城、频阳、籍姑、重泉、栎阳、咸阳、武城(2)、蒲、蓝田、善明氏、商、阳狐		
368	中牟、泫氏、邯郸、列人、肥、光狼城、武安、皮牢、平阳(3)、蔓泽、平邑(1)、新城(2)、长平(2)、武城(1)、棘蒲、长子、涅	左人、鄗、安平、九门、鄚、易、龙兑、汾门、临乐、番吾	平邑(2)	蔺、大陵、离石、肤施、定阳、梗阳、邬、涂水、西都、中阳(2)、祁、兹氏、新城、盂、狼孟、晋阳、阏与、橑阳	灵寿、房子、扶柳、苦陉、中人、丹丘、华阳(2)、鸱之塞、宁葭、封龙、石邑、东垣、南行唐、曲逆、顾、唐	蓟、中阳(3)、葛、武阳、平舒、武遂、方城、狸、阳城(2)、桑丘(2)	上蔡、杞、莒、乘丘、穰、邓、襄丘、召陵、重丘、新市、襄城、陉山、析、宛、叶、西陵、鄢、陈、夏州、寿春、平舆、寝、城父、蕲、夷陵、竟陵、安陆、郢、榆关	扞关、丹阳、汉中、上庸、黔中、巫	广陵	吴、会稽、居巢、下蔡、钟离、朱方、琅邪	杜、郑、大荔、庞戏城、频阳、籍姑、重泉、栎阳、咸阳、武城(2)、蒲、蓝田、善明氏、商、阳狐		
367	中牟、泫氏、邯郸、列人、肥、光狼城、武安、皮牢、平阳(3)、蔓泽、平邑(1)、新城(2)、长平(2)、武城(1)、棘蒲、长子、涅	左人、鄗、安平、九门、鄚、易、龙兑、汾门、临乐、番吾	平邑(2)	蔺、大陵、离石、肤施、定阳、梗阳、邬、涂水、西都、中阳(2)、祁、兹氏、新城、盂、狼孟、晋阳、阏与、橑阳	灵寿、房子、扶柳、苦陉、中人、丹丘、华阳(2)、鸱之塞、宁葭、封龙、石邑、东垣、南行唐、曲逆、顾、唐	蓟、中阳(3)、葛、武阳、平舒、武遂、方城、狸、阳城(2)、桑丘(2)	上蔡、杞、莒、乘丘、穰、邓、襄丘、召陵、重丘、新市、襄城、陉山、析、宛、叶、西陵、鄢、陈、夏州、寿春、平舆、寝、城父、蕲、夷陵、竟陵、安陆、郢、榆关	扞关、丹阳、汉中、上庸、黔中、巫	广陵	吴、会稽、居巢、下蔡、钟离、朱方、琅邪	杜、郑、大荔、庞戏城、频阳、籍姑、重泉、栎阳、咸阳、武城(2)、蒲、蓝田、善明氏、商、阳狐		

续 表

公元前	赵				中山	燕	楚			越	秦		
	南境	东境	北境	西境			北境	西境	东境		东境	南境	北境
366	中牟、泫氏、邯郸、列人、肥、光狼城、武安、皮牢、平阳(3)、蔓泽、平邑(1)、新城(2)、长平(2)、武城(1)、棘蒲、长子、涅	左人、鄗、安平、九门、鄚、易、龙兑、汾门、临乐、番吾	平邑(2)	蔺、大陵、离石、肤施、定阳、梗阳、邬、涂水、西都、中阳(2)、祁、兹氏、新城、盂、狼孟、晋阳、阏与、橑阳	灵寿、房子、扶柳、苦陉、中人、丹丘、华阳(2)、鸱之塞、宁葭、封龙、石邑、东垣、南行唐、曲逆、顾、唐	蓟、中阳(3)、葛、武阳、平舒、武遂、方城、貍、阳城(2)、桑丘(2)	上蔡、杞、莒、乘丘、穰、邓、襄丘、召陵、重丘、新市、襄城、陉山、析、宛、叶、西陵、鄢、陈、夏州、寿春、平舆、寝、城父、蕲、夷陵、竟陵、安陆、郢、榆关	扞关、丹阳、汉中、上庸、黔中、巫	广陵	吴、会稽、居巢、下蔡、钟离、朱方、琅邪	杜、郑、大荔、庞戏城、频阳、籍姑、重泉、栎阳、咸阳、武城(2)、蒲、蓝田、善明氏、商、阳狐、洛阴		
365	中牟、泫氏、邯郸、列人、肥、光狼城、武安、皮牢、平阳(3)、蔓泽、平邑(1)、新城(2)、长平(2)、武城(1)、棘蒲、长子、涅	左人、鄗、安平、九门、鄚、易、龙兑、汾门、临乐、番吾、甄	平邑(2)	蔺、大陵、离石、肤施、定阳、梗阳、邬、涂水、西都、中阳(2)、祁、兹氏、新城、盂、狼孟、晋阳、阏与、橑阳	灵寿、房子、扶柳、苦陉、中人、丹丘、华阳(2)、鸱之塞、宁葭、封龙、石邑、东垣、南行唐、曲逆、顾、唐	蓟、中阳(3)、葛、武阳、平舒、武遂、方城、貍、阳城(2)、桑丘(2)	上蔡、杞、莒、乘丘、穰、邓、襄丘、召陵、重丘、新市、襄城、陉山、析、宛、叶、西陵、鄢、陈、夏州、寿春、平舆、寝、城父、蕲、夷陵、竟陵、安陆、郢、榆关	扞关、丹阳、汉中、上庸、黔中、巫	广陵	吴、会稽、居巢、下蔡、钟离、朱方、琅邪	杜、郑、大荔、庞戏城、频阳、籍姑、重泉、栎阳、咸阳、武城(2)、蒲、蓝田、善明氏、商、阳狐、洛阴		
362	中牟、泫氏、邯郸、光狼城、武安、平阳(3)、蔓泽、平邑(1)、新城(2)、长平(2)、武城(1)、棘蒲、长子、涅	左人、鄗、安平、九门、鄚、易、龙兑、汾门、临乐、番吾、甄	平邑(2)	蔺、大陵、离石、肤施、定阳、梗阳、邬、涂水、西都、中阳(2)、祁、兹氏、新城、盂、狼孟、晋阳、阏与、橑阳	灵寿、房子、扶柳、苦陉、中人、丹丘、华阳(2)、鸱之塞、宁葭、封龙、石邑、东垣、南行唐、曲逆、顾、唐	蓟、中阳(3)、葛、武阳、平舒、武遂、方城、貍、阳城(2)、桑丘(2)	上蔡、杞、莒、乘丘、穰、邓、襄丘、召陵、重丘、新市、襄城、陉山、析、宛、叶、西陵、鄢、陈、夏州、寿春、平舆、寝、城父、蕲、夷陵、竟陵、安陆、郢、榆关	扞关、丹阳、汉中、上庸、黔中、巫	广陵	吴、会稽、居巢、下蔡、钟离、朱方、琅邪	杜、郑、大荔、庞戏城、频阳、籍姑、重泉、栎阳、咸阳、武城(2)、蒲、蓝田、善明氏、商、阳狐、洛阴、庞		
361	泫氏、邯郸、光狼城、武安、平阳(3)、蔓泽、平邑(1)、新城(2)、长平(2)、武城(1)、棘蒲、长子、涅	左人、鄗、安平、九门、鄚、易、龙兑、汾门、临乐、番吾、甄	平邑(2)	蔺、大陵、离石、肤施、定阳、梗阳、邬、涂水、西都、中阳(2)、祁、兹氏、新城、盂、狼孟、晋阳、阏与、橑阳、榆次、阳邑	灵寿、房子、扶柳、苦陉、中人、丹丘、华阳(2)、鸱之塞、宁葭、封龙、石邑、东垣、南行唐、曲逆、顾、唐	蓟、中阳(3)、葛、武阳、平舒、武遂、方城、貍、阳城(2)、桑丘(2)	上蔡、杞、莒、乘丘、穰、邓、襄丘、召陵、重丘、新市、襄城、陉山、析、宛、叶、西陵、鄢、陈、夏州、寿春、平舆、寝、城父、蕲、夷陵、竟陵、安陆、郢、榆关	扞关、丹阳、汉中、上庸、黔中、巫	广陵	吴、会稽、居巢、下蔡、钟离、朱方、琅邪	杜、郑、大荔、庞戏城、频阳、籍姑、重泉、栎阳、咸阳、武城(2)、蒲、蓝田、善明氏、商、阳狐、洛阴、庞		

续 表

公元前	赵				中山	燕	楚			越	秦		
	南境	东境	北境	西境			北境	西境	东境		东境	南境	北境
359	泫氏、邯郸、光狼城、武安、平阳(3)、濩泽、平邑(1)、新城(2)、长平(2)、武城(1)、棘蒲、长子、涅	左人、鄗、安平、九门、鄚、易、龙兑、汾门、临乐、番吾、甄	平邑(2)	蔺、大陵、离石、肤施、定阳、梗阳、邬、涂水、西都、中阳(2)、祁、兹氏、新城、盂、狼孟、晋阳、阏与、橑阳、榆次、阳邑	灵寿、房子、扶柳、苦陉、中人、丹丘、华阳(2)、鸱之塞、宁葭、封龙、石邑、东垣、南行唐、曲逆、顾、唐	蓟、中阳(3)、葛、武阳、平舒、武遂、方城、狸、阳城(2)、桑丘(2)	上蔡、杞、莒、乘丘、穰、邓、襄丘、召陵、重丘、新市、襄城、陉山、析、宛、叶、西陵、鄢、陈、夏州、寿春、平舆、寝、城父、蕲、夷陵、竟陵、安陆、郢、榆关	扞关、丹阳、汉中、上庸、黔中、巫	广陵	吴、会稽、居巢、下蔡、钟离、朱方、琅邪	杜、郑、大荔、庞戏城、频阳、籍姑、重泉、栎阳、咸阳、武城(2)、蒲、蓝田、善明氏、商、阳狐、洛阴、庞		
358	泫氏、邯郸、光狼城、武安、平阳(3)、濩泽、平邑(1)、新城(2)、长平(2)、武城(1)、棘蒲	左人、鄗、安平、九门、鄚、易、龙兑、汾门、临乐、番吾、甄	平邑(2)	蔺、大陵、离石、肤施、定阳、梗阳、邬、涂水、西都、中阳(2)、祁、兹氏、新城、盂、狼孟、晋阳、阏与、橑阳、榆次、阳邑	灵寿、房子、扶柳、苦陉、中人、丹丘、华阳(2)、鸱之塞、宁葭、封龙、石邑、东垣、南行唐、曲逆、顾、唐	蓟、中阳(3)、葛、武阳、平舒、武遂、方城、狸、阳城(2)、桑丘(2)	上蔡、杞、莒、乘丘、穰、邓、襄丘、召陵、重丘、新市、襄城、陉山、析、宛、叶、西陵、鄢、陈、夏州、寿春、平舆、寝、城父、蕲、夷陵、竟陵、安陆、郢、榆关	扞关、丹阳、汉中、上庸、黔中、巫	广陵	吴、会稽、居巢、下蔡、钟离、朱方、琅邪	杜、郑、大荔、庞戏城、频阳、籍姑、重泉、栎阳、咸阳、武城(2)、蒲、蓝田、善明氏、商、阳狐、洛阴、庞		
357	泫氏、邯郸、光狼城、武安、平阳(3)、濩泽、平邑(1)、新城(2)、长平(2)、武城(1)、棘蒲	左人、鄗、安平、九门、鄚、易、龙兑、汾门、临乐、番吾、甄	平邑(2)	蔺、大陵、离石、肤施、定阳、梗阳、邬、涂水、西都、中阳(2)、祁、兹氏、新城、盂、狼孟、晋阳、阏与、橑阳、榆次、阳邑	灵寿、房子、扶柳、苦陉、中人、丹丘、华阳(2)、鸱之塞、宁葭、封龙、石邑、东垣、南行唐、曲逆、顾、唐	蓟、中阳(3)、葛、武阳、平舒、武遂、方城、狸、阳城(2)、桑丘(2)	上蔡、杞、莒、乘丘、穰、邓、襄丘、召陵、重丘、新市、襄城、陉山、析、宛、叶、西陵、鄢、陈、夏州、寿春、平舆、寝、城父、蕲、夷陵、竟陵、安陆、郢、榆关	扞关、丹阳、汉中、上庸、黔中、巫	广陵	吴、会稽、居巢、下蔡、钟离、朱方、琅邪	杜、郑、大荔、庞戏城、频阳、籍姑、重泉、栎阳、咸阳、武城(2)、蒲、蓝田、善明氏、商、阳狐、洛阴、庞		
355	泫氏、邯郸、光狼城、武安、平阳(3)、濩泽、平邑(1)、新城(2)、长平(2)、武城(1)、棘蒲	左人、鄗、安平、九门、鄚、易、龙兑、汾门、临乐、番吾、甄	平邑(2)	蔺、大陵、离石、肤施、定阳、梗阳、邬、涂水、西都、中阳(2)、祁、兹氏、新城、盂、狼孟、晋阳、阏与、橑阳、榆次、阳邑	灵寿、房子、扶柳、苦陉、中人、丹丘、华阳(2)、鸱之塞、宁葭、封龙、石邑、东垣、南行唐、曲逆、顾、唐	蓟、中阳(3)、葛、武阳、平舒、武遂、方城、狸、阳城(2)、桑丘(2)	上蔡、杞、莒、乘丘、穰、邓、襄丘、召陵、重丘、新市、襄城、陉山、析、宛、叶、西陵、鄢、陈、夏州、寿春、平舆、寝、城父、蕲、夷陵、竟陵、安陆、郢、榆关	扞关、丹阳、汉中、上庸、黔中、巫	广陵	吴、会稽、居巢、下蔡、钟离、朱方、琅邪	杜、郑、大荔、庞戏城、频阳、籍姑、重泉、栎阳、咸阳、武城(2)、蒲、蓝田、善明氏、商、阳狐、阳狐、洛阴、庞		

续　表

公元前	赵				中山	燕	楚			越	秦		
	南境	东境	北境	西境			北境	西境	东境		东境	南境	北境
354	泫氏、邯郸、光狼城、武安、平阳(3)、濩泽、平邑(1)、新城(2)、长平(2)、武城(1)、棘蒲、漆、富丘	左人、鄗、安平、九门、鄚、易、龙兑、汾门、临乐、番吾、甄	平邑(2)	蔺、大陵、离石、肤施、定阳、梗阳、邬、涂水、西都、中阳(2)、祁、兹氏、新城、盂、狼孟、晋阳、阏与、橑阳、榆次、阳邑	灵寿、房子、扶柳、苦陉、中人、丹丘、华阳(2)、鸱之塞、宁葭、封龙、石邑、东垣、南行唐、曲逆、顾、唐	蓟、中阳(3)、葛、武阳、平舒、武遂、方城、狸、阳城(2)、桑丘(2)	上蔡、杞、莒、乘丘、穰、邓、襄丘、召陵、重丘、新市、襄城、陉山、析、宛、叶、西陵、鄢、陈、夏州、寿春、平舆、寝、城父、蕲、夷陵、竟陵、安陆、郢、榆关	扞关、丹阳、汉中、上庸、黔中、巫	广陵	吴、会稽、居巢、下蔡、钟离、朱方、琅邪	杜、郑、大荔、庞戏城、频阳、籍姑、重泉、栎阳、咸阳、武城(2)、蒲、蓝田、善明氏、商、阳狐、洛阴、庞、少梁		
353	泫氏、光狼城、武安、平阳(3)、濩泽、平邑(1)、新城(2)、长平(2)、武城(1)、棘蒲、漆、富丘	左人、鄗、安平、九门、鄚、易、龙兑、汾门、临乐、番吾、甄	平邑(2)	蔺、大陵、离石、肤施、定阳、梗阳、邬、涂水、西都、中阳(2)、祁、兹氏、新城、盂、狼孟、晋阳、阏与、橑阳、榆次、阳邑	灵寿、房子、扶柳、苦陉、中人、丹丘、华阳(2)、鸱之塞、宁葭、封龙、石邑、东垣、南行唐、曲逆、顾、唐	蓟、中阳(3)、葛、武阳、平舒、武遂、方城、狸、阳城(2)、桑丘(2)	上蔡、杞、莒、乘丘、穰、邓、襄丘、召陵、重丘、新市、襄城、陉山、析、宛、叶、西陵、鄢、陈、夏州、寿春、平舆、寝、城父、蕲、夷陵、竟陵、安陆、郢、榆关	扞关、丹阳、汉中、上庸、黔中、巫	广陵	吴、会稽、居巢、下蔡、钟离、朱方、琅邪	杜、郑、大荔、庞戏城、频阳、籍姑、重泉、栎阳、咸阳、武城(2)、蒲、蓝田、善明氏、商、阳狐、洛阴、庞、少梁		
352	泫氏、光狼城、武安、平阳(3)、濩泽、平邑(1)、新城(2)、长平(2)、武城(1)、棘蒲、漆、富丘	左人、鄗、安平、九门、鄚、易、龙兑、汾门、临乐、番吾、甄	平邑(2)	蔺、大陵、离石、肤施、定阳、梗阳、邬、涂水、西都、中阳(2)、祁、兹氏、新城、盂、狼孟、晋阳、阏与、橑阳、榆次、阳邑	灵寿、房子、扶柳、苦陉、中人、丹丘、华阳(2)、鸱之塞、宁葭、封龙、石邑、东垣、南行唐、曲逆、顾、唐	蓟、中阳(3)、葛、武阳、平舒、武遂、方城、狸、阳城(2)、桑丘(2)	上蔡、杞、莒、乘丘、穰、邓、襄丘、召陵、重丘、新市、襄城、陉山、析、宛、叶、西陵、鄢、陈、夏州、寿春、平舆、寝、城父、蕲、夷陵、竟陵、安陆、郢、榆关	扞关、丹阳、汉中、上庸、黔中、巫	广陵	吴、会稽、居巢、下蔡、钟离、朱方、琅邪	杜、郑、大荔、庞戏城、频阳、籍姑、重泉、栎阳、咸阳、武城(2)、蒲、蓝田、善明氏、商、阳狐、洛阴、庞、少梁、安邑		
351	光狼城、武安、平阳(3)、平邑(1)、新城(2)、长平(2)、武城(1)、棘蒲、漆、富丘、邯郸	左人、鄗、安平、九门、鄚、易、龙兑、汾门、临乐、番吾、甄	平邑(2)	蔺、大陵、离石、肤施、定阳、梗阳、邬、涂水、西都、中阳(2)、祁、兹氏、新城、盂、狼孟、晋阳、阏与、橑阳、榆次、阳邑	灵寿、房子、扶柳、苦陉、中人、丹丘、华阳(2)、鸱之塞、宁葭、封龙、石邑、东垣、南行唐、曲逆、顾、唐	蓟、中阳(3)、葛、武阳、平舒、武遂、方城、狸、阳城(2)、桑丘(2)	上蔡、杞、莒、乘丘、穰、邓、襄丘、召陵、重丘、新市、襄城、陉山、析、宛、叶、西陵、鄢、陈、夏州、寿春、平舆、寝、城父、蕲、夷陵、竟陵、安陆、郢、榆关	扞关、丹阳、汉中、上庸、黔中、巫	广陵	吴、会稽、居巢、下蔡、钟离、朱方、琅邪	杜、郑、大荔、庞戏城、频阳、籍姑、重泉、栎阳、咸阳、武城(2)、蒲、蓝田、善明氏、商、阳狐、洛阴、庞、少梁、安邑、固阳		

续表

公元前	赵				中山	燕	楚			越	秦		
	南境	东境	北境	西境			北境	西境	东境		东境	南境	北境
350	光狼城、武安、平阳(3)、平邑(1)、新城(2)、长平(2)、武城(1)、棘蒲、漆、富丘、邯郸、端氏	左人、鄗、安平、九门、鄚、易、龙兑、汾门、临乐、番吾、甄	平邑(2)	蔺、大陵、离石、肤施、定阳、梗阳、邬、涂水、西都、中阳(2)、祁、兹氏、新城、盂、狼孟、晋阳、阏与、橑阳、榆次、阳邑	灵寿、房子、扶柳、苦陉、中人、丹丘、华阳(2)、鸱之塞、宁葭、封龙、石邑、东垣、南行唐、曲逆、顾、唐	蓟、中阳(3)、葛、武阳、平舒、武遂、方城、狸、阳城(2)、桑丘(2)	上蔡、杞、莒、乘丘、穰、邓、襄丘、召陵、重丘、新市、襄城、陉山、析、宛、叶、西陵、鄢、陈、夏州、寿春、平舆、寝、城父、蕲、夷陵、竟陵、安陆、郢、榆关	扞关、丹阳、汉中、上庸、黔中、巫	广陵	吴、会稽、居巢、下蔡、钟离、朱方、琅邪	杜、郑、大荔、庞戏城、频阳、籍姑、重泉、栎阳、咸阳、武城(2)、蒲、蓝田、善明氏、商、阳狐、洛阴、庞、少梁、安邑、固阳		
346	光狼城、武安、平阳(3)、平邑(1)、新城(2)、长平(2)、武城(1)、棘蒲、漆、富丘、邯郸、端氏	左人、鄗、安平、九门、鄚、易、龙兑、汾门、临乐、番吾、甄	平邑(2)	蔺、大陵、离石、肤施、定阳、梗阳、邬、涂水、西都、中阳(2)、祁、兹氏、新城、盂、狼孟、晋阳、阏与、橑阳、榆次、阳邑	灵寿、房子、扶柳、苦陉、中人、丹丘、华阳(2)、鸱之塞、宁葭、封龙、石邑、东垣、南行唐、曲逆、顾、唐	蓟、中阳(3)、葛、武阳、平舒、武遂、方城、狸、阳城(2)、桑丘(2)	上蔡、杞、莒、乘丘、穰、邓、襄丘、召陵、重丘、新市、襄城、陉山、析、宛、叶、西陵、鄢、陈、夏州、寿春、平舆、寝、城父、蕲、夷陵、竟陵、安陆、郢、榆关	扞关、丹阳、汉中、上庸、黔中、巫	广陵	吴、会稽、居巢、下蔡、钟离、朱方、琅邪	杜、郑、大荔、庞戏城、频阳、籍姑、重泉、栎阳、咸阳、武城(2)、蒲、蓝田、善明氏、商、阳狐、洛阴、庞、少梁、安邑、固阳		
345	光狼城、武安、平阳(3)、平邑(1)、新城(2)、长平(2)、武城(1)、棘蒲、漆、富丘、邯郸、端氏	左人、鄗、安平、九门、鄚、易、龙兑、汾门、临乐、番吾、甄、高唐	平邑(2)	蔺、大陵、离石、肤施、定阳、梗阳、邬、涂水、西都、中阳(2)、祁、兹氏、新城、盂、狼孟、晋阳、阏与、橑阳、榆次、阳邑	灵寿、房子、扶柳、苦陉、中人、丹丘、华阳(2)、鸱之塞、宁葭、封龙、石邑、东垣、南行唐、曲逆、顾、唐	蓟、中阳(3)、葛、武阳、平舒、武遂、方城、狸、阳城(2)、桑丘(2)	上蔡、杞、莒、乘丘、穰、邓、襄丘、召陵、重丘、新市、襄城、陉山、析、宛、叶、西陵、鄢、陈、夏州、寿春、平舆、寝、城父、蕲、夷陵、竟陵、安陆、郢、榆关	扞关、丹阳、汉中、上庸、黔中、巫	广陵	吴、会稽、居巢、下蔡、钟离、朱方、琅邪	杜、郑、大荔、庞戏城、频阳、籍姑、重泉、栎阳、咸阳、武城(2)、蒲、蓝田、善明氏、商、阳狐、洛阴、庞、少梁、安邑、固阳		
344	光狼城、武安、平阳(3)、平邑(1)、新城(2)、长平(2)、武城(1)、棘蒲、漆、富丘、邯郸、端氏	左人、鄗、安平、九门、鄚、易、龙兑、汾门、临乐、番吾、甄、高唐	平邑(2)	蔺、大陵、离石、肤施、定阳、梗阳、邬、涂水、西都、中阳(2)、祁、兹氏、新城、盂、狼孟、晋阳、阏与、橑阳、榆次、阳邑	灵寿、房子、扶柳、苦陉、中人、丹丘、华阳(2)、鸱之塞、宁葭、封龙、石邑、东垣、南行唐、曲逆、顾、唐	蓟、中阳(3)、葛、武阳、平舒、武遂、方城、狸、阳城(2)、桑丘(2)	上蔡、杞、莒、乘丘、穰、邓、襄丘、召陵、重丘、新市、襄城、陉山、析、宛、叶、西陵、鄢、陈、夏州、寿春、平舆、寝、城父、蕲、夷陵、竟陵、安陆、郢、榆关	扞关、丹阳、汉中、上庸、黔中、巫	广陵	吴、会稽、居巢、下蔡、钟离、朱方、琅邪	杜、郑、大荔、庞戏城、频阳、籍姑、重泉、栎阳、咸阳、武城(2)、蒲、蓝田、善明氏、商、阳狐、洛阴、庞、少梁、安邑、固阳		

续　表

公元前	赵				中山	燕	楚			越	秦		
	南境	东境	北境	西境			北境	西境	东境		东境	南境	北境
341	光狼城、武安、平阳(3)、平邑(1)、新城(2)、长平(2)、武城(1)、棘蒲、漆、富丘、邯郸、端氏	左人、鄗、安平、九门、鄚、易、龙兑、汾门、临乐、番吾、甄、高唐	平邑(2)	蔺、大陵、离石、肤施、定阳、梗阳、邬、涂水、西都、中阳(2)、祁、兹氏、新城、孟、狼孟、晋阳、阏与、橑阳、榆次、阳邑	灵寿、房子、扶柳、苦陉、中人、丹丘、华阳(2)、鸱之塞、宁葭、封龙、石邑、东垣、南行唐、曲逆、顾、唐	蓟、中阳(3)、葛、武阳、平舒、武遂、方城、狸、阳城(2)、桑丘(2)	上蔡、杞、莒、乘丘、穰、邓、襄丘、召陵、重丘、新市、襄城、陉山、析、宛、叶、西陵、鄢、陈、夏州、寿春、平舆、寝、城父、蕲、夷陵、竟陵、安陆、郢、榆关	扞关、丹阳、汉中、上庸、黔中、巫	广陵	吴、会稽、居巢、下蔡、钟离、朱方、琅邪	杜、郑、大荔、庞戏城、频阳、籍姑、重泉、栎阳、咸阳、武城(2)、蒲、蓝田、善明氏、商、阳狐、洛阴、庞、少梁、安邑、固阳		
340	光狼城、武安、平阳(3)、平邑(1)、新城(2)、长平(2)、武城(1)、棘蒲、漆、富丘、邯郸、端氏	左人、鄗、安平、九门、鄚、易、龙兑、汾门、临乐、番吾、甄、高唐	平邑(2)	蔺、大陵、离石、肤施、定阳、梗阳、邬、涂水、西都、中阳(2)、祁、兹氏、新城、孟、狼孟、晋阳、阏与、橑阳、榆次、阳邑	灵寿、房子、扶柳、苦陉、中人、丹丘、华阳(2)、鸱之塞、宁葭、封龙、石邑、东垣、南行唐、曲逆、顾、唐	蓟、中阳(3)、葛、武阳、平舒、武遂、方城、狸、阳城(2)、桑丘(2)	上蔡、杞、莒、乘丘、穰、邓、襄丘、召陵、重丘、新市、襄城、陉山、析、宛、叶、西陵、鄢、陈、夏州、寿春、平舆、寝、城父、蕲、夷陵、竟陵、安陆、郢、榆关	扞关、丹阳、汉中、上庸、黔中、巫	广陵	吴、会稽、居巢、下蔡、钟离、朱方、琅邪	杜、郑、大荔、庞戏城、频阳、籍姑、重泉、栎阳、咸阳、武城(2)、蒲、蓝田、善明氏、商、阳狐、洛阴、庞、少梁、安邑、固阳		
338	光狼城、武安、平阳(3)、平邑(1)、新城(2)、长平(2)、武城(1)、棘蒲、漆、富丘、邯郸、端氏	左人、鄗、安平、九门、鄚、易、龙兑、汾门、临乐、番吾、甄、高唐	平邑(2)	蔺、大陵、离石、肤施、定阳、梗阳、邬、涂水、西都、中阳(2)、祁、兹氏、新城、孟、狼孟、晋阳、阏与、橑阳、榆次、阳邑	灵寿、房子、扶柳、苦陉、中人、丹丘、华阳(2)、鸱之塞、宁葭、封龙、石邑、东垣、南行唐、曲逆、顾、唐	蓟、中阳(3)、葛、武阳、平舒、武遂、方城、狸、阳城(2)、桑丘(2)	上蔡、杞、莒、乘丘、穰、邓、襄丘、召陵、重丘、新市、襄城、陉山、析、宛、叶、西陵、鄢、陈、夏州、寿春、平舆、寝、城父、蕲、夷陵、竟陵、安陆、郢、榆关	扞关、丹阳、汉中、上庸、黔中、巫	广陵	吴、会稽、居巢、下蔡、钟离、朱方、琅邪	杜、郑、大荔、庞戏城、频阳、籍姑、重泉、栎阳、咸阳、武城(2)、蒲、蓝田、善明氏、商、阳狐、洛阴、庞、少梁、安邑、固阳		
334	光狼城、武安、平阳(3)、平邑(1)、新城(2)、长平(2)、武城(1)、棘蒲、漆、富丘、邯郸、端氏	左人、鄗、安平、九门、鄚、易、龙兑、汾门、临乐、番吾、甄、高唐	平邑(2)	蔺、大陵、离石、肤施、定阳、梗阳、邬、涂水、西都、中阳(2)、祁、兹氏、新城、孟、狼孟、晋阳、阏与、橑阳、榆次、阳邑	灵寿、房子、扶柳、苦陉、中人、丹丘、华阳(2)、鸱之塞、宁葭、封龙、石邑、东垣、南行唐、曲逆、顾、唐	蓟、中阳(3)、葛、武阳、平舒、武遂、方城、狸、阳城(2)、桑丘(2)	上蔡、杞、莒、乘丘、穰、邓、襄丘、召陵、重丘、新市、襄城、陉山、析、宛、叶、西陵、鄢、陈、夏州、寿春、平舆、寝、城父、蕲、夷陵、竟陵、安陆、郢、榆关	扞关、丹阳、汉中、上庸、黔中、巫	广陵	吴、会稽、居巢、下蔡、钟离、朱方、琅邪	杜、郑、大荔、庞戏城、频阳、籍姑、重泉、栎阳、咸阳、武城(2)、蒲、蓝田、善明氏、商、阳狐、洛阴、庞、少梁、安邑、固阳		绵诸

续　表

公元前	赵				中山	燕	楚			越	秦		
	南境	东境	北境	西境			北境	西境	东境		东境	南境	北境
332	光狼城、武安、平阳(3)、平邑(1)、新城(2)、长平(2)、武城(1)、棘蒲、漆、富丘、邯郸、端氏	左人、鄗、安平、九门、鄚、易、龙兑、汾门、临乐、番吾、甄	平邑(2)	蔺、大陵、离石、肤施、定阳、梗阳、邬、涂水、西都、中阳(2)、祁、兹氏、新城、盂、狼孟、晋阳、阏与、橑阳、榆次、阳邑	灵寿、房子、扶柳、苦陉、中人、丹丘、华阳(2)、鸱之塞、宁葭、封龙、石邑、东垣、南行唐、曲逆、顾、唐	蓟、中阳(3)、葛、武阳、平舒、武遂、方城、貍、阳城(2)、桑丘(2)	上蔡、杞、莒、乘丘、穰、邓、襄丘、召陵、重丘、新市、襄城、陉山、析、宛、叶、西陵、鄢、陈、夏州、寿春、平舆、寝、城父、蕲、夷陵、竟陵、安陆、郢、榆关	扞关、丹阳、汉中、上庸、黔中、巫	广陵	吴、会稽、居巢、下蔡、钟离、朱方、琅邪	杜、郑、大荔、庞戏城、频阳、籍姑、重泉、栎阳、咸阳、武城(2)、蒲、蓝田、善明氏、商、阳狐、洛阴、庞、少梁、安邑、固阳、阴晋(宁秦)、武堵?		绵诸
330	光狼城、武安、平阳(3)、平邑(1)、新城(2)、长平(2)、武城(1)、棘蒲、漆、富丘、邯郸、端氏	左人、鄗、安平、九门、鄚、易、龙兑、汾门、临乐、番吾、甄	平邑(2)	蔺、大陵、离石、肤施、定阳、梗阳、邬、涂水、西都、中阳(2)、祁、兹氏、新城、盂、狼孟、晋阳、阏与、橑阳、榆次、阳邑	灵寿、房子、扶柳、苦陉、中人、丹丘、华阳(2)、鸱之塞、宁葭、封龙、石邑、东垣、南行唐、曲逆、顾、唐	蓟、中阳(3)、葛、武阳、平舒、武遂、方城、貍、阳城(2)、桑丘(2)	上蔡、杞、莒、乘丘、穰、邓、襄丘、召陵、重丘、新市、襄城、陉山、析、宛、叶、西陵、鄢、陈、夏州、寿春、平舆、寝、城父、蕲、夷陵、竟陵、安陆、郢、榆关	扞关、丹阳、汉中、上庸、黔中、巫	广陵	吴、会稽、居巢、下蔡、钟离、朱方、琅邪	杜、郑、大荔、庞戏城、频阳、籍姑、重泉、栎阳、咸阳、武城(2)、蒲、蓝田、善明氏、商、阳狐、洛阴、庞、少梁、安邑、固阳、宁秦、武堵、雕阴、合阳、临晋、元里		绵诸
329	光狼城、武安、平阳(3)、平邑(1)、新城(2)、长平(2)、武城(1)、棘蒲、漆、富丘、邯郸、端氏	左人、鄗、安平、九门、鄚、易、龙兑、汾门、临乐、番吾、甄	平邑(2)	大陵、肤施、定阳、梗阳、邬、涂水、西都、中阳(2)、祁、兹氏、新城、盂、狼孟、晋阳、阏与、橑阳、榆次、阳邑	灵寿、房子、扶柳、苦陉、中人、丹丘、华阳(2)、鸱之塞、宁葭、封龙、石邑、东垣、南行唐、曲逆、顾、唐	蓟、中阳(3)、葛、武阳、平舒、武遂、方城、貍、阳城(2)、桑丘(2)	杞、莒、乘丘、穰、邓、襄丘、召陵、重丘、新市、襄城、陉山、析、宛、叶、西陵、鄢、陈、夏州、寿春、平舆、寝、城父、蕲、夷陵、竟陵、安陆、郢、榆关	扞关、丹阳、汉中、上庸、黔中、巫	广陵、吴、会稽、居巢、下蔡、钟离、朱方	琅邪	杜、郑、大荔、庞戏城、频阳、籍姑、重泉、栎阳、咸阳、武城(2)、蒲、蓝田、善明氏、商、阳狐、洛阴、庞、少梁、安邑、固阳、宁秦、武堵、雕阴、合阳、临晋、元里、蔺、离石、汾阴、皮氏、陕(部分)、焦、曲沃(2)		绵诸
328	光狼城、武安、平阳(3)、平邑(1)、新城(2)、长平(2)、武城(1)、棘蒲、漆、富丘、邯郸、端氏	左人、鄗、安平、九门、鄚、易、龙兑、汾门、临乐、番吾、甄	平邑(2)	大陵、肤施、定阳、梗阳、邬、涂水、西都、中阳(2)、祁、兹氏、新城、盂、狼孟、晋阳、阏与、橑阳、榆次、阳邑、离石	灵寿、房子、扶柳、苦陉、中人、丹丘、华阳(2)、鸱之塞、宁葭、封龙、石邑、东垣、南行唐、曲逆、顾、唐	蓟、中阳(3)、葛、武阳、平舒、武遂、方城、貍、阳城(2)、桑丘(2)	杞、莒、乘丘、穰、邓、襄丘、召陵、重丘、新市、襄城、陉山、析、宛、叶、西陵、鄢、陈、夏州、寿春、平舆、寝、城父、蕲、夷陵、竟陵、安陆、郢、榆关	扞关、丹阳、汉中、上庸、黔中、巫	广陵、吴、会稽、居巢、下蔡、钟离、朱方	琅邪	杜、郑、大荔、庞戏城、频阳、籍姑、重泉、栎阳、咸阳、武城(2)、蒲、蓝田、善明氏、商、阳狐、洛阴、庞、少梁(夏阳)、安邑、固阳、宁秦、武堵、雕阴、合阳、临晋、元里、蔺、汾阴、皮氏、陕(部分)、漆垣、蒲子		绵诸、义渠

续表

公元前	赵				中山	燕	楚			越	秦		
	南境	东境	北境	西境			北境	西境	东境		东境	南境	北境
326	光狼城、武安、平阳(3)、平邑(1)、新城(2)、长平(2)、武城(1)、棘蒲、漆、富丘、邯郸、端氏	左人、鄗、安平、九门、鄚、易、龙兑、汾门、临乐、番吾、甄	平邑(2)	大陵、肤施、定阳、梗阳、邬、涂水、西都、中阳(2)、祁、兹氏、新城、盂、狼孟、晋阳、阏与、橑阳、榆次、阳邑、蔺?、离石?	灵寿、房子、扶柳、苦陉、中人、丹丘、华阳(2)、鸱之塞、宁葭、封龙、石邑、东垣、南行唐、曲逆、顾、唐	蓟、中阳(3)、葛、武阳、平舒、武遂、方城、狸、阳城(2)、桑丘(2)	杞、莒、乘丘、穰、邓、襄丘、召陵、重丘、新市、襄城、陉山、析、宛、叶、西陵、鄢、陈、夏州、寿春、平舆、寝、城父、蕲、夷陵、竟陵、安陆、郢、榆关	扞关、丹阳、汉中、上庸、黔中、巫	广陵、吴、会稽、居巢、下蔡、钟离、朱方	琅邪	杜、郑、大荔、庞戏城、频阳、籍姑、重泉、栎阳、咸阳、武城(2)、蒲、蓝田、善明氏、商、阳狐、洛阴、庞、夏阳、安邑、固阳、宁秦、武堵、雕阴、合阳、临晋、元里、蔺、汾阴、皮氏、陕(部分)、漆垣、蒲子	南郑	绵诸、义渠
325	光狼城、武安、平阳(3)、长平(2)、武城(1)、棘蒲、漆、富丘、邯郸、端氏	左人、鄗、安平、九门、鄚、易、龙兑、汾门、临乐、番吾、甄	平邑(2)	大陵、肤施、定阳、梗阳、邬、涂水、西都、中阳(2)、祁、兹氏、新城、盂、狼孟、晋阳、阏与、橑阳、榆次、阳邑、蔺、离石	灵寿、房子、扶柳、苦陉、中人、丹丘、华阳(2)、鸱之塞、宁葭、封龙、石邑、东垣、南行唐、曲逆、顾、唐	蓟、中阳(3)、葛、武阳、平舒、武遂、方城、狸、阳城(2)、桑丘(2)	杞、莒、乘丘、穰、邓、襄丘、召陵、重丘、新市、襄城、陉山、析、宛、叶、西陵、鄢、陈、夏州、寿春、平舆、寝、城父、蕲、夷陵、竟陵、安陆、郢、榆关	扞关、丹阳、汉中、上庸、黔中、巫	广陵、吴、会稽、居巢、下蔡、钟离、朱方	琅邪	杜、郑、大荔、庞戏城、频阳、籍姑、重泉、栎阳、咸阳、武城(2)、蒲、蓝田、善明氏、商、阳狐、洛阴、庞、夏阳、安邑、固阳、宁秦、武堵、雕阴、合阳、临晋、元里、蔺、汾阴、皮氏、陕、漆垣、蒲子、卢氏?	南郑	绵诸、义渠
323	光狼城、武安、平阳(3)、长平(2)、武城(1)、棘蒲、漆、富丘、邯郸、端氏	左人、鄗、安平、九门、鄚、易、龙兑、汾门、临乐、番吾、甄	平邑(2)	大陵、肤施、定阳、梗阳、邬、涂水、西都、中阳(2)、祁、兹氏、新城、盂、狼孟、晋阳、阏与、橑阳、榆次、阳邑、蔺、离石	灵寿、房子、扶柳、苦陉、中人、丹丘、华阳(2)、鸱之塞、宁葭、封龙、石邑、东垣、南行唐、曲逆、顾、唐	蓟、中阳(3)、葛、武阳、平舒、武遂、方城、狸、阳城(2)、桑丘(2)	杞、莒、乘丘、穰、邓、襄丘、召陵、重丘、新市、襄城、陉山、析、宛、叶、西陵、鄢、陈、夏州、寿春、平舆、寝、城父、蕲、夷陵、竟陵、安陆、郢、榆关	扞关、丹阳、汉中、上庸、黔中、巫	广陵、吴、会稽、居巢、下蔡、钟离、朱方	琅邪	杜、郑、大荔、庞戏城、频阳、籍姑、重泉、栎阳、咸阳、武城(2)、蒲、蓝田、善明氏、商、阳狐、洛阴、庞、夏阳、安邑、固阳、宁秦、武堵、雕阴、合阳、临晋、元里、蔺、汾阴、皮氏、陕、漆垣、蒲子、卢氏	南郑	绵诸、义渠
322	光狼城、武安、平阳(3)、长平(2)、武城(1)、棘蒲、漆、富丘、邯郸、端氏	左人、鄗、安平、九门、鄚、易、龙兑、汾门、临乐、番吾、甄	平邑(2)	大陵、肤施、定阳、梗阳、邬、涂水、西都、中阳(2)、祁、兹氏、新城、盂、狼孟、晋阳、阏与、橑阳、榆次、阳邑、蔺、离石	灵寿、房子、扶柳、苦陉、中人、丹丘、华阳(2)、鸱之塞、宁葭、封龙、石邑、东垣、南行唐、曲逆、顾、唐	蓟、中阳(3)、葛、武阳、平舒、武遂、方城、狸、阳城(2)、桑丘(2)	杞、莒、乘丘、穰、邓、襄丘、召陵、重丘、新市、襄城、陉山、析、宛、叶、西陵、鄢、陈、夏州、寿春、平舆、寝、城父、蕲、夷陵、竟陵、安陆、郢、榆关、襄陵	扞关、丹阳、汉中、上庸、黔中、巫	广陵、吴、会稽、居巢、下蔡、钟离、朱方	琅邪	杜、郑、大荔、庞戏城、频阳、籍姑、重泉、栎阳、咸阳、武城(2)、蒲、蓝田、善明氏、商、阳狐、洛阴、庞、夏阳、安邑、固阳、宁秦、武堵、雕阴、合阳、临晋、元里、蔺、汾阴、皮氏、陕、漆垣、蒲子、卢氏、平周、曲沃(1)	南郑	绵诸、义渠

续 表

公元前	赵				中山	燕	楚			越	秦		
	南境	东境	北境	西境			北境	西境	东境		东境	南境	北境
319	光狼城、武安、平阳(3)、长平(2)、武城(1)、棘蒲、漆、富丘、邯郸、端氏	左人、鄗、安平、九门、鄚、易、龙兑、汾门、临乐、番吾、甄	平邑(2)	大陵、肤施、定阳、梗阳、邬、涂水、西都、中阳(2)、祁、兹氏、新城、孟、狼孟、晋阳、阏与、橑阳、榆次、阳邑、蔺、离石	灵寿、房子、扶柳、苦陉、中人、丹丘、华阳(2)、鸱之塞、宁葭、封龙、石邑、东垣、南行唐、曲逆、顾、唐	蓟、中阳(3)、葛、武阳、平舒、武遂、方城、狸、阳城(2)、桑丘(2)	杞、莒、乘丘、穰、邓、襄丘、召陵、重丘、新市、襄城、陉山、析、宛、叶、西陵、鄢、陈、夏州、寿春、平舆、寝、城父、蕲、夷陵、竟陵、安陆、郢、榆关、襄陵	扞关、丹阳、汉中、上庸、黔中、巫	广陵、吴、会稽、居巢、下蔡、钟离、朱方	琅邪	杜、郑、大荔、庞戏城、频阳、籍姑、重泉、栎阳、咸阳、武城(2)、蒲、蓝田、善明氏、商、阳狐、洛阴、庞、夏阳、安邑、固阳、宁秦、武堵、雕阴、合阳、临晋、元里、蔺、汾阴、皮氏、陕、漆垣、蒲子、卢氏、平周、曲沃(1)	南郑	绵诸、义渠
316	光狼城、武安、平阳(3)、长平(2)、武城(1)、棘蒲、漆、富丘、邯郸、端氏	左人、鄗、安平、九门、鄚、易、龙兑、汾门、临乐、番吾、甄	平邑(2)	大陵、肤施、定阳、梗阳、邬、涂水、西都、中阳(2)、祁、兹氏、新城、孟、狼孟、晋阳、阏与、橑阳、榆次、阳邑、蔺、离石	灵寿、房子、扶柳、苦陉、中人、丹丘、华阳(2)、鸱之塞、宁葭、封龙、石邑、东垣、南行唐、曲逆、顾、唐	蓟、中阳(3)、葛、武阳、平舒、武遂、方城、狸、阳城(2)、桑丘(2)	杞、莒、乘丘、穰、邓、襄丘、召陵、重丘、新市、襄城、陉山、析、宛、叶、西陵、鄢、陈、夏州、寿春、平舆、寝、城父、蕲、夷陵、竟陵、安陆、郢、榆关、襄陵、新城(1)	扞关、丹阳、汉中、上庸、黔中、巫	广陵、吴、会稽、居巢、下蔡、钟离、朱方	琅邪	杜、郑、大荔、庞戏城、频阳、籍姑、重泉、栎阳、咸阳、武城(2)、蒲、蓝田、善明氏、商、阳狐、洛阴、庞、夏阳、安邑、固阳、宁秦、武堵、雕阴、合阳、临晋、元里、蔺、汾阴、皮氏、陕、漆垣、蒲子、卢氏、平周、曲沃(1)	南郑、蜀(秦灭蜀)	绵诸、义渠
315	光狼城、武安、平阳(3)、长平(2)、武城(1)、棘蒲、漆、富丘、邯郸、端氏	左人、鄗、安平、九门、鄚、易、龙兑、汾门、临乐、番吾、甄	平邑(2)	大陵、肤施、定阳、梗阳、邬、涂水、西都、中阳(2)、祁、兹氏、新城、孟、狼孟、晋阳、阏与、橑阳、榆次、阳邑、蔺、离石	灵寿、房子、扶柳、苦陉、中人、丹丘、华阳(2)、鸱之塞、宁葭、封龙、石邑、东垣、南行唐、曲逆、顾、唐	蓟、中阳(3)、葛、武阳、平舒、武遂、方城、狸、阳城(2)、桑丘(2)	杞、莒、乘丘、穰、邓、襄丘、召陵、重丘、新市、襄城、陉山、析、宛、叶、西陵、鄢、陈、夏州、寿春、平舆、寝、城父、蕲、夷陵、竟陵、安陆、郢、榆关、襄陵、新城(1)	扞关、丹阳、汉中、上庸、黔中、巫	广陵、吴、会稽、居巢、下蔡、钟离、朱方	琅邪	杜、郑、大荔、庞戏城、频阳、籍姑、重泉、栎阳、咸阳、武城(2)、蒲、蓝田、善明氏、商、阳狐、洛阴、庞、夏阳、安邑、固阳、宁秦、武堵、雕阴、合阳、临晋、元里、蔺、汾阴、皮氏、陕、漆垣、蒲子、卢氏、平周、曲沃(1)、石章	南郑、蜀	绵诸、义渠
314	光狼城、武安、平阳(3)、长平(2)、武城(1)、棘蒲、漆、富丘、邯郸、端氏	左人、鄗、安平、九门、鄚、易、龙兑、汾门、临乐、番吾、甄	平邑(2)	大陵、肤施、定阳、梗阳、邬、涂水、西都、中阳(2)、祁、兹氏、新城、孟、狼孟、晋阳、阏与、橑阳、榆次、阳邑、蔺、离石	灵寿、房子、扶柳、苦陉、中人、丹丘、华阳(2)、鸱之塞、宁葭、封龙、石邑、东垣、南行唐、曲逆、顾、唐	蓟、中阳(3)、葛、武阳、平舒、武遂、方城、狸、阳城(2)、桑丘(2)	杞、莒、乘丘、穰、邓、襄丘、召陵、重丘、新市、襄城、陉山、析、宛、叶、西陵、鄢、陈、夏州、寿春、平舆、寝、城父、蕲、夷陵、竟陵、安陆、郢、榆关、襄陵、新城(1)	扞关、丹阳、汉中、上庸、黔中、巫	广陵、吴、会稽、居巢、下蔡、钟离、朱方	琅邪	杜、郑、大荔、庞戏城、频阳、籍姑、重泉、栎阳、咸阳、武城(2)、蒲、蓝田、善明氏、商、阳狐、洛阴、庞、夏阳、安邑、固阳、宁秦、武堵、雕阴、合阳、临晋、元里、蔺、汾阴、皮氏、陕、漆垣、蒲子、卢氏、平周、曲沃(1)、石章、岸门、焦、曲沃(2)	南郑、蜀	绵诸、义渠

续表

公元前	赵				中山	燕	楚			越	秦		
	南境	东境	北境	西境			北境	西境	东境		东境	南境	北境
313	光狼城、武安、平阳(3)、长平(2)、武城(1)、棘蒲、漆、富丘、邯郸、端氏	左人、鄗、安平、九门、鄚、易、龙兑、汾门、临乐、番吾、甄	平邑(2)	大陵、肤施、定阳、梗阳、邬、涂水、西都、中阳(2)、祁、兹氏、新城、盂、狼孟、晋阳、阏与、橑阳、榆次、阳邑、离石	灵寿、房子、扶柳、苦陉、中人、丹丘、华阳(2)、鸱之塞、宁葭、封龙、石邑、东垣、南行唐、曲逆、顾、唐	蓟、中阳(3)、葛、武阳、平舒、武遂、方城、貍、阳城(2)、桑丘(2)	杞、莒、乘丘、穰、邓、襄丘、召陵、重丘、新市、襄城、陉山、析、宛、叶、西陵、鄢、陈、夏州、寿春、平舆、寝、城父、蕲、夷陵、竟陵、安陆、郢、榆关、襄陵、新城(1)	扞关、丹阳、汉中、上庸、黔中、巫	广陵、吴、会稽、居巢、下蔡、钟离、朱方	琅邪	杜、郑、大荔、庞戏城、频阳、籍姑、重泉、栎阳、咸阳、武城(2)、蒲、蓝田、善明氏、商、阳狐、洛阴、庞、夏阳、安邑、固阳、宁秦、武堵、雕阴、合阳、临晋、元里、蔺、汾阴、皮氏、陕、漆垣、蒲子、卢氏、平周、曲沃(1)、石章、岸门、焦、曲沃(2)、蔺	南郑、蜀	绵诸、义渠
312	光狼城、武安、平阳(3)、长平(2)、武城(1)、棘蒲、漆、富丘、邯郸、端氏	左人、鄗、安平、九门、鄚、易、龙兑、汾门、临乐、番吾、甄	平邑(2)	大陵、肤施、定阳、梗阳、邬、涂水、西都、中阳(2)、祁、兹氏、新城、盂、狼孟、晋阳、阏与、橑阳、榆次、阳邑、离石、蔺?	灵寿、房子、扶柳、苦陉、中人、丹丘、华阳(2)、鸱之塞、宁葭、封龙、石邑、东垣、南行唐、曲逆、顾、唐	蓟、中阳(3)、葛、武阳、平舒、武遂、方城、貍、阳城(2)、桑丘(2)、造阳?、襄平?	杞、莒、乘丘、穰、邓、襄丘、召陵、重丘、新市、襄城、陉山、析、宛、叶、西陵、鄢、陈、夏州、寿春、平舆、寝、城父、蕲、夷陵、竟陵、安陆、郢、榆关、襄陵、新城(1)	扞关、黔中、巫	广陵、吴、会稽、居巢、下蔡、钟离、朱方	琅邪	杜、郑、大荔、庞戏城、频阳、籍姑、重泉、栎阳、咸阳、武城(2)、蒲、蓝田、善明氏、商、阳狐、洛阴、庞、夏阳、安邑、固阳、宁秦、武堵、雕阴、合阳、临晋、元里、蔺、汾阴、皮氏、陕、漆垣、蒲子、卢氏、平周、曲沃(1)、石章、岸门、焦、曲沃(2)、蔺	南郑、蜀、丹阳、汉中、上庸	绵诸、义渠
311	光狼城、武安、平阳(3)、长平(2)、武城(1)、棘蒲、漆、富丘、邯郸、端氏	左人、鄗、安平、九门、鄚、易、龙兑、汾门、临乐、番吾、甄	平邑(2)	大陵、肤施、定阳、梗阳、邬、涂水、西都、中阳(2)、祁、兹氏、新城、盂、狼孟、晋阳、阏与、橑阳、榆次、阳邑、离石、蔺?	灵寿、房子、扶柳、苦陉、中人、丹丘、华阳(2)、鸱之塞、宁葭、封龙、石邑、东垣、南行唐、曲逆、顾、唐	蓟、中阳(3)、葛、武阳、平舒、武遂、方城、貍、阳城(2)、桑丘(2)、造阳?、襄平?	杞、莒、乘丘、穰、邓、襄丘、重丘、新市、襄城、陉山、析、宛、叶、西陵、鄢、陈、夏州、寿春、平舆、寝、城父、蕲、夷陵、竟陵、安陆、郢、榆关、襄陵、新城(1)	扞关、黔中、巫	广陵、吴、会稽、居巢、下蔡、钟离、朱方	琅邪	杜、郑、大荔、庞戏城、频阳、籍姑、重泉、栎阳、咸阳、武城(2)、蒲、蓝田、善明氏、商、阳狐、洛阴、庞、夏阳、安邑、固阳、宁秦、武堵、雕阴、合阳、临晋、元里、蔺、汾阴、皮氏、陕、漆垣、蒲子、卢氏、平周、曲沃(1)、石章、岸门、焦、曲沃(2)、蔺	南郑、蜀、丹阳、汉中、上庸、召陵、丹、犁	绵诸、义渠
308	光狼城、武安、平阳(3)、长平(2)、武城(1)、棘蒲、漆、富丘、邯郸、端氏	左人、鄗、安平、九门、鄚、易、龙兑、汾门、临乐、番吾、甄	平邑(2)	大陵、肤施、定阳、梗阳、邬、涂水、西都、中阳(2)、祁、兹氏、新城、盂、狼孟、晋阳、阏与、橑阳、榆次、阳邑、离石、蔺	灵寿、房子、扶柳、苦陉、中人、丹丘、华阳(2)、鸱之塞、宁葭、封龙、石邑、东垣、南行唐、曲逆、顾、唐	蓟、中阳(3)、葛、武阳、平舒、武遂、方城、貍、阳城(2)、桑丘(2)、造阳、襄平	杞、莒、乘丘、穰、邓、襄丘、重丘、新市、襄城、陉山、析、宛、叶、西陵、鄢、陈、夏州、寿春、平舆、寝、城父、蕲、夷陵、竟陵、安陆、郢、榆关、襄陵、新城(1)	扞关、黔中、巫	广陵、吴、会稽、居巢、下蔡、钟离、朱方	琅邪	杜、郑、大荔、庞戏城、频阳、籍姑、重泉、栎阳、咸阳、武城(2)、蒲、蓝田、善明氏、商、阳狐、洛阴、庞、夏阳、安邑、固阳、宁秦、武堵、雕阴、合阳、临晋、元里、蔺、汾阴、皮氏、陕、漆垣、蒲子、卢氏、平周、曲沃(1)、石章、岸门、焦、曲沃(2)、蔺	南郑、蜀、丹阳、汉中、上庸、召陵、丹、犁	绵诸、义渠

续 表

公元前	赵				中山	燕	楚			越	秦		
	南境	东境	北境	西境			北境	西境	东境		东境	南境	北境
307	光狼城、武安、平阳(3)、长平(2)、武城(1)、棘蒲、漆、富丘、邯郸、端氏	左人、鄗、安平、九门、鄚、易、龙兑、汾门、临乐、番吾、甄	代、平邑(2)	大陵、肤施、定阳、梗阳、邬、涂水、西都、中阳(2)、祁、兹氏、新城、盂、狼孟、晋阳、阏与、橑阳、榆次、阳邑、离石、蔺	灵寿、房子、扶柳、苦陉、中人、丹丘、华阳(2)、鸱之塞、宁葭、封龙、石邑、东垣、南行唐、曲逆、顾、唐	蓟、中阳(3)、葛、武阳、平舒、武遂、方城、貍、阳城(2)、桑丘(2)、造阳、襄平	杞、莒、乘丘、穰、邓、襄丘、重丘、新市、襄城、陉山、析、宛、叶、西陵、鄢、陈、夏州、寿春、平舆、寝、城父、蕲、夷陵、竟陵、安陆、郢、榆关、襄陵、新城(1)	扞关、黔中、巫	广陵、吴、会稽、居巢、下蔡、钟离、朱方	琅邪	杜、郑、大荔、庞戏城、频阳、籍姑、重泉、栎阳、咸阳、武城(2)、蒲、蓝田、善明氏、商、阳狐、洛阴、庞、夏阳、安邑、固阳、宁秦、武堵、雕阴、合阳、临晋、元里、蔺、汾阴、陕、漆垣、蒲子、卢氏、平周、曲沃(1)、石章、岸门、焦、曲沃(2)、蔺、宜阳、武遂	南郑、蜀、丹阳、汉中、上庸、召陵、丹、犁	绵诸、义渠
306	光狼城、武安、平阳(3)、长平(2)、武城(1)、棘蒲、漆、富丘、邯郸、端氏	左人、鄗、安平、九门、鄚、易、龙兑、汾门、临乐、番吾、甄	代、平邑(2)、无穷	大陵、肤施、定阳、梗阳、邬、涂水、西都、中阳(2)、祁、兹氏、新城、盂、狼孟、晋阳、阏与、橑阳、榆次、阳邑、离石、蔺	灵寿、房子、扶柳、苦陉、中人、丹丘、华阳(2)、鸱之塞、宁葭、封龙、石邑、东垣、南行唐、曲逆、顾、唐	蓟、中阳(3)、葛、武阳、平舒、武遂、方城、貍、阳城(2)、桑丘(2)、造阳、襄平	杞、莒、乘丘、穰、邓、襄丘、重丘、新市、襄城、陉山、析、宛、叶、西陵、鄢、陈、夏州、寿春、平舆、寝、城父、蕲、夷陵、竟陵、安陆、郢、榆关、襄陵、新城(1)	扞关、黔中、巫	广陵、吴、会稽、居巢、下蔡、钟离、朱方	琅邪	杜、郑、大荔、庞戏城、频阳、籍姑、重泉、栎阳、咸阳、武城(2)、蒲、蓝田、善明氏、商、阳狐、洛阴、庞、夏阳、安邑、固阳、宁秦、武堵、雕阴、合阳、临晋、元里、蔺、汾阴、陕、漆垣、蒲子、卢氏、平周、曲沃(1)、石章、岸门、焦、曲沃(2)、蔺、宜阳	南郑、蜀、丹阳、汉中、上庸、召陵、丹、犁	绵诸、义渠
305	光狼城、武安、平阳(3)、长平(2)、武城(1)、棘蒲、漆、富丘、邯郸、端氏	左人、鄗、安平、九门、鄚、易、龙兑、汾门、临乐、番吾、甄	代、平邑(2)、无穷、宁葭	大陵、肤施、定阳、梗阳、邬、涂水、西都、中阳(2)、祁、兹氏、新城、盂、狼孟、晋阳、阏与、橑阳、榆次、阳邑、离石、蔺、广衍?	灵寿、房子、扶柳、苦陉、中人、丹丘、华阳(2)、鸱之塞、封龙、石邑、东垣、南行唐、曲逆、顾、唐	蓟、中阳(3)、葛、武阳、平舒、武遂、方城、貍、阳城(2)、桑丘(2)、造阳、襄平	杞、莒、乘丘、穰、邓、襄丘、重丘、新市、襄城、陉山、析、宛、叶、西陵、鄢、陈、夏州、寿春、平舆、寝、城父、蕲、夷陵、竟陵、安陆、郢、榆关、襄陵、新城(1)	扞关、黔中、巫	广陵、吴、会稽、居巢、下蔡、钟离、朱方	琅邪	杜、郑、大荔、庞戏城、频阳、籍姑、重泉、栎阳、咸阳、武城(2)、蒲、蓝田、善明氏、商、阳狐、洛阴、庞、夏阳、安邑、固阳、宁秦、武堵、雕阴、合阳、临晋、元里、蔺、汾阴、陕、漆垣、蒲子、卢氏、平周、曲沃(1)、石章、岸门、焦、曲沃(2)、蔺、宜阳	南郑、蜀、丹阳、汉中、上庸、召陵、丹、犁	绵诸、义渠
304	光狼城、武安、平阳(3)、长平(2)、武城(1)、棘蒲、漆、富丘、邯郸、端氏	左人、鄗、安平、九门、鄚、易、龙兑、汾门、临乐、番吾、甄、丹丘、华阳(2)、鸱之塞、石邑、封龙、东垣、南行唐?、中人?、苦陉?	代、平邑(2)、无穷、宁葭	大陵、肤施、定阳、梗阳、邬、涂水、西都、中阳(2)、祁、兹氏、新城、盂、狼孟、晋阳、阏与、橑阳、榆次、阳邑、离石、蔺、广衍	灵寿、房子、扶柳、曲逆、顾、唐	蓟、中阳(3)、葛、武阳、平舒、武遂、方城、貍、阳城(2)、桑丘(2)、造阳、襄平	杞、莒、乘丘、穰、邓、襄丘、重丘、新市、襄城、陉山、析、宛、叶、西陵、鄢、陈、夏州、寿春、平舆、寝、城父、蕲、夷陵、竟陵、安陆、郢、榆关、襄陵、新城(1)	扞关、黔中、巫、上庸	广陵、吴、会稽、居巢、下蔡、钟离、朱方	琅邪	杜、郑、大荔、庞戏城、频阳、籍姑、重泉、栎阳、咸阳、武城(2)、蒲、蓝田、善明氏、商、阳狐、洛阴、庞、夏阳、安邑、固阳、宁秦、武堵、雕阴、合阳、临晋、元里、蔺、汾阴、陕、漆垣、蒲子、卢氏、平周、曲沃(1)、石章、岸门、焦、曲沃(2)、蔺、宜阳	南郑、蜀、丹阳、汉中、召陵、丹、犁	绵诸、义渠

续表

公元前	赵 南境	赵 东境	赵 北境	赵 西境	中山	燕	楚 北境	楚 西境	楚 东境	越	秦 东境	秦 南境	秦 北境
303	光狼城、武安、平阳(3)、长平(2)、武城(1)、棘蒲、漆、富丘、邯郸、端氏	左人、鄗、安平、九门、鄚、易、龙兑、汾门、临乐、番吾、甄、丹丘、华阳(2)、鸱之塞、石邑、封龙、东垣、南行唐、中人、苦陉	代、平邑(2)、无穷、宁葭	大陵、肤施、定阳、梗阳、邬、涂水、西都、中阳(2)、祁、兹氏、新城、盂、狼孟、晋阳、阏与、橑阳、榆次、阳邑、离石、蔺、广衍	灵寿、房子、扶柳、曲逆、顾、唐	蓟、中阳(3)、葛、武阳、平舒、武遂、方城、狸、阳城(2)、桑丘(2)、造阳、襄平	杞、莒、乘丘、穰、邓、襄丘、重丘、新市、襄城、陉山、析、宛、叶、西陵、鄢、陈、夏州、寿春、平舆、寝、城父、蕲、夷陵、竟陵、安陆、郢、榆关、襄陵、新城(1)	扞关、黔中、巫、上庸	广陵、吴、会稽、居巢、下蔡、钟离、朱方	琅邪	杜、郑、大荔、庞戏城、频阳、籍姑、重泉、栎阳、咸阳、武城(2)、蒲、蓝田、善明氏、商、阳狐、洛阴、庞、夏阳、安邑、固阳、宁秦、武堵、雕阴、合阳、临晋、元里、蔺、汾阴、陕、漆垣、蒲子、卢氏、平周、曲沃(1)、石章、岸门、焦、曲沃(2)、蔺、宜阳、武遂、蒲阪、阳晋(2)、封陵	南郑、蜀、丹阳、汉中、召陵、丹、犁	绵诸、义渠
302	光狼城、武安、平阳(3)、长平(2)、武城(1)、棘蒲、漆、富丘、邯郸、端氏	左人、鄗、安平、九门、鄚、易、龙兑、汾门、临乐、番吾、甄、丹丘、华阳(2)、鸱之塞、石邑、封龙、东垣、南行唐、中人、苦陉	代、平邑(2)、无穷、宁葭、九原(后盖没于匈奴)	大陵、肤施、定阳、梗阳、邬、涂水、西都、中阳(2)、祁、兹氏、新城、盂、狼孟、晋阳、阏与、橑阳、榆次、阳邑、离石、蔺、广衍	灵寿、房子、扶柳、曲逆、顾、唐	蓟、中阳(3)、葛、武阳、平舒、武遂、方城、狸、阳城(2)、桑丘(2)、造阳、襄平	杞、莒、乘丘、邓、襄丘、重丘、新市、襄城、陉山、析、宛、叶、西陵、鄢、陈、夏州、寿春、平舆、寝、城父、蕲、夷陵、竟陵、安陆、郢、榆关、襄陵、新城(1)	扞关、黔中、巫、上庸	广陵、吴、会稽、居巢、下蔡、钟离、朱方	琅邪	杜、郑、大荔、庞戏城、频阳、籍姑、重泉、栎阳、咸阳、武城(2)、蒲、蓝田、善明氏、商、阳狐、洛阴、庞、夏阳、安邑、固阳、宁秦、武堵、雕阴、合阳、临晋、元里、蔺、汾阴、陕、漆垣、蒲子、卢氏、平周、曲沃(1)、石章、岸门、焦、曲沃(2)、蔺、宜阳、武遂、阳晋(2)、封陵	南郑、蜀、丹阳、汉中、召陵、丹、犁	绵诸、义渠
301	光狼城、武安、平阳(3)、长平(2)、武城(1)、棘蒲、漆、富丘、邯郸、端氏	左人、鄗、安平、九门、鄚、易、龙兑、汾门、临乐、番吾、甄、丹丘、华阳(2)、鸱之塞、石邑、封龙、东垣、南行唐、中人、苦陉	代、平邑(2)、无穷、宁葭	大陵、肤施、定阳、梗阳、邬、涂水、西都、中阳(2)、祁、兹氏、新城、盂、狼孟、晋阳、阏与、橑阳、榆次、阳邑、离石、蔺、广衍	灵寿、房子、扶柳、曲逆、顾、唐	蓟、中阳(3)、葛、武阳、平舒、武遂、方城、狸、阳城(2)、桑丘(2)、造阳、襄平	杞、莒、乘丘、邓、襄丘、重丘、新市、襄城、陉山、析、宛、叶、西陵、鄢、陈、夏州、寿春、平舆、寝、城父、蕲、夷陵、竟陵、安陆、郢、榆关、襄陵、新城(1)	扞关、黔中、巫、上庸	广陵、吴、会稽、居巢、下蔡、钟离、朱方	琅邪	杜、郑、大荔、庞戏城、频阳、籍姑、重泉、栎阳、咸阳、武城(2)、蒲、蓝田、善明氏、商、阳狐、洛阴、庞、夏阳、安邑、固阳、宁秦、武堵、雕阴、合阳、临晋、元里、蔺、汾阴、陕、漆垣、蒲子、卢氏、平周、曲沃(1)、石章、岸门、焦、曲沃(2)、蔺、宜阳、武遂、阳晋(2)、封陵	南郑、蜀、丹阳、汉中、召陵、丹、犁、穰	绵诸、义渠
300	光狼城、武安、平阳(3)、长平(2)、武城(1)、棘蒲、漆、富丘、邯郸、端氏	左人、鄗、安平、九门、鄚、易、龙兑、汾门、临乐、番吾、甄、丹丘、华阳(2)、鸱之塞、石邑、封龙、东垣、南行唐、中人、苦陉	代、平邑(2)、无穷、宁葭	大陵、肤施、定阳、梗阳、邬、涂水、西都、中阳(2)、祁、兹氏、新城、盂、狼孟、晋阳、阏与、橑阳、榆次、阳邑、离石、蔺、广衍	灵寿、房子、扶柳、曲逆、顾、唐	蓟、中阳(3)、葛、武阳、平舒、武遂、方城、狸、阳城(2)、桑丘(2)、造阳、襄平	杞、莒、乘丘、邓、襄丘、重丘、新市、襄城、陉山、析、宛、叶、西陵、鄢、陈、夏州、寿春、平舆、寝、城父、蕲、夷陵、竟陵、安陆、郢、榆关、襄陵	扞关、黔中、巫、上庸	广陵、吴、会稽、居巢、下蔡、钟离、朱方	琅邪	杜、郑、大荔、庞戏城、频阳、籍姑、重泉、栎阳、咸阳、武城(2)、蒲、蓝田、善明氏、商、阳狐、洛阴、庞、夏阳、安邑、固阳、宁秦、武堵、雕阴、合阳、临晋、元里、蔺、汾阴、陕、漆垣、蒲子、卢氏、平周、曲沃(1)、石章、岸门、焦、曲沃(2)、蔺、宜阳、武遂、阳晋(2)、封陵	南郑、蜀、丹阳、汉中、召陵、丹、犁、穰、新城(1)	绵诸、义渠

续 表

公元前	赵				中山	燕	楚			越	秦		
	南境	东境	北境	西境			北境	西境	东境		东境	南境	北境
299	光狼城、武安、平阳(3)、长平(2)、武城(1)、棘蒲、漆、富丘、邯郸、端氏	左人、鄗、安平、九门、鄚、易、龙兑、汾门、临乐、番吾、甄、丹丘、华阳(2)、鸱之塞、石邑、封龙、东垣、南行唐、中人、苦陉	代、平邑(2)、无穷、宁葭、云中、善无	大陵、肤施、定阳、梗阳、邬、涂水、西都、中阳(2)、祁、兹氏、新城、盂、狼孟、晋阳、阏与、橑阳、榆次、阳邑、离石、蔺、广衍	灵寿、房子、扶柳、曲逆、顾、唐	蓟、中阳(3)、葛、武阳、平舒、武遂、方城、貍、阳城(2)、桑丘(2)、造阳、襄平	杞、莒、乘丘、邓、襄丘、襄城、陉山、析、宛、叶、西陵、鄢、陈、夏州、寿春、平舆、寝、城父、蕲、夷陵、竟陵、安陆、郢、榆关、襄陵	扞关、黔中、巫、上庸	广陵、吴、会稽、居巢、下蔡、钟离、朱方	琅邪	杜、郑、大荔、庞戏城、频阳、籍姑、重泉、栎阳、咸阳、武城(2)、蒲、蓝田、善明氏、商、阳狐、洛阴、庞、夏阳、安邑、固阳、宁秦、武堵、雕阴、合阳、临晋、元里、蔺、汾阴、陕、漆垣、蒲子、卢氏、平周、曲沃(1)、石章、岸门、焦、曲沃(2)、蔺、宜阳、武遂、阳晋(2)、封陵	南郑、蜀、丹阳、汉中、召陵、丹、犁、穰、新城、重丘、新市	绵诸、义渠
298	光狼城、武安、平阳(3)、长平(2)、武城(1)、棘蒲、漆、富丘、邯郸、端氏	左人、鄗、安平、九门、鄚、易、龙兑、汾门、临乐、番吾、甄、丹丘、华阳(2)、鸱之塞、石邑、封龙、东垣、南行唐、中人、苦陉、扶柳	代、平邑(2)、无穷、宁葭、云中、善无	大陵、肤施、定阳、梗阳、邬、涂水、西都、中阳(2)、祁、兹氏、新城、盂、狼孟、晋阳、阏与、橑阳、榆次、阳邑、离石、蔺、广衍	灵寿、房子、曲逆、顾、唐	蓟、中阳(3)、葛、武阳、平舒、武遂、方城、貍、阳城(2)、桑丘(2)、造阳、襄平	杞、莒、乘丘、邓、襄丘、陉山、析、宛、叶、西陵、鄢、陈、夏州、寿春、平舆、寝、城父、蕲、夷陵、竟陵、安陆、郢、榆关、襄陵	扞关、黔中、巫、上庸	广陵、吴、会稽、居巢、下蔡、钟离、朱方	琅邪	杜、郑、大荔、庞戏城、频阳、籍姑、重泉、栎阳、咸阳、武城(2)、蒲、蓝田、善明氏、商、阳狐、洛阴、庞、夏阳、安邑、固阳、宁秦、武堵、雕阴、合阳、临晋、元里、蔺、汾阴、陕、漆垣、蒲子、卢氏、平周、曲沃(1)、石章、岸门、焦、曲沃(2)、蔺、宜阳、武遂、阳晋(2)、封陵	南郑、蜀、丹阳、汉中、召陵、丹、犁、穰、新城、重丘、新市、襄城	绵诸、义渠
296	光狼城、武安、平阳(3)、长平(2)、武城(1)、棘蒲、漆、富丘、邯郸、端氏	左人、鄗、安平、九门、鄚、易、龙兑、汾门、临乐、番吾、甄、丹丘、华阳(2)、鸱之塞、石邑、封龙、东垣、南行唐、中人、苦陉、扶柳、鄚、易、宜安、灵寿、房子、曲逆、顾、唐	代、平邑(2)、无穷、宁葭、云中、善无	大陵、肤施、定阳、梗阳、邬、涂水、西都、中阳(2)、祁、兹氏、新城、盂、狼孟、晋阳、阏与、橑阳、榆次、阳邑、离石、蔺、广衍	亡	蓟、中阳(3)、葛、武阳、平舒、武遂、方城、貍、阳城(2)、桑丘(2)、造阳、襄平	杞、莒、乘丘、邓、襄丘、宛、叶、西陵、鄢、陈、夏州、寿春、平舆、寝、城父、蕲、夷陵、竟陵、安陆、郢、榆关、襄陵	扞关、黔中、巫、上庸	广陵、吴、会稽、居巢、下蔡、钟离、朱方	琅邪	杜、郑、大荔、庞戏城、频阳、籍姑、重泉、栎阳、咸阳、武城(2)、蒲、蓝田、善明氏、商、阳狐、洛阴、庞、夏阳、安邑、固阳、宁秦、武堵、雕阴、合阳、临晋、元里、蔺、汾阴、陕、漆垣、蒲子、卢氏、平周、曲沃(1)、石章、岸门、焦、曲沃(2)、蔺、宜阳、阳晋(2)	南郑、蜀、丹阳、汉中、召陵、丹、犁、穰、新城、重丘、新市、析	绵诸、义渠
295	光狼城、武安、平阳(3)、长平(2)、武城(1)、棘蒲、漆、富丘、邯郸、端氏	左人、鄗、安平、九门、鄚、易、龙兑、汾门、临乐、番吾、甄、丹丘、华阳(2)、鸱之塞、石邑、封龙、东垣、南行唐、中人、苦陉、扶柳、鄚、易、宜安、灵寿、房子、曲逆、顾、唐	代、平邑(2)、无穷、宁葭、云中、善无	大陵、肤施、定阳、梗阳、邬、涂水、西都、中阳(2)、祁、兹氏、新城、盂、狼孟、晋阳、阏与、橑阳、榆次、阳邑、离石、蔺	亡	蓟、中阳(3)、葛、武阳、平舒、武遂、方城、貍、阳城(2)、桑丘(2)、造阳、襄平	杞、莒、乘丘、邓、襄丘、宛、叶、西陵、鄢、陈、夏州、寿春、平舆、寝、城父、蕲、夷陵、竟陵、安陆、郢、榆关、襄陵	扞关、黔中、巫、上庸	广陵、吴、会稽、居巢、下蔡、钟离、朱方	琅邪	杜、郑、大荔、庞戏城、频阳、籍姑、重泉、栎阳、咸阳、武城(2)、蒲、蓝田、善明氏、商、阳狐、洛阴、庞、夏阳、安邑、固阳、宁秦、武堵、雕阴、合阳、临晋、元里、蔺、汾阴、陕、漆垣、蒲子、卢氏、平周、曲沃(1)、石章、岸门、焦、曲沃(2)、蔺、宜阳、阳晋(2)、广衍	南郑、蜀、丹阳、汉中、召陵、丹、犁、穰、新城、重丘、新市、析、襄城	绵诸、义渠

续　表

公元前	赵				中山	燕	楚			越	秦		
	南境	东境	北境	西境			北境	西境	东境		东境	南境	北境
294	光狼城、武安、平阳(3)、长平(2)、武城(1)、棘蒲、漆、富丘、邯郸、端氏	左人、鄗、安平、九门、龙兑、汾门、临乐、番吾、甄、丹丘、华阳(2)、鸱之塞、石邑、封龙、东垣、南行唐、中人、苦陉、扶柳、宜安、灵寿、房子、曲逆、顾、唐	代、平邑(2)、无穷、宁葭、云中、善无	大陵、梗阳、邬、涂水、西都、中阳(2)、祁、兹氏、新城、盂、狼孟、晋阳、阏与、橑阳、榆次、阳邑、离石、蔺	亡	蓟、中阳(3)、葛、武阳、平舒、武遂、方城、狸、阳城(2)、桑丘(2)、造阳、襄平、鄚、易	杞、莒、乘丘、邓、襄丘、宛、叶、西陵、鄢、陈、夏州、寿春、平舆、寝、城父、蕲、夷陵、竟陵、安陆、郢、榆关、襄陵	扞关、黔中、巫、上庸	广陵、吴、会稽、居巢、下蔡、钟离、朱方	琅邪	杜、郑、大荔、庞戏城、频阳、籍姑、重泉、栎阳、咸阳、武城(2)、蒲、蓝田、善明氏、商、阳狐、洛阴、庞、夏阳、安邑、固阳、宁秦、武堵、雕阴、合阳、临晋、元里、蔺、汾阴、陕、漆垣、蒲子、卢氏、平周、曲沃(1)、石章、岸门、焦、曲沃(2)、蔺、宜阳、阳晋(2)、广衍、武始、肤施、定阳	南郑、蜀、丹阳、汉中、召陵、丹、犁、穰、新城、重丘、新市、析、襄城	绵诸、义渠
293	光狼城、武安、平阳(3)、长平(2)、武城(1)、棘蒲、漆、富丘、邯郸、端氏	左人、鄗、安平、九门、龙兑、汾门、临乐、番吾、甄、丹丘、华阳(2)、鸱之塞、石邑、封龙、东垣、南行唐、中人、苦陉、扶柳、宜安、灵寿、房子、曲逆、顾、唐	代、平邑(2)、无穷、宁葭、云中、善无	大陵、梗阳、邬、涂水、西都、中阳(2)、祁、兹氏、新城、盂、狼孟、晋阳、阏与、橑阳、榆次、阳邑、离石、蔺	亡	蓟、中阳(3)、葛、武阳、平舒、武遂、方城、狸、阳城(2)、桑丘(2)、造阳、襄平、鄚、易	杞、莒、乘丘、邓、襄丘、宛、叶、西陵、鄢、陈、夏州、寿春、平舆、寝、城父、蕲、夷陵、竟陵、安陆、郢、榆关、襄陵	扞关、黔中、巫、上庸	广陵、吴、会稽、居巢、下蔡、钟离、朱方	琅邪	杜、郑、大荔、庞戏城、频阳、籍姑、重泉、栎阳、咸阳、武城(2)、蒲、蓝田、善明氏、商、阳狐、洛阴、庞、夏阳、安邑、固阳、宁秦、武堵、雕阴、合阳、临晋、元里、蔺、汾阴、陕、漆垣、蒲子、卢氏、平周、曲沃(1)、石章、岸门、焦、曲沃(2)、蔺、宜阳、阳晋(2)、广衍、武始、肤施、定阳、伊阙	南郑、蜀、丹阳、汉中、召陵、丹、犁、穰、新城、重丘、新市、析、襄城	绵诸、义渠
292	光狼城、武安、平阳(3)、长平(2)、武城(1)、棘蒲、漆、富丘、邯郸、端氏	左人、鄗、安平、九门、龙兑、汾门、临乐、番吾、甄、丹丘、华阳(2)、鸱之塞、石邑、封龙、东垣、南行唐、中人、苦陉、扶柳、宜安、灵寿、房子、曲逆、顾、唐	代、平邑(2)、无穷、宁葭、云中、善无	大陵、梗阳、邬、涂水、西都、中阳(2)、祁、兹氏、新城、盂、狼孟、晋阳、阏与、橑阳、榆次、阳邑、离石、蔺	亡	蓟、中阳(3)、葛、武阳、平舒、武遂、方城、狸、阳城(2)、桑丘(2)、造阳、襄平、鄚、易	杞、莒、乘丘、邓、襄丘、西陵、鄢、陈、夏州、寿春、平舆、寝、城父、蕲、夷陵、竟陵、安陆、郢、榆关、襄陵	扞关、黔中、巫、上庸	广陵、吴、会稽、居巢、下蔡、钟离、朱方	琅邪	杜、郑、大荔、庞戏城、频阳、籍姑、重泉、栎阳、咸阳、武城(2)、蒲、蓝田、善明氏、商、阳狐、洛阴、庞、夏阳、安邑、固阳、宁秦、武堵、雕阴、合阳、临晋、元里、蔺、汾阴、陕、漆垣、蒲子、卢氏、平周、曲沃(1)、石章、岸门、焦、曲沃(2)、蔺、宜阳、阳晋(2)、广衍、武始、肤施、定阳、伊阙、垣	南郑、蜀、丹阳、汉中、召陵、丹、犁、穰、新城、重丘、新市、析、襄城、宛、叶	绵诸、义渠
291	光狼城、武安、平阳(3)、长平(2)、武城(1)、棘蒲、漆、富丘、邯郸、端氏	左人、鄗、安平、九门、龙兑、汾门、临乐、番吾、甄、丹丘、华阳(2)、鸱之塞、石邑、封龙、东垣、南行唐、中人、苦陉、扶柳、宜安、灵寿、房子、曲逆、顾、唐	代、平邑(2)、无穷、宁葭、云中、善无	大陵、梗阳、邬、涂水、西都、中阳(2)、祁、兹氏、新城、盂、狼孟、晋阳、阏与、橑阳、榆次、阳邑、离石、蔺	亡	蓟、中阳(3)、葛、武阳、平舒、武遂、方城、狸、阳城(2)、桑丘(2)、造阳、襄平、鄚、易	杞、莒、乘丘、邓、襄丘、西陵、鄢、陈、夏州、寿春、平舆、寝、城父、蕲、夷陵、竟陵、安陆、郢、榆关、襄陵	扞关、黔中、巫、上庸	广陵、吴、会稽、居巢、下蔡、钟离、朱方	琅邪	杜、郑、大荔、庞戏城、频阳、籍姑、重泉、栎阳、咸阳、武城(2)、蒲、蓝田、善明氏、商、阳狐、洛阴、庞、夏阳、安邑、固阳、宁秦、武堵、雕阴、合阳、临晋、元里、蔺、汾阴、陕、漆垣、蒲子、卢氏、平周、曲沃(1)、石章、岸门、焦、曲沃(2)、蔺、宜阳、阳晋(2)、广衍、武始、肤施、定阳、伊阙	南郑、蜀、丹阳、汉中、召陵、丹、犁、穰、新城、重丘、新市、析、襄城、宛、叶	绵诸、义渠

续表

公元前	赵				中山	燕	楚			越	秦		
	南境	东境	北境	西境			北境	西境	东境		东境	南境	北境
290	光狼城、武安、平阳(3)、长平(2)、武城(1)、棘蒲、漆、富丘、邯郸、端氏	左人、鄗、安平、九门、龙兑、汾门、临乐、番吾、甄、丹丘、华阳(2)、鸱之塞、石邑、封龙、东垣、南行唐、中人、苦陉、扶柳、宜安、灵寿、房子、曲逆、顾、唐	代、平邑(2)、无穷、宁葭、云中、善无	大陵、梗阳、邬、涂水、西都、中阳(2)、祁、兹氏、新城、盂、狼孟、晋阳、阏与、橑阳、榆次、阳邑、离石、蔺	亡	蓟、中阳(3)、葛、武阳、平舒、武遂、方城、狸、阳城(2)、桑丘(2)、造阳、襄平、鄚、易	杞、莒、乘丘、邓、襄丘、西陵、鄢、陈、夏州、寿春、平舆、寝、城父、蕲、夷陵、竟陵、安陆、郢、榆关、襄陵	扞关、黔中、巫、上庸	广陵、吴、会稽、居巢、下蔡、钟离、朱方	琅邪	杜、郑、大荔、庞戏城、频阳、籍姑、重泉、栎阳、咸阳、武城(2)、蒲、蓝田、善明氏、商、阳狐、洛阴、庞、夏阳、安邑、固阳、宁秦、武堵、雕阴、合阳、临晋、元里、蔺、汾阴、陕、漆垣、蒲子、卢氏、平周、曲沃(1)、石章、岸门、焦、曲沃(2)、蔺、宜阳、阳晋(2)、广衍、武始、肤施、定阳、伊阙、垣、皮氏、武遂、皋落	南郑、蜀、丹阳、汉中、召陵、丹、犁、穰、新城、重丘、新市、析、襄城、宛、叶	绵诸、义渠
289	光狼城、武安、平阳(3)、长平(2)、武城(1)、棘蒲、漆、富丘、邯郸、端氏	左人、鄗、安平、九门、龙兑、汾门、临乐、番吾、甄、丹丘、华阳(2)、鸱之塞、石邑、封龙、东垣、南行唐、中人、苦陉、扶柳、宜安、灵寿、房子、曲逆、顾、唐	代、平邑(2)、无穷、宁葭、云中、善无	大陵、梗阳、邬、涂水、西都、中阳(2)、祁、兹氏、新城、盂、狼孟、晋阳、阏与、橑阳、榆次、阳邑、离石、蔺	亡	蓟、中阳(3)、葛、武阳、平舒、武遂、方城、狸、阳城(2)、桑丘(2)、造阳、襄平、鄚、易	杞、莒、乘丘、邓、襄丘、西陵、鄢、陈、夏州、寿春、平舆、寝、城父、蕲、夷陵、竟陵、安陆、郢、榆关、襄陵	扞关、黔中、巫、上庸	广陵、吴、会稽、居巢、下蔡、钟离、朱方	琅邪	杜、郑、大荔、庞戏城、频阳、籍姑、重泉、栎阳、咸阳、武城(2)、蒲、蓝田、善明氏、商、阳狐、洛阴、庞、夏阳、安邑、固阳、宁秦、武堵、雕阴、合阳、临晋、元里、蔺、汾阴、陕、漆垣、蒲子、卢氏、平周、曲沃(1)、石章、岸门、焦、曲沃(2)、蔺、宜阳、阳晋(2)、广衍、武始、肤施、定阳、伊阙、垣、皮氏、武遂、皋落、蒲阪	南郑、蜀、丹阳、汉中、召陵、丹、犁、穰、新城、重丘、新市、析、襄城、宛、叶	绵诸、义渠
288	光狼城、武安、平阳(3)、长平(2)、武城(1)、棘蒲、漆、富丘、邯郸、端氏、河雍	左人、鄗、安平、九门、龙兑、汾门、临乐、番吾、甄、丹丘、华阳(2)、鸱之塞、石邑、封龙、东垣、南行唐、中人、苦陉、扶柳、宜安、灵寿、房子、曲逆、顾、唐	代、平邑(2)、无穷、宁葭、云中、善无	大陵、邬、涂水、西都、中阳(2)、祁、兹氏、新城、盂、狼孟、晋阳、阏与、橑阳、榆次、阳邑、离石	亡	蓟、中阳(3)、葛、武阳、平舒、武遂、方城、狸、阳城(2)、桑丘(2)、造阳、襄平、鄚、易	杞、莒、乘丘、邓、襄丘、西陵、鄢、陈、夏州、寿春、平舆、寝、城父、蕲、夷陵、竟陵、安陆、郢、榆关、襄陵	扞关、黔中、巫、上庸	广陵、吴、会稽、居巢、下蔡、钟离、朱方	琅邪	杜、郑、大荔、庞戏城、频阳、籍姑、重泉、栎阳、咸阳、武城(2)、蒲、蓝田、善明氏、商、阳狐、洛阴、庞、夏阳、安邑、固阳、宁秦、武堵、雕阴、合阳、临晋、元里、蔺、汾阴、陕、漆垣、蒲子、卢氏、平周、曲沃(1)、石章、岸门、焦、曲沃(2)、蔺、宜阳、阳晋(2)、广衍、武始、肤施、定阳、伊阙、垣、皮氏、武遂、皋落、蒲阪、梗阳、轵	南郑、蜀、丹阳、汉中、召陵、丹、犁、穰、新城、重丘、新市、析、襄城、宛、叶	绵诸、义渠
287	光狼城、武安、平阳(3)、长平(2)、武城(1)、棘蒲、漆、富丘、邯郸、端氏、河雍	左人、鄗、安平、九门、龙兑、汾门、临乐、番吾、甄、丹丘、华阳(2)、鸱之塞、石邑、封龙、东垣、南行唐、中人、苦陉、扶柳、宜安、灵寿、房子、曲逆、顾、唐	代、平邑(2)、无穷、宁葭、云中、善无	大陵、邬、涂水、西都、中阳(2)、祁、兹氏、新城、盂、狼孟、晋阳、阏与、橑阳、榆次、阳邑、离石	亡	蓟、中阳(3)、葛、武阳、平舒、武遂、方城、狸、阳城(2)、桑丘(2)、造阳、襄平、鄚、易	杞、莒、乘丘、邓、襄丘、西陵、鄢、陈、夏州、寿春、平舆、寝、城父、蕲、夷陵、竟陵、安陆、郢、榆关、襄陵	扞关、黔中、巫、上庸	广陵、吴、会稽、居巢、下蔡、钟离、朱方	琅邪	杜、郑、大荔、庞戏城、频阳、籍姑、重泉、栎阳、咸阳、武城(2)、蒲、蓝田、善明氏、商、阳狐、洛阴、庞、夏阳、安邑、固阳、宁秦、武堵、雕阴、合阳、临晋、元里、蔺、汾阴、陕、漆垣、蒲子、卢氏、平周、曲沃(1)、石章、岸门、焦、曲沃(2)、蔺、宜阳、阳晋(2)、广衍、武始、肤施、定阳、伊阙、垣、皮氏、武遂、皋落、蒲阪、梗阳、轵、新垣、曲阳、安邑	南郑、蜀、丹阳、汉中、召陵、丹、犁、穰、新城、重丘、新市、析、襄城、宛、叶	绵诸、义渠

续表

公元前	赵				中山	燕	楚			越	秦		
	南境	东境	北境	西境			北境	西境	东境		东境	南境	北境
286	光狼城、武安、平阳(3)、长平(2)、武城(1)、棘蒲、漆、富丘、邯郸、端氏、河雍	左人、鄗、安平、九门、龙兑、汾门、临乐、番吾、甄、丹丘、华阳(2)、鸱之塞、石邑、封龙、东垣、南行唐、中人、苦陉、扶柳、宜安、灵寿、房子、曲逆、顾、唐	代、平邑(2)、无穷、宁葭、云中、善无	大陵、邬、涂水、西都、中阳(2)、祁、兹氏、新城、盂、狼孟、晋阳、阏与、橑阳、榆次、阳邑、离石	亡	蓟、中阳(3)、葛、武阳、平舒、武遂、方城、狸、阳城(2)、桑丘(2)、造阳、襄平、鄚、易	杞、莒、乘丘、邓、襄丘、西陵、鄢、陈、夏州、寿春、平舆、寝、城父、蕲、夷陵、竟陵、安陆、郢、榆关、襄陵	扞关、黔中、巫、上庸	广陵、吴、会稽、居巢、下蔡、钟离、朱方	琅邪	杜、郑、大荔、庞戏城、频阳、籍姑、重泉、栎阳、咸阳、武城(2)、蒲、蓝田、善明氏、商、阳狐、洛阴、庞、夏阳、安邑、固阳、宁秦、武堵、雕阴、合阳、临晋、元里、蔺、汾阴、陕、漆垣、蒲子、卢氏、平周、曲沃(1)、石章、岸门、焦、曲沃(2)、蔺、宜阳、阳晋(2)、广衍、武始、肤施、定阳、伊阙、垣、皮氏、武遂、皋落、蒲阪、梗阳、轵、新垣、曲阳	南郑、蜀、丹阳、汉中、召陵、丹、犁、穰、新城、重丘、新市、析、襄城、宛、叶	绵诸、义渠
285	光狼城、武安、平阳(3)、长平(2)、武城(1)、棘蒲、漆、富丘、邯郸、端氏、河雍	左人、鄗、安平、九门、龙兑、汾门、临乐、番吾、甄、丹丘、华阳(2)、鸱之塞、石邑、封龙、东垣、南行唐、中人、苦陉、扶柳、宜安、灵寿、房子、曲逆、顾、唐	代、平邑(2)、无穷、宁葭、云中、善无	大陵、邬、涂水、祁、兹氏、新城、盂、狼孟、晋阳、阏与、橑阳、榆次、阳邑、离石、蔺	亡	蓟、中阳(3)、葛、武阳、平舒、武遂、方城、狸、阳城(2)、桑丘(2)、造阳、襄平、鄚、易	杞、乘丘、邓、襄丘、西陵、鄢、陈、夏州、寿春、平舆、寝、城父、蕲、夷陵、竟陵、安陆、郢、榆关、襄陵	扞关、黔中、巫、上庸	广陵、吴、会稽、居巢、下蔡、钟离、朱方	琅邪	杜、郑、大荔、庞戏城、频阳、籍姑、重泉、栎阳、咸阳、武城(2)、蒲、蓝田、善明氏、商、阳狐、洛阴、庞、夏阳、安邑、固阳、宁秦、武堵、雕阴、合阳、临晋、元里、蔺、汾阴、陕、漆垣、蒲子、卢氏、平周、曲沃(1)、石章、岸门、焦、曲沃(2)、蔺、宜阳、阳晋(2)、广衍、武始、肤施、定阳、伊阙、垣、皮氏、武遂、皋落、蒲阪、梗阳、轵、新垣、曲阳、安邑、西都、中阳(2)、绛	南郑、蜀、丹阳、汉中、召陵、丹、犁、穰、新城、重丘、新市、析、襄城、宛、叶	绵诸、义渠
284	光狼城、武安、平阳(3)、长平(2)、武城(1)、棘蒲、漆、富丘、邯郸、端氏、河雍	左人、鄗、安平、九门、龙兑、汾门、临乐、番吾、甄、丹丘、华阳(2)、鸱之塞、石邑、封龙、东垣、南行唐、中人、苦陉、扶柳、宜安、灵寿、房子、曲逆、顾、唐	代、平邑(2)、无穷、宁葭、云中、善无	大陵、邬、涂水、祁、兹氏、新城、盂、狼孟、晋阳、阏与、橑阳、榆次、阳邑、离石、蔺	亡	蓟、中阳(3)、葛、武阳、平舒、武遂、方城、狸、阳城(2)、桑丘(2)、造阳、襄平、鄚、易、齐七十余城	杞、乘丘、邓、襄丘、西陵、鄢、陈、夏州、寿春、平舆、寝、城父、蕲、夷陵、竟陵、安陆、郢、榆关、襄陵	扞关、黔中、巫、上庸	广陵、吴、会稽、居巢、下蔡、钟离、朱方	琅邪	杜、郑、大荔、庞戏城、频阳、籍姑、重泉、栎阳、咸阳、武城(2)、蒲、蓝田、善明氏、商、阳狐、洛阴、庞、夏阳、安邑、固阳、宁秦、武堵、雕阴、合阳、临晋、元里、蔺、汾阴、陕、漆垣、蒲子、卢氏、平周、曲沃(1)、石章、岸门、焦、曲沃(2)、蔺、宜阳、阳晋(2)、广衍、武始、肤施、定阳、伊阙、垣、皮氏、武遂、皋落、蒲阪、梗阳、轵、新垣、曲阳、安邑、西都、中阳(2)、绛、陶?	南郑、蜀、丹阳、汉中、召陵、丹、犁、穰、新城、重丘、新市、析、襄城、宛、叶	绵诸、义渠
283	光狼城、武安、平阳(3)、长平(2)、武城(1)、棘蒲、漆、富丘、邯郸、端氏、河雍	左人、鄗、安平、九门、龙兑、汾门、临乐、番吾、甄、丹丘、华阳(2)、鸱之塞、石邑、封龙、东垣、南行唐、中人、苦陉、扶柳、宜安、灵寿、房子、曲逆、顾、唐、阳晋(1)	代、平邑(2)、无穷、宁葭、云中、善无	大陵、邬、涂水、祁、兹氏、新城、盂、狼孟、晋阳、阏与、橑阳、榆次、阳邑、离石、蔺	亡	蓟、中阳(3)、葛、武阳、平舒、武遂、方城、狸、阳城(2)、桑丘(2)、造阳、襄平、鄚、易、齐七十余城	杞、乘丘、邓、襄丘、西陵、鄢、陈、夏州、寿春、平舆、寝、城父、蕲、夷陵、竟陵、安陆、郢、榆关、襄陵	扞关、黔中、巫、上庸	广陵、吴、会稽、居巢、下蔡、钟离、朱方	琅邪	杜、郑、大荔、庞戏城、频阳、籍姑、重泉、栎阳、咸阳、武城(2)、蒲、蓝田、善明氏、商、阳狐、洛阴、庞、夏阳、安邑、固阳、宁秦、武堵、雕阴、合阳、临晋、元里、蔺、汾阴、陕、漆垣、蒲子、卢氏、平周、曲沃(1)、石章、岸门、焦、曲沃(2)、蔺、宜阳、阳晋(2)、广衍、武始、肤施、定阳、伊阙、垣、皮氏、武遂、皋落、蒲阪、梗阳、轵、新垣、曲阳、安邑、西都、中阳(2)、绛、陶、安城	南郑、蜀、丹阳、汉中、召陵、丹、犁、穰、新城、重丘、新市、析、襄城、宛、叶	绵诸、义渠

续 表

公元前	赵				中山	燕	楚			越	秦		
	南境	东境	北境	西境			北境	西境	东境		东境	南境	北境
282	光狼城、武安、平阳(3)、长平(2)、武城(1)、棘蒲、漆、富丘、邯郸、端氏、河雍、伯阳	左人、鄗、安平、九门、龙兑、汾门、临乐、番吾、甄、丹丘、华阳(2)、鸱之塞、石邑、封龙、东垣、南行唐、中人、苦陉、扶柳、宜安、灵寿、房子、曲逆、顾、唐、阳晋(1)	代、平邑(2)、无穷、宁葭、云中、善无	大陵、邬、涂水、祁、新城、孟、狼孟、晋阳、阏与、橑阳、榆次、阳邑、离石、蔺	亡	蓟、中阳(3)、葛、武阳、平舒、武遂、方城、貍、阳城(2)、桑丘(2)、造阳、襄平、鄚、易、齐七十余城	杞、乘丘、邓、襄丘、西陵、鄢、陈、夏州、寿春、平舆、寝、城父、蕲、夷陵、竟陵、安陆、郢、榆关、襄陵	扞关、黔中、巫、上庸	广陵、吴、会稽、居巢、下蔡、钟离、朱方	琅邪	杜、郑、大荔、庞戏城、频阳、籍姑、重泉、栎阳、咸阳、武城(2)、蒲、蓝田、善明氏、商、阳狐、洛阴、庞、夏阳、安邑、固阳、宁秦、武堵、雕阴、合阳、临晋、元里、蔺、汾阴、陕、漆垣、蒲子、卢氏、平周、曲沃(1)、石章、岸门、焦、曲沃(2)、蔺、宜阳、阳晋(2)、广衍、武始、肤施、定阳、伊阙、垣、皮氏、武遂、皋落、蒲阪、梗阳、轵、新垣、曲阳、安邑、西都、中阳(2)、绛、陶、安城、兹氏	南郑、蜀、丹阳、汉中、召陵、丹、犁、穰、新城、重丘、新市、析、襄城、宛、叶	绵诸、义渠
281	光狼城、武安、平阳(3)、长平(2)、武城(1)、棘蒲、漆、富丘、邯郸、端氏、河雍、伯阳	左人、鄗、安平、九门、龙兑、汾门、临乐、番吾、甄、丹丘、华阳(2)、鸱之塞、封龙、东垣、南行唐、中人、苦陉、扶柳、宜安、灵寿、房子、曲逆、顾、唐、阳晋(1)	代、平邑(2)、无穷、宁葭、云中、善无	大陵、邬、涂水、新城、孟、狼孟、晋阳、阏与、橑阳、榆次、阳邑		蓟、中阳(3)、葛、武阳、平舒、武遂、方城、貍、阳城(2)、桑丘(2)、造阳、襄平、鄚、易、齐七十余城	杞、乘丘、邓、襄丘、西陵、鄢、陈、夏州、寿春、平舆、寝、城父、蕲、夷陵、竟陵、安陆、郢、榆关、襄陵	扞关、黔中、巫、上庸	广陵、吴、会稽、居巢、下蔡、钟离、朱方	琅邪	杜、郑、大荔、庞戏城、频阳、籍姑、重泉、栎阳、咸阳、武城(2)、蒲、蓝田、善明氏、商、阳狐、洛阴、庞、夏阳、安邑、固阳、宁秦、武堵、雕阴、合阳、临晋、元里、蔺、离石、汾阴、陕、漆垣、蒲子、卢氏、平周、曲沃(1)、石章、岸门、焦、曲沃(2)、蔺、宜阳、阳晋(2)、广衍、武始、肤施、定阳、伊阙、垣、皮氏、武遂、皋落、蒲阪、梗阳、轵、新垣、曲阳、安邑、西都、中阳(2)、绛、陶、安城、兹氏、石邑、蔺、离石、祁	南郑、蜀、丹阳、汉中、召陵、丹、犁、穰、新城、重丘、新市、析、襄城、宛、叶	绵诸、义渠
280	武安、平阳(3)、长平(2)、武城(1)、棘蒲、漆、富丘、邯郸、端氏、河雍	左人、鄗、安平、九门、龙兑、汾门、临乐、番吾、甄、丹丘、华阳(2)、鸱之塞、封龙、东垣、南行唐、中人、苦陉、扶柳、宜安、灵寿、房子、曲逆、顾、唐、阳晋(1)、麦丘	代、平邑(2)、无穷、宁葭、云中、善无	大陵、邬、涂水、新城、孟、狼孟、晋阳、阏与、橑阳、榆次、阳邑	亡	蓟、中阳(3)、葛、武阳、平舒、武遂、方城、貍、阳城(2)、桑丘(2)、造阳、襄平、鄚、易、沮阳?、渔阳?、无终?、阳乐?、令支?	杞、乘丘、邓、襄丘、西陵、鄢、陈、夏州、寿春、平舆、寝、城父、蕲、夷陵、竟陵、安陆、郢、榆关、襄陵	扞关、巫	广陵、吴、会稽、居巢、下蔡、钟离、朱方	琅邪	杜、郑、大荔、庞戏城、频阳、籍姑、重泉、栎阳、咸阳、武城(2)、蒲、蓝田、善明氏、商、阳狐、洛阴、庞、夏阳、安邑、固阳、宁秦、武堵、雕阴、合阳、临晋、元里、蔺、离石、汾阴、陕、漆垣、蒲子、卢氏、平周、曲沃(1)、石章、岸门、焦、曲沃(2)、蔺、宜阳、阳晋(2)、广衍、武始、肤施、定阳、伊阙、垣、皮氏、武遂、皋落、蒲阪、梗阳、轵、新垣、曲阳、安邑、西都、中阳(2)、绛、陶、安城、兹氏、石邑、蔺、离石、祁、光狼城	南郑、蜀、丹阳、汉中、召陵、丹、犁、穰、新城、重丘、新市、析、襄城、宛、叶、上庸、黔中	绵诸、义渠
279	武安、平阳(3)、长平(2)、武城(1)、棘蒲、漆、富丘、邯郸、端氏、河雍	左人、鄗、安平、九门、龙兑、汾门、临乐、番吾、甄、丹丘、华阳(2)、鸱之塞、封龙、东垣、南行唐、中人、苦陉、扶柳、宜安、灵寿、房子、曲逆、顾、唐、阳晋(1)、麦丘	代、平邑(2)、无穷、宁葭、云中、善无	大陵、邬、涂水、新城、孟、狼孟、晋阳、阏与、橑阳、榆次、阳邑	亡	蓟、中阳(3)、葛、武阳、平舒、武遂、方城、貍、阳城(2)、桑丘(2)、造阳、襄平、鄚、易、沮阳、渔阳、无终、阳乐、令支	杞、乘丘、襄丘、陈、夏州、寿春、平舆、寝、城父、蕲、夷陵、竟陵、安陆、郢、榆关、襄陵	扞关、巫、黔中	广陵、吴、会稽、居巢、下蔡、钟离、朱方	琅邪	杜、郑、大荔、庞戏城、频阳、籍姑、重泉、栎阳、咸阳、武城(2)、蒲、蓝田、善明氏、商、阳狐、洛阴、庞、夏阳、安邑、固阳、宁秦、武堵、雕阴、合阳、临晋、元里、蔺、离石、汾阴、陕、漆垣、蒲子、卢氏、平周、曲沃(1)、石章、岸门、焦、曲沃(2)、蔺、宜阳、阳晋(2)、广衍、武始、肤施、定阳、伊阙、垣、皮氏、武遂、皋落、蒲阪、梗阳、轵、新垣、曲阳、安邑、西都、中阳(2)、绛、陶、安城、兹氏、石邑、蔺、离石、祁、光狼城	南郑、蜀、丹阳、汉中、召陵、丹、犁、穰、新城、重丘、新市、析、襄城、宛、叶、上庸、黔中、西陵、鄢、邓	绵诸、义渠

续　表

公元前	赵				中山	燕	楚			越	秦		
	南境	东境	北境	西境			北境	西境	东境		东境	南境	北境
278	武安、平阳(3)、长平(2)、武城(1)、棘蒲、漆、富丘、邯郸、端氏、河雍	左人、鄗、安平、九门、龙兑、汾门、临乐、番吾、甄、丹丘、华阳(2)、鸱之塞、封龙、东垣、南行唐、中人、苦陉、扶柳、宜安、灵寿、房子、曲逆、顾、唐、阳晋(1)、麦丘	代、平邑(2)、无穷、宁葭、云中、善无	大陵、邬、涂水、新城、盂、狼孟、晋阳、阏与、橑阳、榆次、阳邑		蓟、中阳(3)、葛、武阳、平舒、武遂、方城、狸、阳城(2)、桑丘(2)、造阳、襄平、鄚、易、沮阳、渔阳、无终、阳乐、令支	杞、乘丘、襄丘、陈、夏州、寿春、平舆、寝、城父、蕲、榆关、襄陵	扞关、巫、黔中?	广陵、吴、会稽、居巢、下蔡、钟离、朱方	琅邪	杜、郑、大荔、庞戏城、频阳、籍姑、重泉、栎阳、咸阳、武城(2)、蒲、蓝田、善明氏、商、阳狐、洛阴、庞、夏阳、安邑、固阳、宁秦、武堵、雕阴、合阳、临晋、元里、蔺、离石、汾阴、陕、漆垣、蒲子、卢氏、平周、曲沃(1)、石章、岸门、焦、曲沃(2)、蔺、宜阳、阳晋(2)、广衍、武始、肤施、定阳、伊阙、垣、皮氏、武遂、皋落、蒲阪、梗阳、轵、新垣、曲阳、安邑、西都、中阳(2)、绛、陶、安城、兹氏、石邑、蔺、离石、祁、光狼城	南郑、蜀、丹阳、汉中、召陵、丹、犁、穰、新城、重丘、新市、析、襄城、宛、叶、上庸、黔中、西陵、鄢、邓、郢、夷陵、竟陵、安陆	绵诸、义渠
277	武安、平阳(3)、长平(2)、武城(1)、棘蒲、漆、富丘、邯郸、端氏、河雍	左人、鄗、安平、九门、龙兑、汾门、临乐、番吾、甄、丹丘、华阳(2)、鸱之塞、封龙、东垣、南行唐、中人、苦陉、扶柳、宜安、灵寿、房子、曲逆、顾、唐、阳晋(1)、麦丘	代、平邑(2)、无穷、宁葭、云中、善无	大陵、邬、涂水、新城、盂、狼孟、晋阳、阏与、橑阳、榆次、阳邑	亡	蓟、中阳(3)、葛、武阳、平舒、武遂、方城、狸、阳城(2)、桑丘(2)、造阳、襄平、鄚、易、沮阳、渔阳、无终、阳乐、令支	杞、乘丘、襄丘、陈、夏州、寿春、平舆、寝、城父、蕲、榆关、襄陵、留?、方与?、铚?、胡陵?、砀?、萧?、相?		广陵、吴、会稽、居巢、下蔡、钟离、朱方	琅邪	杜、郑、大荔、庞戏城、频阳、籍姑、重泉、栎阳、咸阳、武城(2)、蒲、蓝田、善明氏、商、阳狐、洛阴、庞、夏阳、安邑、固阳、宁秦、武堵、雕阴、合阳、临晋、元里、蔺、离石、汾阴、陕、漆垣、蒲子、卢氏、平周、曲沃(1)、石章、岸门、焦、曲沃(2)、蔺、宜阳、阳晋(2)、广衍、武始、肤施、定阳、伊阙、垣、皮氏、武遂、皋落、蒲阪、梗阳、轵、新垣、曲阳、安邑、西都、中阳(2)、绛、陶、安城、兹氏、石邑、蔺、离石、祁、光狼城	南郑、蜀、丹阳、汉中、召陵、丹、犁、穰、新城、重丘、新市、析、襄城、宛、叶、上庸、黔中、西陵、鄢、邓、郢、夷陵、竟陵、安陆、扞关、巫、黔中	绵诸、义渠
276	武安、平阳(3)、长平(2)、武城(1)、棘蒲、漆、富丘、邯郸、端氏、河雍、几	左人、鄗、安平、九门、龙兑、汾门、临乐、番吾、甄、丹丘、华阳(2)、鸱之塞、封龙、东垣、南行唐、中人、苦陉、扶柳、宜安、灵寿、房子、曲逆、顾、唐、阳晋(1)、麦丘	代、平邑(2)、无穷、宁葭、云中、善无	大陵、邬、涂水、新城、盂、狼孟、晋阳、阏与、橑阳、榆次、阳邑	亡	蓟、中阳(3)、葛、武阳、平舒、武遂、方城、狸、阳城(2)、桑丘(2)、造阳、襄平、鄚、易、沮阳、渔阳、无终、阳乐、令支	杞、乘丘、襄丘、陈、夏州、寿春、平舆、寝、城父、蕲、榆关、襄陵、留、方与、铚、胡陵、砀、萧、相	江南地(在江南的黔中地)	广陵、吴、会稽、居巢、下蔡、钟离、朱方	琅邪	杜、郑、大荔、庞戏城、频阳、籍姑、重泉、栎阳、咸阳、武城(2)、蒲、蓝田、善明氏、商、阳狐、洛阴、庞、夏阳、安邑、固阳、宁秦、武堵、雕阴、合阳、临晋、元里、蔺、离石、汾阴、陕、漆垣、蒲子、卢氏、平周、曲沃(1)、石章、岸门、焦、曲沃(2)、蔺、宜阳、阳晋(2)、广衍、武始、肤施、定阳、伊阙、垣、皮氏、武遂、皋落、蒲阪、梗阳、轵、新垣、曲阳、安邑、西都、中阳(2)、绛、陶、安城、兹氏、石邑、蔺、离石、祁、光狼城	南郑、蜀、丹阳、汉中、召陵、丹、犁、穰、新城、重丘、新市、析、襄城、宛、叶、上庸、黔中、西陵、鄢、邓、郢、夷陵、竟陵、安陆、扞关、巫	绵诸、义渠
275	武安、平阳(3)、长平(2)、武城(1)、棘蒲、漆、富丘、邯郸、端氏、河雍、几、防陵、安阳	左人、鄗、安平、九门、龙兑、汾门、临乐、番吾、甄、丹丘、华阳(2)、鸱之塞、封龙、东垣、南行唐、中人、苦陉、扶柳、宜安、灵寿、房子、曲逆、顾、唐、阳晋(1)、麦丘	代、平邑(2)、无穷、宁葭、云中、善无	大陵、邬、涂水、新城、盂、狼孟、晋阳、阏与、橑阳、榆次、阳邑	亡	蓟、中阳(3)、葛、武阳、平舒、武遂、方城、狸、阳城(2)、桑丘(2)、造阳、襄平、鄚、易、沮阳、渔阳、无终、阳乐、令支	杞、乘丘、襄丘、陈、夏州、寿春、平舆、寝、城父、蕲、榆关、襄陵、留、方与、铚、胡陵、砀、萧、相	江南地	广陵、吴、会稽、居巢、下蔡、钟离、朱方	琅邪	杜、郑、大荔、庞戏城、频阳、籍姑、重泉、栎阳、咸阳、武城(2)、蒲、蓝田、善明氏、商、阳狐、洛阴、庞、夏阳、安邑、固阳、宁秦、武堵、雕阴、合阳、临晋、元里、蔺、离石、汾阴、陕、漆垣、蒲子、卢氏、平周、曲沃(1)、石章、岸门、焦、曲沃(2)、蔺、宜阳、阳晋(2)、广衍、武始、肤施、定阳、伊阙、垣、皮氏、武遂、皋落、蒲阪、梗阳、轵、新垣、曲阳、安邑、西都、中阳(2)、绛、陶、安城、兹氏、石邑、蔺、离石、祁、光狼城、温	南郑、蜀、丹阳、汉中、召陵、丹、犁、穰、新城、重丘、新市、析、襄城、宛、叶、上庸、黔中、西陵、鄢、邓、郢、夷陵、竟陵、安陆、扞关、巫	绵诸、义渠

续 表

公元前	赵				中山	燕	楚			越	秦		
	南境	东境	北境	西境			北境	西境	东境		东境	南境	北境
274	武安、平阳(3)、长平(2)、武城(1)、棘蒲、漆、富丘、邯郸、端氏、河雍、几、防陵、安阳	左人、鄗、安平、九门、龙兑、汾门、临乐、番吾、甄、丹丘、华阳(2)、鸱之塞、封龙、东垣、南行唐、中人、苦陉、扶柳、宜安、灵寿、房子、曲逆、顾、唐、阳晋(1)、麦丘、高唐、昌城	代、平邑(2)、无穷、宁葭、云中、善无	大陵、邬、涂水、新城、孟、狼孟、晋阳、阏与、橑阳、榆次、阳邑	亡	蓟、中阳(3)、葛、武阳、平舒、武遂、方城、狸、阳城(2)、桑丘(2)、造阳、襄平、鄚、易、沮阳、渔阳、无终、阳乐、令支	杞、乘丘、襄丘、陈、夏州、寿春、平舆、寝、城父、蕲、榆关、襄陵、留、方与、铚、胡陵、砀、萧、相	江南地	广陵、吴、会稽、居巢、下蔡、钟离、朱方	琅邪	杜、郑、大荔、庞戏城、频阳、籍姑、重泉、栎阳、咸阳、武城(2)、蒲、蓝田、善明氏、商、阳狐、洛阴、庞、夏阳、安邑、固阳、宁秦、武堵、雕阴、合阳、临晋、元里、蔺、离石、汾阴、陕、漆垣、蒲子、卢氏、平周、曲沃(1)、石章、岸门、焦、曲沃(2)、蔺、宜阳、阳晋(2)、广衍、武始、肤施、定阳、伊阙、垣、皮氏、武遂、皋落、蒲阪、梗阳、轵、新垣、曲阳、安邑、西都、中阳(2)、绛、陶、安城、兹氏、石邑、蔺、离石、祁、光狼城、温、卷、蔡、长社、中阳(1)	南郑、蜀、丹阳、汉中、召陵、丹、犁、穰、新城、重丘、新市、析、襄城、宛、叶、上庸、黔中、西陵、鄢、邓、郢、夷陵、竟陵、安陆、扞关、巫	绵诸、义渠
273	武安、平阳(3)、长平(2)、武城(1)、棘蒲、漆、富丘、邯郸、端氏、河雍、几、防陵、安阳	左人、鄗、安平、九门、龙兑、汾门、临乐、番吾、甄、丹丘、华阳(2)、鸱之塞、封龙、东垣、南行唐、中人、苦陉、扶柳、宜安、灵寿、房子、曲逆、顾、唐、阳晋(1)、麦丘、高唐、昌城	代、平邑(2)、无穷、宁葭、云中、善无	大陵、邬、涂水、新城、孟、狼孟、晋阳、阏与、橑阳、榆次、阳邑	亡	蓟、中阳(3)、葛、武阳、平舒、武遂、方城、狸、阳城(2)、桑丘(2)、造阳、襄平、鄚、易、沮阳、渔阳、无终、阳乐、令支	杞、乘丘、襄丘、陈、夏州、寿春、平舆、寝、城父、蕲、榆关、襄陵、留、方与、铚、胡陵、砀、萧、相	江南地	广陵、吴、会稽、居巢、下蔡、钟离、朱方	琅邪	杜、郑、大荔、庞戏城、频阳、籍姑、重泉、栎阳、咸阳、武城(2)、蒲、蓝田、善明氏、商、阳狐、洛阴、庞、夏阳、安邑、固阳、宁秦、武堵、雕阴、合阳、临晋、元里、蔺、离石、汾阴、陕、漆垣、蒲子、卢氏、平周、曲沃(1)、石章、岸门、焦、曲沃(2)、蔺、宜阳、阳晋(2)、广衍、武始、肤施、定阳、伊阙、垣、皮氏、武遂、皋落、蒲阪、梗阳、轵、新垣、曲阳、安邑、西都、中阳(2)、绛、陶、安城、兹氏、石邑、蔺、离石、祁、光狼城、温、卷、蔡、长社、中阳(1)、华阳(1)、修武	南郑、蜀、丹阳、汉中、召陵、丹、犁、穰、新城、重丘、新市、析、襄城、宛、叶、上庸、黔中、西陵、鄢、邓、郢、夷陵、竟陵、安陆、扞关、巫	绵诸、义渠
272	武安、平阳(3)、长平(2)、武城(1)、棘蒲、漆、富丘、邯郸、端氏、河雍、几、防陵、安阳	左人、鄗、安平、九门、龙兑、汾门、临乐、番吾、甄、丹丘、华阳(2)、鸱之塞、封龙、东垣、南行唐、中人、苦陉、扶柳、宜安、灵寿、房子、曲逆、顾、唐、阳晋(1)、麦丘、高唐、昌城	代、平邑(2)、无穷、宁葭、云中、善无	大陵、邬、涂水、新城、孟、狼孟、晋阳、阏与、橑阳、榆次、阳邑	亡	蓟、中阳(3)、葛、武阳、平舒、武遂、方城、狸、阳城(2)、桑丘(2)、造阳、襄平、鄚、易、沮阳、渔阳、无终、阳乐、令支	杞、乘丘、襄丘、陈、夏州、寿春、平舆、寝、城父、蕲、榆关、襄陵、留、方与、铚、胡陵、砀、萧、相	江南地	广陵、吴、会稽、居巢、下蔡、钟离、朱方	琅邪	杜、郑、大荔、庞戏城、频阳、籍姑、重泉、栎阳、咸阳、武城(2)、蒲、蓝田、善明氏、商、阳狐、洛阴、庞、夏阳、安邑、固阳、宁秦、武堵、雕阴、合阳、临晋、元里、蔺、离石、汾阴、陕、漆垣、蒲子、卢氏、平周、曲沃(1)、石章、岸门、焦、曲沃(2)、蔺、宜阳、阳晋(2)、广衍、武始、肤施、定阳、伊阙、垣、皮氏、武遂、皋落、蒲阪、梗阳、轵、新垣、曲阳、安邑、西都、中阳(2)、绛、陶、安城、兹氏、石邑、蔺、离石、祁、光狼城、温、卷、蔡、长社、中阳(1)、华阳(1)	南郑、蜀、丹阳、汉中、召陵、丹、犁、穰、新城、重丘、新市、析、襄城、宛、叶、上庸、黔中、西陵、鄢、邓、郢、夷陵、竟陵、安陆、扞关、巫	绵诸、义渠

续表

公元前	赵				中山	燕	楚			越	秦		
	南境	东境	北境	西境			北境	西境	东境		东境	南境	北境
270	武安、平阳(3)、长平(2)、武城(1)、棘蒲、漆、富丘、邯郸、端氏、河雍、几、防陵、安阳	左人、鄗、安平、九门、龙兑、汾门、临乐、番吾、甄、丹丘、华阳(2)、鸱之塞、封龙、东垣、南行唐、中人、苦陉、扶柳、宜安、灵寿、房子、曲逆、顾、唐、阳晋(1)、麦丘、高唐、昌城	代、平邑(2)、无穷、宁葭、云中、善无	大陵、邬、涂水、新城、盂、狼孟、晋阳、阏与、橑阳、榆次、阳邑	亡	蓟、中阳(3)、葛、武阳、平舒、武遂、方城、狸、阳城(2)、桑丘(2)、造阳、襄平、鄚、易、沮阳、渔阳、无终、阳乐、令支	杞、乘丘、襄丘、陈、夏州、寿春、平舆、寝、城父、蕲、榆关、襄陵、留、方与、铚、胡陵、砀、萧、相	江南地	广陵、吴、会稽、居巢、下蔡、钟离、朱方	琅邪	杜、郑、大荔、庞戏城、频阳、籍姑、重泉、栎阳、咸阳、武城(2)、蒲、蓝田、善明氏、商、阳狐、洛阴、庞、夏阳、安邑、固阳、宁秦、武堵、雕阴、合阳、临晋、元里、蔺、离石、汾阴、陕、漆垣、蒲子、卢氏、平周、曲沃(1)、石章、岸门、焦、曲沃(2)、蔺、宜阳、阳晋(2)、广衍、武始、肤施、定阳、伊阙、垣、皮氏、武遂、皋落、蒲阪、梗阳、轵、新垣、曲阳、安邑、西都、中阳(2)、绛、陶、安城、兹氏、石邑、蔺、离石、祁、光狼城、温、卷、蔡、长社、中阳(1)、华阳(1)、刚、寿	南郑、蜀、丹阳、汉中、召陵、丹、犁、穰、新城、重丘、新市、析、襄城、宛、叶、上庸、黔中、西陵、鄢、邓、郢、夷陵、竟陵、安陆、扞关、巫、黔中	绵诸、义渠
268	武安、平阳(3)、长平(2)、武城(1)、棘蒲、漆、富丘、邯郸、端氏、河雍、几、防陵、安阳	左人、鄗、安平、九门、龙兑、汾门、临乐、番吾、甄、丹丘、华阳(2)、鸱之塞、封龙、东垣、南行唐、中人、苦陉、扶柳、宜安、灵寿、房子、曲逆、顾、唐、阳晋(1)、麦丘、高唐、昌城	代、平邑(2)、无穷、宁葭、云中、善无	大陵、邬、涂水、新城、盂、狼孟、晋阳、阏与、橑阳、榆次、阳邑	亡	蓟、中阳(3)、葛、武阳、平舒、武遂、方城、狸、阳城(2)、桑丘(2)、造阳、襄平、鄚、易、沮阳、渔阳、无终、阳乐、令支	杞、乘丘、襄丘、陈、夏州、寿春、平舆、寝、城父、蕲、榆关、襄陵、留、方与、铚、胡陵、砀、萧、相	江南地	广陵、吴、会稽、居巢、下蔡、钟离、朱方	琅邪	杜、郑、大荔、庞戏城、频阳、籍姑、重泉、栎阳、咸阳、武城(2)、蒲、蓝田、善明氏、商、阳狐、洛阴、庞、夏阳、安邑、固阳、宁秦、武堵、雕阴、合阳、临晋、元里、蔺、离石、汾阴、陕、漆垣、蒲子、卢氏、平周、曲沃(1)、石章、岸门、焦、曲沃(2)、蔺、宜阳、阳晋(2)、广衍、武始、肤施、定阳、伊阙、垣、皮氏、武遂、皋落、蒲阪、梗阳、轵、新垣、曲阳、安邑、西都、中阳(2)(1)、绛、陶、安城、兹氏、石邑、蔺、离石、祁、光狼城、温、卷、蔡、长社、中阳(1)、华阳(1)、刚、寿、怀	南郑、蜀、丹阳、汉中、召陵、丹、犁、穰、新城、重丘、新市、析、襄城、宛、叶、上庸、黔中、西陵、鄢、邓、郢、夷陵、竟陵、安陆、扞关、巫	绵诸、义渠
266	武安、平阳(3)、长平(2)、武城(1)、棘蒲、漆、富丘、邯郸、端氏、河雍、几、防陵、安阳	左人、鄗、安平、九门、龙兑、汾门、临乐、番吾、甄、丹丘、华阳(2)、鸱之塞、封龙、东垣、南行唐、中人、苦陉、扶柳、宜安、灵寿、房子、曲逆、顾、唐、阳晋(1)、麦丘、高唐、昌城、卢?、平原?	代、平邑(2)、无穷、宁葭、云中、善无	大陵、邬、涂水、新城、盂、狼孟、晋阳、阏与、橑阳、榆次、阳邑	亡	蓟、中阳(3)、葛、武阳、平舒、武遂、方城、狸、阳城(2)、桑丘(2)、造阳、襄平、鄚、易、沮阳、渔阳、无终、阳乐、令支	杞、乘丘、襄丘、陈、夏州、寿春、平舆、寝、城父、蕲、榆关、襄陵、留、方与、铚、胡陵、砀、萧、相	江南地	广陵、吴、会稽、居巢、下蔡、钟离、朱方	琅邪	杜、郑、大荔、庞戏城、频阳、籍姑、重泉、栎阳、咸阳、武城(2)、蒲、蓝田、善明氏、商、阳狐、洛阴、庞、夏阳、安邑、固阳、宁秦、武堵、雕阴、合阳、临晋、元里、蔺、离石、汾阴、陕、漆垣、蒲子、卢氏、平周、曲沃(1)、石章、岸门、焦、曲沃(2)、蔺、宜阳、阳晋(2)、广衍、武始、肤施、定阳、伊阙、垣、皮氏、武遂、皋落、蒲阪、梗阳、轵、新垣、曲阳、安邑、西都、中阳(2)、绛、陶、安城、兹氏、石邑、蔺、离石、祁、光狼城、温、卷、蔡、长社、中阳(1)、华阳(1)、刚、寿、怀、邢丘	南郑、蜀、丹阳、汉中、召陵、丹、犁、穰、新城、重丘、新市、析、襄城、宛、叶、上庸、黔中、西陵、鄢、邓、郢、夷陵、竟陵、安陆、扞关、巫	绵诸、义渠

续 表

公元前	赵				中山	燕	楚			越	秦		
	南境	东境	北境	西境			北境	西境	东境		东境	南境	北境
265	武安、平阳(3)、长平(2)、武城(1)、棘蒲、漆、富丘、邯郸、端氏、河雍、几、防陵、安阳、注人	左人、鄗、安平、九门、龙兑、汾门、临乐、番吾、甄、丹丘、华阳(2)、鸱之塞、封龙、东垣、南行唐、中人、苦陉、扶柳、宜安、灵寿、房子、曲逆、顾、唐、阳晋(1)、麦丘、昌城、中阳(3)	代、平邑(2)、无穷、宁葭、云中、善无	大陵、邬、涂水、新城、孟、狼孟、晋阳、阏与、橑阳、榆次、阳邑	亡	蓟、葛、武阳、平舒、武遂、方城、貍、阳城(2)、桑丘(2)、造阳、襄平、鄚、易、沮阳、渔阳、无终、阳乐、令支	杞、乘丘、襄丘、陈、夏州、寿春、平舆、寝、城父、蕲、榆关、襄陵、留、方与、铚、胡陵、砀、萧、相	江南地	广陵、吴、会稽、居巢、下蔡、钟离、朱方	琅邪	杜、郑、大荔、庞戏城、频阳、籍姑、重泉、栎阳、咸阳、武城(2)、蒲、蓝田、善明氏、商、阳狐、洛阴、庞、夏阳、安邑、固阳、宁秦、武堵、雕阴、合阳、临晋、元里、蔺、离石、汾阴、陕、漆垣、蒲子、卢氏、平周、曲沃(1)、石章、岸门、焦、曲沃(2)、蔺、宜阳、阳晋(2)、广衍、武始、肤施、定阳、伊阙、垣、皮氏、武遂、皋落、蒲阪、梗阳、轵、新垣、曲阳、安邑、西都、中阳(2)、绛、陶、安城、兹氏、石邑、蔺、离石、祁、光狼城、温、卷、蔡、长社、中阳(1)、华阳(1)、刚、寿、怀、邢丘、少曲、高平	南郑、蜀、丹阳、汉中、召陵、丹、犁、穰、新城、重丘、新市、析、襄城、宛、叶、上庸、黔中、西陵、鄢、邓、郢、夷陵、竟陵、安陆、扞关、巫	绵诸、义渠
264	武安、平阳(3)、长平(2)、武城(1)、棘蒲、漆、富丘、邯郸、端氏、河雍、几、防陵、安阳、注人	左人、鄗、安平、九门、龙兑、汾门、临乐、番吾、甄、丹丘、华阳(2)、鸱之塞、封龙、东垣、南行唐、中人、苦陉、扶柳、宜安、灵寿、房子、曲逆、顾、唐、阳晋(1)、麦丘、昌城、中阳(3)	代、平邑(2)、无穷、宁葭、云中、善无	大陵、邬、涂水、新城、孟、狼孟、晋阳、阏与、橑阳、榆次、阳邑	亡	蓟、葛、武阳、平舒、武遂、方城、貍、阳城(2)、桑丘(2)、造阳、襄平、鄚、易、沮阳、渔阳、无终、阳乐、令支	杞、乘丘、襄丘、陈、夏州、寿春、平舆、寝、城父、蕲、榆关、襄陵、留、方与、铚、胡陵、砀、萧、相	江南地	广陵、吴、会稽、居巢、下蔡、钟离、朱方	琅邪	杜、郑、大荔、庞戏城、频阳、籍姑、重泉、栎阳、咸阳、武城(2)、蒲、蓝田、善明氏、商、阳狐、洛阴、庞、夏阳、安邑、固阳、宁秦、武堵、雕阴、合阳、临晋、元里、蔺、离石、汾阴、陕、漆垣、蒲子、卢氏、平周、曲沃(1)、石章、岸门、焦、曲沃(2)、蔺、宜阳、阳晋(2)、广衍、武始、肤施、定阳、伊阙、垣、皮氏、武遂、皋落、蒲阪、梗阳、轵、新垣、曲阳、安邑、西都、中阳(2)、绛、陶、安城、兹氏、石邑、蔺、离石、祁、光狼城、温、卷、蔡、长社、中阳(1)、华阳(1)、刚、寿、怀、邢丘、少曲、高平、陉城、河南	南郑、蜀、丹阳、汉中、召陵、丹、犁、穰、新城、重丘、新市、析、襄城、宛、叶、上庸、黔中、西陵、鄢、邓、郢、夷陵、竟陵、安陆、扞关、巫	绵诸、义渠
263	武安、平阳(3)、长平(2)、武城(1)、棘蒲、漆、富丘、邯郸、端氏、河雍、几、防陵、安阳、注人	左人、鄗、安平、九门、龙兑、汾门、临乐、番吾、甄、丹丘、华阳(2)、鸱之塞、封龙、东垣、南行唐、中人、苦陉、扶柳、宜安、灵寿、房子、曲逆、顾、唐、阳晋(1)、麦丘、昌城、中阳(3)	代、平邑(2)、无穷、宁葭、云中、善无	大陵、邬、涂水、新城、孟、狼孟、晋阳、阏与、橑阳、榆次、阳邑	亡	蓟、葛、武阳、平舒、武遂、方城、貍、阳城(2)、桑丘(2)、造阳、襄平、鄚、易、沮阳、渔阳、无终、阳乐、令支	杞、乘丘、襄丘、陈、夏州、寿春、平舆、寝、城父、蕲、榆关、襄陵、留、方与、铚、胡陵、砀、萧、相	江南地	广陵、吴、会稽、居巢、下蔡、钟离、朱方	琅邪	杜、郑、大荔、庞戏城、频阳、籍姑、重泉、栎阳、咸阳、武城(2)、蒲、蓝田、善明氏、商、阳狐、洛阴、庞、夏阳、安邑、固阳、宁秦、武堵、雕阴、合阳、临晋、元里、蔺、离石、汾阴、陕、漆垣、蒲子、卢氏、平周、曲沃(1)、石章、岸门、焦、曲沃(2)、蔺、宜阳、阳晋(2)、广衍、武始、肤施、定阳、伊阙、垣、皮氏、武遂、皋落、蒲阪、梗阳、轵、新垣、曲阳、安邑、西都、中阳(2)、绛、陶、安城、兹氏、石邑、蔺、离石、祁、光狼城、温、卷、蔡、长社、中阳(1)、华阳(1)、刚、寿、怀、邢丘、少曲、高平、陉城、河南、修武	南郑、蜀、丹阳、汉中、召陵、丹、犁、穰、新城、重丘、新市、析、襄城、宛、叶、上庸、黔中、西陵、鄢、邓、郢、夷陵、竟陵、安陆、扞关、巫	绵诸、义渠

续表

公元前	赵				中山	燕	楚			越	秦		
	南境	东境	北境	西境			北境	西境	东境		东境	南境	北境
262	武安、平阳(3)、长平(2)、武城(1)、棘蒲、漆、富丘、邯郸、端氏、河雍、几、防陵、安阳、注人、长子、屯留、铜鞮、涅	左人、鄗、安平、九门、龙兑、汾门、临乐、番吾、甄、丹丘、华阳(2)、鸱之塞、封龙、东垣、南行唐、中人、苦陉、扶柳、宜安、灵寿、房子、曲逆、顾、唐、阳晋(1)、麦丘、昌城、中阳(3)	代、平邑(2)、无穷、宁葭、云中、善无	大陵、邬、涂水、新城、盂、狼孟、晋阳、阏与、橑阳、榆次、阳邑	亡	蓟、葛、武阳、平舒、武遂、方城、狸、阳城(2)、桑丘(2)、造阳、襄平、鄚、易、沮阳、渔阳、无终、阳乐、令支	杞、乘丘、襄丘、陈、夏州、寿春、平舆、寝、城父、蕲、榆关、襄陵、留、方与、铚、胡陵、砀、萧、相、薛	江南地	广陵、吴、会稽、居巢、下蔡、钟离、朱方	琅邪	杜、郑、大荔、庞戏城、频阳、籍姑、重泉、栎阳、咸阳、武城(2)、蒲、蓝田、善明氏、商、阳狐、洛阴、庞、夏阳、安邑、固阳、宁秦、武堵、雕阴、合阳、临晋、元里、蔺、离石、汾阴、陕、漆垣、蒲子、卢氏、平周、曲沃(1)、石章、岸门、焦、曲沃(2)、蔺、宜阳、阳晋(2)、广衍、武始、肤施、定阳、伊阙、垣、皮氏、武遂、皋落、蒲阪、梗阳、轵、新垣、曲阳、安邑、西都、中阳(2)、绛、陶、安城、兹氏、石邑、蔺、离石、祁、光狼城、温、卷、蔡、长社、中阳(1)、华阳(1)、刚、寿、怀、邢丘、少曲、高平、陉城、河南、修武、野王	南郑、蜀、丹阳、汉中、召陵、丹、犁、穰、新城、重丘、新市、析、襄城、宛、叶、上庸、黔中、西陵、鄢、邓、郢、夷陵、竟陵、安陆、扞关、巫	绵诸、义渠
261	武安、平阳(3)、长平(2)、武城(1)、棘蒲、漆、富丘、邯郸、端氏、河雍、几、防陵、安阳、注人、长子、屯留、铜鞮、涅	左人、鄗、安平、九门、龙兑、汾门、临乐、番吾、甄、丹丘、华阳(2)、鸱之塞、封龙、东垣、南行唐、中人、苦陉、扶柳、宜安、灵寿、房子、曲逆、顾、唐、阳晋(1)、麦丘、昌城、中阳(3)	代、平邑(2)、无穷、宁葭、云中、善无	大陵、邬、涂水、新城、盂、狼孟、晋阳、阏与、橑阳、榆次、阳邑	亡	蓟、葛、武阳、平舒、武遂、方城、狸、阳城(2)、桑丘(2)、造阳、襄平、鄚、易、沮阳、渔阳、无终、阳乐、令支	杞、乘丘、襄丘、陈、夏州、寿春、平舆、寝、城父、蕲、榆关、襄陵、留、方与、铚、胡陵、砀、萧、相、薛	江南地	广陵、吴、会稽、居巢、下蔡、钟离、朱方	琅邪	杜、郑、大荔、庞戏城、频阳、籍姑、重泉、栎阳、咸阳、武城(2)、蒲、蓝田、善明氏、商、阳狐、洛阴、庞、夏阳、安邑、固阳、宁秦、武堵、雕阴、合阳、临晋、元里、蔺、离石、汾阴、陕、漆垣、蒲子、卢氏、平周、曲沃(1)、石章、岸门、焦、曲沃(2)、蔺、宜阳、阳晋(2)、广衍、武始、肤施、定阳、伊阙、垣、皮氏、武遂、皋落、蒲阪、梗阳、轵、新垣、曲阳、安邑、西都、中阳(2)、绛、陶、安城、兹氏、石邑、蔺、离石、祁、光狼城、温、卷、蔡、长社、中阳(1)、华阳(1)、刚、寿、怀、邢丘、少曲、高平、陉城、河南、修武、野王、缑氏、纶	南郑、蜀、丹阳、汉中、召陵、丹、犁、穰、新城、重丘、新市、析、襄城、宛、叶、上庸、黔中、西陵、鄢、邓、郢、夷陵、竟陵、安陆、扞关、巫	绵诸、义渠
260	武安、平阳(3)、长平(2)、武城(1)、棘蒲、漆、富丘、邯郸、端氏、河雍、几、防陵、安阳、注人、长子、屯留、铜鞮、涅、皮牢	左人、鄗、安平、九门、龙兑、汾门、临乐、番吾、甄、丹丘、华阳(2)、鸱之塞、封龙、东垣、南行唐、中人、苦陉、扶柳、宜安、灵寿、房子、曲逆、顾、唐、阳晋(1)、麦丘、昌城、中阳(3)、武垣	代、平邑(2)、无穷、宁葭、云中、善无	大陵、邬、涂水、新城、盂、狼孟、晋阳、阏与、橑阳、榆次、阳邑	亡	蓟、葛、武阳、平舒、武遂、方城、狸、阳城(2)、桑丘(2)、造阳、襄平、鄚、易、沮阳、渔阳、无终、阳乐、令支	杞、乘丘、襄丘、陈、夏州、寿春、平舆、寝、城父、蕲、榆关、襄陵、留、方与、铚、胡陵、砀、萧、相、薛	江南地	广陵、吴、会稽、居巢、下蔡、钟离、朱方	琅邪	杜、郑、大荔、庞戏城、频阳、籍姑、重泉、栎阳、咸阳、武城(2)、蒲、蓝田、善明氏、商、阳狐、洛阴、庞、夏阳、安邑、固阳、宁秦、武堵、雕阴、合阳、临晋、元里、蔺、离石、汾阴、陕、漆垣、蒲子、卢氏、平周、曲沃(1)、石章、岸门、焦、曲沃(2)、蔺、宜阳、阳晋(2)、广衍、武始、肤施、定阳、伊阙、垣、皮氏、武遂、皋落、蒲阪、梗阳、轵、新垣、曲阳、安邑、西都、中阳(2)、绛、陶、安城、兹氏、石邑、蔺、离石、祁、光狼城、温、卷、蔡、长社、中阳(1)、华阳(1)、刚、寿、怀、邢丘、少曲、高平、陉城、河南、修武、野王、缑氏、纶、长子、屯留、铜鞮、涅、长平(2)	南郑、蜀、丹阳、汉中、召陵、丹、犁、穰、新城、重丘、新市、析、襄城、宛、叶、上庸、黔中、西陵、鄢、邓、郢、夷陵、竟陵、安陆、扞关、巫	绵诸、义渠

续 表

公元前	赵				中山	燕	楚			越	秦		
	南境	东境	北境	西境			北境	西境	东境		东境	南境	北境
259	平阳(3)、武城(1)、棘蒲、漆、富丘、邯郸、端氏、河雍、几、防陵、安阳、注人	左人、鄗、安平、九门、龙兑、汾门、临乐、番吾、甄、丹丘、华阳(2)、鸱之塞、封龙、东垣、南行唐、中人、苦陉、扶柳、宜安、灵寿、房子、曲逆、顾、唐、阳晋(1)、麦丘、昌城、中阳(3)、武垣	代、平邑(2)、无穷、宁葭、云中、善无	大陵、邬、涂水、新城、盂、狼孟、晋阳、阏与、榛阳、榆次、阳邑	亡	蓟、葛、武阳、平舒、武遂、方城、貍、阳城(2)、桑丘(2)、造阳、襄平、鄚、易、沮阳、渔阳、无终、阳乐、令支	杞、乘丘、襄丘、陈、夏州、寿春、平舆、寝、城父、蕲、榆关、襄陵、留、方与、铚、胡陵、砀、萧、相、薛	江南地	广陵、吴、会稽、居巢、下蔡、钟离、朱方	琅邪	杜、郑、大荔、庞戏城、频阳、籍姑、重泉、栎阳、咸阳、武城(2)、蒲、蓝田、善明氏、商、阳狐、洛阴、庞、夏阳、安邑、固阳、宁秦、武堵、雕阴、合阳、临晋、元里、蔺、离石、汾阴、陕、漆垣、蒲子、卢氏、平周、曲沃(1)、石章、岸门、焦、曲沃(2)、蔺、宜阳、阳晋(2)、广衍、武始、肤施、定阳、伊阙、垣、皮氏、武遂、皋落、蒲阪、梗阳、轵、新垣、曲阳、安邑、西都、中阳(2)、绛、陶、安城、兹氏、石邑、蔺、离石、祁、光狼城、温、卷、蔡、长社、中阳(1)、华阳(1)、刚、寿、怀、邢丘、少曲、高平、陉城、河南、修武、野王、缑氏、纶、垣雍、长子、屯留、铜鞮、涅、长平(2)、武安、皮牢	南郑、蜀、丹阳、汉中、召陵、丹、犁、穰、新城、重丘、新市、析、襄城、宛、叶、上庸、黔中、西陵、鄢、邓、郢、夷陵、竟陵、安陆、扞关、巫	绵诸、义渠
258	平阳(3)、武城(1)、棘蒲、漆、富丘、邯郸、端氏、河雍、几、防陵、安阳、注人	左人、鄗、安平、九门、龙兑、汾门、临乐、番吾、甄、丹丘、华阳(2)、鸱之塞、封龙、东垣、南行唐、中人、苦陉、扶柳、宜安、灵寿、房子、曲逆、顾、唐、阳晋(1)、麦丘、昌城、中阳(3)、武垣	代、平邑(2)、无穷、宁葭、云中、善无	大陵、邬、涂水、新城、盂、狼孟、晋阳、阏与、榛阳、榆次、阳邑	亡	蓟、葛、武阳、平舒、武遂、方城、貍、阳城(2)、桑丘(2)、造阳、襄平、鄚、易、沮阳、渔阳、无终、阳乐、令支	杞、乘丘、襄丘、陈、夏州、寿春、平舆、寝、城父、蕲、榆关、襄陵、留、方与、铚、胡陵、砀、萧、相、薛	江南地	广陵、吴、会稽、居巢、下蔡、钟离、朱方	琅邪	杜、郑、大荔、庞戏城、频阳、籍姑、重泉、栎阳、咸阳、武城(2)、蒲、蓝田、善明氏、商、阳狐、洛阴、庞、夏阳、安邑、固阳、宁秦、武堵、雕阴、合阳、临晋、元里、蔺、离石、汾阴、陕、漆垣、蒲子、卢氏、平周、曲沃(1)、石章、岸门、焦、曲沃(2)、蔺、宜阳、阳晋(2)、广衍、武始、肤施、定阳、伊阙、垣、皮氏、武遂、皋落、蒲阪、梗阳、轵、新垣、曲阳、安邑、西都、中阳(2)、绛、陶、安城、兹氏、石邑、蔺、离石、祁、光狼城、温、卷、蔡、长社、中阳(1)、华阳(1)、刚、寿、怀、邢丘、少曲、高平、陉城、河南、修武、野王、缑氏、纶、垣雍、长平(2)、武安、皮牢	南郑、蜀、丹阳、汉中、召陵、丹、犁、穰、新城、重丘、新市、析、襄城、宛、叶、上庸、黔中、西陵、鄢、邓、郢、夷陵、竟陵、安陆、扞关、巫	绵诸、义渠
257	平阳(3)、武城(1)、棘蒲、漆、富丘、邯郸、端氏、河雍、几、防陵、安阳、注人	左人、鄗、安平、九门、龙兑、汾门、临乐、番吾、甄、丹丘、华阳(2)、鸱之塞、封龙、东垣、南行唐、中人、苦陉、扶柳、宜安、灵寿、房子、曲逆、顾、唐、阳晋(1)、麦丘、昌城、中阳(3)、武垣	代、平邑(2)、无穷、宁葭、云中、善无	大陵、邬、涂水、新城、盂、狼孟、晋阳、阏与、榛阳、榆次、阳邑	亡	蓟、葛、武阳、平舒、武遂、方城、貍、阳城(2)、桑丘(2)、造阳、襄平、鄚、易、沮阳、渔阳、无终、阳乐、令支	杞、莒、乘丘、襄丘、陈、夏州、寿春、平舆、寝、城父、蕲、榆关、襄陵、留、方与、铚、胡陵、砀、萧、相、薛、曲阜、费、兰陵	江南地	广陵、吴、会稽、居巢、下蔡、钟离、朱方	琅邪	杜、郑、大荔、庞戏城、频阳、籍姑、重泉、栎阳、咸阳、武城(2)、蒲、蓝田、善明氏、商、阳狐、洛阴、庞、夏阳、安邑、固阳、宁秦、武堵、雕阴、合阳、临晋、元里、蔺、离石、汾阴、陕、漆垣、蒲子、卢氏、平周、曲沃(1)、石章、岸门、焦、曲沃(2)、蔺、宜阳、阳晋(2)、广衍、武始、肤施、定阳、伊阙、垣、皮氏、武遂、皋落、蒲阪、梗阳、轵、新垣、曲阳、安邑、西都、中阳(2)、绛、陶、安城、兹氏、石邑、蔺、离石、祁、光狼城、温、卷、蔡、长社、中阳(1)、华阳(1)、刚、寿、怀、邢丘、少曲、高平、陉城、河南、修武、野王、缑氏、纶、垣雍、长平(2)、武安、皮牢、郑、宁新中	南郑、蜀、丹阳、汉中、召陵、丹、犁、穰、新城、重丘、新市、析、襄城、宛、叶、上庸、黔中、西陵、鄢、邓、郢、夷陵、竟陵、安陆、扞关、巫	绵诸、义渠

续表

公元前	赵				中山	燕	楚			越	秦		
	南境	东境	北境	西境			北境	西境	东境		东境	南境	北境
256	平阳(3)、武城(1)、棘蒲、漆、富丘、邯郸、端氏、河雍、几、防陵、安阳、注人	左人、鄗、安平、九门、龙兑、汾门、临乐、番吾、甄、丹丘、华阳(2)、鸱之塞、封龙、东垣、南行唐、中人、苦陉、扶柳、宜安、灵寿、房子、曲逆、顾、唐、阳晋(1)、麦丘、中阳(3)、武垣	代、平邑(2)、无穷、宁葭、云中、善无	大陵、邬、涂水、新城、孟、狼孟、晋阳、阏与、橑阳、榆次、阳邑	亡	蓟、葛、武阳、平舒、武遂、方城、貍、阳城(2)、桑丘(2)、造阳、襄平、鄚、易、沮阳、渔阳、无终、阳乐、令支、昌城	杞、莒、乘丘、襄丘、陈、夏州、寿春、平舆、寝、城父、蕲、榆关、襄陵、留、方与、铚、胡陵、砀、萧、相、薛、曲阜、费、兰陵	江南地	广陵、吴、会稽、居巢、下蔡、钟离、朱方、琅邪	灭于楚	杜、郑、大荔、庞戏城、频阳、籍姑、重泉、栎阳、咸阳、武城(2)、蒲、蓝田、善明氏、商、阳狐、洛阴、庞、夏阳、安邑、固阳、宁秦、武堵、雕阴、合阳、临晋、元里、蔺、离石、汾阴、陕、漆垣、蒲子、卢氏、平周、曲沃(1)、石章、岸门、焦、曲沃(2)、蔺、宜阳、阳晋(2)、广衍、武始、肤施、定阳、伊阙、垣、皮氏、武遂、皋落、蒲阪、梗阳、轵、新垣、曲阳、安邑、西都、中阳(2)、绛、陶、安城、兹氏、石邑、蔺、离石、祁、光狼城、温、卷、蔡、长社、中阳(1)、华阳(1)、刚、寿、怀、邢丘、少曲、高平、陉城、河南、修武、野王、缑氏、纶、垣雍、长平(2)、武安、皮牢、郑、宁新中、阳城(1)、负黍	南郑、蜀、丹阳、汉中、召陵、丹、犁、穰、新城、重丘、新市、析、襄城、宛、叶、上庸、黔中、西陵、鄢、邓、郢、夷陵、竟陵、安陆、扞关、巫	绵诸、义渠
255	平阳(3)、武城(1)、棘蒲、漆、富丘、邯郸、端氏、河雍、几、防陵、安阳、注人	左人、鄗、安平、九门、龙兑、汾门、临乐、番吾、甄、丹丘、华阳(2)、鸱之塞、封龙、东垣、南行唐、中人、苦陉、扶柳、宜安、灵寿、房子、曲逆、顾、唐、阳晋(1)、麦丘、中阳(3)、武垣	代、平邑(2)、无穷、宁葭、云中、善无	大陵、邬、涂水、新城、孟、狼孟、晋阳、阏与、橑阳、榆次、阳邑	亡	蓟、葛、武阳、平舒、武遂、方城、貍、阳城(2)、桑丘(2)、造阳、襄平、鄚、易、沮阳、渔阳、无终、阳乐、令支、昌城	杞、莒、乘丘、襄丘、陈、夏州、寿春、平舆、寝、城父、蕲、榆关、襄陵、留、方与、铚、胡陵、砀、萧、相、薛、曲阜、费、兰陵	江南地	广陵、吴、会稽、居巢、下蔡、钟离、朱方、琅邪	亡	杜、郑、大荔、庞戏城、频阳、籍姑、重泉、栎阳、咸阳、武城(2)、蒲、蓝田、善明氏、商、阳狐、洛阴、庞、夏阳、安邑、固阳、宁秦、武堵、雕阴、合阳、临晋、元里、蔺、离石、汾阴、陕、漆垣、蒲子、卢氏、平周、曲沃(1)、石章、岸门、焦、曲沃(2)、蔺、宜阳、阳晋(2)、广衍、武始、肤施、定阳、伊阙、垣、皮氏、武遂、皋落、蒲阪、梗阳、轵、新垣、曲阳、安邑、西都、中阳(2)、绛、陶、安城、兹氏、石邑、蔺、离石、祁、光狼城、温、卷、蔡、长社、中阳(1)、华阳(1)、刚、寿、怀、邢丘、少曲、高平、陉城、修武、野王、缑氏、纶、垣雍、长平(2)、武安、皮牢、郑、宁新中、阳城(1)、负黍、河南、洛阳、穀城、平阴、偃师、巩	南郑、蜀、丹阳、汉中、召陵、丹、犁、穰、新城、重丘、新市、析、襄城、宛、叶、上庸、黔中、西陵、鄢、邓、郢、夷陵、竟陵、安陆、扞关、巫	绵诸、义渠
254	平阳(3)、武城(1)、棘蒲、漆、富丘、邯郸、端氏、河雍、几、防陵、安阳、注人	左人、鄗、安平、九门、龙兑、汾门、临乐、番吾、甄、丹丘、华阳(2)、鸱之塞、封龙、东垣、南行唐、中人、苦陉、扶柳、宜安、灵寿、房子、曲逆、顾、唐、阳晋(1)、麦丘、中阳(3)、武垣	代、平邑(2)、无穷、宁葭、云中、善无	大陵、邬、涂水、新城、孟、狼孟、晋阳、阏与、橑阳、榆次、阳邑	亡	蓟、葛、武阳、平舒、武遂、方城、貍、阳城(2)、桑丘(2)、造阳、襄平、鄚、易、沮阳、渔阳、无终、阳乐、令支、昌城	杞、莒、乘丘、襄丘、陈、夏州、寿春、平舆、寝、城父、蕲、榆关、襄陵、留、方与、铚、胡陵、砀、萧、相、薛、曲阜、费、兰陵	江南地	广陵、吴、会稽、居巢、下蔡、钟离、朱方、琅邪	亡	杜、郑、大荔、庞戏城、频阳、籍姑、重泉、栎阳、咸阳、武城(2)、蒲、蓝田、善明氏、商、阳狐、洛阴、庞、夏阳、安邑、固阳、宁秦、武堵、雕阴、合阳、临晋、元里、蔺、离石、汾阴、陕、漆垣、蒲子、卢氏、平周、曲沃(1)、石章、岸门、焦、曲沃(2)、蔺、宜阳、阳晋(2)、广衍、武始、肤施、定阳、伊阙、垣、皮氏、武遂、皋落、蒲阪、梗阳、轵、新垣、曲阳、安邑、西都、中阳(2)、绛、陶、安城、兹氏、石邑、蔺、离石、祁、光狼城、温、卷、蔡、长社、中阳(1)、华阳(1)、刚、寿、怀、邢丘、少曲、高平、陉城、修武、野王、缑氏、纶、垣雍、长平(2)、武安、皮牢、郑、宁新中、阳城(1)、负黍、河南、洛阳、穀城、平阴、偃师、巩、吴、封陵	南郑、蜀、丹阳、汉中、召陵、丹、犁、穰、新城、重丘、新市、析、襄城、宛、叶、上庸、黔中、西陵、鄢、邓、郢、夷陵、竟陵、安陆、扞关、巫	绵诸、义渠

续 表

公元前	赵				中山	燕	楚			越	秦		
	南境	东境	北境	西境			北境	西境	东境		东境	南境	北境
249	平阳(3)、武城(1)、棘蒲、漆、富丘、邯郸、端氏、河雍、几、防陵、安阳、注人	左人、鄗、安平、九门、龙兑、汾门、临乐、番吾、甄、丹丘、华阳(2)、鸱之塞、封龙、东垣、南行唐、中人、苦陉、扶柳、宜安、灵寿、房子、曲逆、顾、唐、阳晋(1)、麦丘、中阳(3)、武垣	代、平邑(2)、无穷、宁葭、云中、善无	大陵、邬、涂水、新城、盂、狼孟、晋阳、阏与、橑阳、榆次、阳邑	亡	蓟、葛、武阳、平舒、武遂、方城、貍、阳城(2)、桑丘(2)、造阳、襄平、鄚、易、沮阳、渔阳、无终、阳乐、令支、昌城	杞、莒、乘丘、襄丘、陈、夏州、寿春、平舆、寝、城父、蕲、榆关、襄陵、留、方与、铚、胡陵、砀、萧、相、薛、曲阜、费、兰陵	江南地	广陵、吴、会稽、居巢、下蔡、钟离、朱方、琅邪	亡	杜、郑、大荔、庞戏城、频阳、籍姑、重泉、栎阳、咸阳、武城(2)、蒲、蓝田、善明氏、商、阳狐、洛阴、庞、夏阳、安邑、固阳、宁秦、武堵、雕阴、合阳、临晋、元里、蔺、离石、汾阴、陕、漆垣、蒲子、卢氏、平周、曲沃(1)、石章、岸门、焦、曲沃(2)、蔺、宜阳、阳晋(2)、广衍、武始、肤施、定阳、伊阙、垣、皮氏、武遂、皋落、蒲阪、梗阳、轵、新垣、曲阳、安邑、西都、中阳(2)、绛、陶、安城、兹氏、石邑、蔺、离石、祁、光狼城、温、卷、蔡、长社、中阳(1)、华阳(1)、刚、寿、怀、邢丘、少曲、高平、陉城、修武、野王、缑氏、纶、垣雍、长平(2)、武安、皮牢、郑、宁新中、阳城(1)、负黍、河南、洛阳、縠城、平阴、偃师、巩、吴、封陵、城皋、荥阳	南郑、蜀、丹阳、汉中、召陵、丹、犁、穰、新城、重丘、新市、析、襄城、宛、叶、上庸、黔中、西陵、鄢、邓、郢、夷陵、竟陵、安陆、扞关、巫	绵诸、义渠
248	平阳(3)、武城(1)、棘蒲、漆、富丘、邯郸、端氏、河雍、几、防陵、安阳、注人	左人、鄗、安平、九门、龙兑、汾门、临乐、番吾、甄、丹丘、华阳(2)、鸱之塞、封龙、东垣、南行唐、中人、苦陉、扶柳、宜安、灵寿、房子、曲逆、顾、唐、阳晋(1)、麦丘、中阳(3)、武垣	代、平邑(2)、无穷、宁葭、云中、善无	晋阳、阏与、橑阳、阳邑	亡	蓟、葛、武阳、平舒、武遂、方城、貍、阳城(2)、桑丘(2)、造阳、襄平、鄚、易、沮阳、渔阳、无终、阳乐、令支、昌城	杞、莒、乘丘、襄丘、陈、夏州、寿春、平舆、寝、城父、蕲、榆关、襄陵、留、方与、铚、胡陵、砀、萧、相、薛、曲阜、费、兰陵	江南地	广陵、吴、会稽、居巢、下蔡、钟离、朱方、琅邪	亡	杜、郑、大荔、庞戏城、频阳、籍姑、重泉、栎阳、咸阳、武城(2)、蒲、蓝田、善明氏、商、阳狐、洛阴、庞、夏阳、安邑、固阳、宁秦、武堵、雕阴、合阳、临晋、元里、蔺、离石、汾阴、陕、漆垣、蒲子、卢氏、平周、曲沃(1)、石章、岸门、焦、曲沃(2)、蔺、宜阳、阳晋(2)、广衍、武始、肤施、定阳、伊阙、垣、皮氏、武遂、皋落、蒲阪、梗阳、轵、新垣、曲阳、安邑、西都、中阳(2)、绛、陶、安城、兹氏、石邑、蔺、离石、祁、光狼城、温、卷、蔡、长社、中阳(1)、华阳(1)、刚、寿、怀、邢丘、少曲、高平、陉城、修武、野王、缑氏、纶、垣雍、长平(2)、武安、皮牢、郑、宁新中、阳城(1)、负黍、河南、洛阳、縠城、平阴、偃师、巩、吴、封陵、城皋、荥阳、高都、榆次、新城、狼孟、邬、盂、涂水、大陵、汲	南郑、蜀、丹阳、汉中、召陵、丹、犁、穰、新城、重丘、新市、析、襄城、宛、叶、上庸、黔中、西陵、鄢、邓、郢、夷陵、竟陵、安陆、扞关、巫	绵诸、义渠
247	平阳(3)、武城(1)、棘蒲、漆、富丘、邯郸、端氏、河雍、几、防陵、安阳、注人	左人、鄗、安平、九门、番吾、甄、丹丘、华阳(2)、鸱之塞、封龙、东垣、南行唐、中人、苦陉、扶柳、宜安、灵寿、房子、曲逆、顾、唐、阳晋(1)、麦丘、中阳(3)、武垣、葛、武阳、平舒	代、平邑(2)、无穷、宁葭、云中、善无	阏与、橑阳、阳邑、狼孟?	亡	蓟、武遂、方城、貍、阳城(2)、桑丘(2)、造阳、襄平、鄚、易、沮阳、渔阳、无终、阳乐、令支、昌城、龙兑、汾门、临乐	杞、莒、乘丘、襄丘、陈、夏州、寿春、平舆、寝、城父、蕲、榆关、襄陵、留、方与、铚、胡陵、砀、萧、相、薛、曲阜、费、兰陵	江南地	广陵、吴、会稽、居巢、下蔡、钟离、朱方、琅邪	亡	杜、郑、大荔、庞戏城、频阳、籍姑、重泉、栎阳、咸阳、武城(2)、蒲、蓝田、善明氏、商、阳狐、洛阴、庞、夏阳、安邑、固阳、宁秦、武堵、雕阴、合阳、临晋、元里、蔺、离石、汾阴、陕、漆垣、蒲子、卢氏、平周、曲沃(1)、石章、岸门、焦、曲沃(2)、蔺、宜阳、阳晋(2)、广衍、武始、肤施、定阳、伊阙、垣、皮氏、武遂、皋落、蒲阪、梗阳、轵、新垣、曲阳、安邑、西都、中阳(2)、绛、陶、安城、兹氏、石邑、蔺、离石、祁、光狼城、温、卷、蔡、长社、中阳(1)、华阳(1)、刚、寿、怀、邢丘、少曲、高平、陉城、修武、野王、缑氏、纶、垣雍、长平(2)、武安、皮牢、郑、宁新中、阳城(1)、负黍、河南、洛阳、縠城、平阴、偃师、巩、吴、封陵、城皋、荥阳、高都、榆次、新城、邬、盂、涂水、大陵、长子、屯留、铜鞮、涅、晋阳	南郑、蜀、丹阳、汉中、召陵、丹、犁、穰、新城、重丘、新市、析、襄城、宛、叶、上庸、黔中、西陵、鄢、邓、郢、夷陵、竟陵、安陆、扞关、巫	绵诸、义渠

续　表

公元前	赵				中山	燕	楚			越	秦		
	南境	东境	北境	西境			北境	西境	东境		东境	南境	北境
246	平阳(3)、武城(1)、棘蒲、漆、富丘、邯郸、端氏、河雍、几、防陵、安阳、注人	左人、鄗、安平、九门、番吾、甄、丹丘、华阳(2)、鸱之塞、封龙、东垣、南行唐、中人、苦陉、扶柳、宜安、灵寿、房子、曲逆、顾、唐、阳晋(1)、麦丘、中阳(3)、武垣、葛、武阳、平舒	代、平邑(2)、无穷、宁葭、云中、善无	阏与、橑阳、阳邑、狼孟	亡	蓟、武遂、方城、貍、阳城(2)、桑丘(2)、造阳、襄平、鄚、易、沮阳、渔阳、无终、阳乐、令支、昌城、龙兑、汾门、临乐	杞、莒、乘丘、襄丘、陈、夏州、寿春、平舆、寝、城父、蕲、榆关、襄陵、留、方与、铚、胡陵、砀、萧、相、薛、曲阜、费、兰陵	江南地	广陵、吴、会稽、居巢、下蔡、钟离、朱方、琅邪	亡	杜、郑、大荔、庞戏城、频阳、籍姑、重泉、栎阳、咸阳、武城(2)、蒲、蓝田、善明氏、商、阳狐、洛阴、庞、夏阳、安邑、固阳、宁秦、武堵、雕阴、合阳、临晋、元里、蔺、离石、汾阴、陕、漆垣、蒲子、卢氏、平周、曲沃(1)、石章、岸门、焦、曲沃(2)、蔺、宜阳、阳晋(2)、广衍、武始、肤施、定阳、伊阙、垣、皮氏、武遂、皋落、蒲阪、梗阳、轵、新垣、曲阳、安邑、西都、中阳(2)、绛、陶、安城、兹氏、石邑、蔺、离石、祁、光狼城、温、蔡、长社、中阳(1)、华阳(1)、刚、寿、怀、邢丘、少曲、高平、陉城、修武、野王、缑氏、纶、垣雍、长平(2)、武安、皮牢、郑、宁新中、阳城(1)、负黍、河南、洛阳、縠城、平阴、偃师、巩、吴、封陵、城皋、荥阳、高都、榆次、新城、邬、盂、涂水、大陵、长子、屯留、铜鞮、涅、晋阳	南郑、蜀、丹阳、汉中、召陵、丹、犁、穰、新城、重丘、新市、析、襄城、宛、叶、上庸、黔中、西陵、鄢、邓、郢、夷陵、竟陵、安陆、扞关、巫	绵诸、义渠
245	平阳(3)、武城(1)、棘蒲、漆、富丘、邯郸、端氏、河雍、几、防陵、安阳、注人、繁阳	左人、鄗、安平、九门、番吾、甄、丹丘、华阳(2)、鸱之塞、封龙、东垣、南行唐、中人、苦陉、扶柳、宜安、灵寿、房子、曲逆、顾、唐、阳晋(1)、麦丘、中阳(3)、武垣、葛、武阳、平舒	代、平邑(2)、无穷、宁葭、云中、善无	阏与、橑阳、阳邑、狼孟	亡	蓟、武遂、方城、貍、阳城(2)、桑丘(2)、造阳、襄平、鄚、易、沮阳、渔阳、无终、阳乐、令支、昌城、龙兑、汾门、临乐	杞、莒、乘丘、襄丘、陈、夏州、寿春、平舆、寝、城父、蕲、榆关、襄陵、留、方与、铚、胡陵、砀、萧、相、薛、曲阜、费、兰陵	江南地	广陵、吴、会稽、居巢、下蔡、钟离、朱方、琅邪	亡	杜、郑、大荔、庞戏城、频阳、籍姑、重泉、栎阳、咸阳、武城(2)、蒲、蓝田、善明氏、商、阳狐、洛阴、庞、夏阳、安邑、固阳、宁秦、武堵、雕阴、合阳、临晋、元里、蔺、离石、汾阴、陕、漆垣、蒲子、卢氏、平周、曲沃(1)、石章、岸门、焦、曲沃(2)、蔺、宜阳、阳晋(2)、广衍、武始、肤施、定阳、伊阙、垣、皮氏、武遂、皋落、蒲阪、梗阳、轵、新垣、曲阳、安邑、西都、中阳(2)、绛、陶、安城、兹氏、石邑、蔺、离石、祁、光狼城、温、蔡、长社、中阳(1)、华阳(1)、刚、寿、怀、邢丘、少曲、高平、陉城、修武、野王、缑氏、纶、垣雍、长平(2)、武安、皮牢、郑、宁新中、阳城(1)、负黍、河南、洛阳、縠城、平阴、偃师、巩、吴、封陵、城皋、荥阳、高都、榆次、新城、邬、盂、涂水、大陵、长子、屯留、铜鞮、涅、晋阳、卷	南郑、蜀、丹阳、汉中、召陵、丹、犁、穰、新城、重丘、新市、析、襄城、宛、叶、上庸、黔中、西陵、鄢、邓、郢、夷陵、竟陵、安陆、扞关、巫	绵诸、义渠
243	平阳(3)、武城(1)、棘蒲、漆、富丘、邯郸、端氏、河雍、几、防陵、安阳、注人、繁阳	左人、鄗、安平、九门、番吾、甄、丹丘、华阳(2)、鸱之塞、封龙、东垣、南行唐、中人、苦陉、扶柳、宜安、灵寿、房子、曲逆、顾、唐、阳晋(1)、麦丘、中阳(3)、武垣、葛、武阳、平舒、武遂、方城	代、平邑(2)、无穷、宁葭、云中、善无	阏与、橑阳、阳邑、狼孟	亡	蓟、貍、阳城(2)、桑丘(2)、造阳、襄平、鄚、易、沮阳、渔阳、无终、阳乐、令支、昌城、龙兑、汾门、临乐	杞、莒、乘丘、襄丘、陈、夏州、寿春、平舆、寝、城父、蕲、榆关、襄陵、留、方与、铚、胡陵、砀、萧、相、薛、曲阜、费、兰陵	江南地	广陵、吴、会稽、居巢、下蔡、钟离、朱方、琅邪	亡	杜、郑、大荔、庞戏城、频阳、籍姑、重泉、栎阳、咸阳、武城(2)、蒲、蓝田、善明氏、商、阳狐、洛阴、庞、夏阳、安邑、固阳、宁秦、武堵、雕阴、合阳、临晋、元里、蔺、离石、汾阴、陕、漆垣、蒲子、卢氏、平周、曲沃(1)、石章、岸门、焦、曲沃(2)、蔺、宜阳、阳晋(2)、广衍、武始、肤施、定阳、伊阙、垣、皮氏、武遂、皋落、蒲阪、梗阳、轵、新垣、曲阳、安邑、西都、中阳(2)、绛、陶、安城、兹氏、石邑、蔺、离石、祁、光狼城、温、蔡、长社、中阳(1)、华阳(1)、刚、寿、怀、邢丘、少曲、高平、陉城、修武、野王、缑氏、纶、垣雍、长平(2)、武安、皮牢、郑、宁新中、阳城(1)、负黍、河南、洛阳、縠城、平阴、偃师、巩、吴、封陵、城皋、荥阳、高都、榆次、新城、邬、盂、涂水、大陵、长子、屯留、铜鞮、涅、晋阳、卷、暘、有诡	南郑、蜀、丹阳、汉中、召陵、丹、犁、穰、新城、重丘、新市、析、襄城、宛、叶、上庸、黔中、西陵、鄢、邓、郢、夷陵、竟陵、安陆、扞关、巫	绵诸、义渠

续 表

公元前	赵				中山	燕	楚			越	秦		
	南境	东境	北境	西境			北境	西境	东境		东境	南境	北境
242	平阳(3)、武城(1)、棘蒲、漆、富丘、邯郸、端氏、河雍、几、防陵、安阳、注人、繁阳	左人、鄗、安平、九门、番吾、甄、丹丘、华阳(2)、鸱之塞、封龙、东垣、南行唐、中人、苦陉、扶柳、宜安、灵寿、房子、曲逆、顾、唐、阳晋(1)、麦丘、中阳(3)、武垣、葛、武阳、平舒、武遂、方城	代、平邑(2)、无穷、宁葭、云中、善无	阏与、橑阳、阳邑、狼孟	亡	蓟、貍、阳城(2)、桑丘(2)、造阳、襄平、鄚、易、沮阳、渔阳、无终、阳乐、令支、昌城、龙兑、汾门、临乐	杞、莒、乘丘、襄丘、陈、夏州、寿春、平舆、寝、城父、蕲、榆关、襄陵、留、方与、铚、胡陵、砀、萧、相、薛、曲阜、费、兰陵	江南地	广陵、吴、会稽、居巢、下蔡、钟离、朱方、琅邪	亡	杜、郑、大荔、庞戏城、频阳、籍姑、重泉、栎阳、咸阳、武城(2)、蒲、蓝田、善明氏、商、阳狐、洛阴、庞、夏阳、安邑、固阳、宁秦、武堵、雕阴、合阳、临晋、元里、蔺、离石、汾阴、陕、漆垣、蒲子、卢氏、平周、曲沃(1)、石章、岸门、焦、曲沃(2)、蔺、宜阳、阳晋(2)、广衍、武始、肤施、定阳、伊阙、垣、皮氏、武遂、皋落、蒲阪、梗阳、轵、新垣、曲阳、安邑、西都、中阳(2)、绛、陶、安城、兹氏、石邑、蔺、离石、祁、光狼城、温、蔡、长社、中阳(1)、华阳(1)、刚、寿、怀、邢丘、少曲、高平、陉城、修武、野王、缑氏、纶、垣雍、长平(2)、武安、皮牢、郑、宁新中、阳城(1)、负黍、河南、洛阳、榖城、平阴、偃师、巩、吴、封陵、城皋、荥阳、高都、榆次、新城、邬、盂、涂水、大陵、长子、屯留、铜鞮、涅、晋阳、卷、暘、有诡、酸枣、山阳、燕、虚、长平(1)、雍丘	南郑、蜀、丹阳、汉中、召陵、丹、犁、穰、新城、重丘、新市、析、襄城、宛、叶、上庸、黔中、西陵、鄢、邓、郢、夷陵、竟陵、安陆、扞关、巫	绵诸、义渠
241	平阳(3)、武城(1)、棘蒲、漆、富丘、邯郸、端氏、河雍、几、防陵、安阳、注人、繁阳	左人、鄗、安平、九门、番吾、甄、丹丘、华阳(2)、鸱之塞、封龙、东垣、南行唐、中人、苦陉、扶柳、宜安、灵寿、房子、曲逆、顾、唐、阳晋(1)、麦丘、中阳(3)、武垣、葛、武阳、平舒、武遂、方城、饶安	代、平邑(2)、无穷、宁葭、云中、善无	阏与、橑阳、阳邑、狼孟	亡	蓟、貍、阳城(2)、桑丘(2)、造阳、襄平、鄚、易、沮阳、渔阳、无终、阳乐、令支、昌城、龙兑、汾门、临乐	杞、莒、乘丘、襄丘、陈、夏州、寿春、平舆、寝、城父、蕲、榆关、襄陵、留、方与、铚、胡陵、砀、萧、相、薛、曲阜、费、兰陵	江南地	广陵、吴、会稽、居巢、下蔡、钟离、朱方、琅邪	亡	杜、郑、大荔、庞戏城、频阳、籍姑、重泉、栎阳、咸阳、武城(2)、蒲、蓝田、善明氏、商、阳狐、洛阴、庞、夏阳、安邑、固阳、宁秦、武堵、雕阴、合阳、临晋、元里、蔺、离石、汾阴、陕、漆垣、蒲子、卢氏、平周、曲沃(1)、石章、岸门、焦、曲沃(2)、蔺、宜阳、阳晋(2)、广衍、武始、肤施、定阳、伊阙、垣、皮氏、武遂、皋落、蒲阪、梗阳、轵、新垣、曲阳、安邑、西都、中阳(2)、绛、陶、安城、兹氏、石邑、蔺、离石、祁、光狼城、温、蔡、长社、中阳(1)、华阳(1)、刚、寿、怀、邢丘、少曲、高平、陉城、修武、野王、缑氏、纶、垣雍、长平(2)、武安、皮牢、郑、宁新中、阳城(1)、负黍、河南、洛阳、榖城、平阴、偃师、巩、吴、封陵、城皋、荥阳、高都、汲、榆次、新城、邬、盂、涂水、大陵、长子、屯留、铜鞮、涅、晋阳、卷、暘、有诡、酸枣、山阳、燕、虚、长平(1)、雍丘、朝歌、濮阳	南郑、蜀、丹阳、汉中、召陵、丹、犁、穰、新城、重丘、新市、析、襄城、宛、叶、上庸、黔中、西陵、鄢、邓、郢、夷陵、竟陵、安陆、扞关、巫	绵诸、义渠
240	平阳(3)、武城(1)、棘蒲、漆、富丘、邯郸、端氏、河雍、几、防陵、安阳、注人、繁阳	左人、鄗、安平、九门、番吾、甄、丹丘、华阳(2)、鸱之塞、封龙、东垣、南行唐、中人、苦陉、扶柳、宜安、灵寿、房子、曲逆、顾、唐、阳晋(1)、麦丘、中阳(3)、武垣、葛、武阳、平舒、武遂、方城、饶安	代、平邑(2)、无穷、宁葭、云中、善无	阏与、橑阳、阳邑、狼孟	亡	蓟、貍、阳城(2)、桑丘(2)、造阳、襄平、鄚、易、沮阳、渔阳、无终、阳乐、令支、昌城、龙兑、汾门、临乐	杞、莒、乘丘、襄丘、陈、夏州、寿春、平舆、寝、城父、蕲、榆关、襄陵、留、方与、铚、胡陵、砀、萧、相、薛、曲阜、费、兰陵	江南地	广陵、吴、会稽、居巢、下蔡、钟离、朱方、琅邪	亡	杜、郑、大荔、庞戏城、频阳、籍姑、重泉、栎阳、咸阳、武城(2)、蒲、蓝田、善明氏、商、阳狐、洛阴、庞、夏阳、安邑、固阳、宁秦、武堵、雕阴、合阳、临晋、元里、蔺、离石、汾阴、陕、漆垣、蒲子、卢氏、平周、曲沃(1)、石章、岸门、焦、曲沃(2)、蔺、宜阳、阳晋(2)、广衍、武始、肤施、定阳、伊阙、垣、皮氏、武遂、皋落、蒲阪、梗阳、轵、新垣、曲阳、安邑、西都、中阳(2)、绛、陶、安城、兹氏、石邑、蔺、离石、祁、光狼城、温、蔡、长社、中阳(1)、华阳(1)、刚、寿、怀、邢丘、少曲、高平、陉城、修武、野王、缑氏、纶、垣雍、长平(2)、武安、皮牢、郑、宁新中、阳城(1)、负黍、河南、洛阳、榖城、平阴、偃师、巩、吴、封陵、城皋、荥阳、高都、汲、榆次、新城、邬、盂、涂水、大陵、长子、屯留、铜鞮、涅、晋阳、卷、暘、有诡、酸枣、山阳、燕、虚、长平(1)、雍丘、朝歌、濮阳、汲	南郑、蜀、丹阳、汉中、召陵、丹、犁、穰、新城、重丘、新市、析、襄城、宛、叶、上庸、黔中、西陵、鄢、邓、郢、夷陵、竟陵、安陆、扞关、巫	绵诸、义渠

续　表

公元前	赵				中山	燕	楚			越	秦		
	南境	东境	北境	西境			北境	西境	东境		东境	南境	北境
239	平阳(3)、武城(1)、棘蒲、漆、富丘、邯郸、端氏、河雍、几、防陵、安阳、注人、繁阳、邺	左人、鄗、安平、九门、番吾、丹丘、华阳(2)、鸱之塞、封龙、东垣、南行唐、中人、苦陉、扶柳、宜安、灵寿、房子、曲逆、顾、唐、阳晋(1)、麦丘、中阳(3)、武垣、葛、武阳、平舒、武遂、方城、饶安	代、平邑(2)、无穷、宁葭、云中、善无	阏与、橑阳、阳邑、狼孟	亡	蓟、貍、阳城(2)、桑丘(2)、造阳、襄平、鄚、易、沮阳、渔阳、无终、阳乐、令支、昌城、龙兑、汾门、临乐	杞、莒、乘丘、襄丘、陈、夏州、寿春、平舆、寝、城父、蕲、榆关、襄陵、留、方与、铚、胡陵、砀、萧、相、薛、曲阜、费、兰陵	江南地	广陵、吴、会稽、居巢、下蔡、钟离、朱方、琅邪	亡	杜、郑、大荔、庞戏城、频阳、籍姑、重泉、栎阳、咸阳、武城(2)、蒲、蓝田、善明氏、商、阳狐、洛阴、庞、夏阳、安邑、固阳、宁秦、武堵、雕阴、合阳、临晋、元里、蔺、离石、汾阴、陕、漆垣、蒲子、卢氏、平周、曲沃(1)、石章、岸门、焦、曲沃(2)、蔺、宜阳、阳晋(2)、广衍、武始、肤施、定阳、伊阙、垣、皮氏、武遂、皋落、蒲阪、梗阳、轵、新垣、曲阳、安邑、西都、中阳(2)、绛、陶、安城、兹氏、石邑、蔺、离石、祁、光狼城、温、蔡、长社、中阳(1)、华阳(1)、刚、寿、怀、邢丘、少曲、高平、陉城、修武、野王、缑氏、纶、垣雍、长平(2)、武安、皮牢、郑、宁新中、阳城(1)、负黍、河南、洛阳、榖城、平阴、偃师、巩、吴、封陵、城皋、荥阳、高都、汲、榆次、新城、邬、盂、涂水、大陵、长子、屯留、铜鞮、涅、晋阳、卷、畼、有诡、酸枣、山阳、燕、虚、长平(1)、雍丘、朝歌、濮阳、汲	南郑、蜀、丹阳、汉中、召陵、丹、犁、穰、新城、重丘、新市、析、襄城、宛、叶、上庸、黔中、西陵、鄢、邓、郢、夷陵、竟陵、安陆、扞关、巫	绵诸、义渠
238	平阳(3)、武城(1)、棘蒲、漆、富丘、邯郸、端氏、河雍、几、防陵、安阳、注人、繁阳、邺	左人、鄗、安平、九门、番吾、丹丘、华阳(2)、鸱之塞、封龙、东垣、南行唐、中人、苦陉、扶柳、宜安、灵寿、房子、曲逆、顾、唐、阳晋(1)、麦丘、中阳(3)、武垣、葛、武阳、平舒、武遂、方城、饶安	代、平邑(2)、无穷、宁葭、云中、善无	阏与、橑阳、阳邑、狼孟	亡	蓟、貍、阳城(2)、桑丘(2)、造阳、襄平、鄚、易、沮阳、渔阳、无终、阳乐、令支、昌城、龙兑、汾门、临乐	杞、莒、乘丘、襄丘、陈、夏州、寿春、平舆、寝、城父、蕲、榆关、襄陵、留、方与、铚、胡陵、砀、萧、相、薛、曲阜、费、兰陵	江南地	广陵、吴、会稽、居巢、下蔡、钟离、朱方、琅邪	亡	杜、郑、大荔、庞戏城、频阳、籍姑、重泉、栎阳、咸阳、武城(2)、蒲、蓝田、善明氏、商、阳狐、洛阴、庞、夏阳、安邑、固阳、宁秦、武堵、雕阴、合阳、临晋、元里、蔺、离石、汾阴、陕、漆垣、蒲子、卢氏、平周、曲沃(1)、石章、岸门、焦、曲沃(2)、蔺、宜阳、阳晋(2)、广衍、武始、肤施、定阳、伊阙、垣、皮氏、武遂、皋落、蒲阪、梗阳、轵、新垣、曲阳、安邑、西都、中阳(2)、绛、陶、安城、兹氏、石邑、蔺、离石、祁、光狼城、温、蔡、长社、中阳(1)、华阳(1)、刚、寿、怀、邢丘、少曲、高平、陉城、修武、野王、缑氏、纶、垣雍、长平(2)、武安、皮牢、郑、宁新中、阳城(1)、负黍、河南、洛阳、榖城、平阴、偃师、巩、吴、封陵、城皋、荥阳、高都、汲、榆次、新城、邬、盂、涂水、大陵、长子、屯留、铜鞮、涅、晋阳、卷、畼、有诡、酸枣、山阳、燕、虚、长平(1)、雍丘、朝歌、濮阳、汲、首垣、蒲阳、衍、仁、平丘、小黄、济阳、甄	南郑、蜀、丹阳、汉中、召陵、丹、犁、穰、新城、重丘、新市、析、襄城、宛、叶、上庸、黔中、西陵、鄢、邓、郢、夷陵、竟陵、安陆、扞关、巫	绵诸、义渠
236	平阳(3)、武城(1)、棘蒲、漆、富丘、邯郸、端氏、河雍、几、防陵、注人、繁阳	左人、鄗、安平、九门、番吾、丹丘、华阳(2)、鸱之塞、封龙、东垣、南行唐、中人、苦陉、扶柳、宜安、灵寿、房子、曲逆、顾、唐、阳晋(1)、麦丘、中阳(3)、武垣、葛、武阳、平舒、武遂、方城、饶安、貍、阳城(2)	代、平邑(2)、无穷、宁葭、云中、善无	阳邑、狼孟	亡	蓟、桑丘(2)、造阳、襄平、鄚、易、沮阳、渔阳、无终、阳乐、令支、昌城、龙兑、汾门、临乐	杞、莒、乘丘、襄丘、陈、夏州、寿春、平舆、寝、城父、蕲、榆关、襄陵、留、方与、铚、胡陵、砀、萧、相、薛、曲阜、费、兰陵	江南地	广陵、吴、会稽、居巢、下蔡、钟离、朱方、琅邪	亡	杜、郑、大荔、庞戏城、频阳、籍姑、重泉、栎阳、咸阳、武城(2)、蒲、蓝田、善明氏、商、阳狐、洛阴、庞、夏阳、安邑、固阳、宁秦、武堵、雕阴、合阳、临晋、元里、蔺、离石、汾阴、陕、漆垣、蒲子、卢氏、平周、曲沃(1)、石章、岸门、焦、曲沃(2)、蔺、宜阳、阳晋(2)、广衍、武始、肤施、定阳、伊阙、垣、皮氏、武遂、皋落、蒲阪、梗阳、轵、新垣、曲阳、安邑、西都、中阳(2)、绛、陶、安城、兹氏、石邑、蔺、离石、祁、光狼城、温、蔡、长社、中阳(1)、华阳(1)、刚、寿、怀、邢丘、少曲、高平、陉城、修武、野王、缑氏、纶、垣雍、长平(2)、武安、皮牢、郑、宁新中、阳城(1)、负黍、河南、洛阳、榖城、平阴、偃师、巩、吴、封陵、城皋、荥阳、高都、汲、榆次、新城、邬、盂、涂水、大陵、长子、屯留、铜鞮、涅、晋阳、卷、畼、有诡、酸枣、山阳、燕、虚、长平(1)、雍丘、朝歌、濮阳、汲、首垣、蒲阳、衍、仁、平丘、小黄、济阳、甄、邺、安阳、阏与、橑阳	南郑、蜀、丹阳、汉中、召陵、丹、犁、穰、新城、重丘、新市、析、襄城、宛、叶、上庸、黔中、西陵、鄢、邓、郢、夷陵、竟陵、安陆、扞关、巫	绵诸、义渠

续 表

公元前	赵				中山	燕	楚			越	秦		
	南境	东境	北境	西境			北境	西境	东境		东境	南境	北境
赵234、秦233	棘蒲、漆、富丘、邯郸、端氏、河雍、几、防陵、注人、繁阳	左人、鄗、安平、九门、番吾、丹丘、华阳(2)、鸱之塞、封龙、东垣、南行唐、中人、苦陉、扶柳、宜安、灵寿、房子、曲逆、顾、唐、阳晋(1)、麦丘、中阳(3)、武垣、葛、武阳、平舒、武遂、方城、饶安、貍、阳城(2)	代、平邑(2)、无穷、宁葭、九原	阳邑、狼孟	亡	蓟、桑丘(2)、造阳、襄平、鄚、易、沮阳、渔阳、无终、阳乐、令支、昌城、龙兑、汾门、临乐	杞、莒、乘丘、襄丘、陈、夏州、寿春、平舆、寝、城父、蕲、榆关、襄陵、留、方与、铚、胡陵、砀、萧、相、薛、曲阜、费、兰陵	江南地	广陵、吴、会稽、居巢、下蔡、钟离、朱方、琅邪	亡	杜、郑、大荔、庞戏城、频阳、籍姑、重泉、栎阳、咸阳、武城(2)、蒲、蓝田、善明氏、商、阳狐、洛阴、庞、夏阳、安邑、固阳、宁秦、武堵、雕阴、合阳、临晋、元里、蔺、离石、汾阴、陕、漆垣、蒲子、卢氏、平周、曲沃(1)、石章、岸门、焦、曲沃(2)、蔺、宜阳、阳晋(2)、广衍、武始、肤施、定阳、伊阙、垣、皮氏、武遂、皋落、蒲阪、梗阳、轵、新垣、曲阳、安邑、西都、中阳(2)、绛、陶、安城、兹氏、石邑、蔺、离石、祁、光狼城、温、蔡、长社、中阳(1)、华阳(1)、刚、寿、怀、邢丘、少曲、高平、陉城、修武、野王、缑氏、纶、垣雍、长平(2)、武安、皮牢、郑、宁新中、阳城(1)、负黍、河南、洛阳、榖城、平阴、偃师、巩、吴、封陵、城皋、荥阳、高都、汲、榆次、新城、邬、盂、涂水、大陵、长子、屯留、铜鞮、涅、晋阳、卷、畼、有诡、酸枣、山阳、燕、虚、长平(1)、雍丘、朝歌、濮阳、汲、首垣、蒲阳、衍、仁、平丘、小黄、济阳、甄、邺、安阳、阙与、橑阳、武城(1)、平阳(3)、宜安、云中、善无	南郑、蜀、丹阳、汉中、召陵、丹、犁、穰、新城、重丘、新市、析、襄城、宛、叶、上庸、黔中、西陵、鄢、邓、郢、夷陵、竟陵、安陆、扞关、巫	绵诸、义渠
232	棘蒲、漆、富丘、邯郸、端氏、河雍、几、防陵、注人、繁阳	左人、鄗、安平、九门、丹丘、华阳(2)、鸱之塞、封龙、东垣、南行唐、中人、苦陉、扶柳、宜安、灵寿、房子、曲逆、顾、唐、阳晋(1)、麦丘、中阳(3)、武垣、葛、武阳、平舒、武遂、方城、饶安、貍、阳城(2)、沮阳	代、平邑(2)、无穷、宁葭、九原	阳邑	亡	蓟、桑丘(2)、造阳、襄平、鄚、易、渔阳、无终、阳乐、令支、昌城、龙兑、汾门、临乐	杞、莒、乘丘、襄丘、陈、夏州、寿春、平舆、寝、城父、蕲、榆关、襄陵、留、方与、铚、胡陵、砀、萧、相、薛、曲阜、费、兰陵	江南地	广陵、吴、会稽、居巢、下蔡、钟离、朱方、琅邪	亡	杜、郑、大荔、庞戏城、频阳、籍姑、重泉、栎阳、咸阳、武城(2)、蒲、蓝田、善明氏、商、阳狐、洛阴、庞、夏阳、安邑、固阳、宁秦、武堵、雕阴、合阳、临晋、元里、蔺、离石、汾阴、陕、漆垣、蒲子、卢氏、平周、曲沃(1)、石章、岸门、焦、曲沃(2)、蔺、宜阳、阳晋(2)、广衍、武始、肤施、定阳、伊阙、垣、皮氏、武遂、皋落、蒲阪、梗阳、轵、新垣、曲阳、安邑、西都、中阳(2)、绛、陶、安城、兹氏、石邑、蔺、离石、祁、光狼城、温、蔡、长社、中阳(1)、华阳(1)、刚、寿、怀、邢丘、少曲、高平、陉城、修武、野王、缑氏、纶、垣雍、长平(2)、武安、皮牢、郑、宁新中、阳城(1)、负黍、河南、洛阳、榖城、平阴、偃师、巩、吴、封陵、城皋、荥阳、高都、汲、榆次、新城、邬、盂、涂水、大陵、长子、屯留、铜鞮、涅、晋阳、卷、畼、有诡、酸枣、山阳、燕、虚、长平(1)、雍丘、朝歌、濮阳、汲、首垣、蒲阳、衍、仁、平丘、小黄、济阳、甄、邺、安阳、阙与、橑阳、武城(1)、平阳(3)、宜安、云中、善无、狼孟、番吾	南郑、蜀、丹阳、汉中、召陵、丹、犁、穰、新城、重丘、新市、析、襄城、宛、叶、上庸、黔中、西陵、鄢、邓、郢、夷陵、竟陵、安陆、扞关、巫	绵诸、义渠

续　表

公元前	赵				中山	燕	楚			越	秦		
	南境	东境	北境	西境			北境	西境	东境		东境	南境	北境
230	棘蒲、漆、富丘、邯郸、河雍、几、防陵、注人、繁阳	左人、鄗、安平、九门、丹丘、华阳(2)、鸱之塞、封龙、东垣、南行唐、中人、苦陉、扶柳、宜安、灵寿、房子、曲逆、顾、唐、阳晋(1)、麦丘、中阳(3)、武垣、葛、武阳、平舒、武遂、方城、饶安、貍、阳城(2)、泹阳	代、平邑(2)、无穷、宁葭	阳邑	亡	蓟、桑丘(2)、造阳、襄平、鄚、易、渔阳、无终、阳乐、令支、昌城、龙兑、汾门、临乐	杞、莒、乘丘、襄丘、陈、夏州、寿春、平舆、寝、城父、蕲、榆关、襄陵、留、方与、铚、胡陵、砀、萧、相、薛、曲阜、费、兰陵	江南地	广陵、吴、会稽、居巢、下蔡、钟离、朱方、琅邪	亡	杜、郑、大荔、庞戏城、频阳、籍姑、重泉、栎阳、咸阳、武城(2)、蒲、蓝田、善明氏、商、阳狐、洛阴、庞、夏阳、安邑、固阳、宁秦、武堵、雕阴、合阳、临晋、元里、蔺、离石、汾阴、陕、漆垣、蒲子、卢氏、平周、曲沃(1)、石章、岸门、焦、曲沃(2)、蔺、宜阳、阳晋(2)、广衍、武始、肤施、定阳、伊阙、垣、皮氏、武遂、皋落、蒲阪、梗阳、轵、新垣、曲阳、安邑、西都、中阳(2)、绛、陶、安城、兹氏、石邑、蔺、离石、祁、光狼城、温、蔡、长社、中阳(1)、华阳(1)、刚、寿、怀、邢丘、少曲、高平、陉城、修武、野王、缑氏、纶、垣雍、长平(2)、武安、皮牢、郑、宁新中、阳城(1)、负黍、河南、洛阳、榖城、平阴、偃师、巩、吴、封陵、城皋、荥阳、高都、汲、榆次、新城、邬、盂、涂水、大陵、长子、屯留、铜鞮、涅、晋阳、卷、暘、有诡、酸枣、山阳、燕、虚、长平(1)、雍丘、朝歌、濮阳、汲、首垣、蒲阳、衍、仁、平丘、小黄、济阳、甄、郸、安阳、阏与、橑阳、武城(1)、平阳(3)、宜安、云中、善无、狼孟、番吾、阳翟、鲁关、京、鄢、雍氏、高都、利、新城、郑、修鱼、葵、陵观、鹿、釐、平阳(2)、杨氏、路、涉、端氏	南郑、蜀、丹阳、汉中、召陵、丹、犁、穰、新城、重丘、新市、析、襄城、宛、叶、上庸、黔中、西陵、鄢、邓、郢、夷陵、竟陵、安陆、扞关、巫	绵诸、义渠
赵229、秦228	棘蒲、漆、富丘、河雍、几、防陵、注人、繁阳	左人、鄗、安平、九门、丹丘、华阳(2)、鸱之塞、封龙、东垣、南行唐、中人、苦陉、扶柳、宜安、灵寿、房子、曲逆、顾、唐、阳晋(1)、麦丘、中阳(3)、武垣、葛、武阳、平舒、武遂、方城、饶安、貍、阳城(2)、泹阳	代、平邑(2)、无穷	阳邑	亡	蓟、桑丘(2)、造阳、襄平、鄚、易、渔阳、无终、阳乐、令支、昌城、龙兑、汾门、临乐	杞、莒、乘丘、襄丘、陈、夏州、寿春、平舆、寝、城父、蕲、榆关、襄陵、留、方与、铚、胡陵、砀、萧、相、薛、曲阜、费、兰陵	江南地	广陵、吴、会稽、居巢、下蔡、钟离、朱方、琅邪	亡	杜、郑、大荔、庞戏城、频阳、籍姑、重泉、栎阳、咸阳、武城(2)、蒲、蓝田、善明氏、商、阳狐、洛阴、庞、夏阳、安邑、固阳、宁秦、武堵、雕阴、合阳、临晋、元里、蔺、离石、汾阴、陕、漆垣、蒲子、卢氏、平周、曲沃(1)、石章、岸门、焦、曲沃(2)、蔺、宜阳、阳晋(2)、广衍、武始、肤施、定阳、伊阙、垣、皮氏、武遂、皋落、蒲阪、梗阳、轵、新垣、曲阳、安邑、西都、中阳(2)、绛、陶、安城、兹氏、石邑、蔺、离石、祁、光狼城、温、蔡、长社、中阳(1)、华阳(1)、刚、寿、怀、邢丘、少曲、高平、陉城、修武、野王、缑氏、纶、垣雍、长平(2)、武安、皮牢、郑、宁新中、阳城(1)、负黍、河南、洛阳、榖城、平阴、偃师、巩、吴、封陵、城皋、荥阳、高都、汲、榆次、新城、邬、盂、涂水、大陵、长子、屯留、铜鞮、涅、晋阳、卷、暘、有诡、酸枣、山阳、燕、虚、长平(1)、雍丘、朝歌、濮阳、汲、首垣、蒲阳、衍、仁、平丘、小黄、济阳、甄、郸、安阳、阏与、橑阳、武城(1)、平阳(3)、宜安、云中、善无、狼孟、番吾、阳翟、鲁关、京、鄢、雍氏、高都、利、新城(1)、郑、修鱼、葵、陵观、鹿、釐、平阳(2)、杨氏、路、涉、端氏、邯郸、棘蒲、漆、富丘、端氏、河雍、几、防陵、注人、繁阳、左人、鄗、安平、九门、鄚、易、丹丘、华阳(2)、鸱之塞、封龙、东垣、南行唐、中人、苦陉、扶柳、宜安、灵寿、房子、曲逆、顾、唐、阳晋(1)、麦丘、中阳(3)、武垣、葛、武阳、平舒、武遂、方城、饶安、貍、阳城(2)、泹阳、阳邑、宁葭	南郑、蜀、丹阳、汉中、召陵、丹、犁、穰、新城、重丘、新市、析、襄城、宛、叶、上庸、黔中、西陵、鄢、邓、郢、夷陵、竟陵、安陆、扞关、巫	绵诸、义渠

续 表

公元前	赵				中山	燕	楚			越	秦		
	南境	东境	北境	西境			北境	西境	东境		东境	南境	北境
226	代、平邑(2)、无穷				亡	襄平	杞、莒、乘丘、襄丘、陈、夏州、寿春、平舆、寝、城父、蕲、榆关、襄陵、留、方与、铚、胡陵、砀、萧、相、薛、曲阜、费、兰陵	江南地	广陵、吴、会稽、居巢、下蔡、钟离、朱方、琅邪	亡	杜、郑、大荔、庞戏城、频阳、籍姑、重泉、栎阳、咸阳、武城(2)、蒲、蓝田、善明氏、商、阳狐、洛阴、庞、夏阳、安邑、固阳、宁秦、武堵、雕阴、合阳、临晋、元里、蔺、离石、汾阴、陕、漆垣、蒲子、卢氏、平周、曲沃(1)、石章、岸门、焦、曲沃(2)、蔺、宜阳、阳晋(2)、广衍、武始、肤施、定阳、伊阙、垣、皮氏、武遂、皋落、蒲阪、梗阳、轵、新垣、曲阳、安邑、西都、中阳(2)、绛、陶、安城、兹氏、石邑、蔺、离石、祁、光狼城、温、蔡、长社、中阳(1)、华阳(1)、刚、寿、怀、邢丘、少曲、高平、陉城、修武、野王、缑氏、纶、垣雍、长平(2)、武安、皮牢、郑、宁新中、阳城(1)、负黍、河南、洛阳、榖城、平阴、偃师、巩、吴、封陵、城皋、荥阳、高都、汲、榆次、新城、邬、盂、涂水、大陵、长子、屯留、铜鞮、涅、晋阳、卷、暘、有诡、酸枣、山阳、燕、虚、长平(1)、雍丘、朝歌、濮阳、汲、首垣、蒲阳、衍、仁、平丘、小黄、济阳、甄、邺、安阳、阏与、橑阳、武城(1)、平阳(3)、宜安、云中、善无、狼孟、番吾、阳翟、鲁关、京、鄢、雍氏、高都、利、新城(1)、郑、修鱼、葵、陵观、鹿、鳌、平阳(2)、杨氏、路、涉、端氏、邯郸、棘蒲、漆、富丘、端氏、河雍、几、防陵、注人、繁阳、左人、鄗、安平、九门、鄚、易、丹丘、华阳(2)、鸱之塞、封龙、东垣、南行唐、中人、苦陉、扶柳、宜安、灵寿、房子、曲逆、顾、唐、阳晋(1)、麦丘、中阳(3)、武垣、葛、武阳、平舒、武遂、方城、饶安、貍、阳城(2)、沮阳、阳邑、宁葭、蓟、桑丘(2)、鄚、易、沮阳、渔阳、无终、阳乐、令支、昌城、龙兑、汾门、临乐	南郑、蜀、丹阳、汉中、召陵、丹、犁、穰、新城、重丘、新市、析、襄城、宛、叶、上庸、黔中、西陵、鄢、邓、郢、夷陵、竟陵、安陆、扞关、巫	绵诸、义渠

续 表

公元前	赵				中山	燕	楚			越	秦		
	南境	东境	北境	西境			北境	西境	东境		东境	南境	北境
225	代、平邑(2)、无穷				亡	襄平	杞、莒、乘丘、襄丘、陈、夏州、寿春、平舆、寝、城父、蕲、榆关、襄陵、留、方与、铚、胡陵、砀、萧、相、薛、曲阜、费、兰陵		广陵、吴、会稽、居巢、下蔡、钟离、朱方、琅邪	亡	杜、郑、大荔、庞戏城、频阳、籍姑、重泉、栎阳、咸阳、武城(2)、蒲、蓝田、善明氏、商、阳狐、洛阴、庞、夏阳、安邑、固阳、宁秦、武堵、雕阴、合阳、临晋、元里、蔺、离石、汾阴、陕、漆垣、蒲子、卢氏、平周、曲沃(1)、石章、岸门、焦、曲沃(2)、蔺、宜阳、阳晋(2)、广衍、武始、肤施、定阳、伊阙、垣、皮氏、武遂、皋落、蒲阪、梗阳、轵、新垣、曲阳、安邑、西都、中阳(2)、绛、陶、安城、兹氏、石邑、蔺、离石、祁、光狼城、温、蔡、长社、中阳(1)、华阳(1)、刚、寿、怀、邢丘、少曲、高平、陉城、修武、野王、缑氏、纶、垣雍、长平(2)、武安、皮牢、郑、宁新中、阳城(1)、负黍、河南、洛阳、榖城、平阴、偃师、巩、吴、封陵、城皋、荥阳、高都、汲、榆次、新城、邬、盂、涂水、大陵、长子、屯留、铜鞮、涅、晋阳、卷、畼、有诡、酸枣、山阳、燕、虚、长平(1)、雍丘、朝歌、濮阳、汲、首垣、蒲阳、衍、仁、平丘、小黄、济阳、甄、邺、安阳、阏与、橑阳、武城(1)、平阳(3)、宜安、云中、善无、狼孟、番吾、阳翟、鲁关、京、鄢、雍氏、高都、利、新城(1)、郑、修鱼、葵、陵观、鹿、鳌、平阳(2)、杨氏、路、涉、端氏、邯郸、棘蒲、漆、富丘、端氏、河雍、几、防陵、注人、繁阳、左人、鄗、安平、九门、鄚、易、丹丘、华阳(2)、鸱之塞、封龙、东垣、南行唐、中人、苦陉、扶柳、宜安、灵寿、房子、曲逆、顾、唐、阳晋(1)、麦丘、中阳(3)、武垣、葛、武阳、平舒、武遂、方城、饶安、貍、阳城(2)、泹阳、阳邑、宁葭、蓟、桑丘(2)、鄚、易、昌城、龙兑、汾门、临乐、大梁、黄城、列人、肥、中牟、泫氏、濩泽、伯阳、观、平阳(1)、煮枣、承匡、户牖、单父、刚平、陶、启封、鲁阳、马陵(2)、仪台、朱、上蔡、陉山	南郑、蜀、丹阳、汉中、召陵、丹、犁、穰、新城、重丘、新市、析、襄城、宛、叶、上庸、黔中、西陵、鄢、邓、郢、夷陵、竟陵、安陆、扞关、巫、江南地?	绵诸、义渠

续 表

公元前	赵				中山	燕	楚			越	秦		
	南境	东境	北境	西境			北境	西境	东境		东境	南境	北境
224	代、平邑(2)、无穷				亡	襄平	寿春、蕲	江南地?	广陵、吴、会稽、居巢、下蔡、钟离、朱方、琅邪	亡	杜、郑、大荔、庞戏城、频阳、籍姑、重泉、栎阳、咸阳、武城(2)、蒲、蓝田、善明氏、商、阳狐、洛阴、庞、夏阳、安邑、固阳、宁秦、武堵、雕阴、合阳、临晋、元里、蔺、离石、汾阴、陕、漆垣、蒲子、卢氏、平周、曲沃(1)、石章、岸门、焦、曲沃(2)、蔺、宜阳、阳晋(2)、广衍、武始、肤施、定阳、伊阙、垣、皮氏、武遂、皋落、蒲阪、梗阳、轵、新垣、曲阳、安邑、西都、中阳(2)、绛、陶、安城、兹氏、石邑、蔺、离石、祁、光狼城、温、蔡、长社、中阳(1)、华阳(1)、刚、寿、怀、邢丘、少曲、高平、陉城、修武、野王、缑氏、纶、垣雍、长平(2)、武安、皮牢、郑、宁新中、阳城(1)、负黍、河南、洛阳、穀城、平阴、偃师、巩、吴、封陵、城皋、荥阳、高都、汲、榆次、新城、邬、盂、涂水、大陵、长子、屯留、铜鞮、涅、晋阳、卷、暘、有诡、酸枣、山阳、燕、虚、长平(1)、雍丘、朝歌、濮阳、汲、首垣、蒲阳、衍、仁、平丘、小黄、济阳、甄、邺、安阳、阏与、橑阳、武城(1)、平阳(3)、宜安、云中、善无、狼孟、番吾、阳翟、鲁关、京、鄢、雍氏、高都、利、新城(1)、郑、修鱼、葵、陵观、鹿、釐、平阳(2)、杨氏、路、涉、端氏、邯郸、棘蒲、漆、富丘、端氏、河雍、几、防陵、注人、繁阳、左人、鄗、安平、九门、鄚、易、丹丘、华阳(2)、鸱之塞、封龙、东垣、南行唐、中人、苦陉、扶柳、宜安、灵寿、房子、曲逆、顾、唐、阳晋(1)、麦丘、中阳(3)、武垣、葛、武阳、平舒、武遂、方城、饶安、貍、阳城(2)、沮阳、阳邑、宁葭、蓟、桑丘(2)、鄚、易、昌城、龙兑、汾门、临乐、大梁、黄城、列人、肥、中牟、泫氏、濩泽、伯阳、观、平阳(1)、煮枣、承匡、户牖、单父、刚平、陶、启封、鲁阳、马陵(2)、仪台、朱、上蔡、陉山、杞、莒、乘丘、襄丘、陈、夏州、平舆、寝、城父、榆关、襄陵、留、方与、铚、胡陵、砀、萧、相、薛、曲阜、费、兰陵	南郑、蜀、丹阳、汉中、召陵、丹、犁、穰、新城、重丘、新市、析、襄城、宛、叶、上庸、黔中、西陵、鄢、邓、郢、夷陵、竟陵、安陆、扞关、巫、江南地	绵诸、义渠

续 表

公元前	赵				中山	燕	楚			越	秦		
	南境	东境	北境	西境			北境	西境	东境		东境	南境	北境
222	亡				亡	亡	亡			亡	杜、郑、大荔、庞戏城、频阳、籍姑、重泉、栎阳、咸阳、武城(2)、蒲、蓝田、善明氏、商、阳狐、洛阴、庞、夏阳、安邑、固阳、宁秦、武堵、雕阴、合阳、临晋、元里、蔺、离石、汾阴、陕、漆垣、蒲子、卢氏、平周、曲沃(1)、石章、岸门、焦、曲沃(2)、蔺、宜阳、阳晋(2)、广衍、武始、肤施、定阳、伊阙、垣、皮氏、武遂、皋落、蒲阪、梗阳、轵、新垣、曲阳、安邑、西都、中阳(2)、绛、陶、安城、兹氏、石邑、蔺、离石、祁、光狼城、温、蔡、长社、中阳(1)、华阳(1)、刚、寿、怀、邢丘、少曲、高平、陉城、修武、野王、缑氏、纶、垣雍、长平(2)、武安、皮牢、郑、宁新中、阳城(1)、负黍、河南、洛阳、榖城、平阴、偃师、巩、吴、封陵、城皋、荥阳、高都、汲、榆次、新城、邬、盂、涂水、大陵、长子、屯留、铜鞮、涅、晋阳、卷、暘、有诡、酸枣、山阳、燕、虚、长平(1)、雍丘、朝歌、濮阳、汲、首垣、蒲阳、衍、仁、平丘、小黄、济阳、甄、郸、安阳、阏与、橑阳、武城(1)、平阳(3)、宜安、云中、善无、狼孟、番吾、阳翟、鲁关、京、鄏、雍氏、高都、利、新城(1)、郑、修鱼、葵、陵观、鹿、麓、平阳(2)、杨氏、路、涉、端氏、邯郸、棘蒲、漆、富丘、端氏、河雍、几、防陵、注人、繁阳、左人、鄗、安平、九门、鄚、易、丹丘、华阳(2)、鸱之塞、封龙、东垣、南行唐、中人、苦陉、扶柳、宜安、灵寿、房子、曲逆、顾、唐、阳晋(1)、麦丘、中阳(3)、武垣、葛、武阳、平舒、武遂、方城、饶安、貍、阳城(2)、沮阳、阳邑、宁葭、蓟、桑丘(2)、鄚、易、昌城、龙兑、汾门、临乐、大梁、黄城、列人、肥、中牟、泫氏、濩泽、伯阳、观、平阳(1)、煮枣、承匡、户牖、单父、刚平、陶、启封、鲁阳、马陵(2)、仪台、朱、上蔡、陉山、杞、莒、乘丘、襄丘、陈、夏州、平舆、寝、城父、榆关、襄陵、留、方与、铚、胡陵、砀、萧、相、薛、曲阜、费、兰陵、寿春、蕲、江南地、广陵、吴、会稽、代、平邑(2)、无穷、襄平	南郑、蜀、丹阳、汉中、召陵、丹、犁、穰、新城、重丘、新市、析、襄城、宛、叶、上庸、黔中、西陵、鄢、邓、郢、夷陵、竟陵、安陆、扞关、巫、江南地	绵诸、义渠

4. 战国纪年新表

公元前	周	秦	晋	魏	卫	韩	郑	赵	楚	越	鲁	燕	齐	田齐	宋
479	敬王 42	悼公 14	定公 34		庄公 2		声公 23	简子	惠王 11	句践 18	哀公 17	献公 16	平公 3	成子	景公 39
478	元王 2	悼公 15	定公 35		庄公 3		声公 24	简子	惠王 12	句践 19	哀公 18	献公 17	平公 4		景公 40
477	元王 3	悼公 16	定公 36		君起 2		声公 25	简子	惠王 13	句践 20	哀公 19	献公 18	平公 5		景公 41
476	元王 4	厉共公 2	定公 37		出公 18 复 2		声公 26	简子	惠王 14	句践 21	哀公 20	献公 19	平公 6		景公 42
475	元王 5	厉共公 3	出公 2		出公 19 复 3		声公 27	简子	惠王 15	句践 22	哀公 21	献公 20	平公 7		景公 43
474	元王 6	厉共公 4	出公 3		出公 20 复 4		声公 28	简子	惠王 16	句践 23	哀公 22	献公 21	平公 8		景公 44
473	元王 7	厉共公 5	出公 4		出公 21 复 5		声公 29	简子	惠王 17	句践 24	哀公 23	献公 22	平公 9		景公 45
472	元王 8	厉共公 6	出公 5		出公 22 复 6		声公 30	简子	惠王 18	句践 25	哀公 24	献公 23	平公 10		景公 46
471	贞定王 2	厉共公 7	出公 6		出公 23 复 7		声公 31	简子	惠王 19	句践 26	哀公 25	献公 24	平公 11		景公 47
470	贞定王 3	厉共公 8	出公 7		出公 24 复 8		声公 32	简子	惠王 20	句践 27	哀公 26	献公 25	平公 12		景公 48
469	贞定王 4	厉共公 9	出公 8		出公 25		声公 33	简子	惠王 21	句践 28	哀公 27	献公 26	平公 13		景公 49
468	贞定王 5	厉共公 10	出公 9		悼公 2		声公 34	简子	惠王 22	句践 29	哀公 28	献公 27	平公 14		昭公 2
467	贞定王 6	厉共公 11	出公 10		悼公 3		声公 35	简子	惠王 23	句践 30	悼公 2	献公 28	平公 15		昭公 3
466	贞定王 7	厉共公 12	出公 11		悼公 4		声公 36	简子	惠王 24	鹿郢 2	悼公 3	孝公 2	平公 16		昭公 4
465	贞定王 8	厉共公 13	出公 12		悼公 5		声公 37	简子	惠王 25	鹿郢 3	悼公 4	孝公 3	平公 17		昭公 5
464	贞定王 9	厉共公 14	出公 13		出公 30 再复 2		声公 38	简子	惠王 26	鹿郢 4	悼公 5	孝公 4	平公 18		昭公 6
463	贞定王 10	厉共公 15	出公 14		出公 31 再复 3		声公 39	简子	惠王 27	鹿郢 5	悼公 6	孝公 5	平公 19		昭公 7
462	贞定王 11	厉共公 16	出公 15		出公 32 再复 4		声公 40	简子	惠王 28	鹿郢 6	悼公 7	孝公 6	平公 20		昭公 8
461	贞定王 12	厉共公 17	出公 16		出公 33 再复 5		声公 41	简子	惠王 29	鹿郢 7	悼公 8	孝公 7	平公 21		昭公 9
460	贞定王 13	厉共公 18	出公 17		出公 34 再复 6		声公 42	简子	惠王 30	不寿 2	悼公 9	孝公 8	平公 22		昭公 10
459	贞定王 14	厉共公 19	出公 18		出公 35 再复 7		哀公 2	简子	惠王 31	不寿 3	悼公 10	孝公 9	平公 23		昭公 11
458	贞定王 15	厉共公 20	出公 19		出公 36 再复 8		哀公 3	襄子 1	惠王 32	不寿 4	悼公 11	孝公 10	平公 24		昭公 12
457	贞定王 16	厉共公 21	出公 20		出公 37 再复 9		哀公 4	襄子 2	惠王 33	不寿 5	悼公 12	孝公 11	平公 25		昭公 13
456	贞定王 17	厉共公 22	出公 21		出公 38 再复 10		哀公 5	襄子 3	惠王 34	不寿 6	悼公 13	孝公 12	宣公 2		昭公 14
455	贞定王 18	厉共公 23	出公 22		出公 39 再复 11		哀公 6	襄子 4	惠王 35	不寿 7	悼公 14	孝公 13	宣公 3		昭公 15
454	贞定王 19	厉共公 24	出公 23	桓子	敬公 2	康子	哀公 7	襄子 5	惠王 36	不寿 8	悼公 15	孝公 14	宣公 4		昭公 16
453	贞定王 20	厉共公 25	敬哀公 2	桓子	敬公 3	康子	哀公 8	襄子 6	惠王 37	不寿 9	悼公 16	孝公 15	宣公 5		昭公 17

续 表

公元前	周	秦	晋	魏	卫	韩	郑	赵	楚	越	鲁	燕	齐	田齐	宋
452	贞定王 21	厉共公 26	敬哀公 3	桓子	敬公 4	康子	共公 2	襄子 7	惠王 38	不寿 10	悼公 17	成公 2	宣公 6		昭公 18
451	贞定王 22	厉共公 27	敬哀公 4	桓子	敬公 5	康子	共公 3	襄子 8	惠王 39	不寿 11	悼公 18	成公 3	宣公 7	襄子	昭公 19
450	贞定王 23	厉共公 28	敬哀公 5	桓子	敬公 6	康子	共公 4	襄子 9	惠王 40	不寿 12	悼公 19	成公 4	宣公 8		昭公 20
449	贞定王 24	厉共公 29	敬哀公 6	桓子	敬公 7	康子	共公 5	襄子 10	惠王 41	不寿 13	悼公 20	成公 5	宣公 9		昭公 21
448	贞定王 25	厉共公 30	敬哀公 7	桓子	敬公 8	康子	共公 6	襄子 11	惠王 42	不寿 14	悼公 21	成公 6	宣公 10		昭公 22
447	贞定王 26	厉共公 31	敬哀公 8	桓子	敬公 9	康子	共公 7	襄子 12	惠王 43	不寿 15	悼公 22	成公 7	宣公 11		昭公 23
446	贞定王 27	厉共公 32	敬哀公 9	桓子	敬公 10	康子	共公 8	襄子 13	惠王 44	朱句 2	悼公 23	成公 8	宣公 12		昭公 24
445	贞定王 28	厉共公 33	敬哀公 10	桓子	敬公 11	康子	共公 9	襄子 14	惠王 45	朱句 3	悼公 24	成公 9	宣公 13		昭公 25
444	考王 2	厉共公 34	敬哀公 11	桓子	敬公 12	康子	共公 10	襄子 15	惠王 46	朱句 4	悼公 25	成公 10	宣公 14		昭公 26
443	考王 3	躁公 1	敬哀公 12	桓子	敬公 13	康子	共公 11	襄子 16	惠王 47	朱句 5	悼公 26	成公 11	宣公 15		昭公 27
442	考王 4	躁公 2	敬哀公 13	文子 1	敬公 14	康子	共公 12	襄子 17	惠王 48	朱句 6	悼公 27	成公 12	宣公 16		昭公 28
441	考王 5	躁公 3	敬哀公 14	文子 2	敬公 15	康子	共公 13	襄子 18	惠王 49	朱句 7	悼公 28	成公 13	宣公 17		昭公 29
440	考王 6	躁公 4	敬哀公 15	文子 3	敬公 16	康子	共公 14	襄子 19	惠王 50	朱句 8	悼公 29	成公 14	宣公 18		昭公 30
439	考王 7	躁公 5	敬哀公 16	文子 4	敬公 17	康子	共公 15	襄子 20	惠王 51	朱句 9	悼公 30	成公 15	宣公 19	庄子	昭公 31
438	考王 8	躁公 6	敬哀公 17	文子 5	敬公 18	康子	共公 16	襄子 21	惠王 52	朱句 10	悼公 31	成公 16	宣公 20	悼子 2	昭公 32
437	考王 9	躁公 7	敬哀公 18	文子 6 称侯 1	敬公 19	康子	共公 17	襄子 22	惠王 53	朱句 11	悼公 32	湣公 2	宣公 21	悼子 3	昭公 33
436	考王 10	躁公 8	敬哀公 19	文子 7 称侯 2	昭公 2	康子	共公 18	襄子 23	惠王 54	朱句 12	悼公 33	湣公 3	宣公 22	悼子 4	昭公 34
435	考王 11	躁公 9	敬哀公 20	文子 8 称侯 3	昭公 3	康子	共公 19	襄子 24	惠王 55	朱句 13	悼公 34	湣公 4	宣公 23	悼子 5	昭公 35
434	考王 12	躁公 10	敬哀公 21	文子 9 称侯 4	昭公 4	康子	共公 20	襄子 25	惠王 56	朱句 14	悼公 35	湣公 5	宣公 24	悼子 6	昭公 36
433	考王 13	躁公 11	幽公 2	文子 10 称侯 5	昭公 5	康子	共公 21	襄子 26	惠王 57	朱句 15	悼公 36	湣公 6	宣公 25	悼子 7	昭公 37
432	考王 14	躁公 12	幽公 3	文子 11 称侯 6	昭公 6	康子	共公 22	襄子 27	简王 2	朱句 16	悼公 37	湣公 7	宣公 26	悼子 8	昭公 38
431	考王 15	躁公 13	幽公 4	文子 12 称侯 7	怀公 2	康子	共公 23	襄子 28	简王 3	朱句 17	元公 2	湣公 8	宣公 27	悼子 9	昭公 39
430	威烈王 2	躁公 14	幽公 5	文子 13 称侯 8	怀公 3	康子	共公 24	襄子 29	简王 4	朱句 18	元公 3	湣公 9	宣公 28	悼子 10	昭公 40
429	威烈王 3	怀公 2	幽公 6	文子 14 称侯 9	怀公 4	康子	共公 25	襄子 30	简王 5	朱句 19	元公 4	湣公 10	宣公 29	悼子 11	昭公 41
428	威烈王 4	怀公 3	幽公 7	文子 15 称侯 10	怀公 5	康子	共公 26	襄子 31	简王 6	朱句 20	元公 5	湣公 11	宣公 30	悼子 12	昭公 42
427	威烈王 5	怀公 4	幽公 8	文子 16 称侯 11	怀公 6	康子	共公 27	襄子 32	简王 7	朱句 21	元公 6	湣公 12	宣公 31	悼子 13	昭公 43

续 表

公元前	周	秦	晋	魏	卫	韩	郑	赵	楚	越	鲁	燕	齐	田齐	宋
426	威烈王 6	灵公 2	幽公 9	文子 17 称侯 12	怀公 7	康子	共公 28	襄子 33	简王 8	朱句 22	元公 7	滑公 13	宣公 32	悼子 14	昭公 44
425	威烈王 7	灵公 3	幽公 10	文子 18 称侯 13	怀公 8	康子	共公 29	献侯 2	简王 9	朱句 23	元公 8	滑公 14	宣公 33	悼子 15	昭公 45
424	威烈王 8	灵公 4	幽公 11	文子 19 称侯 14	怀公 9	康子	共公 30	献侯 3	简王 10	朱句 24	元公 9	滑公 15	宣公 34	悼子 16	昭公 46
423	威烈王 9	灵公 5	幽公 12	文子 20 称侯 15	怀公 10	武子 1	共公 31	献侯 4	简王 11	朱句 25	元公 10	滑公 16	宣公 35	悼子 17	昭公 47
422	威烈王 10	灵公 6	幽公 13	文子 21 称侯 16	怀公 11	武子 2	共公 32	献侯 5	简王 12	朱句 26	元公 11	滑公 17	宣公 36	悼子 18	悼公 2
421	威烈王 11	灵公 7	幽公 14	文子 22 称侯 17	慎公 2	武子 3	繻公 2	献侯 6	简王 13	朱句 27	元公 12	滑公 18	宣公 37	悼子 19	悼公 3
420	威烈王 12	灵公 8	幽公 15	文子 23 称侯 18	慎公 3	武子 4	繻公 3	献侯 7	简王 14	朱句 28	元公 13	滑公 19	宣公 38	悼子 20	悼公 4
419	威烈王 13	灵公 9	幽公 16	文子 24 称侯 19	慎公 4	武子 5	繻公 4	献侯 8	简王 15	朱句 29	元公 14	滑公 20	宣公 39	悼子 21	悼公 5
418	威烈王 14	灵公 10	幽公 17	文子 25 称侯 20	慎公 5	武子 6	繻公 5	献侯 9	简王 16	朱句 30	元公 15	滑公 21	宣公 40	悼子 22	悼公 6
417	威烈王 15	灵公 11	幽公 18	文子 26 称侯 21	慎公 6	武子 7	繻公 6	献侯 10	简王 17	朱句 31	元公 16	滑公 22	宣公 41	悼子 23	悼公 7
416	威烈王 16	灵公 12	烈公 2	文子 27 称侯 22	慎公 7	武子 8	繻公 7	献侯 11	简王 18	朱句 32	元公 17	滑公 23	宣公 42	悼子 24	悼公 8
415	威烈王 17	简公 2	烈公 3	文子 28 称侯 23	慎公 8	武子 9	繻公 8	献侯 12	简王 19	朱句 33	元公 18	简釐公 2	宣公 43	悼子 25	悼公 9
414	威烈王 18	简公 3	烈公 4	文子 29 称侯 24	慎公 9	武子 10	繻公 9	献侯 13	简王 20	朱句 34	元公 19	简釐公 3	宣公 44	悼子 26	悼公 10
413	威烈王 19	简公 4	烈公 5	文子 30 称侯 25	慎公 10	武子 11	繻公 10	献侯 14	简王 21	朱句 35	元公 20	简釐公 4	宣公 45	悼子 27	悼公 11
412	威烈王 20	简公 5	烈公 6	文子 31 称侯 26	慎公 11	武子 12	繻公 11	献侯 15	简王 22	朱句 36	元公 21	简釐公 5	宣公 46	悼子 28	悼公 12
411	威烈王 21	简公 6	烈公 7	文子 32 称侯 27	慎公 12	武子 13	繻公 12	献侯 16	简王 23	翳 2	穆公 2	简釐公 6	宣公 47	悼子 29	悼公 13
410	威烈王 22	简公 7	烈公 8	文子 33 称侯 28	慎公 13	武子 14	繻公 13	献侯 17	简王 24	翳 3	穆公 3	简釐公 7	宣公 48	悼子 30	悼公 14
409	威烈王 23	简公 8	烈公 9	文子 34 称侯 29	慎公 14	武子 15	繻公 14	献侯 18	声王 2	翳 4	穆公 4	简釐公 8	宣公 49	悼子 31	悼公 15
408	威烈王 24	简公 9	烈公 10	文子 35 称侯 30	慎公 15	武子 16	繻公 15	献侯 19	声王 3	翳 5	穆公 5	简釐公 9	宣公 50	悼子 32	悼公 16
407	安王 2	简公 10	烈公 11	文子 36 称侯 31	慎公 16	景侯 2	繻公 16	烈侯 2	声王 4	翳 6	穆公 6	简釐公 10	宣公 51	悼子 33	悼公 17
406	安王 3	敬公 2	烈公 12	文子 37 称侯 32	慎公 17	景侯 3	繻公 17	烈侯 3	声王 5	翳 7	穆公 7	简釐公 11	齐侯某 2	田侯和 2	悼公 18
405	安王 4	敬公 3	烈公 13	文子 38 称侯 33	慎公 18	景侯 4	繻公 18	烈侯 4	声王 6	翳 8	穆公 8	简釐公 12	康公 2	田侯和 3	休公 2
404	安王 5	敬公 4	烈公 14	文子 39 称侯 34	慎公 19	景侯 5	繻公 19	烈侯 5	悼王 2	翳 9	穆公 9	简釐公 13	康公 3	田侯和 4	休公 3
403	安王 6	敬公 5	烈公 15	文子 40 称侯 35	慎公 20	景侯 6	繻公 20	烈侯 6	悼王 3	翳 10	穆公 10	简釐公 14	康公 4	田侯和 5	休公 4
402	安王 7	敬公 6	烈公 16	文子 41 称侯 36	慎公 21	景侯 7	繻公 21	烈侯 7	悼王 4	翳 11	穆公 11	简釐公 15	康公 5	田侯和 6	休公 5
401	安王 8	敬公 7	烈公 17	文子 42 称侯 37	慎公 22	景侯 8	繻公 22	烈侯 8	悼王 5	翳 12	穆公 12	简釐公 16	康公 6	田侯和 7	休公 6

续　表

公元前	周	秦	晋	魏	卫	韩	郑	赵	楚	越	鲁	燕	齐	田齐	宋
400	安王 9	敬公 8	烈公 18	文子 43 称侯 38	慎公 23	景侯 9	繻公 23	烈侯 9	悼王 6	翳 13	穆公 13	简釐公 17	康公 7	田侯和 8	休公 7
399	安王 10	敬公 9	烈公 19	文子 44 称侯 39	慎公 24	烈侯 2	繻公 24	烈侯 10	悼王 7	翳 14	穆公 14	简釐公 18	康公 8	田侯和 9	休公 8
398	安王 11	敬公 10	烈公 20	文子 45 称侯 40	慎公 25	烈侯 3	繻公 25	烈侯 11	悼王 8	翳 15	穆公 15	简釐公 19	康公 9	田侯和 10	休公 9
397	安王 12	敬公 11	烈公 21	文子 46 称侯 41	慎公 26	烈侯 4	繻公 26	烈侯 12	悼王 9	翳 16	穆公 16	简釐公 20	康公 10	田侯和 11	休公 10
396	安王 13	敬公 12	烈公 22	文子 47 称侯 42	慎公 27	烈侯 5	繻公 27	烈侯 13	悼王 10	翳 17	穆公 17	简釐公 21	康公 11	田侯和 12	休公 11
395	安王 14	敬公 13	烈公 23	文子 48 称侯 43	慎公 28	烈侯 6	君阳	烈侯 14	悼王 11	翳 18	穆公 18	简釐公 22	康公 12	田侯和 13	休公 12
394	安王 15	惠公 2	烈公 24	武侯 2	慎公 29	烈侯 7	君乙 2	敬侯 2	悼王 12	翳 19	穆公 19	简釐公 23	康公 13	田侯和 14	休公 13
393	安王 16	惠公 3	烈公 25	武侯 3	慎公 30	烈侯 8	君乙 3	敬侯 3	悼王 13	翳 20	穆公 20	简釐公 24	康公 14	田侯和 15	休公 14
392	安王 17	惠公 4	烈公 26	武侯 4	慎公 31	烈侯 9	君乙 4	敬侯 4	悼王 14	翳 21	穆公 21	简釐公 25	康公 15	田侯和 16	休公 15
391	安王 18	惠公 5	烈公 27	武侯 5	慎公 32	烈侯 10	君乙 5	敬侯 5	悼王 15	翳 22	穆公 22	简釐公 26	康公 16	田侯和 17	休公 16
390	安王 19	惠公 6	烈公 28	武侯 6	慎公 33	烈侯 11	君乙 6	敬侯 6	悼王 16	翳 23	穆公 23	简釐公 27	康公 17	田侯和 18	休公 17
389	安王 20	惠公 7	烈公 29	武侯 7	慎公 34	烈侯 12	君乙 7	敬侯 7	悼王 17	翳 24	穆公 24	简釐公 28	康公 18	田侯和 19	休公 18
388	安王 21	惠公 8	孝桓公 2	武侯 8	慎公 35	烈侯 13	君乙 8	敬侯 8	悼王 18	翳 25	穆公 25	简釐公 29	康公 19	田侯和 20	休公 19
387	安王 22	惠公 9	孝桓公 3	武侯 9	慎公 36	文侯 2	君乙 9	敬侯 9	悼王 19	翳 26	穆公 26	简釐公 30	康公 20	田侯和 21	休公 20
386	安王 23	惠公 10	孝桓公 4	武侯 10	慎公 37	文侯 3	君乙 10	敬侯 10	悼王 20	翳 27	穆公 27	简釐公 31	康公 21	田侯和 22	休公 21
385	安王 24	惠公 11	孝桓公 5	武侯 11	慎公 38	文侯 4	君乙 11	敬侯 11	悼王 21	翳 28	穆公 28	简釐公 32	康公 22	田侯和 23	休公 22
384	安王 25	出子 2	孝桓公 6	武侯 12	慎公 39	文侯 5	君乙 12	敬侯 12	肃王 2	翳 29	穆公 29	简釐公 33	康公 23	田侯剡 2	休公 23
383	安王 26	献公 2	孝桓公 7	武侯 13	慎公 40	文侯 6	君乙 13	敬侯 13	肃王 3	翳 30	穆公 30	简釐公 34	康公 24	田侯剡 3	辟公 2
382	烈王 2	献公 3	孝桓公 8	武侯 14	慎公 41	文侯 7	君乙 14	敬侯 14	肃王 4	翳 31	穆公 31	简釐公 35	康公 25	田侯剡 4	辟公 3
381	烈王 3	献公 4	孝桓公 9	武侯 15	慎公 42	文侯 8	君乙 15	敬侯 15	肃王 5	翳 32	穆公 32	简釐公 36	康公 26	田侯剡 5	剔成 2
380	烈王 4	献公 5	孝桓公 10	武侯 16	声公 2	文侯 9	君乙 16	敬侯 16	肃王 6	翳 33	穆公 33	简釐公 37	康公 27	田侯剡 6	剔成 3
379	烈王 5	献公 6	孝桓公 11	武侯 17	声公 3	文侯 10	君乙 17	敬侯 17	肃王 7	翳 34	共公 2	简釐公 38	康公 28	田侯剡 7	剔成 4
378	烈王 6	献公 7	孝桓公 12	武侯 18	声公 4	哀侯 2	君乙 18	敬侯 18	肃王 8	翳 35	共公 3	简釐公 39	康公 29	田侯剡 8	剔成 5
377	烈王 7	献公 8	孝桓公 13	武侯 19	声公 5	哀侯 3	君乙 19	敬侯 19	肃王 9	翳 36	共公 4	简釐公 40	康公 30	田侯剡 9	剔成 6
376	烈王 8	献公 9	孝桓公 14	武侯 20	声公 6	哀侯 4	君乙 20	敬侯 20	肃王 10	孚错枝 2	共公 5	简釐公 41	康公 31	田侯剡 10	剔成 7
375	烈王 9	献公 10	孝桓公 15	武侯 21	声公 7	哀侯 5	君乙 21	敬侯 21	肃王 11	无余之 2	共公 6	简釐公 42	康公 32	田侯剡 11	剔成 8

续 表

公元前	周	秦	晋	魏	卫	韩	郑	赵	楚	越	鲁	燕	齐	田齐	宋
374	烈王 10	献公 11	孝桓公 16	武侯 22	声公 8	哀侯 6	亡	敬侯 22	宣王 2	无余之 3	共公 7	简釐公 43	康公 33	桓侯 2	剔成 9
373	显王 2	献公 12	孝桓公 17	武侯 23	声公 9	共懿侯 2	亡	成侯 2	宣王 3	无余之 4	共公 8	简釐公 44	康公 34	桓侯 3	剔成 10
372	显王 3	献公 13	孝桓公 18	武侯 24	声公 10	共懿侯 3	亡	成侯 3	宣王 4	无余之 5	共公 9	简釐公 45	康公 35	桓侯 4	剔成 11
371	显王 4	献公 14	孝桓公 19	武侯 25	声公 11	共懿侯 4	亡	成侯 4	宣王 5	无余之 6	共公 10	孝桓公 2	康公 36	桓侯 5	剔成 12
370	显王 5	献公 15	孝桓公 20	武侯 26	成侯 2	共懿侯 5	亡	成侯 5	宣王 6	无余之 7	共公 11	孝桓公 3	康公 37	桓侯 6	剔成 13
369	显王 6	献公 16	孝桓公 21	惠成王 2	成侯 3	共懿侯 6	亡	成侯 6	宣王 7	无余之 8	共公 12	孝桓公 4	康公 38	桓侯 7	剔成 14
368	显王 7	献公 17	孝桓公 22	惠成王 3	成侯 4	共懿侯 7	亡	成侯 7	宣王 8	无余之 9	共公 13	孝桓公 5	康公 39	桓侯 8	剔成 15
367	显王 8	献公 18	孝桓公 23	惠成王 4	成侯 5	共懿侯 8	亡	成侯 8	宣王 9	无余之 10	共公 14	孝桓公 6	康公 40	桓侯 9	剔成 16
366	显王 9	献公 19	孝桓公 24	惠成王 5	成侯 6	共懿侯 9	亡	成侯 9	宣王 10	无余之 11	共公 15	孝桓公 7	康公 41	桓侯 10	剔成 17
365	显王 10	献公 20	孝桓公 25	惠成王 6	成侯 7	共懿侯 10	亡	成侯 10	宣王 11	无余之 12	共公 16	孝桓公 8	康公 42	桓侯 11	剔成 18
364	显王 11	献公 21	孝桓公 26	惠成王 7	成侯 8	共懿侯 11	亡	成侯 11	宣王 12	无余之 13	共公 17	孝桓公 9	康公 43	桓侯 12	剔成 19
363	显王 12	献公 22	孝桓公 27	惠成王 8	成侯 9	共懿侯 12	亡	成侯 12	宣王 13	无颛 2	共公 18	孝桓公 10	康公 44	桓侯 13	剔成 20
362	显王 13	献公 23	孝桓公 28	惠成王 9	成侯 10	昭釐侯 2	亡	成侯 13	宣王 14	无颛 3	共公 19	孝桓公 11	康公 45	桓侯 14	剔成 21
361	显王 14	献公 24	孝桓公 29	惠成王 10	成侯 11	昭釐侯 3	亡	成侯 14	宣王 15	无颛 4	共公 20	孝桓公 12	康公 46	桓侯 15	剔成 22
360	显王 15	孝公 2	孝桓公 30	惠成王 11	成侯 12	昭釐侯 4	亡	成侯 15	宣王 16	无颛 5	共公 21	孝桓公 13	康公 47	桓侯 16	剔成 23
359	显王 16	孝公 3	孝桓公 31	惠成王 12	成侯 13	昭釐侯 5	亡	成侯 16	宣王 17	无颛 6	共公 22	文公 2	康公 48	桓侯 17	剔成 24
358	显王 17	孝公 4	孝桓公 32	惠成王 13	成侯 14	昭釐侯 6	亡	成侯 17	宣王 18	无颛 7	康公 2	文公 3	康公 49	桓侯 18	剔成 25
357	显王 18	孝公 5	孝桓公 33	惠成王 14	成侯 15	昭釐侯 7	亡	成侯 18	宣王 19	无颛 8	康公 3	文公 4	康公 50	桓侯 19	剔成 26
356	显王 19	孝公 6	孝桓公 34	惠成王 15	成侯 16	昭釐侯 8	亡	成侯 19	宣王 20	无颛 9	康公 4	文公 5	康公 51	桓侯 20	剔成 27
355	显王 20	孝公 7	孝桓公 35	惠成王 16	成侯 17	昭釐侯 9	亡	成侯 20	宣王 21	无强 2	康公 5	文公 6	幽公 2	田侯因齐	剔成 28
354	显王 21	孝公 8	孝桓公 36	惠成王 17	成侯 18	昭釐侯 10	亡	成侯 21	宣王 22	无强 3	康公 6	文公 7	幽公 3	因齐 3	剔成 29
353	显王 22	孝公 9	孝桓公 37	惠成王 18	成侯 19	昭釐侯 11	亡	成侯 22	宣王 23	无强 4	康公 7	文公 8	幽公 4	因齐 4	剔成 30
352	显王 23	孝公 10	孝桓公 38	惠成王 19	成侯 20	昭釐侯 12	亡	成侯 23	宣王 24	无强 5	康公 8	文公 9	幽公 5	因齐 5	剔成 31
351	显王 24	孝公 11	孝桓公 39	惠成王 20	成侯 21	昭釐侯 13	亡	成侯 24	宣王 25	无强 6	康公 9	文公 10	幽公 6	因齐 6	剔成 32
350	显王 25	孝公 12	静公 2	惠成王 21	成侯 22	昭釐侯 14	亡	成侯 25	宣王 26	无强 7	景公 2	文公 11	幽公 7	因齐 7	剔成 33
349	显王 26	孝公 13	静公 3	惠成王 22	成侯 23	昭釐侯 15	亡	肃侯 2	宣王 27	无强 8	景公 3	文公 12	幽公 8	因齐 8	剔成 34

续 表

公元前	周	秦	晋	魏	卫	韩	郑	赵	楚	越	鲁	燕	齐	田齐	宋
348	显王 27	孝公 14	静公 4	惠成王 23	成侯 24	昭釐侯 16	亡	肃侯 3	宣王 28	无强 9	景公 4	文公 13	幽公 9	因齐 9	剔成 35
347	显王 28	孝公 15	静公 5	惠成王 24	成侯 25	昭釐侯 17	亡	肃侯 4	宣王 29	无强 10	景公 5	文公 14	幽公 10	因齐 10	剔成 36
346	显王 29	孝公 16	静公 6	惠成王 25	成侯 26	昭釐侯 18	亡	肃侯 5	宣王 30	无强 11	景公 6	文公 15	幽公 11	因齐 11	剔成 37
345	显王 30	孝公 17	静公 7	惠成王 26	成侯 27	昭釐侯 19	亡	肃侯 6	威王 2	无强 12	景公 7	文公 16	幽公 12	因齐 12	剔成 38
344	显王 31	孝公 18	静公 8	惠成王 27	成侯 28	昭釐侯 20	亡	肃侯 7	威王 3	无强 13	景公 8	文公 17	幽公 13	因齐 13	剔成 39
343	显王 32	孝公 19	静公 9	惠成王 28	成侯 29	昭釐侯 21	亡	肃侯 8	威王 4	无强 14	景公 9	文公 18	幽公 14	因齐 14	剔成 40
342	显王 33	孝公 20	静公 10	惠成王 29	平侯 2	昭釐侯 22	亡	肃侯 9	威王 5	无强 15	景公 10	文公 19	幽公 15	因齐 15	剔成 41
341	显王 34	孝公 21	静公 11	惠成王 30	平侯 3	昭釐侯 23	亡	肃侯 10	威王 6	无强 16	景公 11	文公 20	幽公 16	因齐 16	剔成 42
340	显王 35	孝公 22	静公 12	惠成王 31	平侯 4	昭釐侯 24	亡	肃侯 11	威王 7	无强 17	景公 12	文公 21	幽公 17	因齐 17	剔成 43
339	显王 36	孝公 23	静公 13	惠成王 32	平侯 5	昭釐侯 25	亡	肃侯 12	威王 8	无强 18	景公 13	文公 22	幽公 18	因齐 18	剔成 44
338	显王 37	孝公 24	静公 14	惠成王 33	平侯 6	昭釐侯 26	亡	肃侯 13	威王 9	无强 19	景公 14	文公 23	幽公 19	王更元 1	剔成 45
337	显王 38	惠文君 2	静公 15	惠成王 34	平侯 7	昭釐侯 27	亡	肃侯 14	威王 10	无强 20	景公 15	文公 24	亡?	威宣王 2	剔成 46
336	显王 39	惠文君 3	静公 16	惠成王 35	平侯 8	昭釐侯 28	亡	肃侯 15	威王 11	无强 21	景公 16	文公 25	亡?	威宣王 3	剔成 47
335	显王 40	惠文君 4	静公 17	惠成王 36	孝襄侯 2	昭釐侯 29	亡	肃侯 16	威王 12	无强 22	景公 17	文公 26	亡?	威宣王 4	剔成 48
334	显王 41	惠文君 5	静公 18	惠成王更元 1	孝襄侯 3	昭釐侯 30	亡	肃侯 17	威王 13	无强 23	景公 18	文公 27	亡?	威宣王 5	剔成 49
333	显王 42	惠文君 6	静公 19	惠成王更元 2	孝襄侯 4	昭釐侯 31	亡	肃侯 18	威王 14	无强 24	景公 19	文公 28	亡?	威宣王 6	剔成 50
332	显王 43	惠文君 7	静公 20	惠成王更元 3	孝襄侯 5	威侯 2	亡	肃侯 19	威王 15	无强 25	景公 20	文公 29	亡?	威宣王 7	剔成 51
331	显王 44	惠文君 8	静公 21	惠成王更元 4	孝襄侯 6	威侯 3	亡	肃侯 20	威王 16	无强 26	景公 21	易王 2	亡?	威宣王 8	公偃 2
330	显王 45	惠文君 9	静公 22	惠成王更元 5	孝襄侯 7	威侯 4	亡	肃侯 21	威王 17	无强 27	景公 22	易王 3	亡?	威宣王 9	公偃 3
329	显王 46	惠文君 10	静公 23	惠成王更元 6	孝襄侯 8	威侯 5	亡	肃侯 22	威王 18	无强 28	景公 23	易王 4	亡?	威宣王 10	公偃 4
328	显王 47	惠文君 11	静公 24	惠成王更元 7	孝襄侯 9	威侯 6	亡	肃侯 23	威王 19	存	景公 24	易王 5	亡?	威宣王 11	公偃 5
327	显王 48	惠文君 12	静公 25	惠成王更元 8	孝襄侯 10	威侯 7	亡	肃侯 24	威王 20	存	景公 25	易王 6	亡?	威宣王 12	公偃 6
326	慎靓王 2	惠文君 13	静公 26	惠成王更元 9	孝襄侯 11	宣惠王 7	亡	肃侯 25	威王 21	存	景公 26	易王 7	亡?	威宣王 13	公偃 7
325	慎靓王 3	惠文君 14	静公 27	惠成王更元 10	孝襄侯 12	宣惠王 8	亡	肃侯 26	怀王 2	存	景公 27	易王 8	亡?	威宣王 14	公偃 8
324	慎靓王 4	惠文王更元 1	静公 28	惠成王更元 11	孝襄侯 13	宣惠王 9	亡	武灵王 1	怀王 3	存	景公 28	易王 9	亡?	威宣王 15	公偃 9
323	慎靓王 5	惠文王更元 2		惠成王更元 12	孝襄侯 14	宣惠王 10	亡	武灵王 2	怀王 4	存	景公 29	称王 9	亡?	威宣王 16	公偃 10

续 表

公元前	周	秦	晋	魏	卫	韩	郑	赵	楚	越	鲁	燕	齐	田齐	宋
322	慎靓王 6	惠文王更元 3		惠成王更元 13	孝襄侯 15	宣惠王 11	亡	武灵王 3	怀王 5	存	平公 2	易王 10	亡?	威宣王 17	康王 11
321	王赧 2	惠文王更元 4		惠成王更元 14	孝襄侯 16	宣惠王 12	亡	武灵王 4	怀王 6	存	平公 3	易王 11	亡?	威宣王 18	康王 12
320	王赧 3	惠文王更元 5		惠成王更元 15	孝襄侯 17	宣惠王 13	亡	武灵王 5	怀王 7	存	平公 4	易王 12	亡?	威宣王 19	康王 13
319	王赧 4	惠文王更元 6	亡[? 年]	惠成王更元 16	孝襄侯 18	宣惠王 14	亡	武灵王 6	怀王 8	存	平公 5	王哙 1	亡	湣宣王 1	康王 14
318	王赧 5	惠文王更元 7	亡	襄哀王 1	孝襄侯 19	宣惠王 15	亡	武灵王 7	怀王 9	存	平公 6	王哙 2	亡	湣宣王 2	康王 15
317	王赧 6	惠文王更元 8	亡	襄哀王 2	孝襄侯 20	宣惠王 16	亡	武灵王 8	怀王 10	存	平公 7	王哙 3	亡	湣宣王 3	康王 16
316	王赧 7	惠文王更元 9	亡	襄哀王 3	孝襄侯 21	宣惠王 17	亡	武灵王 9	怀王 11	存	平公 8	王哙 4	亡	湣宣王 4	康王 17
315	王赧 8	惠文王更元 10	亡	襄哀王 4	孝襄侯 22	宣惠王 18	亡	武灵王 10	怀王 12	存	平公 9	王哙 5	亡	湣宣王 5	康王 18
314	王赧 9	惠文王更元 11	亡	襄哀王 5	孝襄侯 23	宣惠王 19	亡	武灵王 11	怀王 13	存	平公 10	王哙 6	亡	湣宣王 6	康王 19
313	王赧 10	惠文王更元 12	亡	襄哀王 6	孝襄侯 24	宣惠王 20	亡	武灵王 12	怀王 14	存	平公 11	燕王职 1	亡	湣宣王 7	康王 20
312	王赧 11	惠文王更元 13	亡	襄哀王 7	孝襄侯 25	宣惠王 21	亡	武灵王 13	怀王 15	存	平公 12	昭王 1	亡	湣宣王 8	康王 21
311	王赧 12	惠文王更元 14	亡	襄哀王 8	孝襄侯 26	襄王 1	亡	武灵王 14	怀王 16	存	平公 13	昭王 2	亡	湣宣王 9	康王 22
310	王赧 13	武王 1	亡	襄哀王 9	孝襄侯 27	襄王 2	亡	武灵王 15	怀王 17	存	平公 14	昭王 3	亡	湣宣王 10	康王 23
309	王赧 14	武王 2	亡	襄哀王 10	孝襄侯 28	襄王 3	亡	武灵王 16	怀王 18	存	平公 15	昭王 4	亡	湣宣王 11	康王 24
308	王赧 15	武王 3	亡	襄哀王 11	孝襄侯 29	襄王 4	亡	武灵王 17	怀王 19	存	平公 16	昭王 5	亡	湣宣王 12	康王 25
307	王赧 16	武王 4	亡	襄哀王 12	孝襄侯 30	襄王 5	亡	武灵王 18	怀王 20	存	平公 17	昭王 6	亡	湣宣王 13	康王 26
306	王赧 17	昭襄王 1	亡	襄哀王 13	孝襄侯 31	襄王 6	亡	武灵王 19	怀王 21	存	平公 18	昭王 7	亡	湣宣王 14	康王 27
305	王赧 18	昭襄王 2	亡	襄哀王 14	孝襄侯 32	襄王 7	亡	武灵王 20	怀王 22	存	平公 19	昭王 8	亡	湣宣王 15	康王 28
304	王赧 19	昭襄王 3	亡	襄哀王 15	孝襄侯 33	襄王 8	亡	武灵王 21	怀王 23	存	平公 20	昭王 9	亡	湣宣王 16	康王 29
303	王赧 20	昭襄王 4	亡	襄哀王 16	孝襄侯 34	襄王 9	亡	武灵王 22	怀王 24	存	平公 21	昭王 10	亡	湣宣王 17	康王 30
302	王赧 21	昭襄王 5	亡	襄哀王 17	孝襄侯 35	襄王 10	亡	武灵王 23	怀王 25	存	平公 22	昭王 11	亡	湣宣王 18	康王 31
301	王赧 22	昭襄王 6	亡	襄哀王 18	孝襄侯 36	襄王 11	亡	武灵王 24	怀王 26	存	文公 2	昭王 12	亡	湣宣王 19	康王 32
300	王赧 23	昭襄王 7	亡	襄哀王 19	孝襄侯 37	襄王 12	亡	武灵王 25	怀王 27	存	文公 3	昭王 13	亡	湣宣王 20	康王 33
299	王赧 24	昭襄王 8	亡	襄哀王 20	孝襄侯 38	襄王 13	亡	武灵王 26	怀王 28	存	文公 4	昭王 14	亡	湣宣王 21	康王 34
298	王赧 25	昭襄王 9	亡	襄哀王 21	孝襄侯 39	襄王 14	亡	武灵王 27	怀王 29	存	文公 5	昭王 15	亡	湣宣王 22	康王 35
297	王赧 26	昭襄王 10	亡	襄哀王 22	孝襄侯 40	襄王 15	亡	惠文王 2	怀王 30	存	文公 6	昭王 16	亡	湣宣王 23	康王 36

续 表

公元前	周	秦	晋	魏	卫	韩	郑	赵	楚	越	鲁	燕	齐	田齐	宋
296	王赧 27	昭襄王 11	亡	襄哀王 23	孝襄侯 41	襄王 16	亡	惠文王 3	怀王 31	存	文公 7	昭王 17	亡	湣宣王 24	康王 37
295	王赧 28	昭襄王 12	亡	昭王 1	孝襄侯 42	釐王 1	亡	惠文王 4	顷襄王 2	存	文公 8	昭王 18	亡	湣宣王 25	康王 38
294	王赧 29	昭襄王 13	亡	昭王 2	怀君 2	釐王 2	亡	惠文王 5	顷襄王 3	存	文公 9	昭王 19	亡	湣宣王 26	康王 39
293	王赧 30	昭襄王 14	亡	昭王 3	怀君 3	釐王 3	亡	惠文王 6	顷襄王 4	存	文公 10	昭王 20	亡	湣宣王 27	康王 40
292	王赧 31	昭襄王 15	亡	昭王 4	怀君 4	釐王 4	亡	惠文王 7	顷襄王 5	存	文公 11	昭王 21	亡	湣宣王 28	康王 41
291	王赧 32	昭襄王 16	亡	昭王 5	怀君 5	釐王 5	亡	惠文王 8	顷襄王 6	存	文公 12	昭王 22	亡	湣宣王 29	康王 42
290	王赧 33	昭襄王 17	亡	昭王 6	怀君 6	釐王 6	亡	惠文王 9	顷襄王 7	存	文公 13	昭王 23	亡	湣宣王 30	康王 43
289	王赧 34	昭襄王 18	亡	昭王 7	怀君 7	釐王 7	亡	惠文王 10	顷襄王 8	存	文公 14	昭王 24	亡	湣宣王 31	康王 44
288	王赧 35	昭襄王 19	亡	昭王 8	怀君 8	釐王 8	亡	惠文王 11	顷襄王 9	存	文公 15	昭王 25	亡	湣宣王 32	康王 45
287	王赧 36	昭襄王 20	亡	昭王 9	怀君 9	釐王 9	亡	惠文王 12	顷襄王 10	存	文公 16	昭王 26	亡	湣宣王 33	康王 46
286	王赧 37	昭襄王 21	亡	昭王 10	怀君 10	釐王 10	亡	惠文王 13	顷襄王 11	存	文公 17	昭王 27	亡	湣宣王 34	康王 47
285	王赧 38	昭襄王 22	亡	昭王 11	怀君 11	釐王 11	亡	惠文王 14	顷襄王 12	存	文公 18	昭王 28	亡	湣宣王 35	存
284	王赧 39	昭襄王 23	亡	昭王 12	怀君 12	釐王 12	亡	惠文王 15	顷襄王 13	存	文公 19	昭王 29	亡	湣宣王 36	存
283	王赧 40	昭襄王 24	亡	昭王 13	怀君 13	釐王 13	亡	惠文王 16	顷襄王 14	存	文公 20	昭王 30	亡	襄王 1	存
282	王赧 41	昭襄王 25	亡	昭王 14	怀君 14	釐王 14	亡	惠文王 17	顷襄王 15	存	文公 21	昭王 31	亡	襄王 2	存
281	王赧 42	昭襄王 26	亡	昭王 15	怀君 15	釐王 15	亡	惠文王 18	顷襄王 16	存	文公 22	昭王 32	亡	襄王 3	存
280	王赧 43	昭襄王 27	亡	昭王 16	怀君 16	釐王 16	亡	惠文王 19	顷襄王 17	存	文公 23	昭王 33	亡	襄王 4	存
279	王赧 44	昭襄王 28	亡	昭王 17	怀君 17	釐王 17	亡	惠文王 20	顷襄王 18	存	顷公 2	惠王 1	亡	襄王 5	存
278	王赧 45	昭襄王 29	亡	昭王 18	怀君 18	釐王 18	亡	惠文王 21	顷襄王 19	存	顷公 3	惠王 2	亡	襄王 6	存
277	王赧 46	昭襄王 30	亡	昭王 19	怀君 19	釐王 19	亡	惠文王 22	顷襄王 20	存	顷公 4	惠王 3	亡	襄王 7	存
276	王赧 47	昭襄王 31	亡	安釐王 1	怀君 20	釐王 20	亡	惠文王 23	顷襄王 21	存	顷公 5	惠王 4	亡	襄王 8	
275	王赧 48	昭襄王 32	亡	安釐王 2	怀君 21	釐王 21	亡	惠文王 24	顷襄王 22	存	顷公 6	惠王 5	亡	襄王 9	
274	王赧 49	昭襄王 33	亡	安釐王 3	怀君 22	釐王 22	亡	惠文王 25	顷襄王 23	存	顷公 7	惠王 6	亡	襄王 10	
273	王赧 50	昭襄王 34	亡	安釐王 4	怀君 23	釐王 23	亡	惠文王 26	顷襄王 24	存	顷公 8	惠王 7	亡	襄王 11	
272	王赧 51	昭襄王 35	亡	安釐王 5	怀君 24	桓惠王 1	亡	惠文王 27	顷襄王 25	存	顷公 9	惠王 8	亡	襄王 12	
271	王赧 52	昭襄王 36	亡	安釐王 6	怀君 25	桓惠王 2	亡	惠文王 28	顷襄王 26	存	顷公 10	惠王 9	亡	襄王 13	

续表

公元前	周	秦	晋	魏	卫	韩	郑	赵	楚	越	鲁	燕	齐	田齐	宋
270	王赧 53	昭襄王 37	亡	安釐王 7	怀君 26	桓惠王 3	亡	惠文王 29	顷襄王 27	存	顷公 11	武成王 1	亡	襄王 14	
269	王赧 54	昭襄王 38	亡	安釐王 8	怀君 27	桓惠王 4	亡	惠文王 30	顷襄王 28	存	顷公 12	武成王 2	亡	襄王 15	
268	王赧 55	昭襄王 39	亡	安釐王 9	怀君 28	桓惠王 5	亡	惠文王 31	顷襄王 29	存	顷公 13	武成王 3	亡	襄王 16	亡[? 年]
267	王赧 56	昭襄王 40	亡	安釐王 10	怀君 29	桓惠王 6	亡	惠文王 32	顷襄王 30	存	顷公 14	武成王 4	亡	襄王 17	亡
266	王赧 57	昭襄王 41	亡	安釐王 11	怀君 30	桓惠王 7	亡	惠文王 33	顷襄王 31	存	顷公 15	武成王 5	亡	襄王 18	亡
265	王赧 58	昭襄王 42	亡	安釐王 12	怀君 31	桓惠王 8	亡	孝成王 1	顷襄王 32	存	顷公 16	武成王 6	亡	襄王 19	亡
264	王赧 59	昭襄王 43	亡	安釐王 13	元君 2	桓惠王 9	亡	孝成王 2	顷襄王 33	存	顷公 17	武成王 7	亡	王建 1	亡
263		昭襄王 44	亡	安釐王 14	元君 3	桓惠王 10	亡	孝成王 3	顷襄王 34	存	顷公 18	武成王 8	亡	王建 2	亡
262		昭襄王 45	亡	安釐王 15	元君 4	桓惠王 11	亡	孝成王 4	顷襄王 35	存	顷公 19	武成王 9	亡	王建 3	亡
261		昭襄王 46	亡	安釐王 16	元君 5	桓惠王 12	亡	孝成王 5	顷襄王 36	存	顷公 20	武成王 10	亡	王建 4	亡
260		昭襄王 47	亡	安釐王 17	元君 6	桓惠王 13	亡	孝成王 6	孝烈王 2	存	顷公 21	武成王 11	亡	王建 5	亡
259		昭襄王 48	亡	安釐王 18	元君 7	桓惠王 14	亡	孝成王 7	孝烈王 3	存	顷公 22	武成王 12	亡	王建 6	亡
258		昭襄王 49	亡	安釐王 19	元君 8	桓惠王 15	亡	孝成王 8	孝烈王 4	存	顷公 23	武成王 13	亡	王建 7	亡
257		昭襄王 50	亡	安釐王 20	元君 9	桓惠王 16	亡	孝成王 9	孝烈王 5	此后不久即亡	顷公 24	武成王 14	亡	王建 8	亡
256		昭襄王 51	亡	安釐王 21	元君 10	桓惠王 17	亡	孝成王 10	孝烈王 6		亡	孝王 1	亡	王建 9	亡
255	东周灭亡	昭襄王 52	亡	安釐王 22	元君 11	桓惠王 18	亡	孝成王 11	孝烈王 7		亡	孝王 2	亡	王建 10	亡
254	亡	昭襄王 53	亡	安釐王 23	元君 12	桓惠王 19	亡	孝成王 12	孝烈王 8		亡	王喜 1	亡	王建 11	亡
253	亡	昭襄王 54	亡	安釐王 24	元君 13	桓惠王 20	亡	孝成王 13	孝烈王 9		亡	王喜 2	亡	王建 12	亡
252	亡	昭襄王 55	亡	安釐王 25	元君 14	桓惠王 21	亡	孝成王 14	孝烈王 10		亡	王喜 3	亡	王建 13	亡
251	亡	昭襄王 56	亡	安釐王 26	元君 15	桓惠王 22	亡	孝成王 15	孝烈王 11		亡	王喜 4	亡	王建 14	亡
250	亡	庄襄王 1	亡	安釐王 27	元君 16	桓惠王 23	亡	孝成王 16	孝烈王 12		亡	王喜 5	亡	王建 15	亡
249	亡	庄襄王 2	亡	安釐王 28	元君 17	桓惠王 24	亡	孝成王 17	孝烈王 13		亡	王喜 6	亡	王建 16	亡
248	亡	庄襄王 3	亡	安釐王 29	元君 18	桓惠王 25	亡	孝成王 18	孝烈王 14	亡	亡	王喜 7	亡	王建 17	亡
247	亡	庄襄王 4	亡	安釐王 30	元君 19	桓惠王 26	亡	孝成王 19	孝烈王 15	亡	亡	王喜 8	亡	王建 18	亡
246	亡	王政 1	亡	安釐王 31	元君 20	桓惠王 27	亡	孝成王 20	孝烈王 16	亡	亡	王喜 9	亡	王建 19	亡
245	亡	王政 2	亡	安釐王 32	元君 21	桓惠王 28	亡	孝成王 21	孝烈王 17	亡	亡	王喜 10	亡	王建 20	亡

续　表

公元前	周	秦	晋	魏	卫	韩	郑	赵	楚	越	鲁	燕	齐	田齐	宋
244	亡	王政 3	亡	安釐王 33	元君 22	桓惠王 29	亡	悼襄王 1	孝烈王 18	亡	亡	王喜 11	亡	王建 21	亡
243	亡	王政 4	亡	安釐王 34	元君 23	桓惠王 30	亡	悼襄王 2	孝烈王 19	亡	亡	王喜 12	亡	王建 22	亡
242	亡	王政 5	亡	景湣王 1	元君 24	桓惠王 31	亡	悼襄王 3	孝烈王 20	亡	亡	王喜 13	亡	王建 23	亡
241	亡	王政 6	亡	景湣王 2	元君 25	桓惠王 32	亡	悼襄王 4	孝烈王 21	亡	亡	王喜 14	亡	王建 24	亡
240	亡	王政 7	亡	景湣王 3	君角 2	桓惠王 33	亡	悼襄王 5	孝烈王 22	亡	亡	王喜 15	亡	王建 25	亡
239	亡	王政 8	亡	景湣王 4	君角 3	桓惠王 34	亡	悼襄王 6	孝烈王 23	亡	亡	王喜 16	亡	王建 26	亡
238	亡	王政 9	亡	景湣王 5	君角 4	王安 1	亡	悼襄王 7	孝烈王 24	亡	亡	王喜 17	亡	王建 27	亡
237	亡	王政 10	亡	景湣王 6	君角 5	王安 2	亡	悼襄王 8	孝烈王 25	亡	亡	王喜 18	亡	王建 28	亡
236	亡	王政 11	亡	景湣王 7	君角 6	王安 3	亡	悼襄王 9	幽王 2	亡	亡	王喜 19	亡	王建 29	亡
235	亡	王政 12	亡	景湣王 8	君角 7	王安 4	亡	幽缪王 1	幽王 3	亡	亡	王喜 20	亡	王建 30	亡
234	亡	王政 13	亡	景湣王 9	君角 8	王安 5	亡	幽缪王 2	幽王 4	亡	亡	王喜 21	亡	王建 31	亡
233	亡	王政 14	亡	景湣王 10	君角 9	王安 6	亡	幽缪王 3	幽王 5	亡	亡	王喜 22	亡	王建 32	亡
232	亡	王政 15	亡	景湣王 11	君角 10	王安 7	亡	幽缪王 4	幽王 6	亡	亡	王喜 23	亡	王建 33	亡
231	亡	王政 16	亡	景湣王 12	君角 11	王安 8	亡	幽缪王 5	幽王 7	亡	亡	王喜 24	亡	王建 34	亡
230	亡	王政 17	亡	景湣王 13	君角 12	王安 9	亡	幽缪王 6	幽王 8	亡	亡	王喜 25	亡	王建 35	亡
229	亡	王政 18	亡	景湣王 14	君角 13	亡	亡	幽缪王 7	幽王 9	亡	亡	王喜 26	亡	王建 36	亡
228	亡	王政 19	亡	景湣王 15	君角 14	亡	亡	代王嘉 1	幽王 10	亡	亡	王喜 27	亡	王建 37	亡
227	亡	王政 20	亡	王假 1	君角 15	亡	亡	代王嘉 2	王负刍 2	亡	亡	王喜 28	亡	王建 38	亡
226	亡	王政 21	亡	王假 2	君角 16	亡	亡	代王嘉 3	王负刍 3	亡	亡	王喜 29	亡	王建 39	亡
225	亡	王政 22	亡	王假 3	君角 17	亡	亡	代王嘉 4	王负刍 4	亡	亡	王喜 30	亡	王建 40	亡
224	亡	王政 23	亡	亡	君角 18	亡	亡	代王嘉 5	王负刍 5	亡	亡	王喜 31	亡	王建 41	亡
223	亡	王政 24	亡	亡	君角 19	亡	亡	代王嘉 6	昌平君 2	亡	亡	王喜 32	亡	王建 42	亡
222	亡	王政 25	亡	亡	君角 20	亡	亡	代王嘉 7	越君 2	亡	亡	王喜 33	亡	王建 43	亡
221	亡	始皇帝 26	亡	亡	君角 21	亡	亡	亡	亡	亡	亡	亡	亡	王建 44	亡

说明：此表依据〔日〕平势隆郎《新編史記東周年表》编制。

主要参考文献

班固：《汉书》，中华书局校点本，1962 年。

蔡运章、杨海钦：《十一年皋落戈及其相关问题》，《考古》1991 年第 5 期。

陈长琦：《战国时代郡的嬗变》，《广东社会科学》1994 年第 1 期；后收入氏著《战国秦汉六朝史研究》，广东人民出版社，1997 年。

陈奂：《诗毛氏传疏》，中国书店影印本，1984 年。

陈介祺：《簠斋古印集》，中国书店影印本，1990 年。

陈梦家：《殷虚卜辞综述》，中华书局，1988 年。

陈奇猷：《韩非子集释》，上海人民出版社，1974 年。

陈奇猷：《吕氏春秋校释》，学林出版社，1984 年。

陈伟：《楚"东国"地理研究》，武汉大学出版社，1992 年。

陈伟：《包山楚简初探》，武汉大学出版社，1996 年。

陈伟：《晋南阳考》，《历史地理》第十八辑，上海人民出版社，2002 年。

陈伟：《秦苍梧、洞庭二郡刍论》，《历史研究》2003 年第 5 期。

程恩泽纂，狄子奇笺：《国策地名考》，《丛书集成初编》本，中华书局，1991 年。

崔璿：《秦汉广衍故城及其附近的墓葬》，《文物》1977 年第 5 期。

丁福保：《古钱大辞典》，中华书局，1982 年。

董作宾：《小屯第二本殷虚文字甲编》，中央研究院历史语言研究所，1948 年。

董作宾：《小屯第二本殷虚文字乙编》，中央研究院历史语言研究所，1948 年。

杜预：《春秋左传集解》，上海古籍出版社，1978 年。

端方：《陶斋吉金续录》，清宣统元年（1909 年）石印本。

段连勤：《北狄族与中山国》，河北人民出版社，1982 年。

范晔：《后汉书》，中华书局校点本，1965 年。

方诗铭、王修龄：《古本竹书纪年辑证》，上海古籍出版社，1981 年。

高明:《古陶文汇编》,中华书局,1990年。

葛志毅:《周代分封制度研究》(修订本),黑龙江出版社,2005年。

顾栋高:《春秋大事表》,中华书局,1993年。

顾观光:《七国地理考》,《武陵山人遗书》本,清光绪五年(1879年)。

顾颉刚:《春秋时代的县》,《禹贡》半月刊,第七卷第六、七合期,1937年。

顾颉刚、史念海:《中国疆域沿革史》,商务印书馆,1938年。

顾颉刚:《缓斋杂记》,《顾颉刚读书笔记》第六卷,联经出版事业公司,1990年。

顾久幸:《沈县和沈尹》,张正明主编《楚史论丛》初集,湖北人民出版社,1984年。

顾久幸:《春秋楚晋齐三国县制的比较》,《楚文化觅踪》,中州古籍出版社,1986年。

顾炎武著,黄汝成集释:《日知录集释》,岳麓书社,1994年。

顾祖禹:《读史方舆纪要》,中华书局,2005年。

郭沫若:《殷契粹编》,科学出版社,1965年。

郭若愚等:《殷虚文字缀合》,科学出版社,1955年。

国家文物局《中国古钱谱》编纂组:《中国古钱谱》,文物出版社,1989年。

韩连琪:《春秋战国时代的官制及其演变》,《先秦两汉史论丛》,齐鲁书社,1986年。

郝本性:《新郑"郑韩故城"发现一批战国兵器》,《文物》1972年第10期。

何浩:《巢国史迹钩沉》,《中国史研究》1983年第2期。

何浩:《西申、东申和南申》,《史学月刊》1988年第5期。

何琳仪:《古币丛考》,台北文史哲出版社,1996年。

何琳仪:《古兵地名杂识》,《考古与文物》1996年第6期。

何琳仪:《莒县出土东周铜器铭文汇释》,《文史》2000年第1期。

洪亮吉:《更生斋文甲集》,授经堂藏板,清光绪三年(1877年)重刻本。

洪适:《隶释》,中华书局,1985年。

胡厚宣:《战后京津新获甲骨集》,群联出版社,1954年。

胡厚宣主编,王宇信、杨升南总审校:《甲骨文合集释文》(1～4册),中国社会科学出版社,1999年。

湖南省文物考古研究所等:《湖南龙山里耶战国——秦代古城一号井发掘简报》,《文物》2003年第1期。

湖南省文物考古研究所等:《湘西里耶秦代简牍选释》,《中国历史文物》

2003年第1期。

黄盛璋:《关于鄂君启节交通路线的复原问题》,《中华文史论丛》1964年第五辑。

黄盛璋:《历史地理与考古论丛》,齐鲁书社,1982年。

黄盛璋:《三晋铜器的国别、年代与相关制度问题》,《古文字研究》第十七辑,中华书局,1989年。

黄锡全:《先秦货币通论》,紫禁城出版社,2001年。

黄锡全:《先秦货币研究》,中华书局,2001年。

金祖同:《殷契遗珠》,上海中法文化出版委员会,1939年。

李朝远:《西周土地关系论》,上海人民出版社,1997年。

李朝远:《汝阴令戈小考》,《中国文字研究》第一辑,广西教育出版社,1999年。

李家浩:《先秦文字中的"县"》,《文史》第二十八辑,中华书局,1987年。该文又收入氏著《著名中年语言学家自选集·李家浩卷》,安徽教育出版社,2002年。

李零:《中国古代居民组织的两大类型及其不同来源——春秋战国时期齐国居民组织试析》,《文史》第二十八辑,中华书局,1987年。

李守清:《〈秦郡新考〉辨正》,《中南民族大学学报》第22卷第4期,2002年7月。

李晓杰:《春秋晋县考》,《历史地理》第十六辑,上海人民出版社,2000年。

李晓杰:《战国时期韩国疆域变迁考》,《中国史研究》2001年第3期。

李晓杰:《中山国疆域沿革考述》,《面向新世纪的中国历史地理学——2000年国际中国历史地理学术讨论会论文集》,齐鲁书社,2001年。

李晓杰:《战国时期魏国疆域变迁考》,《历史地理》第十九辑,上海人民出版社,2003年。

李晓杰:《战国时期赵国疆域变迁考》,《九州》第三辑,商务印书馆,2003年。

李晓杰:《战国时期三晋设县考》,《九州学林》2005年春季号(总七辑),香港城市大学中国文化中心(繁体字版)与复旦大学出版社(简体字版)联合出版。

李晓杰:《战国秦县新考》,《历史地理》第二十二辑,上海人民出版社,2007年。

李学勤:《殷代地理简论》,科学出版社,1959年。

李学勤:《战国题铭概述(上)(中)(下)》,《文物》1959年第7—9期。该文又收入氏著《李学勤早期文集》,河北教育出版社,2008年。

李学勤:《试论山东新出青铜器的意义》,《文物》1983年第12期。

李学勤:《东周与秦代文明》,文物出版社,1984年。

李学勤:《湖南战国兵器铭文选释》,《古文字研究》第十二辑,中华书局,1985年。

李学勤:《新出青铜器研究》,文物出版社,1990年。

李学勤主编:《中国古代文明与国家形成研究》,云南人民出版社,1997年。

李学勤:《初读里耶秦简》,《文物》2003年第1期。

李雪山:《商代分封制度研究》,中国社会科学出版社,2004年。

李亚农:《殷契摭佚续编》,商务印书馆,1950年。

李宇峰:《东北郡县制始于燕国的考古学观察》,《东北亚历史地理研究》,中州古籍出版社,1998年。

李玉洁:《楚史稿》,河南大学出版社,1988年。

李玉洁:《楚国史》,河南大学出版社,2002年。

郦道元注,杨守敬、熊会贞疏:《水经注疏》,江苏古籍出版社,1989年。

林甘泉:《从〈左传〉看中国古代城邦的政治体制》,《庆祝杨向奎先生教研六十年论文集》,河北教育出版社,1998年。

林沄:《甲骨文中的商代方国联盟》,《古文字研究》第六辑,中华书局,1981年。

刘龙启、李振奇:《河北临城柏畅城发现战国兵器》,《文物》1988年第3期。

刘体智:《善斋吉金录》,庐江刘氏善斋石印本,1934年。

刘体智:《小校经阁金文拓本》,小校经阁石印本,1935年。

刘文淇:《春秋左氏传旧注疏证》,科学出版社,1959年。

刘向集录,范祥雍笺证、范邦瑾协校:《战国策笺证》,上海古籍出版社,2006年。

吕文郁:《春秋时期晋国的县制》,《山西师范大学学报》(社会科学版)第19卷第4期,1992年。

罗福颐:《古玺汇编》,文物出版社,1981年。

罗振玉:《殷虚书契后编》,1916年影印本。

罗振玉:《三代吉金文存》,中华书局,1983年。

马承源主编:《商周青铜器铭文选》第三卷(1988 年)、第四卷(1990 年),文物出版社。

马非百:《秦集史》,中华书局,1982 年。

马非百:《云梦秦简大事年记集传》,《中国历史文献研究集刊》第二集,湖南人民出版社,1981 年。

马世之:《秦置陈郡质疑》,《历史地理》第四辑,上海人民出版社,1986 年。

蒙文通:《古族甄微》,《蒙文通文集》第二卷,巴蜀书社,1993 年。

缪文远:《战国策考辨》,中华书局,1984 年。

缪文远:《战国策新校注》,巴蜀书社,1987 年。

缪文远:《战国史系年辑证》,巴蜀书社,1997 年。

穆彰阿等纂修:《嘉庆重修一统志》,中华书局,1986 年。

齐思和:《中国史探研》,中华书局,1981 年。

钱大昕:《潜研堂集》,上海古籍出版社,1989 年。

钱坫撰、徐松集释:《新斠注汉书地理志集释》,《二十五史补编》第一册,中华书局,1955 年。

钱林书、祝培坤:《关于我国县的起源问题》,《复旦学报》(增刊)历史地理专辑,1980 年。

钱林书:《战国时期的上党地区及上党郡》,《地名考释》1985 年第 2 期。

钱林书:《战国齐五都考》,《历史地理》第五辑,上海人民出版社,1987 年。

钱林书:《春秋战国时期齐国的疆域及政区》,《复旦学报》1993 年第 6 期。

钱林书:《战国时期魏国置郡考》,《历史地理》第十五辑,上海人民出版社,1999 年。

钱穆:《古史地理论丛》,三联书店,2004 年。

裘锡圭:《战国货币考(十二篇)》,《北京大学学报》1978 年第 2 期。

裘锡圭:《谈谈随县曾侯乙墓的文字资料》,《文物》1979 年第 7 期。

冉光荣:《春秋战国时期郡县制度的发生与发展》,《四川大学学报》1963 年第 1 期。

任乃强:《华阳国志校补图注》,上海古籍出版社,1987 年。

日知:《古代城邦的政治制度》,《古代城邦史研究》,人民出版社,1989 年。

石泉:《古邓国邓县考》,《江汉论坛》1980 年第 3 期。

石泉:《古期思——雩娄灌区(期思陂)在今河南省固始县东南境考辨》,载河南省水利史志编纂办公室编《河南水利史料》1988年第1期。

石泉:《古代荆楚地理新探》,武汉大学出版社,1988年。

史念海:《秦县考》,《禹贡》半月刊,第七卷第六、七合期,1937年。

史念海:《河山集》七集,陕西师范大学出版社,1999年。

司马光:《资治通鉴》,中华书局校点本,1956年。

司马迁:《史记》,中华书局校点本,1959年。

宋镇豪:《夏商社会生活史》,中国社会科学出版社,1994年。

宋镇豪:《论商代的政治地理架构》,《中国社会科学院历史研究所学刊》第一集,社会科学文献出版社,2001年。

苏辉:《韩国纪年兵器研究》,《中国社会科学院历史研究所学刊》第三集,商务印书馆,2004年。

孙敬明、苏兆庆:《十年洱阳令戈考》,《文物》1990年第7期。

孙星衍:《尚书今古文注疏》,中华书局,1986年。

谭其骧主编:《中国历史地图集》第一册、第二册,地图出版社,1982年。

谭其骧:《长水集》,人民出版社,1987年。

童书业:《春秋史》,开明书店,1946年。

童书业:《春秋左传研究》,上海人民出版社,1980年。

汪庆正主编:《中国历代货币大系·先秦货币》,上海人民出版社,1984年。

王国维:《观堂集林》,中华书局,1959年。

王焕林:《里耶秦简释地》,《社会科学战线》2004年第3期。

王辉:《秦出土文献编年》,新文丰出版公司,2000年。

王健:《西周政治地理结构研究》,中州古籍出版社,2004年。

王念孙:《读书杂志》,江苏古籍出版社,1985年。

王先谦:《汉书补注》,书目文献出版社,1995年。

王先谦:《后汉书集解》,商务印书馆《万有文库》本,1940年。

王先谦撰、吕苏生补释:《鲜虞中山国事表疆域图说补释》,上海古籍出版社,1993年。

王毓铨:《中国古代货币的起源和发展》,中国社会科学出版社,1990年。

卫文选:《晋国县郡考释》,《山西师范大学学报》(社会科学版)第18卷第2期,1991年。

吴良宝:《战国布币释读三则》,《古文字研究》第二十二辑,中华书局,

2000 年。

吴良宝:《战国布币四考》,《考古与文物》丛刊第四号《古文字论集》,2001 年。

吴良宝:《战国文字所见三晋置县辑考》,《中国史研究》2002 年第 4 期。

吴良宝:《〈战国时期韩国疆域变迁考〉补正》,《中国史研究》2003 年第 3 期。

吴良宝:《东周兵器铭文四考》,《第四届国际中国古文字学研讨会论文集》,香港中文大学,2003 年。

吴振武:《东周兵器铭文考释五篇》,《容庚先生百年诞辰纪念文集》,广东人民出版社,1998 年。

吴振武:《新见古兵地名考释两则》,《九州》第三辑,商务印书馆,2003 年。

肖良谅:《商代的都邑邦鄙》,胡厚宣主编《全国商史学术讨论会论文集》,《殷都学刊》增刊 1985 年 2 月。

谢维扬:《中国早期国家》,浙江人民出版社,1995 年。

辛德勇:《秦始皇三十六郡新考》,《文史》2006 年第 1、第 2 期。

徐秉琨:《辽宁发现战国陶铭四种考略》,《辽海文物学刊》1992 年第 2 期。

徐少华:《周代南土历史地理与文化》,武汉大学出版社,1994 年。

徐元诰:《国语集解》,中华书局,2002 年。

徐中舒:《先秦史论稿》,巴蜀书社,1992 年。

雁侠:《先秦赵国疆域变化》,《郑州大学学报》1991 年第 1 期。

杨伯峻:《春秋左传注》,中华书局,1981 年。

杨宽:《春秋时代楚国县制的性质问题》,《中国史研究》1981 年第 4 期。

杨宽:《西周中央政权机构剖析》,《历史研究》1984 年第 1 期。

杨宽:《战国史》,上海人民出版社,1980 年第 2 版及 1998 年新版增订本。

杨宽:《战国史料编年辑证》,上海人民出版社,2001 年。

杨宽:《杨宽古史论文选集》,上海人民出版社,2003 年。

杨明珠:《山西芮城出土战国铜戈》,《考古》1989 年第 1 期。

杨权喜:《襄阳山湾出土的鄀国和邓国铜器》,《江汉考古》1983 年第 1 期。

杨升南:《卜辞中所见诸侯对商王室的臣属关系》,胡厚宣主编《甲骨文与殷商史》,上海古籍出版社,1983 年。

姚鼐:《惜抱轩文集》,清嘉庆十二年(1807 年)刻本。

殷崇浩:《春秋楚县略论》,《江汉论坛》1980 年第 4 期。

于省吾：《商周金文录遗》，科学出版社，1957 年。

虞云国：《春秋县制新探》，《晋阳学刊》1986 年第 6 期。

严一萍：《金文总集》，台北艺文印书馆，1983 年。

臧知非：《论县制的发展与古代国家结构的演变——兼谈郡制的起源》，《中国史研究》1993 年第 1 期。

曾昭璇：《秦郡考》，《岭南学报》第七卷第二期，1947 年 7 月。

张德光：《试谈山西博物馆拣选的几件珍贵铜器》，《考古》1988 年第 7 期。

张光裕、吴振武：《武陵新见古兵三十六器集录》，《中国文化研究所学报》新第 6 期，香港中文大学，1997 年。

张培澍：《古陶琐萃》，清光绪二十年(1894 年)乐陶斋拓本。

张琦：《战国策释地》，商务印书馆《丛书集成初编》本，1936 年。

张清常、王延栋：《战国策笺注》，南开大学出版社，1993 年。

张维华：《魏长城考》，《禹贡》半月刊，第七卷第六、七合期，1937 年。

张亚初：《殷周金文集成引得》，中华书局，2001 年。

张政烺：《张政烺文史论集》，中华书局，2004 年。

赵炳清：《秦洞庭郡略论》，《江汉考古》2005 年第 2 期。

赵伯雄：《周代国家形态研究》，湖南教育出版社，1990 年。

赵世超：《周代国野制度研究》，陕西人民出版社，1991 年。

赵翼：《陔余丛考》，河北人民出版社，1990 年。

郑杰祥：《商代地理概论》，中州古籍出版社，1994 年。

中国社会科学院考古研究所：《小屯南地甲骨》，中华书局，1980 年。

钟柏生：《殷商卜辞地理论丛》，台湾艺文印书馆，1989 年。

钟凤年：《战国疆域变迁考》，《禹贡》半月刊，第二卷第八期及第十一期、第三卷第七期、第七卷第六、七合期。

周宏伟：《传世文献中没有记载过洞庭郡吗?》，《湖南师范大学社会科学学报》2003 年第 3 期。

周宏伟：《楚秦黔中郡新考》，《九州学林》2005 年春季号(总七辑)，香港城市大学中国文化中心(繁体字版)与复旦大学出版社(简体字版)联合出版。

周书灿：《西周王朝经营四土研究》，中州古籍出版社，2000 年。

周书灿：《中国早期国家结构研究》，人民出版社，2002 年。

周天游、刘瑞：《西安相家巷出土秦封泥简读》，《文史》2002 年第 3 期。

周伟洲：《新发现的秦封泥与秦代郡县制》，《西北大学学报》1997 年第 1 期。

周晓陆、路东之、庞睿：《秦代封泥的重大发现——梦斋藏秦封泥的初步研究》，《考古与文物》1997年第1期。

周振鹤：《西汉政区地理》，人民出版社，1987年。

周振鹤：《随无涯之旅》，生活・读书・新知三联书店，1996年。

周振鹤：《县制起源三阶段说》，《中国历史地理论丛》1997年第3辑。

周振鹤：《秦代洞庭苍梧两郡悬想》，《复旦学报》2005年第5期。

周庄：《阴山、陶山和阳山》，《历史地理》第三辑，上海人民出版社，1983年。

朱玲玲：《夏代的疆域》，《史学月刊》1998年第4期。

朱师辙：《商君书解诂定本》，古籍出版社，1956年。

［日］安倍道子：《春秋楚国の申県・陳県・蔡県をめぐって》，《東海大学紀要》文学部，第41辑，1984年。

［日］安倍道子：《楚の申県の变容をめぐって》，慶應義塾大学東洋史研究室編《西と東と——前嶋信次先生追悼論文集》，汲古書院，1985年。

［日］池田雄一：《商鞅の県制——商鞅の变法(一)》，《中央大学文学部紀要》史学科22，1977年；后收入氏著《中国古代の聚落と地方行政》，汲古書院，2002年。

［日］岛邦男：《殷墟卜辞研究》，濮茅左、顾伟良译，上海古籍出版社，2006年。

［日］谷口满：《春秋楚県試論——新県邑の創設およびその行方》，《人文論究》1987年第3期。

［日］江村治樹：《春秋戦国秦漢時代出土文字資料の研究》，汲古書院，2000年。

［日］鎌田重雄：《郡県制の起源について》，東京教育大学東洋史学研究室編《東洋史学論集》，清水書院，1953年。

［日］鎌田重雄：《秦漢政治制度の研究》，日本学術振興会，1962年。

［日］平勢隆郎：《楚王と県君》、《史学雜誌》90(2)，1981年；中译文题目为《楚王和县君》，收入《日本中青年学者论中国史》上古秦汉卷，上海古籍出版社，1995年。

［日］平勢隆郎：《春秋晋国世族とその管領邑》，《鳥取大学教育学部研究報告》人文・社会科学第33卷(1982年)及第34卷(1983年)。

［日］平勢隆郎：《新編史記東周年表——中国古代紀年の研究序章》，東京大学東洋文化研究所叢刊第15辑，東京大学出版会，1995年。

［日］平勢隆郎：《左傳の史料批判的研究》，東京大学東洋文化研究所報告，汲古書院，1998年。

［日］日比野丈夫：《漢書地理志の秦郡について》，《東方学報》（京都大学人文科学研究所）第36册，1964年。

［日］守屋美都雄：《開阡陌の一解釋》，《中国古代の社会と文化》，東京大学出版会，1957年；后收入氏著《中国古代の家族と国家》，東洋史研究会，1968年。

［日］瀧川资言：《史記会注考證》，文学古籍刊行社，1955年。

［日］松井嘉德：《「県」制遡及に関する議論及びその関連問題》，《泉屋博古館紀要》第九卷，1993年。

［日］藤田勝久：《中国古代の関中開発——郡県制形成過程の一考察》，《佐藤博士退官記念中国水利史論叢》，国書刊行会，1984年。

［日］藤田勝久：《戦国秦の領域形成と交通路》，牧野修二主编《出土文物による中国古代社会の地域的研究》，1992年；中译文见《秦文化论丛》第6期，1998年。

［日］藤田勝久：《戦国楚の領域形成と交通路》，收入間瀬收芳主編《〈史記〉〈漢書〉の再検討と古代社会の地域的研究》，1994年。

［日］藤田勝久：《史記戦国史料の研究》，東京大学出版会，1997年。该书中文译本名为《〈史记〉战国史料研究》，曹峰、广濑薰雄译，上海古籍出版社，2008年。

［日］藤田勝久：《包山楚簡よりみた戦国楚の県と封邑》，《中国出土資料研究》第三号，1999年。

［日］五井直弘：《春秋時代の県についての覺書》，《東洋史研究》第26卷第4号，1968年。

［日］西嶋定生：《中国古代帝国の形成と構造——二十等爵制の研究》，東京大学出版会，1961年。该书中译本名为《中国古代帝国的形成与结构——二十等爵制研究》，武尚清译，中华书局，2004年。

［日］增淵龍夫：《春秋時代の県について》，载《一橋論叢》第38卷第4号，1957年；该文又收入《日本学者研究中国史论著选译》第三卷（中华书局，1993年），篇名译作《说春秋时代的县》。

［日］增淵龍夫：《先秦時代の封建と郡県》，《一橋大学研究年報・經濟学研究Ⅱ》，1958年；该文后收入其所著《中国古代の社会と国家》，旧版，弘文堂，1960年；新版，岩波書店，1996年。

[日]佐藤武敏:《商鞅の県制に関する覚書》,《中国史研究》(6),1971年。

[美]顾立雅(H. G. Creel):《中国官僚制度的开始:县的起源》,杨品泉摘译,载《中国史研究动态》1979年第1期。顾立雅的原文题为:"The Beginnings of Bureaucracy in China: The Origin of Hsien", *Journal of Asian Studies*, Vol. 23, Issue 2 (Feb. ,1964), pp. 155 - 184.

Michael Loewe, Edward L. Shaughnessy eds. , *The Cambridge History of Ancient China — From the Origins of Civilization to 221 B. C.* ,Cambridge University Press, 1999.

后　记

自从1998年本人开始着手撰写《中国行政区划通史·先秦卷》这卷书稿，至今终底于成，个中甘苦，实难尽述。在撰写本卷过程中，有两方面的情况是我所始料不及的。其一，没有想到书稿的完成会前后历经十年的时间，从初稿到最终定稿，不知凡几，又由于书稿的许多部分相互关联，牵一发而动全身，每有改不胜改之叹，以至在书稿排印校对过程中，还难免有斟酌修订之举；其二，没有料到撰写本卷会遇到那么多或大或小的问题与困难，需要我一步一个脚印地去攻坚解决，其中的付出，堪比再完成一篇博士论文。现在书稿终能刊布，我本人既感欣喜又觉惶恐：欣喜的是自己多年的努力终于有了结果；惶恐的是先秦政区地理研究，绝非一项可以轻松完成的工作，我深恐自己的研究没有达到应当具有的学术高度。然而，敝帚自珍，我还是非常希望我的这一工作，能为有关学者提供研究上的参考与便利。倘真如此，我愿足矣。

在书稿的撰写过程中，得到了诸多师友的帮助与支持。首先我要十分感谢的是本套通史的主编、我攻读博士学位的导师周振鹤先生，他在我撰写本卷书稿的过程中，投入了极大的关注，每当我遇到问题时，周振鹤师的释疑，都使我有茅塞顿开之感。

其次，一些学者的鼎力襄助，同样令我非常感激，难以忘却。武汉大学历史学院的陈伟教授，曾仔细地审看了我撰写的春秋楚县部分，并提出了十分有价值的修改意见。北京大学中古史研究中心的辛德勇教授，在得知我从事本卷书稿的撰写工作后，建议我将其时已完成的战国时期韩国疆域变迁的考证文字先行投稿，并最终促成我的这部分研究在《中国史研究》杂志上发表。吉林大学历史系的许兆昌教授，与我同为2001至2002年度的哈佛燕京学社访问学者，其间，本卷的商周部分文字，承蒙他细心的审阅，使我避免了这部分叙述中可能会出现的疏漏。2003年3月至2004年2月，我在日本大阪大学文学部担任COE研究员，使我有机会就我书稿的部分框架文字向日本的先秦与秦汉史专家学者进行请教。其时，早稻田大学文学部的工藤元男教授、东京大学东洋文化研究所的平勢隆郎教授、名古屋大学文学部的江村治樹教授、京都大学人文社会科学研究所的冨谷至教授、中央大学文学部的池田雄一教授、流通经济大学经济学部的原宗子教授，都曾给予我热情的帮助，使我获益良多。尤其是江村治樹教授，后来利用来华进行学术考察的机会，为我带来了不少有关日本学者进行先秦郡县研究的论文资料，使我免却了查找日文参考资料的不便。在此，谨向以上提及的各位先生致以深深的谢意。

另外，我要感谢的是我的家人，他们在我埋首于时下毫无经济效益可言的故纸堆研究时，给予了我一如既往的宽容与理解，使我能心无旁骛，专心工作。

在本卷书稿的撰写期间，本人还有幸得到了复旦大学“985 工程”哲学社会科学创新基地项目(06FCZD002)、复旦大学“金穗”科研项目及上海市浦江人才计划项目的资助，为本卷书稿的最终完成提供了便利，在此对这些项目的资助单位深表感谢。

编审吴仁杰先生除审读本套通史的《总论》外，多年之前即看过《先秦卷》初稿，并提出了有益的修改建议，直至定稿。特约编辑王卫东先生、责任编辑史立丽女士，为本卷的顺利出版付出了极大的辛劳。在此亦向他们表示我由衷的感谢。

李晓杰

于复旦大学中国历史地理研究所

二〇〇八年八月二十一日

借此次修订再版之机，我指导的博士生韩虎泰又帮我补充了一些出土资料，使本卷的论述更臻完善，在此向他致以谢意。另，书中涉及的今地名统一修改为以 2014 年年底的行政区划为准。

李晓杰又识

二〇一六年四月二十五日

图书在版编目(CIP)数据

中国行政区划通史·总论 先秦卷/周振鹤主编;周振鹤,李晓杰著.—2版.—上海:复旦大学出版社,2017.9(2024.6重印)
ISBN 978-7-309-12696-9

Ⅰ.中… Ⅱ.①周…②李… Ⅲ.①政区沿革-历史-中国②政区沿革-历史-中国-先秦时代
Ⅳ.K928.2

中国版本图书馆CIP数据核字(2016)第283037号

中国行政区划通史·总论 先秦卷(第二版)
周振鹤 主编 周振鹤 李晓杰 著
责任编辑/史立丽

复旦大学出版社有限公司出版发行
上海市国权路579号 邮编:200433
网址:fupnet@fudanpress.com http://www.fudanpress.com
门市零售:86-21-65102580 团体订购:86-21-65104505
出版部电话:86-21-65642845
浙江新华数码印务有限公司

开本787毫米×1092毫米 1/16 印张44 字数728千字
2024年6月第2版第3次印刷

ISBN 978-7-309-12696-9/K·596
定价:120.00元